Steuerrichtlinien

Anweisung zum Einordnen

188. Ergänzungslieferung Mai 2023

(Anschluss an die 187. Ergänzungslieferung April 2023)

Herauszunehmen:	Zahl der Blätter	Einzufügen:	Zahl der Blätter
Titelblatt, Geleitwort	2	Titelblatt, Geleitwort	2
Inhalt 1/2	1	Inhalt 1/2	1
1 1–670	336	**1** 1–680	340
100 97–100	2	**100** 97–100	2
450 29/30	1	**450** 29–30a	2
500 1–16	8	**500** 1–16	8
35/36	1	35–36a	2
45/46	1	45/46	1
75/76	1	75–76a	2
85–90	3	85–90	3
105–122	9	105–122	10
161–170	5	161–170a	8
367/368	1	367–368a	2
375–386	6	375–386	6
403–410	4	403–410a	5
469/470	1	469/470	1
491/492	1	491/492	1
519–530	6	519–530a	7
549–552	2	549–552	2
573–580	4	573–580a	7
639–644	3	639–644a	4
653/654	1	653/654	1
663–668	3	663–668a	4
749–752	2	749–752a	3
869/870	1	869–870a	2
893–896	2	893–896	2
933–936	2	933–936a	3
500 Anl. 8 1–8	4	**500 Anl. 8** 1–10	5
800/100 1–36	18	**800/100** 1–38	19
Insgesamt herauszunehmen:	431	Insgesamt einzufügen:	455

STEUERRICHTLINIEN

Einkommensteuer-Richtlinien, Lohnsteuer-Richtlinien,
Wohnungsbau-Prämienrichtlinien, Körperschaftsteuer-Richtlinien,
Bewertungsrichtlinien, Erbschaftsteuer-Richtlinien,
Grundsteuer-Richtlinien, Gewerbesteuer-Richtlinien,
Umsatzsteuer-Anwendungserlass,
Anwendungserlass zur Abgabenordnung

Textsammlung
der Richtlinien des Bundes zum Steuerrecht
mit Verweisungen und Sachverzeichnissen

Stand: 31. Mai 2023
(188. Ergänzungslieferung)

C.H.BECK

Dieses Titelblatt stammt aus der 188. Ergänzungslieferung Mai 2023
ISBN 978 3 406 80220 1
die an die 187. Ergänzungslieferung März 2023 anschließt.

Redaktioneller Hinweis

Vom Verlag erstellte Fußnoten sind urheber- und wettbewerbsrechtlich geschützt; amtliche Fußnoten sind als solche gekennzeichnet.
Die Angaben zum Stand der Sammlung auf dem Titelblatt beziehen sich auf das Verkündungsdatum der maßgeblichen Veröffentlichungsblätter.
Verbesserungsvorschläge und Fehlerhinweise sind jederzeit willkommen.

Verlag C. H. Beck
Wilhelmstraße 9, 80801 München
Fax: (0 89) 3 81 89-3 98 · Internet: www.beck.de
E-Mail: kundenservice@beck.de

www.beck.de

ISBN 978 3 406 46020 3 (Grundwerk zur Fortsetzung)
ISBN 978 3 406 73770 1 (Grundwerk ohne Fortsetzung)
Ergänzt bis 978 3 406 80220 1

Wilhelmstraße 9, 80801 München
Druck: Druckerei C. H. Beck Nördlingen
(Adresse wie Verlag)

CO_2 neutral
chbeck.de/nachhaltig

Gedruckt auf säurefreiem, alterungsbeständigem Papier
(hergestellt aus chlorfrei gebleichtem Zellstoff)

Geleitwort

zur 188. Ergänzungslieferung Mai 2023

Mit der vorliegenden 188. Ergänzungslieferung erhält die Sammlung den Stand 31. Mai 2023. Vereinzelt konnten noch aktuellere Hinweise auf Rechtsprechung und Verwaltungsanweisungen aufgenommen werden.

Hauptbestandteil der Lieferung sind die im Mai 2023 veröffentlichten neuen Einkommensteuer-Hinweise 2022 (EStH 2022). Außerdem wurde der Umsatzsteuer-Anwendungserlass (UStAE) wieder mehrfach geändert, zuletzt durch BMF-Schreiben vom 28.4.2023.

Ein weiterer Bestandteil ist das umfangreiche neubearbeitete Sachregister zum AEAO.

In den Bereichen Körperschaftsteuer und Gewerbesteuer waren Hinweise auf aktuelle Gesetzgebung, Rechtsprechung und Verwaltungsanweisungen einzuarbeiten.

Informationen zu aktuellen Gesetzen und Verwaltungsanweisungen sowie sonstige aktuelle steuerliche Fachinformationen finden Sie in der Rubrik Fach-News auf unseren Internetseiten unter www.dstr.de.

München, im Juni 2023 VERLAG C. H. BECK

Systematisches Inhaltsverzeichnis

1. Einkommensteuer-Richtlinien 2012 (EStR 2012)

Allgemeine Verwaltungsvorschrift zur Anwendung des Einkommensteuerrechts

Vom 16.12.2005 (BStBl. I 2005 Sondernummer 1/2005) in der Fassung der EStÄR 2012 v. 25.3.2013 (BStBl. I S. 276)

Mit den Einkommensteuer-Hinweisen 2022

Nach Artikel 108 Abs. 7 des Grundgesetzes wird folgende Allgemeine Verwaltungsvorschrift erlassen:

Inhaltsübersicht

Seite

Zu § 10b EStG
(§ 50 EStDV)

Zu § 10d EStG

Zu § 10f EStG

Zu § 10g EStG

Zu § 11 EStG

Zu § 11a EStG

Zu § 11b EStG

Zu § 12 EStG
(§ 8 EStDV)

Zu § 13 EStG
(§ 51 EStDV)

Seite

Zu § 21 EStG
(§§ 82a, 82f, 82g und 82i EStDV)

Zu § 22 EStG
(§ 55 EStDV)

Zu § 22a EStG

Zu § 23 EStG

Zu § 24 EStG

Zu § 24a EStG

Zu § 24b EStG

Zu § 25 EStG
(§§ 56 und 60 EStDV)

Seite

Zu § 26 EStG

Zu § 26a EStG
(§§ 61 und 62d EStDV)

Zu § 26b EStG
(§ 62d EStDV)

Zu § 31 EStG

Zu § 32 EStG

Zu § 32a EStG

Zu § 32b EStG

Zu § 32c EStG

Zu § 32d EStG

Zu § 33 EStG
(§ 64 EStDV)

Einführung[1)]

(1) Die Einkommensteuer-Richtlinien in der geänderten Fassung (Einkommensteuer-Richtlinien 2012 – EStR 2012) sind Weisungen an die Finanzbehörden zur einheitlichen Anwendung des Einkommensteuerrechts, zur Vermeidung unbilliger Härten und zur Verwaltungsvereinfachung.

(2) Die EStR 2012 sind für die Veranlagung zur Einkommensteuer ab dem VZ 2012 anzuwenden. Die EStR 2012 sind auch für frühere VZ anzuwenden, soweit sie lediglich eine Erläuterung der Rechtslage darstellen.

(3) Anordnungen, die mit den nachstehenden Richtlinien im Widerspruch stehen, sind nicht mehr anzuwenden.

(4) Diesen Richtlinien liegt, soweit im Einzelnen keine andere Fassung angegeben ist, das Einkommensteuergesetz 2002 i. d. F. der Bekanntmachung vom 8.10.2009 (BGBl. I S. 3366, 3862), zuletzt geändert durch Artikel 1 des Gesetzes zur Änderung und Vereinfachung der Unternehmensbesteuerung und des steuerlichen Reisekostenrechts vom 20.2.2013 (BGBl. I S. 285), zu Grunde.

(5) Die Anordnungen, die in den Vorschriften über den Steuerabzug vom Arbeitslohn (Lohnsteuer) und in den dazu ergangenen Lohnsteuer-Richtlinien über die Ermittlung der Einkünfte aus nichtselbständiger Arbeit enthalten sind, gelten entsprechend auch für die Veranlagung zur Einkommensteuer.

Zu § 1 EStG

R 1. Steuerpflicht

[1]Unbeschränkt steuerpflichtig gem. § 1 Abs. 2 EStG sind insbesondere von der Bundesrepublik Deutschland ins Ausland entsandte deutsche Staatsangehörige, die Mitglied einer diplomatischen Mission oder konsularischen Vertretung sind – einschließlich der zu ihrem Haushalt gehörenden Angehörigen –, soweit die Voraussetzungen des § 1 Abs. 2 EStG erfüllt sind. [2]Für einen ausländischen Ehegatten gilt dies auch, wenn er die Staatsangehörigkeit des Empfangsstaates besitzt. [3]Für die Anwendung des § 1a Abs. 1 Nr. 2 EStG ist Voraussetzung, dass der Stpfl. selbst als unbeschränkt Stpfl. nach § 1 Abs. 3 EStG

[1)] **Anwendung der EStH 2022** (aus dem Vorwort zum Amtlichen ESt-Handbuch 2022): Soweit in den Richtlinien und Hinweisen Aussagen zu Ehegatten und zur Ehe enthalten sind, sind diese auch für Lebenspartner und Lebenspartnerschaften i. S. d. § 1 Abs. 1 LPartG anzuwenden (§ 2 Abs. 8 EStG).

Die für den VZ 2022 überarbeiteten Hinweise sind von den obersten Finanzbehörden des Bundes und der Länder beschlossen worden. Sie machen den Rechtsanwender aufmerksam auf höchstrichterliche Rechtsprechung, BMF-Schreiben und Rechtsquellen außerhalb des Einkommensteuerrechts, die in das Einkommensteuerrecht hineinwirken. Sie enthalten den ausgewählten aktuellen Stand der höchstrichterlichen Rechtsprechung und der im Bundessteuerblatt veröffentlichten BMF-Schreiben (22.2.2023).

Die im Bundessteuerblatt veröffentlichten Urteile und Beschlüsse des BFH sind in gleich gelagerten Fällen anzuwenden, soweit hierzu kein „Nichtanwendungserlass" ergangen ist.

zu behandeln ist; die Einkunftsgrenzen des § 1 Abs. 3 Satz 2 und des § 1a Abs. 1 Nr. 2 Satz 3 EStG sind daher nacheinander gesondert zu prüfen.[1)]

Zu § 1a EStG

H **1a**

Allgemeines. Die unbeschränkte Einkommensteuerpflicht erstreckt sich auf sämtliche inländische und ausländische Einkünfte, soweit nicht für bestimmte Einkünfte abweichende Regelungen bestehen, z.B. in DBA oder in anderen zwischenstaatlichen Vereinbarungen.

Auslandskorrespondenten. → BMF vom 13.3.1998 (BStBl. I S. 351).

Auslandslehrkräfte und andere nicht entsandte Arbeitnehmer. Befinden sich an deutsche Auslandsschulen vermittelte Lehrer und andere nicht entsandte Arbeitnehmer in einem Dienstverhältnis zu einer inländischen juristischen Person des öffentlichen Rechts, beziehen hierfür Arbeitslohn aus einer inländischen öffentlichen Kasse (→ BMF vom 9.7.1990 – BStBl. I S. 324) und sind in den USA (→ BMF vom 10.11.1994 – BStBl. I S. 853) bzw. Kolumbien und Ecuador (→ BMF vom 17.6.1996 – BStBl. I S. 688) tätig, ergibt sich ihre unbeschränkte Einkommensteuerpflicht grundsätzlich bereits aus § 1 Abs. 2 EStG.

Beschränkte Steuerpflicht nach ausländischem Recht. Ob eine Person in dem Staat, in dem sie ihren Wohnsitz oder gewöhnlichen Aufenthalt hat, lediglich in einem der beschränkten Einkommensteuerpflicht ähnlichen Umfang zu einer Steuer vom Einkommen herangezogen wird (§ 1 Abs. 2 Satz 2 EStG), ist nach den Vorschriften des maßgebenden ausländischen Steuerrechts zu prüfen (→ BFH vom 22.2.2006 – BStBl. 2007 II S. 106).

Diplomaten und sonstige Beschäftigte ausländischer Vertretungen in der Bundesrepublik. → § 3 Nr. 29 EStG.

Doppelbesteuerungsabkommen. → Verzeichnis der Abkommen zur Vermeidung der Doppelbesteuerung.[2)]

Einkünfteermittlung zur Bestimmung der Einkunftsgrenzen.

– Die Einkünfteermittlung nach § 1 Abs. 3 Satz 2 EStG vollzieht sich in zwei Stufen. Zunächst ist in einem ersten Schritt die Summe der Welteinkünfte zu ermitteln. Dabei sind sämtliche Einkünfte, unabhängig davon, ob sie im In- oder Ausland erzielt wurden, nach deutschem Recht zu ermitteln. In einem zweiten Schritt sind die Welteinkünfte in Einkünfte, die der deutschen Einkommensteuer unterliegen, und in Einkünfte, die diese Voraussetzungen nicht erfüllen, aufzuteilen. Überschreiten die so ermittelten ausländischen Einkünfte die absolute Wesentlichkeitsgrenze

---

1) **[Amtl. Anm.:]** R 1 Satz 3 überholt → H 1a (Einkünfteermittlung zur Bestimmung der Einkunftsgrenzen).

2) Für 2021 siehe BMF v. 18.2.2021, BStBl. I 2021, 265, für 2022 siehe BMF v. 19.1.2022, BStBl. I 2022, 147, für 2023 siehe BMF v. 18.1.2023, BStBl. I 2023, 195. – Alle DBA und die aktuelle Übersicht abgedruckt in **Doppelbesteuerungsabkommen.**

des § 1 Abs. 3 Satz 2 i. V. m. § 1a Abs. 1 Nr. 2 Satz 3 EStG, ist eine Zusammenveranlagung zur Einkommensteuer auch dann ausgeschlossen, wenn sie, nach dem Recht des Wohnsitzstaates ermittelt, unterhalb der absoluten Wesentlichkeitsgrenze liegen (→ BFH vom 20.8.2008 – BStBl. 2009 II S. 708).

- Der Abgeltungsteuer unterliegende Kapitaleinkünfte sind in die Berechnung der Einkunftsgrenzen einzubeziehen (→ BFH vom 12.8.2015 – BStBl. 2016 II S. 201).
- Bei der Frage, ob Ehegatten die Einkunftsgrenzen (relative oder absolute Wesentlichkeitsgrenze) für das Wahlrecht zur Zusammenveranlagung in Fällen der fiktiven unbeschränkten Einkommensteuerpflicht (§ 1 Abs. 3 EStG) wahren, ist im Rahmen einer einstufigen Prüfung nach § 1a Abs. 1 Nr. 2 EStG auf die Einkünfte beider Ehegatten abzustellen und der Grundfreibetrag zu verdoppeln (→ BFH vom 6.5.2015 – BStBl. II S. 957).

Erweiterte beschränkte Steuerpflicht. → §§ 2 und 5 AStG.

Erweiterte unbeschränkte Steuerpflicht und unbeschränkte Steuerpflicht auf Antrag.

- → § 1 Abs. 2 bzw. § 1 Abs. 3 i. V. m. § 1a Abs. 2 EStG:
  Im Ausland bei internationalen Organisationen beschäftigte Deutsche fallen nicht unter § 1 Abs. 2 oder § 1 Abs. 3 i. V. m. § 1a Abs. 2 EStG, da sie ihren Arbeitslohn nicht aus einer inländischen öffentlichen Kasse beziehen. Mitarbeiter des Goethe-Instituts mit Wohnsitz im Ausland stehen nicht zu einer inländischen juristischen Person des öffentlichen Rechts in einem Dienstverhältnis und sind daher nicht nach § 1 Abs. 2 EStG unbeschränkt einkommensteuerpflichtig (→ BFH vom 22.2.2006 – BStBl. 2007 II S. 106).
- → BMF vom 8.10.1996 (BStBl. I S. 1191) – Auszug –:

  Billigkeitsregelung in Fällen, in denen ein Stpfl. und sein nicht dauernd getrennt lebender Ehegatte zunächst unter den Voraussetzungen des § 1 Abs. 2 EStG unbeschränkt einkommensteuerpflichtig sind bzw. unter den Voraussetzungen des § 1 Abs. 3 i. V. m. § 1a Abs. 2 EStG auf Antrag als unbeschränkt steuerpflichtig behandelt werden,
  - der Stpfl. dann aus dienstlichen Gründen in das Inland versetzt wird,
  - der nicht dauernd getrennt lebende Ehegatte aus persönlichen Gründen noch für kurze Zeit im Ausland verbleibt und
  - die Voraussetzungen des § 1a Abs. 1 EStG nicht erfüllt sind.
  - → BMF vom 11.11.2020 (BStBl. I S. 1212) Berücksichtigung ausländischer Verhältnisse; Ländergruppeneinteilung ab 1.1.2021.
- Die in § 1 Abs. 3 Satz 3 EStG aufgeführten inländischen Einkünfte, die nach einem DBA nur der Höhe nach beschränkt besteuert werden dürfen, sind in die inländische Veranlagung gem. § 46 Abs. 2 Nr. 7 Buchstabe b i. V. m. § 1 Abs. 3 EStG einzubeziehen (→ BFH vom 13.11.2002 – BStBl. 2003 II S. 587).

Europäischer Wirtschaftsraum. Mitgliedstaaten des EWR sind die Mitgliedstaaten der EU, Island, Norwegen und Liechtenstein.

Freistellung von deutschen Abzugsteuern. → § 50d EStG, Besonderheiten im Falle von DBA.

Schiffe. Schiffe unter Bundesflagge rechnen auf hoher See zum Inland (→ BFH vom 12.11.1986 – BStBl. 1987 II S. 377).

Unbeschränkte Steuerpflicht – auf Antrag –.
- → BMF vom 30.12.1996 (BStBl. I S. 1506).
- Die zum Nachweis der Höhe der nicht der deutschen Steuer unterliegenden Einkünfte erforderliche Bescheinigung der zuständigen ausländischen Steuerbehörde ist auch dann vorzulegen, wenn der Stpfl. angibt, keine derartigen Einkünfte erzielt zu haben (sog. Nullbescheinigung). Die Verwendung eines bestimmten Vordrucks für die Bescheinigung ist gesetzlich nicht vorgeschrieben (→ BFH vom 8.9.2010 – BStBl. 2011 II S. 447).

Wechsel der Steuerpflicht. → § 2 Abs. 7 Satz 3 EStG.

Wohnsitz/Gewöhnlicher Aufenthalt in der Schweiz. § 1a Abs. 1 EStG ist bei Staatsangehörigen eines Mitgliedstaates der EU oder eines EWR-Staates bei Vorliegen der übrigen Voraussetzungen auch anwendbar, wenn
- der Empfänger der Leistungen i. S. d. Nr. 1 und 1a,
- die ausgleichsberechtigte Person i. S. d. Nr. 1b oder
- der Ehegatte/Lebenspartner i. S. d. Nr. 2

seinen/ihren Wohnsitz oder gewöhnlichen Aufenthalt in der Schweiz haben (→ BMF vom 16.9.2013 – BStBl. I S. 1325).

Zu § 2 EStG

R 2. Umfang der Besteuerung

(1) Das z. v. E. ist wie folgt zu ermitteln:

1		S. d. E. aus den Einkunftsarten
2	=	S. d. E.
3	–	Altersentlastungsbetrag (§ 24a EStG)
4	–	Entlastungsbetrag für Alleinerziehende (§ 24b EStG)
5	–	Freibetrag für Land- und Forstwirte (§ 13 Abs. 3 EStG)
6	+	Hinzurechnungsbetrag (*§ 52 Abs. 3 Satz 5* EStG[1]) sowie § 8 Abs. 5 Satz 2 AIG)
7	=	G. d. E. (§ 2 Abs. 3 EStG)
8	–	Verlustabzug nach § 10d EStG
9	–	Sonderausgaben (§§ 10, 10a, 10b, 10c EStG)
10	–	außergewöhnliche Belastungen (§§ 33 bis 33b EStG)
11	–	Steuerbegünstigung der zu Wohnzwecken genutzten Wohnungen, Gebäude und Baudenkmale sowie der schutzwürdigen Kulturgüter (§§ 10e bis 10i EStG, § 52 Abs. 21 Satz 6 EStG i. d. F. vom 16.4.1997, BGBl. I S. 821 und § 7 FördG)
12	+	Erstattungsüberhänge (§ 10 Abs. 4b Satz 3 EStG)
13	+	zuzurechnendes *Einkommen* gem. § 15 Abs. 1 AStG[2])
14	=	Einkommen (§ 2 Abs. 4 EStG)

[1]) Jetzt § 52 Abs. 2 Satz 3 EStG.

[2]) **[Amtl. Anm.:]** Eine Hinzurechnung entfällt ab VZ 2013, da diese bereits im Rahmen der Einkünfteermittlung vorzunehmen ist (→ § 15 Abs. 1 AStG in der durch das Amtshilfe-RLUmsG geänderten Fassung).

15 – Freibeträge für Kinder (§§ 31, 32 Abs. 6 EStG)
16 – Härteausgleich nach § 46 Abs. 3 EStG, § 70 EStDV

17 = z. v. E. (§ 2 Abs. 5 EStG).

(2) Die festzusetzende Einkommensteuer ist wie folgt zu ermitteln:

1 Steuerbetrag
a) nach § 32a Abs. 1, 5, § 50 Abs. 1 Satz 2 EStG
oder
b) nach dem bei Anwendung des Progressionsvorbehalts (§ 32b EStG) oder der Steuersatzbegrenzung sich ergebenden Steuersatz
2 + Steuer auf Grund Berechnung nach den §§ 34, 34b EStG
3 + Steuer auf Grund der Berechnung nach § 34a Abs. 1, 4 bis 6 EStG

4 = tarifliche Einkommensteuer (§ 32a Abs. 1, 5 EStG)
5 – Minderungsbetrag nach Punkt 11 Ziffer 2 des Schlussprotokolls zu Artikel 23 DBA Belgien in der durch Artikel 2 des Zusatzabkommens vom 5.11.2002 geänderten Fassung (BGBl. 2003 II S. 1615)[1]
6 – ausländische Steuern nach § 34c Abs. 1 und 6 EStG, § 12 AStG
7 – Steuerermäßigung nach § 35 EStG
8 – Steuerermäßigung für Stpfl. mit Kindern bei Inanspruchnahme erhöhter Absetzungen für Wohngebäude oder der Steuerbegünstigungen für eigengenutztes Wohneigentum (§ 34f Abs. 1 und 2 EStG)
9 – Steuerermäßigung bei Zuwendungen an politische Parteien und unabhängige Wählervereinigungen (§ 34g EStG)
10 – Steuerermäßigung nach § 34f Abs. 3 EStG
11 – Steuerermäßigung nach § 35a EStG
12 – Ermäßigung bei Belastung mit Erbschaftsteuer (§ 35b EStG)
13 + Steuer auf Grund Berechnung nach § 32d Abs. 3 und 4 EStG
14 + Steuern nach § 34c Abs. 5 EStG
15 + Nachsteuer nach § 10 Abs. 5 EStG i. V. m. § 30 EStDV
16 + Zuschlag nach § 3 Abs. 4 Satz 2 Forstschäden-Ausgleichsgesetz
17 + Anspruch auf Zulage für Altersvorsorge, wenn Beiträge als Sonderausgaben abgezogen worden sind § 10a Abs. 2 EStG
18 + Anspruch auf Kindergeld oder vergleichbare Leistungen, soweit in den Fällen des § 31 EStG das Einkommen um Freibeträge für Kinder gemindert wurde

19 = festzusetzende Einkommensteuer (§ 2 Abs. 6 EStG).

H 2

Erstattungsüberhänge. Der Hinzurechnungsbetrag nach § 10 Abs. 4b Satz 3 EStG erhöht nicht den Gesamtbetrag der Einkünfte (→ BFH vom 12.3. 2019 – BStBl. II S. 658).

Hinzurechnung des Anspruchs auf Kindergeld oder vergleichbare Leistungen. Die Hinzurechnung des Kindergeldanspruchs bildet den letzten Schritt auf dem Weg zur Ermittlung der festzusetzenden Einkom-

[1] Zusätzlicher Minderungsbetrag von 8% (**DBA Belgien** abgedruckt in **Doppelbesteuerungsabkommen**).

mensteuer und hat keinen Einfluss auf etwaige, vorher zu berücksichtigende Steuerermäßigungen. Hieraus ergibt sich bei Anwendung der Steuerermäßigungsvorschriften kein zusätzliches Verrechnungspotenzial (→ BFH vom 14.4.2021 – BStBl. II S. 848).

Keine Einnahmen oder Einkünfte. Bei den folgenden Leistungen handelt es sich nicht um Einnahmen oder Einkünfte:
- Arbeitnehmer-Sparzulagen (§ 13 Abs. 3 VermBG),
- Investitionszulagen nach dem InvZulG,
- Neue Anteilsrechte auf Grund der Umwandlung von Rücklagen in Nennkapital (§§ 1, 7 KapErhStG),
- Wohnungsbau-Prämien (§ 6 WoPG).

Lebenspartner und Lebenspartnerschaften. § 2 Abs. 8 EStG gilt nur für Lebenspartner und Lebenspartnerschaften i. S. d. § 1 Abs. 1 LPartG. Andere Lebensgemeinschaften fallen nicht unter diese Vorschrift, selbst wenn die Partner ihre Rechtsbeziehungen auf eine vertragliche Grundlage gestellt haben (→ BFH vom 26.6.2014 – BStBl. II S. 829 und vom 26.4.2017 – BStBl. II S. 903).

Liebhaberei bei Einkünften aus
- Land- und Forstwirtschaft → H 13.5 (Liebhaberei),
- Gewerbebetrieb → H 15.3 (Abgrenzung der Gewinnerzielungsabsicht zur Liebhaberei), → H 16 (2) (Liebhaberei),
- selbständiger Arbeit → H 18.1 (Gewinnerzielungsabsicht),
- Vermietung und Verpachtung → H 21.2 (Einkünfteerzielungsabsicht).

Preisgelder.
- → BMF vom 5.9.1996 (BStBl. I S. 1150) unter Berücksichtigung der Änderung durch BMF vom 23.12.2002 (BStBl. 2003 I S. 76).
- Fernseh-Preisgelder → BMF vom 30.5.2008 (BStBl. I S. 645).

Steuersatzbegrenzung. Bei der Festsetzung der Einkommensteuer ist in den Fällen der Steuersatzbegrenzung die rechnerische Gesamtsteuer quotal aufzuteilen und sodann der Steuersatz für die der Höhe nach nur beschränkt zu besteuernden Einkünfte zu ermäßigen (→ BFH vom 13.11.2002 – BStBl. 2003 II S. 587).

Zu § 2a EStG

R 2a. Negative ausländische Einkünfte

Einkünfte derselben Art

(1) [1]Einkünfte der jeweils selben Art nach § 2a Abs. 1 EStG sind grundsätzlich alle unter einer Nummer aufgeführten Tatbestände, für die die Anwendung dieser Nummer nicht nach § 2a Abs. 2 EStG ausgeschlossen ist. [2]Die Nummern 3 und 4 sind zusammenzufassen. [3]Negative Einkünfte nach Nummer 7, die mittelbar auf einen bei der inländischen Körperschaft verwirklichten Tatbestand der Nummern 1 bis 6 zurückzuführen sind, dürfen beim Anteilseigner mit positiven Einkünften der Nummer 7 ausgeglichen werden, wenn die Einkünfte auf Tatbestände derselben Nummer oder im Falle der Nummern 3 und 4 dieser beiden Nummern zurückzuführen sind. [4]Ein-

künfte der Nummer 7 sind auch mit Einkünften nach der jeweiligen Nummer auszugleichen, auf deren Tatbestände die Einkünfte der Nummer 7 zurückzuführen sind. [5] Positive Einkünfte aus einem Staat können nicht mit negativen Einkünften derselben Art aus demselben Staat aus vorhergehenden VZ ausgeglichen werden, wenn hinsichtlich der positiven Einkünfte eine im DBA vorgesehene Rückfallklausel eingreift und die positiven Einkünfte deshalb als Besteuerungsgrundlage zu erfassen sind.

Betriebsstättenprinzip

(2) [1] Für jede ausländische Betriebsstätte ist gesondert zu prüfen, ob negative Einkünfte vorliegen. [2] Negative Einkünfte aus einer nicht aktiven gewerblichen Betriebsstätte dürfen nicht mit positiven Einkünften aus einer aktiven gewerblichen Betriebsstätte ausgeglichen werden.

Prüfung der Aktivitätsklausel

(3) [1] Ob eine gewerbliche Betriebsstätte ausschließlich oder fast ausschließlich eine aktive Tätigkeit nach § 2a Abs. 2 EStG zum Gegenstand hat, ist für jedes Wirtschaftsjahr gesondert zu prüfen. [2] Maßgebend ist hierfür das Verhältnis der Bruttoerträge. [3] Soweit es sich um Verluste zu Beginn bzw. am Ende einer Tätigkeit handelt, ist nach der funktionalen Betrachtungsweise festzustellen, ob diese Verluste im Hinblick auf die aufzunehmende oder anlaufende aktive Tätigkeit entstanden oder nach Ende der Tätigkeit durch diese verursacht worden sind.

Gesamtrechtsnachfolge

(4) Soweit im Rahmen des UmwStG ein Verlust i. S. d. § 10d Abs. 4 Satz 2 EStG übergeht, geht auch die Verpflichtung zur Nachversteuerung nach § 52 Abs. 3 Satz 5, 6 und 8 EStG[1] über.

Umwandlung

(5) Umwandlung i. S. d. § 52 Abs. 3 Satz 8 EStG[1] ist nicht nur eine solche nach dem Umwandlungsgesetz oder i. S. d. UmwStG, d. h. eine Einbringung der ausländischen Betriebsstätte in eine Kapitalgesellschaft gegen Gewährung von Gesellschaftsrechten, vielmehr jede Form des „Aufgehens" der Betriebsstätte in eine Kapitalgesellschaft.

Verlustausgleich

(6) Negative und positive Einkünfte nach § 2a Abs. 1 EStG sind in der Weise miteinander auszugleichen, dass die positiven und ggf. tarifbegünstigten Einkünfte um die negativen Einkünfte der jeweils selben Art und aus demselben Staat, in den Fällen des § 2a Abs. 1 Satz 1 Nr. 6 Buchstabe b derselben Art, zu vermindern sind.

Zusammenveranlagung

(7) Bei zusammenveranlagten Ehegatten sind negative Einkünfte nach § 2a Abs. 1 EStG des einen Ehegatten mit positiven Einkünften des anderen Ehegatten der jeweils selben Art und aus demselben Staat, in den Fällen des § 2a

[1] **[Amtl. Anm.:]** Jetzt § 52 Abs. 2 Satz 3 EStG.

Abs. 1 Satz 1 Nr. 6 Buchstabe b derselben Art, auszugleichen oder zu verrechnen, soweit sie nicht mit eigenen positiven Einkünften ausgeglichen oder verrechnet werden können.

Anwendung von § 3 Nr. 40, § 3c EStG

(8) Die Verrechnung von negativen Einkünften nach § 2a Abs. 1 EStG mit positiven Einkünften der jeweils selben Art und aus demselben, in den Fällen des § 2a Abs. 1 Satz 1 Nr. 6 Buchstabe b derselben Art, erfolgt jeweils nach Anwendung des § 3 Nr. 40 und des § 3c EStG.

H 2a

Allgemeines. § 2a Abs. 1 EStG schränkt für die dort abschließend aufgeführten Einkünfte aus Quellen in Drittstaaten den Verlustausgleich und Verlustabzug ein. Hiervon ausgenommen sind nach § 2a Abs. 2 EStG insbesondere negative Einkünfte aus einer gewerblichen Betriebsstätte in einem Drittstaat, die die dort genannten Aktivitätsvoraussetzungen erfüllt. Der eingeschränkte Verlustausgleich bedeutet, dass die negativen Einkünfte nur mit positiven Einkünften derselben Art (→ R 2a) und aus demselben Staat ausgeglichen werden dürfen. Darüber hinaus dürfen sie in den folgenden VZ mit positiven Einkünften derselben Art und aus demselben Staat verrechnet werden. Die in einem VZ nicht ausgeglichenen oder verrechneten negativen Einkünfte sind zum Schluss des VZ gesondert festzustellen. Die Regelungen in § 2a Abs. 1 und 2 EStG wirken sich bei negativen Einkünften aus Drittstaaten, mit denen kein DBA besteht oder mit denen ein DBA besteht, nach dem die Einkünfte von der deutschen Besteuerung nicht freigestellt sind, unmittelbar auf die Besteuerungsgrundlage aus. Bei nach DBA steuerfreien Einkünften wirkt sich § 2a Abs. 1 und 2 EStG im Rahmen des Progressionsvorbehalts auf den Steuersatz aus (→ H 32b und → BFH vom 17.11.1999 – BStBl. 2000 II S. 605).

Demgegenüber ermöglichte § 2a Abs. 3 EStG in der bis einschließlich VZ 1998 geltenden Fassung (Bekanntmachung vom 16.4.1997 – BGBl. I S. 821, nachfolgend EStG a. F.) auf Antrag den Verlustausgleich und Verlustabzug für Verluste aus gewerblichen Betriebsstätten in einem ausländischen Staat, mit dem ein DBA besteht, wenn die Einkünfte nach dem DBA in Deutschland steuerbefreit und die Aktivitätsvoraussetzungen des § 2a Abs. 2 EStG a. F. erfüllt sind. Fallen in einem späteren VZ insgesamt positive gewerbliche Einkünfte aus diesem Staat an, ist eine → Nachversteuerung durchzuführen. In diesem Fall ist ein Betrag bis zur Höhe des abgezogenen Verlustes bei der Ermittlung des G. d. E. hinzuzurechnen (§ 52 Abs. 2 EStG i. V. m. § 2a Abs. 3 Satz 3 bis 6 EStG a. F.).

Beteiligungen an inländischen Körperschaften mit Drittstaatenbezug (§ 2a Abs. 1 Satz 1 Nr. 7 EStG).

Beispiel 1 (Einkünfte nur nach § 2a Abs. 1 Satz 1 Nr. 7 EStG):

Der Stpfl. hält im Betriebsvermögen eine Beteiligung an der inländischen Kapitalgesellschaft A, die eine nicht aktive gewerbliche Betriebsstätte im Staat X hat. Außerdem hat er im Privatvermögen eine Beteiligung an der inländischen Kapitalgesellschaft B, die ebenfalls über eine nicht aktive gewerbliche Betriebsstätte im Staat X (kein EU-/EWR-Staat) ver-

fügt. Während die A in den Jahren 01 bis 03 in ihrer ausländischen Betriebsstätte Verluste erleidet, erzielt die B in diesem Zeitraum Gewinne. Im Jahr 02 nimmt der Stpfl. eine Teilwertabschreibung auf die Beteiligung an der A vor. Im Jahr 03 veräußert der Stpfl. die Beteiligung an der B und erzielt hieraus einen Veräußerungsgewinn nach § 17 EStG.
Die Gewinnminderung auf Grund der Teilwertabschreibung in 02 erfüllt einen Tatbestand des § 2a Abs. 1 Satz 1 Nr. 7 (hier Buchst. a) i. V. m. Nr. 2 EStG.
Die Veräußerung der Beteiligung an der B in 03 erfüllt einen Tatbestand des § 2a Abs. 1 Satz 1 Nr. 7 (hier Buchst. c) i. V. m. Nr. 2 EStG. Die negativen Einkünfte aus der Teilwertabschreibung in 02 sind daher in 03 mit dem Veräußerungsgewinn zu verrechnen.

Beispiel 2 (Einkünfte nach § 2a Abs. 1 Satz 1 Nr. 7 und Nr. 1 bis 6 EStG):
Der Stpfl. hat eine nicht aktive gewerbliche Betriebsstätte im Staat X und eine Beteiligung an einer inländischen Kapitalgesellschaft A, die in X ebenfalls eine nicht aktive gewerbliche Betriebsstätte unterhält. Während der Stpfl. mit seiner ausländischen Betriebsstätte Gewinne erzielt, erleidet die ausländische Betriebsstätte der A Verluste. Der Stpfl. veräußert die Beteiligung an der A mit Verlust.
Die negativen Einkünfte aus der Veräußerung der Beteiligung erfüllen einen Tatbestand des § 2a Abs. 1 Satz 1 Nr. 7 (Buchst. a oder c) i. V. m. Nr. 2 EStG. Sie sind mit den positiven Einkünften aus der eigengewerblichen ausländischen Betriebsstätte auszugleichen, da diese Betriebsstätte den Tatbestand des § 2 a Abs. 1 Satz 1 Nr. 2 EStG erfüllt.

Betriebsstätte. → § 12 AO.[1]

Einkünfteermittlung. Die Einkünfte sind unabhängig von der Einkünfteermittlung im Drittstaat nach den Vorschriften des deutschen Einkommensteuerrechts zu ermitteln. Dabei sind alle Betriebsausgaben oder Werbungskosten zu berücksichtigen, die mit den im Drittstaat erzielten Einnahmen in wirtschaftlichem Zusammenhang stehen.

Einkunftsart i. S. d. § 2 a Abs. 1 EStG.

- Welche Einkunftsart i. S. d. § 2a Abs. 1 EStG vorliegt, richtet sich nur nach den im Drittstaat gegebenen Merkmalen (sog. isolierende Betrachtungsweise, → BFH vom 21.8.1990 – BStBl. 1991 II S. 126).
- Eine nach deutschem Steuerrecht gebotene Umqualifizierung durch § 8 Abs. 2 KStG ist ohne Bedeutung (→ BFH vom 31.3.2004 – BStBl. II S. 742).

Nachversteuerung.

- **Allgemeines.** § 2a Abs. 3 EStG in der bis einschließlich VZ 1998 geltenden Fassung (Bekanntmachung vom 16.4.1997 – BGBl. I S. 821, nachfolgend EStG a. F.) ermöglichte auf Antrag den Verlustausgleich und Verlustabzug für Verluste aus gewerblichen Betriebsstätten in einem ausländischen Staat, mit dem ein DBA besteht, wenn die Einkünfte nach dem DBA in Deutschland steuerbefreit und die Aktivitätsvoraussetzungen des § 2a Abs. 2 EStG a. F. erfüllt sind.

  § 2a Abs. 3 EStG i. d. F. der Bekanntmachung vom 16.4.1997 (BGBl. I S. 821) lautete:

  „(3) [1] Sind nach einem Abkommen zur Vermeidung der Doppelbesteuerung bei einem unbeschränkt Steuerpflichtigen aus einer in einem ausländischen Staat belegenen Be-

---

[1] **Steuergesetze** Nr. **800**. – Siehe auch R 2.9/H 2.9 GewStR/GewStH (Nr. **450**) und den „Betriebsstättenerlass" v. 24.12.1999, BStBl. I 1999, 1076, geänd. durch BMF v. 20.11.2000, BStBl. I 2000, 1509, v. 25.8.2009, BStBl. I 2009, 888, v. 16.4.2010, BStBl. I 2010, 354, v. 20.6.2013, BStBl. I 2013, 980, v. 26.9.2014, BStBl. I 2014, 1258, und ergänzt durch BMF v. 22.12.2016, BStBl. I 2017, 182 (**Steuererlasse** Nr. **800** § 12/1).

triebsstätte stammende Einkünfte aus gewerblicher Tätigkeit von der Einkommensteuer zu befreien, so ist auf Antrag des Steuerpflichtigen ein Verlust, der sich nach den Vorschriften des inländischen Steuerrechts bei diesen Einkünften ergibt, bei der Ermittlung des Gesamtbetrags der Einkünfte abzuziehen, soweit er vom Steuerpflichtigen ausgeglichen oder abgezogen werden könnte, wenn die Einkünfte nicht von der Einkommensteuer zu befreien wären, und soweit er nach diesem Abkommen zu befreiende positive Einkünfte aus gewerblicher Tätigkeit aus anderen in diesem ausländischen Staat belegenen Betriebsstätten übersteigt. [2] Soweit der Verlust dabei nicht ausgeglichen wird, ist bei Vorliegen der Voraussetzungen des § 10d der Verlustabzug zulässig. [3] Der nach den Sätzen 1 und 2 abgezogene Betrag ist, soweit sich in einem der folgenden Veranlagungszeiträume bei den nach diesem Abkommen zu befreienden Einkünften aus gewerblicher Tätigkeit aus in diesem ausländischen Staat belegenen Betriebsstätten insgesamt ein positiver Betrag ergibt, in dem betreffenden Veranlagungszeitraum bei der Ermittlung des Gesamtbetrags der Einkünfte wieder hinzuzurechnen. [4] Satz 3 ist nicht anzuwenden, wenn der Steuerpflichtige nachweist, daß nach den für ihn geltenden Vorschriften des ausländischen Staates ein Abzug von Verlusten in anderen Jahren als dem Verlustjahr allgemein nicht beansprucht werden kann. [5] Der am Schluß eines Veranlagungszeitraums nach den Sätzen 3 und 4 der Hinzurechnung unterliegende und noch nicht hinzugerechnete (verbleibende) Betrag ist gesondert festzustellen; § 10d Abs. 3 gilt entsprechend. [6] In die gesonderte Feststellung nach Satz 5 einzubeziehen ist der nach § 2 Abs. 1 Satz 3 und 4 des Gesetzes über steuerliche Maßnahmen bei Auslandsinvestitionen der deutschen Wirtschaft vom 18. August 1969 (BGBl. I S. 1214), das zuletzt durch Artikel 8 des Gesetzes vom 25. Juli 1988 (BGBl. I S. 1093) geändert worden ist, der Hinzurechnung unterliegende und noch nicht hinzugerechnete Betrag."

Fallen in einem späteren VZ insgesamt positive gewerbliche Einkünfte aus diesem Staat an, ist eine Nachversteuerung durchzuführen. In diesem Fall ist ein Betrag bis zur Höhe des abgezogenen Verlustes bei der Ermittlung des G. d. E. hinzuzurechnen (§ 52 Abs. 2 EStG i. V. m. § 2a Abs. 3 Satz 3 bis 6 EStG a. F.).

Der nach § 2a Abs. 3 Satz 1 und 2 EStG a. F. abgezogene Betrag ist, soweit sich in einem der folgenden VZ bei den nach diesem Abkommen zu befreienden Einkünften aus gewerblicher Tätigkeit aus in diesem ausländischen Staat belegenen Betriebsstätten insgesamt ein positiver Betrag ergibt, in dem betreffenden VZ bei der Ermittlung des G. d. E. wieder hinzuzurechnen (§ 2a Abs. 3 Satz 3 EStG a. F.). § 2a Abs. 3 Satz 3 EStG a. F. ist auch dann anzuwenden, wenn nach den Vorschriften des ausländischen Staates ein Abzug von Verlusten in anderen Jahren als dem Verlustjahr allgemein nicht beansprucht werden kann (→ § 52 Abs. 2 Satz 3 EStG). Der am Schluss eines VZ nach dem § 2a Abs. 3 Satz 3 und 4 EStG a. F. der Hinzurechnung unterliegende und noch nicht hinzugerechnete (verbleibende) Betrag ist gesondert festzustellen; § 10d Abs. 4 EStG gilt entsprechend. In die gesonderte Feststellung nach § 2a Abs. 1 Satz 5 einzubeziehen ist der nach § 2 Abs. 1 Satz 3 und 4 AIG der Hinzurechnung unterliegende und noch nicht hinzugerechnete Betrag.
→ § 52 Abs. 2 Satz 3 EStG.

Eine Nachversteuerung kommt nach § 52 Abs. 2 Satz 3 EStG außerdem in Betracht, soweit eine in einem ausländischen Staat belegene Betriebsstätte

– in eine Kapitalgesellschaft umgewandelt,
– übertragen oder
– aufgegeben

wird. Die Nachversteuerung erfolgt in diesen Fällen auf folgender Rechtsgrundlage:

Wird eine in einem ausländischen Staat belegene Betriebsstätte

1. in eine Kapitalgesellschaft umgewandelt oder
2. entgeltlich oder unentgeltlich übertragen oder
3. aufgegeben, jedoch die ursprünglich von der Betriebsstätte ausgeübte Geschäftstätigkeit ganz oder teilweise von einer Gesellschaft, an der der inländische Stpfl. zu mindestens 10% unmittelbar oder mittelbar beteiligt ist, oder von einer ihm nahestehenden Person i. S. d. § 1 Abs. 2 AStG fortgeführt,

ist ein nach § 2a Abs. 3 Satz 1 und 2 EStG a. F. abgezogener Verlust, soweit er nach § 2a Abs. 3 Satz 3 EStG a. F. nicht wieder hinzugerechnet worden ist oder nicht noch hinzuzurechnen ist, im VZ der Umwandlung, Übertragung oder Aufgabe in entsprechender Anwendung des § 2a Abs. 3 Satz 3 EStG a. F. dem G. d. E. hinzuzurechnen. Dies gilt entsprechend bei Beendigung der unbeschränkten Einkommensteuerpflicht durch Aufgabe des Wohnsitzes oder des gewöhnlichen Aufenthalts sowie bei Beendigung der Ansässigkeit im Inland aufgrund der Bestimmungen eines DBA.

→ § 52 Abs. 2 Satz 3 EStG.

– **Einzelfragen.**
  - Nachversteuerung auch, wenn sich Verluste nur aufgrund deutscher Gewinnermittlungsvorschriften ergeben haben; Gleiches gilt, wenn in dem ausländischen Staat wegen vorgeschriebener pauschalierter Gewinnermittlung keine Verluste ausgewiesen werden können.
  - In Veräußerungsfällen ist bei der Hinzurechnung weder der Freibetrag nach § 16 Abs. 4 EStG noch die Tarifermäßigung nach § 34 EStG zu gewähren (→ BFH vom 16.11.1989 – BStBl. 1990 II S. 204).
  - Nachversteuerung auch hinsichtlich der Verluste, die vor 1982 abgezogen worden sind (→ BFH vom 20.9.1989 – BStBl. 1990 II S. 112).
  - Wird eine Personengesellschaft im Ausland als juristische Person besteuert, steht dies der Anwendung des § 52 Abs. 2 Satz 3 EStG i. V. m. § 2a Abs. 3 Satz 3, 5 und 6 EStG a. F. nicht entgegen (→ BFH vom 16.11.1989 – BStBl. 1990 II S. 204).
  - Die Entscheidung, ob und in welcher Weise sich positive gewerbliche Einkünfte i. S. d. § 52 Abs. 2 Satz 3 EStG i. V. m. § 2a Abs. 3 Satz 3, 5 und 6 EStG a. F. auswirken, ist im Veranlagungsverfahren zu treffen. Im Rahmen eines evtl. Feststellungsverfahrens hat das Betriebsstättenfinanzamt lediglich sämtliche tatsächlichen und rechtlichen Voraussetzungen festzustellen (→ BFH vom 21.8.1990 – BStBl. 1991 II S. 126).

Prüfung der Aktivitätsklausel.

– Sowohl der Handel mit Grundstücken als auch derjenige mit Rechten fallen nicht unter den Begriff „Lieferung von Waren“ i. S. d. § 2a Abs. 2 EStG (→ BFH vom 18.7.2001 – BStBl. 2003 II S. 48).

– Der Handel mit Jagd- und Sportmunition ist keine Lieferung von Waffen i. S. d. § 2a Abs. 2 EStG (→ BFH vom 30.4.2003 – BStBl. II S. 918).

– Auf einem Datenträger verkörperte Standardsoftware ist „Ware" i. S. d. § 2a Abs. 2 EStG (→ BFH vom 28.10.2008 – BStBl. 2009 II S. 527).

Verlustabzug in Erbfällen.
– Negative Einkünfte des Erblassers i. S. d. § 2a Abs. 1 EStG gehen nicht im Wege der Erbfolge auf den Erben über (→ R 10d Abs. 9 Satz 9, → BFH vom 23.10.2019 – BStBl. 2021 II S. 138);
– Nachversteuerung gem. § 2a Abs. 3 EStG a. F. → R 10d Abs. 9 Satz 13;
– Hinzurechnung bei Verlusten nach § 2 AIG → R 10d Abs. 9 Satz 14.

Verluste bei beschränkter Haftung (§ 15a EStG). → R 15a Abs. 5.

Verluste aus VZ vor 1992. Negative ausländische Einkünfte, die in den VZ 1985 bis 1991 entstanden und bis zum VZ 1991 einschließlich nicht ausgeglichen worden sind, sind in die VZ ab 1992 zeitlich unbegrenzt vorzutragen (→ BFH vom 30.6.2005 – BStBl. II S. 641).

Zu § 3 EStG
(§ 4 EStDV)

R 3.0 Steuerbefreiungen nach anderen Gesetzen, Verordnungen und Verträgen

[1] Gesetze und Verordnungen, die die Deckung des Landbedarfs der öffentlichen Hand regeln, bestimmen zum Teil, dass Geschäfte und Verhandlungen, die der Durchführung der Landbeschaffung und der Landentschädigung dienen, von allen Gebühren und Steuern des Bundes, der Länder und der sonstigen öffentlichen Körperschaften befreit sind. [2] Die Befreiung erstreckt sich nicht auf die Einkommensteuer für Gewinne aus diesen Rechtsgeschäften.

H 3.0

Steuerbefreiungen nach anderen Gesetzen, Verordnungen und Verträgen.
– Unterschiedsbeträge nach § 17 Abs. 1 Arbeitssicherstellungsgesetz;[1)]
– Leistungen nach § 17 Conterganstiftungsgesetz.[2)]

H 3.1 Zu § 3 Nr. 1

Allgemeines.
– Leistungen aus der gesetzlichen Kranken- und Unfallversicherung sind Bar- und Sachleistungen (→ §§ 21–22 SGB I).[3)]
– Zur Rechtsnachfolge bei diesen Leistungen (→ §§ 56–59 SGB I).

Krankenversicherung. Steuerfrei sind auch Leistungen aus einer ausländischen Krankenversicherung (→ BFH vom 26.5.1998 – BStBl. II S. 581).

---

1) G v. 9.7.1968, BGBl. I 1968, 787, zuletzt geänd. durch G v. 23.6.2021, BGBl. I 2021, 1858 (**Arbeitsrecht** Nr. **101**).
2) G v. 25.6.2009, BGBl. I 2009, 1537, zuletzt geänd. durch G v. 9.7.2021, BGBl. I 2021, 2512.
3) **Aichberger SGB** Nr. **1**.

Unfallversicherung. Die Steuerfreiheit kann auch für Leistungen aus einer ausländischen gesetzlichen Unfallversicherung in Betracht kommen (→ BFH vom 7.8.1959 – BStBl. III S. 462).

R 3.2 Zu § 3 Nr. 2

[1] Aus dem Ausland bezogenes Arbeitslosengeld gehört nicht zu den nach § 3 Nr. 2 EStG steuerfreien Leistungen. [2] Es handelt sich dabei um wiederkehrende Bezüge i. S. d. § 22 Nr. 1 EStG, die ggf. nach dem DBA mit einem ausländischen Staat steuerfrei sein können.

H 3.2 Zu § 3 Nr. 2

Existenzgründerzuschuss. Zuschüsse zur Förderung von Existenzgründern aus Mitteln des Europäischen Sozialfonds und aus Landesmitteln sind nicht steuerfrei, wenn sie nicht der Aufstockung des Überbrückungsgeldes nach dem SGB III dienen (→ BFH vom 26.6.2002 – BStBl. II S. 697).

Leistungen nach dem SGB III. → R 3.2 LStR 2015.

H 3.6 Zu § 3 Nr. 6

Bezüge aus EU-Mitgliedstaaten. § 3 Nr. 6 EStG ist auch auf Bezüge von Kriegsbeschädigten und gleichgestellten Personen anzuwenden, die aus öffentlichen Mitteln anderer EU-Mitgliedstaaten gezahlt werden (→ BFH vom 22.1.1997 – BStBl. II S. 358).

Gesetzliche Bezüge der Wehr- und Zivildienstbeschädigten, Kriegsbeschädigten, ihrer Hinterbliebenen und der ihnen gleichgestellten Personen. → R 3.6 LStR 2015.

H 3.7 Zu § 3 Nr. 7

Allgemeines. Steuerfrei sind insbesondere folgende Leistungen, soweit sie nicht in Form zurückzahlbarer Darlehen, z. B. Eingliederungsdarlehen, gewährt werden:

Flüchtlingshilfegesetz (FlüHG).

- Laufende Beihilfe – Beihilfe zum Lebensunterhalt.
- Besondere laufende Beihilfe (§§ 10 bis 16a FlüHG).

Lastenausgleichsgesetz (LAG).

- Hauptentschädigung – einschließlich des Zinszuschlags i. S. d. § 250 Abs. 3 und des § 252 Abs. 2 LAG – (§§ 243 bis 252, 258 LAG).
- Kriegsschadenrente – Unterhaltshilfe und Entschädigungsrente – (§§ 261 bis 292c LAG).
- Hausratentschädigungen (§§ 293 bis 297 LAG), Leistungen aus dem Härtefonds (§§ 301, 301a, 301b LAG).
- Leistungen aufgrund sonstiger Förderungsmaßnahmen (§ 302 LAG).

H 3.8 Zu § 3 Nr. 8

Wiedergutmachungsleistungen. → Bundesentschädigungsgesetz; → Bundesgesetz zur Wiedergutmachung nationalsozialistischen Unrechts in der

Kriegsopferversorgung; → Bundesgesetz zur Wiedergutmachung nationalsozialistischen Unrechts in der Kriegsopferversorgung für Berechtigte im Ausland; → Entschädigungsrentengesetz; → Wiedergutmachungsrecht der Länder.

H 3.11 Zu § 3 Nr. 11

Beihilfen. Entscheidendes Merkmal der Beihilfe ist ihre Unentgeltlichkeit und Einseitigkeit. Leistungen, die im Rahmen eines entgeltlichen Austauschgeschäfts erbracht werden, können nicht als Beihilfe qualifiziert werden. Danach sind die von den Jugendämtern an Vollzeitpflegeeltern geleisteten → Pflegegelder nach § 3 Nr. 11 EStG steuerfrei. Demgegenüber sind Pflegesätze, die an ein erwerbsmäßig betriebenes Kinderhaus für die Unterbringung von Kindern gezahlt werden, keine Beihilfen i. S. d. § 3 Nr. 11 EStG (→ BFH vom 23.9.1998 – BStBl. 1999 II S. 133).

Beihilfen und Unterstützungen, die wegen Hilfsbedürftigkeit gewährt werden. → R 3.11 LStR 2015.

Beihilfen zu Lebenshaltungskosten können die Erziehung und Ausbildung, nicht aber die Wissenschaft und Kunst unmittelbar fördern (→ BFH vom 27.4.2006 – BStBl. II S. 755).

Erziehungs- und Ausbildungsbeihilfen. → H 3.11 (Steuerfreiheit nach § 3 Nr. 11 EStG) LStH.

Öffentliche Stiftung. Eine öffentliche Stiftung liegt vor, wenn

a) die Stiftung selbst juristische Person des öffentlichen Rechts ist **oder**
b) das Stiftungsvermögen im Eigentum einer juristischen Person des öffentlichen Rechts steht **oder**
c) die Stiftung von einer juristischen Person des öffentlichen Rechts verwaltet wird.

Zur Definition der öffentlichen Stiftung → BVerfGE 15 S. 46, 66.[1] Im Übrigen richtet sich der Begriff nach Landesrecht.

Pflegegeld.
- Zur Behandlung der Geldleistungen für Kinder in **Vollzeitpflege** und anderen Betreuungsverhältnissen nach den §§ 32 bis 35 sowie 42 und 42a SGB VIII → BMF vom 31.8.2021 (BStBl. I S. 1802).[2]
- Zur Behandlung der Geldleistungen für Kinder in **Kindertagespflege** → BMF vom 11.11.2016 (BStBl. I S. 1236).
- → Beihilfen.

H 3.12 Zu § 3 Nr. 12

Aufwandsentschädigungen aus öffentlichen Kassen. → R 3.12 LStR 2015.
→ H 3.11 (Öffentliche Kassen) LStH.

---

1) BVerfG v. 6.11.1962 2 BvR 151/60, DÖV 1963, 262.
2) Zur Zahlung aus öffentlichen Mitteln bei Zwischenschaltung eines freien Trägers der Jugendhilfe siehe BFH v. 25.3.2021 VIII R 37/19, BStBl. II 2021, 685.

H 3.13 Zu § 3 Nr. 13

Reisekostenvergütungen, Umzugskostenvergütungen und Trennungsgelder aus öffentlichen Kassen. → R 3.13 LStR 2015.
→ H 3.11 (Öffentliche Kassen) LStH.

H 3.14 Zu § 3 Nr. 14

Zuschüsse zur Krankenversicherung der Rentner. Die Steuerbefreiung gilt auch für Zuschüsse gem. §§ 106 und 315 SGB VI.[1)]

H 3.26 Zu § 3 Nr. 26

Steuerbefreiung für nebenberufliche Tätigkeiten.[2)·3)] → R 3.26 LStR 2015.

R 3.26a[3)] Zu § 3 Nr. 26a

(1) Voraussetzung der Begünstigung des § 3 Nr. 26a EStG ist, unabhängig davon, ob die nebenberufliche Tätigkeit im Dienst oder Auftrag einer juristischen Person des öffentlichen Rechts oder einer unter § 5 Abs. 1 Nr. 9 KStG fallenden Einrichtung ausgeübt wird, dass die Tätigkeit der Förderung gemeinnütziger, mildtätiger oder kirchlicher Zwecke dient.

(2) Bei Vorliegen auch der übrigen gesetzlichen Voraussetzungen können ehrenamtlich tätige Schiedsrichter im Amateurbereich – im Gegensatz zu Amateursportlern – die Steuerbefreiung nach § 3 Nr. 26a EStG in Anspruch nehmen.

H 3.26a Zu § 3 Nr. 26a

Anwendungsschreiben. → BMF vom 21.11.2014 (BStBl. I S. 1581).

H 3.26b Zu § 3 Nr. 26b

Anwendungsschreiben. → BMF vom 21.11.2014 (BStBl. I S. 1581).

R 3.29 Zu § 3 Nr. 29

§ 3 Nr. 29 EStG findet auf Wahlkonsuln keine Anwendung.

H 3.29 Zu § 3 Nr. 29

Wiener Übereinkommen.

– Vom 18.4.1961 über diplomatische Beziehungen (WÜD), für die Bundesrepublik Deutschland in Kraft getreten am 11.12.1964 (BGBl. II S. 959).
– Vom 24.4.1963 über konsularische Beziehungen (WÜK), für die Bundesrepublik Deutschland in Kraft getreten am 7.10.1971 (BGBl. 1969 II S. 1587).

---

1) **Aichberger SGB** Nr. **6**.

2) Zur Berücksichtigung von Verlusten aus einer Übungsleitertätigkeit siehe BFH v. 20.12.2017 III R 23/15, BStBl. II 2019, 469, und v. 20.11.2018 VIII R 17/16, BStBl. II 2019, 422.

3) Zur Tätigkeit in regionalen Impf-/Testzentren und mobilen Impf-/Testteams zur Durchführung von Impfungen gegen SARS-CoV-2 und von Tests zur Feststellung einer SARS-CoV-2-Infektion siehe OFD Ffm v. 13.2.2023 – S 2331 A – 49 – St 210, StEd 2023, 256.

Inhalte:

1. Nach dem WÜD ist u.a. ein Diplomat einer ausländischen Mission und nach dem WÜK ein Konsularbeamter einer ausländischen konsularischen Vertretung, sofern er weder die deutsche Staatsangehörigkeit besitzt noch im Geltungsbereich des EStG ständig ansässig ist, im Geltungsbereich des EStG von allen staatlichen, regionalen und kommunalen Personal- und Realsteuern oder -abgaben befreit (Artikel 34 WÜD – Artikel 49 Abs. 1 und Artikel 71 Abs. 1 WÜK).
2. Die Befreiung gilt u.a. nicht für Steuern und sonstige Abgaben von privaten Einkünften, deren Quelle sich im Empfangsstaat befindet. Das bedeutet, dass ein ausländischer Diplomat oder ein ausländischer Konsularbeamter nur mit seinen inländischen Einkünften i.S.d. § 49 EStG steuerpflichtig ist und auch dann nur, soweit nicht § 3 Nr. 29 EStG eingreift oder in einem DBA abweichende Regelungen getroffen sind. Die bezeichneten Personen sind somit im Geltungsbereich des EStG nur beschränkt einkommensteuerpflichtig (§ 1 Abs. 4 EStG).
3. Gleiches gilt auch
   a) für die zum Haushalt eines ausländischen Diplomaten gehörenden Familienmitglieder, wenn sie nicht die deutsche Staatsangehörigkeit besitzen (Artikel 37 Abs. 1 WÜD),
   b) für die Familienmitglieder, die im gemeinsamen Haushalt eines Konsularbeamten einer ausländischen konsularischen Vertretung leben (Artikel 49 Abs. 1 WÜK), wenn sie weder die deutsche Staatsangehörigkeit besitzen noch im Geltungsbereich des EStG ständig ansässig sind (Artikel 71 Abs. 2 WÜK).
4. Familienmitglieder i.S.d. beiden Wiener Übereinkommen sind:
   a) der Ehegatte und die minderjährigen Kinder der privilegierten Person, vorausgesetzt, dass sie mit ihr in einem Haushalt leben. Eine vorübergehende Abwesenheit, z.B. zum auswärtigen Studium, ist hierbei ohne Bedeutung,
   b) die volljährigen unverheirateten Kinder sowie die Eltern und Schwiegereltern der privilegierten Person – unter der Voraussetzung der Gegenseitigkeit –, soweit sie mit der privilegierten Person in einem Haushalt leben und von ihr wirtschaftlich abhängig sind. Die Frage der wirtschaftlichen Abhängigkeit ist nach den Einkommens- und Vermögensverhältnissen des betreffenden Familienmitglieds von der Steuerverwaltung des Aufenthaltsstaates zu beurteilen. Diese Beurteilung erfolgt im Einzelfall nach der Abgabe einer Erklärung über das Einkommen und das Vermögen des betreffenden Familienmitglieds.
5. Für andere als die unter Nummer 4 genannten Personen (entferntere Verwandte der privilegierten Person in gerader Linie oder in der Seitenlinie) kommt eine Anwendung des Artikels 37 WÜD oder des Artikels 49 WÜK grundsätzlich nicht in Betracht. In besonderen Fällen prüft das Auswärtige Amt im Einvernehmen mit den zuständigen Bundesressorts, ob die besonderen Umstände dieses Falles eine andere Entscheidung rechtfertigen.

6. Die Mitglieder/Bediensteten des Verwaltungs- und technischen Personals ausländischer Missionen/konsularischer Vertretungen und die zu ihrem Haushalt gehörenden sowie die mit ihnen im gemeinsamen Haushalt lebenden Familienmitglieder sind wie Diplomaten/Konsularbeamte zu behandeln, wenn sie weder deutsche Staatsangehörige noch im Geltungsbereich des EStG ständig ansässig sind (Artikel 37 Abs. 2 WÜD, Artikel 49 Abs. 1 und Artikel 71 Abs. 2 WÜK).
7. Bei Mitgliedern des dienstlichen Hauspersonals einer ausländischen Mission bzw. einer ausländischen konsularischen Vertretung sind die Dienstbezüge im Geltungsbereich des EStG steuerfrei, wenn diese Personen weder deutsche Staatsangehörige noch im Geltungsbereich des EStG ständig ansässig sind (Artikel 37 Abs. 3 WÜD – Artikel 49 Abs. 2 und Artikel 71 Abs. 2 WÜK).
8. Bei privaten Hausangestellten sind die Bezüge, die sie von Mitgliedern einer ausländischen Mission aufgrund ihres Arbeitsverhältnisses erhalten, steuerfrei, wenn sie weder deutsche Staatsangehörige noch im Geltungsbereich des EStG ständig ansässig sind (Artikel 37 Abs. 4 WÜD).
9. Anderen Mitgliedern des Personals einer ausländischen Mission und privaten Hausangestellten, die deutsche Staatsangehörige sind oder die im Geltungsbereich des EStG ständig ansässig sind, steht Steuerfreiheit nur insoweit zu, als besondere Regelungen, z. B. in DBA, für den Geltungsbereich des EStG getroffen sind (Artikel 38 Abs. 2 WÜD).
10. Vom Tage des Inkrafttretens des WÜD bzw. des WÜK ist die Verwaltungsanordnung der Bundesregierung vom 13.10.1950 (MinBlFin 1950 S. 631) nur noch auf Mitglieder solcher ausländischer Missionen oder ausländischer konsularischer Vertretungen und die dort bezeichneten Bediensteten anzuwenden, deren Entsendestaat dem WÜD oder dem WÜK noch nicht rechtswirksam beigetreten ist.

R 3.40 Zu § 3 Nr. 40

Teileinkünfteverfahren

Bei der Veräußerung einbringungsgeborener Anteile ist R 3.40 EStR 2008 weiter anzuwenden.[1)]

[1)] **R 3.40 EStR 2008** lautet:
„Halbeinkünfteverfahren
[1] Erfolgt die Veräußerung einbringungsgeborener Anteile, für die § 21 UmwStG in der am 21.5.2003 geltenden Fassung (UmwStG a. F.) gem. § 27 Abs. 3 Nr. 3 UmwStG weiterhin anzuwenden ist, innerhalb von sieben Jahren nach der Einbringung, ist der Veräußerungsgewinn nach § 52 Abs. 4b Satz 2 EStG i. V. m. § 3 Nr. 40 Satz 3 EStG in der am 12.12.2006 geltenden Fassung (EStG a. F.) in vollem Umfang steuerpflichtig, da kein Fall des § 3 Nr. 40 Satz 4 EStG a. F. (Rückausnahme) vorliegt. [2] Dieselbe Rechtsfolge (Vollbesteuerung) mit ein, wenn innerhalb der Sieben-Jahres-Frist keine Veräußerung stattfindet, sondern ein Antrag nach § 21 Abs. 2 Satz 1 Nr. 1 UmwStG a. F. gestellt wird. [3] Mit Besteuerung der in den einbringungsgeborenen Anteilen enthalten stillen Reserven nach § 21 Abs. 2 Satz 1 Nr. 1 UmwStG a. F. verlieren die Anteile ihre Eigenschaft, „einbringungsgeboren“ zu sein. [4] Werden diese Anteile später veräußert, findet in den Fällen des § 17 EStG und in den Fällen des § 23 EStG in der bis zum 31.12.2008 geltenden Fassung § 3 Nr. 40 EStG Anwendung.“

H 3.40 Zu § 3 Nr. 40

Sondervergütungen für Gesellschafterdarlehen. Sondervergütungen eines Mitunternehmers für die Hingabe von Darlehen i. S. d. § 15 Abs. 1 Satz 1 Nr. 2 EStG unterliegen auch dann nicht der anteiligen Steuerbefreiung nach § 3 Nr. 40 EStG, wenn sie ihrerseits aus nach § 3 Nr. 40 EStG teilweise steuerbefreiten Einnahmen beglichen wurden (→ BFH vom 6.2. 2020 – BStBl. II S. 448).

Wertaufholungen. Wertaufholungen nach § 6 Abs. 1 Nr. 2 Satz 3 EStG, denen in früheren Jahren sowohl voll steuerwirksame als auch nur teilweise steuerwirksame Abschreibungen von Anteilen auf den niedrigeren Teilwert vorangegangen sind, sind zunächst mit den nur teilweise steuerwirksamen und erst danach – mit der Folge der vollen Steuerpflicht daraus resultierender Gewinne – mit den voll steuerwirksamen Teilwertabschreibungen zu verrechnen (→ BFH vom 19.8.2009 – BStBl. 2010 II S. 760).

H 3.42 Zu § 3 Nr. 42

Fulbright-Abkommen. Neues Fulbright-Abkommen vom 20.11.1962, in Kraft getreten am 24.1.1964, → BGBl. II S. 27, 215.

R 3.44 Zu § 3 Nr. 44

[1] Die Prüfung, ob die Voraussetzungen für die Steuerfreiheit der Stipendien vorliegen, hat für inländische Stipendiengeber das Finanzamt vorzunehmen, das für die Veranlagung des Stipendiengebers zur Körperschaftsteuer zuständig ist oder zuständig wäre, wenn der Geber steuerpflichtig wäre. [2] Dieses Finanzamt hat auf Anforderung des Stipendienempfängers oder des für ihn zuständigen Finanzamts eine Bescheinigung über die Voraussetzungen des § 3 Nr. 44 Satz 3 Buchstabe a und b EStG zu erteilen. [3] Auch eine in der EU oder dem EWR ansässige Körperschaft, Personenvereinigung oder Vermögensmasse i. S. d. § 5 Abs. 1 Nr. 9 KStG kann steuerfreie Stipendien vergeben, soweit sie bei sinngemäßer Anwendung der §§ 51 ff. AO gemeinnützig wäre und ein Amtshilfeabkommen mit dem Ansässigkeitsstaat besteht. [4] Das Vorliegen der Voraussetzungen der §§ 51 ff. AO hat der Stipendienempfänger gegenüber dem für ihn zuständigen Finanzamt durch Vorlage entsprechender Unterlagen (z. B. Satzung, Tätigkeitsbericht) nachzuweisen.

H 3.44[1] Zu § 3 Nr. 44

Beihilfen zum Lebensunterhalt.

- Die Steuerbefreiung von Forschungsstipendien nach § 3 Nr. 44 EStG umfasst sowohl die der Erfüllung der Forschungsaufgaben (Sachbeihilfen) als auch die der Bestreitung des Lebensunterhalts dienenden Zuwendungen (→ BFH vom 20.3.2003 – BStBl. 2004 II S. 190).
- Zum Lebensunterhalt gehören die Mittel, die benötigt werden, um dem Stpfl. ein menschenwürdiges Leben in einem sozialen Umfeld zu sichern. Er umfasst die unentbehrlichen Aufwendungen für Wohnung, Verpfle-

[1] Siehe im Einzelnen OFD Ffm v. 9.4.2019 – S 2121 A – 013 – St 231, StEd 2019, 343.

gung, Kleidung, Ausbildung, Gesundheit, angemessene Freizeitgestaltung und andere notwendige Ausgaben dieser Art. Dabei ist das Alter des Stpfl., seine akademische Vorbildung sowie dessen nach der Verkehrsauffassung typische Lebenshaltungskosten in seiner sozialen Situation zu berücksichtigen. Das Stipendium übersteigt den für die Bestreitung des Lebensunterhalts erforderlichen Betrag nicht, wenn es über die zuvor aus einem Beschäftigungsverhältnis bezogenen Einnahmen nicht wesentlich hinausgeht (→ BFH vom 24.2.2015 – BStBl. II S. 691).

Stipendien. Zwischen einem nach § 3 Nr. 44 EStG steuerfrei gewährten Stipendium für Studienzwecke und den im Zusammenhang mit dem Stipendium entstehenden Mehraufwendungen besteht regelmäßig ein unmittelbarer wirtschaftlicher Zusammenhang i. S. d. § 3c EStG (→ BFH vom 9.11.1976 – BStBl. 1977 II S. 207).

H 3.45 Zu § 3 Nr. 45

Verfassungsmäßigkeit. Soweit § 3 Nr. 45 EStG auf Arbeitnehmer beschränkt ist, liegt darin keine Verletzung des Gleichheitssatzes (→ BFH vom 21.6.2006 – BStBl. II S. 715).

H 3.65 Zu § 3 Nr. 65

Insolvenzsicherung. → R 3.65 LStR 2015.

Zu § 3a EStG

H 3a

Restschuldbefreiung bei Betriebsaufgabe. → H 16 (9) Restschuldbefreiung.

Zu § 3c EStG

H 3c

Anwendung des Teileinkünfteverfahrens in der steuerlichen Gewinnermittlung (für Beteiligungen von nicht mehr als 25 %). → BMF vom 23.10.2013 (BStBl. I S. 1269).

Hinzurechnungsbetrag. Hinzurechnungen nach §§ 7, 10 AStG sind keine Einnahmen i. S. d. § 3c Abs. 1 EStG (→ BFH vom 7.9.2005 – BStBl. 2006 II S. 537).

Teilabzugsverbot bei Mitunternehmerschaften. Das Teilabzugsverbot des § 3c Abs. 2 EStG findet in dem Umfang auf Betriebsausgaben der Gesamthand keine Anwendung, wie diese Sondervergütungen der Gesellschafter i. S. d. § 15 Abs. 1 Satz 1 Nr. 2 EStG sind (→ BFH vom 6.2.2020 – BStBl. II S. 448).

Verfassungsmäßigkeit. § 3c Abs. 2 Satz 2 EStG i. d. F. des JStG 2010 (jetzt: Satz 7) ist verfassungsgemäß (→ BFH vom 2.9.2014 – BStBl. 2015 II S. 57).

Zusammenhang mit steuerfreien Einnahmen. Ein unmittelbarer wirtschaftlicher Zusammenhang mit steuerfreien Einnahmen liegt vor, wenn Einnahmen und Ausgaben durch dasselbe Ereignis veranlasst sind. Dies ist der Fall, wenn steuerfreie Einnahmen dazu bestimmt sind, Aufwendungen zu ersetzen, die mit Einkünften i. S. d. § 2 EStG in wirtschaftlichem Zusammenhang stehen. Daraus folgt, dass die Steuerfreiheit von Einnahmen, die der Erstattung von Ausgaben dienen, durch § 3c Abs. 1 EStG rückgängig gemacht wird. Eine Aufteilung der Ausgaben in einen abziehbaren und einen nicht abziehbaren Teil nach dem Verhältnis der steuerfreien zu den steuerpflichtigen Einnahmen kommt nicht in Betracht. Diese Wirkungsweise des § 3c Abs. 1 EStG rechtfertigt sich daraus, dass erstattete Ausgaben den Stpfl. nicht belasten und daher seine steuerpflichtigen Einkünfte auch nicht mindern dürfen (→ BFH vom 27.4.2006 – BStBl. II S. 755).[1]

Zu § 4 EStG
(§§ 6 und 8 EStDV)

R 4.1 Betriebsvermögensvergleich

Betriebe der Land- und Forstwirtschaft

(1) [1]Bei einem Betrieb der Land- und Forstwirtschaft ist der Gewinn durch Betriebsvermögensvergleich nach § 4 Abs. 1 EStG zu ermitteln, wenn der Land- und Forstwirt nach den §§ 140, 141 AO verpflichtet ist, für diesen Betrieb Bücher zu führen und auf Grund jährlicher Bestandsaufnahmen Abschlüsse zu machen. [2]Werden für den Betrieb freiwillig Bücher geführt und auf Grund jährlicher Bestandsaufnahmen Abschlüsse gemacht, ist der Gewinn durch Betriebsvermögensvergleich nach § 4 Abs. 1 EStG zu ermitteln, wenn der Antrag nach § 13a Abs. 2 EStG gestellt worden ist oder der Gewinn aus anderen Gründen nicht nach § 13a EStG zu ermitteln ist.

Gewerbliche Betriebe

(2) [1]Bei einem gewerblichen Betrieb, für den die Verpflichtung besteht, Bücher zu führen und auf Grund jährlicher Bestandsaufnahmen Abschlüsse zu machen oder für den freiwillig Bücher geführt und regelmäßig Abschlüsse gemacht werden, muss der Gewerbetreibende den Gewinn durch Betriebsvermögensvergleich nach § 5 EStG ermitteln. [2]Für Handelsschiffe im internationalen Verkehr kann der Gewinn auf Antrag nach § 5a EStG ermittelt werden. [3]Werden für einen gewerblichen Betrieb, für den Buchführungspflicht besteht, keine Bücher geführt, oder ist die Buchführung nicht ordnungsmäßig (→ R 5.2 Abs. 2), ist der Gewinn nach § 5 EStG unter Berücksichtigung der Verhältnisse des Einzelfalles, unter Umständen unter Anwendung von Richtsätzen,[2] zu schätzen. [4]Das Gleiche gilt, wenn für einen gewerblichen Betrieb freiwillig Bücher geführt und Abschlüsse gemacht werden, die Buchführung jedoch nicht ordnungsmäßig ist. [5]Bei gewerblichen Betrieben, bei denen die

[1] Zur Kürzung des Werbungskostenabzugs bei steuerfreien Leistungen aus einem Stipendium siehe BFH v. 29.9.2022 VI R 34/20, BStBl. II 2023, 142.

[2] Richtsatzsammlung für 2021 siehe BMF v. 28.11.2022, BStBl. I 2022, 1608, 1609.

Voraussetzungen der Sätze 1 bis 4 nicht vorliegen, kann der Gewinn durch Einnahmenüberschussrechnung nach § 4 Abs. 3 EStG ermittelt werden, wenn der Gewerbetreibende für den Betrieb diese Gewinnermittlungsart gewählt hat.

Personengesellschaften

(3) Absätze 1 und 2 gelten sinngemäß.

Beteiligung an einer ausländischen Personengesellschaft[1)]

(4) [1] Sind unbeschränkt steuerpflichtige Personen an einer ausländischen Personengesellschaft beteiligt, die im Inland weder eine Betriebsstätte unterhält, noch einen ständigen Vertreter bestellt hat, ist der Gewinn der Personengesellschaft zur Ermittlung der Höhe der Gewinnanteile der unbeschränkt steuerpflichtigen Personen nach § 4 Abs. 1 oder 3 EStG zu ermitteln. [2] Eine Buchführungspflicht nach § 140 AO kann auch eine ausländische Rechtsnorm begründen. [3] Bei der Gewinnermittlung nach § 4 Abs. 1 EStG sind alle Geschäftsvorfälle unter Beachtung der Grundsätze ordnungsmäßiger Buchführung zu berücksichtigen, auch wenn sie in einer ausländischen Währung ausgewiesen sind. [4] Das Ergebnis einer in ausländischer Währung aufgestellten Steuerbilanz ist in Euro nach einem Umrechnungsverfahren umzurechnen, das nicht gegen die deutschen Grundsätze ordnungsmäßiger Buchführung verstößt.

Ordnungsmäßigkeit der Buchführung

(5) [1] Für die Ordnungsmäßigkeit der Buchführung bei Gewinnermittlung nach § 4 Abs. 1 EStG gelten R 5.2 bis 5.4 sinngemäß. [2] § 141 Abs. 1 und § 142 AO bleiben unberührt.

H 4.1

Aufzeichnungs- und Buchführungspflichten

– von Angehörigen der freien Berufe → H 18.2 (Aufzeichnungspflicht);
– für das steuerliche Sonderbetriebsvermögen einer Personengesellschaft (→ R 4.2 Abs. 2) nach § 141 Abs. 1 AO obliegen nicht dem einzelnen Gesellschafter, sondern der Personengesellschaft (→ BFH vom 23.10.1990 – BStBl. 1991 II S. 401); Übertragung auf die Mitunternehmer ist nicht zulässig (→ BFH vom 11.3.1992 – BStBl. II S. 797). Die Gewinnermittlung für das Sonderbetriebsvermögen hat hierbei nach dem gleichen Gewinnermittlungszeitraum und nach der gleichen Gewinnermittlungsart wie bei der Personengesellschaft zu erfolgen (→ BFH vom 11.12.1986 – BStBl. 1987 II S. 553 und vom 11.3.1992 – BStBl. II S. 797).

Gewinnermittlung.

– Bei Beteiligung an ausländischer Personengesellschaft:
  - → R 4.1 Abs. 4 und BFH vom 13.9.1989 – BStBl. 1990 II S. 57.
  - Für Zwecke der Anwendung des Progressionsvorbehalts auf Gewinnanteile ist R 4.1 Abs. 4 entsprechend anzuwenden (→ BFH vom 22.5.1991 – BStBl. 1992 II S. 94).

---

1) Zur örtlichen Zuständigkeit für die gesonderte und einheitliche Feststellung der Gewinne ausländischer Personengesellschaften siehe AEAO Nr. 6 zu § 18 AO (Nr. **800**).

- Ist die Personengesellschaft zur Buchführung und zur Aufstellung von Abschlüssen verpflichtet oder tut sie dies freiwillig, steht dem Mitunternehmer für die inländische Gewinnermittlung kein eigenes Wahlrecht zu, seinen Gewinn durch Einnahmenüberschussrechnung zu ermitteln (→ BFH vom 25.6.2014 – BStBl. 2015 II S. 141).[1]

– Bei Handelsschiffen im internationalen Verkehr: → BMF vom 12.6.2002 (BStBl. I S. 614) unter Berücksichtigung der Änderungen durch BMF vom 31.10.2008 (BStBl. I S. 956) und vom 10.9.2013 (BStBl. I S. 1152).

– Bei Land- und Forstwirtschaft:
- → R 13.5;
- → Buchführung in land- und forstwirtschaftlichen Betrieben → BMF vom 15.12.1981 (BStBl. I S. 878).

Gewinnschätzung.

– Bei einem gewerblichen Betrieb, für den keine Buchführungspflicht besteht, für den freiwillig keine Bücher geführt werden und für den nicht festgestellt werden kann, dass der Stpfl. die Gewinnermittlung nach § 4 Abs. 3 EStG gewählt hat (→ BFH vom 30.9.1980 – BStBl. 1981 II S. 301), ist der Gewinn nach § 4 Abs. 1 EStG unter Berücksichtigung der Verhältnisse des Einzelfalles, unter Umständen unter Anwendung von Richtsätzen,[2] zu schätzen. Hat der Stpfl. dagegen für den Betrieb zulässigerweise die Gewinnermittlung nach § 4 Abs. 3 EStG gewählt, ist auch eine Gewinnschätzung in dieser Gewinnermittlungsart durchzuführen (→ BFH vom 2.3.1982 – BStBl. 1984 II S. 504);

– bei abweichendem Wj. → R 4a Abs. 4;

– bei einem Freiberufler, der seinen Gewinn für ein vom Kj. abweichendes Wj. ermittelt hat, → H 4a (Freiberufler).

R 4.2 Betriebsvermögen

Allgemeines

(1) [1]Wirtschaftsgüter, die ausschließlich und unmittelbar für eigenbetriebliche Zwecke des Stpfl. genutzt werden oder dazu bestimmt sind, sind **notwendiges Betriebsvermögen.** [2]Eigenbetrieblich genutzte Wirtschaftsgüter sind auch dann notwendiges Betriebsvermögen, wenn sie nicht in der Buchführung und in den Bilanzen ausgewiesen sind. [3]Wirtschaftsgüter, die in einem gewissen objektiven Zusammenhang mit dem Betrieb stehen und ihn zu fördern bestimmt und geeignet sind, können – bei Gewinnermittlung durch Betriebsvermögensvergleich (→ R 4.1) oder durch Einnahmenüberschussrechnung (→ R 4.5) – als **gewillkürtes Betriebsvermögen** behandelt werden. [4]Wirtschaftsgüter, die nicht Grundstücke oder Grundstücksteile sind und die zu mehr als 50% eigenbetrieblich genutzt werden, sind in vollem Umfang notwendiges Betriebsvermögen. [5]Werden sie zu mehr als 90% privat genutzt, gehören sie in vollem Umfang zum notwendigen Privatvermögen. [6]Bei einer betrieblichen Nutzung von mindestens 10% bis zu 50%

[1] Bestätigt durch BFH v. 10.12.2014 I R 3/13, BFH/NV 2015, 667; s. auch BFH v. 12.9.2018 I B 15/18, BFH/NV 2022, 8, v. 20.4.2021 IV R 3/20, DStR 2021, 1806.

[2] Richtsatzsammlung für 2021 siehe BMF v. 28.11.2022, BStBl. I 2022, 1608, 1609.

ist eine Zuordnung dieser Wirtschaftsgüter zum gewillkürten Betriebsvermögen in vollem Umfang möglich. [7] Wird ein Wirtschaftsgut in mehreren Betrieben des Stpfl. genutzt, ist die gesamte eigenbetriebliche Nutzung maßgebend.

H 4.2 (1)

Anwartschaften auf Hinterbliebenenversorgung bei Betriebsaufspaltung. Im Fall einer Betriebsaufspaltung sind Anwartschaften auf Hinterbliebenenversorgung, die auf einer dem Geschäftsführer der Betriebs-Kapitalgesellschaft erteilten Pensionszusage beruhen, im Besitzunternehmen auch dann nicht bereits während der Anwartschaftszeit zu aktivieren, wenn in der Betriebs-Kapitalgesellschaft die Zuführungsbeträge zur Pensionsrückstellung, soweit sie auf die Hinterbliebenenversorgung entfallen, als vGA zu beurteilen sind (→ BFH vom 23.3.2011 – BStBl. 2012 II S. 188).

Beteiligungen.

– Eine Beteiligung gehört zum **notwendigen Betriebsvermögen,** wenn sie dazu bestimmt ist, die betriebliche Betätigung des Stpfl. entscheidend zu fördern, oder wenn sie dazu dient, den Absatz von Produkten oder Dienstleistungen des Stpfl. zu gewährleisten (→ BFH vom 10.4.2019 – BStBl. II S. 474). Eine rechtliche oder faktische Beherrschung der Kapitalgesellschaft ist nicht erforderlich. Eine Förderung der betrieblichen Betätigung des Stpfl. erfordert, dass der Stpfl. seine Beteiligung an der Kapitalgesellschaft zum Wohle seines Einzelgewerbebetriebs einsetzt. Dies ist regelmäßig dann gegeben, wenn zwischen der Kapitalgesellschaft und dem Einzelgewerbebetrieb eine intensive und nachhaltige Geschäftsbeziehung besteht, die sich für den Einzelgewerbebetrieb als erheblich vorteilhaft erweist und dieser Vorteil seine Ursache im Gesellschaftsverhältnis hat. Im Rahmen einer derartigen Geschäftsbeziehung wird die Kapitalbeteiligung erst recht zum Zwecke der Förderung des Einzelgewerbebetriebs eingesetzt, wenn diesem hierdurch fremdunübliche Vorteile verschafft werden (→ BFH vom 12.6.2019 – BStBl. II S. 518). Der Zuordnung einer Beteiligung zum notwendigen Betriebsvermögen steht nicht entgegen, wenn die dauerhaften und intensiven Geschäftsbeziehungen nicht unmittelbar zu der Beteiligungsgesellschaft bestehen, sondern zu einer Gesellschaft, die von der Beteiligungsgesellschaft beherrscht wird (→ BFH vom 10.4.2019 – BStBl. II S. 474).
– **Anteil eines Steuerberaters an einer GmbH,** deren Betrieb der Steuerberatungspraxis wesensfremd ist, gehört auch dann nicht zum Betriebsvermögen, wenn er in der Absicht erworben wurde, das steuerliche Mandat der GmbH zu erlangen (→ BFH vom 22.1.1981 – BStBl. II S. 564), oder wenn die anderen Gesellschafter der GmbH Mandanten des Steuerberaters sind und der Beteiligung wirtschaftliches Eigengewicht beizumessen ist (→ BFH vom 23.5.1985 – BStBl. II S. 517). Der Anteil eines Steuerberaters an einer GmbH gehört dagegen zum notwendigen Betriebsvermögen, wenn er ihn zur Begleichung seiner Honoraransprüche zu dem Zweck erhält, ihn später unter Realisierung einer Wertsteigerung zu veräußern (→ BFH vom 1.2.2001 – BStBl. II S. 546).

– **Anteil an Wohnungsbau-GmbH** kann zum notwendigen Betriebsvermögen eines Malermeisters gehören (→ BFH vom 8.12.1993 – BStBl. 1994 II S. 296).
– Freiwillig gezeichnete **Genossenschaftsanteile** sind nur dann notwendiges Betriebsvermögen, wenn sie für den Betrieb eine konkrete und unmittelbare Funktion besitzen (→ BFH vom 4.2.1998 – BStBl. II S. 301).
– Die Zuordnung der **Beteiligung an einer Komplementär-GmbH** zum notwendigen Betriebsvermögen eines Betriebsaufspaltungs-Besitzunternehmens wird nicht schon dadurch ausgeschlossen, dass die Komplementär-GmbH weder zum Besitzunternehmen noch zur Betriebs-Kapitalgesellschaft unmittelbare Geschäftsbeziehungen unterhält. In derartigen Fällen setzt eine Zuordnung zum notwendigen Betriebsvermögen voraus, dass die Komplementär-GmbH entscheidenden Einfluss auf den Geschäftsbetrieb der Gesellschaft (GmbH & Co. KG) besitzt, die aufgrund ihrer intensiven und dauerhaften Geschäftsbeziehungen zum Betriebsunternehmen die gewerbliche Betätigung des Stpfl. entscheidend fördert. Weiterhin ist erforderlich, dass der Stpfl. seinerseits durch das Halten der Beteiligung an der Komplementär-GmbH in der Lage ist, deren Einfluss auf das geschäftliche Verhalten der GmbH & Co. KG maßgeblich zu fördern (→ BFH vom 12.6.2013 – BStBl. II S. 907).
– → Wertpapiere.
– → H 18.2 (Geldgeschäfte).

Bodenschatz.
– Zu der Frage, wann ein im Eigentum des Grundstückseigentümers stehender Bodenschatz als Wirtschaftsgut entsteht und ob ein solches Wirtschaftsgut dem Betriebs- oder Privatvermögen zuzuordnen ist → BMF vom 7.10.1998 (BStBl. I S. 1221).
– Das selbständige Wirtschaftsgut Bodenschatz stellt weder notwendiges noch gewillkürtes Betriebsvermögen eines land- und forstwirtschaftlichen Betriebs dar, wenn es ausschließlich zum Zweck des gewerblichen Abbaus durch Dritte erworben wurde (→ BFH vom 24.1.2008 – BStBl. 2009 II S. 449).
– Land- und Forstwirte können im eigenen Grund und Boden entdeckte Bodenschätze, deren Ausbeute einem Pächter übertragen ist, nicht als gewillkürtes Betriebsvermögen behandeln (→ BFH vom 28.10.1982 – BStBl. 1983 II S. 106).
– → H 6.12.

Darlehensforderung eines Steuerberaters gegen seinen Mandanten ist notwendiges Betriebsvermögen, wenn das Darlehen gewährt wurde, um eine Honorarforderung zu retten (→ BFH vom 22.4.1980 – BStBl. II S. 571).

Dividendenansprüche. Keine phasengleiche Aktivierung von Dividendenansprüchen bei Beteiligung einer Kapitalgesellschaft an einer anderen Kapitalgesellschaft, wenn nicht durch objektiv nachprüfbare Umstände belegt ist, dass am maßgeblichen Bilanzstichtag ein unwiderruflicher Entschluss zur

Ausschüttung eines bestimmten Betrags vorliegt → BFH vom 7.2.2007 (BStBl. 2008 II S. 340). Dies gilt auch für die Bilanzierung von Gewinnansprüchen in Fällen, in denen Gesellschafter einer Kapitalgesellschaft bilanzierende Einzelunternehmer oder Personengesellschaften sind, sowie in Fällen einer Betriebsaufspaltung, wenn sich die Beteiligung an einer Kapitalgesellschaft im Sonderbetriebsvermögen II des Gesellschafters einer Personengesellschaft befindet. Die Rechtsgrundsätze gelten auch für Bilanzstichtage nach Inkrafttreten des BiRiLiG (→ BFH vom 31.10.2000 – BStBl. 2001 II S. 185); → aber Zinsansprüche aus Genussrechten.

Durchlaufende Posten. Durchlaufende Posten sind auch bei Betriebsvermögensvergleich grundsätzlich gewinnneutral zu behandeln. Die Gewinnneutralität ergibt sich durch Aktivierung bzw. Passivierung gleich hoher Wertzugänge und Wertabgänge. Bei Gewinnermittlung durch Betriebsvermögensvergleich setzt die Gewinnneutralität nicht voraus, dass das Geschäft erkennbar in fremdem Namen und für fremde Rechnung getätigt wird. Die Gewinnneutralität findet ihre Grenze in § 159 AO (→ BFH vom 13.8.1997 – BStBl. 1998 II S. 161).

Eiserne Verpachtung. Zur Gewinnermittlung bei der Verpachtung von Betrieben mit Substanzerhaltungspflicht des Pächters nach §§ 582a, 1048 BGB → BMF vom 21.2.2002 (BStBl. I S. 262).

Erwerb mit betrieblichen Mitteln. Ein Wirtschaftsgut gehört nicht schon allein deshalb zum notwendigen Betriebsvermögen, weil es mit betrieblichen Geldmitteln erworben wurde (→ BFH vom 18.12.1996 – BStBl. 1997 II S. 351).

Forderungen.

- Gem. § 252 Abs. 1 Nr. 4 zweiter Halbsatz HGB sind Forderungen nur zu berücksichtigen, wenn sie am Abschlussstichtag realisiert sind. Diese Voraussetzung liegt vor, wenn eine Forderung entweder rechtlich bereits entstanden ist oder die für die Entstehung wesentlichen wirtschaftlichen Ursachen im abgelaufenen Geschäftsjahr gesetzt worden sind und der Kaufmann mit der künftigen rechtlichen Entstehung des Anspruchs fest rechnen kann. Dies ist z. B. der Fall, wenn der Leistungsverpflichtete die von ihm geschuldete Erfüllungshandlung erbracht hat; danach sind Provisionsansprüche aus Vermittlungsleistungen mit Abschluss des jeweiligen Kaufvertrages und der Vereinbarung des Leistungsentgeltes, spätestens mit der Lieferung an den Auftraggeber, realisiert (→ BFH vom 3.8.2005 – BStBl. 2006 II S. 20).
- Nicht entstandene Rückgriffsansprüche sind als Forderungen nur zu berücksichtigen, soweit sie einem Ausfall der Forderung unmittelbar nachfolgen und nicht bestritten sind (→ BFH vom 8.11.2000 – BStBl. 2001 II S. 349).
- Umstrittene Forderungen können erst am Schluss des Wj. angesetzt werden, in dem über den Anspruch rechtskräftig entschieden wird oder in dem eine Einigung mit dem Schuldner zustande kommt (→ BFH vom 14.3.2006 – BStBl. II S. 650).

Gewillkürtes Betriebsvermögen.

– Die Stpfl. haben kein (freies) Wahlrecht, gewillkürtes Betriebsvermögen oder Privatvermögen zu bilden. Vielmehr muss für die Bildung gewillkürten Betriebsvermögens eine betriebliche Veranlassung gegeben sein. Die Wirtschaftsgüter müssen objektiv „betriebsdienlich" sein. Die Willkürung muss ihr auslösendes Moment im Betrieb haben. Deshalb muss der Stpfl. darlegen, welche Beziehung das Wirtschaftsgut zum Betrieb hat und welche vernünftigen wirtschaftlichen Überlegungen ihn veranlasst haben, das Wirtschaftsgut als Betriebsvermögen zu behandeln (→ BFH vom 24.2.2000 – BStBl. II S. 297).
– Die Zuordnung eines Wirtschaftsguts zum gewillkürten Betriebsvermögen bei Einlage muss unmissverständlich in einer Weise kundgemacht werden, dass ein sachverständiger Dritter ohne weitere Erklärung des Stpfl. die Zugehörigkeit zum Betriebsvermögen erkennen kann (→ BFH vom 22.9.1993 – BStBl. 1994 II S. 172).
– Die Zuordnung zum gewillkürten Betriebsvermögen erfordert, dass der notwendige Widmungsakt zeitnah in den Büchern oder in Aufzeichnungen dokumentiert wird (→ BFH vom 27.6.2006 – BStBl. II S. 874).
– Die Widmung setzt einen klar nach außen in Erscheinung tretenden Willensentschluss des Stpfl. voraus. Eine vom Finanzamt vorgenommene Zuordnung zum Betriebsvermögen führt selbst dann nicht zu einer solchen Widmung, wenn der Stpfl. die Auffassung des Finanzamts nur deshalb übernommen hat, weil er glaubte, ihr nicht mit Erfolg entgegentreten zu können (→ BFH vom 10.10.2017 – BStBl. 2018 II S. 181).
– Die Einlage von Wirtschaftsgütern als gewillkürtes Betriebsvermögen ist nicht zulässig, wenn erkennbar ist, dass die betreffenden Wirtschaftsgüter dem Betrieb keinen Nutzen, sondern nur Verluste bringen werden (→ BFH vom 19.2.1997 – BStBl. II S. 399).

Gewinnrealisierung.

– Der Zeitpunkt der Gewinnrealisierung wird beim Verkauf von Vermögensgegenständen im Allgemeinen als erfüllt angesehen, wenn der Vermögensgegenstand ausgeliefert, der Anspruch auf die Gegenleistung entstanden und die Gefahr des zufälligen Untergangs auf den Käufer übergegangen ist. Die Forderung aus dem Verkauf eines Grundstücks ist demnach mit dem Übergang von Besitz, Gefahr, Nutzen und Lasten realisiert (→ BFH vom 8.9.2005 – BStBl. 2006 II S. 26).
– Gewinnrealisierung ist bei Übertragung des wirtschaftlichen Eigentums an einem Grundstück auch anzunehmen, wenn der Käufer am Bilanzstichtag des Veräußerungsjahres noch das Recht hat, unter bestimmten Voraussetzungen vom Kaufvertrag zurückzutreten (→ BFH vom 25.1.1996 – BStBl. 1997 II S. 382). Zur Bildung einer Rückstellung → H 5.7 (1) Rückabwicklung.
– Der Gewinn aus einer Inkassotätigkeit ist realisiert, wenn und soweit dem Unternehmer für eine selbständig abrechenbare und vergütungsfähige (Teil-)Leistung gegenüber seinem Auftraggeber ein prinzipiell unentziehbarer Provisionsanspruch zusteht (→ BFH vom 29.11.2007 – BStBl. 2008 II S. 557).

– Die Gewinnrealisierung tritt bei Planungsleistungen eines Ingenieurs nicht erst mit der Abnahme oder Stellung der Honorarschlussrechnung ein, sondern bereits dann, wenn der Anspruch auf Abschlagszahlung nach § 8 Abs. 2 Honorarordnung für Architekten und Ingenieure (HOAI) a. F. entstanden ist (→ BFH vom 14.5.2014 – BStBl. II S. 968). Die Anwendung der Grundsätze dieses Urteils wird auf Abschlagszahlungen nach § 8 Abs. 2 HOAI a. F. (gilt für Leistungen, die bis zum 17.8.2009 vertraglich vereinbart wurden) begrenzt (→ BMF vom 15.3.2016 – BStBl. I S. 279).
– Der Provisionsanspruch des Handelsvertreters ist nicht zu aktivieren, solange er unter der aufschiebenden Bedingung der Ausführung des Geschäftes steht. Provisionsvorschüsse sind beim Empfänger als „erhaltene Anzahlungen" zu passivieren. Mit den Provisionsvorschüssen im Zusammenhang stehende Aufwendungen sind nicht als „unfertige Leistungen" zu aktivieren, wenn kein Wirtschaftsgut entstanden ist (→ BFH vom 26.4.2018 – BStBl. II S. 536).
– Bei dem Anspruch des Insolvenzverwalters nach § 9 der Insolvenzrechtlichen Vergütungsverordnung handelt es sich um einen Anspruch auf Vorschuss auf die (endgültige) Vergütung, der bei einem bilanzierenden Insolvenzverwalter noch nicht zur Gewinnrealisierung führt (→ BFH vom 7.11.2018 – BStBl. 2019 II S. 224).

Gold.
– **Barrengold** kommt als gewillkürtes Betriebsvermögen jedenfalls für solche gewerblichen Betriebe nicht in Betracht, die nach ihrer Art oder Kapitalausstattung kurzfristig auf Liquidität für geplante Investitionen angewiesen sind (→ BFH vom 18.12.1996 – BStBl. 1997 II S. 351).
– **Zahngold;** zum notwendigen Betriebsvermögen eines Zahnarztes gehört nicht nur das zu sofortiger betrieblicher Verwendung angeschaffte Zahngold, sondern auch das aus Goldabfällen stammende Altgold sowie in der Regel das zu Beistellungszwecken erworbene Dentalgold (→ BFH vom 12.3.1992 – BStBl. 1993 II S. 36); der Erwerb von **Feingold** ist nicht betrieblich veranlasst (→ BFH vom 17.4.1986 – BStBl. II S. 607).

Instandhaltungsanspruch. Übernimmt der Pächter vertraglich die nach der gesetzlichen Regelung dem Verpächter obliegende Pflicht zur Instandhaltung der verpachteten Sache, ist der Instandhaltungsanspruch des Verpächters auch dann nicht zu aktivieren, wenn sich der Pächter mit der Instandhaltung im Rückstand befindet. Ist Pächter eine Personengesellschaft, wird der Instandhaltungsanspruch des verpachtenden Gesellschafters auch dann nicht nach den Grundsätzen der korrespondierenden Bilanzierung in dessen Sonderbilanz aktiviert, wenn die Gesellschaft in der Gesamthandsbilanz eine Rückstellung für rückständige Instandhaltungsverpflichtungen gebildet hat (→ BFH vom 12.2.2015 – BStBl. 2017 II S. 668).

Instandhaltungsrückstellung. Ein bilanzierender Stpfl., dem eine Eigentumswohnung gehört und der Zahlungen in eine von der Wohnungseigentümergemeinschaft gebildete Instandhaltungsrückstellung geleistet hat, muss seine Beteiligung an der Instandhaltungsrückstellung mit dem Betrag der geleisteten und noch nicht verbrauchten Einzahlungen aktivieren (→ BFH vom 5.10.2011 – BStBl. 2012 II S. 244).

Kreditgrundlage/Liquiditätsreserve.

– Wirtschaftsgüter, die weder zum notwendigen Betriebsvermögen noch zum notwendigen Privatvermögen gehören, können als gewillkürtes Betriebsvermögen berücksichtigt werden, wenn sie objektiv geeignet und vom Betriebsinhaber erkennbar dazu bestimmt sind, den Betrieb zu fördern. Förderungsmöglichkeiten in diesem Sinne bieten Wirtschaftsgüter insesondere auch, wenn sie als **Kreditgrundlage** oder **Liquiditätsreserve** geeignet sind oder z.B. **höhere Erträge** bringen. In Betracht kommen neben Bargeld oder Bankguthaben vor allem risikofreie und leicht liquidierbare Wertpapiere (→ BFH vom 18.12.1996 – BStBl. 1997 II S. 351 und vom 19.2.1997 – BStBl. II S. 399); → aber Termin- und Optionsgeschäfte.
– Ein Wirtschaftsgut gehört nicht schon allein deshalb zum notwendigen Betriebsvermögen, weil es mit betrieblichen Mitteln erworben wurde oder der **Sicherung betrieblicher Kredite** dient (→ BFH vom 13.8. 1964 – BStBl. III S. 502).
– → H 4.2 (2) Sonderbetriebsvermögen.

Leasing.[1] → BMF vom 19.4.1971 (BStBl. I S. 264), → BMWF vom 21.3. 1972 (BStBl. I S. 188), → BMF vom 22.12.1975 (DB 1976 S. 172), → BMF vom 23.12.1991 (BStBl. 1992 I S. 13).

Lebensversicherungen.

– Ein Anspruch aus einer Versicherung gehört zum notwendigen Privatvermögen, soweit das versicherte Risiko privater Natur und mithin der Abschluss der Versicherung privat veranlasst ist. Dies ist insbesondere der Fall, wenn die Versicherung von einem Unternehmen auf das Leben oder den Todesfall des (Mit-)Unternehmers oder eines nahen Angehörigen abgeschlossen wird (→ BFH vom 14.3.1996 – BStBl. 1997 II S. 343).
– Schließt ein Unternehmen einen Versicherungsvertrag auf das Leben oder den Tod eines fremden Dritten ab, und ist Bezugsberechtigter nicht der Dritte, sondern das Unternehmen, kann der Anspruch auf die Versicherungsleistung zum Betriebsvermögen gehören (→ BFH vom 14.3. 1996 – BStBl. 1997 II S. 343).
– Ansprüche aus Lebensversicherungsverträgen, die zur Tilgung oder Sicherung betrieblicher Darlehen dienen oder zu dienen bestimmt sind, werden durch die Abtretung oder Beleihung oder durch eine Hinterlegung der Police nicht zu Betriebsvermögen. Eine von einer Personengesellschaft auf das Leben ihrer Gesellschafter abgeschlossene Lebensversicherung (Teilhaberversicherung) gehört auch dann nicht zum Betriebsvermögen, wenn die Versicherungsleistungen zur Abfindung der Hinterbliebenen im Falle des Todes eines Gesellschafters verwendet werden sollen (→ BFH vom 6.2.1992 – BStBl. II S. 653).

---

[1] Zu Sale-and-lease-back-Gestaltungen mit Andienungsrecht des Leasinggebers siehe auch BFH v. 13.10.2016 IV R 33/13, BStBl. II 2018, 81.

– Schließt eine Personenhandelsgesellschaft eine Lebensversicherung auf das Leben eines Angehörigen eines Gesellschafters ab, können Ansprüche und Verpflichtungen aus dem Vertrag dem Betriebsvermögen zuzuordnen sein, wenn der Zweck der Vertragsgestaltung darin besteht, Mittel für die Tilgung betrieblicher Kredite anzusparen und das für Lebensversicherungen charakteristische Element der Absicherung des Todesfallrisikos bestimmter Personen demgegenüber in den Hintergrund tritt. Der Anspruch der Gesellschaft gegen den Versicherer ist in Höhe des geschäftsplanmäßigen Deckungskapitals zum Bilanzstichtag zu aktivieren. Die diesen Betrag übersteigenden Anteile der Prämienzahlungen sind als Betriebsausgaben abziehbar (→ BFH vom 3.3.2011 – BStBl. II S. 552).

Nutzungsänderung.
– → H 4.2 (4).
– → H 4.3 (2–4).

Nutzungsrechte/Nutzungsvorteile.
– Unentgeltlich erworbene Nutzungsrechte/Nutzungsvorteile sind keine selbständigen Wirtschaftsgüter (→ BFH vom 26.10.1987 – BStBl. 1988 II S. 348).
– Zur Berücksichtigung von Eigenaufwand und Drittaufwand → H 4.7 (Eigenaufwand für ein fremdes Wirtschaftsgut), (Drittaufwand).
– Nutzt ein Ehegatte einen Gebäudeteil eines im Miteigentum stehenden Einfamilienhauses für betriebliche Zwecke insgesamt in Ausübung seines Rechtes als Miteigentümer, ergibt sich für die über seinen Miteigentumsanteil hinausgehende Nutzung kein gesondertes Nutzungsrecht, das ein Wirtschaftsgut im Betriebsvermögen des Stpfl. bildet und stille Reserven entstehen lassen könnte. Die betriebliche Nutzung entfällt mit ihrer Beendigung steuerneutral (→ BMF vom 16.12.2016 – BStBl. I S. 1431).
– Die baurechtliche Nutzungsmöglichkeit von Grund und Boden stellt kein selbständiges Wirtschaftsgut „Nutzungsrecht“ dar, sondern lediglich einen für den Grund und Boden wertbildenden Faktor (→ BFH vom 10.3.2016 – BStBl. II S. 984).
– Der Sondernutzungsberechtigte hat über seinen Miteigentumsanteil hinaus in der Regel kein wirtschaftliches Eigentum an dem ihm zur Nutzung überlassenen Gemeinschaftseigentum (→ BFH vom 5.7.2018 – BStBl. II S. 798).

Schadensersatzforderung. Eine bestrittene Schadensersatzforderung ist auch nach Betriebsaufgabe noch Betriebsvermögen (→ BFH vom 10.2.1994 – BStBl. II S. 564).

Steuererstattungsansprüche. Zum Zeitpunkt der Aktivierung von in einem Musterverfahren gerichtlich bestätigten Steuererstattungsansprüchen, die vom Finanzamt bestritten worden waren, → BFH vom 31.8.2011 (BStBl. 2012 II S. 190).

Termin- und Optionsgeschäfte. Branchenuntypische Termin- und Optionsgeschäfte sind dem betrieblichen Bereich regelmäßig auch dann nicht zuzuordnen, wenn generell die Möglichkeit besteht, damit Gewinne zu erzielen.

Branchenuntypische Termingeschäfte sind betrieblich veranlasst, wenn sie der Absicherung unternehmensbedingter Kursrisiken dienen und nach Art, Inhalt und Zweck ein Zusammenhang mit dem Betrieb besteht, wobei das einzelne Termingeschäft nach den im Zeitpunkt des Vertragsabschlusses bekannten Umständen geeignet und dazu bestimmt sein muss, das Betriebskapital tatsächlich zu verstärken. Unbedingte Termingeschäfte und Optionsgeschäfte scheiden auch unter dem Gesichtspunkt einer betrieblichen Liquiditätsreserve im Falle branchenfremder Betätigungen als gewillkürtes Betriebsvermögen aus, da sie auf Grund ihres spekulativen Charakters in die Nähe von Spiel und Wette zu rücken sind (→ BFH vom 19.2.1997 – BStBl. II S. 399). Die Zuordnung von (Devisen-)Termingeschäften zum gewillkürten Betriebsvermögen setzt neben einem eindeutigen, nach außen manifestierten Widmungsakt des Unternehmers voraus, dass die Geschäfte im Zeitpunkt ihrer Widmung zu betrieblichen Zwecken objektiv geeignet sind, das Betriebskapital zu verstärken. Die objektive Eignung solcher Geschäfte zur Förderung des Betriebes ist bei branchenfremden Unternehmen nicht ohne weiteres ausgeschlossen, unterliegt aber wegen der hohen Risikoträchtigkeit der Geschäfte strengen Anforderungen (→ BFH vom 20.4.1999 – BStBl. II S. 466).

Umsatzsteuererstattungsansprüche. Umsatzsteuererstattungsansprüche aufgrund einer Rechnungskorrektur sind im Jahr der Rechnungskorrektur zu aktivieren (→ BFH vom 15.3.2012 – BStBl. II S. 719).

Vorsteueransprüche können bereits zu einem Zeitpunkt aktiviert werden, in dem noch keine berichtigten Rechnungen vorliegen (→ BFH vom 12.5.1993 – BStBl. II S. 786).

Wertpapiere.

– Können gewillkürtes Betriebsvermögen eines Gewerbebetriebs sein, wenn nicht bereits bei ihrem Erwerb oder ihrer Einlage erkennbar ist, dass sie dem Betrieb keinen Nutzen, sondern nur Verluste bringen (→ BFH vom 18.10.2006 – BStBl. 2007 II S. 259). Die Zurechnung von Wertpapieren zum gewillkürten Betriebsvermögen scheidet nicht allein deshalb aus, weil sie in spekulativer Absicht mit Kredit erworben und Kursverluste billigend in Kauf genommen wurden (→ BFH vom 19.2.1997 – BStBl. II S. 399).
– Werden durch ihre Verpfändung für Betriebskredite in der Regel nicht zum notwendigen Betriebsvermögen (→ BFH vom 17.3.1966 – BStBl. III S. 350).
– Erwirbt ein Rüben anbauender Landwirt Aktien einer Zuckerfabrik, die satzungsgemäß mit Anbau- und Lieferverpflichtung verbunden sind, spricht eine tatsächliche Vermutung dafür, dass er diese Wertpapiere nicht als bloße Kapitalanlage, sondern zu betrieblichen Zwecken angeschafft hat und dass ihm andererseits diese Aktien aber auch nur aus betrieblichen Gründen überlassen wurden. Diese Aktien sind auch dann notwendiges Betriebsvermögen, wenn die damit verbundenen Rechte und Pflichten viele Jahre nicht beansprucht oder eingefordert worden sind (→ BFH vom 11.12.2003 – BStBl. 2004 II S. 280).
– Werden einem selbstständigen Kursmakler Anteile einer AG zur Erfüllung seiner Courtageforderung übertragen, gelangen diese im Erwerbs-

zeitpunkt in das Betriebsvermögen (→ BFH vom 29.9.2016 – BStBl. 2017 II S. 339).

Wertpapierfonds. Der Anspruch auf Ausschüttungen eines Wertpapierfonds ist zu aktivieren, sobald nach den Vertragsbedingungen ein unmittelbarer schuldrechtlicher Anspruch auf Ausschüttung entstanden ist und ein konstitutiver Ausschüttungsbeschluss dazu nicht erforderlich ist (→ BFH vom 18.5.1994 – BStBl. 1995 II S. 54). Sofern in den Vertragsbedingungen lediglich ausgeführt wird, dass ordentliche Erträge grundsätzlich ausgeschüttet werden, führt dies alleine noch nicht zur Entstehung eines Ausschüttungsanspruchs. Vielmehr entsteht ein Ausschüttungsanspruch in diesen Fällen erst durch die Konkretisierung im Ausschüttungsbeschluss (→ BMF vom 18.8.2009 – BStBl. I S. 931, Rz. 28).

Windpark.
- Ein Windpark besteht aus mehreren selbständigen Wirtschaftsgütern. Jede Windkraftanlage, die in einem Windpark betrieben wird, stellt mit Fundament einschließlich des dazugehörigen Transformators nebst der verbindenden Verkabelung ein zusammengesetztes Wirtschaftsgut dar. Daneben ist die Verkabelung von den Transformatoren bis zum Stromnetz des Energieversorgers zusammen mit der Übergabestation als weiteres zusammengesetztes Wirtschaftsgut zu behandeln, soweit dadurch mehrere Windkraftanlagen miteinander verbunden werden. Auch die Zuwegung stellt ein eigenständiges Wirtschaftsgut dar (→ BFH vom 14.4.2011 – BStBl. II S. 696).
- → H 7.4 (Nutzungsdauer).

Wirtschaftsgut.
- **Auffüllrecht.** Das Recht, ein Grundstück mit Klärschlamm zu verfüllen, ist kein vom Grund und Boden verselbständigtes Wirtschaftsgut (→ BFH vom 20.3.2003 – BStBl. II S. 878).
- **Begriff.** Wirtschaftsgüter sind Sachen, Rechte oder tatsächliche Zustände, konkrete Möglichkeiten oder Vorteile für den Betrieb, deren Erlangung der Kaufmann sich etwas kosten lässt, die einer besonderen Bewertung zugänglich sind und zumindest mit dem Betrieb übertragen werden können (→ BFH vom 19.6.1997 – BStBl. II S. 808). Der Begriff des Wirtschaftsgutes setzt nicht voraus, dass es dem Betrieb einen Nutzen für mehrere Jahre bringt (→ BFH vom 26.11.2014 – BStBl. 2015 II S. 325).
- **Eingetauschte Wirtschaftsgüter.** Für notwendiges Betriebsvermögen eingetauschte Wirtschaftsgüter werden grundsätzlich zunächst (notwendiges) Betriebsvermögen (→ BFH vom 18.12.1996 – BStBl. 1997 II S. 351).
  → H 6b.1 (Entnahme, Tausch).
- **Leitungsanlagen** als selbständige Wirtschaftsgüter → BMF vom 30.5.1997 (BStBl. I S. 567).
- **Verlustbringende Wirtschaftsgüter.** Wirtschaftsgüter, die bisher im Privatvermögen geführt wurden, dürfen nicht in das – gewillkürte – Betriebsvermögen aufgenommen werden, wenn damit lediglich der Zweck verfolgt wird, sich bereits abzeichnende Verluste aus dem Privatvermögen

in den betrieblichen Bereich zu verlagern. Entsprechendes gilt, wenn beim Erwerb des Wirtschaftsgutes bereits erkennbar ist, dass der Erwerb dem Betrieb keinen Nutzen, sondern nur Verluste bringen kann (→ BFH vom 19.2.1997 – BStBl. II S. 399).

– **Virtuelle Währungen** und sonstige **Token.** → BMF vom 10.5.2022 (BStBl. I S. 668), Rn. 31 f., 41.

Zinsansprüche aus Genussrechten. Zinsansprüche aus Genussrechten entstehen im Gegensatz zu → Dividendenansprüchen nicht erst durch einen Gewinnverwendungsbeschluss als selbständiges Recht, sondern bereits mit Ablauf des zugrunde liegenden Zinszeitraums. Sie sind daher in der Bilanz des Wj. zu aktivieren, in dem der Zinszeitraum abläuft. Dies gilt auch dann, wenn nach den Genussrechtsbedingungen der Schuldner die Ansprüche nicht bedienen muss, solange hierdurch bei ihm ein Bilanzverlust entstehen oder sich erhöhen würde (→ BFH vom 18.12.2002 – BStBl. 2003 II S. 400).

Zuzahlung des Veräußerers. → H 6.2.

R **4.2 (2)**

Betriebsvermögen bei Personengesellschaften

(2) [1]Das Betriebsvermögen i.S.d. Absatzes 1 umfasst bei einer Personengesellschaft sowohl die Wirtschaftsgüter, die zum Gesamthandsvermögen der Mitunternehmer gehören, als auch diejenigen Wirtschaftsgüter, die einem, mehreren oder allen Mitunternehmern gehören (Sonderbetriebsvermögen).[1)] [2]Wirtschaftsgüter, die einem, mehreren oder allen Mitunternehmern gehören und die nicht Gesamthandsvermögen der Mitunternehmer der Personengesellschaft sind, gehören zum **notwendigen Betriebsvermögen,** wenn sie entweder unmittelbar dem Betrieb der Personengesellschaft dienen (Sonderbetriebsvermögen I) oder unmittelbar zur Begründung oder Stärkung der Beteiligung des Mitunternehmers an der Personengesellschaft eingesetzt werden sollen (Sonderbetriebsvermögen II). [3]Solche Wirtschaftsgüter können zum **gewillkürten Betriebsvermögen** gehören, wenn sie objektiv geeignet und subjektiv dazu bestimmt sind, den Betrieb der Gesellschaft (Sonderbetriebsvermögen I) oder die Beteiligung des Gesellschafters (Sonderbetriebsvermögen II) zu fördern. [4]Auch ein einzelner Gesellschafter kann gewillkürtes Sonderbetriebsvermögen bilden.

H **4.2 (2)**

Anteile an Kapitalgesellschaften.

– **Allgemeines**

• Die Beteiligung an einer Kapitalgesellschaft gehört zum notwendigen Sonderbetriebsvermögen II des Mitunternehmers, wenn sie der Begründung oder Stärkung seiner Beteiligung an der Mitunternehmer-

---

1) Zum SonderBV bei Schwester-Personengesellschaften siehe BMF v. 28.4.1998, BStBl. I 1998, 583.

schaft dient. Eine Stärkung der Beteiligung an der Mitunternehmerschaft ist dann gegeben, wenn die Beteiligung an der Kapitalgesellschaft für das Unternehmen der Mitunternehmerschaft **wirtschaftlich vorteilhaft** ist oder **der Mitunternehmerstellung selbst dient,** weil durch die Beteiligung an der Kapitalgesellschaft der Einfluss des Gesellschafters in der Mitunternehmerschaft steigt bzw. gestärkt wird (→ BFH vom 16.4.2015 – BStBl. II S. 705).

- Ein wirtschaftlicher Vorteil der Kapitalbeteiligung für das Unternehmen der Personengesellschaft wird regelmäßig nur dann bejaht, wenn zwischen dem Unternehmen der Personengesellschaft und demjenigen der Kapitalgesellschaft eine **enge wirtschaftliche Verflechtung** besteht, der Mitunternehmer der Personengesellschaft – ggf. zusammen mit anderen Mitunternehmern – die Kapitalgesellschaft **beherrscht** und die Kapitalgesellschaft neben ihren geschäftlichen Beziehungen zur Personengesellschaft **keinen anderen eigenen Geschäftsbetrieb** von nicht ganz untergeordneter Bedeutung unterhält (→ BFH vom 23.1.2001 – BStBl. II S. 825).

– **Anderer eigener Geschäftsbetrieb**

- Sonderbetriebsvermögen II ist zu bejahen, wenn sich der Kommanditist einer GmbH & Co. KG an der Komplementär-GmbH beteiligt, es sei denn, dass die Komplementär-GmbH außer ihrer Geschäftsführungstätigkeit für die KG noch einen eigenen Geschäftsbetrieb von nicht ganz untergeordneter Bedeutung ausübt (→ BFH vom 16.4.2015 – BStBl. II S. 705).
- Eine (Mehrheits-)Beteiligung eines Kommanditisten an der Kapitalgesellschaft ist selbst dann nicht dem Sonderbetriebsvermögen II zuzuordnen, wenn die einen eigenen Geschäftsbetrieb von nicht ganz untergeordneter Bedeutung unterhaltende Komplementär-GmbH wirtschaftlich mit der GmbH & Co. KG verflochten ist und die Geschäftsbeziehungen aus Sicht der GmbH & Co. KG nicht von geringer Bedeutung sind. Dies gilt auch, wenn die einen eigenen Geschäftsbetrieb von nicht ganz untergeordneter Bedeutung unterhaltende Kapitalgesellschaft als Komplementär-GmbH gemeinsam mit dem an ihr beteiligten Kommanditisten eine aus ihnen bestehende zweigliedrige GmbH & Co. KG gründet (→ BFH vom 21.12.2021 – BStBl. II 2022 S. 651).
- Beteiligt sich der Gesellschafter einer GmbH an dieser als atypisch stiller Gesellschafter, so gehört der Anteil an der GmbH zu seinem Sonderbetriebsvermögen II, sofern nicht die GmbH noch einer anderen Geschäftstätigkeit von nicht ganz untergeordneter Bedeutung nachgeht (→ BFH vom 15.10.1998 – BStBl. II 1999 S. 286).
- Der Geschäftsanteil eines Kommanditisten an der Kommanditisten-GmbH derselben KG gehört dann zu seinem Sonderbetriebsvermögen II bei der KG, wenn die Kommanditisten-GmbH keiner eigenen Geschäftstätigkeit nachgeht und ihr alleiniger Zweck die Beteiligung an der KG in einem erheblichen Umfang ist (→ BFH vom 23.1.2001 – BStBl. II S. 825).

– **Betriebsaufspaltung**
Die Beteiligung des Gesellschafters einer Besitzpersonengesellschaft an der Betriebskapitalgesellschaft gehört zu seinem notwendigen Sonderbetriebsvermögen II bei der Besitzpersonengesellschaft (→ BFH vom 16.4.1991 – BStBl. II S. 832).

– **Keine Beherrschung**
Die Beteiligung an einer Kapitalgesellschaft kann auch dann notwendiges Sonderbetriebsvermögen II des Gesellschafters einer Personengesellschaft sein, wenn die Beteiligung keinen beherrschenden Einfluss vermittelt. Dies ist z. B. der Fall, wenn die Personengesellschaft von der in der gleichen Branche tätigen Kapitalgesellschaft organisatorisch und wirtschaftlich abhängig ist (→ BFH vom 3.3.1998 – BStBl. II S. 383). Die Unterhaltung von Geschäftsbeziehungen zu einer Kapitalgesellschaft, wie sie üblicherweise auch mit anderen Unternehmen bestehen, reicht selbst dann, wenn diese Beziehungen besonders intensiv sind, nicht aus, um die Anteile des Gesellschafters einer Personengesellschaft an der Kapitalgesellschaft als notwendiges Sonderbetriebsvermögen II anzusehen (→ BFH vom 28.6.2006 – BStBl. II 2007 S. 378 und vom 13.2.2008 – BStBl. II 2009 S. 414).

– **Keine Stärkung der Mitunternehmerstellung**
Eine Minderheitsbeteiligung des Kommanditisten an einer geschäftsführungsbefugten Komplementär-GmbH von weniger als 10% ist aber nicht dem Sonderbetriebsvermögen II zuzuordnen, wenn – ausgehend vom gesetzlich normierten Regelfall – in den Angelegenheiten der Gesellschaft die Abstimmung nach der Mehrheit der abgegebenen Stimmen erfolgt. Dies gilt auch, wenn die Komplementär-GmbH außergewöhnlich hoch am Gewinn beteiligt ist (→ BFH vom 16.4.2015 – BStBl. II S. 705).

Darlehen an Gesellschafter. → H 4.3 (2–4) Personengesellschaften.

Gesellschafterforderung.

– Um eine schuldrechtliche Forderung des Gesellschafters gegen die Gesellschaft und nicht um Eigenkapital der Gesellschaft handelt es sich bei einem Gesellschafterkonto dann, wenn der Gesellschafter insoweit einen unentziehbaren, nur nach den §§ 362 bis 397 BGB erlöschenden Anspruch gegen die Gesellschaft haben soll, der auch in der Insolvenz der Gesellschaft wie eine Forderung eines Dritten geltend gemacht werden kann und der noch vor der eigentlichen Auseinandersetzung über das Gesellschaftsvermögen zu erfüllen ist, also nicht lediglich einen Teil des Auseinandersetzungsguthabens darstellt (→ BFH vom 26.6.2007 – BStBl. 2008 II S. 103).

– Die korrespondierende Bilanzierung der Darlehensforderung eines Personengesellschafters in dessen Sonderbilanz und in der Gesamthandsbilanz der Gesellschaft endet mit dem Ausscheiden des Gesellschafters aus der Gesellschaft. Ab diesem Zeitpunkt verliert die in der Gesamthandsbilanz ausgewiesene Darlehensverbindlichkeit der Gesellschaft ihre Funktion als funktionales Eigenkapital und stellt entsprechend ihrem Bilanz-

ausweis Fremdkapital dar. Umfasst der Erwerb des Mitunternehmeranteils auch die Gesellschafter-Darlehensforderung, wandelt sich diese von Fremdkapital (wieder) in funktionales Eigenkapital der Gesellschaft um. In der Sonderbilanz des Neugesellschafters ist die Forderung mit dessen Anschaffungskosten zu aktivieren. Demgegenüber ist die Darlehensverbindlichkeit in der Gesamthandsbilanz in unveränderter Höhe auszuweisen (→ BFH vom 16.3.2017 – BStBl. II S. 943).
– → BMF vom 30.5.1997 (BStBl. I S. 627), Tz. 4.

Lebensversicherungen. → H 4.2 (1).

Nießbrauch. → H 4.3 (2–4) Keine Entnahme des Grundstücks oder Grundstücksteils.

Nießbrauch an Gesellschaftsanteil. → H 15.8 (1) Nießbrauch.

Sonderbetriebseinnahmen und -ausgaben. → H 4.7.

Sonderbetriebsvermögen.[1)]
– **Ausgleichsanspruch** eines Kommanditisten → H 15.8 (1).
– Bei **Betriebsaufspaltung** → H 15.7 (4) Sonderbetriebsvermögen.
– Bei **ehelicher Gütergemeinschaft** → H 4.2 (12) Gütergemeinschaft.
– Die **Einlage von Wirtschaftsgütern des gewillkürten Sonderbetriebsvermögens** muss mit der gleichen Eindeutigkeit geschehen wie die Einlage eines Wirtschaftsgutes des gewillkürten Betriebsvermögens in ein Einzelunternehmen. Besondere Bedeutung kommt dabei der buchmäßigen Behandlung zu, wenn diese auch nicht stets entscheidend ist (→ BFH vom 23.10.1990 – BStBl. 1991 II S. 401). → H 4.2 (1) Gewillkürtes Betriebsvermögen.
– Bei **Land- und Forstwirtschaft oder freiberuflicher Tätigkeit.** Notwendiges und gewillkürtes Sonderbetriebsvermögen kann es auch bei Mitunternehmern geben, die sich zur gemeinsamen Ausübung eines land- und forstwirtschaftlichen Betriebes oder eines freien Berufs zusammengeschlossen haben (→ BFH vom 2.12.1982 – BStBl. 1983 II S. 215).
– Zur **Unterscheidung** zwischen Sonderbetriebsvermögen I und Sonderbetriebsvermögen II → BFH vom 7.7.1992 (BStBl. 1993 II S. 328).
– Für die **Zuordnung von Sicherheiten** zum notwendigen passiven Sonderbetriebsvermögen einer Personengesellschaft für Verbindlichkeiten einer GmbH, die in wirtschaftlicher Verbindung zur Personengesellschaft steht, an der aber nur die Personengesellschaft, nicht jedoch der Gesellschafter beteiligt ist, kommt es – wie bei der Zurechnung von Wirtschaftsgütern zum aktiven Sonderbetriebsvermögen – maßgebend auf den **Veranlassungszusammenhang** an. Der erforderliche Veranlassungszusammenhang kann nur bejaht werden, wenn die Sicherheitsbestellung ausschließlich und eindeutig durch die Beteiligung an der Personengesellschaft veranlasst ist und dies der Mitunternehmer erforderlichenfalls nachweist. Im Rahmen der zur Feststellung des Veranlassungszusammenhangs

1) Zum SonderBV bei Schwester-Personengesellschaften vgl. BMF v. 28.4.1998, BStBl. I 1998, 583.

notwendigen Gesamtwürdigung kommt der Frage, inwieweit die Sicherheiten zu markt- bzw. fremdüblichen Bedingungen gewährt worden sind, besondere Bedeutung zu (→ BFH vom 27.6.2006 – BStBl. II S. 874).

R 4.2 (3)

Gebäudeteile, die selbständige Wirtschaftsgüter sind

(3) [1] Gebäudeteile, die nicht in einem einheitlichen Nutzungs- und Funktionszusammenhang mit dem Gebäude stehen, sind selbständige Wirtschaftsgüter. [2] Ein Gebäudeteil ist selbständig, wenn er besonderen Zwecken dient, mithin in einem von der eigentlichen Gebäudenutzung verschiedenen Nutzungs- und Funktionszusammenhang steht. [3] Selbständige Gebäudeteile in diesem Sinne sind:

1. Betriebsvorrichtungen (→ R 7.1 Abs. 3);
2. Scheinbestandteile (→ R 7.1 Abs. 4);
3. Ladeneinbauten, → Schaufensteranlagen, Gaststätteneinbauten, Schalterhallen von Kreditinstituten sowie ähnliche Einbauten, die einem schnellen Wandel des modischen Geschmacks unterliegen; als Herstellungskosten dieser Einbauten kommen nur Aufwendungen für Gebäudeteile in Betracht, die statisch für das gesamte Gebäude unwesentlich sind, z. B. Aufwendungen für Trennwände, Fassaden, Passagen sowie für die Beseitigung und Neuerrichtung von nichttragenden Wänden und Decken;
4. sonstige → Mietereinbauten;
5. sonstige selbständige Gebäudeteile (→ Absatz 4).

[4] Dachintegrierte Fotovoltaikanlagen (z. B. in Form von Solardachsteinen) sind wie selbständige bewegliche Wirtschaftsgüter zu behandeln.

H 4.2 (3)

Abgrenzung. Zur Abgrenzung zwischen dem Gebäude und solchen Bestandteilen, die nicht der Gebäudenutzung selbst, sondern einem davon verschiedenen Zweck dienen → BFH vom 30.1.1995 (BStBl. II S. 281).

Mietereinbauten.

– → BMF vom 15.1.1976 (BStBl. I S. 66); zur Höhe der AfA bei unbeweglichen Wirtschaftsgütern aber → H 7.4.
– Mietereinbauten und -umbauten sind in der Bilanz des Mieters zu aktivieren, wenn es sich um gegenüber dem Gebäude selbständige Wirtschaftsgüter (verschiedener Nutzungs- und Funktionszusammenhang) handelt, für die der Mieter Herstellungskosten aufgewendet hat, die Wirtschaftsgüter seinem Betriebsvermögen zuzurechnen sind und die Nutzung durch den Mieter zur Einkünfteerzielung sich erfahrungsgemäß über einen Zeitraum von mehr als einem Jahr erstreckt (→ BFH vom 15.10.1996 – BStBl. 1997 II S. 533). Das gegenüber dem Gebäude selbständige, materielle Wirtschaftsgut kann beweglich oder unbeweglich sein. Ein bewegliches Wirtschaftsgut liegt vor, wenn der Mieter sachenrechtlicher Eigentümer ist (Scheinbestandteil, § 95 BGB) oder eine Betriebsvorrichtung (§ 68 Abs. 2 Nr. 2 BewG) des Mieters besteht. Dage-

gen handelt es sich bei dem besonderen Zwecken dienenden und daher in einem von der eigentlichen Gebäudenutzung verschiedenen Nutzungs- und Funktionszusammenhang stehenden Gebäudebestandteil um ein unbewegliches Wirtschaftsgut. Das gilt auch für einen Gebäudebestandteil, der im wirtschaftlichen Eigentum des Mieters steht (→ BFH vom 11.6.1997 – BStBl. II S. 774).

– Mietereinbauten als selbständige Wirtschaftsgüter beim Mieter auf Grund wirtschaftlichen Eigentums → BFH vom 28.7.1993 (BStBl. 1994 II S. 164) und vom 11.6.1997 (BStBl. II S. 774).

Schaufensteranlage und Beleuchtungsanlage zum Schaufenster sind auch bei Neubauten selbständige Gebäudeteile (→ BFH vom 29.3.1965 – BStBl. III S. 291).

R 4.2 (4)

Unterschiedliche Nutzungen und Funktionen eines Gebäudes

(4)[1] [1] Wird ein Gebäude teils eigenbetrieblich, teils fremdbetrieblich, teils zu eigenen und teils zu fremden Wohnzwecken genutzt, ist jeder der vier unterschiedlich genutzten Gebäudeteile ein besonderes Wirtschaftsgut, weil das Gebäude in verschiedenen Nutzungs- und Funktionszusammenhängen steht. [2] Wohnräume, die wegen Vermietung an Arbeitnehmer des Stpfl. notwendiges Betriebsvermögen sind, gehören zu dem eigenbetrieblich genutzten Gebäudeteil. [3] Die Vermietung zu hoheitlichen, zu gemeinnützigen oder zu Zwecken eines Berufsverbands gilt als fremdbetriebliche Nutzung. [4] Wird ein Gebäude oder Gebäudeteil fremdbetrieblich genutzt, handelt es sich auch dann um ein einheitliches Wirtschaftsgut, wenn es verschiedenen Personen zu unterschiedlichen betrieblichen Nutzungen überlassen wird. [5] Eine Altenteilerwohnung ist im Falle der Entnahme nach § 13 Abs. 4 EStG stets als besonderes Wirtschaftsgut anzusehen.

H 4.2 (4)

Mehrere Baulichkeiten sind selbständige Wirtschaftsgüter, auch wenn sie auf demselben Grundstück errichtet wurden und in einem einheitlichen Nutzungs- und Funktionszusammenhang stehen, z.B. Anbauten bei Gebäuden, es sei denn, sie sind baulich derart miteinander verbunden, dass die Teile des Bauwerks nicht ohne weitere erhebliche Bauaufwendungen voneinander getrennt werden können (→ BFH vom 5.12.1974 – BStBl. 1975 II S. 344, vom 21.7.1977 – BStBl. 1978 II S. 78 und vom 15.9.1977 – BStBl. 1978 II S. 123), oder sie besitzen keine eigene Standfestigkeit (→ BFH vom 25.1.2007 – BStBl. II S. 586).

Miteigentum. Jeder nach R 4.2 Abs. 4 Satz 1 selbständige Gebäudeteil ist in so viele Wirtschaftsgüter aufzuteilen, wie Gebäudeeigentümer vorhanden sind (→ BFH vom 9.7.1992 – BStBl. II S. 948).

[1] Im Hinzuerwerb eines im Privatvermögen verbleibenden Miteigentumsanteils an einem Grundstück im Wege der Erbfolge liegt keine Entnahme des zum gewillkürten Betriebsvermögen gehörenden Anteils; siehe BFH v. 8.3.1990 IV R 60/89, BStBl. II 1994, 559.

Nutzung im Rahmen mehrerer Betriebe.
– Dient ein Gebäude (Gebäudeteil) ausschließlich eigenbetrieblichen Zwecken, ist eine weitere Aufteilung auch dann nicht vorzunehmen, wenn es (er) im Rahmen mehrerer selbständiger (eigener) Betriebe genutzt wird.
– Von selbständigen Wirtschaftsgütern ist bei gleichen Nutzungsverhältnissen jedoch dann auszugehen, wenn das Gebäude (der Gebäudeteil) nach dem WEG in **Teileigentum** aufgeteilt wurde.
(→ BFH vom 29.9.1994 – BStBl. 1995 II S. 72).

Nutzungsänderung.
– Ein zunächst betrieblich genutzter Gebäudeteil verliert ohne Entnahmehandlung seine Eigenschaft als Betriebsvermögen nicht dadurch, dass er zu fremden Wohnzwecken vermietet wird und sich in dem Gebäude ein weiterer zu fremden Wohnzwecken vermieteter Gebäudeteil befindet, der zum Privatvermögen gehört (→ BFH vom 10.11.2004 – BStBl. 2005 II S. 334).
– Die Nutzungsänderung eines bisher zum Privatvermögen gehörenden Gebäudeteils, der nunmehr für fremdgewerbliche Zwecke genutzt wird, führt nicht zur Zwangseinlage ins Betriebsvermögen, auch wenn ein weiterer, schon vorher für fremdbetriebliche Zwecke vermieteter Gebäudeteil dem gewillkürten Betriebsvermögen zugeordnet worden ist (→ BFH vom 21.4.2005 – BStBl. II S. 604).

Selbständige Wirtschaftsgüter.
– Selbständige Wirtschaftsgüter nach Nutzung und Funktion des Gebäudeteils → BFH vom 30.1.1995 (BStBl. II S. 281).
– Bei der Zuordnung zum Betriebsvermögen ist bei selbständigen Gebäudeteilen auf den Raum als Ganzes abzustellen; dieser ist die kleinste Einheit, die einer gesonderten Zuordnung fähig ist (→ BFH vom 10.10. 2017 – BStBl. 2018 II S. 181). Bei mehreren Gebäudeeigentümern → Miteigentum.

R 4.2 (5)

Abgrenzung der selbständigen von den unselbständigen Gebäudeteilen

(5) [1] Ein Gebäudeteil ist unselbständig, wenn er der eigentlichen Nutzung als Gebäude dient. [2] Unselbständige Gebäudeteile sind auch räumlich vom Gebäude getrennt errichtete Baulichkeiten, die in einem so engen Nutzungs- und Funktionszusammenhang mit dem Gebäude stehen, dass es ohne diese Baulichkeiten als unvollständig erscheint.

H 4.2 (5)

Unselbständige Gebäudeteile sind z. B.:
– Bäder und Schwimmbecken in Hotels,
– Heizungsanlagen, Be- und Entlüftungsanlagen, Klimaanlagen, Warmwasseranlagen und Müllschluckanlagen, außer wenn sie ganz oder überwiegend einem Betriebsvorgang dienen,
– Sprinkleranlagen, außer wenn mit ihnen das Gewerbe unmittelbar betrieben wird,

– Beleuchtungsanlagen, außer Spezialbeleuchtungsanlagen, die nicht zur Gebäudebeleuchtung erforderlich sind,
– Personenaufzüge, Rolltreppen oder Rollsteige, die zur Bewältigung des Publikumsverkehrs dienen,

(→ Gleich lautende Erlasse der obersten Finanzbehörden der Länder vom 5.6.2013 – BStBl. I S. 734),[1)]

– Umzäunung oder Garage bei einem Wohngebäude (→ BFH vom 15.12. 1977 – BStBl. 1978 II S. 210 und vom 28.6.1983 – BStBl. 1984 II S. 196); aber → H 7.1 (Garagen).

R 4.2 (6, 7)

Aufteilung der Anschaffungs- oder Herstellungskosten bei Gebäudeteilen

(6) [1]Die Anschaffungs- oder Herstellungskosten des gesamten Gebäudes sind auf die einzelnen Gebäudeteile aufzuteilen. [2]Für die Aufteilung ist das Verhältnis der Nutzfläche eines Gebäudeteiles zur Nutzfläche des ganzen Gebäudes maßgebend, es sei denn, die Aufteilung nach dem Verhältnis der Nutzflächen führt zu einem unangemessenen Ergebnis. [3]Von einer solchen Aufteilung kann aus Vereinfachungsgründen abgesehen werden, wenn sie aus steuerlichen Gründen nicht erforderlich ist. [4]Die Nutzfläche ist in sinngemäßer Anwendung der Verordnung zur Berechnung der Wohnfläche (Wohnflächenverordnung – WoFlV)[2)] vom 25.11.2003 (BGBl. I S. 2346) in der jeweils geltenden Fassung zu ermitteln.

Grundstücke und Grundstücksteile als notwendiges Betriebsvermögen[3)]

(7) [1]Grundstücke und Grundstücksteile, die ausschließlich und unmittelbar für eigenbetriebliche Zwecke des Stpfl. genutzt werden, gehören regelmäßig zum notwendigen Betriebsvermögen. [2]Wird ein Teil eines Gebäudes eigenbetrieblich genutzt, gehört der zum Gebäude gehörende Grund und Boden anteilig zum notwendigen Betriebsvermögen; in welchem Umfang der Grund und Boden anteilig zum Betriebsvermögen gehört, ist unter Berücksichtigung der Verhältnisse des Einzelfalles zu ermitteln.

H 4.2 (7)

Anteilige Zugehörigkeit des Grund und Bodens. Der Grund und Boden gehört grundsätzlich im Verhältnis der Zugehörigkeit des Gebäudes oder Gebäudeteils zum Betriebsvermögen (→ BFH vom 27.1.1977 – BStBl. II S. 388 und vom 12.7.1979 – BStBl. 1980 II S. 5).

Eigenaufwand für ein fremdes Wirtschaftsgut. → H 4.7.

---

1) Sog. Abgrenzungserlass mit Abgrenzungs-ABC (**Steuererlasse** Nr. **200** § 68/1).

2) **Steuergesetze** Nr. **444**.

3) Die Zuordnung unbebauter Grundstücke zum notwendigen Betriebs- oder Privatvermögen richtet sich nach dem nach außen erkennbaren Nutzungswillen des Steuerpflichtigen; siehe BFH v. 5.3.2002 IV B 22/01, BStBl. II 2002, 690.

Ferienwohnung. Ferienwohnungen, die ein Stpfl. unter Einschaltung seines auf die Vermittlung von Immobilien, Mietverträgen und Verträgen über Ferienobjekte gerichteten Gewerbebetriebs vermietet, können zum notwendigen Betriebsvermögen des Gewerbebetriebs gehören (→ BFH vom 13.11. 1996 – BStBl. 1997 II S. 247).

Land- und forstwirtschaftlicher Betrieb.

- Erwirbt ein Landwirt einen langfristig verpachteten landwirtschaftlichen Betrieb in der erkennbaren Absicht, die Bewirtschaftung dieses Betriebes alsbald zu übernehmen, entsteht vom Erwerb an notwendiges Betriebsvermögen, wenn der Bewirtschaftungswille sich auch in einem überschaubaren Zeitraum verwirklichen lässt (→ BFH vom 12.9.1991 – BStBl. 1992 II S. 134).[1]
- Eine vom Verpächter hinzuerworbene landwirtschaftliche Nutzfläche wird notwendiges Betriebsvermögen des verpachteten Betriebs, wenn sie nach dem Erwerb in das Pachtverhältnis einbezogen wird, und zwar selbst dann, wenn sie im Zeitpunkt des Erwerbs noch anderweitig verpachtet war (→ BFH vom 24.9.1998 – BStBl. 1999 II S. 55 und vom 19.12.2019 – BStBl. 2021 II S. 427).
- Zum Vorliegen eines Forstbetriebs oder Forstteilbetriebs und zur Betriebsvermögenseigenschaft von forstwirtschaftlichen Flächen → BMF vom 18.5.2018 (BStBl. I S. 689).

Miteigentum. Gehört ein Grundstück nur teilweise dem Betriebsinhaber, kann es nur insoweit Betriebsvermögen sein, als es dem Betriebsinhaber gehört; das gilt auch dann, wenn ein Grundstück Ehegatten gemeinsam gehört (→ BFH vom 23.11.1995 – BStBl. 1996 II S. 193).

Rettung einer betrieblichen Forderung. Ein Grundstück, das zur Rettung einer betrieblichen Forderung ersteigert wird, ist notwendiges Betriebsvermögen (→ BFH vom 11.11.1987 – BStBl. 1988 II S. 424).

Umlegungsverfahren. Die Betriebsvermögenseigenschaft eines in das Umlegungsverfahren eingebrachten Grundstücks setzt sich nur insoweit an dem zugeteilten Grundstück fort, als dieses in Erfüllung des Sollanspruchs gem. § 56 Abs. 1 Satz 1 BauGB zugeteilt wird. Die Zuordnung des den Sollanspruch übersteigenden ideellen Teils des Grundstücks zum Betriebs- oder Privatvermögen ist eigenständig nach den allgemeinen Grundsätzen zu beurteilen (→ BFH vom 23.9.2009 – BStBl. 2010 II S. 270).[2]

Vermietung an Arbeitnehmer. Grundstücke, die an Arbeitnehmer vermietet werden, sind notwendiges Betriebsvermögen des Arbeitgebers, wenn für die Vermietung gerade an Arbeitnehmer betriebliche Gründe maßgebend waren (→ BFH vom 1.12.1976 – BStBl. 1977 II S. 315).

Zeitpunkt der erstmaligen Zugehörigkeit zum Betriebsvermögen. Eigenbetrieblich genutzte Grundstücke und Grundstücksteile sind ab ihrer end-

---

[1] Siehe auch BFH v. 17.6.1993 IV R 110/91, BStBl. II 1993, 752.

[2] Zu Grundstücken im Privat- und Betriebsvermögen siehe BFH v. 12.4.2022 VI R 22/20, BStBl. II 2023, 384.

gültigen Funktionszuweisung notwendiges Betriebsvermögen, auch wenn der konkrete Einsatz im Betrieb erst in der Zukunft liegt; das gilt auch dann, wenn es an einer Willenserklärung des Stpfl. oder eines Ausweises in der Buchführung und in den Bilanzen fehlt (→ BFH vom 6.3.1991 – BStBl. II S. 829).

R 4.2 (8)

Grundstücksteile von untergeordnetem Wert

(8) [1]Eigenbetrieblich genutzte Grundstücksteile brauchen nicht als Betriebsvermögen behandelt zu werden, wenn ihr Wert nicht mehr als ein Fünftel des gemeinen Werts des gesamten Grundstücks und nicht mehr als 20 500 Euro beträgt (§ 8 EStDV). [2]Dabei ist auf den Wert des Gebäudeteiles zuzüglich des dazugehörenden Grund und Bodens abzustellen. [3]Bei der Prüfung, ob der Wert eines Grundstücksteiles mehr als ein Fünftel des Werts des ganzen Grundstücks beträgt, ist in der Regel das Verhältnis der Nutzflächen zueinander zugrunde zu legen. [4]Ein Grundstücksteil ist mehr als 20 500 Euro wert, wenn der Teil des gemeinen Werts des ganzen Grundstücks, der nach dem Verhältnis der Nutzflächen zueinander auf den Grundstücksteil entfällt, 20 500 Euro übersteigt. [5]Führt der Ansatz der Nutzflächen zu einem unangemessenen Wertverhältnis der beiden Grundstücksteile, ist bei ihrer Wertermittlung anstelle der Nutzflächen der Rauminhalt oder ein anderer im Einzelfall zu einem angemessenen Ergebnis führender Maßstab zugrunde zu legen. [6]Sind → Zubehörräume (Nebenräume) vorhanden, kann der Stpfl. die Auftei-lung auch nach dem Verhältnis der Haupträume vornehmen. [7]Beträgt der Wert eines eigenbetrieblich genutzten Grundstücksteiles nicht mehr als ein Fünftel des gesamten Grundstückswerts und nicht mehr als 20 500 Euro, besteht ein Wahlrecht, den Grundstücksteil weiterhin als Betriebsvermögen zu behandeln oder zum Teilwert zu entnehmen. [8]Zur Berücksichtigung von Betriebsausgaben, wenn der Grundstücksteil zu Recht nicht als Betriebsvermögen behandelt wird → R 4.7 Abs. 2 Satz 4.

H 4.2 (8)

Einlage. Zur Einlage des Grundstücksteils im Zeitpunkt des Überschreitens der absoluten Wertgrenze → BFH vom 21.7.1967 (BStBl. III S. 752).

Zubehörräume

– i. S. d. § 2 Abs. 3 Nr. 1 WoFlV[1)] brauchen in die Berechnung des eigenbetrieblich genutzten Anteils nicht einbezogen zu werden (→ BFH vom 21.2.1990 – BStBl. II S. 578).[2)]
– → H 4.7 (Nebenräume).

R 4.2 (9)

Grundstücke und Grundstücksteile als gewillkürtes Betriebsvermögen

(9) [1]Grundstücke oder Grundstücksteile, die nicht eigenbetrieblich genutzt werden und weder eigenen Wohnzwecken dienen, noch Dritten zu Wohn-

---

[1)] **Steuergesetze** Nr. **444**.
[2)] Ergänzend siehe BFH v. 5.9.1990 X R 3/89, BStBl. II 1991, 389.

zwecken unentgeltlich überlassen sind, sondern z. B. zu Wohnzwecken oder zur gewerblichen Nutzung an Dritte vermietet sind, können als gewillkürtes Betriebsvermögen behandelt werden, wenn die Grundstücke oder die Grundstücksteile in einem gewissen objektiven Zusammenhang mit dem Betrieb stehen und ihn zu fördern bestimmt und geeignet sind. [2]Wegen dieser Voraussetzungen bestehen für den Ansatz von Wirtschaftsgütern als **gewillkürtes Betriebsvermögen** Einschränkungen, die sich nicht nur aus den Besonderheiten des einzelnen Betriebs, sondern auch aus der jeweiligen Einkunftsart ergeben können. [3]Daher können Land- und Forstwirte Mietwohn- und Geschäftshäuser, die sie auf zugekauftem, bisher nicht zum Betriebsvermögen gehörenden Grund und Boden errichtet oder einschließlich Grund und Boden erworben haben, regelmäßig nicht als Betriebsvermögen behandeln. [4]Dagegen kann ein Land- und Forstwirt, der sein bisher land- und forstwirtschaftlich genutztes Grundstück bebaut und das Gebäude an Betriebsfremde vermietet, dieses als gewillkürtes Betriebsvermögen behandeln, wenn dadurch das Gesamtbild der land- und forstwirtschaftlichen Tätigkeit nicht wesentlich verändert wird. [5]In Grenzfällen hat der Stpfl. darzutun, welche Beziehung das Grundstück oder der Grundstücksteil zu seinem Betrieb hat und welche → vernünftigen wirtschaftlichen Überlegungen ihn veranlasst haben, das Grundstück oder den Grundstücksteil als gewillkürtes Betriebsvermögen zu behandeln. [6]Wird ein Gebäude oder ein Gebäudeteil als gewillkürtes Betriebsvermögen behandelt, gehört auch der dazugehörende Grund und Boden zum Betriebsvermögen.

H 4.2 (9)

Beispiele für zulässigerweise gebildetes gewillkürtes Betriebsvermögen:

- Ein von einem freiberuflich Tätigen zur künftigen Betriebserweiterung erworbenes Grundstück kann gewillkürtes Betriebsvermögen sein (→ BFH vom 15.4.1981 – BStBl. II S. 618).
- Ein Gewerbetreibender kann in der Regel Grundstücke, die nicht zum notwendigen Privatvermögen gehören, z. B. Mietwohngrundstücke, als Betriebsvermögen behandeln, es sei denn, dass dadurch das Gesamtbild der gewerblichen Tätigkeit so verändert wird, dass es den Charakter einer Vermögensnutzung im nicht gewerblichen Bereich erhält (→ BFH vom 10.12.1964 – BStBl. 1965 III S. 377).

Besonderheiten bei land- und forstwirtschaftlichen Betrieben.

- Für die Willkürung eines Wirtschaftsguts muss es in Bezug auf die betreffende land- und forstwirtschaftliche Tätigkeit von der Sache oder vom Gegenstand her objektiv geeignet sein, den land- und forstwirtschaftlichen Betrieb zu fördern; es muss in einem gewissen objektiven Zusammenhang mit dem Betrieb stehen. Gewillkürtes Betriebsvermögen in der Land- und Forstwirtschaft können nur verpachtete land- und forstwirtschaftlich genutzte Grundstücke und alle Wirtschaftsgüter sein, deren Nutzung innerhalb der Land- und Forstwirtschaft möglich ist (→ aber R 4.2 Abs. 9 Satz 4). Wirtschaftsgüter, die dem Betrieb der Land- und Forstwirtschaft wesensfremd sind und denen eine sachliche Beziehung zum Betrieb fehlt, können auch nicht im Wege der Willkürung zum Betriebsvermögen werden (→ BFH vom 28.10.1982 – BStBl. 1983 II S. 106).
- Werden bisher zum notwendigen Betriebsvermögen gehörende Grundstücke entgeltlich zu fremden Wohn- oder Geschäftszwecken genutzt und

so umgestaltet, dass sie einer land- und forstwirtschaftlichen Nutzung nicht mehr zugeführt werden können, wird das Gesamtbild der land- und forstwirtschaftlichen Tätigkeit nicht wesentlich verändert, wenn der Umfang dieser Grundstücke nicht mehr als 10% der Gesamtfläche des Betriebs beträgt (→ BFH vom 24.3.2011 – BStBl. II S. 692 bei Bestellung von Erbbaurechten zur Errichtung von Wohngebäuden; → BFH vom 22.8.2002 – BStBl. 2003 II S. 16 bei Bebauung und Vermietung). Ist die Geringfügigkeitsgrenze von 10% überschritten, kommt es für das Vorliegen einer Entnahme regelmäßig nicht auf einen Vergleich der Erträge aus der Vermögensverwaltung und der Land- und Forstwirtschaft oder auf die Anwendung anderer Abgrenzungskriterien an (→ BFH vom 31.3.2021 – BStBl. II 2022 S. 312).

Gewillkürtes Sonderbetriebsvermögen. → H 4.2 (12).

Nachweis der Zuordnung zum gewillkürten Betriebsvermögen. Die Zuordnung eines Wirtschaftsguts zum gewillkürten Betriebsvermögen ist unmissverständlich in einer solchen Weise zu dokumentieren, dass ein sachverständiger Dritter ohne weitere Erklärung des Stpfl. die Zugehörigkeit des Wirtschaftsguts zum Betriebsvermögen erkennen kann (→ BFH vom 2.10.2003 – BStBl. 2004 II S. 985 und BMF vom 17.11.2004 – BStBl. I S. 1064).

Umlegungsverfahren. → H 4.2 (7).

Verlustbringende Grundstücke und Grundstücksteile. → H 4.2 (1) Wirtschaftsgut (Verlustbringende Wirtschaftsgüter).

Vernünftige wirtschaftliche Überlegungen für die Behandlung als gewillkürtes Betriebsvermögen. Darlegungspflicht durch den Stpfl.

– → BFH vom 22.11.1960 (BStBl. 1961 III S. 97) zum Fall eines Bäckermeisters.
– → BFH vom 1.12.1960 (BStBl. 1961 III S. 154) zum Fall einer Rechtsanwalts- und Notarpraxis.

R 4.2 (10, 11)

Einheitliche Behandlung des Grundstücks

(10) [1] Auch wenn ein Grundstück zu mehr als der Hälfte die Voraussetzungen für die Behandlung als Betriebsvermögen (→ Absätze 7 und 9) erfüllt, können weitere Grundstücksteile, bei denen die Voraussetzungen des Absatzes 9 nicht vorliegen, nicht als Betriebsvermögen behandelt werden; Ausnahmen gelten für Baudenkmale bei den Einkünften aus Land- und Forstwirtschaft (§ 13 Abs. 2 Nr. 2 und Abs. 4 EStG). [2] Soweit das Grundstück bzw. Gebäude vor dem 1.1.1999 angeschafft, hergestellt oder eingelegt worden ist, gelten die Anweisungen in R 13 Abs. 10 Sätze 1, 3 und 4 EStR 1999 weiter.[1)]

---

1) **R 13 Abs. 10 Sätze 1, 3 und 4 EStR 1999** lauten:
„(10) [1] Erfüllt ein Grundstück zu mehr als der Hälfte die Voraussetzungen für die Behandlung als Betriebsvermögen (→ Absätze 7 und 9), so können auch solche Grundstücksteile, die

(Fortsetzung der Fußnote nächste Seite)

Grundstücke und Grundstücksteile im Gesamthandsvermögen einer Personengesellschaft

(11) [1]Gehört ein Grundstück zum **Gesamthandsvermögen** der Mitunternehmer einer Personengesellschaft, gehört es grundsätzlich zum notwendigen Betriebsvermögen. [2]Dies gilt auch dann, wenn bei der Einbringung des Grundstücks oder Grundstücksteiles in das Betriebsvermögen der Personengesellschaft vereinbart worden ist, dass Gewinne und Verluste aus dem Grundstück oder Grundstücksteil ausschließlich dem einbringenden Gesellschafter zugerechnet werden. [3]Dient ein im Gesamthandseigentum der Gesellschafter einer Personengesellschaft stehendes Grundstück teilweise der privaten Lebensführung eines, mehrerer oder aller Mitunternehmer der Gesellschaft, braucht der andere Grundstücksteil nicht als Betriebsvermögen behandelt zu werden, wenn für diesen Grundstücksteil die Grenzen des § 8 EStDV nicht überschritten sind; Absatz 8 Satz 2 ff. ist entsprechend anzuwenden.

H 4.2 (11)

Ausnahme bei privater Nutzung.

– Ein zum Gesamthandsvermögen gehörendes Wirtschaftsgut kann nicht Betriebsvermögen sein, wenn es ausschließlich oder fast ausschließlich der privaten Lebensführung eines, mehrerer oder aller Mitunternehmer der Gesellschaft dient. Deshalb ist z. B. ein zum Gesamthandsvermögen gehörendes Einfamilienhaus, das unentgeltlich von einem Gesellschafter nicht nur vorübergehend für eigene Wohnzwecke genutzt wird, steuerlich nicht Betriebsvermögen der Personengesellschaft. Dann handelt es sich um notwendiges Privatvermögen der Gesellschafter (→ BFH vom 16.3.1983 – BStBl. II S. 459).
– → H 4.7 (Teilentgeltliche Überlassung).

R 4.2 (12)

Grundstücke und Grundstücksteile im Sonderbetriebsvermögen

(12) [1]Grundstücke oder Grundstücksteile, die **nicht Gesamthandsvermögen** der Mitunternehmer der Personengesellschaft sind, sondern einem, mehreren oder allen Mitunternehmern gehören, aber dem Betrieb der Personengesellschaft ausschließlich und unmittelbar dienen, sind als Sonderbetriebsvermögen notwendiges Betriebsvermögen der Personengesellschaft. [2]Dient ein Grundstück dem Betrieb der Personengesellschaft nur zum Teil, sind die den Mitunternehmern zuzurechnenden Grundstücksteile lediglich mit ihrem betrieblich genutzten Teil notwendiges Sonderbetriebsvermögen. [3]Betrieblich

---

(Fortsetzung Fußnote)

zu fremden Wohnzwecken oder zu fremdbetrieblichen Zwecken vermietet sind, bei denen für sich betrachtet die Voraussetzungen des Absatzes 9 nicht vorliegen, als Betriebsvermögen behandelt werden. [2]... [3]Für die Wertermittlung der verschieden genutzten Grundstücksteile ist Absatz 8 entsprechend anzuwenden. [4]Ist einem Betriebsinhaber nur ein Anteil an einem Grundstück zuzurechnen, so kann der Anteil als Betriebsvermögen behandelt werden, wenn er zu mehr als der Hälfte die Voraussetzungen für die Behandlung als Betriebsvermögen erfüllt und nicht eigenen Wohnzwecken dient oder unentgeltlich zu Wohnzwecken an Dritte überlassen wird."

genutzte Grundstücksteile, die im Verhältnis zum Wert des **ganzen Grundstücks** – nicht im Verhältnis zum Wert des Grundstücksteiles des Gesellschafters – von untergeordnetem Wert sind (→ § 8 EStDV), brauchen nicht als Sonderbetriebsvermögen behandelt zu werden. [4]Jeder Mitunternehmer kann dieses Wahlrecht ausüben; sind mehrere Gesellschafter zugleich Eigentümer dieses Grundstücks, braucht das Wahlrecht nicht einheitlich ausgeübt zu werden. [5]Absatz 8 Satz 2 ff. ist entsprechend anzuwenden.

H 4.2 (12)

Angehörige eines Gesellschafters. Die Wohnung, die an den im Einzelunternehmen tätigen Sohn eines Einzelunternehmers zu Wohnzwecken vermietet ist, bleibt bei Einbringung des Unternehmens in eine KG (Sonder-)Betriebsvermögen, wenn das Gebäude weiterhin als (Sonder-)Betriebsvermögen bilanziert wird und objektive Merkmale fehlen, die darauf schließen lassen, dass eine spätere Verwendung als Werkswohngebäude ausgeschlossen erscheint (→ BFH vom 11.10.1979 – BStBl. 1980 II S. 40).

Gewillkürtes Sonderbetriebsvermögen.
- Grundstücke oder Grundstücksteile im **Allein- oder Miteigentum** eines oder mehrerer Mitunternehmer können gewillkürtes Sonderbetriebsvermögen dieser Mitunternehmer sein (→ BFH vom 3.12.1964 – BStBl. 1965 III S. 92, vom 23.7.1975 – BStBl. 1976 II S. 180 und vom 21.10.1976 – BStBl. 1977 II S. 150).[1)]
- **Mietwohngrundstück** als gewillkürtes Sonderbetriebsvermögen eines Gesellschafters → BFH vom 17.5.1990 (BStBl. 1991 II S. 216).
- → R 4.2 Abs. 9.

Gütergemeinschaft. Wird eine im gemeinsamen Eigentum von Eheleuten stehende und im gemeinsamen land- und forstwirtschaftlichen Betrieb bewirtschaftete Forstfläche in das Alleineigentum eines Ehegatten übertragen, spricht eine tatsächliche Vermutung dafür, dass die bestehenden wirtschaftlichen Beziehungen aufrechterhalten bleiben und es sich nunmehr um Sonderbetriebsvermögen des Ehegatten, nicht aber um einen selbständigen Forstbetrieb handelt (→ BFH vom 16.2.1995 – BStBl. II S. 592).

Miteigentum von Nichtgesellschaftern. Zum notwendigen Sonderbetriebsvermögen einer Personengesellschaft sind die den Gesellschaftern zustehenden Anteile an einem Grundstück zu rechnen, das der Personengesellschaft dient, sich aber im Eigentum einer Gesamthandsgemeinschaft (z. B. Erbengemeinschaft) befindet, an der auch Nichtgesellschafter beteiligt sind (→ BFH vom 18.3.1958 – BStBl. III S. 262).

Notwendiges Sonderbetriebsvermögen.
- Stellt ein Gesellschafter einer Personengesellschaft, deren Gesellschaftszweck in der **Errichtung und Vermarktung von Eigentumswohnungen im Bauherrenmodell** besteht, ein ihm gehörendes Grundstück für diese Zwecke zur Verfügung, ist das Grundstück dem notwendigen Son-

---

1) Zum gewillkürten Sonderbetriebsvermögen bei Personenhandelsgesellschaften siehe BFH v. 23.10.1990 VIII R 142/85, BStBl. II 1991, 401.

derbetriebsvermögen zuzurechnen (→ BFH vom 19.2.1991 – BStBl. II S. 789).

- An die Personengesellschaft zur betrieblichen Nutzung **vermietete Grundstücke oder Grundstücksteile,** die im Eigentum eines oder mehrerer Gesellschafter stehen, sind notwendiges Sonderbetriebsvermögen (→ BFH vom 2.12.1982 – BStBl. 1983 II S. 215). Das gilt auch bei Weitervermietung des Grundstücks oder Grundstücksteils durch die Gesellschaft (→ BFH vom 23.5.1991 – BStBl. II S. 800).
- Zur Frage, ob bei einer mitunternehmerischen Betriebsaufspaltung oder bei der Vermietung an eine Schwester-Personengesellschaft notwendiges Sonderbetriebsvermögen vorliegt → BMF vom 28.4.1998 (BStBl. I S. 583).

Überlassung zu Wohnzwecken. Ein Grundstück, das ein Gesellschafter einer Personengesellschaft einem anderen Gesellschafter für dessen Wohnzwecke unentgeltlich überlässt, ist notwendiges Privatvermögen (→ BFH vom 8.2.1996 – BStBl. II S. 308).

Untervermietung. Vermietet der Gesellschafter einer Personengesellschaft einem Dritten ein Grundstück, damit dieser es der Gesellschaft zur betrieblichen Nutzung überlässt, ist das Grundstück Sonderbetriebsvermögen des Gesellschafters (→ BFH vom 15.1.1981 – BStBl. II S. 314); das gilt auch

- wenn der Gesellschafter das Grundstück zu einem Zeitpunkt erworben und an den Dritten vermietet hat, in dem er noch nicht Gesellschafter war; das Grundstück wird dann in dem Zeitpunkt Sonderbetriebsvermögen, in dem er in die Gesellschaft eintritt (→ BFH vom 9.9.1993 – BStBl. 1994 II S. 250);
- in Bezug auf den Grund und Boden bei Bestellung eines Erbbaurechts zugunsten des Dritten, der das von ihm errichtete Gebäude der Gesellschaft überlässt (→ BFH vom 7.4.1994 – BStBl. II S. 796);
- für ein Grundstück, das der Gesellschafter einer Personengesellschaft an einen Dritten vermietet, damit dieser es der Gesellschaft im Rahmen eines Pachtvertrages zur Nutzung überlässt, selbst wenn der Mietvertrag langfristig, der Pachtvertrag jedoch (nur) auf unbestimmte Dauer abgeschlossen ist (→ BFH vom 24.2.2005 – BStBl. II S. 578).

R 4.2 (13–15)

Keine Bindung an die Einheitsbewertung oder Bedarfsbewertung

(13) Für die einkommensteuerrechtliche Behandlung von Grundstücken und Grundstücksteilen als Betriebsvermögen kommt es nicht darauf an, wie ein Grundstück bei der Einheitsbewertung oder Bedarfsbewertung behandelt worden ist.

Erweiterte Anwendung

(14) Die Absätze 7 bis 13 gelten entsprechend für das Wohnungseigentum und das Teileigentum i. S. d. WEG sowie für auf Grund eines Erbbaurechts errichtete Gebäude.

Verbindlichkeiten

(15) [1] Mit der Entnahme eines fremdfinanzierten Wirtschaftsgutes des Anlagevermögens wird die zur Finanzierung des Wirtschaftsgutes aufgenommene betriebliche Schuld zu einer privaten Schuld. [2] Umgekehrt wird mit der Einlage eines fremdfinanzierten Wirtschaftsgutes die zur Finanzierung des Wirtschaftsgutes aufgenommene private Schuld zu einer betrieblichen Schuld. [3] Wird ein betrieblich genutztes, fremdfinanziertes Wirtschaftsgut veräußert, oder scheidet es aus der Vermögenssphäre des Stpfl. aus, wird die zur Finanzierung des Wirtschaftsgutes aufgenommene Schuld eine privat veranlasste Schuld, soweit der Veräußerungserlös oder eine andere für das Ausscheiden des Wirtschaftsgutes erhaltene Leistung entnommen wird.

H 4.2 (15)

Ablösung einer Schuld. Wird eine Schuld zur Ablösung einer bereits bestehenden Schuld aufgenommen, rechnet die neue Schuld nur insoweit zum Betriebsvermögen, als die abgelöste Schuld betrieblich veranlasst war (→ BFH vom 15.11.1990 – BStBl. 1991 II S. 226).

Aufwandsbeiträge bei Franchiseverträgen. Von Franchisenehmern in einen „gemeinsamen Werbeetat" eingezahlte und zum Bilanzstichtag noch nicht verbrauchte zweckgebundene Werbebeiträge sind beim Franchisegeber als sonstige Verbindlichkeiten auszuweisen und demgemäß erfolgsneutral zu behandeln (→ BFH vom 22.8.2007 – BStBl. 2008 II S. 284).

Betriebsaufgabe oder -veräußerung im Ganzen.

- **Schulden,** die während des Bestehens des Betriebs entstanden sind, bleiben betrieblich veranlasst, wenn der Betrieb insgesamt veräußert oder aufgegeben wird und soweit der Veräußerungserlös oder die Verwertung von Aktivvermögen zur Tilgung einer zurückbehaltenen, ehemals betrieblichen Schuld nicht ausreichen (→ BFH vom 21.11.1989 – BStBl. 1990 II S. 213 und vom 12.11.1997 – BStBl. 1998 II S. 144). Wird der Veräußerungserlös nicht zur Tilgung der zurückbehaltenen Schuld verwendet, oder wird Aktivvermögen entnommen und dadurch einer Verwertung entzogen, mindert sich die betrieblich veranlasste Schuld um den Betrag des Veräußerungserlöses oder um den Verkehrswert des entnommenen Aktivvermögens (→ BFH vom 11.12.1980 – BStBl. 1981 II S. 463), es sei denn, mit dem Veräußerungserlös wird ein anderes Betriebsvermögen erworben. Die zurückbehaltene Schuld rechnet dann zu dem neu erworbenen Betriebsvermögen (→ BFH vom 7.8.1990 – BStBl. 1991 II S. 14). Werden die in das Privatvermögen überführten Wirtschaftsgüter im Rahmen einer anderen Einkunftsart genutzt, stehen die durch die ursprünglich betrieblichen Verbindlichkeiten verursachten Schuldzinsen nun in wirtschaftlichem Zusammenhang mit dieser neuen Einkunftsart und können bei dieser ggf. als Betriebsausgaben oder Werbungskosten steuerlich geltend gemacht werden (→ BFH vom 28.3.2007 – BStBl. II S. 642).
- **Zurückbehaltene Verbindlichkeiten** bleiben Betriebsschulden, soweit bei Aufgabe oder Veräußerung eines Betriebes der Verwertung von Ak-

tivvermögen oder der Tilgung von Betriebsschulden Hindernisse entgegenstehen. Dies betrifft nur solche Verwertungshindernisse, die ihren Grund in der ursprünglich betrieblichen Sphäre haben. Nicht tilgbare frühere Betriebsschulden bleiben so lange noch betrieblich veranlasst, bis ein etwaiges Verwertungshindernis entfallen ist (→ BFH vom 28.3.2007 – BStBl. II S. 642).

– Eine betrieblich veranlasste **Rentenverpflichtung** ist nach Betriebsaufgabe weiterhin als Betriebsschuld zu behandeln, wenn sie zwar durch die bei der Aufgabe erzielten Erlöse hätte abgelöst werden können, der Rentenberechtigte der Ablösung aber nicht zugestimmt hat (→ BFH vom 22.9.1999 – BStBl. 2000 II S. 120).
– Zahlt der Gesellschafter einer **Personengesellschaft** Zinsen für Verbindlichkeiten, die die Gesellschaft bei Aufgabe ihres Betriebs nicht getilgt hat, obwohl ihr bei ordnungsgemäßer Abwicklung ausreichende Mittel zur Verfügung gestanden hätten, kann er die Zinsen nicht als (nachträgliche) Betriebsausgaben abziehen. Das gilt auch für Zinsen auf Verbindlichkeiten, die einem Gesellschafter im wirtschaftlichen Zusammenhang mit seinem Sonderbetriebsvermögen entstanden sind, wenn er die Aktivwerte dieses Vermögens bei Beendigung seiner Mitunternehmerstellung nicht zur Tilgung der Verbindlichkeiten verwendet. Zahlt ein Gesellschafter aber Zinsen für fortbestehende Gesellschaftsverbindlichkeiten, so muss er sich nicht entgegenhalten lassen, dass er die Aktivwerte seines Sonderbetriebsvermögens zur Tilgung dieser Verbindlichkeiten hätte einsetzen können (→ BFH vom 13.2.1996 – BStBl. II S. 291).

Betriebsschuld.

– Eine Verbindlichkeit gehört zum Betriebsvermögen, wenn sie durch den Betrieb veranlasst ist (Betriebsschuld). Für die Bestimmung des Veranlassungszusammenhangs ist allein die Verwendung der aufgenommenen Mittel ausschlaggebend. Eine für Betriebszwecke aufgenommene Verbindlichkeit ist unabhängig davon eine Betriebsschuld, ob der Stpfl. die fremdfinanzierten betrieblichen Aufwendungen auch durch eigene Mittel hätte bestreiten können oder ob der Betrieb über aktives Betriebsvermögen oder stille Reserven verfügt. Die betriebliche Veranlassung einer Verbindlichkeit wird nicht dadurch berührt, dass der betriebliche Fremdmittelbedarf auf Entnahmen beruht; → aber Finanzierung von Entnahmen. Eine Verbindlichkeit ist aber nicht deshalb eine Betriebsschuld, weil Eigenmittel für betriebliche Zwecke eingesetzt worden sind und aus diesem Grunde Fremdmittel für private Zwecke aufgenommen werden mussten; → Umschuldung Privatschuld in Betriebsschuld (→ BFH vom 8.12.1997 – BStBl. 1998 II S. 193).
– Werden die von einem Versicherungsmakler für Rechnung der Versicherungsgesellschaften vereinnahmten Versicherungsbeiträge (durchlaufende Posten) abredewidrig für private Zwecke verwendet und damit dessen Betriebsvermögen entzogen, werden zugleich die Auskehrungsverbindlichkeiten in Privatschulden umqualifiziert (→ BFH vom 15.5.2008 – BStBl. II S. 715).

Finanzierung von Entnahmen. Werden Fremdmittel nicht zur Finanzierung betrieblicher Aufwendungen, sondern tatsächlich zur Finanzierung einer Entnahme aufgenommen, liegt keine Betriebsschuld vor. Ein solcher Fall ist gegeben, wenn dem Betrieb keine entnahmefähigen Barmittel zur Verfügung stehen und die Entnahme erst dadurch möglich wird, dass Fremdmittel in das Unternehmen fließen. Unerheblich ist, ob die Fremdmittel einem betrieblichen Konto zufließen, von welchem zuvor wegen fehlender Barmittel mit schulderhöhender Wirkung aus privaten Gründen Beträge abgebucht wurden (→ BFH vom 8.12.1997 – BStBl. 1998 II S. 193).

Fortfall der Rentenverpflichtung. Der Wegfall einer zum Erwerb eines betrieblichen Grundstücks eingegangenen Rentenverpflichtung infolge des Todes des Rentenberechtigten führt zu ihrer erfolgswirksamen Ausbuchung in der Bilanz zum Ende des betreffenden Wj. Das gilt auch, wenn die Rentenverpflichtung in früheren Wj. im Rahmen einer Bilanzberichtigung erfolgsneutral eingebucht worden ist (→ BFH vom 26.6.1996 – BStBl. II S. 601).

Gemischt genutztes Grundstück. Wird durch einheitlichen Kaufvertrag ein gemischt genutztes Grundstück erworben und die Kaufpreisschuld teils mit Fremd-, teils mit Eigenmitteln beglichen, ohne dass eine Zuordnung der Finanzierungsmittel erfolgt, sind die Zinszahlungen nur im Verhältnis des betrieblich zum privat genutzten Anteil als Betriebsausgabe abziehbar. Keine vorrangige Tilgung des privat veranlassten Teils (→ BFH vom 7.11.1991 – BStBl. 1992 II S. 141). Im Falle einer Zuordnung der Finanzierungsmittel gelten die Grundsätze des BMF-Schreibens vom 16.4.2004 (BStBl. I S. 464) entsprechend für Grundstücke, die teilweise betrieblich und privat genutzt werden.

Optionsprämie. Für die Verpflichtung des Veräußerers einer Option (Stillhalter), auf Verlangen des Optionsberechtigten innerhalb der Optionsfrist den Optionsgegenstand zu verkaufen oder zu kaufen (Call/Put-Option), ist eine Verbindlichkeit in Höhe der dafür vereinnahmten Prämie auszuweisen; die Verbindlichkeit ist erst bei Ausübung oder Verfall der Option auszubuchen. Für das die Höhe der Optionsprämie übersteigende Risiko darf nach § 5 Abs. 4a Satz 1 EStG keine Rückstellung für drohende Verluste gebildet werden (→ BMF vom 12.1.2004 – BStBl. I S. 192).

Passivierungsverbot nach § 5 Abs. 2a EStG. → H 5.1.

Rangrücktrittsvereinbarungen. Zur Passivierung von Verbindlichkeiten bei Vereinbarung eines einfachen oder qualifizierten Rangrücktritts → BMF vom 8.9.2006 (BStBl. I S. 497).[1]

Rückverkaufsoption. Zur bilanzsteuerrechtlichen Beurteilung der Rückverkaufsoption im Kfz-Handel → BMF vom 12.10.2011 (BStBl. I S. 967).

---

[1] Siehe auch BFH v. 30.11.2011 I R 100/10, BStBl. II 2012, 332, v. 15.4.2015 I R 44/14, BStBl. II 2015, 769, und v. 19.8.2020 XI R 32/18, BStBl. II 2021, 279.

Schadensersatz für GmbH-Verbindlichkeiten.
- Wird der Gesellschafter einer vermögenslosen GmbH für deren Verbindlichkeiten im Wege des Durchgriffs in Anspruch genommen, sind die Verbindlichkeiten in seinem Einzelunternehmen Gewinn mindernd zu passivieren, wenn seine zum Ersatz verpflichtende Handlung dessen Betriebseinnahmen erhöhte (→ BFH vom 6.3.2003 – BStBl. II S. 658).
- → H 6.2 (Beteiligung an einer Kapitalgesellschaft).

Schuldzinsenabzug nach § 4 Abs. 4a EStG.[1]
- → BMF vom 2.11.2018 (BStBl. I S. 1207) unter Berücksichtigung der Änderungen durch BMF vom 18.1.2021 (BStBl. I S. 119) und vom 5.11.2021 (BStBl. I S. 2211);
- → BMF vom 12.6.2006 (BStBl. I S. 416) zur Berücksichtigung von vor dem 1.1.1999 entstandenen Unterentnahmen.

Sekundärfolgenrechtsprechung. → H 4.7 (Schuldzinsen).

Umsatzsteuer. Zu Unrecht ausgewiesene Umsatzsteuer ist in dem Jahr zu passivieren, in dem sie durch den Ausweis in der Rechnung entstanden ist, sofern keine Steuerhinterziehung vorliegt (→ BFH vom 15.3.2012 – BStBl. II S. 719).

Umschuldung Privatschuld in Betriebsschuld. Werden Eigenmittel für betriebliche Zwecke und deshalb Fremdmittel für private Zwecke verwendet, begründet die Fremdmittelaufnahme keine Betriebsschuld. Ein privates Darlehen kann nicht durch eine bloße wirtschaftliche Umschuldung in eine Betriebsschuld umgewandelt werden. Werden aber im Betrieb erzielte Einnahmen zur Tilgung eines privaten Darlehens entnommen und wird deshalb ein neues Darlehen zur Finanzierung von betrieblichen Aufwendungen aufgenommen, stellt das neue Darlehen eine Betriebsschuld dar (→ BFH vom 8.12.1997 – BStBl. 1998 II S. 193).

R 4.2 (16)

Betriebsvermögen bei Schätzung des Gewinns oder bei Gewinnermittlung nach § 13a Abs. 3 bis 6 EStG

(16) Wird der Gewinn geschätzt (→ R 4.1 Abs. 2) oder nach § 13a Abs. 3 bis 6 EStG[2] ermittelt, kommt gewillkürtes Betriebsvermögen nur in den Fällen des § 13a Abs. 6 Satz 2 EStG,[3] des Wechsels der Gewinnermittlungsart und der Nutzungsänderung in Betracht (→ § 4 Abs. 1 Satz 6 und 7 EStG).

H 4.2 (16)

Beibehaltung von gewillkürtem Betriebsvermögen nach einer Nutzungsänderung. → R 4.3 Abs. 3.

---

[1] Zu einer kurzfristigen Einlage als Gestaltungsmissbrauch siehe BFH v. 21.8.2012 VIII R 32/09, BStBl. II 2013, 16.
[2] **[Amtl. Anm.:]** Jetzt § 13a Abs. 3 bis 7 EStG.
[3] **[Amtl. Anm.:]** Jetzt § 13a Abs. 7 Satz 1 EStG.

R 4.3 Einlagen und Entnahmen

Einlagen

(1) [1] **Gegenstand von Einlagen** können abnutzbare und nicht abnutzbare, materielle und immaterielle Wirtschaftsgüter aller Art sein, unabhängig davon, ob sie dem Anlage- oder dem Umlaufvermögen zuzuordnen sind. [2] Einer Einlage steht die Begründung des Besteuerungsrechts der Bundesrepublik Deutschland hinsichtlich des Gewinns aus der Veräußerung eines Wirtschaftsgutes gleich (Verstrickung). [3] Darunter fällt insbesondere die Überführung eines Wirtschaftsgutes aus einer ausländischen Betriebsstätte, deren Einkünfte nach einem DBA von der inländischen Besteuerung freigestellt sind, ins Inland.

H 4.3 (1)

Banküberweisung. Eine Einlage ist bei Zahlung durch Banküberweisung erst geleistet, wenn die Gutschrift auf dem Empfängerkonto erfolgt ist (→ BFH vom 11.12.1990 – BStBl. 1992 II S. 232).

Bodenschatz. → H 4.2 (1).

Einlage bei Ausbuchung einer Verbindlichkeit. → H 6.12.

Forschungszulage. Zur Behandlung der Forschungszulage als Einlage bei Einzel- und Mitunternehmern → BMF vom 11.11.2021 (BStBl. I S. 2277), Rn. 286.

Gewillkürtes Betriebsvermögen. → H 4.2 (1).

Immaterielle Wirtschaftsgüter. → R 5.5 Abs. 3 Satz 3.

Namensrecht. → H 5.5.

Nutzungsänderung. → H 4.2 (4).

Nutzungsrechte/Nutzungsvorteile. Die bloße Nutzung eines fremden Wirtschaftsguts zu betrieblichen Zwecken kann nicht eingelegt werden; dies gilt auch für unentgeltlich erworbene dingliche oder obligatorische Nutzungsrechte (→ BFH vom 26.10.1987 – BStBl. 1988 II S. 348 und vom 20.9.1990 – BStBl. 1991 II S. 82).

Personengesellschaften. Die Einbringung von Einzelwirtschaftsgütern des Privatvermögens in das betriebliche Gesamthandsvermögen einer Personengesellschaft oder anderen Gesamthandsgemeinschaft gegen Gewährung von Gesellschaftsrechten stellt keine Einlage, sondern einen tauschähnlichen Vorgang dar (→ BMF vom 29.3.2000 – BStBl. I S. 462 und vom 11.7.2011 – BStBl. I S. 713 unter Berücksichtigung der Änderungen durch BMF vom 26.7.2016 – BStBl. I S. 684).

Sacheinlage in das Vermögen einer Kapitalgesellschaft. Ein Wirtschaftsgut, das dem Vermögen einer Kapitalgesellschaft im Rahmen einer Überpari-Emission als Sacheinlage zugeführt worden ist, ist auch im Hinblick auf jenen Teilbetrag des Einbringungswertes, der über den Nennbetrag der Stammeinlageverpflichtung des Einlegenden hinausgeht und gem. § 272 Abs. 2 Nr. 1 HGB in die Kapitalrücklage einzustellen ist, ein vollentgeltlicher Vorgang und keine verdeckte Einlage (→ BFH vom 24.4.2007 – BStBl. 2008 II S. 253).

Unterlassene Bilanzierung. Die nachträgliche Aktivierung eines zum notwendigen Betriebsvermögen gehörenden Wirtschaftsguts, das bisher nicht bilanziert worden ist, ist keine Einlage. Es handelt sich vielmehr um eine fehlerberichtigende Einbuchung (→ BFH vom 24.10.2001 – BStBl. 2002 II S. 75); → H 4.4.

Verdeckte Einlage.

– Verdeckte Einlage ist die Zuwendung eines bilanzierbaren Vermögensvorteils aus gesellschaftsrechtlichen Gründen ohne Entgelt in Gestalt von Gesellschaftsrechten. Als verdeckte Einlage sind nur Wirtschaftsgüter geeignet, die das Vermögen der Kapitalgesellschaft durch den Ansatz oder die Erhöhung eines Aktivpostens oder durch den Wegfall oder die Verminderung eines Passivpostens vermehrt haben (→ BFH vom 6.11.2003 – BStBl. 2004 II S. 416).

– **Verdeckte Einlage eines Geschäfts- oder Firmenwerts,** der bei Veräußerung eines Einzelunternehmens an eine GmbH unentgeltlich übergeht, → BFH vom 24.3.1987 (BStBl. II S. 705); → H 5.5 (Geschäfts- oder Firmenwert/Praxiswert).

– Maßgebendes Kriterium für einen Übergang des Geschäfts- oder Firmenwerts von einem Einzelunternehmen auf eine Kapitalgesellschaft im Wege der verdeckten Einlage ist, dass dem nutzenden Unternehmen die materiellen und immateriellen Wirtschaftsgüter sowie die sonstigen Faktoren, welche sich im Geschäfts- oder Firmenwert niederschlagen, auf einer vertraglichen Grundlage überlassen werden, die Nutzung auf Dauer angelegt ist und kein Rechtsanspruch auf Rückgabe dieser Wirtschaftsgüter besteht (→ BFH vom 2.9.2008 – BStBl. 2009 II S. 634).

Vorbehaltsnießbrauch.

– In den Fällen der Einräumung eines Vorbehaltsnießbrauchs liegt hinsichtlich des Nießbrauchsrechts im Ergebnis keine Einlage vor (→ BFH vom 16.12.1988 – BStBl. 1989 II S. 763).

– → H 4.3 (2–4).

– → H 4.7 (Nießbrauch) zu Betriebsausgaben eines Nießbrauchers.

R **4.3** (2–4)

Entnahmen

(2) [1]Ein Wirtschaftsgut wird entnommen, wenn es aus dem betrieblichen in den privaten oder einen anderen betriebsfremden Bereich übergeht. [2]Einer Entnahme für betriebsfremde Zwecke steht auch der Ausschluss oder die Beschränkung des Besteuerungsrechts der Bundesrepublik Deutschland hinsichtlich des Gewinns aus der Veräußerung oder der Nutzung eines Wirtschaftsgutes gleich (Entstrickung). [3]Neben der Überführung eines Wirtschaftsgutes vom Inland in eine ausländische Betriebsstätte nach § 4 Abs. 1 Satz 4 EStG (Entnahme des Wirtschaftsgutes) fällt darunter insbesondere die Nutzung eines Wirtschaftsgutes, das einer inländischen Betriebsstätte des Stpfl. zuzuordnen ist, durch eine ausländische Betriebsstätte (Entnahme der Nutzung), deren Einkünfte nach einem DBA von der inländischen Besteuerung freigestellt sind oder bei der Besteuerung ausländische Steuern nach § 34c EStG oder nach

§ 26 KStG oder auf Grund eines DBA anzurechnen sind. [4]Eine Entnahme liegt nicht vor in Fällen einer Strukturänderung eines Betriebs mit der Folge, dass die Einkünfte aus dem Betrieb einer anderen Einkunftsart zuzurechnen sind (z. B. wenn ein land- und forstwirtschaftlicher Betrieb wegen Überschreitens der Grenzen des § 13 Abs. 1 Nr. 1 EStG zu einem Gewerbebetrieb wird oder wenn eine freiberufliche Praxis durch Übergang i. S. d. § 6 Abs. 3 EStG auf nicht qualifizierte Rechtsnachfolger zu einem Gewerbebetrieb wird).

Entnahmehandlung[1)]

(3) [1]Eine Entnahme erfordert regelmäßig eine Entnahmehandlung, die von einem Entnahmewillen getragen wird. [2]Wirtschaftsgüter, die zur Zeit der Aufnahme in das Betriebsvermögen zulässigerweise zum Betriebsvermögen gerechnet worden sind, bleiben daher grundsätzlich solange Betriebsvermögen, bis sie durch eine eindeutige, unmissverständliche – ausdrückliche oder schlüssige – → Entnahmehandlung des Stpfl. Privatvermögen werden. [3]Bei buchführenden Stpfl. bietet die Buchung einen wesentlichen Anhalt, ob und wann ein Wirtschaftsgut entnommen worden ist. [4]Eine Entnahme liegt auch ohne Entnahmeerklärung oder Entnahmebuchung vor, wenn der Stpfl. die bisherige betriebliche oder berufliche Nutzung eines Wirtschaftsgutes auf Dauer so ändert, dass es seine Beziehung zum Betrieb verliert und dadurch zu notwendigem Privatvermögen wird. [5]Eine Nutzungsänderung, durch die das Wirtschaftsgut zwar seinen Charakter als notwendiges Betriebsvermögen verliert, jedoch nicht zu notwendigem Privatvermögen wird, ist ohne eindeutige Entnahmeerklärung des Stpfl. keine Entnahme des Wirtschaftsgutes; das gilt auch bei Gewinnermittlung nach § 13a EStG (§ 4 Abs. 1 Satz 7 EStG) sowie bei Vollschätzung.

Gegenstand einer Entnahme

(4) [1]Gegenstand einer Entnahme können alle Wirtschaftsgüter sein, die zum notwendigen oder gewillkürten Betriebsvermögen gehören, also auch immaterielle (Einzel-)Wirtschaftsgüter, z. B. ein Verlagswert, sowie Nutzungen und Leistungen, auch wenn sie in der Bilanz nicht angesetzt werden können. [2]Im Fall des gewerblichen Betriebs einer Fotovoltaikanlage ist der private Verbrauch des Stroms keine private Verwendung der Anlage, sondern eine Sachentnahme des produzierten Stroms.

H 4.3 (2–4)

Altenteilerwohnung. → R 4.2 Abs. 4 Satz 5.

Entnahmehandlung.

– Für die Eindeutigkeit einer Entnahmehandlung ist ein Verhalten des Stpfl. erforderlich, durch das die Verknüpfung des Wirtschaftsgutes mit dem Betriebsvermögen unmissverständlich gelöst wird. Es bedarf nicht stets einer buchmäßigen Darstellung der Entnahme. Es kann auch ein anderes schlüssiges Verhalten genügen, durch das die Verbindung des Wirtschafts-

[1)] Zur Entnahme vor Veräußerung eines Grundstücks siehe BFH v. 12.9.2002 IV R 66/00, BStBl. II 2002, 815.

guts zum Betrieb gelöst wird (→ BFH vom 9.8.1989 – BStBl. 1990 II S. 128 und vom 25.6.2003 – BStBl. 2004 II S. 403).
- Der Tatbestand der Entnahme ist auch erfüllt, wenn dem Stpfl. die an die Entnahme geknüpften Rechtsfolgen, insbesondere die Gewinnverwirklichung, nicht bewusst werden (→ BFH vom 31.1.1985 – BStBl. II S. 395).
- Eine Entnahmehandlung ist auch durch einen Rechtsvorgang möglich; ein solcher liegt immer dann vor, wenn sich die Rechtszuständigkeit für das Wirtschaftsgut ändert (→ BFH vom 5.7.2018 – BStBl. II S. 798).
- Die Entnahme eines Wirtschaftsguts, das nicht zum notwendigen Privatvermögen geworden ist, erfordert eine unmissverständliche, von einem Entnahmewillen getragene Entnahmehandlung und darüber hinaus, dass der Stpfl. die naheliegenden steuerlichen Folgerungen aus der Entnahme gezogen hat. Eine fehlende Eindeutigkeit der Entnahmehandlung geht zulasten des Stpfl. (→ BFH vom 29.9.2016 – BStBl. 2017 II S. 339).
- → Nachweispflicht.
- → Nutzungsänderung.
- → Personengesellschaften.
- → Schenkung.

Entstrickung. Zur passiven Entstrickung auf Grund erstmaliger Anwendung eines DBA → BMF vom 26.10.2018 (BStBl. I S. 1104).

Erbauseinandersetzung und vorweggenommene Erbfolge.
- → BMF vom 14.3.2006 (BStBl. I S. 253) unter Berücksichtigung der Änderungen durch BMF vom 27.12.2018 (BStBl. 2019 I S. 11).
- → BMF vom 13.1.1993 (BStBl. I S. 80) unter Berücksichtigung der Änderungen durch BMF vom 26.2.2007 (BStBl. I S. 269).

Geschäfts- oder Firmenwert.
- Ein Geschäfts- oder Firmenwert kann nicht wie andere Einzelwirtschaftsgüter für sich entnommen werden, da er nur im Rahmen eines lebenden Betriebs, Teilbetriebs oder Mitunternehmeranteils übertragen werden kann (→ BFH vom 24.11.1982 – BStBl. 1983 II S. 113).
- → Verlagswert.

Gewinnrealisierung. Steuerpflichtiger Entnahmegewinn ist der gesamte Unterschiedsbetrag zwischen dem Entnahmewert (§ 6 Abs. 1 Nr. 4 EStG) und dem Buchwert des entnommenen Wirtschaftsguts im Zeitpunkt der Entnahme. Das gilt auch dann, wenn das Wirtschaftsgut vor der Entnahme auch privat genutzt und die private Nutzung als Entnahme behandelt worden ist (→ BFH vom 24.9.1959 – BStBl. III S. 466; → Nutzungsentnahme). Zur Feststellung des Entnahmewerts von Nutzungen und Leistungen können die für die Bewertung von Sachbezügen entwickelten Grundsätze herangezogen werden (→ BFH vom 22.7.1988 – BStBl. II S. 995).

Grundstücke oder Grundstücksteile.
- Wird auf einem bisher unbebauten Betriebsgrundstück ein zum Privatvermögen gehörendes Gebäude (z. B. ein auf Dauer zu eigenen Wohnzwecken bestimmtes Gebäude) errichtet, wird der Grund und Boden durch die Bebauung entnommen (→ BFH vom 27.1.1977 – BStBl. II

S. 388, vom 11.3.1980 – BStBl. II S. 740 und vom 14.5.2009 – BStBl. II S. 811). Eine **anteilige Entnahme** des Grund und Bodens liegt vor, wenn auf einem Betriebsgrundstück ein Gebäude errichtet wird, das teilweise Privatvermögen ist (→ BFH vom 24.11.1982 – BStBl. 1983 II S. 365). Ggf. bleibt der Entnahmegewinn außer Ansatz (→ § 13 Abs. 5, § 15 Abs. 1 Satz 3 und § 18 Abs. 4 Satz 1 EStG).

– → Personengesellschaften.

Incentive-Reisen. → BMF vom 14.10.1996 (BStBl. I S. 1192).

Keine Entnahme des Grundstücks oder Grundstücksteils liegt ohne Hinzutreten weiterer Umstände in folgenden Fällen vor:

– **Erbbaurecht** – Belastung eines land- und forstwirtschaftlich genutzten Grundstücks mit einem entgeltlich eingeräumten Erbbaurecht, wenn der vereinbarte Erbbauzins nicht weniger als 10% des ortsüblichen Erbbauzinses beträgt und die Nutzungsänderung nicht mehr als 10% der Gesamtfläche des Betriebs erfasst (→ BFH vom 24.3.2011 – BStBl. II S. 692).

– **Erklärung von Einkünften aus Vermietung und Verpachtung,** ohne dass der Stpfl. die naheliegenden steuerrechtlichen Folgerungen aus einer Entnahme zieht, wie Gewinnrealisierung nach § 6 Abs. 1 Nr. 4 EStG, unabhängig davon, ob innerhalb oder außerhalb der Buchführung (→ BFH vom 9.8.1989 – BStBl. 1990 II S. 128).

– **Gebäudeabriss,** wenn die betriebliche Nutzung der Freifläche möglich ist (→ BFH vom 6.11.1991 – BStBl. 1993 II S. 391).

– Im **Hinzuerwerb** eines im Privatvermögen verbleibenden Miteigentumsanteils an einem Grundstück im Wege der Erbfolge liegt keine Entnahme des zum gewillkürten Betriebsvermögen gehörenden Anteils (→ BFH vom 8.3.1990 – BStBl. 1994 II S. 559).

– **Landwirtschaftlich genutzte Grundstücke.**

  • Landwirtschaftlich genutzte Grundstücke, bei denen keine ertragreiche Bewirtschaftung mehr möglich ist (→ BFH vom 12.11.1992 – BStBl. 1993 II S. 430).

  • Bei Bebauung ursprünglich landwirtschaftlicher Grundstücke mit Einfamilienhäusern, die anschließend an betriebsfremde Personen vermietet werden, wenn die Nutzungsänderung nur eine Fläche erfasst, die im Vergleich zur Gesamtfläche des Betriebs von geringer Bedeutung ist (→ BFH vom 22.8.2002 – BStBl. 2003 II S. 16), → H 4.2 (9) Besonderheiten bei land- und forstwirtschaftlichen Betrieben.

  • Ursprünglich landwirtschaftlich genutzte Flächen eines Betriebs, die verpachtet wurden und nach Ablauf des Pachtverhältnisses nicht wieder aktiv bewirtschaftet werden, sondern brachliegen, bleiben Betriebsvermögen und können nur durch eindeutige Erklärung dem Finanzamt gegenüber entnommen werden (→ BFH vom 17.1.2002 – BStBl. II S. 356).

  • Ohne Entnahmeerklärung verlieren ursprünglich landwirtschaftlich genutzte Grundstücke durch eine Nutzungsänderung, die nicht zu notwendigem Privatvermögen führt, ihre Eigenschaft als landwirtschaftliches Betriebsvermögen nur, wenn eine eindeutige Entnahmehandlung vorliegt. Deshalb scheidet ein zuvor zum notwendigen Betriebsvermögen gehörendes Grundstück nicht bereits dadurch aus dem Betriebsvermögen aus, dass es als Bauland behandelt wird und im Hinblick auf die geringe Größe und die umliegende Bebauung nicht mehr landwirtschaftlich genutzt werden kann (→ BFH vom 14.5.2009 – BStBl. II S. 811).

- **Nießbrauch** – ein Grundstück, das zum Sonderbetriebsvermögen des Gesellschafters einer GbR gehört, wird durch die Bestellung eines Nießbrauchs am Gesellschaftsanteil und am Grundstück grundsätzlich nicht entnommen (→ BFH vom 1.3.1994 – BStBl. 1995 II S. 241).
- **Nutzung** – nur vorübergehende Nutzung zu eigenen Wohnzwecken (→ BFH vom 17.1.1974 – BStBl. II S. 240).
- **Nutzungsänderung.**
  - Bisher betrieblich genutzte und seitdem ungenutzte (freie) Grundstücksflächen, deren spätere betriebliche Nutzung möglich bleibt, verbleiben ohne eine von einem Entnahmewillen getragene Entnahmehandlung im Betriebsvermögen (→ BFH vom 6.11.1991 – BStBl. 1993 II S. 391).
  - Ein zunächst betrieblich genutzter Gebäudeteil verliert seine Eigenschaft als Betriebsvermögen nicht dadurch, dass er zu fremden Wohnzwecken vermietet wird und sich in dem Gebäude ein weiterer zu fremden Wohnzwecken vermieteter Gebäudeteil befindet, der zum Privatvermögen gehört (→ BFH vom 10.11.2004 – BStBl. 2005 II S. 334).
- **Nutzungsrecht** – Belastung eines Grundstücks mit der Einräumung eines unentgeltlichen Nutzungsrechts und anschließende Anmietung vom Nutzungsberechtigten durch den Grundstückseigentümer (→ BFH vom 11.11.1988 – BStBl. 1989 II S. 872).

Nachweispflicht. Wer sich darauf beruft, dass ein als Betriebsvermögen ausgewiesenes Wirtschaftsgut vor vielen Jahren entnommen worden sei, muss die Entnahmehandlung nachweisen (→ BFH vom 23.11.2000 – BStBl. 2001 II S. 232).

Nutzungsänderung. Vermindert sich der Umfang der betrieblichen Nutzung eines Kfz, das dem gewillkürten Betriebsvermögen eines Unternehmens in einem früheren VZ wegen einer mehr als 10%-igen betrieblichen Nutzung zugeordnet wurde, in einem Folgejahr auf unter 10%, ändert dies an der Zuordnung zum gewillkürten Betriebsvermögen nichts, weil eine solche Nutzungsänderung allein keine Entnahme darstellt (→ BFH vom 21.8.2012 – BStBl. 2013 II S. 117).

Nutzungsentnahme.

- Grundstücke oder Grundstücksteile → BFH vom 11.11.1988 (BStBl. 1989 II S. 872) und → H 4.7 (Teilentgeltliche Überlassung).
- Betrieblicher Pkw bei Unfall auf Privatfahrt → BFH vom 24.5.1989 (BStBl. 1990 II S. 8); → R 4.7 Abs. 1 Satz 3 bis 5.
- Betrieblicher Pkw bei Diebstahl auf Privatfahrt → BFH vom 18.4.2007 (BStBl. II S. 762); → Private Kraftfahrzeugnutzung.

Personengesellschaften.

- Die Übertragung eines Einzelwirtschaftsguts aus dem betrieblichen Gesamthandsvermögen einer Personengesellschaft oder anderen Gesamthandsgemeinschaft in das Privatvermögen eines Gesellschafters gegen Minderung von Gesellschaftsrechten stellt keine Entnahme, sondern einen tauschähnlichen Vorgang dar (→ BMF vom 29.3.2000 – BStBl. I S. 462, vom 11.7.2011 – BStBl. I S. 713 und vom 26.7.2016 – BStBl. I S. 684).

- Eine (anteilige) Entnahme liegt nicht vor, wenn ein Wirtschaftsgut des Gesamthandsvermögens einer Personengesellschaft zu fremdüblichen Bedingungen an einen Gesellschafter veräußert wird (→ BFH vom 28.7.1998 – BStBl. 1999 II S. 53).
- Eine Entnahme liegt vor, wenn ein zum Gesamthandsvermögen einer Personengesellschaft gehörendes Betriebsgrundstück durch einen oder mehrere Gesellschafter mit Zustimmung der Gesellschaft für private Wohnzwecke des oder der Gesellschafter bebaut wird (→ BFH vom 30.6.1987 – BStBl. 1988 II S. 418). Eine Entnahme des Grundstücks liegt dagegen nicht vor, wenn der Gesellschafter ein der Personengesellschaft gehörendes Grundstück für private Zwecke bebaut und nachfolgend zu fremdüblichen Bedingungen erwirbt (→ BFH vom 28.7.1998 – BStBl. 1999 II S. 53).
- Wird ein Wirtschaftsgut aus dem Gesamthandsvermögen einer Personengesellschaft mit Zustimmung aller Gesellschafter derart entnommen, dass es Eigentum nur eines Gesellschafters wird, wird der Entnahmegewinn allen Gesellschaftern zugerechnet, falls die stillen Reserven dem begünstigten Gesellschafter geschenkt worden sind (→ BFH vom 28.9.1995 – BStBl. 1996 II S. 276).
- Gewährt eine Personengesellschaft einem Gesellschafter ein Darlehen ohne betriebliche Veranlassung, gehört dieses Darlehen privatrechtlich weiter zum Gesamthandsvermögen. Da das Darlehen steuerlich nicht zum Betriebsvermögen gehört, ist es als Entnahme zu behandeln, die allen Gesellschaftern anteilig unter Minderung ihrer Kapitalkonten zuzurechnen ist (→ BFH vom 9.5.1996 – BStBl. II S. 642). Eine Entnahme und kein Darlehen liegt auch vor, wenn neben dem festen Kapitalkonto lediglich ein weiteres Konto zur Erfassung von Gewinnen, Einlagen und Entnahmen der Gesellschafter geführt wird, auf dem auch Verluste verbucht werden (→ BFH vom 27.6.1996 – BStBl. 1997 II S. 36).
- Werden die Mittel zur Begleichung der Beiträge zu einer Lebensversicherung von der Personengesellschaft dem Gesellschafter in Form eines Darlehens überlassen und dient die Versicherungsprämie der Absicherung von Verbindlichkeiten der Personengesellschaft, kann eine betriebliche Veranlassung für die Darlehensgewährung vorliegen, auch wenn der Versicherungsanspruch selbst nicht Betriebsvermögen ist (→ BFH vom 16.10.2014 – BStBl. 2015 II S. 267).

Private Kraftfahrzeugnutzung.

- Ertragsteuerliche Erfassung der Nutzung eines betrieblichen Kfz zu Privatfahrten, zu Fahrten zwischen Wohnung und Betriebsstätte sowie zu Familienheimfahrten nach § 4 Abs. 5 Satz 1 Nr. 6 und § 6 Abs. 1 Nr. 4 Satz 1 bis 3 EStG (→ BMF vom 18.11.2009 – BStBl. I S. 1326 unter Be-

rücksichtigung der Änderungen durch BMF vom 15.11.2012 – BStBl. I S. 1099).
- Nutzung eines betrieblichen Kfz für private Fahrten, Fahrten zwischen Wohnung und Betriebsstätte/erster Tätigkeitsstätte und Familienheimfahrten; Nutzung von Elektro- und Hybridelektrofahrzeugen (→ BMF vom 5.11.2021 – BStBl. I S. 2205).
- Zerstörung eines betrieblichen Kfz anlässlich einer Privatfahrt → BFH vom 24.5.1989 (BStBl. 1990 II S. 8) und R 4.7 Abs. 1 Satz 3 bis 5.
- Wird der zum Betriebsvermögen gehörende Pkw während einer privat veranlassten Nutzung gestohlen, ist der Vermögensverlust nicht gewinnmindernd zu berücksichtigen (→ BFH vom 18.4.2007 – BStBl. II S. 762).
- → Nutzungsänderung.

Schenkung.
- Bei der schenkweisen Übertragung eines Wirtschaftsguts fehlt es an einer → Entnahmehandlung, wenn der Stpfl. wirtschaftlicher Eigentümer bleibt (→ BFH vom 5.5.1983 – BStBl. II S. 631).
- → Personengesellschaften.

Verlagswert.
- Entnahme als Einzelwirtschaftsgut möglich (→ BFH vom 24.11.1982 – BStBl. 1983 II S. 113).
- → Geschäfts- oder Firmenwert.

Verlustdeckung bei einer Schwester-KG. Die Gewinnverwendung zur Deckung des Verlusts einer Schwester-KG ist eine Entnahme (→ BFH vom 26.1.1995 – BStBl. II S. 589).

Vorbehaltsnießbrauch.
- Wird ein Wirtschaftgut aus außerbetrieblichen Gründen einem Dritten unter Vorbehalt des Nießbrauchs unentgeltlich übereignet und auf Grund des Nießbrauchsrechts weiterhin betrieblich genutzt, wird das Wirtschaftsgut insgesamt entnommen, nicht nur ein um den Wert des Nießbrauchs geminderter Teil des Wirtschaftsguts (→ BFH vom 28.2.1974 – BStBl. II S. 481, vom 2.8.1983 – BStBl. II S. 735 und vom 8.12.1983 – BStBl. 1984 II S. 202).
- → Nutzungsentnahme.

Wettbewerbsverbot. Wird der Gesellschafter einer Personengesellschaft oder der Gesellschafter-Geschäftsführer ihrer Komplementär-GmbH im Handelszweig der Personengesellschaft tätig, kann dadurch ein Schadensersatzanspruch der Gesellschaft wegen Verstoßes gegen das Wettbewerbsverbot entstehen. Verzichten die anderen Gesellschafter ohne betriebliche Veranlassung auf die Geltendmachung des Anspruchs, liegt eine Entnahme der Forderung vor. Ein Schadensersatzanspruch entsteht allerdings nicht, wenn die anderen Gesellschafter mit der Tätigkeit des Gesellschafters ausdrücklich oder stillschweigend einverstanden waren; zu einer Entnahme kommt es dann nicht (→ BFH vom 23.3.1995 – BStBl. II S. 637).

Wochenendhaus. Wird ein Wochenendhaus auf einem Betriebsgrundstück errichtet, werden Grund und Boden und das Wochenendhaus erst dann notwendiges Privatvermögen und damit entnommen, wenn die Absicht der künftigen Verwendung des Wochenendhauses zu eigenen Wohnzwecken in Erklärungen oder in einem eindeutigen Verhalten des Stpfl. zum Ausdruck kommt (→ BFH vom 29.4.1970 – BStBl. II S. 754).

R 4.4 Bilanzberichtigung und Bilanzänderung

Bilanzberichtigung

(1)[1)], [2)] [1]Ist ein Ansatz in der Bilanz unrichtig, kann der Stpfl. nach § 4 Abs. 2 Satz 1 EStG den Fehler durch eine entsprechende Mitteilung an das Finanzamt berichtigen **(Bilanzberichtigung).** [2]Ein Ansatz in der Bilanz ist unrichtig, wenn er unzulässig ist, d. h., wenn er gegen zwingende Vorschriften des Einkommensteuerrechts oder des Handelsrechts oder gegen die einkommensteuerrechtlich zu beachtenden handelsrechtlichen Grundsätze ordnungsmäßiger Buchführung verstößt. [3]*Eine Bilanzberichtigung ist unzulässig, wenn der Bilanzansatz im Zeitpunkt der Bilanzaufstellung subjektiv richtig ist.* [4]*Subjektiv richtig ist jede der im Zeitpunkt der Bilanzaufstellung der kaufmännischen Sorgfalt entsprechende Bilanzierung.* [5]*Entspricht ein Bilanzansatz im Zeitpunkt der Bilanzaufstellung den Grundsätzen höchstrichterlicher Rechtsprechung, wird dieser durch eine Änderung der Rechtsprechung nicht unrichtig.* [6]*Hat der Stpfl. entsprechend der im Zeitpunkt der Bilanzaufstellung bestehenden Verwaltungsauffassung bilanziert, hält er aber einen davon abweichenden Ansatz für richtig, ist eine Bilanzberichtigung bei einer Änderung der Verwaltungsauffassung auf Grund höchstrichterlicher Rechtsprechung zulässig, wenn er durch Zusätze oder Vermerke bei der Aufstellung der Bilanz dokumentiert hat, dass er einen von der Verwaltungsauffassung abweichenden Ansatz begehrt.* [7]*Die Dokumentation ist zusammen mit der Steuererklärung beim Finanzamt einzureichen.* [8]*Soweit keine steuerlichen Ansatz- oder Bewertungsvorbehalte gelten, ist ein von der Handelsbilanz abweichender Ansatz in der Steuerbilanz als ausreichende Dokumentation anzusehen.* [9]Soweit eine Bilanzberichtigung nicht möglich ist, ist der falsche Bilanzansatz grundsätzlich in der Schlussbilanz des ersten Jahres, dessen Veranlagung geändert werden kann, erfolgswirksam richtig zu stellen. [10]Bei Land- und Forstwirten mit vom Kalenderjahr abweichendem Wirtschaftsjahr müssen beide Veranlagungen, denen die Schlussbilanz zugrunde liegt (→ § 4a Abs. 2 Nr. 1 EStG), geändert werden können.

Bilanzänderung[3)]

(2) [1]Wenn steuerrechtlich, in den Fällen des § 5 EStG auch handelsrechtlich, verschiedene Ansätze für die Bewertung eines Wirtschaftsgutes zulässig sind und der Stpfl. demgemäß zwischen mehreren Wertansätzen wählen kann, trifft er durch die Einreichung der Steuererklärung an das Finanzamt seine Entscheidung. [2]Eine Änderung dieser Entscheidung zugunsten eines anderen zulässigen Ansatzes ist eine **Bilanzänderung.** [3]Eine

---

[1)] R 4.4 Abs. 1 Sätze 3 bis 8 überholt durch BFH v. 31.1.2013 GrS 1/10, BStBl. II 2013, 317 (Aufgabe des subjektiven Fehlerbegriffs hinsichtlich bilanzieller Rechtsfragen).

[2)] **[Amtl. Anm.:]** → H 4.4 (Bilanzberichtigung). – *Anm. d. Red.:* Betrifft die kursiv gesetzten Sätze 3 bis 8.

[3)] Zu einer Bilanzänderung im Zusammenhang mit § 6b EStG siehe BFH v. 27.9.2006 IV R 7/06, BStBl. II 2008, 600.

Bilanzänderung liegt nicht vor, wenn sich einem Stpfl. erst nach Einreichung der Bilanz die Möglichkeit eröffnet, erstmalig sein Wahlrecht auszuüben. [4]Eine Bilanzänderung ist zulässig, wenn sie in einem engen zeitlichen und sachlichen Zusammenhang mit einer Bilanzberichtigung steht und soweit die Auswirkung der Bilanzberichtigung auf den Gewinn reicht. [5]Ein enger zeitlicher und sachlicher Zusammenhang zwischen Bilanzberichtigung und Bilanzänderung setzt voraus, dass sich beide Maßnahmen auf dieselbe Bilanz beziehen und die Bilanzänderung unverzüglich nach der Bilanzberichtigung vorgenommen wird. [6]Bei einer Mitunternehmerschaft beziehen sich beide Maßnahmen auf die Bilanz der Mitunternehmerschaft (Gesamthandsbilanz, Ergänzungsbilanz und Sonderbilanz); beispielsweise kann eine Bilanzberichtigung in der Gesamthandsbilanz eine Bilanzänderung in der Ergänzungsbilanz oder Sonderbilanz des Mitunternehmers oder der Mitunternehmer zulassen.

H 4.4

Berichtigung einer Bilanz, die einer bestandskräftigen Veranlagung zu Grunde liegt.

- Die Berichtigung einer Bilanz, die einer bestandskräftigen Veranlagung zugrunde liegt, ist nur insoweit möglich, als die Veranlagung nach den Vorschriften der AO, insbesondere nach § 164 Abs. 1, § 173 oder § 175 Abs. 1 Satz 1 Nr. 2 AO, noch geändert werden kann oder die Bilanzberichtigung sich auf die Höhe der veranlagten Steuer nicht auswirken würde (→ BFH vom 27.3.1962 – BStBl. III S. 273 und vom 5.9.2001 – BStBl. 2002 II S. 134).
- Die Berichtigung eines unrichtigen Bilanzansatzes in einer **Anfangsbilanz** ist nicht zulässig, wenn diese Bilanz der Veranlagung eines früheren Jahres als Schlussbilanz zugrunde gelegen hat, die nach den Vorschriften der AO nicht mehr geändert werden kann, oder wenn der sich bei einer Änderung dieser Veranlagung ergebende höhere Steueranspruch wegen Ablaufs der Festsetzungsfrist erloschen wäre (→ BFH vom 29.11.1965 – BStBl. 1966 III S. 142). Unter Durchbrechung des Bilanzenzusammenhangs kann eine Berichtigung der Anfangsbilanz des ersten Jahres, bei dessen Veranlagung sich die Berichtigung auswirken kann, ausnahmsweise in Betracht kommen, wenn ein Stpfl. zur Erlangung beachtlicher ungerechtfertigter Steuervorteile bewusst einen Aktivposten zu hoch oder einen Passivposten zu niedrig angesetzt hat, ohne dass die Möglichkeit besteht, die Veranlagung des Jahres zu ändern, bei der sich der unrichtige Bilanzansatz ausgewirkt hat (→ BFH vom 3.7.1956 – BStBl. III S. 250).

Bilanzänderung.

- Der **enge zeitliche und sachliche Zusammenhang** zwischen Bilanzberichtigung und Bilanzänderung setzt voraus, dass sich beide Maßnahmen auf dieselbe Bilanz beziehen. Die Änderung der Bilanz eines bestimmten Wj. ist danach unabhängig von der Frage, auf welche Wirtschaftsgüter oder Rechnungsabgrenzungsposten sich die Berichtigung dieser Bilanz bezieht, bis zur Höhe des gesamten Berichtigungsbetrages zulässig. Ein zeitlicher Zusammenhang liegt darüber hinaus nur vor, wenn die Bilanz unverzüglich nach einer Bilanzberichtigung geändert wird (→ BMF vom 18.5.2000 – BStBl. I S. 587).

- Der Zusammenhang einer Bilanzänderung mit einer Bilanzberichtigung liegt auch dann vor, wenn sich die Gewinnänderung im Rahmen der Bilanzberichtigung aus der **Nicht- oder der fehlerhaften Verbuchung von Entnahmen und Einlagen** ergibt (→ BFH vom 31.5.2007 – BStBl. 2008 II S. 665); außerbilanzielle Gewinnerhöhungen berühren dagegen keinen Bilanzansatz und ermöglichen deshalb keine Bilanzänderung (→ BMF vom 13.8.2008 – BStBl. I S. 845).
- Im Rahmen einer zulässigen Bilanzänderung kann der Stpfl. ihm zustehende, im Jahr der Bilanzänderung aber **noch nicht oder nicht in voller Höhe geltend gemachte Sonderabschreibungen** erstmals oder mit einem höheren Betrag in Anspruch nehmen. Dies gilt auch dann, wenn er die im Jahr der Bilanzänderung noch nicht ausgeschöpften Sonderabschreibungen in den Bilanzen der Folgejahre schon beansprucht hat (→ BFH vom 25.10.2007 – BStBl. 2008 II S. 226).
- Gewinn i. S. d. § 4 Abs. 2 Satz 2 EStG ist der Bilanzgewinn i. S. d. § 4 Abs. 1 EStG und nicht der steuerliche Gewinn. § 4 Abs. 2 Satz 2 EStG erlaubt daher eine Bilanzänderung lediglich in Höhe der sich aus der Steuerbilanz **infolge der Bilanzänderung des § 4 Abs. 2 Satz 1 EStG ergebenden Gewinnänderung** und nicht in Höhe der sich aus einer Bilanzänderung ergebenden steuerlichen Gewinnänderung, die auf einer Hinzurechnung außerhalb der Steuerbilanz beruht (→ BFH vom 27.5.2020 – BStBl. I S. 772).
- Die Bilanzänderungsgrundsätze gelten auch für die Änderung der **Überleitungsrechnung,** die der Stpfl. anstelle einer gesonderten Steuerbilanz nach **§ 60 Abs. 2 Satz 1 EStDV** seiner Steuererklärung beifügt (→ BFH vom 27.5.2020 – BStBl. II S. 779).

Bilanzberichtigung.[1)]

- Eine Bilanzberichtigung darf nur der Stpfl. selbst vornehmen (→ BFH vom 13.6.2006 – BStBl. 2007 II S. 94). Hält das Finanzamt eine Bilanz für fehlerhaft, darf es diese Bilanz der Besteuerung nicht zugrunde legen und muss eine eigene Gewinnermittlung durch Betriebsvermögensvergleich mit ggf. auf der Grundlage der Bilanz abgeänderten Werten vornehmen (→ BFH vom 4.11.1999 – BStBl. 2000 II S. 129 und vom 31.1.2013 – BStBl. II S. 317).
- Das Finanzamt ist auch dann nicht an die rechtliche Beurteilung gebunden, die der vom Stpfl. aufgestellten Bilanz und deren einzelnen Ansätzen zugrunde liegt, wenn diese Beurteilung aus der Sicht eines ordentlichen und gewissenhaften Kaufmanns im Zeitpunkt der Bilanzaufstellung vertretbar war. Das gilt auch für eine in diesem Zeitpunkt von der Verwaltung und Rechtsprechung praktizierte, später aber geänderte Rechtsauffassung (→ BFH vom 31.1.2013 – BStBl. II S. 317).

[1)] Zum formellen Bilanzenzusammenhang siehe BFH v. 28.4.1998 VIII R 46/96, BStBl. II 1998, 443.

– Eine Bilanz kann berichtigt werden, wenn ein darin enthaltener Ansatz nicht gegen Grundsätze ordnungsmäßiger Buchführung, sondern nur gegen steuerrechtliche Vorschriften verstößt. Kann eine Bilanz auf verschiedenen Wegen berichtigt werden, obliegt die Auswahl des Korrekturwegs dem Unternehmer (→ BFH vom 14.3.2006 – BStBl. II S. 799).
– **Absetzung für Abnutzung:** Sind in den Vorjahren im Hinblick auf eine zu niedrige Bemessungsgrundlage zu wenig AfA geltend gemacht worden, kann die letzte Anfangsbilanz gewinnneutral berichtigt werden, indem der richtige höhere Anfangswert gekürzt um die tatsächlich vorgenommenen Absetzungsbeträge in die Bilanz eingestellt wird (→ BFH vom 29.10.1991 – BStBl. 1992 II S. 512, 516). → H 7.4 (Unterlassene oder überhöhte AfA).
– Die Voraussetzungen für eine Bilanzberichtigung sind für die Einkommensteuer und Gewerbesteuer gesondert zu prüfen. Eine Bilanzberichtigung für Zwecke der Gewerbesteuer hindert daher nicht die entsprechende einkommensteuerrechtliche Korrektur in einem späteren VZ (→ BFH vom 6.9.2000 – BStBl. 2001 II S. 106).
– Sind in den Vorjahren Sonderabschreibungen im Rahmen einer zulässigen Bilanzänderung anderweitig verteilt worden, sind nach den Grundsätzen des Bilanzenzusammenhangs nunmehr fehlerhafte Ansätze in den Bilanzen der Folgejahre zu berichtigen (→ BFH vom 25.10.2007 – BStBl. 2008 II S. 226).
– Maßgebender Zeitpunkt für die Bestimmung, welche Bilanz zu berichtigen ist (Bilanz der Fehlerquelle oder eine spätere Bilanz), ist der Zeitpunkt der Einspruchsentscheidung, weil das Finanzamt darin abschließend über die Frage der Bilanzberichtigung befindet (→ BFH vom 19.7.2011 – BStBl. II S. 1017).

Einnahmenüberschussrechnung. → H 4.5 (1) Änderung der Einnahmenüberschussrechnung.

Fehlerhafte Gewinnverteilung bei Personengesellschaften. Bei einer Personengesellschaft ist die fehlerhafte Gewinnverteilung, die einer bestandskräftigen Feststellung zugrunde liegt, in der Schlussbilanz des ersten noch änderbaren Feststellungszeitraums richtig zu stellen (→ BFH vom 11.2.1988 – BStBl. II S. 825). Die Fehlerkorrektur ist nicht zulässig, wenn für den dem Feststellungszeitraum der Berichtigung vorangegangenen Feststellungszeitraum eine Feststellung nicht durchgeführt wurde und wegen Ablaufs der Feststellungsfrist nicht nachgeholt werden kann (→ BFH vom 28.1.1992 – BStBl. II S. 881).

Nachträgliche Auflösung des negativen Kapitalkontos eines Kommanditisten. Ist das negative Kapitalkonto des Kommanditisten zu Unrecht nicht aufgelöst worden und die Veranlagung bestandskräftig, kann aufgrund des Bilanzenzusammenhangs die Auflösung im Folgejahr nachgeholt werden (→ BFH vom 10.12.1991 – BStBl. 1992 II S. 650).

Nicht erkannte Mitunternehmerschaft. Wurde unter Verkennung einer Mitunternehmerschaft eine Bilanz für ein Einzelunternehmen vorgelegt, ist die Inanspruchnahme des § 6b EStG in der erstmalig vorgelegten Bilanz der

Mitunternehmerschaft keine Bilanzänderung i. S. d. § 4 Abs. 2 Satz 2 EStG (→ BFH vom 18.8.2005 – BStBl. 2006 II S. 165).

Realteilung. Im Fall der Realteilung mit Buchwertfortführung kann ein gewinnwirksamer Bilanzierungsfehler der realgeteilten Personengesellschaft nach den Grundsätzen des formellen Bilanzenzusammenhangs bei den Realteilern berichtigt werden (→ BFH vom 20.10.2015 – BStBl. 2016 II S. 596).

Richtigstellung eines unrichtigen Bilanzansatzes.[1] Ein unrichtiger Bilanzansatz ist in der ersten Schlussbilanz richtig zu stellen, in der dies unter Beachtung der für den Eintritt der Bestandskraft und der Verjährung maßgebenden Vorschriften möglich ist, und zwar grundsätzlich erfolgswirksam. Anzusetzen ist der Wert, mit dem das Wirtschaftsgut bei von vornherein zutreffender bilanzieller Behandlung – also bei Beachtung sämtlicher Gewinnermittlungsvorschriften – in dieser Bilanz erscheinen würde (→ BFH vom 10.12.1997 – BStBl. 1998 II S. 377). Die Korrektur eines fehlerhaften Bilanzansatzes setzt voraus, dass noch ein Bilanzierungsfehler vorliegt (→ BFH vom 11.2.1998 – BStBl. II S. 503).

Tausch. Eine beim Tausch unterbliebene Ausbuchung des hingetauschten Wirtschaftsguts und Einbuchung einer Forderung auf Lieferung des eingetauschten Wirtschaftsguts ist in der ersten noch änderbaren Schlussbilanz erfolgswirksam nachzuholen (→ BFH vom 14.12.1982 – BStBl. 1983 II S. 303).

Unterlassene Bilanzierung.

- Die rechtliche Beurteilung der **Zugehörigkeit eines Wirtschaftsguts** zum notwendigen Betriebsvermögen wird nicht dadurch berührt, dass es bisher nicht bilanziert worden ist. Ein Wirtschaftsgut des notwendigen Betriebsvermögens ist bei unterlassener Aktivierung mit dem Wert einzubuchen, der sich ergeben würde, wenn das Wirtschaftsgut von Anfang an richtig bilanziert worden wäre. In diesem Fall ist bei der Ermittlung des Einbuchungswerts eine „Schattenrechnung" (Absetzung der bisher unterlassenen AfA-Beträge von den Anschaffungs- oder Herstellungskosten) durchzuführen (→ BFH vom 24.10.2001 – BStBl. 2002 II S. 75).
- Im Fall eines **„nicht erkannten Gewerbebetriebs"**, für den erst in einem späteren Wj. nach der Betriebseröffnung mit der Bilanzierung begonnen wird, sind bei erstmaliger Bilanzaufstellung die Grundsätze des formellen Bilanzenzusammenhangs unbeachtlich. Der erste Bilanzansatz eines zuvor nicht bilanzierten Wirtschaftsguts des notwendigen Betriebsvermögens bemisst sich nach dem Wert, mit dem es bei von Beginn an richtiger Bilanzierung zu Buche stehen würde. Die Einbuchung in die Anfangsbilanz erfolgt gewinnneutral (→ BFH vom 26.11.2008 – BStBl. 2009 II S. 407).

Unterlassene Erfassung einer Einlage. Werden (Sonder-)Betriebsausgaben, die aus privaten Mitteln bestritten worden sind, im Jahr der Entstehung des Aufwands nicht berücksichtigt, kommt eine erfolgswirksame Nachholung

---

[1] Zur Bilanzkorrektur bei fehlerhafter Aktivierung eines abnutzbaren Wirtschaftsguts des Anlagevermögens siehe BFH v. 9.5.2012 X R 38/10, BStBl. II 2012, 725.

in einem Folgejahr – durch die Berichtigung der Position Einlagen innerhalb des Kapitalkontos – nach den Grundsätzen des formellen Bilanzenzusammenhangs nicht in Betracht (→ BFH vom 17.6.2019 – BStBl. II S. 614).

Unterlassene Erfassung einer Entnahme. Erfolgsneutrale Ausbuchung bei unterlassener Erfassung einer Entnahme (→ BFH vom 21.10.1976 – BStBl. 1977 II S. 148).

Verbindlichkeiten. Eine Verbindlichkeit,
- die gewinnwirksam zu Unrecht passiviert worden ist, ist grundsätzlich gewinnerhöhend aufzulösen (→ BFH vom 22.1.1985 – BStBl. II S. 308),
- deren gewinnmindernde Passivierung der Stpfl. nicht bewusst rechtswidrig oder willkürlich unterlassen hat, ist gewinnmindernd einzustellen (→ BFH vom 2.5.1984 – BStBl. II S. 695).

Dies gilt auch dann, wenn der Betrieb inzwischen unentgeltlich, also unter Fortführung der Buchwerte, auf einen anderen übertragen wurde (→ BFH vom 9.6.1964 – BStBl. 1965 III S. 48) oder wenn der Betrieb zulässigerweise zum Buchwert in eine Personengesellschaft eingebracht wurde (→ BFH vom 8.12.1988 – BStBl. 1989 II S. 407).

Wahlrecht eines Mitunternehmers. Mitunternehmerbezogene Wahlrechte sind von dem Mitunternehmer persönlich auszuüben. Grundsätzlich wird vermutet, dass die Sonderbilanz mit dem Mitunternehmer abgestimmt ist. Diese Vermutung gilt nicht bei einem ausgeschiedenen Gesellschafter. In diesen Fällen ist die von der Mitunternehmerschaft aufgestellte Sonderbilanz keine Bilanz, die das Änderungsverbot des § 4 Abs. 2 Satz 2 EStG auslöst (→ BFH vom 25.1.2006 – BStBl. II S. 418).

Zu Unrecht bilanziertes Wirtschaftsgut des Privatvermögens. Ein zu Unrecht bilanziertes Wirtschaftsgut des Privatvermögens ist gewinnneutral auszubuchen (→ BFH vom 26.2.1976 – BStBl. II S. 378).

R 4.5 Einnahmenüberschussrechnung

Anwendungsbereich

(1) [1]Der Stpfl. kann nach § 4 Abs. 3 EStG als Gewinn den Überschuss der Betriebseinnahmen über die Betriebsausgaben ansetzen, wenn er auf Grund gesetzlicher Vorschriften (→ R 4.1 Abs. 1, 2 und 4) nicht verpflichtet ist, Bücher zu führen und regelmäßig Abschlüsse zu machen, er dies auch nicht freiwillig tut, und sein Gewinn nicht nach Durchschnittssätzen (§ 13a EStG) zu ermitteln ist. [2]Die Buchführung wegen der Eigenschaft des Betriebs als Testbetrieb für den agrarpolitischen Bericht der Bundesregierung oder als Betrieb des Informationsnetzes landwirtschaftlicher Buchführung (INLB) und die Auflagenbuchführung entsprechend den Richtlinien des Bundesministeriums für Ernährung, Landwirtschaft und Verbraucherschutz schließen die Gewinnermittlung nach § 4 Abs. 3 EStG nicht aus. [3]Der Gewinn eines Stpfl. ist nach den für diese Gewinnermittlungsart maßgebenden Grundsätzen zu ermitteln, wenn der Betrieb zwar die Voraussetzungen für die Gewinnermittlung nach § 13a EStG erfüllt, aber ein Antrag nach § 13a Abs. 2 EStG gestellt worden ist.

H 4.5 (1)

Änderung der Einnahmenüberschussrechnung. Die Vorschriften über die Bilanzberichtigung (§ 4 Abs. 2 Satz 1 EStG) und die Bilanzänderung (§ 4 Abs. 2 Satz 2 EStG) sind auf die Einnahmenüberschussrechnung nicht anwendbar (→ BFH vom 21.6.2006 – BStBl. II S. 712 und vom 30.8.2001 – BStBl. 2002 II S. 49).

Anlage EÜR. → H 25.

Ergänzungsrechnung. Bei der Gewinnermittlung nach § 4 Abs. 3 EStG sind die Anschaffungskosten eines Gesellschafters für den Erwerb seiner mitunternehmerischen Beteiligung in einer steuerlichen Ergänzungsrechnung nach Maßgabe der Grundsätze über die Aufstellung von Ergänzungsbilanzen zu erfassen, wenn sie in der Einnahmenüberschussrechnung der Gesamthand nicht berücksichtigt werden können (→ BFH vom 24.6.2009 – BStBl. II S. 993).

Gewinnschätzung nach den Grundsätzen des § 4 Abs. 3 EStG. → H 4.1 (Gewinnschätzung).

Wahl der Gewinnermittlungsart.

– Die Entscheidung eines Stpfl., seinen Gewinn durch Einnahmenüberschussrechnung zu ermitteln, muss sich nach außen dokumentiert haben. Das Sammeln z. B. der maßgebenden Einnahmebelege reicht hierfür aus (→ BFH vom 13.10.1989 – BStBl. 1990 II S. 287).
– Der Stpfl. muss die dem Finanzamt gegenüber wirksam getroffene Entscheidung, den Gewinn durch Einnahmenüberschussrechnung zu ermitteln, nicht jährlich wiederholen (→ BFH vom 24.9.2008 – BStBl. 2009 II S. 368).
– Zeichnet ein nicht buchführungspflichtiger Stpfl. nur Einnahmen und Ausgaben auf, kann er nicht verlangen, dass seiner Besteuerung ein nach § 4 Abs. 1 EStG geschätzter Gewinn zugrunde gelegt wird (→ BFH vom 2.3.1978 – BStBl. II S. 431). Durch den Verzicht auf die Aufstellung einer Eröffnungsbilanz und auf die Einrichtung einer den jeweiligen Stand des Vermögens darstellenden Buchführung hat er die Gewinnermittlung durch Einnahmenüberschussrechnung gewählt. Diese Wahl kann nachträglich nicht geändert werden (→ BFH vom 5.11.2015 – BStBl. 2016 II S. 468).
– Die Wahl der Gewinnermittlung durch Einnahmenüberschussrechnung kann nicht unterstellt werden, wenn der Stpfl. bestreitet, betriebliche Einkünfte erzielt zu haben (→ BFH vom 8.3.1989 – BStBl. II S. 714).
– Erzielt ein Stpfl. Gewinneinkünfte und hat er die Gewinnermittlung durch Einnahmenüberschussrechnung gewählt, ist er daran auch gebunden, wenn seine Einkünfte nicht mehr als freiberuflich, sondern als gewerblich eingestuft werden (→ BFH vom 8.10.2008 – BStBl. 2009 II S. 238).
– Das Recht zur Wahl der Gewinnermittlung durch Einnahmenüberschussrechnung entfällt erst mit der Erstellung eines Abschlusses und nicht bereits mit der Einrichtung einer Buchführung oder der Aufstellung einer Eröffnungsbilanz (→ BFH vom 19.3.2009 – BStBl. II S. 659).
– Das Recht zur Wahl der Gewinnermittlung durch Einnahmenüberschussrechnung wird durch tatsächliche Handhabung ausgeübt. Die end-

gültige Wahl wird z. B. durch Übersendung der Gewinnermittlung an das Finanzamt zum Ausdruck gebracht. Nach wirksam ausgeübter Wahl ist ein Wechsel der Gewinnermittlungsart für das gleiche Wj. auch vor Eintritt der Bestandskraft nur bei Vorliegen eines besonderen Grundes zulässig. Dazu zählt nicht der bloße Irrtum über die steuerlichen Folgen dieser Wahl (→ BFH vom 2.6.2016 – BStBl. 2017 II S. 154).

- Das Wahlrecht zur Gewinnermittlung durch Einnahmenüberschussrechnung ist grundsätzlich nicht dadurch ausgeübt, dass der Stpfl. die vermeintlichen Überschusseinkünfte durch Gegenüberstellung der Einnahmen und Werbungskosten ermittelt hat (→ BFH vom 30.1.2013 – BStBl. II S. 684).
- Ist eine ausländische Personengesellschaft zur Buchführung und zur Aufstellung von Abschlüssen verpflichtet oder tut sie dies freiwillig, steht dem Mitunternehmer für die inländische Gewinnermittlung kein eigenes Wahlrecht zu, seinen Gewinn durch Einnahmenüberschussrechnung zu ermitteln (→ BFH vom 25.6.2014 – BStBl. 2015 II S. 141).[1)]
- → H 4.6 (Wechsel zum Betriebsvermögensvergleich).

R 4.5 (2)

Zeitliche Erfassung von Betriebseinnahmen und -ausgaben

(2) [1] Bei der Gewinnermittlung nach § 4 Abs. 3 EStG sind die Betriebseinnahmen und die Betriebsausgaben nach den Grundsätzen des § 11 EStG zu erfassen. [2] Das gilt auch für Vorschüsse, Teil- und Abschlagszahlungen. [3] Hat ein Stpfl. Gelder in fremdem Namen und für fremde Rechnung verausgabt, ohne dass er entsprechende Gelder vereinnahmt, kann er in dem Wirtschaftsjahr, in dem er nicht mehr mit einer Erstattung der verausgabten Gelder rechnen kann, eine Betriebsausgabe in Höhe des nicht erstatteten Betrags absetzen. [4] Soweit der nicht erstattete Betrag in einem späteren Wirtschaftsjahr erstattet wird, ist er als Betriebseinnahme zu erfassen.

H 4.5 (2)

Darlehen. Geldbeträge, die dem Betrieb durch die Aufnahme von Darlehen zugeflossen sind, stellen keine Betriebseinnahmen und Geldbeträge, die zur Tilgung von Darlehen geleistet werden, keine Betriebsausgaben dar (→ BFH vom 8.10.1969 – BStBl. 1970 II S. 44).

Darlehens- und Beteiligungsverlust. Darlehensverluste und der Verlust von Beteiligungen an Kapitalgesellschaften können nur dann wie Betriebsausgaben abgesetzt werden, wenn besondere Umstände ihre ausschließliche Zugehörigkeit zur betrieblichen Sphäre ergeben (→ BFH vom 2.9.1971 – BStBl. 1972 II S. 334, vom 11.3.1976 – BStBl. II S. 380 und vom 23.11.1978 – BStBl. 1979 II S. 109). Für den Zeitpunkt und den Umfang einer etwaigen Berücksichtigung derartiger Verluste ist maßgeblich, wann und in welcher Höhe die für das Darlehen oder die Beteiligung aufgewendeten Mittel endgültig verloren gegangen sind (→ BFH vom 23.11.1978 – BStBl. 1979 II S. 109).

---

1) Siehe auch BFH v. 10.12.2014 I R 3/13, BFH/NV 2015, 667.

Diebstahl. Ein durch Diebstahl eingetretener Geldverlust führt nur dann zu einer Betriebsausgabe, wenn der betriebliche Zusammenhang anhand konkreter und objektiv greifbarer Anhaltspunkte festgestellt ist (→ BFH vom 28.11.1991 – BStBl. 1992 II S. 343).

Durchlaufende Posten.

– In fremdem Namen und auf fremde Rechnung beigetriebene Beträge verlieren ihre Eigenschaft als durchlaufende Posten nicht dadurch, dass der Stpfl. sie für eigene Zwecke verwendet. Veruntreute Fremdgelder stellen keine steuerbaren Einnahmen aus der jeweiligen Einkunftsart dar (→ BFH vom 16.12.2014 – BStBl. 2015 II S. 643).

– Die Eigenschaft als durchlaufender Posten geht verloren, sobald der Wille zur Weiterleitung von vereinnahmtem Geld durch Abgabe einer Aufrechnungserklärung nach außen erkennbar aufgegeben wird (→ BFH vom 29.9.2020 – BStBl. 2021 II S. 431).

Fremdwährungsdarlehen. Die Mehrausgaben, die sich bei der Tilgung eines Fremdwährungsdarlehens nach einer Kurssteigerung der ausländischen Währung ergeben, sind im Zeitpunkt der Zahlung als Betriebsausgabe, umgerechnet in Euro, abzuziehen. Wird infolge eines Kursrückgangs der ausländischen Währung ein geringerer als der ursprünglich zugeflossene Betrag zurückgezahlt, ist der Unterschiedsbetrag, umgerechnet in Euro, im Zeitpunkt der Zahlung als Betriebseinnahme zu erfassen (→ BFH vom 15.11.1990 – BStBl. 1991 II S. 228).

Gold. Physisches Gold ist entsprechend seiner Zweckbestimmung im Betrieb dem Anlage- oder Umlaufvermögen zuzuordnen. Dem Umlaufvermögen zuzuordnendes physisches Gold stellt keine den Wertpapieren vergleichbare nicht verbriefte Forderungen oder Rechte i. S. d. § 4 Abs. 3 Satz 4 Variante 3 EStG dar (→ BFH vom 19.1.2017 – BStBl. II S. 456 und S. 466).

Investitionszuschüsse bei Einnahmenüberschussrechnung. → H 6.5.

Rückdeckungsanspruch. Ein Rückdeckungsanspruch stellt eine Forderung gegen den Versicherer dar, die zum Umlaufvermögen gehört. Der Erwerb eines Rückdeckungsanspruchs ist regelmäßig keine von § 4 Abs. 3 Satz 4 EStG erfasste Anschaffung von Wertpapieren und vergleichbaren, nicht verbrieften Forderungen und Rechten des Umlaufvermögens (→ BFH vom 12.12.2017 – BStBl. 2018 II S. 387).

Sacheinnahmen sind wie Geldeingänge in dem Zeitpunkt als Betriebseinnahme zu erfassen, in dem der Sachwert zufließt (→ BFH vom 12.3.1992 – BStBl. 1993 II S. 36).

Tauschvorgänge. Durch die Lieferung von zum Betriebsvermögen gehörenden Wirtschaftsgütern im Tausch gegen andere Wirtschaftsgüter hat der Stpfl. eine Betriebseinnahme i. S. d. § 4 Abs. 3 EStG realisiert, da ihm dadurch ein geldwerter Gegenstand zugegangen ist und dieser Zugang im Hinblick auf die Hingabe von Betriebsgegenständen betrieblich veranlasst ist. Ob die erlangte Gegenleistung in den betrieblichen oder in den privaten

Bereich des Stpfl. gelangt ist, hat dafür keine Bedeutung. Eine Betriebseinnahme setzt nicht voraus, dass die erlangte Leistung Betriebsvermögen wird (→ BFH vom 17.4.1986 – BStBl. II S. 607).

Vereinnahmte Umsatzsteuerbeträge. → H 9b (Gewinnermittlung nach § 4 Abs. 3 EStG und Ermittlung des Überschusses der Einnahmen über die Werbungskosten).

Virtuelle Währungen und sonstige Token. → BMF vom 10.5.2022 (BStBl. I S. 668).

Vorschusszahlung.
- Vorschussweise gezahlte Honorare sind auch dann zugeflossen, wenn im Zeitpunkt der Veranlagung feststeht, dass sie teilweise zurückzuzahlen sind. Das „Behaltendürfen" ist nicht Merkmal des Zuflusses (→ BFH vom 13.10.1989 – BStBl. 1990 II S. 287).
- Nicht rückzahlbare Zahlungen, die ein Verlag zum Zweck der Vorfinanzierung erwarteter GEMA-Zahlungen an den Urheber erbringt und die mit den Ausschüttungen der GEMA zu verrechnen sind, sind unabhängig davon, ob sie als vorzeitige Teilerfüllung einer Vergütungspflicht des Verlages anzusehen sind, mit dem Zufluss als Betriebseinnahmen zu erfassen (→ BFH vom 2.8.2016 – BStBl. 2017 II S. 310).

Wirtschaftsjahr. § 11 Abs. 1 Satz 2 EStG ist auch bei abweichendem Wj. in der Land- und Forstwirtschaft anzuwenden (→ BFH vom 23.9.1999 – BStBl. 2000 II S. 121).

Zahngold. Ausgaben eines Zahnarztes mit Gewinnermittlung nach § 4 Abs. 3 EStG für Zahngold (→ H 4.2 (1) Gold) bilden auch dann Betriebsausgaben, wenn der angeschaffte Goldvorrat den Verbrauch für einige Jahre deckt (→ BFH vom 12.7.1990 – BStBl. 1991 II S. 13 und vom 12.3.1992 – BStBl. 1993 II S. 36). Indiz dafür ist der Verbrauch der Vorräte innerhalb eines Zeitraums von maximal sieben Jahren oder der Nachweis, dass bei Anschaffung mit einem Verbrauch innerhalb dieses Zeitraums zu rechnen war (→ BFH vom 26.5.1994 – BStBl. II S. 750).

Zufluss von Betriebseinnahmen.
- **Provisionszahlungen** → H 11 (Provisionen).
- **Zahlungen des Auftraggebers an ein Versorgungswerk** als Betriebseinnahmen des Auftragnehmers im Zeitpunkt des Eingangs beim Versorgungswerk (→ BFH vom 1.10.1993 – BStBl. 1994 II S. 179).
- **Veräußerungserlös** – der Erlös aus dem Verkauf eines Wirtschaftsgutes ist stets im Jahr des Zuflusses anzusetzen (→ BFH vom 16.2.1995 – BStBl. II S. 635); bei Inanspruchnahme des § 6c EStG → aber R 6c Abs. 1 Satz 3 und 4.

R **4.5** (3)

Abnutzbare und nicht abnutzbare Anlagegüter

(3) [1]Zu den Betriebseinnahmen gehören auch die Einnahmen aus der Veräußerung von abnutzbaren und nicht abnutzbaren Anlagegütern sowie

vereinnahmte Umsatzsteuerbeträge. [2]Die Anschaffungs- oder Herstellungskosten für Anlagegüter, die der Abnutzung unterliegen, z. B. Einrichtungsgegenstände, Maschinen, der Geschäfts- oder Firmenwert oder der Praxiswert dürfen nur im Wege der AfA auf die Nutzungsdauer des Wirtschaftsgutes verteilt werden, sofern nicht die Voraussetzungen des § 6 Abs. 2 oder Abs. 2a EStG anzuwenden ist. [3]Neben den Vorschriften über die AfA, die Absetzung für Substanzverringerung, die Bewertungsfreiheit für geringwertige Wirtschaftsgüter oder die Bildung eines Sammelpostens gelten auch die Regelungen über erhöhte Absetzungen und über Sonderabschreibungen. [4]Die vorgenommenen Abschreibungen sind in die besonderen, laufend zu führenden Verzeichnisse des Anlagevermögens aufzunehmen. [5]Die Anschaffungs- oder Herstellungskosten oder der an deren Stelle tretende Wert sind bei nicht abnutzbaren Wirtschaftsgütern des Anlagevermögens, z. B. Grund und Boden, Genossenschaftsanteile, Wald einschließlich Erstaufforstung, erst im Zeitpunkt des Zuflusses des Veräußerungserlöses oder im Zeitpunkt der Entnahme als Betriebsausgaben zu berücksichtigen, soweit die Aufwendungen vor dem 1.1.1971 nicht bereits zum Zeitpunkt der Zahlung abgesetzt worden sind.

H 4.5 (3)

Eiserne Verpachtung. Zur Gewinnermittlung bei der Verpachtung von Betrieben mit Substanzerhaltungspflicht des Pächters nach §§ 582a, 1048 BGB → BMF vom 21.2.2002 (BStBl. I S. 262).

Minderung des Buchwerts bei Holzeinschlag. → BMF vom 16.5.2012 (BStBl. I S. 595).

Veräußerung abnutzbarer Wirtschaftsgüter/Unterlassene AfA. Soweit Anschaffungs- oder Herstellungskosten für abnutzbare Wirtschaftsgüter des Anlagevermögens bis zur Veräußerung noch nicht im Wege der AfA berücksichtigt worden sind, sind sie grundsätzlich (Besonderheit: → R 4.5 Abs. 5) im Wj. der Veräußerung als Betriebsausgaben abzusetzen, soweit die AfA nicht willkürlich unterlassen worden sind (→ BFH vom 16.2.1995 – BStBl. II S. 635). Eine Nachholung unterlassener AfA-Beträge kommt dagegen nicht in Betracht für Zeiträume, in denen das Wirtschaftsgut zu Unrecht nicht als Betriebsvermögen erfasst worden war (→ BFH vom 22.6.2010 – BStBl. II S. 1035).

R 4.5 (4)

Leibrenten

(4) [1]Erwirbt ein Stpfl. mit Gewinnermittlung nach § 4 Abs. 3 EStG ein Wirtschaftsgut des **Anlagevermögens** oder des **Umlaufvermögens** i. S. d. § 4 Abs. 3 Satz 4 EStG gegen eine Leibrente, ergeben sich die Anschaffungskosten für dieses Wirtschaftsgut aus dem Barwert der Leibrentenverpflichtung. [2]Die einzelnen Rentenzahlungen sind in Höhe ihres Zinsanteiles Betriebsausgaben. [3]Der Zinsanteil ergibt sich aus dem Unterschiedsbetrag zwischen den Rentenzahlungen einerseits und dem jährlichen Rückgang des Barwerts der Leibrentenverpflichtung andererseits. [4]Aus Vereinfachungsgründen ist es nicht

zu beanstanden, wenn die einzelnen Rentenzahlungen in voller Höhe mit dem Barwert der ursprünglichen Rentenverpflichtung verrechnet werden; sobald die Summe der Rentenzahlungen diesen Wert übersteigt, sind die darüber hinausgehenden Rentenzahlungen in vollem Umfang als Betriebsausgabe abzusetzen. [5] Bei vorzeitigem Fortfall der Rentenverpflichtung ist der Betrag als Betriebseinnahme anzusetzen, der nach Abzug aller bis zum Fortfall geleisteten Rentenzahlungen von dem ursprünglichen Barwert verbleibt. [6] Erwirbt ein Stpfl. mit Gewinnermittlung nach § 4 Abs. 3 EStG Wirtschaftsgüter des **Umlaufvermögens** – mit Ausnahme der in § 4 Abs. 3 Satz 4 EStG aufgeführten Wirtschaftsgüter – gegen eine Leibrente, stellen die Rentenzahlungen zum Zeitpunkt ihrer Verausgabung in voller Höhe Betriebsausgaben dar. [7] Der Fortfall einer solchen Leibrentenverpflichtung führt nicht zu einer Betriebseinnahme.

H 4.5 (4)

Fortfall der Rentenverpflichtung. Fällt die zur Anschaffung von Wirtschaftsgütern des Anlagevermögens eingegangene Rentenverpflichtung fort, z. B. bei Tod des Rentenberechtigten, liegt eine Betriebseinnahme in Höhe des Barwertes vor, den die Rentenverpflichtung im Augenblick ihres Fortfalls hatte (→ BFH vom 31.8.1972 – BStBl. 1973 II S. 51).

Nachträgliche Erhöhung der Rente. Die infolge einer Wertsicherungsklausel nachträglich eingetretene Erhöhung einer Rente ist in vollem Umfang beim Betriebsausgabenabzug im Zeitpunkt der jeweiligen Zahlung zu berücksichtigen (→ BFH vom 23.2.1984 – BStBl. II S. 516 und vom 23.5.1991 – BStBl. II S. 796).

R 4.5 (5, 6)

Raten und Veräußerungsrenten

(5) [1] Veräußert der Stpfl. Wirtschaftsgüter i. S. d. § 4 Abs. 3 Satz 4 EStG gegen einen in Raten zu zahlenden Kaufpreis oder gegen eine Veräußerungsrente, ist in jedem Wirtschaftsjahr in Höhe der in demselben Wirtschaftsjahr zufließenden Kaufpreisraten oder Rentenzahlungen ein Teilbetrag der Anschaffungs- oder Herstellungskosten als Betriebsausgaben abzusetzen. [2] Bei der Veräußerung abnutzbarer Wirtschaftsgüter des Anlagevermögens kann der Stpfl. hinsichtlich der noch nicht im Wege der AfA als Betriebsausgaben berücksichtigten Anschaffungs- oder Herstellungskosten, abweichend von den allgemeinen Grundsätzen, entsprechend verfahren. [3] Wird die Kaufpreisforderung uneinbringlich, ist der noch nicht abgesetzte Betrag in dem Wirtschaftsjahr als Betriebsausgabe zu berücksichtigen, in dem der Verlust eintritt.

Betriebsveräußerung oder -aufgabe

(6) [1] Veräußert ein Stpfl., der den Gewinn nach § 4 Abs. 3 EStG ermittelt, den Betrieb, ist der Stpfl. so zu behandeln, als wäre er im Augenblick der Veräußerung zunächst zur Gewinnermittlung durch Betriebsvermögensvergleich nach § 4 Abs. 1 EStG übergegangen (→ Wechsel der Gewinnermittlungsart, → R 4.6). [2] Dies gilt auch bei der Veräußerung eines Teilbetriebs oder des

gesamten Mitunternehmeranteiles und bei der Aufgabe[1] eines Betriebs sowie in den Fällen der Einbringung, unabhängig davon, ob die Einbringung zu Buch-, Zwischen- oder gemeinen Werten erfolgt.

H 4.5 (6)

Einbringungsgewinn. Im Fall der Einnahmenüberschussrechnung muss der Einbringungsgewinn auf der Grundlage einer Einbringungsbilanz und einer Eröffnungsbilanz der Gesellschaft ermittelt werden (→ BFH vom 18.10. 1999 – BStBl. 2000 II S. 123).

Fehlende Schlussbilanz. Ist auf den Zeitpunkt der Betriebsveräußerung eine Schlussbilanz nicht erstellt worden, und hat dies nicht zur Erlangung ungerechtfertigter Steuervorteile geführt, sind in späteren Jahren gezahlte abziehbare Betriebssteuern und andere Aufwendungen, die durch den veräußerten oder aufgegebenen Betrieb veranlasst sind, nachträgliche Betriebsausgaben (→ BFH vom 13.5.1980 – BStBl. II S. 692).

Nachträgliche Betriebsausgaben. → H 24.2 (Nachträgliche Werbungskosten/Betriebsausgaben).

Tod eines Gesellschafters. Hat eine Personengesellschaft ihren Gewinn durch Einnahmenüberschussrechnung ermittelt, ist sie zur Feststellung der für die Berechnung des Veräußerungsgewinns erforderlichen Buchwerte im Fall der Übernahme aller Wirtschaftsgüter der Personengesellschaft durch die verbleibenden Gesellschafter bei Ableben eines Gesellschafters so zu behandeln, als wäre sie im Augenblick des Todes des Gesellschafters zur Gewinnermittlung nach § 4 Abs. 1 EStG übergegangen. Der Übergangsgewinn ist anteilig dem verstorbenen Gesellschafter zuzurechnen, auch wenn er im Wesentlichen auf der Zurechnung auf die anderen Gesellschafter übergehender Honorarforderungen beruht (→ BFH vom 13.11.1997 – BStBl. 1998 II S. 290).

Übergangsgewinn. Die wegen des Übergangs von der Einnahmenüberschussrechnung zum Betriebsvermögensvergleich erforderlichen Hinzurechnungen und Abrechnungen sind nicht bei dem Veräußerungsgewinn, sondern bei dem laufenden Gewinn des Wj. vorzunehmen, in dem die Veräußerung stattfindet (→ BFH vom 23.11.1961 – BStBl. 1962 III S. 199); die dem Gewinn hinzuzurechnenden Beträge können nicht verteilt werden (→ BFH vom 13.9.2001 – BStBl. 2002 II S. 287).

R 4.6 Wechsel der Gewinnermittlungsart

Wechsel zum Betriebsvermögensvergleich

(1) [1]Neben den Fällen des Übergangs von der Gewinnermittlung nach § 4 Abs. 3 EStG zur Gewinnermittlung nach § 4 Abs. 1 oder § 5 EStG ist eine

---

[1] **[Amtl. Anm.:]** Bei der Realteilung ohne Spitzenausgleich einer Mitunternehmerschaft, die ihren Gewinn durch Einnahmenüberschussrechnung ermittelt, besteht aber keine Verpflichtung zur Erstellung einer Realteilungsbilanz nebst Übergangsgewinnermittlung, wenn die Buchwerte fortgeführt werden und die Mitunternehmer unter Aufrechterhaltung dieser Gewinnermittlungsart ihre Tätigkeit in Einzelunternehmen weiterbetreiben (siehe BFH v. 11.4.2013 III R 32/12, BStBl. II 2014, 242).

→ Gewinnberichtigung auch erforderlich, wenn nach einer Einnahmenüberschussrechnung im folgenden Jahr der Gewinn nach § 13a Abs. 3 bis 5 EStG[1] ermittelt wird. [2]Bei dem Übergang zur Gewinnermittlung durch Betriebsvermögensvergleich kann zur Vermeidung von Härten auf Antrag des Stpfl. der Übergangsgewinn (Saldo aus Zu- und Abrechnungen) gleichmäßig entweder auf das Jahr des Übergangs und das folgende Jahr oder auf das Jahr des Übergangs und die beiden folgenden Jahre **verteilt** werden. [3]Wird der Betrieb vor Ablauf des Verteilungszeitraums veräußert oder aufgegeben, erhöhen die noch nicht berücksichtigten Beträge den laufenden Gewinn des letzten Wirtschaftsjahres. [4]Die zum Anlagevermögen gehörenden nicht abnutzbaren Wirtschaftsgüter und die in § 4 Abs. 3 Satz 4 EStG genannten Wirtschaftsgüter des Umlaufvermögens sind in der Eröffnungsbilanz mit dem Wert nach § 4 Abs. 3 Satz 5 EStG anzusetzen.

Wechsel zur Einnahmenüberschussrechnung

(2) Beim Übergang von der Gewinnermittlung durch Betriebsvermögensvergleich (§ 4 Abs. 1 oder § 5 EStG) zur Gewinnermittlung nach § 4 Abs. 3 EStG sind die durch den Wechsel der Gewinnermittlungsart bedingten Hinzurechnungen und Abrechnungen im ersten Jahr nach dem Übergang zur Gewinnermittlung nach § 4 Abs. 3 EStG vorzunehmen.

H 4.6

Ansatz- oder Bewertungswahlrechte gelten beim Übergang zum Betriebsvermögensvergleich als nicht ausgeübt (→ BFH zu § 13a EStG vom 14.4.1988 – BStBl. II S. 672).

Bewertung von Wirtschaftsgütern. Die einzelnen Wirtschaftsgüter sind beim Übergang zum Betriebsvermögensvergleich mit den Werten anzusetzen, mit denen sie zu Buch stehen würden, wenn von Anfang an der Gewinn durch Betriebsvermögensvergleich ermittelt worden wäre (→ BFH vom 23.11.1961 – BStBl. 1962 III S. 199).

Erneuter Wechsel der Gewinnermittlungsart. Nach einem Wechsel der Gewinnermittlungsart ist der Stpfl. grundsätzlich für drei Wj. an diese Wahl gebunden. Nur bei Vorliegen eines besonderen wirtschaftlichen Grundes (z. B. Einbringung nach § 24 UmwStG) kann er vor Ablauf dieser Frist zurückwechseln (→ BFH vom 9.11.2000 – BStBl. 2001 II S. 102).

Gewinnberichtigungen beim Wechsel der Gewinnermittlungsart.

- **Wechsel zum Betriebsvermögensvergleich.** Der Übergang von der Einnahmenüberschussrechnung zum Betriebsvermögensvergleich erfordert, dass Betriebsvorgänge, die bisher nicht berücksichtigt worden sind, beim ersten Betriebsvermögensvergleich berücksichtigt werden (→ BFH vom 28.5.1968 – BStBl. II S. 650 und vom 24.1.1985 – BStBl. II S. 255).
- **Wechsel zur Einnahmenüberschussrechnung.** Soweit sich die Betriebsvorgänge, die den durch den Wechsel der Gewinnermittlungsart bedingten Korrekturen entsprechen, noch nicht im ersten Jahr nach dem

[1] **[Amtl. Anm.:]** Teilweise überholt für Wj., die nach dem 30.12.2015 enden (siehe BMF v. 10.11.2015, BStBl. I 2015, 877).

Übergang zur Einnahmenüberschussrechnung ausgewirkt haben, können die Korrekturen auf Antrag grundsätzlich in dem Jahr vorgenommen werden, in dem sich die Betriebsvorgänge auswirken (→ BFH vom 17.1. 1963 – BStBl. III S. 228).

Gewinnschätzung bei Einnahmenüberschussrechnung. → H 4.1 (Gewinnschätzung).

Keine Verteilung des Übergangsgewinns

– beim Übergang vom Betriebsvermögensvergleich zur Einnahmenüberschussrechnung (→ BFH vom 3.10.1961 – BStBl. III S. 565),
– bei Betriebsveräußerung oder Betriebsaufgabe (→ BFH vom 13.9.2001 – BStBl. 2002 II S. 287),
– bei Einbringung eines Betriebs in eine Personengesellschaft zu Buchwerten (→ BFH vom 13.9.2001 – BStBl. 2002 II S. 287).

Keine Verteilung des Übergangsverlusts. Ein Übergangsverlust, der bei einem Wechsel von der Einnahmenüberschussrechnung zur Gewinnermittlung durch Betriebsvermögensvergleich entsteht, ist nicht auf das Jahr des Übergangs und die beiden Folgejahre zu verteilen (→ BFH vom 23.7.2013 – BStBl. II S. 820).

Land- und Forstwirtschaft.

– Bewertung von Vieh in der Übergangsbilanz → H 13.3 (Übergang zur Buchführung).
– Wird zugleich mit dem Übergang von der Einnahmenüberschussrechnung zum Betriebsvermögensvergleich ein landwirtschaftlicher Betrieb infolge Strukturwandels zum Gewerbebetrieb, ist die Gewinnberichtigung bei den Einkünften aus Gewerbebetrieb vorzunehmen; es liegen keine nachträglichen Einkünfte aus Land- und Forstwirtschaft vor (→ BFH vom 1.7.1981 – BStBl. II S. 780).
– Wechsel der Gewinnermittlung allgemein → R 13.5 Abs. 2.

Übersicht über die Berichtigung des Gewinns bei Wechsel der Gewinnermittlungsart. → Anlage.[1]

Unterbliebene Gewinnkorrekturen.

– Eine bei einem früheren Übergang vom Betriebsvermögensvergleich zur Einnahmenüberschussrechnung oder umgekehrt zu Unrecht unterbliebene Gewinnkorrektur darf bei der aus Anlass eines erneuten Wechsels in der Gewinnermittlungsart erforderlich gewordenen Gewinnkorrektur nicht berücksichtigt werden, soweit der Fehler nicht mehr berichtigt werden kann (→ BFH vom 23.7.1970 – BStBl. II S. 745).
– Wird ein Betrieb unentgeltlich auf einen Dritten übertragen, sind Hinzurechnungen und Abrechnungen, die infolge des Übergangs zu einer anderen Gewinnermittlungsart oder infolge Schätzung des Gewinns bei dem Rechtsvorgänger zu Recht nicht berücksichtigt worden sind, in der Weise bei dem Erwerber zu berücksichtigen, in der sie ohne die unentgeltliche Übertragung des Betriebs bei dem Rechtsvorgänger zu berück-

[1] Nr. **1** Anl. 1.

sichtigen gewesen wären (→ BFH vom 1.4.1971 – BStBl. II S. 526 und vom 7.12.1971 – BStBl. 1972 II S. 338).

Wechsel zum Betriebsvermögensvergleich. Bei einem Wechsel von der Einnahmenüberschussrechnung zum Betriebsvermögensvergleich hat der Stpfl. das Wahlrecht zum Betriebsvermögensvergleich erst dann wirksam ausgeübt, wenn er zeitnah eine Eröffnungsbilanz aufstellt, eine ordnungsmäßige kaufmännische Buchführung einrichtet und aufgrund von Bestandsaufnahmen einen Abschluss macht (→ BFH vom 19.10.2005 – BStBl. 2006 II S. 509).

R 4.7 Betriebseinnahmen und -ausgaben

Betriebseinnahmen und -ausgaben bei gemischt genutzten Wirtschaftsgütern

(1) [1] Gehört ein Wirtschaftsgut zum Betriebsvermögen, sind Aufwendungen einschließlich AfA, soweit sie der privaten Nutzung des Wirtschaftsgutes zuzurechnen sind, keine Betriebsausgaben. [2] Gehört ein Wirtschaftsgut zum Privatvermögen, sind die Aufwendungen einschließlich AfA, die durch die betriebliche Nutzung des Wirtschaftsgutes entstehen, Betriebsausgaben. [3] Wird ein Wirtschaftsgut des Betriebsvermögens während seiner Nutzung zu privaten Zwecken des Stpfl. zerstört, tritt bezüglich der stillen Reserven, die sich bis zu seiner Zerstörung gebildet haben, keine Gewinnrealisierung ein. [4] In Höhe des Restbuchwerts liegt eine Nutzungsentnahme vor. [5] Eine Schadensersatzforderung für das während der privaten Nutzung zerstörte Wirtschaftsgut ist als → Betriebseinnahme zu erfassen, wenn und soweit sie über den Restbuchwert hinausgeht. [6] Die Leistung der Kaskoversicherung wegen Diebstahls eines zum Betriebsvermögen gehörenden Pkw ist unabhängig von einer Nutzung zu privaten Zwecken in vollem Umfang Betriebseinnahme, wenn der Pkw während einer betrieblichen Nutzung gestohlen wurde.[1)] [7] Wurde der Pkw während einer privaten Nutzung gestohlen, gilt Satz 5 entsprechend.

Betriebseinnahmen und -ausgaben bei Grundstücken

(2) [1] Entgelte aus eigenbetrieblich genutzten Grundstücken oder Grundstücksteilen, z. B. Einnahmen aus der Vermietung von Sälen in Gastwirtschaften, sind → Betriebseinnahmen. [2] Das gleiche gilt für alle Entgelte, die für die Nutzung von Grundstücken oder Grundstücksteilen erzielt werden, die zum gewillkürten Betriebsvermögen gehören. [3] Aufwendungen für Grundstücke oder Grundstücksteile, die zum Betriebsvermögen gehören, sind vorbehaltlich des § 4 Abs. 5 Satz 1 Nr. 6b EStG stets Betriebsausgaben; dies gilt auch im Falle einer → teilentgeltlichen Überlassung aus außerbetrieblichen Gründen. [4] Aufwendungen für einen Grundstücksteil (einschließlich AfA), der eigenbetrieblich genutzt wird, sind vorbehaltlich des § 4 Abs. 5 Satz 1 Nr. 6b EStG auch dann Betriebsausgaben, wenn der Grundstücksteil wegen seines untergeordneten Wertes (→ § 8 EStDV, R 4.2 Abs. 8) nicht als Betriebsvermögen behandelt wird.

---

1) Zur Versicherungsleistung für einen gestohlenen Pkw des Sonderbetriebsvermögens siehe BFH v. 13.5.2009 VIII R 57/07, DStRE 2010, 331.

Bewirtungen

(3) Der Vorteil aus einer Bewirtung i. S. d. § 4 Abs. 5 Satz 1 Nr. 2 EStG ist aus Vereinfachungsgründen beim bewirteten Stpfl. nicht als Betriebseinnahme zu erfassen.

H 4.7

Abgrenzung der Betriebsausgaben von den nicht abziehbaren Kosten der Lebensführung. → H 12.1 und H 12.2.

Auflösung des Mietvertrags. Aufwendungen für vorzeitige Auflösung des Mietvertrags über eine Wohnung sind Betriebsausgaben bei ausschließlich betrieblich veranlasster Verlegung des Lebensmittelpunkts (→ BFH vom 1.12.1993 – BStBl. 1994 II S. 323).

Berufskleidung. Aufwendungen für bürgerliche Kleidung sind nur dann als Betriebsausgaben i. S. d. § 4 Abs. 4 zu berücksichtigen, wenn es sich um „typische Berufskleidung" nach § 9 Abs. 1 Satz 3 Nr. 6 handelt, die nicht auch zu privaten Anlässen getragen werden kann (→ BFH vom 16.3.2022 – BStBl. II S. 614).

Betreuervergütung. Vergütungen für einen ausschließlich zur Vermögenssorge bestellten Betreuer stellen Betriebsausgaben bei den mit dem verwalteten Vermögen erzielten Einkünften dar, sofern die Tätigkeit des Betreuers weder einer kurzfristigen Abwicklung des Vermögens noch der Verwaltung ertraglosen Vermögens dient (→ BFH vom 14.9.1999 – BStBl. 2000 II S. 69).

Betriebseinnahmen.[1] Betriebseinnahmen sind in Anlehnung an § 8 Abs. 1 und § 4 Abs. 4 EStG alle Zugänge in Geld oder Geldeswert, die durch den Betrieb veranlasst sind. Ein Wertzuwachs ist betrieblich veranlasst, wenn insoweit ein nicht nur äußerlicher, sondern sachlicher, wirtschaftlicher Zusammenhang gegeben ist (→ BFH vom 14.3.2006 – BStBl. II S. 650).

Drittaufwand.

– Trägt ein Dritter Kosten, die durch die Einkünfteerzielung des Stpfl. veranlasst sind, können sie als so genannter Drittaufwand nicht Betriebsausgaben oder Werbungskosten des Stpfl. sein. Bei **Anschaffungs- oder Herstellungskosten** liegt Drittaufwand vor, wenn ein Dritter sie trägt und das angeschaffte oder hergestellte Wirtschaftsgut vom Stpfl. zur Erzielung von Einkünften genutzt wird (→ BFH vom 23.8.1999 – BStBl. II S. 782, 785). Deshalb kommt die Berücksichtigung einer AfA oder einer Aufwandsverteilung für einen vom Nichteigentümer-Ehegatten betrieblich genutzten Gebäudeteil als Betriebsausgabe grundsätzlich nicht in Betracht, wenn das Darlehen zur Finanzierung der Anschaffungskosten des Gebäudes allein vom Eigentümer-Ehegatten aufgenommen wurde und die Zahlungen zur Tilgung dieses Darlehens von einem gemeinsamen

[1] Zur Erfassung von Zahlungen der Sportförderung als Betriebseinnahmen i.R.d. gewerblichen Tätigkeit eines Spitzensportlers siehe BFH v. 15.12.2021 X R 19/19, BStBl. II 2023, 319.

Oder-Konto der Eheleute geleistet werden (→ BFH vom 21.2.2017 – BStBl. II S. 819).

- Aufwendungen eines Dritten können allerdings im Falle der so genannten **Abkürzung des Zahlungswegs** als Aufwendungen des Stpfl. zu werten sein; Abkürzung des Zahlungswegs bedeutet die Zuwendung eines Geldbetrags an den Stpfl. in der Weise, dass der Zuwendende im Einvernehmen mit dem Stpfl. dessen Schuld tilgt, statt ihm den Geldbetrag unmittelbar zu geben, wenn also der Dritte für Rechnung des Stpfl. an dessen Gläubiger leistet (→ BFH vom 23.8.1999 – BStBl. II S. 782, 785).
- **Erhaltungsaufwendungen** eines Dritten sind auch dann Betriebsausgaben oder Werbungskosten des Stpfl., wenn sie auf einem von einem Dritten im eigenen Namen, aber im Interesse des Stpfl. abgeschlossenen Werkvertrag beruhen und der Dritte die geschuldete Zahlung auch selbst leistet – abgekürzter Vertragsweg (→ BFH vom 28.9.2010 – BStBl. 2011 II S. 271). Bei Kreditverbindlichkeiten und anderen Dauerschuldverhältnissen (z.B. Miet- und Pachtverträge) kommt eine Berücksichtigung der Zahlung unter dem Gesichtspunkt der Abkürzung des Vertragswegs nicht in Betracht (→ BMF vom 7.7.2008 – BStBl. I S. 717). Deshalb können Schuldzinsen, die ein Ehegatte auf seine Darlehensverbindlichkeit zahlt, vom anderen Ehegatten auch dann nicht als Betriebsausgaben oder Werbungskosten abgezogen werden, wenn die Darlehensbeträge zur Anschaffung von Wirtschaftsgütern zur Einkünfteerzielung verwendet wurden (→ BFH vom 24.2.2000 – BStBl. II S. 314 und vom 21.2.2017 – BStBl. II S. 819). Bezahlt hingegen der andere Ehegatte die Zinsen aus eigenen Mitteln, bilden sie bei ihm abziehbare Betriebsausgaben oder Werbungskosten (→ BFH vom 2.12.1999 – BStBl. 2000 II S. 312).
- Nehmen Ehegatten **gemeinsam ein gesamtschuldnerisches Darlehen** zur Finanzierung eines Wirtschaftsguts auf, das nur einem von ihnen gehört und von diesem zur Einkünfteerzielung genutzt wird, sind die Schuldzinsen in vollem Umfang bei den Einkünften des Eigentümer-Ehegatten als Betriebsausgaben oder Werbungskosten abziehbar (→ BFH vom 2.12.1999 – BStBl. 2000 II S. 310 und 312).
- Werden die **laufenden Aufwendungen** für ein Wirtschaftsgut, das dem nicht einkünfteerzielenden Ehegatten gehört, gemeinsam getragen, kann der das Wirtschaftsgut einkünfteerzielend nutzende (andere) Ehegatte nur die nutzungsorientierten Aufwendungen (z.B. bei einem Arbeitszimmer die anteiligen Energiekosten und die das Arbeitszimmer betreffenden Reparaturkosten) als Betriebsausgaben oder Werbungskosten geltend machen (→ BFH vom 23.8.1999 – BStBl. II S. 782, 786).
- Nutzt ein Miteigentümer allein eine Wohnung zu betrieblichen oder beruflichen Zwecken und werden die **Darlehen** zum Erwerb der Wohnung **gemeinsam aufgenommen** und **Zins und Tilgung** von einem **gemeinsamen Konto beglichen,** kann er AfA und Schuldzinsen nur entsprechend seinem Miteigentumsanteil als Betriebsausgaben oder Werbungskosten geltend machen. Entsprechendes gilt für gemeinschaftlich getragene andere grundstücksorientierte Aufwendungen, z.B. Grundsteuer, allgemeine Reparaturkosten, Versicherungsprämien (→ BFH vom 6.12.2017 – BStBl. 2018 II S. 355).

Druckbeihilfen. Die einem Verlag von Autoren für die Veröffentlichung des Werkes gewährten Druckbeihilfen sind Betriebseinnahmen (→ BFH vom 3.7.1997 – BStBl. 1998 II S. 244).

Eigenaufwand für ein fremdes Wirtschaftsgut.

- Trägt ein Stpfl. aus betrieblichem Anlass die Anschaffungs- oder Herstellungskosten für ein Gebäude, das im Alleineigentum oder Miteigentum eines Dritten steht, mit dessen Zustimmung und darf er den Eigentumsanteil des Dritten unentgeltlich nutzen, ist der Stpfl. wirtschaftlicher Eigentümer des Gebäudes, wenn ihm bei Beendigung der Nutzung dem Dritten gegenüber ein Anspruch auf Entschädigung aus einer vertraglichen Vereinbarung oder gesetzlich (§§ 951, 812 BGB) zusteht. Dem Hersteller eines Gebäudes auf einem fremden Grundstück steht in der Regel ein Ersatzanspruch gem. §§ 951, 812 BGB zu, wenn er die Baulichkeit aufgrund eines Nutzungsrechts im eigenen Interesse und ohne Zuwendungsabsicht errichtet hat. Entsprechendes gilt für Gebäudeteile (→ BFH vom 14.5.2002 – BStBl. II S. 741 und vom 25.6.2003 – BStBl. 2004 II S. 403).
- Ist der Stpfl. nicht wirtschaftlicher Eigentümer und hat er Anschaffungs- oder Herstellungskosten für ein im Miteigentum oder in fremdem Eigentum stehendes Gebäude im betrieblichen Interesse getragen, wird dieser Aufwand bei ihm als Posten für die Verteilung eigenen Aufwands aktiviert und ist nach den für Gebäude im Privatvermögen geltenden AfA-Regeln abzuschreiben (→ BFH vom 9.3.2016 – BStBl. II S. 976). Ein bei Beendigung der Nutzung noch nicht abgeschriebener Restwert wird erfolgsneutral ausgebucht und ist dem Eigentümer des Wirtschaftsguts als Anschaffungs- oder Herstellungskosten zuzurechnen (→ BMF vom 16.12.2016 – BStBl. I S. 1431).
- Zum eigenen Aufwand des Unternehmer-Ehegatten für die Errichtung von Betriebsgebäuden auf einem ihm zusammen mit dem Nichtunternehmer-Ehegatten oder auf einem dem Nichtunternehmer-Ehegatten allein gehörenden Grundstück → BMF vom 16.12.2016 (BStBl. I S. 1431).
- Eine Aufwandsverteilung (→ BMF vom 16.12.2016 – BStBl. I S. 1431) für einen vom Nichteigentümer-Ehegatten betrieblich genutzten Gebäudeteil setzt voraus, dass dieser die Anschaffungs- oder Herstellungskosten getragen hat. Zahlungen von einem gemeinsamen Konto der Ehegatten gelten unabhängig davon, aus wessen Mitteln das Guthaben auf dem Konto stammt, jeweils für Rechnung desjenigen geleistet, der den Betrag schuldet, sofern keine besonderen Vereinbarungen getroffen wurden (→ BFH vom 21.2.2017 – BStBl. II S. 819).
- Ehegatten, die gemeinsam die Herstellungskosten des von ihnen bewohnten Hauses getragen haben und die darin jeweils einen Raum zur Einkünfteerzielung nutzen, können jeweils die auf diesen Raum entfallenden Herstellungskosten für die Dauer dieser Nutzung als Betriebsausgaben oder Werbungskosten (AfA und Aufwandsverteilung nach Gebäudegrundsätzen, → BMF vom 16.12.2016 – BStBl. I S. 1431) geltend machen. Die Bemessungsgrundlage für die auf den jeweiligen Raum entfallende AfA und Aufwandsverteilung ist zu schätzen, soweit die Herstellungskosten nicht eindeutig dem Raum zugeordnet werden können.

Maßstab ist das Verhältnis der Nutz- oder Wohnflächen (→ BFH vom 23.8.1999 – BStBl. II S. 774).

– Beteiligt sich ein Stpfl. (Ehegatte) finanziell an den Anschaffungs- oder Herstellungskosten eines Hauses, das dem anderen Ehegatten gehört, und nutzt er Räume dieses Gebäudes zur Einkünfteerzielung, kann er die auf diese Räume entfallenden eigenen Aufwendungen grundsätzlich als Betriebsausgaben oder Werbungskosten (Aufwandsverteilung nach Gebäudegrundsätzen, → BMF vom 16.12.2016 – BStBl. I S. 1431) abziehen. Bemessungsgrundlage der Aufwandsverteilung sind die auf diese Räume entfallenden Anschaffungs- oder Herstellungskosten, soweit sie der Kostenbeteiligung des Stpfl. entsprechen (→ BFH vom 23.8.1999 – BStBl. II S. 778).

– Der Stpfl. trägt die Herstellungskosten für ein fremdes, aber zu betrieblichen Zwecken genutztes Gebäude auch dann im eigenen betrieblichen Interesse, wenn er als Gegenleistung für die Nutzungsbefugnis des Grundstücks auf einen Ersatzanspruch verzichtet (→ BFH vom 25.2.2010 – BStBl. II S. 670).

Eigenprovisionen. Provisionen, die ein Versicherungsvertreter vom Versicherungsunternehmen für den Abschluss eigener privater Versicherungen (z. B. Lebensversicherungen für sich oder seine Ehefrau) in gleicher Weise erhält wie für die Vermittlung von Versicherungsabschlüssen mit Dritten (sog. Eigenprovisionen), sind Betriebseinnahmen (→ BFH vom 27.5.1998 – BStBl. II S. 618). Das Gleiche gilt für Vergütungen, die ein Vermittler von Beteiligungen an Personengesellschaften von einem Dritten für die Zeichnung eigener Beteiligungen an diesen Gesellschaften erhält. Sie sind nicht in der Gewinnermittlung der Personengesellschaft (als Sonderbetriebseinnahmen oder Minderung der anteilig auf den Vermittler entfallenden Anschaffungskosten) zu berücksichtigen (→ BFH vom 14.3.2012 – BStBl. II S. 498).

Entschädigungen.

– Neben Förderzinsen zum Abbau von Bodenschätzen gezahlte Entschädigungen für entgangene/entgehende Einnahmen sind Betriebseinnahmen, wenn die Flächen im Betriebsvermögen bleiben (→ BFH vom 15.3.1994 – BStBl. II S. 840).

– Entschädigungen für die Eintragung einer beschränkt persönlichen Dienstbarkeit, die das Recht dinglich absichert, dass ein zum Betriebsvermögen des Eigentümers gehörendes Grundstück als Überflutungsfläche zur Hochwasserrückhaltung genutzt werden darf, sind Betriebseinnahmen (→ BFH vom 21.11.2018 – BStBl. 2019 II S. 311).

Erbschaft. Eine für den Betrieb eines Stpfl. (z. B. Altenheim) bestimmte Erbschaft ist als Betriebseinnahme zu versteuern (→ BFH vom 14.3.2006 – BStBl. II S. 650).

Fachtagung. Der geldwerte Vorteil aus der Teilnahme an einer vom Geschäftspartner organisierten Fachtagung, die den üblichen Rahmen geschäftlicher Gespräche überschreitet, ist Betriebseinnahme (→ BFH vom 26.9.1995 – BStBl. 1996 II S. 273).

Fonds, geschlossene.[1] Zur Abgrenzung zwischen Betriebsausgaben, Anschaffungskosten und Herstellungskosten → BMF vom 20.10.2003 (BStBl. I S. 546).

Forschungszulage. Die Forschungszulage führt bei der Einkommensteuer nicht zu einer Betriebsvermögensmehrung bzw. Betriebseinnahme → BMF vom 11.11.2021 (BStBl. I S. 2277), Rn. 284.

Gemischt genutzte Wirtschaftsgüter.

- Werden nicht zum Betriebsvermögen gehörende Wirtschaftsgüter auch betrieblich genutzt, können Aufwendungen einschließlich der AfA, die durch die betriebliche Nutzung entstehen, als Betriebsausgaben abgesetzt werden, wenn die betriebliche Nutzung nicht nur von untergeordneter Bedeutung ist und der betriebliche Nutzungsanteil sich leicht und einwandfrei anhand von Unterlagen nach objektiven, nachprüfbaren Merkmalen – ggf. im Wege der Schätzung – von den nicht abziehbaren Kosten der Lebenshaltung trennen lässt (→ BFH vom 13.3.1964 – BStBl. III S. 455).
- Zu Fahrtkosten bei Geschäftsreisen → R 4.12 Abs. 2.

Gewinnanteile des stillen Gesellschafters. Die an den typisch stillen Gesellschafter gezahlten Gewinnanteile sind insoweit keine Betriebsausgaben, als der Geschäftsinhaber die Vermögenseinlage des stillen Gesellschafters zu privaten Zwecken verwendet hat (→ BFH vom 6.3.2003 – BStBl. II S. 656).

Häusliches Arbeitszimmer. Scheidet ein häusliches Arbeitszimmer aus dem Betriebsvermögen aus, ist bei der Ermittlung des Veräußerungs- oder Aufgabegewinns der sich nach Abzug der AfA ergebende Buchwert auch dann maßgeblich, wenn die Abziehbarkeit der Aufwendungen für das häusliche Arbeitszimmer während der Ausübung der Tätigkeit gem. § 4 Abs. 5 Satz 1 Nr. 6b EStG der Höhe nach beschränkt war. Eine Gewinnkorrektur für den nicht abzugsfähigen Teil der AfA kommt nicht in Betracht (→ BFH vom 16.6.2020 – BStBl. II S. 841).

Incentive-Reisen. → BMF vom 14.10.1996 (BStBl. I S. 1192).[2]

Losveranstaltungen.

- Wird von einer Provision das Entgelt für Lose unmittelbar einbehalten und werden die Gewinne in vollem Umfang durch die Losentgelte finanziert, ist der Erwerb der Lose bereits Teil der Einkommensverwendung. Die Vorteile daraus stehen mit der Einkommenserzielung in keinem steuerlich relevanten Sachzusammenhang. Dies gilt auch dann, wenn die Lose nur von solchen Personen erworben werden können, die Leistungen gegenüber dem die Auslosung vornehmenden Unternehmen erbracht haben (z. B. selbständige Außendienstmitarbeiter einer Bausparkasse) (→ BFH vom 2.9.2008 – BStBl. 2010 II S. 548).

---

[1] Zu Fondsetablierungskosten siehe gesetzliche Neuregelung in § 6e EStG (G v. 12.12.2019, BGBl. I 2019, 2451), anzuwenden auch in vor dem 18.12.2019 endenden Wj. (§ 52 Abs. 14a EStG).

[2] Siehe auch OfD Frankfurt am Main v. 22.3.2022 – S 2143 A – 46 – St 516, DStR 2022, 1818.

– Der Gewinn aus Losen, die Vertriebsmitarbeiter für die Erzielung bestimmter Umsätze erhalten, ist betrieblich veranlasst (→ BFH vom 2.9.2008 – BStBl. 2010 II S. 550).

Mobilfunkdienstleistungsverträge. Vergünstigungen im Zusammenhang mit dem Abschluss von Mobilfunkdienstleistungsverträgen als Betriebseinnahmen → BMF vom 20.6.2005 (BStBl. I S. 801), Rdnr. 11 ff.

Nachträgliche Betriebsausgaben. → H 24.2 (Nachträgliche Werbungskosten/Betriebsausgaben).

Nebenräume. Werden betrieblich oder beruflich genutzte Nebenräume in die Kostenberechnung einbezogen, sind die abziehbaren Kosten nach dem Verhältnis des gesamten betrieblich oder beruflich genutzten Bereiches (betrieblich oder beruflich genutzte Haupt- und Nebenräume) zu der Gesamtfläche aller Räume des Gebäudes aufzuteilen (→ BMF vom 6.10.2017 – BStBl. I S. 1320, Rdnr. 6a).[1)]

Nießbrauch.

– Aufwendungen des Stpfl. im Zusammenhang mit dem betrieblich genutzten Grundstück oder Grundstücksteil sind Betriebsausgaben; hierzu gehören auch die abschreibbaren Anschaffungs- oder Herstellungskosten, die der Stpfl. selbst getragen hat (→ BFH vom 16.12.1988 – BStBl. 1989 II S. 763 und vom 20.9.1989 – BStBl. 1990 II S. 368).
– Der Vermächtnisnießbraucher ist nicht berechtigt, AfA auf Anschaffungs- oder Herstellungskosten des Erblassers in Anspruch zu nehmen (→ BFH vom 28.9.1995 – BStBl. 1996 II S. 440).

Nutzungsausfallentschädigung. Die Entschädigung für den Nutzungsausfall eines Wirtschaftsgutes des Betriebsvermögens ist eine Betriebseinnahme. Unerheblich ist, ob der Schaden im Zuge betrieblicher oder privater Nutzung eingetreten ist. Setzt der Stpfl. die Aufwendungen für die private Nutzung eines Kfz nach § 6 Abs. 1 Nr. 4 Satz 3 EStG an, mindert eine Nutzungsausfallentschädigung die Gesamtaufwendungen für das Kfz (→ BFH vom 27.1.2016 – BStBl. II S. 534).

Photovoltaikanlage. Wird eine Photovoltaikanlage betrieben, die auf das Dach eines im Übrigen nicht der Einkünfteerzielung dienenden Gebäudes aufgesetzt ist, können anteilige Gebäudekosten nicht als Betriebsausgaben im Wege der sog. Aufwandseinlage bei der Ermittlung der gewerblichen Einkünfte des Betriebs „Stromerzeugung" berücksichtigt werden. Die Photovoltaikanlage als Betriebsvorrichtung und das Gebäude stellen jeweils eigenständige Wirtschaftsgüter dar (→ BFH vom 17.10.2013 – BStBl. 2014 II S. 372).

Praxisausfallversicherung. Eine Praxisausfallversicherung, durch die im Falle einer krankheitsbedingten Arbeitsunfähigkeit des Stpfl. die fortlaufenden Kosten seines Betriebes ersetzt werden, gehört dessen Lebensführungsbereich an. Die Beiträge zu dieser Versicherung stellen daher keine Betriebsausgaben dar, die Versicherungsleistung ist nicht steuerbar. Wird neben dem

---

[1)] Zu Aufwendungen für einen zugleich als Büro und als Warenlager betrieblich genutzten Raum siehe BFH v. 22.11.2006 X R 1/05, BStBl. II 2007, 304.

privaten Risiko der Erkrankung zugleich aber ein betriebliches Risiko versichert (z.B. die behördlich verfügte Quarantäne gegen einen Arzt), steht § 12 Nr. 1 EStG dem Abzug der hierauf entfallenden Versicherungsbeiträge als Betriebsausgaben nicht entgegen. Maßstab für den anteiligen Betriebsausgabenabzug ist das Verhältnis der Prämien mit und ohne betrieblichen Versicherungsanteil (→ BFH vom 19.5.2009 – BStBl. 2010 II S. 168).

Preisgelder als Betriebseinnahmen. → BMF vom 5.9.1996 (BStBl. I S. 1150) unter Berücksichtigung der Änderung durch BMF vom 23.12.2002 (BStBl. 2003 I S. 76).

Provisionen für die Vermittlung von Anteilen an Personengesellschaften. Vergütungen, die ein Vermittler von Beteiligungen an Personengesellschaften von einem Dritten dafür erhält, dass er Dritten Anteile an Personengesellschaften vermittelt, an denen er auch selbst beteiligt ist, sind Betriebseinnahmen im Rahmen seiner gewerblichen Tätigkeit. Sie sind nicht in der Gewinnermittlung der Personengesellschaft zu berücksichtigen (→ BFH vom 14.3.2012 – BStBl. II S. 498).

Prozesskosten, die einem Erben im Zusammenhang mit der Anfechtung des Testaments entstehen, stellen auch dann keine Betriebsausgaben dar, wenn zum Nachlass ein Gewerbebetrieb gehört (→ BFH vom 17.6.1999 – BStBl. II S. 600).

Risikolebensversicherung. Beiträge für eine Risikolebensversicherung sind nicht betrieblich veranlasst, weil dadurch das Leben des Versicherungsnehmers und nicht ein betriebliches Risiko abgesichert wird (→ BFH vom 23.4.2013 – BStBl. II S. 615).

Schadensersatz als Betriebseinnahme.[1] Bei Schadensersatzleistungen eines Steuerberaters oder seines Haftpflichtversicherers wegen vermeidbar zu viel entrichteter Steuern kommt es entscheidend darauf an, ob die Entrichtung der Steuer zu einer Betriebsausgabe führt oder in die außerbetriebliche Sphäre fällt. Schadensersatz wegen einer zu hohen Einkommensteuerfestsetzung ist daher beim Mandanten keine Betriebseinnahme. Schadensersatz wegen einer zu hohen Körperschaftsteuerfestsetzung ist beim Mandanten Betriebseinnahme (→ BFH vom 18.6.1998 – BStBl. II S. 621).

Schätzung von Betriebsausgaben.

– Von tatsächlich geleisteten Betriebsausgaben kann grundsätzlich nur ausgegangen werden, wenn deren betriebliche Veranlassung und Höhe nachgewiesen ist. Gelingt dieser Nachweis der Höhe nach nicht, obwohl offensichtlich Ausgaben angefallen sein müssen, sind die nicht feststellbaren Besteuerungsgrundlagen zu schätzen (§ 162 Abs. 2 Satz 2 AO). Die Schätzung muss insgesamt in sich schlüssig, wirtschaftlich vernünftig und möglich sein. Eine grobe, griffweise Schätzung kann diesen Anforderungen nur genügen, wenn keinerlei Möglichkeiten zur näheren Präzisierung der Schätzungsmethode, wie z.B. durch Anlehnung an die Richtsatzsamm-

[1] Zur Erfassung eines Schadensersatzanspruchs eines Mitunernehmers wegen Prospekthaftung als Betriebseinnahme siehe BFH v. 17.3.2021 IV R 20/18, BStBl. II 2021, 904.

lung[1)] oder anhand von Erfahrungswerten der Finanzverwaltung bezüglich bestimmten Aufwandes, bestehen. Die geltend gemachten Betriebsausgaben sind um angemessene Unsicherheitsabschläge zu kürzen. Nach der Schätzung ist zu prüfen, ob und inwieweit die fehlende Benennung der Zahlungsempfänger gem. § 160 AO dem Abzug der geschätzten Ausgaben entgegensteht (→ BFH vom 24.6.1997 – BStBl. 1998 II S. 51).

– → Verhältnis von Betriebsausgaben und Werbungskostenpauschale.

Schuldzinsen.[2)]

- Schuldzinsenabzug nach § 4 Abs. 4a EStG
  - → BMF vom 2.11.2018 (BStBl. I S. 1207) unter Berücksichtigung der Änderungen durch BMF vom 18.1.2021 (BStBl. I S. 119) und vom 5.11.2021 (BStBl. I S. 2211),
  - → BMF vom 12.6.2006 (BStBl. I S. 416) zur Berücksichtigung von vor dem 1.1.1999 entstandenen Unterentnahmen.
- Schuldzinsen aus der Finanzierung von
  - Pflichtteilsverbindlichkeiten,
  - Vermächtnisschulden,
  - Erbersatzverbindlichkeiten,
  - Zugewinnausgleichsschulden,
  - Abfindungsschulden nach der Höfeordnung,
  - Abfindungsschulden im Zusammenhang mit der Vererbung eines Anteils an einer Personengesellschaft im Wege der qualifizierten Nachfolgeklausel oder im Wege der qualifizierten Eintrittsklausel,

  dürfen nicht als Betriebsausgaben oder Werbungskosten abgezogen werden (→ BMF vom 11.8.1994 – BStBl. I S. 603).
- Schuldzinsen für Kontokorrentkredite → BMF vom 10.11.1993 (BStBl. I S. 930).
- → H 4.2 (15) (Betriebsschuld).

Sonderbetriebseinnahmen und -ausgaben.

- Erträge und Aufwendungen des Gesellschafters einer in § 15 Abs. 1 Satz 1 Nr. 2 EStG genannten Personengesellschaft, die durch seine Beteiligung an der Gesellschaft veranlasst sind, sind bei ihm als Sonderbetriebseinnahmen oder -ausgaben zu erfassen und müssen auch Eingang in die einheitliche Gewinnfeststellung finden. Von Sonderbetriebsausgaben, die den Gewinnanteil des Gesellschafters mindern, sind die Betriebsausgaben abzugrenzen, die nur den Gewinn des eigenen Gewerbebetriebs des Gesellschafters mindern, z.B. eigene Rechts- und Beratungskosten (→ BFH vom 18.5.1995 – BStBl. 1996 II S. 295).
- Schuldzinsen für vom Gesellschafter übernommene Darlehensschulden der Mitunternehmerschaft sind als Sonderbetriebsausgaben des Gesellschafters abziehbar, wenn mit der Schuldübernahme eine vom Gesellschafter zu erbringende Einlageverpflichtung erfüllt wird. Wird eine andere Verpflichtung durch die Schuldübernahme erfüllt, liegen Sonder-

[1)] Richtsatzsammlung für 2021 siehe BMF v. 28.11.2022, BStBl. I 2022, 1608, 1609.

[2)] Zur Ermittlung der Überentnahmen bei Gewinnermittlung nach § 4 Abs. 3 EStG siehe BFH v. 17.5.2022 VIII R 38/18, BStBl. II 2022, 662.

betriebsausgaben vor, wenn mit der Schuldübernahme eine das Sonderbetriebsvermögen betreffende Verbindlichkeit des Gesellschafters erfüllt wird (→ BFH vom 28.10.1999 – BStBl. 2000 II S. 390).

- Die Berücksichtigung von Gewinnanteilen eines Unterbeteiligten als Sonderbetriebsausgaben des Hauptbeteiligten setzt voraus, dass der Unterbeteiligte eine Einlage leistet (→ BFH vom 7.11.2018 – BStBl. 2019 II S. 224).
- → H 15.8 (3) (Tätigkeitsvergütungen).
- → Eigenprovisionen.
- Schadensersatzanspruch eines Mitunternehmers bei Prospekthaftung → H 16 (9).

Sponsoring.[1] → BMF vom 18.2.1998 (BStBl. I S. 212).

Steuerberatungskosten. Zuordnung der Steuerberatungskosten zu den Betriebsausgaben, Werbungskosten oder Kosten der Lebensführung → BMF vom 21.12.2007 (BStBl. 2008 I S. 256).

Technische Sicherheitseinrichtung – TSE. Aus Vereinfachungsgründen wird es nicht beanstandet, wenn die Kosten für die nachträgliche erstmalige Ausrüstung bestehender Kassen mit einer TSE und die Kosten für die erstmalige Implementierung der einheitlichen digitalen Schnittstelle eines bestehenden elektronischen Aufzeichnungssystems in voller Höhe sofort als Betriebsausgaben abgezogen werden (→ BMF vom 21.8.2020 – BStBl. I S. 1047).

Teilentgeltliche Überlassung. Die teilentgeltliche Überlassung von Grundstücken oder Grundstücksteilen aus außerbetrieblichen Gründen ist als Nutzungsentnahme zu behandeln (→ BFH vom 24.3.2011 – BStBl. II S. 692).

Unentgeltliche Übertragung eines Grundstücks oder Grundstücksteils an eine betriebsfremde Person unter Vorbehalt eines Nutzungsrechts für betriebliche Zwecke. Aufwendungen des Stpfl. im Zusammenhang mit dem betrieblich genutzten Grundstück oder Grundstücksteil sind Betriebsausgaben (→ BFH vom 26.10.1987 – BStBl. 1988 II S. 348); hierzu gehört auch die AfA auf Anschaffungs- oder Herstellungskosten, die der Stpfl. selbst getragen hat (→ BFH vom 16.12.1988 – BStBl. 1989 II S. 763 und vom 20.9.1989 – BStBl. 1990 II S. 368); Bemessungsgrundlage für die künftige AfA ist der Entnahmewert (Teilwert/Buchwert → R 7.3 Abs. 6, R 7.4 Abs. 11; → BFH vom 20.9.1989 – BStBl. 1990 II S. 368).

Veräußerung eines zum Betriebsvermögen gehörenden auch privat genutzten Wirtschaftsguts. Wird ein zum Betriebsvermögen gehörendes Wirtschaftsgut, das teilweise privat genutzt worden ist, veräußert, ist der gesamte Veräußerungserlös Betriebseinnahme (→ BFH vom 16.6.2020 – BStBl. II S. 845).

Verhältnis von Betriebsausgaben und Werbungskostenpauschale. Aufwendungen für unterschiedliche Einkunftsarten sind – ggf. im Schätzungswege – in Betriebsausgaben und Werbungskosten aufzuteilen und den

[1] Siehe auch BFH v. 14.7.2020 VIII R 28/17, BStBl. II 2021, 14.

jeweiligen Einkunftsarten, durch die sie veranlasst sind, zuzuordnen. Der Stpfl. kann keine beliebige Bestimmung treffen und neben der Werbungskostenpauschale sämtliche nachgewiesenen Aufwendungen als Betriebsausgaben geltend machen (→ BFH vom 10.6.2008 – BStBl. II S. 937).

Veruntreute Betriebseinnahmen.

- Veruntreut ein Gesellschafter Betriebseinnahmen der Personengesellschaft, indem er veranlasst, dass in Kundenrechnungen der Gesellschaft ein Konto angegeben wird, von dem die übrigen Gesellschafter keine Kenntnis haben, und verwendet er anschließend die dortigen Zahlungseingänge für private Zwecke, ist die nach Aufdeckung des Vorgangs an die Mitgesellschafter geleistete Ausgleichszahlung nicht betrieblich veranlasst, wenn Inhaber des Kontos die Gesellschaft ist, die Zahlungseingänge als Betriebseinnahme der Gesellschaft behandelt werden und der Gewinn nach dem allgemeinen Schlüssel verteilt wird. Eine betriebliche Veranlassung liegt vor, wenn die veruntreuten Gelder dem Gesellschafter allein als Einkünfte zugerechnet worden sind (→ BFH vom 8.6.2000 – BStBl. II S. 670).
- Entgehen der Gesellschaft Einnahmen, weil ein Mitunternehmer die der Gesellschaft zustehenden Einnahmen auf ein eigenes Konto leitet, handelt es sich bei den Einnahmen um Sonderbetriebseinnahmen des ungetreuen Mitunternehmers (→ BFH vom 22.6.2006 – BStBl. II S. 838).
- Unberechtigte Entnahmen führen beim ungetreuen Gesellschafter, anders als im Fall der Umleitung von der Gesellschaft zustehenden Betriebseinnahmen auf das eigene Konto, nicht zu Betriebseinnahmen (→ BFH vom 14.12.2000 – BStBl. 2001 II S. 238).

VIP-Logen.

- Aufwendungen für VIP-Logen in Sportstätten → BMF vom 22.8.2005 (BStBl. I S. 845) und BMF vom 19.5.2015 (BStBl. I S. 468), Rz. 15.
- Anwendung der Vereinfachungsregelungen auf ähnliche Sachverhalte → BMF vom 11.7.2006 (BStBl. I S. 447) und BMF vom 19.5.2015 (BStBl. I S. 468), Rz. 15.

Vorweggenommene Betriebsausgaben

- sind abziehbar bei ausreichend bestimmbarem Zusammenhang zwischen den Aufwendungen und der Einkunftsart (→ BFH vom 15.4.1992 – BStBl. II S. 819); die Zahlung einer in einem Ausbildungsverhältnis begründeten Vertragsstrafe kann zu Betriebsausgaben führen (→ BFH vom 22.6.2006 – BStBl. 2007 II S. 4),
- bei Aufwendungen für eine berufliche Fort- und Weiterbildung → BMF vom 22.9.2010 (BStBl. I S. 721),
- bei vergeblicher Investition in ein betrügerisches Modell über den Erwerb von tatsächlich nicht existierenden Blockheizkraftwerken → BFH vom 7.2.2018 (BStBl. II S. 630).

Wahlkampfkosten. Wahlkampfkosten eines Bewerbers um ein ehrenamtliches Stadtratsmandat, aus dem Einkünfte i. S. d. § 18 Abs. 1 Nr. 3 EStG bezogen werden, können als Betriebsausgaben abzugsfähig sein (→ BFH vom 25.1.1996 – BStBl. II S. 431).

Zwangsverwaltung. Zur Ermittlung der Einkünfte für den Zeitraum einer Zwangsverwaltung → BMF vom 3.5.2017 (BStBl. I S. 718), Rn. 28–32.

R 4.8 Rechtsverhältnisse zwischen Angehörigen

Arbeitsverhältnisse zwischen Ehegatten

(1) Arbeitsverhältnisse zwischen Ehegatten können steuerrechtlich nur anerkannt werden, wenn sie ernsthaft vereinbart und entsprechend der Vereinbarung tatsächlich durchgeführt werden.

Arbeitsverhältnisse mit Personengesellschaften

(2) [1] Für die einkommensteuerrechtliche Beurteilung des Arbeitsverhältnisses eines Ehegatten mit einer Personengesellschaft, die von dem anderen Ehegatten auf Grund seiner wirtschaftlichen Machtstellung beherrscht wird, z.B. in der Regel bei einer Beteiligung zu mehr als 50%, gelten die Grundsätze für die steuerliche Anerkennung von Ehegattenarbeitsverhältnissen im Allgemeinen entsprechend. [2] Beherrscht der Mitunternehmer-Ehegatte die Personengesellschaft nicht, kann allgemein davon ausgegangen werden, dass der mitarbeitende Ehegatte in der Gesellschaft die gleiche Stellung wie ein fremder Arbeitnehmer hat und das Arbeitsverhältnis deshalb steuerrechtlich anzuerkennen ist.

Arbeitsverhältnisse zwischen Eltern und Kindern

(3) [1] Für die bürgerlich-rechtliche Wirksamkeit eines Arbeits- oder Ausbildungsvertrages mit einem minderjährigen Kind ist die Bestellung eines Ergänzungspflegers nicht erforderlich. [2] Arbeitsverhältnisse mit Kindern unter 15 Jahren verstoßen jedoch im Allgemeinen gegen das Jugendarbeitsschutzgesetz;[1)] sie sind nichtig und können deshalb auch steuerrechtlich nicht anerkannt werden. [3] Die Gewährung freier Wohnung und Verpflegung kann als Teil der Arbeitsvergütung zu behandeln sein, wenn die Leistungen auf arbeitsvertraglichen Vereinbarungen beruhen.

H 4.8

Arbeitsverhältnisse mit Kindern.

- → Aushilfstätigkeiten von Kindern.
- Beruht die Mitarbeit von Kindern im elterlichen Betrieb auf einem Ausbildungs- oder Arbeitsverhältnis, so gelten für dessen steuerrechtliche Anerkennung den Ehegatten-Arbeitsverhältnissen entsprechende Grundsätze (→ BFH vom 10.3.1988 – BStBl. II S. 877 und vom 29.10.1997 – BStBl. 1998 II S. 149).
- → Bildungsaufwendungen für Kinder.
- Ein steuerrechtlich anzuerkennendes Arbeitsverhältnis bei Hilfeleistungen von Kindern im elterlichen Betrieb liegt nicht vor bei geringfügigen oder typischerweise privaten Verrichtungen (→ BFH vom 9.12.1993 – BStBl. 1994 II S. 298); → Gelegentliche Hilfeleistung.
- → Unterhalt.

[1)] G v. 12.4.1976, BGBl. I 1976, 965, zuletzt geänd. durch G v. 16.7.2021, BGBl. I 2021, 2970 (**Arbeitsrecht** Nr. **420**).

Arbeitsverhältnisse zwischen Ehegatten.

- **Betriebliche Altersversorgung, Direktversicherung.** → H 4b (Arbeitnehmer-Ehegatten).
- **Der steuerrechtlichen Anerkennung eines Arbeitsverhältnisses steht entgegen:**
  - wenn der Arbeitnehmer-Ehegatte monatlich vom betrieblichen Bankkonto des Arbeitgeber-Ehegatten einen größeren Geldbetrag abhebt und diesen selbst in das benötigte Haushaltsgeld und den ihm zustehenden monatlichen Arbeitslohn aufteilt (→ BFH vom 20.4.1989 – BStBl. II S. 655),
  - das Fehlen einer Vereinbarung über die Höhe des Arbeitslohns (→ BFH vom 8.3.1962 – BStBl. III S. 218),
  - die langzeitige Nichtauszahlung des vereinbarten Arbeitslohns zum üblichen Zahlungszeitpunkt; stattdessen z.B. jährliche Einmalzahlung (→ BFH vom 14.10.1981 – BStBl. 1982 II S. 119). Das gilt auch dann, wenn das Arbeitsverhältnis bereits seit mehreren Jahren ordnungsgemäß durchgeführt wurde und im Veranlagungsjahr Lohnsteuer und Sozialabgaben abgeführt wurden (→ BFH vom 25.7.1991 – BStBl. II S. 842),
  - die wechselseitige Verpflichtung zur Arbeitsleistung; ein Arbeitsvertrag ist nicht durchführbar, wenn sich Ehegatten, die beide einen Betrieb unterhalten, wechselseitig verpflichten, mit ihrer vollen Arbeitskraft jeweils im Betrieb des anderen tätig zu sein. Wechselseitige Teilzeitarbeitsverträge können jedoch anerkannt werden, wenn die Vertragsgestaltungen insgesamt einem → Fremdvergleich standhalten (→ BFH vom 12.10.1988 – BStBl. 1989 II S. 354),
  - die Überlassung eines Dienstwagens zur unbeschränkten und selbstbeteiligungsfreien Privatnutzung des Arbeitnehmer-Ehegatten im Rahmen eines geringfügigen Beschäftigungsverhältnisses i.S.d. § 8 Abs. 1 Nr. 1 SGB IV (→ BFH vom 10.10.2018 – BStBl. 2019 II S. 203).
- **Der steuerrechtlichen Anerkennung eines Arbeitsverhältnisses kann entgegenstehen:**
  - die Arbeitslohnzahlung in Form von Schecks, die der Arbeitnehmer-Ehegatte regelmäßig auf das private Konto des Arbeitgeber-Ehegatten einzahlt (→ BFH vom 28.2.1990 – BStBl. II S. 548),
  - die Überweisung des Arbeitsentgelts des Arbeitnehmer-Ehegatten auf ein Konto des Arbeitgeber-Ehegatten, über das dem Arbeitnehmer-Ehegatten nur ein Mitverfügungsrecht zusteht (→ BFH vom 24.3.1983 – BStBl. II S. 663), oder auf ein Bankkonto des Gesellschafterehegatten, über das dem Arbeitnehmer-Ehegatten nur ein Mitverfügungsrecht zusteht (→ BFH vom 20.10.1983 – BStBl. 1984 II S. 298).
- **Der steuerrechtlichen Anerkennung eines Arbeitsverhältnisses steht nicht entgegen:**
  - die Darlehensgewährung des Arbeitnehmer-Ehegatten an den Arbeitgeber-Ehegatten in Höhe des Arbeitsentgelts ohne rechtliche Verpflichtung, nachdem dieses in die Verfügungsmacht des Arbeitnehmer-Ehegatten gelangt ist. Das gilt auch, wenn der Arbeitnehmer-Ehegatte jeweils im Fälligkeitszeitpunkt über den an ihn ausgezahlten Nettoar-

beitslohn ausdrücklich dadurch verfügt, dass er den Auszahlungsanspruch in eine Darlehensforderung umwandelt (→ BFH vom 17.7.1984 – BStBl. 1986 II S. 48). Werden dagegen Arbeits- und Darlehensvereinbarungen von Ehegatten in einer Weise miteinander verknüpft, dass das Arbeitsentgelt ganz oder teilweise bereits als Darlehen behandelt wird, bevor es in die Verfügungsmacht des Arbeitnehmer-Ehegatten gelangt ist, so ist zur Anerkennung des Arbeitsverhältnisses erforderlich, dass auch der Darlehensvertrag wie ein unter Fremden üblicher Vertrag mit eindeutigen Zins- und Rückzahlungsvereinbarungen abgeschlossen und durchgeführt wird (→ BFH vom 23.4.1975 – BStBl. II S. 579),

- die Schenkung – Laufende Überweisung des Arbeitsentgelts auf ein Sparbuch des Arbeitnehmer-Ehegatten, von dem dieser ohne zeitlichen Zusammenhang mit den Lohnzahlungen größere Beträge abhebt und dem Arbeitgeber-Ehegatten schenkt (→ BFH vom 4.11.1986 – BStBl. 1987 II S. 336),
- die Teilüberweisung des Arbeitsentgelts als vermögenswirksame Leistungen nach dem Vermögensbildungsgesetz auf Verlangen des Arbeitnehmer-Ehegatten auf ein Konto des Arbeitgeber-Ehegatten oder auf ein gemeinschaftliches Konto beider Ehegatten (→ BFH vom 19.9.1975 – BStBl. 1976 II S. 81),
- die Überweisung des Arbeitsentgelts auf ein Bankkonto des Arbeitnehmer-Ehegatten, für das der Arbeitgeber-Ehegatte unbeschränkte Verfügungsvollmacht besitzt (→ BFH vom 16.1.1974 – BStBl. II S. 294),
- dass das vereinbarte Arbeitsentgelt unüblich niedrig ist, es sei denn, das Arbeitsentgelt ist so niedrig bemessen, dass es nicht mehr als Gegenleistung für eine begrenzte Tätigkeit des Arbeitnehmer-Ehegatten angesehen werden kann, weil ein rechtsgeschäftlicher Bindungswille fehlt (→ BFH vom 22.3.1990 – BStBl. II S. 776), → Gehaltsumwandlung, -verzicht,
- die Zahlung des Arbeitsentgelts auf ein „Oder-Konto" bei im Übrigen ernsthaft vereinbarten und tatsächlich durchgeführten Ehegatten-Arbeitsverhältnissen (→ BVerfG vom 7.11.1995 – BStBl. 1996 II S. 34).

– **Direktversicherung.** → H 4b (Arbeitnehmer-Ehegatten).

– **Gehaltsumwandlung, -verzicht.**

- Begnügt sich der Arbeitnehmer-Ehegatte mit unangemessen niedrigen Aktivbezügen, ist die Dienstleistung in einen entgeltlichen und einen unentgeltlichen Teil zu zerlegen. Betrieblich veranlasst ist nur der entgeltliche Teil. Verzichtet der Arbeitnehmer-Ehegatte ganz auf sein Arbeitsentgelt, ist von einer in vollem Umfang privat veranlassten familiären Mitarbeit auszugehen. Entsprechendes gilt, wenn ein Arbeitnehmer-Ehegatte ohne entsprechende Absicherung seines Anspruchs zugunsten eines erst viele Jahre später fällig werdenden Ruhegehalts auf seine Aktivbezüge verzichtet (→ BFH vom 25.7.1995 – BStBl. 1996 II S. 153).
- → BMF vom 9.1.1986 (BStBl. I S. 7).

– **Rückstellungen für Pensionsverpflichtungen.**
  - Bei einer Pensionszusage an den Arbeitnehmer-Ehegatten, die an die Stelle einer fehlenden Anwartschaft aus der gesetzlichen Rentenversicherung getreten ist, können sich die Rückstellungsbeträge grundsätzlich nicht gewinnmindernd auswirken, soweit die Aufwendungen die wirtschaftliche Funktion der Arbeitnehmerbeiträge haben. Fiktive Arbeitgeberbeiträge in der Zeit zwischen dem Beginn des steuerrechtlich anerkannten Arbeitsverhältnisses und der Erteilung der Pensionszusage können nicht als Betriebsausgaben berücksichtigt werden (→ BFH vom 14.7.1989 – BStBl. II S. 969).
  - → H 6a (9).

– **Rückwirkung.** Rückwirkende Vereinbarungen sind steuerrechtlich nicht anzuerkennen (→ BFH vom 29.11.1988 – BStBl. 1989 II S. 281).

– **Sonderzuwendungen.** Sonderzuwendungen wie z. B. Weihnachts- und Urlaubsgelder, Sonderzulagen, Tantiemen, können dann als Betriebsausgaben abgezogen werden, wenn sie vor Beginn des Leistungsaustauschs klar und eindeutig vereinbart worden sind und auch einem → Fremdvergleich standhalten (→ BFH vom 26.2.1988 – BStBl. II S. 606 und vom 10.3.1988 – BStBl. II S. 877).

– **Unterarbeitsverhältnis.** Ist ein Arbeitnehmer wegen anderer beruflicher Verpflichtungen nicht in der Lage, ein Aufgabengebiet in vollem Umfang selbst zu betreuen, kommt ein Ehegatten-Unterarbeitsverhältnis hierüber jedenfalls dann nicht in Betracht, wenn solche Tätigkeiten sonst ehrenamtlich von Dritten unentgeltlich übernommen werden (→ BFH vom 22.11.1996 – BStBl. 1997 II S. 187).

– **Wertguthabenvereinbarung.** Schließen Ehegatten im Rahmen eines Arbeitsverhältnisses zusätzlich eine Wertguthabenvereinbarung i. S. d. SGB IV ab, muss für diese gesondert ein Fremdvergleich geprüft werden. Im Rahmen der Gesamtwürdigung ist wesentliches Indiz, ob die Vertragschancen und -risiken fremdüblich verteilt sind. Eine einseitige Verteilung zu Lasten des Arbeitgeber-Ehegatten ist regelmäßig anzunehmen, wenn der Arbeitnehmer-Ehegatte unbegrenzt Wertguthaben ansparen sowie Dauer, Zeitpunkt und Häufigkeit der Freistellungsphasen nahezu beliebig wählen kann (→ BFH vom 28.10.2020 – BStBl. 2021 II S. 283).

– **Zukunftssicherung.** Voraussetzungen für die Anerkennung von Maßnahmen zur Zukunftssicherung bei Ehegatten-Arbeitsverhältnissen → H 6a (9) und H 4b (Arbeitnehmer-Ehegatten).

Aushilfstätigkeiten von Kindern. Bei Verträgen über Aushilfstätigkeiten von Kindern ist der → Fremdvergleich im Einzelfall vorzunehmen (→ BFH vom 9.12.1993 – BStBl. 1994 II S. 298).

Bildungsaufwendungen für Kinder.

– Ausbildungs- oder Fortbildungsaufwendungen für Kinder sind in der Regel nicht abziehbare Lebenshaltungskosten. Aufwendungen für die Fortbildung von im Betrieb mitarbeitenden Kindern (z. B. für den Besuch einer Meisterfachschule) sind Betriebsausgaben, wenn die hierzu getroffenen Vereinbarungen klar und eindeutig sind und nach Inhalt und Durchführung dem zwischen Fremden Üblichen entsprechen, insbeson-

dere auch Bindungsfristen und Rückzahlungsklauseln enthalten (→ BFH vom 14.12.1990 – BStBl. 1991 II S. 305).
- Aufwendungen für den Meisterlehrgang eines nicht im Betrieb mitarbeitenden Kindes sind nicht allein deshalb Betriebsausgaben, weil sie eine spätere Unternehmensnachfolge vorbereiten sollen (→ BFH vom 29.10.1997 – BStBl. 1998 II S. 149).
- Die Aufwendungen für die Facharztausbildung des als Nachfolger vorgesehenen Kindes sind ohne den Nachweis, dass sie auch für fremde Dritte im Betrieb des Stpfl. oder üblicherweise in anderen – nach Größe und Branche – vergleichbaren Betrieben getätigt worden wären, nicht betrieblich veranlasst (→ BFH vom 6.11.2012 – BStBl. 2013 II S. 309).

Darlehensverhältnisse zwischen Angehörigen.
- → BMF vom 23.12.2010 (BStBl. 2011 I S. 37) unter Berücksichtigung der Änderungen durch BMF vom 29.4.2014 (BStBl. I S. 809).
- → Personengesellschaften; – Abtretung.
- → Personengesellschaften; – Darlehen.
- Vertragsbeziehungen zwischen verschwägerten Personen → Fremdvergleich.
- **Schenkungsbegründetes Darlehen.**
  - Die Kürze der zwischen Schenkung und Darlehensgewährung liegenden Zeit begründet keine unwiderlegbare Vermutung für die gegenseitige Abhängigkeit der beiden Verträge (→ BFH vom 18.1.2001 – BStBl. II S. 393 und BMF vom 23.12.2010 – BStBl. 2011 I S. 37, Rdnr. 12). Demgegenüber kann bei einem längeren Abstand zwischen Schenkungs- und Darlehensvertrag eine auf einem Gesamtplan beruhende sachliche Verknüpfung bestehen (→ BFH vom 22.1.2002 – BStBl. II S. 685).[1]
  - Geht dem Darlehen eines minderjährigen Kindes an einen Elternteil eine Schenkung des anderen Elternteils voraus, und liegt diesen Rechtsgeschäften ein Gesamtplan der Eltern zur Schaffung von steuerlich abziehbaren Aufwendungen zugrunde (= sachliche Abhängigkeit), so kann hierin auch bei zeitlicher Unabhängigkeit zwischen Schenkung und Darlehen ein Missbrauch von Gestaltungsmöglichkeiten des Rechts (§ 42 AO) liegen (→ BFH vom 26.3.1996 – BStBl. II S. 443).
  - Ein Darlehensvertrag zwischen einer Personengesellschaft und dem Kind des beherrschenden Gesellschafters über einen Geldbetrag, den das Kind zuvor von diesem geschenkt bekommen hat, ist nicht anzuerkennen, wenn zwischen Schenkung und Darlehensvertrag eine auf einem Gesamtplan beruhende sachliche Verknüpfung besteht (→ BFH vom 22.2.2002 – BStBl. II S. 685).[1]
- → Sicherung des Darlehensanspruchs.
- **Verknüpfung von Arbeits- und Darlehensvereinbarungen zwischen Ehegatten.** → Arbeitsverhältnisse zwischen Ehegatten, – Der steuerrechtlichen Anerkennung eines Arbeitsverhältnisses steht nicht entgegen, • die Darlehensgewährung.

---

[1] Ergänzend siehe BFH v. 19.2.2002 IX R 32/98, BStBl. II 2002, 674.

Eheschließung. Mehrere Jahre vor der Ehe abgeschlossene ernsthafte Arbeitsverträge zwischen den Ehegatten sind steuerrechtlich in der Regel auch nach der Eheschließung anzuerkennen, wenn sich mit der Eheschließung in der Tätigkeit des im Betrieb beschäftigten Ehegatten nichts ändert und auch die Auszahlung des Arbeitsentgelts vor und nach der Heirat in gleicher Weise vollzogen wird (→ BFH vom 21.10.1966 – BStBl. 1967 III S. 22).

Erbfolgeregelungen.
– Ertragsteuerliche Behandlung der Erbengemeinschaft und ihrer Auseinandersetzung ÝBMF vom 14.3.2006 (BStBl. I S. 253) unter Berücksichtigung der Änderungen durch BMF vom 27.12.2018 (BStBl. 2019 I S. 11).
– Ertragsteuerliche Behandlung der vorweggenommenen Erbfolge → BMF vom 13.1.1993 (BStBl. I S. 80) unter Berücksichtigung der Änderungen durch BMF vom 26.2.2007 (BStBl. I S. 269).
– Einkommensteuerrechtliche Behandlung von wiederkehrenden Leistungen im Zusammenhang mit einer Vermögensübertragung → BMF vom 11.3.2010 (BStBl. I S. 227)[1] unter Berücksichtigung der Änderungen durch BMF vom 6.5.2016 (BStBl. I S. 476).

Fremdvergleich.
– **Angehörigen** steht es frei, ihre Rechtsverhältnisse untereinander so zu gestalten, dass sie steuerlich möglichst günstig sind. Die steuerrechtliche Anerkennung des Vereinbarten setzt voraus, dass die Verträge zivilrechtlich wirksam zustande gekommen sind (→ BMF vom 23.12.2010 – BStBl. 2011 I S. 37 unter Berücksichtigung der Änderungen durch BMF vom 29.4.2014 – BStBl. I S. 809), inhaltlich dem zwischen Fremden Üblichen entsprechen und so auch durchgeführt werden. Maßgebend für die Beurteilung ist die Gesamtheit der objektiven Gegebenheiten. Dabei kann einzelnen dieser Beweisanzeichen je nach Lage des Falles im Rahmen der Gesamtbetrachtung eine unterschiedliche Bedeutung zukommen. Dementsprechend schließt nicht jede Abweichung vom Üblichen notwendigerweise die steuerrechtliche Anerkennung des Vertragsverhältnisses aus. An den Nachweis, dass es sich um ein ernsthaftes Vertragsverhältnis handelt, sind umso strengere Anforderungen zu stellen, je mehr die Umstände auf eine private Veranlassung des Rechtsverhältnisses hindeuten (→ BFH vom 28.1.1997 – BStBl. II S. 655).
– Auch Vertragsbeziehungen zwischen **verschwägerten Personen** müssen steuerrechtlich einem Fremdvergleich standhalten (→ BFH vom 22.5.2019 – BStBl. II S. 795).
– Die Grundsätze des sog. Fremdvergleichs rechtfertigen es nicht, an Stelle der im Vertrag tatsächlich vereinbarten Leistung der Besteuerung eine höhere Gegenleistung unter Hinweis darauf zugrunde zu legen, dass eine solche unter fremden Dritten gefordert (und erbracht) worden wäre (→ BFH vom 31.5.2001 – BStBl. II S. 756).

---

[1] Ergänzend siehe BMF v. 20.11.2019, BStBl. I 2019, 1291, geänd. durch BMF v. 5.5.2021, BStBl. I 2021, 696, Rn. 40.

- Leistet der als Arbeitnehmer beschäftigte Angehörige unbezahlte Mehrarbeit über seine vertragliche Stundenzahl hinaus, steht dies der Annahme, das Arbeitsverhältnis sei tatsächlich durchgeführt worden, grundsätzlich nicht entgegen. Etwas anderes gilt nur, wenn die vereinbarte Vergütung nicht mehr als Gegenleistung für die Tätigkeit des Angehörigen angesehen werden kann und deshalb auf das Fehlen eines Rechtsbindungswillens zu schließen ist (→ BFH vom 17.7.2013 – BStBl. II S. 1015).
- → H 6a (9).
- **Personengesellschaften.** Die Grundsätze des Fremdvergleichs gelten entsprechend für die Verträge einer Personengesellschaft, die von nahen Angehörigen des anderen Vertragspartners beherrscht wird. Hierbei kommt es auf den rechtlichen und wirtschaftlichen Gehalt des jeweiligen Geschäfts und nicht auf die Bezeichnung durch die Vertragsparteien an (→ BFH vom 9.5.1996 – BStBl. II S. 642). Schließt eine Personengesellschaft aufeinander abgestimmte Arbeitsverträge mit den Angehörigen ihrer Gesellschafter, bei denen keiner der Gesellschafter als allein beherrschend angesehen werden kann, ist der Fremdvergleich bei jedem einzelnen Arbeitsvertrag durchzuführen (→ BFH vom 20.10.1983 – BStBl. 1984 II S. 298). Ein Gesellschafter, der nicht in der Lage ist, für sich allein einen beherrschenden Einfluss auszuüben, ist dann einem beherrschenden Gesellschafter gleichzustellen, wenn er gemeinsam mit anderen Gesellschaftern einen Gegenstand von gemeinsamem Interesse in gegenseitiger Abstimmung regelt (→ BFH vom 18.12.2001 – BStBl. 2002 II S. 353).
- → Personengesellschaften; – Abtretung.
- → Personengesellschaften; – Darlehen.
- → Umdeutung.
- **Umfang.**
  - Der Fremdvergleich ist nur einheitlich für den gesamten Vertrag anzustellen. Das Herauslösen einzelner Vertragsteile, wie z. B. einzelner Tätigkeiten aus einem Arbeitsvertrag, ist nicht möglich. Der Vertrag kann auch nicht mit Blick auf diese Vertragsteile teilweise steuerrechtlich anerkannt werden, wenn der Vertrag im Übrigen dem Fremdvergleich nicht standhält (→ BFH vom 9.12.1993 – BStBl. 1994 II S. 298).
  - Wird zur Finanzierung eines Kaufvertrags zwischen nahen Angehörigen ein Darlehensvertrag mit einer Bank abgeschlossen, sind die in dem Darlehensvertrag getroffenen Vereinbarungen auch dann nicht in den Fremdvergleich hinsichtlich des Kaufvertrags einzubeziehen, wenn der Verkäufer zugleich Sicherungsgeber ist (→ BFH vom 15.10.2002 – BStBl. 2003 II S. 243).
  - → Mehrere Verträge zwischen Angehörigen.

Gelegentliche Hilfeleistung. Arbeitsverträge über gelegentliche Hilfeleistungen durch Angehörige sind steuerrechtlich nicht anzuerkennen, weil sie zwischen fremden Personen nicht vereinbart worden wären (→ BFH vom 9.12.1993 – BStBl. 1994 II S. 298).

Gesellschaftsverträge zwischen Angehörigen.
- → R 15.9.
- → Umdeutung.

Gewinnanteile aus geschenkter typisch stiller Beteiligung. Werden Geldbeträge vom Betriebsinhaber an seine minderjährigen Kinder mit der Auflage zugewendet, diese ihm wieder als Einlage im Rahmen einer typisch stillen Beteiligung zur Verfügung zu stellen, sind die Gewinnanteile nicht als Betriebsausgaben abziehbar, wenn eine Verlustbeteiligung ausgeschlossen ist (→ BFH vom 21.10.1992 – BStBl. 1993 II S. 289).

Mehrere Verträge zwischen Angehörigen. Bei der Prüfung, ob die Leistungsbeziehungen zwischen nahen Angehörigen dem → Fremdvergleich standhalten, sind mehrere zeitlich und sachlich zusammenhängende Verträge nicht isoliert, sondern in ihrer Gesamtheit zu würdigen (→ BFH vom 13.12.1995 – BStBl. 1996 II S. 180).

Miet- und Pachtverträge zwischen Angehörigen.
- → R 21.4.
- → Sonstige Rechtsverhältnisse zwischen Angehörigen.

Minderjährige Kinder.
- **Ergänzungspfleger.** Bei Verträgen zwischen Eltern und minderjährigen Kindern, die nicht Arbeitsverträge sind (→ R 4.8 Abs. 3), ist ein Ergänzungspfleger zu bestellen, damit die Vereinbarungen bürgerlich-rechtlich wirksam zustande kommen und so eine klare Trennung bei der Verwaltung des Kindesvermögens und des elterlichen Vermögens gewährleistet ist (→ BFH vom 23.4.1992 – BStBl. II S. 1024 und BMF vom 30.9.2013 – BStBl. I S. 1184, Rz. 4).
- **Schwebend unwirksame Verträge, Insichgeschäfte.** Die klaren und ernsthaft gewollten Vereinbarungen (→ Fremdvergleich) müssen zu Beginn des maßgeblichen Rechtsverhältnisses oder bei Änderung des Verhältnisses für die Zukunft getroffen werden. Ein Insichgeschäft i.S.d. § 181 BGB ist so lange – schwebend – unwirksam, bis die Wirksamkeit z.B. durch Bestellung eines Ergänzungspflegers oder mit Erreichen der Volljährigkeit eines minderjährigen Kindes nachgeholt wird. Die nachträgliche Genehmigung des Rechtsgeschäftes hat zivilrechtlich zur Folge, dass die schwebende Unwirksamkeit des Vertrages rückwirkend entfällt (§ 108 Abs. 3, § 184 Abs. 1 BGB). Im Regelfall sind die steuerrechtlichen Folgerungen erst von dem Zeitpunkt an zu ziehen, zu dem die schwebende Unwirksamkeit entfallen ist (→ BFH vom 31.10.1989 – BStBl. 1992 II S. 506), es sei denn, die steuerrechtliche Rückwirkung ist ausdrücklich gesetzlich zugelassen (§ 41 Abs. 1 AO).

Nichteheliche Lebensgemeinschaften. Die für die steuerrechtliche Beurteilung von Verträgen zwischen Ehegatten geltenden Grundsätze können nicht auf Verträge zwischen Partnern einer nichtehelichen Lebensgemeinschaft – ausgenommen eingetragene Lebenspartnerschaften – übertragen werden (→ BFH vom 14.4.1988 – BStBl. II S. 670 und → R 21.4).

Personengesellschaften.
- **Abtretung.** Tritt der Gesellschafter einer Personengesellschaft ihm gegen die Gesellschaft zustehende Darlehensansprüche zur Ablösung von Pflichtteilsansprüchen an einen Angehörigen ab, der die Beträge der Gesellschaft weiterhin als Darlehen belässt, so sind die an den neuen Darle-

hensgläubiger gezahlten Darlehenszinsen Betriebsausgaben der Personengesellschaft. Der Betriebsausgabenabzug kann nicht vom Ergebnis eines → Fremdvergleichs hinsichtlich der Darlehensbedingungen abhängig gemacht werden, wenn der Abtretende die Gesellschaft nicht beherrscht (→ BFH vom 15.12.1988 – BStBl. 1989 II S. 500).
- → Arbeitsverhältnisse zwischen Ehegatten.
- → Darlehensverhältnisse zwischen Angehörigen.
- → Fremdvergleich.
- **Vermögen einer Personengesellschaft** kann nicht als Vermögen des Gesellschafterehegatten angesehen werden. Deshalb liegt ein Vermögenszugang beim Arbeitnehmer-Ehegatten auch dann vor, wenn das Arbeitsentgelt auf ein gemeinschaftliches Konto der Ehegatten überwiesen wird, über das jeder Ehegatte ohne Mitwirkung des anderen verfügen kann (→ BFH vom 24.3.1983 – BStBl. II S. 663).
- Keine betriebliche Veranlassung bei Vergabe eines zinslosen und ungesicherten **Darlehens** durch eine Personengesellschaft an ihren Gesellschafter. Die Frage der betrieblichen Veranlassung der Geldhingabe ist auf der Grundlage eines Fremdvergleichs zu beurteilen (→ BFH vom 9.5.1996 – BStBl. II S. 642). Wird neben dem (festen) Kapitalkonto lediglich ein weiteres Konto zur Erfassung von Gewinnen, Einlagen und Entnahmen der Gesellschafter geführt, handelt es sich nicht um ein Darlehenskonto, wenn auf dem Konto auch Verluste verbucht werden (→ BFH vom 27.6.1996 – BStBl. 1997 II S. 36).
- → Sicherung des Darlehensanspruchs.
- Unterbeteiligung von Kindern an einer vermögensverwaltenden Personengesellschaft → H 21.6 (Unterbeteiligung an einer Personengesellschaft).

Rechtsfolgen bei fehlender Anerkennung.
- Ist ein **Arbeitsverhältnis** steuerrechtlich nicht anzuerkennen, so sind Lohnzahlungen einschließlich einbehaltener und abgeführter Lohn- und Kirchensteuerbeträge, für den mitarbeitenden Ehegatten einbehaltene und abgeführte Sozialversicherungsbeiträge (Arbeitgeber- und Arbeitnehmeranteil) und vermögenswirksame Leistungen, die der Arbeitgeber-Ehegatte nach dem Vermögensbildungsgesetz erbringt, nicht als Betriebsausgaben abziehbar (→ BFH vom 8.2.1983 – BStBl. II S. 496 und vom 10.4.1990 – BStBl. II S. 741).
- Zinsen aus einem ertragsteuerlich nicht anzuerkennenden **Darlehen** unter nahen Angehörigen sind keine Betriebsausgaben; beim Empfänger sind sie keine Einkünfte aus Kapitalvermögen (→ BFH vom 2.8.1994 – BStBl. 1995 II S. 264).

Scheidungsklausel. Erwirbt ein Ehegatte (A) mit vom anderen Ehegatten (B) geschenkten Mitteln ein Grundstück, welches für betriebliche Zwecke an B vermietet wird, begründet weder die Schenkung der Mittel, die Vereinbarung zwischen den Ehegatten für den Fall der Beendigung des Güterstandes auf andere Weise als den Tod, das erworbene Grundstück auf den anderen Ehegatten zu übertragen (sog. Scheidungsklausel), noch die B eingeräumte Möglichkeit zu seinen Gunsten oder zugunsten eines Dritten eine Auflassungsvormerkung in das Grundbuch eintragen zu lassen, wirtschaftliches Eigentum des B (→ BFH vom 4.2.1998 – BStBl. II S. 542).

Schenkung.
- → Arbeitsverhältnisse zwischen Ehegatten, – Der steuerrechtlichen Anerkennung eines Arbeitsverhältnisses steht nicht entgegen, • Schenkung.
- → Darlehensverhältnisse zwischen Angehörigen, – Schenkungsbegründetes Darlehen.

Sicherung des Darlehensanspruchs.
- Bei einem Darlehen einer Personengesellschaft an ihren Gesellschafter kann nicht ein künftiger Gewinnanteil des Gesellschafters als Sicherheit angesehen werden. Unüblich ist auch die Unverzinslichkeit eines Darlehens (→ BFH vom 9.5.1996 – BStBl. II S. 642).
- Die fehlende verkehrsübliche Sicherung des Darlehensanspruchs wird bei langfristigen Darlehen zwischen nahen Angehörigen als Indiz für die außerbetriebliche Veranlassung des Darlehens gewertet, wobei als langfristig jedenfalls Darlehen mit einer Laufzeit von mehr als vier Jahren angesehen werden (→ BFH vom 9.5.1996 – BStBl. II S. 642). Eine langfristige Darlehensvereinbarung zwischen Eltern und Kindern kann trotz teilweise fehlender Sicherheiten steuerrechtlich anerkannt werden, wenn die Kinder bei Darlehensabschluss bereits volljährig sind, nicht mehr im Haushalt der Eltern leben und wirtschaftlich von den Eltern unabhängig sind (→ BFH vom 18.12.1990 – BStBl. 1991 II S. 911).

Sonstige Rechtsverhältnisse zwischen Angehörigen.
- Für die einkommensteuerrechtliche Beurteilung von Miet- und Pachtverträgen, Darlehensverträgen und ähnlichen Verträgen sind die Grundsätze zur steuerlichen Anerkennung von Ehegatten-Arbeitsverhältnissen entsprechend anzuwenden (→ BFH vom 28.1.1997 – BStBl. II S. 655).
- → Fremdvergleich.

Umdeutung. Die steuerliche Beurteilung muss von dem ausgehen, was die Stpfl. rechtsgültig vereinbart haben, und zwar auch dann, wenn die Vereinbarung aus privater Veranlassung von dem abweicht, was unter fremden Dritten üblich ist. Haben die Beteiligten einen Gesellschaftsvertrag über eine Unterbeteiligung abgeschlossen, und kann der Gesellschaftsvertrag wegen der nicht fremdüblichen Ausgestaltung zu Lasten der Unterbeteiligung steuerlich nicht anerkannt werden, kann an die Stelle des wirksam abgeschlossenen Gesellschaftsvertrags für die steuerliche Beurteilung **nicht** ein tatsächlich **nicht** existenter Vertrag über ein partiarisches Darlehen gesetzt werden (→ BFH vom 6.7.1995 – BStBl. 1996 II S. 269).

Unterhalt. Beschränkt sich der Stpfl. darauf, dem mitarbeitenden Kind Unterhalt zu gewähren (Beköstigung, Bekleidung, Unterkunft und Taschengeld), so liegen steuerlich nicht abziehbare Lebenshaltungskosten vor (→ BFH vom 19.8.1971 – BStBl. 1972 II S. 172).

Wirtschaftsüberlassungsvertrag.
- Bei nach dem 31.12.2007 abgeschlossenen Wirtschaftsüberlassungsverträgen liegt keine begünstigte Vermögensübertragung im Zusammenhang

mit Versorgungsleistungen vor (→ BMF vom 11.3.2010 – BStBl. I S. 227, Rzn. 22, 81).[1), 2)]

– Die auf einem nach dem 31.12.2007 abgeschlossenen Wirtschaftsüberlassungsvertrag beruhenden Leistungen können als Betriebsausgaben abziehbar sein. Dies gilt auch, wenn einzelne Regelungen im Wirtschaftsüberlassungsvertrag einem Fremdvergleich nicht standhalten, solange diesen nicht ein derartiges Gewicht zukommt, dass dies unter Berücksichtigung des Gesamtbilds der Verhältnisse die Nichtanerkennung des gesamten Vertragsverhältnisses rechtfertigt (→ BFH vom 12.7.2017 – BStBl. 2018 II S. 461).

Wohnungsüberlassung an geschiedenen oder dauernd getrennt lebenden Ehegatten. → H 21.4 (Vermietung an Unterhaltsberechtigte).

R 4.9 Abziehbare Steuern *(unbesetzt)*

H 4.9

Änderung von bestandskräftigen Veranlagungen. Mehrbeträge an abziehbaren Steuern, die sich durch eine Betriebsprüfung ergeben haben, sind für sich allein keine neuen Tatsachen i. S. d. § 173 Abs. 1 Nr. 2 AO, die eine Änderung der bestandskräftigen Veranlagungen der Jahre rechtfertigen würden, zu denen die → Mehrsteuern wirtschaftlich gehören (→ BFH vom 10.8.1961 – BStBl. III S. 534).

Mehrsteuern. Ändern sich die Mehrsteuern bis zur Bestandskraft der Veranlagungen, sind die Änderungen bei diesen Veranlagungen zu berücksichtigen (→ BFH vom 19.12.1961 – BStBl. 1962 III S. 64).

Rückstellung für künftige Steuernachforderungen. Die Behauptung des Stpfl., dass nach allgemeiner Erfahrung bei einer Betriebsprüfung mit Steuernachforderungen zu rechnen ist, rechtfertigt nicht die Bildung einer Rückstellung (→ BFH vom 13.1.1966 – BStBl. III S. 189). Abzugsfähige Steuern sind grundsätzlich dem Jahr zu belasten, zu dem sie wirtschaftlich gehören (→ BFH vom 3.12.1969 – BStBl. 1970 II S. 229). Dagegen ist eine Rückstellung für hinterzogene Steuern bis zur Bilanzaufstellung erst zu dem Bilanzstichtag zu bilden, zu dem der Stpfl. mit der Aufdeckung der Steuerhinterziehung rechnen musste, bei einer Außen- oder Steuerfahndungsprüfung frühestens mit der Beanstandung einer bestimmten Sachbehandlung durch den Prüfer (→ BFH vom 27.11.2001 – BStBl. 2002 II S. 731 und vom 22.8.2012 – BStBl. 2013 II S. 76).

R 4.10 Geschenke, Bewirtung, andere die Lebensführung berührende Betriebsausgaben

Allgemeines

(1) [1]Durch § 4 Abs. 5 Satz 1 Nr. 1 bis 7 i. V. m. Abs. 7 EStG wird der Abzug von betrieblich veranlassten Aufwendungen, die die Lebensführung des

---

1) Geänd. durch BMF v. 6.5.2016, BStBl. I 2016, 476, mit Übergangsregelung.

2) Ergänzend siehe BMF v. 20.11.2019, BStBl. I 2019, 1291, geänd. durch BMF v. 5.5. 2021, BStBl. I 2021, 696, Rn. 40.

Stpfl. oder anderer Personen berühren, eingeschränkt. [2] Vor Anwendung dieser Vorschriften ist stets zu prüfen, ob die als Betriebsausgaben geltend gemachten Aufwendungen z. B. für Repräsentation, Bewirtung und Unterhaltung von Geschäftsfreunden, Reisen, Kraftfahrzeughaltung bereits zu den nicht abziehbaren Kosten der Lebensführung i. S. d. § 12 Nr. 1 EStG gehören. [3] Die nach § 4 Abs. 5 und 7 EStG nicht abziehbaren Betriebsausgaben sind keine Entnahmen i. S. d. § 4 Abs. 1 Satz 2 EStG.

H **4.10** **(1)**

Abgrenzung der Betriebsausgaben von den Lebenshaltungskosten. → H 12.1 und H 12.2.

Ähnliche Zwecke i. S. d. § 4 Abs. 5 Satz 1 Nr. 4 EStG.

– Unter den Begriff der Aufwendungen für ähnliche Zwecke fallen Aufwendungen, die der sportlichen Betätigung, der Unterhaltung von Geschäftsfreunden, der Freizeitgestaltung oder der Repräsentation des Stpfl. dienen. Die Ähnlichkeit mit den im Gesetz genannten Zwecken (Jagd, Fischerei, Segel- oder Motorjacht) kann sich entweder aus Besonderheiten hinsichtlich des Ortes und Rahmens der Veranstaltung (Beschaffenheit, Lage, Ausstattung) oder einem besonderen qualitativ hochwertigen Unterhaltungsprogramm am Ort der Veranstaltung ergeben (→ BFH vom 13.7.2016 – BStBl. 2017 II S. 161).
– → Golfturnier.

Ferienwohnung. Mehraufwendungen für Verpflegung und Reisekosten im Zusammenhang mit einem mehrwöchigen Aufenthalt in der eigenen, sonst gewerblich genutzten Ferienwohnung sind nur dann Betriebsausgaben, wenn der Aufenthalt während der normalen Arbeitszeit vollständig mit Arbeiten für die Wohnung ausgefüllt war (→ BFH vom 25.11.1993 – BStBl. 1994 II S. 350).

Golfturnier.

– Die Aufwendungen für die Durchführung eines Golfturniers einschließlich der Aufwendungen für die Bewirtung der Turnierteilnehmer und Dritter im Rahmen einer sich an das Golfturnier anschließenden Abendveranstaltung sind nicht abziehbare Betriebsausgaben gem. § 4 Abs. 5 Satz 1 Nr. 4 EStG. Dies gilt auch dann, wenn beide Veranstaltungen auch dem Zweck dienen, Spenden für die Finanzierung einer Wohltätigkeitsveranstaltung zu generieren (→ BFH vom 16.12.2015 – BStBl. 2017 II S. 224).
– Das Betriebsausgabenabzugsverbot nach § 4 Abs. 5 Satz 1 Nr. 4 EStG gilt nicht für Aufwendungen im Zusammenhang mit einer Golfturnierreihe mit freier Teilnahmemöglichkeit für jeden Interessenten, zu deren Finanzierung sich ein Brauereibetrieb gegenüber seinen Geschäftspartnern, denen die organisatorische Verantwortung der Veranstaltung obliegt (hier: Vereine/Gastronomiebetriebe), im Rahmen von Bierliefervereinbarungen vertraglich verpflichtet (→ BFH vom 14.10.2015 – BStBl. 2017 II S. 222).

Häusliches Arbeitszimmer.[1)·2)·3)]
- → BMF vom 6.10.2017 (BStBl. I S. 1320).[4)]
- Zur Ermittlung des Gewinns bei Veräußerung oder Betriebsaufgabe → H 4.7 (Häusliches Arbeitszimmer).

Segel- oder Motorjachten.
- Segel- oder Motorjachten als „schwimmendes Konferenzzimmer" → BFH vom 3.2.1993 (BStBl. II S. 367).
- Aufwendungen für Wege zwischen Wohnung und Betriebsstätte → H 4.12 (Motorboot).
- Die Anwendbarkeit des Abzugsverbots nach § 4 Abs. 5 Satz 1 Nr. 4 EStG hängt nicht von der Art des Wasserfahrzeugs, sondern von dessen konkreter Bestimmung ab, wobei die Bestimmung durch den Fahrzeugtyp indiziert sein kann (→ BFH vom 10.5.2001 – BStBl. II S. 575).[5)]
- Kosten für eine Schiffsreise (z. B. für eine sog. Regattabegleitfahrt) mit Geschäftspartnern sind grundsätzlich nicht als Betriebsausgaben abziehbar, wenn ein Zusammenhang mit der Unterhaltung der Teilnehmer oder der Repräsentation des Unternehmens nicht ausgeschlossen werden kann (→ BFH vom 2.8.2012 – BStBl. II S. 824).

Sozialeinrichtungen. § 4 Abs. 5 EStG ist nach seinem Sinn und Zweck nicht auf Aufwendungen für betriebliche Sozialeinrichtungen anwendbar (→ BFH vom 30.7.1980 – BStBl. 1981 II S. 58).

Veräußerung von Wirtschaftsgütern i. S. d. § 4 Abs. 5 EStG. Zur Berechnung des Veräußerungsgewinns ist als Buchwert der Wert anzusetzen, der sich unter Berücksichtigung der Absetzungen ergibt, die nicht abziehbare Aufwendungen i. S. d. § 4 Abs. 5 oder 7 EStG waren (→ BFH vom 12.12.1973 – BStBl. 1974 II S. 207).[6)]

VIP-Logen.
- Aufwendungen für VIP-Logen in Sportstätten → BMF vom 22.8.2005 (BStBl. I S. 845) und BMF vom 19.5.2015 (BStBl. I S. 468), Rz. 15.
- Anwendung der Vereinfachungsregelungen auf ähnliche Sachverhalte → BMF vom 11.7.2006 (BStBl. I S. 447) und BMF vom 19.5.2015 (BStBl. I S. 468), Rz. 15.

R 4.10 (2–4)

Geschenke[7)]

(2) [1]Nach § 4 Abs. 5 Satz 1 Nr. 1 EStG dürfen Aufwendungen für betrieblich veranlasste Geschenke (→ Geschenk) an natürliche Personen, die nicht

---

1) Zum Begriff des häuslichen Arbeitszimmers siehe BFH-Beschluss v. 27.7.2015 GrS 1/14, BStBl. II 2016, 265.

2) Keine Abziehbarkeit von Badrenovierungskosten als „Arbeitszimmeraufwand"; siehe BFH v. 14.5.2019 VIII R 16/15, BStBl. II 2019, 510.

3) Zu einer ärztlichen Notfallpraxis siehe BFH v. 29.1.2020 VIII R 11/17, BStBl. II 2020, 445.

4) *Anm. der Red.:* Wird derzeit überarbeitet.

5) Abzugsverbote auch, wenn Segeljacht und Oldtimer-Flugzeuge nicht der Unterhaltung von Geschäftsfreunden dienen; siehe BFH v. 7.2.2007 I R 27–29/05, DStRE 2007, 946.

6) Siehe auch BFH v. 25.3.2015 X R 14/12, BFH/NV 2015, 973.

7) Zu Incentive-Reisen als Geschenk siehe BMF v. 14.10.1996, BStBl. I 1996, 1192.

Arbeitnehmer des Stpfl. sind, oder an juristische Personen grundsätzlich nicht abgezogen werden. [2]Personen, die zu dem Stpfl. auf Grund eines Werkvertrages oder eines Handelsvertretervertrages in ständiger Geschäftsbeziehung stehen, sind den Arbeitnehmern des Stpfl. nicht gleichgestellt. [3]Entstehen die Aufwendungen für ein Geschenk in einem anderen Wirtschaftsjahr als dem, in dem der Gegenstand geschenkt wird, und haben sich die Aufwendungen in dem Wirtschaftsjahr, in dem sie gemacht wurden, gewinnmindernd ausgewirkt, ist, wenn ein Abzug nach § 4 Abs. 5 Satz 1 Nr. 1 EStG ausgeschlossen ist, im Wirtschaftsjahr der Schenkung eine entsprechende Gewinnerhöhung vorzunehmen. [4]Das Abzugsverbot greift nicht, wenn die zugewendeten Wirtschaftsgüter beim Empfänger ausschließlich betrieblich genutzt werden können.

(3) [1]Zu den Anschaffungs- oder Herstellungskosten eines Geschenks zählen auch die Kosten einer Kennzeichnung des Geschenks als Werbeträger sowie die Umsatzsteuer (→ § 9b EStG), wenn der Abzug als Vorsteuer ohne Berücksichtigung des § 15 Abs. 1a UStG ausgeschlossen ist; Verpackungs- und Versandkosten gehören nicht dazu. [2]Übersteigen die Anschaffungs- oder Herstellungskosten eines Geschenks an einen Empfänger oder, wenn an einen Empfänger im Wirtschaftsjahr mehrere Geschenke gegeben werden, die Anschaffungs- oder Herstellungskosten aller Geschenke an diesen Empfänger die Freigrenze gem. § 4 Abs. 5 Satz 1 Nr. 1 EStG, entfällt der Abzug in vollem Umfang.

(4) [1]Ein Geschenk setzt eine **unentgeltliche Zuwendung** an einen Dritten voraus. [2]Die Unentgeltlichkeit ist nicht gegeben, wenn die Zuwendung als Entgelt für eine bestimmte Gegenleistung des Empfängers anzusehen ist. [3]Sie wird jedoch nicht schon dadurch ausgeschlossen, dass mit der Zuwendung der Zweck verfolgt wird, Geschäftsbeziehungen zu sichern oder zu verbessern oder für ein Erzeugnis zu werben. [4]Ein Geschenk i. S. d. § 4 Abs. 5 Satz 1 Nr. 1 EStG ist danach regelmäßig anzunehmen, wenn ein Stpfl. einem Geschäftsfreund oder dessen Beauftragten ohne rechtliche Verpflichtung und ohne zeitlichen oder sonstigen unmittelbaren Zusammenhang mit einer Leistung des Empfängers eine Bar- oder Sachzuwendung gibt. [5]Keine Geschenke sind beispielsweise

1. Kränze und Blumen bei Beerdigungen,
2. Spargeschenkgutscheine der Kreditinstitute und darauf beruhende Gutschriften auf dem Sparkonto anlässlich der Eröffnung des Sparkontos oder weitere Einzahlungen,
3. Preise anlässlich eines Preisausschreibens oder einer Auslobung.

[6]Zu den Geschenken i. S. d. § 4 Abs. 5 Satz 1 Nr. 1 EStG rechnen ebenfalls nicht die Bewirtung, die damit verbundene Unterhaltung und die Beherbergung von Personen aus geschäftlichem Anlass (→ Absätze 5 ff.).

H **4.10** (2–4)

Freigrenze für Geschenke nach § 4 Abs. 5 Satz 1 Nr. 1 EStG. → H 9b.

Geschenk. Ob eine Vermögenszuwendung unentgeltlich als Geschenk oder entgeltlich gemacht wird, entscheidet nach bürgerlichem Recht die hierüber zwischen den Beteiligten getroffene Vereinbarung. Ein Geschenk liegt nur vor, wenn beide Seiten über die Unentgeltlichkeit einig sind. Daher liegt schon dann kein Geschenk vor, wenn eine Seite von der Entgeltlichkeit der Zuwendung ausgeht (→ BFH vom 23.6.1993 – BStBl. II S. 806).

Selbständige Tätigkeit eines Angestellten. Übt ein Angestellter unter Mithilfe anderer Angestellter desselben Arbeitgebers auch eine selbständige Tätigkeit aus, handelt es sich bei diesen Mitarbeitern nicht um Arbeitnehmer des Angestellten und zugleich selbständig Tätigen (→ BFH vom 8.11.1984 – BStBl. 1985 II S. 286).

R 4.10 (5–9)

Bewirtung und Bewirtungsaufwendungen[1), 2)]

(5) [1]Eine **Bewirtung** i. S. d. § 4 Abs. 5 Satz 1 Nr. 2 EStG liegt vor, wenn Personen beköstigt werden. [2]Dies ist stets dann der Fall, wenn die Darreichung von Speisen und/oder Getränken eindeutig im Vordergrund steht. [3]**Bewirtungsaufwendungen** sind Aufwendungen für den Verzehr von Speisen, Getränken und sonstigen Genussmitteln. [4]Dazu können auch Aufwendungen gehören, die zwangsläufig im Zusammenhang mit der Bewirtung anfallen, wenn sie im Rahmen des insgesamt geforderten Preises von untergeordneter Bedeutung sind, wie z. B. Trinkgelder und Garderobengebühren. [5]Die Beurteilung der Art der Aufwendungen richtet sich grundsätzlich nach der Hauptleistung. [6]Werden dem bewirtenden Stpfl. die Bewirtungsaufwendungen im Rahmen eines Entgelts ersetzt (z. B. bei einer Seminargebühr oder einem Beförderungsentgelt), unterliegen diese Aufwendungen nicht der in § 4 Abs. 5 Satz 1 Nr. 2 EStG festgelegten Kürzung. [7]Dies gilt nur, wenn die Bewirtung in den Leistungsaustausch einbezogen ist. [8]Die nach § 15 Abs. 1a UStG nichtabziehbare Vorsteuer unterliegt dem Abzugsverbot des § 12 Nr. 3 EStG.

[9]**Keine Bewirtung** liegt vor bei

1. Gewährung von Aufmerksamkeiten in geringem Umfang (wie Kaffee, Tee, Gebäck), z. B. anlässlich betrieblicher Besprechungen, wenn es sich hierbei um eine übliche Geste der Höflichkeit handelt; die Höhe der Aufwendungen ist dabei nicht ausschlaggebend,
2. Produkt-/Warenverkostungen, z. B. im Herstellungsbetrieb, beim Kunden, beim (Zwischen-)Händler, bei Messeveranstaltungen; hier besteht ein unmittelbarer Zusammenhang mit dem Verkauf der Produkte oder Waren. [2]Voraussetzung für den unbeschränkten Abzug ist, dass nur das zu veräußernde Produkt und ggf. Aufmerksamkeiten (z. B. Brot anlässlich einer Weinprobe) gereicht werden. [3]Diese Aufwendungen können als Werbeaufwand unbeschränkt als Betriebsausgaben abgezogen werden. [4]Entsprechendes gilt, wenn ein Dritter mit der Durchführung der Produkt-/Warenverkostung beauftragt war.

---

1) Siehe jetzt im Einzelnen BMF v. 30.6.2021, BStBl. I 2021, 908.

2) Zu den Bewirtungskosten bei Incentive-Reisen siehe BMF v. 14.10.1996, BStBl. I 1996, 1192.

[10]Solche Aufwendungen können unbegrenzt als Betriebsausgaben abgezogen werden.

Betrieblicher und geschäftlicher Anlass

(6) [1]Betrieblich veranlasste Aufwendungen für die Bewirtung von Personen können geschäftlich oder nicht geschäftlich (→ Absatz 7) bedingt sein. [2]Ein geschäftlicher Anlass besteht insbesondere bei der Bewirtung von Personen, zu denen schon Geschäftsbeziehungen bestehen oder zu denen sie angebahnt werden sollen. [3]Auch die Bewirtung von Besuchern des Betriebs, z.B. im Rahmen der Öffentlichkeitsarbeit ist geschäftlich veranlasst. [4]Bei geschäftlichem Anlass sind die Bewirtungsaufwendungen nach § 4 Abs. 5 Satz 1 Nr. 2 Satz 1 EStG nicht zum Abzug zugelassen, soweit sie den dort genannten Prozentsatz[1)] der angemessenen und nachgewiesenen Aufwendungen übersteigen. [5]Hierbei sind zunächst folgende Kosten auszuscheiden:

1. Teile der Bewirtungskosten, die privat veranlasst sind;
2. Teile der Bewirtungsaufwendungen, die nach allgemeiner Verkehrsauffassung als unangemessen anzusehen sind (Angemessenheit);
3. Bewirtungsaufwendungen, deren Höhe und betriebliche Veranlassung nicht nachgewiesen sind (→ Absatz 8);
4. Bewirtungsaufwendungen, die wegen Verletzung der besonderen Aufzeichnungspflichten nicht abgezogen werden können (→ § 4 Abs. 7 EStG, R 4.11);
5. Aufwendungen, die nach ihrer Art keine Bewirtungsaufwendungen sind (z.B. Kosten für eine Musikkapelle anlässlich einer Informations- oder Werbeveranstaltung und andere Nebenkosten), es sei denn, sie sind von untergeordneter Bedeutung (z.B. Trinkgelder → Absatz 5); solche Aufwendungen sind in vollem Umfang abziehbar, wenn die übrigen Voraussetzungen vorliegen.

[6]Die verbleibenden Aufwendungen fallen unter die Abzugsbegrenzung.[1)] [7]Die Abzugsbegrenzung gilt bei der Bewirtung von Personen aus geschäftlichem Anlass auch für den Teil der Aufwendungen, der auf den an der Bewirtung teilnehmenden Stpfl. oder dessen Arbeitnehmer entfällt. [8]Aufwendungen für die Bewirtung von Personen aus geschäftlichem Anlass in der Wohnung des Stpfl. gehören regelmäßig nicht zu den Betriebsausgaben, sondern zu den Kosten der Lebensführung (§ 12 Nr. 1 EStG). [9]Bei Bewirtungen in einer betriebseigenen Kantine wird aus Vereinfachungsgründen zugelassen, dass die Aufwendungen nur aus den Sachkosten der verabreichten Speisen und Getränke sowie den Personalkosten ermittelt werden; es ist nicht zu beanstanden, wenn – im Wirtschaftsjahr einheitlich – je Bewirtung ein Betrag von 15 Euro angesetzt wird, wenn dieser Ansatz nicht zu einer offenbar unzutreffenden Besteuerung führt. [10]Unter dem Begriff „betriebseigene Kantine" sind alle betriebsinternen Einrichtungen zu verstehen, die es den Arbeitnehmern des Unternehmens ermöglichen, Speisen und Getränke einzunehmen, und die für fremde Dritte nicht ohne weiteres zugänglich sind. [11]Auf die Bezeichnung der

1) Derzeit 70 %.

Einrichtung kommt es nicht an; zu Kantinen können deshalb auch Einrichtungen gehören, die im Betrieb als „Casino“ oder „Restaurant“ bezeichnet werden.

(7) [1]Nicht geschäftlich, sondern allgemein betrieblich veranlasst ist ausschließlich die Bewirtung von Arbeitnehmern des bewirtenden Unternehmens. [2]Geschäftlich veranlasst ist danach die Bewirtung von Arbeitnehmern von gesellschaftsrechtlich verbundenen Unternehmen (z.B. Mutter- oder Tochterunternehmen) und mit ihnen vergleichbaren Personen. [3]Nur in dem Maße, wie die Aufwendungen auf die nicht geschäftlich veranlasste Bewirtung von Arbeitnehmern des bewirtenden Unternehmens entfallen, können sie unbegrenzt abgezogen werden. [4]Bei Betriebsfesten ist die Bewirtung von Angehörigen oder von Personen, die zu ihrer Gestaltung beitragen, unschädlich.

Nachweis

(8) [1]Der Nachweis der Höhe und der betrieblichen Veranlassung der Aufwendungen durch schriftliche Angaben zu Ort, Tag, Teilnehmer und Anlass der Bewirtung sowie Höhe der Aufwendungen ist gesetzliches Tatbestandsmerkmal für den Abzug der Bewirtungsaufwendungen als Betriebsausgaben. [2]Bei Bewirtung in einer Gaststätte genügen neben der beizufügenden Rechnung Angaben zu dem Anlass und den Teilnehmern der Bewirtung; auch hierbei handelt es sich um ein gesetzliches Tatbestandsmerkmal für den Abzug der Bewirtungsaufwendungen als Betriebsausgaben. [3]Aus der Rechnung müssen sich Name und Anschrift der Gaststätte sowie der Tag der Bewirtung ergeben. [4]Die Rechnung muss auch den Namen des bewirtenden Stpfl. enthalten; dies gilt nicht, wenn der Gesamtbetrag der Rechnung *150 Euro*[1)] nicht übersteigt. [5]Die schriftlichen Angaben können auf der Rechnung oder getrennt gemacht werden. [6]Erfolgen die Angaben getrennt von der Rechnung, müssen das Schriftstück über die Angaben und die Rechnung grundsätzlich zusammengefügt werden. [7]Ausnahmsweise genügt es, den Zusammenhang dadurch darzustellen, dass auf der Rechnung und dem Schriftstück über die Angaben Gegenseitigkeitshinweise angebracht werden, so dass Rechnung und Schriftstück jederzeit zusammengefügt werden können. [8]Die Rechnung muss den Anforderungen des § 14 UStG genügen und maschinell erstellt und registriert sein. [9]Die in Anspruch genommenen Leistungen sind nach Art, Umfang, Entgelt und Tag der Bewirtung in der Rechnung gesondert zu bezeichnen; die für den Vorsteuerabzug ausreichende Angabe „Speisen und Getränke“ und die Angabe der für die Bewirtung in Rechnung gestellten Gesamtsumme sind für den Betriebsausgabenabzug nicht ausreichend.

(9) [1]Zur Bezeichnung der Teilnehmer der Bewirtung ist grundsätzlich die Angabe ihres Namens erforderlich. [2]Auf die Angabe der Namen kann jedoch verzichtet werden, wenn ihre Feststellung dem Stpfl. nicht zugemutet werden kann. [3]Das ist z.B. bei Bewirtungen anlässlich von Betriebsbesichtigungen durch eine größere Personenzahl und bei vergleichbaren Anlässen der Fall. [4]In diesen Fällen sind die Zahl der Teilnehmer der Bewirtung sowie eine die Personengruppe kennzeichnende Sammelbezeichnung anzugeben. [5]Die Angaben

---

1) **[Amtl. Anm.:]** Ab 1.1.2017 250 Euro (§ 14 UStG i. V. m. § 33 UStDV).

über den Anlass der Bewirtung müssen den Zusammenhang mit einem geschäftlichen Vorgang oder einer Geschäftsbeziehung erkennen lassen.

H 4.10 (5–9)

Angemessenheit.

- Die Angemessenheit ist vor allem nach den jeweiligen Branchenverhältnissen zu beurteilen (→ BFH vom 14.4.1988 – BStBl. II S. 771).
- → H 4.10 (12).

Anlass der Bewirtung. Angaben wie „Arbeitsgespräch“, „Infogespräch“ oder „Hintergrundgespräch“ als Anlass der Bewirtung sind nicht ausreichend (→ BFH vom 15.1.1998 – BStBl. II S. 263).

Aufteilung von Bewirtungsaufwendungen in einen betrieblichen und einen privaten Teil. Der eigene Verzehraufwand eines Gewerbetreibenden in Gaststätten, in denen er seine Waren mit Hilfe von aufgestellten Automaten vertreibt, ist nur insoweit als betrieblich veranlasster Aufwand abziehbar, wie im Einzelnen nachgewiesen wird, dass dabei die private Lebensführung als unbedeutend in den Hintergrund getreten ist (→ BFH vom 14.4.1988 – BStBl. II S. 771).

Bewirtung. Eine Bewirtung i. S. d. § 4 Abs. 5 Satz 1 Nr. 2 EStG liegt nur vor, wenn die Darreichung von Speisen und/oder Getränken eindeutig im Vordergrund steht (→ BFH vom 16.2.1990 – BStBl. II S. 575). Keine Bewirtungsaufwendungen sind daher Aufwendungen für die Darbietung anderer Leistungen (wie insbesondere Varieté, Striptease und Ähnliches), wenn der insgesamt geforderte Preis in einem offensichtlichen Missverhältnis zum Wert der verzehrten Speisen und/oder Getränke steht (→ BFH vom 16.2. 1990 – BStBl. II S. 575); solche Aufwendungen sind insgesamt nach § 4 Abs. 5 Satz 1 Nr. 7 EStG zu beurteilen (→ R 4.10 Abs. 12) und ggf. aufzuteilen. Die nach Aufteilung auf eine Bewirtung entfallenden Aufwendungen unterliegen sodann der Abzugsbegrenzung des § 4 Abs. 5 Satz 1 Nr. 2 EStG.

Bewirtung im gastronomischen Unternehmensbereich. Die Abzugsbegrenzung findet keine Anwendung, wenn die Bewirtungsaufwendungen entweder anlässlich einer Bewirtung von zahlenden Gästen (z.B. bei der Bewirtung von Fluggästen durch eine Fluggesellschaft) oder durch Präsentation bestimmter Speisen zu Werbezwecken anfallen (→ BFH vom 7.9.2011 – BStBl. 2012 II S. 194).

Bewirtung im Rahmen eines Leistungsaustauschs. Das Abzugsverbot gilt nicht bei Aufwendungen eines Gaststättenbetreibers für die Bewirtung von Busfahrern als Gegenleistung für das Zuführen von potenziellen Kunden (→ BFH vom 26.4.2018 – BStBl. II S. 750).

Bewirtung mehrerer Personen. Werden mehrere Personen bewirtet, müssen grundsätzlich die Namen aller Teilnehmer der Bewirtung, ggf. auch des Stpfl. und seiner Arbeitnehmer angegeben werden (→ BFH vom 25.2.1988 – BStBl. II S. 581).

Bewirtung von Personen aus geschäftlichem Anlass.

- Keine Betriebseinnahme → R 4.7 Abs. 3.

– Steuerliche Anerkennung von Aufwendungen in einem Bewirtungsbetrieb als Betriebsausgaben nach R 4.10 Abs. 5–9 → BMF vom 30.6.2021 (BStBl. I S. 908).

Journalisten. Journalisten können die nach § 4 Abs. 5 Satz 1 Nr. 2 Satz 1 EStG geforderten Angaben zu Teilnehmern und Anlass einer Bewirtung in der Regel nicht unter Berufung auf das Pressegeheimnis verweigern (→ BFH vom 15.1.1998 – BStBl. II S. 263).

Nachholung von Angaben. Die zum Nachweis von Bewirtungsaufwendungen erforderlichen schriftlichen Angaben müssen zeitnah gemacht werden (→ BFH vom 25.3.1988 – BStBl. II S. 655). Die Namensangabe darf vom Rechnungsaussteller auf der Rechnung oder durch eine sie ergänzende Urkunde nachgeholt werden (→ BFH vom 27.6.1990 – BStBl. II S. 903 und vom 2.10.1990 – BStBl. 1991 II S. 174).

Name des bewirtenden Stpfl. Die Angabe ist Voraussetzung für den Nachweis der betrieblichen Veranlassung (→ BFH vom 13.7.1994 – BStBl. II S. 894).

Schulungsveranstaltung. Bewirtet ein Unternehmen im Rahmen einer Schulungsveranstaltung Personen, die nicht seine Arbeitnehmer sind, unterliegt der Bewirtungsaufwand der Abzugsbeschränkung gem. § 4 Abs. 5 Satz 1 Nr. 2 EStG (→ BFH vom 18.9.2007 – BStBl. 2008 II S. 116).

Schweigepflicht. Rechtsanwälte können die nach § 4 Abs. 5 Satz 1 Nr. 2 EStG erforderlichen Angaben zu Teilnehmern und Anlass einer Bewirtung in der Regel nicht unter Berufung auf die anwaltliche Schweigepflicht verweigern (→ BFH vom 26.2.2004 – BStBl. II S. 502).

Unterschrift. Das zum Nachweis der betrieblichen Veranlassung der Bewirtung vom Stpfl. erstellte Schriftstück ist von diesem zu unterschreiben (→ BFH vom 15.1.1998 – BStBl. II S. 263).

Unvollständige Angaben. Sind die Angaben lückenhaft, können die Aufwendungen auch dann nicht abgezogen werden, wenn der Stpfl. ihre Höhe und betriebliche Veranlassung in anderer Weise nachweist oder glaubhaft macht (→ BFH vom 30.1.1986 – BStBl. II S. 488).

R 4.10 (10, 11)

Gästehäuser[1)]

(10) [1] Nach § 4 Abs. 5 Satz 1 Nr. 3 EStG können Aufwendungen für Einrichtungen, die der Bewirtung oder Beherbergung von Geschäftsfreunden dienen (Gästehäuser) und sich außerhalb des Orts des Betriebs des Stpfl. befinden, nicht abgezogen werden. [2] Dagegen können Aufwendungen für Gästehäuser am Ort des Betriebs oder für die Unterbringung von Geschäftsfreunden in fremden Beherbergungsbetrieben, soweit sie ihrer Höhe nach angemessen sind (→ Absatz 12), als Betriebsausgaben berücksichtigt werden. [3] Als „Betrieb" gelten in

[1)] Zu Unterbringungskosten bei Incentive-Reisen vgl. BMF v. 14.10.1996, BStBl. I 1996, 1192.

diesem Sinne auch Zweigniederlassungen und Betriebsstätten mit einer gewissen Selbständigkeit, die üblicherweise von Geschäftsfreunden besucht werden.

(11) [1] Zu den nicht abziehbaren Aufwendungen für Gästehäuser i.S.d. § 4 Abs. 5 Satz 1 Nr. 3 EStG gehören sämtliche mit dem Gästehaus im Zusammenhang stehenden Ausgaben einschließlich der Absetzung für Abnutzung. [2] Wird die Beherbergung und Bewirtung von Geschäftsfreunden in einem Gästehaus außerhalb des Orts des Betriebs gegen Entgelt vorgenommen, und erfordert das Gästehaus einen ständigen Zuschuss, ist dieser Zuschuss nach § 4 Abs. 5 Satz 1 Nr. 3 EStG nicht abziehbar.

H 4.10 (10, 11)

Ferienhausüberlassung an Arbeitnehmer. Aufwendungen des Arbeitgebers für seinen Arbeitnehmern unentgeltlich zur Verfügung gestellte Ferienhäuser sind unbegrenzt als Betriebsausgaben abziehbar und zwar auch dann, wenn die Ferienhäuser im Ausland belegen sind (→ BFH vom 9.4.1997 – BStBl. II S. 539).

Ort des Betriebs. Der Ort des Betriebs ist regelmäßig die politische Gemeinde (→ BFH vom 9.4.1968 – BStBl. II S. 603).

R 4.10 (12)

Angemessenheit von Aufwendungen

(12) Als die Lebensführung berührende Aufwendungen, die auf ihre → Angemessenheit zu prüfen sind, kommen insbesondere in Betracht

1. die Kosten der Übernachtung anlässlich einer Geschäftsreise,
2. die Aufwendungen für die Unterhaltung und Beherbergung von Geschäftsfreunden, soweit der Abzug dieser Aufwendungen nicht schon nach den Absätzen 1, 10 und 11 ausgeschlossen ist,
3. die Aufwendungen für die Unterhaltung von Personenkraftwagen (Kraftfahrzeug) und für die Nutzung eines Flugzeugs,
4. die Aufwendungen für die Ausstattung der Geschäftsräume, z.B. der Chefzimmer und Sitzungsräume.

H 4.10 (12)

Angemessenheit. Bei der Prüfung der Angemessenheit von Aufwendungen nach § 4 Abs. 5 Satz 1 Nr. 7 EStG ist darauf abzustellen, ob ein ordentlicher und gewissenhafter Unternehmer angesichts der erwarteten Vorteile die Aufwendungen ebenfalls auf sich genommen hätte. Neben der Größe des Unternehmens, der Höhe des längerfristigen Umsatzes und des Gewinns sind vor allem die Bedeutung des Repräsentationsaufwands für den Geschäftserfolg und seine Üblichkeit in vergleichbaren Betrieben als Beurteilungskriterien heranzuziehen (→ BFH vom 20.8.1986 – BStBl. II S. 904, vom 26.1.1988 – BStBl. II S. 629 und vom 14.4.1988 – BStBl. II S. 771).

Hubschrauber. Bei der Angemessenheitsprüfung ist darauf abzustellen, ob ein ordentlicher und gewissenhafter Unternehmer einen Hubschrauber angesichts der erwarteten Vorteile und Kosten ebenfalls als Transportmittel eingesetzt hätte. Dies ist von Fall zu Fall neu zu entscheiden. Sollte sich dabei ergeben, dass die Kosten des Hubschraubers dessen Nutzen deutlich übersteigen, ist ein Teil der Hubschrauberkosten nicht als Betriebsausgaben abziehbar (→ BFH vom 27.2.1985 – BStBl. II S. 458).

Kraftfahrzeug. Die Anschaffungskosten eines als „unangemessen" anzusehenden Kfz fallen als solche nicht unmittelbar unter das Abzugsverbot. Bei Zugehörigkeit des Fahrzeugs zum Betriebsvermögen sind sie vielmehr in vollem Umfang zu aktivieren (→ BFH vom 8.10.1987 – BStBl. II S. 853). Ob und inwieweit ein unangemessener betrieblicher Repräsentationsaufwand i. S. d. § 4 Abs. 5 Satz 1 Nr. 7 EStG bei Beschaffung und Unterhaltung eines Kfz vorliegt, ist danach zu beurteilen, ob ein ordentlicher und gewissenhafter Unternehmer – ungeachtet seiner Freiheit, den Umfang seiner Erwerbsaufwendungen selbst bestimmen zu dürfen – angesichts der erwarteten Vorteile und Kosten die Aufwendungen ebenfalls auf sich genommen hätte (→ BFH vom 29.4.2014 – BStBl. II S. 679). Zu den unter das Abzugsverbot des § 4 Abs. 5 Satz 1 Nr. 7 EStG fallenden Kraftfahrzeugaufwendungen gehört vor allem die AfA nach § 7 Abs. 1 EStG. Diese kann nur insoweit als Betriebsausgabe abgezogen werden, als sie auf den als „angemessen" anzusehenden Teil der Anschaffungskosten entfällt. Die übrigen Betriebskosten (Kfz-Steuer und Versicherung, Kraftstoff, Instandsetzungs-, Wartungs- und Pflegekosten, Garagenmiete usw.) werden in der Regel nicht als „unangemessen" i. S. d. § 4 Abs. 5 Satz 1 Nr. 7 EStG anzusehen sein, da diese Aufwendungen auch für ein „angemessenes" Fahrzeug angefallen wären (→ BFH vom 8.10.1987 – BStBl. II S. 853).[1)]

R 4.11 Besondere Aufzeichnung

(1) [1]Das Erfordernis der besonderen Aufzeichnung ist erfüllt, wenn für jede der in § 4 Abs. 7 EStG bezeichneten Gruppen von Aufwendungen ein besonderes Konto oder eine besondere Spalte geführt wird. [2]Es ist aber auch ausreichend, wenn für diese Aufwendungen zusammengenommen ein Konto oder eine Spalte geführt wird. [3]In diesem Fall muss sich aus jeder Buchung oder Aufzeichnung die Art der Aufwendung ergeben. [4]Das gilt auch dann, wenn verschiedene Aufwendungen bei einem Anlass zusammentreffen, z. B. wenn im Rahmen einer Bewirtung von Personen aus geschäftlichem Anlass Geschenke gegeben werden.

(2) [1]Bei den Aufwendungen für Geschenke muss der Name des Empfängers aus der Buchung oder dem Buchungsbeleg zu ersehen sein. [2]Aufwendungen für Geschenke gleicher Art können in einer Buchung zusammengefasst werden (Sammelbuchung), wenn

1. die Namen der Empfänger der Geschenke aus einem Buchungsbeleg ersichtlich sind oder
2. im Hinblick auf die Art des zugewendeten Gegenstandes, z. B. Taschenkalender, Kugelschreiber, und wegen des geringen Werts des einzelnen Geschenks die Vermutung besteht, dass die Freigrenze gem. § 4 Abs. 5 Satz 1

---

1) Siehe auch BFH v. 25.3.2015 X R 14/12, BFH/NV 2015, 973.

Nr. 1 EStG[1] bei dem einzelnen Empfänger im Wirtschaftsjahr nicht überschritten wird; eine Angabe der Namen der Empfänger ist in diesem Fall nicht erforderlich.

H 4.11

Besondere Aufzeichnung.

– Die Pflicht zur besonderen Aufzeichnung ist erfüllt, wenn diese Aufwendungen fortlaufend, zeitnah und bei Gewinnermittlung durch Betriebsvermögensvergleich auf besonderen Konten im Rahmen der Buchführung gebucht oder bei Einnahmenüberschussrechnung von Anfang an getrennt von den sonstigen Betriebsausgaben einzeln aufgezeichnet werden (→ BFH vom 22.1.1988 – BStBl. II S. 535).
– Statistische Zusammenstellungen oder die geordnete Sammlung von Belegen genügen nur dann, wenn zusätzlich die Summe der Aufwendungen periodisch und zeitnah auf einem besonderen Konto eingetragen wird oder vergleichbare Aufzeichnungen geführt werden (→ BFH vom 26.2.1988 – BStBl. II S. 613).
– Eine Aufzeichnung auf besondere Konten liegt nicht vor, wenn die bezeichneten Aufwendungen auf Konten gebucht werden, auf denen auch nicht besonders aufzeichnungspflichtige Aufwendungen gebucht sind (→ BFH vom 10.1.1974 – BStBl. II S. 211 und vom 19.8.1980 – BStBl. II S. 745). Bei der Aufzeichnung von Bewirtungsaufwendungen ist es jedoch nicht erforderlich, dass getrennte Konten für Aufwendungen für die Bewirtung von Personen aus geschäftlichem Anlass und für Aufwendungen für die Bewirtung von Personen aus sonstigem betrieblichem Anlass geführt werden (→ BFH vom 19.8.1999 – BStBl. 2000 II S. 203).
– Zur besonderen Aufzeichnung von Aufwendungen für ein häusliches Arbeitszimmer → BMF vom 6.10.2017 (BStBl. I S. 1320), Rdnr. 25.

Verstoß gegen die besondere Aufzeichnungspflicht. Ein Verstoß gegen die besondere Aufzeichnungspflicht nach § 4 Abs. 7 EStG hat zur Folge, dass die nicht besonders aufgezeichneten Aufwendungen nicht abgezogen werden können (→ BFH vom 22.1.1988 – BStBl. II S. 535). Dies gilt nicht für eine Fehlbuchung, die sich nach dem Rechtsgedanken des § 129 Satz 1 AO als offenbare Unrichtigkeit darstellt (→ BFH vom 19.8.1999 – BStBl. 2000 II S. 203).

R 4.12 Entfernungspauschale, nicht abziehbare Fahrtkosten, Reisekosten und Mehraufwendungen bei doppelter Haushaltsführung

Aufwendungen für Wege zwischen Wohnung und Betriebsstätte

(1) [1]Die Regelungen in den LStR zu Aufwendungen für Wege zwischen Wohnung und *regelmäßiger Arbeitsstätte*[2] sind entsprechend anzuwenden.[3] [2]Ein Betriebsausgabenabzug in Höhe der Entfernungspauschale nach § 4 Abs. 5

---

[1] 35 €.
[2] **[Amtl. Anm.:]** Jetzt: erster Tätigkeitsstätte.
[3] Siehe R 9.10 LStR 2023 (Nr. **20**).

Satz 1 Nr. 6 Satz 2 EStG kommt auch dann in Betracht, wenn die nach § 4 Abs. 5 Satz 1 Nr. 6 Satz 3 EStG ermittelten Werte geringer sind als die Entfernungspauschale. [3]Wird an einem Tag aus betrieblichen oder beruflichen Gründen der Weg zwischen Wohnung und Betriebsstätte mehrfach zurückgelegt darf die Entfernungspauschale nur einmal pro Tag berücksichtigt werden. [4]Die Regelung des § 4 Abs. 5 Satz 1 Nr. 6 EStG gilt nicht für Fahrten zwischen Betriebsstätten. [5]Unter Betriebsstätte ist im Zusammenhang mit Geschäftsreisen (Absatz 2), anders als in § 12 AO, die (von der Wohnung getrennte) Betriebsstätte zu verstehen. [6]Das ist der Ort, an dem oder von dem aus die betrieblichen Leistungen erbracht werden. [7]Die Betriebsstätte eines See- und Hafenlotsen ist danach nicht das häusliche Arbeitszimmer, sondern das Lotsrevier oder die Lotsenstation.

Reisekosten

(2) [1]Die Regelungen in den LStR zu Reisekosten sind sinngemäß anzuwenden. [2]Der Ansatz pauschaler Kilometersätze ist nur für private Beförderungsmittel zulässig.

Mehraufwendungen bei doppelter Haushaltsführung

(3) Die Regelungen in den LStR zu Mehraufwendungen bei doppelter Haushaltsführung sind entsprechend anzuwenden.

H 4.12

Abzug als Werbungskosten. Zum Abzug von Aufwendungen für Wege zwischen Wohnung und erster Tätigkeitsstätte sowie Fahrten nach § 9 Abs. 1 Satz 3 Nr. 4a Satz 3 EStG und von Mehraufwendungen bei doppelter Haushaltsführung von Arbeitnehmern als Werbungskosten → R 9.10 und 9.11 LStR 2015 sowie → H 9.10 und H 9.11 LStH 2021.

Betriebsstätte. → BMF vom 23.12.2014 (BStBl. 2015 I S. 26).[1)]

Doppelte Haushaltsführung.[2)] → BMF vom 23.12.2014 (BStBl. 2015 I S. 26).

Gesamtaufwendungen für das Kraftfahrzeug.

- → BMF vom 18.11.2009 (BStBl. I S. 1326) unter Berücksichtigung der Änderungen durch BMF vom 15.11.2012 (BStBl. I S. 1099), Rdnr. 32.
- Bei Nutzung von Elektro- und Hybridelektrofahrzeugen → BMF vom 5.11.2021 (BStBl. I S. 2205).

Menschen mit Behinderungen.

- Auch bei Stpfl., die zu dem in § 9 Abs. 2 EStG bezeichneten Personenkreis gehören, kann grundsätzlich nur eine Hin- und Rückfahrt für jeden Arbeitstag berücksichtigt werden (→ BFH vom 2.4.1976 – BStBl. II S. 452).
- Nachweis der Behinderung → § 65 EStDV, H 33b (Nachweis der Behinderung).

[1)] Zum Beriebsstättenbegriff nach dem alten und dem ab 2014 geltenden Reisekostenrecht siehe BFH v. 16.2.2022 X R 14/19. BStBl. II 2022, 805.

[2)] Zum Mittelpunkt der Lebensinteressen bei einer Familie, die am Beschäftigungsort wohnt, siehe BFH v. 1.10.2019 VIII R 29/16, BFH/NV 2020, 349.

Miterledigung betrieblicher Angelegenheiten. Werden anlässlich einer Fahrt zwischen Wohnung und Betriebsstätte oder umgekehrt andere betriebliche oder berufliche Angelegenheiten miterledigt, können die dadurch bedingten Mehraufwendungen in voller Höhe als Betriebsausgaben abgezogen werden (→ BFH vom 17.2.1977 – BStBl. II S. 543).

Motorboot. Aufwendungen für Wege zwischen Wohnung und Betriebsstätte mit einem Motorboot (Jacht) sind nicht generell nach § 4 Abs. 5 Satz 1 Nr. 4 EStG vom steuerlichen Abzug ausgeschlossen, sondern unterliegen der Abzugsbegrenzung nach § 4 Abs. 5 Satz 1 Nr. 6 EStG (→ BFH vom 10.5.2001 – BStBl. II S. 575).

Pauschbeträge für Verpflegungsmehraufwendungen bei Auslandsgeschäftsreisen. → BMF vom 3.12.2020 (BStBl. I S. 1256).[1]

Pkw-Nutzung für Familienheimfahrten. Die Abzugsbegrenzung für Familienheimfahrten nach § 4 Abs. 5 Satz 1 Nr. 6 EStG ist verfassungsgemäß (→ BFH vom 19.6.2013 – BStBl. II S. 812).

Reisekosten. → BMF vom 23.12.2014 (BStBl. 2015 I S. 26).

Wege zwischen Wohnung und Betriebsstätte.
- → BMF vom 23.12.2014 (BStBl. 2015 I S. 26).
- → BMF vom 18.11.2009 (BStBl. I S. 1326) unter Berücksichtigung der Änderungen durch BMF vom 15.11.2012 (BStBl. I S. 1099).
- Bei Nutzung von Elektro- und Hybridelektrofahrzeugen → BMF vom 5.11.2021 (BStBl. I S. 2205).

R 4.13 Abzugsverbot für Sanktionen

Abzugsverbot

(1) [1] Geldbußen, Ordnungsgelder und Verwarnungsgelder, die von einem Gericht oder einer Behörde in der Bundesrepublik Deutschland oder von Organen der Europäischen Gemeinschaften festgesetzt werden, dürfen nach § 4 Abs. 5 Satz 1 Nr. 8 Satz 1 EStG den Gewinn auch dann nicht mindern, wenn sie betrieblich veranlasst sind. [2] Dasselbe gilt für Leistungen zur Erfüllung von Auflagen oder Weisungen, die in einem berufsgerichtlichen Verfahren erteilt werden, soweit die Auflagen oder Weisungen nicht lediglich der Wiedergutmachung des durch die Tat verursachten Schadens dienen (§ 4 Abs. 5 Satz 1 Nr. 8 Satz 2 EStG). [3] Dagegen gilt das Abzugsverbot nicht für Nebenfolgen vermögensrechtlicher Art, z. B. die Abführung des Mehrerlöses nach § 8 des Wirtschaftsstrafgesetzes, den Verfall nach § 29a OWiG[2] und die Einziehung nach § 22 OWiG.

Geldbußen

(2) [1] Zu den Geldbußen rechnen alle Sanktionen, die nach dem Recht der Bundesrepublik Deutschland so bezeichnet sind, insbesondere Geldbußen nach dem Ordnungswidrigkeitenrecht einschließlich der nach § 30 OWiG[2]

---

[1] Geltung auch für Kj. 2022 (Mitteilung des BMF v. 27.9.2021), ab 2023 siehe BMF v. 23.11.2022, BStBl. I 2022, 1654.

[2] **Habersack** Nr. 94.

vorgesehenen Geldbußen gegen juristische Personen oder Personenvereinigungen, Geldbußen nach den berufsgerichtlichen Gesetzen des Bundes oder der Länder, z.B. der Bundesrechtsanwaltsordnung, der Bundesnotarordnung, der Patentanwaltsordnung, der Wirtschaftsprüferordnung oder dem Steuerberatungsgesetz sowie Geldbußen nach den Disziplinargesetzen des Bundes oder der Länder. 2 Geldbußen, die von Organen der Europäischen Union festgesetzt werden, sind Geldbußen nach den Artikeln 101, 102, 103 Abs. 2 des Vertrages über die Arbeitsweise der Europäischen Union (AEUV) insbesondere i.V.m. Artikel 23 Abs. 2 der Verordnung (EG) Nr. 1/2003 des Rates vom 16.12.2002. 3 Betrieblich veranlasste Geldbußen, die von Gerichten oder Behörden anderer Staaten festgesetzt werden, fallen nicht unter das Abzugsverbot.[1)]

Einschränkung des Abzugsverbotes für Geldbußen

(3) 1 Das Abzugsverbot für Geldbußen, die von Gerichten oder Behörden in der Bundesrepublik Deutschland oder von Organen der Europäischen Union verhängt werden, gilt uneingeschränkt für den Teil, der die rechtswidrige und vorwerfbare Handlung ahndet. 2 Für den Teil, der den rechtswidrig erlangten wirtschaftlichen Vorteil abschöpft, gilt das Abzugsverbot für die Geldbuße nur dann uneingeschränkt, wenn bei der Berechnung des Vermögensvorteils die darauf entfallende ertragsteuerliche Belastung – ggf. im Wege der Schätzung – berücksichtigt worden ist. 3 Macht der Stpfl. durch geeignete Unterlagen glaubhaft, dass diese ertragsteuerliche Belastung nicht berücksichtigt und der gesamte rechtswidrig erlangte Vermögensvorteil abgeschöpft wurde, darf der auf die Abschöpfung entfallende Teil der Geldbuße als Betriebsausgabe abgezogen werden. 4 Die von der Europäischen Kommission festgesetzten Geldbußen wegen Verstoßes gegen das Wettbewerbsrecht enthalten keinen Anteil, der den rechtswidrig erlangten wirtschaftlichen Vorteil abschöpft und unterliegen in vollem Umfang dem Betriebsausgabenabzugsverbot.

Ordnungsgelder

(4) 1 Ordnungsgelder sind die nach dem Recht der Bundesrepublik Deutschland so bezeichneten Unrechtsfolgen, die namentlich in den Verfahrensordnungen oder in verfahrensrechtlichen Vorschriften anderer Gesetze vorgesehen sind, z.B. das Ordnungsgeld gegen einen Zeugen wegen Verletzung seiner Pflicht zum Erscheinen und das Ordnungsgeld nach § 890 ZPO wegen Verstoßes gegen eine nach einem Vollstreckungstitel (z.B. Urteil) bestehende Verpflichtung, eine Handlung zu unterlassen oder die Vornahme einer Handlung zu dulden. 2 Nicht unter das Abzugsverbot fallen Zwangsgelder.

Verwarnungsgelder

(5) Verwarnungsgelder sind die in § 56 OWiG[2)] so bezeichneten geldlichen Einbußen, die dem Betroffenen aus Anlass einer geringfügigen Ordnungswidrigkeit, z.B. wegen falschen Parkens, mit seinem Einverständnis auferlegt werden, um der Verwarnung Nachdruck zu verleihen.

[1)] **[Amtl. Anm.:]** Überholt für Geldbußen, die von einem Mitgliedstaat der Europäischen Union festgesetzt werden → § 4 Abs. 5 Satz 1 Nr. 8 Satz 1 EStG.

[2)] **Habersack** Nr. **94**.

H 4.13

Abschöpfung.

– Bemisst sich die wegen eines Wettbewerbsverstoßes festgesetzte Geldbuße – über den regulären gesetzlichen Höchstbetrag hinaus – unter Einbeziehung des durch die Zuwiderhandlung erlangten Mehrerlöses, wird zugleich der erlangte wirtschaftliche Vorteil abgeschöpft. Hat die Bußgeldbehörde die Ertragsteuern, die auf diesen Vorteil entfallen, bei der Festsetzung nicht berücksichtigt, mindert die Geldbuße bis zu den gesetzlich zulässigen Höchstbeträgen den Gewinn. Darauf, dass sich der abschöpfende Teil der einheitlichen Geldbuße eindeutig abgrenzen lässt, kommt es nicht an (→ BFH vom 9.6.1999 – BStBl. II S. 658).
– Die bloße Heranziehung des tatbezogenen Umsatzes zur Ermittlung der Höhe einer am Bilanzstichtag angedrohten und nachfolgend auch festgesetzten Kartellgeldbuße bewirkt keine Abschöpfung des unrechtmäßig erlangten wirtschaftlichen Vorteils i. S. d. § 4 Abs. 5 Satz 1 Nr. 8 Satz 4 Halbsatz 1 EStG (→ BFH vom 22.5.2019 – BStBl. II S. 663).
– § 4 Abs. 5 Satz 1 Nr. 8 Satz 4 Halbsatz 1 EStG ist dahingehend auszulegen, dass es auf die objektive Abschöpfungswirkung der Geldbuße ankommt; der Wille der Kartellbehörde ist dabei nicht entscheidend (→ BFH vom 22.5.2019 – BStBl. II S. 663).

Abzugsverbot für Geldstrafen, die in einem anderen Staat festgesetzt werden. → R 12.3.

Ausländisches Gericht. Von ausländischem Gericht verhängte Geldstrafe kann bei Widerspruch zu wesentlichen Grundsätzen der deutschen Rechtsordnung Betriebsausgabe sein (→ BFH vom 31.7.1991 – BStBl. 1992 II S. 85).

EU-Geldbußen. Eine von der Europäischen Kommission wegen eines Kartellrechtsverstoßes verhängte Geldbuße, die sich nach dem Grundbetrag i. S. d. Art. 23 Abs. 3 EG-Verordnung 1/2003[1] bemisst, enthält keinen Abschöpfungsanteil (→ BFH vom 7.11.2013 – BStBl. 2014 II S. 306).

Leistungen zur Erfüllung von Auflagen oder Weisungen. Hinsichtlich des Abzugsverbots von Leistungen zur Erfüllung von Auflagen und Weisungen, die in einem berufsgerichtlichen Verfahren erteilt werden, → H 12.3.

Rückstellungen. → H 5.7 (1) Nicht abziehbare Betriebsausgaben.

R 4.14 Abzugsverbot für Zuwendungen i. S. d. § 4 Abs. 5 Satz 1 Nr. 10 EStG

[1]Zuwendungen i. S. d. § 4 Abs. 5 Satz 1 Nr. 10 EStG dürfen nicht als Betriebsausgaben abgezogen werden, wenn mit der Zuwendung von Vorteilen objektiv gegen das Straf- oder Ordnungswidrigkeitenrecht verstoßen wird; auf ein Verschulden[2] des Zuwendenden, auf die Stellung eines Strafantrags oder auf eine tatsächliche Ahndung kommt es nicht an. [2]Mit der Anknüpfung an

---

1) ABl. EG 2003 Nr. L 1, 1 (Kartellverfahrens-VO).

2) **[Amtl. Anm.:]** Überholt durch BFH v. 15.4.2021 IV R 25/18, BStBl. II 2021, 703, → H 4.14 (Voraussetzung des Abzugsverbots).

die Tatbestände des Straf- und Ordnungswidrigkeitenrechts werden auch Leistungen an ausländische Amtsträger und Abgeordnete vom Abzugsverbot erfasst. [3]Wird dem Finanzamt auf Grund einer Mitteilung des Gerichts, der Staatsanwaltschaft oder einer Verwaltungsbehörde nach § 4 Abs. 5 Satz 1 Nr. 10 Satz 2 EStG erstmals bekannt, dass eine rechtswidrige Handlung i. S. d. § 4 Abs. 5 Satz 1 Nr. 10 Satz 1 EStG vorliegt, ist der Steuerbescheid nach den Vorschriften der AO zu ändern.

H 4.14

Mitteilungspflicht. Bei Vorteilszuwendungen, die als Betriebsausgaben berücksichtigt wurden, besteht ein Verdacht i. S. d. § 4 Abs. 5 Satz 1 Nr. 10 Satz 3 EStG, der die Information der Strafverfolgungsbehörden gebietet, wenn ein Anfangsverdacht i. S. d. Strafrechts gegeben ist. Es müssen also zureichende tatsächliche Anhaltspunkte für eine Tat nach § 4 Abs. 5 Satz 1 Nr. 10 Satz 1 EStG vorliegen (→ BFH vom 14.7.2008 – BStBl. II S. 850).

Umfang des Abzugsverbots. Das für die „Zuwendung von Vorteilen sowie damit zusammenhängende Aufwendungen" geltende Abzugsverbot des § 4 Abs. 5 Satz 1 Nr. 10 EStG erfasst nicht nur die Bestechungsgelder als solche, sondern auch die Kosten eines nachfolgenden Strafverfahrens sowie Aufwendungen, die aufgrund einer im Strafurteil ausgesprochenen Verfallsanordnung entstehen. Zur Vermeidung einer verfassungswidrigen Doppelbelastung gilt das Abzugsverbot für verfallene Beträge jedoch nicht, wenn das Strafgericht die Ertragsteuerbelastung bei der Bemessung des Verfallsbetrags nicht mindernd berücksichtigt hat (→ BFH vom 14.5.2014 – BStBl. II S. 684).

Voraussetzung des Abzugsverbots. Wenn die Zuwendung der Vorteile eine rechtswidrige Handlung darstellt, die den Tatbestand eines Strafgesetzes verwirklicht, muss für das Abzugsverbot auch der subjektive Tatbestand des Strafgesetzes erfüllt sein (→ BFH vom 15.4.2021 – BStBl. II S. 703).

Zuwendungen.

- Abzugsverbot für die Zuwendung von Vorteilen i. S. d. § 4 Abs. 5 Satz 1 Nr. 10 EStG → BMF vom 10.10.2002 (BStBl. I S. 1031).
- Tatbestände des Straf- und Ordnungswidrigkeitenrechts i. S. d. § 4 Abs. 5 Satz 1 Nr. 10 EStG sind:
  - § 108b StGB (Wählerbestechung),
  - § 108e StGB (Bestechung von Mandatsträgern),
  - § 265c Abs. 2 und 4 StGB (Sportwettbetrug),
  - § 265d Abs. 2 und 4 StGB (Manipulation von berufssportlichen Wettbewerben),
  - § 299 Abs. 2 StGB (Bestechung im geschäftlichen Verkehr),
  - § 299b StGB (Bestechung im Gesundheitswesen),
  - § 333 StGB (Vorteilsgewährung),
  - § 334 StGB (Bestechung),
  - § 335a StGB (Vorteilsgewährung und Bestechung ausländischer und internationaler Bediensteter),

- Artikel 2 § 2 des Gesetzes zur Bekämpfung internationaler Bestechung[1] (Bestechung ausländischer Abgeordneter im Zusammenhang mit internationalem geschäftlichen Verkehr),
- § 119 Abs. 1 des Betriebsverfassungsgesetzes[2] (Straftaten gegen Betriebsverfassungsorgane und ihre Mitglieder),
- § 81 Abs. 3 Nr. 2 i. V. m. § 21 Abs. 2 des Gesetzes gegen Wettbewerbsbeschränkungen[3] (Vorteilsgewährung für wettbewerbsbeschränkendes Verhalten),
- § 405 Abs. 3 Nr. 7 AktG[3] (Vorteilsgewährung in Bezug auf das Stimmverhalten in der Hauptversammlung),
- § 152 Abs. 1 Nr. 2 GenG[3] (Vorteilsgewährung in Bezug auf das Abstimmungsverhalten in der Generalversammlung),
- § 23 Abs. 1 Nr. 3 des Gesetzes über Schuldverschreibungen aus Gesamtemissionen – SchVG[4] (Vorteilsgewährung in Bezug auf die Abstimmung in der Gläubigerversammlung).

H 4.15

Abzugsverbot für Gewerbesteuer.
– Das Abzugsverbot für die Gewerbesteuer ist verfassungsgemäß (→ BFH vom 16.1.2014 – BStBl. II S. 531 und vom 10.9.2015 – BStBl. II S. 1046).
– § 4 Abs. 5b EStG steht dem Abzug als Betriebsausgabe nur bei dem Schuldner der Gewerbesteuer entgegen, nicht auch bei demjenigen, der sich vertraglich zur Übernahme der Gewerbesteuer verpflichtet (→ BFH vom 7.3.2019 – BStBl. II S. 696).

H 4.16

Kein Betriebsausgabenabzug für Erststudium. § 4 Abs. 9 EStG i. d. F. des BeitrRLUmsG erfasst Aufwendungen für ein Erststudium, das eine Erstausbildung vermittelt, auch dann, wenn das Studium objektiv und subjektiv der Förderung einer konkreten späteren Erwerbstätigkeit dient (→ BFH vom 16.6.2020 – BStBl. 2021 II S. 11).

Zu § 4a EStG
(§§ 8b und 8c EStDV)

R 4a. Gewinnermittlung bei einem vom Kalenderjahr abweichenden Wirtschaftsjahr

Umstellung des Wirtschaftsjahres

(1) [1]Eine Umstellung des Wirtschaftsjahres liegt nicht vor, wenn ein Stpfl., der Inhaber eines Betriebs ist, einen weiteren Betrieb erwirbt und für diesen

---

[1] G v. 22.9.1998, BGBl. II 1998, 2327.
[2] **Habersack Ergänzungsband** Nr. **82**.
[3] **Habersack** Nr. **74** (GWB); Nr. **51** (AktG); Nr. **53** (GenG).
[4] G v. 31.7.2009, BGBl. I 2009, 2512, zuletzt geänd. durch G v. 3.6.2021, BGBl. I 2021, 1423.

Betrieb ein anderes Wirtschaftsjahr als der Rechtsvorgänger wählt. [2]Werden mehrere bisher getrennt geführte Betriebe eines Stpfl. zu einem Betrieb zusammengefasst, und führt der Stpfl. das abweichende Wirtschaftsjahr für einen der Betriebe fort, liegt keine zustimmungsbedürftige Umstellung des Wirtschaftsjahres vor.

Zustimmung des Finanzamts zum abweichenden Wirtschaftsjahr

(2) [1]Das Wahlrecht zur Bestimmung des Wirtschaftsjahres kann durch die Erstellung des Jahresabschlusses oder außerhalb des Veranlagungsverfahrens ausgeübt werden. [2]Bei Umstellung des Wirtschaftsjahres nach § 4a Abs. 1 Satz 2 Nr. 3 EStG ist dem Antrag zu entsprechen, wenn der Stpfl. Bücher führt, in denen die Betriebseinnahmen und die Betriebsausgaben für den land- und forstwirtschaftlichen Betrieb und für den Gewerbebetrieb getrennt aufgezeichnet werden, und der Stpfl. für beide Betriebe getrennte Abschlüsse fertigt. [3]Die Geldkonten brauchen nicht getrennt geführt zu werden.

Abweichendes Wirtschaftsjahr bei Betriebsverpachtung

(3) Sind die Einkünfte aus der Verpachtung eines gewerblichen Betriebs Einkünfte aus Gewerbebetrieb (→ R 16 Abs. 5),[1)] kann der Verpächter ein abweichendes Wirtschaftsjahr beibehalten, wenn die Voraussetzungen des § 4a Abs. 1 Satz 2 Nr. 2 oder Nr. 3 Satz 2 EStG weiterhin erfüllt sind.

Gewinnschätzung bei abweichendem Wirtschaftsjahr

(4) Wird bei einem abweichenden Wirtschaftsjahr der Gewinn geschätzt, ist die Schätzung nach dem abweichenden Wirtschaftsjahr vorzunehmen.

Zeitpunkt der Gewinnrealisierung

(5) Der Gewinn aus der Veräußerung oder Aufgabe eines Mitunternehmeranteiles ist auch dann im Jahr der Veräußerung oder Aufgabe zu versteuern, wenn die Mitunternehmerschaft ein abweichendes Wirtschaftsjahr hat.

H 4a

Antrag auf Umstellung des Wirtschaftsjahres außerhalb des Veranlagungsverfahrens. Über einen außerhalb des Veranlagungsverfahrens gestellten Antrag auf Erteilung der Zustimmung zur Umstellung des Wj. hat das Finanzamt durch besonderen Bescheid zu entscheiden (→ BFH vom 24.1.1963 – BStBl. III S. 142).

Ausscheiden einzelner Gesellschafter. Das Ausscheiden eines Gesellschafters aus einer fortbestehenden Personengesellschaft führt nicht zur Bildung eines Rumpfwirtschaftsjahres (→ BFH vom 24.11.1988 – BStBl. 1989 II S. 312). Der Gewinn wird im Kj. des Ausscheidens bezogen (→ BFH vom 18.8.2010 – BStBl. II S. 1043).

Betriebsaufspaltung. Wählt eine im Wege der Betriebsaufspaltung entstandene Betriebsgesellschaft ein vom Kj. abweichendes Wj., ist dies keine zustimmungsbedürftige Umstellung (→ BFH vom 27.9.1979 – BStBl. 1980 II S. 94).

---

1) **[Amtl. Anm.:]** Jetzt § 16 Abs. 3b EStG.

Doppelstöckige Personengesellschaft.

– Wählt eine Personenobergesellschaft, die selbst keine aktive Wirtschaftstätigkeit ausübt, ihr Wj. in der Weise, dass dieses kurze Zeit vor dem Wj. der Personenuntergesellschaft endet, liegt hierin eine missbräuchliche Gestaltung, da die Gewinne der Untergesellschaft nicht im laufenden VZ, sondern einen VZ später steuerlich erfasst werden und hierdurch eine einjährige „Steuerpause" eintritt; dies gilt nicht nur bei der zustimmungspflichtigen Umstellung des Wj., sondern auch bei der – nicht zustimmungsbedürftigen – Festlegung des vom Kj. abweichenden Wj. anlässlich der Betriebseröffnung (→ BFH vom 18.12.1991 – BStBl. 1992 II S. 486).
– Legt eine Personenobergesellschaft ihr Wj. abweichend von dem Wj. der Untergesellschaft fest, liegt hierin jedenfalls dann kein Missbrauch von Gestaltungsmöglichkeiten des Rechts, wenn dadurch die Entstehung eines Rumpfwirtschaftsjahres vermieden wird (→ BFH vom 9.11.2006 – BStBl. 2010 II S. 230).

Freiberufler.

– Ermittelt ein Freiberufler seinen Gewinn für ein vom Kj. abweichendes Wj., kann die Gewinnermittlung der Besteuerung nicht zugrunde gelegt werden. Der im Kj. bezogene Gewinn ist im Wege der Schätzung zu ermitteln. Dies kann in der Regel durch eine zeitanteilige Aufteilung der für die abweichenden Wj. ermittelten Gewinne erfolgen (→ BFH vom 23.9.1999 – BStBl. 2000 II S. 24).
– Eine in das Handelsregister eingetragene KG, die nur Einkünfte aus selbständiger Arbeit erzielt, kann kein vom Kj. abweichendes Wj. bilden (→ BFH vom 18.5.2000 – BStBl. II S. 498).

Gewinnschätzung. → H 4.1.

Rumpfwirtschaftsjahr.

– Bei der Umstellung des Wj. darf nur ein Rumpfwirtschaftsjahr entstehen (→ BFH vom 7.2.1969 – BStBl. II S. 337).
– H 6b.2 (Wirtschaftsjahr).

Umwandlung.

– In der Umwandlung oder Einbringung eines Einzelunternehmens in eine neu gegründete Personengesellschaft liegt eine Neueröffnung eines Betriebes. Der Zeitpunkt der Umwandlung oder Einbringung ist das Ende des Wj. des bisherigen Einzelunternehmens und der Beginn des ersten Wj. der neugegründeten Personengesellschaft (→ BFH vom 26.5.1994 – BStBl. II S. 891).
– Wird ein bisher als Personengesellschaft geführter Betrieb nach Ausscheiden der Mitgesellschafter als Einzelunternehmen fortgeführt, liegt darin die Eröffnung eines neuen Betriebes mit der Folge, dass das Wj. der Personengesellschaft im Zeitpunkt der Umwandlung endet und das erste Wj. des Einzelunternehmens beginnt (→ BFH vom 10.2.1989 – BStBl. II S. 519).

Verpachtung eines Betriebs der Land- und Forstwirtschaft. Sind die Einkünfte aus der Verpachtung eines Betriebs der Land- und Forstwirtschaft als Einkünfte aus Land- und Forstwirtschaft zu behandeln, ist für die Ermittlung des Gewinns weiterhin das nach § 4a Abs. 1 Satz 2 Nr. 1 EStG oder § 8c EStDV in Betracht kommende abweichende Wj. maßgebend (→ BFH vom 11.3.1965 – BStBl. III S. 286).

Wirtschaftsjahr bei Land- und Forstwirten. Das Wj. bei Land- und Forstwirten richtet sich nach der Art der Bewirtschaftung. Eine unschädliche andere land- oder forstwirtschaftliche Nutzung in geringem Umfang i. S. d. § 8c Abs. 1 Satz 2 EStDV liegt nur vor, wenn der Vergleichswert der anderen land- oder forstwirtschaftlichen Nutzung etwa 10% des Wertes der gesamten land- und forstwirtschaftlichen Nutzungen nicht übersteigt (→ BFH vom 3.12.1987 – BStBl. 1988 II S. 269).

Wirtschaftsjahr für den Gewerbebetrieb eines Land- und Forstwirts. Kann ein Land- und Forstwirt erst nach Beginn des Wj. für seinen Betrieb erkennen, dass sich aus diesem Betrieb ein Gewerbebetrieb herausgelöst hat, reicht es für die Ausübung des Wahlrechts zur Bestimmung eines dem land- und forstwirtschaftlichen Wj. entsprechenden Wj. für den Gewerbebetrieb aus, wenn er dem Finanzamt einen einheitlichen Jahresabschluss für den Gesamtbetrieb verbunden mit einer sachlich nachvollziehbaren Aufteilung des Gewinns auf den land- und forstwirtschaftlichen Betrieb und den Gewerbebetrieb vorlegt. Das Finanzamt erklärt konkludent seine Zustimmung, wenn es im Einkommensteuerbescheid der Steuererklärung folgt (→ BFH vom 7.11.2013 – BStBl. 2015 II S. 226).

Zustimmungsbedürftige Umstellung des Wirtschaftsjahrs.

– Die Zustimmung ist nur dann zu erteilen, wenn der Stpfl. in der Organisation des Betriebs gelegene **gewichtige Gründe** für die Umstellung des Wj. anführen kann; es ist jedoch nicht erforderlich, dass die Umstellung des Wj. betriebsnotwendig ist (→ BFH vom 9.1.1974 – BStBl. II S. 238).
– Die Umstellung des Wj. eines im Wege der **Gesamtrechtsnachfolge** auf Erben übergegangenen Unternehmens auf einen vom Kj. abweichenden Zeitraum bedarf der Zustimmung des Finanzamtes (→ BFH vom 22.8.1968 – BStBl. 1969 II S. 34).
– Wird die Umstellung des Wj. wegen **Inventurschwierigkeiten** begehrt, kann die Zustimmung zur Umstellung des Wj. zu versagen sein, wenn die Buchführung nicht ordnungsmäßig ist und auch nicht sichergestellt ist, dass durch die Umstellung des Wj. die Mängel der Buchführung beseitigt werden (→ BFH vom 9.11.1966 – BStBl. 1967 III S. 111).
– Will ein Pächter sein Wj. auf das vom Kj. abweichende **Pachtjahr** umstellen, weil dieses in mehrfacher Beziehung für die Abrechnung mit dem Verpächter maßgebend ist, ist die Zustimmung im Allgemeinen zu erteilen (→ BFH vom 8.10.1969 – BStBl. 1970 II S. 85).
– Bei Forstbetrieben bedarf die Umstellung eines mit dem Kj. übereinstimmenden Wj. auf das sog. **Forstwirtschaftsjahr** (1.10.–30.9.) der Zustimmung des Finanzamts (→ BFH vom 23.9.1999 – BStBl. 2000 II S. 5).
– Die Erlangung einer **„Steuerpause“** oder anderer steuerlicher Vorteile ist kein betrieblicher Grund, der die Zustimmung des Finanzamts zur Umstellung des Wj. rechtfertigt (→ BFH vom 24.4.1980 – BStBl. 1981 II S. 50 und vom 15.6.1983 – BStBl. II S. 672).

Zu § 4b EStG

R 4b. Direktversicherung

Begriff

(1) [1]Eine Direktversicherung ist eine Lebensversicherung auf das Leben des Arbeitnehmers, die durch den Arbeitgeber abgeschlossen worden ist und bei der der Arbeitnehmer oder seine Hinterbliebenen hinsichtlich der Leistungen des Versicherers ganz oder teilweise bezugsberechtigt sind (→ § 1b Abs. 2 Satz 1 Betriebsrentengesetz).[1)] [2]Dasselbe gilt für eine Lebensversicherung auf das Leben des Arbeitnehmers, die nach Abschluss durch den Arbeitnehmer vom Arbeitgeber übernommen worden ist. [3]Dagegen liegt begrifflich keine Direktversicherung vor, wenn der Arbeitgeber für den Ehegatten eines verstorbenen früheren Arbeitnehmers eine Lebensversicherung abschließt. [4]Als Versorgungsleistungen können Leistungen der Alters-, Invaliditäts- oder Hinterbliebenenversorgung in Betracht kommen. [5]Es ist gleichgültig, ob es sich um Kapitalversicherungen – einschließlich Risikoversicherungen –, Rentenversicherungen oder fondsgebundene Lebensversicherungen handelt und welche Laufzeit vereinbart wird. [6]Unfallversicherungen sind keine Lebensversicherungen, auch wenn bei Unfall mit Todesfolge eine Leistung vorgesehen ist. [7]Dagegen gehören Unfallzusatzversicherungen und Berufsunfähigkeitszusatzversicherungen, die im Zusammenhang mit Lebensversicherungen abgeschlossen werden, sowie selbständige Berufsunfähigkeitsversicherungen und Unfallversicherungen mit Prämienrückgewähr, bei denen der Arbeitnehmer Anspruch auf die Prämienrückgewähr hat, zu den Direktversicherungen.

(2) [1]Die Bezugsberechtigung des Arbeitnehmers oder seiner Hinterbliebenen muss vom Versicherungsnehmer (Arbeitgeber) der Versicherungsgesellschaft gegenüber erklärt werden (§ 159 VVG).[2)] [2]Die Bezugsberechtigung kann widerruflich oder unwiderruflich sein; bei widerruflicher Bezugsberechtigung sind die Bedingungen eines Widerrufes steuerlich unbeachtlich. [3]Unbeachtlich ist auch, ob die Anwartschaft des Arbeitnehmers arbeitsrechtlich bereits unverfallbar ist.

Behandlung bei der Gewinnermittlung

(3) [1]Die Beiträge zu Direktversicherungen sind sofort abziehbare Betriebsausgaben. [2]Eine Aktivierung der Ansprüche aus der Direktversicherung kommt beim Arbeitgeber vorbehaltlich Satz 5 erst in Betracht, wenn eine der in § 4b EStG genannten Voraussetzungen weggefallen ist, z. B. wenn der Arbeitgeber von einem Widerrufsrecht Gebrauch gemacht hat. [3]In diesen Fällen ist der Anspruch grundsätzlich mit dem geschäftsplanmäßigen Deckungskapital der Versicherungsgesellschaft zu aktivieren zuzüglich eines etwa vorhandenen Guthabens aus Beitragsrückerstattungen; soweit die Berechnung des Deckungskapitals nicht zum Geschäftsplan gehört, tritt an die Stelle des geschäftsplanmäßigen Deckungskapitals der nach § 169 Abs. 4 VVG[2)] berechnete

---

[1)] **Steuergesetze** Nr. **70**.
[2)] **Habersack** Nr. **62**.

Zeitwert. [4]Die Sätze 1 bis 3 gelten auch für Versicherungen gegen Einmalprämie; bei diesen Versicherungen kommt eine Aktivierung auch nicht unter dem Gesichtspunkt der Rechnungsabgrenzung in Betracht, da sie keinen Aufwand für eine „bestimmte Zeit“ (§ 5 Abs. 5 Satz 1 Nr. 1 EStG) darstellen. [5]Sind der Arbeitnehmer oder seine Hinterbliebenen nur für bestimmte Versicherungsfälle oder nur hinsichtlich eines Teiles der Versicherungsleistungen bezugsberechtigt, sind die Ansprüche aus der Direktversicherung insoweit zu aktivieren, als der Arbeitgeber bezugsberechtigt ist.

(4) [1]Die Verpflichtungserklärung des Arbeitgebers nach § 4b Satz 2 EStG muss an dem Bilanzstichtag schriftlich vorliegen, an dem die Ansprüche aus dem Versicherungsvertrag ganz oder zum Teil abgetreten oder beliehen sind. [2]Liegt diese Erklärung nicht vor, sind die Ansprüche aus dem Versicherungsvertrag dem Arbeitgeber zuzurechnen.

Sonderfälle

(5) Die Absätze 1 bis 4 gelten entsprechend für Personen, die nicht Arbeitnehmer sind, für die jedoch aus Anlass ihrer Tätigkeit für das Unternehmen Direktversicherungen abgeschlossen worden sind (§ 17 Abs. 1 Satz 2 Betriebsrentengesetz),[1)] z.B. Handelsvertreter und Zwischenmeister.

H 4b

Abgrenzung der Direktversicherung von einem Sparvertrag. Ist das für eine Versicherung typische Todesfallwagnis und bereits bei Vertragsabschluss das Rentenwagnis ausgeschlossen, liegt ein atypischer Sparvertrag und keine begünstigte Direktversicherung vor (→ BFH vom 9.11.1990 – BStBl. 1991 II S. 189 und R 40b.1 Abs. 2 Satz 2 bis 4 LStR 2015).

Arbeitnehmer-Ehegatten. Zur steuerlichen Behandlung von Aufwendungen für die betriebliche Altersversorgung des mitarbeitenden Ehegatten → BMF vom 4.9.1984 (BStBl. I S. 495), ergänzt durch BMF vom 9.1.1986 (BStBl. I S. 7). Die Aufwendungen sind nur als Betriebsausgaben anzuerkennen, soweit sie einem Fremdvergleich (→ H 4.8) standhalten.

Beleihung von Versicherungsansprüchen. Vorauszahlungen auf die Versicherungsleistung (sog. Policendarlehen) stehen einer Beleihung des Versicherungsanspruchs gleich (→ BFH vom 19.12.1973 – BStBl. 1974 II S. 237).

Gesellschafter-Geschäftsführer. Der ertragsteuerlichen Anerkennung einer zu Gunsten des beherrschenden Gesellschafter-Geschäftsführers einer Kapitalgesellschaft abgeschlossenen Direktversicherung steht nicht entgegen, dass als vertraglicher Fälligkeitstermin für die Erlebensleistung das 65. Lebensjahr des Begünstigten vereinbart wird.

Hinterbliebenenversorgung für den Lebensgefährten. → BMF vom 25.7.2002 (BStBl. I S. 706).

Konzerngesellschaft. → R 40b.1 Abs. 1 Satz 3 LStR 2015.

---

1) **Steuergesetze** Nr. **70**.

Überversorgung.
– Zur bilanzsteuerrechtlichen Berücksichtigung von überdurchschnittlich hohen Versorgungsanwartschaften (Überversorgung) → BMF vom 3.11.2004 (BStBl. I S. 1045) und vom 13.12.2012 (BStBl. 2013 I S. 35).
– → H 6a (17).

Zu § 4c EStG

R 4c. Zuwendungen an Pensionskassen

Pensionskassen

(1) Als Pensionskassen sind sowohl rechtsfähige Versorgungseinrichtungen i. S. d. § 1b Abs. 3 Satz 1 Betriebsrentengesetz[1] als auch rechtlich unselbständige Zusatzversorgungseinrichtungen des öffentlichen Dienstes i. S. d. § 18 Betriebsrentengesetz anzusehen, die den Leistungsberechtigten (Arbeitnehmer und Personen i. S. d. § 17 Abs. 1 Satz 2 Betriebsrentengesetz sowie deren Hinterbliebene) auf ihre Leistungen einen Rechtsanspruch gewähren.

Zuwendungen

(2) [1]Der Betriebsausgabenabzug kommt sowohl für laufende als auch für einmalige Zuwendungen in Betracht. [2]Zuwendungen an eine Pensionskasse sind auch abziehbar, wenn die Kasse ihren Sitz oder ihre Geschäftsleitung im Ausland hat.

(3) [1]Zuwendungen zur Abdeckung von Fehlbeträgen sind auch dann abziehbar, wenn sie nicht auf einer entsprechenden Anordnung der Versicherungsaufsichtsbehörde beruhen. [2]Für die Frage, ob und in welcher Höhe ein Fehlbetrag vorliegt, ist das Vermögen der Kasse nach den handelsrechtlichen Grundsätzen ordnungsmäßiger Buchführung unter Berücksichtigung des von der Versicherungsaufsichtsbehörde genehmigten Geschäftsplans bzw. der in § 4c Abs. 1 Satz 2 EStG genannten Unterlagen anzusetzen. [3]Für Pensionskassen mit Sitz oder Geschäftsleitung im Ausland sind die für inländische Pensionskassen geltenden Grundsätze anzuwenden.

(4) [1]Zuwendungen an die Kasse dürfen als Betriebsausgaben nicht abgezogen werden, soweit die Leistungen der Kasse, wenn sie vom Trägerunternehmen unmittelbar erbracht würden, bei diesem nicht betrieblich veranlasst wären. [2]Nicht betrieblich veranlasst sind z. B. Leistungen der Kasse an den Inhaber (Unternehmer, Mitunternehmer) des Trägerunternehmens oder seine Angehörigen. [3]Für Angehörige gilt das Verbot nicht, soweit die Zuwendungen im Rahmen eines steuerlich anzuerkennenden Arbeitsverhältnisses gemacht werden (→ R 4.8). [4]Die allgemeinen Gewinnermittlungsgrundsätze bleiben durch § 4c Abs. 2 EStG unberührt; auch bei nicht unter das Abzugsverbot fallenden Zuwendungen ist daher zu prüfen, ob sie nach allgemeinen Bilanzierungsgrundsätzen zu aktivieren sind, z. B. bei Zuwendungen, die eine Gesellschaft für ein Tochterunternehmen erbringt.

(5) [1]Für Zuwendungen, die vom Trägerunternehmen nach dem Bilanzstichtag geleistet werden, ist bereits zum Bilanzstichtag ein Passivposten zu

---

[1] **Steuergesetze** Nr. **70**.

bilden, sofern zu diesem Zeitpunkt eine entsprechende Verpflichtung besteht (Bestimmung in der Satzung oder im Geschäftsplan der Kasse, Anordnung der Aufsichtsbehörde). [2] Werden Fehlbeträge der Kasse abgedeckt, ohne dass hierzu eine Verpflichtung des Trägerunternehmens besteht, kann in sinngemäßer Anwendung des § 4d Abs. 2 EStG zum Bilanzstichtag eine Rückstellung gebildet werden, wenn innerhalb eines Monats nach Aufstellung oder Feststellung der Bilanz des Trägerunternehmens die Zuwendung geleistet oder die Abdeckung des Fehlbetrags verbindlich zugesagt wird.

H 4c

Hinterbliebenenversorgung für den Lebensgefährten. → BMF vom 25.7. 2002 (BStBl. I S. 706).

Zusatzversorgungseinrichtung. Eine nicht rechtsfähige Zusatzversorgungseinrichtung des öffentlichen Dienstes ist eine Pensionskasse i. S. d. § 4c EStG (→ BFH vom 22.9.1995 – BStBl. 1996 II S. 136).

Zu § 4d EStG

R 4d. Zuwendungen an Unterstützungskassen

Unterstützungskasse

(1) [1] Für die Höhe der abziehbaren Zuwendungen an die Unterstützungskasse kommt es nicht darauf an, ob die Kasse von der Körperschaftsteuer befreit ist oder nicht. [2] Wegen der Zuwendungen an Unterstützungskassen bei Bildung von Pensionsrückstellungen für die gleichen Versorgungsleistungen an denselben Empfängerkreis → R 6a Abs. 15.

H 4d (1)

Allgemeines. → BMF vom 28.11.1996 (BStBl. I S. 1435):

1. Konzeptions- und Verwaltungskosten,
2. Leistungsanwärter und Leistungsempfänger,
3. Ermittlung der Rückdeckungsquote,
4. Verwendung von Gewinngutschriften,
5. Unterbrechung der laufenden Beitragszahlung oder Beitragseinstellung,
6. Rückdeckungsversicherungen für unter 30-jährige Leistungsanwärter,
7. zulässiges Kassenvermögen bei abweichender Fälligkeit der Versorgungs- und Versicherungsleistungen,
8. Übergangsregelung nach § 52 Abs. 5 Satz 2 EStG a. F.,
9. zulässiges Kassenvermögen für nicht lebenslänglich laufende Leistungen,
10. tatsächliches Kassenvermögen und überhöhte Zuwendungen.

Hinterbliebenenversorgung für den Lebensgefährten. → BMF vom 25.7. 2002 (BStBl. I S. 706).

Übertragung von Unterstützungskassenzusagen auf Pensionsfonds. Zur Übertragung von Unterstützungskassenzusagen auf Pensionsfonds nach

§ 4d Abs. 3 und § 4e Abs. 3 EStG i. V. m. § 3 Nr. 66 EStG → BMF vom 26.10.2006 (BStBl. I S. 709) und vom 10.7.2015 (BStBl. I S. 544).

Überversorgung.[1]

- Zur bilanzsteuerrechtlichen Berücksichtigung von überdurchschnittlich hohen Versorgungsanwartschaften (Überversorgung) → BMF vom 3.11. 2004 (BStBl. I S. 1045) und vom 13.12.2012 (BStBl. 2013 I S. 35).
- Bei angemessenen Barlohnumwandlungen sind Beiträge für eine rückgedeckte Unterstützungskasse betrieblich veranlasst und ohne Prüfung einer sog. Überversorgung als Betriebsausgabe zu berücksichtigen (→ BFH vom 28.10.2020 – BStBl. 2021 II S. 279).
- → H 6a (17).

Unterstützungskasse. Eine Unterstützungskasse ist eine rechtsfähige Versorgungseinrichtung, die auf ihre Leistungen keinen Rechtsanspruch gewährt (→ BFH vom 5.11.1992 – BStBl. 1993 II S. 185, → § 1b Abs. 4 Betriebsrentengesetz).[2]

Versorgungsausgleich. Zu den Auswirkungen des Gesetzes zur Strukturreform des Versorgungsausgleiches (VAStrRefG) auf Unterstützungskassen → BMF vom 12.11.2010 (BStBl. I S. 1303).

Zuwendungen. Zuwendungen i. S. d. § 4d EStG sind Vermögensübertragungen, die die Unterstützungskasse einseitig bereichern und nicht auf einem Leistungsaustausch beruhen. Es ist unerheblich, ob die Zuwendung auf einer Verpflichtung des Trägerunternehmens beruht oder freiwillig erfolgt (→ BFH vom 5.11.1992 – BStBl. 1993 II S. 185).

R 4d (2)

Leistungsarten

(2) [1] Bei den von der Kasse aus Anlass einer Tätigkeit für das Trägerunternehmen erbrachten Leistungen muss es sich um Leistungen der Alters-, In-validitäts- oder Hinterbliebenenversorgung oder um Leistungen bei Arbeitslosigkeit oder zur Hilfe in sonstigen Notlagen handeln. [2] Für die Frage, ob Leistungen der betrieblichen Altersversorgung vorliegen, ist ausschließlich § 1 Betriebsrentengesetz[2] maßgebend. [3] Werden Leistungen in Aussicht gestellt, die mit denen einer Kapitallebensversicherung mit steigender Todesfallleistung vergleichbar sind, müssen diese nicht die in den LStR[3] geforderten Voraussetzungen an den Mindesttodesfallschutz erfüllen. [4] Der Bezug von Leistungen der Altersversorgung setzt mindestens die Vollendung des 60. Lebensjahres voraus; nur in berufsspezifischen Ausnahmefällen kann eine niedrigere Altersgrenze zwischen 55 und 60 in Betracht kommen. [5] Für Zusagen, die nach dem 31.12.2011 erteilt werden, tritt an die Stelle des 60. Lebensjahres regelmäßig das 62. Lebensjahr. [6] Für andere als die vorgenannten Leistungen sind Zuwendungen im Sinne von § 4d EStG durch das Trägerunternehmen mit steu-

---

[1] Zu einer über 3% liegenden jährlichen Steigerungsrate einer betrieblichen Altersrente siehe BFH v. 31.7.2018 VIII R 6/15, BStBl. II 2019, 197.

[2] **Steuergesetze** Nr. **70**.

[3] R 40b.1 Abs. 1 Sätze 2–4 LStR 2023 (Nr. **20**).

erlicher Wirkung nicht möglich. [7]Zu den lebenslänglich laufenden Leistungen gehören alle laufenden (wiederkehrenden) Leistungen, soweit sie nicht von vornherein nur für eine bestimmte Anzahl von Jahren oder bis zu einem bestimmten Lebensalter des Leistungsberechtigten vorgesehen sind. [8]Vorbehalte, nach denen Leistungen an den überlebenden Ehegatten bei einer Wiederverheiratung oder Invaliditätsrenten bei einer Wiederaufnahme einer Arbeitstätigkeit wegfallen, berühren die Eigenschaft der Renten als lebenslänglich laufende Leistung nicht. [9]Dasselbe gilt, wenn eine Invaliditätsrente bei Erreichen einer bestimmten Altersgrenze von einer Altersrente der Unterstützungskasse abgelöst wird. [10]Keine lebenslänglich laufenden Leistungen sind z. B. Überbrückungszahlungen für eine bestimmte Zeit, Waisenrenten, abgekürzte Invaliditätsrenten und zeitlich von vornherein begrenzte Leistungen an den überlebenden Ehegatten.

H **4d** (2)

Lebenslänglich laufende Leistungen. Auch einmalige Kapitalleistungen einer Unterstützungskasse in geringem Umfang sind als lebenslänglich laufende Leistungen i. S. v. § 4d EStG anzusehen (→ BFH vom 15.6.1994 – BStBl. 1995 II S. 21).

R **4d** (3)

Zuwendungen zum Deckungskapital

(3) [1]Das Deckungskapital für die bereits laufenden Leistungen (§ 4d Abs. 1 Satz 1 Nr. 1 Satz 1 Buchstabe a EStG) kann der Kasse sofort bei Beginn der Leistungen oder, solange der Leistungsempfänger lebt, in einem späteren Wirtschaftsjahr in einem Betrag oder verteilt auf mehrere Wirtschaftsjahre zugewendet werden. [2]Mithin kann

1. das Deckungskapital für eine Rente an einen früheren Arbeitnehmer in dem Zeitraum, in dem der frühere Arbeitnehmer Leistungsempfänger ist,
2. das Deckungskapital für eine Rente an den überlebenden Ehegatten in dem Zeitraum, in dem dieser Leistungsempfänger ist, und
3. das Deckungskapital für eine Rente im Falle der Ehescheidung oder der Aufhebung einer eingetragenen Lebenspartnerschaft an den Ausgleichsberechtigten nach dem VersAusglG in dem Zeitraum, in dem dieser Leistungsempfänger ist,

zugewendet werden. [3]Das Deckungskapital für die Rente an den überlebenden Ehegatten kann selbst dann ungeschmälert zugewendet werden, wenn das Deckungskapital für die Rente an den früheren Arbeitnehmer bereits voll zugewendet war. [4]Auf die Anrechnung des im Deckungskapital für die Rente an den früheren Arbeitnehmer enthaltenen Anteiles für die Anwartschaft auf Rente an den überlebenden Ehegatten wird aus Praktikabilitätsgründen verzichtet. [5]Das für die Zuwendungen maßgebende Deckungskapital ist jeweils nach dem erreichten Alter des Leistungsempfängers zu Beginn der Leistungen oder zum Zeitpunkt der Leistungserhöhung und nach der Höhe der Jahresbeträge dieser Leistungen zu berechnen; das Alter des Leistungsberechtigten ist nach dem bürgerlichen Recht (§ 187 Abs. 2 Satz 2, § 188 Abs. 2 BGB) zu bestimmen. [6]Bei den am 1.1.1975 bereits laufenden Leistungen ist für die Bemessung weiterer Zuwendungen auf das Deckungskapital von der als Anlage 1 dem Einkommensteuergesetz beigefügten Tabelle und von dem Lebensalter auszugehen, das der Berechtigte am 1.1.1975 erreicht hat; auf das so ermittelte Deckungskapital sind die früheren Zuwendungen zum Deckungskapital anzurechnen. [7]Lässt sich in den Fällen, in denen ein Trägerunternehmen die nach dem Zuwendungsgesetz (ZuwG) vom 26.3.1952 (BGBl. I S. 206) höchstzulässigen Jahreszuwendungen nicht ausgeschöpft und die Zuwendungen nicht nach den im ZuwG aufgeführten Kategorien gegliedert hat, nicht mehr feststellen, welcher Teil dieser Zuwendungen auf das Deckungskapital vorgenommen wurde, kann das Trägerunternehmen die Gliederung der früheren Zuwendungen nach eigener Entscheidung vornehmen.

H **4d** (3)

Berechnungsbeispiel für die Zuwendung zum Deckungskapital:

Deckungskapital zum 31.12.01 für die in 01 beginnenden laufenden Leistungen von jährlich 1000 € an die männlichen Leistungsempfänger

A (63 Jahre): 12 × 1000 € =	12 000 €
B (58 Jahre): 13 × 1000 € =	13 000 €
	25 000 €

Der Kasse werden hiervon 01 nur 10 000 € zugewendet.

Im Wj. 02 oder in späteren Wj. können der Kasse für die Leistungen an diese Empfänger nach § 4d Abs. 1 Satz 1 Nr. 1 Satz 1 Buchstabe a EStG insgesamt 25 000 € – 10 000 € = 15 000 € zugewendet werden.

R **4d** (4)

Zuwendungen zum Reservepolster

(4) [1]Für die Ermittlung der Höhe der zulässigen Zuwendungen zum Reservepolster nach § 4d Abs. 1 Satz 1 Nr. 1 Satz 1 Buchstabe b EStG besteht ein Wahlrecht. [2]Das Trägerunternehmen kann entweder von den jährlichen Versorgungsleistungen ausgehen, welche die jeweils begünstigten Leistungsanwärter im letzten Zeitpunkt der Anwartschaft, spätestens im Zeitpunkt des Erreichens der Regelaltersgrenze der gesetzlichen Rentenversicherung (§§ 35 und 235 SGB VI),[1)] nach dem Leistungsplan der Kasse erhalten können (Grundsatzregelung). [3]Statt dessen kann auch vom Durchschnittsbetrag der von der Kasse im Wirtschaftsjahr tatsächlich gewährten lebenslänglich laufenden Leistungen ausgegangen werden (Sonderregelung). [4]Das Trägerunternehmen hat in dem Wirtschaftsjahr, ab dem dieses Wahlrecht besteht bzw. in dem erstmals Leistungen über eine Unterstützungskasse zugesagt werden, zu entscheiden, ob die Ermittlung der Höhe der Zuwendungen zum Reservepolster nach der Grundsatzregelung oder der Sonderregelung erfolgen soll. [5]An die getroffene Wahl ist es grundsätzlich fünf Wirtschaftsjahre lang gebunden. [6]Die für das Wirtschaftsjahr zulässigen Zuwendungen zum Reservepolster ergeben sich, wenn auf den jeweils ermittelten Betrag die nach § 4d Abs. 1 Satz 1 Nr. 1 Satz 1 Buchstabe b Satz 1 EStG maßgebenden Prozentsätze an-

---

1) **Aichberger SGB** Nr. 6.

gewandt werden; im Falle der Sonderregelung ist das Ergebnis mit der Anzahl der berücksichtigungsfähigen Leistungsanwärter zu vervielfältigen. [7]Wird die Zuwendungshöhe nach der Grundsatzregelung berechnet, sind die dem einzelnen Leistungsanwärter jeweils schriftlich zugesagten erreichbaren Leistungen nach den Verhältnissen am Ende des Wirtschaftsjahres der Kasse maßgebend. [8]Änderungen, die erst nach dem Bilanzstichtag wirksam werden, sind nur zu berücksichtigen, wenn sie am Bilanzstichtag bereits feststehen. [9]Die Leistungen sind jeweils bezogen auf die einzelnen zulässigen Zuwendungssätze getrennt zu erfassen, wobei im Falle des § 4d Abs. 1 Satz 1 Nr. 1 Satz 1 Buchstabe b Satz 1 Doppelbuchstabe aa EStG jeweils gesondert die Leistungen der Invaliditätsversorgung bzw. Hinterbliebenenversorgung und im Falle des Doppelbuchstabens bb die Leistungen der Altersversorgung zu berücksichtigen sind. [10]Wird die Zuwendungshöhe nach der Sonderregelung berechnet, ist vom Durchschnittsbetrag der von der Kasse in ihrem Wirtschaftsjahr tatsächlich gewährten lebenslänglich laufenden Leistungen auszugehen. [11]Zur Vereinfachung kann statt einer genaueren Berechnung als Durchschnittsbetrag der Betrag angenommen werden, der sich ergibt, wenn die Summe der im Wirtschaftsjahr der Kasse tatsächlich gezahlten lebenslänglich laufenden Leistungen durch die Zahl der am Ende ihres Wirtschaftsjahres vorhandenen berücksichtigungsfähigen Leistungsempfänger geteilt wird. [12]Auf diesen Durchschnittsbetrag sind die Zuwendungssätze von jeweils 25%, 12% oder 6% anzuwenden.

H **4d** (4)

Ermittlungszeitpunkt. Zum Ermittlungszeitpunkt für die Höhe der Zuwendungen an eine Unterstützungskasse → BMF vom 7.1.1994 (BStBl. I S. 18).

Näherungsverfahren. Zur Berücksichtigung von Renten aus der gesetzlichen Rentenversicherung → BMF vom 15.3.2007 (BStBl. I S. 290) und vom 5.5.2008 (BStBl. I S. 570).

R **4d** (5–10)

Leistungsanwärter

(5) [1]Der Kreis der Leistungsanwärter umfasst grundsätzlich alle Arbeitnehmer und ehemaligen Arbeitnehmer des Trägerunternehmens, die von der Unterstützungskasse schriftlich zugesagte Leistungen erhalten können, soweit sie nicht bereits Empfänger lebenslänglich laufender Leistungen sind. [2]Bei Zusagen von Hinterbliebenenversorgung ohne Altersversorgung gilt die Person als Leistungsanwärter, bei deren Ableben die Hinterbliebenenversorgung einsetzt; hierbei ist nicht zu prüfen, ob Angehörige vorhanden sind, die Anspruch auf eine Versorgung haben. [3]Angehörige des Unternehmers oder von Mitunternehmern des Trägerunternehmens dürfen nur als Leistungsanwärter berücksichtigt werden, soweit ein steuerlich anzuerkennendes Arbeitsverhältnis (→ R 4.8) vorliegt. [4]Personen, die mit einer unverfallbaren Anwartschaft aus dem Trägerunternehmen ausgeschieden sind, gehören unter den vorstehenden Voraussetzungen zu den Leistungsanwärtern, solange die Kasse mit einer späteren Inanspruchnahme zu rechnen hat; sofern der Kasse nicht bereits vorher bekannt ist, dass Leistungen

nicht zu gewähren sind, braucht bei diesen Personen die Frage, ob die Kasse mit einer Inanspruchnahme zu rechnen hat, erst nach Erreichen der Altersgrenze geprüft zu werden. [5]Personen, bei denen bis zum Ablauf des auf das Erreichen der Altersgrenze folgenden Wirtschaftsjahres nicht feststeht, dass die Kasse mit einer Inanspruchnahme zu rechnen hat, gehören vom Ende dieses Wirtschaftsjahres an nicht mehr zu den Leistungsanwärtern.

Rückgedeckte Unterstützungskasse

Allgemeines

(6) [1]Soweit die Unterstützungskasse die einem Leistungsempfänger oder einem Leistungsanwärter zugesagten Leistungen ganz oder teilweise durch den Abschluss einer Versicherung abgesichert hat, liegt eine rückgedeckte Unterstützungskasse vor. [2]Ist der Betriebsausgabenabzug nach § 4d Abs. 1 Satz 1 Nr. 1 Satz 1 Buchstabe c EStG ausgeschlossen, können die Zuwendungen im Rahmen des § 4d Abs. 1 Satz 1 Nr. 1 Satz 1 Buchstabe a und b EStG abgezogen werden. [3]Die Voraussetzungen für den Betriebsausgabenabzug nach § 4d Abs. 1 Satz 1 Nr. 1 Satz 1 Buchstabe c EStG sind auch dann erfüllt, wenn die Unterstützungskasse ihre Ansprüche aus von ihr abgeschlossenen Rückdeckungsversicherungsverträgen an die begünstigten Arbeitnehmer verpfändet, denen sie Leistungen in Aussicht gestellt hat.

Zuwendungen für Leistungsempfänger

(7) [1]Werden die zugesagten Leistungen erst nach Eintritt des Versorgungsfalles rückgedeckt, können hierfür Einmalprämien mit steuerlicher Wirkung zugewendet werden. [2]§ 4d Abs. 1 Satz 1 Nr. 1 Satz 1 Buchstabe c Satz 2 bis 4 EStG ist nicht anzuwenden.

Zuwendungen für Leistungsanwärter

(8) [1]Das Trägerunternehmen kann den für den einzelnen Leistungsanwärter an die Kasse zugewendeten Betrag der Versicherungsprämie nur als Betriebsausgaben geltend machen, wenn die Unterstützungskasse laufende Prämien zu entrichten hat. [2]Dies ist bei Zusagen einer Altersversorgung der Fall, wenn es sich um eine Versicherung handelt, bei der in jedem Jahr zwischen Vertragsabschluss und Zeitpunkt, für den erstmals Leistungen der Altersversorgung vorgesehen sind, Prämien zu zahlen sind. [3]Der Zeitpunkt, für den erstmals Leistungen der Altersversorgung vorgesehen sind, darf nicht vor Vollendung des 55. Lebensjahres des begünstigten Leistungsanwärters liegen. [4]Werden Leistungen der Invaliditäts- oder Hinterbliebenenversorgung rückversichert, muss die abgeschlossene Versicherung eine Mindestlaufzeit bis zu dem Zeitpunkt haben, in dem der Leistungsanwärter sein 55. Lebensjahr vollendet. [5]Eine Versicherung mit kürzerer Laufzeit ist nur begünstigt, wenn feststeht, dass im Anschluss an die Laufzeit des Versicherungsvertrages eine Zusage auf Altersversorgung besteht; ist diese rückgedeckt, müssen die Voraussetzungen der Sätze 2 und 3 erfüllt sein. [6]Der Abzug der Zuwendungen als Betriebsausgabe ist in dem Wirtschaftsjahr ausgeschlossen, in dem die Kasse zu irgendeinem Zeitpunkt die Ansprüche aus der Versicherung zur Sicherung eines Darlehens verwendet. [7]Soweit einem Leistungsanwärter vor Vollendung des 28. Lebensjahres (bei erstmaliger Zusage vor dem 1.1.2001: des 30. Lebens-

jahres, bei erstmaliger Zusage nach dem 31.12.2008: des 27. Lebensjahres) Zusagen mit vertraglicher Unverfallbarkeit gewährt werden, können hierfür laufende Prämien als Zuwendungen nur berücksichtigt werden, wenn die Bestimmungen der vertraglichen Unverfallbarkeit mindestens den Berechnungsvorschriften des § 2 Betriebsrentengesetz[1)] entsprechen.

Kürzung der als Betriebsausgabe abzugsfähigen Prämien

(9) [1]Laufende Prämien sind bezogen auf die notwendige und vereinbarte Versicherungssumme nur begünstigt, wenn sie der Höhe nach entweder gleich bleiben oder steigen. [2]Eine gleich bleibende Prämie liegt in diesen Fällen auch vor, wenn die von der Unterstützungskasse jährlich zu zahlende Prämie mit Gewinngutschriften aus dem Versicherungsvertrag verrechnet wird. [3]In diesen Fällen kann der Kasse nur der verbleibende Restbetrag steuerbegünstigt zugewendet werden. [4]Entsprechendes gilt, wenn die Gewinngutschriften durch die Kasse nicht mit fälligen Prämien verrechnet und auch nicht zur Erhöhung der Rückdeckungsquote hinsichtlich der bestehenden Zusage verwendet werden. [5]Beruht die Verminderung der Beiträge auf einer Änderung der Versorgungszusage und sind die Prämien nach der Vertragsänderung mindestens in konstanter Höhe bis zum Eintritt des Versorgungsfalles zu zahlen, sind die Zuwendungen weiterhin als Betriebsausgaben abzugsfähig; Entsprechendes gilt bei der Änderung von Entgeltumwandlungsvereinbarungen. [6]Eine Änderung der Versorgungszusage liegt auch dann vor, wenn der Arbeitgeber auf Verlangen des Arbeitnehmers eine Entgeltumwandlung im Wege einer vertraglichen Vereinbarung reduziert. [7]Dies gilt unabhängig davon, aus welchem Grund die Gehaltsumwandlung vermindert wird. [8]Sinkende Beiträge an eine rückgedeckte Unterstützungskasse führen auch dann (ausnahmsweise) nicht zu einer Versagung des Betriebsausgabenabzuges, wenn sich die Beitragsminderung aus gesetzlich vorgegebenen Faktoren ergibt (z. B. aus der Erhöhung der Beitragsbemessungsgrenzen in der gesetzlichen Rentenversicherung) und die Prämienzahlungen nach der Minderung mindestens in konstanter Höhe bis zum Eintritt des Versorgungsfalles zu leisten sind.

Nachweispflicht

(10) Das Trägerunternehmen hat die Voraussetzungen des § 4d Abs. 1 Satz 1 Nr. 1 Satz 1 Buchstabe c EStG im Jahr der Zuwendung nachzuweisen.

H 4d (6–10)

Entgeltumwandlungen bei Ehegattenarbeitsverhältnissen. Zur Anwendung des Fremdvergleichsmaßstabes bei Entgeltumwandlungen in Beiträge für eine rückgedeckte Unterstützungskasse zum Zweck der betrieblichen Altersvorsorge → BFH vom 28.10.2020 (BStBl. 2021 II S. 434).

Rückdeckungsversicherung. Der Betriebsausgabenabzug von Zuwendungen an eine rückgedeckte Unterstützungskasse nach § 4d Abs. 1 Satz 1 Nr. 1 Satz 1 Buchstabe c EStG ist bei einer Beleihung oder Abtretung von Ansprüchen aus der Rückdeckungsversicherung ausgeschlossen. Die Inan-

---

1) **Steuergesetze** Nr. **70**.

spruchnahme von Vorauszahlungen steht einer Beleihung gleich (→ BFH vom 28.2.2002 – BStBl. II S. 358).

Zweifelsfragen bei Zuwendungen an rückgedeckte Unterstützungskassen.
– → BMF vom 31.1.2002 (BStBl. I S. 214):
1. Versicherung gegen laufende Einmalbeiträge.
2. Sinkende Beiträge auf Grund einer Bemessung nach variablen Gehaltsbestandteilen.

– → H 4d (1) Allgemeines.

R 4d (11)

Zuwendungen für nicht lebenslänglich laufende Leistungen

(unbesetzt)

H 4d (11)

Beispiel:

Lohn- und Gehaltssumme des Trägerunternehmens im Wj. 01	1 000 000 €
Die Zuwendung beträgt 01 1000 € und liegt damit unter der möglichen Zuwendung von 0,2% von 1 000 000 € = 2000 €.	
Lohn- und Gehaltssumme 02 bis 05 je	1 200 000 €
Zuwendungen 02 bis 05 je 0,2% von 1 200 000 €, zusammen	9 600 €
Kassenleistungen 01 bis 05 zusammen	4 000 €
Lohn- und Gehaltssumme 06	1 500 000 €
Tatsächliche Kassenleistungen 06	12 000 €
In 06 können der Kasse statt der normalen Zuwendung von 0,2% von 1 500 000 € = 3000 € zugewendet werden:	
– die tatsächlichen Kassenleistungen 06 von	12 000 €
– abzüglich der aus den vorangegangenen 5 Wj. noch nicht durch Leistungen aufgezehrten Zuwendungen (10 600 € – 4000 € =)	6 600 €
	5 400 €

R 4d (12, 13)

Lohn- und Gehaltssumme

(12) [1]Zur Lohn- und Gehaltssumme i. S. d. § 4d Abs. 1 Satz 1 Nr. 2 EStG gehören alle Arbeitslöhne i. S. d. § 19 Abs. 1 Satz 1 Nr. 1 EStG, soweit sie nicht von der Einkommensteuer befreit sind. [2]Zuschläge für Mehrarbeit und für Sonntags-, Feiertags- und Nachtarbeit gehören zur Lohn- und Gehaltssumme, auch soweit sie steuerbefreit sind. [3]Wegen der Vergütungen an Personen, die nicht Arbeitnehmer sind, → Absatz 15.

Kassenvermögen der Unterstützungskasse

(13) [1]Zuwendungen an eine Unterstützungskasse sind beim Trägerunternehmen nur abziehbar, soweit am Schluss des Wirtschaftsjahres der Kasse das tatsächliche Kassenvermögen nicht höher ist als das zulässige Kassenvermögen (§ 4d Abs. 1 Satz 1 Nr. 1 Satz 2 bis 7 und Nr. 2 Satz 2 bis 6 EStG). [2]Dabei ist die Unterstützungskasse bei der Ermittlung ihres zulässigen Kassenvermögens nicht an die Bewertungsmethode gebunden, die das Trägerunternehmen bei

der Ermittlung des Dotierungsrahmens zum Reservepolster (→ Absatz 4) angewandt hat. [3] Weicht das Wirtschaftsjahr der Kasse von dem des Trägerunternehmens ab, ist für die Frage, ob das tatsächliche Kassenvermögen das zulässige Kassenvermögen übersteigt, das Wirtschaftsjahr der Kasse maßgebend, das vor dem Ende des Wirtschaftsjahres des Trägerunternehmens endet. [4] Bei Kassen, die sowohl lebenslänglich laufende als auch nicht lebenslänglich laufende Leistungen gewähren, ist sowohl das tatsächliche als auch das zulässige Kassenvermögen für beide Gruppen von Leistungen gemeinsam festzustellen.

H **4d** (13)

Beispiel:

Tatsächliches Kassenvermögen einer Unterstützungskasse mit lebenslänglich laufenden und nicht lebenslänglich laufenden Leistungen am 31.12.02 vor der Zuwendung für 02 720 000 €.

Die Kasse zahlt an bereits laufenden jährlichen Altersrenten seit 01 an 14 Berechtigte insgesamt 33 600 €, d. h. durchschnittlich 2400 €.

Das Deckungskapital hierfür betrug bei Beginn der Leistungen im Jahr 01 340 000 €, zum 31.12.02 336 000 € (340 000 € voll zugewendet).

Am 1.1.02 kommen 3 laufende Leistungen mit je 2400 € Jahresrente hinzu (Alter der männlichen Berechtigten 65 Jahre). Die Kasse hat daneben insgesamt 80 Leistungsanwärter, denen nach dem 31.12.2000 vom Trägerunternehmen eine Zusage erteilt wurde. Diesen ist nach den Verhältnissen zum 31.12.02 eine Jahresrente von je 2400 € zugesagt. 10 Leistungsanwärter haben am 31.12.02 das 28. Lebensjahr noch nicht vollendet. 10 Leistungsanwärter haben zu diesem Zeitpunkt das 50. Lebensjahr vollendet. Die Lohn- und Gehaltssumme des Trägerunternehmens beträgt in allen Jahren je 1 500 000 €.

Der Kasse können 02 folgende Beträge zugewendet werden:

a) Das Deckungskapital für die neu hinzugekommenen laufenden Leistungen in Höhe von 11 × 2400 € × 3 = ... 79 200 €

b) Zuwendungen zum Reservepolster für lebenslänglich laufende Leistungen:

  aa) Nach dem Grundsatz:
  2400 €, hiervon 25% (§ 4d Abs. 1 Satz 1 Nr. 1 Satz 1 Buchstabe b Satz 1 Doppelbuchst. bb EStG) = 600 €, vervielfältigt mit der Zahl der berücksichtigungsfähigen Leistungsanwärter:
  600 € × 70 = ... 42 000 €

  bb) Nach der Sonderregelung:
  Durchschnitt der laufenden Leistungen 02:
  33 600 € + (3 × 2400 €) = 40 800 € : 17 Empfänger = 2400 €,
  hiervon 25% (§ 4d Abs. 1 Satz 1 Nr. 1 Satz 1 Buchst. b Satz 1 Doppelbuchstabe bb EStG) = 600 €, vervielfältigt mit der Zahl der berücksichtigungsfähigen Leistungsanwärter: 600 € × 10 = ... 6 000 €

c) Zuwendungen für nicht lebenslänglich laufende Leistungen:
0,2% von 1 500 000 € = ... 3 000 €

Der Zuwendungsumfang beträgt
– unter Berücksichtigung von b) aa) .... 124 200 €
– und unter Berücksichtigung von b) bb) .... 88 200 €

Zulässiges Kassenvermögen am 31.12.02:
Deckungskapital für die laufenden Leistungen
(336 000 € + 79 200 € =) .... 415 200 €
Reservepolster für lebenslänglich laufende Leistungen
– nach b) aa) 42 000 € × 8 = ... 336 000 €
– nach b) bb) 6000 € × 8 = ... 48 000 €
Reservepolster für nicht lebenslänglich laufende Leistungen
(1% von 1 500 000 € =) .... 15 000 €

Das tatsächliche Kassenvermögen von bisher 720 000 € würde nach der Zuwendung von 124 200 € – b) aa) – insgesamt 844 200 € betragen und damit das zulässige Kassenvermögen von (415 200 € + 336 000 € + 15 000 € =) 766 200 € um 78 000 € übersteigen. Es sind deshalb nicht 124 200 €, sondern nur (124 200 € – 78 000 € =) 46 200 € der Zuwendungen als Betriebsausgaben abziehbar. Unter Berücksichtigung des Zuwendungsumfangs unter b) bb) beträgt das zulässige Kassenvermögen nur (415 200 € + 48 000 € + 15 000 € =) 478 200 €. In diesem Fall kann die Zuwendung in 02 nicht als Betriebsausgabe abgezogen werden.

R 4d (14)

Sonderfälle

(14) [1]Bei Konzern- und Gruppenkassen ist die Bemessungsgrundlage für die Zuwendungen zum Reservepolster für jedes Trägerunternehmen gesondert nach den bei diesen Unternehmen vorliegenden Tatbeständen zu errechnen. [2]Die auf das einzelne Trägerunternehmen entfallenden Teile des tatsächlichen und zulässigen Kassenvermögens sind ebenfalls jeweils getrennt festzustellen.

H 4d (14)

Zuwendungen an mehrere Kassen. Leistet ein Trägerunternehmen Zuwendungen an mehrere Unterstützungskassen, sind diese Kassen bei der Ermittlung der Höhe der steuerbegünstigten Zuwendungen i. S. v. § 4d EStG als Einheit zu behandeln (→ § 4d Abs. 1 Satz 3 EStG). Soweit danach der Betriebsausgabenabzug nach § 4d Abs. 1 Satz 3 EStG beschränkt ist, gilt dies auch für den Fall, dass bei getrennter Betrachtung infolge der Unterdotierung einer oder mehrerer Kassen der Abzug nicht beschränkt wäre. Daran ändert sich selbst dann nichts, wenn sich der durch die Kassen begünstigte Kreis der Arbeitnehmer nicht überschneidet (→ BFH vom 8.11.1989 – BStBl. 1990 II S. 210).

R 4d (15)

(15) [1]Bei der Berechnung der Zuwendungen können neben den Arbeitnehmern auch Personen berücksichtigt werden, die nicht Arbeitnehmer sind, z. B. Handelsvertreter, wenn ihnen nach der Satzung der Unterstützungskasse Leistungen aus Anlass ihrer Tätigkeit für ein Trägerunternehmen zugesagt worden sind (§ 17 Abs. 1 Satz 2 Betriebsrentengesetz).[1)] [2]Die Provisionszahlungen oder sonstigen Entgelte an diese Personen sind zur Lohn- und Gehaltssumme i. S. d. § 4d Abs. 1 Satz 1 Nr. 2 EStG zu rechnen.

Zu § 4e EStG

H 4e

Pensionsfonds. Als Pensionsfonds i. S. d. § 236 VAG sind nur rechtsfähige Versorgungseinrichtungen in der Rechtsform einer AG oder eines Pensionsfondsvereins auf Gegenseitigkeit anzusehen, die den Leistungsberech-

1) **Steuergesetze** Nr. **70**.

tigten (Arbeitnehmer, ehemalige Arbeitnehmer und Personen i. S. d. § 17 Abs. 1 Satz 2 Betriebsrentengesetz)[1] einen eigenen Anspruch ausschließlich auf Altersversorgungsleistungen gegen den Pensionsfonds einräumen (→ §§ 236, 237 VAG).[2]

Übertragung von Versorgungszusagen auf Pensionsfonds. Zur Übertragung von Versorgungsverpflichtungen und Versorgungsanwartschaften auf Pensionsfonds nach § 4e Abs. 3 EStG i. V. m. § 3 Nr. 66 EStG → BMF vom 26.10.2006 (BStBl. I S. 709) und vom 10.7.2015 (BStBl. I S. 544).

Zu § 4f EStG

H 4f

Aufwandsverteilung bei Verpflichtungsübertragungen. Zur steuerlichen Berücksichtigung des Aufwandes im Zusammenhang mit der Übertragung von Verpflichtungen, mit Schuldbeitritten und Erfüllungsübernahmen mit vollständiger oder teilweiser Schuldfreistellung → BMF vom 30.11.2017 (BStBl. I S. 1619).

Zu § 4h EStG[3]

H 4h

Anwendungsschreiben. → BMF vom 4.7.2008 (BStBl. I S. 718).

Zu § 4j EStG[4]

H 4j

Allgemeines. Anwendungsschreiben zur Lizenzschranke → BMF vom 5.1.2022 (BtBl. I S. 100).

Zu § 5 EStG

R 5.1 Allgemeines zum Betriebsvermögensvergleich nach § 5 EStG

(unbesetzt)

H 5.1

Besonderes, laufend zu führendes Verzeichnis. → BMF vom 12.3.2010 (BStBl. I S. 239), Rn. 19 ff.

---

1) **Steuergesetze** Nr. **70**.

2) **Wirtschaftsgesetze** Nr. **90**.

3) Zu ernstlichen Zweifeln an der Verfassungsmäßigkeit des § 4h EStG siehe AdV-Beschluss des BFH v. 18.12.2013 I B 85/13, BStBl. II 2014, 947, und BMF v. 13.11.2014, BStBl. I 2014, 1516. – Siehe nun BFH v. 14.10.2015 I R 20/15, BStBl. II 2017, 1240, zur Vorlage an das BVerfG (Az. 2 BvL 1/16).

4) Anwendungsregelungen zu § 4j EStG: Zu nicht Nexus-konformen Präferenzregelungen in den VZ 2018, 2019 und 2020 siehe BMF v. 6.1.2022, BStBl. I 2022, 103.

Betriebsvermögensvergleich für gewerbliche Betriebe. → R 4.1 Abs. 2.

Bodengewinnbesteuerung. → H 55 (Abschreibung auf den niedrigeren Teilwert, Bodengewinnbesteuerung).

Buchführungspflicht einer Personenhandelsgesellschaft. Die Buchführungspflicht einer Personenhandelsgesellschaft für ihr gesamtes Betriebsvermögen (→ R 4.2 Abs. 2) einschließlich etwaigen Sonderbetriebsvermögens der Gesellschafter ergibt sich aus § 141 AO (→ BFH vom 23.10.1990 – BStBl. 1991 II S. 401 und vom 11.3.1992 – BStBl. II S. 797).

Buchführungs- und Aufzeichnungspflichten nach anderen Gesetzen. → AEAO zu § 140 AO.[1)]

Gesetzliche Vorschriften.
- Gesetzliche Vorschriften für die Buchführung und den Jahresabschluss i. S. d. § 5 Abs. 1 Satz 1 EStG sind insbesondere die handelsrechtlichen Vorschriften (§§ 238, 240, 241a, 242, 264–264c, 336, 340a und 341a HGB)[2)] und die Vorschriften des § 141 AO.
- Gesetzliche Vorschriften für die Buchführungspflicht können auch ausländische Rechtsnormen sein (→ R 4.1 Abs. 4 Satz 2 und BFH vom 25.6.2014 – BStBl. 2015 II S. 141).

Gewinnermittlung für Sonderbetriebsvermögen der Gesellschafter. Die Gewinnermittlung für Sonderbetriebsvermögen der Gesellschafter einer gewerblich tätigen Personenhandelsgesellschaft (→ R 4.2 Abs. 2) richtet sich ebenfalls nach § 5 EStG; sie erfolgt in der Weise, dass die Steuerbilanz der Gesellschaft mit den Ergebnissen etwaiger Ergänzungsbilanzen und den Sonderbilanzen der Gesellschafter zusammengefasst wird (→ BFH vom 11.3.1992 – BStBl. II S. 797).

Handelsregister.
- **Eintragung im Handelsregister** ist für Annahme eines Gewerbebetriebs allein nicht entscheidend (→ BFH vom 29.1.1952 – BStBl. III S. 99 und vom 14.2.1956 – BStBl. III S. 103).
- **Personengesellschaft.** Ist eine Personengesellschaft in das Handelsregister eingetragen, so besteht die Vermutung, dass gewerbliche Einkünfte vorliegen (→ BFH vom 6.10.1977 – BStBl. 1978 II S. 54). Diese Vermutung kann durch den Nachweis widerlegt werden, dass die Personengesellschaft eindeutig kein Handelsgewerbe betreibt (→ BFH vom 19.3. 1981 – BStBl. II S. 527).

Maßgeblichkeit der Handelsbilanz.
- Zur Maßgeblichkeit der handelsrechtlichen Grundsätze ordnungsmäßiger Buchführung für die steuerliche Gewinnermittlung → BMF vom 12.3.2010 (BStBl. I S. 239) unter Berücksichtigung der Änderungen durch BMF vom 22.6.2010 (BStBl. I S. 597).
- Zur Maßgeblichkeit der Handelsbilanz bei der Bewertung von Rückstellungen → H 6.11.

---

1) Nr. **800**.
2) **Habersack** Nr. **50**.

Passivierungsverbot nach § 5 Abs. 2a EStG.[1] Die Regelung des § 5 Abs. 2a EStG betrifft sowohl den Ansatz „dem Grunde nach" als auch den (weiteren) Ansatz „der Höhe nach", wenn zwar „tilgungsrelevante" Einnahmen (Erlöse) oder Gewinne angefallen sind, diese aber zur vollständigen Tilgung der Verbindlichkeit nicht ausreichen. In diesem Fall besteht für den Teil der Verbindlichkeit, der nicht aus den erwirtschafteten Beträgen getilgt werden kann, das Passivierungsverbot fort (→ BFH vom 10.7.2019 – BStBl. II S. 803).

R **5.2** Ordnungsmäßige Buchführung

Kreditgeschäfte und ihre periodenweise Erfassung

(1) [1]Bei Kreditgeschäften sind die Entstehung der Forderungen und Schulden und ihre Tilgung grundsätzlich als getrennte Geschäftsvorfälle zu behandeln. [2]Bei einer doppelten Buchführung ist für Kreditgeschäfte in der Regel ein Kontokorrentkonto, unterteilt nach Schuldnern und Gläubigern, zu führen. [3]Es ist jedoch nicht zu beanstanden, wenn Waren- und Kostenrechnungen, die innerhalb von acht Tagen nach Rechnungseingang oder innerhalb der ihrem gewöhnlichen Durchlauf durch den Betrieb entsprechenden Zeit beglichen werden, kontokorrentmäßig nicht erfasst werden. [4]Werden bei der Erstellung der Buchführung die Geschäftsvorfälle nicht laufend, sondern nur periodenweise gebucht, ist es nicht zu beanstanden, wenn die Erfassung der Kreditgeschäfte eines Monats im Grundbuch bis zum Ablauf des folgenden Monats erfolgt, sofern durch organisatorische Vorkehrungen sichergestellt ist, dass Buchführungsunterlagen bis zu ihrer Erfassung im Grundbuch nicht verloren gehen, z. B. durch laufende Nummerierung der eingehenden und ausgehenden Rechnungen oder durch ihre Ablage in besonderen Mappen oder Ordnern. [5]Neben der Erfassung der Kreditgeschäfte in einem Grundbuch müssen die unbaren Geschäftsvorfälle, aufgegliedert nach Geschäftspartnern, kontenmäßig dargestellt werden. [6]Dies kann durch Führung besonderer Personenkonten oder durch eine geordnete Ablage der nicht ausgeglichenen Rechnungen (Offene-Posten-Buchhaltung) erfüllt werden. [7]Ist die Zahl der Kreditgeschäfte verhältnismäßig gering, gelten hinsichtlich ihrer Erfassung die folgenden Erleichterungen:

a) Besteht kein laufender unbarer Geschäftsverkehr mit Geschäftspartnern, müssen für jeden Bilanzstichtag über die an diesem Stichtag bestehenden Forderungen und Schulden Personenübersichten aufgestellt werden.

b) Einzelhändler und Handwerker können Krediteinkäufe und Kreditverkäufe kleineren Umfangs vereinfacht buchen. [2]Es genügt, wenn sie die Wareneinkäufe auf Kredit im Wareneingangsbuch in einer besonderen Spalte als Kreditgeschäfte kennzeichnen und den Tag der Begleichung der Rechnung vermerken. [3]Bei Kreditverkäufen reicht es aus, wenn sie einschließlich der Zahlung in einer Kladde festgehalten werden, die als Teil der Buchführung aufzubewahren ist. [4]Außerdem müssen in beiden Fällen für jeden Bilanzstichtag Personenübersichten aufgestellt werden.

---

[1] Zur ertragsteuerlichen Behandlung von Genussrechtskapital siehe BMF v. 11.4.2023, BStBl. I 2023, 672.

Mängel der Buchführung

(2) [1]Enthält die Buchführung formelle Mängel, ist ihre Ordnungsmäßigkeit nicht zu beanstanden, wenn das sachliche Ergebnis der Buchführung dadurch nicht beeinflusst wird und die Mängel kein erheblicher Verstoß gegen die Anforderungen an die → zeitgerechte Erfassung der Geschäftsvorfälle, die besonderen Anforderungen bei Kreditgeschäften, die Aufbewahrungsfristen sowie die Besonderheiten bei der Buchführung auf Datenträgern sind. [2]Enthält die Buchführung materielle Mängel, z.B. wenn Geschäftsvorfälle nicht oder falsch gebucht sind, wird ihre Ordnungsmäßigkeit dadurch nicht berührt, wenn es sich dabei um unwesentliche Mängel handelt, z.B. wenn nur unbedeutende Vorgänge nicht oder falsch dargestellt sind. [3]Die Fehler sind dann zu berichtigen, oder das Buchführungsergebnis ist durch eine Zuschätzung richtig zu stellen. [4]Bei schwerwiegenden materiellen Mängeln gilt R 4.1 Abs. 2 Satz 3.

H 5.2

Allgemeines. Zur Führung von Büchern und Aufzeichnungen → §§ 140 bis 148 AO.

Aufbewahrungspflichten.

- → § 147 AO (Ordnungsvorschriften für die Aufbewahrung von Unterlagen).
- → AEAO zu § 147 AO.[1)]
- Haben Rechnungen usw. Buchfunktion, z.B. bei der Offene-Posten-Buchhaltung, so sind sie so lange wie Bücher aufzubewahren (§ 146 Abs. 5 i.V.m. § 147 Abs. 3 AO).
- Aufbewahrung digitaler Unterlagen bei Bargeschäften → BMF vom 26.11.2010 (BStBl. I S. 1342).

Aufzeichnungspflichten. Besondere Aufzeichnungspflichten nach § 4 Abs. 7 EStG → R 4.11.

Belegablage. Anforderungen an eine geordnete und übersichtliche Belegablage → BFH vom 16.9.1964 (BStBl. III S. 654) und vom 23.9.1966 (BStBl. 1967 III S. 23).

Beweiskraft der Buchführung. → AEAO zu § 158 AO.[1)]

Freie Berufe. Die Angehörigen der freien Berufe, die ihren Gewinn nach § 4 Abs. 1 EStG aufgrund ordnungsmäßiger Buchführung ermitteln, müssen bei der Buchung der Geschäftsvorfälle die allgemeinen Regeln der kaufmännischen Buchführung befolgen (→ BFH vom 18.2.1966 – BStBl. III S. 496). Das in § 252 Abs. 1 Nr. 4 2. Halbsatz HGB geregelte Realisationsprinzip findet auch für die Gewinnermittlung bilanzierender Freiberufler Anwendung (→ BFH vom 10.9.1998 – BStBl. 1999 II S. 21).

Gesellschafterwechsel. Eine Personengesellschaft ist nicht verpflichtet, auf den Stichtag eines Gesellschafterwechsels eine Zwischenbilanz aufzustellen (→ BFH vom 9.12.1976 – BStBl. 1977 II S. 241).

Grundbuchaufzeichnungen. Die Funktion der Grundbuchaufzeichnungen kann auf Dauer auch durch eine geordnete und übersichtliche Belegablage erfüllt werden (§ 239 Abs. 4 HGB; § 146 Abs. 5 AO).

---

1) Nr. **800**.

Grundsätze ordnungsmäßiger Buchführung (GoB).

- Eine Buchführung ist ordnungsmäßig, wenn die für die kaufmännische Buchführung erforderlichen Bücher geführt werden, die Bücher förmlich in Ordnung sind und der Inhalt sachlich richtig ist (→ BFH vom 24.6.1997 – BStBl. 1998 II S. 51).
- Ein bestimmtes Buchführungssystem ist nicht vorgeschrieben; allerdings muss bei Kaufleuten die Buchführung den Grundsätzen der doppelten Buchführung entsprechen (§ 242 Abs. 3 HGB). Im Übrigen muss die Buchführung so beschaffen sein, dass sie einem sachverständigen Dritten innerhalb angemessener Zeit einen Überblick über die Geschäftsvorfälle und über die Vermögenslage des Unternehmens vermitteln kann. Die Geschäftsvorfälle müssen sich in ihrer Entstehung und Abwicklung verfolgen lassen (§ 238 Abs. 1 HGB; → auch BFH vom 18.2.1966 – BStBl. III S. 496 und vom 23.9.1966 – BStBl. 1967 III S. 23). Grundsätze zur ordnungsmäßigen Führung und Aufbewahrung von Büchern, Aufzeichnungen und Unterlagen in elektronischer Form sowie zum Datenzugriff (GoBD) → BMF vom 28.11.2019 (BStBl. I S. 1269).[1] Ordnungsvorschrift für die Buchführung und für Aufzeichnungen mittels elektronischer Aufzeichnungssysteme → § 146a AO, → AEAO zu § 146a AO.[2]
- Bei Aufstellung der Bilanz sind alle wertaufhellenden Umstände zu berücksichtigen, die für die Verhältnisse am Bilanzstichtag von Bedeutung sind (→ BFH vom 20.8.2003 – BStBl. II S. 941). Als „wertaufhellend" sind nur die Umstände zu berücksichtigen, die zum Bilanzstichtag bereits objektiv vorlagen und nach dem Bilanzstichtag, aber vor dem Tag der Bilanzerstellung lediglich bekannt oder erkennbar wurden (→ BFH vom 19.10.2005 – BStBl. 2006 II S. 371).
- → Zeitgerechte Erfassung.

Inventurunterlagen. Vorlage der Inventurunterlagen → BFH vom 25.3.1966 (BStBl. III S. 487).

Jahresabschluss. Der Jahresabschluss muss „innerhalb der einem ordnungsmäßigen Geschäftsgang entsprechenden Zeit" (§ 243 Abs. 3 HGB) aufgestellt werden (→ BFH vom 6.12.1983 – BStBl. 1984 II S. 227). Bei Kapitalgesellschaften gilt § 264 Abs. 1 HGB. Bei bestimmten Personenhandelsgesellschaften gilt § 264a i. V. m. § 264 Abs. 1 HGB, soweit nicht § 264b HGB zur Anwendung kommt. Bei Versicherungsunternehmen gilt § 341a Abs. 1 HGB.

Kontokorrentkonto. Eine Buchführung ohne Kontokorrentkonto kann ordnungsmäßig sein, wenn die Honorarforderungen der Zeitfolge nach in einem Hilfsbuch erfasst sind und wenn der Stpfl. oder ein sachverständiger Dritter daraus in angemessener Zeit einen Überblick über die Außenstände gewinnen kann (→ BFH vom 18.2.1966 – BStBl. III S. 496).

---

[1] BMF v. 28.11.2019, BStBl. I 2019, 1269, betr. Neufassung der GoBD, grds. anzuwenden auf nach dem 31.12.2019 beginnende Besteuerungszeiträume, die Anwendung auf vor dem 1.1.2020 endende Besteuerungszeiträume wird nicht beanstandet.

[2] Nr. **800**.

Mikrofilmaufnahmen. Verwendung zur Erfüllung gesetzlicher Aufbewahrungspflichten → BMF vom 1.2.1984 (BStBl. I S. 155).

Personenübersichten. Wo ein laufender unbarer Geschäftsverkehr mit Geschäftsfreunden, der im Interesse der erforderlichen Übersicht die Führung eines kontenmäßig gegliederten Geschäftsfreundebuches sachlich notwendig macht, nicht gegeben ist, genügt es, wenn die unbaren Geschäftsvorfälle in Tagebüchern zeitfolgemäßig aufgezeichnet und im Kontokorrentbuch lediglich die am Bilanzstichtag bestehenden Forderungen und Schulden ausgewiesen werden (→ BFH vom 23.2.1951 – BStBl. III S. 75).

Zeitgerechte Erfassung. Die Eintragungen in den Geschäftsbüchern und die sonst erforderlichen Aufzeichnungen müssen vollständig, richtig, zeitgerecht und geordnet vorgenommen werden (§ 239 Abs. 2 HGB). Die zeitgerechte Erfassung der Geschäftsvorfälle erfordert – mit Ausnahme des baren Zahlungsverkehrs – keine tägliche Aufzeichnung. Es muss jedoch ein zeitlicher Zusammenhang zwischen den Vorgängen und ihrer buchmäßigen Erfassung bestehen (→ BFH vom 25.3.1992 – BStBl. II S. 1010).

R 5.3 Bestandsaufnahme des Vorratsvermögens

Inventur

(1) [1]Die Inventur für den Bilanzstichtag braucht nicht am Bilanzstichtag vorgenommen zu werden. [2]Sie muss aber **zeitnah** – in der Regel innerhalb einer Frist von **zehn Tagen** vor oder nach dem Bilanzstichtag – durchgeführt werden. [3]Dabei muss sichergestellt sein, dass die Bestandsveränderungen zwischen dem Bilanzstichtag und dem Tag der Bestandsaufnahme anhand von Belegen oder Aufzeichnungen ordnungsgemäß berücksichtigt werden. [4]Können die Bestände aus besonderen, insbesondere klimatischen Gründen nicht zeitnah, sondern erst in einem größeren Zeitabstand vom Bilanzstichtag aufgenommen werden, sind an die Belege und Aufzeichnungen über die zwischenzeitlichen Bestandsveränderungen strenge Anforderungen zu stellen.

Zeitverschobene Inventur

(2) [1]Nach § 241 Abs. 3 HGB kann die jährliche körperliche Bestandsaufnahme ganz oder teilweise innerhalb der letzten drei Monate vor oder der ersten zwei Monate nach dem Bilanzstichtag durchgeführt werden. [2]Der dabei festgestellte Bestand ist nach Art und Menge in einem besonderen Inventar zu verzeichnen, das auch auf Grund einer permanenten Inventur erstellt werden kann. [3]Der in dem besonderen Inventar erfasste Bestand ist auf den Tag der Bestandsaufnahme (Inventurstichtag) nach allgemeinen Grundsätzen zu bewerten. [4]Der sich danach ergebende Gesamtwert des Bestands ist dann wertmäßig auf den Bilanzstichtag fortzuschreiben oder zurückzurechnen. [5]Der Bestand braucht in diesem Fall auf den Bilanzstichtag nicht nach Art und Menge festgestellt zu werden; es genügt die Feststellung des Gesamtwerts des Bestands auf den Bilanzstichtag. [6]Die Bestandsveränderungen zwischen dem Inventurstichtag und dem Bilanzstichtag brauchen ebenfalls nicht nach Art und Menge aufgezeichnet zu werden. [7]Sie müssen nur wertmäßig erfasst werden. [8]Das Verfahren zur wertmäßigen Fortschreibung oder Rückrechnung des

Gesamtwerts des Bestands am Inventurstichtag auf den Bilanzstichtag muss den Grundsätzen ordnungsmäßiger Buchführung entsprechen. [9]Die Fortschreibung des Warenbestands kann dabei nach der folgenden Formel vorgenommen werden, wenn die Zusammensetzung des Warenbestands am Bilanzstichtag von der des Warenbestands am Inventurstichtag nicht wesentlich abweicht: Wert des Warenbestands am Bilanzstichtag = Wert des Warenbestands am Inventurstichtag zuzüglich Wareneingang abzüglich Wareneinsatz (Umsatz abzüglich des durchschnittlichen Rohgewinns). [10]Voraussetzung für die Inanspruchnahme von steuerlichen Vergünstigungen, für die es auf die Zusammensetzung der Bestände am Bilanzstichtag ankommt, wie z.B. bei der Bewertung nach § 6 Abs. 1 Nr. 2a EStG, ist jedoch, dass die tatsächlichen Bestände dieser Wirtschaftsgüter am Bilanzstichtag durch körperliche Bestandsaufnahme oder durch permanente Inventur nachgewiesen werden.

Nichtanwendbarkeit der permanenten und der zeitverschobenen Inventur

(3) Eine permanente oder eine zeitverschobene Inventur ist nicht zulässig

1. für Bestände, bei denen durch Schwund, Verdunsten, Verderb, leichte Zerbrechlichkeit oder ähnliche Vorgänge ins Gewicht fallende unkontrollierbare Abgänge eintreten, es sei denn, dass diese Abgänge auf Grund von Erfahrungssätzen schätzungsweise annähernd zutreffend berücksichtigt werden können;
2. für Wirtschaftsgüter, die – abgestellt auf die Verhältnisse des jeweiligen Betriebs – besonders wertvoll sind.

Fehlerhafte Bestandsaufnahme

(4) [1]Fehlt eine körperliche Bestandsaufnahme, oder enthält das Inventar in formeller oder materieller Hinsicht nicht nur unwesentliche Mängel, ist die Buchführung nicht als ordnungsmäßig anzusehen. [2]R 5.2 Abs. 2 gilt entsprechend.

Anwendungsbereich

(5) Die Absätze 1 bis 4 gelten entsprechend für Stpfl., die nach § 141 Abs. 1 AO verpflichtet sind, Bücher zu führen und auf Grund jährlicher Bestandsaufnahme regelmäßig Abschlüsse zu machen, oder die freiwillig Bücher führen und regelmäßig Abschlüsse machen.

H 5.3

Inventur.

- Nach § 240 Abs. 2, § 242 Abs. 1 und 2 HGB haben Kaufleute für den Schluss eines jeden Geschäftsjahrs ein Inventar, eine Bilanz und eine Gewinn- und Verlustrechnung aufzustellen. Das Inventar, in dem die einzelnen Vermögensgegenstände nach Art, Menge und unter Angabe ihres Werts genau zu verzeichnen sind (→ BFH vom 23.6.1971 – BStBl. II S. 709), ist aufgrund einer **körperlichen Bestandsaufnahme** (Inventur) zu erstellen.
- Inventurerleichterungen → § 241 Abs. 1 HGB, → R 6.8 Abs. 4, → H 6.8 (Festwert), (Gruppenbewertung).
- → Permanente Inventur.

Permanente Inventur. Aufgrund des § 241 Abs. 2 HGB kann das Inventar für den Bilanzstichtag auch ganz oder teilweise aufgrund einer **permanenten Inventur** erstellt werden. Der Bestand für den Bilanzstichtag kann in diesem Fall nach Art und Menge anhand von Lagerbüchern (Lagerkarteien) festgestellt werden, wenn die folgenden Voraussetzungen erfüllt sind:

1. In den Lagerbüchern und Lagerkarteien müssen alle Bestände und alle Zugänge und Abgänge einzeln nach Tag, Art und Menge (Stückzahl, Gewicht oder Kubikinhalt) eingetragen werden. Alle Eintragungen müssen belegmäßig nachgewiesen werden.
2. In jedem Wj. muss mindestens einmal durch körperliche Bestandsaufnahme geprüft werden, ob das Vorratsvermögen, das in den Lagerbüchern oder Lagerkarteien ausgewiesen wird, mit den tatsächlich vorhandenen Beständen übereinstimmt (→ BFH vom 11.11.1966 – BStBl. 1967 III S. 113). Die Prüfung braucht nicht gleichzeitig für alle Bestände vorgenommen zu werden. Sie darf sich aber nicht nur auf Stichproben oder die Verprobung eines repräsentativen Querschnitts beschränken; die Regelung in § 241 Abs. 1 HGB bleibt unberührt. Die Lagerbücher und Lagerkarteien sind nach dem Ergebnis der Prüfung zu berichtigen. Der Tag der körperlichen Bestandsaufnahme ist in den Lagerbüchern oder Lagerkarteien zu vermerken.
3. Über die Durchführung und das Ergebnis der körperlichen Bestandsaufnahme sind Aufzeichnungen (Protokolle) anzufertigen, die unter Angabe des Zeitpunkts der Aufnahme von den aufnehmenden Personen zu unterzeichnen sind. Die Aufzeichnungen sind wie Handelsbücher zehn Jahre aufzubewahren.

Zeitliche Erfassung von Waren. Gekaufte Waren gehören wirtschaftlich zum Vermögen des Kaufmanns, sobald er die Verfügungsmacht in Gestalt des unmittelbaren oder mittelbaren Besitzes an ihnen erlangt hat. Dies ist bei „schwimmender" Ware erst nach Erhalt des Konnossements oder des Auslieferungsscheins der Fall (→ BFH vom 3.8.1988 – BStBl. 1989 II S. 21).

R 5.4 Bestandsmäßige Erfassung des beweglichen Anlagevermögens

Allgemeines

(1) [1]Nach § 240 Abs. 2 HGB, §§ 140 und 141 AO besteht die Verpflichtung, für jeden Bilanzstichtag auch ein Verzeichnis der Gegenstände des beweglichen Anlagevermögens aufzustellen **(Bestandsverzeichnis).** [2]In das Bestandsverzeichnis müssen sämtliche beweglichen Gegenstände des Anlagevermögens, auch wenn sie bereits in voller Höhe abgeschrieben sind, aufgenommen werden. [3]Das gilt nicht für geringwertige Wirtschaftsgüter (§ 6 Abs. 2 EStG), für Wirtschaftsgüter, die in einem Sammelposten erfasst werden (§ 6 Abs. 2a EStG), und für die mit einem Festwert angesetzten Wirtschaftsgüter. [4]Das Bestandsverzeichnis muss

1. die genaue Bezeichnung des Gegenstandes und
2. seinen Bilanzwert am Bilanzstichtag

enthalten. [5]Das Bestandsverzeichnis ist auf Grund einer jährlichen körperlichen Bestandsaufnahme aufzustellen; R 5.3 Abs. 1 bis 3 gilt sinngemäß.

Zusammenfassen mehrerer Gegenstände

(2) [1]Gegenstände, die eine geschlossene Anlage bilden, können statt in ihren einzelnen Teilen als **Gesamtanlage** in das Bestandsverzeichnis eingetragen werden, z.B. die einzelnen Teile eines Hochofens einschließlich Zubehör, die einzelnen Teile einer Breitbandstraße einschließlich Zubehör, die Überlandleitungen einschließlich der Masten usw. eines Elektrizitätswerks, die entsprechenden Anlagen von Gas- und Wasserwerken sowie die Wasser-, Gas- und sonstigen Rohrleitungen innerhalb eines Fabrikationsbetriebs. [2]Voraussetzung ist, dass die AfA auf die Gesamtanlage einheitlich vorgenommen werden. [3]Gegenstände der gleichen Art können unter Angabe der Stückzahl im Bestandsverzeichnis zusammengefasst werden, wenn sie in demselben Wirtschaftsjahr angeschafft sind, die gleiche Nutzungsdauer und die gleichen Anschaffungskosten haben und nach der gleichen Methode abgeschrieben werden.

Bestandsaufnahme und Wertanpassung bei Festwerten

(3) [1]Für Gegenstände des beweglichen Anlagevermögens, die zulässigerweise mit einem Festwert angesetzt worden sind, ist im Regelfall an jedem dritten spätestens aber an jedem fünften Bilanzstichtag eine körperliche Bestandsaufnahme vorzunehmen. [2]Übersteigt der für diesen Bilanzstichtag ermittelte Wert den bisherigen Festwert um mehr als 10%, ist der ermittelte Wert als neuer Festwert maßgebend. [3]Der bisherige Festwert ist so lange um die Anschaffungs- und Herstellungskosten der im Festwert erfassten und nach dem Bilanzstichtag des vorangegangenen Wirtschaftsjahres angeschafften oder hergestellten Wirtschaftsgüter aufzustocken, bis der neue Festwert erreicht ist. [4]Ist der ermittelte Wert niedriger als der bisherige Festwert, kann der Stpfl. den ermittelten Wert als neuen Festwert ansetzen. [5]Übersteigt der ermittelte Wert den bisherigen Festwert um nicht mehr als 10%, kann der bisherige Festwert beibehalten werden.

Keine Inventur bei fortlaufendem Bestandsverzeichnis

(4) [1]Der Stpfl. braucht die jährliche körperliche Bestandsaufnahme (→ Absatz 1) für steuerliche Zwecke nicht durchzuführen, wenn er jeden Zugang und jeden Abgang laufend in das Bestandsverzeichnis einträgt und die am Bilanzstichtag vorhandenen Gegenstände des beweglichen Anlagevermögens auf Grund des fortlaufend geführten Bestandsverzeichnisses ermittelt werden können; in diesem Fall müssen aus dem Bestandsverzeichnis außer den in Absatz 1 bezeichneten Angaben noch ersichtlich sein:

1. der Tag der Anschaffung oder Herstellung des Gegenstandes,
2. die Höhe der Anschaffungs- oder Herstellungskosten oder, wenn die Anschaffung oder Herstellung vor dem 21.6.1948[1)] oder im Beitrittsgebiet[2)]

[1)] **[Amtl. Anm.:]** Für Berlin-West: 1.4.1949; für das Saargebiet: 6.7.1959.

[2)] **[Amtl. Anm.:]** Das in Art. 3 des Einigungsvertrages genannte Gebiet → Einigungsvertragsgesetz v. 23.9.1990, BGBl. II 1990, 885, 890. – *Anm. d. Red.:* Das sind die Länder Brandenburg, Mecklenburg-Vorpommern, Sachsen, Sachsen-Anhalt und Thüringen sowie der Ostteil Berlins.

vor dem 1.7.1990 erfolgt ist, die in Euro umgerechneten Werte der DM-Eröffnungsbilanz,

3. der Tag des Abgangs.

[2] Wird das Bestandsverzeichnis in der Form einer Anlagekartei geführt, ist der Bilanzansatz aus der Summe der einzelnen Bilanzwerte (→ Absatz 1 Satz 4 Nr. 2) der Anlagekartei nachzuweisen. [3] Ist das Bestandsverzeichnis nach den einzelnen Zugangsjahren und Abschreibungssätzen gruppenweise geordnet, kann auf die Angabe des Bilanzwerts am Bilanzstichtag für den einzelnen Gegenstand (→ Absatz 1 Satz 4 Nr. 2) verzichtet werden, wenn für jede Gruppe in besonderen Zusammenstellungen die Entwicklung der Bilanzwerte unter Angabe der Werte der Abgänge und des Betrags der AfA summenmäßig festgehalten wird. [4] Die in Absatz 1 Satz 4 Nr. 1 und unter den in Satz 1 Nr. 1 bis 3 bezeichneten Angaben müssen auch in diesem Fall für den einzelnen Gegenstand aus dem Bestandsverzeichnis ersichtlich sein. [5] Die Sachkonten der Geschäftsbuchhaltung können als Bestandsverzeichnis gelten, wenn sie die in Absatz 1 und unter den in Satz 1 Nr. 1 bis 3 bezeichneten Angaben enthalten und wenn durch diese Angaben die Übersichtlichkeit der Konten nicht beeinträchtigt wird.

Erleichterungen

(5) Das Finanzamt kann unter Abweichung von den Absätzen 1 bis 4 für einzelne Fälle Erleichterungen bewilligen.

H 5.4

Fehlende Bestandsaufnahme. Ein materieller Mangel der Buchführung kann auch vorliegen, wenn die körperliche Bestandsaufnahme nach R 5.4 Abs. 1 fehlt oder unvollständig ist, es sei denn, dass eine körperliche Bestandsaufnahme nach R 5.4 Abs. 4 nicht erforderlich ist (→ BFH vom 14.12.1966 – BStBl. 1967 III S. 247).

Fehlendes Bestandsverzeichnis. Fehlt das Bestandsverzeichnis oder ist es unvollständig, so kann darin ein materieller Mangel der Buchführung liegen (→ BFH vom 14.12.1966 – BStBl. 1967 III S. 247).

Festwert.
- → H 6.8.
- Kein Zugang von Wirtschaftsgütern des Anlagevermögens, deren Nutzungsdauer zwölf Monate nicht übersteigt (kurzlebige Wirtschaftsgüter) zum Festwert (→ BFH vom 26.8.1993 – BStBl. 1994 II S. 232).
- Voraussetzungen für den Ansatz von Festwerten sowie deren Bemessung bei der Bewertung des beweglichen Anlagevermögens und des Vorratsvermögens → BMF vom 8.3.1993 (BStBl. I S. 276).

R 5.5 Immaterielle Wirtschaftsgüter

Allgemeines

(1) [1] Als immaterielle (unkörperliche) Wirtschaftsgüter kommen in Betracht: Rechte, rechtsähnliche Werte und sonstige Vorteile. [2] Trivialprogramme sind

abnutzbare bewegliche und selbständig nutzbare Wirtschaftsgüter. [3]Computerprogramme, deren Anschaffungskosten nicht mehr als *410 Euro*[1)] betragen, sind wie Trivialprogramme zu behandeln. [4]Keine immateriellen Wirtschaftsgüter sind die nicht selbständig bewertbaren geschäftswertbildenden Faktoren.

Entgeltlicher Erwerb

(2) [1]Für immaterielle Wirtschaftsgüter des Anlagevermögens ist ein Aktivposten nur anzusetzen, wenn sie entgeltlich erworben (§ 5 Abs. 2 EStG) oder in das Betriebsvermögen eingelegt (→ R 4.3 Abs. 1) wurden. [2]Ein immaterielles Wirtschaftsgut ist entgeltlich erworben worden, wenn es durch einen Hoheitsakt oder ein Rechtsgeschäft gegen Hingabe einer bestimmten Gegenleistung übergegangen oder eingeräumt worden ist. [3]Es ist nicht erforderlich, dass das Wirtschaftsgut bereits vor Abschluss des Rechtsgeschäfts bestanden hat; es kann auch erst durch den Abschluss des Rechtsgeschäfts entstehen, z. B. bei entgeltlich erworbenen Belieferungsrechten. [4]Ein entgeltlicher Erwerb eines immateriellen Wirtschaftsgutes liegt auch bei der Hingabe eines sog. verlorenen Zuschusses vor, wenn der Zuschussgeber von dem Zuschussempfänger eine bestimmte Gegenleistung erhält oder eine solche nach den Umständen zu erwarten ist oder wenn der Zuschussgeber durch die Zuschusshingabe einen besonderen Vorteil erlangt, der nur für ihn wirksam ist.

Kein Aktivierungsverbot

(3) [1]Das Aktivierungsverbot des § 5 Abs. 2 EStG wird nicht wirksam, wenn ein beim Rechtsvorgänger aktiviertes → immaterielles Wirtschaftsgut des Anlagevermögens im Rahmen der unentgeltlichen Übertragung eines Betriebs, Teilbetriebs oder Mitunternehmeranteiles auf einen anderen übergeht (Geschäfts- oder Firmenwert/Praxiswert). [2]In diesem Fall hat der Erwerber dieses immaterielle Wirtschaftsgut mit dem Betrag zu aktivieren, mit dem es beim Rechtsvorgänger aktiviert war (§ 6 Abs. 3 EStG). [3]Das Aktivierungsverbot findet auch dann keine Anwendung, wenn ein immaterielles Wirtschaftsgut des Anlagevermögens eingelegt wird.

H 5.5

Abgrenzung zu materiellen Wirtschaftsgütern. Zur Einordnung von Wirtschaftsgütern mit materiellen und immateriellen Komponenten wird vorrangig auf das wirtschaftliche Interesse abgestellt, d. h. wofür der Kaufpreis gezahlt wird (Wertrelation) und ob es dem Erwerber überwiegend auf den materiellen oder den immateriellen Gehalt ankommt. Daneben wird auch danach unterschieden, ob der Verkörperung eine eigenständige Bedeutung zukommt oder ob sie lediglich als „Träger" den immateriellen Gehalt festhalten soll. Bücher und Tonträger sind als materielle Wirtschaftsgüter anzusehen (→ BFH vom 30.10.2008 – BStBl. 2009 II S. 421).

Arzneimittelzulassungen.

– Eine entgeltlich erworbene Arzneimittelzulassung ist dem Grunde nach ein abnutzbares Wirtschaftsgut (→ BMF vom 12.7.1999 – BStBl. I S. 686).
– → Warenzeichen (Marke).

---

1) **[Amtl. Anm.:]** Bei Anschaffung ab dem 1.1.2018: 800 Euro.

Auffüllrecht. Das Recht, ein Grundstück mit Klärschlamm zu verfüllen, ist kein vom Grund und Boden verselbständigtes Wirtschaftsgut (→ BFH vom 20.3.2003 – BStBl. II S. 878).

Belieferungsrechte aus Abonnentenverträgen. Gelegentlich eines Erwerbs von Belieferungsrechten aus Abonnentenverträgen entstandene Aufwendungen begründen noch nicht den entgeltlichen Erwerb eines immateriellen Wirtschaftsguts (→ BFH vom 3.8.1993 – BStBl. 1994 II S. 444).

Emissionsberechtigungen. Ertragsteuerliche Behandlung von Emissionsberechtigungen nach dem Treibhausgas-Emissionshandelsgesetz → BMF vom 6.12.2005 (BStBl. I S. 1047) unter Berücksichtigung der Änderungen durch BMF vom 7.3.2013 (BStBl. I S. 275).

Erbbaurecht. Das Erbbaurecht ist als grundstücksgleiches Recht i. S. d. BGB ein Vermögensgegenstand i. S. d. Handelsrechts und ein Wirtschaftsgut i. S. d. Steuerrechts. Es gehört zum Sachanlagevermögen und ist damit kein immaterielles Wirtschaftsgut (→ BFH vom 4.6.1991 – BStBl. 1992 II S. 70).

Geschäfts- oder Firmenwert/Praxiswert.

- Firmenwert bei vorweggenommener Erbfolge → BMF vom 13.1.1993 (BStBl. I S. 80) unter Berücksichtigung der Änderungen durch BMF vom 26.2.2007 (BStBl. I S. 269).
- Geschäfts- oder Firmenwert, der bei Veräußerung eines Einzelunternehmens an eine GmbH unentgeltlich übergeht, kann Gegenstand einer verdeckten Einlage sein (→ BFH vom 24.3.1987 – BStBl. II S. 705); zu den hierfür maßgebenden Kriterien → H 4.3 (1) Verdeckte Einlage.
- Unterscheidung zwischen Geschäftswert und Praxiswert → BFH vom 13.3.1991 (BStBl. II S. 595).
- Unterscheidung zwischen (selbständigen) immateriellen Einzelwirtschaftsgütern und (unselbständigen) geschäftswertbildenden Faktoren → BFH vom 7.11.1985 (BStBl. 1986 II S. 176) und vom 30.3.1994 (BStBl. II S. 903).
- Das „Vertreterrecht" eines Handelsvertreters ist ein immaterielles Wirtschaftsgut, das nicht mit einem Geschäfts- oder Firmenwert gleichzusetzen ist (→ BFH vom 12.7.2007 – BStBl. II S. 959).
- Bei der Aufteilung eines Unternehmens in Teilbetriebe geht der Geschäftswert nicht notwendigerweise unter (→ BFH vom 27.3.1996 – BStBl. II S. 576).
- Wird einem ausscheidenden Mitunternehmer eine Abfindung gezahlt, die auch den selbst geschaffenen, bisher nicht bilanzierten Geschäftswert abgilt, ist der darauf entfallende Anteil der Abfindung als derivativer Geschäftswert zu aktivieren. Der auf den originären Geschäftswert entfallende Anteil bleibt außer Ansatz (→ BFH vom 16.5.2002 – BStBl. 2003 II S. 10).
- Der Geschäftswert ist Ausdruck der Gewinnchancen eines Unternehmens, soweit diese nicht auf einzelnen Wirtschaftsgütern oder der Person des Unternehmers beruhen, sondern auf dem Betrieb eines lebenden Unternehmens (→ BFH vom 26.11.2009 – BStBl. 2010 II S. 609).
- Orientiert sich der für eine Arztpraxis mit Vertragsarztsitz zu zahlende Kaufpreis ausschließlich am Verkehrswert, so ist in dem damit abgegolte-

nen Praxiswert der Vorteil aus der Zulassung als Vertragsarzt untrennbar enthalten (→ BFH vom 9.8.2011 – BStBl. II S. 875). Dies gilt auch, wenn ein Zuschlag zum Verkehrswert (Überpreis) gezahlt wird (→ BFH vom 21.2.2017 – BStBl. II S. 689). Die Vertragsarztzulassung kann nur dann Gegenstand eines gesonderten Veräußerungsgeschäftes sein und sich damit zu einem selbständigen Wirtschaftsgut konkretisieren, wenn die Leistung für die Zulassung ohne eine Praxisübernahme erfolgt, weil der Vertragsarztsitz an einen anderen Ort verlegt wird (→ BFH vom 9.8.2011 – BStBl. II S. 875 und vom 21.2.2017 – BStBl. II S. 694).
- → H 6.1 (Geschäfts- oder Firmenwert), (Praxiswert/Sozietätspraxiswert).

Gewinnermittlung nach § 4 Abs. 1 oder Abs. 3 EStG. R 5.5 gilt bei der Gewinnermittlung nach § 4 Abs. 1 und 3 EStG sinngemäß (→ § 141 Abs. 1 Satz 2 AO, BFH vom 8.11.1979 – BStBl. 1980 II S. 146).

Güterfernverkehrskonzessionen.
- Keine AfA von entgeltlich erworbenen Güterfernverkehrskonzessionen (→ BFH vom 4.12.1991 – BStBl. 1992 II S. 383 und vom 22.1.1992 – BStBl. II S. 529).
- Zur Abschreibung auf den niedrigeren Teilwert → BMF vom 12.3.1996 – BStBl. I S. 372.

Immaterielle Wirtschaftsgüter des Anlagevermögens. Die unentgeltliche Übertragung zwischen Schwestergesellschaften führt zur vGA an die Muttergesellschaft und anschließenden verdeckten Einlage in die begünstigte Schwestergesellschaft (→ BFH vom 20.8.1986 – BStBl. 1987 II S. 455).

Immaterielle Wirtschaftsgüter sind u. a.
- **Belieferungsrechte, Optionsrechte, Konzessionen** (→ BFH vom 10.8.1989 – BStBl. 1990 II S. 15).
- **Computerprogramme** (→ BFH vom 3.7.1987 – BStBl. II S. 728, S. 787, vom 28.7.1994 – BStBl. II S. 873 und vom 18.5.2011 – BStBl. II S. 865), siehe aber → Keine immateriellen Wirtschaftsgüter.
- **Datensammlungen,** die speziell für den Stpfl. erhoben werden und auch nur von diesem verwertet werden dürfen (→ BFH vom 30.10.2008 – BStBl. 2009 II S. 421).
- **Domain-Namen** (→ BFH vom 19.10.2006 – BStBl. 2007 II S. 301), → H 7.1 (Domain-Namen).
- **Filmrechte** (→ BFH vom 20.9.1995 – BStBl. 1997 II S. 320 und → BMF vom 23.2.2001 – BStBl. I S. 175 unter Berücksichtigung der Änderungen durch BMF vom 5.8.2003 – BStBl. I S. 406).
- **Kaufoption** aus einem Pkw-Leasingvertrag (→ BFH vom 26.11.2014 – BStBl. 2015 II S. 325).
- **Lizenzen,** ungeschützte Erfindungen, Gebrauchsmuster, Fabrikationsverfahren, Know-how, Tonträger in der Schallplattenindustrie (→ BFH vom 28.5.1979 – BStBl. II S. 734).
- **Patente,** Markenrechte, Urheberrechte, Verlagsrechte (→ BFH vom 24.11.1982 – BStBl. 1983 II S. 113).
- **Rezeptur** eines Pflanzenschutzmittels (→ BFH vom 8.9.2011 – BStBl. 2012 II S. 122).

- **Rückverkaufsoption** im Kfz-Handel (→ BMF vom 12.10.2011 – BStBl. I S. 967).
- **Spielerlaubnisse** nach Maßgabe des Lizenzspielerstatuts des Deutschen Fußballbundes (→ BFH vom 14.12.2011 – BStBl. 2012 II S. 238).
- **Vertragsarztzulassung,** wenn sie nicht zum Praxiswert gehört (→ BFH vom 21.2.2017 – BStBl. II S. 694).
- **Wiederbepflanzungsrechte** im Weinbau (→ BFH vom 6.12.2017 – BStBl. 2018 II S. 353), → H 13.3 (Wiederbepflanzungsrechte im Weinbau).

Keine immateriellen Wirtschaftsgüter. Keine immateriellen Wirtschaftsgüter sondern materielle (körperliche) und zugleich abnutzbare bewegliche Wirtschaftsgüter sind, wenn sie nicht unter anderen rechtlichen Gesichtspunkten, z. B. als Kundenkartei oder Verlagsarchiv, als immaterielle Wirtschaftsgüter anzusehen sind, **Computerprogramme** (→ Immaterielle Wirtschaftsgüter), die keine Befehlsstruktur enthalten, sondern nur Bestände von Daten, die allgemein bekannt und jedermann zugänglich sind, z. B. mit Zahlen und Buchstaben (→ BFH vom 5.2.1988 – BStBl. II S. 737 und vom 2.9.1988 – BStBl. 1989 II S. 160).

Kein entgeltlicher Erwerb. Kein entgeltlicher Erwerb liegt u. a. vor bei
- Aufwendungen, die nicht Entgelt für den Erwerb eines Wirtschaftsguts von einem Dritten, sondern nur Arbeitsaufwand oder sonstiger Aufwand, z. B. Honorar für Dienstleistungen, für einen im Betrieb selbstgeschaffenen Wert oder Vorteil sind (→ BFH vom 26.2.1975 – BStBl. II S. 443);
- Aufwendungen, die lediglich einen Beitrag zu den Kosten einer vom Stpfl. mitbenutzten Einrichtung bilden, z. B. Beiträge zum Ausbau einer öffentlichen Straße oder zum Bau einer städtischen Kläranlage; diese Aufwendungen gehören zu den nicht aktivierbaren Aufwendungen für einen selbstgeschaffenen Nutzungsvorteil (→ BFH vom 26.2.1980 – BStBl. II S. 687 und vom 25.8.1982 – BStBl. 1983 II S. 38);[1]
- selbstgeschaffenen → immateriellen Wirtschaftsgütern, z. B. Patenten (→ BFH vom 8.11.1979 – BStBl. 1980 II S. 146).

Kundenstamm.
- Der Kundenstamm ist beim Erwerb eines Unternehmens in der Regel kein selbständig bewertbares → immaterielles Wirtschaftsgut, sondern ein geschäftswertbildender Faktor (→ BFH vom 16.9.1970 – BStBl. 1971 II S. 175 und vom 25.11.1981 – BStBl. 1982 II S. 189).
- Kundenstamm und Lieferantenbeziehungen, die selbständig übertragen werden können, sind immaterielle Wirtschaftsgüter und nicht identisch mit dem Geschäfts- oder Firmenwert (→ BFH vom 26.11.2009 – BStBl. 2010 II S. 609).

Mietereinbauten. Einbauten oder Umbauten des Mieters sind als Herstellungskosten eines materiellen Wirtschaftsguts zu aktivieren, wenn sie unmittelbar besonderen Zwecken dienen und in diesem Sinne in einem von der

---

[1] Siehe ferner BFH v. 13.12.1984 VIII R 249/80, BStBl. II 1985, 289, und v. 2.5.1990 VIII R 198/85, BStBl. II 1991, 448.

eigentlichen Gebäudenutzung verschiedenen Funktionszusammenhang stehen (→ BFH vom 26.2.1975 – BStBl. II S. 443 und BMF vom 15.1.1976 – BStBl. I S. 66).

Namensrechte. Der kommerzialisierbare Teil des Namensrechts einer natürlichen Person stellt ein abnutzbares immaterielles Wirtschaftsgut dar (→ BFH vom 12.6.2019 – BStBl. 2020 II S. 3).

Nutzungsrechte. Nutzungsrechte, die durch Baumaßnahmen des Nutzungsberechtigten entstanden sind, → H 4.7 (Eigenaufwand für ein fremdes Wirtschaftsgut).

Pensionszusagen. Ansprüche aus Pensionszusagen nach dem Betriebsrentengesetz können nicht aktiviert werden (→ BFH vom 14.12.1988 – BStBl. 1989 II S. 323).

Schwebende Arbeitsverträge. Schwebende Arbeitsverträge mit im Unternehmen tätigen Arbeitnehmern sind keine → immateriellen Wirtschaftsgüter, sondern nicht selbständig bewertbare geschäftswertbildende Faktoren (→ BFH vom 7.11.1985 – BStBl. 1986 II S. 176).

Vertreterrecht. Löst ein Handelsvertreter durch Vereinbarung mit dem Geschäftsherrn den Ausgleichsanspruch (§ 89b HGB) seines Vorgängers in einer bestimmten Höhe ab, erwirbt er damit entgeltlich ein immaterielles Wirtschaftsgut „Vertreterrecht" (→ BFH vom 18.1.1989 – BStBl. II S. 549). Dieses ist nicht mit einem Geschäfts- oder Firmenwert gleichzusetzen (→ BFH vom 12.7.2007 – BStBl. II S. 959).

Warenzeichen (Marke). Ein entgeltlich erworbenes Warenzeichen (Marke) ist dem Grunde nach ein abnutzbares Wirtschaftsgut (→ BMF vom 12.7.1999 – BStBl. I S. 686).

R 5.6 Rechnungsabgrenzungen

Transitorische Posten

(1) [1]Nach § 5 Abs. 5 Satz 1 EStG ist die Rechnungsabgrenzung auf die sog. transitorischen Posten beschränkt. [2]Es kommen danach für die Rechnungsabgrenzung in der Regel nur Ausgaben und Einnahmen in Betracht, die vor dem Abschlussstichtag angefallen, aber erst der Zeit nach dem Abschlussstichtag zuzurechnen sind.

Bestimmte Zeit nach dem Abschlussstichtag

(2) Die Bildung eines Rechnungsabgrenzungspostens ist nur zulässig, soweit die vor dem Abschlussstichtag angefallenen Ausgaben oder Einnahmen Aufwand oder Ertrag für eine → bestimmte Zeit nach dem Abschlussstichtag darstellen.

(3) [1]Antizipative Posten (Ausgaben oder Einnahmen nach dem Bilanzstichtag, die Aufwand oder Ertrag für einen Zeitraum vor diesem Tag darstellen), dürfen als Rechnungsabgrenzungsposten nur in den Fällen des § 5 Abs. 5 *Satz 2*[1)] EStG ausgewiesen werden. [2]Soweit sich aus den ihnen zu Grunde

[1)] **[Amtl. Anm.:]** Jetzt Satz 3.

liegenden Geschäftsvorfällen bereits Forderungen oder Verbindlichkeiten ergeben haben, sind sie als solche zu bilanzieren.

H 5.6

Abschlussgebühren. Abschlussgebühren können eine (Gegen-)Leistung darstellen, die dem jeweiligen Bausparvertrag als Entgelt für den eigentlichen Vertragsabschluss zuzuordnen sind, sie wirken sich unmittelbar mit ihrer Vereinnahmung erfolgswirksam aus und sind bilanziell nicht passiv abzugrenzen (→ BFH vom 11.2.1998 – BStBl. II S. 381).

Auflösung von Rechnungsabgrenzungsposten im Zusammenhang mit Zinsaufwand. Der Rechnungsabgrenzungsposten ist ratierlich über die gesamte Darlehenslaufzeit, bei Tilgungs- oder Abzahlungsdarlehen degressiv nach der Zinsstaffelmethode und bei Endfälligkeitsdarlehen linear, aufzulösen. Bei vorzeitiger Sondertilgung des Darlehens ist der Rechnungsabgrenzungsposten im Verhältnis der Sondertilgung zu dem Gesamtdarlehensbetrag aufzulösen (→ BFH vom 24.6.2009 – BStBl. II S. 781).

Ausbeuteverträge. Vorausgezahlte Ausbeuteentgelte für Bodenschätze, mit deren Abbau vor dem Bilanzstichtag bereits begonnen wurde, sind in einen Rechnungsabgrenzungsposten einzustellen, der über die jährlich genau festzustellende Fördermenge aufzulösen ist; ist mit dem Abbau vor dem Bilanzstichtag noch nicht begonnen worden, ist das vorausgezahlte Entgelt als Anzahlung zu behandeln (→ BFH vom 25.10.1994 – BStBl. 1995 II S. 312).

Bestimmte Zeit nach dem Abschlussstichtag

liegt vor:

- wenn die abzugrenzenden Ausgaben und Einnahmen für einen bestimmten nach dem Kj. bemessenen Zeitraum bezahlt oder vereinnahmt werden, z. B. monatliche, vierteljährliche, halbjährliche **Mietvorauszahlungen** oder Zahlung der Miete im Voraus für einen Messestand für eine zeitlich feststehende Messe (→ BFH vom 9.12.1993 – BStBl. 1995 II S. 202);
- bei **Übernahme von Erschließungskosten und Kanalanschlussgebühren durch den Erbbauberechtigten** (→ BFH vom 17.4.1985 – BStBl. II S. 617);[1)]
- bei zeitlich nicht begrenzten Dauerleistungen (→ BFH vom 9.12.1993 – BStBl. 1995 II S. 202, BMF vom 15.3.1995 – BStBl. I S. 183 und BFH vom 15.2.2017 – BStBl. II S. 884);

liegt nicht vor:

- wenn sich der Zeitraum nur durch **Schätzung** ermitteln lässt (→ BFH vom 3.11.1982 – BStBl. 1983 II S. 132);
- bei planmäßiger oder betriebsgewöhnlicher **Nutzungsdauer** eines abnutzbaren Sachanlageguts (→ BFH vom 22.1.1992 – BStBl. II S. 488).

Darlehen mit fallenden Zinssätzen. Der Darlehensnehmer hat bei einer Vereinbarung fallender Zinssätze einen aktiven Rechnungsabgrenzungspos-

---

1) Siehe ferner BFH v. 8.12.1988 IV R 33/87, BStBl. II 1989, 407.

ten zu bilden, wenn im Falle einer vorzeitigen Vertragsbeendigung die anteilige Erstattung der bereits gezahlten Zinsen verlangt werden kann oder wenn das Darlehensverhältnis nur aus wichtigem Grund gekündigt werden kann und keine konkreten Anhaltspunkte für eine solche vorzeitige Beendigung bestehen (→ BFH vom 27.7.2011 – BStBl. 2012 II S. 284).

Dauerschuldverhältnis.

- Die Entschädigung für die **Aufhebung** eines für eine bestimmte Laufzeit begründeten Schuldverhältnisses kann nicht in einen passiven Rechnungsabgrenzungsposten eingestellt werden (→ BFH vom 23.2.2005 – BStBl. II S. 481).
- Eine Vergütung, die der Kreditgeber für seine Bereitschaft zu einer für ihn nachteiligen **Änderung der Vertragskonditionen** vom Kreditnehmer vereinnahmt hat, ist in der Bilanz des Kreditgebers nicht passiv abzugrenzen (→ BFH vom 7.3.2007 – BStBl. II S. 697).

Erbbaurecht. Für im Voraus gezahlte Erbbauzinsen ist ein Rechnungsabgrenzungsposten zu bilden (→ BFH vom 20.11.1980 – BStBl. 1981 II S. 398).

Ertragszuschüsse. Für Ertragszuschüsse ist ggf. ein passiver Rechnungsabgrenzungsposten zu bilden (→ BFH vom 5.4.1984 – BStBl. II S. 552).

Film- und Fernsehfonds.

- Filmherstellungskosten → BMF vom 23.2.2001 (BStBl. I S. 175) unter Berücksichtigung der Änderungen durch BMF vom 5.8.2003 (BStBl. I S. 406), Tz. 34 und 35.
- Zahlt ein Filmproduktionsfonds dem zum Alleinvertrieb des Films berechtigten Lizenznehmer einen Einmalbetrag für Medien, Marketing- und Kinostartkosten (Vermarktungskostenzuschuss), kann darin ungeachtet der Bezeichnung als verlorener Zuschuss die Gewährung eines partiarischen Darlehens gesehen werden, wenn mit der Zahlung eine Erhöhung der Lizenzgebühren verbunden und die Rückzahlung des Betrages abgesichert ist. Folglich dürfen weder in Höhe des vollen Vermarktungskostenzuschusses Betriebsausgaben angesetzt noch ein aktiver Rechnungsabgrenzungsposten berücksichtigt werden (→ BFH vom 21.5.2015 – BStBl. II S. 772).
- Zur Passivierung eines nur aus zukünftigen Verwertungserlösen zu bedienenden Filmförderdarlehens → H 5.1 (Passivierungsverbot nach § 5 Abs. 2a EStG).

Finanzierungskosten.[1]

- Für ein bei der Ausgabe einer festverzinslichen Schuldverschreibung mit bestimmter Laufzeit vereinbartes Disagio ist in der Steuerbilanz ein Rechnungsabgrenzungsposten zu aktivieren (→ BFH vom 29.11.2006 – BStBl. 2009 II S. 955).
- → H 6.10 (Damnum, Kreditbedingungen, Umschuldung, Vermittlungsprovision, Zinsfestschreibung).

---

[1] Zur Rechnungsabgrenzung bei einem vom Darlehensnehmer zu zahlenden „Bearbeitungsentgelt" siehe BFH v. 22.6.2011 I R 7/10, BStBl. II 2011, 870.

Forfaitierung von Forderungen aus Leasing-Verträgen.

- → BMF vom 9.1.1996 (BStBl. I S. 9) und → BFH vom 24.7.1996 (BStBl. 1997 II S. 122).
- Abweichend von Abschnitt III 2 Buchst. b des BMF-Schreibens vom 9.1.1996 ist bei der sog. Restwertforfaitierung aus Teilarmortisationsverträgen die Zahlung des Dritten an den Leasinggeber steuerlich als ein Darlehen an den Leasinggeber zu beurteilen. Die Forfaitierungserlöse sind von ihm nicht als Erträge aus zukünftigen Perioden passiv abzugrenzen, sondern als Verbindlichkeiten auszuweisen und bis zum Ablauf der Grundmietzeit ratierlich aufzuzinsen (→ BFH vom 8.11.2000 – BStBl. 2001 II S. 722).

Garantiegebühr. Wegen vereinnahmter Garantiegebühr gebildeter passiver Rechnungsabgrenzungsposten ist während der Garantiezeit insoweit aufzulösen, als die Vergütung auf den bereits abgelaufenen Garantiezeitraum entfällt (→ BFH vom 23.3.1995 – BStBl. II S. 772).

Gewinnermittlung nach § 4 Abs. 1 EStG. R 5.6 gilt bei der Gewinnermittlung nach § 4 Abs. 1 EStG sinngemäß (→ § 141 Abs. 1 Satz 2 AO, BFH vom 20.11.1980 – BStBl. 1981 II S. 398).

Honorare. Sind im Voraus erhaltene Honorare zeitraumbezogen und besteht für den gesamten Zeitraum eine Dauerverpflichtung, ist für die anteilig auf folgende Wj. entfallenden Honorare ein passiver Rechnungsabgrenzungsposten zu bilden (→ BFH vom 10.9.1998 – BStBl. 1999 II S. 21).

Investitionszuschüsse.

- Soweit Zuschüsse zu Anschaffungs- oder Herstellungskosten eines Wirtschaftsgutes geleistet werden, sind sie nicht passiv abzugrenzen (→ BFH vom 22.1.1992 – BStBl. II S. 488).
- → R 6.5.

Kraftfahrzeugsteuer. Für gezahlte Kraftfahrzeugsteuer ist ein Rechnungsabgrenzungsposten zu aktivieren, soweit die Steuer auf die voraussichtliche Zulassungszeit des Fahrzeuges im nachfolgenden Wj. entfällt (→ BFH vom 19.5.2010 – BStBl. II S. 967).

Leasingvertrag mit degressiven Leasingraten – Behandlung beim Leasingnehmer.

- **Immobilienleasing.** Bilanzsteuerrechtlich ist die Summe der während der vertraglichen Grundmietzeit geschuldeten Jahresmieten in jährlich gleichbleibenden Beträgen auf die Grundmietzeit zu verteilen und demgemäß der Teil der vertraglichen Jahresmieten, der in den ersten Jahren der Grundmietzeit über den sich für die gesamte Grundmietzeit ergebenden Jahresaufwand hinausgeht, zu aktivieren (→ BFH vom 12.8.1982 – BStBl. II S. 696 und → BMF vom 10.10.1983 – BStBl. I S. 431).
- **Mobilienleasing.** Für degressive Raten beim Leasing beweglicher Wirtschaftsgüter des Anlagevermögens ist kein aktiver Rechnungsabgrenzungsposten zu bilden (→ BFH vom 28.2.2001 – BStBl. II S. 645).

Maklerprovision. Für Maklerprovisionen im Zusammenhang mit dem Abschluss eines Mietvertrages kann kein aktiver Rechnungsabgrenzungsposten gebildet werden (→ BFH vom 19.6.1997 – BStBl. II S. 808).

Mobilfunkdienstleistungsverträge. Vergünstigungen im Zusammenhang mit dem Abschluss von Mobilfunkdienstleistungsverträgen → BMF vom 20.6.2005 (BStBl. I S. 801) und → BFH vom 15.5.2013 (BStBl. II S. 730).

Öffentlich Private Partnerschaft – ÖPP – (auch Public Private Partnership – PPP –).
- Zum A-Modell → BMF vom 4.10.2005 (BStBl. I S. 916).
- Zur Anwendbarkeit auf andere Modelle und zur Bildung eines Passivpostens für künftige Instandhaltungsaufwendungen → BMF vom 27.5.2013 (BStBl. I S. 722).

Öffentlich-rechtliche Verpflichtungen. Die Bildung passiver Rechnungsabgrenzungsposten ist nicht auf Fälle beschränkt, in denen Vorleistungen im Rahmen eines gegenseitigen Vertrags erbracht werden (→ BFH vom 26.6. 1979 – BStBl. II S. 625). Sie kann auch in Fällen geboten sein, in denen die gegenseitigen Verpflichtungen ihre Grundlage im öffentlichen Recht haben (→ BFH vom 17.9.1987 – BStBl. 1988 II S. 327).

Urlaubsgeld bei abweichendem Wirtschaftsjahr. Es hängt von den Vereinbarungen der Vertragspartner ab, ob Urlaubsgeld, das bei einem abweichenden Wj. vor dem Bilanzstichtag für das gesamte Urlaubsjahr bezahlt wird, anteilig aktiv abzugrenzen ist (→ BFH vom 6.4.1993 – BStBl. II S. 709).

Zeitbezogene Gegenleistung. Der Vorleistung des einen Vertragsteils muss eine zeitbezogene Gegenleistung des Vertragspartners gegenüberstehen (→ BFH vom 11.7.1973 – BStBl. II S. 840 und vom 4.3.1976 – BStBl. 1977 II S. 380) und der Zeitraum, auf den sich die Vorleistung des einen Vertragsteils bezieht, muss bestimmt sein (→ BFH vom 7.3.1973 – BStBl. II S. 565).

Zinszuschuss.
- Der kapitalisiert ausgezahlte Zinszuschuss für die Aufnahme eines langjährigen Kapitalmarktdarlehens ist passiv abzugrenzen (→ BFH vom 24.6.2009 – BStBl. II S. 781).
- → Auflösung von Rechnungsabgrenzungsposten im Zusammenhang mit Zinsaufwand.

R **5.7** Rückstellungen

Bilanzieller Ansatz von Rückstellungen

(1) [1]Die nach den handelsrechtlichen Grundsätzen ordnungsmäßiger Buchführung gem. § 249 HGB anzusetzenden Rückstellungen sind auch in der steuerlichen Gewinnermittlung (Steuerbilanz) zu bilden, soweit eine betriebliche Veranlassung besteht und steuerliche Sondervorschriften, z. B. § 5 Abs. 2a, 3, 4, 4a, 4b, 6 und § 6a EStG, nicht entgegenstehen. [2]Ungeachtet des Abzugsverbotes des § 4 Abs. 5b EStG ist in der Steuerbilanz eine Gewerbesteuerrückstellung zu bilden; dadurch verursachte Gewinnauswirkungen sind außerbilanziell zu neutralisieren.

H **5.7** (1)

Bewertung von Rückstellungen. → R 6.11.

Drohverlust.
- **Optionsprämie** → H 4.2 (15).
- **Rückverkaufsoption** → H 4.2 (15).
- **Teilwertabschreibung.** Die Teilwertabschreibung hat gegenüber der Drohverlustrückstellung Vorrang. Das Verbot der Rückstellungen für drohende Verluste (§ 5 Abs. 4a Satz 1 EStG) erfasst nur denjenigen Teil des Verlustes, der durch die Teilwertabschreibung nicht verbraucht ist (→ BFH vom 7.9.2005 – BStBl. 2006 II S. 298).

Eiserne Verpachtung. Zur Gewinnermittlung bei der Verpachtung von Betrieben mit Substanzerhaltungspflicht des Pächters nach §§ 582a, 1048 BGB → BMF vom 21.2.2002 (BStBl. I S. 262).

ERA-Anpassungsfonds in der Metall- und Elektroindustrie. → BMF vom 2.4.2007 (BStBl. I S. 301).

Gewinnermittlung nach § 4 Abs. 1 EStG. Die Grundsätze über Rückstellungen gelten sinngemäß bei Gewinnermittlung nach § 4 Abs. 1 EStG (→ § 141 Abs. 1 Satz 2 AO und BFH vom 20.11.1980 – BStBl. 1981 II S. 398).

Handelsrechtliches Passivierungswahlrecht. Besteht handelsrechtlich ein Wahlrecht zur Bildung einer Rückstellung, darf die Rückstellung steuerrechtlich nicht gebildet werden (→ BMF vom 12.3.2010 – BStBl. I S. 239).

Jubiläumszuwendungen. Zu den Voraussetzungen für die Bildung von Rückstellungen für Zuwendungen anlässlich eines Dienstjubiläums → BMF vom 8.12.2008 (BStBl. I S. 1013).[1]

Künftige Anschaffungs- oder Herstellungskosten. Das Passivierungsverbot nach § 5 Abs. 4b Satz 1 EStG erfasst auch in künftigen Wj. als Anschaffungs- oder Herstellungskosten eines Wirtschaftsgutes zu aktivierende Aufwendungen, die zu keinem Ertrag mehr führen können (→ BFH vom 8.11.2016 – BStBl. 2017 II S. 768).

Nicht abziehbare Betriebsausgaben. Eine handelsbilanziell gebildete und damit für das Steuerrecht maßgebliche Rückstellung ist außerbilanziell zu neutralisieren, soweit der Rückstellung nicht abziehbare Betriebsausgaben i. S. d. § 4 Abs. 5 EStG zugrunde liegen (→ BFH vom 7.11.2013 – BStBl. 2014 II S. 306 und vom 22.5.2019 – BStBl. II S. 663).

Rückabwicklung. Für die Bildung von Rückstellungen im Zusammenhang mit Rückgewährschuldverhältnissen ist wie folgt zu differenzieren:
- Ein Verkäufer darf wegen seiner Verpflichtung zur Rückerstattung dann keine Rückstellung bilden, wenn er am Bilanzstichtag mit einem Rücktritt vom Kaufvertrag, bei Verbraucherverträgen mit Widerrufs- oder Rückgaberecht mit dessen Ausübung, nicht rechnen muss; das gilt auch dann, wenn noch vor der Aufstellung der Bilanz der Rücktritt erklärt bzw. das Widerrufs- oder Rückgaberecht ausgeübt wird.
- Ist jedoch bereits am Bilanzstichtag eine Vertragsauflösung durch Erklärung des Rücktritts bzw. Ausübung des Widerrufs- oder Rückgaberechts

[1] Ergänzend siehe BMF v. 27.2.2020, BStBl. I 2020, 254, und BMF v. 2.5.2022, BStBl. I 2022, 631.

wahrscheinlich, so ist eine Rückstellung für ungewisse Verbindlichkeiten wegen des Risikos der drohenden Vertragsauflösung zu bilden. Ist der Verkäufer aufgrund eines Rücktrittsrechts bzw. eines Widerrufs- oder Rückgaberechts verpflichtet, die bereits verkaufte und übergebene Sache wieder zurückzunehmen, steht die Vorschrift des § 5 Abs. 4b Satz 1 EStG der Rückstellungsbildung nicht entgegen. Die Rückstellung ist in Höhe der Differenz zwischen dem zurückzugewährenden Kaufpreis und dem Buchwert des veräußerten Wirtschaftsguts zu bilden. Sie neutralisiert damit lediglich den Veräußerungsgewinn. (→ BMF vom 21.2.2002 – BStBl. I S. 335).

R **5.7** (2, 3)

Rückstellungen für ungewisse Verbindlichkeiten
Grundsätze

(2) Eine Rückstellung für ungewisse Verbindlichkeiten ist nur zu bilden, wenn

1. es sich um eine Verbindlichkeit gegenüber einem anderen oder eine öffentlich-rechtliche Verpflichtung handelt,
2. die Verpflichtung vor dem Bilanzstichtag wirtschaftlich verursacht ist,
3. mit einer Inanspruchnahme aus einer nach ihrer Entstehung oder Höhe ungewissen Verbindlichkeit ernsthaft zu rechnen ist und
4. die Aufwendungen in künftigen Wirtschaftsjahren nicht zu Anschaffungs- oder Herstellungskosten für ein Wirtschaftsgut führen.

Verpflichtung gegenüber einem anderen

(3) [1]Die Bildung einer Rückstellung für ungewisse Verbindlichkeiten setzt – als Abgrenzung zur Aufwandsrückstellung – eine Verpflichtung gegenüber einem anderen voraus. [2]Die Verpflichtung muss den Verpflichteten wirtschaftlich wesentlich belasten. [3]Die Frage, ob eine Verpflichtung den Stpfl. wesentlich belastet, ist nicht nach dem Aufwand für das einzelne Vertragsverhältnis, sondern nach der Bedeutung der Verpflichtung für das Unternehmen zu beurteilen.[1)]

H **5.7** (3)

Abrechnungsverpflichtung. Für die sich aus § 14 VOB/B ergebende Verpflichtung zur Abrechnung gegenüber dem Besteller ist eine Rückstellung zu bilden (→ BFH vom 25.2.1986 – BStBl. II S. 788); Entsprechendes gilt für die Abrechnungsverpflichtung nach den allgemeinen Bedingungen für die Gasversorgung/Elektrizitätsversorgung (→ BFH vom 18.1.1995 – BStBl. II S. 742).

Aufwandsrückstellungen. Aufwandsrückstellungen können in der Steuerbilanz nicht gebildet werden (→ BFH vom 8.10.1987 – BStBl. 1988 II

[1)] Siehe auch BFH v. 19.7.2011 X R 26/10, BStBl. II 2012, 856, zur Nachbetreuung von Versicherungsverträgen.

S. 57, vom 12.12.1991 – BStBl. 1992 II S. 600 und vom 8.11.2000 – BStBl. 2001 II S. 570); Ausnahmen → R 5.7 Abs. 11.

Eigenbetriebliches Interesse. Unabhängig von einer bestehenden Außenverpflichtung (hier: Räumung eines Baustellenlagers bei Vertragsende) ist der Ansatz einer Rückstellung für ungewisse Verbindlichkeiten ausgeschlossen, wenn die Verpflichtung in ihrer wirtschaftlichen Belastungswirkung von einem eigenbetrieblichen Interesse vollständig „überlagert" wird (→ BFH vom 22.1.2020 – BStBl. II S. 493).

Faktischer Leistungszwang. Eine Rückstellung für ungewisse Verbindlichkeiten ist nicht nur für Verpflichtungen aus einem am Bilanzstichtag bestehenden Vertrag zu bilden, sondern auch für Verpflichtungen, die sich aus einer Branchenübung ergeben (faktischer Leistungszwang). Dies ist z. B. der Fall, wenn ein Unternehmen von seinen Kunden Zuschüsse zu den Herstellungskosten für Werkzeuge erhält, die es bei der Preisgestaltung für die von ihm mittels dieser Werkzeuge herzustellenden und zu liefernden Produkte preismindernd berücksichtigen muss; die Rückstellung ist über die voraussichtliche Dauer der Lieferverpflichtung aufzulösen (→ BFH vom 29.11.2000 – BStBl. 2002 II S. 655).

Gesellschaftsvertraglich begründete Pflicht zur Prüfung des Jahresabschlusses. Für die Verpflichtung zur Prüfung des Jahresabschlusses einer Personengesellschaft darf eine Rückstellung nicht gebildet werden, wenn diese Verpflichtung ausschließlich durch den Gesellschaftsvertrag begründet worden ist (→ BFH vom 5.6.2014 – BStBl. II S. 886).

Honorar-Rückzahlungsverpflichtung. Eine Rückstellung für mögliche Honorar-Rückzahlungsverpflichtungen kann nur gebildet werden, wenn am Bilanzstichtag mehr Gründe für als gegen das Bestehen einer solchen Verpflichtung sprechen. Ein gegen eine dritte Person in einer vergleichbaren Sache ergangenes erstinstanzliches Urteil genügt für sich allein noch nicht, um für das Bestehen einer entsprechenden Verbindlichkeit überwiegende Gründe annehmen zu können (→ BFH vom 19.10.2005 – BStBl. 2006 II S. 371). Dagegen ist für eine nach Maßgabe des § 106 Abs. 5a SGB V zu erwartende Honorar-Rückzahlungsverpflichtung an eine Kassenärztliche Vereinigung eine Rückstellung für ungewisse Verbindlichkeiten zu passivieren (→ BFH vom 5.11.2014 – BStBl. 2015 II S. 523).

Kostenüberdeckung. Ist eine sog. Kostenüberdeckung nach Maßgabe öffentlich-rechtlicher Vorschriften in der folgenden Kalkulationsperiode auszugleichen (Rückgabe der Kostenüberdeckung durch entsprechende Preiskalkulation der Folgeperiode), liegt eine rückstellungsfähige ungewisse Verbindlichkeit vor (→ BFH vom 6.2.2013 – BStBl. II S. 954).

Provisionsfortzahlungen an einen Handelsvertreter. Eine Passivierung als Verbindlichkeit oder Rückstellung ist anders als bei einem Ausgleichsanspruch eines Handelsvertreters (→ H 5.7 (5)) grundsätzlich möglich, wenn die Zahlung unabhängig von aus der ehemaligen Tätigkeit stammenden zukünftigen erheblichen Vorteilen des vertretenen Unternehmens ist und sie nicht für ein Wettbewerbsverbot vorgenommen wird. Steht die Provisionsverpflichtung unter einer aufschiebenden Bedingung, ist die Wahrscheinlichkeit des Eintritts der Bedingung zu prüfen (→ BMF vom 21.6.2005 – BStBl. I S. 802).

Werkzeugkostenzuschuss. → Faktischer Leistungszwang.

R 5.7 (4)

Öffentlich-rechtliche Verpflichtung

(4) [1] Auch eine öffentlich-rechtliche Verpflichtung kann Grundlage für eine Rückstellung für ungewisse Verbindlichkeiten sein; zur Abgrenzung von nicht zulässigen reinen Aufwandsrückstellungen ist jedoch Voraussetzung, dass die Verpflichtung hinreichend konkretisiert ist, d. h., es muss ein inhaltlich bestimmtes Handeln durch Gesetz oder Verwaltungsakt innerhalb eines bestimmbaren Zeitraums vorgeschrieben und an die Verletzung der Verpflichtung müssen Sanktionen geknüpft sein. [2] Ergibt sich eine öffentlich-rechtliche Verpflichtung nicht unmittelbar aus einem Gesetz, sondern setzt sie den Erlass einer behördlichen Verfügung (Verwaltungsakt) voraus, ist eine Rückstellung für ungewisse Verbindlichkeiten erst zu bilden, wenn die zuständige Behörde einen vollziehbaren Verwaltungsakt erlassen hat, der ein bestimmtes Handeln vorschreibt.

H 5.7 (4)

Konkretisierung öffentlich-rechtlicher Verpflichtungen.
- Die Bildung von Rückstellungen für öffentlich-rechtliche Verpflichtungen setzt eine hinreichende Konkretisierung voraus. Konkretisiert wird eine derartige Pflicht regelmäßig durch einen konkreten Gesetzesbefehl oder durch einen Rechtsakt, z. B. Verwaltungsakt, Verfügung oder Abschluss einer entsprechenden verwaltungsrechtlichen Vereinbarung (→ BFH vom 25.1.2017 – BStBl. II S. 780).
- Allgemeine öffentliche Leitsätze, z. B. die Verpflichtung der Wohnungsbauunternehmen, im Interesse der Volkswirtschaft die errichteten Wohnungen zu erhalten, rechtfertigen keine Rückstellung (→ BFH vom 26.5.1976 – BStBl. II S. 622).

Rückstellungen für öffentlich-rechtliche Verpflichtungen sind u. a. zulässig für:
- die Verpflichtung zur Aufstellung der Jahresabschlüsse (→ BFH vom 20.3.1980 – BStBl. II S. 297),
- die Verpflichtung zur Buchung laufender Geschäftsvorfälle des Vorjahres (→ BFH vom 25.3.1992 – BStBl. II S. 1010),
- gesetzliche Verpflichtung zur Prüfung der Jahresabschlüsse, zur Veröffentlichung des Jahresabschlusses im Bundesanzeiger, zur Erstellung des Lageberichts und zur Erstellung der die Betriebssteuern des abgelaufenen Jahres betreffenden Steuererklärungen (→ BFH vom 23.7.1980 – BStBl. 1981 II S. 62, 63), aber → H 5.7 (3) Gesellschaftsvertraglich begründete Pflicht zur Prüfung des Jahresabschlusses,
- die Verpflichtung zur Aufbewahrung von Geschäftsunterlagen gem. § 257 HGB und § 147 AO (→ BFH vom 19.8.2002 – BStBl. 2003 II S. 131),

- die Verpflichtungen zur Wiederaufbereitung (Recycling) und Entsorgung von Bauschutt (→ BFH vom 25.3.2004 – BStBl. 2006 II S. 644 und vom 21.9.2005 – BStBl. 2006 II S. 647); § 5 Abs. 4b EStG ist zu beachten,
- die Verpflichtungen für die Entsorgung der ab dem 13.8.2005 in Verkehr gebrachten Energiesparlampen, wenn sich diese Pflichten durch den Erlass einer Abholanordnung nach § 16 Abs. 5 Elektro- und Elektronikgerätegesetz hinreichend konkretisiert haben (→ BFH vom 25.1.2017 – BStBl. II S. 780),
- die Zulassungskosten (Gebühren) für ein neu entwickeltes Pflanzenschutzmittel (→ BFH vom 8.9.2011 – BStBl. 2012 II S. 122),
- eine nach Maßgabe des § 106 Abs. 5a SGB V zu erwartende Honorar-Rückzahlungsverpflichtung an eine Kassenärztliche Vereinigung (→ BFH vom 5.11.2014 – BStBl. 2015 II S. 523);

nicht zulässig für:

- die Verpflichtung zur Durchführung der Hauptversammlung (→ BFH vom 23.7.1980 – BStBl. 1981 II S. 62),
- künftige Betriebsprüfungskosten, solange es an einer Prüfungsanordnung fehlt (→ BFH vom 24.8.1972 – BStBl. 1973 II S. 55); das gilt nicht für Großbetriebe → BMF vom 7.3.2013 (BStBl. I S. 274),[1)]
- künftige Beitragszahlungen an den Pensionssicherungsverein (→ BFH vom 6.12.1995 – BStBl. 1996 II S. 406),
- Kammerbeiträge (z. B. zur Handwerkskammer) eines künftigen Beitragsjahres, die sich nach der Höhe des in einem vergangenen Steuerjahr erzielten Gewinns bemessen (→ BFH vom 5.4.2017 – BStBl. II S. 900),
- die Verpflichtung zur Erstellung der Einkommensteuererklärung und der Erklärung zur gesonderten und einheitlichen Feststellung des Gewinns einer Personengesellschaft (→ BFH vom 24.11.1983 – BStBl. 1984 II S. 301),
- die Verpflichtung zur Entsorgung eigenen Abfalls (→ BFH vom 8.11.2000 – BStBl. 2001 II S. 570),
- gesetzliche Verpflichtungen, wenn die Rechtsnorm eine Frist für die Erfüllung enthält und diese am Bilanzstichtag noch nicht abgelaufen ist (→ BFH vom 13.12.2007 – BStBl. 2008 II S. 516, vom 6.2.2013 – BStBl. II S. 686 und vom 17.10.2013 – BStBl. 2014 II S. 302),
- gesetzliche Wartungsverpflichtungen vor Ablauf der zulässigen Betriebszeit (→ BFH vom 9.11.2016 – BStBl. 2017 II S. 379).

Sanierungsverpflichtungen. Zur Bildung von Rückstellungen für Verpflichtungen zur Sanierung von schadstoffbelasteten Grundstücken → BMF vom 11.5.2010 (BStBl. I S. 495).

R **5.7 (5)**

Wirtschaftliche Verursachung

(5) [1] Rückstellungen für ungewisse Verbindlichkeiten sind erstmals im Jahresabschluss des Wirtschaftsjahres zu bilden, in dem sie wirtschaftlich verur-

---

1) Siehe hierzu auch BFH v. 6.6.2012 I R 99/10, BStBl. II 2013, 196.

sacht sind. [2]Die Annahme einer wirtschaftlichen Verursachung setzt voraus, dass der Tatbestand, an den das Gesetz oder der Vertrag die Verpflichtung knüpft, im Wesentlichen verwirklicht ist. [3]Die Erfüllung der Verpflichtung darf nicht nur an Vergangenes anknüpfen, sondern muss auch Vergangenes abgelten.

H 5.7 (5)

Aktienoptionsprogramme. Rückstellungen für Verbindlichkeiten aus Aktienoptionsprogrammen können nicht gebildet werden, wenn die Ausübung der Optionen von am Bilanzstichtag noch ungewissen künftigen Ereignissen abhängt. Dabei ist der Grad der Wahrscheinlichkeit des Eintritts dieser Ereignisse unerheblich (→ BFH vom 15.3.2017 – BStBl. II S. 1043).

Altersteilzeitverpflichtungen. Zur bilanziellen Berücksichtigung von Altersteilzeitverpflichtungen nach dem Altersteilzeitgesetz (AltTZG) → BMF vom 28.3.2007 (BStBl. I S. 297) unter Berücksichtigung der Änderungen durch BMF vom 11.3.2008 (BStBl. I S. 496) und vom 22.10.2018 (BStBl. I S. 1112).

Arbeitsfreistellung. Rückstellungen für Verpflichtungen zur Gewährung von Vergütungen für die Zeit der Arbeitsfreistellung vor Ausscheiden aus dem Dienstverhältnis und Jahreszusatzleistungen im Jahr des Eintritts des Versorgungsfalls (→ BMF vom 11.11.1999 – BStBl. I S. 959[1]) und vom 28.3.2007 – BStBl. I S. 297).

Ausgleichsanspruch eines Handelsvertreters.

- Eine Rückstellung für die Verpflichtung zur Zahlung eines Ausgleichs an einen Handelsvertreter nach § 89b HGB ist vor Beendigung des Vertragsverhältnisses nicht zulässig, da wesentliche Voraussetzung für einen solchen Ausgleich ist, dass dem Unternehmer aus der früheren Tätigkeit des Vertreters mit hoher Wahrscheinlichkeit noch nach Beendigung des Vertragsverhältnisses erhebliche Vorteile erwachsen (→ BFH vom 20.1. 1983 – BStBl. II S. 375).
- Zur Abgrenzung gegenüber einer Provisionsfortzahlung → H 5.7 (3) Provisionsfortzahlungen an einen Handelsvertreter.

Beihilfen an Pensionäre. Für die Verpflichtung, Pensionären und aktiven Mitarbeitern während der Zeit ihres Ruhestandes in Krankheits-, Geburts- und Todesfällen Beihilfen zu gewähren, ist eine Rückstellung zu bilden (→ BFH vom 30.1.2002 – BStBl. 2003 II S. 279).

Entstandene Verpflichtungen. Eine am Bilanzstichtag bereits rechtlich entstandene öffentlich-rechtliche Verpflichtung ist zu diesem Zeitpunkt auch wirtschaftlich verursacht (→ BFH vom 17.10.2013 – BStBl. 2014 II S. 302).

Garantierückstellungen. Garantierückstellungen, mit denen das Risiko künftigen Aufwands durch kostenlose Nacharbeiten oder durch Ersatzliefe-

---

[1] Rn. 2 BMF v. 11.11.1999 ist nicht weiter anzuwenden, siehe BMF v. 18.9.2017, BStBl. I 2017, 1293, Rn. 4.

rungen oder aus Minderungen oder Schadenersatzleistungen wegen Nichterfüllung aufgrund gesetzlicher oder vertraglicher Gewährleistungen erfasst werden soll, können bei Vorliegen der entsprechenden Voraussetzungen als Einzelrückstellungen für die bis zum Tag der Bilanzaufstellung bekannt gewordenen einzelnen Garantiefälle oder als Pauschalrückstellung gebildet werden. Für die Bildung von Pauschalrückstellungen ist Voraussetzung, dass der Kaufmann aufgrund der Erfahrungen in der Vergangenheit mit einer gewissen Wahrscheinlichkeit mit Garantieinanspruchnahmen rechnen muss oder dass sich aus der branchenmäßigen Erfahrung und der individuellen Gestaltung des Betriebs die Wahrscheinlichkeit ergibt, Garantieleistungen erbringen zu müssen (→ BFH vom 30.6.1983 – BStBl. 1984 II S. 263 und vom 24.3.1999 – BStBl. 2001 II S. 612).

Gutscheine.[1] Für Gutscheine, die einen Anspruch auf preisermäßigte künftige Leistungen gewähren, können im Ausgabejahr keine Rückstellungen gebildet werden (→ BFH vom 19.9.2012 – BStBl. 2013 II S. 123).

Nachbetreuungsleistungen bei Hörgeräte-Akustikern. Nachbetreuungsverpflichtungen sind im Zeitpunkt der Veräußerung der Hörhilfen auch wirtschaftlich verursacht (→ BMF vom 12.10.2005 – BStBl. I S. 953).

Prozesskosten. Bei am Bilanzstichtag noch nicht anhängigen Verfahren/Instanzen fehlt es grundsätzlich an der wirtschaftlichen Verursachung (→ BFH vom 6.12.1995 – BStBl. 1996 II S. 406).

Sonderzahlungen an Versorgungseinrichtungen. Für Sonderzahlungen an Versorgungseinrichtungen zur Schließung künftiger Deckungslücken können wegen fehlender wirtschaftlicher Verursachung vor dem Bilanzstichtag keine Rückstellungen gebildet werden (→ BFH vom 27.1.2010 – BStBl. II S. 614).

Wartungsverpflichtung. Gesetzliche Wartungsverpflichtungen sind wirtschaftlich nicht in der Vergangenheit verursacht, da wesentliches Merkmal der Überholungsverpflichtung das Erreichen der zulässigen Betriebszeit ist. Dagegen kann bei einer privatrechtlichen Verpflichtung zur Übernahme künftiger Wartungsaufwendungen die Bildung einer Rückstellung für ungewisse Verbindlichkeiten in Betracht kommen, wenn bei Beendigung des Vertrages kein Anspruch auf Rückerstattung der Beträge besteht und der Stpfl. deshalb mit den vereinbarten Beträgen belastet bleibt (→ BFH vom 9.11.2016 – BStBl. 2017 II S. 379).

Zinszahlung. Eine Verpflichtung zur Zinszahlung ist am Bilanzstichtag nur insoweit wirtschaftlich verursacht, als damit eine Zeitspanne vor dem Bilanzstichtag abgegolten wird (→ BFH vom 6.12.1995 – BStBl. 1996 II S. 406).

Zuwendungen aus Anlass eines Geschäfts- oder Firmenjubiläums. Für rechtsverbindlich zugesagte Zuwendungen aus Anlass eines Geschäfts- oder Firmenjubiläums, die sich nach der Dauer der Betriebszugehörigkeit der einzelnen Mitarbeiter bemessen, ist eine Rückstellung in dem Umfang zu

---

[1] Zur Rückstellungsbildung für Verpflichtungen aus einem Kundenkartenprogramm siehe BFH vom 29.9.2022 IV R 20/19, BStBl. II 2023, 435.

bilden, in dem die Anspruchsvoraussetzungen durch die vergangene Betriebszugehörigkeit des jeweiligen Mitarbeiters erfüllt sind. Die Regelung für Zuwendungen aus Anlass eines Dienstjubiläums (§ 5 Abs. 4 EStG) gilt dafür nicht (→ BFH vom 29.11.2000 – BStBl. 2004 II S. 41).

R 5.7 (6)

Wahrscheinlichkeit der Inanspruchnahme[1)]

(6) [1] Rückstellungen für ungewisse Verbindlichkeiten setzen in tatsächlicher Hinsicht voraus, dass die Verbindlichkeiten, die den Rückstellungen zu Grunde liegen, bis zum Bilanzstichtag entstanden sind oder aus Sicht am Bilanzstichtag mit einiger Wahrscheinlichkeit entstehen werden und der Stpfl. spätestens bei Bilanzaufstellung ernsthaft damit rechnen muss, hieraus in Anspruch genommen zu werden. [2] Die Wahrscheinlichkeit der Inanspruchnahme ist auf Grund objektiver, am Bilanzstichtag vorliegender und spätestens bei Aufstellung der Bilanz erkennbarer Tatsachen aus der Sicht eines sorgfältigen und gewissenhaften Kaufmanns zu beurteilen; es müssen mehr Gründe für als gegen die Inanspruchnahme sprechen.

H 5.7 (6)

Allgemeines. Eine Inanspruchnahme ist wahrscheinlich, wenn der Stpfl. nach den Umständen, die am Bilanzstichtag objektiv vorlagen und bis zum Zeitpunkt der Bilanzerstellung bekannt oder erkennbar wurden, ernstlich damit rechnen musste, aus der Verpflichtung in Anspruch genommen zu werden. Er darf im Hinblick auf seine Inanspruchnahme nicht die pessimistischste Alternative wählen; für die Inanspruchnahme müssen mehr Gründe dafür als dagegen sprechen (→ BFH vom 19.10.2005 – BStBl. 2006 II S. 371).

Entdeckung. Die Wahrscheinlichkeit der Inanspruchnahme ist gegeben, wenn die anspruchsbegründenden Tatsachen bis zum Tag der Bilanzaufstellung entdeckt sind (→ BFH vom 2.10.1992 – BStBl. 1993 II S. 153).

Hinterzogene Steuern. Hinterzogene Lohnsteuer ist vom Arbeitgeber in dem Zeitpunkt zurückzustellen, in dem er mit seiner Haftungsinanspruchnahme ernsthaft rechnen muss (→ BFH vom 16.2.1996 – BStBl. II S. 592).

Patronatserklärungen. Die Passivierung von Rückstellungen für Verpflichtungen aus sog. harten Patronatserklärungen setzt voraus, dass die Gefahr der Inanspruchnahme aus der Verpflichtung ernsthaft droht. Eine Inanspruchnahme aus einer konzerninternen Patronatserklärung der Muttergesellschaft für ein Tochterunternehmen droht dann nicht, wenn das Schuldnerunternehmen zwar in der Krise ist, innerhalb des Konzerns ein Schwesterunternehmen aber die erforderliche Liquidität bereitstellt und aufgrund der gesellschaftsrechtlichen Verbundenheit nicht damit zu rechnen ist, dass dieses Schwesterunternehmen Ansprüche gegen die Muttergesell-

1) Zu einer Abbruchverpflichtung siehe BFH v. 28.3.2000 VIII R 13/99, BStBl. II 2000, 612.

schaft geltend machen wird (→ BFH vom 25.10.2006 – BStBl. 2007 II S. 384).

Schadensersatz.

- Bei einseitigen Verbindlichkeiten ist die Wahrscheinlichkeit der Inanspruchnahme erst gegeben, wenn der Gläubiger die sich aus ihnen ergebende (mögliche) Berechtigung kennt. Dies gilt auch für öffentlich-rechtliche Verbindlichkeiten (→ BFH vom 19.10.1993 – BStBl. II S. 891).
- Bei privat-rechtlichen Schadensersatzansprüchen ist entweder die Kenntnis des Gläubigers von den den Schadensersatzanspruch begründenden Umständen oder zumindest eine derartige unmittelbar bevorstehende Kenntniserlangung erforderlich (→ BFH vom 25.4.2006 – BStBl. II S. 749).
- Bei der Bildung von Rückstellungen für Schadensersatzforderungen ist zwischen der Wahrscheinlichkeit des Bestehens der Verpflichtung und der Wahrscheinlichkeit der tatsächlichen Inanspruchnahme hieraus zu unterscheiden, da die beiden Voraussetzungen innewohnenden Risiken unterschiedlich hoch zu bewerten sein können. Ist nach einem von fachkundiger dritter Seite erstellten Gutachten das Unterliegen im Prozess am Bilanzstichtag nicht überwiegend wahrscheinlich, scheidet die Bildung einer Rückstellung aus (→ BFH vom 16.12.2014 – BStBl. 2015 II S. 759).

R 5.7 (7, 8)

Rückstellungen für Erfüllungsrückstand bei schwebenden Geschäften

Schwebende Geschäfte

(7) [1]Schwebende Geschäfte sind gegenseitige Verträge i. S. d. §§ 320 ff. BGB (z. B. Dauerschuldverhältnisse wie Arbeits- oder Mietverträge), die von den Beteiligten noch nicht voll erfüllt sind. [2]Noch zu erbringende unwesentliche Nebenleistungen stehen der Beendigung des Schwebezustandes nicht entgegen. [3]Verpflichtungen aus schwebenden Geschäften werden nicht passiviert, es sei denn, das Gleichgewicht von Leistung und Gegenleistung ist durch Erfüllungsrückstände gestört; in diesen Fällen sind Rückstellungen für Erfüllungsrückstand auszuweisen.

Erfüllungsrückstand

(8) [1]Ein Erfüllungsrückstand entsteht, wenn ein Vertragspartner seine Leistung erbracht hat, der andere Vertragspartner die entsprechende Gegenleistung jedoch noch schuldet. [2]Eine Fälligkeit der vertraglich noch geschuldeten Leistung zum Bilanzstichtag ist nicht erforderlich. [3]Erfüllungsrückstände eines Vermieters liegen z. B. vor, wenn sich die allgemeine Pflicht zur Erhaltung der vermieteten Sache in der Notwendigkeit einzelner Erhaltungsmaßnahmen konkretisiert hat und der Vermieter die Maßnahmen unterlässt. [4]Die wirtschaftliche Verursachung der Verpflichtung richtet sich nach Absatz 5.

H 5.7 (8)

Erfüllungsrückstand.

- Ein Erfüllungsrückstand liegt insbesondere vor, wenn der Schuldner einer Verpflichtung nicht nachgekommen ist, die er im abgelaufenen Wj. hätte erfüllen müssen (→ BFH vom 3.12.1991 – BStBl. 1993 II S. 89). Die noch **ausstehende Gegenleistung** muss eine Vorleistung abgelten und ihr damit synallagmatisch zweckgerichtet und zeitlich zuordenbar sein (→ BFH vom 5.4.2006 – BStBl. II S. 593).

– Wegen der Verpflichtung, eine am Bilanzstichtag bestehende **Darlehensverbindlichkeit** – mit fest vereinbarter Vertragslaufzeit und ohne ordentliche Kündigungsmöglichkeit – in späteren Jahren höher zu verzinsen **(Darlehen mit steigenden Zinssätzen),** ist in der Bilanz grundsätzlich eine Verbindlichkeit oder eine Rückstellung wegen eines wirtschaftlichen Erfüllungsrückstandes auszuweisen (→ BFH vom 25.5.2016 – BStBl. II S. 930).

– Für die Verpflichtung zur **Lohnfortzahlung im Krankheitsfall** kann keine Rückstellung gebildet werden (→ BFH vom 27.6.2001 – BStBl. II S. 758).

– Für die **Verpflichtung eines Vermieters,** den Mietgegenstand zum Ende der Mietzeit zu veräußern und den Veräußerungserlös insoweit an den Mieter auszuzahlen, als er einen vertraglich vereinbarten, unter dem Buchwert zum Vertragsende liegenden Restwert übersteigt, ist eine anzusammelnde und abzuzinsende Rückstellung in der Höhe zu passivieren, in der der vereinbarte Restwert unter dem Buchwert des Mietgegenstands liegt (→ BFH vom 21.9.2011 – BStBl. 2012 II S. 197).

– Für Verpflichtungen zur **Nachbetreuung bereits abgeschlossener Versicherungen** sind Rückstellungen wegen Erfüllungsrückstandes zu bilden (→ BMF vom 20.11.2012 – BStBl. I S. 1100, BFH vom 12.12.2013 – BStBl. 2014 II S. 517 und vom 27.2.2014 – BStBl. II S. 675, ber. S. 919).

R 5.7 (9, 10)

Einzelfälle

Leistungen auf Grund eines Sozialplans

(9) [1]Rückstellungen für Leistungen auf Grund eines Sozialplans nach den §§ 111, 112 des Betriebsverfassungsgesetzes sind insbesondere unter Beachtung der Grundsätze in den Absätzen 5 und 6 im Allgemeinen ab dem Zeitpunkt zulässig, in dem der Unternehmer den Betriebsrat über die geplante Betriebsänderung nach § 111 Satz 1 des Betriebsverfassungsgesetzes unterrichtet hat. [2]Die Voraussetzungen für die Bildung von Rückstellungen für ungewisse Verbindlichkeiten liegen am Bilanzstichtag auch vor, wenn der Betriebsrat erst nach dem Bilanzstichtag, aber vor der Aufstellung oder Feststellung der Bilanz unterrichtet wird und der Unternehmer sich bereits vor dem Bilanzstichtag zur Betriebsänderung entschlossen oder schon vor dem Bilanzstichtag eine wirtschaftliche Notwendigkeit bestanden hat, eine zur Aufstellung eines Sozialplans verpflichtende Maßnahme durchzuführen. [3]Soweit vorzeitig betriebliche Pensionsleistungen bei alsbaldigem Ausscheiden infolge der Betriebsänderung erbracht werden, richtet sich die Rückstellungsbildung ausschließlich nach § 6a EStG. [4]Die vorstehenden Grundsätze gelten sinngemäß für Leistungen, die auf Grund einer auf Tarifvertrag oder Betriebsvereinbarung beruhenden vergleichbaren Vereinbarung zu erbringen sind.

Patent-, Urheber- oder ähnliche Schutzrechte

(10) [1]Rückstellungen für ungewisse Verbindlichkeiten wegen Benutzung einer offengelegten, aber noch nicht patentgeschützten Erfindung sind nur unter den Voraussetzungen zulässig, die nach § 5 Abs. 3 EStG für Rückstellungen wegen Verletzung eines Patentrechts gelten. [2]Das Auflösungsgebot in § 5 Abs. 3 EStG bezieht sich auf alle Rückstellungsbeträge, die wegen der Verletzung ein und desselben Schutzrechts passiviert worden sind. [3]Hat der Stpfl. nach der erstmaligen Bildung der Rückstellung das Schutzrecht weiterhin verletzt und deshalb die Rückstellung in den folgenden Wirtschaftsjahren erhöht, beginnt für die Zuführungsbeträge keine neue Frist. [4]Nach Ablauf der Drei-Jahres-Frist sind weitere Rückstellungen wegen Verletzung desselben Schutzrechts nicht zulässig, solange Ansprüche nicht geltend gemacht worden sind.

H 5.7 (10)

Patentverletzung.
- Die Bildung einer Rückstellung wegen Verletzung fremder Patentrechte nach § 5 Abs. 3 Satz 1 Nr. 2 EStG setzt nicht voraus, dass der Patentinhaber von der Rechtsverletzung Kenntnis erlangt hat.
- Wird ein und dasselbe Schutzrecht in mehreren Jahren verletzt, bestimmt sich der Ablauf der dreijährigen Auflösungsfrist i. S. d. § 5 Abs. 3 Satz 2 EStG nach der erstmaligen Rechtsverletzung.

(→ BFH vom 9.2.2006 – BStBl. II S. 517).

R 5.7 (11)

Instandhaltung und Abraumbeseitigung

(11) [1]Die nach den Grundsätzen des § 249 Abs. 1 Satz 2 Nr. 1 HGB[1)] gebildete Rückstellung ist auch in der Steuerbilanz anzusetzen. [2]Das Gleiche gilt für die Bildung von Rückstellungen für unterlassene Aufwendungen für Abraumbeseitigungen, die im folgenden Wirtschaftsjahr nachgeholt werden. [3]Bei unterlassener Instandhaltung muss es sich um Erhaltungsarbeiten handeln, die bis zum Bilanzstichtag bereits erforderlich gewesen wären, aber erst nach dem Bilanzstichtag durchgeführt werden. [4]Rückstellungen für Abraumbeseitigungen auf Grund rechtlicher Verpflichtungen sind nach § 249 Abs. 1 Satz 1 HGB (ungewisse Verbindlichkeit) zu bilden.

H 5.7 (11)

Turnusmäßige Erhaltungsarbeiten. Bei Erhaltungsarbeiten, die erfahrungsgemäß in ungefähr gleichem Umfang und in gleichen Zeitabständen anfallen und turnusgemäß durchgeführt werden, liegt in der Regel keine unterlassene Instandhaltung vor (→ BFH vom 15.2.1955 – BStBl. III S. 172).

[1)] **Habersack** Nr. 50.

R 5.7 (12)

Kulanzleistungen

(12) Rückstellungen nach § 249 Abs. 1 Satz 2 Nr. 2 HGB[1] für Gewährleistungen, die ohne rechtliche Verpflichtungen erbracht werden, sind nur zulässig, wenn sich der Kaufmann den Gewährleistungen aus geschäftlichen Erwägungen nicht entziehen kann.

H 5.7 (12)

Garantierückstellung. → H 5.7 (5).

Geschäftliche Erwägungen. Geschäftliche Erwägungen sind anzunehmen, wenn am Bilanzstichtag unter Berücksichtigung des pflichtgemäßen Ermessens des vorsichtigen Kaufmanns damit zu rechnen ist, dass Kulanzleistungen auch in Zukunft bewilligt werden müssen (→ BFH vom 6.4.1965 – BStBl. III S. 383).

R 5.7 (13)

Auflösung von Rückstellungen

(13) Rückstellungen sind aufzulösen, soweit die Gründe hierfür entfallen.

H 5.7 (13)

Auflösung. Rückstellungen sind auch dann aufzulösen, wenn

- nach dem Bilanzstichtag, aber vor der Bilanzerstellung Umstände bekannt werden, die am Bilanzstichtag objektiv vorlagen, aus denen sich ergibt, dass mit einer Inanspruchnahme nicht mehr zu rechnen ist (→ BFH vom 30.1.2002 – BStBl. II S. 688);
- die Verbindlichkeit trotz weiterbestehender rechtlicher Verpflichtung keine wirtschaftliche Belastung mehr darstellt (→ BFH vom 22.11.1988 – BStBl. 1989 II S. 359).

Erfolgsneutrale Auflösung. Eine Rückstellung ist erfolgsneutral aufzulösen, wenn der Wegfall der Voraussetzungen für ihre Bildung und Beibehaltung auf Umständen beruht, die als Einlage i. S. d. § 4 Abs. 1 Satz 8 EStG zu beurteilen sind (→ BFH vom 12.4.1989 – BStBl. II S. 612).

Rechtsmittel.

- Eine Rückstellung wegen einer gerichtsanhängigen Schadensersatzverpflichtung ist erst aufzulösen, wenn über die Verpflichtung endgültig und rechtskräftig ablehnend entschieden ist (→ BFH vom 27.11.1997 – BStBl. 1998 II S. 375).
- Eine Rückstellung ist nicht aufzulösen, wenn der Stpfl. in einer Instanz obsiegt hat, der Prozessgegner gegen diese Entscheidung aber noch ein Rechtsmittel einlegen kann (→ BFH vom 30.1.2002 – BStBl. II S. 688).
- Ein nach dem Bilanzstichtag, aber vor dem Zeitpunkt der Bilanzaufstellung erfolgter Verzicht des Prozessgegners auf ein Rechtsmittel wirkt nicht auf die Verhältnisse am Bilanzstichtag zurück (→ BFH vom 30.1.2002 – BStBl. II S. 688).

[1] **Habersack** Nr. **50**.

Schadensersatz. → Rechtsmittel.

Verhandlungen. Wird am Bilanzstichtag über den Wegfall einer Verpflichtung verhandelt, so rechtfertigt dies die Auflösung einer gebildeten Rückstellung grundsätzlich nicht (→ BFH vom 17.11.1987 – BStBl. 1988 II S. 430).

H 5.8

Verpflichtungsübernahmen. Zur bilanziellen Berücksichtigung von Verpflichtungsübernahmen, Schuldbeitritten und Erfüllungsübernahmen mit vollständiger oder teilweiser Schuldfreistellung → BMF vom 30.11.2017 (BStBl. I S. 1619).

Zu § 5a EStG

H 5a

Allgemeines. → BMF vom 12.6.2002 (BStBl. I S. 614) unter Berücksichtigung der Änderungen durch BMF vom 31.10.2008 (BStBl. I S. 956) und vom 10.9.2013 (BStBl. I S. 1152);[1] Rz. 12 Satz 2 bis Rz. 14 sind überholt und nicht mehr anzuwenden (→ BFH vom 16.1.2014 – BStBl. II S. 774).

Feststellung eines Unterschiedsbetrags. Ein Unterschiedsbetrag ist nur für diejenigen Wirtschaftsgüter festzustellen, die in der Steuerbilanz des Wj., das der erstmaligen Anwendung der Tonnagebesteuerung vorangeht, anzusetzen sind (→ BFH vom 29.11.2012 – BStBl. 2013 II S. 324).

Hilfsgeschäft.[2] Die Veräußerung eines Schiffs stellt nur dann ein Hilfsgeschäft i. S. d. § 5a Abs. 2 Satz 2 EStG dar, wenn dieses Schiff zunächst in der Absicht eingesetzt wurde, langfristig Handelsschiffe i. S. d. § 5a EStG zu betreiben. Der Erwerb und die Veräußerung eines Schiffes mit dem Ziel, aus dem Veräußerungserlös erst ein anderes i. S. d. § 5a EStG langfristig betriebenes Handelsschiff zu erwerben, ist kein Hilfsgeschäft nach § 5a Abs. 2 Satz 2 EStG (→ BFH vom 26.9.2013 – BStBl. 2014 II S. 253).

Hinzurechnung einer Sondervergütung nach § 5a Abs. 4a Satz 3 EStG. Sondervergütungen i. S. d. § 15 Abs. 1 Satz 1 Nr. 2 EStG sind auch in den Jahren vor Indienststellung eines Handelsschiffes dem nach § 5a Abs. 1 EStG pauschal ermittelten Gewinn (dieser beträgt mangels Tonnage und mangels Betriebstagen 0 Euro) in vollem Umfang nach § 5a Abs. 4a Satz 3 EStG hinzuzurechnen (→ BFH vom 6.2.2014 – BStBl. II S. 522).

Hinzurechnung eines Unterschiedsbetrags nach § 5a Abs. 4 Satz 3 Nr. 3 EStG.[3] Der in dem Jahr des Ausscheidens eines Gesellschafters hinsichtlich des auf ihn entfallenden Anteils gem. § 5a Abs. 4 Satz 3 Nr. 3 EStG dem Gewinn hinzuzurechnende Unterschiedsbetrag nach § 5a Abs. 4

---

[1] *Anm. d. Red.:* Wird derzeit überarbeitet.

[2] Zur Abgrenzung bei Hilfsgeschäften eines Schiffsbetriebs siehe BFH v. 13.4.2017 IV R 49/15, BStBl. II 2022, 674.

[3] Betrag aus der Auflösung von Unterschiedsbeträgen nach § 5a Abs. 4 Satz 3 EStG als Teil des laufenden Gesamthandsgewinns, siehe BFH v. 1.10.2020 IV R 4/18, DStRE 2021, 399. – Siehe auch § 5a Abs. 4 und § 52 Abs. 10 Satz 4 EStG i. d. F. des G v. 2.6.2021, BGBl. I 2021, 1859.

Satz 1 EStG führt nicht zu einem nach den §§ 16, 34 EStG steuerbegünstigten Veräußerungsgewinn (→ BFH vom 19.7.2011 – BStBl. II S. 878).

Langfristiger Betrieb von Handelsschiffen. Die Anwendung der Gewinnermittlung nach der Tonnage setzt die Absicht zum langfristigen Betrieb von Handelsschiffen im internationalen Verkehr voraus. Wird der schuldrechtliche Vertrag über die Veräußerung eines Schiffes schon innerhalb eines Jahres seit dem Zeitpunkt geschlossen, zu dem erstmals alle übrigen Voraussetzungen des § 5a EStG vorlagen (Jahresfrist), spricht eine widerlegbare Vermutung dafür, dass schon zu Beginn der Jahresfrist nicht die nach § 5a EStG erforderliche Absicht zum langfristigen Betrieb von Handelsschiffen bestand (→ BFH vom 26.9.2013 – BStBl. 2014 II S. 253).

Zu § 5b EStG

H 5b

Allgemeines. Anwendungsschreiben zur Veröffentlichung der Taxonomie → BMF vom 28.9.2011 (BStBl. I S. 855).

Atypisch stille Gesellschaft. → BMF vom 24.11.2017 (BStBl. I S. 1543).

Taxonomien.[1]
– → BMF vom 9.7.2021 (BStBl. I S. 911).
– → BMF vom 21.6.2022 (BStBl. I S. 954).

Unbillige Härte. Eine „unbillige Härte" i. S. d. § 5b Abs. 2 ist danach zu beurteilen, ob die angesichts des Umfangs der Bilanz sowie der Gewinn- und Verlustrechnung vom Stpfl. zu tragenden Kosten der elektronischen Übermittlung unverhältnismäßig sind und somit ein nicht unerheblicher finanzieller Aufwand i. S. d. § 150 Abs. 8 Satz 2 erster Halbsatz AO vorliegt. Sie liegt nicht bereits deshalb vor, weil die Einkünfte des bilanzierenden Stpfl. im Wj. gering oder negativ sind (→ BFH vom 21.4.2021 – BStBl. II 2022 S. 52).

Verfassungsmäßigkeit. § 5b Abs. 1 ist verfassungsgemäß (→ BFH vom 21.4.2021 – BStBl. II 2022 S. 52).

Zu § 6 EStG

(§§ 8, 8b, 8c, 9a, 10 bis 11d EStDV)

R 6.1 Anlagevermögen und Umlaufvermögen

(1) [1]Zum **Anlagevermögen** gehören die Wirtschaftsgüter, die bestimmt sind, dauernd dem Betrieb zu dienen. [2]Ob ein Wirtschaftsgut zum Anlagevermögen gehört, ergibt sich aus dessen Zweckbestimmung, nicht aus seiner Bilanzierung. [3]Ist die Zweckbestimmung nicht eindeutig feststellbar, kann die Bilanzierung Anhaltspunkt für die Zuordnung zum Anlagevermögen sein. [4]Zum Anlagevermögen können immaterielle Wirtschaftsgüter, Sachanlagen und Finanzanlagen gehören. [5]Zum abnutzbaren Anlagevermögen gehören insbesondere die auf Dauer dem Betrieb gewidmeten Gebäude, technischen

[1] Zu Taxonomien 6.7 siehe BMF v. 9.6.2023, BStBl. I 2023, 994.

Anlagen und Maschinen sowie die Betriebs- und Geschäftsausstattung. [6] Zum nicht abnutzbaren Anlagevermögen gehören insbesondere Grund und Boden, Beteiligungen und andere Finanzanlagen, wenn sie dazu bestimmt sind, dauernd dem Betrieb zu dienen. [7] Ein Wirtschaftsgut des Anlagevermögens, dessen Veräußerung beabsichtigt ist, bleibt so lange Anlagevermögen, wie sich seine bisherige Nutzung nicht ändert, auch wenn bereits vorbereitende Maßnahmen zu seiner Veräußerung getroffen worden sind. [8] Bei Grundstücken des Anlagevermögens, die bis zu ihrer Veräußerung unverändert genutzt werden, ändert somit selbst eine zum Zwecke der Veräußerung vorgenommene Parzellierung des Grund und Bodens oder Aufteilung des Gebäudes in Eigentumswohnungen nicht die Zugehörigkeit zum Anlagevermögen.

(2) Zum **Umlaufvermögen** gehören die Wirtschaftsgüter, die zur Veräußerung, Verarbeitung oder zum Verbrauch angeschafft oder hergestellt worden sind, insbesondere Roh-, Hilfs- und Betriebsstoffe, Erzeugnisse und Waren, Kassenbestände.

H 6.1

Anlagevermögen.
- Begriff → § 247 Abs. 2 HGB.
- Umfang → Gliederungsschema in § 266 Abs. 2 HGB.

Baumbestand. Der in einem selbständigen Nutzungs- und Funktionszusammenhang stehende Baumbestand gehört als Wirtschaftsgut zum nicht abnutzbaren Anlagevermögen eines Forstbetriebs (→ BMF vom 16.5.2012 – BStBl. I S. 595).

Digitale Wirtschaftsgüter. Zur Nutzungsdauer von Computerhardware und Software zur Dateneingabe und -verarbeitung → BMF vom 22.2.2022 (BStBl. I S. 187).

Erwerb von Wirtschaftsgütern kurz vor Betriebsveräußerung. Wirtschaftsgüter, die zum Zweck der dauerhaften Einbindung in einen bereits bestehenden Geschäftsbetrieb erworben werden, sind auch dann im Anlagevermögen auszuweisen, wenn die gesamte organisatorische Einheit (Betrieb einschließlich erworbener Wirtschaftsgüter) kurze Zeit später mit der Absicht der Weiterführung veräußert wird (→ BFH vom 10.8.2005 – BStBl. 2006 II S. 58).

Filme. In echter Auftragsproduktion hergestellte Filme sind immaterielle Wirtschaftsgüter des Umlaufvermögens (→ BFH vom 20.9.1995 – BStBl. 1997 II S. 320).

Geschäfts- oder Firmenwert.
- Zur bilanzsteuerlichen Behandlung des Geschäfts- oder Firmenwerts und sog. firmenwertähnlicher Wirtschaftsgüter → BMF vom 20.11.1986 (BStBl. I S. 532).
- → H 5.5 (Geschäfts- oder Firmenwert/Praxiswert).

Gewerblicher Grundstückshandel. → BMF vom 26.3.2004 (BStBl. I S. 434), Tz. 33.

Grund und Boden eines land- und forstwirtschaftlichen Betriebs. → BMF vom 26.3.2004 (BStBl. I S. 434), Tz. 27.

Halbfertige Bauten auf fremdem Grund und Boden
- werden als Vorräte dem Umlaufvermögen zugeordnet (→ BFH vom 7.9.2005 – BStBl. 2006 II S. 298).
- → H 6.7.

Leergut in der Getränkeindustrie.
- → BFH vom 9.1.2013 (BStBl. 2019 II S. 150):
  - Leergut ist nach seiner Art unterschiedlich zu beurteilen: Der Eigentumsübergang erstreckt sich bei Einheitsleergut nicht nur auf den Inhalt, sondern auch auf die Flaschen und die Kästen selbst (BGH-Urteil vom 9. Juli 2007 II ZR 233/05, BGHZ 173, 159). Bei Brunneneinheitsleergut und Individualleergut erstreckt sich der Eigentumsübergang allein auf den Inhalt der Flaschen und Kästen.
  - Für die Verpflichtung zur Rückzahlung des erhaltenen **Pfandgeldes** für Brunneneinheitsleergut und Individualleergut ist eine Verbindlichkeit auszuweisen. Die Pfandverbindlichkeiten können um Bruch und Schwund zu mindern sein.
  - Ausführungen zu Mehr- und Minderrücknahmen bei einem Leergutpool.
- Zur Anwendung des BFH-Urteils vom 9.1.2013 (BStBl. 2019 II S. 150) und zur Vereinfachungsregelung bei Einheitsleergut → BMF vom *9.12. 2020* (BStBl. I S. 1367).[1]

Musterhäuser. Musterhäuser rechnen zum Anlagevermögen (→ BFH vom 31.3.1977 – BStBl. II S. 684).

Praxiswert/Sozietätspraxiswert. → BFH vom 24.2.1994 (BStBl. II S. 590).[2]

Rohstoff. Zum Begriff des Rohstoffs und seiner Zuordnung zum Umlauf-(Vorrats-)vermögen → BFH vom 2.12.1987 (BStBl. 1988 II S. 502).

Umlaufvermögen. Umfang → Gliederungsschema in § 266 Abs. 2 HGB.

Vorführ- und Dienstwagen. Vorführ- und Dienstwagen rechnen zum Anlagevermögen (→ BFH vom 17.11.1981 – BStBl. 1982 II S. 344).

R 6.2 Anschaffungskosten

[1]Wird ein Wirtschaftsgut gegen Übernahme einer Rentenverpflichtung erworben, kann der als Anschaffungskosten zu behandelnde Barwert der Rente abweichend von den §§ 12ff. BewG auch nach versicherungsmathematischen Grundsätzen berechnet werden. [2]Dagegen sind die Anschaffungskosten eines Wirtschaftsgutes, das mittels Ratenkauf ohne gesonderte Zinsvereinbarung erworben wird, stets mit dem nach §§ 12ff. BewG ermittelten Barwert im Zeitpunkt der Anschaffung anzusetzen.

H 6.2

Ablösezahlungen im Profifußball. Zahlungen an den abgebenden Verein für den Transfer von Spielern sind aktivierungspflichtige Anschaffungskos-

1) *Redaktionsversehen,* richtig: BMF v. 8.12.2020, BStBl. I 2020, 1367.
2) Siehe auch BMF v. 15.1.1995, BStBl. I 1995, 14.

ten. Zu aktivieren sind auch die an Spielervermittler gezahlten Provisionen, soweit sie im Zusammenhang mit Vereinswechseln von Spielern gezahlt werden. Hingegen sind gezahlte Provisionen, die für Spieler gezahlt werden, die ablösefrei zu einem anderen Verein wechseln, als sofort abziehbare Betriebsausgaben zu behandeln. Gleiches gilt für Ausbildungs- und Förderungsentschädigungen, die für ablösefrei zu einem anderen Verein gewechselte Spieler gezahlt werden (→ BFH vom 14.12.2011 – BStBl. 2012 II S. 238).

Anschaffungskosten. Begriff und Umfang → § 255 Abs. 1 HGB.

Ausländische Währung.

- Bei einem Anschaffungsgeschäft in ausländischer Währung ist der Wechselkurs im Anschaffungszeitpunkt für die Berechnung der Anschaffungskosten maßgebend (→ BFH vom 16.12.1977 – BStBl. 1978 II S. 233).
- Ist der in einer Fremdwährung geleistete Einzahlungsbetrag eines Gesellschafters in die Kapitalrücklage der Gesellschaft, durch den sich die Anschaffungskosten seiner Beteiligung erhöht haben, später an den Gesellschafter zurückzuzahlen und hat sich der – in € – berechnete Wert jenes Betrags inzwischen durch einen Kursverlust der fremden Währung vermindert, entsteht für den Gesellschafter auch dann kein sofort abziehbarer Aufwand, wenn er die Beteiligung im Betriebsvermögen hält. Der Anspruch auf die Rückzahlung ist bei Gewinnermittlung durch Bestandsvergleich mit demjenigen Wert anzusetzen, der sich unter Berücksichtigung des Wechselkurses am Tag der Darlehensgewährung oder – im Fall der dauernden Wertminderung – eines ggf. niedrigeren Kurses am Bilanzstichtag ergibt (→ BFH vom 27.4.2000 – BStBl. 2001 II S. 168).

Ausschüttung aus dem steuerlichen Einlagekonto i. S. d. § 27 KStG.

- Die Ausschüttung aus dem Eigenkapital nach § 27 KStG verringert wie eine → Rückzahlung aus Kapitalherabsetzung die Anschaffungskosten der Beteiligung an einer Kapitalgesellschaft.
- → BMF vom 4.6.2003 (BStBl. I S. 366).
- → BFH vom 16.3.1994 (BStBl. II S. 527) und vom 19.7.1994 (BStBl. 1995 II S. 362).
- Ausschüttungen aus dem steuerlichen Einlagekonto i. S. d. § 27 KStG sind als Beteiligungsertrag zu erfassen, soweit sie den Buchwert übersteigen (→ BFH vom 20.4.1999 – BStBl. II S. 647).

Beteiligung an einer Kapitalgesellschaft.

- Die Anschaffungskosten einer betrieblichen Beteiligung an einer Kapitalgesellschaft umfassen neben den ursprünglichen Anschaffungskosten auch die Nachschüsse sowie alle sonstigen Kapitalzuführungen durch die Gesellschafter, die auf der Ebene der Kapitalgesellschaft zu offenen oder verdeckten Einlagen führen. Sie umschließen – anders als im Bereich des § 17 EStG (→ R 17 Abs. 5) – nicht die Zuführung von Fremdkapital, wie die Gewährung von Darlehen, oder die Bürgschaftsleistungen von Gesellschaftern; die entsprechende Darlehensforderung ist vielmehr ein eigenständiges Wirtschaftsgut im Betriebsvermögen des Gesellschafters (→ BFH vom 20.4.2005 – BStBl. II S. 694).

– Die Zusammenlegung von GmbH-Anteilen lässt die Anschaffungskosten der betroffenen Anteile unberührt. Sie setzen sich in dem neu entstandenen Anteil fort (→ BFH vom 9.11.2017 – BStBl. 2018 II S. 575).

Disagio. Dem Veräußerer erstattete Damnum-/Disagiobeträge gehören beim Erwerber zu den Anschaffungskosten, wenn deren verpflichtende Erstattung im Kaufvertrag als Teil des Kaufpreises vereinbart worden ist (→ BFH vom 17.2.1981 – BStBl. II S. 466).

Einlagenrückgewähr.
– → Kapitalherabsetzung (Rückzahlung aus Kapitalherabsetzung).
– → Ausschüttung aus dem steuerlichen Einlagekonto i. S. d. § 27 KStG.

Erbauseinandersetzung und vorweggenommene Erbfolge. Anschaffungskosten bei Erbauseinandersetzung und vorweggenommener Erbfolge → BMF vom 14.3.2006 (BStBl. I S. 253) unter Berücksichtigung der Änderungen durch BMF vom 27.12.2018 (BStBl. 2019 I S. 11) und → BMF vom 13.1.1993 (BStBl. I S. 80) unter Berücksichtigung der Änderungen durch BMF vom 26.2.2007 (BStBl. I S. 269).

Erbbaurecht.[1)]
– Zu den Anschaffungskosten des Wirtschaftsguts „Erbbaurecht" gehören auch einmalige Aufwendungen wie Grunderwerbsteuer, Maklerprovision, Notar- und Gerichtsgebühren, jedoch nicht vorausgezahlte oder in einem Einmalbetrag gezahlte Erbbauzinsen (→ BFH vom 4.6.1991 – BStBl. 1992 II S. 70 und vom 8.11.2017 – BStBl. 2018 II S. 518).
– Beim Erwerb eines „bebauten" Erbbaurechts entfallen die gesamten Anschaffungskosten auf das Gebäude, wenn der Erwerber dem bisherigen Erbbauberechtigten nachweislich ein Entgelt nur für den Gebäudeanteil gezahlt hat, während er gegenüber dem Erbbauverpflichteten (Grundstückseigentümer) nur zur Zahlung des laufenden Erbbauzinses verpflichtet ist (→ BFH vom 15.11.1994 – BStBl. 1995 II S. 374).
– → H 6.4 (Erschließungs-, Straßenanlieger- und andere Beiträge).

Forderung auf Rückzahlung eines Fremdwährungsdarlehens. In der Bilanz ist der Anspruch auf Rückzahlung eines in Fremdwährung gewährten Darlehens mit demjenigen Wert anzusetzen, der sich unter Berücksichtigung des Wechselkurses am Tag der Darlehensgewährung oder – im Fall der dauernden Wertminderung – eines ggf. niedrigeren Kurses am Bilanzstichtag ergibt (→ BFH vom 27.4.2000 – BStBl. 2001 II S. 168).

Gemeinkosten. Gemeinkosten gehören nicht zu den Anschaffungskosten (→ BFH vom 13.4.1988 – BStBl. II S. 892).

Grunderwerbsteuer
– **bei Anteilsvereinigung:** Die infolge einer Sacheinlage von Gesellschaftsanteilen aufgrund Anteilsvereinigung ausgelöste Grunderwerbsteuer ist von der aufnehmenden Gesellschaft nicht als Anschaffungs-

---

1) Siehe auch BFH v. 23.11.1993 IX R 84/92, BStBl. II 1994, 292, und IX R 101/92, BStBl. II 1994, 348.

(neben)kosten der eingebrachten Anteile zu aktivieren (→ BFH vom 20.4.2011 – BStBl. II S. 761);
- **bei Gesellschafterwechsel:** Die infolge eines Wechsels im Gesellschafterbestand ausgelösten Grunderwerbsteuern nach § 1 Abs. 2a GrEStG stellen keine Anschaffungs(neben)kosten der erworbenen Kommanditanteile oder des vorhandenen Grundbesitzes der Objektgesellschaft dar (→ BFH vom 2.9.2014 – BStBl. 2015 II S. 260).

Grundstücke. → H 6.4.

Kapitalherabsetzung.
- **Rückzahlung aus Kapitalherabsetzung.** Die Rückzahlung aus Kapitalherabsetzung verringert die Anschaffungskosten der Beteiligung an einer Kapitalgesellschaft, soweit die Rückzahlung nicht zu den Einnahmen i. S. d. § 20 Abs. 1 Nr. 2 EStG rechnet (→ BFH vom 29.6.1995 – BStBl. II S. 725 und BMF vom 4.6.2003 – BStBl. I S. 366).
- **Kapitalherabsetzung durch Einziehung von Aktien.** Bei einer vereinfachten Kapitalherabsetzung durch Einziehung unentgeltlich zur Verfügung gestellter Aktien (§ 237 Abs. 3 Nr. 1, Abs. 4 und 5 AktG) gehen die anteiligen Buchwerte der von einem Aktionär zur Einziehung zur Verfügung gestellten Aktien mit deren Übergabe auf die dem Aktionär verbleibenden Aktien anteilig über, soweit die Einziehung bei diesen Aktien zu einem Zuwachs an Substanz führt. Soweit die Einziehung der von dem Aktionär zur Verfügung gestellten Aktien bei den Aktien anderer Aktionäre zu einem Zuwachs an Substanz führt, ist der auf die eingezogenen Aktien entfallende anteilige Buchwert von dem Aktionär ergebniswirksam auszubuchen (→ BFH vom 10.8.2005 – BStBl. 2006 II S. 22).

Mitunternehmeranteil.
- Für den Erwerber stellen die Aufwendungen zum Erwerb des Anteils einschließlich eines negativen Kapitalkontos Anschaffungskosten dar; ggf. sind sie oder Teile davon als Ausgleichsposten in der Ergänzungsbilanz des Erwerbers zu berücksichtigen (→ BFH vom 21.4.1994 – BStBl. II S. 745).[1]
- Ist die Abfindung eines ausscheidenden Gesellschafters geringer als sein Kapitalkonto, sind in der Steuerbilanz in Höhe der Differenz die Buchwerte der bilanzierten Wirtschaftsgüter abzustocken. Buchwerte für Bargeld und Guthaben bei Geldinstituten können infolge des Nominalwertprinzips nicht abgestockt werden. Ist der Differenzbetrag höher als die möglichen Abstockungen, muss im Übrigen ein passiver Ausgleichsposten gebildet werden, der mit künftigen Verlusten zu verrechnen und spätestens bei Beendigung der Beteiligung gewinnerhöhend aufzulösen ist (→ BFH vom 12.12.1996 – BStBl. 1998 II S. 180).
- Zur Abschreibung von Mehrwerten in einer Ergänzungsbilanz → BMF vom 19.12.2016 (BStBl. 2017 I S. 34).

Nebenkosten. Nebenkosten gehören zu den Anschaffungskosten, soweit sie dem Wirtschaftsgut einzeln zugeordnet werden können (→ BFH vom

[1] Siehe ferner BFH v. 14.6.1994 VIII R 37/93, BStBl. II 1995, 246, und v. 19.2.1998 IV R 59/96, BStBl. II 1999, 266.

13.10.1983 – BStBl. 1984 II S. 101). Sie können nur dann aktiviert werden, wenn auch die Anschaffungs(haupt)kosten aktiviert werden können (→ BFH vom 19.6.1997 – BStBl. II S. 808).

Optionsprämie. Die für die Einräumung der Option ursprünglich angefallenen Anschaffungskosten sind bei Optionsausübung als Anschaffungsnebenkosten Teil der Anschaffungskosten der erworbenen Aktien (→ BFH vom 22.5.2019 – BStBl. 2020 II S. 44).

Preisnachlass oder Rabatt. Der Preisnachlass, der nicht von dem Verkäufer (Hersteller), sondern von dem Händler (Agent) aus dessen Provision gewährt wird, mindert ebenso wie ein vom Verkäufer gewährter Rabatt die Anschaffungskosten (→ BFH vom 22.4.1988 – BStBl. II S. 901).

Rentenverpflichtung.
– Der Barwert einer übernommenen Rentenverpflichtung ist grundsätzlich nach den §§ 12 ff. BewG[1] zu ermitteln (→ BFH vom 31.1.1980 – BStBl. II S. 491).
– → aber R 6.2.

Rückzahlung einer offenen Gewinnausschüttung. → H 17 (5).

Schuldübernahmen.
– Schuldübernahmen rechnen zu den Anschaffungskosten (→ BFH vom 31.5.1972 – BStBl. II S. 696 und vom 2.10.1984 – BStBl. 1985 II S. 320).
– → Erbauseinandersetzung und vorweggenommene Erbfolge.

Skonto. Die Anschaffungskosten von Wirtschaftsgütern mindern sich weder im Anschaffungszeitpunkt noch zum nachfolgenden Bilanzstichtag um einen möglichen Skontoabzug, sondern erst im Zeitpunkt seiner tatsächlichen Inanspruchnahme (→ BFH vom 27.2.1991 – BStBl. II S. 456).

Tätigkeitsvergütungen. → H 15.8 (3).

Vorsteuerbeträge. Zur Behandlung von Vorsteuerbeträgen, die nach dem UStG nicht abgezogen werden können, als Anschaffungskosten → § 9b Abs. 1 EStG.[2]

Wahlrecht eines Mitunternehmers. → H 4.4.

Waren. Werden die Anschaffungskosten von Waren nach dem Verkaufswertverfahren durch retrograde Berechnung in der Weise ermittelt, dass von den ausgezeichneten Preisen die kalkulierte Handelsspanne abgezogen wird, ist dieses Verfahren nicht zu beanstanden; bei am Bilanzstichtag bereits herabgesetzten Preisen darf jedoch nicht von der ursprünglich kalkulierten Handelsspanne, sondern nur von dem verbleibenden Verkaufsaufschlag ausgegangen werden (→ BFH vom 27.10.1983 – BStBl. 1984 II S. 35).

Wertaufholungsgebot bei Beteiligungen.
– Für die Bemessung der Anschaffungskosten einer Beteiligung ist im Rahmen des steuerlichen Wertaufholungsgebotes als Obergrenze auf die

---

[1] **Steuergesetze** Nr. **200**. – Siehe auch R B 12.1 ff. und R B 13 ErbStR (Nr. **250**).
[2] Vgl. auch R 9b EStR und H 9b EStH.

historischen Anschaffungskosten der Beteiligung und nicht auf den unter Anwendung des sog. Tauschgutachtens fortgeführten Buchwert abzustellen (→ BFH vom 24.4.2007 – BStBl. II S. 707).

– Zu jedem Bilanzstichtag ist zu prüfen, ob (irgend)ein Grund für eine Bewertung unterhalb der historischen Anschaffungskosten vorliegt. Eine gewinnerhöhende Wertaufholung ist z. B. auch dann vorzunehmen, wenn nach einer ausschüttungsbedingten Teilwertabschreibung von Anteilen an einer Kapitalgesellschaft diese später wieder werthaltig werden, weil der Kapitalgesellschaft durch einen begünstigten Einbringungsvorgang neues Betriebsvermögen zugeführt wird (→ BFH vom 8.11.2016 – BStBl. 2017 II S. 1002).

– → H 3.40 (Wertaufholungen).

Wertsicherungsklausel. Die Anschaffungskosten eines gegen Übernahme einer Rentenverpflichtung erworbenen Wirtschaftsguts bleiben unverändert, wenn sich der Barwert der Rentenverpflichtung aufgrund einer Wertsicherungsklausel nachträglich erhöht (→ BFH vom 27.1.1998 – BStBl. II S. 537).

Zuzahlung des Veräußerers. Zuzahlungen im Rahmen eines Anschaffungsvorgangs führen nicht zum passiven Ausweis „negativer Anschaffungskosten". Vielmehr ist beim Erwerber ein passiver Ausgleichsposten auszuweisen, es sei denn, die Zuzahlung ist als Entgelt für eine gesonderte Leistung des Erwerbers, beispielsweise für eine Übernahme einer Bürgschaft, anzusehen (→ BFH vom 26.4.2006 – BStBl. II S. 656).

Zwangsversteigerung. Zu den Anschaffungskosten beim Erwerb eines Grundstücks im Zwangsversteigerungsverfahren gehört nicht nur das Gebot nebst den dazugehörigen Kosten, zu denen dem die Zwangsversteigerung betreibenden Grundpfandgläubiger das Grundstück zugeschlagen wird, sondern auch die gemäß § 91 des Zwangsversteigerungsgesetzes erloschenen nachrangigen eigenen Grundpfandrechte des Gläubigers, soweit sie nicht ausgeboten sind, wenn ihr Wert durch den Verkehrswert des ersteigerten Grundstücks gedeckt ist (→ BFH vom 11.11.1987 – BStBl. 1988 II S. 424).

R 6.3 Herstellungskosten

(1) In die **Herstellungskosten** eines Wirtschaftsgutes sind auch angemessene Teile der notwendigen **Materialgemeinkosten** und **Fertigungsgemeinkosten** (→ Absatz 2), der angemessenen Kosten der allgemeinen Verwaltung, der angemessenen Aufwendungen für soziale Einrichtungen des Betriebs, für freiwillige soziale Leistungen und für die betriebliche Altersversorgung (→ Absatz 3) sowie der **Wertverzehr von Anlagevermögen,** soweit er durch die Herstellung des Wirtschaftsgutes veranlasst ist (→ Absatz 4), einzubeziehen.[1)]

(2) Zu den **Materialgemeinkosten und den Fertigungsgemeinkosten** gehören u. a. auch die Aufwendungen für folgende Kostenstellen:

---

1) **[Amtl. Anm.:]** Teilweise überholt durch § 6 Abs. 1 Nr. 1b EStG.

– Lagerhaltung, Transport und Prüfung des Fertigungsmaterials,
– Vorbereitung und Kontrolle der Fertigung,
– Werkzeuglager,
– Betriebsleitung, Raumkosten, Sachversicherungen,
– Unfallstationen und Unfallverhütungseinrichtungen der Fertigungsstätten,
– Lohnbüro, soweit in ihm die Löhne und Gehälter der in der Fertigung tätigen Arbeitnehmer abgerechnet werden.

(3) [1]Zu den Kosten für die allgemeine Verwaltung gehören u. a. die Aufwendungen für Geschäftsleitung, Einkauf und Wareneingang, Betriebsrat, Personalbüro, Nachrichtenwesen, Ausbildungswesen, Rechnungswesen – z. B. Buchführung, Betriebsabrechnung, Statistik und Kalkulation –, Feuerwehr, Werkschutz sowie allgemeine Fürsorge einschließlich Betriebskrankenkasse. [2]Zu den Aufwendungen für soziale Einrichtungen gehören z. B. Aufwendungen für Kantine einschließlich der Essenszuschüsse sowie für Freizeitgestaltung der Arbeitnehmer. [3]Freiwillige soziale Leistungen sind nur Aufwendungen, die nicht arbeitsvertraglich oder tarifvertraglich vereinbart worden sind; hierzu können z. B. Jubiläumsgeschenke, Wohnungs- und andere freiwillige Beihilfen, Weihnachtszuwendungen oder Aufwendungen für die Beteiligung der Arbeitnehmer am Ergebnis des Unternehmens gehören. [4]Aufwendungen für die betriebliche Altersversorgung sind Beiträge an Direktversicherungen und Pensionsfonds, Zuwendungen an Pensions- und Unterstützungskassen sowie Zuführungen zu Pensionsrückstellungen.

(4) [1]Als **Wertverzehr des Anlagevermögens,** soweit er der Fertigung der Erzeugnisse gedient hat, ist grundsätzlich der Betrag anzusetzen, der bei der Bilanzierung des Anlagevermögens als AfA berücksichtigt ist. [2]Es ist nicht zu beanstanden, wenn der Stpfl., der bei der Bilanzierung des angeschafften oder hergestellten beweglichen Anlagevermögens die AfA in fallenden Jahresbeträgen vorgenommen hat, bei der Berechnung der Herstellungskosten der Erzeugnisse die AfA in gleichen Jahresbeträgen (§ 7 Abs. 1 Satz 1 und 2 EStG) berücksichtigt. [3]In diesem Fall muss der Stpfl. jedoch dieses Absetzungsverfahren auch dann bei der Berechnung der Herstellungskosten beibehalten, wenn gegen Ende der Nutzungsdauer die AfA in fallenden Jahresbeträgen niedriger sind als die AfA in gleichen Jahresbeträgen. [4]Der Wertverzehr des der Fertigung dienenden Anlagevermögens ist bei der Berechnung der Herstellungskosten der Erzeugnisse auch dann in Höhe der sich nach den Anschaffungs- oder Herstellungskosten des Anlagevermögens ergebenden AfA in gleichen Jahresbeträgen zu berücksichtigen, wenn der Stpfl. Bewertungsfreiheiten, Sonderabschreibungen oder erhöhte Absetzungen in Anspruch genommen und diese nicht in die Herstellungskosten der Erzeugnisse einbezogen hat. [5]Der Wertverzehr von Wirtschaftsgütern i. S. d. § 6 Abs. 2 oder 2a EStG darf nicht in die Berechnung der Herstellungskosten der Erzeugnisse einbezogen werden. [6]Teilwertabschreibungen auf das Anlagevermögen i. S. d. § 6 Abs. 1 Nr. 1 Satz 2 EStG sind bei der Berechnung der Herstellungskosten der Erzeugnisse nicht zu berücksichtigen.

(5) [1]Das handelsrechtliche Bewertungswahlrecht für Fremdkapitalzinsen gilt auch für die steuerliche Gewinnermittlung. [2]Sind handelsrechtlich Fremdkapitalzinsen in die Herstellungskosten einbezogen worden, sind sie gem. § 5

Abs. 1 Satz 1 1. Halbsatz EStG auch in der steuerlichen Gewinnermittlung als Herstellungskosten zu beurteilen.

(6) [1]Die **Steuern** vom **Einkommen** gehören nicht zu den steuerlich abziehbaren Betriebsausgaben und damit auch nicht zu den Herstellungskosten. [2]Entsprechendes gilt für die **Gewerbesteuer** (§ 4 Abs. 5b EStG). [3]Die **Umsatzsteuer** gehört zu den Vertriebskosten, die die Herstellungskosten nicht berühren.

(7) Wird ein Betrieb infolge teilweiser Stilllegung oder mangelnder Aufträge nicht voll ausgenutzt, sind die dadurch verursachten Kosten bei der Berechnung der Herstellungskosten nicht zu berücksichtigen.

(8) Bei am Bilanzstichtag noch nicht fertig gestellten Wirtschaftsgütern (→ halbfertige Arbeiten) ist es für die Aktivierung der Herstellungskosten unerheblich, ob die bis zum Bilanzstichtag angefallenen Aufwendungen bereits zur Entstehung eines als Einzelheit greifbaren Wirtschaftsgutes geführt haben.

(9) Soweit die Absätze 1 und 3 von R 6.3 Abs. 4 EStR 2008 abweichen, darf R 6.3 Abs. 4 EStR 2008 weiterhin für Wirtschaftsgüter angewendet werden, mit deren Herstellung vor Veröffentlichung der EStÄR 2012 im Bundessteuerblatt begonnen wurde.[1)]

H 6.3

Abraumvorrat. Kosten der Schaffung eines Abraumvorrats bei der Mineralgewinnung sind Herstellungskosten (→ BFH vom 23.11.1978 – BStBl. 1979 II S. 143).

Ausnutzung von Produktionsanlagen.

- Die nicht volle Ausnutzung von Produktionsanlagen führt nicht zu einer Minderung der in die Herstellungskosten einzubeziehenden Fertigungsgemeinkosten, wenn sich die Schwankung in der Kapazitätsausnutzung aus der Art der Produktion, wie z. B. bei einer Zuckerfabrik als Folge der Abhängigkeit von natürlichen Verhältnissen, ergibt (→ BFH vom 15.2.1966 – BStBl. III S. 468).
- → R 6.3 Abs. 7.

Bewertungswahlrecht. Ein handelsrechtliches Bewertungswahlrecht führt steuerrechtlich zum Ansatz des höchsten nach Handels- und Steuerrecht zulässigen Werts, soweit nicht auch steuerrechtlich ein inhaltsgleiches Wahlrecht besteht (→ BFH vom 21.10.1993 – BStBl. 1994 II S. 176).

Geldbeschaffungskosten. Geldbeschaffungskosten gehören nicht zu den Herstellungskosten (→ BFH vom 24.5.1968 – BStBl. II S. 574).

Halbfertige Arbeiten.

- Bei Wirtschaftsgütern, die am Bilanzstichtag noch nicht fertiggestellt sind, mit deren Herstellung aber bereits begonnen worden ist, sind die bis zum Bilanzstichtag angefallenen Herstellungskosten zu aktivieren, soweit nicht von ihrer Einbeziehung abgesehen werden kann (→ BFH vom 23.11.1978 – BStBl. 1979 II S. 143).

---

1) **[Amtl. Anm.:]** Überholt, jetzt § 6 Abs. 1 Nr. 1b EStG.

– → H 6.1 und → H 6.7 (Halbfertige Bauten auf fremdem Grund und Boden).

Herstellungskosten. Begriff und Umfang → § 255 Abs. 2 HGB sowie BFH vom 4.7.1990 (BStBl. II S. 830).

Kalkulatorische Kosten. Kalkulatorische Kosten sind nicht tatsächlich entstanden und rechnen deshalb **nicht** zu den Herstellungskosten. Das gilt z. B. für:

- **Zinsen für Eigenkapital** (→ BFH vom 30.6.1955 – BStBl. III S. 238).
- **Wert der eigenen Arbeitsleistung** (fiktiver Unternehmerlohn des Einzelunternehmers → BFH vom 10.5.1995 – BStBl. II S. 713); nicht dagegen Tätigkeitsvergütung i. S. d. § 15 Abs. 1 Satz 1 Nr. 2 EStG, die dem Gesellschafter von der Gesellschaft im Zusammenhang mit der Herstellung eines Wirtschaftsguts gewährt wird (→ BFH vom 8.2.1996 – BStBl. II S. 427) → H 6.4 (Arbeitsleistung).

Vorsteuerbeträge. Zur Behandlung von Vorsteuerbeträgen, die nach dem UStG nicht abgezogen werden können, als Herstellungskosten → § 9b Abs. 1 EStG.[1]

Zinsen für Fremdkapital. → § 255 Abs. 3 HGB sowie R 6.3 Abs. 5.

R 6.4 Aufwendungen im Zusammenhang mit einem Grundstück

Anschaffungsnahe Herstellungskosten

(1) [1] Zu den Instandsetzungs- und Modernisierungsmaßnahmen i. S. d. § 6 Abs. 1 Nr. 1a EStG gehört auch die Beseitigung versteckter Mängel. [2] Bei teilentgeltlichem Erwerb des Gebäudes können anschaffungsnahe Herstellungskosten nur im Verhältnis zum entgeltlichen Teil des Erwerbsvorgangs gegeben sein.

Kinderspielplatz

(2) [1] Entstehen dem Stpfl. Aufwendungen für die Anlage eines Kinderspielplatzes im Zusammenhang mit der Errichtung eines Wohngebäudes, liegen nur dann Herstellungskosten des Gebäudes vor, wenn die Gemeinde als Eigentümerin den Kinderspielplatz angelegt und dafür Beiträge von den Grundstückseigentümern erhoben hat. [2] In allen anderen Fällen (Errichtung des Spielplatzes auf einem Grundstück des Stpfl. oder als gemeinsamer Spielplatz mit anderen Hauseigentümern) entsteht durch die Aufwendungen ein selbständig zu bewertendes Wirtschaftsgut, dessen Nutzungsdauer im Allgemeinen mit zehn Jahren angenommen werden kann.

H 6.4

Abbruchkosten.[2] Wird ein Gebäude oder ein Gebäudeteil abgerissen, sind für die steuerrechtliche Behandlung folgende Fälle zu unterscheiden:

---

[1] Vgl. auch R 9b EStR und H 9b EStH.
[2] Vgl. auch H 6b.1 EStH (Abbruchkosten).

1. Der Stpfl. hatte das Gebäude auf einem ihm bereits gehörenden Grundstück errichtet,
2. der Stpfl. hat das Gebäude in der Absicht erworben, es als Gebäude zu nutzen (Erwerb ohne Abbruchabsicht),
3. der Stpfl. hat das Gebäude zum Zweck des Abbruchs erworben (Erwerb mit Abbruchabsicht),
4. der Stpfl. plant den Abbruch eines zum Privatvermögen gehörenden Gebäudes und die Errichtung eines zum Betriebsvermögen gehörenden Gebäudes (Einlage mit Abbruchabsicht),

aber: → Abbruchkosten bei vorheriger Nutzung außerhalb der Einkünfteerzielung.

In den Fällen der **Nr. 1 und 2** sind im Jahr des Abbruchs die Abbruchkosten und der Restbuchwert des abgebrochenen Gebäudes sofort abziehbare Betriebsausgaben (zu Nr. 1 → BFH vom 21.6.1963 – BStBl. III S. 477 und vom 28.3.1973 – BStBl. II S. 678, zu Nr. 2 → BFH vom 12.6.1978 – BStBl. II S. 620). Dies gilt auch bei einem in Teilabbruchabsicht erworbenen Gebäude für die Teile, deren Abbruch nicht geplant war. Die darauf entfallenden Abbruchkosten und der anteilige Restbuchwert sind ggf. im Wege der Schätzung zu ermitteln (→ BFH vom 15.10.1996 – BStBl. 1997 II S. 325).

Im Fall der **Nr. 3** gilt Folgendes:

a) War das Gebäude technisch oder wirtschaftlich nicht verbraucht, gehören sein Buchwert und die Abbruchkosten, wenn der Abbruch des Gebäudes mit der Herstellung eines neuen Wirtschaftsguts in einem engen wirtschaftlichen Zusammenhang steht, zu den Herstellungskosten dieses Wirtschaftsguts, sonst zu den Anschaffungskosten des Grund und Bodens (→ BFH vom 4.12.1984 – BStBl. 1985 II S. 208). Müssen bei einem in Teilabbruchabsicht erworbenen Gebäude umfangreichere Teile als geplant abgerissen werden, gehören die Abbruchkosten und der Restwert des abgerissenen Gebäudes insoweit zu den Herstellungskosten des neuen Gebäudes, als sie auf Gebäudeteile entfallen, die bei Durchführung des im Erwerbszeitpunkt geplanten Umbaus ohnehin hätten entfernt werden sollen. Dieser Anteil ist ggf. im Wege der Schätzung zu ermitteln (→ BFH vom 15.10.1996 – BStBl. 1997 II S. 325).

b) War das Gebäude im Zeitpunkt des Erwerbs objektiv wertlos, entfällt der volle Anschaffungspreis auf den Grund und Boden (→ BFH vom 15.2.1989 – BStBl. II S. 604); für die Abbruchkosten gilt Buchstabe a entsprechend.

Wird mit dem Abbruch eines Gebäudes innerhalb von drei Jahren nach dem Erwerb begonnen, spricht der Beweis des ersten Anscheins dafür, dass der Erwerber das Gebäude in der Absicht erworben hat, es abzureißen. Der Stpfl. kann diesen Anscheinsbeweis durch den Gegenbeweis entkräften, z. B. dass es zu dem Abbruch erst aufgrund eines ungewöhnlichen Geschehensablaufs gekommen ist. Damit ist nicht ausgeschlossen, dass in besonders gelagerten Fällen, z. B. bei großen Arrondierungskäufen, auch bei einem Zeitraum von mehr als drei Jahren zwischen Erwerb und Beginn des Abbruchs

der Beweis des ersten Anscheins für einen Erwerb in Abbruchabsicht spricht (→ BFH vom 12.6.1978 – BStBl. II S. 620). Für den Beginn der Dreijahresfrist ist in der Regel der Abschluss des obligatorischen Rechtsgeschäfts maßgebend (→ BFH vom 6.2.1979 – BStBl. II S. 509).
→ Abbruchkosten bei unentgeltlicher Betriebsübertragung nach § 6 Abs. 3 EStG.

Im Fall der **Nr. 4** gehören der Wert des abgebrochenen Gebäudes und die Abbruchkosten zu den Herstellungskosten des neu zu errichtenden Gebäudes; der Einlagewert des Gebäudes ist nicht schon deshalb mit 0 Euro anzusetzen, weil sein Abbruch beabsichtigt ist (→ BFH vom 9.2.1983 – BStBl. II S. 451).

Abbruchkosten bei unentgeltlicher Betriebsübertragung nach § 6 Abs. 3 EStG. Die Rechtsgrundsätze zur Behandlung von Abbruchkosten beim Erwerb eines Gebäudes in Abbruchabsicht gelten auch für den unentgeltlichen Erwerb eines Mitunternehmeranteils im Wege der vorweggenommenen Erbfolge. Die aus der Abbruchabsicht resultierende Qualifikation als Herstellungskosten des neuen Gebäudes bleibt von der in § 6 Abs. 3 EStG geregelten Buchwertfortführung unberührt (→ BFH vom 27.5.2020 – BStBl. 2021 II S. 748).

Abbruchkosten bei vorheriger Nutzung außerhalb der Einkünfteerzielung. Wurde das abgebrochene Gebäude zuvor zu eigenen Wohnzwecken oder anderen nicht einkommensteuerlich relevanten Zwecken genutzt, stehen die Abbruchkosten und ggf. die Absetzungen für außergewöhnliche Abnutzung ausschließlich im Zusammenhang mit dem Neubau und bilden Herstellungskosten des neuen Gebäudes (→ BFH vom 16.4.2002 – BStBl. II S. 805).

Abgrenzung der selbständigen von den unselbständigen Gebäudeteilen. → R 4.2 Abs. 5.

Abgrenzung von Anschaffungs-, Herstellungskosten und Erhaltungsaufwendungen. → R 21.1 und → BMF vom 18.7.2003 (BStBl. I S. 386).

Ablöse- und Abstandszahlungen.
– Ablöse- und Abstandszahlungen an Mieter oder Pächter → Entschädigungs- oder Abfindungszahlungen.
– → Stellplätze.
– Aufwendungen zur Ablösung des Erbbaurechts zählen zu den Herstellungskosten des anschließend auf dem Grundstück nach dem Abriss der vorhandenen Bebauung neu errichteten Gebäudes (→ BFH vom 13.12.2005 – BStBl. 2006 II S. 461).

Abtragung unselbständiger Gebäudeteile. → Baumängelbeseitigung.

Anschaffungskosten des Grund und Bodens.
– → Erdarbeiten,
– → Erschließungs-, Straßenanlieger- und andere Beiträge,
– → Hausanschlusskosten,
– → Zwangsräumung.

Anschaffungsnahe Herstellungskosten.[1)]
- → BMF vom 20.10.2017 (BStBl. I S. 1447).
- **Nicht** zu den anschaffungsnahen Herstellungskosten gehören Aufwendungen für Instandsetzungsmaßnahmen zur Beseitigung eines Schadens, welcher im Zeitpunkt der Anschaffung noch nicht vorhanden war und nachweislich erst später durch schuldhaftes Verhalten eines Dritten am Gebäude verursacht worden ist (→ BFH vom 9.5.2017 – BStBl. 2018 II S. 9).
- Zu anschaffungsnahen Herstellungskosten **können auch** unvermutete Aufwendungen für Renovierungsmaßnahmen führen, die lediglich dazu dienen, Schäden zu beseitigen, welche aufgrund eines langjährigen vertragsgemäßen Gebrauchs der Mietsache durch den Nutzungsberechtigten entstanden sind. Dies gilt auch, wenn im Zeitpunkt der Anschaffung vorhandene, dem Stpfl. bei Erwerb aber verborgen gebliebene Mängel behoben werden (→ BFH vom 13.3.2018 – BStBl. II S. 533).

Arbeitsleistung.
- Zu den Herstellungskosten des Gebäudes zählt nicht der Wert der eigenen Arbeitsleistung (→ BFH vom 10.5.1995 – BStBl. II S. 713).
- → H 6.3 (Kalkulatorische Kosten).
- → Tätigkeitsvergütung.

Ausgleichsbeträge nach § 154 BauGB. Die anlässlich einer städtebaulichen Sanierungsmaßnahme zu zahlenden Ausgleichs- oder Ablösungsbeträge sind
- als Anschaffungs- oder Herstellungskosten zu behandeln, wenn das Grundstück in seiner Substanz oder seinem Wesen verändert wird (z. B. bei einer erstmaligen Erschließung oder bei Maßnahmen zur Verbesserung der Bebaubarkeit) oder
- als Werbungskosten/Betriebsausgaben sofort abziehbar, wenn z. B. vorhandene Anlagen ersetzt oder modernisiert werden.

Die Erhöhung des Grundstückswerts allein führt noch nicht zu Anschaffungs-/Herstellungskosten.

Die Aufwendungen sind nur dann als Anschaffungs-/Herstellungskosten zu behandeln, wenn
- die Bodenwerterhöhung 10 % überschreitet und
- die Bodenwerterhöhung auf Verbesserungen der Erschließung und/oder Bebaubarkeit beruht.

→ BMF vom 8.9.2003 (BStBl. I S. 489) einschließlich Vordruck „Bescheinigung über sanierungsrechtliche Ausgleichs- oder Ablösungsbeträge nach dem Baugesetzbuch (§ 154 BauGB)".

Außenanlagen.
- Hofbefestigungen und Straßenzufahrt stehen grundsätzlich mit einem Betriebsgebäude in keinem einheitlichen Nutzungs- und Funktionszusammenhang. Die Aufwendungen gehören daher nicht zu den Herstellungskosten des Gebäudes (→ BFH vom 1.7.1983 – BStBl. II S. 686).

[1)] Die Überführung eines Gebäudess vom Betriebsvermögen in das Privatvermögen ist keine Anschaffung im Sinne des § 6 Abs. 1 Nr. 1a Satz 1 EStG, siehe BFH vom 3.5.2022 IX R 7/21, BStBl. II 2023, 104.

– → Erdarbeiten.
– → Gartenanlage.

Baumängelbeseitigung.
– Aufwendungen zur Beseitigung von Baumängeln vor Fertigstellung des Gebäudes (mangelhafte Bauleistungen) gehören zu den Herstellungskosten des Gebäudes (→ BFH vom 31.3.1992 – BStBl. II S. 805). Das gilt auch dann, wenn sie zwar bei der Herstellung des Gebäudes aufgetreten, aber erst nach seiner Fertigstellung behoben worden sind (→ BFH vom 1.12.1987 – BStBl. 1988 II S. 431) sowie in den Fällen, in denen noch während der Bauzeit unselbständige Gebäudeteile wieder abgetragen werden müssen (→ BFH vom 30.8.1994 – BStBl. 1995 II S. 306).
– → H 7.4 (AfaA).
– → Prozesskosten.
– → Vorauszahlungen.

Baumaterial aus Enttrümmerung. Zu den Herstellungskosten des Gebäudes gehört auch der Wert des bei der Enttrümmerung eines kriegszerstörten Gebäudes gewonnenen und wieder verwendeten Baumaterials (→ BFH vom 5.12.1963 – BStBl. 1964 III S. 299).

Bauplanungskosten.
– Zu den Herstellungskosten des Gebäudes gehören auch vergebliche Planungskosten, wenn der Stpfl. die ursprüngliche Planung zwar nicht verwirklicht, später aber ein die beabsichtigten Zwecke erfüllendes Gebäude erstellt (→ BFH vom 29.11.1983 – BStBl. 1984 II S. 303, 306) und den Aufwendungen tatsächlich erbrachte Leistungen gegenüberstehen (→ BFH vom 8.9.1998 – BStBl. 1999 II S. 20).
– → Honorare.

Bauzeitversicherung. Beiträge für die Bauzeitversicherung gehören nicht zu den Herstellungskosten des Gebäudes. Sie können nach den allgemeinen Grundsätzen als (vorweggenommene) Betriebsausgaben oder Werbungskosten abgezogen werden (→ BFH vom 25.2.1976 – BStBl. 1980 II S. 294).

Betriebsvorrichtungen. Aufwendungen für das Entfernen von Betriebsvorrichtungen gehören zu den Herstellungskosten des Gebäudes, wenn dieses dadurch wesentlich verbessert wird (→ BFH vom 25.1.2006 – BStBl. II S. 707).

Dingliche Belastungen. Erwirbt ein Stpfl. ein mit einem dinglichen Nutzungsrecht belastetes Grundstück, führt er seinem Vermögen ein um dieses Nutzungsrecht eingeschränktes Eigentum an diesem Grundstück zu. Dingliche Belastungen begründen keine Verbindlichkeiten, deren Übernahme zu Anschaffungskosten des Grundstücks führt (→ BFH vom 17.11.2004 – BStBl. 2008 II S. 296).

Eigenkapitalvermittlungsprovision und andere Gebühren bei geschlossenen Fonds.[1] → BMF vom 20.10.2003 (BStBl. I S. 546).

[1] Zu Fondsetablierungskosten siehe gesetzliche Neuregelung in § 6e EStG (G v. 12.12. 2019, BGBl. I 2019, 2451), anzuwenden auch in vor dem 18.12.2019 endenden Wj. (§ 52 Abs. 14a EStG).

Einbauküche. Bei einer Einbauküche mit ihren einzelnen Elementen (Spüle, Herd, Einbaumöbel, Elektrogeräte, Arbeitsplatte) handelt es sich grundsätzlich um ein einheitliches Wirtschaftsgut, das über einen Zeitraum von zehn Jahren abzuschreiben ist. Aufwendungen für die vollständige Erneuerung einer Einbauküche sind dann nicht als Erhaltungsaufwand abziehbar (→ BFH vom 3.8.2016 – BStBl. 2017 II S. 437).

Einbauten als unselbständige Gebäudeteile. Aufwendungen für Einbauten als unselbständige Gebäudeteile gehören zu den Herstellungskosten des Gebäudes, soweit die unselbständigen Gebäudeteile nicht Betriebsvorrichtungen sind (→ BFH vom 26.11.1973 – BStBl. 1974 II S. 132).

Entschädigungs- oder Abfindungszahlungen. Entschädigungs- oder Abfindungszahlungen an Mieter oder Pächter für vorzeitige Räumung eines Grundstücks zur Errichtung eines Gebäudes gehören zu den Herstellungskosten des neuen Gebäudes (→ BFH vom 9.2.1983 – BStBl. II S. 451).

Erdarbeiten.

- **Buschwerk und Bäume.** Zu den Herstellungskosten eines Gebäudes oder einer Außenanlage rechnen neben den Aufwendungen für die beim Bau anfallenden üblichen Erdarbeiten auch die Kosten für das Freimachen des Baugeländes von Buschwerk und Bäumen, soweit dies für die Herstellung des Gebäudes und der Außenanlage erforderlich ist (→ BFH vom 26.8.1994 – BStBl. 1995 II S. 71).
- **Hangabtragung.** Die beim Bau eines Gebäudes regelmäßig anfallenden Erdarbeiten (Abtragung, Lagerung, Einplanierung bzw. Abtransport des Mutterbodens, der Aushub des Bodens für die Baugrube, seine Lagerung und ggf. sein Abtransport) gehören zu den Herstellungskosten des Gebäudes und der Außenanlage. Aufwendungen, die unmittelbar der erstmaligen oder einer wesentlich verbesserten Nutzung des Wirtschaftsguts Grund und Boden dienen, sind unter der Voraussetzung, dass der Grund und Boden durch diese Maßnahmen eine über seinen ursprünglichen Zustand hinausgehende wesentliche Verbesserung erfährt, nachträgliche Herstellungskosten des Grund und Bodens, ansonsten sofort abziehbare Betriebsausgaben (→ BFH vom 27.1.1994 – BStBl. II S. 512).

Erschließungs-, Straßenanlieger- und andere Beiträge.

- **Erbbaurecht.**
  - Wird ein Gebäude im Erbbaurecht errichtet und zahlt der Erbbauberechtigte den Erschließungsbeitrag, gehört der Beitrag weder ganz noch teilweise zu den Herstellungskosten des im Erbbaurecht errichteten Gebäudes (→ BFH vom 22.2.1967 – BStBl. III S. 417).
  - → H 5.6 (Erbbaurecht), (Bestimmte Zeit nach dem Abschlussstichtag).
  - → H 6.2; → H 21.2.
- **Erstmalige Beiträge, Ersetzung, Modernisierung.** Beiträge zur Finanzierung erstmaliger Anlagen sind nachträgliche Anschaffungskosten des Grund und Bodens, wenn durch die Baumaßnahmen, für die die Beiträge geleistet worden sind, eine Werterhöhung des Grund und Bodens eintritt, die unabhängig von der Bebauung des Grundstücks und dem Bestand eines auf dem Grundstück errichteten Gebäudes ist, und die

Beiträge in einem Sachbezug zum Grundstück stehen. Werden hingegen Erschließungsanlagen ersetzt oder modernisiert, führen Erschließungsbeiträge zu Erhaltungsaufwendungen, es sei denn, das Grundstück wird hierdurch ausnahmsweise in seiner Substanz oder in seinem Wesen verändert (→ BFH vom 22.3.1994 – BStBl. II S. 842, vom 3.7.1997 – BStBl. II S. 811, vom 3.8.2005 – BStBl. 2006 II S. 369 und vom 20.7. 2010 – BStBl. 2011 II S. 35).

Erhaltungsaufwendungen sind daher

a) nachträgliche **Straßenbaukostenbeiträge** für ein bereits durch eine Straße erschlossenes Grundstück, die eine Gemeinde für die bauliche Veränderung des Straßenbelags und des Gehwegs zur Schaffung einer verkehrsberuhigten Zone erhebt (→ BFH vom 22.3.1994 – BStBl. II S. 842),

b) die **Kanalanschlussgebühren,** wenn eine eigene Sickergrube oder Kläranlage ersetzt wird (→ BFH vom 13.9.1984 – BStBl. 1985 II S. 49 und vom 4.11.1986 – BStBl. 1987 II S. 333). Werden durch eine einheitliche Erschließungsmaßnahme bisher als Weideland genutzte Flächen bebaubar, handelt es sich bei den darauf entfallenden Abwasserbeiträgen jedoch um nachträgliche Anschaffungskosten für den Grund und Boden, auch wenn ein Wohngebäude, das mit erschlossen wird, bereits über eine Sickergrube verfügte (→ BFH vom 11.12.2003 – BStBl. 2004 II S. 282).

– **Flächenbeiträge.** Ein Flächenbeitrag nach § 58 Abs. 1 BauGB kann zu nachträglichen Anschaffungskosten des Grund und Bodens führen, und zwar auch dann, wenn ein förmliches Umlegungsverfahren durch privatrechtliche Vereinbarungen vermieden wurde (→ BFH vom 6.7.1989 – BStBl. 1990 II S. 126).

– **Kanalbaubeitrag (Kanalanschlussgebühr).**
  - Der vom Hauseigentümer für Anlagen der Gemeinde außerhalb seines Grundstücks an die Gemeinde zu zahlende Kanalbaubeitrag (Kanalanschlussgebühr) gehört zu den Anschaffungskosten des Grund und Bodens (→ BFH vom 24.11.1967 – BStBl. 1968 II S. 178).
  - → Erstmalige Beiträge, Ersetzung, Modernisierung.
  - → Hausanschlusskosten.

– **Privatstraße.** Aufwendungen des Erwerbers eines Grundstücks für eine von einem Dritten zu errichtende Privatstraße stellen auch dann Anschaffungskosten eines selbständigen abnutzbaren Wirtschaftsgutes dar, wenn die Straße der erstmaligen Erschließung des Grundstücks dient (→ BFH vom 19.10.1999 – BStBl. 2000 II S. 257).

– **Zweit- oder Zusatzerschließung.** Beiträge für die Zweit- oder Zusatzerschließung eines Grundstücks durch eine weitere Straße sind nachträgliche Anschaffungskosten des Grund und Bodens, wenn sich der Wert des Grundstücks aufgrund einer Erweiterung der Nutzbarkeit oder einer günstigeren Lage erhöht. Das gilt auch dann, wenn ein durch einen Privatweg an das öffentliche Straßennetz angebundenes Grundstück zusätzlich durch eine erstmals errichtete öffentliche Straße erschlossen wird (→ BFH vom 12.1.1995 – BStBl. II S. 632, vom 7.11.1995 – BStBl.

1996 II S. 89 und 190 und vom 19.12.1995 – BStBl. 1996 II S. 134) oder wenn das Grundstück mittels eingetragener Zufahrtsbaulast auf dem Nachbargrundstück eine erweiterte Nutzbarkeit und damit ein besonderes, über den bisherigen Zustand hinausgehendes Gepräge erlangt (→ BFH vom 20.7.2010 – BStBl. 2011 II S. 35).

Fahrtkosten. Fahrtkosten des Stpfl. zur Baustelle gehören in tatsächlicher Höhe zu den Herstellungskosten (→ BFH vom 10.5.1995 – BStBl. II S. 713).

Gartenanlage.
- Die zu einem Gebäude gehörende Gartenanlage ist ein selbständiges Wirtschaftsgut (→ BFH vom 30.1.1996 – BStBl. 1997 II S. 25).
- → Umzäunung.
- → R 21.1 Abs. 3.

Gebäude. Begriff → R 7.1 Abs. 5.

Gebäudebestandteile.
- → Einbauküche.
- → Heizungsanlagen.
- → Kassettendecken.
- → Waschmaschine.
- → R 7.1 Abs. 6.
- → H 4.2 (5) unselbständige Gebäudeteile.

Generalüberholung. → BMF vom 18.7.2003 (BStBl. I S. 386).

Grunderwerbsteuer.
- Aussetzungszinsen für Grunderwerbsteuer gehören nicht zu den Anschaffungskosten (→ BFH vom 25.7.1995 – BStBl. II S. 835).
- Säumniszuschläge zur Grunderwerbsteuer rechnen zu den Anschaffungskosten des Grundstücks (→ BFH vom 14.1.1992 – BStBl. II S. 464).

Hausanschlusskosten.
- **Anlagen zur Ableitung von Abwässern.**
  - Aufwendungen für die (Erst- oder Zweit-)Herstellung von Zuleitungsanlagen eines Gebäudes zum öffentlichen Kanal (sog. Hausanschlusskosten) einschließlich der sog. Kanalanstichgebühr gehören zu den Herstellungskosten des Gebäudes, soweit die Kosten für Anlagen auf privatem Grund und nicht für Anlagen der Gemeinde außerhalb des Grundstücks entstanden sind. Aufwendungen für die Ersetzung, Modernisierung oder (ggf. teilweise) Instandsetzung einer vorhandenen und funktionsfähigen Kanalisation sind demgegenüber Erhaltungsaufwand. Dies gilt unabhängig davon, ob die Kosten für Anlagen auf privatem oder auf öffentlichem Grund entstanden sind (→ BFH vom 3.9. 2019 – BStBl. 2020 II S. 191).
  - → Erschließungs-, Straßenanlieger- und andere Beiträge.
- **Anschlüsse an Versorgungsnetze (Strom, Gas, Wasser, Wärme).** Die Kosten für den Anschluss eines Hauses an Versorgungsnetze gehören zu den Herstellungskosten des Gebäudes (→ BFH vom 15.1.1965 – BStBl. III S. 226).

Heizungsanlagen. Eine in ein Gebäude eingebaute Heizungsanlage ist regelmäßig als Gebäudebestandteil anzusehen. Für die Annahme einer Betriebsvorrichtung ist es nicht ausreichend, wenn eine Heizungsanlage für einen Betrieb aufgrund brandschutzrechtlicher Bestimmungen oder einfachgesetzlicher Umweltschutzbestimmungen vorgeschrieben ist. Entscheidend ist, ob die Gegenstände von ihrer Funktion her unmittelbar zur Ausübung des Gewerbes benutzt werden (→ BFH vom 7.9.2000 – BStBl. 2001 II S. 253).

Honorare.

- Hat der Stpfl. ein zur Erzielung von Einkünften bestimmtes Gebäude geplant, aber nicht errichtet, und muss er deshalb an den Architekten ein gesondertes Honorar für Bauüberwachung und Objektbetreuung zahlen, ohne dass der Architekt solche Leistungen tatsächlich erbracht hat, gehören diese Aufwendungen nicht zu den Herstellungskosten eines später errichteten anderen Gebäudes, sondern sind als Betriebsausgaben/Werbungskosten abziehbar (→ BFH vom 8.9.1998 – BStBl. 1999 II S. 20).
- → Bauplanungskosten.

Instandsetzung.

- → BMF vom 18.7.2003 (BStBl. I S. 386).
- Renovierungskosten, die der Veräußerer der Wohnung im Kaufvertrag in Rechnung stellt, sind Bestandteil des Kaufpreises und deshalb Anschaffungskosten der Wohnung (→ BFH vom 17.12.1996 – BStBl. 1997 II S. 348).

Kassettendecken. Die Aufwendungen für eine abgehängte, mit einer Beleuchtungsanlage versehene Kassettendecke eines Büroraums gehören zu den Herstellungskosten des Gebäudes, weil die Kassettendecke Gebäudebestandteil und nicht Betriebsvorrichtung ist (→ BFH vom 8.10.1987 – BStBl. 1988 II S. 440).

Modernisierung. → BMF vom 18.7.2003 (BStBl. I S. 386).

Prozesskosten. Prozesskosten teilen als Folgekosten das rechtliche Schicksal der Aufwendungen, um die gestritten wurde. Gehören die Aufwendungen, um die gestritten wurde, zu den Herstellungskosten eines Gebäudes, gilt dies auch für die Prozesskosten (→ BFH vom 1.12.1987 – BStBl. 1988 II S. 431).

Restitutionsverfahren. Im Restitutionsverfahren nach dem VermG zum Ausgleich von Instandsetzungs- und Modernisierungsaufwendungen an einem rückübertragenen Gebäude geleistete Zahlungen stellen Anschaffungskosten dar (→ BFH vom 11.1.2005 – BStBl. II S. 477).

Stellplätze. Aufwendungen für die Ablösung der Verpflichtung zur Errichtung von Stellplätzen gehören auch dann zu den Herstellungskosten eines Gebäudes, wenn eine Verpflichtung zur nachträglichen Herstellung von Stellplätzen bei bereits bestehenden baulichen Anlagen abgelöst wird (→ BFH vom 8.3.1984 – BStBl. II S. 702). Bei (Nutzungs-)Änderung eines Gebäudes gehören sie zu den Herstellungskosten, wenn die zur Änderung führende Baumaßnahme als Herstellung i. S. v. § 255 Abs. 2 HGB anzusehen ist (→ BFH vom 6.5.2003 – BStBl. II S. 710).

Tätigkeitsvergütung.

– Zahlt eine Personengesellschaft, die ein Betriebsgebäude errichtet, einem ihrer Gesellschafter für die Bauaufsicht und für die Koordinierung der Handwerkerarbeiten Arbeitslohn, gehört dieser auch dann zu den Herstellungskosten des Gebäudes, wenn es sich um eine Tätigkeitsvergütung i. S. d. § 15 Abs. 1 Satz 1 Nr. 2 EStG handelt (→ BFH vom 8.2.1996 – BStBl. II S. 427).
– → H 6.3 (Kalkulatorische Kosten).
– → Arbeitsleistung.

Umzäunung. Aufwendungen für die Umzäunung eines Mietwohngrundstücks (z.B. Maschendrahtzaun) können in einem einheitlichen Nutzungs- und Funktionszusammenhang mit dem Gebäude stehen und gehören daher in der Regel zu den Gebäudeherstellungskosten (→ BFH vom 15.12.1977 – BStBl. 1978 II S. 210). Ein solcher Zusammenhang ist bei einem Betriebsgrundstück jedoch im Allgemeinen zu verneinen (→ BFH vom 1.7.1983 – BStBl. II S. 686). Diese Grundsätze gelten auch für angemessene Aufwendungen für das Anpflanzen von Hecken, Büschen und Bäumen an den Grundstücksgrenzen (lebende Umzäunung) (→ BFH vom 30.6.1966 – BStBl. III S. 541).

Versorgungsnetz.

– → Erschließungs-, Straßenanlieger- und andere Beiträge.
– → Hausanschlusskosten.

Vorauszahlungen auf Herstellungskosten.

– Vorauszahlungen auf Herstellungskosten, für die der Stpfl. infolge Insolvenz des Bauunternehmers keine Bauleistungen erhalten hat und die er auch nicht zurückerlangen kann, gehören nicht zu den Herstellungskosten des Gebäudes, sondern können unter den allgemeinen Voraussetzungen als Betriebsausgaben bzw. Werbungskosten abgezogen werden. Stehen ihnen jedoch Herstellungsleistungen des Bauunternehmers gegenüber, gehören sie zu den Herstellungskosten eines Gebäudes, selbst wenn die Herstellungsleistungen mangelhaft sind (→ BFH vom 31.3.1992 – BStBl. II S. 805). Vorauszahlungen auf Anschaffungskosten können als Betriebsausgaben oder Werbungskosten abgezogen werden, wenn das Anschaffungsgeschäft nicht zustande gekommen ist und eine Rückzahlung nicht erlangt werden kann (→ BFH vom 28.6.2002 – BStBl. II S. 758).
– → Baumängelbeseitigung.

Wärmerückgewinnungsanlage. Eine Wärmerückgewinnungsanlage ist nicht schon deshalb als Betriebsvorrichtung zu beurteilen, weil es sich bei den Kühlzellen, deren abgegebene Wärme durch die Anlage aufbereitet wird, um eine Betriebsvorrichtung handelt. Eine Betriebsvorrichtung kann jedoch dann vorliegen, wenn die Anlage dem in einem Gebäude ausgeübten Gewerbebetrieb unmittelbar dient und der Zweck, das Gebäude zu beheizen und mit Warmwasser zu versorgen, demgegenüber in den Hintergrund tritt (→ BFH vom 5.9.2002 – BStBl. II S. 877).

Waschmaschine. Eine Waschmaschine ist kein Gebäudebestandteil, sondern ein selbständiges bewegliches Wirtschaftsgut. Das gilt auch dann, wenn sie auf einem Zementsockel angeschraubt ist und den Mietern gegen Entgelt zur Verfügung steht (→ BFH vom 30.10.1970 – BStBl. 1971 II S. 95).

Wesentliche Verbesserung.
- → BMF vom 18.7.2003 (BStBl. I S. 386).
- Baumaßnahmen an einem betrieblich genutzten Gebäude oder Gebäudeteil führen zu einer wesentlichen Verbesserung i. S. d. § 255 Abs. 2 Satz 1 Alternative 3 HGB, wenn durch sie eine neue betriebliche Gebrauchs- oder Verwendungsmöglichkeit (→ BFH vom 25.1.2006 – BStBl. II S. 707) oder eine höherwertige (verbesserte) Nutzbarkeit (→ BFH vom 25.9.2007 – BStBl. 2008 II S. 218) geschaffen wird.

Wohnrechtsablösung. Aufwendungen für die Wohnrechtsablösung durch den Miterben führen zu nachträglichen Anschaffungskosten (→ BFH vom 28.11.1991 – BStBl. 1992 II S. 381 und vom 3.6.1992 – BStBl. 1993 II S. 98).

Zwangsräumung. Wird ein unbebautes, besetztes Grundstück zwangsweise geräumt, um es anschließend teilweise bebauen und teilweise als Freifläche vermieten zu können, sind die Aufwendungen für die Zwangsräumung, soweit sie die zu bebauende Fläche betreffen, Herstellungskosten der später errichteten Gebäude, und soweit sie die Freifläche betreffen, Anschaffungskosten des Grund und Bodens (→ BFH vom 18.5.2004 – BStBl. II S. 872).

R **6.5** Zuschüsse für Anlagegüter

Begriff des Zuschusses

(1) [1]Ein Zuschuss ist ein Vermögensvorteil, den ein Zuschussgeber zur Förderung eines – zumindest auch – in seinem Interesse liegenden Zwecks dem Zuschussempfänger zuwendet. [2]Fehlt ein Eigeninteresse des Leistenden, liegt kein Zuschuss vor. [3]In der Regel wird ein Zuschuss auch nicht vorliegen, wenn ein unmittelbarer wirtschaftlicher Zusammenhang mit einer Leistung des Zuschussempfängers feststellbar ist.

Wahlrecht

(2) [1]Werden Anlagegüter mit Zuschüssen aus öffentlichen oder privaten Mitteln angeschafft oder hergestellt, hat der Stpfl. ein → Wahlrecht. [2]Er kann die Zuschüsse als Betriebseinnahmen ansetzen; in diesem Fall werden die Anschaffungs- oder Herstellungskosten der betreffenden Wirtschaftsgüter durch die Zuschüsse nicht berührt. [3]Er kann die Zuschüsse aber auch erfolgsneutral behandeln; in diesem Fall dürfen die Anlagegüter, für die die Zuschüsse gewährt worden sind, nur mit den Anschaffungs- oder Herstellungskosten bewertet werden, die der Stpfl. selbst, also ohne Berücksichtigung der Zuschüsse aufgewendet hat. [4]Weicht die Bewertung von der Handelsbilanz ab, sind die entsprechenden Anlagegüter in ein besonderes, laufend zu führendes Verzeichnis aufzunehmen (§ 5 Abs. 1 Satz 2 EStG).

Nachträglich gewährte Zuschüsse

(3) [1] Werden Zuschüsse, die erfolgsneutral behandelt werden, erst nach der Anschaffung oder Herstellung von Anlagegütern gewährt, sind sie nachträglich von den gebuchten Anschaffungs- oder Herstellungskosten abzusetzen. [2] Ebenso ist zu verfahren, wenn die Anlagen mit Hilfe eines Darlehens angeschafft oder hergestellt worden sind und der nachträglich gewährte Zuschuss auf dieses Darlehen verrechnet oder zur Tilgung des Darlehens verwendet wird.

Im Voraus gewährte Zuschüsse

(4) [1] Werden Zuschüsse gewährt, die erfolgsneutral behandelt werden sollen, wird aber das Anlagegut ganz oder teilweise erst in einem auf die Gewährung des Zuschusses folgenden Wirtschaftsjahr angeschafft oder hergestellt, kann in Höhe der – noch – nicht verwendeten Zuschussbeträge eine steuerfreie Rücklage gebildet werden, die im Wirtschaftsjahr der Anschaffung oder Herstellung auf das Anlagegut zu übertragen ist. [2] Zur Erfüllung der Aufzeichnungspflichten nach § 5 Abs. 1 Satz 2 EStG ist bei der Bildung der steuerfreien Rücklage der Ansatz in der Steuerbilanz ausreichend. [3] Die Aufnahme des Wirtschaftsguts in das besondere Verzeichnis ist erst bei Übertragung der Rücklage erforderlich.

H 6.5

Baukostenzuschüsse bei Energieversorgungsunternehmen. Nicht rückzahlbare Beiträge (Baukostenzuschüsse), die Versorgungsunternehmen dem Kunden als privatem oder gewerblichem Endabnehmer oder dem Weiterverteiler im Zusammenhang mit der Herstellung des Versorgungsanschlusses als Baukostenzuschüsse in Rechnung stellen, sind Zuschüsse i. S. v. R 6.5. Das gilt für von Windkraftanlagenbetreibern gezahlte Baukostenzuschüsse bei Energieversorgungsunternehmen entsprechend (→ BMF vom 27.5.2003 – BStBl. I S. 361).[1]

Betriebsunterbrechungsversicherung.

– Leistungen der Betriebsunterbrechungsversicherung sind keine Zuschüsse (→ BFH vom 29.4.1982 – BStBl. II S. 591).
– → H 6.6 (1) Entschädigung.

Geld- oder Bauleistungen. Geld- oder Bauleistungen des Mieters zur Erstellung eines Gebäudes sind keine Zuschüsse, sondern zusätzliches Nutzungsentgelt für die Gebrauchsüberlassung des Grundstücks (→ BFH vom 28.10.1980 – BStBl. 1981 II S. 161).

Investitionszulagen sind keine Zuschüsse. → § 13 InvZulG 2010.[2]

Investitionszuschüsse bei Einnahmenüberschussrechnung. Erhält ein Stpfl., der seinen Gewinn nach § 4 Abs. 3 EStG ermittelt, für die Anschaffung oder Herstellung bestimmter Wirtschaftsgüter öffentliche Investitions-

---

[1] Zur Anwendung auf Wasserversorgungsunternehmen siehe OFD Rheinland v. 3.3.2006 – S 2137 – 1005 – St 1, DB 2006, 586. – Zu Versorgungsunternehmen, die nicht über das wirtschaftliche Eigentum an den Versorgungsleitungen verfügen, siehe OFD Hannover v. 28.12.2007 – S 2741 – 222 – StO 241, DStR 2008, 406.

[2] **Steuergesetze** Nr. **740b**.

zuschüsse, mindern diese die Anschaffungs- oder Herstellungskosten bereits im Jahr der Bewilligung und nicht im Jahr der Auszahlung. Sofern der Stpfl. den Zuschuss sofort als Betriebseinnahme versteuern will, muss er das entsprechende Wahlrecht ebenfalls im Jahr der Zusage ausüben (→ BFH vom 29.11.2007 – BStBl. 2008 II S. 561).

Mieterzuschüsse. → R 21.5 Abs. 3.

Nachträglich gewährte Zuschüsse. Zur AfA → R 7.3 Abs. 4.

Öffentliche Zuschüsse unter Auflage. → H 21.5 (Zuschüsse).

Rechnungsabgrenzungsposten. → H 5.6 (Investitionszuschüsse).

Wahlrecht. Das Wahlrecht, Investitionszuschüsse aus öffentlichen Mitteln nicht als Betriebseinnahmen zu erfassen, sondern von den Anschaffungs- bzw. Herstellungskosten des bezuschussten Wirtschaftsguts abzusetzen (→ R 6.5 Abs. 2), ist rechtens (→ BFH vom 5.6.2003 – BStBl. II S. 801). Mit der Bildung von Wertberichtigungsposten nach der KHBV übt ein Krankenhausträger das Wahlrecht im Sinne einer Minderung der Anschaffungs- oder Herstellungskosten der mit Fördermitteln angeschafften oder hergestellten Anlagegüter aus (→ BFH vom 26.11.1996 – BStBl. 1997 II S. 390).

R 6.6 Übertragung stiller Reserven bei Ersatzbeschaffung

Allgemeines

(1) [1]Die Gewinnverwirklichung durch Aufdeckung stiller Reserven kann in bestimmten Fällen der Ersatzbeschaffung vermieden werden. [2]Voraussetzung ist, dass

1. ein Wirtschaftsgut des Anlage- oder Umlaufvermögens infolge höherer Gewalt oder infolge oder zur Vermeidung eines behördlichen Eingriffs gegen Entschädigung aus dem Betriebsvermögen ausscheidet,
2. innerhalb einer bestimmten Frist ein funktionsgleiches Wirtschaftsgut (Ersatzwirtschaftsgut) angeschafft oder hergestellt wird, auf dessen Anschaffungs- oder Herstellungskosten die aufgedeckten stillen Reserven übertragen werden, und
3. das Wirtschaftsgut wegen der Abweichung von der Handelsbilanz in ein besonderes laufend zu führendes Verzeichnis aufgenommen wird (§ 5 Abs. 1 Satz 2 EStG).

H 6.6 (1)

Aufdeckung stiller Reserven. Das Unterlassen der Aufdeckung stiller Reserven in bestimmten Fällen der Ersatzbeschaffung ist aus einer einschränkenden Auslegung des Realisationsgrundsatzes herzuleiten; es gibt keinen durchgängigen Gewinnrealisierungszwang für sämtliche Veräußerungsvorgänge (→ BFH vom 14.11.1990 – BStBl. 1991 II S. 222).

Einlage. Die Einlage eines Wirtschaftsguts in das Betriebsvermögen ist keine Ersatzbeschaffung (→ BFH vom 11.12.1984 – BStBl. 1985 II S. 250).

Entnahme. Eine Gewinnverwirklichung kann nicht durch Ersatzbeschaffung vermieden werden, wenn ein Wirtschaftsgut durch Entnahme aus dem Betriebsvermögen ausscheidet (→ BFH vom 24.5.1973 – BStBl. II S. 582).

Entschädigung.

- Eine Entschädigung i. S. v. R 6.6 Abs. 1 liegt nur vor, soweit sie für das aus dem Betriebsvermögen ausgeschiedene Wirtschaftsgut als solches und nicht für Schäden gezahlt worden ist, die die Folge des Ausscheidens aus dem Betriebsvermögen sind (z. B. Entschädigungen für künftige Nachteile beim Wiederaufbau, Ertragswertentschädigung für die Beeinträchtigung des verbleibenden Betriebs); ausnahmsweise können auch Zinsen in die Entschädigung i. S. v. R 6.6 Abs. 1 einzubeziehen sein (→ BFH vom 29.4.1982 – BStBl. II S. 568).
- Leistungen einer Betriebsunterbrechungsversicherung, soweit diese die Mehrkosten für die beschleunigte Wiederbeschaffung eines durch Brand zerstörten Wirtschaftsguts übernimmt, sind Entschädigungen i. S. v. R 6.6 Abs. 1 (→ BFH vom 9.12.1982 – BStBl. 1983 II S. 371).
- Es ist nicht schädlich, wenn die Entschädigung für das ausgeschiedene Wirtschaftsgut in einem Sachwert besteht, der Privatvermögen wird (→ BFH vom 19.12.1972 – BStBl. 1973 II S. 297).
- Wird einem vorsteuerabzugsberechtigten Unternehmer anlässlich eines Versicherungsfalls der Wiederbeschaffungswert einschließlich Umsatzsteuer ersetzt, ist auch die Umsatzsteuer Teil der Entschädigung (→ BFH vom 24.6.1999 – BStBl. II S. 561).

Ersatzwirtschaftsgut.

- Ein Ersatzwirtschaftsgut setzt nicht nur ein der Art nach funktionsgleiches Wirtschaftsgut voraus, es muss auch funktionsgleich genutzt werden (→ BFH vom 29.4.1999 – BStBl. II S. 488).
- Rücklagen für Ersatzbeschaffung können nur gebildet werden, wenn das Ersatzwirtschaftsgut in demselben Betrieb angeschafft oder hergestellt wird, dem auch das entzogene Wirtschaftsgut diente. Das gilt nicht, wenn die durch Enteignung oder höhere Gewalt entstandene Zwangslage zugleich den Fortbestand des bisherigen Betriebes selbst gefährdet oder beeinträchtigt hat (→ BFH vom 22.1.2004 – BStBl. II S. 421).

Veräußerung. Scheidet ein Wirtschaftsgut infolge einer behördlichen Anordnung oder zur Vermeidung eines behördlichen Eingriffs durch Veräußerung aus dem Betriebsvermögen aus, tritt an die Stelle der Entschädigung der Veräußerungserlös (→ BFH vom 12.6.2001 – BStBl. II S. 830).

R 6.6 (2)

Höhere Gewalt – behördlicher Eingriff

(2) [1]Höhere Gewalt liegt vor, wenn das Wirtschaftsgut infolge von Elementarereignissen wie z. B. Brand, Sturm oder Überschwemmung sowie durch andere unabwendbare Ereignisse wie z. B. Diebstahl oder unverschuldeten Unfall ausscheidet; eine Mithaftung auf Grund Betriebsgefahr ist unschädlich.

[2] Fälle eines behördlichen Eingriffs sind z. B. Maßnahmen zur Enteignung oder Inanspruchnahme für Verteidigungszwecke.

H 6.6 (2)

Behördlicher Eingriff.

Behördlicher Eingriff ist zu **bejahen**

- bei Enteignung (→ BFH vom 14.11.1990 – BStBl. 1991 II S. 222),
- bei behördlichen Bauverboten (→ BFH vom 17.10.1961 – BStBl. III S. 566 und vom 6.5.1971 – BStBl. II S. 664),
- bei behördlich angeordneter Betriebsunterbrechung (→ BFH vom 8.10.1975 – BStBl. 1976 II S. 186).

Behördlicher Eingriff ist zu **verneinen**

- bei Ausübung eines Wiederkaufsrechts durch die Gemeinde (→ BFH vom 21.2.1978 – BStBl. II S. 428),
- bei Aufstellung eines Bebauungsplans, der die bisherige Nutzung des Grundstücks wegen Bestandsschutzes unberührt lässt, selbst wenn dadurch eine sinnvolle Betriebserweiterung oder -umstellung ausgeschlossen wird; bei Veräußerungen zur Durchführung erforderlicher Maßnahmen zur Strukturanpassung kann aber eine Gewinnverwirklichung unter den Voraussetzungen der §§ 6b, 6c EStG vermieden werden (→ BFH vom 14.11.1990 – BStBl. 1991 II S. 222),
- bei Veräußerung infolge einer wirtschaftlichen Zwangslage, selbst wenn die Unterlassung der Veräußerung unter Berücksichtigung aller Umstände eine wirtschaftliche Fehlmaßnahme gewesen wäre (→ BFH vom 20.8.1964 – BStBl. III S. 504),
- bei Tausch von Grundstücken oder Veräußerung eines Grundstücks und Erwerb eines Ersatzgrundstücks, wenn lediglich ein gewisses öffentliches Interesse an den Maßnahmen besteht (→ BFH vom 29.3.1979 – BStBl. II S. 412),
- bei privatrechtlich bedingten Zwangssituationen aufgrund zivilrechtlicher Vorgaben, z. B. bei der Übertragung von Aktien gegen Barabfindung gem. § 327a AktG, sog. Squeeze-out (→ BFH vom 13.10.2010 – BStBl. 2014 II S. 943).

Höhere Gewalt.

Höhere Gewalt ist zu **bejahen**

- bei Abriss eines Gebäudes wegen erheblicher, kurze Zeit nach der Fertigstellung auftretender Baumängel (→ BFH vom 18.9.1987 – BStBl. 1988 II S. 330),
- bei Ausscheiden eines Wirtschaftsgutes infolge eines unverschuldet erlittenen Verkehrsunfalls (→ BFH vom 14.10.1999 – BStBl. 2001 II S. 130); → auch R 6.6 Abs. 2 Satz 1.

Höhere Gewalt ist zu **verneinen**

- bei Unbrauchbarwerden einer Maschine infolge eines Material- oder Konstruktionsfehlers oder eines Bedienungsfehlers (→ BFH vom 15.5.1975 – BStBl. II S. 692).

R 6.6 (3)

Übertragung aufgedeckter stiller Reserven

(3) [1]Bei einem ausgeschiedenen Betriebsgrundstück mit aufstehendem Gebäude können beim Grund und Boden und beim Gebäude aufgedeckte stille Reserven jeweils auf neu angeschafften Grund und Boden oder auf ein neu angeschafftes oder hergestelltes Gebäude übertragen werden. [2]Soweit eine Übertragung der bei dem Grund und Boden aufgedeckten stillen Reserven auf die Anschaffungskosten des erworbenen Grund und Bodens nicht möglich ist, können die stillen Reserven auf die Anschaffungs- oder Herstellungskosten des Gebäudes übertragen werden. [3]Entsprechendes gilt für die bei dem Gebäude aufgedeckten stillen Reserven.

H 6.6 (3)

Buchwert. Wegen des Begriffs Buchwert → R 6b.1 Abs. 2.

Mehrentschädigung. Scheidet ein Wirtschaftsgut gegen Barzahlung und gegen Erhalt eines Ersatzwirtschaftsguts aus dem Betriebsvermögen aus oder wird die für das Ausscheiden eines Wirtschaftsguts erhaltene Entschädigung nicht in voller Höhe zur Beschaffung eines Ersatzwirtschaftsguts verwendet, dürfen die aufgedeckten stillen Reserven nur anteilig auf das Ersatzwirtschaftsgut übertragen werden (→ BFH vom 3.9.1957 – BStBl. III S. 386).

Beispiel:

Letzter Buchwert des ausgeschiedenen Wirtschaftsguts	30 000 €
Entschädigung oder Gegenleistung für das ausgeschiedene Wirtschaftsgut (Wert des Ersatzwirtschaftsguts zuzüglich der erhaltenen Barzahlung)	50 000 €
Aufgedeckte stille Reserven	20 000 €
Anschaffungs- oder Herstellungskosten des Ersatzwirtschaftsguts	40 000 €
Zu übertragende stille Reserven anteilig $\frac{20\,000 \times 40\,000}{50\,000}$	16 000 €
Das Ersatzwirtschaftsgut wird angesetzt mit (40 000 € – 16 000 € =)	24 000 €
Steuerpflichtiger Gewinn in Höhe der nicht übertragbaren stillen Reserven (20 000 € – 16 000 € =)	4 000 €

Teilwertabschreibung. Eine Teilwertabschreibung auf das Ersatzwirtschaftsgut ist nur möglich, wenn der nach der Übertragung der stillen Reserven verbleibende Betrag höher ist als der Teilwert (→ BFH vom 5.2.1981 – BStBl. II S. 432).

Übertragung aufgedeckter stiller Reserven. Die zu übertragenden stillen Reserven bemessen sich auch dann nach dem Unterschied zwischen der Entschädigung und dem Buchwert des ausgeschiedenen Wirtschaftsguts, wenn die Entschädigung höher ist als der Teilwert (→ BFH vom 9.12.1982 – BStBl. 1983 II S. 371).

Vorherige Anschaffung. Die Gewinnverwirklichung wegen eines behördlichen Eingriffs kann auch vermieden werden, wenn das Ersatzwirtschaftsgut vor dem Eingriff angeschafft oder hergestellt wurde. Erforderlich ist jedoch ein ursächlicher Zusammenhang zwischen Veräußerung und Ersatzbeschaffung (→ BFH vom 12.6.2001 – BStBl. II S. 830).

R 6.6 (4)

Rücklage für Ersatzbeschaffung[1)]

(4) [1] Soweit am Schluss des Wirtschaftsjahres, in dem das Wirtschaftsgut aus dem Betriebsvermögen ausgeschieden ist, noch keine Ersatzbeschaffung vorgenommen wurde, kann in Höhe der aufgedeckten stillen Reserven eine steuerfreie Rücklage gebildet werden, wenn zu diesem Zeitpunkt eine Ersatzbeschaffung ernstlich geplant und zu erwarten ist. [2] Die Nachholung der Rück-lage für Ersatzbeschaffung in einem späteren Wirtschaftsjahr ist nicht zulässig. [3] Eine Rücklage, die auf Grund des Ausscheidens eines beweglichen Wirtschaftsgutes gebildet wurde, ist am Schluss des ersten auf ihre Bildung folgenden Wirtschaftsjahres gewinnerhöhend aufzulösen, wenn bis dahin ein Ersatzwirtschaftsgut weder angeschafft noch hergestellt worden ist. [4] Die Frist von einem Jahr verlängert sich bei einer Rücklage, die auf Grund des Ausscheidens eines Wirtschaftsgutes i. S. d. § 6b Abs. 1 Satz 1 EStG gebildet wurde, auf vier Jahre; bei neu hergestellten Gebäuden verlängert sich die Frist auf sechs Jahre. [5] Die Frist von einem Jahr kann im Einzelfall angemessen auf bis zu vier Jahre verlängert werden, wenn der Stpfl. glaubhaft macht, dass die Ersatzbeschaffung noch ernstlich geplant und zu erwarten ist, aber aus besonderen Gründen noch nicht durchgeführt werden konnte. [6] Eine Verlängerung auf bis zu sechs Jahre ist möglich, wenn die Ersatzbeschaffung im Zusammenhang mit der Neuherstellung eines Gebäudes i. S. d. Satzes 4 2. Halbsatz erfolgt. [7] Zur Erfüllung der Aufzeichnungspflichten nach § 5 Abs. 1 Satz 2 EStG ist bei der Bildung der steuerfreien Rücklage der Ansatz in der Steuerbilanz ausreichend. [8] Im Zeitpunkt der Ersatzbeschaffung ist die Rücklage durch Übertragung auf die Anschaffungs- oder Herstellungskosten des Ersatzwirtschaftsgutes aufzulösen. [9] Absatz 3 gilt entsprechend.

H 6.6 (4)

Betriebsaufgabe/Betriebsveräußerung. Wegen der Besteuerung eines Gewinns aus der Auflösung einer Rücklage für Ersatzbeschaffung anlässlich der Veräußerung oder Aufgabe eines Betriebs → H 16 (9) Rücklage.

R 6.6 (5)

Gewinnermittlung nach § 4 Abs. 3 EStG[1)]

(5) [1] Die vorstehenden Grundsätze gelten bei Gewinnermittlung durch Einnahmenüberschussrechnung sinngemäß. [2] Ist die Entschädigungsleistung höher als der im Zeitpunkt des Ausscheidens noch nicht abgesetzte Teil der Anschaffungs- oder Herstellungskosten, kann der darüber hinausgehende Betrag im Wirtschaftsjahr der Ersatzbeschaffung von den Anschaffungs- oder Herstellungskosten des Ersatzwirtschaftsgutes sofort voll abgesetzt werden. [3] Fließt die

---

[1)] BMF v. 20.9.2022, BStBl. I 2022, 1379: Die in R 6.6 Abs. 4 Satz 3 bis 6 EStR geregelten Fristen für die Ersatzbeschaffung verlängern sich jeweils um drei Jahre, wenn sie in einem nach dem 29.2.2020 und vor dem 1.1.2021 endenden Wj. ablaufen würden. Sie verlängern sich jeweils um zwei Jahre, wenn sie am Schluss des nach dem 31.12.2020 und vor dem 1.1.2022 endenden Wj. ablaufen würden. Sie verlängern sich jeweils um ein Jahr, wenn sie am Schluss des nach dem 31.12.2021 und vor dem 1.1.2023 endenden Wj. ablaufen würden.

Entschädigungsleistung nicht in dem Wirtschaftsjahr zu, in dem der Schaden entstanden ist, ist es aus Billigkeitsgründen nicht zu beanstanden, wenn der Stpfl. den noch nicht abgesetzten Betrag der Anschaffungs- oder Herstellungskosten des ausgeschiedenen Wirtschaftsgutes in dem Wirtschaftsjahr berücksichtigt, in dem die Entschädigung geleistet wird. [4]Wird der Schaden nicht in dem Wirtschaftsjahr beseitigt, in dem er eingetreten ist oder in dem die Entschädigung gezahlt wird, ist es aus Billigkeitsgründen auch nicht zu beanstanden, wenn sowohl der noch nicht abgesetzte Betrag der Anschaffungs- oder Herstellungskosten des ausgeschiedenen Wirtschaftsgutes als auch die Entschädigungsleistung erst in dem Wirtschaftsjahr berücksichtigt werden, in dem der Schaden beseitigt wird. [5]Voraussetzung ist, dass die Anschaffung oder Herstellung eines Ersatzwirtschaftsgutes am Schluss des Wirtschaftsjahres, in dem der Schadensfall eingetreten ist, ernstlich geplant und zu erwarten ist und das Ersatzwirtschaftsgut bei beweglichen Gegenständen bis zum Schluss des ersten, bei Wirtschaftsgütern i. S. d. § 6b Abs. 1 Satz 1 EStG bis zum Schluss des vierten und bei neu hergestellten Gebäuden bis zum Schluss des sechsten Wirtschaftsjahres, das auf das Wirtschaftsjahr des Eintritts des Schadensfalles folgt, angeschafft oder hergestellt oder bestellt worden ist. [6]Absatz 4 Satz 5 und 6 gilt entsprechend.

H 6.6 (5)

Wechsel der Gewinnermittlungsart. Eine Rücklage für Ersatzbeschaffung kann auch fortgeführt werden, wenn der Stpfl. von der Gewinnermittlung durch Betriebsvermögensvergleich zur Einnahmenüberschussrechnung übergeht (→ BFH vom 29.4.1999 – BStBl. II S. 488).

R 6.6 (6, 7)

Gewinnermittlung nach Durchschnittssätzen

(6) Wird der Gewinn nach Durchschnittssätzen gem. § 13a EStG ermittelt, sind das zwangsweise Ausscheiden von Wirtschaftsgütern und die damit zusammenhängenden Entschädigungsleistungen auf Antrag nicht zu berücksichtigen, wenn eine Ersatzbeschaffung zeitnah vorgenommen wird; die Fristen in Absatz 4 Satz 3 bis 6 gelten entsprechend.

Beschädigung[1)]

(7) [1]Erhält der Stpfl. für ein Wirtschaftsgut, das infolge höherer Gewalt oder eines behördlichen Eingriffs beschädigt worden ist, eine Entschädigung, kann in Höhe der Entschädigung eine Rücklage gebildet werden, wenn das Wirtschaftsgut erst in einem späteren Wirtschaftsjahr repariert wird. [2]Die Rücklage ist im Zeitpunkt der Reparatur in voller Höhe aufzulösen. [3]Ist die Reparatur bei beweglichen Gegenständen am Ende des ersten und bei Wirt-

[1)] BMF v. 20.9.2022, BStBl. I 2022, 1379: Die in R 6.6 Abs. 7 Satz 3 und 4 EStR geregelten Fristen für die Ersatzbeschaffung verlängern sich jeweils um drei Jahre, wenn sie in einem nach dem 29.2.2020 und vor dem 1.1.2021 endenden Wj. ablaufen würden. Sie verlängern sich jeweils um zwei Jahre, wenn sie am Schluss des nach dem 31.12.2020 und vor dem 1.1.2022 endenden Wj. ablaufen würden. Sie verlängern sich jeweils um ein Jahr, wenn sie am Schluss des nach dem 31.12.2021 und vor dem 1.1.2023 endenden Wj. ablaufen würden.

schaftsgütern i. S. d. § 6b Abs. 1 Satz 1 EStG Ende des vierten auf die Bildung der Rücklage folgenden Wirtschaftsjahres noch nicht durchgeführt, ist die Rücklage zu diesem Zeitpunkt aufzulösen. [4] Absatz 4 Satz 5 und 7 gilt entsprechend.

H 6.6 (7)

Beispiel für den Fall der Beschädigung:

Beschädigung des Wirtschaftsguts im Jahr 01, Versicherungsleistung aufgrund der Beschädigung im Jahr 01 50 000 €; Schadensbeseitigung im Jahr 02, Reparaturaufwand 49 000 €.

Rücklage für Ersatzbeschaffung im Jahr 01 (Entschädigung 50 000 €)	50 000 €
Reparaturaufwand im Jahr 02	49 000 €
Erfolgswirksame Rücklagenauflösung im Jahr 02 in voller Höhe	50 000 €
Steuerpflichtiger Gewinn	1 000 €

Gewinnübertragung. Wegen der Gewinne, die bei der Veräußerung bestimmter Anlagegüter entstanden und nach § 6b oder § 6c EStG begünstigt sind, → auch R 6b.1 bis R 6c.

R 6.7 Teilwert

[1] Der Teilwert kann nur im Wege der Schätzung nach den Verhältnissen des Einzelfalles ermittelt werden. [2] Zur Ermittlung des niedrigeren Teilwerts bestehen Teilwertvermutungen. [3] Die Teilwertvermutung kann widerlegt werden. [4] Sie ist widerlegt, wenn der Stpfl. anhand konkreter Tatsachen und Umstände darlegt und nachweist, dass die Anschaffung oder Herstellung eines bestimmten Wirtschaftsgutes von Anfang an eine Fehlmaßnahme war, oder dass zwischen dem Zeitpunkt der Anschaffung oder Herstellung und dem maßgeblichen Bilanzstichtag Umstände eingetreten sind, die die Anschaffung oder Herstellung des Wirtschaftsgutes nachträglich zur Fehlmaßnahme werden lassen. [5] Die Teilwertvermutung ist auch widerlegt, wenn der Nachweis erbracht wird, dass die Wiederbeschaffungskosten am Bilanzstichtag niedriger als der vermutete Teilwert sind. [6] Der Nachweis erfordert es, dass die behaupteten Tatsachen objektiv feststellbar sind.

H 6.7

Abbruchabsicht. Bei der Ermittlung des Teilwerts eines Gebäudes ist die Abbruchabsicht nicht zu berücksichtigen (→ BFH vom 7.12.1978 – BStBl. 1979 II S. 729).

Beteiligung. Zur Bestimmung des Teilwerts einer Beteiligung → BFH vom 7.11.1990 (BStBl. 1991 II S. 342) und vom 6.11.2003 (BStBl. 2004 II S. 416).

Einlage. Zum Teilwert bei Einlage im Zusammenhang mit einer Betriebseröffnung
- → H 6.12 (Teilwert).
- → BFH vom 29.4.1999 (BStBl. 2004 II S. 639).

Ersatzteile im Kfz-Handel. → BFH vom 24.2.1994 (BStBl. II S. 514).

Fehlmaßnahme.
- Eine Fehlmaßnahme liegt unabhängig von der Ertragslage des Betriebs vor, wenn der wirtschaftliche Nutzen der Anschaffung oder Herstellung

eines Wirtschaftsguts bei objektiver Betrachtung deutlich hinter dem für den Erwerb oder die Herstellung getätigten Aufwand zurückbleibt und demgemäß dieser Aufwand so unwirtschaftlich war, dass er von einem gedachten Erwerber des gesamten Betriebs im Kaufpreis nicht honoriert würde (→ BFH vom 20.5.1988 – BStBl. 1989 II S. 269).
– → Überpreis.

Forderungen.
– Der Wertberichtigung von Forderungen steht nicht entgegen, dass sie nach dem Tage der Bilanzerstellung (teilweise) erfüllt worden sind und der Gläubiger den Schuldner weiterhin beliefert hat (→ BFH vom 20.8.2003 – BStBl. II S. 941).
– Bei Forderungen aus Schuldscheindarlehen kann im Allgemeinen aus dem Anstieg der Marktzinsen nicht auf einen unter den Anschaffungskosten liegenden Teilwert geschlossen werden (→ BFH vom 19.5.1998 – BStBl. 1999 II S. 277).
– Gekündigte Darlehensforderungen, bei denen Erlöse nur noch aus der Verwertung der Sicherheiten, aber nicht mehr aus Zinszahlungen zu erwarten sind, sind im Rahmen einer Teilwertabschreibung auf den Betrag der voraussichtlichen Erlöse zu vermindern und auf den Zeitpunkt abzuzinsen, zu dem mit dem Eingang der Erlöse zu rechnen ist (→ BFH vom 24.10.2006 – BStBl. 2007 II S. 469).
– Bei einer eingeschränkten Solvenz des Schuldners eines ungekündigten Darlehens hängt die Abzinsung vom Umfang der noch zu erwartenden Teilleistungen ab (→ BFH vom 24.10.2006 – BStBl. 2007 II S. 469).
– Der Teilwert einer Forderung des Besitzunternehmens gegen die Betriebsgesellschaft kann nur nach den Maßstäben abgeschrieben werden, die für die Teilwertberichtigung der Beteiligung am Betriebsunternehmen durch das Besitzunternehmen bestehen; es ist eine Gesamtbetrachtung der Ertragsaussichten von Besitz- und Betriebsunternehmen notwendig (→ BFH vom 14.10.2009 – BStBl. 2010 II S. 274).
– Die auf der Unverzinslichkeit einer im Anlagevermögen gehaltenen Forderung beruhende Teilwertminderung ist keine voraussichtlich dauernde Wertminderung (→ BMF vom 2.9.2016 – BStBl. I S. 995, Rn. 15).

Halbfertige Bauten auf fremdem Grund und Boden.
– Halbfertige Bauten auf fremdem Grund und Boden sind mit den Herstellungskosten der halbfertigen Arbeiten, ohne die in solchen Arbeiten ruhenden, im laufenden Geschäftsbetrieb noch nicht aufzudeckenden Gewinnanteile anzusetzen. Bei der Einbringung zum gemeinen Wert oder Zwischenwerten nach dem UmwStG gehören zum gemeinen Wert halbfertiger Arbeiten auch darin enthaltene anteilige Gewinne (→ BFH vom 10.7.2002 – BStBl. II S. 784).
– Eine → Teilwertabschreibung auf halbfertige Bauten auf fremdem Grund und Boden ist hinsichtlich des gesamten Verlusts aus dem noch nicht abgewickelten Auftrag bis zur Höhe der aktivierten Herstellungskosten zulässig und nicht auf den dem jeweiligen Fertigungsstand entsprechenden Anteil begrenzt. Die Höhe der Teilwertabschreibung ist nach der retro-

graden Bewertungsmethode (→ H 6.8) zu ermitteln. Eine → Teilwertabschreibung ist regelmäßig nicht zulässig, wenn
- die Verpflichtung zur Fertigstellung des Bauvorhabens entfallen ist,
- selbständige Teilleistungen abgenommen werden oder
- die Aufträge bewusst verlustbringend kalkuliert werden (→ BFH vom 7.9.2005 – BStBl. 2006 II S. 298); → Verlustprodukte.

– → H 6.1.

Investitionszuschüsse. Investitionszuschüsse mindern grundsätzlich nicht den Teilwert der bezuschussten Wirtschaftsgüter (→ BFH vom 19.7.1995 – BStBl. 1996 II S. 28).

Retrograde Wertermittlung.

– Bei der retrograden Ermittlung des Teilwerts von Wirtschaftsgütern können nach dem Bilanzstichtag entstehende Selbstkosten nur insoweit berücksichtigt werden, als auch ein gedachter Erwerber sie berechtigterweise geltend machen könnte (→ BFH vom 9.11.1994 – BStBl. 1995 II S. 336).

– → H 6.8 (Retrograde Bewertungsmethode).

Schätzung. Im Rahmen der Schätzung des Teilwerts gelten die Wiederbeschaffungskosten als Ober- und der Einzelveräußerungspreis als Untergrenze (→ BFH vom 25.8.1983 – BStBl. 1984 II S. 33).

Teilwertabschreibung.

– Zur Teilwertabschreibung, zur voraussichtlich dauernden Wertminderung und zum Wertaufholungsgebot → BMF vom 2.9.2016 (BStBl. I S. 995).

– Die Teilwertabschreibung hat gegenüber der Drohverlustrückstellung Vorrang. Das Verbot der Rückstellungen für drohende Verluste (§ 5 Abs. 4a Satz 1 EStG) erfasst nur denjenigen Teil des Verlustes, der durch die Teilwertabschreibung nicht verbraucht ist (→ BFH vom 7.9.2005 – BStBl. 2006 II S. 298).

– Keine Teilwertabschreibung bei Einnahmenüberschussrechnung (→ BFH vom 5.11.2015 – BStBl. 2016 II S. 468).

– Zur Teilwertabschreibung schadstoffbelasteter Grundstücke → BMF vom 11.5.2010 (BStBl. I S. 495).

– Zur Anwendung des Teileinkünfteverfahrens bei Teilwertabschreibungen auf Darlehensforderungen (für Beteiligungen von nicht mehr als 25%) → BMF vom 23.10.2013 (BStBl. I S. 1269).

– → H 17 (8) Einlage einer wertgeminderten Beteiligung.

– → H 6.12 (Bodenschatz).

Teilwertbegriff. Der Teilwert ist ein ausschließlich objektiver Wert, der von der Marktlage am Bilanzstichtag bestimmt wird; es ist unerheblich, ob die Zusammensetzung und Nutzbarkeit eines Wirtschaftsguts von besonderen Kenntnissen und Fertigkeiten des Betriebsinhabers abhängt (→ BFH vom 31.1.1991 – BStBl. II S. 627).

Teilwertvermutungen.

1. Im Zeitpunkt des Erwerbs oder der Fertigstellung eines Wirtschaftsguts entspricht der Teilwert den Anschaffungs- oder Herstellungskosten

(→ BFH vom 13.4.1988 – BStBl. II S. 892; nicht ohne weiteres anwendbar bei Erwerb eines Unternehmens oder Mitunternehmeranteils → BFH vom 6.7.1995 – BStBl. II S. 831).

2. Bei nicht abnutzbaren Wirtschaftsgütern des Anlagevermögens entspricht der Teilwert auch zu späteren, dem Zeitpunkt der Anschaffung oder Herstellung nachfolgenden Bewertungsstichtagen den Anschaffungs- oder Herstellungskosten (→ BFH vom 21.7.1982 – BStBl. II S. 758).
3. Bei abnutzbaren Wirtschaftsgütern des Anlagevermögens entspricht der Teilwert zu späteren, dem Zeitpunkt der Anschaffung oder Herstellung nachfolgenden Bewertungsstichtagen den um die lineare AfA verminderten Anschaffungs- oder Herstellungskosten (→ BFH vom 30.11.1988 – BStBl. 1989 II S. 183).
4. Bei Wirtschaftsgütern des Umlaufvermögens entspricht der Teilwert grundsätzlich den Wiederbeschaffungskosten. Der Teilwert von zum Absatz bestimmten Waren hängt jedoch auch von deren voraussichtlichem Veräußerungserlös (Börsen- oder Marktpreis) ab (→ BFH vom 27.10. 1983 – BStBl. 1984 II S. 35).
5. Der Teilwert einer Beteiligung entspricht im Zeitpunkt ihres Erwerbs den Anschaffungskosten. Für ihren Wert sind nicht nur die Ertragslage und die Ertragsaussichten, sondern auch der Vermögenswert und die funktionale Bedeutung des Beteiligungsunternehmens, insbesondere im Rahmen einer Betriebsaufspaltung, maßgebend (→ BFH vom 6.11.2003 – BStBl. 2004 II S. 416).

Überpreis. Die → Teilwertvermutung gilt auch bei Zahlung eines Überpreises. Ein beim Erwerb eines Grundstücks gezahlter Überpreis rechtfertigt allein keine Teilwertabschreibung auf den niedrigeren Vergleichswert zu einem späteren Bilanzstichtag. Eine Berufung auf eine → Fehlmaßnahme allein im Hinblick auf die Zahlung eines Überpreises ist ausgeschlossen. Der Überpreis nimmt jedoch an einer aus anderen Gründen gerechtfertigten Teilwertabschreibung in dem Verhältnis teil, das dem gegenüber dem Anschaffungszeitpunkt gesunkenen Vergleichswert entspricht (→ BFH vom 7.2.2002 – BStBl. II S. 294).

Unrentabler Betrieb. Zur Abschreibung auf den niedrigeren Teilwert bei unrentablem Betrieb → BFH vom 1.3.1994 (BStBl. II S. 569) und vom 20.9.1989 (BStBl. 1990 II S. 206).

Verlustprodukte. Eine Teilwertabschreibung ist bei sog. „bewussten Verlustprodukten“ jedenfalls dann nicht zulässig, wenn das Unternehmen Gewinne erzielt (→ BFH vom 29.4.1999 – BStBl. II S. 681).

Vorzugspreise einer Gemeinde. Bei der Ermittlung des Teilwerts eines Grundstücks sind Vorzugspreise, die eine Gemeinde Erwerbern vergleichbarer Grundstücke aus ansiedlungspolitischen Gründen einräumt, nur zu berücksichtigen, wenn die Gemeinde dadurch nachhaltig, über längere Zeit und mit in etwa gleichbleibenden Beträgen in das Marktgeschehen eingreift, so dass zum Bilanzstichtag auch andere Eigentümer ihre Grundstücke nicht teurer verkaufen können (→ BFH vom 8.9.1994 – BStBl. 1995 II S. 309).

Wärmeenergie. Die Wärmeenergie verselbständigt sich zu einem eigenen Wirtschaftsgut, wenn sie über Wärmemengenzähler bestimmungsgemäß an Abnehmer geliefert oder für private Zwecke verbraucht wird. Der private Verbrauch selbst erzeugter Wärmeenergie ist eine mit dem Teilwert zu bewertende Sachentnahme. Die (Wieder-)Herstellungskosten sind auch bei sog. Kuppelerzeugnissen tauglicher Maßstab zur Bestimmung des Teilwerts. Als Teilwert ist jedoch der Veräußerungspreis anzusetzen, wenn sich für Erzeugnisse gleicher Art und Güte ein niedrigerer Marktpreis gebildet hat (→ BFH vom 12.3.2020 – BStBl. 2021 II S. 226).

Wertaufholungsgebot.
- Zum Wertaufholungsgebot → BMF vom 2.9.2016 (BStBl. I S. 995).
- → H 6.2 (Wertaufholungsgebot bei Beteiligungen).

Wiederbeschaffungskosten umfassen auch die Anschaffungsnebenkosten (→ BFH vom 29.4.1999 – BStBl. 2004 II S. 639).

Zeitpunkt der Teilwertabschreibung. Eine Teilwertabschreibung kann nur zum Bilanzstichtag und nicht auf einen beliebigen Tag zwischen zwei Bilanzstichtagen vorgenommen werden (→ BFH vom 5.2.1981 – BStBl. II S. 432).

R 6.8 Bewertung des Vorratsvermögens

Niedrigerer Teilwert

(1) [1]Wirtschaftsgüter des Vorratsvermögens, insbesondere Roh-, Hilfs- und Betriebsstoffe, unfertige und fertige Erzeugnisse sowie Waren, sind nach § 6 Abs. 1 Nr. 2 EStG mit ihren Anschaffungs- oder Herstellungskosten (→ R 6.2 und R 6.3) anzusetzen. [2]Ist der Teilwert (→ R 6.7) am Bilanzstichtag auf Grund einer voraussichtlich dauernden Wertminderung niedriger, kann dieser angesetzt werden. [3]Die Vornahme einer außerplanmäßigen Abschreibung in der Handelsbilanz ist nicht zwingend in der Steuerbilanz durch eine Teilwertabschreibung nachzuvollziehen; der Stpfl. kann darauf auch verzichten. [4]Bei einer Abweichung von der Handelsbilanz sind die Wirtschaftsgüter in besondere, laufend zu führende Verzeichnisse aufzunehmen (§ 5 Abs. 1 Satz 2 EStG).

(2) [1]Der Teilwert von Wirtschaftsgütern des Vorratsvermögens, deren Einkaufspreis am Bilanzstichtag unter die Anschaffungskosten gesunken ist, deckt sich in der Regel mit deren Wiederbeschaffungskosten am Bilanzstichtag, und zwar auch dann, wenn mit einem entsprechenden Rückgang der Verkaufspreise nicht gerechnet zu werden braucht. [2]Bei der Bestimmung des Teilwerts von nicht zum Absatz bestimmten Vorräten (z.B. Ärztemuster) kommt es nicht darauf an, welcher Einzelveräußerungspreis für das jeweilige Wirtschaftsgut erzielt werden könnte. [3]Sind Wirtschaftsgüter des Vorratsvermögens, die zum Absatz bestimmt sind, durch Lagerung, Änderung des modischen Geschmacks oder aus anderen Gründen im Wert gemindert, ist als niedrigerer Teilwert der Betrag anzusetzen, der von dem voraussichtlich erzielbaren Veräußerungserlös nach Abzug des durchschnittlichen Unternehmergewinns und des nach dem Bilanzstichtag noch anfallenden betrieblichen Aufwands verbleibt. [4]Im Regelfall kann davon ausgegangen werden, dass der Teilwert dem Betrag entspricht,

der sich nach Kürzung des erzielbaren Verkaufserlöses um den nach dem Bilanzstichtag noch anfallenden Teil des durchschnittlichen Rohgewinnaufschlags ergibt. [5]Soweit es dem Stpfl. auf Grund der tatsächlichen Gegebenheiten des Betriebs, z. B. wegen Fehlens entsprechender Warenwirtschaftssysteme, nicht möglich ist, die für die Ermittlung des Teilwerts nach Satz 3 (sog. → Subtraktionsmethode) notwendigen Daten zu Grunde zu legen, ist es nicht zu beanstanden, wenn der Teilwert nach folgender Formel ermittelt wird (sog. → Formelmethode):

$$X = Z : (1 + Y1 + Y2 \times W).$$

[6]Dabei sind:

- X der zu suchende Teilwert
- Z der erzielbare Verkaufspreis
- Y1 der Durchschnittsunternehmergewinnprozentsatz (bezogen auf die Anschaffungskosten)
- Y2 der Rohgewinnaufschlagsrest
- W der Prozentsatz an Kosten, der noch nach Abzug des durchschnittlichen Unternehmergewinnprozentsatzes vom Rohgewinnaufschlagssatz nach dem Bilanzstichtag anfällt.

[7]Macht ein Stpfl. für Wertminderungen eine Teilwertabschreibung geltend, muss er die voraussichtliche dauernde Wertminderung nachweisen. [8]Dazu muss er Unterlagen vorlegen, die aus den Verhältnissen seines Betriebs gewonnen sind und die eine sachgemäße Schätzung des Teilwerts ermöglichen. [9]In der Regel sind die tatsächlich erzielten Verkaufspreise für die im Wert geminderten Wirtschaftsgüter in der Weise und in einer so großen Anzahl von Fällen nachzuweisen, dass sich daraus ein repräsentativer Querschnitt für die zu bewertenden Wirtschaftsgüter ergibt und allgemeine Schlussfolgerungen gezogen werden können. [10]Bei Wirtschaftsgütern des Vorratsvermögens, für die ein Börsen- oder Marktpreis besteht, darf dieser nicht überschritten werden, es sei denn, dass der objektive Wert der Wirtschaftsgüter höher ist oder nur vorübergehende, völlig außergewöhnliche Umstände den Börsen- oder Marktpreis beeinflusst haben; der Wertansatz darf jedoch die Anschaffungs- oder Herstellungskosten nicht übersteigen.

Einzelbewertung

(3) [1]Die Wirtschaftsgüter des Vorratsvermögens sind grundsätzlich **einzeln** zu bewerten. [2]Enthält das Vorratsvermögen am Bilanzstichtag Wirtschaftsgüter, die im Verkehr nach Maß, Zahl oder Gewicht bestimmt werden (vertretbare Wirtschaftsgüter) und bei denen die Anschaffungs- oder Herstellungskosten wegen Schwankungen der Einstandspreise im Laufe des Wirtschaftsjahres im einzelnen nicht mehr einwandfrei feststellbar sind, ist der Wert dieser Wirtschaftsgüter zu **schätzen.** [3]In diesen Fällen stellt die **Durchschnittsbewertung** (Bewertung nach dem gewogenen Mittel der im Laufe des Wirtschaftsjahres erworbenen und gegebenenfalls zu Beginn des Wirtschaftsjahres vorhandenen Wirtschaftsgüter) ein zweckentsprechendes Schätzungsverfahren dar.

Gruppenbewertung

(4) [1]Zur Erleichterung der Inventur und der Bewertung können gleichartige Wirtschaftsgüter des Vorratsvermögens jeweils zu einer **Gruppe** zusammenge-

fasst und mit dem gewogenen Durchschnittswert angesetzt werden. [2]Die Gruppenbildung und Gruppenbewertung darf nicht gegen die Grundsätze ordnungsmäßiger Buchführung verstoßen. [3]Gleichartige Wirtschaftsgüter brauchen für die Zusammenfassung zu einer Gruppe (→ R 6.9 Abs. 3) nicht gleichwertig zu sein. [4]Es muss jedoch für sie ein Durchschnittswert bekannt sein. [5]Das ist der Fall, wenn bei der Bewertung der gleichartigen Wirtschaftsgüter ein ohne Weiteres feststellbarer, nach den Erfahrungen der betreffenden Branche sachgemäßer Durchschnittswert verwendet wird. [6]Macht der Stpfl. glaubhaft, dass in seinem Betrieb in der Regel die zuletzt beschafften Wirtschaftsgüter zuerst verbraucht oder veräußert werden – das kann sich z. B. aus der Art der Lagerung ergeben –, kann diese Tatsache bei der Ermittlung der Anschaffungs- oder Herstellungskosten berücksichtigt werden. [7]Zur Bewertung nach unterstelltem Verbrauchsfolgeverfahren → R 6.9.

H 6.8

Ärztemuster. Ein als unverkäuflich gekennzeichnetes Ärztemuster ist grundsätzlich mit den Herstellungskosten zu aktivieren (→ BFH vom 30.1.1980 – BStBl. II S. 327).

Beispiele für die Bewertung von Wirtschaftsgütern des Vorratsvermögens, die durch Lagerung, Änderung des modischen Geschmacks oder aus anderen Gründen im Wert gemindert sind (→ R 6.8 Abs. 2 ff.):

– **Subtraktionsmethode.** Die Anwendung der Subtraktionsmethode setzt voraus, dass aus der Betriebsabrechnung die nach dem Bilanzstichtag bei den einzelnen Kostenarten noch jeweils anfallenden Kosten ersichtlich sind.

Beispiel:

Der Stpfl. hat einen Warenbestand einer zu bewertenden Gruppe mit Anschaffungskosten von 10 000 €. Der Rohgewinnaufschlagssatz für diese Warengruppe beträgt 100 %. Der noch erzielbare Verkaufspreis beträgt 40 % des ursprünglichen Verkaufspreises (40 % von 20 000 € = 8000 €). Der durchschnittliche Unternehmergewinn beträgt 5 % des noch erzielbaren Verkaufspreises (= 400 €). Nach dem Bilanzstichtag fallen ausweislich der Betriebsabrechnung noch 70% der betrieblichen Kosten an. Die betrieblichen Kosten errechnen sich ausgehend von dem ursprünglich geplanten Verkaufspreis (20 000 €), der um die Anschaffungskosten und den durchschnittlichen Unternehmergewinn, bezogen auf den ursprünglichen Verkaufspreis (5 % von 20 000 € = 1000 €), vermindert wird.

Niedrigerer Teilwert = voraussichtlich erzielbarer Verkaufserlös ./. durchschnittlicher Unternehmergewinn ./. des nach dem Bilanzstichtag noch anfallenden betrieblichen Aufwands

X = 8000 € ./. 400 € ./. 70% von 9000 € (ursprünglicher Verkaufspreis 20 000 € ./. durchschnittlicher Unternehmergewinn 1000 € ./. Anschaffungskosten 10 000 €)
X = 8000 € ./. 400 € ./. 6300 €
X = 1300 €

– **Formelmethode.** In den Fällen, in denen der Stpfl. keine Betriebsabrechnung hat, die die für die Ermittlung des Teilwerts nach der Subtraktionsmethode notwendigen Daten liefert, ist es nicht zu beanstanden, die Formelmethode zu Grunde zu legen.

Beispiel:

Der Stpfl. hat einen Warenbestand einer zu bewertenden Gruppe mit Anschaffungskosten von 10 000 €. Sein durchschnittlicher Rohgewinnaufschlagssatz beträgt 150 %

der Anschaffungskosten. Der noch erzielbare Verkaufspreis beträgt 75 % des ursprünglichen Verkaufspreises (75 % von 25 000 € = 18 750 €). Der durchschnittliche Unternehmergewinn beträgt 5 % des ursprünglichen Verkaufspreises, das entspricht 12,5 % der Anschaffungskosten. Die nach dem Bilanzstichtag noch anfallenden betrieblichen Kosten, d. h. der dann noch anfallende Kostenanteil des ursprünglichen Rohgewinnaufschlagssatzes ohne den hierin enthaltenen Gewinnanteil, werden mit 60 % geschätzt.
X = 18 750 € : (1 + 12,5 % + 137,5 % × 60 %)
X = 18 750 € : (1 + 0,125 + 0,825)
X = 18 750 € : 1,95
X = 9615 €

Ersatzteile im Kfz-Handel. → H 6.7.

Festwert.

- Begriff und Zulässigkeit → § 240 Abs. 3 i. V. m. § 256 Satz 2 HGB.
- Ansatzvoraussetzungen und Bemessung → BMF vom 8.3.1993 (BStBl. I S. 276).
- Bestandsaufnahme und Wertanpassung → R 5.4 Abs. 3 Satz 2 bis 5.
- → H 5.4.
- Der Festwert darf nur der Erleichterung der Inventur und der Bewertung, nicht jedoch dem Ausgleich von Preisschwankungen, insbesondere Preissteigerungen, dienen (→ BFH vom 1.3.1955 – BStBl. III S. 144 und vom 3.3.1955 – BStBl. III S. 222).

Gruppenbewertung. → § 240 Abs. 4 i. V. m. § 256 Satz 2 HGB.

Retrograde Bewertungsmethode.

- Die verlustfreie Bewertung von Waren und sonstigem Vorratsvermögen ist nicht auf die Bewertung großer Warenlager beschränkt, bei denen es technisch schwierig ist, die Wareneinstandspreise im Einzelnen zu ermitteln, sie kann auch bei individualisierbaren Wirtschaftsgütern mit bekannten Anschaffungskosten und selbst dann eine geeignete Methode zur Ermittlung des Teilwerts sein, wenn am Bilanzstichtag der kalkulierte oder der nach den Erfahrungen der Vergangenheit voraussichtlich erzielbare Veräußerungserlös den Anschaffungskosten entspricht oder darunter liegt. Bei der retrograden Bestimmung des Teilwerts sind als Selbstkosten insbesondere die noch anfallenden Verkaufs-, Vertriebs- und Reparaturkosten sowie ggf. auch anteilige betriebliche Fixkosten zu berücksichtigen (→ BFH vom 25.7.2000 – BStBl. 2001 II S. 566).
- → H 6.7 (Retrograde Wertermittlung).

Wertlosigkeit. Wirtschaftsgüter, die wertlos oder so gut wie wertlos sind, dürfen auch von Stpfl., die den Gewinn nach § 4 Abs. 1 EStG ermitteln, nicht mit den Anschaffungs- oder Herstellungskosten ausgewiesen werden (→ BFH vom 1.12.1950 – BStBl. 1951 III S. 10).

R 6.9 Bewertung nach unterstellten Verbrauchs- und Veräußerungsfolgen

Allgemeines

(1) [1]Andere Bewertungsverfahren mit unterstellter Verbrauchs- oder Veräußerungsfolge als die in § 6 Abs. 1 Nr. 2a EStG genannte Lifo-Methode sind steuerrechtlich nicht zulässig. [2]Die Anwendung der Lifo-Methode setzt nicht

voraus, dass der Stpfl. die Wirtschaftsgüter auch in der Handelsbilanz nach dieser Methode bewertet. [3]Eine Einzelbewertung der Wirtschaftsgüter in der Handelsbilanz steht der Anwendung der Lifo-Methode nicht entgegen. [4]Bei einer Abweichung von der Handelsbilanz sind die Wirtschaftsgüter in besondere, laufend zu führende Verzeichnisse aufzunehmen (§ 5 Abs. 1 Satz 2 EStG).

Grundsätze ordnungsmäßiger Buchführung

(2) [1]Die Lifo-Methode muss den handelsrechtlichen Grundsätzen ordnungsmäßiger Buchführung entsprechen. [2]Das bedeutet nicht, dass die Lifo-Methode mit der tatsächlichen Verbrauchs- oder Veräußerungsfolge übereinstimmen muss; sie darf jedoch, wie z. B. bei leicht verderblichen Waren, nicht völlig unvereinbar mit dem betrieblichen Geschehensablauf sein. [3]Die Lifo-Methode muss nicht auf das gesamte Vorratsvermögen angewandt werden. [4]Sie darf auch bei der Bewertung der Materialbestandteile unfertiger oder fertiger Erzeugnisse angewandt werden, wenn der Materialbestandteil dieser Wirtschaftsgüter in der Buchführung getrennt erfasst wird und dies handelsrechtlichen Grundsätzen ordnungsmäßiger Buchführung entspricht.

Gruppenbildung

(3) [1]Für die Anwendung der Lifo-Methode können gleichartige Wirtschaftsgüter zu Gruppen zusammengefasst werden. [2]Zur Beurteilung der Gleichartigkeit sind die kaufmännischen Gepflogenheiten, insbesondere die marktübliche Einteilung in Produktklassen unter Beachtung der Unternehmensstruktur, und die allgemeine Verkehrsanschauung heranzuziehen. [3]Wirtschaftsgüter mit erheblichen Qualitätsunterschieden sind nicht gleichartig. [4]Erhebliche Preisunterschiede sind Anzeichen für Qualitätsunterschiede.

Methoden der Lifo-Bewertung

(4) [1]Die Bewertung nach der Lifo-Methode kann sowohl durch permanente Lifo als auch durch Perioden-Lifo erfolgen. [2]Die permanente Lifo setzt eine laufende mengen- und wertmäßige Erfassung aller Zu- und Abgänge voraus. [3]Bei der Perioden-Lifo wird der Bestand lediglich zum Ende des Wirtschaftsjahres bewertet. [4]Dabei können Mehrbestände mit dem Anfangsbestand zu einem neuen Gesamtbestand zusammengefasst oder als besondere Posten (Layer) ausgewiesen werden. [5]Bei der Wertermittlung für die Mehrbestände ist von den Anschaffungs- oder Herstellungskosten der ersten Lagerzugänge des Wirtschaftsjahres oder von den durchschnittlichen Anschaffungs- oder Herstellungskosten aller Zugänge des Wirtschaftsjahres auszugehen. [6]Minderbestände sind beginnend beim letzten Layer zu kürzen.

Wechsel der Bewertungsmethoden

(5) [1]Von der Lifo-Methode kann in den folgenden Wirtschaftsjahren nur mit Zustimmung des Finanzamts abgewichen werden (§ 6 Abs. 1 Nr. 2a Satz 3 EStG). [2]Der Wechsel der Methodenwahl bei Anwendung der Lifo-Methode (→ Absatz 4) bedarf nicht der Zustimmung des Finanzamts. [3]Der Grundsatz der Bewertungsstetigkeit ist jedoch zu beachten.

Niedrigerer Teilwert

(6) [1]Wird der Ansatz des niedrigeren Teilwerts gewählt (§ 6 Abs. 1 Nr. 2 Satz 2 EStG), ist der Teilwert der zu einer Gruppe zusammengefassten Wirt-

schaftsgüter mit dem Wertansatz, der sich nach Anwendung der Lifo-Methode ergibt, zu vergleichen. [2]Hat der Stpfl. Layer gebildet (→ Absatz 4), ist der Wertansatz des einzelnen Layer mit dem Teilwert zu vergleichen und kann gegebenenfalls gesondert auf den niedrigeren Teilwert abgeschrieben werden.

Übergang zur Lifo-Methode

(7) Der beim Übergang zur Lifo-Methode vorhandene Warenbestand ist mit dem steuerrechtlich zulässigen Wertansatz fortzuführen, den der Stpfl. in der Handelsbilanz des Wirtschaftsjahres gewählt hat, das dem Wirtschaftsjahr des Übergangs zur Lifo-Methode vorangeht (Ausgangswert).

H 6.9

Bewertungsstetigkeit. → § 252 Abs. 1 Nr. 6 HGB.[1]

Gebrauchtwagen. Keine Anwendung der sog. Lifo-Methode → BFH vom 20.6.2000 (BStBl. 2001 II S. 636).

Grundsätze ordnungsmäßiger Buchführung. Eine Bewertung nach der sog. Lifo-Methode entspricht nicht den handelsrechtlichen Grundsätzen ordnungsmäßiger Buchführung und ist deshalb auch steuerrechtlich ausgeschlossen, wenn Vorräte mit – absolut betrachtet – hohen Erwerbsaufwendungen in Frage stehen, die Anschaffungskosten ohne Weiteres identifiziert und den einzelnen Vermögensgegenständen angesichts derer individueller Merkmale ohne Schwierigkeiten zugeordnet werden können (→ BFH vom 20.6.2000 – BStBl. 2001 II S. 636).

Lifo-Methode. → BMF vom 12.5.2015 (BStBl. I S. 462).

R 6.10 Bewertung von Verbindlichkeiten *(unbesetzt)*

H 6.10

Abzinsung. Grundsätze für die Abzinsung von Verbindlichkeiten nach § 6 Abs. 1 Nr. 3 EStG → BMF vom 26.5.2005 (BStBl. I S. 699).[2]

Anschaffungskosten. Als Anschaffungskosten einer Verbindlichkeit gilt der Nennwert (Rückzahlungsbetrag) der Verbindlichkeit (→ BFH vom 4.5.1977 – BStBl. II S. 802).

Bearbeitungsgebühren. Gebühren, die ein Schuldner an ein Kreditinstitut für die Übernahme einer Bürgschaft zu zahlen hat, sind auf die Zeit, für die sich das Kreditinstitut vertraglich verbürgt hat, aktiv abzugrenzen → BFH vom 19.1.1978 (BStBl. II S. 262).

Damnum.[3]

– Darlehensschulden, bei denen der dem Schuldner zugefallene Betrag (Ausgabebetrag) niedriger als der Rückzahlungsbetrag ist, sind mit dem

---

[1] **Habersack** Nr. **50**.

[2] Keine Abzinsung von Verbindlichkeiten in nach dem 31.12.2022 endenden Wj., siehe Art. 3 Nr. 3 des G v. 19.6.2022, BGBl. I S. 911; auf Antrag auch an früheren Bilanzstichtagen anwendbar.

[3] Siehe auch BFH v. 29.11.2006 I R 46/05, BStBl. II 2009, 955.

Rückzahlungsbetrag anzusetzen; der Unterschiedsbetrag (Agio, Disagio, Damnum, Abschluss-, Bearbeitungs- oder Verwaltungsgebühren) ist als Rechnungsabgrenzungsposten auf die Laufzeit des Darlehens zu verteilen (→ BFH vom 19.1.1978 – BStBl. II S. 262).
– aber → Zinsfestschreibung.

Eiserne Verpachtung. Zur Gewinnermittlung bei der Verpachtung von Betrieben mit Substanzerhaltungspflicht des Pächters nach §§ 582a, 1048 BGB → BMF vom 21.2.2002 (BStBl. I S. 262).

Fremdwährungsverbindlichkeiten. Voraussichtlich dauernde Werterhöhung bei Kursschwankungen unterliegenden Verbindlichkeiten → BMF vom 2.9.2016 (BStBl. I S. 995).[1]

Kreditbedingungen. Eine Verbesserung der allgemeinen Kreditbedingungen seit der Darlehensaufnahme rechtfertigt es nicht, einen bei der Kreditaufnahme aktivierten Rechnungsabgrenzungsposten niedriger anzusetzen (→ BFH vom 20.11.1969 – BStBl. 1970 II S. 209).

Optionsprämie. → H 4.2 (15).

Passivierungsverbot nach § 5 Abs. 2a EStG. → H 5.1.

Pfandverbindlichkeiten. → H 6.1 (Leergut in der Getränkeindustrie).

Rangrücktrittsvereinbarungen. Zur Passivierung von Verbindlichkeiten bei Vereinbarung eines einfachen oder qualifizierten Rangrücktritts → BMF vom 8.9.2006 (BStBl. I S. 497).

Rentenverpflichtungen.
– Rentenverpflichtungen sind – vorbehaltlich → R 6a – mit dem Barwert anzusetzen (→ BFH vom 31.1.1980 – BStBl. II S. 491).
– Ergibt sich bei einer betrieblichen Versorgungsrente aus dem Inhalt der Versorgungszusage, dass eine rechtliche Abhängigkeit zwischen den Pensionszahlungen und der Erzielung von Gewinnen aus dem Betrieb nicht gegeben ist, kann die Passivierung der Rentenverpflichtung nicht mit der Begründung versagt werden, die Rentenzahlungen belasteten die Gewinne späterer Jahre (→ BFH vom 7.4.1994 – BStBl. II S. 740).

Umschuldung. Im Falle einer Umschuldung ist der bisherige Rechnungsabgrenzungsposten nur dann in voller Höhe aufzulösen, wenn die abgegrenzten Beträge in keinem wirtschaftlichen Zusammenhang mit dem neuen oder veränderten Darlehen stehen (→ BFH vom 13.3.1974 – BStBl. II S. 359).

Verbindlichkeiten mit steigenden Zinssätzen. Wegen der Verpflichtung, eine am Bilanzstichtag bestehende Darlehensverbindlichkeit – mit fest vereinbarter Vertragslaufzeit und ohne ordentliche Kündigungsmöglichkeit – in späteren Jahren höher zu verzinsen (Darlehen mit steigenden Zinssätzen), ist in der Bilanz grundsätzlich eine Verbindlichkeit oder eine Rückstellung wegen eines wirtschaftlichen Erfüllungsrückstandes auszuweisen. Für die Höhe des zu passivierenden Erfüllungsrückstandes ist auf die dem Vertrag zu-

[1] Zur Teilwertzuschreibung bei fundamentaler Änderung der wirtschaftlichen oder währungspolitischen Daten siehe BFH v. 10.6.2021 IV R 18/18, BStBl. II 2022, 211.

grunde liegende Durchschnittsverzinsung abzustellen. Die so ermittelte Zinsverbindlichkeit ist grundsätzlich abzuzinsen (→ BFH vom 25.5.2016 – BStBl. II S. 930).

Verjährung. Eine Verbindlichkeit ist gewinnerhöhend auszubuchen, wenn anzunehmen ist, dass sich der Schuldner auf deren Verjährung beruft (→ BFH vom 9.2.1993 – BStBl. II S. 543).

Vermittlungsprovision. Aufwendungen, die dem Darlehensnehmer im Zusammenhang mit der Darlehensaufnahme durch Zahlungen an Dritte entstehen, z. B. Vermittlungsprovisionen, sind Betriebsausgaben des Jahres, in dem sie anfallen (→ BFH vom 4.5.1977 – BStBl. II S. 802).

Wohnungsbaudarlehen. Abzinsung → BMF vom 23.8.1999 (BStBl. I S. 818).

Zahlungsunfähigkeit. Der Umstand, dass der Schuldner bei Fälligkeit der Verpflichtung zahlungsunfähig ist, rechtfertigt allein keine gewinnerhöhende Ausbuchung der Verbindlichkeit (→ BFH vom 9.2.1993 – BStBl. II S. 747).

Zinsfestschreibung. Ist der Zinsfestschreibungszeitraum kürzer als die Darlehenslaufzeit, ist der Rechnungsabgrenzungsposten für ein Disagio, Damnum etc. auf diesen Zeitraum zu verteilen (→ BFH vom 21.4.1988 – BStBl. 1989 II S. 722).

R 6.11 Bewertung von Rückstellungen

Gegenrechnung von Vorteilen

(1) [1]Die Gegenrechnung setzt voraus, dass am Bilanzstichtag nach den Umständen des jeweiligen Einzelfalles mehr Gründe für als gegen den Eintritt des Vorteils sprechen. [2]Die Möglichkeit, dass künftig wirtschaftliche Vorteile eintreten könnten, genügt für die Gegenrechnung nicht. [3]Bei Rückstellungen, die in einem vor dem 1.1.2005 endenden Wirtschaftsjahr gebildet wurden, kann für die Gewinnauswirkung, die sich in einem vor dem 1.1.2005 endenden Wirtschaftsjahr aus der erstmaligen Anwendung von Satz 1 ergibt, jeweils in Höhe von neun Zehnteln eine gewinnmindernde Rücklage gebildet werden, die in den folgenden neun Wirtschaftsjahren jeweils mit mindestens einem Neuntel gewinnerhöhend aufzulösen ist (Auflösungszeitraum); sonstige gewinnwirksame Änderungen der Bewertung der Rückstellung bleiben unberücksichtigt. [4]Satz 3 ist nur anzuwenden, wenn die Gegenrechnung nicht auf einer vertraglichen Vereinbarung beruht. [5]Scheidet eine Rückstellung, für die eine Rücklage nach Satz 3 gebildet wurde, während des Auflösungszeitraums aus dem Betriebsvermögen aus, ist auch die Rücklage zum Ende des Wirtschaftsjahres des Ausscheidens in vollem Umfang gewinnerhöhend aufzulösen.

Ansammlung

(2) [1]In den Fällen, in denen der laufende Betrieb des Unternehmens im wirtschaftlichen Sinne ursächlich für die Entstehung der Verpflichtung ist, ist der Rückstellungsbetrag durch jährliche Zuführungsraten in den Wirtschaftsjahren **anzusammeln.** [2]Dies ist insbesondere der Fall bei Verpflichtungen zur Erneuerung oder zum Abbruch von Betriebsanlagen. [3]Verpflichtungen,

die von Jahr zu Jahr nicht nur im wirtschaftlichen Sinne, sondern tatsächlich zunehmen, sind bezogen auf den am Bilanzstichtag tatsächlich entstandenen Verpflichtungsumfang zu bewerten. [4]Dies ist beispielsweise der Fall bei Verpflichtungen zur Rekultivierung oder zum Auffüllen abgebauter Hohlräume. [5]Die Summe der in früheren Wirtschaftsjahren angesammelten Rückstellungsraten ist am Bilanzstichtag auf das Preisniveau dieses Stichtages anzuheben. [6]Der Aufstockungsbetrag ist der Rückstellung in einem Einmalbetrag zuzuführen; eine gleichmäßige Verteilung auf die einzelnen Jahre bis zur Erfüllung der Verbindlichkeit kommt insoweit nicht in Betracht.

Niedrigerer handelsrechtlicher Wert

(3) [1]Mit Ausnahme der Pensionsrückstellungen darf die Höhe der Rückstellung in der Steuerbilanz den zulässigen Ansatz in der Handelsbilanz nicht überschreiten.[1)] [2]Für den Gewinn, der sich aus der erstmaligen Anwendung des Gesetzes zur Modernisierung des Bilanzrechts (Bilanzrechtsmodernisierungsgesetz – BilMoG) vom 15.5.2009 (BGBl. I S. 1102) durch die Auflösung von Rückstellungen ergibt, die bereits in dem vor dem 1.1.2010 endenden Wirtschaftsjahr passiviert wurden, kann jeweils i. H. v. vierzehn Fünfzehntel eine gewinnmindernde Rücklage passiviert werden, die in den folgenden vierzehn Wirtschaftsjahren jeweils mit mindestens einem Fünfzehntel gewinnerhöhend aufzulösen ist (Auflösungszeitraum). [3]Besteht eine Verpflichtung, für die eine Rücklage passiviert wurde, bereits vor Ablauf des maßgebenden Auflösungszeitraums nicht mehr, ist die insoweit verbleibende Rücklage zum Ende des Wirtschaftsjahres des Wegfalls der Verpflichtung in vollem Umfang gewinnerhöhend aufzulösen; Entsprechendes gilt, wenn sich der Verpflichtungsumfang innerhalb des Auflösungszeitraums verringert.

H **6.11**

Abzinsung.[2)] Grundsätze für die Abzinsung von Rückstellungen nach § 6 Abs. 1 Nr. 3a Buchstabe e EStG → BMF vom 26.5.2005 (BStBl. I S. 699).

Altersteilzeitverpflichtungen. Zur Bewertung von Rückstellungen für Altersteilzeitverpflichtungen nach dem Altersteilzeitgesetz (AltTZG) → BMF vom 28.3.2007 (BStBl. I S. 297) unter Berücksichtigung der Änderungen durch BMF vom 11.3.2008 (BStBl. I S. 496) und vom 22.10.2018 (BStBl. I S. 1112).

Ansammlung. Bei Ansammlungsrückstellungen ist das Stichtagsprinzip zu beachten. Wird beispielweise das einer Beseitigungspflicht für Bauten auf fremdem Grund und Boden zugrunde liegende Rechtsverhältnis über das Vertragsende hinaus fortgesetzt (Änderung des bisherigen Vertrages oder Begründung eines neuen Rechtsverhältnisses), ist der verlängerte Nutzungszeitraum bei der Rückstellungsbewertung zu berücksichtigen (→ BFH vom 2.7.2014 – BStBl. II S. 979).

---

1) Der Handelsbilanzwert für eine Rückstellung bildet auch nach Inkrafttreten des BilMoG gegenüber einem höheren steuerrechtlichen Rückstellungswert die Obergrenze; siehe BFH v. 20.11.2019 XI R 46/17, BStBl. II 2020, 195.

2) Zu den Auswirkungen der Abzinsung auf Rückstellungen für „bergrechtliche" Verpflichtungen siehe BMF v. 9.12.1999, BStBl. I 1999, 1127.

Arbeitsfreistellung. Rückstellungen für Verpflichtungen zur Gewährung von Vergütungen für die Zeit der Arbeitsfreistellung vor Ausscheiden aus dem Dienstverhältnis und Jahreszusatzleistungen im Jahr des Eintritts des Versorgungsfalls → BMF vom 11.11.1999 (BStBl. I S. 959).

Aufbewahrung von Geschäftsunterlagen.

– Die Rückstellung ist in Höhe des voraussichtlichen Erfüllungsbetrags zu bilden. Hierbei ist zu berücksichtigen, welche Unterlagen tatsächlich aufbewahrungspflichtig sind und wie lange die Aufbewahrungspflicht für die einzelnen Unterlagen noch besteht. Für die Berechnung der Rückstellung sind nur diejenigen Unterlagen zu berücksichtigen, die zum betreffenden Bilanzstichtag entstanden sind (→ BFH vom 18.1.2011 – BStBl. II S. 496).

– Eine Rückstellung für die Verpflichtung zur Aufbewahrung von Geschäftsunterlagen kann Finanzierungskosten (Zinsen) für die zur Aufbewahrung genutzten Räume auch dann enthalten, wenn die Anschaffung/Herstellung der Räume nicht unmittelbar (einzel)finanziert worden ist, sondern der Aufbewahrungspflichtige seine gesamten liquiden Eigen- und Fremdmittel in einen „Pool" gegeben und hieraus sämtliche Aufwendungen seines Geschäftsbetriebs finanziert hat (sog. Poolfinanzierung). Voraussetzung für die Berücksichtigung der Zinsen (als Teil der notwendigen Gemeinkosten) ist in diesem Fall, dass sie sich durch Kostenschlüsselung verursachungsgerecht der Anschaffung/Herstellung der Räume zuordnen lassen und dass sie angemessen sind (→ BFH vom 11.10.2012 – BStBl. 2013 II S. 676).

Deponien. Zur Bewertung der Rückstellungen für Aufwendungen zur Stilllegung, Rekultivierung und Nachsorge von Deponien → BMF vom 25.7.2005 (BStBl. I S. 826) und BFH vom 5.5.2011 (BStBl. 2012 II S. 98).

Eiserne Verpachtung. Zur Gewinnermittlung bei der Verpachtung von Betrieben mit Substanzerhaltungspflicht des Pächters nach §§ 582a, 1048 BGB → BMF vom 21.2.2002 (BStBl. I S. 262).

Gratifikationen. Bei der Rückstellung für die Verpflichtung zur Gewährung einer Gratifikation ist die Fluktuation mindernd zu berücksichtigen (→ BFH vom 7.7.1983 – BStBl. II S. 753).

Jubiläumszuwendungen. Zur Bewertung von Rückstellungen für Zuwendungen anlässlich eines Dienstjubiläums → BMF vom 8.12.2008 (BStBl. I S. 1013) unter Berücksichtigung der Änderungen durch BMF vom 27.2.2020 (BStBl. I S. 254) und BMF vom 2.5.2022 (BStBl. I S. 631).

Maßgeblichkeit der Handelsbilanz. Der Handelsbilanzwert für eine Rückstellung bildet gegenüber einem höheren steuerrechtlichen Rückstellungswert die Obergrenze (→ BFH vom 20.11.2019 – BStBl. 2020 II S. 195).

Nachbetreuung abgeschlossener Versicherungen.

– Zur Bewertung von Rückstellungen für Verpflichtungen zur Nachbetreuung bereits abgeschlossener Versicherungen → BMF vom 20.11.2012 (BStBl. I S. 1100).

– Ist der Stpfl. vertraglich zur Betreuung von Versicherungsverträgen verpflichtet und erbringt er tatsächlich auch entsprechende Nachbetreuungsleistungen, hat er Aufzeichnungen zu führen, die so konkret und spezifiziert sein müssen, dass eine angemessene Schätzung der Höhe der zu erwartenden Betreuungsaufwendungen sowie des Zeitraums bis zum Beginn der erstmaligen Durchführung von Betreuungsmaßnahmen (Abzinsungszeitraum) möglich ist. Kann er keine der Rechtsprechung entsprechenden Aufzeichnungen über den Umfang der Betreuungsleistungen vorlegen, muss sich die dann vorzunehmende Schätzung des Betreuungsaufwandes im Hinblick auf die den Stpfl. treffende Darlegungs- und Beweislast im unteren Rahmen bewegen (→ BFH vom 12.12.2013 – BStBl. 2014 II S. 517).

Rückabwicklung. → H 5.7 (1).

Rückgriffsansprüche. (Unbestrittene) Rückgriffsansprüche sind bei der Bewertung von Rückstellungen zu berücksichtigen, wenn sie nicht als eigenständige Forderung zu aktivieren sind und derart in einem unmittelbaren Zusammenhang mit der drohenden Inanspruchnahme stehen, dass sie dieser wenigstens teilweise spiegelbildlich entsprechen, sie in rechtlich verbindlicher Weise der Entstehung oder Erfüllung der Verbindlichkeit zwangsläufig nachfolgen und sie vollwertig sind (→ BFH vom 17.2.1993 – BStBl. II S. 437 und vom 3.8.1993 – BStBl. 1994 II S. 444).

Schadenrückstellungen der Versicherungswirtschaft. → BMF vom 20.10.2016 (BStBl. I S. 1145).

Sparprämien. Rückstellungen für die Leistung einer Sparprämie bei Ablauf eines Sparvertrags sind über die Laufzeit des Sparvertrages anzusammeln und abzuzinsen (→ BFH vom 15.7.1998 – BStBl. II S. 728).

Urlaubsverpflichtung. Bei der Ermittlung der Höhe der rückständigen Urlaubsverpflichtung sind das Bruttoarbeitsentgelt, die Arbeitgeberanteile zur Sozialversicherung, das Urlaubsgeld und andere lohnabhängige Nebenkosten zu berücksichtigen. Nicht zu berücksichtigen sind jährlich vereinbarte Sondervergütungen (z.B. Weihnachtsgeld, Tantiemen oder Zuführungen zu Pensions- und Jubiläumsrückstellungen) sowie Gehaltssteigerungen nach dem Bilanzstichtag (→ BFH vom 6.12.1995 – BStBl. 1996 II S. 406).

Verbindlichkeiten mit steigenden Zinssätzen. → H 6.10.

Verwendung von Wirtschaftsgütern. Können Wirtschaftsgüter, z.B. Roh-, Hilfs- und Betriebsstoffe oder unfertige Erzeugnisse, die bereits am Bilanzstichtag vorhanden waren, bei der Erfüllung von Sachleistungsverpflichtungen verwendet werden, sind sie mit ihren Buchwerten zu berücksichtigen (→ BFH vom 26.6.1975 – BStBl. II S. 700).

Weihnachtsgeld. In einer Rückstellung für zu zahlendes Weihnachtsgeld bei abweichendem Wj. kann nur der Teil der Vergütung berücksichtigt werden, der bei zeitproportionaler Aufteilung des Weihnachtsgeldes auf die Zeit vom Beginn des Kj. bis zum Bilanzstichtag entfällt (→ BFH vom 26.6.1980 – BStBl. II S. 506).

R 6.12 [1), 2)] Bewertung von Entnahmen und Einlagen

(1) [1]Bei **Einlage** eines abnutzbaren Wirtschaftsgutes innerhalb von drei Jahren nach der Anschaffung oder Herstellung sind die Anschaffungs- oder Herstellungskosten um AfA nach § 7 EStG, erhöhte Absetzungen sowie etwaige Sonderabschreibungen zu kürzen, die auf den Zeitraum zwischen der Anschaffung oder der Herstellung des Wirtschaftsgutes und der Einlage entfallen. [2]In diesen Fällen sind die Anschaffungs- oder Herstellungskosten auch dann um die AfA nach § 7 EStG zu kürzen, wenn das Wirtschaftsgut nach einer Nutzung außerhalb der Einkunftsarten eingelegt wird.

(2) [1]Die einer Entnahme gleichgestellte Entstrickung ist mit dem gemeinen Wert anzusetzen. [2]Der gemeine Wert entspricht regelmäßig dem Fremdvergleichspreis.

(3) Das Buchwertprivileg des § 6 Abs. 1 Nr. 4 Satz 4 EStG findet auch dann Anwendung, wenn die übernehmende steuerbegünstigte Körperschaft das ihr unentgeltlich zur Verwendung für steuerbegünstigte Zwecke i. S. d. § 10b Abs. 1 Satz 1 EStG überlassene Wirtschaftsgut zeitnah weiterveräußert.

H 6.12

Anteilsvereinigung bei verdeckter Einlage. Die in Folge der Einlage aufgrund Anteilsvereinigung entstehenden Grunderwerbsteuern erhöhen weder den Teilwert der eingelegten Anteile noch sind sie den bereits vorher gehaltenen (Alt-)Anteilen als nachträgliche Anschaffungs(neben)kosten zuzurechnen (→ BFH vom 14.3.2011 – BStBl. 2012 II S. 281).

Bausparvertrag. Einlage eines nicht zugeteilten Bausparvertrags ins Betriebsvermögen höchstens mit den gezahlten Bauspareinlagen einschließlich der aufgelaufenen Guthabenzinsen und der Abschlussgebühren → BFH vom 13.1.1994 (BStBl. II S. 454).

Bodenschatz. Ein im eigenen Grund und Boden entdecktes Kiesvorkommen ist ein materielles Wirtschaftsgut, das bei Zuführung zum Betriebsvermögen mit dem Teilwert zu bewerten ist. Es dürfen aber weder AfS noch **Teilwertabschreibungen** aufwandswirksam vorgenommen werden (→ BFH vom 4.12.2006 – BStBl. 2007 II S. 508 und vom 4.2.2016 – BStBl. II S. 607).[3)]

Buchwertprivileg.
- Bei Betriebsaufgabe → R 16 Abs. 2 Satz 7.
- Zulässig bei Entnahmen im Fall des Übergangs von Sonderbetriebsvermögen auf den Erben, wenn die Gesellschaft aufgrund einer Fortsetzungsklausel mit den bisherigen Gesellschaftern fortgeführt wird (→ BFH vom 5.2.2002 – BStBl. 2003 II S. 237).

---

1) Zur Bewertung der Einlage bei Umwandlung einer Darlehensforderung in eine atypische stille Beteiligung siehe BFH v. 29.5.2001 VIII R 10/00, BStBl. II 2001, 747.

2) Pauschbeträge für unentgeltliche Wertabgaben (Sachentnahmen) für **2021** siehe BMF v. 15.6.2021, BStBl. I 2021, 821, für **2022** siehe BMF v. 20.1.2022, BStBl. I 2022, 137; für **2023** siehe BMF v. 21.12.2022, BStBl. I 2023, 52.

3) Siehe auch BFH v. 29.7.2015 IV R 15/14, BStBl. II 2016, 284.

Einlage bei Ausbuchung einer Verbindlichkeit. Darf eine Verbindlichkeit nach § 5 Abs. 2a EStG nicht mehr passiviert werden, ist der daraus resultierende Wegfallgewinn bei gesellschaftsrechtlicher Verursachung durch eine Einlage in Höhe des werthaltigen Teils der Forderung zu neutralisieren (→ BFH vom 10.8.2016 – BStBl. 2017 II S. 670).

Einlage eines Anteils an einer Kapitalgesellschaft.[1)]

- Die Einlage eines Anteils an einer Kapitalgesellschaft ist mit den Anschaffungskosten zu bewerten, wenn der Stpfl. an der Gesellschaft im Zeitpunkt der Einlage i. S. v. § 17 Abs. 1 oder 6 EStG beteiligt ist. Dem steht nicht entgegen, dass es sich bei dem eingelegten Geschäftsanteil selbst nicht um eine Beteiligung i. S. v. § 17 Abs. 1 oder 6 EStG handelt. Erforderlich und ausreichend ist vielmehr, dass der Stpfl. an der Kapitalgesellschaft überhaupt i. S. v. § 17 Abs. 1 oder 6 EStG beteiligt ist (→ BFH vom 5.6.2008 – BStBl. II S. 965).
- Einlagen von Beteiligungen i. S. v. § 17 EStG in ein Betriebsvermögen sind mit den Anschaffungskosten zu bewerten. Die Grundsätze der Entscheidung des BVerfG vom 7.7.2010 (BStBl. 2011 II S. 86) sind erst im Zeitpunkt der Veräußerung durch außerbilanzielle Korrektur des Gewinns aus der Veräußerung der Beteiligung anzuwenden (→ BMF vom 21.12.2011 – BStBl. 2012 I S. 42 unter Berücksichtigung der Änderungen durch BMF vom 16.12.2015 – BStBl. 2016 I S. 11).

Einlage einer wertgeminderten Beteiligung. → H 17 (8).

Einlagewert nach vorangegangener Entnahme. Der Einlagewert nach § 6 Abs. 1 Nr. 5 Satz 3 EStG ist auch dann anzusetzen, wenn die vorangegangene Entnahme aus dem Betriebsvermögen steuerfrei gewesen ist (→ BFH vom 20.4.2005 – BStBl. II S. 698).

Geringwertiges Wirtschaftsgut. Sind bei Einlage innerhalb von drei Jahren nach der Anschaffung oder Herstellung die Anschaffungs- oder Herstellungskosten während der Zugehörigkeit des Wirtschaftsguts zum Privatvermögen nach § 9 Abs. 1 Satz 3 Nr. 7 Satz 2 EStG in voller Höhe als Werbungskosten abgesetzt worden, beträgt der Einlagewert 0 € (→ BFH vom 27.1.1994 – BStBl. II S. 638).

Nutzungen.

- Die Entnahme von Nutzungen ist mit den tatsächlichen Selbstkosten des Stpfl. zu bewerten (→ BFH vom 24.5.1989 – BStBl. 1990 II S. 8).
- → BFH vom 16.6.2020 – BStBl. II S. 845.

Private Kraftfahrzeugnutzung.

- → BMF vom 18.11.2009 (BStBl. I S. 1326) unter Berücksichtigung der Änderungen durch BMF vom 15.11.2012 (BStBl. I S. 1099).[2)]

[1)] Siehe auch BFH v. 30.6.2022 IV R 19/18, BStBl. II 2023, 136.

[2)] Zur Anwendung der 1%-Regelung bei privater Nutzung mehrerer betrieblicher Fahrzeuge durch eine Person siehe auch BFH v. 9.3.2010 VIII R 24/08, BStBl. II 2010, 903. – Zur Verfassungsmäßigkeit der 1%-Regelung siehe BFH v. 13.12.2012 VI R 51/11, BStBl. II 2013, 385; siehe auch BFH v. 15.5.2018 X R 28/15, BFH/NV 2018, 1107 (keine Begrenzung der nach der 1%-Regelung ermittelten Nutzungsentnahme auf 50 % der Gesamtaufwendungen für das Kfz). – Zum „Listenpreis" im Taxigewerbe siehe BFH v. 8.11.2018 III R 13/16, BStBl. II 2019, 229.

– Bei Nutzung von Elektro- und Hybridelektrofahrzeugen → BMF vom 5.11.2021 (BStBl. I S. 2205).
– → H 12.4 (Umsatzsteuer bei Anwendung der 1%-Regelung).

Teilwert.

– Bei Einlagen im Zusammenhang mit einer Betriebseröffnung entspricht der Teilwert grundsätzlich dem gemeinen Wert der eingelegten Wirtschaftsgüter. Anschaffungsnebenkosten sind dabei zu berücksichtigen (→ BFH vom 29.4.1999 – BStBl. 2004 II S. 639).
– Ein geschenktes Wirtschaftsgut ist auch dann mit dem Teilwert ins Betriebsvermögen des Beschenkten einzulegen, wenn der Schenker das eingelegte Wirtschaftsgut innerhalb der letzten drei Jahre vor der Einlage angeschafft, hergestellt oder entnommen hat (→ BFH vom 14.7.1993 – BStBl. 1994 II S. 15).

Übertragung eines Kommanditanteils unter dem Buchwert des Anteils. Annahme einer Einlage in Höhe der Differenz zwischen fortzuführendem Buchwert und fehlendem oder niedrigerem Erwerbspreis bei privat veranlasster unentgeltlicher oder teilentgeltlicher Übertragung eines Kommanditanteils unter dem Buchwert des Anteils (→ BFH vom 7.2.1995 – BStBl. II S. 770).

Verdeckte Einlage.

– Die Bewertung der verdeckten Einlage einer Beteiligung i. S. d. § 17 Abs. 1 Satz 1 EStG bei der aufnehmenden Kapitalgesellschaft erfolgt mit dem Teilwert (→ BMF vom 2.11.1998 – BStBl. I S. 1227 und BFH vom 4.3.2011 – BStBl. 2012 II S. 341).
– Behandlung der Einbringung zum Privatvermögen gehörender Wirtschaftsgüter in das betriebliche Gesamthandsvermögen einer Personengesellschaft → BMF vom 29.3.2000 (BStBl. I S. 462) und BMF vom 11.7.2011 (BStBl. I S. 713) unter Berücksichtigung BMF vom 26.7.2016 (BStBl. I S. 684).
– Anteile an einer Kapitalgesellschaft, die eine juristische Person des öffentlichen Rechts in eine Tochtergesellschaft eingelegt hat, sind bei der Tochtergesellschaft mit dem Teilwert und nicht mit den Anschaffungskosten anzusetzen (→ BFH vom 14.3.2011 – BStBl. 2012 II S. 281).

R 6.13 Bewertungsfreiheit für geringwertige Wirtschaftsgüter und Bildung eines Sammelpostens

(1) [1]Die Frage, ob ein Wirtschaftsgut des Anlagevermögens selbständig nutzungsfähig ist, stellt sich regelmäßig für solche Wirtschaftsgüter, die in einem Betrieb zusammen mit anderen Wirtschaftsgütern genutzt werden. [2]Für die Entscheidung in dieser Frage ist maßgeblich auf die betriebliche Zweckbestimmung des Wirtschaftsgutes abzustellen. [3]Hiernach ist ein Wirtschaftsgut des Anlagevermögens einer selbständigen Nutzung nicht fähig, wenn folgende Voraussetzungen kumulativ vorliegen:

1. Das Wirtschaftsgut kann nach seiner betrieblichen Zweckbestimmung nur zusammen mit anderen Wirtschaftsgütern des Anlagevermögens genutzt werden,

2. das Wirtschaftsgut ist mit den anderen Wirtschaftsgütern des Anlagevermögens in einen ausschließlichen betrieblichen Nutzungszusammenhang eingefügt, d.h., es tritt mit den in den Nutzungszusammenhang eingefügten anderen Wirtschaftsgütern des Anlagevermögens nach außen als einheitliches Ganzes in Erscheinung, wobei für die Bestimmung dieses Merkmals im Einzelfall die Festigkeit der Verbindung, ihre technische Gestaltung und ihre Dauer von Bedeutung sein können,
3. das Wirtschaftsgut ist mit den anderen Wirtschaftsgütern des Anlagevermögens technisch abgestimmt.

4 Dagegen bleiben Wirtschaftsgüter, die zwar in einen betrieblichen Nutzungszusammenhang mit anderen Wirtschaftsgütern eingefügt und technisch aufeinander abgestimmt sind, dennoch selbständig nutzungsfähig, wenn sie nach ihrer betrieblichen Zweckbestimmung auch ohne die anderen Wirtschaftsgüter im Betrieb genutzt werden können (z.B. Müllbehälter eines Müllabfuhrunternehmens). 5 Auch Wirtschaftsgüter, die nach ihrer betrieblichen Zweckbestimmung nur mit anderen Wirtschaftsgütern genutzt werden können, sind selbständig nutzungsfähig, wenn sie nicht in einen Nutzungszusammenhang eingefügt sind, so dass die zusammen nutzbaren Wirtschaftsgüter des Betriebs nach außen nicht als ein einheitliches Ganzes in Erscheinung treten (z.B. Bestecke, Trivialprogramme). 6 Selbständig nutzungsfähig sind ferner Wirtschaftsgüter, die nach ihrer betrieblichen Zweckbestimmung nur zusammen mit anderen Wirtschaftsgütern genutzt werden können, technisch mit diesen Wirtschaftsgütern aber nicht abgestimmt sind (z.B. Paletten, Einrichtungsgegenstände).

(2) Bei der Beurteilung der Frage, ob die Anschaffungs- oder Herstellungskosten für das einzelne Wirtschaftsgut *150 Euro,*[1] *410 Euro*[2] oder 1000 Euro nicht übersteigen, ist,

1. wenn von den Anschaffungs- oder Herstellungskosten des Wirtschaftsgutes ein Betrag nach § 6b oder § 6c EStG abgesetzt worden ist, von den nach § 6b Abs. 6 EStG maßgebenden
2. wenn die Anschaffungs- oder Herstellungskosten nach § 7g Abs. 2 Satz 2 EStG Gewinn mindernd herabgesetzt wurden, von den geminderten
3. wenn das Wirtschaftsgut mit einem erfolgsneutral behandelten Zuschuss aus öffentlichen oder privaten Mitteln nach R 6.5 angeschafft oder hergestellt worden ist, von den um den Zuschuss gekürzten
4. und wenn von den Anschaffungs- oder Herstellungskosten des Wirtschaftsgutes ein Betrag nach R 6.6 abgesetzt worden ist, von den um diesen Betrag gekürzten

Anschaffungs- oder Herstellungskosten auszugehen.

(3) Stellt ein Stpfl. ein selbständig bewertungsfähiges und selbständig nutzungsfähiges Wirtschaftsgut aus erworbenen Wirtschaftsgütern her, muss die Sofortabschreibung gem. § 6 Abs. 2 EStG oder die Einstellung in den Sammelposten gem. § 6 Abs. 2a EStG in dem Wirtschaftsjahr erfolgen, in dem das Wirtschaftsgut fertig gestellt worden ist.

---

[1] **[Amtl. Anm.:]** Bei Anschaffung, Herstellung oder Einlage in das Betriebsvermögen ab 1.1.2018: 250 Euro → § 52 Abs. 12 Satz 10 EStG.

[2] **[Amtl. Anm.:]** Bei Anschaffung, Herstellung oder Einlage in das Betriebsvermögen ab 1.1.2018: 800 Euro → § 52 Abs. 12 Satz 8 EStG.

(4) [1]Wurden die Anschaffungs- oder Herstellungskosten eines Wirtschaftsguts gem. § 6 Abs. 2 oder Abs. 2a Satz 4 EStG im Jahr der Anschaffung oder Herstellung in voller Höhe als Betriebsausgaben abgesetzt, sind in späteren Wirtschaftsjahren nachträgliche Anschaffungs- oder Herstellungskosten im Jahr ihrer Entstehung ebenfalls in voller Höhe als Betriebsausgaben zu behandeln. [2]Dies gilt unabhängig davon, ob sie zusammen mit den ursprünglichen Anschaffungs- oder Herstellungskosten den Betrag von *410 Euro*[1)] bzw. im Falle der Bildung des Sammelpostens gem. § 6 Abs. 2a EStG von *150 Euro*[2)] übersteigen.

(5) [1]Für jedes Wirtschaftsjahr, in dem vom einheitlich für alle Anlagegüter i. S. d. § 6 Abs. 2a EStG auszuübenden Antragsrecht zur Bildung eines Sammelpostens Gebrauch gemacht wurde, ist ein gesonderter Sammelposten zu bilden. [2]Nachträgliche Anschaffungs- oder Herstellungskosten, die nicht im Wirtschaftsjahr der Anschaffung oder Herstellung angefallen sind, erhöhen den Sammelposten des Wirtschaftsjahres, in dem die nachträglichen Anschaffungs- oder Herstellungskosten anfallen. [3]Macht der Stpfl. in diesem Wirtschaftsjahr vom Wahlrecht nach § 6 Abs. 2a EStG keinen Gebrauch, beschränkt sich der Sammelposten auf die nachträglichen Anschaffungs- oder Herstellungskosten der betroffenen Wirtschaftsgüter. [4]Dies gilt unabhängig davon, ob die nachträglichen Anschaffungs- oder Herstellungskosten zusammen mit den ursprünglichen Anschaffungs- oder Herstellungskosten den Betrag von 1000 Euro übersteigen.

(6) [1]Der Sammelposten i. S. d. § 6 Abs. 2a EStG ist kein Wirtschaftsgut, sondern eine Rechengröße und damit beispielsweise einer Teilwertabschreibung nicht zugänglich. [2]Ein Sammelposten i. S. d. § 6 Abs. 2a EStG wird nicht dadurch vermindert, dass ein oder mehrere darin erfasste Wirtschaftsgüter durch Veräußerung oder Entnahme oder auf Grund höherer Gewalt (R 6.6 Abs. 2) aus dem Betriebsvermögen des Stpfl. ausscheiden. [3]Dies gilt auch für Wirtschaftsgüter, die nach § 6 Abs. 3 EStG zusammen mit einem Teilbetrieb übertragen, nach § 6 Abs. 5 EStG in ein anderes Betriebsvermögen überführt oder übertragen oder nach den §§ 20, 24 UmwStG zusammen mit einem Teilbetrieb in eine Kapital- oder Personengesellschaft eingebracht werden.

H 6.13

Allgemeines. Zweifelsfragen zur bilanziellen Behandlung geringwertiger Wirtschaftsgüter und zum Sammelposten → BMF vom 30.9.2010 (BStBl. I S. 755).

Einlage. Zur Einlage von geringwertigen Wirtschaftsgütern, für die die Bewertungsfreiheit bereits während der Zugehörigkeit zum Privatvermögen in Anspruch genommen wurde → H 6.12 (Geringwertiges Wirtschaftsgut).

Private Mitbenutzung. Hat ein Stpfl. die Anschaffungs- oder Herstellungskosten eines geringwertigen Wirtschaftsguts im Jahr der Anschaffung oder Herstellung in voller Höhe als Betriebsausgaben abgesetzt, muss er den Teil der Aufwendungen, der dem privaten Nutzungsanteil entspricht, während

---

1) **[Amtl. Anm.:]** Bei Anschaffung, Herstellung oder Einlage in das Betriebsvermögen ab 1.1.2018: 800 Euro → § 52 Abs. 12 Satz 8 EStG.

2) **[Amtl. Anm.:]** Bei Anschaffung, Herstellung oder Einlage in das Betriebsvermögen ab 1.1.2018: 250 Euro → § 52 Abs. 12 Satz 10 EStG.

der Nutzungszeit des Wirtschaftsguts dem Gewinn jeweils in dem Umfang hinzurechnen, der der tatsächlichen Nutzung in jedem Wj. entspricht (→ BFH vom 13.3.1964 – BStBl. III S. 455).

Selbständige Bewertbarkeit bzw. Nutzungsfähigkeit. Die selbständige Nutzungsfähigkeit verbundener oder gemeinsam genutzter Wirtschaftsgüter ist kein Kriterium bei der Beurteilung der selbständigen Bewertbarkeit. Ein selbständig bewertbares Wirtschaftsgut liegt vor, wenn es in seiner Einzelheit von Bedeutung und bei einer Veräußerung greifbar ist. Ob es auch selbständig genutzt werden kann, hängt neben dem Zweck, den zwei oder mehrere bewegliche Sachen gemeinsam zu erfüllen haben, vor allem vom Grad der Festigkeit einer eventuell vorgenommenen Verbindung (§ 93 BGB), dem Zeitraum, auf den eine eventuelle Verbindung oder die gemeinsame Nutzung angelegt sind, sowie dem äußeren Erscheinungsbild ab. Erscheinen die beweglichen Gegenstände danach für sich genommen unvollständig oder erhält ein Gegenstand ohne den oder die anderen gar ein negatives Gepräge, ist regelmäßig von einem einheitlichen Wirtschaftsgut auszugehen; Entsprechendes gilt für Sachen, die in einen unbeweglichen Gegenstand eingebaut werden (→ BFH vom 5.9.2002 – BStBl. II S. 877).

ABC der selbständig nutzungsfähigen Wirtschaftsgüter.

- Ausstellungsgegenstände – einzelne Gegenstände, die zu einer Verkaufsausstellung (z. B. Sanitärausstellung) zusammengefasst sind, es sei denn, einzelne der zu der Ausstellung zusammengefassten Wirtschaftsgüter haben ihre selbständige Bewertbarkeit dadurch verloren, dass sie fest und auf längere Dauer mit anderen Gegenständen verbunden sind und nur in dieser technischen Verbundenheit ihren bestimmungsgemäßen Zweck erfüllen können, z. B. Badewanne und Armaturen → BFH vom 9.8.2001 (BStBl. II S. 842),
- Bestecke in Gaststätten, Hotels, Kantinen → BFH vom 19.11.1953 (BStBl. 1954 III S. 18),
- Bibliothek eines Rechtsanwalts → BFH vom 17.5.1968 (BStBl. II S. 566),
- Bücher einer Leih- oder Fachbücherei → BFH vom 8.12.1967 (BStBl. 1968 II S. 149),
- Einrichtungsgegenstände in Läden, Werkstätten, Büros, Hotels, Gaststätten u. Ä. – auch als Erstausstattung und in einheitlichem Stil – → BFH vom 29.7.1966 (BStBl. 1967 III S. 61),
- Fässer/Flaschen → BFH vom 1.7.1981 (BStBl. 1982 II S. 246),
- Grundausstattung einer Kfz-Werkstatt mit Spezialwerkzeugen → BFH vom 17.5.1968 (BStBl. II S. 571),
- Instrumentarium eines Arztes, auch als Grundausstattung → BFH vom 17.5.1968 (BStBl. II S. 566),
- Kisten → BFH vom 1.7.1981 (BStBl. 1982 II S. 246),
- Lampen als selbständige Wirtschaftsgüter (Steh-, Tisch- und Hängelampen) → BFH vom 17.5.1968 (BStBl. II S. 567),
- Leergut → BFH vom 1.7.1981 (BStBl. 1982 II S. 246),
- Legehennen in eiererzeugenden Betrieben,
- Möbel in Hotels und Gaststätten, auch als Erstausstattung → BFH vom 17.5.1968 (BStBl. II S. 566),
- Müllbehälter eines Müllabfuhrunternehmens, auch Systemmüllbehälter,
- Musterbücher und -kollektionen im Tapeten- und Buchhandel → BFH vom 25.11.1965 (BStBl. 1966 III S. 86),
- Notfallkoffer eines Arztes und darin enthaltene Geräte wie Sauerstoffflasche, Beatmungsbeutel, Absauggerät → BFH vom 7.9.2000 (BStBl. 2001 II S. 41),
- Paletten zum Transport und zur Lagerung von Waren → BFH vom 9.12.1977 (BStBl. 1978 II S. 322) und vom 25.8.1989 (BStBl. 1990 II S. 82),
- Regale, die aus genormten Stahlregalteilen zusammengesetzt und nach ihrer betrieblichen Zweckbestimmung in der Regel auf Dauer in dieser Zusammensetzung genutzt werden → BFH vom 26.7.1979 (BStBl. 1980 II S. 176), sowie Regale, die zu Schrankwänden zusammengesetzt sind → BFH vom 9.8.2001 (BStBl. 2002 II S. 100),

- Ruhebänke als Werbeträger,
- Schallplatten,
- Schreibtischkombinationsteile, die nicht fest miteinander verbunden sind, wie z. B. Tisch, Rollcontainer, Computerbeistelltisch → BFH vom 21.7.1998 (BStBl. II S. 789) sowie einzelne Elemente einer aus genormten Teilen zusammengesetzten und verschraubten Schreibtischkombination, es sei denn, das einzelne Element ist aus technischen Gründen (z. B. wegen fehlender Standfestigkeit) nicht selbständig nutzungsfähig → BFH vom 9.8.2001 (BStBl. 2002 II S. 100),
- Schriftenminima in einem Druckereibetrieb → BFH vom 18.11.1975 (BStBl. 1976 II S. 214),
- Spezialbeleuchtungsanlagen in einem Schaufenster → BFH vom 5.3.1974 (BStBl. II S. 353),
- Spinnkannen einer Weberei → BFH vom 9.12.1977 (BStBl. 1978 II S. 322),
- Straßenleuchten → BFH vom 28.3.1973 (BStBl. 1974 II S. 2),
- Tonbandkassetten,
- Transportkästen in einer Weberei zum Transport von Garnen → BFH vom 17.5.1968 (BStBl. II S. 568),
- Trivialprogramme (→ R 5.5 Abs. 1),
- Videokassetten,
- Wäsche in Hotels → BFH vom 17.5.1968 (BStBl. II S. 566).

ABC der nicht selbständig nutzungsfähigen Wirtschaftsgüter.

- Beleuchtungsanlage als Lichtband zur Beleuchtung in Fabrikräumen und Werkhallen → BFH vom 5.10.1956 (BStBl. III S. 376) oder zur Beleuchtung einzelner Stockwerke eines Wohnhauses → BFH vom 5.3.1974 (BStBl. II S. 353),
- Bestuhlung in Kinos und Theatern → BFH vom 5.10.1966 (BStBl. III S. 686),
- Bohrer i. V. m. Werkzeugmaschinen → Maschinenwerkzeuge,
- Drehbank mit als Antrieb eingebautem Elektromotor → BFH vom 14.12.1966 (BStBl. 1967 III S. 247),
- Drehstähle i. V. m. Werkzeugmaschinen → Maschinenwerkzeuge,
- EDV-Kabel nebst Zubehör zur Vernetzung einer EDV-Anlage: Kabel, die als Verlängerung der Verbindung der Peripheriegeräte mit der Zentraleinheit genutzt werden, sind zwar selbständig bewertungsfähig, nicht jedoch selbständig nutzungsfähig und somit keine geringwertigen Wirtschaftsgüter → BFH vom 25.11.1999 (BStBl. 2002 II S. 233),
- Elektromotor zum Einzelantrieb einer Maschine, einer Drehbank oder eines Webstuhls → BFH vom 16.12.1958 (BStBl. 1959 III S. 77),
- Ersatzteile für Maschinen usw. → BFH vom 17.5.1968 (BStBl. II S. 568),
- Formen → BFH vom 9.3.1967 – (BStBl. III S. 283),
- Formplatten → BFH vom 30.3.1967 (BStBl. III S. 302),
- Fräser i. V. m. Werkzeugmaschinen → Maschinenwerkzeuge,
- Gerüst- und Schalungsteile sowie Schalungstafeln, die genormt und technisch aufeinander abgestimmt sind → BFH vom 29.7.1966 (BStBl. 1967 III S. 151),
- Kühlkanäle → BFH vom 17.4.1985 (BStBl. 1988 II S. 126),
- Leuchtstoffröhren → Beleuchtungsanlage,
- Lichtbänder → Beleuchtungsanlage,
- Lithographien → BFH vom 15.3.1991 (BStBl. II S. 682),
- Maschinenwerkzeuge und -verschleißteile → BFH vom 6.10.1995 (BStBl. 1996 II S. 166),
- Peripheriegeräte einer PC-Anlage; dies gilt nicht für so genannte Kombinations-Geräte und für externe Datenspeicher → BFH vom 19.2.2004 (BStBl. II S. 958),
- Pflanzen von Dauerkulturen → BFH vom 30.11.1978 (BStBl. 1979 II S. 281),
- Regalteile → BFH vom 20.11.1970 (BStBl. 1971 II S. 155); zu Regalen aus genormten Stahlregalteilen → Beispiele für selbständig nutzungsfähige Wirtschaftsgüter,
- Sägeblätter in Diamantsägen und -gattern → BFH vom 19.10.1972 (BStBl. 1973 II S. 53),
- Stanzwerkzeuge i. V. m. Werkzeugmaschinen (→ Maschinenwerkzeuge),
- Technische Sicherheitseinrichtung – TSE → BMF vom 21.8.2020 (BStBl. I S. 1047),

– Webstuhlmotor → Elektromotor,
– Werkzeuge → Maschinenwerkzeuge.

R 6.14 Unentgeltliche Übertragung von Betrieben, Teilbetrieben und Mitunternehmeranteilen *(unbesetzt)*

H 6.14

Anteile an einer Betriebskapitalgesellschaft sind wesentliche Betriebsgrundlagen i. S. d. funktionalen Betrachtungsweise (→ BFH vom 4.7.2007 – BStBl. II S. 772).

Beteiligung an einer Kapitalgesellschaft. Eine das gesamte Nennkapital umfassende Beteiligung an einer Kapitalgesellschaft ist kein Teilbetrieb i. S. d. § 6 Abs. 3 EStG (→ BFH vom 20.7.2005 – BStBl. 2006 II S. 457).

Realteilung. → BMF vom 19.12.2018 (BStBl. 2019 I S. 6).

Unentgeltliche Übertragung von Mitunternehmeranteilen mit Sonderbetriebsvermögen. → BMF vom 20.11.2019 (BStBl. I S. 1291) unter Berücksichtigung der Änderungen durch BMF vom 5.5.2021 (BStBl. I S. 696).

R 6.15 Überführung und Übertragung von Einzelwirtschaftsgütern

In den Fällen des § 6 Abs. 5 Satz 4 EStG ist rückwirkend auf den Zeitpunkt der Übertragung der Teilwert auch dann anzusetzen, wenn die bis zur Übertragung entstandenen stillen Reserven durch Erstellung einer Ergänzungsbilanz dem übertragenden Gesellschafter zugeordnet worden sind, durch die Übertragung jedoch keine Änderung des Anteils des übertragenden Gesellschafters an dem übertragenen Wirtschaftsgut eingetreten ist.[1]

H 6.15

Allgemeines. Zu Zweifelsfragen zur Überführung und Übertragung von einzelnen Wirtschaftsgütern → BMF vom 8.12.2011 (BStBl. I S. 1279).[2]

Einmann-GmbH & Co. KG. Wird ein Wirtschaftsgut durch den an einer KG zu 100% beteiligten Kommanditisten aus dessen (Sonder-)Betriebsvermögen nach § 6 Abs. 5 Satz 3 EStG in das Gesamthandsvermögen der KG übertragen, ist für die Übertragung nicht deshalb rückwirkend der Teilwert anzusetzen, weil die KG – bei unveränderten Beteiligungsverhältnissen – das Wirtschaftsgut innerhalb der Sperrfrist des § 6 Abs. 5 Satz 4 EStG veräußert. Dies gilt auch dann, wenn das Wirtschaftsgut in der Gesamthandsbilanz der KG mit dem bisherigen Buchwert ausgewiesen und deshalb für den Übertragenden keine negative Ergänzungsbilanz erstellt worden ist (→ BFH vom 31.7.2013 – BStBl. 2015 II S. 450 und vom 26.6.2014 – BStBl. 2015 II S. 463).

---

[1] **[Amtl. Anm.:]** → aber H 6.15 (Einmann-GmbH & Co. KG).

[2] Rn. 19 BMF v. 8.12.2011 teilweise überholt, siehe BMF v. 20.11.2019, BStBl. I 2019, 1291, geänd. durch BMF v. 5.5.2021, BStBl. I 2021, 696, Rn. 40.

Zu § 6a EStG[1)]

R 6a. Rückstellungen für Pensionsverpflichtungen

Zulässigkeit von Pensionsrückstellungen

(1) [1] Nach § 249 HGB müssen für unmittelbare Pensionszusagen Rückstellungen in der Handelsbilanz gebildet werden. [2] Entsprechend dem Grundsatz der Maßgeblichkeit der Handelsbilanz hat die handelsrechtliche Passivierungspflicht die Passivierungspflicht für Pensionszusagen in der Steuerbilanz dem Grunde, aber nicht der Höhe nach zur Folge, wenn die Voraussetzungen des § 6a Abs. 1 und 2 EStG vorliegen.[2)] [3] Für laufende Pensionen und Anwartschaften auf Pensionen, die vor dem 1.1.1987 rechtsverbindlich zugesagt worden sind (Altzusagen), gilt nach Artikel 28 des Einführungsgesetzes zum HGB in der durch Gesetz vom 19.12.1985 (BGBl. I S. 2355, BStBl. 1986 I S. 94) geänderten Fassung weiterhin das handels- und steuerrechtliche Passivierungswahlrecht; insoweit sind die Anweisungen in Abschnitt 41 EStR 1984 mit Ausnahme des Absatzes 24 Satz 5 und 6 weiter anzuwenden. [4] Für die Frage, wann eine Pension oder eine Anwartschaft auf eine Pension rechtsverbindlich zugesagt worden ist, ist die erstmalige, zu einem Rechtsanspruch führende arbeitsrechtliche Verpflichtungserklärung maßgebend. [5] Für Pensionsverpflichtungen, für die der Berechtigte einen Rechtsanspruch auf Grund einer unmittelbaren Zusage nach dem 31.12.1986 erworben hat (Neuzusagen), gelten die folgenden Absätze.

H 6a (1)

Beihilfen an Pensionäre.

- Die Verpflichtung, Pensionären und aktiven Mitarbeitern während der Zeit ihres Ruhestandes in Krankheits-, Geburts- und Todesfällen Beihilfen zu gewähren, ist keine Pensionsverpflichtung (→ BFH vom 30.1.2002 – BStBl. 2003 II S. 279).
- → H 5.7 (5).

Einstandspflicht. Die Verpflichtung des Arbeitgebers, wegen des nicht ausreichenden Vermögens einer Unterstützungskasse für den Ausfall von Versorgungsleistungen gegenüber seinen Arbeitnehmern einstehen zu müssen, erfüllt die Voraussetzungen für eine Pensionsrückstellung nicht. Das gilt auch für Versorgungsverpflichtungen des Erwerbers eines Betriebs, auf den die Arbeitsverhältnisse mit den durch die Unterstützungskasse begünstigten Arbeitnehmern nach § 613a BGB übergegangen sind (→ BFH vom 16.12.2002 – BStBl. 2003 II S. 347).

Gewinnabhängige Pensionsleistungen.

- Am Bilanzstichtag bereits feststehende gewinnabhängige Pensionsleistungen sind zu berücksichtigen, wenn und soweit sie dem Grunde und der Höhe nach eindeutig bestimmt sind und die Erhöhung der Versorgungs-

---

1) Zur Verfassungsmäßigkeit des Rechnungszinsfußes von 6 % im Jahr 2015 siehe Vorlagebeschluss FG Köln v. 12.10.2017 10 K 977/17, DStR 2017, 2792 (Az. BVerfG 2 BvL 22/17).

2) Siehe auch BFH v. 13.2.2008 I R 44/07, BStBl. II 2008, 673.

leistungen schriftlich durch eine Ergänzung der Pensionszusage festgeschrieben wurde (→ BMF vom 18.10.2013 – BStBl. I S. 1268).
– → H 6a (7) Schriftformerfordernis.

Hinterbliebenenversorgung für den Lebensgefährten. → BMF vom 25.7. 2002 (BStBl. I S. 706).

Jahreszusatzleistungen. Für Jahreszusatzleistungen im Jahr des Eintritts des Versorgungsfalls darf eine Rückstellung nach § 6a EStG nicht gebildet werden (→ BMF vom 11.11.1999 – BStBl. I S. 959, RdNr. 23).

Nur-Pensionszusagen. Für eine sog. Nur-Pensionszusage kann keine Rückstellung nach § 6a EStG gebildet werden, wenn dieser Verpflichtung keine ernsthaft vereinbarte Entgeltumwandlung zugrunde liegt (→ BMF vom 13.12.2012 – BStBl. 2013 I S. 35).

Pensionsleistungen ohne Ausscheiden aus dem Dienstverhältnis. Zur bilanzsteuerrechtlichen Berücksichtigung von Versorgungsleistungen, die ohne die Voraussetzung des Ausscheidens aus dem Dienstverhältnis gewährt werden → BMF vom 18.9.2017 (BStBl. I S. 1293).

Pensionsverpflichtungen innerhalb einer GmbH & Co. KG.
– Zur Pensionszusage an einen Gesellschafter durch die Komplementär-GmbH → BMF vom 29.1.2008 (BStBl. I S. 317), RdNrn. 12–14.
– Sagt die Komplementär-GmbH einer GmbH & Co. KG ihrem gesellschaftsfremden Geschäftsführer eine Pension zu und kann sie nach dem Gesellschaftsvertrag von der KG Ersatz der Versorgungsleistungen verlangen, ist die bei der GmbH zu bildende Pensionsrückstellung durch einen Aufwendungsersatzanspruch zu neutralisieren. Bei der KG ist eine Rückstellung für ungewisse Verbindlichkeiten zu bilden, deren Höhe sich nach § 6a EStG bestimmt (→ BFH vom 7.2.2002 – BStBl. 2005 II S. 88).

Personengesellschaft. Bilanzsteuerliche Behandlung von Pensionszusagen einer Personengesellschaft an einen Gesellschafter und dessen Hinterbliebene → BMF vom 29.1.2008 (BStBl. I S. 317).

Vererbliche Versorgungsanwartschaften und Versorgungsleistungen. Sieht eine Pensionszusage die Vererblichkeit von Versorgungsanwartschaften oder Versorgungsleistungen vor und sind nach der Zusage vorrangig Hinterbliebene entsprechend der Rdnr. 4 des BMF vom 12.8.2021 (BStBl. I S. 1050) Erben, ist die Pensionsverpflichtung nach § 6a EStG anzusetzen und zu bewerten. Im Vererbungsfall ist für die Bewertung der Leistungen, soweit sie nicht an Hinterbliebene im o.g. Sinne erbracht werden, § 6 EStG maßgebend (→ BMF vom 18.9.2017 – BStBl. I S. 1293).

Verpflichtungsübernahmen, Schuldbeitritte und Erfüllungsübernahmen. Zur bilanziellen Berücksichtigung von Verpflichtungsübernahmen, Schuldbeitritten und Erfüllungsübernahmen mit vollständiger oder teilweiser Schuldfreistellung im Zusammenhang mit Pensionsverpflichtungen → BMF vom 30.11.2017 (BStBl. I S. 1619).

Versorgungsausgleich. Zu den Auswirkungen des Gesetzes zur Strukturreform des Versorgungsausgleiches (VAStrRefG) auf Pensionszusagen → BMF vom 12.11.2010 (BStBl. I S. 1303).

R 6a (2, 3)

Rechtsverbindliche Verpflichtung[1]

(2) [1]Eine rechtsverbindliche Pensionsverpflichtung ist z.B. gegeben, wenn sie auf Einzelvertrag, Gesamtzusage (Pensionsordnung), Betriebsvereinbarung, Tarifvertrag oder Besoldungsordnung beruht. [2]Bei Pensionsverpflichtungen, die nicht auf Einzelvertrag beruhen, ist eine besondere Verpflichtungserklärung gegenüber dem einzelnen Berechtigten nicht erforderlich. [3]Ob eine rechtsverbindliche Pensionsverpflichtung vorliegt, ist nach arbeitsrechtlichen Grundsätzen zu beurteilen. [4]Für ausländische Arbeitnehmer sind Pensionsrückstellungen unter den gleichen Voraussetzungen zu bilden wie für inländische Arbeitnehmer.

Schädlicher Vorbehalt

(3) [1]Ein schädlicher Vorbehalt i.S.d. § 6a Abs. 1 Nr. 2 EStG liegt vor, wenn der Arbeitgeber die Pensionszusage nach freiem Belieben, d.h. nach seinen eigenen Interessen ohne Berücksichtigung der Interessen des Pensionsberechtigten widerrufen kann. [2]Ein Widerruf nach freiem Belieben ist nach dem Urteil des Bundesarbeitsgerichtes (BAG) vom 14.12.1956 (BStBl. 1959 I S. 258)[2] gegenüber einem noch aktiven Arbeitnehmer im Allgemeinen zulässig, wenn die Pensionszusage eine der folgenden Formeln
„freiwillig und ohne Rechtsanspruch",
„jederzeitiger Widerruf vorbehalten",
„ein Rechtsanspruch auf die Leistungen besteht nicht",
„die Leistungen sind unverbindlich"
oder ähnliche Formulierungen enthält, sofern nicht besondere Umstände eine andere Auslegung rechtfertigen. [3]Solche besonderen Umstände liegen nicht schon dann vor, wenn das Unternehmen in der Vergangenheit tatsächlich Pensionszahlungen geleistet oder eine Rückdeckungsversicherung abgeschlossen hat oder Dritten gegenüber eine Verpflichtung zur Zahlung von Pensionen eingegangen ist oder wenn die unter den oben bezeichneten Vorbehalten gegebene Pensionszusage die weitere Bestimmung enthält, dass der Widerruf nur nach „billigem Ermessen" ausgeübt werden darf oder dass im Falle eines Widerrufes die gebildeten Rückstellungen dem Versorgungszweck zu erhalten sind. [4]Vorbehalte der oben bezeichneten Art in einer Pensionszusage schließen danach die Bildung von Rückstellungen für Pensionsanwartschaften aus. [5]Befindet sich der Arbeitnehmer bereits im Ruhestand oder steht er unmittelbar davor, ist der Widerruf von Pensionszusagen, die unter den oben bezeichneten Vorbehalten erteilt worden sind, nach dem BAG-Urteil vom 14.12.1956 nicht mehr nach freiem Belieben, sondern nur noch nach billigem Ermessen (→ Absatz 4) zulässig. [6]Enthält eine Pensionszusage die oben bezeichneten allgemeinen Widerrufsvorbehalte, ist die Rückstellungsbildung vorzunehmen, sobald der Arbeitnehmer in den Ruhestand tritt; dies gilt auch hinsichtlich einer etwa zugesagten Hinterbliebenenversorgung.

---

[1] Zur Pensionszusage an einen GmbH-Geschäftsführer und zu den Auswirkungen des BGH-Urteils v. 25.3.1991 II ZR 169/90, DStR 1991, 751, auf Pensionsrückstellungen siehe BMF v. 21.12.1995, BStBl. I 1996, 50.

[2] Verfahren 1 AzR 531/55.

H 6a (3)

Abfindungsklauseln.

– Zu schädlichen Abfindungsklauseln in Pensionszusagen → BMF vom 6.4.2005 (BStBl. I S. 619) und vom 1.9.2005 (BStBl. I S. 860).
– Lassen sich Abfindungsklauseln nicht dahingehend auslegen, dass die für die Berechnung der jeweiligen Abfindungshöhe maßgebenden Sterbetafeln und Abzinsungssätze ausreichend sicher bestimmt sind, liegt ein schädlicher Vorbehalt i.S.d. § 6a Abs. 1 Nr. 2 EStG vor (→ BFH vom 23.7.2019 – BStBl. II S. 763).

Externe Versorgungsträger. Werden die künftigen Pensionsleistungen aus einer Versorgungszusage voraussichtlich von einem externen Versorgungsträger (z.B. Versorgungskasse) erbracht, scheidet die Bildung einer Rückstellung nach § 6a EStG aus (→ BFH vom 5.4.2006 – BStBl. II S. 688 und vom 8.10.2008 – BStBl. 2010 II S. 186). Zur Anwendung der vorgenannten Urteile, zur Abgrenzung des sog. Umlageverfahrens vom sog. Erstattungsverfahren und allgemein zur Bildung von Pensionsrückstellungen nach § 6a EStG bei Erbringung der Versorgungsleistungen durch externe Versorgungsträger → BMF vom 26.1.2010 (BStBl. I S. 138).

Übertragung auf eine Unterstützungskasse. Ist vereinbart, dass die Pensionsverpflichtung nach Eintritt des Versorgungsfalles auf eine Unterstützungskasse übertragen wird, kann eine Rückstellung nicht gebildet werden (→ BMF vom 2.7.1999 – BStBl. I S. 594).

R 6a (4)

Unschädlicher Vorbehalt

(4) [1]Ein unschädlicher Vorbehalt i.S.d. § 6a Abs. 1 Nr. 2 EStG liegt vor, wenn der Arbeitgeber den Widerruf der Pensionszusage bei geänderten Verhältnissen nur nach billigem Ermessen (§ 315 BGB), d.h. unter verständiger Abwägung der berechtigten Interessen des Pensionsberechtigten einerseits und des Unternehmens andererseits aussprechen kann. [2]Das gilt in der Regel für die Vorbehalte, die eine Anpassung der zugesagten Pensionen an nicht voraussehbare künftige Entwicklungen oder Ereignisse, insbesondere bei einer wesentlichen Verschlechterung der wirtschaftlichen Lage des Unternehmens, einer wesentlichen Änderung der Sozialversicherungsverhältnisse oder der Vorschriften über die steuerliche Behandlung der Pensionsverpflichtungen oder bei einer Treupflichtverletzung des Arbeitnehmers vorsehen. [3]Danach sind z.B. die folgenden Vorbehalte als unschädlich anzusehen:

1. als allgemeiner Vorbehalt:
„Die Firma behält sich vor, die Leistungen zu kürzen oder einzustellen, wenn die bei Erteilung der Pensionszusage maßgebenden Verhältnisse sich nachhaltig so wesentlich geändert haben, dass der Firma die Aufrechterhaltung der zugesagten Leistungen auch unter objektiver Beachtung der Belange des Pensionsberechtigten nicht mehr zugemutet werden kann“;
2. als spezielle Vorbehalte:
„Die Firma behält sich vor, die zugesagten Leistungen zu kürzen oder einzustellen, wenn

a) die wirtschaftliche Lage des Unternehmens sich nachhaltig so wesentlich verschlechtert hat, dass ihm eine Aufrechterhaltung der zugesagten Leistungen nicht mehr zugemutet werden kann, oder
b) der Personenkreis, die Beiträge, die Leistungen oder das Pensionierungsalter bei der gesetzlichen Sozialversicherung oder anderen Versorgungseinrichtungen mit Rechtsanspruch sich wesentlich ändern, oder
c) die rechtliche, insbesondere die steuerrechtliche Behandlung der Aufwendungen, die zur planmäßigen Finanzierung der Versorgungsleistungen von der Firma gemacht werden oder gemacht worden sind, sich so wesentlich ändert, dass der Firma die Aufrechterhaltung der zugesagten Leistungen nicht mehr zugemutet werden kann, oder
d) der Pensionsberechtigte Handlungen begeht, die in grober Weise gegen Treu und Glauben verstoßen oder zu einer fristlosen Entlassung berechtigen würden",

oder inhaltlich ähnliche Formulierungen. [4]Hat der Arbeitnehmer die Möglichkeit, anstelle einer bisher zugesagten Altersversorgung eine Erhöhung seiner laufenden Bezüge zu verlangen, liegt hierin kein schädlicher Vorbehalt.

H 6a (4)

Abfindungsklauseln.

– Zu unschädlichen Abfindungsklauseln in Pensionszusagen → BMF vom 6.4.2005 (BStBl. I S. 619) und vom 1.9.2005 (BStBl. I S. 860).
– Ergibt sich aus der Abfindungsklausel, dass die für die Berechnung der Abfindungshöhe anzuwendende Sterbetafel trotz fehlender ausdrücklicher Benennung eindeutig bestimmbar ist, steht sie der bilanzsteuerrechtlichen Anerkennung nicht entgegen (→ BFH vom 10.7.2019 – BStBl. II S. 760).

R 6a (5, 6)

Vorbehalt (Sonderfälle)

(5) [1]In besonderen Vorbehalten werden oft bestimmte wirtschaftliche Tatbestände bezeichnet, bei deren Eintritt die zugesagten Pensionsleistungen gekürzt oder eingestellt werden können. [2]Es wird z.B. vereinbart, dass die Pensionen gekürzt oder eingestellt werden können, wenn der Umsatz, der Gewinn oder das Kapital eine bestimmte Grenze unterschreiten oder wenn mehrere Verlustjahre vorliegen oder wenn die Pensionsleistungen einen bestimmten Prozentsatz der Lohn- und Gehaltssumme überschreiten. [3]Diese Vorbehalte sind nur dann als unschädlich anzusehen, wenn sie in dem Sinne ergänzt werden, es müsse bei den bezeichneten Tatbeständen eine so erhebliche und nachhaltige Beeinträchtigung der Wirtschaftslage des Unternehmens vorliegen, dass es dem Unternehmen nicht mehr zumutbar ist, die Pensionszusage aufrechtzuerhalten, oder dass es aus unternehmerischer Verantwortung geboten erscheint, die Versorgungsleistungen einzuschränken oder einzustellen.

(6) [1]Der Vorbehalt, dass der Pensionsanspruch erlischt, wenn das Unternehmen veräußert wird oder aus anderen Gründen ein Wechsel des Unternehmers eintritt (sog. Inhaberklausel), ist steuerlich schädlich. [2]Entsprechendes

gilt für Vorbehalte oder Vereinbarungen, nach denen die Haftung aus einer Pensionszusage auf das Betriebsvermögen beschränkt wird, es sei denn, es gilt eine gesetzliche Haftungsbeschränkung für alle Verpflichtungen gleichermaßen, wie z.B. bei Kapitalgesellschaften.

H **6a** (6)

Gewichtung des Widerrufsvorbehalts. Bei der Beurteilung, ob ein schädlicher oder unschädlicher Vorbehalt vorliegt, ist ein strenger Maßstab anzulegen (→ BFH vom 6.10.1967 – BStBl. 1968 II S. 90).

R **6a** (7)

Schriftform

(7) [1] Für die nach § 6a Abs. 1 Nr. 3 EStG vorgeschriebene Schriftform kommt jede schriftliche Festlegung in Betracht, aus der sich der Pensionsanspruch nach Art und Höhe ergibt, z.B. Einzelvertrag, Gesamtzusage (Pensionsordnung), Betriebsvereinbarung, Tarifvertrag, Gerichtsurteil. [2] Bei Gesamtzusagen ist eine schriftliche Bekanntmachung in geeigneter Form nachzuweisen, z.B. durch ein Protokoll über den Aushang im Betrieb. [3] Die Schriftform muss am Bilanzstichtag vorliegen. [4] Für Pensionsverpflichtungen, die auf betrieblicher Übung oder auf dem Grundsatz der Gleichbehandlung beruhen, kann wegen der fehlenden Schriftform keine Rückstellung gebildet werden; dies gilt auch dann, wenn arbeitsrechtlich (§ 1b Abs. 1 Satz 4 Betriebsrentengesetz)[1)] eine unverfallbare Anwartschaft besteht, es sei denn, dem Arbeitnehmer ist beim Ausscheiden eine schriftliche Auskunft nach § 4a Betriebsrentengesetz erteilt worden. [5] Pensionsrückstellungen müssen insoweit vorgenommen werden, als sich die Versorgungsleistungen aus der schriftlichen Festlegung dem Grunde und der Höhe nach ergeben. [6] Zahlungsbelege allein stellen keine solche Festlegung dar.

H **6a** (7)

Grundsatz der Gleichbehandlung. Die wegen arbeitsrechtlicher Entscheidungen notwendige Ergänzung einer bestehenden Witwenversorgung um eine Witwerversorgung ist erst wirksam, wenn die Ergänzung schriftlich vorgenommen wurde.

Schriftformerfordernis.

– Voraussetzung für die steuerliche Anerkennung einer Pensionsrückstellung nach § 6a EStG ist u.a. eine schriftlich erteilte Pensionszusage. Die Vereinbarung muss neben dem Zusagezeitpunkt eindeutige und präzise Angaben zu Art, Form, Voraussetzungen und Höhe der in Aussicht gestellten künftigen Leistungen enthalten. Sofern es zur eindeutigen Ermittlung der in Aussicht gestellten Leistungen erforderlich ist, sind auch Angaben für die versicherungsmathematische Ermittlung der Höhe der Versorgungsverpflichtung (z.B. anzuwendender Rechnungszinsfuß oder anzuwendende biometrische Ausscheidewahrscheinlichkeiten) schriftlich

---

[1)] **Steuergesetze** Nr. **70**.

festzulegen. Sind diese Angaben nicht vorhanden, scheidet die Bildung einer Pensionsrückstellung jedenfalls in der Steuerbilanz aus (→ BMF vom 28.8.2001 – BStBl. I S. 594).

- Eine schriftliche Pensionszusage liegt auch dann vor, wenn der Verpflichtete eine schriftliche Erklärung mit dem erforderlichen Inhalt abgibt und der Berechtigte die Zusage nach den Regeln des Zivilrechtes (z. B. durch mündliche Erklärung) annimmt (→ BFH vom 27.4.2005 – BStBl. II S. 702).
- Am Bilanzstichtag bereits feststehende gewinnabhängige Pensionsleistungen sind bei der Bewertung einzubeziehen, wenn und soweit sie dem Grunde und der Höhe nach eindeutig bestimmt sind und die Erhöhung der Versorgungsleistungen schriftlich durch eine Ergänzung der Pensionszusage gem. § 6a Abs. 1 Nr. 3 EStG festgeschrieben werden. Unabhängig vom maßgebenden Gewinnentstehungsjahr können die zusätzlichen Versorgungsleistungen wegen des Schriftformerfordernisses erstmals an dem der schriftlichen Festschreibung folgenden Bilanzstichtag bei der Rückstellungsbewertung berücksichtigt werden (→ BMF vom 18.10.2013 – BStBl. I S. 1268).

R 6a (8)

Beherrschende Gesellschafter-Geschäftsführer von Kapitalgesellschaften[1), 2)]

(8) [1] Für die Bildung von Pensionsrückstellungen für beherrschende Gesellschafter-Geschäftsführer von Kapitalgesellschaften ist zu unterstellen, dass die Jahresbeträge nach § 6a Abs. 3 Satz 2 Nr. 1 Satz 3 EStG vom Beginn des Dienstverhältnisses, frühestens vom nach Absatz 10 Satz 3 maßgebenden Alter, bis zur vertraglich vorgesehenen Altersgrenze, mindestens jedoch bis zum folgenden geburtsjahrabhängigen Pensionsalter aufzubringen sind:[3)]

für Geburtsjahrgänge	Pensionsalter
bis 1952	65
ab 1953 bis 1961	66
ab 1962	67

[2] Als Beginn des Dienstverhältnisses gilt der Eintritt in das Unternehmen als Arbeitnehmer. [3] Das gilt auch dann, wenn der Geschäftsführer die Pensionszusage erst nach Erlangung der beherrschenden Stellung erhalten hat. [4] Absatz 11 Satz 1, 3 bis 6, 8, 9 und 13 bis 15 ist nicht anzuwenden.[4)] [5] Für aner-

---

1) Siehe auch BFH v. 21.12.1994 I R 98/93, BStBl. II 1995, 419, und BMF v. 1.8.1996, BStBl. I 1996, 1138, sowie BFH v. 19.5.1998 I R 36/97, BStBl. II 1998, 689.

2) Zu Rückstellungen für Pensionszusagen an nicht beherrschende Gesellschafter-Geschäftsführer von Kapitalgesellschaften siehe BMF v. 7.3.1997, BStBl. I 1997, 637.

3) **[Amtl. Anm.:]** R 6a Abs. 8 Satz 1 letzter Teilsatz und Satz 5 EStR zum Mindestpensionsalter bei der Bildung von Pensionsrückstellungen für beherrschende Gesellschafter-Geschäftsführer sind nicht weiter anzuwenden (→ BMF vom 9.12.2016 – BStBl. I S. 1427).

4) **[Amtl. Anm.:]** Abweichend von R 6a Abs. 8 Satz 4 EStR ist R 6a Abs. 11 Satz 1 EStR (grundsätzliche Zugrundelegung des vertraglich vereinbarten Pensionsalters) anzuwenden (→ BMF vom 9.12.2016 – BStBl. I S. 1427).

kannt schwerbehinderte Menschen kann geburtsjahrabhängig eine vertragliche Altersgrenze wie folgt zugrunde gelegt werden:[1]

für Geburtsjahrgänge	Pensionsalter
bis 1952	60
ab 1953 bis 1961	61
ab 1962	62

R **6a** (9)

Ehegatten-Arbeitsverhältnisse *(unbesetzt)*

H **6a** (9)

Anerkennungsgrundsätze. An den Nachweis der Ernsthaftigkeit von Pensionszusagen an → Arbeitnehmer-Ehegatten sind mit Rücksicht auf die besonderen persönlichen Beziehungen der Vertragspartner strenge Anforderungen zu stellen. Es ist insbesondere zu prüfen, ob die Pensionszusage nach den Umständen des Einzelfalls dem Grunde und der Höhe nach angemessen ist (→ BFH vom 14.7.1989 – BStBl. II S. 969). Für Pensionszusagen, die im Rahmen eines steuerlich anzuerkennenden Arbeitsverhältnisses dem → Arbeitnehmer-Ehegatten gegeben werden, sind Pensionsrückstellungen zu bilden, wenn

1. eine ernstlich gewollte, klar und eindeutig vereinbarte Verpflichtung vorliegt,
2. die Zusage dem Grunde nach angemessen ist und
3. der Arbeitgeber-Ehegatte auch tatsächlich mit der Inanspruchnahme aus der gegebenen Pensionszusage rechnen muss.

(→ BMF vom 4.9.1984 – BStBl. I S. 495 und vom 9.1.1986 – BStBl. I S. 7).

Arbeitnehmer-Ehegatten. Pensionszusagen zwischen Ehegatten, die im Rahmen von steuerlich anzuerkennenden Arbeitsverhältnissen (→ R 4.8) erteilt werden, sind auch steuerlich zu beachten und berechtigen zur Bildung von Pensionsrückstellungen (→ BVerfG vom 22.7.1970 – BStBl. II S. 652).

Fremdvergleich. Eine betriebliche Veranlassung einer Pensionszusage an einen Arbeitnehmer, der naher Angehöriger des Arbeitgebers ist, ist nicht allein deshalb zu verneinen, weil keine fremden Arbeitnehmer mit vergleichbaren Tätigkeitsmerkmalen im Betrieb beschäftigt werden und auch bei anderen Betrieben gleicher Größenordnung keine vergleichbaren Beschäftigungsverhältnisse ermittelt werden können.
Maßgebend ist eine Gesamtwürdigung aller Umstände des konkreten Einzelfalls (→ BFH vom 18.12.2001 – BStBl. 2002 II S. 353).

---

[1] **[Amtl. Anm.:]** R 6a Abs. 8 Satz 1 letzter Teilsatz und Satz 5 EStR zum Mindestpensionsalter bei der Bildung von Pensionsrückstellungen für beherrschende Gesellschafter-Geschäftsführer sind nicht weiter anzuwenden (→ BMF vom 9.12.2016 – BStBl. I S. 1427).

Rückdeckungsversicherung. Prämienzahlungen für eine Rückdeckungsversicherung einer Pensionszusage an den Arbeitnehmer-Ehegatten können als Betriebsausgaben behandelt werden, wenn auch die Pensionszusage als rückstellungsfähig anerkannt werden kann (→ BMF vom 4.9.1984 – BStBl. I S. 495).

Verpflichtungsumfang. Für die Bildung der Pensionsrückstellung bei Pensionszusagen zwischen Ehegatten in Einzelunternehmen kommt nur eine Zusage auf Alters-, Invaliden- und Waisenrente in Betracht (→ BMF vom 4.9.1984 – BStBl. I S. 495).

Witwen-/Witwerversorgung. Eine Zusage auf Witwen- oder Witwerversorgung ist im Rahmen von Ehegatten-Pensionszusagen in Einzelunternehmen nicht rückstellungsfähig, da hier bei Eintritt des Versorgungsfalls Anspruch und Verpflichtung in einer Person zusammenfallen (→ BMF vom 4.9.1984 – BStBl. I S. 495). Dies gilt auch dann, wenn in der Zusage vereinbart ist, dass sie durch eine mögliche Eheschließung oder Betriebsveräußerung nicht berührt wird.

R 6a (10)

Höhe der Pensionsrückstellung

(10) [1]Als Beginn des Dienstverhältnisses ist ein früherer Zeitpunkt als der tatsächliche Dienstantritt zugrunde zu legen (sog. Vordienstzeiten), wenn auf Grund gesetzlicher Vorschriften Zeiten außerhalb des Dienstverhältnisses als Zeiten der Betriebszugehörigkeit gelten, z. B. § 8 Abs. 3 des Soldatenversorgungsgesetzes, § 6 Abs. 2 des Arbeitsplatzschutzgesetzes. [2]Bei der Ermittlung des Teilwertes einer Pensionsverpflichtung sind folgende Mindestalter zu beachten:

Erteilung der Pensionszusage	maßgebendes Mindestalter
vor dem 1.1.2001	30
nach dem 31.12.2000 und vor dem 1.1.2009	28
nach dem 31.12.2008	27

[3]Ergibt sich durch die Anrechnung von Vordienstzeiten ein fiktiver Dienstbeginn, der vor der Vollendung des nach Satz 2 maßgebenden Lebensjahres des Berechtigten liegt, gilt das Dienstverhältnis als zu Beginn des Wirtschaftsjahres begonnen, bis zu dessen Mitte der Berechtigte dieses Lebensjahr vollendet (→ § 6a Abs. 3 Satz 2 Nr. 1 letzter Satz EStG).

H 6a (10)

Betriebsübergang. Für die Anwendung des § 613a BGB ist entscheidend, ob das im Zeitpunkt des Betriebsübergangs bestehende Dienstverhältnis als Arbeitsverhältnis anzusehen ist (→ BFH vom 10.8.1994 – BStBl. 1995 II S. 250).

Rechnungsgrundlagen. Zur Anerkennung unternehmensspezifischer und modifizierter biometrischer Rechnungsgrundlagen bei der Bewertung der

Pensionsverpflichtungen nach § 6a EStG → BMF vom 9.12.2011 (BStBl. I S. 1247).

Richttafeln 2018 G. → BMF vom 19.10.2018 (BStBl. I S. 1107) unter Berücksichtigung der Änderungen durch BMF vom 17.12.2019 (BStBl. 2020 I S. 82).

Tatsächlicher Dienstantritt. Bei der Ermittlung des Diensteintrittsalters ist – unabhängig vom Bestehen eines Rumpfwirtschaftsjahres – auf den Beginn des Kj. des Diensteintritts abzustellen (→ BFH vom 21.8.2007 – BStBl. 2008 II S. 513). Als Beginn des Dienstverhältnisses ist grundsätzlich der tatsächliche Dienstantritt im Rahmen des bestehenden Dienstverhältnisses anzusehen (→ BFH vom 25.5.1988 – BStBl. II S. 720); das Dienstverhältnis wird nicht unterbrochen, wenn der Stpfl. aufgrund gesetzlicher Vorschriften in die Pflichten des Dienstverhältnisses eintritt (z. B. § 613a BGB).

Verpflichtungsübernahmen, Schuldbeitritte und Erfüllungsübernahmen. Zur bilanziellen Berücksichtigung von Verpflichtungsübernahmen, Schuldbeitritten und Erfüllungsübernahmen mit vollständiger oder teilweiser Schuldfreistellung im Zusammenhang mit Pensionsverpflichtungen → BMF vom 30.11.2017 (BStBl. I S. 1619).

Vordienstzeiten. Zur Berücksichtigung von vertraglichen Vordienstzeiten → BMF vom 22.12.1997 (BStBl. I S. 1020) und → BFH vom 7.2.2002 (BStBl. 2005 II S. 88).

R 6a (11)

(11) [1]Bei der Ermittlung des Teilwertes der Pensionsanwartschaft ist das vertraglich vereinbarte Pensionsalter zugrunde zu legen (Grundsatz). [2]Der Stpfl. kann für alle oder für einzelne Pensionsverpflichtungen von einem höheren Pensionsalter ausgehen, sofern mit einer Beschäftigung des Arbeitnehmers bis zu diesem Alter gerechnet werden kann (erstes Wahlrecht). [3]Bei der Ermittlung des Teilwertes der Pensionsanwartschaft nach § 6a Abs. 3 EStG kann mit Rücksicht auf § 6 Betriebsrentengesetz[1)] anstelle des vertraglichen Pensionsalters nach Satz 1 für alle oder für einzelne Pensionsverpflichtungen als Zeitpunkt des Eintritts des Versorgungsfalles der Zeitpunkt der frühestmöglichen Inanspruchnahme der vorzeitigen Altersrente aus der gesetzlichen Rentenversicherung angenommen werden (zweites Wahlrecht). [4]Voraussetzung für die Ausübung des zweiten Wahlrechtes ist, dass in der Pensionszusage festgelegt ist, in welcher Höhe Versorgungsleistungen von diesem Zeitpunkt an gewährt werden. [5]Bei der Ausübung des zweiten Wahlrechtes braucht nicht geprüft zu werden, ob ein Arbeitnehmer die sozialversicherungsrechtlichen Voraussetzungen für die vorzeitige Inanspruchnahme der Altersrente erfüllen wird. [6]Das zweite Wahlrecht kann unabhängig von der Wahl des Pensionsalters für die Berechnung der unverfallbaren Versorgungsanwartschaften nach § 2 Betriebsrentengesetz ausgeübt werden. [7]Das erste Wahlrecht ist in der Bilanz des Wirtschaftsjahres auszuüben, in dem mit der Bildung der Pensionsrückstellung begonnen wird. [8]Das zweite Wahlrecht ist in der Bilanz des

---

1) **Steuergesetze** Nr. **70**.

Wirtschaftsjahres auszuüben, in dem die Festlegung nach Satz 4 getroffen worden ist. 9 Hat der Stpfl. das zweite Wahlrecht ausgeübt und ändert sich danach der Zeitpunkt der frühestmöglichen Inanspruchnahme der vorzeitigen Altersrente aus der gesetzlichen Rentenversicherung (z. B. Beendigung des Arbeitsverhältnisses), ist die Änderung zum Ende des betreffenden Wirtschaftsjahres zu berücksichtigen; ist in diesem Wirtschaftsjahr die Festlegung nach Satz 4 für den neuen Zeitpunkt nicht getroffen worden, ist das vertragliche Pensionsalter nach Satz 1 bei der Ermittlung des Teilwertes der Pensionsanwartschaft zugrunde zu legen. 10 *Die gegenüber einem Berechtigten getroffene Wahl gilt einheitlich für die gesamte Pensionsverpflichtung, einschließlich einer etwaigen Entgeltumwandlung im Sinne von § 1 Abs. 2 Betriebsrentengesetz.*[1] [2] 11 Der Rückstellungsbildung kann nur die Pensionsleistung zugrunde gelegt werden, die zusagegemäß bis zu dem Pensionsalter erreichbar ist, für das sich der Stpfl. bei Ausübung der Wahlrechte entscheidet. 12 Setzt der Arbeitnehmer nach Erreichen dieses Alters seine Tätigkeit fort und erhöht sich dadurch sein Ruhegehaltsanspruch, ist der Rückstellung in dem betreffenden Wirtschaftsjahr der Unterschiedsbetrag zwischen der nach den vorstehenden Sätzen höchstzulässigen Rückstellung (Soll-Rückstellung) und dem versicherungsmathematischen Barwert der um den Erhöhungsbetrag vermehrten Pensionsleistungen zuzuführen. 13 Hat der Stpfl. bei der Ermittlung des Teilwertes einer Pensionsanwartschaft bereits bisher vom zweiten Wahlrecht Gebrauch gemacht, ist er bei einer Änderung des frühestmöglichen Pensionsalters auf Grund einer gesetzlichen Neuregelung auch künftig an diese Entscheidung gebunden; Satz 4 ist zu beachten. 14 Für die sich wegen der Änderung des frühestmöglichen Pensionsalters ergebende Änderung der Teilwerte der Pensionsanwartschaft gilt das Nachholverbot, das sich aus § 6a Abs. 4 EStG herleitet, nicht. 15 Liegen die in Satz 4 genannten Voraussetzungen für die Anwendung des zweiten Wahlrechtes am Bilanzstichtag nicht vor, ist das vertragliche Pensionsalter nach Satz 1 bei der Ermittlung des Teilwertes der Pensionsanwartschaft zugrunde zu legen.

H 6a (11)

Pensionsalter. Zum maßgebenden Pensionsalter bei der Bewertung von Versorgungszusagen → BMF vom 9.12.2016 (BStBl. I S. 1427).

R 6a (12)

Entgeltumwandlungen

(12) 1 Für Pensionsverpflichtungen, die auf nach dem 31.12.2000 vereinbarten Entgeltumwandlungen im Sinne von § 1 Abs. 2 Betriebsrentengesetz[1]

---

[1] **Steuergesetze** Nr. **70**.

[2] **[Amtl. Anm.:]** R 6a Abs. 11 Satz 10 EStR ist nicht weiter anzuwenden. Das zweite Wahlrecht kann für unterschiedliche Pensionszusagen des Berechtigten unabhängig voneinander ausgeübt werden. Wurde bei der Teilwertermittlung einer Versorgungsverpflichtung das Pensionsalter unter Bezugnahme auf R 6a Abs. 11 Satz 10 EStR in Übereinstimmung mit einer weiteren gegenüber dem Berechtigten erteilten Zusage angesetzt, kann das zweite Wahlrecht nach R 6a Abs. 11 Satz 3 EStR spätestens in der Bilanz des nach dem 29.6.2023 endenden Wj. einmalig neu ausgeübt oder eine frühere Ausübung dieses Wahlrechtes zurückgenommen werden; R 6a Abs. 11 Satz 15 EStR ist zu beachten (→ BMF vom 2.5.2022 – BStBl. I S. 631).

beruhen, ist vor Vollendung des 28. Lebensjahres (für nach dem 31.12.2008 erstmals erteilte Pensionszusagen: des 27. Lebensjahres) des Pensionsberechtigten eine Rückstellung in Höhe des Barwerts der nach den §§ 1 und 2 Betriebsrentengesetz unverfallbaren künftigen Pensionsleistungen zu bilden (§ 6a Abs. 2 Nr. 1 zweite Alternative und § 6a Abs. 3 Satz 2 Nr. 1 Satz 6 zweiter Halbsatz EStG); nach Vollendung des 28. Lebensjahres (für nach dem 31.12.2008 erstmals erteilte Pensionszusagen: des 27. Lebensjahres) des Pensionsberechtigten ist für diese Pensionsverpflichtungen für die Ermittlung des Teilwertes nach § 6a Abs. 3 Satz 2 Nr. 1 Satz 1 EStG eine Vergleichsrechnung erforderlich. [2]Dabei sind der Wert nach § 6a Abs. 3 Satz 2 Nr. 1 Satz 1 erster Halbsatz EStG und der Barwert der unverfallbaren künftigen Pensionsleistungen zu berechnen; der höhere Wert ist anzusetzen. [3]Bei der Vergleichsrechnung sind die für einen Berechtigten nach dem 31.12.2000 vereinbarten Entgeltumwandlungen als Einheit zu behandeln. [4]Die Regelungen des Satzes 1 gelten nicht für Pensionsverpflichtungen, soweit sie auf Grund einer vertraglichen Vereinbarung unverfallbar sind.

H **6a** (12)

Beherrschender Gesellschafter-Geschäftsführer einer Kapitalgesellschaft. Der Ansatz einer Pensionsrückstellung mit dem Barwert nach § 6a Abs. 3 Satz 2 Nr. 1 Satz 1 2. Halbsatz EStG setzt eine Entgeltumwandlung nach § 1 Abs. 2 BetrAVG[1)] voraus. Diese Voraussetzung ist bei einem beherrschenden Gesellschafter-Geschäftsführer nicht erfüllt, da er kein Arbeitnehmer im Sinne des § 17 Abs. 1 Satz 1 oder 2 BetrAVG ist (→ BFH vom 27.5.2020 – BStBl. II S. 802).

Maßgebendes Finanzierungsendalter. Bei im Rahmen von Entgeltumwandlungen erteilten Pensionszusagen mit jeweils unterschiedlichen Pensionsaltern ist hinsichtlich des jeweiligen Finanzierungsendalters auf den in den einzelnen Zusagen festgelegten Leistungszeitpunkt abzustellen (→ BFH vom 20.11.2019 – BStBl. 2020 II S. 271).

Übertragung von Pensionszusagen auf Pensionsfonds. Zur Übertragung von Versorgungsverpflichtungen und Versorgungsanwartschaften auf Pensionsfonds nach § 4e Abs. 3 EStG i. V. m. § 3 Nr. 66 EStG → BMF vom 26.10.2006 (BStBl. I S. 709) und vom 10.7.2015 (BStBl. I S. 544).

R **6a** (13, 14)

Arbeitgeberwechsel[2)]

(13) Übernimmt ein Stpfl. in einem Wirtschaftsjahr eine Pensionsverpflichtung gegenüber einem Arbeitnehmer, der bisher in einem anderen Unternehmen tätig gewesen ist, unter gleichzeitiger Übernahme von Vermögenswerten, ist bei der Ermittlung des Teilwertes der Verpflichtung der Jahresbetrag i. S. d. § 6a Abs. 3 Satz 2 Nr. 1 EStG so zu bemessen, dass zu Beginn des Wirtschaftsjahres der Übernahme der Barwert der Jahresbeträge zu-

[1)] **Steuergesetze** Nr. **70**.
[2)] **[Amtl. Anm.:]** → § 5 Abs. 7 Satz 4 EStG.

sammen mit den übernommenen Vermögenswerten gleich dem Barwert der künftigen Pensionsleistungen ist; dabei darf sich kein negativer Jahresbetrag ergeben.

Berücksichtigung von Renten aus der gesetzlichen Rentenversicherung

(14) Sieht die Pensionszusage vor, dass die Höhe der betrieblichen Rente in bestimmter Weise von der Höhe der Renten aus der gesetzlichen Rentenversicherung abhängt, darf die Pensionsrückstellung in diesen Fällen nur auf der Grundlage der von dem Unternehmen nach Berücksichtigung der Renten aus der gesetzlichen Rentenversicherung tatsächlich noch selbst zu zahlenden Beträge berechnet werden.

H 6a (14)

Näherungsverfahren. Zur Berücksichtigung von Renten aus der gesetzlichen Rentenversicherung → BMF vom 15.3.2007 (BStBl. I S. 290) und vom 5.5.2008 (BStBl. I S. 570).

R 6a (15)

Doppelfinanzierung

(15) [1] Wenn die gleichen Versorgungsleistungen an denselben Empfängerkreis sowohl über eine Pensions- oder Unterstützungskasse oder einen Pensionsfonds als auch über Pensionsrückstellungen finanziert werden sollen, ist die Bildung einer Pensionsrückstellung nicht zulässig.[1)] [2] Eine schädliche Überschneidung liegt dagegen nicht vor, wenn es sich um verschiedene Versorgungsleistungen handelt, z. B. bei der Finanzierung der Invaliditäts-Renten über Pensions- oder Unterstützungskassen und der Altersrenten über Pensionsrückstellungen oder der Finanzierung rechtsverbindlich zugesagter Leistungen über Rückstellungen und darüber hinausgehender freiwilliger Leistungen über eine Unterstützungskasse.

H 6a (15)

Überschneidung. Die Bildung von Pensionsrückstellungen und Zuwendungen an Pensions- und Unterstützungskassen schließen sich gegenseitig aus (→ BFH vom 22.1.1958 – BStBl. III S. 186).

R 6a (16, 17)

Handelsvertreter

(16) [1] Sagt der Unternehmer dem selbständigen Handelsvertreter eine Pension zu, muss sich der Handelsvertreter die versprochene Versorgung nach § 89b Abs. 1 Satz 1 Nr. 3 HGB[2)] auf seinen Ausgleichsanspruch anrechnen lassen.

---

1) Siehe hierzu BMF v. 26.1.2010, BStBl. I 2010, 138 (mit Übergangsregelung), wonach bei umlagefinanzierten Versorgungssystemen auch für den Fall, dass Rechtsbeziehungen ausschließlich zwischen Arbeitgeber und Versorgungskasse bestehen, Pensionsrückstellungen nicht mehr gebildet werden dürfen.

2) **[Amtl. Anm.:]** Jetzt § 89b Abs. 1 Satz 1 Nr. 2 HGB.

[2]Die Pensionsverpflichtung des Unternehmers wird also durch die Ausgleichsverpflichtung nicht gemindert, es sei denn, es ist etwas anderes vereinbart.

Stichtagsprinzip

(17) [1]Für die Bildung der Pensionsrückstellung sind die Verhältnisse am Bilanzstichtag maßgebend. [2]Änderungen der Bemessungsgrundlagen, die erst nach dem Bilanzstichtag wirksam werden, sind zu berücksichtigen, wenn sie am Bilanzstichtag bereits feststehen. [3]Danach sind Erhöhungen von Anwartschaften und laufenden Renten, die nach dem Bilanzstichtag eintreten, in die Rückstellungsberechnung zum Bilanzstichtag einzubeziehen, wenn sowohl ihr Ausmaß als auch der Zeitpunkt ihres Eintritts am Bilanzstichtag feststehen. [4]Wird die Höhe der Pension z. B. von Bezugsgrößen der gesetzlichen Rentenversicherungen beeinflusst, sind künftige Änderungen dieser Bezugsgrößen, die am Bilanzstichtag bereits feststehen, z. B. die ab 1.1. des Folgejahres geltende Beitragsbemessungsgrenze, bei der Berechnung der Pensionsrückstellung zum Bilanzstichtag zu berücksichtigen. [5]Die für das Folgejahr geltenden Bezugsgrößen stehen in dem Zeitpunkt fest, in dem die jeweilige Sozialversicherungs-Rechengrößenverordnung im Bundesgesetzblatt verkündet wird.[1)]

H **6a** (17)

Mehrjährige Gehaltssteigerung.

Beispiel:

Ein Arbeitnehmer hat eine Pensionszusage in Höhe von 10% des letzten vor Eintritt des Versorgungsfalls bezogenen Gehalts. Am 10.12.01 wird rechtsverbindlich vereinbart, dass sich das derzeitige Gehalt von 3000 € mit Wirkung vom 1.4.02 auf 3150 € und mit Wirkung vom 1.2.03 auf 3250 € erhöht. Die dadurch vereinbarten Erhöhungen des Pensionsanspruchs von 15 € monatlich zum 1.4.02 und von 10 € monatlich zum 1.2.03 sind bereits bei der Rückstellungsberechnung zum 31.12.01 zu berücksichtigen.

Steigerungen der Versorgungsansprüche. Fest zugesagte prozentuale Rentenerhöhungen sind bei der Bewertung der Pensionsrückstellung zu berücksichtigen (→ BFH vom 17.5.1995 – BStBl. 1996 II S. 423); Entsprechendes gilt für zugesagte prozentuale Steigerungen der Rentenanwartschaft (→ BFH vom 25.10.1995 – BStBl. 1996 II S. 403).
Mögliche künftige Anpassungen nach § 16 Abs. 1 Betriebsrentengesetz[2)] sind nicht rückstellungsfähig (→ BFH vom 6.12.1995 – BStBl. 1996 II S. 406).

Überversorgung.[3)]

- Zur bilanzsteuerrechtlichen Berücksichtigung von überdurchschnittlich hohen Versorgungsanwartschaften (Überversorgung) → BMF vom 3.11. 2004 (BStBl. I S. 1045) und vom 13.12.2012 (BStBl. 2013 I S. 35).
- Wird eine Versorgungszusage trotz dauerhaft reduzierter Aktivbezüge nicht ihrerseits vermindert, liegt eine Überversorgung vor, die zu einer Kür-

---

[1)] Für **2021** siehe VO v. 30.11.2020, BGBl. I 2020, 2612, für **2022** siehe VO v. 30.11.2021, BGBl. I 2021, 5044, für **2023** siehe VO v. 28.11.2022, BGBl. I 2022, 2128.

[2)] BetrAVG v. 19.12.1974, BGBl. I 1974, 3610, zuletzt geänd. durch G v. 20.12.2022, BGBl. I 2022, 2759 (**Steuergesetze** Nr. **70**).

[3)] Zu einer über 3% liegenden jährlichen Steigerungsrate einer betrieblichen Altersrente siehe BFH v. 31.7.2018 VIII R 6/15, BStBl. II 2019, 197.

zung der Pensionsrückstellung nach § 6a EStG führt (→ BFH vom 27.3.2012 – BStBl. II S. 665).

Wertpapiergebundene Pensionszusagen. Pensionsrückstellungen können nur insoweit gebildet werden, als der Versorgungsanspruch auf die garantierte Mindestleistung entfällt. Zusätzliche Leistungen, die vom Wert bestimmter Wertpapiere (z.B. Fondsanteile, Aktien) zu einem festgelegten künftigen Zeitpunkt (z.B. Eintritt des Versorgungsfalles) abhängen, sind nicht zu berücksichtigen (→ BMF vom 17.12.2002 – BStBl. I S. 1397).

R 6a (18, 19)

Inventurerleichterung

(18) [1]Die Pensionsverpflichtungen sind grundsätzlich auf Grund einer körperlichen Bestandsaufnahme (Feststellung der pensionsberechtigten Personen und der Höhe ihrer Pensionsansprüche) für den Bilanzstichtag zu ermitteln. [2]In Anwendung von § 241 Abs. 3 HGB kann der für die Berechnung der Pensionsrückstellungen maßgebende Personenstand auch auf einen Tag (Inventurstichtag) innerhalb von drei Monaten vor oder zwei Monaten nach dem Bilanzstichtag aufgenommen werden, wenn sichergestellt ist, dass die Pensionsverpflichtungen für den Bilanzstichtag ordnungsgemäß bewertet werden können. [3]Es ist nicht zu beanstanden, wenn im Falle der Vorverlegung der Bestandsaufnahme bei der Berechnung der Pensionsrückstellungen wie folgt verfahren wird:

1. Die für den Inventurstichtag festgestellten Pensionsverpflichtungen sind bei der Berechnung der Pensionsrückstellungen für den Bilanzstichtag mit ihrem Wert vom Bilanzstichtag anzusetzen.
2. Aus Vereinfachungsgründen können bei der Berechnung der Pensionsrückstellungen für den Bilanzstichtag die folgenden Veränderungen der Pensionsverpflichtungen, die in der Zeit vom Inventurstichtag bis zum Bilanzstichtag eintreten, unberücksichtigt bleiben:
   a) Veränderungen, die auf biologischen Ursachen, z.B. Tod, Invalidität, beruhen;
   b) Veränderungen durch normale Zu- oder Abgänge von pensionsberechtigten Personen oder durch Übergang in eine andere Gehalts- oder Pensionsgruppe, z.B. Beförderung. [2]Außergewöhnliche Veränderungen, z.B. Stilllegung oder Eröffnung eines Teilbetriebs, bei Massenentlassungen oder bei einer wesentlichen Erweiterung des Kreises der pensionsberechtigten Personen, sind bei der Rückstellungsberechnung für den Bilanzstichtag zu berücksichtigen.

   [2]Allgemeine Leistungsänderungen für eine Gruppe von Verpflichtungen, die nicht unter Satz 1 Buchstabe a oder b fallen, sind bei der Rückstellungsberechnung für den Bilanzstichtag mindestens näherungsweise zu berücksichtigen; für den folgenden Bilanzstichtag ist der sich dann ergebende tatsächliche Wert anzusetzen.
3. Soweit Veränderungen der Pensionsverpflichtungen nach Nummer 2 bei der Berechnung der Rückstellungen für den Bilanzstichtag unberücksich-

tigt bleiben, sind sie zum nächsten Bilanzstichtag bis zur steuerlich zulässigen Höhe zu berücksichtigen.

4. Werden werterhöhende Umstände, die nach Nummer 2 bei der Berechnung der Rückstellungen für den Bilanzstichtag unberücksichtigt bleiben können, dennoch in die Rückstellungsberechnung einbezogen, sind bei der Rückstellungsberechnung auch wertmindernde Umstände, die nach Nummer 2 außer Betracht bleiben können, zu berücksichtigen.
5. Die Nummern 2 bis 4 gelten nicht, wenn bei einem Stpfl. am Inventurstichtag nicht mehr als 20 Pensionsberechtigte vorhanden sind. [2]Sie gelten ferner nicht für Vorstandsmitglieder und Geschäftsführer von Kapitalgesellschaften.

Ausscheiden eines Anwärters

(19) [1]Die Rückstellung für Pensionsverpflichtungen gegenüber einer Person, die mit einer unverfallbaren Versorgungsanwartschaft ausgeschieden ist, ist beizubehalten, solange das Unternehmen mit einer späteren Inanspruchnahme zu rechnen hat. [2]Sofern dem Unternehmen nicht bereits vorher bekannt ist, dass Leistungen nicht zu gewähren sind, braucht die Frage, ob mit einer Inanspruchnahme zu rechnen ist, erst nach Erreichen der vertraglich vereinbarten Altersgrenze geprüft zu werden. [3]Steht bis zum Ende des Wirtschaftsjahres, das auf das Wirtschaftsjahr des Erreichens der Altersgrenze folgt, die spätere Inanspruchnahme nicht fest, ist die Rückstellung zu diesem Zeitpunkt aufzulösen.

H 6a (19)

Ablösung der Rente. Bei der Bewertung einer Pensionsverpflichtung kann eine Ablösungsvereinbarung erst berücksichtigt werden, wenn sie feststeht (→ BFH vom 7.4.1994 – BStBl. II S. 740).

R 6a (20)

Zuführung zur Pensionsrückstellung

(20) Nach § 249 HGB i.V.m. § 6a Abs. 4 EStG muss in einem Wirtschaftsjahr der Rückstellung der Unterschiedsbetrag zwischen dem Teilwert am Schluss des Wirtschaftsjahres und dem Teilwert am Schluss des vorangegangenen Wirtschaftsjahres zugeführt werden.

H 6a (20)

Nachholverbot.

- Das Nachholverbot gilt nicht, wenn am Schluss des vorangegangenen Wj. eine Pensionsverpflichtung bestand, für die in der Vorjahresbilanz keine Rückstellung gebildet werden konnte. Entsprechendes gilt, wenn zwar in der Vorjahresbilanz eine Pensionsrückstellung gebildet werden, diese aber nur einen Teil der bestehenden Verpflichtung abdecken durfte (→ BFH vom 8.10.2008 – BStBl. 2010 I S. 186).
- Ist eine Rückstellung nicht gebildet worden, weil ihr die BFH-Rechtsprechung entgegenstand, so führt die Aufgabe dieser Rechtsprechung nicht dazu, dass für die Zeit bis zur Aufgabe dieser Rechtsprechung das Nachholverbot des § 6a Abs. 4 EStG gilt. Die Rückstellung kann spätes-

tens in dem Jahr, in dem die Rechtsprechung aufgegeben wird, in vollem Umfang nachgeholt werden (→ BFH vom 7.4.1994 – BStBl. II S. 740).

– Das Nachholverbot ist auch bei Pensionsrückstellungen anzuwenden, die in einem vorangegangenen Wj. aufgrund einer zulässigen Bewertungsmethode niedriger als möglich bewertet worden sind (→ BFH vom 10.7.2002 – BStBl. 2003 II S. 936).
– Beruht der fehlende oder fehlerhafte Ansatz einer Pensionsrückstellung auf einem Rechtsirrtum, ist das Nachholverbot anzuwenden. Das gilt unabhängig davon, ob nach den Umständen des jeweiligen Einzelfalles eine willkürliche Gewinnverschiebung anzunehmen ist (→ BMF vom 11.12.2003 – BStBl. I S. 746).
– Wurde infolge eines Berechnungsfehlers eine Pensionsrückstellung in einer früheren Bilanz mit einem Wert angesetzt, der unterhalb des Teilwerts liegt, greift das Nachholverbot (→ BFH vom 14.1.2009 – BStBl. II S. 457).
– Das Nachholverbot geht dem Grundsatz des formellen Bilanzenzusammenhangs vor (→ BFH vom 13.2.2008 – BStBl. II S. 673).

R **6a** **(21–23)**

Auflösung der Pensionsrückstellung

(21) [1] Auflösungen oder Teilauflösungen in der Steuerbilanz sind nur insoweit zulässig, als sich die Höhe der Pensionsverpflichtung gemindert hat. [2] Wird die Pensionszusage widerrufen (→ Absätze 3 bis 6), ist die Pensionsrückstellung in der nächstfolgenden Bilanz gewinnerhöhend aufzulösen und ist erst wieder zu passivieren, wenn die Zusage mit unschädlichen Vorbehalten wieder in Kraft gesetzt wird (z. B. durch rechtskräftiges Urteil oder Vergleich). [3] Ist die Rückstellung ganz oder teilweise aufgelöst worden, ohne dass sich die Pensionsverpflichtung entsprechend geändert hat, ist die Steuerbilanz insoweit unrichtig. [4] Dieser Fehler ist im Wege der Bilanzberichtigung (→ R 4.4) zu korrigieren. [5] Dabei ist die Rückstellung in Höhe des Betrags anzusetzen, der nicht hätte aufgelöst werden dürfen, höchstens jedoch mit dem Teilwert der Pensionsverpflichtung.

(22) [1] Nach dem Zeitpunkt des vertraglich vorgesehenen Eintritts des Versorgungsfalles oder eines gewählten früheren Zeitpunktes (→ zweites Wahlrecht, Absatz 11 Satz 3) ist die Pensionsrückstellung in jedem Wirtschaftsjahr in Höhe des Unterschiedsbetrages zwischen dem versicherungsmathematischen Barwert der künftigen Pensionsleistungen am Schluss des Wirtschaftsjahres und der am Schluss des vorangegangenen Wirtschaftsjahres passivierten Pensionsrückstellung gewinnerhöhend aufzulösen; die laufenden Pensionsleistungen sind dabei als Betriebsausgaben abzusetzen. [2] Eine Pensionsrückstellung ist auch dann in Höhe des Unterschiedsbetrages nach Satz 1 aufzulösen, wenn der Pensionsberechtigte nach dem Zeitpunkt des vertraglich vorgesehenen Eintritts des Versorgungsfalles noch weiter gegen Entgelt tätig bleibt („technischer Rentner"), es sei denn, dass bereits die Bildung der Rückstellung auf die Zeit bis zu dem voraussichtlichen Ende der Beschäftigung des Arbeitnehmers verteilt worden ist (→ Absatz 11). [3] Ist für ein Wirtschaftsjahr, das nach dem Zeitpunkt des vertraglich vorgesehenen Eintritts des Versorgungsfalles endet, die am Schluss des vorangegangenen Wirtschaftsjahres ausgewiesene Rückstellung niedriger als der versicherungsmathematische Barwert der künftigen Pen-

sionsleistungen am Schluss des Wirtschaftsjahres, darf die Rückstellung erst von dem Wirtschaftsjahr ab aufgelöst werden, in dem der Barwert der künftigen Pensionsleistungen am Schluss des Wirtschaftsjahres niedriger ist als der am Schluss des vorangegangenen Wirtschaftsjahres ausgewiesene Betrag der Rückstellung. [4] In dem Wirtschaftsjahr, in dem eine bereits laufende Pensionsleistung herabgesetzt wird oder eine Hinterbliebenenrente beginnt, darf eine bisher ausgewiesene Rückstellung, die höher ist als der Barwert, nur bis zur Höhe dieses Barwerts aufgelöst werden.

Rückdeckungsversicherung

(23) [1] Eine aufschiebend bedingte Abtretung des Rückdeckungsanspruchs an den pensionsberechtigten Arbeitnehmer für den Fall, dass der Pensionsanspruch durch bestimmte Ereignisse gefährdet wird, z. B. bei Insolvenz des Unternehmens, wird – soweit er nicht im Insolvenzfall nach § 9 Abs. 2 Betriebsrentengesetz[1)] auf den Träger der Insolvenzsicherung übergeht – erst wirksam, wenn die Bedingung eintritt (§ 158 Abs. 1 BGB). [2] Die Rückdeckungsversicherung behält deshalb bis zum Eintritt der Bedingung ihren bisherigen Charakter bei. [3] Wird durch Eintritt der Bedingung die Abtretung an den Arbeitnehmer wirksam, wird die bisherige Rückdeckungsversicherung zu einer Direktversicherung.

H **6a** (23)

Begriff der Rückdeckungsversicherung. Eine Rückdeckungsversicherung liegt vor, wenn

- dem Arbeitnehmer ausreichend bestimmt eine Versorgung aus den Mitteln des Arbeitgebers zugesagt ist,
- zur Gewährleistung der Mittel für die Ausführung dieser Versorgung eine Sicherung geschaffen ist,
- die Sicherung nicht zusätzlich den Belangen des Arbeitnehmers dient, sondern allein oder überwiegend den Belangen des Arbeitgebers zu dienen bestimmt ist.

Das ist gewährleistet, wenn der Arbeitgeber Versicherungsnehmer, alleiniger Prämienzahler und Bezugsberechtigter auf die Versicherungsleistungen ist (→ BFH vom 28.6.2001 – BStBl. 2002 II S. 724).

Getrennte Bilanzierung. Der Rückdeckungsanspruch einerseits und die Pensionsverpflichtung andererseits stellen unabhängig voneinander zu bilanzierende Wirtschaftsgüter dar (→ BFH vom 25.2.2004 – BStBl. II S. 654). Eine Saldierung des Rückdeckungsanspruches mit der Pensionsrückstellung ist auch dann nicht zulässig, wenn eine solche nicht passiviert werden muss, weil es sich um eine Altzusage (→ R 6a Abs. 1 Satz 3) handelt (→ BFH vom 28.6.2001 – BStBl. 2002 II S. 724). Auch bei Rückdeckung in voller Höhe (kongruente Rückdeckung) ist eine Saldierung nicht zulässig (→ BFH vom 25.2.2004 – BStBl. II S. 654).

Rückdeckungsanspruch.

- Ansprüche aus der Rückdeckung von Pensionsverpflichtungen sind als Forderungen grundsätzlich mit ihren Anschaffungskosten anzusetzen. Das

---

1) **Steuergesetze** Nr. **70**.

sind die bis zum jeweiligen Bilanzstichtag vom Versicherungsnehmer unmittelbar aufgewendeten Sparanteile der Versicherungsprämien (Sparbeiträge) zzgl. der Zinsansprüche sowie der Guthaben aus Überschussbeteiligungen. Hierfür ist das vom Versicherer jeweils nachgewiesene Deckungskapital (Deckungsrückstellung) die Bewertungsgrundlage und der Bewertungsmaßstab. Hierzu gehören alle aus dem Versicherungsvertragsverhältnis resultierenden Ansprüche gegen den Versicherer (z. B. Guthaben aus Überschussbeteiligungen, verzinslichen Ansammlungen, Anwartschaft auf Hinterbliebenenleistungen usw.). Eine Begrenzung des Bilanzansatzes auf den Betrag der passivierten Pensionsrückstellung ist nicht zulässig (→ BFH vom 25.2.2004 – BStBl. II S. 654).

– Der Anspruch aus der Rückdeckung einer Zusage auf Hinterbliebenenversorgung ist mit dem vom Versicherer nachgewiesenen Deckungskapital (Deckungsrückstellung) zu aktivieren (→ BFH vom 9.8.2006 – BStBl. II S. 762).
– Der Anspruch aus einer Kapitallebensversicherung, die mit einer Berufsunfähigkeits-Zusatzversicherung kombiniert ist, ist auch nach Eintritt der Berufsunfähigkeit als ein einheitliches Wirtschaftsgut zu aktivieren und mit dem Rechnungszinssatz zu bemessen, den der Versicherer für die Berechnung der Deckungsrückstellung für die Lebensversicherung verwendet hat (→ BFH vom 10.6.2009 – BStBl. 2010 II S. 32).

Teilwertabschreibung. Eine Teilwertabschreibung von Ansprüchen aus der Rückdeckung von Pensionsverpflichtungen kommt nur in Betracht, wenn besondere Anhaltspunkte vorliegen, die den Abschluss der Rückdeckungsversicherung als geschäftliche Fehlmaßnahme erscheinen lassen. Die Tatsache, dass der Rückkaufswert einer Versicherung das angesammelte Deckungskapital regelmäßig unterschreitet, rechtfertigt keine Teilwertabschreibung auf diesen Wert, solange der Rückkauf nicht beabsichtigt ist oder wenn der Rückkauf mit Rentenbeginn ausgeschlossen ist (→ BFH vom 25.2.2004 – BStBl. II S. 654).

Vereinfachungsregelung. Wegen einer Vereinfachungsregelung bei der Aktivierung des Rückdeckungsanspruches → BMF vom 30.6.1975 (BStBl. I S. 716), A IV Abs. 25.[1]

Zu § 6b EStG
(§ 9a EStDV)

R 6b.1 Ermittlung des Gewinns aus der Veräußerung bestimmter Anlagegüter i. S. d. § 6b EStG

Begriff der Veräußerung[2]

(1) [1]Es ist ohne Bedeutung, ob der Unternehmer das Wirtschaftsgut freiwillig veräußert oder ob die Veräußerung unter Zwang erfolgt, z. B. infolge

[1] Abschn. IV Abs. 25 des BMF-Schreibens verweist auf die gleichlautenden Ländererlasse im BStBl. 1963 II S. 47.

[2] Siehe auch BFH v. 13.11.1991 I R 58/90, BStBl. II 1992, 517.

oder zur Vermeidung eines behördlichen Eingriffs oder im Wege einer Zwangsversteigerung. [2]Die Veräußerung setzt den Übergang eines Wirtschaftsgutes von einer Person auf eine andere voraus. [3]Auch der Tausch von Wirtschaftsgütern ist eine Veräußerung. [4]Die Überführung von Wirtschaftsgütern aus einem Betrieb in einen anderen Betrieb des Stpfl. und die Überführung von Wirtschaftsgütern aus dem Betriebsvermögen in das Privatvermögen sowie das Ausscheiden von Wirtschaftsgütern infolge höherer Gewalt sind keine Veräußerungen. [5]In den Fällen des rückwirkenden Teilwertansatzes nach § 6 Abs. 5 Satz 4 EStG ist eine Gewinnübertragung nach § 6b EStG zulässig, wenn die Übertragung des Wirtschaftsgutes entgeltlich (z. B. gegen Gewährung von Gesellschaftsrechten) erfolgt ist.

Buchwert[1)]

(2) [1]Buchwert ist der Wert, der sich für das Wirtschaftsgut im Zeitpunkt seiner Veräußerung ergeben würde, wenn für diesen Zeitpunkt eine Bilanz aufzustellen wäre. [2]Das bedeutet, dass bei abnutzbaren Anlagegütern auch noch AfA nach § 7 EStG, erhöhte Absetzungen sowie etwaige Sonderabschreibungen für den Zeitraum vom letzten Bilanzstichtag bis zum Veräußerungszeitpunkt vorgenommen werden können. [3]Eine Wertaufholung nach § 6 Abs. 1 Nr. 1 Satz 4 oder § 7 Abs. 1 Satz 7 EStG ist vorzunehmen.

H **6b.1**

Abbruchkosten. Kosten für den anlässlich einer Veräußerung des Grund und Bodens erfolgten Abbruch eines Gebäudes stellen laufenden Aufwand dar und haben keine Auswirkung auf die Höhe des Veräußerungsgewinns i. S. d. § 6b Abs. 2 EStG (→ BFH vom 27.2.1991 – BStBl. II S. 628).

Aufwuchs auf Grund und Boden.

- **Begriff.** Aufwuchs auf dem Grund und Boden sind die Pflanzen, die auf dem Grund und Boden gewachsen und noch darin verwurzelt sind (→ BFH vom 7.5.1987 – BStBl. II S. 670).
- **Veräußerungsvorgänge.** Die Anwendung des § 6b EStG ist auch dann möglich, wenn Aufwuchs auf Grund und Boden und der dazugehörige Grund und Boden in engem sachlichen (wirtschaftlichen) und zeitlichen Zusammenhang an zwei verschiedene Erwerber veräußert werden und die Veräußerungen auf einem einheitlichen Veräußerungsentschluss beruhen (→ BFH vom 7.5.1987 – BStBl. II S. 670).

Entnahme. Erwirbt der Stpfl. für die Hingabe eines Wirtschaftsguts ein Wirtschaftsgut des Privatvermögens oder wird er dafür von einer privaten Schuld befreit, liegt eine nach § 6b EStG nicht begünstigte Entnahme vor (→ BFH vom 23.6.1981 – BStBl. 1982 II S. 18); siehe aber → Tausch.

Freiwilliger Landtausch.

- Der Austausch von Grundstücken im Rahmen eines freiwilligen Landtauschs nach §§ 103a ff. des Flurbereinigungsgesetzes ist nicht nach den Grundsätzen des § 6 Abs. 6 EStG zu beurteilen, soweit Wertgleichheit besteht. Es gelten dieselben Folgen wie beim Regelflurbereinigungs- und

---

[1)] Siehe auch H 6b.2 „Buchwert" EStH.

Baulandumlegungsverfahren (→ BFH vom 23.10.2019 – BStBl. 2021 II S. 425).
– → auch Umlegungs- und Flurbereinigungsverfahren.

Grund und Boden.
– Der Begriff „Grund und Boden" umfasst nur den „nackten" Grund und Boden (→ BFH vom 24.8.1989 – BStBl. II S. 1016).
– Das Recht, ein Grundstück mit Klärschlamm zu verfüllen, ist kein vom Grund und Boden verselbständigtes Wirtschaftsgut (→ BFH vom 20.3. 2003 – BStBl. II S. 878).
– Die baurechtliche Möglichkeit, ein Grundstück mit einer Windenergieanlage zu bebauen, stellt kein selbständiges Wirtschaftsgut dar, sondern lediglich einen für den Grund und Boden wertbildenden Faktor (→ BFH vom 10.3.2016 – BStBl. II S. 984).

Nicht begünstigte Wirtschaftsgüter. Zum Grund und Boden rechnen nicht
– Gebäude,
– Bodenschätze, soweit sie als Wirtschaftsgut bereits entstanden sind,
– Eigenjagdrechte (→ BMF vom 23.6.1999 – BStBl. I S. 593),
– grundstücksgleiche Rechte,
– Be- und Entwässerungsanlagen,
– stehendes Holz,
– Obst- und Baumschulanlagen,
– Korbweidenkulturen,
– Rebanlagen,
– Spargelanlagen,
– Feldinventar,
– Rechte, den Grund und Boden zu nutzen (→ BFH vom 24.8.1989 – BStBl. II S. 1016).

Tausch. Bei tauschweiser Hingabe eines betrieblichen Wirtschaftsguts setzt die Inanspruchnahme des § 6b EStG voraus, dass der Anspruch auf das eingetauschte Wirtschaftsgut (zunächst) Betriebsvermögen wird (→ BFH vom 29.6.1995 – BStBl. 1996 II S. 60); siehe aber → Entnahme.

Umlegungs- und Flurbereinigungsverfahren. Zwischen Grundstücken, die in ein Umlegungs- oder Flurbereinigungsverfahren eingebracht werden und den daraus im Zuteilungswege erlangten Grundstücken besteht Identität, soweit die eingebrachten und erlangten Grundstücke wertgleich sind; eine Gewinnrealisierung nach Tauschgrundsätzen tritt insoweit nicht ein (→ BFH vom 13.3.1986 – BStBl. II S. 711).

Veräußerung. Veräußerung ist die entgeltliche Übertragung des wirtschaftlichen Eigentums an einem Wirtschaftsgut (→ BFH vom 27.8.1992 – BStBl. 1993 II S. 225).

Veräußerung aus dem Gesamthandsvermögen. Veräußert eine Personengesellschaft ein Wirtschaftsgut aus dem Gesamthandsvermögen an einen Gesellschafter zu Bedingungen, die bei entgeltlichen Veräußerungen zwischen Fremden üblich sind, und wird das Wirtschaftsgut bei dem Erwerber Privatvermögen, ist der dabei realisierte Gewinn insgesamt, d. h.

auch soweit der Erwerber als Gesellschafter am Vermögen der veräußernden Personengesellschaft beteiligt ist, ein begünstigungsfähiger Veräußerungsgewinn (→ BFH vom 10.7.1980 – BStBl. 1981 II S. 84).

Zeitpunkt des Übergangs des wirtschaftlichen Eigentums.

– Das wirtschaftliche Eigentum ist in dem Zeitpunkt übertragen, in dem die Verfügungsmacht (Herrschaftsgewalt) auf den Erwerber übergeht. In diesem Zeitpunkt scheidet das Wirtschaftsgut bestandsmäßig aus dem Betriebsvermögen des veräußernden Stpfl. aus und darf dementsprechend (auch handelsrechtlich) nicht mehr bilanziert werden (→ BFH vom 27.2.1986 – BStBl. II S. 552).
– → H 4.2 (1) Gewinnrealisierung.

R **6b.2** Übertragung aufgedeckter stiller Reserven und Rücklagenbildung nach § 6b EStG

Abzug des begünstigten Gewinns

(1) [1]Voraussetzung für den Abzug des begünstigten Gewinns von den Anschaffungs- oder Herstellungskosten eines Wirtschaftsgutes nach § 6b Abs. 1, 3 oder 10 EStG ist, dass das Wirtschaftgut wegen der Abweichung von der Handelsbilanz in ein besonderes, laufend zu führendes Verzeichnis aufgenommen wird (→ § 5 Abs. 1 Satz 2 EStG). [2]Nach § 6b Abs. 1 oder Abs. 10 Satz 1 bis 3 EStG kann der Abzug nur in dem Wirtschaftsjahr vorgenommen werden, in dem der begünstigte Gewinn entstanden ist (Veräußerungsjahr). [3]Ist das Wirtschaftsgut in diesem Wirtschaftsjahr angeschafft oder hergestellt worden, ist der Abzug von den gesamten in diesem Wirtschaftsjahr angefallenen Anschaffungs- oder Herstellungskosten vorzunehmen. [4]Dies gilt unabhängig davon, ob das Wirtschaftsgut vor oder nach der Veräußerung angeschafft oder hergestellt worden ist. [5]Ist das Wirtschaftsgut in dem Wirtschaftsjahr angeschafft oder hergestellt worden, das dem Veräußerungsjahr vorangegangen ist, ist der Abzug nach § 6b Abs. 1 EStG von dem Buchwert nach § 6b Abs. 5 EStG vorzunehmen. [6]Sind im Veräußerungsjahr noch nachträgliche Anschaffungs- oder Herstellungskosten angefallen, ist der Abzug von dem um diese Kosten erhöhten Buchwert vorzunehmen. [7]Nach § 6b Abs. 3 oder Abs. 10 EStG kann der Abzug nur in dem Wirtschaftsjahr vorgenommen werden, in dem das Wirtschaftsgut angeschafft oder hergestellt worden ist. [8]Der Abzug ist von den gesamten in diesem Wirtschaftsjahr angefallenen Anschaffungs- oder Herstellungskosten des Wirtschaftsgutes vorzunehmen. [9]Bei nachträglichen Herstellungskosten, die durch die Erweiterung, den Ausbau oder den Umbau eines Gebäudes entstehen, ist der Abzug nach § 6b Abs. 1, Abs. 3 oder Abs. 10 EStG unabhängig vom Zeitpunkt der ursprünglichen Anschaffung oder Herstellung dieses Wirtschaftsgutes zulässig.

Rücklagenbildung

(2) [1]Zur Erfüllung der Aufzeichnungspflichten nach § 5 Abs. 1 Satz 2 EStG ist bei der Bildung der steuerfreien Rücklage der Ansatz in der Steuerbilanz ausreichend. [2]Die Aufnahme des Wirtschaftsguts in das besondere Verzeichnis ist erst bei Übertragung der Rücklage erforderlich.

(3) [1]Rücklagen nach § 6b Abs. 3 oder Abs. 10 EStG können in der Bilanz in einem Posten zusammengefasst werden. [2]In der Buchführung muss aber im Einzelnen nachgewiesen werden, bei welchen Wirtschaftsgütern der in die Rücklage eingestellte Gewinn entstanden und auf welche Wirtschaftsgüter er übertragen oder wann die Rücklage gewinnerhöhend aufgelöst worden ist.

Rücklagenauflösung

(4) Wird der Gewinn des Stpfl. in einem Wirtschaftsjahr, das in den nach § 6b Abs. 3 oder Abs. 10 EStG maßgebenden Zeitraum fällt, geschätzt, weil keine Bilanz aufgestellt wurde, ist die Rücklage in diesem Wirtschaftsjahr gewinnerhöhend aufzulösen und ein Betrag in Höhe der Rücklage im Rahmen der Gewinnschätzung zu berücksichtigen.

Gewinnzuschlag

(5) [1]Der Gewinnzuschlag nach § 6b Abs. 7 oder Abs. 10 EStG ist in den Fällen vorzunehmen, in denen ein Abzug von den Anschaffungs- oder Herstellungskosten begünstigter Wirtschaftsgüter nicht oder nur teilweise vorgenommen worden ist und die Rücklage oder der nach Abzug verbleibende Rücklagenbetrag aufgelöst wird. [2]Ein Gewinnzuschlag ist demnach auch vorzunehmen, soweit die Auflösung einer Rücklage vor Ablauf der in § 6b Abs. 3 oder Abs. 10 EStG genannten Fristen erfolgt (vorzeitige Auflösung der Rücklage).

Übertragungsmöglichkeiten

(6) [1]Ein Stpfl. kann den begünstigten Gewinn, der in einem als Einzelunternehmen geführten Betrieb entstanden ist, vorbehaltlich der Regelung in § 6b Abs. 4 Satz 2 EStG auf Wirtschaftsgüter übertragen, die

1. zu demselben oder einem anderen als Einzelunternehmen geführten Betrieb des Stpfl. gehören oder
2. zum Betriebsvermögen einer Personengesellschaft gehören, an der der Stpfl. als Mitunternehmer beteiligt ist, soweit die Wirtschaftsgüter dem Stpfl. als Mitunternehmer zuzurechnen sind.

[2]Ein Stpfl. kann den begünstigten Gewinn aus der Veräußerung eines Wirtschaftsgutes, das zu seinem Sonderbetriebsvermögen bei einer Mitunternehmerschaft gehört, vorbehaltlich der Regelung in § 6b Abs. 4 Satz 2 EStG auf Wirtschaftsgüter übertragen, die

1. zu demselben Sonderbetriebsvermögen des Stpfl. oder zum Sonderbetriebsvermögen des Stpfl. bei einer anderen Personengesellschaft gehören oder
2. zum Gesamthandsvermögen der Personengesellschaft, der das veräußerte Wirtschaftsgut gedient hat, oder zum Gesamthandsvermögen einer anderen Personengesellschaft gehören, soweit die Wirtschaftsgüter dem Stpfl. als Mitunternehmer zuzurechnen sind, oder
3. zu einem als Einzelunternehmen geführten Betrieb des Stpfl. gehören.

[3]Wegen der Rücklage bei Betriebsveräußerung oder -aufgabe → Absatz 10.

(7) Der begünstigte Gewinn aus der Veräußerung eines Wirtschaftsgutes, das zum Gesamthandsvermögen einer Personengesellschaft gehört, kann übertragen werden

1. auf Wirtschaftsgüter, die zum Gesamthandsvermögen der Personengesellschaft gehören,
2. auf Wirtschaftsgüter, die zum Sonderbetriebsvermögen eines Mitunternehmers der Personengesellschaft gehören, aus deren Betriebsvermögen das veräußerte Wirtschaftsgut ausgeschieden ist, soweit der begünstigte Gewinn anteilig auf diesen Mitunternehmer entfällt,
3. vorbehaltlich der Regelung in § 6b Abs. 4 Satz 2 EStG auf Wirtschaftsgüter, die zum Betriebsvermögen eines anderen als Einzelunternehmen geführten Betriebs eines Mitunternehmers gehören, soweit der begünstigte Gewinn anteilig auf diesen Mitunternehmer entfällt,
4. vorbehaltlich der Regelung in § 6b Abs. 4 Satz 2 EStG auf Wirtschaftsgüter, die zum Gesamthandsvermögen einer anderen Personengesellschaft oder zum Sonderbetriebsvermögen des Mitunternehmers bei einer anderen Personengesellschaft gehören, soweit diese Wirtschaftsgüter dem Mitunternehmer der Gesellschaft, aus deren Betriebsvermögen das veräußerte Wirtschaftsgut ausgeschieden ist, zuzurechnen sind und soweit der begünstigte Gewinn anteilig auf diesen Mitunternehmer entfällt.[1)]

(8) [1] Wird der begünstigte Gewinn, der bei der Veräußerung eines Wirtschaftsgutes entstanden ist, bei den Anschaffungs- oder Herstellungskosten eines Wirtschaftsgutes eines anderen Betriebs des Stpfl. berücksichtigt, ist er erfolgsneutral dem Kapitalkonto der für den veräußernden Betrieb aufzustellenden Bilanz hinzuzurechnen. [2] Gleichzeitig ist ein Betrag in Höhe des begünstigten Gewinns von den Anschaffungs- oder Herstellungskosten der in dem anderen Betrieb angeschafften oder hergestellten Wirtschaftsgüter erfolgsneutral (zu Lasten des Kapitalkontos) abzusetzen. [3] Eine nach § 6b Abs. 3 oder Abs. 10 EStG gebildete Rücklage kann auf einen anderen Betrieb erst in dem Wirtschaftsjahr übertragen werden, in dem der Abzug von den Anschaffungs- oder Herstellungskosten bei Wirtschaftsgütern des anderen Betriebs vorgenommen wird.

Rücklage bei Änderung der Unternehmensform

(9) [1] Bei der Umwandlung eines Einzelunternehmens in eine Personengesellschaft kann der bisherige Einzelunternehmer eine von ihm gebildete Rücklage in einer Ergänzungsbilanz weiterführen. [2] Wird eine Personengesellschaft in ein Einzelunternehmen umgewandelt, kann der den Betrieb fortführende Gesellschafter eine Rücklage der Gesellschaft insoweit weiterführen, als sie (anteilig) auf ihn entfällt. [3] Bei der Realteilung einer Personengesellschaft unter Fortführung entsprechender Einzelunternehmen kann die Rücklage anteilig in den Einzelunternehmen fortgeführt werden.

Rücklage bei Betriebsveräußerung

(10) [1] Veräußert ein Stpfl. seinen Betrieb, zu dessen Betriebsvermögen eine Rücklage i. S. d. § 6b Abs. 3 oder Abs. 10 EStG gehört, oder bildet er eine solche Rücklage anlässlich der Betriebsveräußerung, kann er die Rücklage noch für die Zeit weiterführen, für die sie ohne Veräußerung des Betriebs

1) Siehe auch BFH v. 9.11.2017 IV R 19/14, BStBl. II 2018, 575.

zulässig gewesen wäre. [2]Wegen der Übertragungsmöglichkeit → Absatz 6 und 7. [3]Wird eine Rücklage, die nicht anlässlich der Betriebsveräußerung gebildet worden ist, weitergeführt, kann für den Veräußerungsgewinn der Freibetrag nach § 16 Abs. 4 EStG und eine Tarifermäßigung nach § 34 EStG nur in Anspruch genommen werden, wenn die Rücklage keine stillen Reserven enthält, die bei der Veräußerung einer wesentlichen Grundlage des Betriebs aufgedeckt worden sind. [4]Liegen die Voraussetzungen für die Weiterführung der Rücklage nicht oder nicht mehr vor, ist sie gewinnerhöhend aufzulösen. [5]Wird eine Rücklage allerdings im Rahmen einer Betriebsveräußerung aufgelöst, gehört der dabei entstehende Gewinn zum Veräußerungsgewinn. [6]Diese Grundsätze gelten bei der Veräußerung eines Mitunternehmeranteiles, bei der Auflösung einer Personengesellschaft und bei der Aufgabe eines Betriebs entsprechend.

Wechsel der Gewinnermittlungsart

(11) [1]Geht ein Stpfl. während des Zeitraums, für den eine nach § 6b Abs. 3 oder Abs. 10 EStG gebildete Rücklage fortgeführt werden kann, von der Gewinnermittlung nach § 4 Abs. 1 oder § 5 EStG zur Gewinnermittlung nach § 4 Abs. 3 EStG oder nach Durchschnittssätzen (§ 13a EStG) über, gelten für die Fortführung und die Übertragungsmöglichkeiten dieser Rücklage die Vorschriften des § 6c EStG. [2]Geht der Stpfl. von der Gewinnermittlung nach § 4 Abs. 3 EStG oder nach Durchschnittssätzen (§ 13a EStG) zur Gewinnermittlung nach § 4 Abs. 1 oder § 5 EStG über und sind im Zeitpunkt des Wechsels der Gewinnermittlungsart nach § 6c EStG begünstigte Gewinne noch nicht aufzulösen, ist in Höhe der noch nicht übertragenen Gewinne eine Rücklage in der Übergangsbilanz auszuweisen. [3]Für die weitere Behandlung dieser Rücklage gelten die Vorschriften des § 6b EStG.

Gewinne aus der Veräußerung von Anteilen an Kapitalgesellschaften

(12) [1]Für die Berechnung des Höchstbetrages nach § 6b Abs. 10 Satz 1 EStG ist der einzelne Mitunternehmer als Stpfl. anzusehen, mit der Folge, dass der Höchstbetrag von 500 000 Euro für jeden Mitunternehmer zur Anwendung kommt. [2]Dabei ist für die zeitliche Zuordnung der Gewinne bei abweichendem Wirtschaftsjahr auf den VZ abzustellen, dem die entstandenen Gewinne aus der Veräußerung nach § 4a EStG zuzuordnen sind.

(13) [1]Eine Übertragung des Gewinns auf die in dem der Veräußerung vorangegangenen Wirtschaftsjahr angeschafften oder hergestellten Wirtschaftsgüter sieht § 6b Abs. 10 Satz 1 EStG (anders als § 6b Abs. 1 Satz 1 EStG) ausdrücklich nicht vor. [2]Eine Übertragung des Gewinns ist auf die frühestens im gleichen Wirtschaftsjahr angeschafften oder hergestellten Reinvestitionsgüter möglich.

H 6b.2

Anschaffungszeitpunkt. Gehen Besitz, Nutzen und Lasten eines Wirtschaftsguts erst zum ersten Tag des folgenden Wj. über, ist das Wirtschaftsgut erst in diesem Wj. angeschafft (→ BFH vom 7.11.1991 – BStBl. 1992 II S. 398).

Buchwert.[1] Bei der Ermittlung des für die Berechnung des übertragbaren Gewinns maßgeblichen Buchwerts sind alle Bewertungsregeln des § 6 EStG zu beachten, auch die Regelungen zur Wertaufholung (→ BFH vom 9.11.2017 – BStBl. 2018 II S. 575).

Eigenaufwand für ein fremdes Wirtschaftsgut. Die Übertragung einer Rücklage auf Eigenaufwand, den der Stpfl. im betrieblichen Interesse für ein im Miteigentum oder in fremdem Eigentum stehendes Gebäude geleistet hat (→ H 4.7), ist nicht zulässig (→ BMF vom 16.12.2016 – BStBl. I S. 1431, Rdnr. 3). Wurde in der Vergangenheit anders verfahren, sind die dadurch entstandenen stillen Reserven nach den Grundsätzen zur Bilanzberichtigung gewinnerhöhend aufzulösen (→ BMF vom 16.12.2016 – BStBl. I S. 1431, Rdnr. 4 mit Übergangsregelung).

Einlage. Die Einlage eines Wirtschaftsguts in das Betriebsvermögen ist keine Anschaffung i. S. d. § 6b EStG (→ BFH vom 11.12.1984 – BStBl. 1985 II S. 250).

Gewinnzuschlag. Die Rücklage hat auch dann während des ganzen Wj. bestanden, wenn sie buchungstechnisch bereits während des laufenden Wj. aufgelöst worden ist (→ BFH vom 26.10.1989 – BStBl. 1990 II S. 290).

Beispiel zur Berechnung des Gewinnzuschlags:

Ein Stpfl., dessen Wj. mit dem Kj. übereinstimmt, veräußert am 1.2.01 ein Wirtschaftsgut. Der nach § 6b EStG begünstigte Gewinn beträgt 400 000 €. Der Stpfl. bildet in der Bilanz des Jahres 01 eine Rücklage in Höhe von 400 000 €, die er auch in den Bilanzen der Jahre 02 und 03 ausweist. Am 1.10.04 erwirbt er ein begünstigtes Wirtschaftsgut, dessen Anschaffungskosten 300 000 € betragen. Der Stpfl. nimmt einen gewinnmindernden Abzug von 300 000 € vor und löst die gesamte Rücklage gewinnerhöhend auf.

Der Gewinn aus der Auflösung der Rücklage beträgt 400 000 € – davon werden 300 000 € nach § 6b Abs. 3 Satz 4 EStG und 100 000 € nach § 6b Abs. 3 Satz 5 EStG aufgelöst. Bemessungsgrundlage für den Gewinnzuschlag sind 100 000 €. Die Rücklage hat in den Wj. 01 bis 04 bestanden. Der Gewinnzuschlag ist für jedes volle Wj. des Bestehens der Rücklage vorzunehmen; das sind die Wj. 02 bis 04, denn im Wj. 04 kann die Auflösung der Rücklage erst zum Bilanzabschluss und nicht bereits zum Zeitpunkt der Wiederanlage erfolgen.

Der Gewinnzuschlag beträgt 3 × 6% von 100 000 € = 18 000 €.

Herstellungsbeginn.

– Der für die Verlängerung der Auflösungsfrist nach § 6b Abs. 3 Satz 3 EStG maßgebende Herstellungsbeginn kann die Einreichung des Bauantrags sein (→ BFH vom 15.10.1981 – BStBl. 1982 II S. 63 und vom 9.7.2019 – BStBl. 2020 II S. 635).

– Ein vor Einreichung des Bauantrags durchgeführter Gebäudeabbruch zum Zweck der Errichtung eines Neubaus kann als Beginn der Herstellung in Betracht kommen (→ BFH vom 12.6.1978 – BStBl. II S. 620).

Mittelbare Grundstücksschenkung. Eine Rücklage kann nicht auf ein im Wege der mittelbaren Grundstücksschenkung erworbenes Grundstück übertragen werden (→ BFH vom 23.4.2009 – BStBl. 2010 II S. 664).

---

[1] Zum Buchwert bei der Veräußerung einer Grundstücks-Teilfläche siehe BFH v. 1.12. 1982 I R 37/81, BStBl. II 1983, 130.

Rücklage bei Betriebsveräußerung.
- Gewinne aus der Auflösung von Rücklagen, die nicht im Rahmen eines Gewinns aus einer Betriebsveräußerung oder -aufgabe angefallen sind, sind nicht tarifbegünstigt (→ BFH vom 4.2.1982 – BStBl. II S. 348).
- Die Zulässigkeit der Rücklage nach § 6b Abs. 3 EStG setzt nicht voraus, dass die Mittel aus der Rücklage für eine Reinvestition noch zur Verfügung stehen und eine konkrete Reinvestitionsabsicht besteht. Es genügt, dass die spätere Übertragung der Rücklage auf ein begünstigtes Reinvestitionsobjekt am Bilanzstichtag objektiv möglich ist (→ BFH vom 12.12.2000 – BStBl. 2001 II S. 282).
- Nicht der Gewerbesteuer unterliegende Gewinne aus der Veräußerung oder Aufgabe eines Gewerbebetriebs können, soweit sie auf nach § 6b Abs. 1 Satz 1 EStG begünstigte Wirtschaftsgüter entfallen, auf Wirtschaftsgüter eines land- und forstwirtschaftlichen Betriebs oder einer selbständigen Tätigkeit übertragen werden (→ BFH vom 30.8.2012 – BStBl. II S. 877).

Rücklagenauflösung. Voraussetzung für die Übertragung der Rücklage ist, dass das Gebäude bis zum Schluss des sechsten Wj. nach Bildung der Rücklage fertiggestellt wird. Die Rücklage kann in diesem Fall zum Ende des vierten auf die Bildung folgenden Wj. nur noch in der Höhe der noch zu erwartenden Herstellungskosten für das Gebäude beibehalten werden (→ BFH vom 26.10.1989 – BStBl. 1990 II S. 290).

Rücklagenbildung.
- Die Rücklage ist in der Bilanz des Wj. zu bilden, in dem der Veräußerungsgewinn entstanden ist; es handelt sich um die Ausübung eines Bilanzierungswahlrechts (→ BFH vom 30.3.1989 – BStBl. II S. 560). Das Bilanzierungswahlrecht für die Bildung und Auflösung der Rücklage ist immer durch entsprechenden Bilanzansatz im „veräußernden" Betrieb auszuüben, auch wenn sie auf Wirtschaftsgüter eines anderen Betriebs des Stpfl. übertragen werden soll (→ BFH vom 19.12.2012 – BStBl. 2013 II S. 313).
- Wird der Gewinn vom Finanzamt geschätzt, weil der Stpfl. keine Bilanz erstellt hat, ist die Bildung der Rücklage nicht zulässig (→ BFH vom 24.1.1990 – BStBl. II S. 426).
- Bei Mitunternehmern ist die Entscheidung, ob die Voraussetzungen für die Bildung einer Rücklage vorliegen, im Gewinnfeststellungsverfahren zu treffen (→ BFH vom 25.7.1979 – BStBl. 1980 II S. 43).

Übertragung einer Rücklage auf einen anderen Betrieb. Ein Veräußerungsgewinn, der in eine Rücklage nach § 6b EStG eingestellt worden ist, kann in einen anderen Betrieb des Stpfl. erst in dem Zeitpunkt überführt werden, in dem der Abzug von den Anschaffungs- oder Herstellungskosten des Reinvestitionswirtschaftsguts des anderen Betriebs vorgenommen wird (→ BFH vom 22.11.2018 – BStBl. 2019 II S. 313).

Veräußerungspreis. Der Stpfl. kann die Rücklage, die er für den Gewinn aus der Veräußerung eines Wirtschaftsguts gebildet hat, rückwirkend (§ 175 Abs. 1 Satz 1 Nr. 2 AO) aufstocken, wenn sich der Veräußerungspreis in einem späteren VZ erhöht (→ BFH vom 13.9.2000 – BStBl. 2001 II S. 641).

Er kann sie rückwirkend bilden, wenn durch diese Erhöhung erstmalig ein Veräußerungsgewinn entsteht (→ BFH vom 10.3.2016 – BStBl. II S. 984).

Wahlrecht eines Mitunternehmers. → H 4.4.

Wirtschaftsjahr. Im Fall der unentgeltlichen Betriebsübernahme während des laufenden Wj. ist das entstehende Rumpfwirtschaftsjahr beim Betriebsübergeber mit dem entstehenden Rumpfwirtschaftsjahr beim Betriebsübernehmer zu verklammern und lediglich als ein Wj. i. S. d. § 6b Abs. 3 und 7 EStG zu werten (→ BFH vom 23.4.2009 – BStBl. 2010 II S. 664).

Zeitliche Zuordnung von Gewinnen aus der Veräußerung von Anteilen an Kapitalgesellschaften.

Beispiel:

A betreibt ein Einzelunternehmen und ist außerdem als Mitunternehmer zu 50 % an der A-B OHG beteiligt, die gewerbliche Einkünfte erzielt. Im Einzelunternehmen entspricht das Wj. dem Kj. Die OHG hat ein abweichendes Wj. vom 1.7. bis 30.6.

A veräußert in seinem Einzelunternehmen im Jahr 02 Anteile an Kapitalgesellschaften mit einem Gewinn von 400 000 €. Auch die A-B OHG veräußert Anteile an Kapitalgesellschaften mit einem Gewinn von 400 000 €, wovon 200 000 € anteilig auf A entfallen, im Februar 02 (Variante 1) oder im November 02 (Variante 2).

Rechtsfolgen:

Variante 1:

a) **Einzelunternehmen:**
Der Gewinn aus der Veräußerung (400 000 €) ist dem VZ 02 zuzuordnen.

b) **A-B OHG:**
Der Gewinn des abweichenden Wj. 01/02 ist im VZ 02 steuerlich zu erfassen. Aus diesem Grund ist der Gewinn aus der Veräußerung (Gewinnanteil des A: 200 000 €) ebenfalls dem VZ 02 zuzuordnen.

c) **Höchstbetrag 500 000 €:**
Da dem VZ 02 Gewinne des A aus der Veräußerung von Anteilen an Kapitalgesellschaften in Höhe von insgesamt 600 000 € zuzuordnen sind, kommt bei ihm der Höchstbetrag von 500 000 € zum Tragen. A kann wählen, in welchem Unternehmen er den über den Höchstbetrag hinaus gehenden Gewinn von 100 000 € als laufenden Gewinn, der ggf. dem Teileinkünfteverfahren unterliegt, ansetzt.

Variante 2:

a) **Einzelunternehmen:**
Der Gewinn aus der Veräußerung (400 000 €) ist dem VZ 02 zuzuordnen.

b) **A-B OHG:**
Der Gewinn des abweichenden Wj. 02/03 ist im VZ 03 steuerlich zu erfassen. Aus diesem Grund ist der Gewinn aus der Veräußerung (Gewinnanteil des A: 200 000 €) ebenfalls dem VZ 03 zuzuordnen.

c) **Höchstbetrag 500 000 €:**
Da die Gewinne des A aus der Veräußerung von Anteilen an Kapitalgesellschaften in Höhe von 400 000 € dem VZ 02 und in Höhe von 200 000 € dem VZ 03 zuzuordnen sind, ist der Höchstbetrag von 500 000 € in keinem der beiden VZ überschritten.

R 6b.3 Sechs-Jahres-Frist i. S. d. § 6b Abs. 4 Nr. 2 EStG

(1) [1]Zur Frage der Zugehörigkeit eines Wirtschaftsgutes zum Anlagevermögen → R 6.1. [2]Wirtschaftsgüter, die sechs Jahre zum Betriebsvermögen des Stpfl. gehört haben, können in der Regel als Anlagevermögen angesehen werden, es sei denn, dass besondere Gründe vorhanden sind, die einer Zurechnung

zum Anlagevermögen entgegenstehen. [3]Hat der Stpfl. mehrere inländische Betriebsstätten oder Betriebe, deren Einkünfte zu verschiedenen Einkunftsarten gehören, ist die Sechs-Jahres-Frist auch dann gewahrt, wenn das veräußerte Wirtschaftsgut innerhalb der letzten sechs Jahre zum Betriebsvermögen verschiedener Betriebe oder Betriebsstätten des Stpfl. gehörte.

(2) Ist ein neues Wirtschaftsgut unter Verwendung von gebrauchten Wirtschaftsgütern hergestellt worden, ist die Voraussetzung des § 6b Abs. 4 Satz 1 Nr. 2 EStG nur erfüllt, wenn seit der Fertigstellung dieses Wirtschaftsgutes sechs Jahre vergangen sind und das Wirtschaftsgut seit dieser Zeit ununterbrochen zum Anlagevermögen einer inländischen Betriebsstätte des veräußernden Stpfl. gehört hat.

(3) [1]Die Dauer der Zugehörigkeit eines Wirtschaftsgutes zum Betriebsvermögen wird durch nachträgliche Herstellungskosten nicht berührt. [2]Das gilt auch dann, wenn es sich bei den nachträglichen Herstellungskosten um Aufwendungen für einen Ausbau, einen Umbau oder eine Erweiterung eines Gebäudes handelt. [3]Entstehen dagegen durch Baumaßnahmen selbständige Gebäudeteile, gilt Absatz 2 entsprechend.

(4) Bei einem Wirtschaftsgut, das an Stelle eines infolge höherer Gewalt oder infolge oder zur Vermeidung eines behördlichen Eingriffs aus dem Betriebsvermögen ausgeschiedenen Wirtschaftsgutes angeschafft oder hergestellt worden ist (Ersatzwirtschaftsgut im Sinne von R 6.6 Abs. 1 Satz 2 Nr. 2), ist die Sechs-Jahres-Frist erfüllt, wenn das zwangsweise ausgeschiedene Wirtschaftsgut und das Ersatzwirtschaftsgut zusammen sechs Jahre zum Anlagevermögen des Stpfl. gehört haben.

(5) Werden beim Übergang eines Betriebs oder Teilbetriebs die Buchwerte fortgeführt, ist für die Berechnung der Sechs-Jahres-Frist des § 6b Abs. 4 Satz 1 Nr. 2 EStG die Besitzzeit des Rechtsvorgängers der Besitzzeit des Rechtsnachfolgers hinzuzurechnen.

(6) [1]Sind Anteile an einer Kapitalgesellschaft durch Kapitalerhöhung aus Gesellschaftsmitteln entstanden, ist der Besitzzeit dieser (neuen) Anteilsrechte die Besitzzeit der (alten) Anteilsrechte hinzuzurechnen, auf die die (neuen) Anteilsrechte entfallen sind. [2]Der Besitzzeit von Bezugsrechten ist die Besitzzeit der (alten) Anteilsrechte hinzuzurechnen, von denen sie abgespalten sind. [3]Anteilsrechte, die bei einer Kapitalerhöhung gegen Leistung einer Einlage erworben worden sind, können jedoch nicht – auch nicht teilweise – als mit den aus den alten Anteilsrechten abgespaltenen Bezugsrechten wirtschaftlich identisch angesehen werden. [4]Sie erfüllen deshalb nur dann die Voraussetzung des § 6b Abs. 4 Satz 1 Nr. 2 EStG, wenn sie selbst mindestens sechs Jahre ununterbrochen zum Anlagevermögen einer inländischen Betriebsstätte des Stpfl. gehört haben.

H 6b.3

Baulandumlegungen. → H 6b.1 (Umlegungs- und Flurbereinigungsverfahren).

Erbauseinandersetzung/vorweggenommene Erbfolge. Wegen der Besitzzeitanrechnung im Falle der Erbauseinandersetzung und der vorweggenommenen Erbfolge → BMF vom 14.3.2006 (BStBl. I S. 253) unter Berücksichtigung der Änderungen durch BMF vom 27.12.2018 (BStBl. 2019 I S. 11) und → BMF vom 13.1.1993 (BStBl. I S. 80) unter Berücksichtigung der Änderungen durch BMF vom 26.2.2007 (BStBl. I S. 269).

H 6b.4

Zweifelsfragen im Zusammenhang mit § 6b Abs. 2a EStG. → BMF vom 7.3.2018 (BStBl. I S. 309).

Zu § 6c EStG

R 6c.[1] Übertragung stiller Reserven bei der Veräußerung bestimmter Anlagegüter bei der Ermittlung des Gewinns nach § 4 Abs. 3 EStG oder nach Durchschnittssätzen

(1) [1] Für die Ermittlung des nach § 6c EStG begünstigten Gewinns gilt § 6b Abs. 2 EStG entsprechend. [2] Danach ist bei der Veräußerung eines nach § 6c EStG begünstigten Wirtschaftsgutes ohne Rücksicht auf den Zeitpunkt des Zufließens des Veräußerungspreises als Gewinn der Betrag begünstigt, um den der Veräußerungspreis nach Abzug der Veräußerungskosten die Aufwendungen für das veräußerte Wirtschaftsgut übersteigt, die bis zu seiner Veräußerung noch nicht als Betriebsausgaben abgesetzt worden sind. [3] Der Veräußerungspreis ist also in voller Höhe im Veräußerungszeitpunkt als Betriebseinnahme zu behandeln, auch wenn er nicht gleichzeitig zufließt. [4] Der (früher oder später) tatsächlich zufließende Veräußerungserlös bleibt außer Betracht, wird also nicht als Betriebseinnahme angesetzt. [5] Ein nach § 6c EStG i. V. m. § 6b Abs. 1 Satz 1 EStG vorgenommener Abzug von den Anschaffungs- oder Herstellungskosten begünstigter Investitionen ist als Betriebsausgabe zu behandeln. [6] Soweit der Stpfl. im Jahr der Veräußerung keinen Abzug in Höhe des begünstigten Gewinns von den Anschaffungs- und Herstellungskosten der im Veräußerungsjahr durchgeführten begünstigten Neuinvestitionen und auch keinen Abzug von dem Betrag nach § 6b Abs. 5 EStG der im Vorjahr angeschafften oder hergestellten begünstigten Wirtschaftsgüter vornimmt, kann er im Jahr der Veräußerung eine fiktive Betriebsausgabe absetzen. [7] Diese Betriebsausgabe ist innerhalb des Zeitraums, in dem bei einem buchführenden Stpfl. eine nach § 6b Abs. 3 EStG gebildete Rücklage auf Neuinvestitionen übertragen werden kann (Übertragungsfrist), durch fiktive Betriebseinnahmen in Höhe der Beträge auszugleichen, die nach § 6c EStG i. V. m. § 6b Abs. 3 EStG von den Anschaffungs- oder Herstellungskosten begünstigter Investitionen abgezogen und als Betriebsausgabe behandelt werden. [8] In Höhe des am Ende der Übertragungsfrist verbleibenden Betrags ist eine (sich in vollem Umfang gewinnerhöhend auswirkende) Betriebseinnahme anzusetzen. [9] Soweit nur für einen Teil des Veräußerungsgewinnes § 6c EStG in Anspruch genommen wird, gelten vorstehende Regelungen für den entsprechenden Teil des Veräußerungserlöses bzw. Veräußerungsgewinns.

---

[1] Siehe auch BFH v. 12.11.1992 IV R 92/91, BStBl. II 1993, 366.

(2) [1]Wird der Gewinn vom Finanzamt geschätzt, ist der Abzug nicht zulässig. [2]Wird der Gewinn des Stpfl. in einem Wirtschaftsjahr, das in den nach § 6b Abs. 3 EStG maßgebenden Zeitraum fällt, geschätzt, ist ein Zuschlag in Höhe des ursprünglichen Abzugsbetrags vorzunehmen; § 6b Abs. 7 EStG ist zu beachten.

(3) § 6b Abs. 10 EStG ist entsprechend anzuwenden.

H 6c

Antrag auf Rücklage. Wird der Gewinn nach § 4 Abs. 3 EStG ermittelt und ein Antrag auf Rücklage nach § 6b EStG gestellt, ist der Antrag dahin auszulegen, dass ein Abzug nach § 6c Abs. 1 EStG begehrt wird (→ BFH vom 30.1.2013 – BStBl. II S. 684).

Berechnungsbeispiel:

Ein Stpfl., der den Gewinn nach § 4 Abs. 3 EStG ermittelt, hat ein Werkstattgebäude für 15 000 € veräußert, auf das im Veräußerungszeitpunkt noch insgesamt 3000 € AfA hätten vorgenommen werden können. Die Veräußerungskosten betragen 1000 €. Der Stpfl. will für den bei der Veräußerung erzielten Gewinn § 6c EStG in Anspruch nehmen. Er nimmt im Veräußerungsjahr für 4000 € und in den beiden folgenden Wj. für 1000 € und 2000 € nach § 6b Abs. 1 Satz 3 EStG begünstigte Erweiterungen an seinem Ladengebäude vor.

Der Veräußerungserlös gilt ohne Rücksicht darauf, wann er tatsächlich zufließt, als im Veräußerungsjahr vereinnahmt. Entsprechend gelten die Veräußerungskosten als im Veräußerungsjahr verausgabt. Die Veräußerung des Werkstattgebäudes führt deshalb zu einem nach § 6c EStG begünstigten Gewinn von 15 000 € (Veräußerungserlös) – 3000 € („Restbuchwert") – 1000 € (Veräußerungskosten) = 11 000 €. Da der Stpfl. im Veräußerungsjahr von den Anschaffungs- oder Herstellungskosten der in diesem Jahr vorgenommenen Neuinvestitionen einen Abzug von 4000 € vornimmt, liegt in Höhe dieser 4000 € eine Betriebsausgabe vor, so dass sich von dem Gewinn aus der Veräußerung des Gebäudes nur noch ein Betrag von (11 000 – 4000) = 7000 € auswirkt. In Höhe dieser 7000 € kann der Stpfl. im Veräußerungsjahr noch eine fiktive Betriebsausgabe absetzen und damit den bei der Veräußerung entstandenen Gewinn neutralisieren.

In dem auf die Veräußerung folgenden Wj. nimmt er von den Anschaffungs- oder Herstellungskosten der Neuinvestitionen einen Abzug von 1000 € vor, der als Betriebsausgabe zu behandeln ist. Er hat infolgedessen eine fiktive Betriebseinnahme von 1000 € anzusetzen, um den Vorgang zu neutralisieren.

Im zweiten auf die Veräußerung folgenden Wj. nimmt er von den Anschaffungs- oder Herstellungskosten der Neuinvestitionen einen Abzug von 2000 € vor, der als Betriebsausgabe zu behandeln ist. Er hat deshalb in diesem Wj. eine fiktive Betriebseinnahme von 2000 € anzusetzen, um den Vorgang zu neutralisieren.

Durch die beiden fiktiven Betriebseinnahmen von 1000 € und 2000 € ist die fiktive Betriebsausgabe im Jahr der Veräußerung von 7000 € bis auf einen Betrag von 4000 € ausgeglichen. In Höhe dieses Betrags hat der Stpfl. spätestens im vierten auf die Veräußerung folgenden Wj. eine weitere (sich in vollem Umfang gewinnerhöhend auswirkende) fiktive Betriebseinnahme anzusetzen, wenn er nicht bis zum Schluss des vierten auf die Veräußerung folgenden Wj. mit der Herstellung eines neuen Gebäudes begonnen hat.

Soweit der Stpfl. einen Abzug von den Anschaffungs- oder Herstellungskosten angeschaffter oder hergestellter Wirtschaftsgüter vorgenommen hat, kann er von dem Wirtschaftsgut keine AfA, erhöhte Absetzungen oder Sonderabschreibungen mehr vornehmen.

Veräußerungspreis. → H 6b.2.

Wechsel der Gewinnermittlungsart. Zur Behandlung eines nach §§ 6b, 6c EStG begünstigten Gewinns bei Wechsel der Gewinnermittlung → R 6b.2 Abs. 11.

Zeitpunkt der Wahlrechtsausübung. Das Wahlrecht der Gewinnübertragung nach § 6c EStG kann bis zum Eintritt der formellen Bestandskraft der Steuerfestsetzung ausgeübt werden; seine Ausübung ist auch nach Ergehen eines Urteils in der Tatsacheninstanz bis zum Ablauf der Rechtsmittelfrist zulässig. In diesem Fall ist die Steuerfestsetzung in entsprechender Anwendung des § 175 Abs. 1 Satz 1 Nr. 2 AO zu ändern (→ BFH vom 30.8. 2001 – BStBl. 2002 II S. 49).

Zweifelsfragen im Zusammenhang mit § 6b Abs. 2a EStG. → H 6b.4.

Zu § 7 EStG
(§§ 10, 11c, 11d und 15 EStDV)

R 7.1 Abnutzbare Wirtschaftsgüter

Allgemeines

(1) AfA ist vorzunehmen für

1. bewegliche Wirtschaftsgüter (§ 7 Abs. 1 Satz 1, 2, 4 bis 7 EStG),
2.[1] immaterielle Wirtschaftsgüter (§ 7 Abs. 1 Satz 1 bis 5 und 7 EStG),
3. unbewegliche Wirtschaftsgüter, die keine Gebäude oder Gebäudeteile sind (§ 7 Abs. 1 Satz 1, 2, 5 und 7 EStG), und
4. Gebäude und Gebäudeteile (§ 7 Abs. 1 Satz 5 und Abs. 4, 5 und 5a EStG),

die zur Erzielung von Einkünften verwendet werden und einer wirtschaftlichen oder technischen Abnutzung unterliegen.

Bewegliche Wirtschaftsgüter

(2) [1]Bewegliche Wirtschaftsgüter können nur Sachen (§ 90 BGB), Tiere (§ 90a BGB) und Scheinbestandteile (§ 95 BGB) sein. [2]Schiffe und Flugzeuge sind auch dann bewegliche Wirtschaftsgüter, wenn sie im Schiffsregister bzw. in der Luftfahrzeugrolle eingetragen sind.

(3) [1]Betriebsvorrichtungen sind selbständige Wirtschaftsgüter, weil sie nicht in einem einheitlichen Nutzungs- und Funktionszusammenhang mit dem Gebäude stehen. [2]Sie gehören auch dann zu den beweglichen Wirtschaftsgütern, wenn sie wesentliche Bestandteile eines Grundstücks sind.

(4) [1]Scheinbestandteile entstehen, wenn bewegliche Wirtschaftsgüter zu einem vorübergehenden Zweck in ein Gebäude eingefügt werden. [2]Einbauten zu vorübergehenden Zwecken sind auch

1. die vom Stpfl. für seine eigenen Zwecke vorübergehend eingefügten Anlagen,
2. die vom Vermieter oder Verpächter zur Erfüllung besonderer Bedürfnisse des Mieters oder Pächters eingefügten Anlagen, deren Nutzungsdauer nicht länger als die Laufzeit des Vertragsverhältnisses ist.

---

[1] Zur Abnutzbarkeit immaterieller Wirtschaftsgüter vgl. BFH v. 28.5.1998 IV R 48/97, BStBl. II 1998, 775.

Gebäude und Gebäudeteile

(5) [1] Für den Begriff des Gebäudes sind die Abgrenzungsmerkmale des Bewertungsrechts maßgebend. [2] Ein Gebäude ist ein Bauwerk auf eigenem oder fremdem Grund und Boden, das Menschen oder Sachen durch räumliche Umschließung Schutz gegen äußere Einflüsse gewährt, den Aufenthalt von Menschen gestattet, fest mit dem Grund und Boden verbunden, von einiger Beständigkeit und standfest ist.

(6) Zu den selbständigen unbeweglichen Wirtschaftsgütern i. S. d. § 7 Abs. 5a EStG gehören insbesondere Mietereinbauten und -umbauten, die keine Scheinbestandteile oder Betriebsvorrichtungen sind, Ladeneinbauten und ähnliche Einbauten (→ R 4.2 Abs. 3 Satz 3 Nr. 3) sowie sonstige selbständige Gebäudeteile i. S. d. R 4.2 Abs. 3 Satz 3 Nr. 5.

H 7.1

Arzneimittelzulassungen. Eine entgeltlich erworbene Arzneimittelzulassung ist dem Grunde nach ein abnutzbares Wirtschaftsgut (→ BMF vom 12.7.1999 – BStBl. I S. 686).

Betriebsvorrichtungen. Zur Abgrenzung von den Betriebsgrundstücken sind die allgemeinen Grundsätze des Bewertungsrechts anzuwenden → § 68 Abs. 2 Nr. 2, § 99 Abs. 1 Nr. 1 BewG;[1] Gleich lautende Erlasse der obersten Finanzbehörden der Länder vom 5.6.2013 (BStBl. I S. 734).[2]

Bewegliche Wirtschaftsgüter. Immaterielle Wirtschaftsgüter (→ R 5.5 Abs. 1) gehören nicht zu den beweglichen Wirtschaftsgütern (→ BFH vom 22.5.1979 – BStBl. II S. 634).

Biogasanlage. Zur Abgrenzung der Wirtschaftsgüter und AfA → BMF vom 11.4.2022 (BStBl. I S. 633), Rn. 14–17.

Domain-Namen. Aufwendungen, die für die Übertragung eines Domain-Namens an den bisherigen Domaininhaber geleistet werden, sind Anschaffungskosten für ein in der Regel nicht abnutzbares immaterielles Wirtschaftsgut (→ BFH vom 19.10.2006 – BStBl. 2007 II S. 301).

Drittaufwand. → H 4.7.

Eigenaufwand für ein fremdes Wirtschaftsgut. → H 4.7.

Garagen. Garagen, die auf dem Gelände eines großen Mietwohnungskomplexes nachträglich errichtet werden, sind dann als selbständige Wirtschaftsgüter gesondert abzuschreiben, wenn ihre Errichtung nicht Bestandteil der Baugenehmigung für das Mietwohngebäude war und kein enger Zusammenhang zwischen der Nutzung der Wohnungen und der Garagen besteht, weil die Zahl der Garagen hinter der Zahl der Wohnungen deutlich zurückbleibt und die Garagen zum Teil an Dritte vermietet sind (→ BFH vom 22.9.2005 – BStBl. 2006 II S. 169).

---

[1] **Steuergesetze** Nr. **200**. – Siehe auch Abschn. 1 und 3 BewRGr (Nr. **200**) und R B 99 ErbStR (Nr. **250**).

[2] Sog. Abgrenzungserlass mit Abgrenzungs-ABC (**Steuererlasse** Nr. **200** § 68/1).

Gebäude.

- Ein Container ist ein Gebäude, wenn er nach seiner individuellen Zweckbestimmung für eine dauernde Nutzung an einem Ort aufgestellt ist und seine Beständigkeit durch die ihm zugedachte Ortsfestigkeit auch im äußeren Erscheinungsbild deutlich wird (→ BFH vom 23.9.1988 – BStBl. 1989 II S. 113).
- Ein sog. Baustellencontainer ist kein Gebäude, da es an der Ortsfestigkeit fehlt (→ BFH vom 18.6.1986 – BStBl. II S. 787).
- Bürocontainer, die auf festen Fundamenten ruhen, sind Gebäude (→ BFH vom 25.4.1996 – BStBl. II S. 613).
- Eine Tankstellenüberdachung mit einer Fläche von mehr als 400 m² ist ein Gebäude (→ BFH vom 28.9.2000 – BStBl. 2001 II S. 137).
- Musterhäuser der Fertighausindustrie sind Gebäude. Dies gilt auch dann, wenn das Musterhaus primär Präsentations- und Werbezwecken dient (→ BFH vom 23.9.2008 – BStBl. 2009 II S. 986).

Gebäudeteile.

- Gebäudeteile sind selbständige Wirtschaftsgüter und deshalb gesondert abzuschreiben, wenn sie mit dem Gebäude nicht in einem einheitlichen Nutzungs- und Funktionszusammenhang stehen (→ BFH vom 26.11. 1973 – BStBl. 1974 II S. 132).
- → R 4.2 Abs. 3.

Geschäfts- oder Firmenwert. Zur Abschreibung des Geschäfts- oder Firmenwerts → BMF vom 20.11.1986 (BStBl. I S. 532).

Mietereinbauten.

- Mieterein- und -umbauten als unbewegliche Wirtschaftsgüter, die keine Gebäude oder Gebäudeteile sind → BMF vom 15.1.1976 (BStBl. I S. 66).[1]
- Zur Höhe der AfA bei Mietereinbauten → H 7.4.

Namensrecht. → H 5.5.

Nießbrauch und andere Nutzungsrechte.

- Zur Abschreibung bei Bestellung eines Nießbrauchs oder eines anderen Nutzungsrechts bei Einkünften aus Vermietung und Verpachtung → BMF vom 30.9.2013 (BStBl. I S. 1184).
- Berücksichtigung von Aufwendungen bei der unentgeltlichen Nutzungsüberlassung von Gebäuden oder Gebäudeteilen (Eigen- und Drittaufwand) → H 4.7 (Drittaufwand, Eigenaufwand für ein fremdes Wirtschaftsgut).

Praxiswert. Zur Abschreibung des Praxiswerts → BFH vom 24.2.1994 (BStBl. II S. 590).[2]

Scheinbestandteile. Eine Einfügung zu einem vorübergehenden Zweck ist anzunehmen, wenn die Nutzungsdauer der eingefügten beweglichen Wirtschaftsgüter länger als die Nutzungsdauer ist, für die sie eingebaut werden, die eingefügten beweglichen Wirtschaftsgüter auch nach ihrem Ausbau noch einen beachtlichen Wiederverwendungswert repräsentieren und nach

---

[1] Siehe ferner BFH v. 28.10.1999 III R 55/97, BStBl. II 2000, 150 (Alarmanlage in Spielhalle).

[2] Siehe auch BMF v. 15.1.1995, BStBl. I 1995, 14.

den Umständen, insbesondere nach Art und Zweck der Verbindung, damit gerechnet werden kann, dass sie später wieder entfernt werden (→ BFH vom 24.11.1970 – BStBl. 1971 II S. 157 und vom 4.12.1970 – BStBl. 1971 II S. 165).

Unbewegliche Wirtschaftsgüter, die keine Gebäude oder Gebäudeteile sind.
- Außenanlagen wie Einfriedungen bei Betriebsgrundstücken (→ BFH vom 2.6.1971 – BStBl. II S. 673),
- Hof- und Platzbefestigungen, Straßenzufahrten und Umzäunungen bei Betriebsgrundstücken (→ BFH vom 1.7.1983 – BStBl. II S. 686 und vom 10.10.1990 – BStBl. 1991 II S. 59), wenn sie nicht ausnahmsweise Betriebsvorrichtungen sind (→ BFH vom 30.4.1976 – BStBl. II S. 527), nicht aber Umzäunungen bei Wohngebäuden, wenn sie in einem einheitlichen Nutzungs- und Funktionszusammenhang mit dem Gebäude stehen (→ BFH vom 30.6.1966 – BStBl. III S. 541 und vom 15.12.1977 – BStBl. 1978 II S. 210 sowie R 21.1 Abs. 3 Satz 1).

Vertragsarztzulassung. Aufwendungen für den entgeltlichen Erwerb einer unbefristet erteilten Vertragsarztzulassung sind Anschaffungskosten für ein nicht abnutzbares immaterielles Wirtschaftsgut, wenn die Vertragsarztzulassung nicht zum Praxiswert gehört (→ BFH vom 21.2.2017 – BStBl. II S. 694).

Warenzeichen (Marke). Ein entgeltlich erworbenes Warenzeichen (Marke) ist dem Grunde nach ein abnutzbares Wirtschaftsgut (→ BMF vom 12.7.1999 – BStBl. I S. 686).

Wirtschaftliche oder technische Abnutzung.
- Ständig in Gebrauch befindliche Möbelstücke unterliegen einer technischen Abnutzung, auch wenn die Gegenstände schon 100 Jahre alt sind und im Wert steigen (→ BFH vom 31.1.1986 – BStBl. II S. 355).
- Gemälde eines anerkannten Meisters sind keine abnutzbaren Wirtschaftsgüter (→ BFH vom 2.12.1977 – BStBl. 1978 II S. 164).
- Sammlungs- und Anschauungsobjekte sind keine abnutzbaren Wirtschaftsgüter (→ BFH vom 9.8.1989 – BStBl. 1990 II S. 50).

Wirtschaftsüberlassungsvertrag. Bei Überlassung der Nutzung eines landwirtschaftlichen Betriebs im Rahmen eines sog. Wirtschaftsüberlassungsvertrags steht dem Eigentümer und Nutzungsverpflichteten die AfA für die in seinem Eigentum verbliebenen Wirtschaftsgüter auch weiterhin zu (→ BFH vom 23.1.1992 – BStBl. 1993 II S. 327 und BMF vom 29.4.1993 – BStBl. I S. 337).

R 7.2 Wirtschaftsgebäude, Mietwohnneubauten und andere Gebäude

Wohnzwecke

(1) [1] Ein Gebäude dient Wohnzwecken, wenn es dazu bestimmt und geeignet ist, Menschen auf Dauer Aufenthalt und Unterkunft zu ermöglichen. [2] Wohnzwecken dienen auch Wohnungen, die aus besonderen betrieblichen Gründen an Betriebsangehörige überlassen werden, z. B. Wohnungen für den

Hausmeister, für das Fachpersonal, für Angehörige der Betriebsfeuerwehr und für andere Personen, auch wenn diese aus betrieblichen Gründen unmittelbar im Werksgelände ständig einsatzbereit sein müssen. [3]Gebäude dienen nicht Wohnzwecken, soweit sie zur vorübergehenden Beherbergung von Personen bestimmt sind, wie z. B. Ferienwohnungen sowie Gemeinschaftsunterkünfte, in denen einzelne Plätze, z. B. für ausländische Flüchtlinge, zur Verfügung gestellt werden.

(2) Zu den Räumen, die Wohnzwecken dienen, gehören z. B.

1. die Wohn- und Schlafräume, Küchen und Nebenräume einer Wohnung,
2. die zur räumlichen Ausstattung einer Wohnung gehörenden Räume, wie Bodenräume, Waschküchen, Kellerräume, Trockenräume, Speicherräume, Vorplätze, Bade- und Duschräume, Fahrrad- und Kinderwagenräume usw., gleichgültig, ob sie zur Benutzung durch den einzelnen oder zur gemeinsamen Benutzung durch alle Hausbewohner bestimmt sind, und
3. die zu einem Wohngebäude gehörenden Garagen.

(3) [1]Räume, die sowohl Wohnzwecken als auch gewerblichen oder beruflichen Zwecken dienen, sind, je nachdem, welchem Zweck sie überwiegend dienen, entweder ganz den Wohnzwecken oder ganz den gewerblichen oder beruflichen Zwecken dienenden Räumen zuzurechnen. [2]Das häusliche Arbeitszimmer des Mieters ist zur Vereinfachung den Wohnzwecken dienenden Räumen zuzurechnen.

Bauantrag

(4) [1]Unter Bauantrag ist das Schreiben zu verstehen, mit dem die landesrechtlich vorgesehene Genehmigung für den beabsichtigten Bau angestrebt wird. [2]Zeitpunkt der Beantragung einer Baugenehmigung ist der Zeitpunkt, zu dem der Bauantrag bei der nach Landesrecht zuständigen Behörde gestellt wird; maßgebend ist regelmäßig der Eingangsstempel dieser Behörde. [3]Das gilt auch dann, wenn die Bauplanung nach Beantragung der Baugenehmigung geändert wird, ohne dass ein neuer Bauantrag erforderlich ist. [4]Ist ein Bauantrag abgelehnt worden und die Baugenehmigung erst auf Grund eines neuen Antrags erteilt worden, ist Zeitpunkt der Antragstellung der Eingang des neuen Bauantrags bei der zuständigen Behörde. [5]Bei baugenehmigungsfreien Bauvorhaben, für die Bauunterlagen einzureichen sind, ist der Zeitpunkt maßgebend, zu dem die Bauunterlagen eingereicht werden. [6]Bei baugenehmigungsfreien Bauvorhaben, für die keine Bauunterlagen einzureichen sind, tritt an die Stelle des Bauantrags der Beginn der Herstellung.

Obligatorischer Vertrag

(5) Ein obligatorischer Vertrag über den Erwerb eines Grundstücks (Kaufvertrag oder Kaufanwartschaftsvertrag) ist zu dem Zeitpunkt rechtswirksam abgeschlossen, zu dem er notariell beurkundet ist.

H 7.2

Bauantrag.

– Anträge, die die Finanzierung des geplanten Baus betreffen, sowie sog. Bauvoranfragen bei der Baugenehmigungsbehörde sind nicht als Bauanträge anzusehen, weil sie nicht die Erlangung der Baugenehmigung, sondern nur die Klärung von Vorfragen zum Ziel haben (→ BFH vom 28.3.1966 – BStBl. III S. 454 und vom 7.3.1980 – BStBl. II S. 411).

– Wird die Bauplanung nach Beantragung der Baugenehmigung so grundlegend geändert, dass ein neuer Bauantrag gestellt werden muss, ist Zeitpunkt der Antragstellung der Eingang des neuen Bauantrags bei der zuständigen Behörde (→ BFH vom 28.9.1982 – BStBl. 1983 II S. 146).
– Die Bauanzeige steht einem Bauantrag gleich (→ BFH vom 18.4.1990 – BStBl. II S. 754).

Obligatorischer Vertrag. Mit einem obligatorischen Erwerbsvertrag wird zum einen eine beidseitige Bindung von Voreigentümer und Erwerber definiert, zum anderen – notariell beurkundet – ein objektiv eindeutiger Zeitpunkt hierfür festgelegt (→ BFH vom 19.2.2013 – BStBl. II S. 482). Ein obligatorischer Vertrag gilt auch dann in dem Zeitpunkt der notariellen Beurkundung als rechtswirksam abgeschlossen, wenn der Vertrag erst nach Eintritt einer aufschiebenden Bedingung oder nach Ablauf einer Frist wirksam werden soll oder noch einer Genehmigung bedarf; bei einem Vertragsabschluss durch einen Vertreter ohne Vertretungsmacht gilt der obligatorische Vertrag im Zeitpunkt der Abgabe der Genehmigungserklärung durch den Vertretenen als rechtswirksam abgeschlossen (→ BFH vom 2.2.1982 – BStBl. II S. 390).

Wohnzwecke.

– Die Nutzung zu Wohnzwecken setzt die Eignung der betreffenden Räume zur eigenständigen Haushaltsführung und die tatsächliche und rechtliche Sachherrschaft der Bewohner über sie voraus. Die Räume müssen überdies als Mindestausstattung eine Heizung, eine Küche, ein Bad und eine Toilette enthalten. Die überlassenen Wohneinheiten müssen aber nicht notwendig mit einem eigenen Bad/WC oder einer eigenen Küche ausgestattet sein. Das Merkmal „Wohnzwecken dienen" kann auch dann erfüllt sein, wenn die Möglichkeit des Einbaus einer Kochgelegenheit oder die Möglichkeit der Mitbenutzung von Küche und Bad/WC gegeben ist. Die tatsächliche und rechtliche Sachherrschaft über die Räume haben die Bewohner dann, wenn sie die ihnen überlassenen Zimmer abschließen und anderen Personen den Zutritt verwehren können. Auch die Unterbringung in einem Mehrbettzimmer steht der Beurteilung einer Nutzung zu Wohnzwecken nicht entgegen. Unerheblich ist, ob und in welchem Umfang der Bewohner in den Räumen neben dem Wohnen weitere Dienstleistungen in Anspruch nimmt (→ BFH vom 30.9.2003 – BStBl. 2004 II S. 223 – zum Pflegezimmer; BStBl. 2004 II S. 225 zum betreuten Wohnen; BStBl. 2004 II S. 221 und BFH vom 15.12.2005 – BStBl. 2006 II S. 559 zum Pflegeheim).
– Wohnungen, deren einzelne Zimmer in der Regel für zwölf Monate an obdachlose Suchtkranke vermietet werden, um sie auf ein selbständiges Wohnen vorzubereiten, dienen Wohnzwecken (→ BFH vom 15.12.2005 – BStBl. 2006 II S. 561).
– Das häusliche Arbeitszimmer eines Arbeitnehmers im eigenen Haus dient nicht Wohnzwecken (→ BFH vom 30.6.1995 – BStBl. II S. 598).

– Ein Gebäude, das Ferienwohnungen enthält, die für kürzere Zeiträume an wechselnde Feriengäste vermietet werden, dient nicht Wohnzwecken (→ BFH vom 14.3.2000 – BStBl. 2001 II S. 66).

R **7.3** Bemessungsgrundlage für die AfA

Entgeltlicher Erwerb und Herstellung

(1) [1] Bemessungsgrundlage für die AfA sind grundsätzlich die Anschaffungs- oder Herstellungskosten des Wirtschaftsgutes oder der an deren Stelle tretende Wert, z. B. § 6 Abs. 5 Satz 4 bis 6, § 7a Abs. 9, § 7b Abs. 1 Satz 2[1)] und § 7g Abs. 2 Satz 2[2)] EStG; §§ 10 und 10a EStDV. [2] Wird ein teilfertiges Gebäude erworben und fertig gestellt, gehören zu den Herstellungskosten die Anschaffungskosten des teilfertigen Gebäudes und die Herstellungskosten zur Fertigstellung des Gebäudes.

Fertigstellung von Teilen eines Gebäudes zu verschiedenen Zeitpunkten

(2) Wird bei der Errichtung eines zur unterschiedlichen Nutzung bestimmten Gebäudes zunächst ein zum Betriebsvermögen gehörender Gebäudeteil und danach ein zum Privatvermögen gehörender Gebäudeteil fertig gestellt, hat der Stpfl. ein Wahlrecht, ob er vorerst in die AfA-Bemessungsgrundlage des fertig gestellten Gebäudeteiles die Herstellungskosten des noch nicht fertig gestellten Gebäudeteiles einbezieht oder ob er hierauf verzichtet.

Unentgeltlicher Erwerb

(3) Bei unentgeltlich erworbenen Wirtschaftsgütern sind § 6 Abs. 3 und 4 EStG und § 11d EStDV sowohl im Falle der Gesamtrechtsnachfolge als auch im Falle der Einzelrechtsnachfolge anzuwenden.

Zuschüsse, Übertragung stiller Reserven

(4) [1] Ist dem Stpfl. im Jahr der Anschaffung oder Herstellung eines Wirtschaftsgutes für dieses Wirtschaftsgut ein Zuschuss bewilligt worden, den er nach R 6.5 erfolgsneutral behandelt, oder hat er einen Abzug nach § 6b Abs. 1, 3 oder 10 EStG oder nach R 6.6 vorgenommen, ist die AfA von den um den Zuschuss oder Abzugsbetrag geminderten Anschaffungs- oder Herstellungskosten zu bemessen. [2] Ist dem Stpfl. der Zuschuss in einem auf das Jahr der Anschaffung oder Herstellung folgenden Wirtschaftsjahr bewilligt worden oder hat er den Abzug zulässigerweise in einem auf das Jahr der Anschaffung oder Herstellung des Wirtschaftsgutes folgenden Wirtschaftsjahr vorgenommen, bemisst sich die weitere AfA in den Fällen des § 7 Abs. 4 Satz 1 und Abs. 5 EStG ebenfalls nach den um den Zuschuss- oder Abzugsbetrag geminderten Anschaffungs- oder Herstellungskosten, in allen anderen Fällen nach dem um den Zuschuss- oder Abzugsbetrag geminderten Buchwert oder Restwert des Wirtschaftsgutes.

---

1) **[Amtl. Anm.:]** § 7b Abs. 1 Satz 2 a. F. EStG.
2) **[Amtl. Anm.:]** Jetzt § 7g Abs. 2 Satz 3 EStG.

Nachträgliche Herstellungskosten

(5) [1]Sind nachträgliche Herstellungsarbeiten an einem Wirtschaftsgut so umfassend, dass hierdurch ein anderes Wirtschaftsgut entsteht, ist die weitere AfA nach der Summe aus dem Buchwert oder Restwert des bisherigen Wirtschaftsgutes und nach den nachträglichen Herstellungskosten zu bemessen. [2]Aus Vereinfachungsgründen kann der Stpfl. bei unbeweglichen Wirtschaftsgütern von der Herstellung eines anderen Wirtschaftsgutes ausgehen, wenn der im zeitlichen und sachlichen Zusammenhang mit der Herstellung des Wirtschaftsgutes angefallene Bauaufwand zuzüglich des Werts der Eigenleistung nach überschlägiger Berechnung den Verkehrswert des bisherigen Wirtschaftsgutes übersteigt.

Einlage, Entnahme, Nutzungsänderung und Übergang zur Buchführung

(6) [1]Bei Wirtschaftsgütern, die der Stpfl. aus einem Betriebsvermögen in das Privatvermögen überführt hat, ist die weitere AfA nach dem Teilwert (§ 6 Abs. 1 Nr. 4 Satz 1 EStG) oder gemeinen Wert (§ 16 Abs. 3 Satz 6 bis 8 EStG) zu bemessen, mit dem das Wirtschaftsgut bei der Überführung steuerlich erfasst worden ist. [2]Dagegen bleiben die Anschaffungs- oder Herstellungskosten oder der an deren Stelle tretende Wert des Wirtschaftsgutes für die weitere AfA als Bemessungsgrundlage maßgebend, wenn

1. a) ein Gebäude nach vorhergehender Nutzung zu eigenen Wohnzwecken oder zu fremden Wohnzwecken auf Grund unentgeltlicher Überlassung zur Erzielung von Einkünften i. S. d. § 21 EStG oder

   b) ein bewegliches Wirtschaftsgut nach einer Nutzung außerhalb der Einkunftsarten zur Erzielung von Einkünften i. S. d. § 2 Abs. 1 Satz 1 Nr. 4 bis 7 EStG

   verwendet wird oder

2. ein Wirtschaftsgut nach vorhergehender Gewinnermittlung durch Schätzung oder nach Durchschnittssätzen (§ 13a EStG) bilanziert wird.

H **7.3**

Anschaffungskosten.[1)]
- Bei Erbauseinandersetzung[2)] → BMF vom 14.3.2006 (BStBl. I S. 253) unter Berücksichtigung der Änderungen durch BMF vom 27.12.2018 (BStBl. 2019 I S. 11).
- Bei Modernisierung von Gebäuden → BMF vom 18.7.2003 (BStBl. I S. 386).
- Bei vorweggenommener Erbfolge → BMF vom 13.1.1993 (BStBl. I S. 80) unter Berücksichtigung der Änderungen durch BMF vom 26.2. 2007 (BStBl. I S. 269).

---

1) Zu Erbauseinandersetzungskosten als Anschaffungsnebenkosten bei unentgeltlichem Erwerb siehe BFH v. 9.7.2013 IX R 43/11, BStBl. II 2014, 878.

2) Zur Erbauseinandersetzung bei zivilrechtlicher Nachlassspaltung siehe BFH v. 10.10.2018 IX R 1/17, BStBl. II 2019, 170.

- Bei Tieren in land- und forstwirtschaftlich tätigen Betrieben sind die Anschaffungs- oder Herstellungskosten zur Berechnung der AfA um den Schlachtwert zu mindern → BMF vom 14.11.2001 (BStBl. I S. 864), Rn. 24.
- Bei Schiffen sind die Anschaffungs- oder Herstellungskosten zur Berechnung der AfA um den Schrottwert zu mindern (→ BFH vom 22.7.1971 – BStBl. II S. 800).
- Aufwendungen für Baumaßnahmen, mit denen der Verkäufer einer Eigentumswohnung oder eine seiner Firmen zeitgleich mit dem Abschluss des Kaufvertrags beauftragt wird, gehören zu den Anschaffungskosten der Eigentumswohnung (→ BFH vom 17.12.1996 – BStBl. 1997 II S. 348).
- Bei Erwerb einer Eigentumswohnung gehört der im Kaufpreis enthaltene Anteil für das in der Instandhaltungsrückstellung angesammelte Guthaben nicht zu den Anschaffungskosten der Eigentumswohnung (→ BFH vom 9.10.1991 – BStBl. 1992 II S. 152).
- Zu den Anschaffungskosten gehören auch die Übernahme von Verbindlichkeiten des Veräußerers sowie Aufwendungen des Erwerbers zur Beseitigung bestehender Beschränkungen seiner Eigentümerbefugnis i. S. d. § 903 BGB (z. B. Ablösung dinglicher Nutzungsrechte wie Erbbaurecht, Vermächtnisnießbrauch oder Wohnungsrecht) oder Zahlungen aufgrund der Anfechtung des Kaufvertrags durch einen Gläubiger nach § 3 Abs. 2 AnfG (→ BFH vom 17.4.2007 – BStBl. II S. 956).
- Anschaffungskosten bei Einbringung von Miteigentumsanteilen an Grundstücken in eine vermögensverwaltende Personengesellschaft bemessen sich nach dem gemeinen Wert des hingegebenen Gebäudeteils. Soweit ein Gesellschafter an zwei Gebäuden Anteile (hinzu)erworben hat, ist der gemeine Wert des hingegebenen Gebäudeteils nach dem Verhältnis der gemeinen Werte der erworbenen Anteile aufzuteilen (→ BFH vom 2.4.2008 – BStBl. II S. 679).
- Bringen die Miteigentümer mehrerer Grundstücke ihre Miteigentumsanteile in eine Personengesellschaft mit Vermietungseinkünften ein, sind keine Anschaffungsvorgänge gegeben, soweit die den Gesellschaftern nach der Übertragung ihrer Miteigentumsanteile nach § 39 Abs. 2 Nr. 2 AO zuzurechnenden Anteile an den Grundstücken ihre bisherigen Miteigentumsanteile nicht übersteigen (→ BFH vom 2.4.2008 – BStBl. II S. 679).

Dachgeschoss. Baumaßnahmen an einem Dachgeschoss → BMF vom 10.7.1996 (BStBl. I S. 689).

Einlage eines Wirtschaftsguts.

- Zur Bemessungsgrundlage für die AfA nach Einlage von zuvor zur Erzielung von Überschusseinkünften genutzten Wirtschaftsgütern → BMF vom 27.10.2010 (BStBl. I S. 1204).
- Die Einbringung von Wirtschaftsgütern des Privatvermögens in eine gewerbliche Personengesellschaft gegen die Gewährung von Gesellschaftsrechten begründet keine Einlage i. S. v. § 7 Abs. 1 Satz 5 EStG (→ BFH vom 24.1.2008 – BStBl. 2011 II S. 617).

Fertigstellung von Teilen eines Gebäudes zu verschiedenen Zeitpunkten. Bei der Errichtung eines zur unterschiedlichen Nutzung bestimmten

Gebäudes sind die Herstellungskosten des noch nicht fertiggestellten selbständigen Gebäudeteils in die AfA-Bemessungsgrundlage des bereits fertiggestellten Gebäudeteils einzubeziehen (→ BFH vom 9.8.1989 – BStBl. 1991 II S. 132). Vgl. aber das Wahlrecht nach → R 7.3 Abs. 2.

Kaufpreisaufteilung.

– Die bundeseinheitliche Arbeitshilfe zur Aufteilung eines Gesamtkaufpreises für ein bebautes Grundstück ist auf der Internetseite des BMF (www.bundesfinanzministerium.de) abrufbar.
– Eine vertragliche Kaufpreisaufteilung ist der Berechnung der AfA zugrunde zu legen, sofern sie zum einen nicht nur zum Schein getroffen wurde sowie keinen Gestaltungsmissbrauch darstellt und zum anderen unter Berücksichtigung der Gesamtumstände die realen Wertverhältnisse widerspiegelt und wirtschaftlich haltbar erscheint (→ BFH vom 16.9. 2015 – BStBl. 2016 II S. 397).
– Fehlt eine vertragliche Kaufpreisaufteilung oder kann diese nicht der Besteuerung zugrunde gelegt werden, sind die Anschaffungskosten eines bebauten Grundstücks nicht nach der sog. Restwertmethode, sondern nach dem Verhältnis der Verkehrswerte oder Teilwerte auf den Grund und Boden und auf das Gebäude aufzuteilen (→ BFH vom 10.10.2000 – BStBl. 2001 II S. 183 und vom 16.9.2015 – BStBl. 2016 II S. 397). Das gilt auch bei der Anschaffung von Eigentumswohnungen; dabei rechtfertigt die eingeschränkte Nutzungs- und Verfügungsmöglichkeit des Wohnungseigentümers hinsichtlich seines Bodenanteils keinen niedrigeren Wertansatz des Bodenanteils (→ BFH vom 15.1.1985 – BStBl. II S. 252).
– Aufteilung der Anschaffungskosten bei Erwerb eines Gebäudes mit mehreren Wohnungen, von denen eine Wohnung mit einem Wohnrecht belastet ist → BMF vom 30.9.2013 (BStBl. I S. 1184, Rz. 50).

Mittelbare Grundstücksschenkung. Bei mittelbarer Grundstücksschenkung bemisst sich die AfA nach den vom Schenker getragenen Anschaffungskosten (→ BFH vom 4.10.2016 – BStBl. 2017 II S. 343).

Nachträgliche Anschaffungs- oder Herstellungskosten.

– Sind für ein Wirtschaftsgut nachträgliche Anschaffungs- oder Herstellungskosten aufgewendet worden, ohne dass hierdurch ein anderes Wirtschaftsgut entstanden ist, bemisst sich die weitere AfA
  - in den Fällen des § 7 Abs. 4 Satz 1 und Abs. 5 EStG nach der bisherigen Bemessungsgrundlage zuzüglich der nachträglichen Anschaffungs- oder Herstellungskosten (→ BFH vom 20.2.1975 – BStBl. II S. 412 und vom 20.1.1987 – BStBl. II S. 491),
  - in den Fällen des § 7 Abs. 1, Abs. 4 Satz 2 und § 7 Abs. 2 EStG nach dem Buchwert oder Restwert zuzüglich der nachträglichen Anschaffungs- oder Herstellungskosten (→ BFH vom 25.11.1970 – BStBl. 1971 II S. 142).
– Zu den nachträglichen Anschaffungskosten gehören Abwehrkosten zur Befriedung eines den Kaufvertrag nach § 3 Abs. 2 AnfG anfechtenden Gläubigers (→ BFH vom 17.4.2007 – BStBl. II S. 956).

Keine nachträglichen Herstellungskosten. Keine nachträglichen Herstellungskosten, sondern Herstellungskosten für ein anderes Wirtschaftsgut entstehen, wenn das bisherige Wirtschaftsgut im Wesen geändert und so tiefgreifend umgestaltet oder in einem solchen Ausmaß erweitert wird, dass die eingefügten neuen Teile der Gesamtsache das Gepräge geben und die verwendeten Altteile bedeutungs- und wertmäßig untergeordnet erscheinen. Das kann z.B. der Fall sein bei

– einem mit dem Gebäude verschachtelten Anbau (→ BFH vom 25.1.2007 – BStBl. II S. 586),
– Umbau einer einfachen Scheune in eine Pferdeklinik (→ BFH vom 26.1.1978 – BStBl. II S. 280),
– Umbau eines alten Gasthofs in eine moderne Gastwirtschaft (→ BFH vom 26.1.1978 – BStBl. II S. 363),
– Umbau einer Hochdruck-Rotationsmaschine zu einer Flachdruck-(Offset)maschine (→ BFH vom 6.12.1991 – BStBl. 1992 II S. 452),
– Umgestaltung von Pflanztischen in ein automatisches Tischbewässerungssystem (→ BFH vom 28.9.1990 – BStBl. 1991 II S. 361),
– Umbau einer Mühle zu einem Wohnhaus (→ BFH vom 31.3.1992 – BStBl. II S. 808).

Überführung in das Privatvermögen.

– Bei der Überführung eines Wirtschaftsguts in das Privatvermögen ist die AfA auch dann nach dem Wert zu bemessen, mit dem das Wirtschaftsgut steuerlich erfasst worden ist, wenn er falsch ermittelt worden ist (→ BMF vom 30.10.1992 – BStBl. I S. 651).
– Die AfA ist nach den ursprünglichen Anschaffungs- oder Herstellungskosten zu bemessen, wenn bei einer vorangegangenen Überführung eines Wirtschaftsguts in das Privatvermögen der Entnahmegewinn kraft gesetzlicher Regelung außer Ansatz geblieben ist (→ BFH vom 3.5.1994 – BStBl. II S. 749). Das Gleiche gilt, wenn die Überführung nicht erkannt und in Folge dessen die stillen Reserven nicht erfasst worden sind und steuerliche Konsequenzen nicht mehr gezogen werden können (→ BFH vom 14.12.1999 – BStBl. 2000 II S. 656).
– Die AfA ist im Fall einer Betriebsaufgabe auch dann nach dem gemeinen Wert zu bemessen, wenn der Gewinn wegen des Freibetrags nach § 16 Abs. 4 EStG steuerfrei ist (→ BFH vom 14.12.1999 – BStBl. 2000 II S. 656).

R 7.4 Höhe der AfA

Beginn der AfA

(1) [1]AfA ist vorzunehmen, sobald ein Wirtschaftsgut angeschafft oder hergestellt ist. [2]Ein Wirtschaftsgut ist im Zeitpunkt seiner Lieferung angeschafft. [3]Ist Gegenstand eines Kaufvertrages über ein Wirtschaftsgut auch dessen Montage durch den Verkäufer, ist das Wirtschaftsgut erst mit der Beendigung der Montage geliefert. [4]Wird die Montage durch den Stpfl. oder in dessen Auftrag durch einen Dritten durchgeführt, ist das Wirtschaftsgut bereits bei Übergang der wirtschaftlichen Verfügungsmacht an den Stpfl. geliefert; das zur Investitionszulage ergangene BFH-Urteil vom 2.9.1988 (BStBl. II S. 1009) ist ertragsteuerrechtlich nicht anzuwenden. [5]Ein Wirtschaftsgut ist zum Zeitpunkt seiner Fertigstellung hergestellt.

AfA im Jahr der Anschaffung, Herstellung oder Einlage

(2) [1]Der auf das Jahr der Anschaffung oder Herstellung entfallende AfA-Betrag vermindert sich zeitanteilig für den Zeitraum, in dem das Wirtschaftsgut nach der Anschaffung oder Herstellung nicht zur Erzielung von Einkünften verwendet wird; dies gilt auch für die AfA nach § 7 Abs. 5 EStG. [2]Bei Wirtschaftsgütern, die im Laufe des Wirtschaftsjahres in das Betriebsvermögen eingelegt werden, gilt § 7 Abs. 1 Satz 4 EStG entsprechend.

Bemessung der AfA nach der Nutzungsdauer

(3) [1]Die AfA ist grundsätzlich so zu bemessen, dass die Anschaffungs- oder Herstellungskosten nach Ablauf der betriebsgewöhnlichen Nutzungsdauer des Wirtschaftsgutes voll abgesetzt sind. [2]Bei einem Gebäude gilt Satz 1 nur, wenn die technischen oder wirtschaftlichen Umstände dafür sprechen, dass die tatsächliche Nutzungsdauer eines Wirtschaftsgebäudes (§ 7 Abs. 4 Satz 1 Nr. 1 EStG) weniger als 33 Jahre (bei Bauantrag/obligatorischem Vertrag nach dem 31.12.2000) oder 25 Jahre (bei Bauantrag/obligatorischem Vertrag vor dem 1.1.2001) bzw. eines anderen Gebäudes weniger als 50 Jahre (bei vor dem 1.1.1925 fertig gestellten Gebäuden weniger als 40 Jahre) beträgt.[1)] [3]Satz 2 gilt entsprechend bei Mietereinbauten und -umbauten, die keine Scheinbestandteile oder Betriebsvorrichtungen sind.

Bemessung der linearen AfA bei Gebäuden nach typisierten Prozentsätzen

(4) [1]In anderen als den in Absatz 3 Satz 2 und 3 bezeichneten Fällen sind die in § 7 Abs. 4 Satz 1 EStG genannten AfA-Sätze maßgebend. [2]Die Anwendung niedrigerer AfA-Sätze ist ausgeschlossen. [3]Die AfA ist bis zur vollen Absetzung der Anschaffungs- oder Herstellungskosten vorzunehmen.

Wahl der AfA-Methode

(5) [1]Anstelle der AfA in gleichen Jahresbeträgen (§ 7 Abs. 1 Satz 1 und 2 EStG) kann bei beweglichen Wirtschaftsgütern des Anlagevermögens AfA nach Maßgabe der Leistung (§ 7 Abs. 1 Satz 6 EStG) vorgenommen werden, wenn deren Leistung in der Regel erheblich schwankt und deren Verschleiß dementsprechend wesentliche Unterschiede aufweist. [2]Voraussetzung für AfA nach Maßgabe der Leistung ist, dass der auf das einzelne Wirtschaftsjahr entfallende Umfang der Leistung nachgewiesen wird. [3]Der Nachweis kann z. B. bei einer Maschine durch ein die Anzahl der Arbeitsvorgänge registrierendes Zählwerk, einen Betriebsstundenzähler oder bei einem Kraftfahrzeug durch den Kilometerzähler geführt werden.

(6) [1]Die degressive AfA nach § 7 Abs. 5 EStG ist nur mit den in dieser Vorschrift vorgeschriebenen Staffelsätzen zulässig. [2]Besteht ein Gebäude aus sonstigen selbständigen Gebäudeteilen (→ R 4.2 Abs. 3 Satz 3 Nr. 5), sind für die einzelnen Gebäudeteile unterschiedliche AfA-Methoden und AfA-Sätze zulässig.

Wechsel der AfA-Methode bei Gebäuden

(7) [1]Ein Wechsel der AfA-Methode ist bei Gebäuden vorzunehmen, wenn

---

1) Zur AfA von Gebäuden nach der kürzeren tatsächlichen Nutzungsdauer (§ 7 Abs. 4 Satz 2 EStG) siehe BMF v. 22.3.2023, BStBl. I 2023, 332.

1. ein Gebäude in einem auf das Jahr der Anschaffung oder Herstellung folgenden Jahr die Voraussetzungen des § 7 Abs. 4 Satz 1 Nr. 1 EStG erstmals erfüllt oder
2. ein Gebäude in einem auf das Jahr der Anschaffung oder Herstellung folgenden Jahr die Voraussetzungen des § 7 Abs. 4 Satz 1 Nr. 1 EStG nicht mehr erfüllt oder
3. ein nach § 7 Abs. 5 Satz 1 Nr. 3 EStG abgeschriebener Mietwohnneubau nicht mehr Wohnzwecken dient.

[2]In den Fällen des Satzes 1 Nr. 1 ist die weitere AfA nach § 7 Abs. 4 Satz 1 Nr. 1 EStG, in den Fällen des Satzes 1 Nr. 2 und 3 ist die weitere AfA nach § 7 Abs. 4 Satz 1 Nr. 2 Buchstabe a EStG zu bemessen.

Ende der AfA

(8) [1]Bei Wirtschaftsgütern, die im Laufe eines Wirtschaftsjahres oder Rumpfwirtschaftsjahres veräußert oder aus dem Betriebsvermögen entnommen werden oder nicht mehr zur Erzielung von Einkünften i. S. d. § 2 Abs. 1 Satz 1 Nr. 4 bis 7 EStG dienen, kann für dieses Jahr nur der Teil des auf ein Jahr entfallenden AfA-Betrags abgesetzt werden, der dem Zeitraum zwischen dem Beginn des Jahres und der Veräußerung, Entnahme oder Nutzungsänderung entspricht. [2]Das gilt entsprechend, wenn im Laufe eines Jahres ein Wirtschaftsgebäude künftig Wohnzwecken dient oder ein nach § 7 Abs. 5 Satz 1 Nr. 3 EStG abgeschriebener Mietwohnneubau künftig nicht mehr Wohnzwecken dient.

AfA nach nachträglichen Anschaffungs- oder Herstellungskosten

(9) [1]Bei nachträglichen Herstellungskosten für Wirtschaftsgüter, die nach § 7 Abs. 1, 2 oder 4 Satz 2 EStG abgeschrieben werden, ist die Restnutzungsdauer unter Berücksichtigung des Zustands des Wirtschaftsgutes im Zeitpunkt der Beendigung der nachträglichen Herstellungsarbeiten neu zu schätzen. [2]In den Fällen des § 7 Abs. 4 Satz 2 EStG ist es aus Vereinfachungsgründen nicht zu beanstanden, wenn die weitere AfA nach dem bisher angewandten Prozentsatz bemessen wird. [3]Bei der Bemessung der AfA für das Jahr der Entstehung von nachträglichen Anschaffungs- und Herstellungskosten sind diese so zu berücksichtigen, als wären sie zu Beginn des Jahres aufgewendet worden. [4]Ist durch die nachträglichen Herstellungsarbeiten ein anderes Wirtschaftsgut entstanden (→ R 7.3 Abs. 5), ist die weitere AfA nach § 7 Abs. 1 oder 4 Satz 2 EStG und der voraussichtlichen Nutzungsdauer des anderen Wirtschaftsgutes oder nach § 7 Abs. 4 Satz 1 EStG zu bemessen. [5]Die degressive AfA nach § 7 Abs. 5 EStG ist nur zulässig, wenn das andere Wirtschaftsgut ein Neubau ist.

AfA nach Einlage, Entnahme oder Nutzungsänderung oder nach Übergang zur Buchführung

(10) [1]Nach einer Einlage, Entnahme oder Nutzungsänderung eines Wirtschaftsgutes oder nach Übergang zur Buchführung (→ R 7.3 Abs. 6) ist die weitere AfA wie folgt vorzunehmen:

1. Hat sich die AfA-Bemessungsgrundlage für das Wirtschaftsgut geändert (→ R 7.3 Abs. 6), ist die weitere AfA nach § 7 Abs. 1, 2 oder 4 Satz 2

EStG und der tatsächlichen künftigen Nutzungsdauer oder nach § 7 Abs. 4 Satz 1 EStG zu bemessen.

2. Bleiben die Anschaffungs- oder Herstellungskosten des Wirtschaftsgutes als Bemessungsgrundlage der AfA maßgebend (→ R 7.3 Abs. 6 Satz 2), ist die weitere AfA grundsätzlich nach dem ursprünglich angewandten Absetzungsverfahren zu bemessen. [2]Die AfA kann nur noch bis zu dem Betrag abgezogen werden, der von der Bemessungsgrundlage nach Abzug von AfA, erhöhten Absetzungen und Sonderabschreibungen verbleibt (→ AfA-Volumen). [3]Ist für das Wirtschaftsgut noch nie AfA vorgenommen worden, ist die AfA nach § 7 Abs. 1, 2 oder 4 Satz 2 EStG und der tatsächlichen gesamten Nut-zungsdauer oder nach § 7 Abs. 4 Satz 1 oder Abs. 5 EStG zu bemessen. [4]Nach dem Übergang zur Buchführung oder zur Einkünfteerzielung kann die AfA nur noch bis zu dem Betrag abgezogen werden, der von der Bemessungsgrundlage nach Abzug der Beträge verbleibt, die entsprechend der gewählten AfA-Methode auf den Zeitraum vor dem Übergang entfallen.

[2]Besteht ein Gebäude aus mehreren selbständigen Gebäudeteilen und wird der Nutzungsumfang eines Gebäudeteiles infolge einer Nutzungsänderung des Gebäudes ausgedehnt, bemisst sich die weitere AfA von der neuen Bemessungsgrundlage insoweit nach § 7 Abs. 4 EStG. [3]Das Wahlrecht nach Satz 1 Nr. 2 Satz 3 und 4 bleibt unberührt.

Absetzungen für außergewöhnliche technische oder wirtschaftliche Abnutzung bei Gebäuden

(11) [1]Absetzungen für außergewöhnliche technische oder wirtschaftliche Abnutzung (AfaA) sind nach dem Wortlaut des Gesetzes nur bei Gebäuden zulässig, bei denen die AfA nach § 7 Abs. 4 EStG bemessen wird. [2]AfaA sind jedoch auch bei Gebäuden nicht zu beanstanden, bei denen AfA nach § 7 Abs. 5 EStG vorgenommen wird.

H 7.4

AfaA.

- Wird ein im Privatvermögen gehaltenes Fahrzeug bei einer betrieblich veranlassten Fahrt infolge eines Unfalls beschädigt und nicht repariert, ist die Vermögenseinbuße im Wege der AfaA nach § 7 Abs. 1 Satz 7 EStG gewinnmindernd zu berücksichtigen. Die bei der Bemessung der AfaA zugrunde zu legenden Anschaffungskosten sind um die (normale) AfA zu kürzen, die der Stpfl. hätte in Anspruch nehmen können, wenn er das Fahrzeug ausschließlich zur Einkünfteerzielung verwendet hätte (→ BFH vom 24.11.1994 – BStBl. 1995 II S. 318).[1)]
- AfaA sind grundsätzlich im Jahr des Schadenseintritts, spätestens jedoch im Jahr der Entdeckung des Schadens vorzunehmen (→ BFH vom 1.12.1992 – BStBl. 1994 II S. 11 und 12). Dies gilt unabhängig von evtl. Ersatzansprüchen gegen eine Versicherung (→ BFH vom 13.3.1998 – BStBl. II S. 443).

[1)] Bestätigt von BFH v. 21.8.2012 VIII R 33/09, BStBl. II 2013, 171.

– Eine AfaA setzt voraus, dass die wirtschaftliche Nutzbarkeit eines Wirtschaftsguts durch außergewöhnliche Umstände gesunken ist (→ BFH vom 8.7.1980 – BStBl. II S. 743) oder das Wirtschaftsgut eine Substanzeinbuße (technische Abnutzung) erleidet (→ BFH vom 24.1.2008 – BStBl. 2009 II S. 449).
– Baumängel vor Fertigstellung eines Gebäudes rechtfertigen keine AfaA (→ BFH vom 31.3.1992 – BStBl. II S. 805); auch wenn infolge dieser Baumängel noch in der Bauphase unselbständige Gebäudeteile wieder abgetragen werden (→ BFH vom 30.8.1994 – BStBl. 1995 II S. 306); dies gilt auch, wenn die Baumängel erst nach der Fertigstellung oder Anschaffung entdeckt werden (→ BFH vom 27.1.1993 – BStBl. II S. 702 und vom 14.1.2004 – BStBl. II S. 592).
– AfaA aus wirtschaftlichen Gründen können abgezogen werden, wenn sich nach der Kündigung des Mietverhältnisses herausstellt, dass das auf die Bedürfnisse des Mieters ausgerichtete Gebäude nicht mehr oder nur noch eingeschränkt nutzbar ist und auch durch eine (nicht steuerbare) Veräußerung nicht mehr sinnvoll verwendet werden kann (→ BFH vom 17.9.2008 – BStBl. 2009 II S. 301).

Eine AfaA ist vorzunehmen, wenn
– ein Gebäude durch Abbruch, Brand oder ähnliche Ereignisse aus dem Betriebsvermögen ausgeschieden ist (→ BFH vom 7.5.1969 – BStBl. II S. 464),
– bei einem Umbau bestimmte Teile eines Gebäudes ohne vorherige Abbruchabsicht entfernt werden (→ BFH vom 15.10.1996 – BStBl. 1997 II S. 325),
– ein Gebäude abgebrochen wird → H 6.4 (Abbruchkosten).

Eine AfaA ist nicht vorzunehmen, wenn
– ein zum Privatvermögen gehörendes, objektiv technisch oder wirtschaftlich noch nicht verbrauchtes Gebäude abgerissen wird, um ein unbebautes Grundstück veräußern zu können (→ BFH vom 6.3.1979 – BStBl. II S. 551), oder wenn es in der Absicht eines grundlegenden Umbaus erworben wird (→ BFH vom 4.12.1984 – BStBl. 1985 II S. 208 und vom 20.4.1993 – BStBl. II S. 504),
– im Verfahren nach dem WEG die Nutzung von erworbenen Gebäudeteilen als Wohnung untersagt wird, sich darin ein dem Kaufobjekt von vornherein anhaftender Mangel zeigt und die Parteien des Kaufvertrages die Gewährleistung hinsichtlich der Nutzungsmöglichkeiten der Sache ausgeschlossen haben (→ BFH vom 14.1.2004 – BStBl. II S. 592),
– die bestehende Substanz zum Abbau eines Bodenschatzes weiterhin vorhanden ist und auch abgebaut werden kann (→ BFH vom 24.1.2008 – BStBl. 2009 II S. 449).

AfA nach einer Nutzungsänderung.

Beispiele:

1. AfA-Verbrauch bei Umwidmung eines Gebäudes zur Einkünfteerzielung

Eine im Jahr 01 fertiggestellte und am 1.12.01 erworbene Eigentumswohnung wird vom Dezember 01 bis Februar 03 vom Stpfl. selbst bewohnt und ab März 03 vermietet.

Der Stpfl. hat ab dem Jahr 03 die Wahl zwischen der linearen AfA nach § 7 Abs. 4 Satz 1 Nr. 2 EStG (Fall 1) und der degressiven AfA nach § 7 Abs. 5 Satz 1 Nr. 3 Buchstabe c EStG (Fall 2).

		Fall 1		Fall 2
Anschaffungskosten im Jahr 01		300 000 €		300 000 €
AfA-Verbrauch				
im Jahr 01	$^{1}/_{12}$ von 2 %	500 €	4 %	12 000 €
im Jahr 02	2 %	6 000 €	4 %	12 000 €
im Jahr 03	$^{2}/_{12}$ von 2 %	1 000 €	$^{2}/_{12}$ von 4 %	2 000 €
insgesamt		7 500 €		26 000 €
verbleibendes AfA-Volumen		292 500 €		274 000 €
AfA ab Übergang zur Einkünfteerzielung				
im Jahr 03	$^{10}/_{12}$ von 2 %	5 000 €	$^{10}/_{12}$ von 4 %	10 000 €
ab Jahr 04	je 2 %	6 000 €		
im Jahr 04 bis 10			je 4 %	12 000 €
im Jahr 11 bis 18			je 2,5 %	7 500 €
ab Jahr 19			je 1,25 %	3 750 €

2. AfA bei Änderung des Nutzungsumfangs eines Gebäudeteils

Von den gesamten Herstellungskosten in Höhe von 600 000 € eines zum Betriebsvermögen gehörenden Gebäudes, das je zur Hälfte eigenbetrieblichen Zwecken und fremden Wohnzwecken dient, entfallen je 300 000 € auf die beiden selbständigen Gebäudeteile. Der eigenbetrieblich genutzte Gebäudeteil wird nach § 7 Abs. 5 Satz 1 Nr. 1 EStG degressiv, der zu fremden Wohnzwecken genutzte Gebäudeteil nach § 7 Abs. 4 Satz 1 Nr. 2 EStG linear abgeschrieben. Die jährliche AfA beträgt

a) für den eigenbetrieblich genutzten Gebäudeteil
10 % von 300 000 € = 30 000 €,

b) für den zu fremden Wohnzwecken genutzten Gebäudeteil
2 % von 300 000 € = 6 000 €.

Vom Beginn des 3. Jahres an wird die eigenbetriebliche Nutzung auf ein Drittel des bisher zu Wohnzwecken genutzten Gebäudeteils ausgedehnt. Von diesem Zeitpunkt an beträgt die AfA-Bemessungsgrundlage für den eigenbetrieblich genutzten Gebäudeteil 400 000 €, für den zu fremden Wohnzwecken genutzten Gebäudeteil 200 000 €. Für den nunmehr eigenbetrieblich genutzten Teil des bisher zu fremden Wohnzwecken genutzten Gebäudeteils ist die lineare AfA künftig mit dem höheren AfA-Satz des § 7 Abs. 4 Satz 1 Nr. 1 EStG vorzunehmen. Die AfA beträgt somit im 3. Jahr

a) für den eigenbetrieblich genutzten Gebäudeteil
10 % von 300 000 € = 30 000 €,
+ 3 % von 100 000 € = 3000 €,

b) für den zu fremden Wohnzwecken genutzten Gebäudeteil
2 % von 200 000 € = 4000 €.

AfA nach nachträglichen Anschaffungs- oder Herstellungskosten.

Beispiele:

1. Degressive AfA nach § 7 Abs. 2 EStG bei nachträglichen Herstellungskosten

Für ein im Jahre 01 angeschafftes bewegliches Wirtschaftsgut mit einer betriebsgewöhnlichen Nutzungsdauer von 12 Jahren, für das degressive AfA von ($8\,^{1}/_{3}\,\% \times 2$[1] =) $16\,^{2}/_{3}\,\%$ vorgenommen worden ist, werden im Jahre 06 nachträgliche Herstellungskosten aufgewendet. Danach beträgt die neu geschätzte Restnutzungsdauer 8 Jahre.

[1] **[Amtl. Anm.:]** Das 2,5-fache bei Wirtschaftsgütern, die nach dem 31.12.2019 und vor dem 1.1.2022 angeschafft oder hergestellt worden sind.

Restwert Ende 05	4 100 €
nachträgliche Herstellungskosten 06	+ 3 900 €
Bemessungsgrundlage ab 06	8 000 €

Die degressive AfA im Jahre 06 beträgt (12,5 % × 2, höchstens jedoch) 20 %[1] von 8000 €.

2. Lineare AfA nach § 7 Abs. 4 Satz 1 Nr. 2 EStG bei nachträglichen Herstellungskosten

Ein zu Beginn des Jahres 01 angeschafftes Gebäude, für das lineare AfA nach § 7 Abs. 4 Satz 1 Nr. 2 EStG vorgenommen worden ist, wird im Jahre 24 erweitert. Die Restnutzungsdauer beträgt danach noch mindestens 50 Jahre.

Anschaffungskosten im Jahr 01	200 000 €
AfA in den Jahren 01 bis 23: 23 × 2 % = 92 000 €	
nachträgliche Herstellungskosten im Jahr 24	+ 100 000 €
Bemessungsgrundlage ab Jahr 24	300 000 €

Vom Jahr 24 bis zur vollen Absetzung des Betrags von 208 000 € (Restwert 108 000 € zuzüglich nachträglicher Herstellungskosten 100 000 €) beträgt die AfA jährlich 2 % von 300 000 € = 6000 €.

3. Degressive AfA nach § 7 Abs. 5 EStG bei nachträglichen Herstellungskosten

Ein im Jahr 01 fertiggestelltes Gebäude, für das degressive AfA nach § 7 Abs. 5 Satz 1 Nr. 1 EStG vorgenommen worden ist, wird im Jahr 06 erweitert.

Herstellungskosten im Jahr 01	200 000 €
AfA in den Jahren 01 bis 04: 4 × 10 % = 80 000 €	
AfA im Jahr 05: 1 × 5 % = 10 000 €	
nachträgliche Herstellungskosten im Jahr 06	+ 80 000 €
Bemessungsgrundlage ab Jahr 06	280 000 €

In den Jahren 06 und 07 beträgt die AfA je 5 % = 14 000 € (insgesamt 28 000 €); in den Jahren 08 bis 25 beträgt die AfA je 2,5 % = 7000 € (insgesamt 126 000 €).

Herstellungskosten im Jahr 01	200 000 €
AfA in den Jahren 01 bis 04	– 80 000 €
AfA im Jahr 05	– 10 000 €
nachträgliche Herstellungskosten im Jahr 06	+ 80 000 €
AfA in den Jahren 06 und 07	– 28 000 €
AfA in den Jahren 08 bis 25	– 126 000 €
Restwert 31.12.25	36 000 €

Ab dem Jahr 26 bis zur vollen Absetzung des Restwerts von 36 000 € beträgt die AfA nach § 7 Abs. 4 Satz 1 Nr. 1 i. V. m. § 52 Abs. 15 Satz 2 EStG 4 % von 280 000 € = 11 200 €, soweit keine kürzere Restnutzungsdauer i. S. d. § 7 Abs. 4 Satz 2 EStG vorliegt.

AfA-Tabellen.
- Zur Anwendung der amtlichen AfA-Tabellen → BMF vom 6.12.2001 (BStBl. I S. 860).
- Wer eine von den amtlichen AfA-Tabellen abweichende Nutzungsdauer geltend macht, hat entsprechende Gründe substantiiert vorzutragen (→ BFH vom 14.4.2011 – BStBl. II S. 696).

AfA-Volumen.
- **Übergang von der Schätzung zur Buchführung.** Die Buchwerte der abnutzbaren Anlagegüter sind, ausgehend von den Anschaffungs-

[1] **[Amtl. Anm.:]** 25 % bei Wirtschaftsgütern, die nach dem 31.12.2019 und vor dem 1.1.2022 angeschafft oder hergestellt worden sind.

oder Herstellungskosten, vermindert um die übliche AfA zu schätzen; übliche AfA ist die AfA in gleichen Jahresbeträgen nach einer den amtlichen AfA-Tabellen zu entnehmenden Nutzungsdauer. Für den Zeitraum der Schätzung können weder der Stpfl. noch das Finanzamt eine von den amtlichen AfA-Tabellen abweichende Nutzungsdauer geltend machen (→ BFH vom 5.12.1985 – BStBl. 1986 II S. 390).

- **Übergang von der Gewinnermittlung nach Durchschnittssätzen zur Buchführung.**
  - Zur Ermittlung der in die Übergangsbilanz einzustellenden Buchwerte der abnutzbaren Anlagegüter sind die Anschaffungs- oder Herstellungskosten beweglicher Anlagegüter um die übliche AfA zu mindern, die den amtlichen AfA-Tabellen zu entnehmen sind. Das Wesen der Gewinnermittlung nach Durchschnittssätzen schließt Abweichungen von den sich hiernach ergebenden AfA-Sätzen aus (→ BFH vom 12.12.1985 – BStBl. 1986 II S. 392).
  - Vorhandene geringwertige Wirtschaftsgüter, die vor dem 1.1.2008 angeschafft oder hergestellt worden sind, sind in der Übergangsbilanz mit ihren Anschaffungs- oder Herstellungskosten, vermindert um die AfA nach § 7 EStG, anzusetzen, die während der Gewinnermittlung nach Durchschnittssätzen angefallen wäre. Es kann nicht unterstellt werden, dass in dieser Zeit das Wahlrecht gem. § 6 Abs. 2 EStG a. F. ausgeübt worden ist (→ BFH vom 17.3.1988 – BStBl. II S. 770).
  - Beim Wechsel von der Gewinnermittlung nach Durchschnittssätzen zum Bestandsvergleich bestimmen sich die in die Übergangsbilanz einzustellenden Buchwerte landwirtschaftlicher Betriebsgebäude nach den Anschaffungs- oder Herstellungskosten, gemindert um die im Zeitpunkt der Errichtung und im Laufe der Nutzung der Gebäude übliche AfA. Die besonderen betrieblichen Verhältnisse sind auch dann unbeachtlich, wenn für diesen Zeitraum amtliche AfA-Tabellen nicht zur Verfügung gestanden haben (→ BFH vom 5.6.2003 – BStBl. II S. 801).
- **Umwidmung eines Wirtschaftsguts in den Bereich der Einkünfteerzielung.** Werden Wirtschaftsgüter des bisher nicht der Einkünfteerzielung dienenden Vermögens umgewidmet und nunmehr zur Erzielung von Überschusseinkünften genutzt, sind die Anschaffungs- oder Herstellungskosten auf die Gesamtnutzungsdauer einschließlich der Zeit vor der Umwidmung zu verteilen. Als Werbungskosten (AfA) ist nur der Teil der Anschaffungs- oder Herstellungskosten abziehbar, der auf die Zeit nach der Umwidmung entfällt. § 6 Abs. 1 Nr. 5 Satz 1 EStG ist nicht entsprechend anwendbar (→ BFH vom 14.2.1989 – BStBl. II S. 922; → H 6.12 Geringwertiges Wirtschaftsgut).
- **Zu Unrecht als Erhaltungsaufwand berücksichtigte Anschaffungskosten.** Bestandskräftig zu Unrecht als sofort abziehbarer Erhaltungsaufwand berücksichtigte Anschaffungskosten führen zu einer Minderung des AfA-Volumens und stehen insoweit einer Weiterführung der AfA entgegen (→ BFH vom 28.4.2020 – BStBl. II S. 545).

Degressive AfA in Erwerbsfällen. § 7 Abs. 5 Satz 2 EStG schließt die Inanspruchnahme der degressiven AfA nach § 7 Abs. 5 EStG durch den Erwerber nur für das Jahr der Fertigstellung aus. Im folgenden Jahr kann der Erwerber zur degressiven AfA übergehen (→ BFH vom 3.4.2001 – BStBl. II S. 599).

Degressive AfA nach Einlage. Die degressive AfA nach einer Einlage ist nur zulässig, wenn das Gebäude bis zum Ende des Jahres der Fertigstellung in ein Betriebsvermögen eingelegt wird (→ BFH vom 18.5.2010 – BStBl. 2014 II S. 13).

Entnahme eines Gebäudes.

– Für ein Gebäude, das **im Jahr der Fertigstellung** aus dem Betriebsvermögen entnommen worden ist, ist die Inanspruchnahme der degressiven AfA nach § 7 Abs. 5 EStG für den Zeitraum der Zugehörigkeit zum Privatvermögen im Jahr der Entnahme ausgeschlossen, wenn für das Gebäude bereits während der Zugehörigkeit zum Betriebsvermögen degressive AfA in Anspruch genommen worden ist. Im folgenden Jahr kann der Stpfl. zur degressiven AfA übergehen (→ BFH vom 3.4.2001 – BStBl. II S. 599).
– Für ein Gebäude, das **nach dem Jahr der Fertigstellung** unter Aufdeckung der stillen Reserven entnommen worden ist, kann die degressive AfA nach § 7 Abs. 5 EStG nicht mehr vorgenommen werden (→ BFH vom 8.11.1994 – BStBl. 1995 II S. 170).

Ergänzungsbilanz eines Mitunternehmers. Zur Abschreibung von Mehrwerten in einer Ergänzungsbilanz → BMF vom 19.12.2016 (BStBl. 2017 I S. 34).

Fertigstellung.

– Ein Wirtschaftsgut ist fertiggestellt, sobald es seiner Zweckbestimmung entsprechend genutzt werden kann (→ BFH vom 20.2.1975 – BStBl. II S. 412 und vom 21.7.1989 – BStBl. II S. 906).
– Ein Gebäude ist fertiggestellt, wenn die wesentlichen Bauarbeiten abgeschlossen sind und der Bau so weit errichtet ist, dass der Bezug der Wohnungen zumutbar ist oder dass das Gebäude für den Betrieb in all seinen wesentlichen Bereichen nutzbar ist (→ BFH vom 21.7.1989 – BStBl. II S. 906).
– Ein Gebäude ist nicht fertiggestellt, wenn Türen, Böden und der Innenputz noch fehlen (→ BFH vom 21.7.1989 – BStBl. II S. 906).
– Auf die Höhe der noch ausstehenden Herstellungskosten im Verhältnis zu den gesamten Herstellungskosten des Gebäudes kommt es nicht an (→ BFH vom 16.12.1988 – BStBl. 1989 II S. 203).
– Gebäudeteile, die aufgrund ihrer unterschiedlichen Funktion selbständige Wirtschaftsgüter sind, sind fertiggestellt, sobald diese Teile bestimmungsgemäß nutzbar sind (→ BFH vom 9.8.1989 – BStBl. 1991 II S. 132). Zur AfA-Bemessungsgrundlage → R 7.3 Abs. 2.
– Eine Eigentumswohnung ist mit der Bezugsfertigkeit fertiggestellt, auch wenn zu diesem Zeitpunkt zivilrechtlich noch kein Wohneigentum begründet und die Teilungserklärung noch nicht abgegeben worden ist (→ BFH vom 26.1.1999 – BStBl. II S. 589).
– Gebrauchstiere sind bei der ersten Ingebrauchnahme fertiggestellt (→ BMF vom 14.11.2001 – BStBl. I S. 864).

– Die bestimmungsgemäße Nutzbarkeit einer Dauerkultur beginnt mit ihrer Ertragsreife (→ BMF vom 17.9.1990 – BStBl. I S. 420).

Lieferung.

– Ein Wirtschaftsgut ist geliefert, wenn der Erwerber nach dem Willen der Vertragsparteien darüber wirtschaftlich verfügen kann; das ist in der Regel der Fall, wenn Eigenbesitz, Gefahr, Nutzen und Lasten auf den Erwerber übergehen (→ BFH vom 28.4.1977 – BStBl. II S. 553).
– Liegt der Zeitpunkt des Übergangs eines Wirtschaftsguts auf den Erwerber im Schnittpunkt von zwei Zeiträumen, ist das Wirtschaftsgut mit Beginn des zweiten Zeitraums geliefert (→ BFH vom 7.11.1991 – BStBl. 1992 II S. 398).
– Wirtschaftlicher Übergang bei Leasing- und Mietkauf-Verträgen → BMF vom 28.6.2001 (BStBl. I S. 379), Rz. 144.

Mietereinbauten.

– Bei Mietereinbauten und -umbauten, die keine Scheinbestandteile oder Betriebsvorrichtungen sind, bestimmt sich die AfA abweichend von Nr. 10 des BMF-Schreibens vom 15.1.1976 (BStBl. I S. 66) nach den für Gebäude geltenden Grundsätzen → BFH vom 15.10.1996 (BStBl. 1997 II S. 533).
– Zur Nutzungsdauer von Ladeneinbauten, Schaufensteranlagen und Gaststätteneinbauten → BMF vom 15.12.2000 (BStBl. I S. 1532), Tz. 3.7.

Musterhäuser. Der Abschreibungssatz gem. § 7 Abs. 4 Satz 1 Nr. 1 EStG gilt auch für Musterhäuser. In die Bemessung der tatsächlichen Nutzungsdauer gem. § 7 Abs. 4 Satz 2 EStG ist bei Musterhäusern auch der Zeitraum einer nach dem Ausscheiden aus dem Betrieb sich voraussichtlich anschließenden Nutzung des Hauses als Wohngebäude einzubeziehen. Das gilt auch für auf fremdem Grund und Boden errichtete Fertighäuser, die zum Zwecke der Veräußerung demontiert und andernorts wieder aufgebaut werden müssen (→ BFH vom 23.9.2008 – BStBl. 2009 II S. 986).

Nachträgliche Anschaffungs- oder Herstellungskosten.

– Werden nachträgliche Anschaffungs- oder Herstellungskosten für Wirtschaftsgüter aufgewendet, die nach § 7 Abs. 1, Abs. 2 oder Abs. 4 Satz 2 EStG abgeschrieben werden, bemisst sich die AfA vom Jahr der Entstehung der nachträglichen Anschaffungs- oder Herstellungskosten an nach der Restnutzungsdauer (→ BFH vom 25.11.1970 – BStBl. 1971 II S. 142).
– Werden nachträgliche Anschaffungs- oder Herstellungskosten für Gebäude aufgewendet, die nach § 7 Abs. 4 Satz 1 oder Abs. 5 EStG abgeschrieben werden, ist der für das Gebäude geltende Prozentsatz anzuwenden (→ BFH vom 20.2.1975 – BStBl. II S. 412 und vom 20.1.1987 – BStBl. II S. 491).
– Wird in den Fällen des § 7 Abs. 4 Satz 1 EStG auf diese Weise die volle Absetzung innerhalb der tatsächlichen Nutzungsdauer nicht erreicht, kann die AfA vom Zeitpunkt der Beendigung der nachträglichen Herstellungsarbeiten an nach der Restnutzungsdauer des Gebäudes bemessen werden (→ BFH vom 7.6.1977 – BStBl. II S. 606).

Neubau.

– Die AfA nach § 7 Abs. 5 EStG kann nur bei Neubauten in Anspruch genommen werden. Bei Umbauten, Ausbauten und Modernisierungsmaßnahmen liegt ein Neubau nicht bereits dann vor, wenn sich dadurch die Zweckbestimmung des Gebäudes ändert. Er entsteht nur, wenn die eingefügten Neubauteile dem Gesamtgebäude das Gepräge geben, so dass es in bautechnischer Hinsicht neu ist. Das ist dann der Fall, wenn die tragenden Gebäudeteile (z. B. Fundamente, tragende Außen- und Innenwände, Geschossdecken und die Dachkonstruktion) in überwiegendem Umfang ersetzt werden (→ BFH vom 25.5.2004 – BStBl. II S. 783).

– Bei Anbauten liegt ein Neubau vor, wenn
  - dadurch selbständige Wirtschaftsgüter i. S. d. R 4.2 geschaffen werden oder
  - sie mit dem bestehenden Gebäude verschachtelt sind und die Neubauteile dem Gesamtgebäude das Gepräge geben; hierfür sind regelmäßig die Größen- und Wertverhältnisse der Alt- und Neubauteile maßgebend (→ BFH vom 25.1.2007 – BStBl. II S. 586).

– Für Eigentumswohnungen, die durch die rechtliche Umwandlung eines bestehenden Gebäudes geschaffen werden, kann keine AfA nach § 7 Abs. 5 EStG in Anspruch genommen werden (→ BFH vom 24.11.1992 – BStBl. 1993 II S. 188).

– Für neu geschaffene Wohnungen, die in einem einheitlichen Nutzungs- und Funktionszusammenhang mit einer bereits vorhandenen Wohnung stehen, kann keine AfA nach § 7 Abs. 5 EStG in Anspruch genommen werden (→ BFH vom 7.7.1998 – BStBl. II S. 625).

– Zur degressiven AfA nach § 7 Abs. 5 EStG bei Baumaßnahmen an einem Dachgeschoss → BMF vom 10.7.1996 (BStBl. I S. 689).

Nutzungsdauer.

– Zur kürzeren tatsächlichen Nutzungsdauer von Gebäuden → BMF vom 22.2.2023 (BStBl. I S. 332).

– → AfA-Tabellen.

– Anschaffungs- oder Herstellungskosten eines Wirtschaftsguts sind nur dann nach § 7 EStG zu verteilen, wenn die Nutzungsdauer des Wirtschaftsguts zwölf Monate (Jahreszeitraum im Sinne eines Zeitraums von 365 Tagen) übersteigt (→ BFH vom 26.8.1993 – BStBl. 1994 II S. 232).

– Die Nutzungsdauer eines Wirtschaftsguts entspricht regelmäßig dem Zeitraum, in dem es sich technisch abnutzt. Eine kürzere wirtschaftliche Nutzungsdauer liegt nicht vor, wenn das Wirtschaftsgut zwar nicht mehr entsprechend der ursprünglichen Zweckbestimmung rentabel nutzbar ist, aber noch einen erheblichen Verkaufswert hat (→ BFH vom 14.4.2011 – BStBl. II S. 696).

– Die AfA auf das entgeltlich erworbene immaterielle Wirtschaftsgut „Vertreterrecht" (Ablösung des dem Vorgänger-Vertreter zustehenden Ausgleichsanspruchs durch Vereinbarung mit dem Geschäftsherrn) bemisst sich nach der für den Einzelfall zu bestimmenden betriebsgewöhnlichen Nutzungsdauer. Die Regelung des § 7 Abs. 1 Satz 3 EStG zur betriebsgewöhnlichen Nutzungsdauer des Geschäfts- oder Firmenwerts findet auf

das Vertreterrecht keine Anwendung (→ BFH vom 12.7.2007 – BStBl. II S. 959).
– Zur Nutzungsdauer des Geschäfts- oder Firmenwerts, des Praxiswerts und sog. firmenwertähnlicher Wirtschaftsgüter → BMF vom 20.11.1986 (BStBl. I S. 532) und BFH vom 24.2.1994 (BStBl. II S. 590).
– Begriff der Nutzungsdauer eines Gebäudes → § 11c Abs. 1 EStDV.
– Die Absicht, ein zunächst noch genutztes Gebäude abzubrechen oder zu veräußern, rechtfertigt es nicht, eine kürzere Nutzungsdauer des Gebäudes zugrunde zu legen (→ BFH vom 15.12.1981 – BStBl. 1982 II S. 385).
– Eine Verkürzung der Nutzungsdauer kann erst angenommen werden, wenn die Gebäudeabbruchvorbereitungen so weit gediehen sind, dass die weitere Nutzung in der bisherigen oder einer anderen Weise so gut wie ausgeschlossen ist (→ BFH vom 8.7.1980 – BStBl. II S. 743).
– Die der tatsächlichen Nutzungsdauer entsprechende AfA kann erst vorgenommen werden, wenn der Zeitpunkt der Nutzungsbeendigung des Gebäudes feststeht, z.B. weil sich der Stpfl. verpflichtet hat, das Gebäude zu einem bestimmten Zeitpunkt abzubrechen (→ BFH vom 22.8.1984 – BStBl. 1985 II S. 126).[1]
– Nutzungsdauer für Ladeneinbauten, Schaufensteranlagen und Gaststätteneinbauten → BMF vom 15.12.2000 (BStBl. I S. 1532), Tz. 3.7.
– Zur Nutzungsdauer der Wirtschaftsgüter eines Windparks → BFH vom 14.4.2011 (BStBl. II S. 696) und vom 1.2.2012 (BStBl. II S. 407).
– Zur Nutzungsdauer einer Technischen Sicherheitseinrichtung (TSE) → BMF vom 21.8.2020 (BStBl. I S. 1047).
– Zur Nutzungsdauer von Computerhardware und Software zur Dateneingabe und -verarbeitung → BMF vom 22.2.2022 (BStBl. I S. 187).

Rückgängigmachung des Anschaffungsvorgangs. Eine AfA ist nicht zu gewähren, wenn der Anschaffungsvorgang in vollem Umfang rückgängig gemacht wird. Auf den Zeitpunkt der Rückzahlung der Aufwendungen, die als Anschaffungskosten geltend gemacht worden sind, kommt es nicht an (→ BFH vom 19.12.2007 – BStBl. 2008 II S. 480).

Teil des auf ein Jahr entfallenden AfA-Betrags.
– Die AfA nach § 7 Abs. 5 EStG ist im Jahr der Anschaffung oder Herstellung eines Gebäudes in Höhe des vollen Jahresbetrags abzuziehen (→ BFH vom 19.2.1974 – BStBl. II S. 704); → aber R 7.4 Abs. 2 Satz 1.
– Bei Veräußerung eines Gebäudes kann die degressive AfA nach § 7 Abs. 5 EStG nur zeitanteilig abgezogen werden (→ BFH vom 18.8.1977 – BStBl. II S. 835).

Unterlassene oder überhöhte AfA.
– **AfA – Allgemein.** Ist AfA nach § 7 Abs. 1 oder Abs. 4 Satz 2 EStG oder § 7 Abs. 2 EStG unterblieben, kann sie in der Weise nachgeholt werden, dass die noch nicht abgesetzten Anschaffungs- oder Herstellungskosten (Buchwert) entsprechend der bei dem Wirtschaftsgut angewandten Absetzungsmethode auf die noch verbleibende Restnutzungs-

[1] Siehe ferner BFH v. 15.2.1989 X R 97/87, BStBl. II 1989, 604.

dauer verteilt werden (→ BFH vom 21.2.1967 – BStBl. III S. 386 und vom 3.7.1980 – BStBl. 1981 II S. 255).

– **Lineare Gebäude-AfA.** Ist AfA nach § 7 Abs. 4 Satz 1 EStG überhöht vorgenommen worden oder unterblieben und hat sich die tatsächliche Nutzungsdauer des Gebäudes nicht geändert, sind weiterhin die gesetzlich vorgeschriebenen Prozentsätze anzusetzen, so dass sich ein anderer Abschreibungszeitraum als von 25, 33, 40 oder 50 Jahren ergibt (→ BFH vom 3.7.1984 – BStBl. II S. 709, vom 20.1.1987 – BStBl. II S. 491 und vom 11.12.1987 – BStBl. 1988 II S. 335). Die Berichtigung zu hoch vorgenommener und verfahrensrechtlich nicht mehr änderbarer AfA ist bei Gebäuden im Privatvermögen in der Weise vorzunehmen, dass die gesetzlich vorgeschriebenen Abschreibungssätze auf die bisherige Bemessungsgrundlage bis zur vollen Absetzung des noch vorhandenen Restbuchwerts angewendet werden (→ BFH vom 21.11.2013 – BStBl. 2014 II S. 563).
– **Degressive Gebäude-AfA.** Ist AfA nach § 7 Abs. 5 EStG überhöht vorgenommen worden, ist die weitere AfA während des verbleibenden Abschreibungszeitraums weiterhin von den ungekürzten Anschaffungs- oder Herstellungskosten vorzunehmen (→ BFH vom 4.5.1993 – BStBl. II S. 661).
– **Betriebsvermögen.** Bisher unterlassene AfA kann nicht nachgeholt werden, wenn ein Wirtschaftsgut des notwendigen Betriebsvermögens im Wege der Fehlerberichtigung erstmals als Betriebsvermögen ausgewiesen wird (→ BFH vom 24.10.2001 – BStBl. 2002 II S. 75). Dies gilt wegen des Prinzips der Gesamtgewinngleichheit entsprechend auch bei der Gewinnermittlung durch Einnahmenüberschussrechnung, wenn das Wirtschaftsgut verspätet als Betriebsvermögen erfasst wird (→ BFH vom 22.6. 2010 – BStBl. II S. 1035).
– **Unberechtigte Steuervorteile.** AfA, die unterblieben ist, um dadurch unberechtigte Steuervorteile zu erlangen, darf nicht nachgeholt werden (→ BFH vom 3.7.1980 – BStBl. 1981 II S. 255 und vom 20.1.1987 – BStBl. II S. 491).

Verlustzuweisungsgesellschaft. Geht eine Verlustzuweisungsgesellschaft nach ihrem Betriebskonzept von einer erheblich längeren Nutzungsdauer eines Wirtschaftsguts als in den amtlichen AfA-Tabellen angegeben aus und beruht ihre Betriebsführung überwiegend auf diesem Umstand, wird die in ihrem Betriebskonzept zugrunde gelegte Nutzungsdauer angewandt. Unberührt davon bleiben Wirtschaftsgüter, wenn der für die Anschaffung oder Herstellung maßgebliche obligatorische Vertrag oder gleichstehende Rechtsakt vor dem 5.3.1999 rechtswirksam abgeschlossen und das Wirtschaftsgut vor dem 1.1.2001 angeschafft oder hergestellt wurde (→ BMF vom 15.6.1999 – BStBl. I S. 543).

Wechsel der AfA-Methode bei Gebäuden.
– Der Wechsel zwischen den AfA-Methoden nach § 7 Abs. 5 EStG sowie zwischen den AfA-Methoden nach § 7 Abs. 4 EStG und § 7 Abs. 5 EStG ist unzulässig (→ BFH vom 10.3.1987 – BStBl. II S. 618 und vom 29.5.2018 – BStBl. II S. 646).
– → aber: Degressive AfA nach § 7 Abs. 5 EStG in Erwerbsfällen.

R 7.5 Absetzung für Substanzverringerung

[1]Absetzungen für Substanzverringerung (AfS) sind beim unentgeltlichen Erwerb eines Bodenschatzes nur zulässig, soweit der Rechtsvorgänger Anschaffungskosten für ein Wirtschaftsgut aufgewendet hat. [2]AfS sind vorzunehmen, sobald mit dem Abbau des Bodenschatzes begonnen wird. [3]Sie berechnen sich nach dem Verhältnis der im Wirtschaftsjahr geförderten Menge des Bodenschatzes zur gesamten geschätzten Abbaumenge. [4]AfS, die unterblieben sind, um dadurch unberechtigte Steuervorteile zu erlangen, dürfen nicht nachgeholt werden.

H 7.5

Bodenschatz.
- Bei Bodenschätzen, die ein Stpfl. auf einem ihm gehörenden Grundstück im Privatvermögen entdeckt und in sein (Sonder-)Betriebsvermögen einlegt, sind AfS nicht zulässig (→ BFH vom 4.12.2006 – BStBl. 2007 II S. 508 und vom 4.2.2016 – BStBl. II S. 607).[1]
- → H 4.2 (1).

Unterbliebene AfS. Unterbliebene AfS kann in der Weise nachgeholt werden, dass sie in gleichen Beträgen auf die restliche Nutzungsdauer verteilt wird (→ BFH vom 21.2.1967 – BStBl. III S. 460).

Zu § 7a EStG

R 7a. Gemeinsame Vorschriften für erhöhte Absetzungen und Sonderabschreibungen

Allgemeines

(1) [1]Die Vorschriften des § 7a EStG sind auch auf alle erhöhten Absetzungen und Sonderabschreibungen anzuwenden, die ihre Rechtsgrundlage nicht im Einkommensteuergesetz haben. [2]§ 7a EStG ist nur dann nicht anzuwenden, wenn oder soweit dies in der jeweiligen Vorschrift über die erhöhten Absetzungen oder Sonderabschreibungen ausdrücklich bestimmt ist.

Begünstigungszeitraum

(2) [1]Der Begünstigungszeitraum i. S. d. § 7a Abs. 1 Satz 1 EStG umfasst die in der jeweiligen Vorschrift bestimmte Anzahl von Jahren. [2]Er verkürzt sich bei den Sonderabschreibungen nach § 4 Abs. 3 FördG und bei den erhöhten Absetzungen auf die Jahre, in denen die insgesamt zulässigen Sonderabschreibungen oder erhöhten Absetzungen tatsächlich vorgenommen worden sind. [3]Der Begünstigungszeitraum für Anzahlungen auf Anschaffungskosten und für Teilherstellungskosten endet mit Ablauf des Jahres, das dem Jahr der Anschaffung oder Herstellung oder der Beendigung nachträglicher Herstellungsarbeiten vorangeht. [4]Im Jahr der Anschaffung oder Herstellung beginnt ein neuer Begünstigungszeitraum für die Anschaffungs- oder Herstellungskosten.

---

[1] Siehe auch BFH v. 29.7.2015 IV R 15/14, BStBl. II 2016, 593.

Nachträgliche Anschaffungs- oder Herstellungskosten im Begünstigungszeitraum

(3) [1] Nachträgliche Anschaffungs- oder Herstellungskosten i. S. d. § 7a Abs. 1 Satz 1 und 2 EStG sind im Jahr ihrer Entstehung so zu berücksichtigen, als wären sie zu Beginn des Jahres aufgewendet worden. [2] § 7a Abs. 1 EStG ist nicht anzuwenden, wenn nachträgliche Herstellungskosten selbständig abgeschrieben werden, z. B. nach den §§ 7h oder 7i EStG oder nach § 4 Abs. 3 FördG, oder wenn nachträgliche Herstellungsarbeiten so umfassend sind, dass hierdurch ein anderes Wirtschaftsgut entsteht (→ R 7.3 Abs. 5).

Minderung der Anschaffungs- oder Herstellungskosten im Begünstigungszeitraum

(4) [1] Nachträgliche Minderungen der Anschaffungs- oder Herstellungskosten i. S. d. § 7a Abs. 1 Satz 3 EStG sind im Jahr der Minderung so zu berücksichtigen, als wäre die Minderung zu Beginn des Jahres eingetreten. [2] Zuschüsse mindern die Bemessungsgrundlage im Jahr der Bewilligung des Zuschusses. [3] Wird ein Zuschuss zurückgezahlt, ist der Rückforderungsbetrag im Jahr des Entstehens der Rückforderungsverpflichtung der bisherigen Bemessungsgrundlage für die AfA, für die erhöhten Absetzungen und für die Sonderabschreibungen hinzuzurechnen und so zu berücksichtigen, als wäre der Betrag zu Beginn des Jahres zurückgefordert. [4] Die Sätze 2 und 3 gelten sinngemäß

1. bei Gewinnermittlung durch Betriebsvermögensvergleich oder Einnahmenüberschussrechnung und
2. bei Ermittlung der Einkünfte durch Überschuss der Einnahmen über die Werbungskosten.

Anzahlungen auf Anschaffungskosten

(5) [1] Anzahlungen auf Anschaffungskosten sind Zahlungen, die nach dem rechtswirksamen Abschluss des obligatorischen Vertrages (→ R 7.2 Abs. 5) und vor der Lieferung eines Wirtschaftsgutes auf die endgültigen Anschaffungskosten geleistet werden, soweit sie diese nicht übersteigen. [2] Ohne Bedeutung ist, ob die Zahlungen verzinst werden oder zu einer Kaufpreisminderung führen. [3] Anzahlungen auf die Anschaffungskosten eines bebauten Grundstücks sind jeweils nach dem voraussichtlichen Verhältnis der Verkehrswerte oder Teilwerte auf den Grund und Boden und das Gebäude aufzuteilen. [4] Keine Anzahlungen sind willkürlich geleistete Zahlungen. [5] Zahlungen können auch dann willkürlich sein, wenn sie vertraglich vereinbart sind. [6] Eine Zahlung gilt nicht als willkürlich, wenn das Wirtschaftsgut spätestens im folgenden Jahr geliefert wird. [7] Bei Erwerb eines Gebäudes ist die Willkürlichkeit von Zahlungen auch nicht anzunehmen, soweit im Jahr der Zahlung und im folgenden Kalenderjahr voraussichtlich eine Gegenleistung erbracht wird, die die Anforderung eines Teilbetrags nach § 3 Abs. 2 MaBV[1)] rechtfertigen würde. [8] Soweit die Zahlungen willkürlich sind, sind sie in dem Jahr als Anzahlung zu berücksichtigen, das dem Jahr vorausgeht, in dem die Anforderung eines entsprechenden Teilbetrags nach § 3 Abs. 2 MaBV

---

1) **Wirtschaftsgesetze** Nr. **103**; siehe H 7a EStH unter b) Abschlagszahlungen nach § 3 Nr. 2 MaBV.

voraussichtlich gerechtfertigt wäre. [9]Keine Anzahlungen sind auch Zahlungen auf ein Treuhand- oder Notaranderkonto sowie Zahlungen, die im Interesse des Stpfl. einem Konto gutgeschrieben werden, über das der Zahlungsempfänger nicht frei verfügen kann. [10]Keine Anzahlungen sind deshalb Zahlungen, die der Stpfl. unter der Bedingung geleistet hat, dass das Konto des Zahlungsempfängers zugunsten des Stpfl. gesperrt ist. [11]Die Anerkennung einer Zahlung als Anzahlung wird jedoch nicht ausgeschlossen, wenn der Stpfl. bedingungslos gezahlt und der Zahlungsempfänger über den Zahlungsbetrag verfügt hat, indem er seine Kaufpreisforderung abgetreten oder das Konto verpfändet hat, z. B. um eine Bankbürgschaft zugunsten des Stpfl. zu erhalten. [12]Dabei ist es ohne Bedeutung, ob die Abtretung oder Verpfändung vor oder nach dem Zeitpunkt der Zahlung wirksam geworden ist.

Teilherstellungskosten

(6) [1]Zu den Teilherstellungskosten eines Gebäudes gehören auch die Aufwendungen für das bis zum Ende des Wirtschaftsjahres auf der Baustelle angelieferte, aber noch nicht verbaute Baumaterial. [2]Unerheblich ist, ob in dem Wirtschaftsjahr bereits Zahlungen für Teilherstellungskosten geleistet sind. [3]Auch bei Teilzahlungen an einen Unternehmer, der beauftragt ist, ein Bauobjekt als Generalunternehmer zu einem Festpreis herzustellen, bemessen sich die AfA, erhöhten Absetzungen und Sonderabschreibungen nur nach den tatsächlich entstandenen Teilherstellungskosten. [4]Soweit sich die Zahlungen am Baufortschritt ausrichten, können sie aus Vereinfachungsgründen als Anhaltspunkt für die Höhe der entstandenen Teilherstellungskosten dienen.

Kumulationsverbot

(7) Das Kumulationsverbot nach § 7a Abs. 5 EStG bezieht sich nicht auf die Fälle, in denen nachträgliche Anschaffungs- oder Herstellungskosten Gegenstand einer eigenen Abschreibungsvergünstigung sind und sowohl für das Wirtschaftsgut in seinem ursprünglichen Zustand als auch für die nachträglichen Anschaffungs- oder Herstellungskosten Abschreibungsvergünstigungen auf Grund verschiedener Vorschriften in Betracht kommen.

Verlustklausel

(8) [1]Die Verlustklausel des § 7a Abs. 6 EStG i. d. F. der Bekanntmachung vom 21.6.1979 (BGBl. I S. 721, BStBl. I S. 379) ist im Rahmen der Übergangsregelung zu § 15a EStG (§ 52 Abs. 22 und 33 EStG)[1)] weiter anzuwenden, und zwar wegen der Betriebsbezogenheit der Verlustklausel auf das gesamte Betriebsergebnis. [2]Im Rahmen dieser Übergangsregelung ist die Verlustklausel bei allen erhöhten Absetzungen und Sonderabschreibungen anzuwenden, die für zu einem Betriebsvermögen gehörende Wirtschaftsgüter in Anspruch genommen werden, soweit die Anwendung der Verlustklausel nicht ausdrücklich eingeschränkt oder ausgeschlossen worden ist.

AfA bei Gebäuden nach Ablauf des Begünstigungszeitraums

(9) [1]Bei Gebäuden, für die Sonderabschreibungen nach § 58 Abs. 1 EStG, nach § 3 ZRFG, nach den §§ 3 und 4 FördG oder nach § 76 EStDV a. F. oder

[1)] **[Amtl. Anm.:]** Jetzt § 52 Abs. 24 EStG.

erhöhte Absetzungen nach § 14 Abs. 1 oder § 14a Abs. 4 oder § 14d Abs. 1 Nr. 2 oder § 15 Abs. 2 Satz 2 BerlinFG oder nach § 14a BerlinFG 1976 i. d. F. der Bekanntmachung vom 18.2.1976 (BGBl. I S. 353, BStBl. I S. 102) und den vorherigen Fassungen dieser Vorschrift vorgenommen worden sind, ist die lineare AfA in Anlehnung an § 7 Abs. 4 Satz 1 EStG nach einem um den Begünstigungszeitraum verminderten Abschreibungszeitraum von 25 Jahren, 33 Jahren, 40 Jahren oder 50 Jahren zu bemessen. [2]In den Fällen des § 76 EStDV a. F. ist die Restwertabschreibung höchstens nach dem um den Begünstigungszeitraum verminderten Abschreibungszeitraum von 30 Jahren (§ 76 Abs. 4 Satz 3 EStDV a. F.) zu bemessen. [3]Die Regelung nach Satz 1 gilt nicht, wenn der Restwert nach Ablauf eines Begünstigungszeitraums den Anschaffungs- oder Herstellungskosten des Gebäudes oder dem an deren Stelle tretenden Wert hinzuzurechnen ist (z. B. § 7b Abs. 2 Satz 3,[1)] § 7c Abs. 5 Satz 1 EStG,[2)] § 82a Abs. 1 Satz 2 EStDV) oder nach einem festen Prozentsatz abzuschreiben ist (z. B. § 7b Abs. 1 Satz 2 EStG).[3)]

AfA bei anderen Wirtschaftsgütern nach Ablauf des Begünstigungszeitraums

(10) [1]Die Restnutzungsdauer des Wirtschaftsgutes ist bei Beginn der Restwertabschreibung neu zu schätzen. [2]Es ist jedoch nicht zu beanstanden, wenn für die weitere Bemessung der AfA die um den Begünstigungszeitraum verminderte ursprüngliche Nutzungsdauer des Wirtschaftsgutes als Restnutzungsdauer zugrunde gelegt wird. [3]Wurden für ein Wirtschaftsgut neben den Sonderabschreibungen nach § 7g Abs. 5 EStG AfA nach § 7 Abs. 2 EStG vorgenommen, kann dieses auch nach Ablauf des maßgebenden Begünstigungszeitraums weiterhin nach § 7 Abs. 2 EStG abgeschrieben werden.

H **7a**

Anzahlungen auf Anschaffungskosten.

– **Begriff.**
  - Vorleistungen, die in Erfüllung eines zu einem späteren Zeitpunkt noch zu vollziehenden Anschaffungsgeschäfts erbracht werden (→ BFH vom 2.6.1978 – BStBl. II S. 475 und vom 21.11.1980 – BStBl. 1981 II S. 179).
  - Keine Anzahlungen auf Anschaffungskosten sind Zahlungen, die nur „bei Gelegenheit" eines Anschaffungsgeschäfts erfolgen, durch die eine Tilgung der Kaufpreisschuld aber nicht eintritt (→ BFH vom 4.3.1983 – BStBl. II S. 509).
  - Eine Wechselhingabe kann nicht als in Erfüllung eines Anschaffungsgeschäfts erbracht angesehen werden, wenn sie für den Empfänger keinen wirtschaftlichen Wert hat (→ BFH vom 28.11.1980 – BStBl. 1981 II S. 286).

– **Abschlagszahlungen nach MaBV.** Nach § 3 Abs. 2 MaBV in der ab 1.6.1997 anzuwendenden Fassung (BGBl. 1997 I S. 272)[4)] ist der Bauträ-

---

[1)] **[Amtl. Anm.:]** § 7b Abs. 2 Satz 3 a. F. EStG.
[2)] **[Amtl. Anm.:]** § 7c Abs. 5 Satz 1 a. F. EStG.
[3)] **[Amtl. Anm.:]** § 7b Abs. 1 Satz 2 a. F. EStG.
[4)] **Wirtschaftsgesetze** Nr. **103**.

ger ermächtigt, Abschlagszahlungen entsprechend dem Bauablauf in bis zu sieben Teilbeträgen anzufordern, wobei die Teilbeträge aus den folgenden Prozentsätzen zusammengesetzt werden können:
30% der Vertragssumme in den Fällen, in denen Eigentum an einem Grundstück übertragen werden soll, oder 20% der Vertragssumme in den Fällen, in denen ein Erbbaurecht bestellt oder übertragen werden soll, nach Beginn der Erdarbeiten,
von der restlichen Vertragssumme
40% nach Rohbaufertigstellung, einschließlich Zimmererarbeiten,
8% für die Herstellung der Dachflächen und Dachrinnen,
3% für die Rohinstallation der Heizungsanlagen,
3% für die Rohinstallation der Sanitäranlagen,
3% für die Rohinstallation der Elektroanlagen,
10% für den Fenstereinbau, einschließlich der Verglasung,
6% für den Innenputz, ausgenommen Beiputzarbeiten,
3% für den Estrich,
4% für Fliesenarbeiten im Sanitärbereich,
12% nach Bezugsfertigkeit und Zug um Zug gegen Besitzübergabe,
3% für die Fassadenarbeiten,
5% nach vollständiger Fertigstellung.
Über die Teilbeträge nach § 3 Abs. 2 MaBV hinausgehende Zahlungen sind nicht willkürlich, wenn der Bauträger Sicherheit nach § 7 MaBV geleistet hat und keine Anhaltspunkte für eine willkürliche Zahlung gegeben sind (→ BFH vom 14.1.2004 – BStBl. II S. 750).

– **Zeitpunkt**
  - Anzahlungen sind nicht schon im Zeitpunkt der Diskontierung des Wechsels aufgewendet, wenn der Diskonterlös für die Laufzeit des Wechsels auf einem Festgeldkonto angelegt wird und der Diskontnehmer während der Laufzeit des Wechsels nicht über den Wechselgegenwert verfügen kann (→ BFH vom 30.10.1986 – BStBl. 1987 II S. 137).
  - Zeitpunkt der Anzahlung ist grundsätzlich der Zeitpunkt, in dem der Schuldner seiner Bank den Überweisungsauftrag erteilt hat (→ BFH vom 22.5.1987 – BStBl. II S. 673).

Beispiele:

1. Nachträgliche Anschaffungs- oder Herstellungskosten

An einem im Januar 01 angeschafften beweglichen Wirtschaftsgut mit einer betriebsgewöhnlichen Nutzungsdauer von 10 Jahren, für das im Jahr 01 die nach § 7g EStG zulässigen Sonderabschreibungen von 20% und die lineare AfA in Anspruch genommen worden sind, werden nachträgliche Herstellungsarbeiten vorgenommen und im Jahr 05 beendet. Die nachträglichen Herstellungskosten entstehen im Dezember 04 und im Januar 05.

Anschaffungskosten	10 000 €
Abschreibungen 01 bis 03:	
a) 3 × 10% von 10 000 €	– 3 000 €
b) 20% von 10 000 €	– 2 000 €
Buchwert 31.12.03	5 000 €
nachträgliche Herstellungskosten 04	+ 1 800 €
	6 800 €

Abschreibungen 04:		
a) 10 % von 11 800 €		– 1 180 €
b) 20 % von 11 800 €	2 360 €	
abzüglich bisherige Sonderabschreibungen	2 000 €	– 360 €
Buchwert 31.12.04		5 260 €
nachträgliche Herstellungskosten 05		+ 200 €
		5 460 €
Abschreibungen 05:		
a) 10 % von 12 000 €		– 1 200 €
b) 20 % von 12 000 €	2 400 €	
abzüglich bisherige Sonderabschreibungen	2 360 €	– 40 €
Restwert 31.12.05		4 220 €

2. Minderung der Anschaffungs- oder Herstellungskosten

An einem Gebäude werden im Jahr 01 Baumaßnahmen i. S. d. § 7i EStG durchgeführt. Im Februar 03 wird ein Zuschuss bewilligt.

Herstellungskosten	100 000 €
Erhöhte Absetzungen 01 bis 02: 2 × 9 % von 100 000 €	– 18 000 €
Buchwert 31.12.02	82 000 €
Zuschuss 03	– 40 000 €
	42 000 €
Erhöhte Absetzungen 03 bis 08: 6 × 9 % von 60 000 € =	– 32 400 €
Erhöhte Absetzungen 09 bis 10: 2 × 7 % von 60 000 € =	– 8 400 €
Erhöhte Absetzungen 11 (Rest)	– 1 200 €
Buchwert 31.12.11	0 €

3. Rückforderung eines Zuschusses

Sachverhalt wie in Beispiel 2 mit der Ergänzung, dass der Zuschuss im Jahr 04 zurückgefordert wird.

Herstellungskosten	100 000 €
Erhöhte Absetzungen 01 bis 02: 2 × 9 % von 100 000 €	– 18 000 €
Buchwert 31.12.02	82 000 €
Zuschuss 03	– 40 000 €
	42 000 €
Erhöhte Absetzungen 03: 9 % von 60 000 €	– 5 400 €
Buchwert 31.12.03	36 600 €
Rückforderung Zuschuss 04	+ 40 000 €
	76 600 €
Erhöhte Absetzungen 04 bis 08: 5 × 9 % von 100 000 €	– 45 000 €
Erhöhte Absetzungen 09 bis 12: 4 × 7 % von 100 000 €	– 28 000 €
Restwert 31.12.12	3 600 €

4. AfA bei Gebäuden nach Ablauf des Begünstigungszeitraums

Für ein im Januar 01 hergestelltes Wirtschaftsgebäude sind in den Jahren 01 bis 03 die nach § 4 FördG zulässigen Sonderabschreibungen vorgenommen worden. Nach Ablauf des Begünstigungszeitraums am 31.12.05 beträgt die restliche Abschreibungsdauer des Gebäudes noch 20 Jahre.

Herstellungskosten	500 000 €
Abschreibungen 01 bis 03: 3 × 4 % = 12 % =	– 60 000 €
Sonderabschreibungen 50 % =	– 250 000 €
Abschreibungen 04 und 05: 2 × 4 % = 8 % =	– 40 000 €
Restwert 31.12.05 = Bemessungsgrundlage ab 06	150 000 €

Vom Jahr 06 an beträgt die AfA jeweils 5 % = 7500 € jährlich.

Degressive AfA. Die AfA nach § 7 Abs. 5 EStG gehört nicht zu den erhöhten Absetzungen (→ BFH vom 25.5.2004 – BStBl. II S. 783). § 7a Abs. 4 EStG bezieht sich nur auf die kumulative Inanspruchnahme von Sonderabschreibungen und degressiver AfA in ein und demselben VZ (→ BFH vom 14.3.2006 – BStBl. II S. 799).

Mehrere Beteiligte.
- Sind Wirtschaftsgüter mehreren Beteiligten zuzurechnen, so können erhöhte Absetzungen und Sonderabschreibungen grundsätzlich nur einheitlich von allen Beteiligten in Anspruch genommen werden (→ BFH vom 7.8.1986 – BStBl. II S. 910).
- → R 21.6 Satz 3.
- Nur der Gesellschafter, nicht die Personengesellschaft, ist zur Inanspruchnahme der erhöhten Absetzungen berechtigt. Scheidet ein Gesellschafter nach Durchführung der begünstigten Maßnahmen aus der Gesellschaft aus und übernehmen die übrigen Gesellschafter dessen Anteil (Anwachsung), so sind jedem der verbliebenen Gesellschafter nur in Höhe seiner ursprünglichen Beteiligung begünstigte Herstellungskosten zuzurechnen (→ BFH vom 17.7.2001 – BStBl. II S. 760).
- Übernimmt im Rahmen der Liquidation einer vermögensverwaltenden Personengesellschaft ein Gesellschafter das weitgehend aus einem einzigen Wirtschaftsgut bestehende Gesellschaftsvermögen im Wege der Übertragung von Aktiva und Passiva, liegt hierin keine Anschaffung eines Unternehmens, sondern eine Gesamtrechtsnachfolge des zuletzt verbleibenden Gesellschafters in das Gesellschaftsvermögen der Gesellschaft (→ BFH vom 25.6.2002 – BStBl. II S. 756).

Teilherstellungskosten.
- Teilherstellungskosten sind die Aufwendungen, die bis zum Ende des Wj. durch den Verbrauch von Gütern und die Inanspruchnahme von Diensten für die Herstellung eines Wirtschaftsgutes entstanden sind (→ BFH vom 15.11.1985 – BStBl. 1986 II S. 367).
- Anzahlungen auf Teilherstellungskosten sind nicht begünstigt (→ BFH vom 10.3.1982 – BStBl. II S. 426).

Verzeichnis. Das nach § 7a Abs. 8 EStG erforderliche Verzeichnis braucht erst im Zeitpunkt der Inanspruchnahme der erhöhten Absetzungen oder Sonderabschreibungen erstellt zu werden (→ BFH vom 9.8.1984 – BStBl. 1985 II S. 47).

Willkürlich geleistete Zahlungen. Willkürlich geleistete Zahlungen sind keine Anzahlungen (→ BFH vom 3.2.1987 – BStBl. II S. 492).

Zu § 7b EStG

H 7b

Anwendungsschreiben. → BMF vom 7.7.2020 (BStBl. I S. 623) unter Berücksichtigung der Änderungen durch BMF vom 21.9.2021 (BStBl. I S. 1805).

Zu § 7d EStG[1)]

R 7d. Weitergeltung der Anordnungen zu § 7d EStG

R 77 EStR 1993 ist weiter anzuwenden.

R 77 EStR 1993. Erhöhte Absetzungen für Wirtschaftsgüter, die dem Umweltschutz dienen

(1) [1]Der in § 7d Abs. 1 EStG genannte Vomhundertsatz für die erhöhten Absetzungen darf auch dann nicht überschritten werden, wenn die AfA nach § 7 Abs. 1 oder 4 EStG höher wäre; § 7a Abs. 3 EStG ist insoweit nicht anwendbar. [2]In den zurückliegenden Wirtschaftsjahren nicht voll in Anspruch genommene erhöhte Absetzungen können aber nachgeholt werden.

(2) [1]Die Zweckbindungsvoraussetzung des § 7d Abs. 6 EStG ist grundsätzlich nicht erfüllt, wenn der Stpfl. ein Wirtschaftsgut vor Ablauf des Fünfjahreszeitraums veräußert, vermietet oder verpachtet oder in eine ausländische Betriebsstätte, in das Umlaufvermögen oder in das Privatvermögen überführt. [2]Im Übrigen gelten bei der Auslegung des § 7d Abs. 6 EStG die Tz. 13 und 15 bis 18 der Verwaltungsanweisungen zu § 3 ZRFG mit der Maßgabe, dass an die Stelle der Betriebsstätte des Stpfl. im Zonenrandgebiet der im Inland belegene Betrieb des Stpfl. tritt. [3]Wird bei einem Wirtschaftsgut, für das erhöhte Absetzungen in Anspruch genommen worden sind, die Zweckbindungsvoraussetzung nicht erfüllt, so sind die erhöhten Absetzungen durch Änderung des Steuerbescheids nach § 175 Abs. 1 Satz 1 Nr. 2 AO rückwirkend zu versagen.

Zu § 7f EStG[2)]

R 7f. Weitergeltung der Anordnungen zu § 7f EStG

R 82 EStR 1999 ist weiter anzuwenden.

R 82 EStR 1999. Bewertungsfreiheit für abnutzbare Wirtschaftsgüter des Anlagevermögens privater Krankenhäuser

(1) [1]Der Begriff des Krankenhauses bestimmt sich nach § 2 Nr. 1 KHG. [2]Eine Einrichtung ist als → Krankenhaus anzusehen, soweit sie als Krankenhaus in den Krankenhausbedarfsplan aufgenommen ist oder soweit in ihr auf Grund eines Vertrags mit einem Sozialleistungsträger oder einem sonstigen öffentlich-rechtlichen Kostenträger ausschließlich zum Zweck stationärer oder teilstationärer medizinischer Behandlung ärztliche Leistungen, Pflege, Verpflegung, Unterkunft, Nebenleistungen, z. B. die Versorgung mit Arzneimitteln, Heilmitteln oder Hilfsmitteln, und gegebenenfalls sonstige Leistungen, z. B. nichtärztliche psychotherapeutische oder sozialtherapeutische Leistungen, soziale Betreuung und Beratung der Patienten, erbracht werden. [3]Ein Hochschulkrankenhaus ist stets als Krankenhaus anzusehen.

(2) [1]Soweit ein Fall nach Absatz 1 nicht vorliegt, sind die Voraussetzungen für das Vorliegen eines Krankenhauses im Einzelfall zu prüfen. [2]Danach ist die Einrichtung ein Krankenhaus, wenn sie folgende Merkmale erfüllt:

1. Die ärztliche und die pflegerische Hilfeleistung nach Absatz 1 müssen in der Einrichtung gegenüber den zu versorgenden Personen planmäßig und regelmäßig erbracht werden, dem einzelnen Patienten gewidmet sein und die Versorgung in der Einrichtung wesentlich mitbestimmen.
2. [1]Die Einrichtung darf nur Patienten und deren Begleitpersonen offen stehen. [2]Begleitperson ist eine nicht in der Einrichtung beschäftigte Person, die im Einzelfall an der Versorgung des Patienten – in der Regel durch pflegerische Hilfeleistung – beteiligt ist und deren Unterbringung in der Einrichtung für die Erbringung von Leistungen im Sinne der Begriffsbestimmung des § 2 Nr. 1 KHG (Behandlung) oder für den Behandlungserfolg medizinisch notwendig oder medizinisch zweckmäßig ist; davon ist stets auszugehen bei Kindern bis zu 14 Jahren und bei Schwerbehinderten.

---

1) § 7d EStG aufgeh. durch G v. 22.12.2014, BGBl. I 2014, 2417, mWv 1.1.2015.
2) § 7f EStG aufgeh. durch G v. 22.12.2014, BGBl. I 2014, 2417, mWv 1.1.2015.

3. Mit der Aufnahme in die Einrichtung muss die Lebensweise der aufgenommenen Patienten und Begleitpersonen den medizinisch begründeten Verhaltensregeln unterworfen sein.
4. [1] Ein wesentlicher Teil der Gesamtleistung der Einrichtung muss auf stationäre oder teilstationäre Leistungen im Sinne der Begriffsbestimmung des § 2 Nr. 1 KHG entfallen. [2] Dabei ist auf das Verhältnis der Entgelte abzustellen. [3] Teilstationäre Leistungen liegen vor, soweit die in die Einrichtung aufgenommenen Patienten dort zur Behandlung nicht ständig, sondern z. B. nur während des Tages für mehrere Stunden, während der Nacht oder an Wochenenden untergebracht und gegebenenfalls verpflegt werden.
5. [1] Die Einrichtung muss zur stationären oder teilstationären Behandlung der Personen, die nach der Zweckbestimmung der Einrichtung in ihr versorgt werden sollen, geeignet sein. [2] Sie muss auf die dazu notwendige Betreuung durch jederzeit rufbereite Ärzte und qualifiziertes Pflegepersonal eingerichtet sein und über die dazu notwendige medizinisch-technische Ausstattung verfügen.

[3] Treffen die genannten Voraussetzungen nur auf einen Teil der Einrichtung zu, ist die Einrichtung insoweit als Krankenhaus anzusehen, wenn dieser Teil räumlich oder nach seiner Versorgungsaufgabe als Einheit, z. B. als Abteilung oder besondere Einrichtung, abgrenzbar ist.

(3) Zu den Krankenhäusern gehören unter den genannten Voraussetzungen z. B. auch:

1. Krankenhäuser, die nur Kranke bestimmter Krankheitsarten oder bestimmter Altersstufen aufnehmen (Fach- oder Sonderkrankenhäuser),
2. Anstalten, in denen unheilbar Erkrankte untergebracht sind, die der ständigen ärztlichen Beaufsichtigung bedürfen,
3. Krankenhäuser, in denen ärztliche Hilfeleistung durch niedergelassene Ärzte erbracht wird (Belegkrankenhäuser),
4. Säuglingsheime, in denen nur kranke Kinder aufgenommen werden und die unter verantwortlicher ärztlicher Leitung stehen,
5. Entbindungsheime, die unter verantwortlicher ärztlicher Leitung stehen,
6. Diagnosekliniken,
7. Einrichtungen zur Erbringung teilstationärer Leistungen, z. B. Tages-, Nacht- und Wochenendkliniken,
8. Kurkrankenhäuser,
9. Vorsorge- und Rehabilitationseinrichtungen.

(4) Nicht zu den Krankenhäusern gehören z. B. Alten- und Pflegeheime sowie Einrichtungen, in denen nur ambulante Leistungen erbracht werden, z. B. Röntgeninstitute.

(5) [1] Die Sonderabschreibungen können nur für Wirtschaftsgüter in Anspruch genommen werden, die der Stpfl. vor dem 1.1.1996 bestellt oder herzustellen begonnen hat. [2] Als Beginn der Herstellung gilt bei Baumaßnahmen, für die eine Baugenehmigung erforderlich ist, der Zeitpunkt, in dem der Bauantrag (→ § 42a Abs. 4 und 5) gestellt worden ist. [3] Tritt ein Stpfl. in den Vertrag über die Anschaffung eines Wirtschaftsguts ein, so ist als Zeitpunkt der Bestellung nicht der Zeitpunkt der Bestellung durch den Dritten, sondern der Zeitpunkt des Vertragseintritts durch den Stpfl. maßgebend. [4] Stellt ein Stpfl. ein Wirtschaftsgut fertig, mit dessen Herstellung ein Dritter begonnen hat, so ist als Herstellungsbeginn nicht der Zeitpunkt des Herstellungsbeginns durch den Dritten, sondern der Zeitpunkt maßgebend, in dem der Stpfl. mit der Fertigstellung des Wirtschaftsguts beginnt. [5] Das gilt auch dann, wenn das Wirtschaftsgut auf Grund einer Baugenehmigung fertiggestellt wird, die der Dritte beantragt hat.

Zu § 7g EStG

H 7g

Investitionsabzugsbetrag.

– Zu Zweifelsfragen zu den Investitionsabzugsbeträgen nach § 7g Abs. 1 bis 4 und 7 i. d. F. des JStG 2020 vom 21.12.2020 (BGBl. I S. 3096) → BMF vom 15.6.2022 (BStBl. I S. 945).

– Zur zeitlichen Anwendung der BMF-Schreiben vom 20.3.2017 (BStBl. I S. 423) und vom 26.8.2019 (BStBl. I S. 870) → BMF vom 15.6.2022 (BStBl. I S. 945), Rn. 59.

Zu § 7h EStG

R 7h. Erhöhte Absetzungen nach § 7h EStG von Aufwendungen für bestimmte Maßnahmen an Gebäuden in Sanierungsgebieten und städtebaulichen Entwicklungsbereichen

(1) Den Miteigentümern eines Gebäudes stehen erhöhte Absetzungen nach § 7h EStG grundsätzlich im Verhältnis ihrer Eigentumsanteile zu; auf R 21.6 wird hingewiesen.

(2) Wird ein Gebäude, bei dem erhöhte Absetzungen nach § 7h EStG vorgenommen werden, aus dem Betriebsvermögen in das Privatvermögen oder umgekehrt überführt, ist eine sich dabei ergebende Erhöhung oder Minderung der Bemessungsgrundlage dem Teil des Gebäudes zuzuordnen, für den keine erhöhten Absetzungen nach § 7h EStG gewährt werden.

(3) [1]Werden erhöhte Absetzungen nach § 7h EStG in Anspruch genommen, braucht aus Vereinfachungsgründen das Vorliegen der Voraussetzungen nur für den VZ geprüft zu werden, in dem die begünstigten Baumaßnahmen fertig gestellt worden sind. [2]Die Nachholung versehentlich unterlassener erhöhter Absetzungen nach § 7h EStG ist nicht möglich.

(4) [1]Die zuständige Gemeindebehörde hat nach den länderspezifischen Bescheinigungsrichtlinien zu prüfen,

1. ob das Gebäude in einem förmlich festgelegten Sanierungsgebiet oder städtebaulichen Entwicklungsbereich belegen ist,
2. ob Modernisierungs- und Instandsetzungsmaßnahmen i. S. d. § 177 BauGB oder andere Maßnahmen i. S. d. § 7h Abs. 1 Satz 2 EStG durchgeführt worden sind,
3. in welcher Höhe Aufwendungen, die die vorstehenden Voraussetzungen erfüllen, angefallen sind,[1)]
4. inwieweit Zuschüsse aus öffentlichen Mitteln durch eine der für Sanierungsgebiete oder städtebaulichen Entwicklungsbereiche zuständigen Behörde bewilligt worden sind oder nach Ausstellung der Bescheinigung bewilligt werden (Änderung der Bescheinigung).

[2]Die Bescheinigung unterliegt weder in rechtlicher noch in tatsächlicher Hinsicht der Nachprüfung durch die Finanzbehörden. [3]Es handelt sich hierbei um einen Verwaltungsakt in Form eines Grundlagenbescheides, an den die Finanzbehörden im Rahmen des gesetzlich vorgegebenen Umfangs gebunden sind (§ 175 Abs. 1 Satz 1 Nr. 1 AO). [4]Ist jedoch offensichtlich, dass die Bescheinigung für Maßnahmen erteilt worden ist, bei denen die Voraussetzungen nicht vorliegen, hat die Finanzbehörde ein Remonstrationsrecht, d. h. sie kann die Gemeindebehörde zur Überprüfung veranlassen sowie um Rücknahme oder

---

[1)] Siehe aber auch H 7h „Bindungswirkung der Bescheinigung" EStH.

Änderung der Bescheinigung nach Maßgabe des § 48 Abs. 1 VwVfG bitten.[1] [5]Die Gemeindebehörde ist verpflichtet, dem Finanzamt die Rücknahme oder Änderung der Bescheinigung mitzuteilen (§ 4 Mitteilungsverordnung).[2]

(5) Die Finanzbehörden haben zu prüfen,

1. ob die vorgelegte Bescheinigung von der zuständigen Gemeindebehörde ausgestellt worden ist,
2. ob die bescheinigten Aufwendungen steuerrechtlich dem Gebäude i. S. d. § 7h Abs. 1 EStG zuzuordnen sind,
3. ob die bescheinigten Aufwendungen zu den Herstellungskosten oder den nach § 7h Abs. 1 Satz 3 EStG begünstigten Anschaffungskosten, zu den sofort abziehbaren Betriebsausgaben oder Werbungskosten, insbesondere zum Erhaltungsaufwand, oder zu den nicht abziehbaren Ausgaben gehören,
4. ob weitere Zuschüsse für die bescheinigten Aufwendungen gezahlt werden oder worden sind,
5. ob die Aufwendungen bei einer Einkunftsart oder bei einem zu eigenen Wohnzwecken genutzten Gebäude wie Sonderausgaben (→ § 10f EStG) berücksichtigt werden können,
6. in welchem VZ die erhöhten Absetzungen, die Verteilung von Erhaltungsaufwand (→ § 11a EStG) oder der Abzug wie Sonderausgaben (→ § 10f EStG) erstmals in Anspruch genommen werden können.

(6) [1]Eine begünstigte Maßnahme i. S. d. § 7h Abs. 1 Satz 1 EStG liegt auch vor, wenn die Modernisierungs- und Instandhaltungsmaßnahmen auf Grund einer konkreten vertraglichen Vereinbarung zwischen Eigentümer und Gemeinde durchgeführt werden. [2]Die Prüfungs- und Bescheinigungspflicht i. S. d. Absatzes 4 besteht auch in diesen Fällen. [3]Baumaßnahmen, die ohne konkrete vertragliche Vereinbarung auf freiwilliger Grundlage durchgeführt werden, sind von dem Begünstigungstatbestand des § 7h Abs. 1 Satz 1 EStG nicht erfasst.

(7) Für die Begünstigung von Modernisierungs- und Instandsetzungsmaßnahmen i. S. d. § 177 BauGB ist es unschädlich, wenn die zugrunde liegende Sanierungssatzung während oder nach Durchführung der Maßnahmen aufgehoben wird.

H 7h

Bauherrenmodelle. Zu den Besonderheiten bei Baumaßnamen i. S. d. §§ 7h und 7i EStG im Rahmen von Bauherrenmodellen → BMF vom 20.10.2003 (BStBl. I S. 546), RdNr. 10.

Begünstigte Baumaßnahmen.

– Begünstigt sind nur Herstellungskosten an einem im Sanierungsgebiet liegenden, bestehenden Gebäude, nicht hingegen der Neubau oder Wie-

[1] **[Amtl. Anm.:]** Für offensichtlich rechtswidrige Bescheinigungen, die nach dem 31.12.2020 erteilt werden → § 7h Abs. 2 Satz 1 EStG i. d. F. des Artikel 1 des JStG 2020 i. V. m. § 52 Abs. 16a Satz 4 EStG.

[2] VO v. 7.9.1993, BGBl. I 1993, 1554, zuletzt geänd. durch VO v. 19.12.2022, BGBl. I 2022, 2432 (**Steuergesetze** Nr. **800 f**); siehe auch BMF v. 9.6.2023.

deraufbau von Gebäuden (→ BFH vom 2.9.2008 – BStBl. 2009 II S. 596).

– Auch Aufwendungen für eine Eigentumswohnung, mit der neuer Wohnraum geschaffen wird, können begünstigt sein, wenn und soweit sie sich auf den Altbaubestand beziehen und die Voraussetzungen des § 7h Abs. 1 und 2 EStG erfüllen. Es ist unerheblich, ob und mit welchem Anteil die begünstigten Aufwendungen das Sondereigentum oder das Gemeinschaftseigentum betreffen (→ BFH vom 10.10.2017 – BStBl. 2018 II S. 272).

Bescheinigungsrichtlinien. Übersicht über die Veröffentlichung der länderspezifischen Bescheinigungsrichtlinien → BMF vom 21.1.2020 (BStBl. I S. 169).

Bindungswirkung der Bescheinigung.

– Die Bindungswirkung der Bescheinigung umfasst nicht die persönliche Abzugsberechtigung (→ BFH vom 21.8.2001 – BStBl. 2003 II S. 910).

– Allein die Gemeinde prüft, ob Modernisierungs- und Instandsetzungsmaßnahmen i. S. d. § 177 BauGB durchgeführt wurden. Aufgrund der Wertungen des BauGB ist zu entscheiden, wie die Begriffe „Modernisierung“ und „Instandsetzung“ zu verstehen sind und ob darunter auch ein Neubau im bautechnischen Sinne zu subsumieren ist. Es besteht keine Bindungswirkung in Bezug auf die Höhe der begünstigten Kosten (→ BFH vom 22.10.2014 – BStBl. 2015 II S. 367, vom 6.12.2016 – BStBl. 2017 II S. 523 und vom 17.4.2018 – BStBl. II S. 597).

Gleichstehender Rechtsakt. An den einem obligatorischen Erwerbsvertrag gleichstehenden Rechtsakt sind hinsichtlich seiner Rechtsbindung und der Rechtsklarheit dieselben Anforderungen zu stellen wie an den obligatorischen Erwerbsvertrag. Es bedarf einer formgerechten schuldrechtlichen Erwerbsverpflichtung, von der sich kein Beteiligter mehr einseitig lösen kann. Hierzu zählt insbesondere der Erbfall, der Zuschlag im Zwangsversteigerungsverfahren oder der Erwerb von Anteilen an einer Personengesellschaft. Ein unwiderrufliches Kaufangebot begründet weder eine beidseitige Verpflichtung noch definiert es einen konkreten Erwerbszeitpunkt und stellt mithin keinen gleichstehenden Rechtsakt i. S. d. §§ 7h, 7i EStG dar (→ BFH vom 19.2.2013 – BStBl. II S. 482).

Nichtvorliegen der Bescheinigung.

– Fehlt es an einer Bescheinigung nach § 7h Abs. 2 EStG, z. B. weil die Gemeindebehörde keine den formellen Anforderungen entsprechende Bescheinigung erstellt hat, geht die Prüfungsbefugnis nicht auf das Finanzamt über; dieses ist allenfalls zur vorläufigen Schätzung nach § 162 Abs. 5 AO befugt (→ BFH vom 10.10.2017 – BStBl. 2018 II S. 272).

– → H 7i.

Objektbezogenheit der Bescheinigung.

– Erhöhte Absetzungen können für eine Eigentumswohnung geltend gemacht werden, wenn die Bescheinigung objektbezogen ausgestellt wird.

Bei einem aus mehreren Eigentumswohnungen bestehenden Gebäude muss für jede einzelne Eigentumswohnung eine Bescheinigung ausgestellt werden (→ BFH vom 6.5.2014 – BStBl. 2015 II S. 581 und vom 10.10.2017 – BStBl. 2018 II S. 272).

– Besteht ein Gebäude aus mehreren selbständigen unbeweglichen Wirtschaftsgütern, weil es in verschiedenen Nutzungs- und Funktionszusammenhängen steht (z. B. fremde Wohnzwecke; eigene Wohnzwecke), ist eine objektbezogene Bescheinigung für den jeweiligen Gebäudeteil erforderlich. Eine Bescheinigung, die sich lediglich auf das Gesamtgebäude bezieht, genügt nicht (→ BFH vom 6.12.2016 – BStBl. 2017 II S. 523).

Personengesellschaft. Erhöhte Absetzungen nach Ausscheiden eines Gesellschafters → H 7a (Mehrere Beteiligte).

Verwaltungsverfahrensgesetz:

§ 48 VwVfG – Rücknahme eines rechtswidrigen Verwaltungsaktes

„(1) [1] Ein rechtswidriger Verwaltungsakt kann, auch nachdem er unanfechtbar geworden ist, ganz oder teilweise mit Wirkung für die Zukunft oder für die Vergangenheit zurückgenommen werden. [2] Ein Verwaltungsakt, der ein Recht oder einen rechtlich erheblichen Vorteil begründet oder bestätigt hat (begünstigender Verwaltungsakt), darf nur unter den Einschränkungen der Absätze 2 bis 4 zurückgenommen werden.

(2) [1] Ein rechtswidriger Verwaltungsakt, der eine einmalige oder laufende Geldleistung oder teilbare Sachleistung gewährt oder hierfür Voraussetzung ist, darf nicht zurückgenommen werden, soweit der Begünstigte auf den Bestand des Verwaltungsaktes vertraut hat und sein Vertrauen unter Abwägung mit dem öffentlichen Interesse an einer Rücknahme schutzwürdig ist. [2] Das Vertrauen ist in der Regel schutzwürdig, wenn der Begünstigte gewährte Leistungen verbraucht oder eine Vermögensdisposition getroffen hat, die er nicht mehr oder nur unter unzumutbaren Nachteilen rückgängig machen kann. [3] Auf Vertrauen kann sich der Begünstigte nicht berufen, wenn er

1. den Verwaltungsakt durch arglistige Täuschung, Drohung oder Bestechung erwirkt hat;
2. den Verwaltungsakt durch Angaben erwirkt hat, die in wesentlicher Beziehung unrichtig oder unvollständig waren;
3. die Rechtswidrigkeit des Verwaltungsaktes kannte oder infolge grober Fahrlässigkeit nicht kannte.

[4] In den Fällen des Satzes 3 wird der Verwaltungsakt in der Regel mit Wirkung für die Vergangenheit zurückgenommen.

(3) [1] Wird ein rechtswidriger Verwaltungsakt, der nicht unter Absatz 2 fällt, zurückgenommen, so hat die Behörde dem Betroffenen auf Antrag den Vermögensnachteil auszugleichen, den dieser dadurch erleidet, dass er auf den Bestand des Verwaltungsaktes vertraut hat, soweit sein Vertrauen unter Abwägung mit dem öffentlichen Interesse schutzwürdig ist. [2] Absatz 2 Satz 3 ist anzuwenden. [3] Der Vermögensnachteil ist jedoch nicht über den Betrag des Interesses hinaus zu ersetzen, das der Betroffene an dem Bestand des Verwaltungsaktes hat. [4] Der auszugleichende Vermögensnachteil wird durch die Behörde festgesetzt. [5] Der Anspruch kann nur innerhalb eines Jahres geltend gemacht werden; die Frist beginnt, sobald die Behörde den Betroffenen auf sie hingewiesen hat.

(4) [1] Erhält die Behörde von Tatsachen Kenntnis, welche die Rücknahme eines rechtswidrigen Verwaltungsaktes rechtfertigen, so ist die Rücknahme nur innerhalb eines Jahres seit dem Zeitpunkt der Kenntnisnahme zulässig. [2] Dies gilt nicht im Falle des Absatzes 2 Satz 3 Nr. 1.

(5) Über die Rücknahme entscheidet nach Unanfechtbarkeit des Verwaltungsaktes die nach § 3 zuständige Behörde; dies gilt auch dann, wenn der zurückzunehmende Verwaltungsakt von einer anderen Behörde erlassen worden ist.“

Zu § 7i EStG

R 7i. Erhöhte Absetzungen nach § 7i EStG von Aufwendungen für bestimmte Baumaßnahmen an Baudenkmalen

(1) R 7h Abs. 1 bis 3 gilt entsprechend.

(2) [1]Die nach Landesrecht zuständige Denkmalbehörde hat zu prüfen und zu bescheinigen,

1. ob das Gebäude oder der Gebäudeteil nach den landesrechtlichen Vorschriften ein Baudenkmal ist,
2. ob die Baumaßnahmen nach Art und Umfang
   a) zur Erhaltung des Gebäudes oder Gebäudeteiles als Baudenkmal oder zu seiner sinnvollen Nutzung,
   b) bei einem Gebäude, das Teil einer geschützten Gesamtanlage oder Gebäudegruppe ist, zur Erhaltung des schützenswerten äußeren Erscheinungsbildes der Gesamtanlage oder Gebäudegruppe

   erforderlich waren,
3. ob die Arbeiten vor Beginn und bei Planungsänderungen vor Beginn der geänderten Vorhaben mit der Bescheinigungsbehörde abgestimmt waren,
4. in welcher Höhe Aufwendungen, die die vorstehenden Voraussetzungen erfüllen, angefallen sind,
5. ob und in welcher Höhe Zuschüsse aus öffentlichen Mitteln durch eine der für den Denkmalschutz oder Denkmalpflege zuständigen Behörden bewilligt worden sind oder nach Ausstellung der Bescheinigung bewilligt werden (Änderung der Bescheinigung).

[2]R 7h Abs. 4 Satz 2 bis 5 gilt entsprechend.

(3) [1]Die Finanzbehörden haben zu prüfen,

1. ob die vorgelegte Bescheinigung von der nach Landesrecht zuständigen oder der von den Landesregierungen bestimmten Behörde ausgestellt worden ist,
2. ob die bescheinigten Aufwendungen zu den Herstellungskosten oder den nach § 7i Abs. 1 Satz 5 EStG begünstigten Anschaffungskosten, zu den sofort abziehbaren Betriebsausgaben oder Werbungskosten, insbesondere zum Erhaltungsaufwand, oder zu den nicht abziehbaren Ausgaben gehören,
3. ob die bescheinigten Aufwendungen steuerrechtlich dem Gebäude oder Gebäudeteil i. S. d. § 7i Abs. 1 EStG zuzurechnen sind,
4. ob weitere Zuschüsse für die bescheinigten Aufwendungen gezahlt werden oder worden sind,
5. ob die Aufwendungen bei einer Einkunftsart oder bei einem zu eigenen Wohnzwecken genutzten Gebäude wie Sonderausgaben (→ § 10f EStG) berücksichtigt werden können,
6. in welchem VZ die erhöhten Absetzungen, die Verteilung von Erhaltungsaufwand (→ § 11b EStG) oder der Abzug wie Sonderausgaben (→ § 10f EStG) erstmals in Anspruch genommen werden können.

[2] Fällt die Eigenschaft als Baudenkmal innerhalb des Begünstigungszeitraums weg, können die erhöhten Absetzungen ab dem Jahr, das auf den Wegfall folgt, nicht weiter in Anspruch genommen werden.

H 7i

Bauherrenmodelle. Zu den Besonderheiten bei Baumaßnahmen i. S. d. §§ 7h und 7i EStG im Rahmen von Bauherrenmodellen → BMF vom 20.10.2003 (BStBl. I S. 546), RdNr. 10.

Bescheinigungsbehörde. Übersicht über die zuständigen Bescheinigungsbehörden → BMF vom 4.6.2015 (BStBl. I S. 506).

Bescheinigungsrichtlinien. Übersicht über die Veröffentlichung der länderspezifischen Bescheinigungsrichtlinien → BMF vom 21.1.2020 (BStBl. I S. 169).

Bindungswirkung der Bescheinigung.

– Sind die bescheinigten Aufwendungen steuerrechtlich den (nachträglichen) Herstellungskosten eines selbständigen, vom Baudenkmal getrennten Wirtschaftsguts (z. B. den Außenanlagen, dem Grund und Boden, einer getrennt vom Baudenkmal errichteten Tiefgarage) zuzurechnen, sind die Finanzbehörden nicht an die Bescheinigung gebunden (→ BFH vom 15.10.1996 – BStBl. 1997 II S. 176). Ob ein zusätzlich errichtetes Bauwerk einen Bestandteil des als Denkmal geschützten Gebäudes oder ein selbständiges neues Gebäude bildet, ist keine denkmalrechtliche, sondern eine steuerrechtliche Frage, die von den Finanzbehörden eigenständig zu prüfen ist (→ BFH vom 14.1.2003 – BStBl. II S. 916).
– Sind die bescheinigten Aufwendungen den nachträglichen Herstellungskosten des Baudenkmals zuzurechnen, sind die Finanzbehörden an die Bescheinigung auch dann gebunden, wenn diese unzutreffend ist. Das Remonstrationsrecht der Finanzbehörden (→ R 7i Abs. 2 Satz 2) bleibt unberührt (→ BFH vom 5.11.1996 – BStBl. 1997 II S. 244).
– Die Bindungswirkung der Bescheinigung umfasst nicht die persönliche Abzugsberechtigung (→ BFH vom 6.3.2001 – BStBl. II S. 796).
– Die Voraussetzungen des § 7i EStG sind nicht erfüllt, wenn die Bescheinigung keine Angaben zur Höhe der begünstigten Aufwendungen enthält (→ BFH vom 11.6.2002 – BStBl. 2003 II S. 578).

Flutkatastrophe vom Juli 2021. Zum Verzicht auf die vorherige Abstimmung mit der Bescheinigungsbehörde bei Baumaßnahmen zur Beseitigung der Schäden der Flutkatastrophe vom Juli 2021 → BMF vom 14.10.2021 (BStBl. I S. 1806).

Gleichstehender Rechtsakt. → H 7h.

Neubau. Denkmal i. S. d. § 7i EStG kann steuerrechtlich auch ein Neubau im bautechnischen Sinne sein. Nicht förderungsfähig sind hingegen der Wiederaufbau oder die völlige Neuerrichtung des Gebäudes (→ BFH vom 24.6.2009 – BStBl. II S. 960).

Nichtvorliegen der Bescheinigung.

– Das Finanzamt hat bei Nichtvorliegen der Bescheinigung eine überprüfbare Ermessensentscheidung darüber zu treffen, ob und in welcher Höhe es die erhöhten Absetzungen im Wege der Schätzung nach § 162 Abs. 5 AO anerkennt. Gegen die vorläufige Anerkennung spricht, wenn die vom Stpfl. vorgelegten Unterlagen keine Informationen darüber enthalten, auf welche einzelnen Baumaßnahmen sich die Kosten bezogen haben und ob die Aufwendungen konkret Herstellungskosten für begünstigte Maßnahmen darstellen (→ BFH vom 14.5.2014 – BStBl. 2015 II S. 12).

– → H 7h.

Objektbezogenheit der Bescheinigung. → H 7h.

Personengesellschaft. Erhöhte Absetzungen nach Ausscheiden eines Gesellschafters → H 7a (Mehrere Beteiligte).

Teilherstellungskosten. Die erhöhten Absetzungen nach § 7i EStG können hinsichtlich einzelner Baumaßnahmen bereits im Jahr des Abschlusses der jeweiligen Maßnahme und nicht erst bei Beendigung der Gesamtbaumaßnahme vorgenommen werden, wenn die einzelne Baumaßnahme von anderen sachlich abgrenzbar und als solche abgeschlossen ist (→ BFH vom 20.8.2002 – BStBl. 2003 II S. 582).

Veräußerung. Im Jahr der Veräußerung des Baudenkmals kann der Stpfl. die erhöhten Absetzungen mit dem vollen Jahresbetrag in Anspruch nehmen (→ BFH vom 18.6.1996 – BStBl. II S. 645).

Zu § 9a EStG

R 9a. Pauschbeträge für Werbungskosten

Die Pauschbeträge für Werbungskosten sind nicht zu ermäßigen, wenn die unbeschränkte Steuerpflicht lediglich während eines Teiles des Kalenderjahres bestanden hat.

H 9a

Beschränkt Einkommensteuerpflichtige. Zur Anwendung der Pauschbeträge für Werbungskosten bei beschränkt Einkommensteuerpflichtigen → § 50 Abs. 1 Satz 3 bis 5 EStG.

Zu § 9b EStG

R 9b. Auswirkungen der Umsatzsteuer auf die Einkommensteuer

Allgemeines

(1) [1] Soweit ein Vorsteuerbetrag nach § 15 UStG umsatzsteuerrechtlich nicht abgezogen werden darf, ist er den Anschaffungs- oder Herstellungskosten des zugehörigen Wirtschaftsgutes zuzurechnen. [2] Diese Zurechnung gilt sowohl für Wirtschaftsgüter des Anlagevermögens als auch für Wirtschaftsgüter des Umlaufvermögens. [3] In die Herstellungskosten sind die auf den Materialeinsatz und die Gemeinkosten entfallenden nicht abziehbaren Vorsteuerbeträge einzubeziehen.

Wertgrenzen

(2) [1] Für die Frage, ob bei den Wirtschaftsgütern i. S. d. § 6 Abs. 2 oder 2a oder § 9 Abs. 1 Satz 3 Nr. 7 Satz 2 EStG die Grenzen von *150,*[1)] 1000 oder *410*[2)] Euro überschritten sind, ist stets von den Anschaffungs- oder Herstellungskosten abzüglich eines darin enthaltenen Vorsteuerbetrags, also von dem reinen Warenpreis ohne Vorsteuer (Nettowert), auszugehen. [2] Ob der Vorsteuerbetrag umsatzsteuerrechtlich abziehbar ist, spielt in diesem Fall keine Rolle. [3] Dagegen sind für die Bemessung der Freigrenze für Geschenke[3)] nach § 4 Abs. 5 Satz 1 Nr. 1 EStG die Anschaffungs- oder Herstellungskosten einschließlich eines umsatzsteuerrechtlich nicht abziehbaren Vorsteuerbetrags maßgebend; dabei bleibt § 15 Abs. 1a UStG unberücksichtigt.

Nicht abziehbare Vorsteuerbeträge nach § 15 Abs. 1a UStG

(3) [1] Die nach § 15 Abs. 1a UStG nicht abziehbaren Vorsteuerbeträge unterliegen dem Abzugsverbot des § 12 Nr. 3 EStG. [2] § 9b EStG findet insoweit keine Anwendung.

H **9b**

Freigrenze für Geschenke nach § 4 Abs. 5 Satz 1 Nr. 1 EStG.

Beispiele:

Ein Unternehmer erwirbt ein Geschenk, dessen Bruttokaufpreis 40,46 € beträgt (darin enthaltene Vorsteuer 19 % = 6,46 €).

a) Bei Unternehmern mit Umsätzen, die zum Vorsteuerabzug berechtigen, ist für die Bemessung der Freigrenze auf den Nettowarenwert i. H. v. 34 € abzustellen. Die Freigrenze von 35 € wird nicht überschritten.

b) Bei Unternehmern mit Umsätzen, die nicht zum Vorsteuerabzug berechtigen, ist für die Bemessung der Freigrenze auf den Bruttowarenwert abzustellen. Die Freigrenze von 35 € wird überschritten.

Gewinnermittlung nach § 4 Abs. 3 EStG und Ermittlung des Überschusses der Einnahmen über die Werbungskosten. Die vereinnahmten Umsatzsteuerbeträge (für den Umsatz geschuldete Umsatzsteuer und vom Finanzamt erstattete Vorsteuer) gehören im Zeitpunkt ihrer Vereinnahmung zu den Betriebseinnahmen oder Einnahmen, die verausgabten Umsatzsteuerbeträge (gezahlte Vorsteuer und an das Finanzamt abgeführte Umsatzsteuerbeträge) im Zeitpunkt ihrer Verausgabung zu den Betriebsausgaben oder Werbungskosten, es sei denn, dass die Vorsteuerbeträge nach R 9b Abs. 1 den Anschaffungs- oder Herstellungskosten des zugehörigen Wirtschaftsguts zuzurechnen sind und diese nicht sofort abziehbar sind (→ BFH vom 29.6.1982 – BStBl. II S. 755). § 4 Abs. 3 Satz 2 EStG findet insoweit keine Anwendung (→ BFH vom 19.2.1975 – BStBl. II S. 441). Hierbei spielt es keine Rolle, ob der Stpfl. zum Vorsteuerabzug berechtigt ist und ob er seine Umsätze nach den allgemeinen umsatzsteuerrechtlichen

---

[1)] **[Amtl. Anm.:]** Bei Anschaffung oder Herstellung ab 1.1.2018: 250 Euro → § 52 Abs. 12 Satz 10 EStG.

[2)] **[Amtl. Anm.:]** Bei Anschaffung oder Herstellung ab 1.1.2018: 800 Euro → § 52 Abs. 12 Satz 8 EStG.

[3)] 35 € für Wirtschaftsjahre, die nach dem 31.12.2003 beginnen.

Vorschriften versteuert oder ob die Umsatzsteuer nach § 19 Abs. 1 UStG nicht erhoben wird.

Irrtümlich erstattete Vorsteuerbeträge. Nicht abziehbare Vorsteuerbeträge sind auch bei zunächst irrtümlicher Erstattung Herstellungskosten des Wirtschaftsguts (→ BFH vom 4.6.1991 – BStBl. II S. 759).

Umsatzsteuerlich fehlgeschlagene Option. Bei umsatzsteuerlich fehlgeschlagener Option führt die Rückzahlung der Vorsteuererstattung nicht zu Werbungskosten bei den Einkünften aus Vermietung und Verpachtung (→ BFH vom 13.11.1986 – BStBl. 1987 II S. 374).

Zu § 10 EStG
(§§ 29 und 30 EStDV)

R 10.1 Sonderausgaben (Allgemeines)

Bei Ehegatten, die nach § 26b EStG zusammen zur Einkommensteuer veranlagt werden, kommt es für den Abzug von Sonderausgaben nicht darauf an, ob sie der Ehemann oder die Ehefrau[1] geleistet hat.

H 10.1

Abkürzung des Zahlungsweges. Bei den Sonderausgaben kommt der Abzug von Aufwendungen eines Dritten auch unter dem Gesichtspunkt der Abkürzung des Vertragswegs nicht in Betracht (→ BMF vom 7.7.2008 – BStBl. I S. 717).

Abzugshöhe/Abzugszeitpunkt.

– Sonderausgaben sind in dem VZ abziehbar, in dem sie geleistet worden sind (§ 11 Abs. 2 EStG). Dies gilt auch, wenn sie der Stpfl. mit Darlehensmitteln bestritten hat (→ BFH vom 15.3.1974 – BStBl. II S. 513). Sie dürfen nur dann bei der Ermittlung des Einkommens abgezogen werden, wenn der Stpfl. tatsächlich und endgültig wirtschaftlich belastet ist (→ BFH vom 14.4.2021 – BStBl. II S. 772). Steht im Zeitpunkt der Zahlung, ggf. auch im Zeitpunkt der Erstattung noch nicht fest, ob der Stpfl. durch die Zahlung endgültig wirtschaftlich belastet bleibt (z. B. bei Kirchensteuer im Falle der Aufhebung der Vollziehung), sind sie im Jahr des Abflusses abziehbar (→ BFH vom 24.4.2002 – BStBl. II S. 569).
  Werden gezahlte Sonderausgaben in einem späteren VZ an den Stpfl. erstattet, ist der Erstattungsbetrag aus Gründen der Praktikabilität im Erstattungsjahr mit gleichartigen Sonderausgaben zu verrechnen mit der Folge, dass die abziehbaren Sonderausgaben des Erstattungsjahres entsprechend gemindert werden. Ob die Sonderausgaben gleichartig sind, richtet sich nach deren Sinn und Zweck sowie deren wirtschaftlichen Bedeutung und Auswirkungen für den Stpfl. Bei Versicherungsbeiträgen

[1] **[Amtl. Anm.:]** Gilt auch für gleichgeschlechtliche Ehegatten (→ Gesetz zur Einführung des Rechts auf Eheschließung für Personen gleichen Geschlechts vom 20.7.2017 – BGBl. I S. 2787).

kommt es auf die Funktion der Versicherung und das abgesicherte Risiko an (→ BFH vom 21.7.2009 – BStBl. 2010 II S. 38).
– Kirchensteuer → H 10.7 (Willkürliche Zahlungen).

Erstattungsüberhänge.
– → BMF vom 24.5.2017 (BStBl. I S. 820) unter Berücksichtigung der Änderungen durch BMF vom 28.9.2021 (BStBl. I S. 1833), Rz. 203, 204.[1]
– Die Hinzurechnung nach § 10 Abs. 4b Satz 3 EStG erfolgt auch dann, wenn sich die erstattete Zahlung im Zahlungsjahr nicht steuermindernd ausgewirkt hat (→ BFH vom 12.3.2019 – BStBl. II S. 658).

R 10.2 Unterhaltsleistungen an den geschiedenen oder dauernd getrennt lebenden Ehegatten

(1) Der Antrag nach § 10 Abs. 1 Nr. 1 EStG[2] kann auf einen Teilbetrag der Unterhaltsleistungen beschränkt werden.

(2) [1]Die Zustimmung wirkt auch dann bis auf Widerruf, wenn sie im Rahmen eines Vergleichs erteilt wird. [2]Die Zustimmung zum Abzug von Unterhaltsleistungen als Sonderausgaben dem Grunde nach wirkt auch für die Erhöhung des Höchstbetrags nach § 10 Abs. 1 Nr. 1 Satz 2 EStG.[3] [3]Dies gilt unabhängig davon, wann die Zustimmung erteilt wurde.

(3) Leistet jemand Unterhalt an mehrere Empfänger, sind die Unterhaltsleistungen an jeden bis zum Höchstbetrag abziehbar.

H 10.2

Allgemeines.
– Durch Antrag und Zustimmung werden alle in dem betreffenden VZ geleisteten Unterhaltsaufwendungen zu Sonderausgaben umqualifiziert. Für den Abzug ist es unerheblich, ob es sich um einmalige oder laufende Leistungen bzw. Nachzahlungen oder Vorauszahlungen handelt. Ein Abzug als außergewöhnliche Belastung ist nicht möglich, auch nicht, soweit sie den für das Realsplitting geltenden Höchstbetrag übersteigen (→ BFH vom 7.11.2000 – BStBl. 2001 II S. 338).
– Antrag und Zustimmung zum begrenzten Realsplitting können nicht – auch nicht übereinstimmend – zurückgenommen oder nachträglich beschränkt werden (→ BFH vom 22.9.1999 – BStBl. 2000 II S. 218).
– Ein Einkommensteuerbescheid ist nach § 175 Abs. 1 Satz 1 Nr. 2 AO zu ändern, wenn nach Eintritt der Bestandskraft
  - sowohl die Zustimmung erteilt als auch der Antrag nach § 10 Abs. 1a Nr. 1 Satz 1 EStG gestellt werden (→ BFH vom 12.7.1989 – BStBl. II S. 957) oder
  - der Antrag i. V. m. einer nachträglichen Zustimmungserweiterung ausgedehnt wird (→ BFH vom 28.6.2006 – BStBl. 2007 II S. 5).

---

[1] Außerdem geänd. durch BMF v. 6.11.2017, BStBl. I 2017, 1455, v. 16.12.2021, BStBl. I 2022, 155.
[2] **[Amtl. Anm.:]** Jetzt § 10 Abs. 1a Nr. 1 EStG.
[3] **[Amtl. Anm.:]** Jetzt § 10 Abs. 1a Nr. 1 Satz 2 EStG.

– Ein Einkommensteuerbescheid ist nach § 175 Abs. 1 Satz 1 Nr. 2 AO nicht zu ändern, wenn der Antrag auf Realsplitting erst nach Bestandskraft des Einkommensteuerbescheids gestellt wird, obwohl die Zustimmungserklärung des Unterhaltsempfängers dem Geber bereits vor Eintritt der Bestandskraft vorlag (→ BFH vom 20.8.2014 – BStBl. 2015 II S. 138).

Erbe. Unterhaltsleistungen, die der Erbe nach § 1586b BGB an den geschiedenen Ehegatten des Erblassers zu erbringen hat, sind nicht als Sonderausgaben abzugsfähig (→ BFH vom 12.11.1997 – BStBl. 1998 II S. 148).

Nicht unbeschränkt steuerpflichtiger Empfänger. Ist der Empfänger nicht unbeschränkt steuerpflichtig, kann ein Abzug der Unterhaltsleistungen bei Vorliegen der Voraussetzungen des § 1a Abs. 1 Nr. 1 EStG oder aufgrund eines DBA in Betracht kommen. Entsprechende Regelungen gibt es z.B. in den DBA Kanada, Artikel 18 Abs. 3 Buchst. d und Protokoll Nr. 8 (BStBl. 2002 I S. 505, 521) und den USA, Artikel 18 Abs. 3 und Protokoll Nr. 15 (BStBl. 2008 I S. 766) sowie in der mit der Schweiz getroffenen Verständigungsvereinbarung, § 21 Abs. 2 Deutsch-Schweizerische Konsultationsvereinbarungsverordnung (BStBl. 2011 I S. 146).[1)]

Rechtsanwaltskosten. Rechtsanwaltskosten, die ein Stpfl. aufwendet, um die Zustimmung seines geschiedenen oder dauernd getrennt lebenden unbeschränkt steuerpflichtigen Ehegatten zum begrenzten Realsplitting zu erlangen, sind keine Unterhaltsleistungen (→ BFH vom 10.3.1999 – BStBl. II S. 522).

Unterhaltsleistungen. Es ist unerheblich, ob die Unterhaltsleistungen freiwillig oder aufgrund gesetzlicher Unterhaltspflicht erbracht werden. Auch als Unterhalt erbrachte Sachleistungen sind zu berücksichtigen (→ BFH vom 12.4.2000 – BStBl. 2002 II S. 130).

Wohnungsüberlassung.

– Bei unentgeltlicher Wohnraumüberlassung kann der Mietwert als Sonderausgabe abgezogen werden. Befindet sich die überlassene Wohnung im Miteigentum des geschiedenen oder dauernd getrennt lebenden Ehegatten, kann der überlassende Ehegatte neben dem Mietwert seines Miteigentumsanteils auch die von ihm aufgrund der Unterhaltsvereinbarung getragenen verbrauchsunabhängigen Kosten für den Miteigentumsanteil des anderen Ehegatten als Sonderausgabe abziehen (→ BFH vom 12.4.2000 – BStBl. 2002 II S. 130).[2)]
– Zur Wohnungsüberlassung an den geschiedenen oder dauernd getrennt lebenden Ehegatten bei Abschluss eines Mietvertrages → H 21.4 (Vermietung an Unterhaltsberechtigte).

Zustimmung.

– Die Finanzbehörden sind nicht verpflichtet zu prüfen, ob die Verweigerung der Zustimmung rechtsmissbräuchlich ist (→ BFH vom 25.7.1990 – BStBl. II S. 1022).

---

1) In der Loseblattsammlung **Doppelbesteuerungsabkommen** sind sämtliche DBA mit Vereinbarungen und die wichtigsten Verwaltungsanweisungen abgedruckt.

2) Siehe auch BFH v. 29.6.2022 X R 33/20, BStBl. II 2023, 237.

- Im Fall der rechtskräftigen Verurteilung zur Erteilung der Zustimmung (§ 894 Abs. 1 ZPO; → BFH vom 25.10.1988 – BStBl. 1989 II S. 192) wirkt sie nur für das Kj., das Gegenstand des Rechtsstreits war.
- Stimmt der geschiedene oder dauernd getrennt lebende Ehegatte dem der Höhe nach beschränkten Antrag auf Abzug der Unterhaltszahlungen als Sonderausgaben zu, beinhaltet dies keine der Höhe nach unbeschränkte Zustimmung für die Folgejahre (→ BFH vom 14.4.2005 – BStBl. II S. 825).
- Der **Widerruf** der Zustimmung muss vor Beginn des Kj., für den er wirksam werden soll, erklärt werden. Er ist gegenüber dem Wohnsitzfinanzamt sowohl des Unterhaltsleistenden als auch des Unterhaltsempfängers möglich. Wird er gegenüber dem Wohnsitzfinanzamt des Unterhaltsempfängers erklärt, ist das Wissen dieser Behörde für die Änderungsbefugnis nach § 173 Abs. 1 Nr. 1 AO des für die Veranlagung des Unterhaltsleistenden zuständigen Finanzamtes ohne Bedeutung (→ BFH vom 2.7.2003 – BStBl. II S. 803).

R **10.3** Versorgungsleistungen

(1) Versorgungsleistungen, die mit steuerbefreiten Einkünften, z. B. auf Grund eines DBA, in wirtschaftlichem Zusammenhang stehen, können nicht als Sonderausgaben abgezogen werden.

(2) Versorgungsleistungen, die freiwillig oder auf Grund einer freiwillig begründeten Rechtspflicht geleistet werden, sind grundsätzlich nicht als Sonderausgaben abziehbar. [2]Das gilt auch für Zuwendungen an eine gegenüber dem Stpfl. oder seinem Ehegatten gesetzlich unterhaltsberechtigte Person oder an deren Ehegatten (§ 12 Nr. 2 EStG).

H **10.3**

Ablösung eines Nießbrauchs oder eines anderen Nutzungsrechts.

- → BMF vom 11.3.2010 (BStBl. I S. 227)[1] unter Berücksichtigung der Änderungen durch BMF vom 6.5.2016 (BStBl. I S. 476), Rz. 25 und 85.
- → BMF vom 30.9.2013 (BStBl. I S. 1184), Rz. 55–67.

Altenteilsleistung. Der Wert unbarer Altenteilsleistungen ist nach § 2 Abs. 2 SvEV vom 21.12.2006 (BGBl. I S. 3385)[2] in der für den jeweiligen VZ geltenden Fassung zu schätzen (→ BFH vom 18.12.1990 – BStBl. 1991 II S. 354).

Beerdigungskosten. Soweit der Vermögensübernehmer kein Erbe und vertraglich zur Übernahme der durch den Tod des letztverstorbenen Vermögensübergebers entstandenen Beerdigungskosten verpflichtet ist, kann er

---

[1] Ergänzend siehe BMF v. 20.11.2019, BStBl. I 2019, 1291, geänd. durch BMF v. 5.5. 2021, BStBl. I 2021, 696, Rn. 40.

[2] Fassung für **2021** durch VO v. 15.12.2020, BGBl. I 2020, 2933, für **2022** durch VO v. 6.12.2021, BGBl. I 2021, 5187, für **2023** durch VO v. 16.12.2022, BGBl. I 2022, 2431 (**Steuergesetze** Nr. **21**).

die durch den Tod des letztverstorbenen Vermögensübergebers entstandenen Beerdigungskosten als dauernde Last abziehen (→ BFH vom 19.1.2010 – BStBl. II S. 544). Ist er hingegen Alleinerbe, sind die Beerdigungskosten auch dann nicht abziehbar, wenn er sich vertraglich zur Übernahme dieser Kosten verpflichtet hat (→ BFH vom 19.1.2010 – BStBl. 2011 II S. 162).

Erbbauzinsen. Erbbauzinsen, die im Zusammenhang mit der Selbstnutzung einer Wohnung im eigenen Haus anfallen, können nicht als dauernde Last abgezogen werden (→ BFH vom 24.10.1990 – BStBl. 1991 II S. 175).

Schuldzinsen. Schuldzinsen zur Finanzierung von als Sonderausgaben abziehbaren privaten Versorgungsleistungen sind nicht als Versorgungsleistungen abziehbar (→ BFH vom 14.11.2001 – BStBl. 2002 II S. 413).

Vermögensübertragung im Zusammenhang mit Versorgungsleistungen. → BMF vom 11.3.2010 (BStBl. I S. 227)[1] unter Berücksichtigung der Änderungen durch BMF vom 6.5.2016 (BStBl. I S. 476).

Vorweggenommene Erbfolge. Zur ertragsteuerlichen Behandlung der vorweggenommenen Erbfolge → BMF vom 13.1.1993 (BStBl. I S. 80) unter Berücksichtigung der Änderungen durch BMF vom 26.2.2007 (BStBl. I S. 269).

R **10.3a** Versorgungsausgleich *(unbesetzt)*

H **10.3a**

Versorgungsausgleich i. S. d. § 10 Abs. 1a Nr. 4 EStG. Zur einkommensteuerrechtlichen Behandlung der Leistungen aufgrund eines schuldrechtlichen Versorgungsausgleichs → *BMF vom 9.4.2010 (BStBl. I S. 323).*[2]

R **10.4** Vorsorgeaufwendungen (Allgemeines)

[1] Nach § 10 Abs. 1 Nr. 3 Satz 2 EStG können eigene Beiträge des Kindes zur Basiskranken- und gesetzlichen Pflegeversicherung im Rahmen des Sonderausgabenabzugs bei den Eltern berücksichtigt werden, wenn diese das Kind, für das sie Anspruch auf einen Freibetrag nach § 32 Abs. 6 EStG oder auf Kindergeld haben, durch Unterhaltsleistungen in Form von Bar- oder Sachleistungen (z.B. Unterkunft und Verpflegung) unterstützen. [2] Ob das Kind über eigene Einkünfte verfügt, ist insoweit ohne Bedeutung. [3] Allerdings können die Basiskranken- und gesetzlichen Pflegeversicherungsbeiträge des Kindes insgesamt nur einmal als Vorsorgeaufwendungen berücksichtigt werden. [4] Entweder erfolgt die Berücksichtigung nach § 10 Abs. 1 Nr. 3 Satz 2 EStG bei den Eltern oder nach § 10 Abs. 1 Nr. 3 Satz 1 EStG beim Kind.

---

[1] Ergänzend siehe BMF v. 20.11.2019, BStBl. I 2019, 1291, geänd. durch BMF v. 5.5.2021, BStBl. I 2021, 696, Rn. 40.

[2] Siehe jetzt BMF v. 21.3.2023, BStBl. I 2023, 611.

H 10.4

Abzug von Vorsorgeaufwendungen.[1), 2)]

– Zum Sonderausgabenabzug für Beiträge nach § 10 Abs. 1 Nr. 2 bis 3a EStG → BMF vom 24.5.2017 (BStBl. I S. 820) unter Berücksichtigung der Änderungen durch BMF vom 6.11.2017 (BStBl. I S. 1455), vom 28.9.2021 (BStBl. I S. 1833) und vom 16.12.2021 (BStBl. 2022 I S. 155).

– Zum Sonderausgabenabzug für im Rahmen einer Unterhaltsverpflichtung getragene Basiskranken- und Pflegepflichtversicherungsbeiträge eines Kindes bei den Eltern → BMF vom 3.4.2019 (BStBl. I S. 254).

– Zur Verfassungsmäßigkeit der beschränkten Abziehbarkeit von Altersvorsorgeaufwendungen → BFH vom 18.11.2009 (BStBl. 2010 II S. 414) und vom 9.12.2009 (BStBl. 2010 II S. 348).

Berufsständische Versorgungseinrichtungen.

– Liste der berufsständischen Versorgungseinrichtungen, die den gesetzlichen Rentenversicherungen vergleichbare Leistungen i. S. d. § 10 Abs. 1 Nr. 2 Satz 1 Buchstabe a EStG erbringen → BMF vom 19.6.2020 (BStBl. I S. 617).

– Zum Sonderausgabenabzug bei beschränkt Stpfl. für Pflichtbeiträge an berufsständische Versorgungseinrichtungen (§ 10 Abs. 1 Nr. 2 Buchstabe a, § 50 Abs. 1 Satz 3 EStG) → BMF vom 26.6.2019 (BStBl. I S. 624).

Bonuszahlungen.

– Zur steuerlichen Behandlung von Bonusleistungen aus gesetzlicher Krankenversicherung (§ 65a SGB V) → BMF vom 24.5.2017 (BStBl. I S. 820) unter Berücksichtigung der Änderungen durch BMF vom 16.12.2021 (BStBl. I 2022 S. 155), Rz. 88-89b.

– Bonuszahlungen aus privater Krankenversicherung → BFH vom 16.12.2020 (BStBl. II 2022 S. 106).

Höchstbetragsregelung. Die Regelung über die beschränkte Abziehbarkeit von sonstigen Vorsorgeaufwendungen (§ 10 Abs. 1 Nr. 3a EStG) ist verfassungsrechtlich nicht zu beanstanden (→ BFH vom 9.9.2015 – BStBl. II S. 1043).

R 10.5 Versicherungsbeiträge

[1] Wird ein Kraftfahrzeug teils für berufliche und teils für private Zwecke benutzt, kann der Stpfl. den Teil seiner **Aufwendungen für die Kfz-Haftpflichtversicherung,** der dem Anteil der privaten Nutzung entspricht, im Rahmen des § 10 EStG als Sonderausgaben abziehen. [2] Werden Aufwendungen für Wege zwischen Wohnung und Arbeitsstätte oder Familienheimfahrten mit eigenem Kraftfahrzeug in Höhe der Entfernungspauschale nach § 9 Abs. 1 Satz 3 Nr. 4 EStG abgezogen, können die Aufwendungen für die Kfz-Haftpflichtversicherung zur Vereinfachung in voller Höhe als Sonderausgaben anerkannt werden.

---

1) Zu den Auswirkungen der Anhebung des Mindestrentenalters vom 60. auf das 62. Lebensjahr ab 2012 siehe BMF v. 6.3.2012, BStBl. I 2012, 238.

2) Zu Vorsorgeeinrichtungen nach der zweiten Säule der schweizerischen Altersvorsorge siehe BMF v. 27.7.2016, BStBl. I 2016, 759.

H 10.5

Beiträge an ausländische Sozialversicherungsträger. Zur Aufteilung der an ausländische Sozialversicherungsträger geleisteten Globalbeiträge zur Berücksichtigung der Vorsorgeaufwendungen im Rahmen des Sonderausgabenabzugs → BMF vom 19.11.2021 (BStBl. I S. 2275).[1]

Erbschaftsteuerversicherung.
- Zum Begriff der Erbschaftsteuerversicherung → BMF vom 1.10.2009 (BStBl. I S. 1172),[2] Rz. 30.
- Die Beiträge gehören zu den sonstigen Vorsorgeaufwendungen nach § 10 Abs. 1 Nr. 3a EStG (→ BMF vom 24.5.2017 – BStBl. I S. 820, Rz. 121–124).[3]

Kapitalwahlrecht. Für vor dem 1.10.1996 abgeschlossene Verträge ist Abschnitt 88 Abs. 1 Satz 4 EStR 1987 weiter anzuwenden. Abschnitt 88 Abs. 1 Satz 4 EStR 1987 lautet: „Beiträge zu Rentenversicherungen mit Kapitalwahlrecht gegen laufende Beitragsleistung können als Sonderausgaben abgezogen werden, wenn die Auszahlung des Kapitals frühestens zu einem Zeitpunkt nach Ablauf von zwölf Jahren seit Vertragsabschluß verlangt werden kann."

Keine Sonderausgaben. Die als Sonderausgaben zu berücksichtigenden Aufwendungen sind in § 10 EStG abschließend aufgezählt. Nicht benannte Aufwendungen können nicht als Sonderausgaben abgezogen werden (→ BFH vom 4.2.2010 – BStBl. II S. 617). Hierzu zählen z. B. Beiträge für eine
- Hausratversicherung,
- Kaskoversicherung,
- Rechtsschutzversicherung,
- Sachversicherung.

Krankentagegeldversicherung. Die Beiträge gehören zu den sonstigen Vorsorgeaufwendungen nach § 10 Abs. 1 Nr. 3a EStG (→ BMF vom 24.5.2017 – BStBl. I S. 820, Rz. 121–124).[3]

Lebensversicherung (Vertragsabschluss vor dem 1.1.2005).
- Allgemeines/Grundsätze
  - → BMF vom 22.8.2002 (BStBl. I S. 827) unter Berücksichtigung der Änderungen durch BMF vom 1.10.2009 (BStBl. I S. 1188).
  - → Auszug aus dem EStG 2002 in der am 31.12.2004 geltenden Fassung.
  - → Verzeichnis der ausländischen Versicherungsunternehmen, denen die Erlaubnis zum Betrieb eines nach § 10 Abs. 1 Nr. 2 EStG a. F. begünstigten Versicherungszweigs im Inland erteilt ist – Stand: 1.1.2004.[4]

---

[1] Für **VZ 2023** siehe BMF v. 22.11.2022, BStBl. I 2022, 1632.

[2] Geänd. durch BMF v. 6.3.2012, BStBl. I 2012, 238 v. 11.11.2016, BStBl. I 2016, 1238, und v. 29.9.2017, BStBl. I 2017, 1314.

[3] Geänd. durch BMF v. 6.11.2017, BStBl. I 2017, 1455, v. 28.9.2021, BStBl. I 2021, 1833, v. 16.12.2021, BStBl. I 2022, 155.

[4] Siehe auch EESSI-Verzeichnis der EU-Kommission (Öffentliches Verzeichnis der europäischen Institutionen der sozialen Sicherheit).

- Beiträge zu Lebensversicherungen mit Teilleistungen auf den Erlebensfall vor Ablauf der Mindestvertragsdauer von zwölf Jahren sind auch nicht teilweise als Sonderausgaben abziehbar (→ BFH vom 27.10.1987 – BStBl. 1988 II S. 132).
- Einsatz von Lebensversicherungen zur Tilgung oder Sicherung von Darlehen → BMF vom 15.6.2000 (BStBl. I S. 1118) und vom 16.7.2012 (BStBl. I S. 686).

Loss-of-Licence-Versicherung. Beiträge zur Berufsunfähigkeitsversicherung eines Flugzeugführers sind regelmäßig Sonderausgaben, keine Werbungskosten (→ BFH vom 13.4.1976 – BStBl. II S. 599).

Pflegekrankenversicherung. Die Beiträge zu einer ergänzenden Pflegekrankenversicherung gehören zu den sonstigen Vorsorgeaufwendungen nach § 10 Abs. 1 Nr. 3a EStG (→ BMF vom 24.5.2017 – BStBl. I S. 820, Rz. 121–124).[1)]

Pflegerentenversicherung. Die Beiträge gehören zu den sonstigen Vorsorgeaufwendungen nach § 10 Abs. 1 Nr. 3a EStG (→ BMF vom 24.5.2017 – BStBl. I S. 820, Rz. 121–124).[1)]

Unfallversicherung.
- Zuordnung von Versicherungsbeiträgen zu Werbungskosten oder Sonderausgaben → BMF vom 28.10.2009 (BStBl. I S. 1275), Tz. 4.
- Soweit die Beiträge nicht den Werbungskosten zuzuordnen sind, liegen sonstige Vorsorgeaufwendungen nach § 10 Abs. 1 Nr. 3a EStG vor (→ BMF vom 24.5.2017 – BStBl. I S. 820, Rz. 121–124).[1)]

Versorgungsbeiträge Selbständiger. Beiträge, für die eine gesetzliche Leistungspflicht besteht, stellen, auch soweit sie auf die sog. „alte Last" entfallen, regelmäßig keine Betriebsausgaben dar, wenn sie gleichzeitig der eigenen Versorgung oder der Versorgung der Angehörigen dienen (→ BFH vom 13.4.1972 – BStBl. II S. 728 und 730).
Sie können in diesem Fall als Sonderausgaben im Rahmen des § 10 EStG abgezogen werden.

Vertragseintritt. Wer in den Lebensversicherungsvertrag eines anderen eintritt, kann nur die nach seinem Eintritt fällig werdenden Beiträge als Sonderausgaben abziehen; der Eintritt gilt nicht als neuer Vertragsabschluss (→ BFH vom 9.5.1974 – BStBl. II S. 633).

R 10.6 Nachversteuerung von Versicherungsbeiträgen

[1]Bei einer Nachversteuerung nach § 30 EStDV wird der Steuerbescheid des Kalenderjahres, in dem die Versicherungsbeiträge für Versicherungen i. S. d. § 10 Abs. 1 Nr. 3 Buchstabe b EStG als Sonderausgaben berücksichtigt worden sind, nicht berichtigt. [2]Es ist lediglich festzustellen, welche Steuer für das jeweilige Kalenderjahr festzusetzen gewesen wäre, wenn der Stpfl. die Versicherungsbeiträge nicht geleistet hätte. [3]Der Unterschiedsbetrag zwischen

1) Geänd. durch BMF v. 6.11.2017, BStBl. I 2017, 1455, v. 28.9.2021, BStBl. I 2021, 1833, v. 16.12.2021, BStBl. I 2022, 155.

dieser Steuer und der seinerzeit festgesetzten Steuer ist als Nachsteuer für das Kalenderjahr zu erheben, in dem das steuerschädliche Ereignis eingetreten ist.

H 10.6

Nachsteuer. Bei Berechnung der Nachsteuer nach § 10 Abs. 5 EStG findet § 177 AO keine Anwendung; bisher nicht geltend gemachte Aufwendungen können nicht nachgeschoben werden (→ BFH vom 15.12.1999 – BStBl. 2000 II S. 292).

Nachversteuerung für Versicherungsbeiträge bei Ehegatten im Falle ihrer getrennten Veranlagung. Sind die Ehegatten in einem dem VZ 1990 vorangegangenen Kj. nach § 26a EStG in der für das betreffende Kj. geltenden Fassung getrennt veranlagt worden und waren in ihren zusammengerechneten Sonderausgaben mit Ausnahme des Abzugs für den steuerbegünstigten nicht entnommenen Gewinn und des Verlustabzugs Versicherungsbeiträge enthalten, für die eine Nachversteuerung durchzuführen ist, ist nach Abschnitt 109a EStR 1990 zu verfahren.

Veräußerung von Ansprüchen aus Lebensversicherungen. Die Veräußerung von Ansprüchen aus Lebensversicherungen führt weder zu einer Nachversteuerung der als Sonderausgaben abgezogenen Versicherungsbeiträge noch zur Besteuerung eines etwaigen Überschusses des Veräußerungserlöses über die eingezahlten Versicherungsbeiträge (→ BMF vom 22.8.2002 – BStBl. I S. 827, RdNr. 32 unter Berücksichtigung der Änderungen durch BMF vom 1.10.2009 – BStBl. I S. 1188).

R 10.7 Kirchensteuern und Kirchenbeiträge

(1) [1] Beiträge der Mitglieder von Religionsgemeinschaften (Kirchenbeiträge), die mindestens in einem Land als Körperschaft des öffentlichen Rechts anerkannt sind, aber während des ganzen Kalenderjahres keine Kirchensteuer erheben, sind aus Billigkeitsgründen wie Kirchensteuern abziehbar. [2] Voraussetzung ist, dass der Stpfl. über die geleisteten Beiträge eine Empfangsbestätigung der Religionsgemeinschaft vorlegt. [3] Der Abzug ist bis zur Höhe der Kirchensteuer zulässig, die in dem betreffenden Land von den als Körperschaften des öffentlichen Rechts anerkannten Religionsgemeinschaften erhoben wird. [4] Bei unterschiedlichen Kirchensteuersätzen ist der höchste Steuersatz maßgebend. [5] Die Sätze 1 bis 4 sind nicht anzuwenden, wenn der Stpfl. gleichzeitig als Mitglied einer öffentlich-rechtlichen Religionsgemeinschaft zur Zahlung von Kirchensteuer verpflichtet ist.

(2) Kirchenbeiträge, die nach Absatz 1 nicht wie Kirchensteuer als Sonderausgaben abgezogen werden, können im Rahmen des § 10b EStG steuerlich berücksichtigt werden.

H 10.7

Beiträge an Religionsgemeinschaften (R 10.7 Abs. 1 Satz 1 bis 3 EStR). Die in R 10.7 Abs. 1 getroffene Regelung stellt eine Billigkeitsmaßnahme (§ 163 AO) dar, die zwingend anzuwenden ist. Der höchstmögliche Abzug beträgt 8% bzw. 9% der festgesetzten Einkommensteuer auf das um die Beiträge geminderte z. v. E.; § 51a Abs. 1 und 2 EStG ist anzuwenden (→ BFH vom 10.10.2001 – BStBl. 2002 II S. 201 und vom 12.6.2002 – BStBl. 2003 II S. 281).

Kirchensteuern an Religionsgemeinschaften in EU-/EWR-Staaten. Auch Kirchensteuerzahlungen an Religionsgemeinschaften, die in einem anderen EU-Mitgliedstaat oder in einem EWR-Staat belegen sind und die bei Inlandsansässigkeit als Körperschaften des öffentlichen Rechts anzuerkennen wären, sind als Sonderausgabe nach § 10 Abs. 1 Nr. 4 EStG abziehbar. Das betrifft die Staaten Finnland (evangelisch-lutherische und orthodoxe Staatskirchen) und Dänemark (evangelisch-lutherische Staatskirche). Soweit in den vorgenannten Staaten andere Religionsgemeinschaften ansässig sind, sind für die fiktive Einordnung als Körperschaft des öffentlichen Rechts die zuständigen Innen- oder Kultusbehörden einzubeziehen (→ BMF vom 16.11.2010 – BStBl. I S. 1311).

Kirchensteuer auf Kapitaleinkünfte. Werden Zinseinnahmen nach dem regulären Einkommensteuertarif besteuert, löst eine spätere Anwendung des Abgeltungsteuertarifs eine Herabsetzung der als Zuschlag zur tariflichen Einkommensteuer festgesetzten Kirchensteuer aus. Die Minderung des Sonderausgabenabzugs ist in dem VZ zu berücksichtigen, in dem die insoweit geänderte Steuerfestsetzung wirksam wird (→ BFH vom 16.3.2021 – BStBl. II 2022 S. 510).

Kirchensteuern des Erblassers. Zahlungen auf offene Kirchensteuern des Erblassers durch den Erben sind bei diesem im Jahr der Zahlung als Sonderausgabe abziehbar (→ BFH vom 21.7.2016 – BStBl. 2017 II S. 256).

Kirchensteuern i. S. d. § 10 Abs. 1 Nr. 4 EStG. Sie sind Geldleistungen, die von den als Körperschaften des öffentlichen Rechts anerkannten Religionsgemeinschaften von ihren Mitgliedern aufgrund gesetzlicher Vorschriften erhoben werden. Die Kirchensteuer wird in der Regel als Zuschlagsteuer zur Einkommen- bzw. Lohnsteuer erhoben. Kirchensteuern können aber nach Maßgabe der Gesetze auch erhoben werden als Kirchensteuern vom Einkommen, vom Vermögen, vom Grundbesitz und als Kirchgeld. **Keine Kirchensteuern** sind freiwillige Beiträge, die an öffentlich-rechtliche Religionsgemeinschaften oder andere religiöse Gemeinschaften entrichtet werden.

Willkürliche Zahlungen. Kirchensteuern sind grundsätzlich in dem VZ als Sonderausgabe abzugsfähig, in dem sie tatsächlich entrichtet wurden, soweit es sich nicht um willkürliche, die voraussichtliche Steuerschuld weit übersteigende Zahlungen handelt (→ BFH vom 25.1.1963 – BStBl. III S. 141).

R 10.8 Kinderbetreuungskosten[1] *(unbesetzt)*

H 10.8

Abzugsbeschränkung. Die Beschränkung des Abzugs von Kinderbetreuungskosten auf zwei Drittel der Aufwendungen und einen Höchstbetrag

[1] Als Sonderausgaben abziehbare Kinderbetreuungskosten sind um steuerfreie Arbeitgeberzuschüsse (§ 3 Nr. 33 EStG) zu kürzen; BFH v. 14.4.2021 III R 30/20, BStBl. II 2021, 772.

von 4000 Euro je Kind ist verfassungsgemäß (→ BFH vom 9.2.2012 – BStBl. II S. 567).

Anwendungsschreiben. → BMF vom 14.3.2012 (BStBl. I S. 307).

R 10.9 Aufwendungen für die Berufsausbildung

(1) [1]Erhält der Stpfl. zur unmittelbaren Förderung seiner Ausbildung steuerfreie Bezüge, mit denen Aufwendungen i. S. d. § 10 Abs. 1 Nr. 7 EStG abgegolten werden, entfällt insoweit der Sonderausgabenabzug. [2]Das gilt auch dann, wenn die zweckgebundenen steuerfreien Bezüge erst nach Ablauf des betreffenden Kalenderjahres gezahlt werden. [3]Zur Vereinfachung ist eine Kürzung der für den Sonderausgabenabzug in Betracht kommenden Aufwendungen nur dann vorzunehmen, wenn die steuerfreien Bezüge ausschließlich zur Bestreitung der in § 10 Abs. 1 Nr. 7 EStG bezeichneten Aufwendungen bestimmt sind. [4]Gelten die steuerfreien Bezüge dagegen ausschließlich oder teilweise Aufwendungen für den Lebensunterhalt ab – ausgenommen solche für auswärtige Unterbringung –, z. B. Berufsausbildungsbeihilfen nach § 59 SGB III,[1] Leistungen nach den §§ 12 und 13 BAföG,[2] sind die als Sonderausgaben geltend gemachten Berufsausbildungsaufwendungen nicht zu kürzen.

Nachlaufende Studiengebühren

(2) Staatlich gestundete Studienbeiträge, die erst nach Abschluss des Studiums gezahlt werden (sog. nachlaufende Studiengebühren), sind nach den allgemeinen Grundsätzen des § 11 Abs. 2 EStG im Jahr der Zahlung der gestundeten Beiträge und somit auch nach Abschluss der Berufsausbildung als Sonderausgaben abziehbar.

H 10.9

Aufwendungen i. S. d. § 10 Abs. 1 Nr. 7 EStG:

- **Arbeitsmittel.** Die für Arbeitsmittel i. S. d. § 9 Abs. 1 Satz 3 Nr. 6 EStG geltenden Vorschriften sind sinngemäß anzuwenden. Schafft ein Stpfl. abnutzbare Wirtschaftsgüter von mehrjähriger Nutzungsdauer an, sind im Rahmen des § 10 Abs. 1 Nr. 7 EStG nur die auf die Nutzungsdauer verteilten Anschaffungskosten als Sonderausgaben abziehbar (→ BFH vom 7.5.1993 – BStBl. II S. 676).

  Die Anschaffungs- oder Herstellungskosten von Arbeitsmitteln einschließlich der Umsatzsteuer können im Jahr der Anschaffung oder Herstellung in voller Höhe als Sonderausgaben abgesetzt werden, wenn sie ausschließlich der Umsatzsteuer für das einzelne Arbeitsmittel 800 € nicht übersteigen (→ R 9.12 LStR 2015),[3]
- **häusliches Arbeitszimmer**[4] → BMF vom 6.10.2017 (BStBl. I S. 1320),[5]

---

[1] **Aichberger SGB** Nr. **3**.
[2] **Sartorius** Nr. **420**.
[3] Nr. **20**.
[4] Zum Begriff des häuslichen Arbeitszimmers siehe BFH-Beschluss v. 27.7.2015 GrS 1/14, BStBl. II 2016, 265.
[5] *Anm. d. Red.:* Wird derzeit überarbeitet.

– **Fachliteratur** → BFH vom 28.11.1980 (BStBl. 1981 II S. 309),
– **Mehraufwand für Verpflegung** → BFH vom 3.12.1974 (BStBl. 1975 II S. 356), → R 9.6 LStR 2015,[1)]
– **Mehraufwand wegen doppelter Haushaltsführung** → R 9.11 LStR 2015.[1)]

Ausbildungsdarlehen/Studiendarlehen.
– Abzugshöhe/Abzugszeitpunkt → H 10.1.
– Aufwendungen zur Tilgung von Ausbildungs-/Studiendarlehen gehören nicht zu den abziehbaren Aufwendungen i. S. d. § 10 Abs. 1 Nr. 7 EStG (→ BFH vom 15.3.1974 – BStBl. II S. 513).
– Zinsen für ein Ausbildungsdarlehen gehören zu den abziehbaren Aufwendungen, auch wenn sie nach Abschluss der Berufsausbildung gezahlt werden (→ BFH vom 28.2.1992 – BStBl. II S. 834).
– Ist ein Ausbildungsdarlehen nebst Zuschlag zurückzuzahlen, sind die Aufwendungen für den Zuschlag Ausbildungs- und keine Werbungskosten, wenn damit nachträglich die im Zusammenhang mit der Berufsausbildung gewährten Vorteile abgegolten werden sollen und wenn der Zuschlag nicht weitaus überwiegend als Druckmittel zur Einhaltung der vorvertraglichen Verpflichtung zur Eingehung eines langfristigen Arbeitsverhältnisses dienen soll (→ BFH vom 28.2.1992 – BStBl. II S. 834).

Aus- und Fortbildung. → R 9.2 LStR 2015.[1)]

Auswärtige Unterbringung. Ein Student, der seinen Lebensmittelpunkt an den Studienort verlagert hat, ist regelmäßig nicht auswärts untergebracht (→ BFH vom 19.9.2012 – BStBl. 2013 II S. 284).

Beruf. Der angestrebte Beruf muss nicht innerhalb bestimmter bildungspolitischer Zielvorstellungen des Gesetzgebers liegen (→ BFH vom 18.12.1987 – BStBl. 1988 II S. 494).

Berufsausbildungskosten.[2)] Aufwendungen für die erstmalige Berufsausbildung oder ein Erststudium → BMF vom 22.9.2010 (BStBl. I S. 721).

Deutschkurs. Aufwendungen eines in Deutschland lebenden Ausländers für den Erwerb von Deutschkenntnissen sind nicht als Aufwendungen für die Berufsausbildung abziehbar (→ BFH vom 15.3.2007 – BStBl. II S. 814).

Habilitation. Aufwendungen eines wissenschaftlichen Assistenten an einer Hochschule für seine Habilitation sind Werbungskosten i. S. v. § 9 EStG (→ BFH vom 7.8.1967 – BStBl. III S. 778).

Klassenfahrt. Aufwendungen eines Berufsschülers für eine im Rahmen eines Ausbildungsdienstverhältnisses als verbindliche Schulveranstaltung durchgeführte Klassenfahrt sind in der Regel Werbungskosten (→ BFH vom 7.2.1992 – BStBl. II S. 531).

[1)] Nr. **20**.

[2)] Siehe ab VZ 2015 § 9 Abs. 6 EStG i. d. F. des G v. 22.12.2014, BGBl. I 2014, 2417. – Siehe auch Beschluss BVerfG v. 19.11.2019 2 BvL 22-27/14, DStR 2020, 93: § 9 Abs. 6 EStG i. d. F. des G vom 7.12.2011, BGBl. I 2011, 2592, wonach Aufwendungen des Steuerpflichtigen für seine erstmalige Berufsausbildung oder für ein Erststudium, das zugleich eine Erstausbildung vermittelt, keine Werbungskosten sind, wenn diese Berufsausbildung oder dieses Erststudium nicht im Rahmen eines Dienstverhältnisses stattfinden, ist mit dem Grundgesetz vereinbar.

Studienreisen. → R 12.2.

Umschulung. Aufwendungen für eine Umschulungsmaßnahme, die die Grundlage dafür bildet, von einer Berufs- oder Erwerbsart zu einer anderen überzuwechseln, können vorab entstandene Werbungskosten sein (→ BFH vom 4.12.2002 – BStBl. 2003 II S. 403).

R 10.10 Schulgeld

Kind als Vertragspartner

(1) [1]Schulgeldzahlungen eines Stpfl. sind bei diesem auch dann nach § 10 Abs. 1 Nr. 9 EStG abziehbar, wenn dessen unterhaltsberechtigtes Kind selbst Vertragspartner der Schule ist. [2]Hat der Stpfl. für das sich in der Ausbildung befindende Kind einen Anspruch auf einen Freibetrag nach § 32 Abs. 6 EStG oder auf Kindergeld, ist davon auszugehen, dass die erforderliche Unterhaltsberechtigung des Kindes besteht.

Schulbesuche im Ausland

(2) [1]Zu den nach § 10 Abs. 1 Nr. 9 EStG abziehbaren Sonderausgaben gehören u. a. Schulgeldzahlungen für den Besuch einer im EU-/EWR-Raum belegenen Bildungsstätte, wenn der Besuch mit dem „International Baccalaureate" (Internationales Abitur) abschließen soll. [2]Für die Anerkennung mehrjähriger Auslandsschulbesuche ist die Vorlage einer einmaligen Prognoseentscheidung der im Einzelfall zuständigen Behörde (z. B. Zeugnisanerkennungsstelle) ausreichend.

H 10.10

Allgemeines.

– → BMF vom 9.3.2009 (BStBl. I S. 487).[1)]
– Der Abzug von Schulgeldzahlungen setzt nicht voraus, dass die Eltern selbst Vertragspartner des mit der Privatschule abgeschlossenen Vertrages sind (→ BFH vom 9.11.2011 – BStBl. 2012 II S. 321).

Aufwendungen für den Schulbesuch als außergewöhnliche Belastungen. → H 33.1–33.4 (Schulbesuch).

Privatschule in der Schweiz. Schulgeld, das an eine schweizerische Privatschule gezahlt wird, kann nicht als Sonderausgabe abgezogen werden. Hierin liegt keine Verletzung der Kapitalverkehrsfreiheit. Das Freizügigkeitsabkommen zwischen der Europäischen Gemeinschaft und ihren Mitgliedstaaten und der Schweiz vom 21.6.1999 (BGBl. 2001 II S. 811) gewährt keinen Anspruch auf Gleichbehandlung mit Privatschulen, die in der EU oder im EWR belegen sind (→ BFH vom 9.5.2012 – BStBl. II S. 585).

Spendenabzug. Zum Spendenabzug von Leistungen der Eltern an gemeinnützige Schulvereine – Schulen in freier Trägerschaft → BMF vom 4.1.1991 (BStBl. 1992 I S. 266).

---

1) Zu Schulgeldzahlungen an andere Einrichtungen i. S. d. § 10 Abs. 1 Nr. 9 Satz 3 EStG siehe aber auch BFH v. 20.6.2017 X R 26/15, BStBl. II 2018, 58.

R 10.11 Kürzung des Vorwegabzugs bei der Günstigerprüfung

(unbesetzt)

H 10.11

Bemessungsgrundlage für die Kürzung des Vorwegabzugs.

– **Einnahmen aus einem früheren Beschäftigungsverhältnis.** Der Vorwegabzug für Vorsorgeaufwendungen ist auch für VZ nach Beendigung des Beschäftigungsverhältnisses zu kürzen, wenn in wirtschaftlichem Zusammenhang mit der früheren Beschäftigung stehender Arbeitslohn nachträglich an den Stpfl. ausgezahlt wird und dieser durch arbeitgeberfinanzierte Zukunftssicherungsleistungen oder Altersversorgungsansprüche begünstigt worden war (→ BFH vom 20.12.2006 – BStBl. 2007 II S. 823).

– **Entlassungsentschädigung.** Zu den Einnahmen aus nichtselbständiger Arbeit, die Bemessungsgrundlage für die Kürzung des Vorwegabzugs für Vorsorgeaufwendungen sind, gehört auch eine vom Arbeitgeber gezahlte Entlassungsentschädigung, für die kein Arbeitgeberbeitrag zu leisten war (→ BFH vom 16.10.2002 – BStBl. 2003 II S. 343).

– **Mehrere Beschäftigungsverhältnisse.** Bei mehreren Beschäftigungsverhältnissen sind für die Kürzung des Vorwegabzugs für Vorsorgeaufwendungen nur die Einnahmen aus den Beschäftigungsverhältnissen zu berücksichtigen, in deren Zusammenhang die Voraussetzungen für eine Kürzung des Vorwegabzugs für Vorsorgeaufwendungen erfüllt sind (→ BFH vom 26.2.2004 – BStBl. II S. 720).

– **Zukunftssicherungsleistungen.**
  - Zum Begriff der Zukunftssicherungsleistungen i. S. d. § 3 Nr. 62 EStG → R 3.62 LStR 2015.[1]
  - Die Höhe der vom Arbeitgeber erbrachten Zukunftssicherungsleistungen i. S. d. § 3 Nr. 62 EStG ist für den Umfang der Kürzung des Vorwegabzugs ohne Bedeutung (→ BFH vom 16.10.2002 – BStBl. 2003 II S. 183).
  - Der Vorwegabzug ist auch dann zu kürzen, wenn der Arbeitgeber Zukunftssicherungsleistungen während des VZ nur zeitweise erbringt oder nur Beiträge zur Kranken- und Pflegeversicherung leistet (→ BFH vom 16.10.2002 – BStBl. 2003 II S. 288).
  - Der Vorwegabzug für Vorsorgeaufwendungen ist auch dann zu kürzen, wenn das Anwartschaftsrecht auf Altersversorgung nicht unverfallbar ist oder wirtschaftlich nicht gesichert erscheint. Diese Kürzung ist nicht rückgängig zu machen, wenn eine Pensionszusage in späteren Jahren widerrufen wird (→ BFH vom 28.7.2004 – BStBl. 2005 II S. 94).

– **Zusammenveranlagte Ehegatten.** Bei der Kürzung des zusammenveranlagten Ehegatten gemeinsam zustehenden Vorwegabzugs für Vorsorgeaufwendungen ist in die Bemessungsgrundlage nur der Arbeitslohn desjenigen Ehegatten einzubeziehen, für den Zukunftssicherungsleistungen i. S. d. § 3 Nr. 62 EStG erbracht worden sind oder der zum Personenkreis des § 10c Abs. 3 Nr. 1 oder 2 EStG gehört (→ BFH vom 3.12.2003 – BStBl. 2004 II S. 709).

---

[1] Nr. **20**.

Gesellschafter-Geschäftsführer von Kapitalgesellschaften. → BMF vom 22.5.2007 (BStBl. I S. 493).

Höchstbetrag nach § 10 Abs. 3 EStG. Der Höchstbetrag ist nicht zu kürzen:
- wenn der Arbeitgeber für die Zukunftssicherung des Stpfl. keine Leistungen i. S. d. Absatzes 3 erbracht hat. Werden später Beiträge für einen bestimmten Zeitraum nachentrichtet, ist dieser Vorgang ein rückwirkendes Ereignis i. S. d. § 175 Abs. 1 Satz 1 Nr. 2 AO; der Höchstbetrag ist zu kürzen (→ BFH vom 21.1.2004 – BStBl. II S. 650),
- wenn einem Gesellschafter-Geschäftsführer einer GmbH im Anstellungsvertrag ein Anspruch auf Ruhegehalt eingeräumt wird, dessen Art und Höhe erst später per Gesellschafterbeschluss bestimmt werden soll und die GmbH keine Aufwendungen zur Sicherstellung der künftigen Altersversorgung tätigt (→ BFH vom 14.6.2000 – BStBl. 2001 II S. 28),
- bei nach § 4 SGB VI auf Antrag Pflichtversicherten (→ BFH vom 19.5.1999 – BStBl. 2001 II S. 64).

Zu § 10a EStG

H 10a

Private Altersvorsorge. → BMF vom 21.12.2017 (BStBl. 2018 I S. 93) unter Berücksichtigung der Änderungen durch BMF vom 17.2.2020 (BStBl. I S. 213) und vom 11.2.2022 (BStBl. I S. 186).[1]

Zu § 10b EStG
(§ 50 EStDV)

R 10b.1 Ausgaben zur Förderung steuerbegünstigter Zwecke i. S. d. § 10b Abs. 1 und 1a EStG[2) · 3) · 4)]

Begünstigte Ausgaben

(1) [1]Mitgliedsbeiträge, sonstige Mitgliedsumlagen und Aufnahmegebühren sind nicht abziehbar, wenn die diese Beträge erhebende Einrichtung Zwecke bzw. auch Zwecke verfolgt, die in § 10b Abs. 1 Satz 8 EStG genannt sind. [2]Zuwendungen, die mit der Auflage geleistet werden, sie an eine bestimmte

---

1) Siehe auch BMF v. 12.8.2021, BStBl. I 2021, 1050.

2) Zu steuerlichen Maßnahmen zur Förderung der Hilfe für von der **Corona-Krise** Betroffene siehe BMF v. 9.4.2020, BStBl. I 2020, 498, ergänzt durch BMF v. 26.5.2020, BStBl. I 2020, 543, erneut ergänzt und verlängert durch BMF v. 18.12.2020, BStBl. I 2021, 57, v. 15.12.2021, BStBl. I 2021, 2476, v. 14.12.2022, BStBl. I 2021, 2500 und v. 15.12.2021, BStBl. I 2021, 2476.

3) Zu steuerlichen Maßnahmen zur Berücksichtigung der Schäden im Zusammenhang mit den **Unwetterereignissen im Juli 2021** siehe FM Rh-Pf v. 22.12.2021 – S 1915#2018/0001-0401 447; FM NRW v. 16.7.2021, DStR 2021, 1762; BayFM v. 26.7.2021 – 37 – S 1915-14; FM Sachsen v. 27.7.2021 – 31 – S 1915/1/303 – 2021/51320; FM Hessen v. 27.7.2021 – S 1915 A – 026 – II 1a7.

4) Zu steuerlichen Maßnahmen zur Unterstützung der vom Krieg in der **Ukraine** Geschädigten siehe BMF v. 17.3.2022, BStBl. I 2022, 330 und v. 17.11.2022, BStBl. I 2022, 1516.

natürliche Person weiterzugeben, sind nicht abziehbar. [3]Zuwendungen können nur dann abgezogen werden, wenn der Zuwendende endgültig wirtschaftlich belastet ist. [4]Bei Sachzuwendungen aus einem Betriebsvermögen darf zuzüglich zu dem Entnahmewert i. S. d. § 6 Abs. 1 Nr. 4 EStG auch die bei der Entnahme angefallene Umsatzsteuer abgezogen werden.

Durchlaufspenden

(2) [1]Das Durchlaufspendenverfahren ist keine Voraussetzung für die steuerliche Begünstigung von Zuwendungen. [2]Inländische juristische Personen des öffentlichen Rechts, die Gebietskörperschaften sind, und ihre Dienststellen sowie inländische kirchliche juristische Personen des öffentlichen Rechts können jedoch ihnen zugewendete Spenden – nicht aber Mitgliedsbeiträge, sonstige Mitgliedsumlagen und Aufnahmegebühren – an Zuwendungsempfänger i. S. d. § 10b Abs. 1 Satz 2 EStG weiterleiten. [3]Die Durchlaufstelle muss die tatsächliche Verfügungsmacht über die Spendenmittel erhalten. [4]Dies geschieht in der Regel (anders insbesondere bei Sachspenden) durch Buchung auf deren Konto. [5]Die Durchlaufstelle muss die Vereinnahmung der Spenden und ihre Verwendung (Weiterleitung) getrennt und unter Beachtung der haushaltsrechtlichen Vorschriften nachweisen. [6]Vor der Weiterleitung der Spenden an eine nach § 5 Abs. 1 Nr. 9 KStG steuerbefreite Körperschaft, Personenvereinigung oder Vermögensmasse muss sie prüfen, ob die Zuwendungsempfängerin wegen Verfolgung gemeinnütziger, mildtätiger oder kirchlicher Zwecke i. S. d. § 5 Abs. 1 Nr. 9 KStG anerkannt oder vorläufig anerkannt worden ist und ob die Verwendung der Spenden für diese Zwecke sichergestellt ist. [7]Die Zuwendungsbestätigung darf nur von der Durchlaufstelle ausgestellt werden.

Nachweis der Zuwendungen

(3) [1]Zuwendungen nach den §§ 10b und 34g EStG sind grundsätzlich durch eine vom Empfänger nach amtlich vorgeschriebenem Vordruck erstellte Zuwendungsbestätigung nachzuweisen. [2]Die Zuwendungsbestätigung kann auch von einer durch Auftrag zur Entgegennahme von Zahlungen berechtigten Person unterschrieben werden.

Maschinell erstellte Zuwendungsbestätigung

(4) [1]Als Nachweis reicht eine maschinell erstellte Zuwendungsbestätigung ohne eigenhändige Unterschrift einer zeichnungsberechtigten Person aus, wenn der Zuwendungsempfänger die Nutzung eines entsprechenden Verfahrens dem zuständigen Finanzamt angezeigt hat. [2]Mit der Anzeige ist zu bestätigen, dass folgende Voraussetzungen erfüllt sind und eingehalten werden:

1. die Zuwendungsbestätigungen entsprechen dem amtlich vorgeschriebenen Vordruck,
2. die Zuwendungsbestätigungen enthalten die Angabe über die Anzeige an das Finanzamt,
3. eine rechtsverbindliche Unterschrift wird beim Druckvorgang als Faksimile eingeblendet oder es wird beim Druckvorgang eine solche Unterschrift in eingescannter Form verwendet,
4. das Verfahren ist gegen unbefugten Eingriff gesichert,

5. das Buchen der Zahlungen in der Finanzbuchhaltung und das Erstellen der Zuwendungsbestätigungen sind miteinander verbunden und die Summen können abgestimmt werden, und
6. Aufbau und Ablauf des bei der Zuwendungsbestätigung angewandten maschinellen Verfahrens sind für die Finanzbehörden innerhalb angemessener Zeit prüfbar (analog § 145 AO); dies setzt eine Dokumentation voraus, die den Anforderungen der Grundsätze ordnungsmäßiger DV-gestützter Buchführungssysteme genügt.[1)]

[3] Die Regelung gilt nicht für Sach- und Aufwandsspenden.

Prüfungen

(5) [1] Ist der Empfänger einer Zuwendung eine inländische juristische Person des öffentlichen Rechts, eine inländische öffentliche Dienststelle oder ein inländischer amtlich anerkannter Verband der freien Wohlfahrtspflege einschließlich seiner Mitgliedsorganisationen, kann im Allgemeinen davon ausgegangen werden, dass die Zuwendungen für steuerbegünstigte Zwecke verwendet werden. [2] Das gilt auch dann, wenn der Verwendungszweck im Ausland verwirklicht wird.

H 10b.1

Anwendungsschreiben. → BMF vom 18.12.2008 (BStBl. 2009 I S. 16) und BMF vom 15.9.2014 (BStBl. I S. 1278).

Auflagen. Zahlungen an eine steuerbegünstigte Körperschaft zur Erfüllung einer Auflage nach § 153a StPO oder § 56b StGB sind nicht als Spende abziehbar (→ BFH vom 19.12.1990 – BStBl. 1991 II S. 234).

Aufwandsspenden. → BMF vom 25.11.2014 (BStBl. I S. 1584) unter Berücksichtigung der Änderungen durch BMF vom 24.8.2016 (BStBl. I S. 994).

Beitrittsspende. Eine anlässlich der Aufnahme in einen Golfclub geleistete Zahlung ist keine Zuwendung i. S. d. § 10b Abs. 1 EStG, wenn derartige Zahlungen von den Neueintretenden anlässlich ihrer Aufnahme erwartet und zumeist auch gezahlt werden (sog. Beitrittsspende). Die geleistete Zahlung ist als → Gegenleistung des Neumitglieds für den Erwerb der Mitgliedschaft und die Nutzungsmöglichkeit der Golfanlagen anzusehen (→ BFH vom 2.8.2006 – BStBl. 2007 II S. 8).

Crowdfunding. Spendenrechtliche Beurteilung von „Crowdfunding" → BMF vom 15.12.2017 (BStBl. 2018 I S. 246).

Durchlaufspendenverfahren.

– → BMF vom 7.11.2013 (BStBl. I S. 1333), ergänzt durch BMF vom 26.3.2014 (BStBl. I S. 791).[2)]
– Eine Durchlaufspende ist nur dann abziehbar, wenn der Letztempfänger für denjenigen VZ, für den die Spende steuerlich berücksichtigt werden

---

[1)] Siehe BMF v. 28.11.2019, BStBl. I 2019, 1269, betr. Neufassung der GoBD, grds. anzuwenden auf nach dem 31.12.2019 beginnende Besteuerungszeiträume, die Anwendung auf vor dem 1.1.2020 endende Besteuerungszeiträume wird nicht beanstandet.

[2)] Nr. **1** Anl. 4.

soll, wegen des begünstigten Zwecks von der Körperschaftsteuer befreit ist (→ BFH vom 5.4.2006 – BStBl. 2007 II S. 450).

– Für den Abzug von Sachspenden im Rahmen des Durchlaufspendenverfahrens ist erforderlich, dass der Durchlaufstelle das Eigentum an der Sache verschafft wird. Bei Eigentumserwerb durch Einigung und Übergabeersatz (§§ 930, 931 BGB) ist die körperliche Übergabe der Sache an die Durchlaufstelle nicht erforderlich; es sind aber eindeutige Gestaltungsformen zu wählen, die die tatsächliche Verfügungsfreiheit der Durchlaufstelle über die Sache sicherstellen und eine Überprüfung des Ersterwerbs der Durchlaufstelle und des Zweiterwerbs der begünstigten gemeinnützigen Körperschaft ermöglichen.

Elternleistungen an gemeinnützige Schulvereine (Schulen in freier Trägerschaft) und entsprechende Fördervereine.

– Als steuerlich begünstigte Zuwendungen kommen nur freiwillige Leistungen der Eltern in Betracht, die über den festgesetzten Elternbeitrag hinausgehen (→ BMF vom 4.1.1991 – BStBl. 1992 I S. 266). Setzt ein Schulträger das Schulgeld so niedrig an, dass der normale Betrieb der Schule nur durch die Leistungen der Eltern an einen Förderverein aufrechterhalten werden kann, die dieser satzungsgemäß an den Schulträger abzuführen hat, handelt es sich bei diesen Leistungen um ein Entgelt, welches im Rahmen eines Leistungsaustausches erbracht wird und nicht um steuerlich begünstigte Zuwendungen (→ BFH vom 12.8.1999 – BStBl. 2000 II S. 65).

– → § 10 Abs. 1 Nr. 9 EStG.

Gebrauchte Kleidung als Sachspende (Abziehbarkeit und Wertermittlung). Bei gebrauchter Kleidung stellt sich die Frage, ob sie überhaupt noch einen gemeinen Wert (Marktwert) hat. Wird ein solcher geltend gemacht, sind die für eine Schätzung maßgeblichen Faktoren wie Neupreis, Zeitraum zwischen Anschaffung und Weggabe und der tatsächliche Erhaltungszustand durch den Stpfl. nachzuweisen (→ BFH vom 23.5.1989 – BStBl. II S. 879).

Gegenleistung.

– Ein Zuwendungsabzug ist ausgeschlossen, wenn die Ausgaben zur Erlangung einer Gegenleistung des Empfängers erbracht werden. Eine Aufteilung der Zuwendung in ein angemessenes Entgelt und eine den Nutzen übersteigende unentgeltliche Leistung scheidet bei einer einheitlichen Leistung aus. Auch im Fall einer Teilentgeltlichkeit fehlt der Zuwendung insgesamt die geforderte Uneigennützigkeit (→ BFH vom 2.8.2006 – BStBl. 2007 II S. 8).

– → Beitrittsspende.

Rückwirkendes Ereignis. Die Erteilung der Zuwendungsbestätigung nach § 50 EStDV ist kein rückwirkendes Ereignis i. S. d. § 175 Abs. 1 Satz 1 Nr. 2 AO (→ § 175 Abs. 2 Satz 2 AO).

Sachspenden. Zur Zuwendungsbestätigung → BMF vom 7.11.2013 (BStBl. I S. 1333) ergänzt durch BMF vom 26.3.2014 (BStBl. I S. 791).[1]

[1] Nr. **1** Anl. 4.

Schenkung mit Auflage. Wer einen Geldbetrag als Schenkung mit der Auflage erhält, ihn einer steuerbegünstigten Körperschaft zuzuwenden, ist mit diesem Betrag grundsätzlich nicht wirtschaftlich belastet und daher nicht spendenabzugsberechtigt. Etwas anderes gilt, wenn es sich um eine Schenkung unter zusammenveranlagten Eheleuten handelt (→ BFH vom 15.1.2019 – BStBl. II S. 318).

Spenden in das zu erhaltende Vermögen.
- → BMF vom 15.9.2014 (BStBl. I S. 1278).
- Zuwendungen an eine rechtsfähige Stiftung sind vor deren Anerkennung nicht als Sonderausgaben abziehbar (→ BFH vom 11.2.2015 – BStBl. II S. 545).

Spendenhaftung. Die Ausstellerhaftung nach § 10b Abs. 4 Satz 2 1. Alternative EStG betrifft grundsätzlich den in § 10b Abs. 1 Satz 2 EStG genannten Zuwendungsempfänger (z. B. Kommune, gemeinnütziger Verein). Die Haftung einer natürlichen Person kommt allenfalls dann in Frage, wenn diese Person außerhalb des ihr zugewiesenen Wirkungskreises handelt. Die Ausstellerhaftung setzt Vorsatz oder grobe Fahrlässigkeit voraus. Grobe Fahrlässigkeit liegt z. B. bei einer Kommune vor, wenn nicht geprüft wird, ob der Verein, der die Zuwendung erhält, gemeinnützig ist (→ BFH vom 24.4.2002 – BStBl. 2003 II S. 128). Unrichtig ist eine Zuwendungsbestätigung, deren Inhalt nicht der objektiven Sach- und Rechtslage entspricht. Das ist z. B. dann der Fall, wenn die Bestätigung Zuwendungen ausweist, die Entgelt für Leistungen sind (→ BFH vom 12.8.1999 – BStBl. 2000 II S. 65). Bei rückwirkender Aberkennung der Gemeinnützigkeit haftet eine Körperschaft nicht wegen Fehlverwendung, wenn sie die Zuwendung zu dem in der Zuwendungsbestätigung angegebenen begünstigten Zweck verwendet (→ BFH vom 10.9.2003 – BStBl. 2004 II S. 352).

Sponsoring. → BMF vom 18.2.1998 (BStBl. I S. 212).

Vermächtniszuwendungen. Aufwendungen des Erben zur Erfüllung von Vermächtniszuwendungen an gemeinnützige Einrichtungen sind weder beim Erben (→ BFH vom 22.9.1993 – BStBl. II S. 874) noch beim Erblasser (→ BFH vom 23.10.1996 – BStBl. 1997 II S. 239) als Zuwendungen nach § 10b Abs. 1 EStG abziehbar.

Vertrauensschutz.
- Der Schutz des Vertrauens in die Richtigkeit einer Zuwendungsbestätigung erfasst nicht Gestaltungen, in denen die Bescheinigung zwar inhaltlich unrichtig ist, der in ihr ausgewiesene Sachverhalt aber ohnehin keinen Abzug rechtfertigt (→ BFH vom 5.4.2006 – BStBl. 2007 II S. 450).
- Eine → Zuwendungsbestätigung begründet keinen Vertrauensschutz, wenn für den Leistenden der Zahlung angesichts der Begleitumstände klar erkennbar ist, dass die Zahlung in einem Gegenleistungsverhältnis steht (→ BFH vom 2.8.2006 – BStBl. 2007 II S. 8).
- → Beitrittsspende.
- → Gegenleistung.

Zuwendungsbestätigung (§ 50 EStDV).
- Die Zuwendungsbestätigung ist eine unverzichtbare sachliche Voraussetzung für den Zuwendungsabzug. Die Bestätigung hat jedoch nur den

Zweck einer Beweiserleichterung hinsichtlich der Verwendung der Zuwendung und ist nicht bindend (→ BFH vom 23.5.1989 – BStBl. II S. 879). Entscheidend ist u.a. der Zweck, der durch die Zuwendung tatsächlich gefördert wird (→ BFH vom 15.12.1999 – BStBl. 2000 II S. 608).

– Eine Zuwendungsbestätigung wird vom Finanzamt nicht als Nachweis für den Zuwendungsabzug anerkannt, wenn das Datum der Anlage zum Körperschaftsteuerbescheid oder des Freistellungsbescheides länger als 5 Jahre bzw. das Datum der Feststellung der Einhaltung der satzungsmäßigen Voraussetzungen nach § 60a Abs. 1 AO länger als 3 Jahre seit Ausstellung des Bescheides zurückliegt (§ 63 Abs. 5 AO).
– Eine Aufteilung von Zuwendungen in abziehbare und nichtabziehbare Teile je nach satzungsgemäßer und nichtsatzungsgemäßer anteiliger Verwendung der Zuwendung ist unzulässig (→ BFH vom 7.11.1990 – BStBl. 1991 II S. 547).
– Zur Erstellung und Verwendung der Zuwendungsbestätigungen:
  • → BMF vom 7.11.2013 (BStBl. I S. 1333) ergänzt durch BMF vom 26.3.2014 (BStBl. I S. 791).[1]
  • Elektronisch in Form von schreibgeschützten Dateien → BMF vom 6.2.2017 (BStBl. I S. 287).

Zuwendungsempfänger im EU-/EWR-Ausland. Der ausländische Zuwendungsempfänger muss nach der Satzung, dem Stiftungsgeschäft oder der sonstigen Verfassung und nach der tatsächlichen Geschäftsführung ausschließlich und unmittelbar gemeinnützigen, mildtätigen oder kirchlichen Zwecken dienen (§§ 51 bis 68 AO). Den Nachweis hierfür hat der inländische Spender durch Vorlage geeigneter Belege zu erbringen (→ BMF vom 16.5.2011 – BStBl. I S. 559, BFH vom 17.9.2013 – BStBl. 2014 II S. 440 und vom 21.1.2015 – BStBl. II S. 588).

Zweckgebundene Zuwendungen. Auch zweckgebundene Zuwendungen können als Sonderausgabe abzugsfähig sein. Da der begünstigte Empfänger die Zuwendung nicht annehmen muss, verbleibt das Letztentscheidungsrecht darüber, ob und wie er seine steuerbegünstigten Zwecke fördert, bei ihm. Der Unentgeltlichkeit einer Zuwendung steht eine Zweckbindung nicht per se entgegen. An der Unentgeltlichkeit fehlt es nicht, wenn der Spender sich nur gewisse immaterielle Vorteile (wie z.B. eine Ansehensmehrung) erhofft (→ BFH vom 16.3.2021 – BStBl. II S. 810).

R **10b.2** Zuwendungen an politische Parteien

[1]Zuwendungen an politische Parteien sind nur dann abziehbar, wenn die Partei bei Zufluss der Zuwendung als politische Partei i. S. d. § 2 PartG[2] anzusehen ist. [2]Der Stpfl. hat dem Finanzamt die Zuwendungen grundsätzlich durch eine von der Partei nach amtlich vorgeschriebenem Vordruck erstellte

---

[1] Nr. **1** Anl. 4.

[2] **[Amtl. Anm.:]** Politische Partei i. S. d. § 2 PartG, die nicht gemäß § 18 Abs. 7 des PartG von der staatlichen Teilfinanzierung ausgeschlossen ist, → § 10b Abs. 2 Satz 1 EStG i. d. F. des Gesetzes zum Ausschluss verfassungsfeindlicher Parteien von der Parteienfinanzierung.

Zuwendungsbestätigung nachzuweisen. [3]R 10b.1 Abs. 3 Satz 2 und Abs. 4 gilt entsprechend.

H 10b.2

Kommunale Wählervereinigungen. Spenden an kommunale Wählervereinigungen sind nicht nach § 10b Abs. 2 EStG begünstigt (→ BFH vom 20.3.2017 – BStBl. II S. 1122).

Parteiengesetz. → Parteiengesetz vom 31.1.1994 (BGBl. I S. 149),[1)] zuletzt geändert durch Artikel 13 der Verordnung vom 19.6.2020 (BGBl. I S. 1328).

Zuwendungsbestätigung (§ 50 EStDV).
- → BMF vom 7.11.2013 (BStBl. I S. 1333) ergänzt durch BMF vom 26.3.2014 (BStBl. I S. 791).[2)]
- Elektronisch in Form von schreibgeschützten Dateien → BMF vom 6.2.2017 (BStBl. I S. 287).

R 10b.3 Begrenzung des Abzugs der Ausgaben für steuerbegünstigte Zwecke

Alternativgrenze

(1) [1]Zu den gesamten Umsätzen i. S. d. § 10b Abs. 1 Satz 1 Nr. 2 EStG gehören außer den steuerbaren Umsätzen i. S. d. § 1 UStG auch nicht steuerbare Umsätze. [2]Der alternative Höchstbetrag wird bei einem Mitunternehmer von dem Teil der Summe der gesamten Umsätze und der im Kalenderjahr aufgewendeten Löhne und Gehälter der Personengesellschaft berechnet, der dem Anteil des Mitunternehmers am Gewinn der Gesellschaft entspricht.

Stiftungen[3)]

(2) Der besondere Abzugsbetrag nach § 10b Abs. 1a EStG steht bei zusammenveranlagten Ehegatten jedem Ehegatten einzeln zu, wenn beide Ehegatten als Spender auftreten.

H 10b.3

Höchstbetrag in Organschaftsfällen.
- → R 9 Abs. 5 KStR 2015.[4)]
- Ist ein Stpfl. an einer Personengesellschaft beteiligt, die Organträger einer körperschaftsteuerrechtlichen Organschaft ist, bleibt bei der Berechnung des Höchstbetrags der abziehbaren Zuwendungen nach § 10b Abs. 1 EStG aufgrund des G. d. E. das dem Stpfl. anteilig zuzurechnende Einkommen der Organgesellschaft außer Ansatz (→ BFH vom 23.1.2002 – BStBl. 2003 II S. 9).

[1)] Zuletzt geänd. durch G v. 10.8.2021, BStBl. I 2021, 3436 (**Sartorius** Nr. **58**).

[2)] Nr. **1** Anl. 4.

[3)] R 10b.3 Abs. 2 überholt auf Grund der Änderung des § 10b Abs. 1a Satz 1 EStG durch das EhrenamtsstärkungsG v. 21.3.2013, BGBl. I 2013, 556.

[4)] Nr. **100**.

Kreditinstitute. Die Gewährung von Krediten und das Inkasso von Schecks und Wechseln erhöht die „Summe der gesamten Umsätze". Die Erhöhung bemisst sich jedoch nicht nach den Kreditsummen, Schecksummen und Wechselsummen, Bemessungsgrundlage sind vielmehr die Entgelte, die der Stpfl. für die Kreditgewährungen und den Einzug der Schecks und Wechsel erhält (→ BFH vom 4.12.1996 – BStBl. 1997 II S. 327).

Umsätze. Zur „Summe der gesamten Umsätze" gehören die steuerbaren (steuerpflichtige und steuerfreie → BFH vom 4.12.1996 – BStBl. 1997 II S. 327) sowie die nicht steuerbaren Umsätze (→ R 10b.3 Abs. 1 Satz 1). Ihre Bemessung richtet sich nach dem Umsatzsteuerrecht (→ BFH vom 4.12.1996 – BStBl. 1997 II S. 327).

Zu § 10d EStG

R **10d**. Verlustabzug

Vornahme des Verlustabzugs nach § 10d EStG

(1) Der Altersentlastungsbetrag (§ 24a EStG), der Freibetrag für Land- und Forstwirte (§ 13 Abs. 3 EStG) und der Entlastungsbetrag für Alleinerziehende (§ 24b EStG) werden bei der Ermittlung des Verlustabzugs nicht berücksichtigt.

Begrenzung des Verlustabzugs

(2) [1] Die Begrenzung des Verlustrücktrags auf *511 500 Euro*[1)] (Höchstbetrag) bezieht sich auf den einzelnen Stpfl., der die negativen Einkünfte erzielt hat. [2] Bei zusammenveranlagten Ehegatten verdoppelt sich der Höchstbetrag auf *1 023 000 Euro*[2)] und kann unabhängig davon, wer von beiden Ehegatten die positiven oder die negativen Einkünfte erzielt hat, ausgeschöpft werden. [3] Bei Personengesellschaften und Personengemeinschaften gilt der Höchstbetrag für jeden Beteiligten. [4] Über die Frage, welcher Anteil an den negativen Einkünften der Personengesellschaft oder Personengemeinschaft auf den einzelnen Beteiligten entfällt, ist im Bescheid über die gesonderte und einheitliche Feststellung zu entscheiden. [5] Inwieweit diese anteiligen negativen Einkünfte beim einzelnen Beteiligten nach § 10d EStG abziehbar sind, ist im Rahmen der Einkommensteuerveranlagung zu beurteilen. [6] In Organschaftsfällen (§ 14 KStG) bezieht sich der Höchstbetrag auf den Organträger. [7] Er ist bei diesem auf die Summe der Ergebnisse aller Mitglieder des Organkreises anzuwenden. [8] Ist der Organträger eine Personengesellschaft, ist Satz 3 zu beachten. [9] Die Sätze 1 bis 8 gelten entsprechend bei der Begrenzung des Verlustvortrags.

Wahlrecht

(3) [1] Der Antrag nach § 10d Abs. 1 Satz 5 EStG kann bis zur Bestandskraft des auf Grund des Verlustrücktrags geänderten Steuerbescheids an das nach

---

[1)] Ab VZ 2013 bis VZ 2019 und ab VZ 2024: 1 000 000 €, für VZ 2020 bis 2023: 10 000 000 €, siehe § 10d Abs. 1 Satz 1 iVm § 52 Abs. 18b EStG.

[2)] Ab VZ 2013 bis VZ 2019 und ab VZ 2024: 2 000 000 €, für VZ 2020 bis 2023: 20 000 000 €, siehe § 10d Abs. 1 Satz 1 iVm § 52 Abs. 18b EStG.

§ 19 AO zuständige Finanzamt gestellt werden. [2]Wird der Einkommensteuerbescheid des Rücktragsjahres gem. § 10d Abs. 1 Satz 3 EStG geändert, weil sich die Höhe des Verlusts im Entstehungsjahr ändert, kann das Wahlrecht nur im Umfang des Erhöhungsbetrags neu ausgeübt werden. [3]Der Antrag nach *§ 10d Abs. 1 Satz 5* EStG[1)] kann der Höhe nach beschränkt werden.[2)]

Verfahren bei Arbeitnehmern

(4) [1]Soll bei einem Arbeitnehmer ein Verlustabzug berücksichtigt werden, muss er dies beantragen, es sei denn, er wird bereits aus anderen Gründen zur Einkommensteuer veranlagt. [2]Erfolgt für einen VZ keine Veranlagung, kann der in diesem VZ berücksichtigungsfähige Verlustabzug vorbehaltlich Satz 4 nicht in einem anderen VZ geltend gemacht werden. [3]Der auf den Schluss des vorangegangenen VZ festgestellte verbleibende Verlustvortrag ist in diesen Fällen in Höhe der positiven S. d. E. des VZ, in dem keine Veranlagung erfolgte, ggf. bis auf 0 Euro, zu mindern und gesondert festzustellen. [4]Für den VZ der Verlustentstehung erfolgt jedoch keine Minderung des verbleibenden Verlustvortrags, soweit der Arbeitnehmer nach *§ 10d Abs. 1 Satz 5* EStG[3)] auf den Verlustrücktrag verzichtet hat.

Änderung des Verlustabzugs

(5) [1]Der Steuerbescheid für den dem Verlustentstehungsjahr *vorangegangenen VZ*[4)] ist vorbehaltlich eines Antrags nach *§ 10d Abs. 1 Satz 5* EStG[3)] nach *§ 10d Abs. 1 Satz 3* EStG[5)] zu ändern, wenn sich bei der Ermittlung der abziehbaren negativen Einkünfte für das Verlustentstehungsjahr Änderungen ergeben, die zu einem höheren oder niedrigeren Verlustrücktrag führen. [2]Auch in diesen Fällen gilt die Festsetzungsfrist des *§ 10d Abs. 1 Satz 4* Halbsatz 2 EStG.[6)] [3]Wirkt sich die Änderung eines Verlustrücktrags oder -vortrags auf den Verlustvortrag aus, der am Schluss eines VZ verbleibt, sind die betroffenen Feststellungsbescheide i. S. d. § 10d Abs. 4 EStG nach § 10d Abs. 4 Satz 4 EStG zu ändern. [4]Die bestandskräftige Feststellung eines verbleibenden Verlustvortrags kann nur nach § 10d Abs. 4 Satz 4 und 5 EStG geändert werden, wenn der Steuerbescheid, der die in die Feststellung eingeflossenen geänderten Verlustkomponenten enthält, nach den Änderungsvorschriften der AO zumindest dem Grunde nach noch geändert werden könnte.

Zusammenveranlagung von Ehegatten

(6) [1]Bei der Berechnung des verbleibenden Verlustabzugs ist zunächst ein Ausgleich mit den anderen Einkünften des Ehegatten vorzunehmen, der die negativen Einkünfte erzielt hat. [2]Verbleibt bei ihm ein negativer Betrag bei der Ermittlung des G. d. E., ist dieser mit dem positiven Betrag des anderen Ehegatten auszugleichen. [3]Ist der G. d. E. negativ und wird dieser nach § 10d

---

1) Ab VZ 2022 § 10d Abs. 1 Satz 6 EStG.

2) Wahlrecht zum teilweisen Verzicht auf den Verlustrücktrag durch das Vierte Corona-Steuerhilfegesetz v. 19.6.2022 (BGBl. I 2022, 911) ab dem VZ 2022 abgeschafft.

3) Ab VZ 2022 § 10d Abs. 1 Satz 6 EStG.

4) Ab VZ 2022 2-jähriger Verlustrücktrag.

5) Ab VZ 2022 § 10d Abs. 1 Satz 4 EStG.

6) Ab VZ 2022 § 10d Abs. 1 Satz 5 EStG.

Abs. 1 EStG nicht oder nicht in vollem Umfang zurückgetragen, ist der verbleibende Betrag als Verlustvortrag gesondert festzustellen. [4]Absatz 1 findet entsprechende Anwendung. [5]Bei dieser Feststellung sind die negativen Einkünfte auf die Ehegatten nach dem Verhältnis aufzuteilen, in dem die auf den einzelnen Ehegatten entfallenden Verluste im VZ der Verlustentstehung zueinander stehen.

Gesonderte Feststellung des verbleibenden Verlustvortrags

(7) [1]Bei der gesonderten Feststellung des verbleibenden Verlustvortrags ist eine Unterscheidung nach Einkunftsarten und Einkunftsquellen nur insoweit vorzunehmen, als negative Einkünfte besonderen Verlustverrechnungsbeschränkungen unterliegen. [2]Über die Höhe der im Verlustentstehungsjahr nicht ausgeglichenen negativen Einkünfte wird im Steuerfestsetzungsverfahren für das Verlustrücktragsjahr und hinsichtlich des verbleibenden Verlustvortrags für die dem Verlustentstehungsjahr folgenden VZ im Feststellungsverfahren nach § 10d Abs. 4 EStG bindend entschieden. [3]Der Steuerbescheid des Verlustentstehungsjahres ist daher weder Grundlagenbescheid für den Einkommensteuerbescheid des Verlustrücktragsjahres noch für den Feststellungsbescheid nach § 10d Abs. 4 EStG. [4]Der Feststellungsbescheid nach § 10d Abs. 4 EStG ist nach § 182 Abs. 1 AO Grundlagenbescheid für die Einkommensteuerfestsetzung des Folgejahres und für den auf den nachfolgenden Feststellungszeitpunkt zu erlassenden Feststellungsbescheid. [5]Er ist kein Grundlagenbescheid für den Steuerbescheid eines Verlustrücktragsjahres (§ 10d Abs. 1 EStG). [6]Der verbleibende Verlustvortrag ist auf 0 Euro festzustellen, wenn die in dem Verlustentstehungsjahr nicht ausgeglichenen negativen Einkünfte in vollem Umfang zurückgetragen werden. [7]Der verbleibende Verlustvortrag ist auch dann auf 0 Euro festzustellen, wenn ein zum Schluss des vorangegangenen VZ festgestellter verbleibender Verlustvortrag in einem folgenden VZ „aufgebraucht" worden ist.

Verlustfeststellung bei „Unterbrechung" der (un-)beschränkten Steuerpflicht

(8) [1]Der auf den Schluss eines VZ gesondert festgestellte verbleibende Verlustvortrag eines unbeschränkt oder beschränkt Stpfl. kann nach mehreren VZ, in denen der Stpfl. weder unbeschränkt noch beschränkt steuerpflichtig war, mit positiven Einkünften, die der Stpfl. nach erneuter Begründung der Steuerpflicht erzielt, verrechnet werden. [2]Dies gilt selbst dann, wenn in der Zwischenzeit keine gesonderte Feststellung des verbleibenden Verlustvortrags nach § 10d Abs. 4 EStG beantragt und durchgeführt wurde. [3]Folgejahr (Absatz 7 Satz 4) ist in diesen Fällen der VZ, in dem erstmals wieder die rechtlichen Voraussetzungen für einen Verlustabzug nach § 10d Abs. 2 EStG vorliegen.

Verlustabzug in Erbfällen

(9) [1]Zum Todeszeitpunkt nicht aufgezehrte Verluste des Erblassers können im Todesjahr nur in den Verlustausgleich nach § 2 Abs. 3 EStG bei der Veranlagung des Erblassers einfließen (Ausgleich mit positiven Einkünften des Erblassers). [2]Sie können grundsätzlich nicht im Rahmen des Verlustausgleichs und

-abzugs bei der Veranlagung des Erben berücksichtigt werden. [3]Werden Ehegatten jedoch für das Todesjahr zusammen veranlagt, sind Verluste des verstorbenen Ehegatten aus dem Todesjahr zu verrechnen und Verlustvorträge des verstorbenen Ehegatten abzuziehen, § 26b EStG. [4]Werden die Ehegatten für das Todesjahr nach §§ 26, 26b EStG zusammen veranlagt und erfolgt für das Vorjahr ebenfalls eine Zusammenveranlagung, ist ein Rücktrag des nicht ausgeglichenen Verlusts des Erblassers in das Vorjahr möglich. [5]Werden die Ehegatten für das Todesjahr zusammen veranlagt und erfolgt für das Vorjahr eine Veranlagung nach § 26a EStG, ist ein Rücktrag des noch nicht ausgeglichenen Verlusts des Erblassers nur bei der Veranlagung des Erblassers zu berücksichtigen (§ 62d Abs. 1 EStDV). [6]Werden die Ehegatten für das Todesjahr nach § 26a EStG veranlagt und erfolgt für das Vorjahr eine Zusammenveranlagung, ist ein Rücktrag des nicht ausgeglichenen Verlusts des Erblassers in das Vorjahr möglich (§ 62d Abs. 2 Satz 1 EStDV). [7]Werden die Ehegatten für das Todesjahr nach § 26a EStG veranlagt und erfolgt auch für das Vorjahr eine Veranlagung nach § 26a EStG, ist ein Rücktrag des noch nicht ausgeglichenen Verlusts des Erblassers nur bei der Veranlagung des Erblassers zu berücksichtigen. [8]Für den hinterbliebenen Ehegatten sind für den Verlustvortrag und die Anwendung der sog. Mindestbesteuerung nach § 10d Abs. 2 EStG allein die auf ihn entfallenden nicht ausgeglichenen negativen Einkünfte maßgeblich. [9]Die Nichtübertragbarkeit von Verlusten auf die Erben gilt ebenso für die Regelungen in § 2a Abs. 1, § 20 Abs. 6, § 22 Nr. 3 Satz 4 EStG. [10]Gleiches gilt für Verluste nach § 22 Nr. 2 i. V. m. § 23 Abs. 3 Satz 7 bis 10 EStG, es sei denn, der Erbfall tritt bereits vor der verlustbehafteten Veräußerung ein. [11]Der zum Todeszeitpunkt nicht ausgeglichene Verlust nach § 15 Abs. 4 Satz 1 und 2 EStG darf nur in den Fällen auf den Erben übergehen, in denen der Betrieb, Teilbetrieb oder Mitunternehmeranteil nach § 6 Abs. 3 EStG auf diesen übergeht. [12]Im Erbfall übertragbar sind Verluste gem. § 15a und § 15b EStG. [13]Beim Erben ist gem. § 2a Abs. 3 EStG a. F. eine Hinzurechnung der vom Erblasser erzielten Verluste vorzunehmen (Nachversteuerungsregelung). [14]Auch bei erzielten Verlusten nach § 2 AIG ist eine Hinzurechnung der vom Erblasser erzielten Verluste beim Erben durchzuführen.

H **10d**

Änderung von Steuerbescheiden infolge Verlustabzugs.

- **Erneute Ausübung des Wahlrechts der Veranlagungsart.** Ehegatten können das Wahlrecht der Veranlagungsart (z. B. Einzelveranlagung) grundsätzlich bis zur Unanfechtbarkeit eines Berichtigungs- oder Änderungsbescheids ausüben und die einmal getroffene Wahl innerhalb dieser Frist frei widerrufen. § 351 Abs. 1 AO kommt insoweit nicht zur Anwendung (→ BFH vom 19.5.1999 – BStBl. II S. 762).
- **Rechtsfehlerkompensation.** Mit der Gewährung des Verlustrücktrags ist insoweit eine **Durchbrechung der Bestandskraft** des für das Rücktragsjahr ergangenen Steuerbescheids verbunden, als – ausgehend von der bisherigen Steuerfestsetzung und den dafür ermittelten Besteuerungsgrundlagen – die Steuerschuld durch die Berücksichtigung des Verlustabzugs gemindert würde. Innerhalb dieses punktuellen Korrektur-

spielraums sind zugunsten und zuungunsten des Stpfl. **Rechtsfehler** i. S. d. § 177 AO zu berichtigen (→ BFH vom 27.9.1988 – BStBl. 1989 II S. 225).

– **Rücktrag aus verjährtem Verlustentstehungsjahr.** Im Verlustentstehungsjahr nicht ausgeglichene Verluste sind in einen vorangegangenen, nicht festsetzungsverjährten VZ auch dann zurückzutragen, wenn für das Verlustentstehungsjahr selbst bereits Festsetzungsverjährung eingetreten ist (→ BFH vom 27.1.2010 – BStBl. II S. 1009).

Besondere Verrechnungskreise. Im Rahmen des § 2b, § 15 Abs. 4 Satz 1 und 2 sowie Satz 3 bis 5 und 6 bis 8, § 22 Nr. 2, 3 und § 23 EStG gelten gesonderte Verlustverrechnungsbeschränkungen (besondere Verrechnungskreise) → BMF vom 29.11.2004 (BStBl. I S. 1097).

Bindungswirkung.

– Der erstmalige Erlass oder die Änderung eines Bescheides über die gesonderte Feststellung des verbleibenden Verlustvortrags ist ausgeschlossen, wenn ein nacherklärter Verlust in der bestandskräftigen Steuerfestsetzung nicht berücksichtigt worden ist, eine Änderung des Steuerbescheides nach Maßgabe der Änderungsvorschriften der AO ausgeschlossen ist und die Aufhebung, Änderung oder Berichtigung des Steuerbescheides nicht ausschließlich mangels Auswirkung auf die Höhe der festzusetzenden Steuer unterbleibt (→ BFH vom 9.5.2017 – BStBl. II S. 1049, vom 12.7.2016 – BStBl. 2018 II S. 699 und vom 16.5.2018 – BStBl. II S. 752). Auch eine nach § 351 Abs. 1 AO beschränkte Anfechtbarkeit einer geänderten Steuerfestsetzung ist zu beachten (→ BFH vom 12.7.2016 – BStBl. 2018 II S. 699).

– Für nicht feststellungsverjährte Jahre kann ein Verlustvortrag auch dann erstmals gesondert festgestellt werden, wenn für das Verlustentstehungsjahr kein Einkommensteuerbescheid existiert und auch nicht mehr erlassen werden kann, weil bereits Festsetzungsverjährung eingetreten ist (→ BFH vom 13.1.2015 – BStBl. II S. 829).

Insolvenzverfahren (Konkurs-/Vergleichs- und Gesamtvollstreckungsverfahren). Verluste, die der Stpfl. vor und während des Konkursverfahrens erlitten hat, sind dem Grunde nach in vollem Umfang ausgleichsfähig und nach § 10d EStG abzugsfähig (→ BFH vom 4.9.1969 – BStBl. II S. 726).

Verlustabzug bei Ehegatten. → § 62d EStDV.

Verlustabzug in Erbfällen.

– Der Erbe kann einen vom Erblasser nicht genutzten Verlust nach § 10d EStG nicht bei seiner eigenen Veranlagung geltend machen (→ BFH vom 17.12.2007 – BStBl. 2008 II S. 608).

– → R 10d Abs. 9.

Verlustvortragsbegrenzung.

Beispiel:

Zusammenveranlagte Stpfl. (Verlustvortragsbegrenzung; Auswirkung bei Zusammenveranlagung, Feststellung des verbleibenden Verlustvortrags).

		Ehemann	Ehefrau
Spalte 1	**2**	**3**	**4**
Einkünfte im lfd. VZ aus			
§ 15		1 750 000	1 250 000
§ 22 Nr. 2 i. V. m. § 23		2 500 000	500 000
§ 22 Nr. 3		250 000	250 000
Verbleibender Verlustabzug aus dem vorangegangenen VZ			
nach § 10d Abs. 2			
§ 22 Nr. 2 i. V. m. § 23		6 000 000	2 000 000
§ 22 Nr. 3		500 000	4 500 000
			1 000 000
Berechnung der S. d. E. im lfd. VZ			
§ 15		1 750 000	1 250 000
§ 22 Nr. 2 i. V. m. § 23		2 500 000	500 000
Verlustvortrag aus dem vorangegangenen VZ Höchstbetragsberechnung			
S. d. E.			
§ 22 Nr. 2 i. V. m. § 23	3 000 000		
unbeschränkt abziehbar	2 000 000		
Verbleiben	1 000 000		
davon 60%	600 000		
Höchstbetrag	2 600 000		
Verhältnismäßige Aufteilung			
Ehemann: $\frac{500\,000 \times 2\,600\,000}{5\,000\,000}$	260 000		
Ehefrau: $\frac{4\,500\,000 \times 2\,600\,000}{5\,000\,000}$	2 340 000		
Verlustvortrag max. in Höhe der positiven Einkünfte		260 000	500 000
Zwischensumme		2 240 000	0
Übertragung Verlustvolumen 2 340 000 – 500 000	1 840 000	1 840 000	
Einkünfte			
§ 22 Nr. 2 i. V. m. § 23		400 000	0
§ 22 Nr. 3		250 000	250 000
Verlustvortrag aus dem vorangegangenen VZ max. in Höhe der positiven Einkünfte		250 000	250 000
Einkünfte § 22 Nr. 3		0	0
S. d. E.		2 150 000	1 250 000
G. d. E.		3 400 000	
Verlustvortrag § 10d			
Berechnung Höchstbetrag			

		Ehemann	Ehefrau
Spalte 1	**2**	**3**	**4**
G. d. E.	3 400 000		
unbeschränkt abziehbar	2 000 000		
Verbleiben	1 400 000		
davon 60%	840 000		
Höchstbetrag	2 840 000	2 840 000	
Verhältnismäßige Aufteilung			
Ehemann: $\frac{6\,000\,000 \times 2\,840\,000}{8\,000\,000}$	2 130 000		
Ehefrau: $\frac{2\,000\,000 \times 2\,840\,000}{8\,000\,000}$	710 000		
Berechnung des festzustellenden verbleibenden Verlustvortrags zum 31.12. des lfd. VZ:			
Verlustvortrag zum 31.12. des vorangegangenen VZ		6 000 000	2 000 000
Abzüglich Verlustvortrag in den lfd. VZ		2 130 000	710 000
Verbleibender Verlustvortrag zum 31.12. des lfd. VZ		3 870 000	1 290 000
Verlustvortrag zum 31.12. des vorangegangenen VZ aus § 22 Nr. 2 i. V. m. § 23		500 000	4 500 000
Abzüglich Verlustvortrag in den lfd. VZ		260 000	2 340 000
Verbleibender Verlustvortrag aus § 22 Nr. 2 i. V. m. § 23 zum 31.12. des lfd. VZ		240 000	2 160 000
Verlustvortrag zum 31.12. des vorangegangenen VZ aus § 22 Nr. 3			1 000 000
Abzüglich Verlustvortrag in den lfd. VZ			500 000
Verbleibender Verlustvortrag aus § 22 Nr. 3 zum 31.12. des lfd. VZ			500 000

Zu § 10f EStG

R 10f. Steuerbegünstigung für zu eigenen Wohnzwecken genutzte Baudenkmale und Gebäude in Sanierungsgebieten und städtebaulichen Entwicklungsbereichen

R 7h und R 7i gelten entsprechend.

H 10f

Bescheinigungsbehörde für Baudenkmale. Übersicht über die zuständigen Bescheinigungsbehörden → BMF vom 4.6.2015 (BStBl. I S. 506).

Bescheinigungsrichtlinien. Übersicht über die Veröffentlichung der länderspezifischen Bescheinigungsrichtlinien → BMF vom 21.1.2020 (BStBl. I S. 169).

Flutkatastrophe vom Juli 2021. → H 7i.

Nichtvorliegen der Bescheinigung. Das Finanzamt hat bei Nichtvorliegen der Bescheinigung eine überprüfbare Ermessensentscheidung darüber zu treffen, ob und in welcher Höhe es den Abzugsbetrag im Wege der Schätzung nach § 162 Abs. 5 AO anerkennt (→ BFH vom 14.5.2014 – BStBl. 2015 II S. 12).

Zuschüsse. Im öffentlichen Interesse geleistete Zuschüsse privater Dritter mindern die Aufwendungen für ein zu eigenen Wohnzwecken genutztes Baudenkmal, da der Stpfl. in Höhe der Zuschüsse nicht wirtschaftlich belastet ist. Die Aufwendungen sind deshalb nicht wie Sonderausgaben abziehbar (→ BFH vom 20.6.2007 – BStBl. II S. 879).

Zu § 10g EStG

R 10g. Steuerbegünstigung für schutzwürdige Kulturgüter, die weder zur Einkunftserzielung noch zu eigenen Wohnzwecken genutzt werden

(1) [1]Die Bescheinigungsbehörde hat zu prüfen,

1. ob die Maßnahmen
   a) an einem Kulturgut i. S. d. § 10g Abs. 1 Satz 2 EStG durchgeführt worden sind,
   b) erforderlich waren,
   c) in Abstimmung mit der zuständigen Stelle durchgeführt worden sind,
2. in welcher Höhe Aufwendungen, die die vorstehenden Voraussetzungen erfüllen, angefallen sind,
3. inwieweit Zuschüsse aus öffentlichen Mitteln durch eine der für Denkmal- oder Archivpflege zuständigen Behörden bewilligt worden sind oder nach Ausstellung der Bescheinigung bewilligt werden (Änderung der Bescheinigung).

[2]R 7h Abs. 4 Satz 2 bis 5 gilt entsprechend.

(2) Die Finanzbehörden haben zu prüfen,

1. ob die vorgelegte Bescheinigung von der nach Landesrecht zuständigen oder der von der Landesregierung bestimmten Behörde ausgestellt worden ist,
2. ob die bescheinigte Maßnahme an einem Kulturgut durchgeführt worden ist, das im Eigentum des Stpfl. steht,
3. ob das Kulturgut im jeweiligen Kalenderjahr weder zur Erzielung von Einkünften i. S. d. § 2 EStG genutzt worden ist noch Gebäude oder Gebäude-

teile zu eigenen Wohnzwecken genutzt und die Aufwendungen nicht nach § 10e Abs. 6 oder § 10h Satz 3 EStG abgezogen worden sind,

4. inwieweit die Aufwendungen etwaige aus dem Kulturgut erzielte Einnahmen übersteigen,
5. ob die bescheinigten Aufwendungen steuerrechtlich dem Kulturgut i. S. d. § 10g EStG zuzuordnen und keine Anschaffungskosten sind,
6. ob weitere Zuschüsse für die bescheinigten Aufwendungen gezahlt werden oder worden sind,
7. in welchem VZ die Steuerbegünstigung erstmals in Anspruch genommen werden kann.

H 10g

Bescheinigungsbehörde. Übersicht über die zuständigen Bescheinigungsbehörden → BMF vom 4.6.2015 (BStBl. I S. 506).

Bescheinigungsrichtlinien. Übersicht über die Veröffentlichung der länderspezifischen Bescheinigungsrichtlinien → BMF vom 21.1.2020 (BStBl. I S. 169).

Flutkatastrophe vom Juli 2021. → H 7i.

Zu § 11 EStG

R 11. Vereinnahmung und Verausgabung

[1]Die Vereinnahmung durch einen Bevollmächtigten reicht für die Annahme des Zuflusses beim Stpfl. aus. [2]Daher sind Honorare von Privatpatienten, die ein Arzt durch eine privatärztliche Verrechnungsstelle einziehen lässt, dem Arzt bereits mit dem Eingang bei dieser Stelle zugeflossen.

H 11

Allgemeines.

– **Zufluss von Einnahmen** liegt erst mit der Erlangung der wirtschaftlichen Verfügungsmacht über ein in Geld oder Geldeswert bestehendes Wirtschaftsgut vor (→ BFH vom 21.11.1989 – BStBl. 1990 II S. 310, vom 8.10.1991 – BStBl. 1992 II S. 174 und vom 11.11.2009 – BStBl. 2010 II S. 746). Verfügungsmacht wird in der Regel erlangt im Zeitpunkt des Eintritts des Leistungserfolges oder der Möglichkeit, den Leistungserfolg herbeizuführen (→ BFH vom 21.11.1989 – BStBl. 1990 II S. 310). Sie muss nicht endgültig erlangt sein (→ BFH vom 13.10.1989 – BStBl. 1990 II S. 287).
– **Kurze Zeit** bei regelmäßig wiederkehrenden Einnahmen ist in der Regel ein Zeitraum bis zu zehn Tagen. Innerhalb dieses Zeitraums müssen die Zahlungen fällig und geleistet worden sein (→ BFH vom 24.7.1986 – BStBl. 1987 II S. 16 und vom 16.2.2022 – BStBl. II S. 448).[1] Auf die

[1] Ebenso BFH v. 21.6.2022 VIII R 25/20, BStBl. II 2023, 154.

Fälligkeit im Jahr der wirtschaftlichen Zugehörigkeit kommt es nicht an (→ BFH vom 23.9.1999 – BStBl. 2000 II S. 121).
- Für den **Abfluss von Ausgaben** gelten diese Grundsätze entsprechend.
- Bei einer nach § 108 Abs. 3 AO hinausgeschobenen Fälligkeit ist eine regelmäßig wiederkehrende Steuerzahlung nur dann im Jahr ihrer wirtschaftlichen Zugehörigkeit abziehbar, wenn sie innerhalb des Zehn-Tages-Zeitraums geleistet wurde (→ BFH vom 11.11.2014 – BStBl. 2015 II S. 285 und vom 27.6.2018 – BStBl. II S. 781).

Arbeitslohn. → § 38a Abs. 1 Satz 2 und 3 EStG, R 38.2 LStR 2015.[1)]

Arzthonorar.
- Die Honorare fließen dem Arzt grundsätzlich erst mit Überweisung seines Anteils durch die kassenärztliche Vereinigung zu (→ BFH vom 20.2.1964 – BStBl. III S. 329).
- Die Einnahmen von der **kassenärztlichen Vereinigung** stellen regelmäßig wiederkehrende Einnahmen dar (→ BFH vom 6.7.1995 – BStBl. 1996 II S. 266).

Aufrechnung. Die Aufrechnung mit einer fälligen Gegenforderung stellt eine Leistung i.S.d. § 11 Abs. 2 EStG dar (→ BFH vom 19.4.1977 – BStBl. II S. 601).

Damnum.
- Bei **vereinbarungsgemäßer** Einbehaltung eines Damnums bei Auszahlung eines Tilgungsdarlehens ist im Zeitpunkt der Kapitalauszahlung ein Abfluss anzunehmen (→ BFH vom 10.3.1970 – BStBl. II S. 453). Bei ratenweiser Auszahlung des Darlehens kommt eine entsprechende Aufteilung des Damnums nur in Betracht, wenn keine Vereinbarung der Vertragsparteien über den Abflusszeitpunkt des Damnums vorliegt (→ BFH vom 26.6.1975 – BStBl. II S. 880).
- Soweit für ein Damnum ein **Tilgungsstreckungsdarlehen** aufgenommen wird, fließt das Damnum mit den Tilgungsraten des Tilgungsstreckungsdarlehens ab (→ BFH vom 26.11.1974 – BStBl. 1975 II S. 330).
- Ein Damnum, das ein Darlehensschuldner vor Auszahlung eines aufgenommenen Darlehens zahlt, ist im VZ seiner Leistung als Werbungskosten abziehbar, es sei denn, dass die Vorauszahlung des Damnums von keinen sinnvollen wirtschaftlichen Erwägungen getragen wird (→ BFH vom 3.2.1987 – BStBl. II S. 492). Ist ein Damnum nicht mehr als drei Monate vor Auszahlung der Darlehensvaluta oder einer ins Gewicht fallenden Teilauszahlung des Darlehens (mindestens 30% der Darlehensvaluta einschließlich Damnum) geleistet worden, kann davon ausgegangen werden, dass ein wirtschaftlich vernünftiger Grund besteht (→ BMF vom 20.10.2003 – BStBl. I S. 546, RdNr. 15).
- Damnum-/Disagiovereinbarungen mit Geschäftsbanken sind regelmäßig als marktüblich anzusehen. Diese Vermutung kann durch besondere Umstände wie beispielsweise Kreditunwürdigkeit des Darlehensnehmers, atypische Vertragsgestaltungen oder persönliche Beziehungen der Beteilig-

1) Nr. **20**.

ten zueinander widerlegt werden (→ BFH vom 8.3.2016 – BStBl. II S. 646).

Entschädigung für Flutungsrecht. Entschädigungen für die Eintragung einer beschränkt persönlichen Dienstbarkeit, die das Recht dinglich absichert, dass ein zum Betriebsvermögen des Eigentümers gehörendes Grundstück als Überflutungsfläche zur Hochwasserrückhaltung genutzt werden darf, sind im Zuflusszeitpunkt als Betriebseinnahmen zu erfassen; es handelt sich nicht um eine Einnahme aus einer Nutzungsüberlassung i. S. d. § 11 Abs. 2 Satz 3 EStG (→ BFH vom 21.11.2018 – BStBl. 2019 II S. 311).

Forderungsübergang. Zufluss beim Stpfl., wenn der Betrag beim neuen Gläubiger eingeht (→ BFH vom 16.3.1993 – BStBl. II S. 507).

Gesamtgläubiger. Stehen mehreren Stpfl. als Gesamtgläubigern Einnahmen zu und vereinbaren sie mit dem Schuldner, dass dieser nur an einen bestimmten Gesamtgläubiger leisten soll, so tritt bei jedem der Gesamtgläubiger anteilsmäßig ein Zufluss in dem Zeitpunkt ein, in dem die Einnahmen bei dem bestimmten Gesamtgläubiger eingehen (→ BFH vom 10.12.1985 – BStBl. 1986 II S. 342).

Gewinnausschüttung. → H 20.2 (Zuflusszeitpunkt bei Gewinnausschüttungen).

Gutschrift. Zufluss beim Stpfl. im Zeitpunkt der Gutschrift in den Büchern des Verpflichteten (Schuldners), wenn eine eindeutige und unbestrittene Leistungsverpflichtung des Schuldners besteht (diesem also insbesondere kein Leistungsverweigerungsrecht zusteht oder er sich erkennbar auf zivilrechtliche Einwendungen und Einreden gegen die Forderung des Stpfl. nicht berufen will) und der Schuldner in diesem Zeitpunkt zur Zahlung des Betrages in der Lage gewesen wäre, also nicht zahlungsunfähig war (→ BFH vom 10.7.2001 – BStBl. II S. 646 und vom 30.10.2001 – BStBl. 2002 II S. 138).

Leasing-Sonderzahlung. Verwendet ein Arbeitnehmer einen geleasten Pkw für berufliche Zwecke und macht er dafür die tatsächlichen Kosten geltend, gehört eine bei Leasingbeginn zu erbringende Sonderzahlung in Höhe der anteiligen beruflichen Nutzung des Pkw zu den sofort abziehbaren Werbungskosten; es handelt sich bei ihr nicht um Anschaffungskosten des obligatorischen Nutzungsrechts an dem Pkw, die nur in Form von Absetzungen für Abnutzung als Werbungskosten berücksichtigt werden könnten (→ BFH vom 5.5.1994 – BStBl. II S. 643).

Novation. Vereinbaren Gläubiger und Schuldner, dass der Geldbetrag fortan aus einem anderen Rechtsgrund geschuldet wird (Novation), kann ein Zufluss und gleichzeitiger Wiederabfluss des Geldbetrages beim Gläubiger vorliegen (→ BFH vom 10.7.2001 – BStBl. II S. 646 und vom 30.10.2001 – BStBl. 2002 II S. 138).

Nutzungsrechte. Räumt der Arbeitgeber dem Arbeitnehmer im Hinblick auf das Dienstverhältnis unentgeltlich ein Nutzungsrecht an einer Wohnung ein, fließt dem Arbeitnehmer der geldwerte Vorteil nicht im Zeitpunkt der Bestellung des Nutzungsrechts in Höhe des kapitalisierten Wertes, sondern fortlaufend in Höhe des jeweiligen Nutzungswertes der Wohnung zu (→ BFH vom 26.5.1993 – BStBl. II S. 686).

Pachtzahlungen in der Land- und Forstwirtschaft. Ermittelt ein Land- und Forstwirt seinen Gewinn nach der Einnahmenüberschussrechnung, hat er laufende Pachtzahlungen in dem Wj. zu erfassen, zu dem sie wirtschaftlich gehören, wenn sie kurze Zeit vor Beginn oder nach Ende dieses Wj. fällig sind und zufließen. Auf die Fälligkeit im Jahr der wirtschaftlichen Zugehörigkeit kommt es nicht an (→ BFH vom 23.9.1999 – BStBl. 2000 II S. 121).

Provisionen.
- Bei der Einnahmenüberschussrechnung sind Provisionen auch dann zugeflossen, wenn sie auf einem Kautionskonto zur Sicherung von Gegenforderungen des Versicherungsunternehmens gutgeschrieben werden (→ BFH vom 24.3.1993 – BStBl. II S. 499). Dagegen sind Beträge, die von dem Versicherungsunternehmen einem für den Vertreter gebildeten Stornoreservekonto gutgeschrieben werden, nicht zugeflossen, wenn die Beträge im Zeitpunkt der Gutschrift nicht fällig waren und das Guthaben nicht verzinst wird (→ BFH vom 12.11.1997 – BStBl. 1998 II S. 252).
- Auch wenn feststeht, dass erhaltene Provisionsvorschüsse in späteren Jahren zurückzuzahlen sind, ist bei der Einnahmenüberschussrechnung ein Zufluss anzunehmen (→ BFH vom 13.10.1989 – BStBl. 1990 II S. 287).

Scheck.
- Der Zufluss erfolgt grundsätzlich mit Entgegennahme. Dies gilt auch dann, wenn die zugrunde liegende Vereinbarung wegen eines gesetzlichen Verbots oder wegen Sittenwidrigkeit nichtig ist (→ BFH vom 20.3.2001 – BStBl. II S. 482); die sofortige Bankeinlösung darf jedoch nicht durch zivilrechtliche Vereinbarung eingeschränkt sein (→ BFH vom 30.10.1980 – BStBl. 1981 II S. 305).
- Der Abfluss erfolgt grundsätzlich mit Hingabe; für den Bereich der erhöhten Absetzungen und Sonderabschreibungen auf Anzahlungen aber → § 7a Abs. 2 Satz 5 EStG.
- Der Abfluss erfolgt bei Scheckübermittlung mit der Übergabe an die Post bzw. dem Einwurf in den Briefkasten des Zahlungsempfängers (→ BFH vom 24.9.1985 – BStBl. 1986 II S. 284).

Schneeballsystem.
- Zufluss von Scheinrenditen bei einem Schneeballsystem (→ BFH vom 28.10.2008 – BStBl. 2009 II S. 190).
- → H 20.2 (Schneeballsystem).

Sperrkonto. Zinsen auf einem Sperrkonto fließen dem Stpfl. im Zeitpunkt der Gutschrift auf dem Sperrkonto zu, soweit die Kontosperre auf einer freien Vereinbarung zwischen dem Leistenden und dem Stpfl. beruht (→ BFH vom 28.9.2011 – BStBl. 2012 II S. 315).

Stille Gesellschaft.
- Für den Zufluss der Gewinnanteile eines typisch stillen Gesellschafters gilt § 11 EStG; für Zwecke des Kapitalertragsteuerabzugs ist § 44 Abs. 3 EStG maßgeblich (→ BFH vom 28.11.1990 – BStBl. 1991 II S. 313).
- → H 20.1 und H 20.2 (Stiller Gesellschafter).

Stundung. Wird die Fälligkeit eines auszuzahlenden Zinsanspruchs einvernehmlich hinausgeschoben, stellt dies lediglich eine Stundung und keine den Zufluss begründende Verfügung des Gläubigers über Kapitalerträge dar (→ BFH vom 20.10.2015 – BStBl. 2016 II S. 342).

Überweisung. Der Abfluss erfolgt im Zeitpunkt des Eingangs des Überweisungsauftrags bei der Überweisungsbank, wenn das Konto die nötige Deckung aufweist oder ein entsprechender Kreditrahmen vorhanden ist; andernfalls im Zeitpunkt der Lastschrift (→ BFH vom 6.3.1997 – BStBl. II S. 509).

Umsatzsteuervorauszahlungen/-erstattungen.
– Umsatzsteuervorauszahlungen sind regelmäßig wiederkehrende Ausgaben. Dies gilt für Umsatzsteuererstattungen entsprechend (→ BFH vom 1.8.2007 – BStBl. 2008 II S. 282).[1)]
– Bei nach § 108 Abs. 3 AO hinausgeschobener Fälligkeit → Allgemeines.

Verrechnung. → Aufrechnung.

Wechsel. Der Zufluss erfolgt mit Einlösung oder Diskontierung des zahlungshalber hingegebenen Wechsels (→ BFH vom 5.5.1971 – BStBl. II S. 624). Entsprechendes gilt für den Abfluss.

Werbungskosten bei sonstigen Einkünften.
– → H 22.8 (Werbungskosten).
– → H 23 (Werbungskosten).

Wirtschaftsjahr. § 11 EStG ist auch bei abweichendem Wj. anzuwenden (→ BFH vom 23.9.1999 – BStBl. 2000 II S. 121).

Zu § 11a EStG

R 11a. Sonderbehandlung von Erhaltungsaufwand bei Gebäuden in Sanierungsgebieten und städtebaulichen Entwicklungsbereichen

R 7h gilt entsprechend.

H 11a

Bescheinigungsrichtlinien. Übersicht über die Veröffentlichung der länderspezifischen Bescheinigungsrichtlinien → BMF vom 21.1.2020 (BStBl. I S. 169).

Verteilung von Erhaltungsaufwand.
– → R 21.1 Abs. 6 Satz 1.
– → H 21.1 (Verteilung des Erhaltungsaufwands nach § 82b EStDV).

Zu § 11b EStG

R 11b. Sonderbehandlung von Erhaltungsaufwand bei Baudenkmalen

R 7i gilt entsprechend.

---

1) Siehe ausführlich BayLfSt v. 27.7.2021 – S 2226.2.1 – 5/23 St 32, DB 2021, 2051.

H 11b

Bescheinigungsbehörde. Übersicht über die zuständigen Bescheinigungsbehörden → BMF vom 4.6.2015 (BStBl. I S. 506).

Bescheinigungsrichtlinien. Übersicht über die Veröffentlichung der länderspezifischen Bescheinigungsrichtlinien → BMF vom 21.1.2020 (BStBl. I S. 169).

Flutkatastrophe vom Juli 2021. → H 7i.

Verteilung von Erhaltungsaufwand.
- → R 21.1 Abs. 6 Satz 1.
- → H 21.1 (Verteilung des Erhaltungsaufwands nach § 82b EStDV).

Zu § 12 EStG
(§ 8 EStDV)

R 12.1 Abgrenzung der Kosten der Lebensführung von den Betriebsausgaben und Werbungskosten *(unbesetzt)*

H 12.1

Allgemeines. Bei der Entscheidung, ob nicht abziehbare Aufwendungen für die Lebenshaltung vorliegen, kommt es im Allgemeinen weniger auf den objektiven Charakter des angeschafften Gegenstands an, sondern vielmehr auf die Funktion des Gegenstands im Einzelfall, also den tatsächlichen Verwendungszweck (→ BFH vom 20.5.2010 – BStBl. II S. 723).

Ausbildungs- und Fortbildungsaufwendungen für Kinder.
- Aufwendungen der Eltern für die Ausbildung oder die berufliche Fortbildung ihrer Kinder gehören grundsätzlich zu den nicht abziehbaren Lebenshaltungskosten (→ BFH vom 29.10.1997 – BStBl. 1998 II S. 149).
- → H 4.8 (Bildungsaufwendungen für Kinder).
- Ausnahme: → § 10 Abs. 1 Nr. 9 EStG.

Berufliche Tätigkeit während einer Ferienreise. Reist ein Stpfl. zur Erholung und zur Aktualisierung von Lehrbüchern an einen Ferienort, ist regelmäßig von einer nicht unwesentlichen privaten Mitveranlassung auszugehen, die bei fehlender Trennbarkeit der Reise in einen beruflichen und einen privaten Teil den Abzug der Aufwendungen als Betriebsausgaben ausschließt (→ BFH vom 7.5.2013 – BStBl. II S. 808).

Berufsausbildungskosten. Aufwendungen für die erstmalige Berufsausbildung oder ein Erststudium → BMF vom 22.9.2010 (BStBl. I S. 721).

Bewirtungskosten.
- → § 4 Abs. 5 Satz 1 Nr. 2 EStG.
- → R 4.10 Abs. 5 bis 9.
- Aufwendungen für die Bewirtung von Geschäftsfreunden in der Wohnung des Stpfl. sind regelmäßig in vollem Umfang Kosten der Lebensführung (→ R 4.10 Abs. 6 Satz 8). Das Gleiche gilt für Aufwendungen des Stpfl.

für die Bewirtung von Geschäftsfreunden anlässlich seines Geburtstages in einer Gaststätte (→ BFH vom 12.12.1991 – BStBl. 1992 II S. 524).
- → Gemischte Aufwendungen.
- → Karnevalsveranstaltungen.

Brille. → Medizinisch-technische Hilfsmittel und Geräte.

Bücher. Aufwendungen eines Publizisten für Bücher allgemeinbildenden Inhalts sind Kosten der Lebensführung (→ BFH vom 21.5.1992 – BStBl. II S. 1015).

Deutschkurs. Aufwendungen eines in Deutschland lebenden Ausländers für den Erwerb von Deutschkenntnissen sind regelmäßig nichtabziehbare Kosten der Lebensführung (→ BFH vom 15.3.2007 – BStBl. II S. 814 und → BMF vom 6.7.2010 – BStBl. I S. 614, Rn. 19).

Einbürgerungskosten. Aufwendungen für die Einbürgerung sind Kosten der Lebensführung (→ BFH vom 18.5.1984 – BStBl. II S. 588 und → BMF vom 6.7.2010 – BStBl. I S. 614, Rn. 19).

Erbstreitigkeiten. Der Erbfall selbst stellt im Gegensatz zur Erbauseinandersetzung einen einkommensteuerrechtlich irrelevanten privaten Vorgang dar mit der Folge, dass die Aufwendungen für die Verfolgung eigener Rechte in einem Streit über das Erbrecht der Privatvermögenssphäre zuzuordnen sind (→ BFH vom 17.6.1999 – BStBl. II S. 600).

Feier mit beruflicher und privater Veranlassung. Aufwendungen für eine Feier mit sowohl beruflichem als auch privatem Anlass können teilweise als Werbungskosten abziehbar sein. Der als Werbungskosten abziehbare Betrag kann anhand der Herkunft der Gäste aus dem beruflichen/privaten Umfeld abgegrenzt werden, wenn die Einladung der Gäste aus dem beruflichen Umfeld (nahezu) ausschließlich beruflich veranlasst ist. Hiervon kann insbesondere dann auszugehen sein, wenn nicht nur ausgesuchte Gäste aus dem beruflichen Umfeld eingeladen werden, sondern die Einladungen nach abstrakten berufsbezogenen Kriterien (z. B. alle Auszubildenden, alle Zugehörigen einer bestimmten Abteilung) ausgesprochen werden (→ BFH vom 8.7.2015 – BStBl. II S. 1013).

Führerschein. Aufwendungen für den Erwerb des Pkw-Führerscheins sind grundsätzlich Kosten der Lebensführung (→ BFH vom 5.8.1977 – BStBl. II S. 834 und → BMF vom 6.7.2010 – BStBl. I S. 614, Rn. 19).

Gemischte Aufwendungen. Bei gemischt veranlassten Aufwendungen besteht kein generelles Aufteilungs- und Abzugsverbot (→ BFH vom 21.9. 2009 – BStBl. 2010 II S. 672); zu den Folgerungen → BMF vom 6.7.2010 (BStBl. I S. 614).

Geschenke an Geschäftsfreunde.
- → § 4 Abs. 5 Satz 1 Nr. 1 EStG.
- → R 4.10 Abs. 2 bis 4.

Gesellschaftliche Veranstaltungen.
- Aufwendungen, die durch die Teilnahme an gesellschaftlichen Veranstaltungen, z. B. eines Berufs-, Fach- oder Wirtschaftsverbandes oder einer

Gewerkschaft, entstanden sind, sind stets Kosten der Lebensführung, und zwar auch dann, wenn die gesellschaftlichen Veranstaltungen im Zusammenhang mit einer rein fachlichen oder beruflichen Tagung oder Sitzung standen (→ BFH vom 1.8.1968 – BStBl. II S. 713).
- → Gemischte Aufwendungen.
- → Karnevalsveranstaltungen.
- → Kulturelle Veranstaltungen.

Hörapparat. → Medizinisch-technische Hilfsmittel und Geräte.

Karnevalsveranstaltungen. Aufwendungen für die Einladung von Geschäftspartnern zu Karnevalsveranstaltungen sind Lebenshaltungskosten (→ BFH vom 29.3.1994 – BStBl. II S. 843).

Kleidung und Schuhe.
- Kleidung und Schuhe sind als Kosten der Lebensführung nicht abziehbar, selbst wenn der Stpfl. sie ausschließlich bei der Berufsausübung trägt (→ BFH vom 18.4.1991 – BStBl. II S. 751 und → BMF vom 6.7.2010 – BStBl. I S. 614, Rn. 4).
- Typische Berufskleidung → R 3.31 LStR 2015.
- → H 4.7 (Berufskleidung).[1)]

Körperpflegemittel, Kosmetika. Körperpflegemittel und Kosmetika sind als Kosten der Lebensführung nicht abziehbar (→ BFH vom 6.7.1989 – BStBl. 1990 II S. 49 und → BMF vom 6.7.2010 – BStBl. I S. 614, Rn. 4).

Kontoführungsgebühren. Pauschale Kontoführungsgebühren sind nach dem Verhältnis beruflich und privat veranlasster Kontenbewegungen aufzuteilen (→ BFH vom 9.5.1984 – BStBl. II S. 560).

Konzertflügel einer Musiklehrerin. Kann ein Arbeitsmittel i. S. d. § 9 Abs. 1 Satz 3 Nr. 6 EStG sein (→ BFH vom 21.10.1988 – BStBl. 1989 II S. 356).

Kulturelle Veranstaltungen. Aufwendungen für den Besuch einer kulturellen Veranstaltung sind regelmäßig keine Werbungskosten, auch wenn dabei berufliche Interessen berührt werden (→ BFH vom 8.2.1971 – BStBl. II S. 368 betr. Musiklehrerin und → BMF vom 6.7.2010 – BStBl. I S. 614, Rn. 4).

Kunstwerke. Aufwendungen für Kunstwerke zur Ausschmückung eines Arbeits- oder Dienstzimmers sind Kosten der Lebensführung (→ BFH vom 12.3.1993 – BStBl. II S. 506).

Medizinisch-technische Hilfsmittel und Geräte.
- Aufwendungen für technische Hilfsmittel zur Behebung körperlicher Mängel können als reine Kosten der Lebensführung nicht abgezogen werden, auch wenn die Behebung des Mangels im beruflichen Interesse liegt.
- → BFH vom 8.4.1954 (BStBl. III S. 174) – Hörapparat.
- → BFH vom 28.9.1990 (BStBl. 1991 II S. 27) – Bifokalbrille.
- → BFH vom 23.10.1992 (BStBl. 1993 II S. 193) – Sehbrille.

---

1) Aufwendungen für die Reinigung typischer Berufskleidung in der privaten Waschmaschine sind Werbungskosten; siehe BFH v. 29.6.1993 VI R 77/91, BStBl. II 1993, 837 u. VI R 53/92, BStBl. II 1993, 838.

Nachschlagewerk.
- Allgemeines Nachschlagewerk eines Lehrers ist regelmäßig dem privaten Lebensbereich zuzuordnen (→ BFH vom 29.4.1977 – BStBl. II S. 716).
- Allgemeines englisches Nachschlagewerk eines Englischlehrers kann Arbeitsmittel i. S. d. § 9 Abs. 1 Satz 3 Nr. 6 EStG sein (→ BFH vom 16.10.1981 – BStBl. 1982 II S. 67).

Personalcomputer. Eine private Mitbenutzung ist für den vollständigen Betriebsausgaben- bzw. Werbungskostenabzug unschädlich, wenn diese einen Anteil von etwa 10 % nicht übersteigt. Bei einem höheren privaten Nutzungsanteil sind die Kosten eines gemischt genutzten PC aufzuteilen. § 12 Nr. 1 Satz 2 EStG steht einer solchen Aufteilung nicht entgegen (→ BFH vom 19.2.2004 – BStBl. II S. 958).

Sponsoring. → BMF vom 18.2.1998 (BStBl. I S. 212).

Steuerberatungskosten. Zuordnung der Steuerberatungskosten zu den Betriebsausgaben, Werbungskosten oder Kosten der Lebensführung → BMF vom 21.12.2007 (BStBl. 2008 I S. 256).[1]

Strafverfahren. → H 12.3 (Kosten des Strafverfahrens/der Strafverteidigung).

Tageszeitung. Aufwendungen für den Bezug regionaler wie überregionaler Tageszeitungen gehören zu den unter § 12 Nr. 1 Satz 2 EStG fallenden Lebenshaltungskosten (→ BFH vom 7.9.1989 – BStBl. 1990 II S. 19 und → BMF vom 6.7.2010 – BStBl. I S. 614, Rn. 4 und 17).

Telefonanschluss in einer Wohnung. Grund- und Gesprächsgebühren sind Betriebsausgaben oder Werbungskosten, soweit sie auf die beruflich geführten Gespräche entfallen. Der berufliche Anteil ist aus dem – ggf. geschätzten – Verhältnis der beruflich und der privat geführten Gespräche zu ermitteln (→ BFH vom 21.11.1980 – BStBl. 1981 II S. 131). Zur Aufteilung der Gebühren → R 9.1 Abs. 5 LStR 2015.

Videorecorder eines Lehrers. Aufwendungen für einen Videorecorder sind regelmäßig Kosten der Lebensführung (→ BFH vom 27.9.1991 – BStBl. 1992 II S. 195).

R 12.2 Studienreisen, Fachkongresse *(unbesetzt)*

H 12.2

Allgemeines. Aufwendungen können nur berücksichtigt werden, wenn sie durch die Einkunftserzielung veranlasst sind. Bei gemischt veranlassten Aufwendungen besteht kein generelles Aufteilungs- und Abzugsverbot (→ BFH vom 21.9.2009 – BStBl. 2010 II S. 672); zu den Folgerungen → BMF vom 6.7.2010 (BStBl. I S. 614).

Incentive-Reisen. → BMF vom 14.10.1996 (BStBl. I S. 1192).

---

[1] Steuerberatungskosten für die Erstellung der Einkommensteuererklärung mindern weder die Einkünfte noch das Einkommen; siehe BFH v. 4.2.2010 X R 10/08, BStBl. II 2010, 617.

Nachweis der Teilnahme. Bei betrieblicher/beruflicher Veranlassung sind Aufwendungen für die Teilnahme an einem Kongress nur abziehbar, wenn feststeht, dass der Stpfl. an den Veranstaltungen teilgenommen hat (→ BFH vom 4.8.1977 – BStBl. II S. 829). An den Nachweis der Teilnahme sind strenge Anforderungen zu stellen. Der Nachweis muss sich auf jede Einzelveranstaltung beziehen, braucht jedoch nicht in jedem Fall durch Anwesenheitstestat geführt zu werden (→ BFH vom 13.2.1980 – BStBl. II S. 386 und vom 11.1.2007 – BStBl. II S. 457).

R 12.3 Geldstrafen und ähnliche Rechtsnachteile

[1] Aufwendungen i. S. d. § 12 Nr. 4 EStG können auch dann nicht abgezogen werden, wenn die Geldstrafen und ähnlichen Rechtsnachteile außerhalb des Geltungsbereichs des Gesetzes verhängt, angeordnet oder festgesetzt werden, es sei denn, sie widersprechen wesentlichen Grundsätzen der deutschen Rechtsordnung (ordre public). [2] Die Einziehung von Gegenständen, die – neben der Hauptstrafe oder nachträglich nach § 76 StGB oder unter den Voraussetzungen des § 76a StGB selbständig – in den Fällen des § 74 Abs. 2 Nr. 1 oder § 76a StGB angeordnet oder festgesetzt worden ist, stellt eine Rechtsfolge vermögensrechtlicher Art mit überwiegendem Strafcharakter dar. [3] Die mit dem Verfall von Gegenständen bzw. dem Verfall von Tatentgelten (§ 73 StGB) verbundene Vermögenseinbuße dient hingegen der Gewinnabschöpfung und damit in erster Linie dem Ausgleich unrechtmäßiger Vermögensverschiebungen. [4] Ein Strafcharakter kann deshalb in der Regel nicht angenommen werden.

H 12.3

Abführung von Mehrerlösen. → R 4.13.

Geldbußen. → R 4.13.

Leistungen zur Erfüllung von Auflagen oder Weisungen

– sind **nicht abziehbar:**
  - bei Strafaussetzung zur Bewährung,
  - bei Verwarnung mit dem Strafvorbehalt, einen Geldbetrag zugunsten einer gemeinnützigen Einrichtung oder der Staatskasse zu zahlen oder sonst gemeinnützige Leistungen zu erbringen (§ 56b Abs. 2 Satz 1 Nr. 2 und 3, § 59a Abs. 2 StGB),
  - bei Einstellung des Verfahrens (§ 153a Abs. 1 Satz 1 Nr. 2 und 3 StPO); Gleiches gilt bei Einstellung des Verfahrens nach dem Jugendgerichtsgesetz und im Gnadenverfahren;

– sind **ausnahmweise abziehbar:**
  bei Ausgleichszahlungen an das geschädigte Tatopfer zur Wiedergutmachung des durch die Tat verursachten Schadens aufgrund einer Auflage nach § 56b Abs. 2 Satz 1 Nr. 1 StGB (→ BFH vom 15.1.2009 – BStBl. 2010 II S. 111).

Ordnungsgelder. → R 4.13.

Verwarnungsgelder. → R 4.13.

R 12.4 Nichtabziehbare Steuern und Nebenleistungen *(unbesetzt)*

H 12.4

Nebenleistungen.
Die folgenden Nebenleistungen (§ 3 Abs. 4 AO) sind nicht abziehbar, soweit sie auf die in § 12 Nr. 3 EStG genannten Steuerarten entfallen:
- Aussetzungszinsen (§ 237 AO),
- Gebühren für verbindliche Auskünfte (§ 89 Abs. 3 AO),
- Hinterziehungszinsen (§ 235 AO),
- Kosten bei Inanspruchnahme von Finanzbehörden (§ 178a AO),
- Nachforderungszinsen (§ 233a AO),[1]
- Säumniszuschläge (§ 240 AO),
- Stundungszinsen (§ 234 AO),
- Verspätungszuschläge (§ 152 AO),
- Verzögerungsgelder (§ 146 Abs. 2b AO),
- Zuschlag wegen der Nichtvorlage oder Unbrauchbarkeit von Aufzeichnungen (§ 162 Abs. 4 AO),
- Zwangsgelder (§ 329 AO).

Personensteuern.
- Einkommensteuer, einschl. ausländische Steuern vom Einkommen, soweit nicht § 34c Abs. 2 oder 3 EStG anzuwenden ist,
- Erbschaftsteuer,
- Kapitalertragsteuer,
- Kirchensteuer,
- Lohnsteuer,
- Solidaritätszuschlag,
- Vermögensteuer.

Umsatzsteuer bei Anwendung der 1%-Regelung. Die nach § 12 Nr. 3 EStG nicht abziehbare Umsatzsteuer ist bei Anwendung der 1%-Regelung (§ 6 Abs. 1 Nr. 4 Satz 2 EStG) nach umsatzsteuerrechtlichen Maßstäben zu ermitteln. Dabei kommt es nicht auf die tatsächlich festgesetzte Umsatzsteuer an, weil der Umsatzsteuerbescheid kein Grundlagenbescheid für den Einkommensteuerbescheid ist (→ BFH vom 7.12.2010 – BStBl. 2011 II S. 451).

R 12.5 Zuwendungen

[1]Spenden und Mitgliedsbeiträge gehören auch dann zu den Kosten der Lebensführung, wenn sie durch betriebliche Erwägungen mit veranlasst werden. [2]Der Stpfl. kann sie nur im Rahmen der §§ 10b, 34g EStG abziehen.

R 12.6 Wiederkehrende Leistungen *(unbesetzt)*

H 12.6

Abgrenzung zwischen Unterhalts- und Versorgungsleistungen. Einkommensteuerrechtliche Behandlung von wiederkehrenden Leistungen im

---

[1] Vgl. auch BFH v. 2.9.2008 VIII R 2/07, BStBl. II 2010, 25.

Zusammenhang mit einer Vermögensübertragung → BMF vom 11.3.2010 (BStBl. I S. 227)[1] unter Berücksichtigung der Änderungen durch BMF vom 6.5.2016 (BStBl. I S. 476).

Gesetzlich unterhaltsberechtigt. Gesetzlich unterhaltsberechtigt sind alle Personen, die nach bürgerlichem Recht gegen den Stpfl. oder seinen Ehegatten einen gesetzlichen Unterhaltsanspruch haben können. Die Unterhaltsberechtigung setzt insoweit zivilrechtlich die Unterhaltsbedürftigkeit der unterhaltenen Person voraus (sog. konkrete Betrachtungsweise) (→ BFH vom 5.5.2010 – BStBl. 2011 II S. 115), → H 33a.1 (Unterhaltsberechtigung).

Unterhaltsleistungen

– an den geschiedenen oder dauernd getrennt lebenden Ehegatten fallen unter das Abzugsverbot des § 12 Nr. 2 EStG;
– die den Rahmen der gesetzlichen Unterhaltspflicht übersteigen, fallen unter das Abzugsverbot des § 12 Nr. 2 EStG (→ BFH vom 10.4.1953 – BStBl. III S. 157).

Ausnahmen:
– → § 10 Abs. 1a Nr. 1 EStG.
– → § 33a Abs. 1 EStG.

Zu § 13 EStG
(§ 51 EStDV)

R 13.1 Freibetrag für Land- und Forstwirte

[1]Sind mehrere Personen an dem Betrieb beteiligt (Gesellschaft, Gemeinschaft), steht der Freibetrag jedem der Beteiligten zu. [2]§ 13 Abs. 3 EStG gilt auch für nachträgliche Einkünfte aus Land- und Forstwirtschaft. [3]Der Freibetrag wird auch einem Stpfl. ungeschmälert gewährt, der einen Betrieb der Land- und Forstwirtschaft im Laufe eines VZ übernommen hat oder veräußert bzw. aufgibt.

H 13.1

Zusammenveranlagung. Alle Einkünfte aus Land- und Forstwirtschaft sind vor Berücksichtigung des Freibetrags nach § 13 Abs. 3 EStG zusammenzurechnen (→ BFH vom 25.2.1988 – BStBl. II S. 827).

R 13.2 Abgrenzung der gewerblichen und landwirtschaftlichen Tierzucht und Tierhaltung

Feststellung der Tierbestände

(1)[2] [1]Bei der Feststellung der Tierbestände ist von den regelmäßig und nachhaltig im Wirtschaftsjahr **erzeugten** und den **im Durchschnitt** des Wirtschaftsjahres gehaltenen Tieren auszugehen. [2]Als erzeugt gelten Tiere,

[1] Ergänzend siehe BMF v. 20.11.2019, BStBl. I 2019, 1291, geänd. durch BMF v. 5.5.2021, BStBl. I 2021, 696, Rn. 40.

[2] Züchtung und Haltung von Kleintieren zum Verkauf als Haustiere oder als Lebendfutter ist Gewerbebetrieb; siehe BFH v. 16.12.2004 IV R 4/04, BStBl. II 2005, 347.

deren Zugehörigkeit zum Betrieb sich auf eine Mastperiode oder auf einen Zeitraum von weniger als einem Jahr beschränkt und die danach verkauft oder verbraucht werden. [3]Die übrigen Tiere sind mit dem **Durchschnittsbestand** des Wirtschaftsjahres zu erfassen. [4]Abweichend von den Sätzen 2 und 3 ist bei Mastrindern mit einer Mastdauer von weniger als einem Jahr, bei Kälbern und Jungvieh, bei Schafen unter einem Jahr und bei Damtieren unter einem Jahr stets vom Jahresdurchschnittsbestand auszugehen. [5]Der ermittelte Tierbestand ist zum Zwecke der Abgrenzung der landwirtschaftlichen Tierzucht und Tierhaltung von der gewerblichen in Vieheinheiten (VE) umzurechnen, wobei folgender Umrechnungsschlüssel maßgebend ist

1. Für Tiere, die nach dem **Durchschnittsbestand** zu erfassen sind:[1)]

Alpakas:	0,08 VE
Damtiere:	
Damtiere unter 1 Jahr	0,04 VE
Damtiere 1 Jahr und älter	0,08 VE
Geflügel:	
Legehennen (einschließlich einer normalen Aufzucht zur Ergänzung des Bestandes)	0,02 VE
Legehennen aus zugekauften Junghennen	0,0183 VE
Zuchtputen, -enten, -gänse	0,04 VE
Kaninchen:	
Zucht- und Angorakaninchen	0,025 VE
Lamas:	0,10 VE
Pferde:	
Pferde unter drei Jahren und Kleinpferde	0,70 VE
Pferde drei Jahre und älter	1,10 VE
Rindvieh:	
Kälber und Jungvieh unter 1 Jahr (einschließlich Mastkälber, Starterkälber und Fresser)	0,30 VE
Jungvieh 1 bis 2 Jahre alt	0,70 VE
Färsen (älter als 2 Jahre)	1,00 VE
Masttiere (Mastdauer weniger als 1 Jahr)	1,00 VE
Kühe (einschließlich Mutter- und Ammenkühe mit den dazugehörigen Saugkälbern)	1,00 VE
Zuchtbullen, Zugochsen	1,20 VE
Schafe:	
Schafe unter 1 Jahr (einschließlich Mastlämmer)	0,05 VE
Schafe 1 Jahr und älter	0,10 VE

---

1) **Altweltkameliden** (Trampeltiere und Dromedare) ... 0,70 VE; siehe FM Ba-Wü v. 30.8.1999, DB 1999, 1832.

Schweine:

Zuchtschweine (einschließlich Jungzuchtschweine über etwa 90 kg)	0,33 VE

Strauße:

Zuchttiere 14 Monate und älter	0,32 VE
Jungtiere/Masttiere unter 14 Monate	0,25 VE

Ziegen:	0,08 VE

2. Für Tiere, die nach ihrer **Erzeugung** zu erfassen sind:

Geflügel:

Jungmasthühner (bis zu 6 Durchgänge je Jahr – schwere Tiere)	0,0017 VE
(mehr als 6 Durchgänge je Jahr – leichte Tiere)	0,0013 VE
Junghennen	0,0017 VE
Mastenten	0,0033 VE
Mastenten in der Aufzuchtphase	0,0011 VE
Mastenten in der Mastphase	0,0022 VE
Mastputen	
aus selbst erzeugten Jungputen	0,0067 VE
aus zugekauften Jungputen	0,0050 VE
Jungputen (bis etwa 8 Wochen)	0,0017 VE
Mastgänse	0,0067 VE

Kaninchen:

Mastkaninchen	0,0025 VE

Rindvieh:

Masttiere (Mastdauer 1 Jahr und mehr)	1,00 VE

Schweine:

Leichte Ferkel (bis etwa 12 kg)	0,01 VE
Ferkel (über etwa 12 bis etwa 20 kg)	0,02 VE
Schwere Ferkel und leichte Läufer (über etwa 20 bis etwa 30 kg)	0,04 VE
Läufer (über etwa 30 bis etwa 45 kg)	0,06 VE
Schwere Läufer (über etwa 45 bis etwa 60 kg)	0,08 VE
Mastschweine	0,16 VE
Jungzuchtschweine bis etwa 90 kg	0,12 VE

Wenn Schweine aus zugekauften Tieren erzeugt werden, ist dies bei der Umrechnung in VE entsprechend zu berücksichtigen:

Beispiel:

Mastschweine aus zugekauften Läufern
0,16 VE – 0,06 VE = 0,10 VE.

Zuordnung

(2) [1]Übersteigt die Zahl der Vieheinheiten nachhaltig den für die maßgebende Fläche angegebenen Höchstsatz, gehört der darüber hinausgehende

Tierbestand zur gewerblichen Tierzucht und Tierhaltung. [2]Es kann jedoch ein Zweig des Tierbestandes immer nur im Ganzen zur landwirtschaftlichen oder gewerblichen Tierzucht und Tierhaltung gehören. [3]Hat ein Betrieb einen Tierbestand mit mehreren Zweigen, richtet sich deren Zuordnung nach ihrer Flächenabhängigkeit. [4]Der gewerblichen Tierzucht und Tierhaltung sind zunächst die weniger flächenabhängigen Zweige des Tierbestandes zuzurechnen. [5]Weniger flächenabhängig ist die Erzeugung und Haltung von Schweinen und Geflügel, mehr flächenabhängig die Erzeugung und Haltung von Pferden, Rindvieh und Schafen. [6]Innerhalb der beiden Gruppen der weniger oder mehr flächenabhängigen Tierarten ist jeweils zuerst der Zweig der gewerblichen Tierzucht und Tierhaltung zuzurechnen, der die größere Zahl von VE hat. [7]Für die Frage, ab wann eine landwirtschaftliche oder eine gewerbliche Tierzucht und Tierhaltung vorliegt, ist R 15.5 Abs. 2 entsprechend anzuwenden.

Regelmäßig landwirtschaftlich genutzte Fläche (→ § 51 Abs. 1a BewG)[1)]

(3) [1]**Dazu** gehören:
- die selbstbewirtschafteten eigenen Flächen,
- die selbstbewirtschafteten zugepachteten Flächen,
- Flächen, die auf Grund öffentlicher Förderungsprogramme stillgelegt werden.

[2]**Nicht dazu** gehören:
- Abbauland,
- Geringstland,
- Unland,
- Hof- und Gebäudeflächen,
- weinbaulich genutzte Flächen,
- forstwirtschaftlich genutzte Flächen,
- innerhalb der gärtnerischen Nutzung die Nutzungsteile Gemüse-, Blumen- und Zierpflanzenbau und Baumschulen.

[3]Mit der **Hälfte** sind zu berücksichtigen:
- Obstbaulich genutzte Flächen, die so angelegt sind, dass eine regelmäßige landwirtschaftliche Unternutzung stattfindet.

[4]Mit einem **Viertel** sind zu berücksichtigen:
- Almen,
- Hutungen.

Gemeinschaftliche Tierhaltung

(4) Die vorstehenden Grundsätze der Absätze 1 bis 3 sind bei gemeinschaftlicher Tierhaltung entsprechend anzuwenden.

H 13.2

Hektarberechnung. Bei der Anwendung des § 13 Abs. 1 Nr. 1 EStG ist der letzte angefangene Hektar anteilig zu berücksichtigen (→ BFH vom 13.7. 1989 – BStBl. II S. 1036).

---

1) **Steuergesetze** Nr. **200**.

Pferdehaltung.

– Die Ausbildung von Pferden zu Renn- und Turnierpferden ist dem Bereich der Land- und Forstwirtschaft zuzurechnen, wenn der Betrieb seiner Größe nach eine ausreichende Futtergrundlage bietet, die Pferde nicht nur ganz kurzfristig dort verbleiben und nach erfolgter Ausbildung an Dritte veräußert werden. Das gilt auch dann, wenn die Tiere nicht im Betrieb selbst aufgezogen, sondern als angerittene Pferde erworben werden (→ BFH vom 31.3.2004 – BStBl. II S. 742).
– Ein landwirtschaftlicher Betrieb wird nicht dadurch zu einem Gewerbebetrieb, dass er Pferde zukauft, sie während einer nicht nur kurzen Aufenthaltsdauer zu hochwertigen Reitpferden ausbildet und dann weiterverkauft (→ BFH vom 17.12.2008 – BStBl. 2009 II S. 453).

Zweige des Tierbestandes bei jeder Tierart. → § 51 Abs. 3 BewG[1] (als Zweig gilt bei jeder Tierart für sich):

– Zugvieh
– Zuchtvieh
– Mastvieh
– übriges Nutzvieh.

Zuchtvieh gilt nur dann als eigener Zweig, wenn die erzeugten Jungtiere überwiegend zum Verkauf bestimmt sind, andernfalls ist es dem Zweig zuzurechnen, dessen Zucht und Haltung es überwiegend dient.

R 13.3 Land- und forstwirtschaftliches Betriebsvermögen *(unbesetzt)*

H 13.3

Baumbestand. Zur steuerlichen Behandlung des Baumbestandes → BMF vom 16.5.2012 (BStBl. I S. 595).

Betrieb.

– Lag nach der Einheitswertfeststellung ein landwirtschaftlicher Betrieb mit Wohn- und Wirtschaftsteil vor und überstieg die Größe der bewirtschafteten Fläche die für die Abgrenzung von einer privaten Gartenbewirtschaftung entwickelte Grenze von 3000 m², ist auch einkommensteuerrechtlich von einem landwirtschaftlichen Betrieb auszugehen, sofern die Beweisanzeichen nicht erschüttert werden (→ BFH vom 5.5.2011 – BStBl. II S. 792).
– Ein Grundstück, welches mehr als 100 km von der Hofstelle entfernt liegt, kann regelmäßig weder dem notwendigen noch dem gewillkürten Betriebsvermögen eines aktiv bewirtschafteten oder eines verpachteten landwirtschaftlichen Betriebs zugeordnet werden (→ BFH vom 19.7.2011 – BStBl. 2012 II S. 93).
– Zum Vorliegen eines Forstbetriebs oder Forstteilbetriebs → BMF vom 18.5.2018 (BStBl. I S. 689).
– → Nießbrauch.

[1] **Steuergesetze** Nr. **200**.

Bewertung von Pflanzenbeständen in Baumschulen. → BMF vom 27.6.2014 (BStBl. I S. 1094), vom 5.10.2018 (BStBl. I S. 1037) und vom 26.11.2021 (BStBl. I S. 2451).[1]

Bewertung von Tieren. → BMF vom 14.11.2001 (BStBl. I S. 864).

Bewertungswahlrecht. Das einmal in Anspruch genommene Wahlrecht bindet den Landwirt grundsätzlich auch für die Zukunft (→ BFH vom 14.4.1988 – BStBl. II S. 672 und vom 17.3.1988 – BStBl. II S. 770).

Eiserne Verpachtung. Zur Gewinnermittlung bei der Verpachtung von Betrieben mit Substanzerhaltungspflicht des Pächters nach §§ 582a, 1048 BGB → BMF vom 21.2.2002 (BStBl. I S. 262).

Forstwirtschaft. Zur Behandlung von forstwirtschaftlichen Flächen als Betriebsvermögen eines Erwerbsbetriebs → BMF vom 18.5.2018 (BStBl. I S. 689).

Jagd. Die Einkünfte aus der Jagd stehen im Zusammenhang mit einem land- und forstwirtschaftlichen Pachtbetrieb, wenn sich das gepachtete Jagdausübungsrecht auf die bewirtschafteten Pachtflächen erstreckt. Bilden die Flächen eines land- und forstwirtschaftlichen Pachtbetriebs einen Eigenjagdbezirk und werden diesem durch Vertrag gestützt auf § 5 Abs. 1 Bundesjagdgesetz Flächen angegliedert, so ist der Zusammenhang der Jagd in dem vergrößerten gepachteten Eigenjagdbezirk mit dem land- und forstwirtschaftlichen Pachtbetrieb jedenfalls dann noch zu bejahen, wenn die Jagd überwiegend auf eigenbetrieblich genutzten Flächen ausgeübt wird. Ist Inhaberin des land- und forstwirtschaftlichen Betriebs eine Personengesellschaft, kann der erforderliche Zusammenhang der Einkünfte aus der Jagd mit dem Betrieb der Personengesellschaft regelmäßig nur gegeben sein, wenn das Jagdausübungsrecht einem Gesellschafter zusteht (→ BFH vom 22.5.2019 – BStBl. II S. 607).

Nießbrauch. Bei den Einkünften aus Land- und Forstwirtschaft hat die Bestellung eines Nießbrauchs zur Folge, dass zwei Betriebe entstehen, nämlich ein ruhender Betrieb in der Hand des nunmehrigen Eigentümers (des Nießbrauchsverpflichteten) und ein wirtschaftender Betrieb in der Hand des Nießbrauchsberechtigten und bisherigen Eigentümers. Die Rechtsprechung zur unentgeltlichen Übertragung eines land- und forstwirtschaftlichen Betriebs unter Nießbrauchsvorbehalt gilt auch für die Übertragung eines Verpachtungsbetriebs (→ BFH vom 8.5.2019 – BStBl. II S. 660).

Übergang zur Buchführung.

– Bei Übergang zur Buchführung haben Land- und Forstwirte ein Wahlrecht, ob sie das Vieh in der Übergangsbilanz nach § 6 Abs. 1 EStG mit einzeln ermittelten Anschaffungs-/Herstellungskosten oder mit Durchschnittswerten bewerten, wenn bis zum Zeitpunkt des Übergangs zur Buchführung der Gewinn nach Durchschnittssätzen aufgrund des §13a EStG ermittelt (→ BFH vom 1.10.1992 – BStBl. 1993 II S. 284) oder geschätzt worden ist (→ BFH vom 4.6.1992 – BStBl. 1993 II S. 276).[2]

---

[1] Für die Wj. 2023/2024 ff. siehe auch BMF v. 13.12.2022, BStBl. I 2022, 1673.

[2] Siehe ferner BFH v. 6.8.1998 IV R 67/97, BStBl. II 1999, 14.

– Wechselt der Stpfl. zur Gewinnermittlung nach § 4 Abs. 1 EStG, nachdem er von der Gewinnermittlung nach § 13a EStG zur Gewinnermittlung nach § 4 Abs. 3 EStG übergegangen war, ist bei der Bewertung der Tiere die Bewertungsmethode zugrunde zu legen, die beim Wechsel der Gewinnermittlung zu § 4 Abs. 3 EStG angewandt wurde (→ BFH vom 16.6.1994 – BStBl. II S. 932).

Wiederbepflanzungsrechte im Weinbau. Wiederbepflanzungsrechte im Weinbau sind immaterielle Wirtschaftsgüter. Es handelt sich bei diesen Rechten um nichtabnutzbare Wirtschaftsgüter, wenn ein Ende der Beschränkung des Weinbaus in der EU zum maßgeblichen Bilanzstichtag nicht absehbar ist (→ BFH vom 6.12.2017 – BStBl. 2018 II S. 353).

Zuordnung zum Betriebsvermögen eines im Zeitpunkt des Erwerbs verpachteten Grundstücks.

– Ein landwirtschaftliches Grundstück, welches im Zeitpunkt des Erwerbs an einen Dritten verpachtet ist, gehört unmittelbar zum notwendigen Betriebsvermögen eines land- und forstwirtschaftlichen Betriebs, wenn die beabsichtigte Eigenbewirtschaftung in einem Zeitraum von bis zu zwölf Monaten erfolgt.
– Dies gilt gleichermaßen bei einem Verpachtungsbetrieb, wenn das hinzuerworbene Grundstück, welches im Zeitpunkt des Erwerbs an einen Dritten verpachtet ist, in einem Zeitraum von bis zu zwölf Monaten von dem bisherigen Betriebspächter bewirtschaftet wird.
– Ist eine Eigen- bzw. Fremdnutzung des hinzuerworbenen Grundstücks durch den Inhaber bzw. den Pächter des land- und forstwirtschaftlichen Betriebs nicht innerhalb von zwölf Monaten möglich, kann dieses durch eine eindeutige Zuweisungsentscheidung dem gewillkürten Betriebsvermögen des Eigen- bzw. Verpachtungsbetriebs zugeordnet werden.

(→ BFH vom 19.7.2011 – BStBl. 2012 II S. 93 und vom 19.12.2019 – BStBl. 2021 II S. 427).

R 13.4 Rechtsverhältnisse zwischen Angehörigen in einem landwirtschaftlichen Betrieb *(unbesetzt)*

H 13.4

Alleinunternehmerschaft. Hat ein Ehegatte sein Nutzungsrecht an seinen eigenen Grundstücken dem anderen Ehegatten aufgrund eines nachgewiesenen Nutzungsüberlassungsvertrags überlassen, kann dies die Alleinunternehmerschaft des anderen Ehegatten begründen (→ BFH vom 14.8.1986 – BStBl. 1987 II S. 20 und vom 22.1.2004 – BStBl. II S. 500).

Arbeitsverhältnisse zwischen Angehörigen. → R 4.8.

Familiengesellschaft. Eine Familiengesellschaft ist auch auf dem Gebiet der Land- und Fortwirtschaft grundsätzlich anzuerkennen (→ BFH vom 29.5.1956 – BStBl. III S. 246). → R 15.9 ist entsprechend anzuwenden.

Gütergemeinschaft.

– → H 4.2 (12).
– → H 15.9 (1).

Mitunternehmerschaft zwischen Ehegatten. Ehegatten können in der Land- und Forstwirtschaft ohne ausdrücklichen Gesellschaftsvertrag eine Mitunternehmerschaft bilden, wenn jeder der Ehegatten einen erheblichen Teil der selbst bewirtschafteten land- und forstwirtschaftlichen Grundstücke zur Verfügung stellt. Dabei kommt es nicht darauf an, ob dem Ehegatten das Fruchtziehungsrecht an den zur Verfügung gestellten Grundstücken als Alleineigentümer, als Miteigentümer oder als Pächter zusteht. Der zur Begründung einer konkludenten Mitunternehmerschaft erhebliche Teil der selbst bewirtschafteten Flächen muss mindestens 10% der insgesamt land- und forstwirtschaftlich genutzten Eigentums- und Pachtflächen betragen. Dagegen kann ohne vorliegende Vereinbarungen über ein Gesellschaftsverhältnis nicht von einer Mitunternehmerschaft ausgegangen werden, wenn jeder Ehegatte einen eigenen landwirtschaftlichen Betrieb unterhält. Für diesen Fall genügt die Selbstbewirtschaftung von landwirtschaftlichen Flächen der Ehegatten nicht, um eine konkludente Mitunternehmerschaft zu begründen. Vielmehr ist erforderlich, dass die Ehegatten die Grundstücke gemeinsam in einem Betrieb bewirtschaften, so dass von einer gemeinsamen Zweckverfolgung ausgegangen werden kann (→ BFH vom 25.9.2008 – BStBl. 2009 II S. 989 und vom 16.5.2018 – BStBl. 2019 II S. 60). Bei der Ermittlung des selbst bewirtschafteten land- und forstwirtschaftlichen Grundbesitzes, den jeder Ehegatte zur Verfügung stellt, sind nicht nur landwirtschaftlich, sondern auch forstwirtschaftlich genutzte Flächen einzubeziehen (→ BFH vom 16.5.2018 – BStBl. 2019 II S. 60).

Von einer Mitunternehmerschaft kann ohne vorliegende Vereinbarungen über ein Gesellschaftsverhältnis **nicht** ausgegangen werden, wenn

- den Ehegatten gemeinsam gehörende Grundstücke für Zwecke einer Baumschule genutzt werden, weil die Erzeugnisse einer Baumschule weder Früchte noch wesentliche Bestandteile des Grundstücks darstellen (→ BFH vom 14.8.1986 – BStBl. 1987 II S. 23),
- einem Ehegatten der Grund und Boden und dem anderen Ehegatten das Inventar gehört (→ BFH vom 26.11.1992 – BStBl. 1993 II S. 395),
- ein Ehegatte lediglich auf der familiären Grundlage der ehelichen Lebensgemeinschaft geringfügige Flächen des anderen Ehegatten mitbewirtschaftet (→ BFH vom 2.2.1989 – BStBl. II S. 504),
- einem Ehegatten der Grund und Boden und dem anderen Ehegatten nur die Hofstelle oder ein Anteil daran gehört (→ BFH vom 27.1.1994 – BStBl. II S. 462).

Nutzungsüberlassungsvertrag zwischen Ehegatten. → Alleinunternehmerschaft.

Rechtsverhältnisse zwischen Angehörigen.

- → R 4.8.
- Ein nachträglich vor dem Arbeitsgericht mit Erfolg geltend gemachter Vergütungsanspruch wegen fehlgeschlagener Hofübergabe führt im steuerlichen Sinne nicht automatisch zu Einkünften aus nichtselbständiger Arbeit oder Einkünften aus Land- und Forstwirtschaft. Die Zahlungen sind als sonstige Einkünfte i.S.d. § 22 Nr. 3 EStG zu erfassen (→ BFH vom 8.5.2008 – BStBl. II S. 868).

Wirtschaftsüberlassungsvertrag.
- Ein Wirtschaftsüberlassungsvertrag kann auch vorliegen, wenn die Nutzung einer anderen Person als dem künftigen Hoferben überlassen wird (→ BFH vom 26.11.1992 – BStBl. 1993 II S. 395).
- → H 4.8.
- → H 7.1.

R 13.5 Ermittlung des Gewinns aus Land- und Forstwirtschaft

Gewinnschätzung

(1) [1]Bei Land- und Forstwirten, die zur Buchführung verpflichtet sind, aber keine ordnungsmäßigen Bücher führen, ist der Gewinn im Einzelfall zu schätzen. [2]Land- und Forstwirte, die weder zur Buchführung verpflichtet sind noch die Voraussetzungen des § 13a Abs. 1 Satz 1 Nr. 2 bis 4 EStG1) erfüllen, können den Gewinn entweder nach § 4 Abs. 1 EStG oder nach § 4 Abs. 3 EStG ermitteln. [3]Haben sie keine Bücher i. S. d. § 4 Abs. 1 EStG geführt und auch die Betriebseinnahmen und Betriebsausgaben i. S. d. § 4 Abs. 3 EStG nicht aufgezeichnet, ist der Gewinn zu schätzen. [4]Richtsätze, die von den Finanzbehörden aufgestellt werden, können dabei als Anhalt dienen.

Wechsel der Gewinnermittlungsart

(2) [1]Geht ein Land- und Forstwirt zur Gewinnermittlung durch Betriebsvermögensvergleich über, ist für die Aufstellung der Übergangsbilanz nach den Grundsätzen in R 4.6 zu verfahren. [2]Bei einem Wechsel der Gewinnermittlung ist zu beachten, dass die Gewinnermittlung nach § 13a Abs. 3 bis 5 EStG2) in diesem Zusammenhang der nach § 4 Abs. 1 EStG gleichzustellen ist. [3]Beim Übergang von der Gewinnermittlung nach § 13a Abs. 3 bis 5 EStG2) zur Gewinnermittlung durch Betriebsvermögensvergleich sind die in die Übergangsbilanz einzustellenden Buchwerte der abnutzbaren Anlagegüter zu schätzen. [4]Dazu sind die Anschaffungs- oder Herstellungskosten beweglicher Anlagegüter um die üblichen Absetzungen zu mindern, die den amtlichen AfA-Tabellen zu entnehmen sind. [5]Geringwertige Wirtschaftsgüter i. S. d. § 6 Abs. 2 EStG, die nach dem 31.12.2007 und vor dem 1.1.2010 angeschafft oder hergestellt worden sind, sind nicht anzusetzen. [6]Der Sammelposten nach § 6 Abs. 2a EStG für Wirtschaftsgüter, die nach dem 31.12.2007 und vor dem 1.1.2010 angeschafft oder hergestellt worden sind, ist mit dem Wert zu berücksichtigen, der sich bei Gewinnermittlung nach § 4 Abs. 1 EStG ergeben hätte.

Nichtanwendung der Nutzungswertbesteuerung nach § 13 Abs. 2 Nr. 2 i. V. m. Abs. 4 EStG im Beitrittsgebiet

(3) § 13 Abs. 2 Nr. 2 EStG kommt im Beitrittsgebiet nicht zur Anwendung.

Entnahme nach § 13 Abs. 5 EStG

(4) [1]Die Steuerfreiheit des Entnahmegewinns nach § 13 Abs. 5 EStG kommt bei Land- und Forstwirten auch dann in Betracht, wenn der entsprechende

---

1) **[Amtl. Anm.:]** Jetzt § 13a Abs. 1 Satz 1 Nr. 2 bis 5 oder Satz 2 EStG.
2) **[Amtl. Anm.:]** Jetzt § 13a Abs. 4 und 6 EStG.

Grund und Boden erst nach dem 31.12.1986 Betriebsvermögen geworden ist. [2]§ 13 Abs. 5 EStG findet auch im Beitrittsgebiet Anwendung.

H 13.5

Amtliche AfA-Tabellen. Die besonderen betrieblichen Verhältnisse sind auch dann unbeachtlich, wenn für diesen Zeitraum amtliche AfA-Tabellen nicht mehr zur Verfügung gestanden haben (→ BFH vom 10.12.1992 – BStBl. 1993 II S. 344).

Anbauverzeichnis.[1)] → § 142 AO.

Beteiligung am allgemeinen wirtschaftlichen Verkehr. Die Annahme von Einkünften aus Land- und Forstwirtschaft setzt eine Beteiligung am allgemeinen wirtschaftlichen Verkehr voraus (→ BFH vom 13.12.2001 – BStBl. 2002 II S. 80).

Ersatzflächenpool. Einrichtung von Ersatzflächenpools durch Land- und Forstwirte für die Vornahme von Ausgleichsmaßnahmen nach den Naturschutzgesetzen → BMF vom 3.8.2004 (BStBl. I S. 716) unter Berücksichtigung der Änderungen durch BMF vom 11.10.2021 (BStBl. I S. 2025).

Forstwirtschaft. Der erhöhte Betriebsausgabenpauschsatz nach § 4 Abs. 1 Forstschäden-Ausgleichsgesetz ist nicht von Einnahmen aus Kalamitätsnutzungen abzusetzen, die in einem Wj. nach Auslaufen einer Einschlagsbeschränkung steuerlich zu erfassen sind (→ BFH vom 3.2.2010 – BStBl. II S. 546 und BMF vom 27.7.2021 – BStBl. I S. 1044, Rn. 33 f.).

Liebhaberei. → H 15.3.

Schätzung nach Richtsätzen.
- Auch bei Gewinnermittlung nach § 4 Abs. 3 EStG berechtigt eine Verletzung der Mitwirkungspflicht zur Schätzung nach Richtsätzen (→ BFH vom 15.4.1999 – BStBl. II S. 481).
- Bei einer Richtsatzschätzung können keine individuellen gewinnmindernden Besonderheiten des Betriebs berücksichtigt werden (→ BFH vom 29.3.2001 – BStBl. II S. 484).

Wechsel der Gewinnermittlungsart.
- → R 4.6.
- → H 7.4 (AfA-Volumen).
- → Anlage (zu R 4.6).[2)]

Wohnungen im land- und forstwirtschaftlichen Betriebsvermögen, die unter § 13 Abs. 4 und 5 EStG fallen.
- Zum erforderlichen und üblichen **Umfang des** zur Wohnung gehörenden **Grund und Bodens** → BMF vom 4.6.1997 (BStBl. I S. 630) und vom 2.4.2004 (BStBl. I S. 442).
- Bei **Abwahl der Nutzungswertbesteuerung** ist für die Frage der steuerfreien Entnahme des Grund und Bodens auf den Nutzungs- und Funktionszusammenhang zum Entnahmezeitpunkt abzustellen. Der Nut-

---

1) Siehe auch BMF v. 15.12.1981, BStBl. I 1981, 878.
2) Nr. **1** Anl. 1.

zungs- und Funktionszusammenhang mit der Wohnung ist auch dann bereits im Zeitpunkt der Abwahl der Nutzungsbesteuerung gelöst, wenn die Nutzungsänderung der Grundstücksfläche tatsächlich erst nach dem Abwahlzeitpunkt erfolgt, die Kausalkette für die spätere Nutzungsänderung indes schon vor dem Abwahlzeitpunkt unwiderruflich in Gang gesetzt worden ist (→ BFH vom 24.4.2008 – BStBl. II S. 707).

– Die Nutzungswertbesteuerung kann rückwirkend abgewählt werden. Eine Altenteilerwohnung und der dazugehörende Grund und Boden gelten zu dem Zeitpunkt als entnommen, bis zu dem der Nutzungswert letztmals angesetzt wurde. Nach dem für die **rückwirkende Abwahl** der Nutzungswertbesteuerung bestimmten Zeitpunkt kann weder eine Nutzungsänderung noch eine Veräußerung der Wohnung und des dazugehörenden Grund und Bodens einen Einfluss auf die Steuerbefreiung haben (→ BFH vom 6.11.2003 – BStBl. 2004 II S. 419).

– Unabhängig von der Gewinnermittlungsart sind **Aufwendungen für Erhaltungsmaßnahmen,** die noch vor der Abwahl der Nutzungswertbesteuerung an der zu eigenen Wohnzwecken genutzten Wohnung oder einer Altenteilerwohnung durchgeführt werden, auch dann in vollem Umfang als Betriebsausgaben abziehbar, wenn die Zahlung erst nach Ablauf der Nutzungswertbesteuerung erfolgt (→ BFH vom 13.2.2003 – BStBl. II S. 837).

– Für die **Bestimmung des** zur Wohnung gehörenden **Grund und Bodens** sind die tatsächlichen örtlichen Verhältnisse zum Entnahmezeitpunkt und die zukünftige mögliche Nutzung maßgebend (→ BFH vom 26.9.2001 – BStBl. II S. 762).

– Der zur Wohnung gehörende Grund und Boden kann auch eine in einiger Entfernung vom Hofgrundstück belegene **Gartenfläche** umfassen, sofern diese vor und nach der Entnahme des Wohnhauses als Hausgarten genutzt wurde (→ BFH vom 26.9.2001 – BStBl. 2002 II S. 78).

– Ein **bilanziertes Grundstück** kann nach der Veräußerung dann nicht mehr rückwirkend zu einem vorangegangenen Bilanzstichtag entnommen werden, wenn diese Bilanz erst nach der Veräußerung des Grundstücks aufgestellt wird (→ BFH vom 12.9.2002 – BStBl. II S. 815).

– Das **Entnahmeprivileg** des § 13 Abs. 4 Satz 6 Nr. 2 EStG enthält **keine Objektbeschränkung.** Nach dieser Vorschrift kann sich die steuerfreie Entnahme daher auch auf mehrere an Dritte vermietete Wohnungen beziehen, wenn diese nach der Entnahme als eine Wohnung genutzt werden und die Gesamtfläche dem konkreten Wohnbedarf angemessen ist (→ BFH vom 11.12.2003 – BStBl. 2004 II S. 277).

– Die steuerfreie Entnahme einer Wohnung aus dem land- und forstwirtschaftlichen Betriebsvermögen gem. § 13 Abs. 4 Satz 6 Nr. 2 EStG (nach dem 31.12.1998) ist nur möglich, wenn es sich hierbei um ein **Baudenkmal** handelt (→ BFH vom 16.1.2020 – BStBl. II S. 639).

– Die Anwendung des § 13 Abs. 4 Satz 6 Nr. 2 EStG erfordert eine **auf Dauer angelegte private Nutzung** durch den Betriebsinhaber oder den Altenteiler (→ BFH vom 1.7.2004 – BStBl. II S. 947).

– Die steuerfreie Entnahme des Grund und Bodens zur Errichtung einer **Altenteilerwohnung** setzt voraus, dass diese Wohnung nach ihrer Fertigstellung auch tatsächlich von einem Altenteiler genutzt wird (→ BFH vom 13.10.2005 – BStBl. 2006 II S. 68).

R **13.6** Buchführung bei Gartenbaubetrieben, Saatzuchtbetrieben, Baumschulen und ähnlichen Betrieben

[1]Auch bei Gartenbaubetrieben, Saatzuchtbetrieben, Baumschulen und ähnlichen Betrieben ist ein Anbauverzeichnis zu führen (§ 142 AO). [2]Ist einer dieser Betriebe ein Gewerbebetrieb i.S.d. § 15 EStG, ist § 142 AO nicht unmittelbar anwendbar. [3]Dennoch hat der Stpfl. Bücher zu führen, die inhaltlich diesem Erfordernis entsprechen. [4]Andernfalls ist die Buchführung nicht so gestaltet, dass sie die zuverlässige Aufzeichnung aller Geschäftsvorfälle und des Vermögens ermöglicht und gewährleistet.

Zu § 13a EStG

H **13a**

Allgemeines. → BMF vom 10.11.2015 (BStBl. I S. 877) unter Berücksichtigung der Änderungen durch BMF vom 4.1.2023 (BStBl. I S. 175).

R ***13a.1*** *Anwendung der Gewinnermittlung nach Durchschnittssätzen*[1)]

Zugangsvoraussetzungen (§ 13a Abs. 1 EStG)

(1) [1]Die Gewinnermittlung nach Durchschnittssätzen ist nur anwendbar, wenn selbst bewirtschaftete Flächen der landwirtschaftlichen Nutzung vorhanden sind. [2]Bei der Prüfung, ob die Grenze des § 13a Abs. 1 Satz 1 Nr. 3 EStG überschritten ist, sind R 13.2 Abs. 1 sowie die Grundsätze von R 15.5 Abs. 2 zum Strukturwandel entsprechend anzuwenden. [3]Für die Prüfung der Zugangsvoraussetzungen des § 13a Abs. 1 Satz 1 Nr. 2 und 4 EStG →R 13a.2 Abs. 1 und 2.

Wegfall der Voraussetzungen zur Gewinnermittlung nach Durchschnittssätzen

(2) [1]Die Mitteilung nach § 13a Abs. 1 Satz 2 EStG soll innerhalb einer Frist von einem Monat vor Beginn des folgenden Wirtschaftsjahres bekannt gegeben werden. [2]Bis zum Beginn dieses Wirtschaftsjahres ist der Gewinn noch nach Durchschnittssätzen zu ermitteln.

Rückkehr zur Gewinnermittlung nach Durchschnittssätzen

(3) [1]Das Wort „letztmalig" in § 13a Abs. 1 Satz 2 EStG bedeutet nicht, dass eine Rückkehr zur Gewinnermittlung nach Durchschnittssätzen zu einem späteren Zeitpunkt ausgeschlossen ist. [2]Der Gewinn ist erneut nach Durchschnittssätzen zu ermitteln, wenn die Voraussetzungen des § 13a Abs. 1 Satz 1 EStG wieder gegeben sind und ein Antrag nach § 13a Abs. 2 EStG nicht gestellt wird. [3]Bestand für den Land- und Forstwirt Buchführungspflicht nach § 141 Abs. 1 AO, ist außerdem zuvor die Feststellung der Finanzbehörde erforderlich, dass die Voraussetzungen für

---

1) **[Amtl. Anm.:]** R 13a.1 ist letztmals anzuwenden für Wj., die vor dem 31.12.2015 enden → BMF vom 10.11.2015 (BStBl. I S. 877), RdNr. 90.

die Buchführungspflicht nach § 141 Abs. 1 AO nicht mehr vorliegen (§ 141 Abs. 2 Satz 2 AO). [4] Bei einem Land- und Forstwirt, der weder buchführungspflichtig ist noch die sonstigen Voraussetzungen des § 13a Abs. 1 Satz 1 EStG erfüllt und dessen Gewinn nach § 4 Abs. 1 oder 3 EStG ermittelt wird, ist der Gewinn bereits ab dem folgenden Wirtschaftsjahr nach Durchschnittssätzen zu ermitteln, wenn bis zum Beginn dieses Wirtschaftsjahres die Voraussetzungen des § 13a Abs. 1 Satz 1 EStG wieder erfüllt sind; § 141 Abs. 2 Satz 2 AO ist nur bei wegfallender Buchführungspflicht anzuwenden. [5] Einer Mitteilung der Finanzbehörde bedarf es insoweit nicht. [6] Ist eine Mitteilung nach § 13a Abs. 1 Satz 2 EStG über den Wegfall der Voraussetzungen des § 13a Abs. 1 Satz 1 EStG ergangen und liegen bis zum Beginn des auf die Bekanntgabe der Mitteilung folgenden Wirtschaftsjahres die Voraussetzungen für die Gewinnermittlung nach Durchschnittssätzen wieder vor, hat das Finanzamt die Rechtswirkungen dieser Mitteilung zu beseitigen; § 13a EStG ist weiterhin anzuwenden.

Gewinnermittlung auf Grund eines Antrags i. S. d. § 13a Abs. 2 EStG

(4) [1] Ein Land- und Forstwirt, der seinen Gewinn auf Antrag nach § 13a Abs. 2 EStG für vier aufeinanderfolgende Wirtschaftsjahre nach § 4 Abs. 1 oder 3 EStG ermittelt, ist damit vorübergehend aus der Gewinnermittlung nach Durchschnittssätzen ausgeschieden. [2] Dabei ist Folgendes zu beachten:

1. *Wird innerhalb des Vierjahreszeitraums eine der Buchführungsgrenzen des § 141 Abs. 1 AO überschritten, ist der Land- und Forstwirt rechtzeitig vor Beginn des nächstfolgenden Wirtschaftsjahres auf den Beginn der Buchführungspflicht hinzuweisen.*
2. *Werden innerhalb des Vierjahreszeitraums die Voraussetzungen des § 13a Abs. 1 Satz 1 Nr. 2 bis 4 EStG nicht mehr erfüllt, ist der Land- und Forstwirt vor Beginn des nächstfolgenden Wirtschaftsjahres darauf hinzuweisen, dass der Gewinn nicht mehr nach Durchschnittssätzen zu ermitteln ist.*
3. *Ist der Land- und Forstwirt vor Beginn eines Wirtschaftsjahres innerhalb des Vierjahreszeitraums darauf hingewiesen worden, dass der Gewinn nicht mehr nach Durchschnittssätzen zu ermitteln bzw. dass eine der Buchführungsgrenzen überschritten ist, verkürzt sich der Vierjahreszeitraum entsprechend. [2] Die Rechtsfolge des § 13a Abs. 2 Satz 2 EStG tritt nicht ein, wenn der Land- und Forstwirt für den verkürzten Vierjahreszeitraum den Gewinn nach § 4 Abs. 1 oder 3 EStG ermittelt hat.*
4. *Nach Ablauf des Vierjahreszeitraums ist der Gewinn wieder nach Durchschnittssätzen zu ermitteln, wenn die Voraussetzungen des § 13a Abs. 1 Satz 1 EStG*
   a) *erfüllt sind und der Land- und Forstwirt von der Möglichkeit der erneuten Ausübung des Wahlrechtes (§ 13a Abs. 2 EStG) keinen Gebrauch macht,*
   b) *nicht mehr erfüllt sind, der Land- und Forstwirt aber noch nicht zur Buchführung aufgefordert oder darauf hingewiesen worden ist, dass der Gewinn nicht mehr nach Durchschnittssätzen zu ermitteln ist.*

H **13a.1** *Hinweise für Wj., die vor dem 31.12.2015 enden*

Antrag nach § 13a Abs. 2 EStG. *Ob ein derartiger Antrag gestellt wurde, ist notfalls durch Auslegung zu ermitteln.*

- *Ein wirksamer Antrag liegt vor, wenn eine auf das Wirtschaftsjahr abgestellte vollständige Gewinnermittlung vorgelegt wird (→ BFH vom 4.6.1992 – BStBl. 1993 II S. 125).*

– *Der Antrag ist nur wirksam, wenn die vorgelegte Gewinnermittlung durch Einnahmenüberschussrechnung auf tatsächlichen Aufzeichnungen der Betriebseinnahmen und Betriebsausgaben beruht (→ BFH vom 18.3.1993 – BStBl. II S. 549).*
– *Kein wirksamer Antrag liegt vor, wenn eine vom Wirtschaftsjahr abweichende Gewinnermittlung für das Kalenderjahr vorgelegt wird (→ BFH vom 28.1.1988 – BStBl. II S. 532).*

Anwendungsbereich. *Für Betriebe, deren Tätigkeit sich auf Sondernutzungen (z. B. Weinbau) beschränkt, ist der Gewinn nach allgemeinen Grundsätzen zu ermitteln (→ BFH vom 13.12.2012 – BStBl. 2013 II S. 857).*

Beginn der Buchführungspflicht. *Die Finanzverwaltung hat den Stpfl. auf den Beginn der Buchführungspflicht hinzuweisen. Die Bekanntgabe soll mindestens einen Monat vor Beginn der Buchführungspflicht erfolgen, → AEAO zu § 141, Nr. 4.*[1]

Betriebsübernahme/Neugründung. *Bei der Betriebsübernahme und Neugründung eines land- und forstwirtschaftlichen Betriebs bestimmt sich die Zulässigkeit der Gewinnermittlung nach Durchschnittssätzen ausschließlich nach § 13a Abs. 1 Satz 1 EStG. Die Befugnis und Verpflichtung zur Beibehaltung der Gewinnermittlung nach Durchschnittssätzen geht nicht auf den neuen Betrieb über. In diesen Fällen bedarf es keiner Mitteilung nach § 13a Abs. 1 Satz 2 EStG (→ BFH vom 26.6. 1986 – BStBl. II S. 741 zur Übernahme eines land- und forstwirtschaftlichen Betriebs im Ganzen zur Bewirtschaftung als Eigentümer oder Nutzungsberechtigter und → BFH vom 26.5.1994 – BStBl. II S. 891 – zur Einbringung eines land- und forstwirtschaftlichen Betriebs in eine neu gegründete Personengesellschaft).*

Buchführungspflicht im Fall der Betriebsübernahme. *→ § 141 Abs. 3 AO.*

Mitteilung nach § 13a Abs. 1 Satz 2 EStG.
– *Eine Mitteilung ist nicht erforderlich, wenn die Voraussetzungen zur Durchschnittssatzgewinnermittlung auf wissentlich falsche Steuererklärungen zurückzuführen sind. Mit dem Bekanntwerden der tatsächlichen Verhältnisse ist das Finanzamt zur Schätzung des Gewinns befugt, so als habe es rechtzeitig von dem Wegfall der Voraussetzungen der Gewinnermittlung nach Durchschnittssätzen Kenntnis erlangt und eine entsprechende Mitteilung erlassen (→ BFH vom 29.11.2001 – BStBl. 2002 II S. 147).*
– *Eine Mitteilung ist auch dann wirksam, wenn sie innerhalb einer Frist von weniger als einem Monat vor Beginn des maßgebenden Wirtschaftsjahres erfolgt (→ BFH vom 29.3.2007 – BStBl. II S. 816).*
– *Mit dem Wegfall der Voraussetzung des § 13a Abs. 1 EStG ist der Gewinn für einen Betrieb der Land- und Forstwirtschaft auch ohne Mitteilung nach § 13a Abs. 1 Satz 2 EStG nicht mehr nach Durchschnittssätzen zu ermitteln, wenn der Stpfl. für das Jahr, in dem die Voraussetzungen für die Gewinnermittlung nach Durchschnittssätzen letztmalig vorgelegen haben, keine Steuererklärung eingereicht hat, obwohl er dazu verpflichtet gewesen ist (→ BFH vom 30.10.2014 – BStBl. 2015 II S. 478).*

Weinbaubetrieb. *Keine Gewinnermittlung nach Durchschnittsätzen für einen reinen Weinbaubetrieb (→ BFH vom 13.12.2012 – BStBl. 2013 II S. 857).*

---

[1] Nr. **800**.

R 13a.2 *Ermittlung des Gewinns aus Land- und Forstwirtschaft nach Durchschnittssätzen*[1]

Ermittlung des Grundbetrags (§ 13a Abs. 4 EStG)

(1) [1] Bei der Ermittlung des Grundbetrags sind alle selbst bewirtschafteten Flächen landwirtschaftlicher Nutzung i. S. d. § 34 Abs. 2 Nr. 1 Buchstabe a BewG ohne Sonderkulturen (§ 52 BewG)[2] *zu berücksichtigen. [2] Dazu gehören die in R 13.2 Abs. 3 Satz 1 genannten Flächen sowie die auf die landwirtschaftliche Nutzung entfallenden Hof- und Gebäudeflächen jedoch ohne den zur Wohnung gehörenden Grund und Boden; dies gilt auch, soweit die Flächen als Grundvermögen bewertet wurden. [3] Maßgebend ist der Umfang der selbst bewirtschafteten Fläche zu Beginn des Wirtschaftsjahres. [4] Der Hektarwert ist nach den Vorschriften des BewG zu ermitteln. [5] Aus Vereinfachungsgründen kann als Hektarwert – auch in Fällen der Zupachtung von Einzelflächen – der im Einheitswert des Betriebs enthaltene oder der aus dem Ersatzwirtschaftswert abzuleitende Hektarwert für landwirtschaftliche Nutzungen ohne Sonderkulturen angesetzt werden. [6] Hierbei ist der festgestellte Einheitswert bzw. der im Rahmen der Grundsteuermessbetragsveranlagung ermittelte Ersatzwirtschaftswert heranzuziehen, der auf den letzten Zeitpunkt festgestellt bzw. ermittelt worden ist, der vor dem Beginn des Wirtschaftsjahres liegt oder mit dem Beginn des Wirtschaftsjahres zusammenfällt, für den der Gewinn zu ermitteln ist. [7] Fortschreibungen und Nachfeststellungen, die nach Bestandskraft des Steuerbescheides ergehen, bleiben unberücksichtigt. [8] Werden in den alten Ländern ausschließlich zugepachtete Flächen bewirtschaftet, ist der Hektarwert der größten Fläche maßgebend. [9] Werden im Beitrittsgebiet ausschließlich zugepachtete Flächen bewirtschaftet, gilt Satz 5 entsprechend.*

Zuschläge für Sondernutzungen (§ 13a Abs. 5 EStG)

(2) [1] Jede in § 34 Abs. 2 Nr. 1 Buchstabe b bis d BewG genannte Nutzung ist als einzelne Sondernutzung anzusehen. [2] Bei der sonstigen land- und forstwirtschaftlichen Nutzung gilt jede einzelne Nutzungsart als selbständige Sondernutzung. [3] Für die Frage, mit welchem Wert die selbst bewirtschafteten Sondernutzungen aus dem Einheitswert oder aus dem Ersatzwirtschaftswert abzuleiten sind, ist Absatz 1 entsprechend anzuwenden. [4] Für Sondernutzun-gen, deren Wert 500 DM nicht übersteigt, kommt ein Zuschlag nach § 13a Abs. 5 EStG nicht in Betracht. [5] Beträgt der Wert der Sondernutzung mehr als 2000 DM und ist der Stpfl. nicht nach § 13a Abs. 1 Satz 2 EStG auf den Wegfall der Voraussetzungen für die Gewinnermittlung nach § 13a EStG hingewiesen worden, ist auch für diese Sondernutzung nur ein Zuschlag von 512 Euro zu machen.

Sondergewinne (§ 13a Abs. 6 EStG)

(3) [1] § 13a Abs. 6 EStG enthält eine abschließende Aufzählung der zu berücksichtigenden Betriebsvorgänge. [2] In die Gewinnkorrektur aus forstwirtschaftlicher Nutzung sind alle Erträge einzubeziehen, die aus der Nutzung von Flächen der Forstwirtschaft erzielt werden. [3] Die Veräußerung oder Entnahme von Wirtschaftsgütern des übrigen Anlagevermögens umfasst auch immaterielle Wirtschaftsgüter, wie z. B. ein Milchlieferrecht im Zusammenhang mit einer Betriebsumstellung. [4] Ein Zusammenhang zwischen

---

[1] **[Amtl. Anm.:]** R 13a.2 ist letztmals anzuwenden für Wj., die vor dem 31.12.2015 enden → BMF vom 10.11.2015 (BStBl. I S. 877), RdNr. 90.

[2] **Steuergesetze** Nr. **200**.

der Veräußerung eines Wirtschaftsgutes und einer Betriebsumstellung wird nicht dadurch gelöst, dass das Wirtschaftsgut in einem anderen Wirtschaftsjahr als dem der Betriebsumstellung veräußert wird, um etwa eine günstige Marktsituation auszunutzen. [5] Eine Nutzungsänderung des Wirtschaftsgutes steht einer Erfassung der Gewinnkorrektur nicht entgegen. [6] Als Dienstleistungen und vergleichbare Tätigkeiten, die dem Bereich der Land- und Forstwirtschaft zugerechnet werden, sind die in R 15.5 genannten Tätigkeiten innerhalb der dort genannten Grenzen zu verstehen, wenn sie nicht für andere Betriebe der Land- und Forstwirtschaft erbracht werden. [7] Bei der Nutzungsüberlassung von Wirtschaftsgütern des Betriebsvermögens sind die vereinnahmten Miet- und Pachtzinsen nicht als Gewinnkorrektur nach § 13a Abs. 6 EStG zu erfassen, sondern nach § 13a Abs. 3 Satz 1 Nr. 4 EStG, da es sich insofern nicht um Dienstleistungen und vergleichbare Tätigkeiten handelt, und zwar auch, soweit die Nutzungsüberlassung gegenüber anderen Betrieben der Land- und Forstwirtschaft erbracht wird. [8] Bei der Gewinnermittlung nach § 13a Abs. 6 Satz 3 EStG ist von den Einnahmen einschließlich der Umsatzsteuer auszugehen.

Vereinnahmte Miet- und Pachtzinsen (§ 13a Abs. 3 Satz 1 Nr. 4 EStG)

(4) [1] Als vereinnahmte Miet- und Pachtzinsen sind sämtliche Gegenleistungen für entgeltliche Nutzungsüberlassungen anzusehen. [2] Der Begriff umfasst die Entgelte für die Überlassung von Wirtschaftsgütern des Betriebsvermögens wie z. B. Grund und Boden, Gebäude, Mietwohnungen, bewegliche oder immaterielle Wirtschaftsgüter. [3] Auf die Bezeichnung des Vertrages über eine Nutzungsüberlassung kommt es nicht an. [4] Werden Wirtschaftsgüter des Betriebsvermögens im Zusammenhang mit Dienstleistungen und vergleichbaren Tätigkeiten überlassen und ist die Dienstleistung hierbei nur von untergeordneter Bedeutung, sind die Gewinne daraus als Miet- oder Pachteinnahmen nach § 13a Abs. 3 Satz 1 Nr. 4 EStG und nicht als Sondergewinne nach § 13a Abs. 6 Nr. 3 EStG zu behandeln (→ Absatz 3 Satz 7). [5] Prämien, die für die Stilllegung landwirtschaftlicher Nutzflächen auf Grund öffentlicher Förderungsprogramme gezahlt werden, sind nicht als Miet- und Pachtzinsen anzusehen und deshalb durch den Ansatz des Grundbetrages nach § 13a Abs. 4 EStG abgegolten.

Vereinnahmte Kapitalerträge (§ 13a Abs. 3 Satz 1 Nr. 5 EStG)

(5) Bei Kapitalerträgen kommt ein Abzug von Betriebsausgaben vorbehaltlich des § 13a Abs. 3 Satz 2 EStG nicht in Betracht.

Verausgabte Pachtzinsen, Schuldzinsen und dauernde Lasten (§ 13a Abs. 3 Satz 2 EStG)

(6) [1] Schuldzinsen und dauernde Lasten sind abzugsfähig, soweit sie Betriebsausgaben sind; § 4 Abs. 4a EStG ist nicht zu beachten. [2] Dies gilt auch für auf Sondernutzungen entfallende Beträge. [3] Schuldzinsen, die im Zusammenhang mit einer Wohnung i. S. d. § 13 Abs. 2 Nr. 2 EStG stehen, sind – solange die Nutzungswertbesteuerung fortbesteht – abzusetzen, obwohl der Nutzungswert der Wohnung mit dem Ansatz des Grundbetrags abgegolten ist. [4] Der Abzug von Pachtzinsen, Schuldzinsen und dauernden Lasten darf insgesamt nicht zu einem Verlust führen. [5] Diese Begrenzung des Abzugs bezieht sich auf den gesamten nach den Vorschriften des § 13a EStG zu ermittelnden Gewinn.

Rumpfwirtschaftsjahr / Verlängertes Wirtschaftsjahr

(7) [1] Ist der Gewinn nach § 13a EStG für ein Rumpfwirtschaftsjahr zu ermitteln, sind der Grundbetrag und die Zuschläge für Sondernutzungen nur anteilig anzusetzen.

[2] Dies gilt entsprechend, wenn sich das bisherige Wirtschaftsjahr bei Umstellung des Wirtschaftsjahres nach § 8c Abs. 2 Satz 2 oder 3 EStDV verlängert.

H 13a.2 *Hinweise für Wj., die vor dem 31.12.2015 enden*

Betriebsumstellung. *Eine Betriebsumstellung ist z. B.*

- *die Umstellung auf viehlose Wirtschaft oder Umstellung von Milchwirtschaft auf Schweinemast (→ BFH vom 15.2.1990 – BStBl. 1991 II S. 11),*
- *eine Betriebsverpachtung ohne Aufgabeerklärung (→ BFH vom 27.2.1997 – BStBl. II S. 512).*

Hektarberechnung. *→ H 13.2.*

Liebhaberei. *Wird der Gewinn nach Durchschnittssätzen ermittelt, ist diese Gewinnermittlungsart auch für die Beurteilung der Gewinnerzielungsabsicht maßgebend. Ergeben sich bei Gewinnermittlung nach Durchschnittssätzen im Rahmen der Anwendung des § 13a Abs. 6 EStG Verluste, können diese auch eine negative Totalgewinnprognose begründen und somit zur Annahme einer Liebhaberei führen (→ BFH vom 6.3.2003 – BStBl. II S. 702).*

Pensionstierhaltung. *Entgelte für die Pensionspferdehaltung sind regelmäßig nicht durch den Ansatz des Grundbetrags abgegolten, es sei denn, die Leistungen des Landwirts sind hauptsächlich auf die Überlassung der Futtergrundlage beschränkt. Erstrecken sich die Leistungen des Landwirts im Wesentlichen auf die Vermietung des Stallplatzes, können die Einnahmen nach § 13a Abs. 3 Satz 1 Nr. 4 EStG dem Grundbetrag hinzuzurechnen sein.*
Werden dagegen neben der Überlassung eines Stallplatzes weitere Leistungen (Lieferung von Futter, Einstreu und Medikamenten; Übernahme von Obhutspflichten) erbracht und handelt es sich dabei um eine einheitlich zu beurteilende Gesamtleistung, gehört diese zu den Dienstleistungen und vergleichbaren Tätigkeiten i. S. d. § 13a Abs. 6 Satz 1 Nr. 3 EStG (→ BFH vom 29.11.2007 – BStBl. 2008 II S. 425).

Schuldzinsen. *Zu den Schuldzinsen gehören auch die Nebenkosten der Darlehensaufnahme und sonstige Kreditkosten einschließlich der Geldbeschaffungskosten (→ BFH vom 1.10.2002 – BStBl. 2003 II S. 399).*

Sondergewinne. *Gewinne aus Entschädigungen, die für die Zerstörung eines Wirtschaftsguts des Anlagevermögens durch höhere Gewalt geleistet werden, sind als Sondergewinne in den Durchschnittssatzgewinn gem. § 13a Abs. 3 EStG einzubeziehen (→ BFH vom 25.9.2014 – BStBl. 2015 II S. 470).*

Vereinnahmte Miet- und Pachtzinsen.

- *Die nach § 13a Abs. 3 Satz 1 Nr. 4 EStG anzusetzenden Miet- und Pachtzinsen dürfen – vorbehaltlich des § 13a Abs. 3 Satz 2 EStG – nicht um Betriebsausgaben (z. B. Umlage zur Landwirtschaftskammer und Grundsteuer) gemindert werden (→ BFH vom 5.12.2002 – BStBl. 2003 II S. 345).*
- *Umlagen und Nebenentgelte, die ein Landwirt mit Gewinnermittlung nach Durchschnittssätzen als Vermieter einer zum landwirtschaftlichen Betriebsvermögen gehörenden Wohnung zusätzlich zur Grundmiete vereinnahmt, sind in die Berechnung des Durchschnittssatzgewinns einzubeziehen (→ BFH vom 14.5.2009 – BStBl. II S. 900).*

Zu § 14 EStG

R 14. Wechsel im Besitz von Betrieben, Teilbetrieben und Betriebsteilen

Veräußerungsgewinn

(1) [1]Entschädigungen, die bei der Veräußerung eines Betriebs oder Teilbetriebs im Veräußerungspreis enthalten sind, sind – vorbehaltlich der Absätze 2 und 3 – bei der Ermittlung des steuerpflichtigen Veräußerungsgewinns zugrunde zu legen. [2]Die vertragliche Bezeichnung der einzelnen Teile des Veräußerungspreises ist nicht immer für deren steuerliche Behandlung entscheidend. [3]Besondere Anlagen und Kulturen auf dem oder im Grund und Boden, die zum beweglichen Anlagevermögen oder zum Umlaufvermögen gehören, sind grundsätzlich als eigene Wirtschaftsgüter zu behandeln. [4]Gesonderte Entgelte, die neben dem Kaufpreis für den Grund und Boden für besondere Eigenschaften des Grund und Bodens (z. B. „Geil und Gare") gezahlt werden, sind Teil des Veräußerungspreises für den Grund und Boden. [5]Bei nichtbuchführenden Land- und Forstwirten ist der Gewinn aus der Veräußerung oder Aufgabe eines Betriebs oder Teilbetriebs nach den Grundsätzen des § 4 Abs. 1 EStG zu ermitteln und im VZ der Veräußerung oder Aufgabe nach § 14 EStG zu versteuern. [6]Beim Übergang zum Betriebsvermögensvergleich ist davon auszugehen, dass von Bewertungswahlrechten, z. B. für Vieh und Feldinventar, kein Gebrauch gemacht wurde.

Bewertung von Feldinventar/stehender Ernte

(2) [1]Das Feldinventar/die stehende Ernte einer abgrenzbaren landwirtschaftlichen Nutzfläche ist jeweils als selbständiges Wirtschaftsgut des Umlaufvermögens anzusehen. [2]Feldinventar ist die auf Grund einer Feldbestellung auf einer landwirtschaftlichen Nutzfläche vorhandene Kultur mit einer Kulturdauer von bis zu einem Jahr. [3]Stehende Ernte ist der auf einer landwirtschaftlichen Nutzfläche vorhandene Bestand an erntereifem Feldinventar. [4]Befinden sich auf einer abgrenzbaren landwirtschaftlichen Nutzfläche verschiedene Kulturarten, liegen entsprechend verschiedene selbständige Wirtschaftsgüter vor. [5]Die Wirtschaftsgüter Feldinventar/stehende Ernte werden mit den Anschaffungs- oder Herstellungskosten einzeln bewertet (§ 6 Abs. 1 Nr. 2 Satz 1 EStG). [6]Anstelle der tatsächlichen Anschaffungs- oder Herstellungskosten kann bei einer Einzelbewertung unter den Voraussetzungen des § 6 Abs. 1 Nr. 2 Satz 2 EStG auch der niedrigere Teilwert zum Ansatz kommen (→ R 6.8 Abs. 1 Satz 2). [7]Für einzelne Wirtschaftsgüter jeweils einer Kulturart kann bei der Inventur und der Bewertung eine Gruppe gebildet werden (→ R 6.8 Abs. 4). [8]Für die Bewertung können entweder betriebsindividuelle Durchschnittswerte oder standardisierte Werte (z. B. BMELV-Jahresabschluss)[1] zugrunde gelegt werden.[2]

---

[1] **[Amtl. Anm.:]** Jetzt BMEL-Jahresabschluss.

[2] Zur Verteilungsmöglichkeit für die Bestandserhöhung aufgrund der erstmaligen Anwendung der aktualisierten Standardherstellungskosten siehe BMF v. 8.11.2022, BStBl. I 2022, 1489.

Vereinfachungsregelung zur Bewertung des Feldinventars/der stehenden Ernte

(3)[1] [1]Bei landwirtschaftlichen Betrieben oder bei landwirtschaftlichen Teilbetrieben kann zur Vereinfachung der Bewertung von einer Aktivierung der Wirtschaftsgüter des Feldinventars/der stehenden Ernte abgesehen werden. [2]Voraussetzung hierfür ist, dass in der Schlussbilanz des Betriebs für vorangegangene Wirtschaftsjahre oder bei einem Wechsel zum Betriebsvermögensvergleich bzw. bei einem Wechsel von der Gewinnermittlung nach Durchschnittssätzen zur Einnahmenüberschussrechnung im Rahmen der Übergangsbilanz keine Aktivierung eines Wirtschaftsguts Feldinventar/stehende Ernte vorgenommen wurde. [3]Das gilt insbesondere auch bei unentgeltlicher Rechtsnachfolge oder einem Strukturwandel von einem Gewerbebetrieb zu einem Betrieb der Land- und Forstwirtschaft. [4]Die Vereinfachungsregelung kann nicht gesondert für einzelne Wirtschaftsgüter des Feldinventars/der stehenden Ernte, sondern nur einheitlich, bezogen auf das gesamte Feldinventar/die stehende Ernte eines Betriebs, angewendet werden. [5]Das gilt auch dann, wenn sich der Umfang der Wirtschaftsgüter Feldinventar/stehende Ernte ändert (z. B. durch Erwerb oder Zupachtung von Flächen, Änderung der Anbauverhältnisse). [6]Hat ein Verpächter die Vereinfachungsregelung angewendet, kann er im Fall der eisernen Verpachtung seines Betriebs von einer Aktivierung der auf Rückgabe des Feldinventars/der stehenden Ernte gerichteten Sachwertforderung absehen. [7]Die Verpachtung führt insoweit zu keiner Gewinnrealisierung.

Teilbetrieb

(4) [1]Die Veräußerung eines land- und forstwirtschaftlichen → Teilbetriebs liegt vor, wenn ein organisatorisch mit einer gewissen Selbständigkeit ausgestatteter Teil eines Betriebs der Land- und Forstwirtschaft veräußert wird. [2]Der veräußerte Teilbetrieb muss im Wesentlichen die Möglichkeit bieten, künftig als selbständiger Betrieb geführt werden zu können, auch wenn dies noch einzelne Ergänzungen oder Änderungen bedingen sollte.

Veräußerung forstwirtschaftlicher Betriebe, Teilbetriebe oder einzelner forstwirtschaftlicher Grundstücksflächen

(5) Hinsichtlich des Verkaufserlöses, der auf das stehende Holz entfällt, gilt das Folgende:

1. Gewinne, die bei der **Veräußerung** oder Aufgabe **eines** forstwirtschaftlichen **Betriebs oder Teilbetriebs** für das stehende Holz erzielt werden, sind nach § 14 EStG zu versteuern. [2]Veräußerungsgewinn ist hierbei der Betrag, um den der Veräußerungspreis nach Abzug der Veräußerungskosten den Wert des Betriebsvermögens übersteigt, der nach § 4 Abs. 1 EStG für den Zeitpunkt der Veräußerung ermittelt wird. [3]Ist kein Bestandsvergleich für das stehende Holz vorgenommen worden[2] und hat der Veräu-

[1] Zur Bindungswirkung einer für die Gewinnfeststellung getroffenen Billigkeitsentscheidung für die Festsetzung des Gewerbesteuermessbetrags siehe BFH v. 14.9.2017 IV R 51/14, BStBl. II 2018, 78.

[2] Vgl. § 141 Abs. 1 Satz 4 AO.

ßerer den forstwirtschaftlichen Betrieb oder Teilbetrieb schon am 21.6.1948[1] besessen, ist der Gewinn aus der Veräußerung des stehenden Holzes so zu ermitteln, dass dem auf das stehende Holz entfallenden Veräußerungspreis der Betrag gegenübergestellt wird, mit dem das stehende Holz in dem für den 21.6.1948[1] maßgebenden Einheitswert des forstwirtschaftlichen Betriebs oder Teilbetriebs enthalten war. [4]Hat der Veräußerer den forstwirtschaftlichen Betrieb oder Teilbetrieb nach dem 20.6.1948[2] erworben, sind bei der Ermittlung des Veräußerungsgewinns die steuerlich noch nicht berücksichtigten Anschaffungs- oder Erstaufforstungskosten für das stehende Holz dem auf das stehende Holz entfallenden Veräußerungserlös gegenüberzustellen. [5]Bei Veräußerungen im Beitrittsgebiet ist der Buchwert zum 1.7.1990 in den Fällen, in denen kein Bestandsvergleich für das stehende Holz vorgenommen wurde, gem. § 52 Abs. 1 DMBilG[3] unter Anwendung der Richtlinien für die Ermittlung und Prüfung des Verkehrswertes von Waldflächen und für Nebenentschädigungen (Waldwertermittlungs-Richtlinien 1991 – WaldR91 – BAnZ 100a vom 5.6.1991 zu ermitteln. [6]Die Steuer auf den Veräußerungsgewinn ist nach § 34 Abs. 1 oder auf Antrag nach § 34 Abs. 3 EStG zu berechnen (§ 34 Abs. 2 Nr. 1 EStG).

2. Die auf das stehende Holz entfallenden Einnahmen aus der **Veräußerung einzelner forstwirtschaftlicher Grundstücksflächen,** die keinen forstwirtschaftlichen → Teilbetrieb bilden, gehören zu den laufenden Einnahmen des Wirtschaftsjahres. [2]Für die Ermittlung des Gewinns gelten die Grundsätze des § 4 Abs. 1 EStG. [3]Nummer 1 Satz 3 bis 5 ist entsprechend anzuwenden.

Freibetrag

(6) Die Gewährung des Freibetrags nach § 14 Satz 2 i. V. m. § 16 Abs. 4 EStG ist ausgeschlossen, wenn dem Stpfl. für eine Veräußerung oder Aufgabe, die nach dem 31.12.1995 erfolgt ist, ein Freibetrag nach § 14 Satz 2, § 16 Abs. 4 oder § 18 Abs. 3 EStG bereits gewährt worden ist.

H 14

Betriebsverkleinerung.[4]

– Eine Verkleinerung eines land- und forstwirtschaftlichen Betriebs führt nicht zu einer Betriebsaufgabe (→ BFH vom 12.11.1992 – BStBl. 1993 II S. 430).
– Zur Verkleinerung eines Forstbetriebs oder forstwirtschaftlichen Teilbetriebs → BMF vom 18.5.2018 (BStBl. I S. 689), Tz. V.

Eiserne Verpachtung. Zur Gewinnermittlung bei der Verpachtung von Betrieben mit Substanzerhaltungspflicht des Pächters nach §§ 582a, 1048 BGB → BMF vom 21.2.2002 (BStBl. I S. 262).

[1] **[Amtl. Anm.:]** Im Saarland: 20.11.1947.
[2] **[Amtl. Anm.:]** Im Saarland: 19.11.1947.
[3] **Habersack Ergänzungsband** Nr. **50.**
[4] Bei Verpachtungsbetrieben siehe aber BFH v. 17.5.2018 VI R 73/15, BStBl. II 2022, 306; ab 2020 siehe § 14 Abs. 2 EStG.

Feldinventar.

– Ein Landwirt, der das Feldinventar aktiviert hat, ist daran grundsätzlich auch für die Zukunft gebunden und hat keinen Anspruch darauf, aus Billigkeitsgründen zu einem Verzicht auf die Bewertung wechseln zu können (→ BFH vom 18.3.2010 – BStBl. 2011 II S. 654). Andererseits bindet das in R 14 Abs. 3 eingeräumte Wahlrecht, auf die Aktivierung der Feldbestände zu verzichten, den Landwirt nicht für die Zukunft (→ BFH vom 6.4.2000 – BStBl. II S. 422).
– Zur Rücklagenbildung und -auflösung aufgrund der aktualisierten standardisierten Werte nach dem BMEL-Jahresabschluss → BMF vom 8.11.2022 (BStBl. I S. 1489).

Körperschaft des öffentlichen Rechts als Erbin. Setzt ein Stpfl. eine Körperschaft des öffentlichen Rechts zur Erbin seines land- und forstwirtschaftlichen Betriebes ein, so führt das im Zeitpunkt des Todes zu einer Betriebsaufgabe in der Person des Erblassers (→ BFH vom 19.2.1998 – BStBl. II S. 509).

Parzellenweise Verpachtung. → H 16 (5).

Rückverpachtung. Eine Betriebsveräußerung liegt auch vor, wenn alle wesentlichen Grundlagen eines Betriebs veräußert und sogleich an den Veräußerer zurückverpachtet werden (→ BFH vom 28.3.1985 – BStBl. II S. 508).

Teilbetrieb.

– → R 14 Abs. 4 und 5 sowie → R 16 Abs. 3.
– Zur Teilbetriebseigenschaft einzelner forstwirtschaftlicher Flächen → BMF vom 18.5.2018 (BStBl. I S. 689), Tz. III.

Verpachtung.[1)]

– Verpächter hat ein Wahlrecht zwischen Betriebsaufgabe und Fortführung des Betriebs (→ BFH vom 15.10.1987 – BStBl. 1988 II S. 260 und vom 28.11.1991 – BStBl. 1992 II S. 521).
– Zur Übertragung und Überführung von land- und forstwirtschaftlichem Vermögen aus einer Mitunternehmerschaft und zum Verpächterwahlrecht bei land- und forstwirtschaftlichen Betrieben → BMF vom 17.5.2022 (BStBl. I S. 678).

Zu § 15 EStG

R 15.1 Selbständigkeit

Versicherungsvertreter

(1) [1]Versicherungsvertreter, die Versicherungsverträge selbst vermitteln (sog. Spezialagenten), sind in vollem Umfang als selbständig anzusehen. [2]Das gilt auch dann, wenn sie neben Provisionsbezügen ein mäßiges festes Gehalt bekommen. [3]Soweit ein Spezialagent nebenbei auch Verwaltungsaufgaben und

1) Zur Verpachtung eines land- und forstwirtschaftlichen Betriebs bei gleichzeitiger Schenkung des Inventars an den Pächter siehe BFH v. 8.4.1991 IV R 7/89, BStBl. II 1991, 833. – Zur Verpachtung von Stückländereien siehe BFH v. 18.3.1999 IV R 65/98, BStBl. II 1999, 398.

die Einziehung von Prämien oder Beiträgen übernommen hat, sind die Einnahmen daraus als Entgelte für selbständige Nebentätigkeit zu behandeln. [4]Es ist dabei unerheblich, ob sich z. B. Inkassoprovisionen auf Versicherungen beziehen, die der Spezialagent selbst geworben hat, oder auf andere Versicherungen. [5]Versicherungsvertreter, die mit einem eigenen Büro für einen bestimmten Bezirk sowohl den Bestand zu verwalten als auch neue Geschäfte abzuschließen haben und im Wesentlichen auf Provisionsbasis arbeiten, sind in der Regel Gewerbetreibende.

Hausgewerbetreibende und Heimarbeiter

(2) [1]Hausgewerbetreibende sind im Gegensatz zu Heimarbeitern, deren Tätigkeit als nichtselbständige Arbeit anzusehen ist, selbständige Gewerbetreibende. [2]Die Begriffe des Hausgewerbetreibenden und des Heimarbeiters sind im HAG[1)] bestimmt. [3]Wie bei Heimarbeitern ist die Tätigkeit der nach § 1 Abs. 2 Buchstabe a HAG gleichgestellten Personen, „die in der Regel allein oder mit ihren Familienangehörigen in eigener Wohnung oder selbstgewählter Betriebsstätte eine sich in regelmäßigen Arbeitsvorgängen wiederholende Arbeit im Auftrag eines anderen gegen Entgelt ausüben, ohne dass ihre Tätigkeit als gewerblich anzusehen oder dass der Auftraggeber ein Gewerbetreibender oder Zwischenmeister ist“, als nichtselbständige Arbeit anzusehen. [4]Dagegen sind die nach § 1 Abs. 2 Buchstaben b bis d HAG gleichgestellten Personen wie Hausgewerbetreibende selbständige Gewerbetreibende. [5]Über die Gleichstellung mit Hausgewerbetreibenden entscheiden nach dem HAG die von den zuständigen Arbeitsbehörden errichteten Heimarbeitsausschüsse. [6]Für die Unterscheidung von Hausgewerbetreibenden und Heimarbeitern ist von dem Gesamtbild des einzelnen Falles auszugehen. [7]Heimarbeiter ist nicht, wer fremde Hilfskräfte beschäftigt oder die Gefahr des Unternehmens, insbesondere auch wegen wertvoller Betriebsmittel, trägt. [8]Auch eine größere Anzahl von Auftraggebern und ein größeres Betriebsvermögen können die Eigenschaft als Hausgewerbetreibender begründen. [9]Die Tatsache der Zahlung von Sozialversicherungsbeiträgen durch den Auftraggeber ist für die Frage, ob ein Gewerbebetrieb vorliegt, ohne Bedeutung.

Sozialversicherungspflicht

(3) Arbeitnehmerähnliche Selbständige i. S. d. § 2 Satz 1 Nr. 9 SGB VI[2)] sind steuerlich regelmäßig selbständig tätig.

H 15.1

Allgemeines.

- Voraussetzung für die Annahme eines Gewerbebetriebes ist die Selbständigkeit der Tätigkeit, d. h., die Tätigkeit muss auf eigene Rechnung (Unternehmerrisiko) und auf eigene Verantwortung (Unternehmerinitiative) ausgeübt werden (→ BFH vom 27.9.1988 – BStBl. 1989 II S. 414).
- Eine nur schwach ausgeprägte, aber im Kern gleichwohl gegebene Unternehmerinitiative kann durch ein eindeutig vorhandenes Unternehmer-

---

1) **Arbeitsrecht** Nr. **450**.
2) **Aichberger SGB** Nr. **6**.

risiko dergestalt ausgeglichen werden, dass in der Gesamtschau die für die Annahme gewerblicher Einkünfte erforderliche Selbständigkeit der Betätigung zu bejahen ist (→ BFH vom 7.2.2018 – BStBl. II S. 630).

Freie Mitarbeit. Vertraglich vereinbarte freie Mitarbeit kann ein Arbeitsverhältnis begründen (→ BFH vom 24.7.1992 – BStBl. 1993 II S. 155).

Generalagent. Bei den sog. Generalagenten kommt eine Aufteilung der Tätigkeit in eine selbständige und in eine nichtselbständige Tätigkeit im Allgemeinen nicht in Betracht. Im Allgemeinen ist der Generalagent ein Gewerbetreibender, wenn er das Risiko seiner Tätigkeit trägt, ein Büro mit eigenen Angestellten unterhält, trotz der bestehenden Weisungsgebundenheit in der Gestaltung seines Büros und seiner Zeiteinteilung weitgehend frei ist, der Erfolg seiner Tätigkeit nicht unerheblich von seiner Tüchtigkeit und Initiative abhängt und ihn die Beteiligten selbst als Handelsvertreter und nicht als Arbeitnehmer bezeichnen (→ BFH vom 3.10.1961 – BStBl. III S. 567). Dies gilt auch für Generalagenten eines Krankenversicherungsunternehmens (→ BFH vom 13.4.1967 – BStBl. III S. 398).

Gesamtbeurteilung. Für die Frage, ob ein Stpfl. selbständig oder nichtselbständig tätig ist, kommt es nicht allein auf die vertragliche Bezeichnung, die Art der Tätigkeit oder die Form der Entlohnung an. Entscheidend ist das Gesamtbild der Verhältnisse. Es müssen die für und gegen die Selbständigkeit sprechenden Umstände gegeneinander abgewogen werden; die gewichtigeren Merkmale sind dann für die Gesamtbeurteilung maßgebend (→ BFH vom 12.10.1989 – BStBl. 1990 II S. 64 und vom 18.1.1991 – BStBl. II S. 409).

Handelsvertreter. Ein Handelsvertreter ist auch dann selbständig tätig, wenn Betriebsvermögen nur in geringem Umfang vorhanden ist (→ BFH vom 31.10.1974 – BStBl. 1975 II S. 115 und BVerfG vom 25.10.1977 – BStBl. 1978 II S. 125).

Hausgewerbetreibender. Hausgewerbetreibender ist, „wer in eigener Arbeitsstätte (eigener Wohnung oder Betriebsstätte) mit nicht mehr als zwei fremden Hilfskräften oder Heimarbeitern im Auftrag von Gewerbetreibenden oder Zwischenmeistern Waren herstellt, bearbeitet oder verpackt, wobei er selbst wesentlich am Stück mitarbeitet, jedoch die Verwertung der Arbeitsergebnisse dem unmittelbar oder mittelbar auftraggebenden Gewerbetreibenden überlässt. Beschafft der Hausgewerbetreibende die Roh- und Hilfsstoffe selbst oder arbeitet er vorübergehend unmittelbar für den Absatzmarkt, wird hierdurch seine Eigenschaft als Hausgewerbetreibender nicht beeinträchtigt“ (→ § 2 Abs. 2 HAG).[1]

Heimarbeiter. Heimarbeiter ist, „wer in selbstgewählter Arbeitsstätte (eigener Wohnung oder selbstgewählter Betriebsstätte) allein oder mit seinen Familienangehörigen im Auftrag von Gewerbetreibenden oder Zwischenmeistern erwerbsmäßig arbeitet, jedoch die Verwertung der Arbeitsergebnisse dem unmittelbar oder mittelbar auftraggebenden Gewerbetreibenden überlässt. Be-

---

[1] **Arbeitsrecht** Nr. **450**.

schafft der Heimarbeiter die Roh- und Hilfsstoffe selbst, wird hierdurch seine Eigenschaft als Heimarbeiter nicht beeinträchtigt" (→ § 2 Abs. 1 HAG).[1]

Natürliche Personen. Natürliche Personen können z. T. selbständig, z. T. nichtselbständig tätig sein (→ BFH vom 3.7.1991 – BStBl. II S. 802).

Nebentätigkeit und Aushilfstätigkeit. Zur Abgrenzung zwischen selbständiger und nichtselbständiger Tätigkeit → R 19.2 LStR 2015.

Reisevertreter. Bei einem Reisevertreter ist im Allgemeinen Selbständigkeit anzunehmen, wenn er die typische Tätigkeit eines Handelsvertreters i. S. d. § 84 HGB ausübt, d. h. Geschäfte für ein anderes Unternehmen vermittelt oder abschließt und ein geschäftliches Risiko trägt. Nichtselbständigkeit ist jedoch gegeben, wenn der Reisevertreter in das Unternehmen seines Auftraggebers derart eingegliedert ist, dass er dessen Weisungen zu folgen verpflichtet ist. Ob eine derartige Unterordnung unter den geschäftlichen Willen des Auftraggebers vorliegt, richtet sich nach der von dem Reisevertreter tatsächlich ausgeübten Tätigkeit und der Stellung gegenüber seinem Auftraggeber (→ BFH vom 16.1.1952 – BStBl. III S. 79). Der Annahme der Nichtselbständigkeit steht nicht ohne weiteres entgegen, dass die Entlohnung nach dem Erfolg der Tätigkeit vorgenommen wird. Hinsichtlich der Bewegungsfreiheit eines Vertreters kommt es bei der Abwägung, ob sie für eine Selbständigkeit oder Nichtselbständigkeit spricht, darauf an, ob das Maß der Bewegungsfreiheit auf der eigenen Machtvollkommenheit des Vertreters beruht oder Ausfluss des Willens des Geschäftsherrn ist (→ BFH vom 7.12.1961 – BStBl. 1962 III S. 149).

Selbständigkeit.

- Ein **Arztvertreter** kann selbständig tätig sein (→ BFH vom 10.4.1953 – BStBl. III S. 142).
- **Bauhandwerker** sind bei nebenberuflicher **„Schwarzarbeit"** in der Regel nicht Arbeitnehmer des Bauherrn (→ BFH vom 21.3.1975 – BStBl. II S. 513).
- Übt der **Beratungsstellenleiter eines Lohnsteuerhilfevereins** seine Tätigkeit als freier Mitarbeiter aus, ist er selbständig tätig (→ BFH vom 10.12.1987 – BStBl. 1988 II S. 273).
- Ein früherer **Berufssportler,** der wiederholt entgeltlich bei industriellen Werbeveranstaltungen mitwirkt, ist selbständig tätig (→ BFH vom 3.11.1982 – BStBl. 1983 II S. 182).
- Ein **Bezirksstellenleiter bei Lotto- und Totogesellschaften** ist regelmäßig selbständig tätig (→ BFH vom 14.9.1967 – BStBl. 1968 II S. 193).
- Ein **Fahrlehrer,** der gegen eine tätigkeitsbezogene Vergütung unterrichtet, ist in der Regel selbständig tätig, auch wenn ihm keine Fahrschulerlaubnis erteilt worden ist (→ BFH vom 17.10.1996 – BStBl. 1997 II S. 188).
- Ein **ausländisches Fotomodell,** das zur Produktion von Werbefilmen kurzfristig im Inland tätig wird, kann selbständig tätig sein (→ BFH vom 14.6.2007 – BStBl. 2009 II S. 931).
- Ein **(Berufs-)Fotomodell,** das nur von Fall zu Fall und vorübergehend zu Werbeaufnahmen herangezogen wird, ist selbständig tätig (→ BFH vom 8.6.1967 – BStBl. III S. 618).
- Ein **Fußball-Nationalspieler,** dem der DFB Anteile an den durch die zentrale Vermarktung der Fußball-Nationalmannschaft erwirtschafteten Werbeeinnahmen überlässt, kann selbständig tätig sein (→ BFH vom 22.2.2012 – BStBl. II S. 511).
- Ein **Gerichtsreferendar,** der neben der Tätigkeit bei Gericht für einen Rechtsanwalt von Fall zu Fall tätig ist, steht zu diesem nicht in einem Arbeitsverhältnis, sondern ist selbständig tätig (→ BFH vom 22.3.1968 – BStBl. II S. 455).

---

[1] **Arbeitsrecht** Nr. **450**.

– Ein **Gesellschafter-Geschäftsführer** einer Baubetreuungs-GmbH, der neben dieser Tätigkeit als Makler und Finanzierungsvermittler tätig ist, ist auch insoweit selbständig tätig, als er sich zu Garantieleistungen nicht nur Dritten, sondern auch seiner Gesellschaft gegenüber gesondert verpflichtet und sich solche Dienste gesondert vergüten lässt (→ BFH vom 8.3.1989 – BStBl. II S. 572).
– Ein **Knappschaftsarzt,** der neben dieser Tätigkeit eine freie Praxis ausübt, ist auch hinsichtlich seiner Knappschaftspraxis in der Regel selbständig tätig (→ BFH vom 3.7.1959 – BStBl. III S. 344).
– Zur **Abgrenzung zwischen selbständiger und nichtselbständiger Tätigkeit** von **Künstlern** und verwandten Berufen → BMF vom 5.10.1990 (BStBl. I S. 638) unter Berücksichtigung der Neufassung der Anlage durch BMF vom 9.7.2014 (BStBl. I S. 1103); bei der Beurteilung darf nicht einseitig auf die Verpflichtung zur Teilnahme an Proben abgestellt werden (→ BFH vom 30.5.1996 – BStBl. II S. 493).
– Eine **nebenberufliche Lehrkraft** erzielt in der Regel Einkünfte aus selbständiger Arbeit (→ BFH vom 4.10.1984 – BStBl. 1985 II S. 51).
– Ein **Notar,** der außerdem zum **Notariatsverweser** bestellt ist, übt auch dieses Amt selbständig aus (→ BFH vom 12.9.1968 – BStBl. II S. 811).
– Ein **Rechtsanwalt,** der zudem eine Tätigkeit **als Lehrbeauftragter** an einer Hochschule ausübt, kann auch insoweit selbständig tätig sein (→ BFH vom 17.7.1958 – BStBl. III S. 360).
– Bestimmt ein **Rundfunkermittler** im Wesentlichen selbst den Umfang der Tätigkeit und sind seine Einnahmen weitgehend von der Eigeninitiative abhängig, ist er selbständig tätig (→ BFH vom 2.12.1998 – BStBl. 1999 II S. 534).
– Ein **Spitzensportler,** der Sportgeräte öffentlich deutlich sichtbar benutzt, ist mit dem entgeltlichen Werben selbständig tätig (→ BFH vom 19.11.1985 – BStBl. 1986 II S. 424).[1)]
– **Nebenberufliche Vertrauensleute einer Buchgemeinschaft** sind keine Arbeitnehmer des Buchclubs, sondern selbständig tätig (→ BFH vom 11.3.1960 – BStBl. III S. 215).
– Eine **Werbedame,** die von ihren Auftraggebern von Fall zu Fall für jeweils kurzfristige Werbeaktionen beschäftigt wird, kann selbständig tätig sein (→ BFH vom 14.6.1985 – BStBl. II S. 661).
– → H 19.0 LStH.[2)]

Versicherungsvertreter.
– Selbständige Versicherungsvertreter üben auch dann eine gewerbliche Tätigkeit aus, wenn sie nur für ein einziges Versicherungsunternehmen tätig sein dürfen (→ BFH vom 26.10.1977 – BStBl. 1978 II S. 137).
– → Generalagent.

R 15.2 Nachhaltigkeit *(unbesetzt)*

H 15.2

Einmalige Handlung.
– Eine einmalige Handlung stellt keine nachhaltige Betätigung dar, wenn sie nicht weitere Tätigkeiten des Stpfl. (zumindest Dulden, Unterlassen) auslöst (→ BFH vom 14.11.1963 – BStBl. 1964 III S. 139).
– → Wiederholungsabsicht.

Mehrzahl selbständiger Handlungen. Nachhaltig sind auch Einzeltätigkeiten, die Teil einer in organisatorischer, technischer und finanzieller Hinsicht

---

1) Zur gewerblichen Tätigkeit eines Sportlers und Zurechnung von Zahlungen der Sportförderung siehe BFH v. 15.12.2021 X R 19/19, BStBl. II 2023, 319.
2) Nr. **20**.

aufeinander abgestimmten Gesamttätigkeit sind (→ BFH vom 21.8.1985 – BStBl. 1986 II S. 88).

Nachhaltigkeit – Einzelfälle.[1]
- Bankgeschäfte eines **Bankangestellten,** die in fortgesetzter Untreue zu Lasten der Bank getätigt werden, sind nachhaltig (→ BFH vom 3.7.1991 – BStBl. II S. 802).
- Zur Nachhaltigkeit bei Veräußerung von Grundstücken im Rahmen eines **gewerblichen Grundstückshandels** → BMF vom 26.3.2004 (BStBl. I S. 434).[2]
- → H 18.1 (Nachhaltige Erfindertätigkeit).
- Zu den Voraussetzungen, unter denen der Erwerb eines Wirtschaftsguts **zum Zweck** der späteren **Veräußerung** als nachhaltige Tätigkeit zu beurteilen ist → BFH vom 28.4.1977 (BStBl. II S. 728) und vom 8.7.1982 (BStBl. II S. 700).

Wertpapiere. Besteht beim An- und Verkauf festverzinslicher Wertpapiere eine Wiederholungsabsicht, kann die Tätigkeit nachhaltig sein (→ BFH vom 31.7.1990 – BStBl. 1991 II S. 66 und vom 6.3.1991 – BStBl. II S. 631).

Wiederholungsabsicht. Eine Tätigkeit ist nachhaltig, wenn sie auf Wiederholung angelegt ist. Da die Wiederholungsabsicht eine innere Tatsache ist, kommt den tatsächlichen Umständen besondere Bedeutung zu. Das Merkmal der Nachhaltigkeit ist daher bei einer Mehrzahl von gleichartigen Handlungen im Regelfall zu bejahen (→ BFH vom 23.10.1987 – BStBl. 1988 II S. 293 und vom 12.7.1991 – BStBl. 1992 II S. 143). Bei **erkennbarer** Wiederholungsabsicht kann bereits eine einmalige Handlung den Beginn einer fortgesetzten Tätigkeit begründen (→ BFH vom 31.7.1990 – BStBl. 1991 II S. 66).

Zeitdauer. Die Zeitdauer einer Tätigkeit allein lässt nicht auf die Nachhaltigkeit schließen (→ BFH vom 21.8.1985 – BStBl. 1986 II S. 88).

Zurechnung der Tätigkeit eines Anderen. Bedingen sich die Aktivitäten zweier selbständiger Rechtssubjekte gegenseitig und sind sie derart miteinander verflochten, dass sie nach der Verkehrsanschauung als einheitlich anzusehen sind, können bei der Prüfung der Nachhaltigkeit die Handlungen des Einen dem Anderen zugerechnet werden (→ BFH vom 12.7.2007 – BStBl. II S. 885).

R 15.3 Gewinnerzielungsabsicht *(unbesetzt)*

H 15.3

Abgrenzung der Gewinnerzielungsabsicht zur Liebhaberei[3]
- bei einem **Architekten** → BFH vom 12.9.2002 (BStBl. 2003 II S. 85),

---

[1] Zur Einordnung von Einkünften im Zusammenhang mit virtuellen Währungen als Einkünfte aus Gewerbebetrieb siehe BMF v. 10.5.2022, BStBl. I 2022, 668.

[2] Ergänzend siehe BFH v. 19.2.2009 IV R 10/06, BStBl. II 2009, 533, und v. 30.9.2010 IV R 44/08, BStBl. II 2011, 645.

[3] „Liebhaberei" ist erst nach Festlegung der Einkunftsart zu überprüfen; siehe BFH v. 29.3.2001 IV R 88/99, BStBl. II 2002, 791.

- bei einem **Bootshandel** mit langjährigen Verlusten → BFH vom 21.7.2004 (BStBl. II S. 1063),
- bei einem **Erfinder** → BFH vom 14.3.1985 (BStBl. II S. 424),
- bei Vermietung einer **Ferienwohnung** → BFH vom 5.5.1988 (BStBl. II S. 778),
- beim Betrieb eines **Gästehauses** → BFH vom 13.12.1984 (BStBl. 1985 II S. 455),
- bei einem als sog. **Generationenbetrieb** geführten Unternehmen → BFH vom 24.8.2000 (BStBl. II S. 674),
- bei einem **gewerblichen Grundstückshandel** → BFH vom 5.4.2017 (BStBl. II S. 1130),
- bei einem unverändert fortgeführten regelmäßig Verluste bringenden **Großhandelsunternehmen** → BFH vom 19.11.1985 (BStBl. 1986 II S. 289),
- bei einem **Künstler** → BFH vom 6.3.2003 (BStBl. II S. 602),
- bei Vercharterung eines **Motorbootes** → BFH vom 28.8.1987 (BStBl. 1988 II S. 10),
- bei einer **Pferdezucht** → BFH vom 27.1.2000 (BStBl. II S. 227),
- bei kleinen **Photovoltaikanlagen** und vergleichbaren Blockheizkraftwerken → BMF vom 29.10.2021 (BStBl. I S. 2202),
- bei einem hauptberuflich tätigen **Rechtsanwalt** → BFH vom 22.4.1998 (BStBl. II S. 663) und vom 14.12.2004 (BStBl. 2005 II S. 392),
- bei Betrieb einer **Reitschule** → BFH vom 15.11.1984 (BStBl. 1985 II S. 205),
- bei einem **Schriftsteller** → BFH vom 23.5.1985 (BStBl. II S. 515),
- bei einem **Steuerberater** → BFH vom 31.5.2001 (BStBl. 2002 II S. 276),
- bei Betrieb eines **Trabrennstalls** → BFH vom 19.7.1990 (BStBl. 1991 II S. 333).

Anlaufverluste.

- Verluste der Anlaufzeit sind steuerlich nicht zu berücksichtigen, wenn die Tätigkeit von Anfang an erkennbar ungeeignet ist, auf Dauer einen Gewinn zu erbringen (→ BFH vom 23.5.1985 – BStBl. II S. 515 und vom 28.8.1987 – BStBl. 1988 II S. 10).
- Bei der Totalgewinnprognose ist zu berücksichtigen, dass sich z. B. bei Künstlern und Schriftstellern positive Einkünfte vielfach erst nach einer längeren Anlaufzeit erzielen lassen (→ BFH vom 23.5.1985 – BStBl. II S. 515 und vom 6.3.2003 – BStBl. II S. 602).
- Beruht die Entscheidung zur Neugründung eines Gewerbebetriebs im Wesentlichen auf den persönlichen Interessen und Neigungen des Stpfl., sind die entstehenden Verluste nur dann für die Dauer einer betriebsspezifischen Anlaufphase steuerlich zu berücksichtigen, wenn der Stpfl. zu Beginn seiner Tätigkeit ein schlüssiges Betriebskonzept erstellt hat, das ihn zu der Annahme veranlassen durfte, durch die gewerbliche Tätigkeit werde insgesamt ein positives Gesamtergebnis erzielt werden können. Besteht ein solches Betriebskonzept hingegen nicht und war der Betrieb bei objektiver Betrachtung nach seiner Art, nach der Gestaltung der Betriebsführung und nach den gegebenen Ertragsaussichten von vornherein

zur Erzielung eines Totalgewinns nicht in der Lage, folgt daraus, dass der Stpfl. die verlustbringende Tätigkeit nur aus im Bereich seiner Lebensführung liegenden persönlichen Gründen oder Neigungen ausgeübt hat (→ BFH vom 23.5.2007 – BStBl. II S. 874).

– Als betriebsspezifische Anlaufzeit bis zum Erforderlichwerden größerer Korrektur- und Umstrukturierungsmaßnahmen wird ein Zeitraum von weniger als fünf Jahren nur im Ausnahmefall in Betracht kommen. Daneben ist die Dauer der Anlaufphase vor allem vom Gegenstand und von der Art des jeweiligen Betriebs abhängig, so dass sich der Zeitraum, innerhalb dessen das Unterbleiben einer Reaktion auf bereits eingetretene Verluste für sich betrachtet noch nicht als Beweisanzeichen für eine mangelnde Gewinnerzielungsabsicht herangezogen werden kann, nicht allgemeinverbindlich festlegen lässt (→ BFH vom 23.5.2007 – BStBl. II S. 874).

Betriebszweige. Wird sowohl eine Landwirtschaft als auch eine Forstwirtschaft betrieben, ist die Frage der Gewinnerzielungsabsicht **getrennt nach Betriebszweigen** zu beurteilen (→ BFH vom 13.12.1990 – BStBl. 1991 II S. 452).

Beweisanzeichen.

– **Betriebsführung.** Beweisanzeichen für das Vorliegen einer Gewinnerzielungsabsicht ist eine Betriebsführung, bei der der Betrieb nach seiner Wesensart und der Art seiner Bewirtschaftung auf die Dauer gesehen dazu geeignet und bestimmt ist, mit Gewinn zu arbeiten. Dies erfordert eine in die Zukunft gerichtete langfristige Beurteilung, wofür die Verhältnisse eines bereits abgelaufenen Zeitraums wichtige Anhaltspunkte bieten können (→ BFH vom 5.5.1988 – BStBl. II S. 778).

– **Umstrukturierungsmaßnahmen.** Geeignete Umstrukturierungsmaßnahmen können ein gewichtiges Indiz für das Vorhandensein einer Gewinnerzielungsabsicht darstellen, wenn nach dem damaligen Erkenntnishorizont aus der Sicht eines wirtschaftlich vernünftig denkenden Betriebsinhabers eine hinreichende Wahrscheinlichkeit dafür bestand, dass sie innerhalb eines überschaubaren Zeitraums zum Erreichen der Gewinnzone führen würden (→ BFH vom 21.7.2004 – BStBl. II S. 1063).

– **Verlustperioden.** Bei längeren Verlustperioden muss für das Fehlen einer Gewinnerzielungsabsicht aus weiteren Beweisanzeichen die Feststellung möglich sein, dass der Stpfl. die Tätigkeit nur aus den im Bereich seiner Lebensführung liegenden persönlichen Gründen und Neigungen ausübt (→ BFH vom 19.11.1985 – BStBl. 1986 II S. 289). Fehlende Reaktionen auf bereits eingetretene hohe Verluste und das unveränderte Beibehalten eines verlustbringenden Geschäftskonzepts sind ein gewichtiges Beweisanzeichen für eine fehlende Gewinnerzielungsabsicht. An die Feststellung persönlicher Gründe und Motive, die den Stpfl. zur Weiterführung seines Unternehmens bewogen haben könnten, sind in diesen Fällen keine hohen Anforderungen zu stellen (→ BFH vom 17.11.2004 – BStBl. 2005 II S. 336).

Land- und Forstwirtschaft.

– **Betriebszweige:** Wird sowohl eine Landwirtschaft als auch eine Forstwirtschaft betrieben, ist die Frage der Gewinnerzielungsabsicht getrennt nach Betriebszweigen zu beurteilen (→ BFH vom 13.12.1990 – BStBl. 1991 II S. 452).

- **Pachtbetrieb Landwirtschaft:** Eine generationenübergreifende Totalgewinnprognose unter Einbeziehung des unentgeltlichen Rechtsnachfolgers kommt bei einem Landwirtschaftsbetrieb in Betracht, wenn der aktuell zu beurteilende Stpfl. infolge umfangreicher Investitionen die wirtschaftliche Grundlage des späteren Erfolgs in Form von positiven Einkünften bei seinem unentgeltlichen Rechtsnachfolger gelegt hat. Dies gilt zugleich betriebsübergreifend auch dann, wenn der Landwirtschaftsbetrieb zunächst unter Nießbrauchsvorbehalt an die nächste Generation übertragen wird. Die Totalgewinnprognose ist dann ungeachtet der Entstehung zweier landwirtschaftlicher Betriebe für einen fiktiven konsolidierten Landwirtschaftsbetrieb zu erstellen (→ BFH vom 23.10.2018 – BStBl. 2019 II S. 601).
- Zur Gewinnererzielungsabsicht bei einer forstwirtschaftlichen Tätigkeit → BMF vom 18.5.2018 (BStBl. I S. 689), Tz. IV.

Personengesellschaft.
- Gewerblich geprägte Personengesellschaft → R 15.8 Abs. 6.
- Umfassend gewerbliche Personengesellschaft → H 15.8 (5) Gewinnerzielungsabsicht.

Persönliche Gründe. Im Lebensführungsbereich liegende persönliche Gründe für die Fortführung einer verlustbringenden Tätigkeit
- können sich aus der Befriedigung persönlicher Neigungen oder der Erlangung wirtschaftlicher Vorteile außerhalb der Einkommenssphäre ergeben (→ BFH vom 19.11.1985 – BStBl. 1986 II S. 289 und vom 31.5.2001 – BStBl. 2002 II S. 276),
- liegen vor, wenn die Fortführung der verlustbringenden Tätigkeit den Abzug von Gehaltszahlungen an nahe Angehörige ermöglichen soll (→ BFH vom 26.2.2004 – BStBl. II S. 455),
- können wegen des mit dem ausgeübten Beruf verbundenen Sozialprestiges vorliegen (→ BFH vom 14.12.2004 – BStBl. 2005 II S. 392).

Selbstkostendeckung. Ohne Gewinnerzielungsabsicht handelt, wer Einnahmen nur erzielt, um seine Selbstkosten zu decken (→ BFH vom 22.8.1984 – BStBl. 1985 II S. 61).

Totalgewinn. Gewinnerzielungsabsicht ist das Streben nach Betriebsvermögensmehrung in Gestalt eines Totalgewinns. Dabei ist unter dem Begriff „Totalgewinn“ bei neu eröffneten Betrieben das positive Gesamtergebnis des Betriebs von der Gründung bis zur Veräußerung, Aufgabe oder Liquidation zu verstehen. Bei bereits bestehenden Betrieben sind für die Gewinnprognose die in der Vergangenheit erzielten Gewinne ohne Bedeutung. Am Ende einer Berufstätigkeit umfasst der anzustrebende Totalgewinn daher nur die verbleibenden Jahre (→ BFH vom 26.2.2004 – BStBl. II S. 455). Es kommt auf die Absicht der Gewinnerzielung an, nicht darauf, ob ein Gewinn tatsächlich erzielt worden ist (→ BFH vom 25.6.1984 – BStBl. II S. 751). Der Aufgabegewinn wird durch Gegenüberstellung des Aufgabe-Anfangsvermögens und des Aufgabe-Endvermögens ermittelt. Da Verbindlichkeiten im

Anfangs- und Endvermögen jeweils – mangels stiller Reserven – mit denselben Werten enthalten sind, wirken sie sich auf die Höhe des Aufgabegewinns nicht aus (→ BFH vom 17.6.1998 – BStBl. II S. 727).

Treu und Glauben. Folgt das Finanzamt der Darstellung des Stpfl., wonach eine Gewinnerzielungsabsicht vorliegt, kann dieser seine Darstellung nicht ohne triftigen Grund als von Anfang an falsch bezeichnen; ein solches Verhalten würde gegen die Grundsätze von Treu und Glauben verstoßen (→ BFH vom 10.10.1985 – BStBl. 1986 II S. 68).

Verlustzuweisungsgesellschaft. Bei einer Personengesellschaft, die nach Art ihrer Betriebsführung keinen Totalgewinn erreichen kann und deren Tätigkeit nach der Gestaltung des Gesellschaftsvertrags und seiner tatsächlichen Durchführung allein darauf angelegt ist, ihren Gesellschaftern Steuervorteile dergestalt zu vermitteln, dass durch Verlustzuweisungen andere Einkünfte nicht und die Verlustanteile letztlich nur in Form buchmäßiger Veräußerungsgewinne versteuert werden müssen, liegt der Grund für die Fortführung der verlustbringenden Tätigkeit allein im Lebensführungsbereich der Gesellschafter. Bei derartigen sog. Verlustzuweisungsgesellschaften ist zu vermuten, dass sie zunächst keine Gewinnerzielungsabsicht haben. Bei ihnen liegt in der Regel eine Gewinnerzielungsabsicht erst von dem Zeitpunkt an vor, in dem nach dem Urteil eines ordentlichen Kaufmanns ein Totalgewinn wahrscheinlich erzielt werden kann (→ BFH vom 12.12.1995 – BStBl. 1996 II S. 219).

Vorläufige Steuerfestsetzung. In Zweifelsfällen ist die Veranlagung gem. § 165 AO vorläufig durchzuführen (→ BFH vom 25.10.1989 – BStBl. 1990 II S. 278).

Wegfall des negativen Kapitalkontos. → H 15.8 (1) Nachversteuerung des negativen Kapitalkontos.

Zeitliche Begrenzung der Beteiligung. Die zeitliche Begrenzung der Beteiligung kann eine fehlende Gewinnerwartung bedingen (→ BFH vom 10.11.1977 – BStBl. 1978 II S. 15).

R 15.4 Beteiligung am allgemeinen wirtschaftlichen Verkehr

(unbesetzt)

H 15.4

Allgemeines. Eine Beteiligung am wirtschaftlichen Verkehr liegt vor, wenn ein Stpfl. mit Gewinnerzielungsabsicht nachhaltig am Leistungs- oder Güteraustausch teilnimmt. Damit werden solche Tätigkeiten aus dem gewerblichen Bereich ausgeklammert, die zwar von einer Gewinnerzielungsabsicht getragen werden, aber nicht auf einen Leistungs- oder Güteraustausch gerichtet sind, z.B. Bettelei. Die Teilnahme am allgemeinen Wirtschaftsverkehr erfordert, dass die Tätigkeit des Stpfl. nach außen hin in Erscheinung tritt, er sich mit ihr an eine – wenn auch begrenzte – Allgemeinheit wendet und damit seinen Willen zu erkennen gibt, ein Gewerbe zu betreiben (→ BFH vom 9.7.1986 – BStBl. II S. 851).

Einschaltung Dritter.

– Der Stpfl. muss nicht in eigener Person am allgemeinen Wirtschaftsverkehr teilnehmen. Es reicht aus, dass eine derartige Teilnahme für seine Rechnung ausgeübt wird (→ BFH vom 31.7.1990 – BStBl. 1991 II S. 66).
– Eine Beteiligung am allgemeinen wirtschaftlichen Verkehr kann auch dann gegeben sein, wenn der Stpfl. nur ein Geschäft mit einem Dritten tätigt, sich dieser aber in Wirklichkeit und nach außen erkennbar nach Bestimmung des Stpfl. an den allgemeinen Markt wendet (→ BFH vom 13.12.1995 – BStBl. 1996 II S. 232).

Gewerblicher Grundstückshandel. → BMF vom 26.3.2004 (BStBl. I S. 434), Tz. 4.[1]

Kundenkreis.

– Eine Beteiligung am allgemeinen wirtschaftlichen Verkehr kann auch bei einer Tätigkeit für nur einen bestimmten Vertragspartner vorliegen (→ BFH vom 9.7.1986 – BStBl. II S. 851 und vom 12.7.1991 – BStBl. 1992 II S. 143), insbesondere wenn die Tätigkeit nach Art und Umfang dem Bild einer unternehmerischen Marktteilnahme entspricht (→ BFH vom 22.1.2003 – BStBl. II S. 464); dies gilt auch, wenn der Stpfl. vertraglich an Geschäftsbeziehungen zu weiteren Personen gehindert ist (→ BFH vom 15.12.1999 – BStBl. 2000 II S. 404).
– Eine Beteiligung am allgemeinen wirtschaftlichen Verkehr kann auch vorliegen, wenn Leistungen entgeltlich nur Angehörigen gegenüber erbracht werden (→ BFH vom 13.12.2001 – BStBl. 2002 II S. 80).[2]

Sexuelle Dienstleistungen.

– Telefonsex führt zu Einkünften aus Gewerbebetrieb (→ BFH vom 23.2.2000 – BStBl. II S. 610).
– Selbständig tätige Prostituierte erzielen Einkünfte aus Gewerbebetrieb (→ BFH vom 20.2.2013 – BStBl. II S. 441).

Teilnahme an Turnierpokerspielen. Die Teilnahme an Turnierpokerspielen kann als Gewerbebetrieb zu qualifizieren sein (→ BFH vom 16.9.2015 – BStBl. 2016 II S. 48).[3]

Wettbewerbsausschluss. Die Beteiligung am allgemeinen wirtschaftlichen Verkehr kann auch dann bestehen, wenn der Wettbewerb der Gewerbetreibenden untereinander ausgeschlossen ist (→ BFH vom 13.12.1963 – BStBl. 1964 III S. 99).

R 15.5 Abgrenzung des Gewerbebetriebs von der Land- und Forstwirtschaft[4]

Allgemeine Grundsätze

(1) [1] Land- und Forstwirtschaft ist die planmäßige Nutzung der natürlichen Kräfte des Bodens zur Erzeugung von Pflanzen und Tieren sowie die Verwer-

---

[1] Siehe ferner BFH v. 1.12.2005 IV R 65/04, BStBl. II 2006, 259.
[2] Siehe ferner BFH v. 28.6.2001 IV R 10/00, BStBl. II 2002, 338.
[3] Vb. nicht zur Entscheidung angenommen, siehe BVerfG v. 16.8.2017 2 BvR 2387/15.
[4] Siehe auch BFH v. 26.6.2002 IV R 55/01, BStBl. II 2003, 13.

tung der dadurch selbstgewonnenen Erzeugnisse. [2]Als Boden i.S.d. Satzes 1 gelten auch Substrate und Wasser. [3]Ob eine land- und forstwirtschaftliche Tätigkeit vorliegt, ist jeweils nach dem Gesamtbild der Verhältnisse zu entscheiden. [4]Liegen teils gewerbliche und teils land- und forstwirtschaftliche Tätigkeiten vor, sind die Tätigkeiten zu trennen, wenn dies nach der Verkehrsauffassung möglich ist. [5]Dies gilt auch dann, wenn sachliche und wirtschaftliche Bezugspunkte zwischen den verschiedenen Tätigkeiten bestehen. [6]Sind die verschiedenen Tätigkeiten jedoch derart miteinander verflochten, dass sie sich unlösbar gegenseitig bedingen, liegt eine einheitliche Tätigkeit vor. [7]Eine solche einheitliche Tätigkeit ist danach zu qualifizieren, ob das land- und forstwirtschaftliche oder das gewerbliche Element überwiegt. [8]Bei in Mitunternehmerschaft (→ R 15.8) geführten Betrieben ist § 15 Abs. 3 Nr. 1 EStG anzuwenden; Tätigkeiten, die dem Grunde und der Höhe nach innerhalb der nachfolgenden Grenzen liegen, gelten dabei als land- und forstwirtschaftlich.

Strukturwandel

(2) [1]Durch Strukturwandel einer bisher der Land- und Forstwirtschaft zugerechneten Tätigkeit kann neben der Land- und Forstwirtschaft ein Gewerbebetrieb entstehen. [2]In diesen Fällen beginnt der Gewerbebetrieb zu dem Zeitpunkt, zu dem diese Tätigkeit dauerhaft umstrukturiert wird. [3]Hiervon ist z.B. auszugehen, wenn dem bisherigen Charakter der Tätigkeit nicht mehr entsprechende Investitionen vorgenommen, vertragliche Verpflichtungen eingegangen oder Wirtschaftsgüter angeschafft werden und dies jeweils dauerhaft dazu führt, dass die in den folgenden Absätzen genannten Grenzen erheblich überschritten werden. [4]In allen übrigen Fällen liegt nach Ablauf eines Zeitraums von drei aufeinander folgenden Wirtschaftsjahren Einkünfte aus Gewerbebetrieb vor. [5]Der Dreijahreszeitraum bezieht sich auf die nachfolgenden Umsatzgrenzen und beginnt bei einem Wechsel des Betriebsinhabers nicht neu. [6]Die vorstehenden Grundsätze gelten für den Strukturwandel von einer gewerblichen Tätigkeit zu einer land- und forstwirtschaftlichen Tätigkeit entsprechend.

Nebenbetrieb

(3) [1]Ein Nebenbetrieb muss den Hauptbetrieb fördern und ergänzen und durch den Hauptbetrieb geprägt werden. [2]Der Nebenbetrieb muss in funktionaler Hinsicht vom Hauptbetrieb abhängig sein. [3]Die Verbindung darf nicht nur zufällig oder vorübergehend und nicht ohne Nachteil für den Hauptbetrieb lösbar sein. [4]Ein Nebenbetrieb der Land- und Forstwirtschaft liegt daher vor, wenn

1. überwiegend im eigenen Hauptbetrieb erzeugte Rohstoffe be- oder verarbeitet werden und die dabei gewonnenen Erzeugnisse überwiegend für den Verkauf bestimmt sind

oder

2. ein Land- und Forstwirt Umsätze aus der Übernahme von Rohstoffen (z.B. organische Abfälle) erzielt, diese be- oder verarbeitet und die dabei gewonnenen Erzeugnisse nahezu ausschließlich im Hauptbetrieb verwendet

und

die Erzeugnisse im Rahmen einer ersten Stufe der Be- oder Verarbeitung, die noch dem land- und forstwirtschaftlichen Bereich zuzuordnen ist, hergestellt werden. [5]Die Be- oder Verarbeitung eigener Erzeugnisse im Rahmen einer zweiten Stufe der Be- oder Verarbeitung ist eine gewerbliche Tätigkeit. [6]Die Be- oder Verarbeitung fremder Erzeugnisse ist stets eine gewerbliche Tätigkeit. [7]Unter den Voraussetzungen des Absatzes 11 können die Erzeugnisse nach den Sätzen 5 und 6 noch der Land- und Forstwirtschaft zugerechnet werden, wenn sie im Rahmen der Direktvermarktung abgesetzt werden. [8]Ein Nebenbetrieb kann auch vorliegen, wenn er ausschließlich von Land- und Forstwirten gemeinschaftlich betrieben wird und nur in deren Hauptbetrieben erzeugte Rohstoffe im Rahmen einer ersten Stufe der Be- oder Verarbeitung be- oder verarbeitet werden, oder nur Erzeugnisse gewonnen werden, die ausschließlich in diesen Betrieben verwendet werden. [9]Nebenbetriebe sind auch Substanzbetriebe (Abbauland – § 43 BewG), z. B. Sandgruben, Kiesgruben, Torfstiche, wenn die gewonnene Substanz überwiegend im eigenen Hauptbetrieb verwendet wird.

Unmittelbare Verwertung organischer Abfälle

(4) [1]Die Entsorgung organischer Abfälle (z. B. Klärschlamm) in einem selbst bewirtschafteten land- und forstwirtschaftlichen Betrieb ist nur dann der Land- und Forstwirtschaft zuzurechnen, wenn sie im Rahmen einer Be- oder Verarbeitung i. S. d. Absatzes 3 geschieht oder die in Absatz 1 Satz 1 genannten Voraussetzungen im Vordergrund stehen. [2]Das Einsammeln, Abfahren und Sortieren organischer Abfälle, das mit der Ausbringung auf Flächen oder der Verfütterung an Tiere des selbst bewirtschafteten land- und forstwirtschaftlichen Betriebs in unmittelbarem sachlichem Zusammenhang steht, ist eine land- und forstwirtschaftliche Tätigkeit. [3]Andernfalls gelten Absätze 9 und 10.

Eigene und fremde Erzeugnisse

(5) [1]Als eigene Erzeugnisse gelten alle land- und forstwirtschaftlichen Erzeugnisse, die im Rahmen des Erzeugungsprozesses im eigenen Betrieb gewonnen werden. [2]Hierzu gehören auch Erzeugnisse der ersten Stufe der Be- oder Verarbeitung und zugekaufte Waren, die als Roh-, Hilfs- oder Betriebsstoffe im Erzeugungsprozess verwendet werden. [3]Rohstoffe sind Waren, die im Rahmen des Erzeugungsprozesses weiterkultiviert werden (z. B. Jungtiere, Saatgut oder Jungpflanzen). [4]Hilfsstoffe sind Waren, die als nicht überwiegender Bestandteil in eigene Erzeugnisse eingehen (z. B. Futtermittelzusätze, Siliermittel, Starterkulturen und Lab zur Milchverarbeitung, Trauben, Traubenmost und Verschnittwein zur Weinerzeugung, Verpackungsmaterial sowie Blumentöpfe für die eigene Produktion oder als handelsübliche Verpackung). [5]Betriebsstoffe sind Waren, die im Erzeugungsprozess verwendet werden (z. B. Düngemittel, Treibstoff und Heizöl). [6]Unerheblich ist, ob die zugekaufte Ware bereits ein land- und forstwirtschaftliches Urprodukt im engeren Sinne oder ein gewerbliches Produkt darstellt. [7]Als fremde Erzeugnisse gelten alle zur Weiterveräußerung zugekauften Erzeugnisse, Produkte oder Handelswaren, die nicht im land- und forstwirtschaftlichen Erzeugungsprozess des eigenen Betriebs verwendet werden. [8]Dies gilt unabhängig davon, ob es sich

um betriebstypische bzw. -untypische Erzeugnisse, Handelsware zur Vervollständigung einer für die Art des Erzeugungsbetriebs üblichen Produktpalette oder andere Waren aller Art handelt. [9] Werden zugekaufte Roh-, Hilfs- oder Betriebsstoffe weiterveräußert, gelten diese zum Zeitpunkt der Veräußerung als fremde Erzeugnisse. [10] Dies gilt unabhängig davon, ob die Veräußerung gelegentlich (z. B. Verkauf von Diesel im Rahmen der Nachbarschaftshilfe) oder laufend (z. B. Verkauf von Blumenerde) erfolgt. [11] Die hieraus erzielten Umsätze sind bei der Abgrenzung entsprechend zu berücksichtigen.

Absatz eigener Erzeugnisse i. V. m. fremden und gewerblichen Erzeugnissen

(6) [1] Werden ausschließlich eigene Erzeugnisse (Absatz 5 Satz 1) abgesetzt, stellt dies eine Vermarktung im Rahmen der Land- und Forstwirtschaft dar, selbst wenn diese Erzeugnisse über ein eigenständiges Handelsgeschäft oder eine Verkaufsstelle (z. B. Großhandelsbetrieb, Einzelhandelsbetrieb, Ladengeschäft, Marktstand oder Verkaufswagen) abgesetzt werden. [2] Unerheblich ist die Anzahl der Verkaufsstellen oder ob die Vermarktung in räumlicher Nähe zum Betrieb erfolgt. [3] Werden durch einen Land- und Forstwirt neben eigenen Erzeugnissen auch fremde (Absatz 5 Satz 7) oder gewerbliche Erzeugnisse (Absatz 3 Satz 5 und 6) abgesetzt, liegen eine land- und forstwirtschaftliche und eine gewerbliche Tätigkeit vor. [4] Diese gewerbliche Tätigkeit kann unter den Voraussetzungen des Absatzes 11 noch der Land- und Forstwirtschaft zugerechnet werden. [5] Dagegen ist der ausschließliche Absatz fremder oder gewerblicher Erzeugnisse von Beginn an stets eine gewerbliche Tätigkeit. [6] Auf die Art und den Umfang der Veräußerung kommt es dabei nicht an.

Absatz eigener Erzeugnisse i. V. m. Dienstleistungen

(7) [1] Die Dienstleistung eines Land- und Forstwirts im Zusammenhang mit dem Absatz eigener Erzeugnisse, die über den Transport und das Einbringen von Pflanzen hinausgeht (z. B. Grabpflege, Gartengestaltung), stellt grundsätzlich eine einheitlich zu beurteilende Tätigkeit mit Vereinbarungen über mehrere Leistungskomponenten dar (gemischter Vertrag). [2] Dabei ist von einer einheitlich gewerblichen Tätigkeit auszugehen, wenn nach dem jeweiligen Vertragsinhalt der Umsatz aus den Dienstleistungen und den fremden Erzeugnissen überwiegt. [3] Die gewerbliche Tätigkeit kann unter den Voraussetzungen des Absatzes 11 noch der Land- und Forstwirtschaft zugerechnet werden.

Absatz eigen erzeugter Getränke i. V. m. besonderen Leistungen

(8) [1] Der Ausschank von eigen erzeugten Getränken i. S. d. Absatzes 5, z. B. Wein, ist lediglich eine Form der Vermarktung und somit eine land- und forstwirtschaftliche Tätigkeit. [2] Werden daneben durch einen Land- und Forstwirt Speisen und andere Getränke abgegeben, liegt insoweit eine gewerbliche Tätigkeit vor, die unter den Voraussetzungen des Absatzes 11 noch der Land- und Forstwirtschaft zugerechnet werden kann.

Verwendung von Wirtschaftsgütern

(9) [1] Verwendet ein Land- und Forstwirt Wirtschaftsgüter seines land- und forstwirtschaftlichen Betriebsvermögens, indem er diese Dritten entgeltlich überlässt oder mit ihnen für Dritte Dienstleistungen verrichtet, stellt dies eine

gewerbliche Tätigkeit dar. [2]Dies gilt auch, wenn in diesem Zusammenhang fremde Erzeugnisse verwendet werden. [3]Unter den Voraussetzungen des Absatzes 11 kann die Tätigkeit noch der Land- und Forstwirtschaft zugerechnet werden, wenn der Einsatz für eigene land- und forstwirtschaftliche Zwecke einen Umfang von 10% nicht unterschreitet. [4]Dagegen liegt ohne weiteres von Beginn an stets eine gewerbliche Tätigkeit vor, wenn ein Land- und Forstwirt Wirtschaftsgüter, die er eigens zu diesem Zweck angeschafft hat, für Dritte verwendet.

Land- und forstwirtschaftliche Dienstleistungen

(10) [1]Sofern ein Land- und Forstwirt Dienstleistungen ohne Verwendung von eigenen Erzeugnissen oder eigenen Wirtschaftsgütern verrichtet, ist dies eine gewerbliche Tätigkeit. [2]Unter den Voraussetzungen des Absatzes 11 kann die Tätigkeit noch der Land- und Forstwirtschaft zugerechnet werden, wenn ein funktionaler Zusammenhang mit typisch land- und forstwirtschaftlichen Tätigkeiten besteht.

Abgrenzungsregelungen

(11) [1]Gewerbliche Tätigkeiten, die nach den Absätzen 3 bis 8 dem Grunde nach die Voraussetzungen für eine Zurechnung zur Land- und Forstwirtschaft erfüllen, sind nur dann typisierend der Land- und Forstwirtschaft zuzurechnen, wenn die Umsätze aus diesen Tätigkeiten dauerhaft (Absatz 2) insgesamt nicht mehr als ein Drittel des Gesamtumsatzes und nicht mehr als 51 500 Euro im Wirtschaftsjahr betragen. [2]Diese Grenzen gelten für die Tätigkeiten nach den Absätzen 9 und 10 entsprechend. [3]Voraussetzung hierfür ist, dass die Umsätze aus den Tätigkeiten i. S. v. Satz 1 und 2 dauerhaft (Absatz 2) insgesamt nicht mehr als 50% des Gesamtumsatzes betragen. [4]Anderenfalls liegen hinsichtlich dieser Tätigkeiten unter den Voraussetzungen des Strukturwandels Einkünfte aus Gewerbebetrieb vor. [5]Der daneben bestehende Betrieb der Land- und Forstwirtschaft bleibt hiervon unberührt. [6]Bei der Ermittlung der Umsätze ist von den Betriebseinnahmen (ohne Umsatzsteuer) auszugehen. [7]Soweit es auf den Gesamtumsatz ankommt, ist hierunter die Summe der Betriebseinnahmen (ohne Umsatzsteuer) zu verstehen.

Energieerzeugung

(12) [1]Bei der Erzeugung von Energie, z. B. durch Wind-, Solar- oder Wasserkraft, handelt es sich nicht um die planmäßige Nutzung der natürlichen Kräfte des Bodens i. S. d. Absatzes 1 Satz 1. [2]Der Absatz von Strom und Wärme führt zu Einkünften aus Gewerbebetrieb. [3]Die Erzeugung von Biogas kann eine Tätigkeit i. S. d. Absatzes 3 sein.

Beherbergung von Fremden

(13) [1]Die Abgrenzung der Einkünfte aus Gewerbebetrieb gegenüber denen aus Land- und Forstwirtschaft richtet sich bei der Beherbergung von Fremden nach den Grundsätzen von R 15.7. [2]Aus Vereinfachungsgründen ist keine gewerbliche Tätigkeit anzunehmen, wenn weniger als vier Zimmer und weniger als sechs Betten zur Beherbergung von Fremden bereitgehalten werden und keine Hauptmahlzeit gewährt wird.

(14) Soweit sich aus den Absätzen 1 bis 13 für einen Stpfl. Verschlechterungen gegenüber R 15.5 EStR 2008 ergeben, kann R 15.5 EStR 2008 für diejenigen Wirtschaftsjahre weiter angewandt werden, die vor der Veröffentlichung der EStÄR 2012 im Bundessteuerblatt beginnen.[1)]

H 15.5

Abgrenzung.

Beispiel zur Prüfung der Umsatzgrenzen:

Ein land- und forstwirtschaftlicher Betrieb erzielt aus eigenen und fremden Erzeugnissen insgesamt einen Umsatz von 130 000 € zuzüglich Umsatzsteuer. Davon wurde ein Umsatzanteil in Höhe von 45 000 € zuzüglich Umsatzsteuer aus der Veräußerung zugekaufter Erzeugnisse und zugekaufter Handelswaren erzielt. Ferner führt der Betrieb Dienstleistungen mit eigenen Maschinen für andere Land- und Forstwirte und die örtliche Gemeinde aus. Daraus werden jeweils 15 000 € Umsatz zuzüglich Umsatzsteuer erzielt.

Lösung:

Die gekauften und weiterveräußerten Erzeugnisse, Produkte und Handelswaren sind fremde Erzeugnisse (R 15.5 Abs. 5 Satz 7 EStR), da sie nicht im Rahmen des Erzeugungsprozesses im eigenen Betrieb verwendet wurden. Die Summe der Betriebseinnahmen ohne Umsatzsteuer aus eigenen Erzeugnissen und fremden Erzeugnissen sowie der Dienstleistungen (R 15.5 Abs. 9 und 10 EStR) beträgt 160 000 €.
Die Umsätze aus fremden Erzeugnissen in Höhe von 45 000 € ohne Umsatzsteuer überschreiten weder die relative Grenze von einem Drittel des Gesamtumsatzes (= 53 333 €) noch die absolute Grenze von 51 500 € (R 15.5 Abs. 11 Satz 1 EStR).
Die Umsätze aller Dienstleistungen in Höhe von 30 000 € ohne Umsatzsteuer überschreiten weder die relative Grenze von einem Drittel des Gesamtumsatzes (= 53 333 €) noch die absolute Grenze von 51 500 € (R 15.5 Abs. 11 Satz 2 EStR). Es ist unerheblich, ob es sich beim Leistungsempfänger um einen Land- und Forstwirt handelt.
Die Umsätze aus den Tätigkeitsbereichen Absatz von fremden Erzeugnissen und Dienstleistungen überschreiten mit insgesamt 75 000 € nicht die Grenze von 50% des Gesamtumsatzes (= 160 000 € × 50 % = 80 000 €; R 15.5 Abs. 11 Satz 3 EStR). Damit liegt insgesamt ein land- und forstwirtschaftlicher Betrieb vor.

Beispiel zur Abgrenzung der Tätigkeiten und Zuordnung von Wirtschaftsgütern:

Landwirt L richtet im Wj. 2013/2014 in einem zum Betriebsvermögen gehörenden Wirtschaftsgebäude einen Hofladen ein, der zu 40% dem Verkauf von eigenen land- und forstwirtschaftlichen Erzeugnissen dient und zu 60% dem Verkauf von fremden Erzeugnissen. Die Umsätze des Betriebs entwickeln sich wie folgt:

---

1) Veröffentlicht im BStBl. I 2013 Nr. 5 v. 28.3.2013. **R 15.5 EStR 2008** lautet:
„**Zukauf fremder Erzeugnisse**
(5) [1] Fremde Erzeugnisse sind nicht solche Erzeugnisse, die im Rahmen des Erzeugungsprozesses im eigenen Betrieb verwendet werden (z.B. Saatgut, Jungpflanzen oder Jungtiere). [2] Als fremde Erzeugnisse gelten solche für die Weiterveräußerung zugekauften betriebstypischen Erzeugnisse, die nicht im eigenen Betrieb im Wege des Erzeugungsprozesses bearbeitet werden, und die nach der Verkehrsauffassung noch als land- und forstwirtschaftliche Produkte zu qualifizieren sind. [3] Dazu gehören auch Handelswaren zur Vervollständigung einer für die Art des Erzeugungsbetriebs üblichen Produktpalette, wie z. B. Töpfe und erden in einer Gärtnerei, sofern der Einkaufswert dieser Handelswaren 10% des Gesamtumsatzes nicht übersteigt. [4] Beträgt der Zukauf fremder Erzeugnisse im Sinne der Sätze 2 und 3, aus Vereinfachungsgründen gemessen an deren Einkaufwert, insgesamt bis zu 30% des Umsatzes, ist grundsätzlich ein Betrieb der Land- und Forstwirtschaft anzuerkennen. [5] Die vorstehende Vereinfachungsregelung findet nur Anwendung, wenn der Umsatzanteil, der auf die Veräußerung der Fremderzeugnisse entfällt, nicht erkennbar überwiegt."

	Nettogesamtumsatz	Nettoumsatz fremde Erzeugnisse
2013/2014	175 000 €	25 000 €
2014/2015	190 000 €	40 000 €
2015/2016	205 000 €	55 000 €
2016/2017	210 000 €	60 000 €
2017/2018	210 000 €	60 000 €

Lösung:

a) Abgrenzung

Der im Wj. 2013/2014 eingerichtete Hofladen steht aufgrund des Verkaufs eigener land- und forstwirtschaftlicher Erzeugnisse in engem sachlichem Zusammenhang mit dem land- und forstwirtschaftlichen Betrieb. Nach R 15.5 Abs. 6 EStR ist der Zu- und Verkauf fremder Erzeugnisse grundsätzlich eine gewerbliche Tätigkeit. Nach R 15.5 Abs. 11 Satz 1 EStR werden sämtliche im Hofladen erzielten Umsätze der Land- und Forstwirtschaft zugerechnet, wenn der nachhaltige Umsatzanteil sämtlicher Verkäufe von fremden Erzeugnissen (R 15.5 Abs. 5 Satz 7 EStR) nicht mehr als ⅓ des Gesamtumsatzes des land- und forstwirtschaftlichen Betriebs und nicht mehr als 51 500 € im Wj. beträgt.

In den Wj. 2013/2014 bis 2014/2015 sind die Voraussetzungen für eine Zurechnung zur Land- und Forstwirtschaft erfüllt. Ab dem Wj. 2015/2016 wird die absolute Grenze von 51 500 € überschritten. Nach R 15.5 Abs. 2 EStR entsteht jedoch erst mit Ablauf des Wj. 2017/2018 ein gesonderter Gewerbebetrieb (Drei-Jahres-Frist; allmählicher Strukturwandel).

b) Behandlung des Wirtschaftsgebäudes

Das Wirtschaftsgebäude wird eigenbetrieblich zu 60 % für gewerbliche Tätigkeiten genutzt, so dass der Hofladen mit dem dazu gehörenden Grund und Boden grundsätzlich gewerbliches Betriebsvermögen wäre. Da die Nutzung für land- und forstwirtschaftliche Tätigkeiten jedoch mindestens 10 % beträgt (→ R 15.5 Abs. 9 Satz 3 EStR), hat es der Stpfl. in der Hand, den Umfang seiner betrieblichen Tätigkeit und seiner Betriebsausgaben zu bestimmen (→ BFH vom 4.7.1990 – BStBl. II S. 817 und vom 22.1.2004 – BStBl. II S. 512). Das Wirtschaftsgebäude kann deshalb aufgrund der Funktionszuweisung des Stpfl. auch über das Wj. 2017/2018 hinaus dem land- und forstwirtschaftlichen Betriebsvermögen zugeordnet werden.

Baumschulen. R 15.5 Abs. 5 gilt auch für Baumschulbetriebe. In solchen Betrieben ist die Aufzucht von sog. Kostpflanzen üblich. Kostpflanzen sind Pflanzen, die der Baumschulbetrieb aus selbst gestelltem Samen oder selbst gestellten Pflanzen in fremden Betrieben aufziehen lässt. Kostpflanzen sind eigene (nicht fremde) Erzeugnisse, wenn die in Kost gegebenen Sämereien oder Pflanzen in der Verfügungsgewalt des Kostgebers (des Baumschulbetriebs) bleiben und der Kostnehmer (der Betrieb, der die Aufzucht durchführt) die Rücklieferungsverpflichtung gegenüber dem Kostgeber hat. Dabei kommt es nicht darauf an, dass der Kostgeber die hingegebenen Pflanzen im eigenen land- oder forstwirtschaftlichen Betrieb erzeugt hat (→ BFH vom 16.12.1976 – BStBl. 1977 II S. 272).

Bewirtschaftungsvertrag. Ein mit einem Pachtvertrag gekoppelter Bewirtschaftungsvertrag vermittelt dem Verpächter nur dann Einkünfte aus Land- und Forstwirtschaft, wenn die Verträge nach dem Willen der Vertragsparteien auf den Verkauf der Ernte gerichtet sind. Ist hingegen nicht von einem Verkauf der Ernte auszugehen, weil neben einem festen Pachtzins lediglich ein Kostenersatz als Bewirtschaftungsentgelt vereinbart wurde, ist von einem Dienstleistungsvertrag und insofern von gewerblichen Einkünften auszugehen (→ BFH vom 29.11.2001 – BStBl. 2002 II S. 221).

Biogasanlagen und Erzeugung von Energie aus Biogas. Zur ertragsteuerlichen Behandlung von Biogasanlagen und zur Erzeugung von Energie aus Biogas → BMF vom 11.4.2022 (BStBl. I S. 633).

Grundstücksverkäufe.

– Die Veräußerung land- und forstwirtschaftlich genutzter Grundstücke ist ein Hilfsgeschäft eines land- und forstwirtschaftlichen Betriebs und nicht Gegenstand eines selbständigen gewerblichen Unternehmens. Etwas anderes gilt allerdings dann, wenn der Landwirt wiederholt innerhalb eines überschaubaren Zeitraums land- und forstwirtschaftliche Grundstücke oder Betriebe in Gewinnabsicht veräußert, die er bereits in der Absicht einer Weiterveräußerung erworben hatte (→ BFH vom 28.6.1984 – BStBl. II S. 798).

– → BMF vom 26.3.2004 (BStBl. I S. 434), Tz. 27.

Klärschlamm. Ein Landwirt, der auch einen Gewerbebetrieb für Klärschlammtransporte unterhält, erzielt mit den Einnahmen für den Transport und die Ausbringung von Klärschlamm auch insoweit Einkünfte aus Gewerbebetrieb und nicht aus Landwirtschaft, als er den Klärschlamm mit Maschinen des Gewerbebetriebs auf selbstbewirtschafteten Feldern ausbringt (→ BFH vom 8.11.2007 – BStBl. 2008 II S. 356).

Nebenbetrieb. Ein Nebenbetrieb (→ R 15.5 Abs. 3) kann auch vorliegen, wenn die von einem Mitunternehmer ausgeübte Tätigkeit dem gemeinsam mit anderen geführten landwirtschaftlichen Hauptbetrieb zu dienen bestimmt ist (→ BFH vom 22.1.2004 – BStBl. II S. 512).

Reitpferde.

– Die Entscheidung, ob die mit der Unterhaltung eines Pensionsstalles und der Erteilung von Reitunterricht verbundene Haltung oder Zucht von Pferden einen Gewerbebetrieb oder einen Betrieb der Land- und Forstwirtschaft darstellt, ist nach den Umständen des Einzelfalles zu treffen. Die Pensionsreitpferdehaltung rechnet auch dann zur landwirtschaftlichen Tierhaltung i. S. d. § 13 Abs. 1 Nr. 1 Satz 2 EStG, wenn den Pferdeeinstellern Reitanlagen einschließlich Reithalle zur Verfügung gestellt werden (→ BFH vom 23.9.1988 – BStBl. 1989 II S. 111).

– Die Vermietung von Pferden zu Reitzwecken ist bei vorhandener flächenmäßiger Futtergrundlage als landwirtschaftlich anzusehen, wenn keine weiteren ins Gewicht fallenden Leistungen erbracht werden, die nicht der Landwirtschaft zuzurechnen sind (→ BFH vom 24.1.1989 – BStBl. II S. 416).

– Ein landwirtschaftlicher Betrieb wird nicht dadurch zu einem Gewerbebetrieb, dass er Pferde zukauft, sie während einer nicht nur kurzen Aufenthaltsdauer zu hochwertigen Reitpferden ausbildet und dann weiterverkauft (→ BFH vom 17.12.2008 – BStBl. 2009 II S. 453).

Schlossbesichtigung. Gewinne aus Schlossbesichtigung gehören zu den Einkünften aus Gewerbebetrieb (→ BFH vom 7.8.1979 – BStBl. 1980 II S. 633).

Strukturwandel. Zur Abgrenzung eines allmählichen von einem sofortigen Strukturwandel → BFH vom 19.2.2009 (BStBl. II S. 654).

Tierzucht.
- Zur Frage der Abgrenzung der landwirtschaftlichen Tierzucht und Tierhaltung (§ 13 Abs. 1 Nr. 1 EStG) von der gewerblichen Tierzucht und Tierhaltung → R 13.2.
- Die Unterhaltung einer Brüterei, in der Küken aus Bruteiern gewonnen und als Eintagsküken weiterveräußert werden, stellt einen Gewerbebetrieb dar, nicht aber eine gewerbliche Tierzucht oder Tierhaltung i. S. d. § 15 Abs. 4 Satz 1 und 2 EStG (→ BFH vom 14.9.1989 – BStBl. 1990 II S. 152).
- Die Aufzucht und Veräußerung von Hunden ist eine gewerbliche Tätigkeit (→ BFH vom 30.9.1980 – BStBl. 1981 II S. 210).
- Die Züchtung und das Halten von Kleintieren ohne Bezug zur land- und forstwirtschaftlichen Urproduktion stellt ungeachtet einer vorhandenen Futtergrundlage eine gewerbliche Tätigkeit dar (→ BFH vom 16.12.2004 – BStBl. 2005 II S. 347).
- Die Unterhaltung einer Nerzzucht gehört nicht zum Bereich der land- und forstwirtschaftlichen Urproduktion (→ BFH vom 19.12.2002 – BStBl. 2003 II S. 507).

Weinbau, Perlwein und Sekt. → BMF vom 19.10.2017 (BStBl. I S. 1431).

R 15.6 Abgrenzung des Gewerbebetriebs von der selbständigen Arbeit

(unbesetzt)

H 15.6

Allgemeines. Die für einen Gewerbebetrieb geltenden positiven Voraussetzungen
- Selbständigkeit (→ R 15.1),
- Nachhaltigkeit (→ H 15.2),
- Gewinnerzielungsabsicht (→ H 15.3) und
- Beteiligung am allgemeinen wirtschaftlichen Verkehr (→ H 15.4)

gelten auch für die selbständige Arbeit i. S. d. § 18 Abs. 1 Nr. 1 und 2 EStG. Erfordert die Ausübung eines in § 18 Abs. 1 Nr. 1 EStG genannten Berufes eine gesetzlich vorgeschriebene Berufsausbildung, übt nur derjenige, der aufgrund dieser Berufsausbildung berechtigt ist, die betreffende Berufsbezeichnung zu führen, diesen Beruf aus (→ BFH vom 1.10.1986 – BStBl. 1987 II S. 116). Eine sonstige selbständige Tätigkeit i. S. d. § 18 Abs. 1 Nr. 3 EStG wird in der Regel gelegentlich und nur ausnahmsweise nachhaltig ausgeübt (→ BFH vom 28.6.2001 – BStBl. 2002 II S. 338).

Abgrenzung selbständige Arbeit/Gewerbebetrieb.

– Beispiele für selbständige Arbeit

Altenpfleger, soweit keine hauswirtschaftliche Versorgung der Patienten erfolgt (→ BMF vom 20.11.2019 – BStBl. I S. 1298),

Berufsbetreuer i. S. v. §§ 1896 ff. BGB; die Tätigkeit fällt in der Regel unter § 18 Abs. 1 Nr. 3 EStG (→ BFH vom 15.6.2010 – BStBl. II S. 909 und S. 906),[1]

---

[1] Zu ehrenamtlichen Betreuern siehe BFH v. 17.10.2012 VIII R 57/09, BStBl. II 2013, 799.

Diätassistent (→ BMF vom 20.11.2019 – BStBl. I S. 1298),

EDV-Berater übt im Bereich der Systemsoftware regelmäßig eine ingenieurähnliche Tätigkeit aus. Im Bereich der Entwicklung von Anwendersoftware ist die Tätigkeit des EDV-Beraters nur dann als selbständige Tätigkeit zu qualifizieren, wenn er die Entwicklung der Anwendersoftware durch eine klassische ingenieursmäßige Vorgehensweise (Planung, Konstruktion, Überwachung) betreibt und er über eine Ausbildung, die der eines Ingenieurs vergleichbar ist, verfügt (→ BFH vom 4.5.2004 – BStBl. II S. 989),

Ergotherapeut (→ BMF vom 20.11.2019 – BStBl. I S. 1298),

Fachkrankenpfleger für Krankenhaushygiene (→ BFH v. 6.9.2006 – BStBl. 2007 II S. 177),

Hebamme/Entbindungspfleger (→ BMF vom 20.11.2019 – BStBl. I S. 1298),

Heileurythmist bei Teilnahme an Verträgen zur Integrierten Versorgung mit Anthroposophischer Medizin nach §§ 140a ff. SGB V (→ BFH vom 20.11.2018 – BStBl. 2019 II S. 776 und BMF vom 20.11.2019 – BStBl. I S. 1298),

Industrie-Designer; auch im Bereich zwischen Kunst und Gewerbe kann gewerblicher Verwendungszweck eine künstlerische Tätigkeit nicht ausschließen (→ BFH vom 14.12.1976 – BStBl. 1977 II S. 474),

Insolvenzverwalter (→ BFH vom 11.8.1994 – BStBl. II S. 936), → sonstige selbständige Arbeit,

IT-Projektleiter, wenn dieser über Kenntnisse und Fähigkeiten verfügt, die in Breite und Tiefe denen eines Diplom-Informatikers entsprechen (→ BFH vom 22.9.2009 – BStBl. 2010 II S. 404),

Kfz-Sachverständiger, dessen Gutachtertätigkeit mathematisch-technische Kenntnisse voraussetzt, wie sie üblicherweise nur durch eine Berufsausbildung als Ingenieur erlangt werden (→ BFH vom 10.11.1988 – BStBl. 1989 II S. 198),

Kindererholungsheim; der Betrieb eines Kindererholungsheims kann ausnahmsweise eine freiberufliche Tätigkeit darstellen, wenn die Kinder in erster Linie zum Zweck einer planmäßigen körperlichen, geistigen und sittlichen Erziehung auswärts untergebracht sind und die freiberufliche Tätigkeit der Gesamtleistung des Heimes das Gepräge gibt (→ BFH vom 9.4.1975 – BStBl. II S. 610),

Kinder- und Jugendlichenpsychotherapeut (→ BMF vom 20.11.2019 – BStBl. I S. 1298),

Kompasskompensierer auf Seeschiffen (→ BFH vom 14.11.1957 – BStBl. 1958 III S. 3),

Krankenpfleger/Krankenschwester, soweit keine hauswirtschaftliche Versorgung der Patienten erfolgt (→ BFH vom 22.1.2004 – BStBl. II S. 509 und BMF vom 20.11.2019 – BStBl. I S. 1298),

Kunsthandwerker, der von ihm selbst entworfene Gegenstände herstellt (→ BFH vom 26.9.1968 – BStBl. 1969 II S. 70); handwerkliche und künstlerische Tätigkeit können nebeneinander vorliegen (→ BFH vom 11.7.1991 – BStBl. II S. 889),

Logopäde (→ BMF vom 20.11.2019 – BStBl. I S. 1298),

Masseur (staatlich geprüft), **Heilmasseur,** soweit diese nicht lediglich oder überwiegend kosmetische oder Schönheitsmassagen durchführen (→ BMF vom 20.11.2019 – BStBl. I S. 1298),

Medizinischer Bademeister, soweit dieser auch zur Feststellung des Krankheitsbefunds tätig wird oder persönliche Heilbehandlungen am Körper des Patienten vornimmt (→ BMF vom 20.11.2019 – BStBl. I S. 1298),

Medizinisch-technischer Assistent (→ BMF vom 20.11.2019 – BStBl. I S. 1298),

Modeschöpfer; beratende Tätigkeit eines im Übrigen als Künstler anerkannten Modeschöpfers kann künstlerisch sein (→ BFH vom 2.10.1968 – BStBl. 1969 II S. 138),

Orthoptist (→ BMF vom 20.11.2019 – BStBl. I S. 1298),

Patentberichterstatter mit wertender Tätigkeit (→ BFH vom 2.12.1970 – BStBl. 1971 II S. 233),

Podologe/Medizinischer Fußpfleger (→ BMF vom 20.11.2019 – BStBl. I S. 1298),

Prüfingenieur, der Hauptuntersuchungen und Sicherheitsprüfungen durchführt (→ BFH vom 14.5.2019 – BStBl. II S. 580),

Psychologischer Psychotherapeut (→ BMF vom 20.11.2019 – BStBl. I S. 1298),

Rettungsassistent (→ BMF vom 20.11.2019 – BStBl. I S. 1298),

Schiffseichaufnehmer (→ BFH vom 5.11.1970 – BStBl. 1971 II S. 319),

Synchronsprecher, der bei der Synchronisierung ausländischer Spielfilme mitwirkt (→ BFH vom 3.8.1978 – BStBl. 1979 II S. 131 und vom 12.10.1978 – BStBl. 1981 II S. 706),

Tanz- und Unterhaltungsorchester, wenn es einen bestimmten Qualitätsstandard erreicht (→ BFH vom 19.8.1982 – BStBl. 1983 II S. 7),

Umweltauditor mit einem abgeschlossenen Chemiestudium (→ BFH vom 17.1.2007 – BStBl. II S. 519),

Verfahrenspfleger i. S. d. FamFG; die Tätigkeit fällt in der Regel unter § 18 Abs. 1 Nr. 3 EStG (→ BFH vom 15.6.2010 – BStBl. II S. 909 und S. 906),

Werbung; Tätigkeit eines Künstlers im Bereich der Werbung kann künstlerisch sein, wenn sie als eigenschöpferische Leistung zu werten ist (→ BFH vom 11.7.1991 – BStBl. 1992 II S. 353),

Zahnpraktiker (→ BMF vom 20.11.2019 – BStBl. I S. 1298),

Zwangsverwalter; die Tätigkeit fällt in der Regel unter § 18 Abs. 1 Nr. 3 EStG (→ BFH vom 12.12.2001 – BStBl. 2002 II S. 202); aber → Sonstige selbständige Arbeit.

– Beispiele für Gewerbebetrieb[1)]

Altenpfleger, soweit auch eine hauswirtschaftliche Versorgung der Patienten erfolgt (→ BMF vom 20.11.2019 – BStBl. I S. 1298),

Anlageberater/Finanzanalyst (→ BFH vom 2.9.1988 – BStBl. 1989 II S. 24),

Ärztepropagandist (→ BFH vom 27.4.1961 – BStBl. III S. 315),

Apotheken-Inventurbüro (→ BFH vom 15.6.1965 – BStBl. III S. 556),

Apothekenrezeptabrechner (→ BFH vom 28.3.1974 – BStBl. II S. 515),

Architekt, der bei Ausübung einer beratenden Tätigkeit an der Vermittlung von Geschäftsabschlüssen mittelbar beteiligt ist (→ BFH vom 14.6.1984 – BStBl. 1985 II S. 15) oder der schlüsselfertige Gebäude errichten lässt; die Gewerblichkeit erstreckt sich in diesem Fall auch auf ggf. erbrachte Ingenieur- oder Architektenleistungen (→ BFH vom 18.10.2006 – BStBl. 2008 II S. 54),

Artist (→ BFH vom 16.3.1951 – BStBl. III S. 97),

Baubetreuer (Bauberater), die sich lediglich mit der wirtschaftlichen (finanziellen) Betreuung von Bauvorhaben befassen (→ BFH vom 29.5.1973 – BStBl. 1974 II S. 447 und vom 30.5.1973 – BStBl. II S. 668),

Bauleiter (→ BFH vom 22.1.1988 – BStBl. II S. 497 und vom 11.8.1999 – BStBl. 2000 II S. 31), es sei denn, seine Ausbildung entspricht derjenigen eines Architekten (→ BFH vom 12.10.1989 – BStBl. 1990 II S. 64) oder eines (Wirtschafts-)Ingenieurs (→ BFH vom 6.9.2006 – BStBl. 2007 II S. 118),

Beratungsstellenleiter eines Lohnsteuerhilfevereins (→ BFH vom 10.12.1987 – BStBl. 1988 II S. 273),

Berufssportler (→ BFH vom 22.1.1964 – BStBl. III S. 207),

Bezirksschornsteinfegermeister (→ BFH vom 13.11.1996 – BStBl. 1997 II S. 295),

Blindenführhundeschule (→ BFH vom 9.5.2017 – BStBl. II S. 911),

Bodybuilding-Studio, wenn unterrichtende Tätigkeit nur die Anfangsphase der Kurse prägt und im Übrigen den Kunden Trainingsgeräte zur freien Verfügung stehen (→ BFH vom 18.4.1996 – BStBl. II S. 573),

Buchhalter (→ BFH vom 28.6.2001 – BStBl. 2002 II S. 338),

Buchmacher (→ RFH vom 22.2.1939 – RStBl. S. 576),

Bühnenvermittler (→ BFH vom 15.4.1970 – BStBl. II S. 517),

Clinical Research Associate (CRA) mit einer im Wesentlichen im Bereich der Planung, Durchführung und Evaluation klinischer Studien ausgeübten Tätigkeit (→ BFH vom 25.4.2017 – BStBl. II S. 908),

---

1) Zum Public-Relations-Berater siehe BFH v. 25.4.1978 VIII R 149/74, BStBl. II 1978, 565; zum Trauerredner siehe BFH v. 29.7.1981 I R 183/79, BStBl. II 1982, 22; zum selbständigen Aktionsleiter einer Bausparkasse siehe BFH v. 28.6.1989 I R 114/85, BStBl. II 1989, 965; zur Inkassotätigkeit eines Rechtsanwalts siehe BFH v. 20.8.2012 III B 246/11, BFH/NV 2012, 1959; zu einem Laborarzt, der bestimmte Routineuntersuchungen vollständig an fachlich vorgebildete Mitarbeiter delegiert, siehe BFH v. 12.6.2018 VIII B 154/17, BFH/NV 2018, 945.

Datenschutzbeauftragter, externer; übt auch dann eine gewerbliche Tätigkeit aus, wenn er zugleich als Rechtsanwalt tätig ist (→ BFH vom 14.1.2020 – BStBl. II S. 222),

Detektiv (→ RFH vom 15.7.1942 – RStBl. S. 989),

Diplomsozialarbeiterin, die im Rahmen der ambulanten Eingliederungshilfe Menschen mit Behinderungen und Menschen mit Krankheiten bei einer selbstbestimmten Lebensführung unterstützt (→ BFH vom 29.9.2020 – BStBl. 2021 II S. 387),

Dispacheur (→ BFH vom 26.11.1992 – BStBl. 1993 II S. 235),

EDV-Berater übt keine ingenieurähnliche Tätigkeit aus, wenn er im Bereich der Anwendersoftware die Entwicklung qualifizierter Software nicht durch eine klassische ingenieurmäßige Vorgehensweise (Planung, Konstruktion, Überwachung) betreibt und wenn er keine Ausbildung, die der eines Ingenieurs vergleichbar ist, besitzt (→ BFH vom 4.5.2004 – BStBl. II S. 989),

Erbensucher (→ BFH vom 24.2.1965 – BStBl. III S. 263),

Fahrschule, wenn der Inhaber nicht die Fahrlehrererlaubnis besitzt (→ BFH vom 4.10.1966 – BStBl. III S. 685),

Finanz- und Kreditberater (→ BFH vom 13.4.1988 – BStBl. II S. 666),

Fitness-Studio; keine unterrichtende Tätigkeit, wenn Kunden im Wesentlichen in Gerätebedienung eingewiesen und Training in Einzelfällen überwacht wird (→ BFH vom 13.1.1994 – BStBl. II S. 362),

Fotograf, der Werbeaufnahmen macht; Werbeaufnahmen macht auch, wer für Zeitschriften Objekte auswählt und zum Zweck der Ablichtung arrangiert, um die von ihm oder einem anderen Fotografen dann hergestellten Aufnahmen zu veröffentlichen (→ BFH vom 19.2.1998 – BStBl. II S. 441),[1)]

Fotomodell (→ BFH vom 8.6.1967 – BStBl. III S. 618),

Gutachter auf dem Gebiet der Schätzung von Einrichtungsgegenständen und Kunstwerken (→ BFH vom 22.6.1971 – BStBl. II S. 749),

Havariesachverständiger (→ BFH vom 22.6.1965 – BStBl. III S. 593),

Hellseher (→ BFH vom 30.3.1976 – BStBl. II S. 464),

Hersteller künstlicher Menschenaugen (→ BFH vom 25.7.1968 – BStBl. II S. 662),

Industriepropagandisten (→ RFH vom 25.3.1938 – RStBl. S. 733), Ingenieur als **Werber für Lieferfirmen** (→ RFH vom 30.8.1939 – RStBl. 1940 S. 14),

Inventurbüro (→ BFH vom 28.11.1968 – BStBl. 1969 II S. 164),

Kfz-Sachverständiger ohne Ingenieurexamen, dessen Tätigkeit keine mathematisch-technischen Kenntnisse wie die eines Ingenieurs voraussetzt (→ BFH vom 9.7.1992 – BStBl. 1993 II S. 100),

Klavierstimmer (→ BFH vom 22.3.1990 – BStBl. II S. 643),

Konstrukteur, der überwiegend Bewehrungspläne fertigt (→ BFH vom 5.10.1989 – BStBl. 1990 II S. 73),

Krankenpfleger/Krankenschwester, soweit auch eine hauswirtschaftliche Versorgung der Patienten erfolgt (→ BFH vom 22.1.2004 – BStBl. II S. 509 und BMF vom 20.11.2019 – BStBl. I S. 1298),

Kükensortierer (→ BFH vom 16.8.1955 – BStBl. III S. 295),

Künstleragenten (→ BFH vom 18.4.1972 – BStBl. II S. 624),

Makler (→ RFH vom 1.6.1938 – RStBl. S. 842),[2)]

Marktforschungsberater (→ BFH vom 27.2.1992 – BStBl. II S. 826),

Masseur (staatlich geprüft), **Heilmasseur,** wenn diese lediglich oder überwiegend kosmetische oder Schönheitsmassagen durchführen (→ BFH vom 26.11.1970 – BStBl. 1971 II S. 249),

Moderator von Verkaufssendungen (→ BFH vom 16.9.2014 – BStBl. 2015 II S. 217),

Personalberater, der seinen Auftraggebern von ihm ausgesuchte Kandidaten für eine zu besetzende Stelle vermittelt (→ BFH vom 19.9.2002 – BStBl. 2003 II S. 25),

Pilot (→ BFH vom 16.5.2002 – BStBl. II S. 565),

---

1) Zur Abgrenzung bei einem Bildberichterstatter siehe BFH v. 22.4.2008 VIII B 96/07, BFH/NV 2008, 1472.

2) Zur Errichtung und Veräußerung eines Einkaufsmarktes im Rahmen eines Maklerbetriebes siehe BFH v. 7.5.2008 X R 49/04, BStBl. II 2008, 711.

Politikberater, dessen Schwerpunkt der Berufstätigkeit in der umfangreichen Informationsbeschaffung rund um spezielle aktuelle Gesetzgebungsvorhaben und der diesbezüglichen Berichterstattung gegenüber seinen Auftraggebern liegt (→ BFH vom 14.5.2014 – BStBl. 2015 II S. 128),

Probenehmer für Erze, Metalle und Hüttenerzeugnisse (→ BFH vom 14.11.1972 – BStBl. 1973 II S. 183),

Promotionsberater (→ BFH vom 8.10.2008 – BStBl. 2009 II S. 238),

Rechtsbeistand, der mit Genehmigung des Landgerichtspräsidenten Auszüge aus Gerichtsakten für Versicherungsgesellschaften fertigt (→ BFH vom 18.3.1970 – BStBl. II S. 455),

Rentenberater (→ BFH vom 7.5.2019 – BStBl. II S. 528 und S. 532),[1)]

Restaurator, es sei denn, er beschränkt sich auf die Erstellung von Gutachten und Veröffentlichungen und wird daher wissenschaftlich tätig oder die Tätigkeit betrifft ein Kunstwerk, dessen Beschädigung ein solches Ausmaß aufweist, dass seine Wiederherstellung eine eigenschöpferische Leistung des Restaurators erfordert (→ BFH vom 4.11.2004 – BStBl. 2005 II S. 362),

Rezeptabrechner für Apotheken (→ BFH vom 28.3.1974 – BStBl. II S. 515),

Rundfunkermittler, der im Auftrag einer Rundfunkanstalt Schwarzhörer aufspürt (→ BFH vom 2.12.1998 – BStBl. 1999 II S. 534),

Rundfunksprecher entfaltet in der Regel keine künstlerische Tätigkeit (→ BFH vom 20.6.1962 – BStBl. III S. 385 und vom 24.10.1963 – BStBl. III S. 589),

Schadensregulierer im Auftrag einer Versicherungsgesellschaft (→ BFH vom 29.8.1961 – BStBl. III S. 505),

Schiffssachverständiger, wenn er überwiegend reine Schadensgutachten (im Unterschied zu Gutachten über Schadens- und Unfallursachen) erstellt (→ BFH vom 21.3.1996 – BStBl. II S. 518),

Spielerberater von Berufsfußballspielern (→ BFH vom 26.11.1998 – BStBl. 1999 II S. 167),

Treuhänderische Tätigkeit eines Rechtsanwaltes für Bauherrengemeinschaften (→ BFH vom 1.2.1990 – BStBl. II S. 534) sowie eines Wirtschaftsprüfers bei einem Immobilienfonds (→ BFH vom 18.10.2006 – BStBl. 2007 II S. 266),

Übersetzer, der die beauftragten Sprachen nicht selbst beherrscht, sondern Übersetzungen in nicht unerheblichem Umfang hinzukauft (→ BFH vom 21.2.2017 – BStBl. 2018 II S. 4),

Vereidigter Kursmakler (→ BFH vom 13.9.1955 – BStBl. III S. 325),

Versicherungsberater (→ BFH vom 16.10.1997 – BStBl. 1998 II S. 139),

Versicherungsvertreter, selbständiger; übt auch dann eine gewerbliche Tätigkeit aus, wenn er nur für ein einziges Versicherungsunternehmen tätig sein darf (→ BFH vom 26.10.1977 – BStBl. 1978 II S. 137),

Versteigerer (→ BFH vom 24.1.1957 – BStBl. III S. 106),

Vortragswerber (→ BFH vom 5.7.1956 – BStBl. III S. 255),

Werbeberater (→ BFH vom 16.1.1974 – BStBl. II S. 293),

Wirtschaftswissenschaftler, der sich auf ein eng begrenztes Tätigkeitsgebiet, z. B. die Aufnahme und Bewertung von Warenbeständen in einem bestimmten Wirtschaftszweig, spezialisiert und diese Tätigkeit im Wesentlichen von zahlreichen Hilfskräften in einem unternehmensartig organisierten Großbüro ausführen lässt (→ BFH vom 28.11.1968 – BStBl. 1969 II S. 164),

Zolldeklarant (→ BFH vom 21.9.1989 – BStBl. 1990 II S. 153).

Ähnliche Berufe.

– Ob ein ähnlicher Beruf vorliegt, ist durch Vergleich mit einem bestimmten Katalogberuf festzustellen (→ BFH vom 5.7.1973 – BStBl. II S. 730).

– Ein Beruf ist einem der Katalogberufe ähnlich, wenn er in wesentlichen Punkten mit ihm verglichen werden kann. Dazu gehören die Vergleich-

---

[1)] Vb. nicht zur Entscheidung angenommen, BVerfG v. 16.12.2020 1 BvR 2278/19, StEd 2021, 72.

barkeit der **Ausbildung** und der beruflichen **Tätigkeit** (→ BFH vom 12.10.1989 – BStBl. 1990 II S. 64).

– → Autodidakt.

– Der Nachweis **ingenieurähnlicher Tätigkeiten** kann nicht durch die Tätigkeit erbracht werden, die auch anhand von Formelsammlungen und praktischen Erfahrungen ausgeübt werden kann (→ BFH vom 11.7.1991 – BStBl. II S. 878). Demgegenüber werden an die Breite der Tätigkeit geringere Anforderungen gestellt (→ BFH vom 14.3.1991 – BStBl. II S. 769). Dies gilt nicht für die dem **beratenden Betriebswirt** ähnlichen Berufe; bei diesen muss sich die Beratungstätigkeit wenigstens auf einen betrieblichen Hauptbereich der Betriebswirtschaft beziehen (→ BFH vom 12.10.1989 – BStBl. 1990 II S. 64).

– Ein **Hochbautechniker** mit den einem Architekten vergleichbaren theoretischen Kenntnissen übt auch in den Veranlagungszeiträumen eine architektenähnliche Tätigkeit aus, in denen er lediglich als Bauleiter tätig wird (→ BFH vom 12.10.1989 – BStBl. 1990 II S. 64).

– Ist für die Ausübung des Katalogberufes eine **staatliche Erlaubnis** erforderlich, kann die ohne staatliche Erlaubnis entfaltete Tätigkeit nicht ähnlich sein (→ BFH vom 13.2.2003 – BStBl. II S. 721).

– → Heil- und Heilhilfsberufe.

– Eine Vergleichbarkeit der Ausbildung erfordert, dass der Tiefe und der Breite nach das Wissen des Kernbereichs des jeweiligen Fachstudiums nachgewiesen wird. Vertiefte Kenntnisse auf einem Teilgebiet des Fachstudiums reichen für eine freiberufliche Tätigkeit nicht aus (→ BFH vom 18.4.2007 – BStBl. II S. 781).

Autodidakt. Verfügt der Stpfl. nicht über einen entsprechenden Studienabschluss (Autodidakt), muss er eine diesem vergleichbare Tiefe und Breite seiner Vorbildung nachweisen. Da der Nachweis durch Teilnahme an Kursen oder Selbststudium auch den Erfolg der autodidaktischen Ausbildung mit umfasst, ist dieser Beweis regelmäßig schwer zu erbringen (→ BFH vom 14.3.1991 – BStBl. II S. 769).

– Der Autodidakt kann aber ausnahmsweise den Nachweis der erforderlichen theoretischen Kenntnisse anhand eigener praktischer Arbeiten erbringen. Hierbei ist erforderlich, dass seine Tätigkeit besonders anspruchsvoll ist und nicht nur der Tiefe, sondern auch der Breite nach zumindest das Wissen des Kernbereichs eines Fachstudiums voraussetzt und den Schwerpunkt seiner Arbeit bildet (→ BFH vom 9.7.1992 – BStBl. 1993 II S. 100). Die praktischen Arbeiten müssen so beschaffen sein, dass aus ihnen auf eine Ausbildung, einen Kenntnisstand und eine Qualifikation geschlossen werden kann, die durch den Kernbereich eines Fachstudiums vermittelt wird (→ BFH vom 11.8.1999 – BStBl. 2000 II S. 31). Es ist unschädlich, wenn die Kenntnisse in einem Hauptbereich des Fachstudiums unzureichend sind, der Stpfl. jedoch insgesamt eine entsprechende Abschlussprüfung an einer Hochschule, Fachhochschule oder Berufsakademie bestehen würde (→ BFH vom 19.9.2002 – BStBl. 2003 II S. 27 und vom 28.8.2003 – BStBl. II S. 919).

– Der Nachweis der erforderlichen theoretischen Kenntnisse kann auch mittels einer Wissensprüfung durch einen Sachverständigen erbracht werden (→ BFH vom 26.6.2002 – BStBl. II S. 768). Eine erfolgreich bestandene Wissensprüfung führt nur dann zur Anerkennung einer freiberufsähnlichen Tätigkeit, wenn sie den Rückschluss auf den Kenntnisstand des Stpfl. im zu beurteilenden VZ zulässt (→ BFH vom 20.10.2016 – BStBl. 2017 II S. 882).
– Ein abgebrochenes Studium reicht zum Nachweis einer autodidaktischen Ausbildung nicht aus (→ BFH vom 4.5.2000 – BStBl. II S. 616).

Erbauseinandersetzung. → BMF vom 14.3.2006 (BStBl. I S. 253) unter Berücksichtigung der Änderungen durch BMF vom 27.12.2018 (BStBl. 2019 I S. 11).

Erzieherische Tätigkeit.
– Eine freiberufliche erzieherische Tätigkeit kann ohne Ablegung einer fachlichen Prüfung ausgeübt werden (→ BFH vom 25.4.1974 – BStBl. II S. 642).
– Eine Beratungstätigkeit, die auf Lösung von Problemen in einem bestimmten Teilbereich zwischenmenschlicher Beziehungen gerichtet ist, ist nicht erzieherisch (→ BFH vom 11.6.1997 – BStBl. II S. 687).
– Leistet der Stpfl. Erziehungshilfe, indem er die betreuten Kinder zeitweise in seinen Haushalt aufnimmt, erzielt er Einkünfte aus einer freiberuflichen Tätigkeit, wenn die Erziehung der Gesamtheit der Betreuungsleistung das Gepräge gibt (→ BFH vom 2.10.2003 – BStBl. 2004 II S. 129).
– Eine erzieherische Tätigkeit erfordert ein Tätigwerden gegenüber Menschen (→ BFH vom 9.5.2017 – BStBl. II S. 911).
– Eine erzieherische Tätigkeit ist – über die Vermittlung von Kenntnissen und Fähigkeiten hinaus – auf die umfassende Schulung des menschlichen Charakters und die Bildung der Persönlichkeit im Ganzen gerichtet. Keine erzieherische Tätigkeit liegt demgegenüber vor, wenn eine im Rahmen ambulanter Eingliederungshilfe gewährte Unterstützung für Menschen mit Behinderungen oder Krankheiten darauf zielt, gemeinsam erkannte, individuelle Defizite einer Person auszugleichen (→ BFH vom 29.9.2020 – BStBl. 2021 II S. 387).

Gemischte Tätigkeit.
– **Allgemeines.** Wird neben einer freiberuflichen eine gewerbliche Tätigkeit ausgeübt, sind die beiden Tätigkeiten steuerlich entweder getrennt oder einheitlich zu behandeln.
– **Getrennte Behandlung.** Die Tätigkeiten sind zu trennen, sofern dies nach der Verkehrsauffassung möglich ist (→ BFH vom 2.10.2003 – BStBl. 2004 II S. 363). Betätigt sich eine natürliche Person sowohl gewerblich als auch freiberuflich und besteht zwischen den Tätigkeiten kein sachlicher und wirtschaftlicher Zusammenhang, werden nebeneinander Einkünfte aus Gewerbebetrieb und aus selbständiger Arbeit erzielt. Aber auch wenn zwischen den Betätigungen gewisse sachliche und wirtschaftliche Berührungspunkte bestehen – also eine gemischte Tätigkeit vorliegt –, sind die Betätigungen regelmäßig getrennt zu erfassen (→ BFH vom 11.7.1991 – BStBl. 1992 II S. 353). Sind die Einkünfte nicht bereits vom

Stpfl. getrennt ermittelt worden, muss eine Trennung ggf. im Wege der Schätzung erfolgen (→ BFH vom 18.1.1962 – BStBl. III S. 131).

– **Einheitliche Behandlung.** Eine einheitliche Tätigkeit liegt nur vor, wenn die verschiedenen Tätigkeiten derart miteinander verflochten sind, dass sie sich gegenseitig unlösbar bedingen (→ BFH vom 11.7.1991 – BStBl. 1992 II S. 413). Schuldet ein Stpfl. seinem Auftraggeber einen einheitlichen Erfolg, ist die zur Durchführung des Auftrags erforderliche Tätigkeit regelmäßig als einheitliche zu beurteilen (→ BFH vom 18.10. 2006 – BStBl. 2008 II S. 54). Werden in einem Betrieb nur gemischte Leistungen erbracht, ist der Betrieb danach zu qualifizieren, welche der einzelnen Tätigkeiten der Gesamttätigkeit das Gepräge gibt (→ BFH vom 2.10.2003 – BStBl. 2004 II S. 363).

– **Beispiele für gemischte Tätigkeit:**
- Der Ankauf und Verkauf von Waren ist grundsätzlich der freiberuflichen Tätigkeit derart wesensfremd, dass er zur Gewerblichkeit führt (→ H 15.8 (5) Einheitliche Gesamtbetätigung; → BFH vom 24.4.1997 – BStBl. II S. 567).
- Werden von Architekten i. V. m. gewerblichen Grundstücksverkäufen Architektenaufträge jeweils in getrennten Verträgen vereinbart und durchgeführt, liegen zwei getrennte Tätigkeiten vor (→ BFH vom 23.10.1975 – BStBl. 1976 II S. 152).
- → Heil- und Heilhilfsberufe.
- Ein Rechtsanwalt, der den Vertriebsunternehmen oder Initiatoren von Bauherren-Modellen Interessenten am Erwerb von Eigentumswohnungen nachweist oder der entsprechende Verträge vermittelt, ist insoweit nicht freiberuflich tätig (→ BFH vom 1.2.1990 – BStBl. II S. 534).
- Ist ein Steuerberater für eine Bauherrengemeinschaft als Treuhänder tätig, können einzelne für die Treugeber erbrachte Leistungen, die zu den typischerweise von Steuerberatern ausgeübten Tätigkeiten gehören, als freiberuflich gewertet werden, wenn sie von den gewerblichen Treuhänderleistungen abgrenzbar sind (→ BFH vom 21.4. 1994 – BStBl. II S. 650). Eine getrennte steuerliche Behandlung ist jedoch nicht möglich, wenn ein Steuerberater, der einem Vertriebsunternehmen Interessenten an den Eigentumswohnungen nachweist oder Verträge über den Erwerb vermittelt, Abnehmer bezüglich der Eigentumswohnungen steuerlich berät; die von dem Vertriebsunternehmen durch Pauschalhonorar mit vergütete Beratung ist Teil der einheitlichen gewerblichen Betätigung (→ BFH vom 9.8.1983 – BStBl. 1984 II S. 129).
- Ein Wirtschaftsprüfer übt eine gewerbliche Tätigkeit aus, soweit er als Treuhänder bei einem Immobilienfonds tätig wird (→ BFH vom 18.10.2006 – BStBl. 2007 II S. 266).

Gesellschaft.

– Schließen sich Angehörige eines freien Berufs zu einer Personengesellschaft zusammen, haben die Gesellschafter nur dann freiberufliche Einkünfte, wenn alle Gesellschafter, ggf. auch die Kommanditisten, die Merkmale eines freien Berufs erfüllen. Kein Gesellschafter darf nur kapitalmäßig beteiligt sein oder Tätigkeiten ausüben, die keine freiberuflichen sind (→ BFH vom 11.6.1985 – BStBl. II S. 584 und vom 9.10.1986 – BStBl. 1987 II S. 124). Dies gilt ungeachtet des Umfangs der Beteiligung (→ BFH vom 28.10.2008 – BStBl. 2009 II S. 642). Eine Personengesellschaft, die sich aus Angehörigen unterschiedlicher freier Berufe zusammensetzt, ist nicht bereits vom Grundsatz her als gewerbliche Mitunternehmerschaft einzustufen (→ BFH vom 23.11.2000 – BStBl. 2001 II S. 241). Beratende Bauingenieure können im Rahmen einer GbR, auch wenn sie nur in geringem Umfang tätig werden, eigenverantwortlich tätig sein (→ BFH vom 20.4.1989 – BStBl. II S. 727). Eine an einer KG als Mitunternehmerin beteiligte GmbH ist selbst dann eine berufsfremde Person, wenn ihre sämtlichen Gesellschafter und ihr Geschäftsführer Angehörige eines freien Berufs sind (→ BFH vom 17.1.1980 – BStBl. II S. 336 und vom 8.4.2008 – BStBl. II S. 681). Das gilt auch dann, wenn die GmbH als alleinige Komplementärin lediglich eine Haftungsvergütung erhält, am Vermögen und Gewinn der KG nicht teilhat und von der Geschäftsführung ausgeschlossen ist (→ BFH vom 10.10.2012 – BStBl. 2013 II S. 79).

– Ein an einer interprofessionellen Freiberufler-Personengesellschaft beteiligter Volks- oder Betriebswirt, der dort lediglich kaufmännische Leitungsaufgaben oder sonstige Managementtätigkeiten übernimmt, ist nicht beratend und damit nicht freiberuflich tätig (→ BFH vom 28.10.2008 – BStBl. 2009 II S. 642).
– Eine Personengesellschaft entfaltet keine freiberufliche Tätigkeit, wenn sie als Holdinggesellschaft geschäftsleitende, kontrollierende und koordinierende kaufmännische Funktionen innerhalb einer Gruppe von freiberuflichen Unternehmen wahrnimmt (→ BFH vom 28.10.2008 – BStBl. 2009 II S. 647).
– Üben Personengesellschaften auch nur zum Teil eine gewerbliche Tätigkeit aus, so ist ihr gesamter Betrieb als gewerblich zu behandeln → R 15.8 (5). Zur steuerrechtlichen Behandlung des Verkaufs von Kontaktlinsen nebst Pflegemitteln, von Mundhygieneartikeln sowie von Tierarzneimitteln durch ärztliche Gemeinschaftspraxen → BMF vom 14.5.1997 (BStBl. I S. 566). Zur steuerrechtlichen Anerkennung der Ausgliederung der gewerblichen Tätigkeit auf eine personenidentische Gesellschaft (Schwestergesellschaft) → auch BFH vom 19.2.1998 (BStBl. II S. 603).
– Eine Unterpersonengesellschaft erzielt freiberufliche Einkünfte, wenn neben den unmittelbar an ihr beteiligten natürlichen Personen alle mittelbar beteiligten Gesellschafter der Obergesellschaften über die persönliche Berufsqualifikation verfügen und in der Unterpersonengesellschaft als solche tätig sind (→ BFH vom 28.10.2008 – BStBl. 2009 II S. 642) und zumindest in geringfügigem Umfang leitend und eigenverantwortlich mitarbeiten. Die freiberufliche Tätigkeit einer Unterpersonengesellschaft wird nicht bereits dadurch begründet, dass jeder Obergesellschafter zumindest in einer anderen Unterpersonengesellschaft des Personengesellschaftsverbunds als Freiberufler leitend und eigenverantwortlich tätig wird (→ BFH vom 4.8.2020 – BStBl. 2021 II S. 81).
– Stellen ein Kameramann und ein Tontechniker als Gesellschafter einer Personengesellschaft für Fernsehanstalten mit Originalton unterlegtes Filmmaterial über aktuelle Ereignisse her, sind sie als Bildberichterstatter freiberuflich i. S. d. § 18 Abs. 1 Nr. 1 EStG tätig (→ BFH vom 20.12. 2000 – BStBl. 2002 II S. 478).

Heil- und Heilhilfsberufe.

– → BMF vom 20.11.2019 (BStBl. I S. 1298).
– Ob ein im **Vergleich zu einem Katalogberuf** i. S. d. § 18 Abs. 1 Nr. 1 Satz 2 EStG **ähnlicher Beruf** vorliegt, bestimmt sich nach ertragsteuerlichen Grundsätzen und nicht nach den im Zusammenhang mit der richt-

linienkonformen Auslegung des § 4 Nr. 14 UStG entwickelten Maßstäben (→ BFH vom 25.4.2017 – BStBl. II S. 908).

- Betreibt ein Arzt ein **Krankenhaus,** liegt eine freiberufliche Tätigkeit vor, wenn es ein notwendiges Hilfsmittel für die ärztliche Tätigkeit darstellt und aus dem Krankenhaus ein besonderer Gewinn nicht angestrebt wird (→ RFH vom 15.3.1939 – RStBl. S. 853). Entsprechendes gilt hinsichtlich einer von einem Arzt oder von einem Heilpraktiker, Physiotherapeuten (Krankengymnasten), Heilmasseur betriebenen **medizinischen Badeanstalt** (→ BFH vom 26.11.1970 – BStBl. 1971 II S. 249).
- Ist eine von einem Arzt betriebene Klinik, ein Kurheim oder Sanatorium ein gewerblicher Betrieb, gehören grundsätzlich auch seine im Rahmen dieses Betriebes erzielten Einnahmen aus ärztlichen Leistungen zu den Einnahmen aus Gewerbebetrieb, wenn ein ganzheitliches Heilverfahren praktiziert wird, für das ein einheitliches Entgelt zu entrichten ist (→ BFH vom 12.11.1964 – BStBl. 1965 III S. 90). Ein Arzt, der eine Privatklinik betreibt, erzielt jedoch dann gewerbliche Einkünfte aus dem Betrieb der Klinik und freiberufliche Einkünfte aus den von ihm erbrachten stationären ärztlichen Leistungen, wenn die Leistungen der Klinik einerseits und die ärztlichen Leistungen andererseits gesondert abgerechnet werden und sich nicht gegenseitig unlösbar bedingen (→ BFH vom 2.10.2003 – BStBl. 2004 II S. 363). Das gilt entsprechend, wenn der Betrieb einer medizinischen Badeanstalt als Gewerbebetrieb anzusehen ist.
- **Tierärzte,** die **Medikamente oder Impfstoffe** gegen Entgelt abgeben, sind gewerblich tätig (→ BFH vom 1.2.1979 – BStBl. II S. 574 und vom 27.7.1978 – BStBl. II S. 686 sowie BMF vom 14.5.1997 – BStBl. I S. 566).
- Der Verkauf von **Kontaktlinsen nebst Pflegemitteln** und von **Mundhygieneartikeln** ist eine gewerbliche Tätigkeit (→ BMF vom 14.5.1997 – BStBl. I S. 566).

Künstlerische Tätigkeit.[1)]

- Eine künstlerische Tätigkeit liegt vor, wenn die Arbeiten nach ihrem Gesamtbild **eigenschöpferisch** sind und über eine hinreichende Beherrschung der Technik hinaus eine bestimmte **künstlerische Gestaltungshöhe** erreichen (→ BFH vom 11.7.1991 – BStBl. 1992 II S. 353). Dabei ist nicht jedes einzelne von dem Künstler geschaffene Werk für sich, sondern die gesamte von ihm im VZ ausgeübte Tätigkeit zu würdigen (→ BFH vom 11.7.1960 – BStBl. III S. 453).
- Im Übrigen ist aber bei der Entscheidung der Frage, ob ein bisher freiberuflich Tätiger Gewerbetreibender wird, nicht auf die möglicherweise besonders gelagerten Umstände eines einzelnen VZ abzustellen, sondern zu prüfen, ob die **allgemeine Tendenz** zur Entwicklung eines Gewerbebetriebes hingeht (→ BFH vom 24.7.1969 – BStBl. 1970 II S. 86).
- Da die künstlerische Tätigkeit in besonderem Maße **persönlichkeitsbezogen** ist, kann sie als solche nur anerkannt werden, wenn der Künstler

1) Zur Teilnahme von Künstlern an Talkshows siehe BFH v. 21.4.1999 I B 99/98, BStBl. II 2000, 254.

auf sämtliche zur Herstellung eines Kunstwerks erforderlichen Tätigkeiten den entscheidenden gestaltenden Einfluss ausübt (→ BFH vom 2.12.1980 – BStBl. 1981 II S. 170).
- Zum Verfahren bei Vorliegen einander widersprechender **Gutachten** → BFH vom 11.7.1991 (BStBl. II S. 889).

Laborleistungen.[1)]
- → BMF vom 12.2.2009 (BStBl. I S. 398).
- → Mithilfe anderer Personen.

Mitarbeit eines angestellten Berufsträgers.
- Betreuen ein selbständig tätiger und ein angestellter Ingenieur jeweils einzelne Projekte eigenverantwortlich und leitend, ist trotz der gleichartigen Tätigkeit eine – ggf. im Schätzungswege vorzunehmende – Aufteilung der Einkünfte nicht ausgeschlossen mit der Folge, dass die vom Unternehmensinhaber selbst betreuten Projekte der freiberuflichen Tätigkeit zuzuordnen sind, und nur die von dem Angestellten betreuten Projekte zu gewerblichen Einkünften führen (→ BFH vom 8.10.2008 – BStBl. 2009 II S. 143).[2)]
- Selbständige Ärzte üben ihren Beruf grundsätzlich auch dann leitend und eigenverantwortlich aus, wenn sie ärztliche Leistungen von angestellten Ärzten erbringen lassen. Voraussetzung dafür ist, dass sie aufgrund ihrer Fachkenntnisse durch regelmäßige und eingehende Kontrolle maßgeblich auf die Tätigkeit ihres angestellten Fachpersonals patientenbezogen Einfluss nehmen, dass die Leistung den Stempel der Persönlichkeit des Stpfl. trägt. Dies ist jedenfalls dann der Fall, wenn der selbständige Arzt die jeweils anstehenden Voruntersuchungen bei den Patienten durchführt, die Behandlungsmethode festlegt und sich die Behandlung problematischer Fälle vorbehält (→ BFH vom 16.7.2014 – BStBl. 2015 II S. 216).

Mithilfe anderer Personen.[3)] Fachlich vorgebildete Arbeitskräfte sind nicht nur Angestellte, sondern auch Subunternehmer (→ BFH vom 23.5.1984 – BStBl. II S. 823 und vom 20.12.2000 – BStBl. 2002 II S. 478). Die Beschäftigung von fachlich vorgebildeten Mitarbeitern steht der Annahme einer freiberuflichen Tätigkeit nicht entgegen, wenn der Berufsträger aufgrund eigener Fachkenntnisse **leitend** tätig wird und auch hinsichtlich der für den Beruf typischen Tätigkeit **eigenverantwortlich** mitwirkt (→ BFH vom 1.2.1990 – BStBl. II S. 507); im Fall eines Schulleiters genügt es, dass er eigenständig in den Unterricht anderer Lehrkräfte eingreift, indem er die Unterrichtsveranstaltungen mitgestaltet und ihnen damit den **Stempel seiner Persönlichkeit** gibt (→ BFH vom 23.1.1986 – BStBl. II S. 398). Die leitende und eigenverantwortliche Tätigkeit des Berufsträgers muss sich auf die

---

1) Ein Laborarzt ist bei vollständiger Delegation bestimmter Routineuntersuchungen an fachlich vorgebildete Mitarbeiter gewerblich tätig; siehe BFH v. 12.6.2018 VIII B 154/17, BFH/NV 2018, 945.

2) Bei GbR Tätigkeit insgesamt gewerblich nach § 15 Abs. 3 Nr. 1 EStG; siehe BFH v. 14.5.2019 VIII R 35/16, BStBl. II 2019, 580.

3) Siehe auch BFH v. 8.6.1995 IV R 80/94, BStBl. II 1995, 776, zur Erstellung von Reliefkarten durch einen Kartographen und Vervollständigung durch seine Mitarbeiter.

Gesamttätigkeit seiner Berufspraxis erstrecken; es genügt somit nicht, wenn sich die auf persönlichen Fachkenntnissen beruhende Leitung und eigene Verantwortung auf einen Teil der Berufstätigkeit beschränkt (→ BFH vom 5.12.1968 – BStBl. 1969 II S. 165). Freiberufliche Arbeit leistet der Berufsträger nur, wenn die Ausführung jedes einzelnen ihm erteilten Auftrags ihm und nicht dem fachlichen Mitarbeiter, den Hilfskräften, den technischen Hilfsmitteln oder dem Unternehmen als Ganzem zuzurechnen ist, wobei in einfachen Fällen eine fachliche Überprüfung der Arbeitsleistung des Mitarbeiters genügt (→ BFH vom 1.2.1990 – BStBl. II S. 507). Danach ist z. B. in den folgenden Fällen eine **gewerbliche Tätigkeit** anzunehmen:

– Ein Stpfl. unterhält ein **Übersetzungsbüro,** ohne dass er selbst über Kenntnisse in den Sprachen verfügt, auf die sich die Übersetzungstätigkeit erstreckt.
– Ein **Architekt** befasst sich vorwiegend mit der Beschaffung von Aufträgen und lässt die fachliche Arbeit durch Mitarbeiter ausführen.
– Ein **Ingenieur** beschäftigt fachlich vorgebildete Arbeitskräfte und übt mit deren Hilfe eine Beratungstätigkeit auf mehreren Fachgebieten aus, die er nicht beherrscht oder nicht leitend bearbeitet (→ BFH vom 11.9.1968 – BStBl. II S. 820); → auch Mitarbeit eines angestellten Berufsträgers.
– **Prüfingenieure,** bei denen angestellte Prüfingenieure eigenständig Hauptuntersuchungen durchführen und dabei lediglich stichprobenartig überwacht werden (→ BFH vom 14.5.2019 – BStBl. II S. 580); → auch Mitarbeit eines angestellten Berufsträgers.
– Ein Stpfl. betreibt eine **Fahrschule,** besitzt jedoch nicht die Fahrlehrererlaubnis (→ BFH vom 4.10.1966 – BStBl. III S. 685).
– Ein Stpfl. ist Inhaber einer **Privatschule** und beschäftigt eine Anzahl von Lehrkräften, ohne durch eigenen Unterricht sowie durch das Mitgestalten des von anderen Lehrkräften erteilten Unterrichts eine überwiegend eigenverantwortliche Unterrichtstätigkeit auszuüben (→ BFH vom 6.11.1969 – BStBl. 1970 II S. 214 und vom 13.12.1973 – BStBl. 1974 II S. 213). Das Gleiche gilt für **Reitunterricht** auf einem Reiterhof → BFH vom 16.11.1978 (BStBl. 1979 II S. 246).
– Ein **Facharzt für Laboratoriumsmedizin** hat nicht ausreichend Zeit für die persönliche Mitwirkung am einzelnen Untersuchungsauftrag (→ BFH vom 21.3.1995 – BStBl. II S. 732).[1]
– Ein **Krankenpfleger** überlässt Pflegeleistungen weitgehend seinen Mitarbeitern (→ BFH vom 5.6.1997 – BStBl. II S. 681).
– Ein **Bildberichterstatter** gibt Aufträge an andere Kameraleute und Tontechniker weiter, ohne insoweit auf die Gestaltung des Filmmaterials Einfluss zu nehmen (→ BFH vom 20.12.2000 – BStBl. 2002 II S. 478).
– Die Einkünfte einer **Ärzte-GbR** sind insgesamt solche aus Gewerbebetrieb, wenn die GbR auch Vergütungen aus ärztlichen Leistungen erzielt, die in nicht unerheblichem Umfang ohne leitende und eigenverantwortliche Beteiligung der Mitunternehmer-Gesellschafter erbracht werden (→ BFH vom 3.11.2015 – BStBl. 2016 II S. 381).

[1] Siehe auch BMF v. 12.2.2009, BStBl. I 2009, 398.

Der Berufsträger darf weder die Leitung noch die Verantwortlichkeit einem Geschäftsführer oder Vertreter übertragen. Eine leitende und eigenverantwortliche Tätigkeit ist jedoch dann noch gegeben, wenn ein Berufsträger nur **vorübergehend,** z. B. während einer Erkrankung, eines Urlaubs oder der Zugehörigkeit zu einer gesetzgebenden Körperschaft oder der Mitarbeit in einer Standesorganisation, seine Berufstätigkeit nicht selbst ausüben kann. Diese Grundsätze gelten bei den Einkünften nach § 18 Abs. 1 Nr. 3 EStG entsprechend (→ BFH vom 15.12.2010 – BStBl. 2011 II S. 506 und vom 26.1.2011 – BStBl. II S. 498).

Rechts- und wirtschaftsberatende Berufe.
- Zu der freien Berufstätigkeit eines Wirtschaftsprüfers, vereidigten Buchprüfers, Steuerberaters, Steuerbevollmächtigten usw. können auch die Prüfungen der laufenden Eintragungen in den Geschäftsbüchern, die Prüfung der Inventur, die Durchführung des Hauptabschlusses und die Aufstellung der Steuererklärungen gehören. Die Bücherführung für andere Personen, z. B. durch einen Steuerberater oder einen Steuerbevollmächtigten, ist ebenfalls grundsätzlich eine freiberufliche Tätigkeit (→ RFH vom 8.3.1939 – RStBl. S. 577 und BFH vom 12.9.1951 – BStBl. III S. 197).
- → Gemischte Tätigkeit.

Schriftstellerische Tätigkeit.[1)]
- Ein Schriftsteller muss für die Öffentlichkeit schreiben und es muss sich um den Ausdruck eigener Gedanken handeln, mögen sich diese auch auf rein tatsächliche Vorgänge beziehen. Es ist nicht erforderlich, dass das Geschriebene einen wissenschaftlichen oder künstlerischen Inhalt hat. Der Schriftsteller braucht weder Dichter noch Künstler noch Gelehrter zu sein (→ BFH vom 14.5.1958 – BStBl. III S. 316).
- Die selbständige Entwicklung von Softwarelernprogrammen ist dann eine schriftstellerische Tätigkeit, wenn eigene Gedanken verfasst werden und die Programme für die Öffentlichkeit bestimmt sind (→ BFH vom 10.9.1998 – BStBl. 1999 II S. 215).
- Das Verfassen von Anleitungen zum Umgang mit technischen Geräten ist eine schriftstellerische Tätigkeit, wenn der auf der Grundlage mitgeteilter Daten erstellte Text als eine eigenständige gedankliche Leistung des Autors erscheint (→ BFH vom 25.4.2002 – BStBl. II S. 475).

Sonstige selbständige Arbeit.
- Eine Tätigkeit ist auch eine sonstige selbständige Arbeit i. S. d. § 18 Abs. 1 Nr. 3 EStG, wenn sie den dort aufgeführten Tätigkeiten (Vollstreckung von Testamenten, Vermögensverwaltung, Tätigkeit als Aufsichtsratsmitglied) ähnlich ist (→ BFH vom 28.8.2003 – BStBl. 2004 II S. 112). Das ist z. B. der Fall, wenn die Tätigkeit die Betreuung fremder Vermögensinteressen umfasst, aber darüber hinaus auch dann, wenn es sich um eine selbständig ausgeübte fremdnützige Tätigkeit in einem fremden Ge-

1) Zur Teilnahme von Schriftstellern an Talkshows siehe BFH v. 21.4.1999 I B 99/98, BStBl. II 2000, 254.

schäftskreis handelt. Eine rein beratende Tätigkeit, die sich z. B. auf die Erteilung von Anlageempfehlungen beschränkt, ohne dass die zur Vermögensanlage erforderlichen Verfügungen selbst vorgenommen werden können oder ein Depot betreut wird, fällt nicht darunter (→ BFH vom 7.5.2019 – BStBl. II S. 528 und S. 532).
- Eine Tätigkeit als **Aufsichtsratsmitglied** i. S. d. § 18 Abs. 1 Nr. 3 EStG übt derjenige aus, der mit der Überwachung der Geschäftsführung einer Gesellschaft beauftragt ist. Dies ist dann nicht der Fall, wenn vom Beauftragten im Wesentlichen Aufgaben der Geschäftsführung wahrgenommen werden (→ BFH vom 28.8.2003 – BStBl. 2004 II S. 112).
- Einkünfte aus einer Tätigkeit als **Insolvenzverwalter** oder aus der **Zwangsverwaltung von Liegenschaften** gehören, auch wenn sie von Rechtsanwälten erzielt werden, grundsätzlich zu den Einkünften aus sonstiger selbständiger Arbeit i. S. d. § 18 Abs. 1 Nr. 3 EStG (→ BFH vom 15.12.2010 – BStBl. 2011 II S. 506).
- Bei den Einkünften aus sonstiger selbständiger Arbeit i. S. v. § 18 Abs. 1 Nr. 3 EStG ist § 18 Abs. 1 Nr. 1 Satz 3 und 4 EStG entsprechend anzuwenden (→ BFH vom 15.12.2010 – BStBl. 2011 II S. 506 und vom 26.1.2011 – BStBl. II S. 498).

Unterrichtende Tätigkeit.
- Der Betrieb einer **Unterrichtsanstalt** ist dann als Ausübung eines freien Berufs anzusehen, wenn der Inhaber über entsprechende Fachkenntnisse verfügt und den Betrieb der Schule eigenverantwortlich leitet (→ Mithilfe anderer Personen). Für eine spezifisch individuelle Leistung, wie es die Lehrtätigkeit ist, gelten dabei **besonders enge Maßstäbe** (→ BFH vom 1.4.1982 – BStBl. II S. 589).
- Ein der Schule angeschlossenes **Internat** rechnet zur freiberuflichen Tätigkeit, wenn das Internat ein notwendiges Hilfsmittel für die Schule ist und das Internat keine besondere Gewinnquelle neben der Schule bildet (→ BFH vom 30.6.1964 – BStBl. III S. 630). Für die Behandlung der beiden Betriebe als gemischte Tätigkeit und ihre getrennte steuerliche Behandlung **(→ Gemischte Tätigkeit).** Eine freiberufliche erzieherische Tätigkeit kann ohne Ablegung einer fachlichen Prüfung ausgeübt werden (→ BFH vom 25.4.1974 – BStBl. II S. 642).
- Der Betrieb eines **Fitness-Studios** stellt keine unterrichtende Tätigkeit dar, wenn sich die persönliche Betreuung der Kunden im Wesentlichen auf die Einweisung in die Handhabung der Geräte und die Überwachung des Trainings in Einzelfällen beschränkt (→ BFH vom 13.1.1994 – BStBl. II S. 362). Dies gilt auch bei einem **Bodybuilding-Studio,** wenn die unterrichtende Tätigkeit nur die Anfangsphase der Kurse prägt und im Übrigen den Kunden Trainingsgeräte zur freien Verfügung stehen (→ BFH vom 18.4.1996 – BStBl. II S. 573).
- Der Betrieb einer **Tanzschule** durch eine GbR ist gewerblich, wenn diese auch einen Getränkeverkauf mit Gewinnerzielungsabsicht betreibt (→ BFH vom 18.5.1995 – BStBl. II S. 718).
- Eine unterrichtende Tätigkeit erfordert ein Tätigwerden gegenüber Menschen (→ BFH vom 9.5.2017 – BStBl. II S. 911).

Verpachtung nach Erbfall. Das Ableben eines Freiberuflers führt weder zu einer Betriebsaufgabe noch geht das der freiberuflichen Tätigkeit dienende Betriebsvermögen durch den Erbfall in das Privatvermögen der Erben über (→ BFH vom 14.12.1993 – BStBl. 1994 II S. 922). Die vorübergehende Verpachtung einer freiberuflichen Praxis durch den Erben oder Vermächtnisnehmer führt dann nicht zur Betriebsaufgabe, wenn er im Begriff ist, die für die beabsichtigte Praxisfortführung erforderliche freiberufliche Qualifikation zu erlangen (→ BFH vom 12.3.1992 – BStBl. 1993 II S. 36).

Wissenschaftliche Tätigkeit. Wissenschaftlich tätig wird nicht nur, wer schöpferische oder forschende Arbeit leistet – reine Wissenschaft –, sondern auch, wer das aus der Forschung hervorgegangene Wissen und Erkennen auf konkrete Vorgänge anwendet – angewandte Wissenschaft –. Keine wissenschaftliche Tätigkeit liegt vor, wenn sie im Wesentlichen in einer praxisorientierten Beratung besteht (→ BFH vom 27.2.1992 – BStBl. II S. 826).[1]

R 15.7 Abgrenzung des Gewerbebetriebs von der Vermögensverwaltung

Allgemeines

(1) [1]Die bloße Verwaltung eigenen Vermögens ist regelmäßig keine gewerbliche Tätigkeit. [2]Vermögensverwaltung liegt vor, wenn sich die Betätigung noch als Nutzung von Vermögen im Sinne einer Fruchtziehung aus zu erhaltenden Substanzwerten darstellt und die Ausnutzung substantieller Vermögenswerte durch Umschichtung nicht entscheidend in den Vordergrund tritt. [3]Ein Gewerbebetrieb liegt dagegen vor, wenn eine selbständige nachhaltige Betätigung mit Gewinnabsicht unternommen wird, sich als Beteiligung am allgemeinen wirtschaftlichen Verkehr darstellt und über den Rahmen einer Vermögensverwaltung hinausgeht. [4]Die Verpachtung eines Gewerbebetriebs ist grundsätzlich nicht als Gewerbebetrieb anzusehen → aber R 16 Abs. 5.[2]

H 15.7 (1)

Beginn der Betriebsverpachtung.
- Verfahren → BFH vom 13.11.1963 (BStBl. 1964 III S. 124);
- → Oberste Finanzbehörden der Länder (BStBl. 1965 II S. 4 ff.).

Betriebsaufspaltung/Gewerblicher Grundstückshandel. Gehört ein Grundstück zum Betriebsvermögen (Umlaufvermögen) eines gewerblichen Grundstückshandels und wird es im Rahmen einer Betriebsaufspaltung als eine wesentliche Betriebsgrundlage an ein Betriebsunternehmen vermietet, wird das Grundstück unter Fortführung des Buchwerts notwendiges Betriebsvermögen (Anlagevermögen) bei dem Besitzunternehmen (→ BFH vom 21.6.2001 – BStBl. 2002 II S. 537).

---

[1] Siehe ferner BFH v. 30.3.1994 I R 54/93, BStBl. II 1994, 864 („die bloße Anwendung wissenschaftlicher Grundsätze und Methoden ist keine wissenschaftliche Tätigkeit i. S. d. § 18 EStG").

[2] **[Amtl. Anm.:]** Jetzt § 16 Abs. 3b EStG.

Einkunftsermittlung.

– Bei im Betriebsvermögen gehaltenen Beteiligungen an vermögensverwaltenden Personengesellschaften → BMF vom 29.4.1994 (BStBl. I S. 282) und vom 8.6.1999 (BStBl. I S. 592) und → BFH vom 11.4.2005 (BStBl. II S. 679).

– Überträgt ein gewerblich tätiger Gesellschafter einer vermögensverwaltenden Personengesellschaft (sog. Zebragesellschaft) ein Wirtschaftsgut seines Betriebsvermögens in das Gesamthandsvermögen der vermögensverwaltenden Personengesellschaft, führt dies nicht zur Aufdeckung der stillen Reserven bei dem Gesellschafter, soweit dieser an der Zebragesellschaft betrieblich beteiligt ist. Dies gilt auch dann, wenn die Übertragung zu fremdüblichen Bedingungen erfolgt. Die auf die betriebliche Beteiligung entfallenden stillen Reserven sind erst bei der Veräußerung des Wirtschaftsguts durch die Zebragesellschaft aufzudecken (→ BFH vom 26.4.2012 – BStBl. 2013 II S. 142).

Erwerb von „gebrauchten" Lebensversicherungen. Die Grenze der privaten Vermögensverwaltung zum Gewerbebetrieb wird nicht überschritten, wenn der Erwerb und das Halten „gebrauchter" Lebensversicherungen sowie der Einzug der Versicherungssumme bei Fälligkeit den Beginn und das Ende einer in erster Linie auf Fruchtziehung gerichteten Tätigkeit darstellen. Ein ausreichendes Indiz für die Qualifikation der Tätigkeit als Gewerbebetrieb ergibt sich weder aus dem Anlagevolumen oder dem Umfang der getätigten Rechtsgeschäfte noch aus der Einschaltung eines Vermittlers. Eine gewerbliche Tätigkeit kommt nur in Betracht, wenn sich der Erwerber wie ein Händler oder Dienstleister verhält (→ BFH vom 11.10.2012 – BStBl. 2013 II S. 538).

Gewerblicher Grundstückshandel.[1]

– → BMF vom 26.3.2004 (BStBl. I S. 434).

– Veräußert der Alleingesellschafter-Geschäftsführer einer GmbH ein von ihm erworbenes unaufgeteiltes Mehrfamilienhaus an die GmbH, die er zur Aufteilung bevollmächtigt und die die entstandenen vier Eigentumswohnungen noch im selben Jahr an verschiedene Erwerber veräußert, können die Aktivitäten der GmbH nur dem Anteilseigner zugerechnet werden, wenn die Voraussetzungen eines Gestaltungsmissbrauchs vorliegen. Für einen Gestaltungsmissbrauch kann insbesondere neben weiteren Umständen sprechen, dass die Mittel für den an den Anteilseigner zu entrichtenden Kaufpreis zu einem erheblichen Teil erst aus den Weiterverkaufserlösen zu erbringen sind (→ BFH vom 18.3.2004 – BStBl. II S. 787).

– In der Einschaltung von nahen Angehörigen in eigene Grundstücksgeschäfte des Stpfl. kann ein Gestaltungsmissbrauch i. S. d. § 42 AO liegen (→ BFH vom 15.3.2005 – BStBl. II S. 817).

---

[1] Siehe auch BFH v. 18.9.2002 X R 28/00, BStBl. II 2003, 133, v. 23.2.2005 XI R 35/02, BFH/NV 2005, 1267, v. 20.4.2006 III R 1/05, BStBl. II 2007, 375, v. 8.11.2007 IV R 35/06, BStBl. II 2008, 359, v. 30.9.2010 IV R 44/08, BStBl. II 2011, 645, v. 5.5.2011 IV R 34/08, BStBl. II 2011, 787, v. 22.8.2012 X R 24/11, BStBl. II 2012, 865, v. 27.9.2012 III R 19/11, BStBl. II 2013, 433, v. 22.4.2015 X R 25/13, BStBl. II 2015, 897, v. 28.10.2015 X R 22/13, BStBl. II 2016, 95.

– Die Zwischenschaltung einer GmbH, die die Errichtung und Vermarktung von Wohnungen übernimmt, ist grundsätzlich nicht missbräuchlich, wenn die GmbH nicht funktionslos ist, d. h. wenn sie eine wesentliche – wertschöpfende – eigene Tätigkeit (z. B. Bebauung des erworbenen Grundstücks) ausübt. Die von der GmbH veräußerten Wohnungen sind dann nicht als Objekt i. S. d. Drei-Objekt-Grenze zu berücksichtigen (→ BFH vom 17.3.2010 – BStBl. II S. 622).
– Im Rahmen des Folgebescheids darf der Gewinn aus der Veräußerung eines Anteils an einer grundbesitzenden Personengesellschaft auch dann in einen laufenden Gewinn im Rahmen eines vom Stpfl. betriebenen gewerblichen Grundstückshandels umqualifiziert werden, wenn er im Grundlagenbescheid als Veräußerungsgewinn bezeichnet worden ist (→ BFH vom 18.4.2012 – BStBl. II S. 647).
– Ein gewerblicher Grundstückshandel setzt Gewinnerzielungsabsicht voraus. Die Gewinnerzielungsabsicht kann nachträglich entfallen. Obliegt es dem gewerblichen Händler zu bebauender Grundstücke, mit Rücksicht auf eine längere Verlustphase Umstrukturierungsmaßnahmen zu treffen, hat er geänderte konkrete Nutzungskonzepte zu entwickeln und zu verfolgen. Die Hoffnung auf einen Veräußerungsgewinn jenseits einer Haltefrist von zehn Jahren ist regelmäßig privater Natur. Wird der Betrieb weder umstrukturiert noch aufgegeben, kommt es infolge Strukturwandels zur Liebhaberei (→ BFH vom 5.4.2017 – BStBl. II S. 1130).

Goldhandel. Ob der Ankauf und Verkauf von Gold als Gewerbebetrieb anzusehen ist, muss anhand der Besonderheiten von Goldgeschäften beurteilt werden. Ein kurzfristiger und häufiger Umschlag des Goldbestands sowie der Einsatz von Fremdkapital können Indizien für eine gewerbliche Tätigkeit sein. Die Grundsätze des Wertpapierhandels (→ H 15.7 (9) An- und Verkauf von Wertpapieren) sind auf den Handel mit physischem Gold nicht übertragbar (→ BFH vom 19.1.2017 – BStBl. II S. 456).

Handel mit Beteiligungen. Die Gründung oder der Erwerb von mehreren GmbHs, die Ausstattung der Gesellschaften mit Güterfernverkehrsgenehmigungen und die anschließende Veräußerung dieser Beteiligungen begründet eine gewerbliche Tätigkeit (→ BFH vom 25.7.2001 – BStBl. II S. 809).

Hingabe von Gesellschafterdarlehen. Die Hingabe von Gesellschafterdarlehen an Kapitalgesellschaften begründet auch bei einem beträchtlichen Kreditvolumen keine Eigenschaft als Marktteilnehmer. Sie überschreitet nicht ohne Weiteres die Grenze der privaten Vermögensverwaltung. Die gewerbliche Darlehenshingabe verlangt eine „bankähnliche" bzw. „bankentypische" Tätigkeit (→ BFH vom 9.7.2019 – BStBl. 2021 II S. 418).

Teilbetrieb. Die Verpachtung eines Teilbetriebs führt nicht zu Einkünften aus Vermietung und Verpachtung, wenn sie im Rahmen des gesamten Betriebs vorgenommen wird (→ BFH vom 5.10.1976 – BStBl. 1977 II S. 42).

Venture Capital Fonds/Private Equity Fonds. Zur Abgrenzung der privaten Vermögensverwaltung vom Gewerbebetrieb bei Venture Capital Fonds und Private Equity Fonds → BMF vom 16.12.2003 (BStBl. 2004 I S. 40 – berichtigt BStBl. 2006 I S. 632); → aber Tz. 20 Satz 2 überholt durch BFH vom 9.8.2006 (BStBl. 2007 II S. 279).

Veräußerung über Internetplattformen. Werden privat und ohne Veräußerungsabsicht angeschaffte bewegliche Wirtschaftsgüter veräußert, kann dies auch dann der letzte Akt der privaten Vermögensverwaltung sein, wenn die Veräußerung über einen langen Zeitraum und in zahlreichen Einzelakten ausgeführt wird. Allein die Verwendung einer auch von gewerblichen Händlern genutzten Internetplattform führt zu keinem anderen Ergebnis (→ BFH vom 17.6.2020 – BStBl. 2021 II S. 213).

Virtuelle Währungen und sonstige Token. → BMF vom 10.5.2022 (BStBl. I S. 668).

R 15.7 (2)

Vermietung und Verpachtung von Grundvermögen

(2) [1] Ein Gewerbebetrieb ist in der Regel gegeben bei der Vermietung von Ausstellungsräumen, Messeständen und bei der ständig wechselnden kurzfristigen Vermietung von Sälen, z. B. für Konzerte. [2] Die Beherbergung in Gaststätten ist stets ein Gewerbebetrieb.

H 15.7 (2)

Arbeiterwohnheim. Der Betrieb eines Arbeiterwohnheims ist im Allgemeinen als Gewerbebetrieb zu beurteilen (→ BFH vom 18.1.1973 – BStBl. II S. 561).

Architekten/Bauunternehmer. Die Errichtung von Häusern durch Architekten oder Bauunternehmer zum Zweck späterer Vermietung stellt keine gewerbliche Tätigkeit dar, auch wenn sie in großem Umfang erfolgt und erhebliche Fremdmittel eingesetzt werden (→ BFH vom 12.3.1964 – BStBl. III S. 364).

Campingplatz. Der Inhaber eines Campingplatzes ist gewerblich tätig, wenn er über die Vermietung der einzelnen Plätze für das Aufstellen von Zelten und Wohnwagen hinaus wesentliche Nebenleistungen erbringt, wie die Zurverfügungstellung sanitärer Anlagen und ihrer Reinigung, die Trinkwasserversorgung, die Stromversorgung für die Gesamtanlage und die einzelnen Standplätze, Abwässer- und Müllbeseitigung, Instandhaltung, Pflege und Überwachung des Platzes (→ BFH vom 6.10.1982 – BStBl. 1983 II S. 80). Das gilt auch, wenn die Benutzer überwiegend sog. Dauercamper sind (→ BFH vom 27.1.1983 – BStBl. II S. 426).

Einkaufszentrum. Die Vermietung eines Einkaufszentrums ist nicht deshalb als Gewerbebetrieb anzusehen, weil der Vermieter die für ein Einkaufszentrum üblichen Infrastruktureinrichtungen bereitstellt oder werbe- und verkaufsfördernde Maßnahmen für das Gesamtobjekt durchführt.
Unschädlich sind Sonderleistungen, die nicht über das hinausgehen, was die Nutzung der Räume zu dem von den Mietern vorausgesetzten gewerblichen Zweck ermöglicht, und die nicht als eigenständiges Herantreten an den Markt verstanden werden können. Letzteres ist nicht anzunehmen, wenn die Sonderleistung im (jedenfalls überwiegenden) wirtschaftlichen Interesse des Vermieters erbracht wird und nicht wirtschaftliche Interessen des

Empfängers im Vordergrund stehen (→ BFH vom 14.7.2016 – BStBl. 2017 II S. 175).

Ferienwohnung. Bei Vermietung einer Ferienwohnung ist ein Gewerbebetrieb gegeben, wenn sämtliche der folgenden Voraussetzungen vorliegen:

1. Die Wohnung muss für die Führung eines Haushalts voll eingerichtet sein, z. B. Möblierung, Wäsche und Geschirr enthalten. Sie muss in einem reinen Feriengebiet im Verband mit einer Vielzahl gleichartig genutzter Wohnungen liegen, die eine einheitliche Wohnanlage bilden;
2. die Werbung für die kurzfristige Vermietung der Wohnung an laufend wechselnde Mieter und die Verwaltung der Wohnung müssen von einer für die einheitliche Wohnanlage bestehenden Feriendienstorganisation durchgeführt werden;
3. die Wohnung muss jederzeit zur Vermietung bereitgehalten werden, und es muss nach Art der Rezeption eines Hotels laufend Personal anwesend sein, das mit den Feriengästen Mietverträge abschließt und abwickelt und dafür sorgt, dass die Wohnung in einem Ausstattungs-, Erhaltungs- und Reinigungszustand ist und bleibt, der die sofortige Vermietung zulässt (→ BFH vom 25.6.1976 – BStBl. II S. 728).

Ein Gewerbebetrieb ist auch anzunehmen, wenn eine hotelmäßige Nutzung der Ferienwohnung vorliegt[1] oder die Vermietung nach Art einer Fremdenpension erfolgt. Ausschlaggebend ist, ob wegen der Häufigkeit des Gästewechsels oder im Hinblick auf zusätzlich zur Nutzungsüberlassung erbrachte Leistungen, z. B. Bereitstellung von Wäsche und Mobiliar, Reinigung der Räume, Übernahme sozialer Betreuung, eine Unternehmensorganisation erforderlich ist, wie sie auch in Fremdenpensionen vorkommt (→ BFH vom 28.6.1984 – BStBl. 1985 II S. 211).
→ H 4.2 (7).

Fremdenpension. Die Beherbergung in Fremdenpensionen ist stets ein Gewerbebetrieb (→ BFH vom 11.7.1984 – BStBl. II S. 722).

Gewerblicher Charakter der Vermietungstätigkeit.

– Um der Tätigkeit der Vermögensverwaltung gewerblichen Charakter zu verleihen, müssen besondere Umstände hinzutreten. Diese können darin bestehen, dass die Verwaltung des Grundbesitzes in Folge des ständigen und schnellen Wechsels der Mieter eine Tätigkeit erfordert, die über das bei langfristigen Vermietungen übliche Maß hinausgeht, oder dass der Vermieter zugleich Leistungen erbringt, die eine bloße Vermietungstätigkeit überschreiten. Das entscheidende Merkmal liegt also darin, dass die bloße Vermögensnutzung hinter der Bereitstellung einer einheitlichen gewerblichen Organisation zurücktritt (→ BFH vom 21.8.1990 – BStBl. 1991 II S. 126).
– → Einkaufszentrum.

Parkplatz. Der Betrieb eines Parkplatzes für Kurzparker ist eine gewerbliche Betätigung (→ BFH vom 9.4.2003 – BStBl. II S. 520).

[1] Siehe aber BFH v. 28.5.2020 IV R 10/18, DStR 2023, 993: Vermietung von Ferienwohnungen durch eigennützige Treuhand.

Tennisplätze. Ein Gewerbebetrieb ist in der Regel bei der Vermietung von Tennisplätzen gegeben (→ BFH vom 25.10.1988 – BStBl. 1989 II S. 291).

Umfangreicher Grundbesitz. Die Vermietung und Verpachtung von Grundvermögen stellt auch dann eine bloße Vermögensverwaltung dar, wenn der vermietete Grundbesitz sehr umfangreich ist und der Verkehr mit vielen Mietern erhebliche Verwaltungsarbeit erforderlich macht (→ BFH vom 21.8.1990 – BStBl. 1991 II S. 126) oder die vermieteten Räume gewerblichen Zwecken dienen (→ BFH vom 17.1.1961 – BStBl. III S. 233).

Untervermietung. Die Untervermietung von kleinen Flächen (Läden, Ständen) stellt keine gewerbliche Betätigung dar, wenn keine besonderen Umstände hinzutreten (→ BFH vom 18.3.1964 – BStBl. III S. 367).

Verklammerung zu einer einheitlichen Tätigkeit.
- Der Ankauf, die Vermietung und der Verkauf von unbeweglichen Wirtschaftsgütern können zu einer einheitlichen, die private Vermögensverwaltung überschreitenden Tätigkeit verklammert sein. Eine Verklammerung kann auch dann zu bejahen sein, wenn die Wirtschaftsgüter veräußert werden, nachdem die in § 23 Abs. 1 Satz 1 EStG genannten Haltefristen abgelaufen sind (→ BFH vom 28.9.2017 – BStBl. 2018 II S. 89).
- Zu beweglichen Wirtschaftsgütern → H 15.7 (3).

Vermietung möblierter Zimmer. Die Vermietung, auch Untervermietung, möblierter Zimmer ist keine gewerbliche Tätigkeit. An dieser Beurteilung ändert sich auch dann nichts, wenn außer der Nutzungsüberlassung als Nebenleistung die Reinigung der Räume, die Gestellung des Frühstücks und dergleichen besonders erbracht werden. Eine gewerbliche Tätigkeit ist jedoch bei der Überlassung von Wohnraum gegeben, wenn die Nutzung des Vermögens hinter der Bereitstellung einer dem Beherbergungsbetrieb vergleichbaren Organisation zurücktritt (→ BFH vom 11.7.1984 – BStBl. II S. 722).

R **15.7 (3)**

Vermietung beweglicher Gegenstände

(3) [1]Die Vermietung beweglicher Gegenstände (z. B. Pkw, Wohnmobile, Boote) führt grundsätzlich zu sonstigen Einkünften i. S. d. § 22 Nr. 3 EStG, bei in ein inländisches oder ausländisches öffentliches Register eingetragenen beweglichen Sachen (Schiffe, Flugzeuge) zu Einkünften i. S. d. § 21 Abs. 1 Satz 1 Nr. 1 EStG oder bei Sachinbegriffen zu Einkünften i. S. d. § 21 Abs. 1 Satz 1 Nr. 2 EStG. [2]Eine gewerbliche Tätigkeit liegt vor, wenn im Zusammenhang mit der Vermietung ins Gewicht fallende Sonderleistungen erbracht werden oder der Umfang der Tätigkeit eine unternehmerische Organisation erfordert.

H **15.7 (3)**

Abgrenzung zur vermögensverwaltenden Tätigkeit.
- **Allgemein.** → BMF vom 1.4.2009 (BStBl. I S. 515).

- **Austausch vor Ablauf der Nutzungsdauer.** Allein aus dem Umstand, dass vermietete bewegliche Wirtschaftsgüter vor Ablauf der gewöhnlichen oder tatsächlichen Nutzungsdauer gegen neuere, funktionstüchtigere Wirtschaftsgüter ausgetauscht werden, kann nicht auf eine gewerbliche Tätigkeit des Vermietungsunternehmens geschlossen werden. Der Bereich der privaten Vermögensverwaltung wird nur dann verlassen, wenn die Gebrauchsüberlassung der vermieteten Gegenstände gegenüber der Veräußerung in den Hintergrund tritt (→ BFH vom 31.5.2007 – BStBl. II S. 768).
- **Flugzeug.** → BMF vom 1.4.2009 (BStBl. I S. 515) und BFH vom 1.8.2013 (BStBl. II S. 910).
- **Wohnmobil.** Die Vermietung nur eines Wohnmobils an wechselnde Mieter ist in der Regel keine gewerbliche Tätigkeit (→ BFH vom 12.11.1997 – BStBl. 1998 II S. 774). Der Erwerb, die Vermietung und Veräußerung von Wohnmobilen sind jedoch gewerblich, wenn die einzelnen Tätigkeiten sich gegenseitig bedingen und derart verflochten sind, dass sie nach der Verkehrsanschauung als einheitlich anzusehen sind (→ BFH vom 22.1.2003 – BStBl. II S. 464).

Verklammerung zu einer einheitlichen Tätigkeit.

- Besteht das Geschäftskonzept einer Fondsgesellschaft in dem Ankauf, der Vermietung und dem Verkauf beweglicher Wirtschaftsgüter (hier: Container), ist eine Verklammerung dieser Teilakte zu einer einheitlichen Tätigkeit rechtlich nur dann zulässig, wenn bereits im Zeitpunkt der Aufnahme der Geschäftstätigkeit festgestanden hat, dass sich das erwartete positive Gesamtergebnis nur unter Einbeziehung des Erlöses aus dem Verkauf der vermieteten/verleasten Wirtschaftsgüter erzielen lässt. Wird im Prospekt einer Fondsgesellschaft (auch) ein Geschäftskonzept vorgestellt, dessen Ergebnisprognose ein positives Gesamtergebnis ohne Einbeziehung eines Veräußerungserlöses in Aussicht stellt, spricht dies regelmäßig gegen die Annahme einer einheitlichen Tätigkeit. Etwas anderes gilt jedoch, wenn konkrete Anhaltspunkte vorliegen, die die Verwirklichung des Geschäftskonzepts unter Beachtung der in der Prognose gemachten Angaben von vornherein ausgeschlossen erscheinen lassen.

  Die Verklammerung der Teilakte bedingt, dass die Grenze der privaten Vermögensverwaltung überschritten wird. Sie führt außerdem dazu, dass der Verkauf der vermieteten/verleasten Wirtschaftsgüter als Teilakt der laufenden Geschäftstätigkeit anzusehen ist, selbst wenn die bisherige unternehmerische Tätigkeit insgesamt eingestellt wird (→ BFH vom 8.6. 2017 – BStBl. II S. 1053 und S. 1061).
- Eine Verklammerung kann auch dann zu bejahen sein, wenn die Wirtschaftsgüter veräußert werden, nachdem die in § 23 Abs. 1 Satz 1 EStG genannten Haltefristen abgelaufen sind (→ BFH vom 28.9.2017 – BStBl. 2018 II S. 89).
- Zu unbeweglichen Wirtschaftsgütern → H 15.7 (2).

R **15.7** (4)

Betriebsaufspaltung – Allgemeines *(unbesetzt)*

H 15.7 (4)

Allgemeines. Eine Betriebsaufspaltung liegt vor, wenn ein Unternehmen (Besitzunternehmen) eine wesentliche Betriebsgrundlage an eine gewerblich tätige Personen- oder Kapitalgesellschaft (Betriebsunternehmen) zur Nutzung überlässt (sachliche Verflechtung) und eine Person oder mehrere Personen zusammen (Personengruppe) sowohl das Besitzunternehmen als auch das Betriebsunternehmen in dem Sinne beherrschen, dass sie in der Lage sind, in beiden Unternehmen einen einheitlichen geschäftlichen Betätigungswillen durchzusetzen (personelle Verflechtung). Liegen die Voraussetzungen einer personellen und sachlichen Verflechtung vor, ist die Vermietung oder Verpachtung keine Vermögensverwaltung mehr, sondern eine gewerbliche Vermietung oder Verpachtung. Das Besitzunternehmen ist Gewerbebetrieb (→ BFH vom 12.11.1985 – BStBl. 1986 II S. 296).

Bürgschaft für die Betriebskapitalgesellschaft. Eine Bürgschaft, die ein Gesellschafter der Besitzpersonengesellschaft für Verbindlichkeiten der Betriebskapitalgesellschaft übernimmt, ist durch den Betrieb der Besitzpersonengesellschaft veranlasst und gehört zu seinem negativen Sonderbetriebsvermögen II bei der Besitzpersonengesellschaft, wenn die Übernahme der Bürgschaft zu nicht marktüblichen (fremdüblichen) Bedingungen erfolgt. Die Inanspruchnahme aus einer solchen Bürgschaft führt nicht zu nachträglichen Anschaffungskosten der Anteile an der Betriebskapitalgesellschaft (→ BFH vom 18.12.2001 – BStBl. 2002 II S. 733).

Darlehen.

- Gewähren die Gesellschafter der Betriebskapitalgesellschaft bei deren Gründung ein Darlehen, dessen Laufzeit an die Dauer ihrer Beteiligung an dieser Gesellschaft gebunden ist, gehört dieses Darlehen zu ihrem notwendigen Sonderbetriebsvermögen II bei der Besitzpersonengesellschaft (→ BFH vom 10.11.1994 – BStBl. 1995 II S. 452). Dies gilt auch für ein ungesichertes, unkündbares Darlehen der Gesellschafter der Besitzpersonengesellschaft an die Betriebskapitalgesellschaft, für das Zinsen erst zum Ende der Laufzeit des Darlehens gezahlt werden sollen (→ BFH vom 19.10.2000 – BStBl. 2001 II S. 335).
- Gewährt die Besitzpersonengesellschaft einer Kapitalgesellschaft, die Geschäftspartner der Betriebskapitalgesellschaft ist, ein Darlehen, gehört dieses zum notwendigen Betriebsvermögen der Besitzpersonengesellschaft (→ BFH vom 25.11.2004 – BStBl. 2005 II S. 354 und vom 20.4.2005 – BStBl. II S. 694).

Dividendenansprüche. → H 4.2 (1).

Eigentümergemeinschaft. Vermietet eine Eigentümergemeinschaft, an der der Besitzunternehmer nicht beherrschend beteiligt ist, ein Grundstück an die Betriebskapitalgesellschaft, ist die anteilige Zuordnung des Grundstücks zum Betriebsvermögen des Besitzunternehmens davon abhängig, ob die Vermietung an die Betriebskapitalgesellschaft durch die betrieblichen Interessen des Besitzunternehmens veranlasst ist (→ BFH vom 2.12.2004 – BStBl. 2005 II S. 340).

Forderungen. Zur Teilwertabschreibung einer Forderung des Besitzunternehmens gegen eine Betriebskapitalgesellschaft → H 6.7.

Geschäftswert. Werden bei der Begründung einer Betriebsaufspaltung sämtliche Aktiva und Passiva einschließlich der Firma mit Ausnahme des Immobilienvermögens auf die Betriebskapitalgesellschaft übertragen und das vom Besitzunternehmen zurückbehaltene Betriebsgrundstück der Betriebskapitalgesellschaft langfristig zur Nutzung überlassen, geht der im bisherigen (Einzel-)Unternehmen entstandene (originäre) Geschäftswert grundsätzlich auf die Betriebskapitalgesellschaft über (→ BFH vom 16.6.2004 – BStBl. 2005 II S. 378).

Gewinnausschüttungen. Gewinnausschüttungen einer Betriebskapitalgesellschaft an das Besitzunternehmen für die Zeit vor der Betriebsaufspaltung sind als Einnahmen aus Gewerbebetrieb zu qualifizieren, wenn der Gewinnverteilungsbeschluss nach Begründung der Betriebsaufspaltung gefasst worden ist (→ BFH vom 14.9.1999 – BStBl. 2000 II S. 255).

Grenzüberschreitende Betriebsaufspaltung. Die Grundsätze der Betriebsaufspaltung kommen auch dann zur Anwendung, wenn ein inländisches Besitzunternehmen ein im Ausland belegenes Grundstück an eine ausländische Betriebskapitalgesellschaft verpachtet (→ BFH vom 17.11. 2020 – BStBl. 2021 II S. 484).

Kapitalerhöhung bei der Betriebskapitalgesellschaft. Wird von dem Besitzunternehmer ein Anteil an der Betriebskapitalgesellschaft gegen Leistung einer Einlage übertragen, die niedriger ist als der Wert des übernommenen Anteils, liegt in Höhe der Differenz zwischen dem Wert des übernommenen Anteils und der geleisteten Einlage eine Entnahme vor (→ BFH vom 16.4.1991 – BStBl. II S. 832 und vom 17.11.2005 – BStBl. 2006 II S. 287).

Mitunternehmerische Betriebsaufspaltung.

- Das Rechtsinstitut der Betriebsaufspaltung zwischen Schwesterpersonengesellschaften hat Vorrang vor den Rechtsfolgen aus § 15 Abs. 1 Satz 1 Nr. 2 EStG (→ BMF vom 28.4.1998 – BStBl. I S. 583 mit Übergangsregelung).
- Vermieten die Miteigentümer einer Bruchteilsgemeinschaft ein Grundstück als wesentliche Betriebsgrundlage an eine von ihnen beherrschte Betriebspersonengesellschaft, ist regelmäßig davon auszugehen, dass sich die Miteigentümer zumindest konkludent zu einer GbR (= Besitzpersonengesellschaft) zusammengeschlossen haben (→ BFH vom 18.8.2005 – BStBl. II S. 830).
- Die Überlassung eines Praxisgrundstücks seitens einer ganz oder teilweise personenidentischen Miteigentümergemeinschaft an eine Freiberufler-GbR begründet keine mitunternehmerische Betriebsaufspaltung (→ BFH vom 10.11.2005 – BStBl. 2006 II S. 173).
- Überlässt eine ansonsten vermögensverwaltende Personengesellschaft Wirtschaftsgüter im Rahmen einer mitunternehmerischen Betriebsaufspaltung, stellen diese für die Dauer der Betriebsaufspaltung Betriebsvermögen der Besitzgesellschaft dar. Sofern auch die Voraussetzungen für

Sonderbetriebsvermögen bei der Betriebspersonengesellschaft erfüllt sind, lebt diese Eigenschaft mit Ende der Betriebsaufspaltung durch Wegfall der personellen Verflechtung wieder auf (→ BFH vom 30.8.2007 – BStBl. 2008 II S. 129).

Notwendiges Betriebsvermögen.

– Notwendiges Betriebsvermögen des Besitzunternehmens können auch Wirtschaftsgüter sein, die keine wesentlichen Betriebsgrundlagen des Betriebsunternehmens darstellen. Allerdings muss ihre Überlassung in einem unmittelbaren wirtschaftlichen Zusammenhang mit der Überlassung wesentlicher Betriebsgrundlagen stehen. Dies gilt auch für Patente und Erfindungen unabhängig davon, ob sie bereits mit Begründung der Betriebsaufspaltung oder zu einem späteren Zeitpunkt überlassen werden (→ BFH vom 23.9.1998 – BStBl. 1999 II S. 281).
– Gehört ein Grundstück zum Betriebsvermögen (Umlaufvermögen) eines gewerblichen Grundstückshandels und wird es im Rahmen einer Betriebsaufspaltung als eine wesentliche Betriebsgrundlage an ein Betriebsunternehmen vermietet, wird das Grundstück unter Fortführung des Buchwerts notwendiges Betriebsvermögen (Anlagevermögen) bei dem Besitzunternehmen (→ BFH vom 21.6.2001 – BStBl. 2002 II S. 537).
– → Eigentümergemeinschaft.
– Die Anteile des Besitzunternehmers an einer anderen Kapitalgesellschaft, welche intensive und dauerhafte Geschäftsbeziehungen zur Betriebskapitalgesellschaft unterhält, gehören zum notwendigen Betriebsvermögen des Besitzunternehmens. Gewährt der Besitzunternehmer dieser anderen Kapitalgesellschaft zu deren Stützung in der Krise ein Darlehen, gehört der Anspruch auf Rückzahlung grundsätzlich ebenfalls zum notwendigen Betriebsvermögen des Besitzunternehmens (→ BFH vom 20.4.2005 – BStBl. II S. 692).

Nur-Besitzgesellschafter. Die gewerbliche Tätigkeit des Besitzunternehmens umfasst auch die Anteile und Einkünfte der Personen, die nur am Besitzunternehmen beteiligt sind (→ BFH vom 2.8.1972 – BStBl. II S. 796).

Pensionsanspruch gegenüber der Betriebskapitalgesellschaft. Die Pensionsanwartschaft des Besitzunternehmers gegenüber der Betriebskapitalgesellschaft, deren Gesellschafter-Geschäftsführer er ist, gehört nicht zu seinem Betriebsvermögen, sondern zum Privatvermögen (→ BFH vom 18.4.2002 – BStBl. 2003 II S. 149).

Sonderbetriebsvermögen.

– Wird ein Wirtschaftsgut im Eigentum eines einzelnen Gesellschafters der Besitzpersonengesellschaft unmittelbar an eine Betriebskapitalgesellschaft verpachtet, kann es Sonderbetriebsvermögen II bei der Besitzpersonengesellschaft darstellen, wenn die Nutzungsüberlassung seitens des Gesellschafters nicht durch betriebliche oder private Interessen des Gesellschafters, sondern primär durch die betrieblichen Interessen der Besitzpersonengesellschaft oder der Betriebskapitalgesellschaft und somit gesellschaftlich veranlasst ist (→ BFH vom 10.6.1999 – BStBl. II S. 715). Diese Grundsätze gelten nicht, wenn es sich beim Betriebsunternehmen um eine Personengesellschaft handelt, an der der überlassende Gesellschafter beteiligt ist; das überlassene Wirtschaftsgut stellt dann Sonderbetriebsvermögen I des Gesellschafters bei der Betriebspersonengesellschaft dar. Diese Zuordnung geht der als Sonderbetriebsvermögen II bei der Besitzpersonengesellschaft vor (→ BFH vom 18.8.2005 – BStBl. II S. 830).

– Verpachtet eine Besitzpersonengesellschaft das gesamte Betriebsvermögen an eine Betriebskapitalgesellschaft und wird dabei auch das Betriebsgrundstück, das einigen Gesellschaftern der Besitzpersonengesellschaft gehört, von diesen an die Betriebskapitalgesellschaft vermietet, gehören die Einkünfte aus der Vermietung des Grundstückes zum gewerblichen Steuerbilanzgewinn der Besitzpersonengesellschaft (→ BFH vom 15.5. 1975 – BStBl. II S. 781).
– Das Sonderbetriebsvermögen I umfasst nicht nur die der Betriebspersonengesellschaft bereits tatsächlich zur Nutzung überlassenen, sondern auch die bereits zuvor angeschafften, aber für eine spätere Nutzungsüberlassung endgültig bestimmten Wirtschaftsgüter (→ BFH vom 7.12.2000 – BStBl. 2001 II S. 316).
– Anteile eines Gesellschafters der Besitzpersonengesellschaft an einer Kapitalgesellschaft, die mit der Betriebskapitalgesellschaft in einer für diese vorteilhaften und nicht nur kurzfristigen Geschäftsbeziehung steht, sind notwendiges Sonderbetriebsvermögen II des Gesellschafters der Besitzpersonengesellschaft (→ BFH vom 25.11.2004 – BStBl. 2005 II S. 354).
– Die Annahme, dass ein vom Gesellschafter der Besitzpersonengesellschaft erworbenes Wirtschaftsgut für die betriebliche Nutzung der Betriebsgesellschaft bestimmt sei, rechtfertigt allein nicht den Schluss, dass es sich um Sonderbetriebsvermögen des Gesellschafters bei der Besitzpersonengesellschaft handelt, wenn es durch die Betriebsgesellschaft tatsächlich nie genutzt wurde (→ BFH vom 17.12.2008 – BStBl. 2009 II S. 371).
– → Bürgschaft für die Betriebskapitalgesellschaft.
– → Darlehen.
– → H 4.2 (2) Anteile an Kapitalgesellschaften.

Teileinkünfteverfahren. Zur Anwendung des Teileinkünfteverfahrens in der steuerlichen Gewinnermittlung (für Beteiligungen von nicht mehr als 25 %) → BMF vom 23.10.2013 (BStBl. I S. 1269).

Umfassend gewerbliche Besitzpersonengesellschaft.
– Die Überlassung von Wirtschaftsgütern an ein Betriebsunternehmen hat zur Folge, dass sämtliche Einkünfte der im Übrigen nicht gewerblich tätigen Besitzpersonengesellschaft solche aus Gewerbebetrieb sind (→ BFH vom 13.11.1997 – BStBl. 1998 II S. 254).
– Vermieten die Gesellschafter einer Besitz-GbR als Bruchteilseigentümer Wohnungen an fremde Benutzer, so erzielen sie keine gewerblichen Einkünfte, wenn die Wohnungen nicht als (gewillkürtes) Sonderbetriebsvermögen ausgewiesen sind (→ BFH vom 27.8.1998 – BStBl. 1999 II S. 279).

Wohnungseigentümergemeinschaft.[1] Eine Wohnungseigentümergemeinschaft i. S. d. § 10 WEG erzielt regelmäßig gewerbliche Einkünfte als Besitz-

[1] Siehe jetzt das ab 1.12.2020 geltende WEG i. d. F. v. 12.1.2021, BGBl. I 2021, 34.

unternehmen, wenn die einzelnen Wohnungen aufgrund einer Gebrauchsregelung (§ 15 WEG) an eine personenidentische Betriebskapitalgesellschaft vermietet werden (→ BFH vom 10.4.1997 – BStBl. II S. 569).

R 15.7 (5)

Betriebsaufspaltung[1] – Sachliche Verflechtung *(unbesetzt)*

H 15.7 (5)

Beginn der sachlichen Verflechtung.

- Für den Beginn der sachlichen Verflechtung ist allein die tatsächliche Überlassung von wesentlichen Betriebsgrundlagen zur Nutzung ausschlaggebend. Es ist ohne Bedeutung, ob die Überlassung (zunächst) unentgeltlich erfolgt oder ob sie auf einer schuldrechtlichen oder dinglichen Grundlage beruht (→ BFH vom 12.12.2007 – BStBl. 2008 II S. 579).
- Die Bestellung eines Erbbaurechts an einem unbebauten Grundstück führt mit Abschluss des Vertrages zu einer sachlichen Verflechtung, wenn eine Bebauung für die betrieblichen Zwecke des Betriebsunternehmens vorgesehen ist (→ BFH vom 19.3.2002 – BStBl. II S. 662).

Eigentum des Besitzunternehmens. Eine sachliche Verflechtung ist auch dann gegeben, wenn verpachtete wesentliche Betriebsgrundlagen nicht im Eigentum des Besitzunternehmens stehen (→ BFH vom 12.10.1988 – BStBl. 1989 II S. 152).

Erbbaurecht.

- Bestellt der Eigentümer an einem unbebauten Grundstück ein Erbbaurecht und errichtet der Erbbauberechtigte ein Gebäude, das er an ein Betriebsunternehmen vermietet, fehlt zwischen dem Eigentümer und dem Betriebsunternehmen die für die Annahme einer Betriebsaufspaltung erforderliche sachliche Verflechtung (→ BFH vom 24.9.2015 – BStBl. 2016 II S. 154).
- → Beginn der sachlichen Verflechtung.

Hingabe von Gesellschafterdarlehen. Bloße Darlehensgewährungen führen zu keiner sachlichen Verflechtung und begründen keine Betriebsaufspaltung (→ BFH vom 9.7.2019 – BStBl. 2021 II S. 418).

Leihe. Auch eine leihweise Überlassung wesentlicher Betriebsgrundlagen kann eine Betriebsaufspaltung begründen (→ BFH vom 24.4.1991 – BStBl. II S. 713).

Wesentliche Betriebsgrundlage[2]

- **des Betriebsunternehmens.** Die sachlichen Voraussetzungen einer Betriebsaufspaltung liegen auch dann vor, wenn das überlassene Wirtschafts-

---

[1] Siehe ergänzend BFH v. 12.2.1992 XI R 18/90, BStBl. II 1992, 723, v. 17.11.1992 VIII R 36/91, BStBl. II 1993, 233, und v. 26.8.1993 I R 86/92, BStBl. II 1994, 168.

[2] Zu einem Grundstück als wesentliche Betriebsgrundlage siehe auch BFH 18.6.2015 IV R 11/13, BFH/NV 2015, 1398. – Zu einer bloßen Darlehensgewährung an das Betriebsunternehmen siehe BFH v. 9.7.2019 X R 9/17, BStBl. II 2021, 418.

gut bei dem Betriebsunternehmen nur eine der wesentlichen Betriebsgrundlagen darstellt (→ BFH vom 21.5.1974 – BStBl. II S. 613).

- **Betriebszweck/-führung.** Wesentliche Grundlagen eines Betriebs sind Wirtschaftsgüter vor allem des Anlagevermögens, die zur Erreichung des Betriebszwecks erforderlich sind und ein besonderes wirtschaftliches Gewicht für die Betriebsführung bei dem Betriebsunternehmen haben (→ BFH vom 26.1.1989 – BStBl. II S. 455 und vom 24.8.1989 – BStBl. II S. 1014).
- **Büro-/Verwaltungsgebäude.** Ein Büro- und Verwaltungsgebäude ist jedenfalls dann eine wesentliche Betriebsgrundlage, wenn es die räumliche und funktionale Grundlage für die Geschäftstätigkeit des Betriebsunternehmens bildet (→ BFH vom 23.5.2000 – BStBl. II S. 621).
- **Einfamilienhaus.** Als einziges Büro (Sitz der Geschäftsleitung) genutzte Räume in einem Einfamilienhaus stellen auch dann eine wesentliche Betriebsgrundlage dar, wenn sie nicht für Zwecke des Betriebsunternehmens besonders hergerichtet und gestaltet sind. Das gilt jedenfalls dann, wenn der Gebäudeteil nicht die in § 8 EStDV genannten Grenzen unterschreitet (→ BFH vom 13.7.2006 – BStBl. II S. 804).
- **Ersetzbarkeit.** Ein Grundstück ist auch dann eine wesentliche Betriebsgrundlage, wenn das Betriebsunternehmen jederzeit am Markt ein für seine Belange gleichwertiges Grundstück mieten oder kaufen kann (→ BFH vom 26.5.1993 – BStBl. II S. 718).
- **Fabrikationsgrundstücke.** Grundstücke, die der Fabrikation dienen, gehören regelmäßig zu den wesentlichen Betriebsgrundlagen im Rahmen einer Betriebsaufspaltung (→ BFH vom 12.9.1991 – BStBl. 1992 II S. 347 und vom 26.3.1992 – BStBl. II S. 830).
- **Filialbetriebe.** Das einzelne Geschäftslokal eines Filialeinzelhandelsbetriebs ist in aller Regel auch dann eine wesentliche Betriebsgrundlage, wenn auf das Geschäftslokal weniger als 10% der gesamten Nutzfläche des Unternehmens entfällt. Dabei ist es unbeachtlich, wenn das einzelne Geschäftslokal Verluste erwirtschaftet (→ BFH vom 19.3.2009 – BStBl. II S. 803).
- **Immaterielle Wirtschaftsgüter.** Für die Begründung einer Betriebsaufspaltung ist ausreichend, wenn dem Betriebsunternehmen immaterielle Wirtschaftsgüter, z.B. der Firmenname oder Erfindungen, überlassen werden, die dem Besitzunternehmen gehören (→ BFH vom 6.11.1991 – BStBl. 1992 II S. 415).
- **Serienfabrikate.** Bei beweglichen Wirtschaftsgütern zählen auch Serienfabrikate zu den wesentlichen Betriebsgrundlagen (→ BFH vom 24.8.1989 – BStBl. II S. 1014).
- **Stille Reserven.** Ein Wirtschaftsgut ist nicht allein deshalb als wesentliche Betriebsgrundlage im Rahmen einer Betriebsaufspaltung anzusehen, weil in ihm erhebliche stille Reserven ruhen (→ BFH vom 24.8.1989 – BStBl. II S. 1014).
- **Systemhalle.** Eine sog. Systemhalle kann wesentliche Betriebsgrundlage sein, wenn sie auf die Bedürfnisse des Betriebsunternehmens zugeschnitten ist (→ BFH vom 5.9.1991 – BStBl. 1992 II S. 349).
- **Wirtschaftliche Bedeutung.** Ein Grundstück ist nur dann keine wesentliche Betriebsgrundlage, wenn es für das Betriebsunternehmen lediglich

lich von geringer wirtschaftlicher Bedeutung ist (→ BFH vom 4.11.1992 – BStBl. 1993 II S. 245).

R 15.7 (6)

Betriebsaufspaltung – Personelle Verflechtung *(unbesetzt)*

H 15.7 (6)

Allgemeines. Eine personelle Verflechtung liegt vor, wenn die hinter beiden Unternehmen stehenden Personen einen einheitlichen geschäftlichen Betätigungswillen haben (→ BFH vom 8.11.1971 – BStBl. 1972 II S. 63).

Beherrschungsidentität.

– Ein einheitlicher geschäftlicher Betätigungswille setzt nicht voraus, dass an beiden Unternehmen die gleichen Beteiligungen derselben Personen bestehen (→ BFH vom 8.11.1971 – BStBl. 1972 II S. 63). Es genügt, dass die Personen, die das Besitzunternehmen tatsächlich beherrschen, in der Lage sind, auch in dem Betriebsunternehmen ihren Willen durchzusetzen (→ BMF vom 7.10.2002 – BStBl. I S. 1028). Ein einheitlicher geschäftlicher Betätigungswille ist auch bei wechselseitiger Mehrheitsbeteiligung von zwei Personen am Besitzunternehmen und am Betriebsunternehmen anzunehmen (→ BFH vom 24.2.2000 – BStBl. II S. 417).

– In den Fällen, in denen sämtliche Anteile des Betriebsunternehmens einem einzigen Gesellschafter-Geschäftsführer gehören, kommt es darauf an, ob dieser seinen Willen auch in dem Besitzunternehmen durchsetzen kann (→ BFH vom 5.2.1981 – BStBl. II S. 376 und vom 11.11.1982 – BStBl. 1983 II S. 299).

– Die personelle Verflechtung einer GbR mit einer Betriebskapitalgesellschaft ist auch dann gegeben, wenn der Gesellschafter-Geschäftsführer der GbR, der zugleich alleiniger Geschäftsführer der Betriebskapitalgesellschaft ist, zwar von der GbR nicht vom Verbot des Selbstkontrahierens befreit ist, aufgrund seiner beherrschenden Stellung in der Betriebskapitalgesellschaft aber bewirken kann, dass auf Seiten der Betriebskapitalgesellschaft nicht er selbst als deren Vertreter auftritt (→ BFH vom 24.8.2006 – BStBl. 2007 II S. 165).

– Eine personelle Verflechtung liegt vor, wenn die personenidentischen Gesellschafter-Geschäftsführer der Besitz-GbR und der Betriebs-GmbH die laufenden Geschäfte der Besitz-GbR bestimmen können und der Nutzungsüberlassungsvertrag der Besitz-GbR mit der Betriebs-GmbH nicht gegen den Willen dieser Personengruppe geändert oder beendet werden kann (→ BFH vom 28.5.2020 – BStBl. II S. 710).

– Ist eine eingetragene Genossenschaft Rechtsträgerin des Betriebsunternehmens und zugleich Mehrheitsgesellschafterin der Besitzpersonengesellschaft, liegt eine personelle Verflechtung vor, wenn die Gesellschafter der Besitzpersonengesellschaft für Abschluss und Beendigung von Miet- oder Pachtverträgen gemeinsam zur Geschäftsführung und Vertretung der Gesellschaft befugt sind und dabei mit Stimmenmehrheit nach Anteilen

am Kapital der Gesellschaft entscheiden (→ BFH vom 8.9.2011 – BStBl. 2012 II S. 136).
- Keine personelle Verflechtung liegt vor, wenn die mehrheitlich an einer Betriebsgesellschaft beteiligte Kommanditistin zwar auch die Mehrheitsbeteiligung an der Besitzgesellschaft hält, diese aber nur überwiegend treuhänderisch verwaltet und als Treuhänderin ihre eigenen Interessen den Interessen der Treugeber unterzuordnen hat (→ BFH vom 20.5.2021 – BStBl. II S. 768).

Betriebs-AG. Im Verhältnis zu einem Betriebsunternehmen in der Rechtsform der AG kommt es darauf an, ob sich aufgrund der Befugnis, die Mitglieder der geschäftsführenden Organe des Betriebsunternehmens zu bestellen und abzuberufen, in dem Betriebsunternehmen auf Dauer nur ein geschäftlicher Betätigungswille entfalten kann, der vom Vertrauen der das Besitzunternehmen beherrschenden Person getragen ist und demgemäß mit deren geschäftlichem Betätigungswillen grundsätzlich übereinstimmt (→ BFH vom 28.1.1982 – BStBl. II S. 479); dies gilt auch für eine börsennotierte AG (→ BFH vom 23.3.2011 – BStBl. II S. 778).

Einstimmigkeitsabrede. → BMF vom 7.10.2002 (BStBl. I S. 1028) mit Übergangsregelung.[1]

Faktische Beherrschung.
- → BMF vom 7.10.2002 (BStBl. I S. 1028).[1]
- Die Fähigkeit der das Besitzunternehmen beherrschenden Personen, ihren geschäftlichen Betätigungswillen in dem Betriebsunternehmen durchzusetzen, erfordert nicht notwendig einen bestimmten Anteilsbesitz an dem Betriebsunternehmen; sie kann ausnahmsweise auch aufgrund einer durch die Besonderheiten des Einzelfalls bedingten tatsächlichen Machtstellung in dem Betriebsunternehmen gegeben sein (→ BFH vom 16.6.1982 – BStBl. II S. 662). Faktische Beherrschung ist z. B. anzunehmen, wenn der Alleininhaber des Besitzunternehmens und alleinige Geschäftsführer der Betriebskapitalgesellschaft aufgrund tatsächlicher Machtstellung jederzeit in der Lage ist, die Stimmenmehrheit in der Betriebskapitalgesellschaft zu erlangen (→ BFH vom 29.1.1997 – BStBl. II S. 437).

Keine faktische Beherrschung ist anzunehmen
- bei einer auf Lebenszeit eingeräumten Geschäftsführerstellung in dem Betriebsunternehmen für den Besitzunternehmer (→ BFH vom 26.7.1984 – BStBl. II S. 714 und vom 26.10.1988 – BStBl. 1989 II S. 155),
- bei Beteiligung nicht völlig fachunkundiger Gesellschafter an dem Betriebsunternehmen (→ BFH vom 9.9.1986 – BStBl. 1987 II S. 28 und vom 12.10.1988 – BStBl. 1989 II S. 152),
- bei einem größeren Darlehensanspruch gegen die Betriebskapitalgesellschaft, wenn der Gläubiger nicht vollständig die Geschäftsführung an sich zieht (→ BFH vom 1.12.1989 – BStBl. 1990 II S. 500),
- in den Fällen, in denen die das Besitzunternehmen beherrschenden Ehemänner bzw. Ehefrauen bei der Betriebskapitalgesellschaft, deren An-

[1] Siehe aber BFH v. 18.8.2005 IV B 167/04, BStBl. II 2006, 158.

teile von den Ehefrauen bzw. Ehemännern gehalten werden, angestellt sind und vertraglich die Gesellschaftsanteile den Ehefrauen bzw. Ehemännern entzogen werden können, falls das Arbeitsverhältnis des jeweiligen Ehemanns bzw. der jeweiligen Ehefrau beendet wird (→ BFH vom 15.10.1998 – BStBl. 1999 II S. 445).

Gütergemeinschaft. Gehören sowohl die überlassenen wesentlichen Betriebsgrundlagen als auch die Mehrheit der Anteile an der Betriebskapitalgesellschaft zum Gesamtgut einer ehelichen Gütergemeinschaft, sind die Voraussetzungen der personellen Verflechtung erfüllt (→ BFH vom 26.11.1992 – BStBl. 1993 II S. 876).

Insolvenz des Betriebsunternehmens.[1] Die Eröffnung des Insolvenzverfahrens über das Vermögen des Betriebsunternehmens führt zur Beendigung der personellen Verflechtung und zur Betriebsaufgabe des Besitzunternehmens, wenn nicht das laufende Insolvenzverfahren mit anschließender Fortsetzung des Betriebsunternehmens aufgehoben oder eingestellt wird (→ BFH vom 6.3.1997 – BStBl. II S. 460).

Interessengegensätze. Ein einheitlicher geschäftlicher Betätigungswille ist nicht anzunehmen, wenn nachgewiesen wird, dass zwischen den an dem Besitzunternehmen und dem Betriebsunternehmen beteiligten Personen tatsächlich Interessengegensätze aufgetreten sind (→ BFH vom 15.5.1975 – BStBl. II S. 781).

Mehrheit der Stimmrechte. Für die Durchsetzung eines einheitlichen geschäftlichen Betätigungswillens in einem Unternehmen ist in der Regel der Besitz der Mehrheit der Stimmrechte erforderlich (→ BFH vom 28.11.1979 – BStBl. 1980 II S. 162 und vom 18.2.1986 – BStBl. II S. 611). Ein Besitzunternehmer beherrscht die Betriebskapitalgesellschaft auch, wenn er zwar über die einfache Stimmrechtsmehrheit und nicht über die im Gesellschaftsvertrag vorgeschriebene qualifizierte Mehrheit verfügt, er aber als Gesellschafter-Geschäftsführer deren Geschäfte des täglichen Lebens beherrscht, sofern ihm die Geschäftsführungsbefugnis nicht gegen seinen Willen entzogen werden kann (→ BFH vom 30.11.2005 – BStBl. 2006 II S. 415); aber → Faktische Beherrschung.

Mittelbare Beteiligung.

– Den maßgeblichen Einfluss auf das Betriebsunternehmen kann einem Gesellschafter auch eine mittelbare Beteiligung gewähren. Die mittelbare Beteiligung an einer Besitz-Personengesellschaft über eine Kapitalgesellschaft ist dabei aus Vertrauensschutzgründen erst ab dem VZ 2024 zu berücksichtigen (→ BFH vom 23.7.1981 – BStBl. II 1982 S. 60, vom 22.1.1988 – BStBl. II S. 537, vom 29.11.2017 – BStBl. II 2018 S. 426 und BMF vom 21.11.2022 – BStBl. I S. 1515).
– Der beherrschende Einfluss auf das Betriebsunternehmen bleibt erhalten, wenn das Betriebsgrundstück einer zwischengeschalteten GmbH zur Weitervermietung an das Betriebsunternehmen überlassen wird (→ BFH vom 28.11.2001 – BStBl. 2002 II S. 363).

[1] Siehe auch BFH v. 30.8.2007 IV R 50/05, BStBl. II 2008, 129.

Personengruppentheorie. Für die Beherrschung von Besitz- und Betriebsunternehmen reicht es aus, wenn an beiden Unternehmen mehrere Personen beteiligt sind, die zusammen beide Unternehmen beherrschen. Dies gilt auch für Familienangehörige (→ BFH vom 28.5.1991 – BStBl. II S. 801).

Stimmrechtsausschluss.

- **Allgemeines.** Sind an der Besitzpersonengesellschaft neben den das Betriebsunternehmen beherrschenden Personen weitere Gesellschafter oder Bruchteilseigentümer beteiligt, können die auch an dem Betriebsunternehmen beteiligten Personen an der Ausübung des Stimmrechts in der Besitzpersonengesellschaft bei einem Rechtsgeschäft mit dem Betriebsunternehmen ausgeschlossen sein. Eine tatsächliche Beherrschung der Besitzpersonengesellschaft ist dann nicht möglich (→ BFH vom 9.11.1983 – BStBl. 1984 II S. 212).
- **Tatsächliche Handhabung.** Eine personelle Verflechtung liegt nicht vor, wenn ein Gesellschafter des Besitzunternehmens von der Ausübung des Stimmrechts in dem Besitzunternehmen bei der Vornahme von Rechtsgeschäften des Besitzunternehmens mit dem Betriebsunternehmen ausgeschlossen ist. Entscheidend ist dabei die tatsächliche Handhabung (→ BFH vom 12.11.1985 – BStBl. 1986 II S. 296).
- **Bei Betriebskapitalgesellschaft.** Für die Frage der personellen Verflechtung ist allerdings nicht ausschlaggebend, ob der beherrschende Gesellschafter der Betriebskapitalgesellschaft bei Beschlüssen über Geschäfte mit dem Besitzunternehmen vom ihm zustehenden Stimmrecht ausgeschlossen ist. Sofern nämlich diese Rechtsgeschäfte zur laufenden Geschäftsführung der Betriebskapitalgesellschaft gehören, besteht kein Anlass, hierüber einen Beschluss der Gesellschafterversammlung herbeizuführen (→ BFH vom 26.1.1989 – BStBl. II S. 455).

Testamentsvollstrecker.

- Der einheitliche geschäftliche Betätigungswille der hinter Besitz- und Betriebsunternehmen stehenden Personen kann nicht durch einen Testamentsvollstrecker ersetzt werden (→ BFH vom 13.12.1984 – BStBl. 1985 II S. 657).
- Für die Beurteilung der personellen Verflechtung ist das Handeln eines Testamentsvollstreckers den Erben zuzurechnen (→ BFH vom 5.6.2008 – BStBl. II S. 858).

R 15.7 (7)

Betriebsaufspaltung – Zusammenrechnung von Ehegattenanteilen
(unbesetzt)

H 15.7 (7)

Allgemeines. Eine Zusammenrechnung von Ehegattenanteilen kommt grundsätzlich nicht in Betracht, es sei denn, dass zusätzlich zur ehelichen Lebensgemeinschaft ausnahmsweise Beweisanzeichen vorliegen, die für gleichgerichtete wirtschaftliche Interessen der Ehegatten sprechen (→ BVerfG vom 12.3.1985 – BStBl. II S. 475, BMF vom 18.11.1986 – BStBl. I S. 537).

Wiesbadener Modell.

– Ist an dem Besitzunternehmen der eine Ehegatte und an dem Betriebsunternehmen der andere Ehegatte beteiligt, liegt eine Betriebsaufspaltung nicht vor (→ BFH vom 30.7.1985 – BStBl. 1986 II S. 359 und vom 9.9.1986 – BStBl. 1987 II S. 28).
– → H 4.8 (Scheidungsklausel).

R 15.7 (8)

Betriebsaufspaltung – Zusammenrechnung der Anteile von Eltern und Kindern

(8) [1]Eine personelle Verflechtung liegt vor, wenn einem Elternteil oder beiden Elternteilen und einem minderjährigen Kind an beiden Unternehmen jeweils zusammen die Mehrheit der Stimmrechte zuzurechnen sind. [2]Ist bei den Elternteilen an einem Unternehmen zusammen die Mehrheit der Stimmrechte zuzurechnen und halten sie nur zusammen mit dem minderjährigen Kind am anderen Unternehmen die Mehrheit der Stimmrechte, liegt, wenn das Vermögenssorgerecht beiden Elternteilen zusteht, grundsätzlich ebenfalls eine personelle Verflechtung vor. [3]Hält nur ein Elternteil an dem einen Unternehmen die Mehrheit der Stimmrechte und hält er zusammen mit dem minderjährigen Kind die Mehrheit der Stimmrechte an dem anderen Unternehmen, liegt grundsätzlich keine personelle Verflechtung vor; auch in diesem Fall kann aber eine personelle Verflechtung anzunehmen sein, wenn das Vermögenssorgerecht allein beim beteiligten Elternteil liegt oder wenn das Vermögenssorgerecht bei beiden Elternteilen liegt und zusätzlich zur ehelichen Lebensgemeinschaft gleichgerichtete wirtschaftliche Interessen der Ehegatten vorliegen. [4]Ist nur einem Elternteil an dem einen Unternehmen die Mehrheit der Stimmrechte zuzurechnen und halten an dem anderen Unternehmen beide Elternteile zusammen mit dem minderjährigen Kind die Mehrheit der Stimmrechte, liegt grundsätzlich keine personelle Verflechtung vor, es sei denn, die Elternanteile können zusammengerechnet werden und das Vermögenssorgerecht steht beiden Elternteilen zu.

H 15.7 (8)

Ergänzungspflegschaft bei minderjährigen Kindern. Die Stimmen des an der Betriebskapitalgesellschaft beteiligten minderjährigen Kindes sind dann nicht dem Elternteil zuzurechnen, wenn für die Gesellschafterstellung des Kindes eine Ergänzungspflegschaft angeordnet ist (→ BFH vom 14.4.2021 – BStBl. II S. 851).

Wegfall der personellen Verflechtung durch Eintritt der Volljährigkeit. → R 16 Abs. 2 Satz 3 ff.

R 15.7 (9)

Wertpapiergeschäfte *(unbesetzt)*

H 15.7 (9)

An- und Verkauf von Wertpapieren.

– Ob der An- und Verkauf von Wertpapieren als Vermögensverwaltung oder als eine gewerbliche Tätigkeit anzusehen ist, hängt, wenn eine selbständige und nachhaltige, mit Gewinnerzielungsabsicht betriebene Tätigkeit vorliegt, entscheidend davon ab, ob die Tätigkeit sich auch als Beteiligung am allgemeinen wirtschaftlichen Verkehr darstellt. Der fortgesetzte An- und Verkauf von Wertpapieren reicht für sich allein, auch wenn er einen erheblichen Umfang annimmt und sich über einen längeren Zeitraum erstreckt, zur Annahme eines Gewerbebetriebs nicht aus, solange er sich in den gewöhnlichen Formen, wie sie bei Privatleuten die Regel bilden, abspielt (→ BFH vom 19.2.1997 – BStBl. II S. 399, vom 29.10.1998 – BStBl. 1999 II S. 448 und vom 20.12.2000 – BStBl. 2001 II S. 706).
– Der An- und Verkauf von Optionskontrakten selbst in größerem Umfang begründet im Allgemeinen keinen Gewerbebetrieb. Eine gewerbliche Betätigung setzt jedenfalls voraus, dass der Stpfl. sich wie ein bankentypischer Händler verhält (→ BFH vom 20.12.2000 – BStBl. 2001 II S. 706).
– Der Rahmen einer privaten Vermögensverwaltung wird unabhängig vom Umfang der Beteiligung überschritten, wenn die Wertpapiere nicht nur auf eigene Rechnung, sondern untrennbar damit verbunden in erheblichem Umfang auch für fremde Rechnung erworben und wieder veräußert werden, zur Durchführung der Geschäfte mehrere Banken eingeschaltet werden, die Wertpapiergeschäfte mit Krediten finanziert werden, aus den Geschäften für fremde Rechnung Gewinne erzielt werden sollen und alle Geschäfte eine umfangreiche Tätigkeit erfordern (→ BFH vom 4.3.1980 – BStBl. II S. 389).
– Der An- und Verkauf von Wertpapieren überschreitet grundsätzlich noch nicht den Rahmen einer privaten Vermögensverwaltung, wenn die entfaltete Tätigkeit dem Bild eines „Wertpapierhandelsunternehmens" i. S. d. § 1 Abs. 3d Satz 2 KWG[1] bzw. eines „Finanzunternehmens" i. S. d. § 1 Abs. 3 KWG nicht vergleichbar ist. Für ein Wertpapierhandelsunternehmen ist ein Tätigwerden „für andere", vor allem ein Tätigwerden „für fremde Rechnung" kennzeichnend. Finanzunternehmen werden zwar – insoweit nicht anders als private Anleger – für eigene Rechnung tätig, zeichnen sich aber dadurch aus, dass sie den Handel mit institutionellen Partnern betreiben, also nicht lediglich über eine Depotbank am Marktgeschehen teilnehmen (→ BFH vom 30.7.2003 – BStBl. 2004 II S. 408).

Devisentermingeschäfte/Optionsgeschäfte.

– Die für Wertpapiergeschäfte maßgebenden Grundsätze für die Abgrenzung zwischen gewerblicher Tätigkeit und privater Vermögensverwaltung gelten auch bei Devisen- und Edelmetall-Termingeschäften in der Art von offenen oder verdeckten Differenzgeschäften (→ BFH vom 6.12.1983 – BStBl. 1984 II S. 132). Dies gilt ebenso für Optionsgeschäfte (→ BFH vom 19.2.1997 – BStBl. II S. 399).
– → H 4.2 (1) Termin- und Optionsgeschäfte.

[1] **Wirtschaftsgesetze** Nr. **145**.

Kapitalanlage mit Einfluss auf die Geschäftsführung. Zur Annahme eines die Gewerblichkeit begründenden besonderen Umstandes reicht es nicht aus, wenn mit dem Ankauf von Wertpapieren eine Dauerkapitalanlage mit bestimmendem Einfluss auf die Geschäftsführung einer Kapitalgesellschaft gesucht und erreicht wird (→ BFH vom 4.3.1980 – BStBl. II S. 389).

Pfandbriefe. Auch der An- und Verkauf von Pfandbriefen unter gezielter Ausnutzung eines sog. „grauen" Markts kann eine gewerbliche Tätigkeit begründen (→ BFH vom 2.4.1971 – BStBl. II S. 620).

Wertpapiergeschäfte eines Bankiers. Betreibt ein Bankier Wertpapiergeschäfte, die üblicherweise in den Bereich seiner Bank fallen, die aber auch im Rahmen einer privaten Vermögensverwaltung getätigt werden können, so sind diese dem betrieblichen Bereich zuzuordnen, wenn sie der Bankier in der Weise abwickelt, dass er häufig wiederkehrend dem Betrieb Mittel entnimmt, Kauf und Verkauf über die Bank abschließt und die Erlöse alsbald wieder dem Betrieb zuführt (→ BFH vom 19.1.1977 – BStBl. II S. 287).

R 15.8 Mitunternehmerschaft

R 15.8 (1)

Allgemeines *(unbesetzt)*

H 15.8 (1)

Allgemeines.

- Mitunternehmer i. S. d. § 15 Abs. 1 Satz 1 Nr. 2 EStG ist, wer zivilrechtlich Gesellschafter einer Personengesellschaft ist und eine gewisse unternehmerische Initiative entfalten kann sowie unternehmerisches Risiko trägt. Beide Merkmale können jedoch im Einzelfall mehr oder weniger ausgeprägt sein (→ BFH vom 25.6.1984 – BStBl. II S. 751 und vom 15.7.1986 – BStBl. II S. 896).
- → Mitunternehmerinitiative.
- → Mitunternehmerrisiko.
- → Gesellschafter.

Ausgleichsanspruch eines Kommanditisten. Ein Ausgleichsanspruch gegen die KG, der einem Kommanditisten zusteht, weil er Schulden der KG beglichen hat, gehört zu dessen Sonderbetriebsvermögen. Ein Verlust wird erst dann realisiert, wenn der Anspruch gegen die KG wertlos wird; dies ist erst im Zeitpunkt der Beendigung der Mitunternehmerstellung, also beim Ausscheiden des Gesellschafters oder bei Beendigung der Gesellschaft der Fall (→ BFH vom 5.6.2003 – BStBl. II S. 871).

Betriebsvermögen bei atypisch stiller Gesellschaft. Der Inhaber des Handelsgewerbes, an dem sich ein anderer atypisch still beteiligt, verfügt auch während des Bestehens der atypisch stillen Gesellschaft über ein eigenes Betriebsvermögen, das neben dem mitunternehmerischen Betriebsvermögen der atypisch stillen Gesellschaft besteht (→ BFH vom 1.3.2018 – BStBl. II S. 587).

Bürgschaftsinanspruchnahme. → Ausgleichsanspruch eines Kommanditisten.

Büro-/Praxisgemeinschaft. Im Unterschied zu einer Gemeinschaftspraxis (Mitunternehmerschaft) hat eine Büro- und Praxisgemeinschaft lediglich den Zweck, den Beruf in gemeinsamen Praxisräumen auszuüben und bestimmte Kosten von der Praxisgemeinschaft tragen zu lassen und umzulegen. Ein einheitliches Auftreten nach außen genügt nicht, um aus einer Bürogemeinschaft eine Mitunternehmerschaft werden zu lassen. Gleiches gilt für die gemeinsame Beschäftigung von Personal und die gemeinsame Nutzung von Einrichtungsgegenständen. Entscheidend ist, dass bei einer Büro- und Praxisgemeinschaft keine gemeinschaftliche, sondern eine individuelle Gewinnerzielung beabsichtigt ist, und auch der Praxiswert dem einzelnen Beteiligten zugeordnet bleibt (→ BFH vom 14.4.2005 – BStBl. II S. 752).

Erbengemeinschaft. Eine Erbengemeinschaft kann nicht Gesellschafterin einer werbenden Personengesellschaft sein. Jedem Miterben steht deshalb ein seinem Erbteil entsprechender Gesellschaftsanteil zu (→ BFH vom 1.3.1994 – BStBl. 1995 II S. 241).

Europäische wirtschaftliche Interessenvereinigung (EWIV). Die EWIV unterliegt nach § 1 des Gesetzes zur Ausführung der EWG-Verordnung über die Europäische wirtschaftliche Interessenvereinigung (EWIV-Ausführungsgesetz vom 14.4.1988 – BGBl. I S. 514, zuletzt geändert durch Art. 16 des Gesetzes zur Modernisierung des GmbH-Rechts und zur Bekämpfung von Missbräuchen vom 23.10.2008 – BGBl. I S. 2026)[1] den für eine OHG geltenden Rechtsvorschriften. Dies gilt auch für das Steuerrecht.

Gesellschafter.

– Ob ein Gesellschafter Mitunternehmer ist, beurteilt sich für alle Personengesellschaften nach gleichen Maßstäben (→ BFH vom 29.4.1981 – BStBl. II S. 663 und vom 25.6.1981 – BStBl. II S. 779). In Ausnahmefällen reicht auch eine einem Gesellschafter einer Personengesellschaft wirtschaftlich vergleichbare Stellung aus, z. B. als Beteiligter an einer Erben-, Güter- oder Bruchteilsgemeinschaft, als Beteiligter einer „fehlerhaften Gesellschaft" i. S. d. Zivilrechts oder als Unterbeteiligter (→ BFH vom 25.6.1984 – BStBl. II S. 751). Auch Gesellschafter einer OHG oder KG erzielen nur dann Einkünfte aus Gewerbebetrieb, wenn sie Mitunternehmer des gewerblichen Unternehmens sind (→ BFH vom 8.2.1979 – BStBl. II S. 405).

– Erhält ein (Schein-)Gesellschafter eine von der Gewinnsituation abhängige, nur nach dem eigenen Umsatz bemessene Vergütung und ist er zudem von einer Teilhabe an den stillen Reserven der Gesellschaft ausgeschlossen, kann wegen des danach nur eingeschränkt bestehenden Mitunternehmerrisikos eine Mitunternehmerstellung nur bejaht werden, wenn eine besonders ausgeprägte Mitunternehmerinitiative vorliegt. Hieran fehlt es, wenn zwar eine gemeinsame Geschäftsführungsbefugnis be-

---

[1] **Wirtschaftsgesetze** Nr. **42a**.

steht, von dieser aber tatsächlich wesentliche Bereiche ausgenommen sind (→ BFH vom 3.11.2015 – BStBl. 2016 II S. 383).
– → Verdeckte Mitunternehmerschaft.

Gesellschafterausschluss bei Scheidung. → Wirtschaftliches Eigentum.

Innengesellschaft.

– Im Fall einer GbR, die als reine Innengesellschaft ausgestaltet ist, rechtfertigt die Übernahme eines erheblichen unternehmerischen Risikos bereits das Bestehen einer Mitunternehmerschaft (→ BFH vom 19.2.1981 – BStBl. II S. 602, vom 28.10.1981 – BStBl. 1982 II S. 186 und vom 9.10.1986 – BStBl. 1987 II S. 124).
– Der Inhaber eines Betriebs ist regelmäßig schon allein wegen seiner unbeschränkten Außenhaftung und des ihm allein möglichen Auftretens im Rechtsverkehr Mitunternehmer einer Innengesellschaft, die zum Zwecke der stillen Beteiligung an seinem Unternehmen gegründet wurde. Dies gilt auch dann, wenn dem Inhaber des Betriebs im Innenverhältnis neben einem festen Vorabgewinn für seine Tätigkeit keine weitere Gewinnbeteiligung zusteht und die Geschäftsführungsbefugnis weitgehend von der Zustimmung des stillen Beteiligten abhängt (→ BFH vom 10.5.2007 – BStBl. II S. 927).
– Ist eine Person oder eine Personenmehrheit an einzelnen Tätigkeiten des Unternehmens einer KG als Innengesellschafterin beteiligt, führt dies nur dann zur Annahme eines eigenständigen Gewerbebetriebs, wenn der betroffene Geschäftsbereich in Form einer wirtschaftlichen Einheit von den weiteren Tätigkeitsfeldern des Unternehmens hinreichend sachlich abgegrenzt ist (→ BFH vom 23.4.2009 – BStBl. 2010 II S. 40).

Komplementär.

– Eine Komplementär-GmbH ist auch dann Mitunternehmerin, wenn sie am Gesellschaftskapital nicht beteiligt ist (→ BFH vom 11.12.1986 – BStBl. 1987 II S. 553).
– Die Mitunternehmerstellung des Komplementärs wird nicht dadurch ausgeschlossen, dass er weder am Gewinn und Verlust der KG noch an deren Vermögen beteiligt ist (→ BFH vom 25.4.2006 – BStBl. II S. 595).
– Der Komplementär ist auch dann Mitunternehmer, wenn er keine Kapitaleinlage erbracht hat und im Innenverhältnis (zu dem Kommanditisten) wie ein Angestellter behandelt und von der Haftung freigestellt wird (→ BFH vom 11.6.1985 – BStBl. 1987 II S. 33 und vom 14.8.1986 – BStBl. 1987 II S. 60).

Miterben. Gehört zum Nachlass ein Gewerbebetrieb, sind die Miterben Mitunternehmer (→ BFH vom 5.7.1990 – BStBl. II S. 837 sowie → BMF vom 14.3.2006 – BStBl. I S. 253 unter Berücksichtigung der Änderungen durch BMF vom 27.12.2018 – BStBl. 2019 I S. 11). Zur Erbengemeinschaft als Gesellschafter → Erbengemeinschaft.

Mitunternehmerinitiative. Mitunternehmerinitiative bedeutet vor allem Teilhabe an den unternehmerischen Entscheidungen, wie sie Gesellschaftern oder diesen vergleichbaren Personen als Geschäftsführern, Prokuristen oder anderen leitenden Angestellten obliegen. Ausreichend ist schon die Möglichkeit zur Ausübung von Gesellschafterrechten, die wenigstens den Stimm-, Kontroll- und Widerspruchsrechten angenähert sind, die einem Kommanditisten nach dem HGB zustehen oder die den gesellschaftsrechtlichen Kontrollrechten nach § 716 Abs. 1 BGB entsprechen (→ BFH vom 25.6.1984 – BStBl. II S. 751, S. 769). Ein Kommanditist ist beispielsweise dann mangels Mitunternehmerinitiative kein Mitunternehmer, wenn sowohl sein Stimmrecht als auch sein Widerspruchsrecht durch Gesellschaftsvertrag faktisch ausgeschlossen sind (→ BFH vom 11.10.1988 – BStBl. 1989 II S. 762).

Mitunternehmerrisiko.

- Mitunternehmerrisiko trägt im Regelfall, wer am Gewinn und Verlust des Unternehmens und an den **stillen Reserven** einschließlich eines etwaigen Geschäftswerts beteiligt ist (→ BFH vom 25.6.1984 – BStBl. II S. 751). Je nach den Umständen des Einzelfalls können jedoch auch andere Gesichtspunkte, z. B. eine besonders ausgeprägte unternehmerische Initiative, verbunden mit einem bedeutsamen Beitrag zur Kapitalausstattung des Unternehmens in den Vordergrund treten (→ BFH vom 27.2. 1980 – BStBl. 1981 II S. 210). Eine Vereinbarung über die Beteiligung an den stillen Reserven ist nicht ausschlaggebend, wenn die stillen Reserven für den Gesellschafter keine wesentliche wirtschaftliche Bedeutung haben (→ BFH vom 5.6.1986 – BStBl. II S. 802). Ein Kommanditist, der nicht an den stillen Reserven einschließlich eines etwaigen Geschäftswerts beteiligt ist und nach dem Gesellschaftsvertrag nur eine übliche Verzinsung seiner Kommanditeinlage erhält, trägt kein Mitunternehmerrisiko und ist deshalb auch dann nicht Mitunternehmer, wenn seine gesellschaftsrechtlichen Mitwirkungsrechte denjenigen eines Kommanditisten entsprechen (→ BFH vom 28.10.1999 – BStBl. 2000 II S. 183).
- Eine Beteiligung am unternehmerischen Risiko liegt bei beschränkt haftenden Gesellschaftern von Personenhandelsgesellschaften, insbesondere bei Kommanditisten, und bei atypisch stillen Gesellschaftern nicht vor, wenn wegen der rechtlichen oder tatsächlichen **Befristung** ihrer gesellschaftlichen Beteiligung eine Teilhabe an der von der Gesellschaft beabsichtigten Betriebsvermögensmehrung in Form eines entnahmefähigen laufenden Gewinns oder eines die Einlage übersteigenden Abfindungsguthabens oder eines Gewinns aus der Veräußerung des Gesellschaftsanteils nicht zu erwarten ist (→ BFH vom 25.6.1984 – BStBl. II S. 751). Die zeitliche Befristung und die fehlende Gewinnerwartung können sich aus den Umständen des Einzelfalls ergeben (→ BFH vom 10.11.1977 – BStBl. 1978 II S. 15).
- Mitunternehmerrisiko setzt voraus, dass der Gesellschafter zugunsten der Gesellschaft sein **eigenes Vermögen** belastet, sei es in Gestalt einer Haftung gegenüber Gläubigern der Gesellschaft, sei es durch Erbringung eines sein Vermögen belastenden Gesellschafterbeitrags (→ BFH vom 13.7.2017 – BStBl. II S. 1133).

Nachversteuerung des negativen Kapitalkontos. Der Betrag des beim Ausscheiden aus der Gesellschaft oder bei Auflösung der Gesellschaft zu versteuernden negativen Kapitalkontos (→ BFH vom 10.11.1980 – BStBl. 1981

II S. 164) ist kein Gewinn aus einer Betriebsvermögensmehrung. Der beim Wegfall eines negativen Kapitalkontos des Kommanditisten zu erfassende Gewinn erlaubt es deshalb nicht, die Teilnahme an einer Betriebsvermögensmehrung im Sinne einer Beteiligung am unternehmerischen Risiko als gegeben anzusehen (→ BFH vom 25.6.1984 – BStBl. II S. 751).

Nießbrauch. Bei Bestellung eines Nießbrauchs am Gesellschaftsanteil bleibt der Nießbrauchsverpflichtete Mitunternehmer (→ BFH vom 1.3.1994 – BStBl. 1995 II S. 241).

Organgesellschaft. Einer Mitunternehmereigenschaft der Komplementär-GmbH steht nicht entgegen, dass sie Organ des Kommanditisten ist (→ BFH vom 10.11.1983 – BStBl. 1984 II S. 150).

Partnerschaftsgesellschaft. Zur zivilrechtlichen Rechtsform der Partnerschaftsgesellschaft → Partnerschaftsgesellschaftsgesetz (PartGG) vom 25.7. 1994 (BGBl. I S. 1744),[1] zuletzt geändert durch Artikel 1 des Gesetzes zur Einführung einer Partnerschaftsgesellschaft mit beschränkter Berufshaftung und zur Änderung des Berufsrechts der Rechtsanwälte, Patentanwälte, Steuerberater und Wirtschaftsprüfer vom 15.7.2013 (BGBl. I S. 2386).

Stiller Gesellschafter.[2]

– Bei einem stillen Gesellschafter ohne Unternehmerinitiative kommt der vermögensrechtlichen Stellung besondere Bedeutung zu (→ BFH vom 25.6.1981 – BStBl. 1982 II S. 59). Um als Mitunternehmer angesehen werden zu können, muss ein solcher stiller Gesellschafter einen Anspruch auf Beteiligung am tatsächlichen Zuwachs des Gesellschaftsvermögens unter Einschluss der stillen Reserven und eines Geschäftswerts haben (→ BFH vom 27.5.1993 – BStBl. 1994 II S. 700). Ohne eine Beteiligung an den stillen Reserven kann ein stiller Gesellschafter dann Mitunternehmer sein, wenn der Unternehmer ihm abweichend von der handelsrechtlichen Regelung ermöglicht, wie ein Unternehmer auf das Schicksal des Unternehmens Einfluss zu nehmen (→ BFH vom 28.1.1982 – BStBl. II S. 389). Beteiligt sich der beherrschende Gesellschafter und alleinige Geschäftsführer einer GmbH an dieser auch noch als stiller Gesellschafter mit einer erheblichen Vermögenseinlage unter Vereinbarung einer hohen Gewinnbeteiligung sowie der Verpflichtung, die Belange bestimmter Geschäftspartner persönlich wahrzunehmen, so handelt es sich um eine atypisch stille Gesellschaft – Mitunternehmerschaft – (→ BFH vom 15.12. 1992 – BStBl. 1994 II S. 702). Gesamthandsvermögen braucht nicht vorhanden zu sein (→ BFH vom 8.7.1982 – BStBl. II S. 700).
– Bei einer GmbH und Still kann sich die Entfaltung einer stark ausgeprägten Mitunternehmerinitiative des stillen Gesellschafters auch aus dessen Stellung als Geschäftsführer der GmbH als Inhaberin des Handelsgewerbes ergeben (→ BFH vom 13.7.2017 – BStBl. II S. 1133 und vom 12.4. 2021 – BStBl. II S. 614).

---

[1] Zuletzt geänd. durch G v. 10.8.2021, BGBl. I 2021, 3436 (**Habersack** Nr. **50b**).
[2] Zur Mitunternehmerinitiative eines atypisch still Beteiligten siehe BFH v. 19.7.2018 IV R 10/17, BFH/NV 2018, 1268.

Strohmannverhältnis. Wer in eigenem Namen, aber für Rechnung eines anderen ein Einzelunternehmen führt oder persönlich haftender Gesellschafter einer Personengesellschaft ist, wird, sofern das Treuhandverhältnis den Geschäftspartnern gegenüber nicht offengelegt wird, regelmäßig allein wegen seiner unbeschränkten Haftung zum (Mit-)Unternehmer. Dies gilt auch dann, wenn er den Weisungen des Treugebers unterliegt und im Innenverhältnis von jeglicher Haftung freigestellt ist (→ BFH vom 4.11.2004 – BStBl. 2005 II S. 168).

Testamentsvollstreckung. Ein Kommanditist, dessen Kommanditanteil durch Testamentsvollstreckung treuhänderisch verwaltet wird und dessen Gewinnanteile an einen Unterbevollmächtigten herauszugeben sind, ist dennoch Mitunternehmer (→ BFH vom 16.5.1995 – BStBl. II S. 714).

Treugeber. Bei einem Treuhandverhältnis, dessen Gegenstand die Mitgliedschaft in einer Personengesellschaft ist, müssen die die Mitunternehmerstellung kennzeichnenden Merkmale in der Person des Treugebers vorliegen (→ BFH vom 21.4.1988 – BStBl. 1989 II S. 722).

Verdeckte Mitunternehmerschaft.

– Mitunternehmer kann auch sein, wer nicht als → Gesellschafter, sondern z. B. als Arbeitnehmer oder Darlehensgeber bezeichnet ist, wenn die Vertragsbeziehung als Gesellschaftsverhältnis anzusehen ist (→ BFH vom 11.12.1980 – BStBl. 1981 II S. 310). Allerdings sind die zwischen den Beteiligten bestehenden Rechtsbeziehungen bei der Beurteilung der Gesellschaftereigenschaft sowohl zivil- als auch steuerrechtlich nicht allein nach deren formaler Bezeichnung zu würdigen, sondern nach den von ihnen gewollten Rechtswirkungen und der sich danach ergebenden zutreffenden rechtlichen Einordnung (→ BFH vom 13.7.1993 – BStBl. 1994 II S. 282).

– Eine Mitunternehmerschaft setzt ein zivilrechtliches Gesellschaftsverhältnis oder ausnahmsweise ein wirtschaftlich vergleichbares Gemeinschaftsverhältnis voraus. Eine Mitunternehmerschaft liegt danach auch vor, wenn mehrere Personen durch gemeinsame Ausübung der Unternehmerinitiative und gemeinsame Übernahme des Unternehmerrisikos auf einen bestimmten Zweck hin tatsächlich zusammenarbeiten. Erforderlich für ein stillschweigend begründetes Gesellschaftsverhältnis ist auch ein entsprechender Verpflichtungswille (→ BFH vom 1.8.1996 – BStBl. 1997 II S. 272). Mitunternehmerinitiative und -risiko dürfen nicht lediglich auf einzelne Schuldverhältnisse zurückzuführen sein. Die Bündelung von Risiken aus derartigen Austauschverhältnissen unter Vereinbarung angemessener und leistungsbezogener Entgelte begründet noch kein gesellschaftsrechtliches Risiko (→ BFH vom 13.7.1993 – BStBl. 1994 II S. 282). Tatsächliche Einflussmöglichkeiten allein genügen allerdings nicht (→ BFH vom 2.9.1985 – BStBl. 1986 II S. 10).

– Das Vorliegen einer verdeckten Mitunternehmerschaft zwischen nahen Angehörigen darf nicht unter Heranziehung eines Fremdvergleichs beurteilt werden (→ BFH vom 8.11.1995 – BStBl. 1996 II S. 133).

– Der Geschäftsführer der Komplementär-GmbH ist nicht schon aufgrund des bloßen Abschlusses des Geschäftsführervertrages mit der GmbH als verdeckter Mitunternehmer der KG anzusehen (→ BFH vom 1.8.1996 – BStBl. 1997 II S. 272). Der alleinige Gesellschafter-Geschäftsführer der Komplementär-GmbH ist verdeckter Mitunternehmer der Familien-GmbH & Co. KG, wenn er für die Geschäftsführung unangemessene gewinnabhängige Bezüge erhält und sich – wie bisher als Einzelunternehmer – als Herr des Unternehmens verhält (→ BFH vom 21.9.1995 – BStBl. 1996 II S. 66).

Vermietung zwischen Schwester-Personengesellschaften. Wirtschaftsgüter, die eine gewerblich tätige oder gewerblich geprägte Personengesellschaft an eine ganz oder teilweise personenidentische Personengesellschaft (Schwestergesellschaft) vermietet, gehören zum Betriebsvermögen der vermietenden Personengesellschaft und nicht zum Sonderbetriebsvermögen bei der nutzenden Personengesellschaft. Dies gilt auch, wenn leistende Gesellschaft eine gewerblich geprägte atypisch stille Gesellschaft ist (→ BFH vom 26.11.1996 – BStBl. 1998 II S. 328; → BMF vom 28.4.1998 – BStBl. I S. 583 mit Übergangsregelung).

Wirtschaftliches Eigentum an einem Mitunternehmeranteil.

– Ist in einem Gesellschaftsvertrag vereinbart, dass die Ehefrau im Scheidungsfall aus der Gesellschaft ausgeschlossen werden kann und ihr Ehemann an ihre Stelle tritt, ist der Kommanditanteil der Ehefrau dem Ehemann gem. § 39 Abs. 2 Nr. 1 Satz 1 AO zuzurechnen (→ BFH vom 26.6.1990 – BStBl. 1994 II S. 645).
– Dem Erwerber eines Anteils an einer Personengesellschaft kann die Mitunternehmerstellung bereits vor der zivilrechtlichen Übertragung des Gesellschaftsanteils zuzurechnen sein. Voraussetzung dafür ist, dass der Erwerber rechtsgeschäftlich eine auf den Erwerb des Gesellschaftsanteils gerichtete, rechtlich geschützte Position erworben hat, die ihm gegen seinen Willen nicht mehr entzogen werden kann, und Mitunternehmerrisiko sowie Mitunternehmerinitiative vollständig auf ihn übergegangen sind (→ BFH vom 1.3.2018 – BStBl. II S. 539 und vom 20.9.2018 – BStBl. 2019 II S. 131).

Wohnungseigentümergemeinschaft.[1] Eine Wohnungseigentümergemeinschaft als Rechtssubjekt i. S. d. § 10 Abs. 6 Satz 1 WoEigG, die z. B. ein Blockheizkraftwerk betreibt, kann eine gewerbliche Mitunternehmerschaft begründen. Es bedarf nicht der Annahme einer konkludent errichteten GbR, wenn die gewerbliche Tätigkeit der Wohnungseigentümergemeinschaft innerhalb des in § 10 Abs. 6 Satz 1 WoEigG vorgegebenen Verbandszwecks liegt (→ BFH vom 20.9.2018 – BStBl. 2019 II S. 160).

R **15.8** (2)

Mehrstöckige Personengesellschaft

(2) [1] § 15 Abs. 1 Satz 1 Nr. 2 EStG ist auch bei mehrstöckigen Personengesellschaften anzuwenden, wenn eine ununterbrochene Mitunternehmerkette besteht. [2] Vergütungen der Untergesellschaft an einen Gesellschafter der Ober-

[1] Siehe jetzt mWv 1.12.2020 WEG i. d. F. v. 12.1.2021, BGBl. I 2021, 34.

gesellschaft für Tätigkeiten im Dienste der Untergesellschaft mindern daher den steuerlichen Gewinn der Untergesellschaft nicht; überlässt ein Gesellschafter der Obergesellschaft der Untergesellschaft z.B. ein Grundstück für deren betriebliche Zwecke, ist das Grundstück notwendiges Sonderbetriebsvermögen der Untergesellschaft.

H 15.8 (2)

Unterbeteiligung. Tätigkeitsvergütungen einer OHG an atypisch still Unterbeteiligte eines Gesellschafters gehören nach § 15 Abs. 1 Satz 1 Nr. 2 Satz 2 EStG zu den Einkünften aus Gewerbebetrieb (→ BFH vom 2.10.1997 – BStBl. 1998 II S. 137).

R 15.8 (3)

Gewinnverteilung *(unbesetzt)*

H 15.8 (3)

Abweichung des Steuerbilanzgewinns vom Handelsbilanzgewinn. Der zwischen Gesellschaftern einer Personengesellschaft vereinbarte Gewinnverteilungsschlüssel bezieht sich grundsätzlich auf den Handelsbilanzgewinn. Weicht dieser vom Steuerbilanzgewinn deshalb ab, weil er durch die Auflösung von Bilanzierungshilfen geringer ist als der Steuerbilanzgewinn, müssen bei der Anwendung des Gewinnverteilungsschlüssels auf den Steuerbilanzgewinn Korrekturen hinsichtlich der Gesellschafter angebracht werden, die bei der Bildung der Bilanzierungshilfe an dem Unternehmen noch nicht beteiligt waren (→ BFH vom 22.5.1990 – BStBl. II S. 965).

Angemessenheit der Gewinnverteilung bei stiller Beteiligung von anteils- und beteiligungsidentischen Schwesterpersonengesellschaften. Kann ein angemessener Gewinnanteil der stillen Gesellschafterin nicht durch einen konkreten Fremdvergleich ermittelt werden, sind die Grundsätze zu Familienpersonengesellschaften entsprechend anzuwenden. Soweit ihr Gewinnanteil eine angemessene Höhe übersteigt, ist er dem Mitunternehmer zuzurechnen (→ BFH vom 21.9.2000 – BStBl. 2001 II S. 299).

Ausländische Personengesellschaft. Die zu § 15 Abs. 1 Satz 1 Nr. 2 EStG entwickelten Gewinnermittlungsgrundsätze gelten auch bei grenzüberschreitenden mitunternehmerischen Beteiligungen (→ BFH vom 24.3.1999 – BStBl. 2000 II S. 399).

Außerbetrieblich veranlasster Gewinn- und Verlustverteilungsschlüssel. Eine außerbetrieblich veranlasste Änderung des Gewinn- und Verlustverteilungsschlüssels bei einer Personengesellschaft, d.h. eine Änderung, die ihre Erklärung nicht in den Verhältnissen der Gesellschaft findet, ist ertragsteuerlich unbeachtlich (→ BFH vom 23.8.1990 – BStBl. 1991 II S. 172).

Forderungsverzicht im Zusammenhang mit einem Gesellschafterwechsel. Bei einem Wechsel der Gesellschafter einer Personengesellschaft ist der Ertrag aus einem Forderungsverzicht dem Neugesellschafter zuzurechnen, wenn nach den im konkreten Fall getroffenen Vereinbarungen der

Neugesellschafter die betreffenden Verbindlichkeiten anstelle des Altgesellschafters wirtschaftlich tragen sollte. Ist vereinbart, dass der Neugesellschafter die betreffenden Verbindlichkeiten nicht wirtschaftlich tragen soll, ist der Ertrag dem Altgesellschafter zuzurechnen, der durch den Erlass der Schulden von seiner Haftung entbunden wird (→ BFH vom 22.1.2015 – BStBl. II S. 389).

Gewinnverteilung bei GmbH & atypisch stiller Gesellschaft. Beteiligt sich der Gesellschafter einer Kapitalgesellschaft an dieser zugleich als atypisch stiller Gesellschafter und verzichtet die Kapitalgesellschaft im Interesse des stillen Gesellschafters auf eine fremdübliche Gewinnbeteiligung, wird der Kapitalgesellschaft bei der gesonderten und einheitlichen Feststellung der Einkünfte der atypisch stillen Gesellschaft der angemessene Gewinnanteil zugerechnet (→ BFH vom 18.6.2015 – BStBl. II S. 935).

Gewinnzurechnung.[1] Einem aus einer Personengesellschaft ausgeschiedenen Mitunternehmer ist der gemeinschaftlich erzielte laufende Gewinn auch dann anteilig zuzurechnen, wenn die verbleibenden Mitunternehmer die Auszahlung verweigern, weil der ausgeschiedene Mitunternehmer ihnen Schadenersatz in übersteigender Höhe schuldet. Dies gilt auch, wenn der Anspruch des ausgeschiedenen Mitunternehmers zivilrechtlich der sog. Durchsetzungssperre unterliegt und deshalb nicht mehr isoliert, sondern nur noch als Abrechnungsposten im Rahmen des Rechtsstreits um den Auseinandersetzungsanspruch geltend gemacht werden kann (→ BFH vom 15.11.2011 – BStBl. 2012 II S. 207).

GmbH-Beteiligung. Bei Beteiligung einer Personenhandelsgesellschaft an einer Kapitalgesellschaft gehören die Gewinnausschüttung ebenso wie die anzurechnende Kapitalertragsteuer und der Solidaritätszuschlag zu den Einkünften aus Gewerbebetrieb i. S. d. § 15 Abs. 1 Satz 1 Nr. 2 EStG. Das Anrechnungsguthaben steht den Gesellschaftern (Mitunternehmern) zu. Maßgebend für die Verteilung ist der allgemeine Gewinnverteilungsschlüssel (→ BFH vom 22.11.1995 – BStBl. 1996 II S. 531).

Kapitalkontenverzinsung. Hat der Gesellschafter ein Verrechnungskonto zu verzinsen, das einen Sollsaldo aufweist und auf der Aktivseite der Gesellschaftsbilanz aufzuführen ist, kann dieses Konto entweder eine Darlehensforderung gegen den Gesellschafter dokumentieren oder aber als (negativer) Bestandteil des Kapitalkontos anzusehen sein. Handelt es sich um einen Bestandteil des Kapitalkontos, dient die Verzinsung allein der zutreffenden Gewinnverteilung und führt nicht zu einer Erhöhung des Gewinns (→ BFH vom 4.5.2000 – BStBl. 2001 II S. 171).

Mehrgewinne eines ausgeschiedenen Gesellschafters aufgrund späterer Betriebsprüfung. Mehrgewinne, die sich für den ausgeschiedenen Gesellschafter aufgrund einer späteren Betriebsprüfung ergeben, sind ihm nach dem vereinbarten Gewinnverteilungsschlüssel zuzurechnen, sofern die Gesellschaft eine Einheitsbilanz erstellt. Die Zurechnung wird nicht durch die Höhe der Abfindung begrenzt. Kann für ein sich danach ergebendes positives Kapitalkonto keine nachträgliche Abfindung erlangt werden, erleidet

---

[1] Zur Zurechnung des Mehrgewinns aus der Korrektur eines unrechtmäßigen Betriebsausgabenabzugs siehe BFH v. 28.9.2022 VIII R 6/19, BStBl. II 2023, 323.

der Ausgeschiedene einen Veräußerungsverlust (→ BFH vom 24.10. 1996 – BStBl. 1997 II S. 241).

Nachträgliche Erhöhung des Kapitalkontos eines ausgeschiedenen Kommanditisten. Scheidet ein Kommanditist nach Auffüllung seines negativen Kapitalkontos ohne Abfindung aus der KG aus, ergibt sich aber aufgrund einer späteren Betriebsprüfung ein positives Kapitalkonto, entsteht für die verbliebenen Gesellschafter in diesem Umfang kein Anwachsungsgewinn. Der Betrag ist von ihnen für Abstockungen auf ihre Anteile an den Wirtschaftsgütern der Gesellschaft zu verwenden (→ BFH vom 24.10.1996 – BStBl. 1997 II S. 241).

Organträger-Personengesellschaft. Das Einkommen einer Organgesellschaft ist entsprechend dem allgemeinen Gewinnverteilungsschlüssel nur den Gesellschaftern einer Organträger-Personengesellschaft zuzurechnen, die im Zeitpunkt der Einkommenszurechnung an der Organträgerin beteiligt sind (→ BFH vom 28.2.2013 – BStBl. II S. 494).

Pensionszusagen. Bilanzsteuerliche Behandlung von Pensionszusagen einer Personengesellschaft an einen Gesellschafter und dessen Hinterbliebene → BMF vom 29.1.2008 (BStBl. I S. 317).

Rückwirkende Änderung. Eine rückwirkende Änderung der Gewinnverteilung während eines Wj. hat keinen Einfluss auf die Zurechnung des bis dahin entstandenen Gewinns oder Verlusts (→ BFH vom 7.7.1983 – BStBl. 1984 II S. 53).

Tätigkeitsvergütungen.

– Haben die Gesellschafter einer Personengesellschaft im Gesellschaftsvertrag vereinbart, dass die Tätigkeitsvergütung als Aufwand behandelt und auch dann gezahlt werden soll, wenn ein Verlust erwirtschaftet wird, ist dies bei tatsächlicher Durchführung der Vereinbarung auch steuerlich mit der Folge anzuerkennen, dass die Vergütung kein Gewinnvorab, sondern eine Sondervergütung i. S. d. § 15 Abs. 1 Satz 1 Nr. 2, 2. Halbsatz EStG ist. Steht die Sondervergütung in Zusammenhang mit der Anschaffung oder Herstellung eines Wirtschaftsguts, gehört sie zu den Anschaffungs- oder Herstellungskosten (→ BFH vom 13.10.1998 – BStBl. 1999 II S. 284 und vom 23.1.2001 – BStBl. II S. 621).

– Nicht unter den Begriff der Tätigkeitsvergütung fallen die **Lieferung von Waren** im Rahmen eines Kaufvertrags zwischen dem Gesellschafter und der Gesellschaft oder sonstige zu fremdüblichen Bedingungen geschlossene Veräußerungsgeschäfte zwischen Gesellschaft und Gesellschafter. Ein derartiges Veräußerungsgeschäft liegt auch vor, wenn der Gesellschafter zur Herbeiführung des der Gesellschaft geschuldeten Erfolgs nicht nur Arbeit zu leisten, sondern auch Waren von nicht untergeordnetem Wert zu liefern hat, z. B. bei einem Werkvertrag (→ BFH vom 28.10.1999 – BStBl. 2000 II S. 339).

– Das Entgelt, das der Kommanditist einer GmbH & Co. KG für seine Tätigkeit als **Geschäftsführer der Komplementär-GmbH** bezieht, ist als Vergütung i. S. d. § 15 Abs. 1 Satz 1 Nr. 2 EStG zu beurteilen, und zwar auch dann, wenn der Anstellungsvertrag des Geschäftsführer-Gesellschafters nicht mit der KG, sondern der Komplementär-GmbH abgeschlossen wurde. Hat eine Komplementär-GmbH neben ihrer Funktion als Geschäftsführerin der GmbH & Co. KG noch einen eigenen wirtschaftlichen Geschäftsbereich, kann eine Aufteilung der Tätigkeitsvergütung an den Geschäftsführer der Komplementär-GmbH, der gleichzeitig Kommanditist der KG ist, geboten sein (→ BFH vom 6.7.1999 – BStBl. II S. 720).

- Sieht der Gesellschaftsvertrag einer GmbH & Co. KG einen Vorabgewinn der Komplementär-GmbH für die Übernahme der Geschäftsführung der KG vor, die von einem Kommanditisten der KG als Geschäftsführer der Komplementär-GmbH erbracht wird, ist der betreffende Betrag nach § 15 Abs. 1 Satz 1 Nr. 2 EStG nicht der Komplementär-GmbH, sondern dem die Geschäfte führenden Kommanditisten zuzurechnen. Dies gilt unabhängig davon, ob die GmbH dem Kommanditisten ein Entgelt für seine Tätigkeit schuldet (→ BFH vom 28.5.2020 – BStBl. II S. 641).
- Erbringt ein Kommanditist, der zugleich Alleingesellschafter und Geschäftsführer der Komplementär-GmbH und einer Schwester-Kapitalgesellschaft der GmbH & Co. KG ist, über die **zwischengeschaltete Schwester-Kapitalgesellschaft** Dienstleistungen an die KG, sind die hierfür gezahlten Vergütungen als Sonderbetriebseinnahmen des Kommanditisten zu erfassen (→ BFH vom 6.7.1999 – BStBl. II S. 720).
- Die von einem **Drittunternehmer** geleisteten Zahlungen sind Tätigkeitsvergütungen, wenn die Leistung des Gesellschafters letztlich der Personengesellschaft und nicht dem Drittunternehmen zugute kommen soll, sich hinreichend von der Tätigkeit des Gesellschafters für den übrigen Geschäftsbereich des Drittunternehmens abgrenzen lässt und wenn die Personengesellschaft dem Drittunternehmer die Aufwendungen für die Leistungen an den Gesellschafter ersetzt (→ BFH vom 7.12.2004 – BStBl. 2005 II S. 390).
- **Arbeitgeberanteile zur Sozialversicherung** eines Mitunternehmers, der sozialversicherungsrechtlich als Arbeitnehmer angesehen wird, gehören – unabhängig davon, ob sie dem Mitunternehmer zufließen – zu den Vergütungen, die er von der Gesellschaft für seine Tätigkeit im Dienste der Gesellschaft bezogen hat (→ BFH vom 30.8.2007 – BStBl. II S. 942).

Tod eines Gesellschafters. Ein bei Ableben eines Gesellschafters und Übernahme aller Wirtschaftsgüter der Personengesellschaft durch die verbleibenden Gesellschafter nach R 4.5 Abs. 6 zu ermittelnder Übergangsgewinn ist anteilig dem verstorbenen Gesellschafter zuzurechnen, auch wenn er im Wesentlichen auf der Zurechnung auf die anderen Gesellschafter übergehender Honorarforderungen beruht (→ BFH vom 13.11.1997 – BStBl. 1998 II S. 290).

Verzicht auf einen Gewinnanteil zwecks Tilgung einer Kaufpreisverpflichtung. → BFH vom 27.10.2015 (BStBl. 2016 II S. 600).

Vorabanteile. Wird bei einer KG im Zusammenhang mit einer Erhöhung des Kommanditkapitals der gesellschaftsvertragliche Gewinn- und Verlustverteilungsschlüssel dahin geändert, dass künftige Gewinne oder Verluste in begrenztem Umfang nur auf die Kommanditisten verteilt werden, die weitere Kommanditeinlagen erbringen, oder dass diese Kommanditisten „Vorabanteile" von künftigen Gewinnen oder Verlusten erhalten, ist der neue Gewinn- und Verlustverteilungsschlüssel im Allgemeinen auch der einkommensteuerrechtlichen Gewinn- und Verlustverteilung zu Grunde zu legen (→ BFH vom 7.7.1983 – BStBl. 1984 II S. 53 und vom 17.3.1987 – BStBl. II S. 558).

R 15.8 (4)

Einkommensteuerliche Behandlung des persönlich haftenden Gesellschafters einer Kommanditgesellschaft auf Aktien *(unbesetzt)*

H 15.8 (4)

Allgemeines. Der persönlich haftende Gesellschafter einer KGaA ist nach § 15 Abs. 1 Satz 1 Nr. 3 EStG wie ein Gewerbetreibender zu behandeln. Der von ihm im Rahmen der KGaA erzielte anteilige Gewinn ist ihm einkommensteuerrechtlich unmittelbar zuzurechnen (→ BFH vom 21.6.1989 – BStBl. II S. 881).

Ausschüttungen. Ausschüttungen auf die Kommanditaktien sind im Zeitpunkt des Zuflusses als Einnahmen aus Kapitalvermögen zu erfassen (→ BFH vom 21.6.1989 – BStBl. II S. 881).

Gewinnermittlungsart. Der Gewinnanteil des persönlich haftenden Gesellschafters einer KGaA einschließlich seiner Sondervergütungen, Sonderbetriebseinnahmen und Sonderbetriebsausgaben ist durch Betriebsvermögensvergleich zu ermitteln (→ BFH vom 21.6.1989 – BStBl. II S. 881).

Sonderbetriebsvermögen. Der persönlich haftende Gesellschafter kann wie ein Mitunternehmer (§ 15 Abs. 1 Satz 1 Nr. 2 EStG) Sonderbetriebsvermögen haben. Die ihm gehörenden Kommanditaktien sind weder Betriebsvermögen noch Sonderbetriebsvermögen (→ BFH vom 21.6.1989 – BStBl. II S. 881).

Wirtschaftsjahr. Das Wj. stimmt mit dem Wj. der KGaA überein (→ BFH vom 21.6.1989 – BStBl. II S. 881).

R 15.8 (5)

Umfassend gewerbliche Personengesellschaft[1)]

(5) [1]Personengesellschaften i. S. d. § 15 Abs. 3 Nr. 1 EStG sind außer der OHG und der KG diejenigen sonstigen Gesellschaften, bei denen die Gesellschafter als Unternehmer (Mitunternehmer) des Gewerbebetriebs anzusehen sind. [2]Auch die Partenreederei und die Unterbeteiligungsgesellschaft sind Personengesellschaften i. S. d. § 15 Abs. 3 Nr. 1 EStG. [3]Die eheliche Gütergemeinschaft ist nicht umfassend gewerblich tätig i. S. d. § 15 Abs. 3 Nr. 1 EStG.

---

1) Die sog. Abfärberegelung nach § 15 Abs. 3 Nr. 1 EStG ist verfassungsgemäß; siehe BVerfG v. 15.1.2008 1 BvL 2/04, DStRE 2008, 1003.

H **15.8 (5)**

Ärztliche Gemeinschaftspraxen. → BMF vom 14.5.1997 (BStBl. I S. 566) und BFH vom 19.2.1998 (BStBl. II S. 603).[1]

Atypisch stille Gesellschaft. Übt der Inhaber einer Steuerberatungspraxis neben seiner freiberuflichen auch eine gewerbliche Tätigkeit aus, und ist an seinem Unternehmen ein Steuerberater atypisch still beteiligt, sind gem. § 15 Abs. 3 Nr. 1 EStG sämtliche Einkünfte der Mitunternehmerschaft gewerblich (→ BFH vom 10.8.1994 – BStBl. 1995 II S. 171).

Auslegungsfragen zu § 15 Abs. 3 Nr. 1. § 15 Abs. 3 Nr. 1 kommt auch dann zur Anwendung, wenn die Geschäftstätigkeit einer Personengesellschaft ausschließlich in dem Halten der Anteile an einer weiteren Personengesellschaft besteht und die Personengesellschaft über kein weiteres Vermögen verfügt, mittels dessen Einkünfte erzielt werden (→ BMF vom 14.1.2022 – BStBl. I S. 160).

Bagatellgrenze.[2]

- Eine Umqualifizierung nach § 15 Abs. 3 Nr. 1 EStG in Einkünfte aus Gewerbebetrieb tritt nicht ein, wenn die originär gewerblichen Nettoumsatzerlöse 3% der Gesamtnettoumsatzerlöse der Gesellschaft und den Betrag von 24 500 € im VZ nicht übersteigen (→ BFH vom 27.8.2014 – BStBl. 2015 II S. 996, S. 999 und S. 1002).
- Jede Beteiligung, aus der eine Personengesellschaft gewerbliche Einkünfte bezieht, führt ohne Beachtung einer Bagatellgrenze zu einer Umqualifizierung aller weiteren Einkünfte in solche aus Gewerbebetrieb (→ BFH vom 6.6.2019 – BStBl. 2020 II S. 649).

Beteiligung an einer gewerblich tätigen Mitunternehmerschaft. Bei Beteiligung einer vermögensverwaltenden Personengesellschaft an einer gewerblich tätigen Mitunternehmerschaft mit abweichendem Wj. tritt die Abfärbewirkung nur ein, wenn der Obergesellschaft im betreffenden Kj. nach Maßgabe des § 4a Abs. 2 Nr. 2 EStG ein Gewinnanteil zugewiesen ist (→ BFH vom 26.6.2014 – BStBl. II S. 972).

Betriebsaufspaltung. → H 15.7 (4) Umfassend gewerbliche Besitzpersonengesellschaft.

Einheitliche Gesamtbetätigung.

- Eine Umqualifizierung nach § 15 Abs. 3 Nr. 1 EStG kommt nicht in Betracht, wenn eine gemischte Tätigkeit als einheitliche Gesamtbetätigung anzusehen ist. Eine solche Tätigkeit muss vielmehr unabhängig von der „Abfärbetheorie" danach qualifiziert werden, welche Tätigkeit der Gesamtbetätigung das Gepräge gibt (→ BFH vom 24.4.1997 – BStBl. II S. 567).
- → H 15.6 (Gemischte Tätigkeit).

---

[1] Zur integrierten Versorgung nach §§ 140a ff. SGB V bei ärztlichen Gemeinschaftspraxen und der Anwendung der Abfärberegelung siehe OFD Ffm v. 16.8.2016 – S 2241A – 65 – St 113, DStR 2016, 2591; zur umsatzsteuerlichen Behandlung siehe A 4.14.9 UStAE (Nr. **500**).

[2] Zur Abfärbung von Verlusten aus gewerblicher Tätigkeit auf die im Übrigen vermögensverwaltende Tätigkeit einer GbR siehe BFH v. 30.6.2022 IV R 42/19, BStBl. II 2023, 118.

Erbengemeinschaft. Die Erbengemeinschaft ist nicht umfassend gewerblich tätig i. S. d. § 15 Abs. 3 Nr. 1 EStG (→ BFH vom 23.10.1986 – BStBl. 1987 II S. 120).

GbR. Die GbR, bei der die Gesellschafter als Mitunternehmer des Betriebs anzusehen sind, ist umfassend gewerblich tätig (→ BFH vom 11.5.1989 – BStBl. II S. 797).

Gewerbesteuerbefreiung. Übt eine Personengesellschaft auch eine gewerbliche Tätigkeit aus, ist die Tätigkeit auch dann infolge der „Abfärberegelung" des § 15 Abs. 3 Nr. 1 EStG insgesamt als gewerblich anzusehen, wenn die gewerbliche Tätigkeit von der Gewerbesteuer befreit ist (→ BFH vom 30.8.2001 – BStBl. 2002 II S. 152).

Gewerbliche Einkünfte im Sonderbereich des Gesellschafters. Bei einer freiberuflich tätigen Personengesellschaft kommt es nicht zu einer Abfärbung gem. § 15 Abs. 3 Nr. 1 EStG ihrer Einkünfte im Gesamthandsbereich, wenn ein Gesellschafter gewerbliche Einkünfte im Sonderbereich erzielt (→ BFH vom 28.6.2006 – BStBl. 2007 II S. 378).

Gewinnerzielungsabsicht. Wegen der Einheitlichkeit des Gewerbebetriebs einer Personengesellschaft sind deren gemischte Tätigkeiten zunächst insgesamt als gewerblich einzuordnen. Erst dann ist für jeden selbständigen Tätigkeitsbereich die Gewinnerzielungsabsicht zu prüfen (→ BFH vom 25.6.1996 – BStBl. 1997 II S. 202).

R 15.8 (6)

Gewerblich geprägte Personengesellschaft[1)]

(6) [1]Eine gewerblich geprägte Personengesellschaft liegt nicht vor, wenn ein nicht persönlich haftender Gesellschafter auf gesetzlicher oder gesellschaftsrechtlicher Grundlage im Innenverhältnis der Gesellschafter zueinander zur Geschäftsführung befugt ist. [2]Dies gilt unabhängig davon, ob der zur Geschäftsführung befugte Gesellschafter eine natürliche Person oder eine Kapitalgesellschaft ist. [3]Eine gewerbliche Prägung ist selbst dann nicht gegeben, wenn der beschränkt haftende Gesellschafter neben dem persönlich haftenden Gesellschafter zur Geschäftsführung befugt ist. [4]Die Übertragung aller Gesellschaftsanteile an der Komplementär-GmbH in das Gesamthandsvermögen einer nicht gewerblich tätigen Kommanditgesellschaft, bei der die GmbH alleinige Komplementärin ist, führt allein nicht zum Wegfall der gewerblichen Prägung. [5]Befinden sich die Geschäftsanteile einer Komplementär-GmbH im Gesamthandsvermögen der GmbH & Co. KG, deren Geschäfte sie führt, mit der Folge, dass die Komplementär-GmbH die sie selbst betreffenden Gesellschafterrechte selbst ausübt und dieser Interessenkonflikt durch einen aus den Kommanditisten der GmbH & Co. KG bestehenden Beirat gelöst wird, führt die Einrichtung eines Beirats mangels einer organschaftlichen Geschäftsführungsbefugnis für sich allein nicht zum Wegfall der gewerblichen Prägung der GmbH & Co. KG.

---

1) Zur Gewerbesteuerpflicht einer gewerblich geprägten Personengesellschaft bei (nur) vermögensverwaltender Tätigkeit siehe BFH v. 20.11.2003 IV R 5/02, BStBl. II 2004, 464.

H 15.8 (6)

Atypisch stille Gesellschaft. Die atypisch stille Gesellschaft kann als solche i. S. v. § 15 Abs. 3 Nr. 2 EStG durch den tätigen Gesellschafter gewerblich geprägt sein (→ BFH vom 26.11.1996 – BStBl. 1998 II S. 328).

Ausländische Kapitalgesellschaft. Eine ausländische Kapitalgesellschaft, die nach ihrem rechtlichen Aufbau und ihrer wirtschaftlichen Gestaltung einer inländischen Kapitalgesellschaft entspricht, ist geeignet, eine Personengesellschaft gewerblich zu prägen (→ BFH vom 14.3.2007 – BStBl. II S. 924).

Betriebsunterbrechung. Ruht der Gewerbebetrieb einer Personengesellschaft, kann diese keine gewerblich geprägte Gesellschaft sein, da die Einkünfte aus ruhendem Gewerbebetrieb originär gewerbliche Einkünfte darstellen (→ BFH vom 9.11.2017 – BStBl. 2018 II S. 227).

Einheits-GmbH & Co. KG. Der gewerblichen Prägung einer Einheits-GmbH & Co. KG (GmbH & Co. KG, bei der die Geschäftsanteile an der Komplementär-GmbH von der KG gehalten werden) steht nicht entgegen, dass der im Grundsatz allein geschäftsführungsbefugten Komplementärin im Gesellschaftsvertrag der KG die Geschäftsführungsbefugnis betreffend die Ausübung der Gesellschafterrechte aus oder an den Geschäftsanteilen an der Komplementär-GmbH entzogen und diese auf die Kommanditisten übertragen wird (→ BFH vom 13.7.2017 – BStBl. II S. 1126).

Einkünfteerzielungsabsicht. Auch bei einer gewerblich geprägten Personengesellschaft ist die Einkünfteerzielungsabsicht zu prüfen. Hierbei kommt es auf die Absicht zur Erzielung eines Totalgewinns einschließlich etwaiger steuerpflichtiger Veräußerungs- oder Aufgabegewinne an. Für die Zeit des Bestehens der gewerblichen Prägung muss die Absicht vorhanden sein, einen gewerblichen Totalgewinn zu erzielen (→ BFH vom 25.9.2008 – BStBl. 2009 II S. 266). Es ist zu vermuten, dass die von einer gewerblich geprägten Personengesellschaft und ihren Gesellschaftern angestrebte, aber bis zur Liquidation der Gesellschaft niemals aufgenommene wirtschaftliche Tätigkeit auf Erzielung eines Gewinns ausgerichtet war, wenn keine Anhaltspunkte dafür bestehen, dass die Tätigkeit verlustgeneigt hätte sein können oder dass die gewerbliche Prägung später hätte entfallen sollen (→ BFH vom 30.10.2014 – BStBl. 2015 II S. 380).

GbR. Eine GbR, an der mindestens eine natürliche Person beteiligt ist, kann keine gewerblich geprägte Personengesellschaft i. S. d. § 15 Abs. 3 Nr. 2 EStG sein, weil die persönliche Haftung eines Gesellschafters einer GbR gesellschaftsrechtlich nicht ausgeschlossen werden kann (→ BMF vom 17.3.2014 – BStBl. I S. 555). Es ist unerheblich, ob und ggf. in welchem Umfang seine Haftung individualvertraglich im Einzelfall ausgeschlossen ist (→ BFH vom 22.9.2016 – BStBl. 2017 II S. 116).

Geschäftsführung. Bei einer GmbH & Co. KG, deren alleinige Geschäftsführerin die Komplementär-GmbH ist, ist der zur Führung der Geschäfte der GmbH berufene Kommanditist nicht wegen dieser Geschäftsführungsbefugnis auch als zur Führung der Geschäfte der KG berufen anzusehen (→ BFH vom 23.5.1996 – BStBl. II S. 523).

Prägung durch andere Personengesellschaften. Eine selbst originär gewerblich tätige Personengesellschaft kann eine nur eigenes Vermögen verwaltende GbR, an der sie beteiligt ist, gewerblich prägen (→ BFH vom 8.6.2000 – BStBl. 2001 II S. 162).

Umlaufvermögen. Eine vermögensverwaltend tätige, aber gewerblich geprägte Personengesellschaft i. S. d. § 15 Abs. 3 Nr. 2 EStG kann nicht nur Anlage-, sondern auch Umlaufvermögen haben (→ BFH vom 19.1.2017 – BStBl. II S. 466).

R 15.9 Steuerliche Anerkennung von Familiengesellschaften

R 15.9 (1)

Grundsätze *(unbesetzt)*

H 15.9 (1)

Allgemeines. Die Anerkennung einer OHG, KG, GbR oder atypisch stillen Gesellschaft setzt voraus, dass eine Mitunternehmerschaft vorliegt, der Gesellschaftsvertrag zivilrechtlich wirksam ist und auch verwirklicht wird und dass die tatsächliche Gestaltung der Dinge mit ihrer formellen Gestaltung übereinstimmt, insbesondere die aufgenommenen Familienangehörigen auch volle Gesellschafterrechte genießen (→ BFH vom 8.8.1979 – BStBl. II S. 768 und vom 3.5.1979 – BStBl. II S. 515). Einer OHG oder einer KG kann die steuerliche Anerkennung nicht lediglich mit der Begründung versagt werden, dass außerbetriebliche, z. B. steuerliche und familienrechtliche Gesichtspunkte den Abschluss des Gesellschaftsvertrags veranlasst haben (→ BFH vom 22.8.1951 – BStBl. III S. 181).

Buchwertabfindung. Ein Kommanditist, der vom persönlich haftenden Gesellschafter ohne Weiteres zum Buchwert aus der Gesellschaft ausgeschlossen werden kann, ist nicht Mitunternehmer (→ BFH vom 29.4.1981 – BStBl. II S. 663). Entsprechendes gilt, wenn die für den Fall des jederzeit möglichen Ausschlusses vereinbarte Abfindung nicht auch die **Beteiligung am Firmenwert** umfasst (→ BFH vom 15.10.1981 – BStBl. 1982 II S. 342).

Gütergemeinschaft.
- Die eheliche Gütergemeinschaft ist ein den in § 15 Abs. 1 Satz 1 Nr. 2 EStG genannten Gesellschaftsverhältnissen vergleichbares Gemeinschaftsverhältnis und kann damit eine Mitunternehmerschaft begründen (→ BFH vom 16.2.1995 – BStBl. II S. 592 und vom 18.8.2005 – BStBl. 2006 II S. 165).
- → H 4.2 (12).

Rückübertragungsverpflichtung. Werden Kommanditanteile schenkweise mit der Maßgabe übertragen, dass der Schenker ihre Rückübertragung jederzeit ohne Angabe von Gründen einseitig veranlassen kann, ist der Beschenkte nicht als Mitunternehmer anzusehen (→ BFH vom 16.5.1989 – BStBl. II S. 877).

Tatsächliche Gewinnaufteilung. Der Gewinn aus einer Familienpersonengesellschaft ist einem bisher als Alleininhaber tätig gewesenen Gesellschafter zuzurechnen, wenn der Gewinn tatsächlich nicht aufgeteilt, sondern diesem Gesellschafter allein belassen worden ist (→ BFH vom 6.11.1964 – BStBl. 1965 III S. 52).

R 15.9 (2)

Schenkweise begründete Beteiligungen von Kindern

(2) [1]Behält ein Elternteil sich bei der unentgeltlichen Einräumung einer Unterbeteiligung an einem Anteil an einer Personengesellschaft das Recht vor, jederzeit eine unentgeltliche Rückübertragung der Anteile von dem Kind zu verlangen, wird keine Einkunftsquelle auf das Kind übertragen. [2]Gleiches gilt bei schenkweiser Übertragung eines Gesellschaftsanteiles mit Rückübertragungsverpflichtung.

H 15.9 (2)

Allgemeines.[1)] Schenkweise von ihren Eltern in eine KG aufgenommene Kinder können nur Mitunternehmer sein, wenn ihnen wenigstens annäherungsweise diejenigen Rechte eingeräumt sind, die einem Kommanditisten nach dem HGB zukommen. Maßstab ist das nach dem HGB für den Kommanditisten vorgesehene Regelstatut (→ BFH vom 24.7.1986 – BStBl. 1987 II S. 54). Dazu gehören auch die gesetzlichen Regelungen, die im Gesellschaftsvertrag abbedungen werden können (→ BMF vom 5.10. 1989 – BStBl. I S. 378). Entsprechendes gilt für am Gesellschaftsanteil der Eltern unterbeteiligte Kinder (→ BFH vom 24.7.1986 – BStBl. 1987 II S. 54). Sie sind nicht Mitunternehmer, wenn ihre Rechtsstellung nach dem Gesamtbild zugunsten der Eltern in einer Weise beschränkt ist, wie dies in Gesellschaftsverträgen zwischen Fremden nicht üblich ist (→ BFH vom 8.2.1979 – BStBl. II S. 405 und vom 3.5.1979 – BStBl. II S. 515). Die schenkweise begründete Rechtsstellung der Kinder entspricht in diesen Fällen ihrem wirtschaftlichen Gehalt nach häufig dem Versprechen einer erst künftigen Kapitalübertragung (→ BFH vom 8.2.1979 – BStBl. II S. 405 und vom 3.5.1979 – BStBl. II S. 515). Die Gewinngutschriften auf die Unterbeteiligung sind deshalb bei dem Elternteil keine Sonderbetriebsausgaben, sondern nichtabzugsfähige Zuwendungen i. S. d. § 12 EStG (→ BFH vom 18.7.1974 – BStBl. II S. 740). Der schenkweisen Aufnahme steht gleich, wenn den Kindern die Mittel für die Kommanditeinlage darlehensweise unter Bedingungen zur Verfügung gestellt werden, die unter Fremden nicht üblich sind (→ BFH vom 5.7.1979 – BStBl. II S. 670). Sind die in eine Gesellschaft im Wege der Schenkung aufgenommenen Kinder nach den vorstehenden Grundsätzen nicht als Mitunternehmer anzusehen, können ihnen die vertraglichen Gewinnanteile nicht als eigene Einkünfte aus Gewerbebetrieb zugerechnet werden. In Höhe dieser Gewinnanteile liegt

---

1) Ein schenkweise beteiligtes minderjähriges Kind ist nur dann Mitunternehmer, wenn der Gesellschaftsvertrag tatsächlich durchgeführt wird; siehe BFH v. 13.6.1989 VIII R 47/85, BStBl. II 1989, 720.

regelmäßig eine nach § 12 EStG unbeachtliche Einkommensverwendung der Eltern vor (→ BFH vom 22.1.1970 – BStBl. II S. 416).

Alter des Kindes. Bei der Würdigung des Gesamtbildes in Grenzfällen kann für die Anerkennung als Mitunternehmer sprechen, dass die Vertragsgestaltung den objektiven Umständen nach darauf abgestellt ist, die Kinder oder Enkel an das Unternehmen heranzuführen, um dessen Fortbestand zu sichern (→ BFH vom 6.4.1979 – BStBl. II S. 620). Dies ist nicht der Fall, wenn die Kinder wegen ihres Alters nicht die für eine Heranführung an das Unternehmen erforderliche Reife besitzen (→ BFH vom 5.7.1979 – BStBl. II S. 670).

Befristete Gesellschafterstellung. Ist die Gesellschafterstellung eines Kindes von vornherein nur befristet etwa auf die Zeit, in der das Kind vermutlich unterhaltsbedürftig ist und eine persönliche Aktivität als Gesellschafter noch nicht entfalten wird, kann eine Mitunternehmerschaft nicht anerkannt werden (→ BFH vom 29.1.1976 – BStBl. II S. 324). Dagegen kann eine Mitunternehmerschaft minderjähriger Kinder, die als Kommanditisten einer Familien-KG im Schenkungswege beteiligt wurden, nicht schon deshalb verneint werden, weil der Vater nach dem Gesellschaftsvertrag berechtigt ist, die Gesellschafterstellung eines Kindes zum Ende des Jahres der Erreichung der Volljährigkeit zu kündigen (→ BFH vom 23.6.1976 – BStBl. II S. 678).

Familiengerichtliche Genehmigung. Beteiligt ein Stpfl. sein durch einen Pfleger vertretenes minderjähriges Kind an seinem Unternehmen, hängt die steuerliche Anerkennung des Vertrags auch dann, wenn die Beteiligten nach dem Vertrag gehandelt haben, von der familiengerichtlichen Genehmigung ab, die nicht als stillschweigend erteilt angesehen werden kann (→ BFH vom 4.7.1968 – BStBl. II S. 671). Die zivilrechtliche Rückwirkung der familiengerichtlichen Genehmigung eines Vertrags über den Erwerb eines Anteils an einer Personengesellschaft durch einen Minderjährigen kann steuerlich nicht berücksichtigt werden, wenn die familiengerichtliche Genehmigung nicht unverzüglich nach Abschluss des Gesellschaftsvertrags beantragt und in angemessener Frist erteilt wird (→ BFH vom 5.3.1981 – BStBl. II S. 435).

Kündigung.
- Die Mitunternehmerstellung eines minderjährigen Kommanditisten kann durch das dem Komplementär eingeräumte Kündigungsrecht beeinträchtigt werden (→ BMF vom 5.10.1989 – BStBl. I S. 378).
- → Befristete Gesellschafterstellung.

Rückfallklausel. Eine Rückfallklausel, nach der die Unterbeteiligung ersatzlos an den Vater zurückfällt, wenn das Kind vor dem Vater stirbt und keine leiblichen ehelichen Abkömmlinge hinterlässt, steht der steuerrechtlichen Anerkennung der Unterbeteiligung nicht entgegen (→ BFH vom 27.1.1994 – BStBl. II S. 635).

Umdeutung in Darlehensgewährung. Ein zivilrechtlich wirksam abgeschlossener, aber steuerlich nicht anerkannter Gesellschaftsvertrag kann für die steuerliche Beurteilung nicht in einen Darlehensvertrag umgedeutet werden (→ BFH vom 6.7.1995 – BStBl. 1996 II S. 269).

Unterbeteiligung. Eine Unterbeteiligung am OHG-Anteil des Vaters mit Ausschluss der Unterbeteiligten von stillen Reserven und Firmenwert im Falle der Kündigung durch den Vater sowie Einschränkung der Gewinnentnahme- und Kontrollrechte der Unterbeteiligten kann steuerlich nicht anerkannt werden (→ BFH vom 6.7.1995 – BStBl. 1996 II S. 269).

Verfügungsbeschränkungen. Behalten sich die Eltern die Verwaltung der Kommanditbeteiligungen der Kinder vor, sind die Kinder nicht Mitunternehmer (→ BFH vom 25.6.1981 – BStBl. II S. 779). Überlassen Eltern ihren minderjährigen Kindern Anteile am Betriebsvermögen einer von ihnen gebildeten Personengesellschaft unter der Auflage, dass die Kinder über die auf ihre Anteile entfallenden Gewinnanteile nur in dem von den Eltern gebilligten Umfang verfügen dürfen, so liegt eine zur Gewinnverteilung auch auf die Kinder führende Mitunternehmerschaft nicht vor (→ BFH vom 4.8.1971 – BStBl. 1972 II S. 10). Wird ein nicht mitarbeitendes Kind ohne Einlage als Gesellschafter aufgenommen, ist es in der Regel im Jahr der Aufnahme kein Mitunternehmer, wenn es sich nur verpflichtet, einen Teil seines künftigen Gewinnanteils zur Bildung eines Kapitalanteils stehenzulassen (→ BFH vom 1.2.1973 – BStBl. II S. 221). Das gilt auch, wenn das Kind zwar zu einer Bareinlage verpflichtet sein soll, diese aber nur aus einem von den Eltern gewährten und aus dem ersten Gewinnanteil des Kindes wieder getilgten Darlehen leistet (→ BFH vom 1.2.1973 – BStBl. II S. 526).
Ist in dem Gesellschaftsvertrag einer Familienpersonengesellschaft, durch den die minderjährigen Kinder des Hauptgesellschafters als Kommanditisten in die KG aufgenommen werden, bestimmt, dass Beschlüsse in der Gesellschafterversammlung – abweichend vom Einstimmigkeitsprinzip des § 119 Abs. 1 HGB – mit einfacher Mehrheit zu fassen sind, steht diese Vertragsklausel der Anerkennung der Kinder als Mitunternehmer nicht entgegen; eine solche Klausel ist dahin auszulegen, dass sie nur Beschlüsse über die laufenden Geschäfte der KG betrifft (→ BFH vom 7.11.2000 – BStBl. 2001 II S. 186).

R 15.9 (3)

Gewinnverteilung bei Familiengesellschaften[1)]

(3) [1]Unabhängig von der Anerkennung der Familiengesellschaft als solcher ist zu prüfen, ob auch die von der Gesellschaft vorgenommene Gewinnverteilung steuerlich zu übernehmen ist. [2]Steht die Gewinnverteilung in offensichtlichem Missverhältnis zu den Leistungen der Gesellschafter, kann ein Missbrauch i. S. d. § 42 AO vorliegen.

H 15.9 (3)

Allgemeines. Beteiligt ein Stpfl. nicht im Betrieb mitarbeitende nahe Familienangehörige in der Weise als Kommanditisten oder atypische stille Gesellschafter an einem Betrieb, dass er ihnen Gesellschaftsanteile schenkweise überträgt, kann mit steuerlicher Wirkung eine Gewinnverteilung nur an-

1) Siehe auch BFH v. 28.9.1995 IV R 39/94, BStBl. II 1996, 276.

erkannt werden, die auf längere Sicht zu einer auch unter Berücksichtigung der gesellschaftsrechtlichen Beteiligung der Mitunternehmer angemessenen Verzinsung des tatsächlichen (gemeinen) Wertes der Gesellschaftsanteile führt (→ BFH vom 29.5.1972 – BStBl. 1973 II S. 5). Die Gewinnverteilung wird im Allgemeinen dann nicht zu beanstanden sein, wenn der vereinbarte Gewinnverteilungsschlüssel eine durchschnittliche Rendite von nicht mehr als 15% des tatsächlichen Wertes der Beteiligung ergibt (→ BFH vom 24.7.1986 – BStBl. 1987 II S. 54). Ist eine Gewinnverteilung nach den vorstehenden Grundsätzen unangemessen, ist die Besteuerung so vorzunehmen, als ob eine angemessene Gewinnverteilung getroffen worden wäre (→ BFH vom 29.3.1973 – BStBl. II S. 650), d.h. Gewinnanteile, die die angemessene Begrenzung übersteigen, sind dann den anderen Gesellschaftern zuzurechnen, sofern nicht auch bei ihnen Begrenzungen zu beachten sind (→ BFH vom 29.5.1972 – BStBl. 1973 II S. 5). Bei der Beantwortung der Frage, ob eine Gewinnverteilung angemessen ist, ist in der Regel von der durchschnittlichen Rendite eines Zeitraums von fünf Jahren auszugehen. Außerdem sind alle im Zeitpunkt des Vertragsabschlusses bekannten Tatsachen und die sich aus ihnen für die Zukunft ergebenden wahrscheinlichen Entwicklungen zu berücksichtigen (→ BFH vom 29.5.1972 – BStBl. 1973 II S. 5).

Beteiligung an den stillen Reserven. Ist vertraglich bestimmt, dass der Gesellschafter nicht oder unter bestimmten Voraussetzungen nicht an den stillen Reserven beteiligt sein soll, ist ein Abschlag zu machen; das gilt auch, wenn der Gesellschafter in der Verfügung über seinen Anteil oder in der Befugnis, Gewinn zu entnehmen, beschränkt ist (→ BFH vom 29.3.1973 – BStBl. II S. 489).

Buchwertabfindung. Behält sich ein Elternteil anlässlich der unentgeltlichen Übertragung eines Gesellschaftsanteiles auf die Kinder das Recht vor, das Gesellschaftsverhältnis zu kündigen, das Unternehmen allein fortzuführen und die Kinder mit dem Buchwert ihres festen Kapitalanteils abzufinden, ist bei Prüfung der Angemessenheit des vereinbarten Gewinnverteilungsschlüssels von dem Buchwert des übertragenen Gesellschaftsanteils auszugehen (→ BFH vom 13.3.1980 – BStBl. II S. 437).

Eigene Mittel. Sind die Geschäftsanteile ganz oder teilweise mit eigenen Mitteln von den aufgenommenen Familienangehörigen erworben worden, bildet die unter Fremden übliche Gestaltung den Maßstab für die Prüfung, ob die Gewinnverteilung angemessen ist (→ BFH vom 4.6.1973 – BStBl. II S. 866).

Entnahmegewinn bei Schenkung. → H 4.3 (2–4) Personengesellschaften.

Unterbeteiligung. Hat ein Stpfl. seinem Kind eine mitunternehmerschaftliche Unterbeteiligung von 10% an seinem Kommanditanteil an einer zwischen fremden Personen bestehenden KG geschenkt, dann kann die für die Unterbeteiligung vereinbarte quotale Gewinnbeteiligung (hier: 10%) auch dann steuerlich anzuerkennen sein, wenn sie zu einem Gewinn des unterbeteiligten Kindes von mehr als 15% des Wertes der Unterbeteiligung (→ Allgemeines) führt. Eine vereinbarte quotale Gewinnbeteiligung ist steuerlich anzuerkennen, auch wenn mit dem Gewinnanteil des Stpfl. an der KG nur die Überlassung des Haftkapitals vergütet wird oder wenn damit zusätzlich nur solche Gesellschafterbeiträge des Stpfl. abgegolten werden, die anteilig auch dem unterbeteiligten Kind zuzurechnen sind (→ BFH vom 9.10.2001 – BStBl. 2002 II S. 460).

Veränderung der Gewinnverteilung. Eine als angemessen anzusehende Gewinnverteilung bleibt grundsätzlich so lange bestehen, bis eine wesentliche Veränderung der Verhältnisse dergestalt eintritt, dass auch bei einer Mitunternehmerschaft zwischen fremden Personen die Gewinnverteilung geändert würde (→ BFH vom 29.5.1972 – BStBl. 1973 II S. 5).

Verfügungsbeschränkungen. → Beteiligung an den stillen Reserven.

R **15.9** **(4)**

Typische stille Gesellschaft *(unbesetzt)*

H **15.9** **(4)**

Allgemeines. Kommanditisten, die nicht als Mitunternehmer anzuerkennen sind, können im Innenverhältnis unter Umständen die Stellung von typischen stillen Gesellschaftern erlangt haben (→ BFH vom 29.4.1981 – BStBl. II S. 663 und vom 6.7.1995 – BStBl. 1996 II S. 269). Beteiligt ein Stpfl. nahe Angehörige an seinem Unternehmen als stille Gesellschafter, kann diese Beteiligung steuerlich nur anerkannt werden, wenn die Gesellschaftsverträge klar vereinbart, bürgerlich-rechtlich wirksam und ernstlich gewollt sind, tatsächlich durchgeführt werden, wirtschaftlich zu einer Änderung der bisherigen Verhältnisse führen und die Verträge keine Bedingungen enthalten, unter denen fremde Dritte Kapital als stille Einlage nicht zur Verfügung stellen würden (→ BFH vom 8.3.1984 – BStBl. II S. 623 und vom 31.5.1989 – BStBl. 1990 II S. 10).

Auszahlung/Gutschrift von Gewinnanteilen. Ein Vertrag über eine stille Gesellschaft zwischen Familienangehörigen ist nur dann durchgeführt, wenn die Gewinnanteile entweder ausbezahlt werden oder im Falle einer Gutschrift eindeutig bis zur Auszahlung jederzeit abrufbar gutgeschrieben bleiben (→ BFH vom 18.10.1989 – BStBl. 1990 II S. 68).

Familiengerichtliche Genehmigung. Beteiligt ein Stpfl. sein durch einen Pfleger vertretenes minderjähriges Kind an seinem Unternehmen und ist das Kind auch am Verlust beteiligt, so hängt die steuerliche Anerkennung des Vertrags auch dann, wenn die Beteiligten nach dem Vertrag gehandelt haben, von der familiengerichtlichen Genehmigung ab, die nicht als stillschweigend erteilt angesehen werden kann (→ BFH vom 4.7.1968 – BStBl. II S. 671).

Verlustbeteiligung. Ist ein schenkweise still beteiligtes minderjähriges Kind nicht am Verlust der Gesellschaft beteiligt, kann eine stille Beteiligung steuerlich nicht anerkannt werden (→ BFH vom 21.10.1992 – BStBl. 1993 II S. 289); zu Angehörigen → BMF vom 23.12.2010 (BStBl. 2011 I S. 37), Rdnr. 15.

R 15.9 (5)

Gewinnbeteiligung bei typischer stiller Beteiligung *(unbesetzt)*

H 15.9 (5)

Allgemeines. Die Höhe der Gewinnbeteiligung wird bei typischer stiller Beteiligung steuerlich nur zugrunde gelegt, soweit sie wirtschaftlich angemessen ist (→ BFH vom 19.2.2009 – BStBl. II S. 798).

Eigene Mittel.

– Stammt die Kapitalbeteiligung des stillen Gesellschafters nicht aus der Schenkung des Unternehmers, sondern wird sie aus eigenen Mitteln des stillen Gesellschafters geleistet, ist in der Regel eine Gewinnverteilungsabrede angemessen, die im Zeitpunkt der Vereinbarung bei vernünftiger kaufmännischer Beurteilung eine durchschnittliche Rendite von 25% der → Einlage erwarten lässt, wenn der stille Gesellschafter nicht am Verlust beteiligt ist (→ BFH vom 14.2.1973 – BStBl. II S. 395).

– Ist der stille Gesellschafter auch am Verlust beteiligt, ist in der Regel ein Satz von bis zu 35% der → Einlage noch angemessen (→ BFH vom 16.12.1981 – BStBl. 1982 II S. 387).

Einlage. Der tatsächliche Wert einer typischen stillen Beteiligung ist regelmäßig gleich ihrem Nennwert (→ BFH vom 29.3.1973 – BStBl. II S. 650).

Schenkweise eingeräumte stille Beteiligung.

– Stammt die Kapitalbeteiligung des stillen Gesellschafters in vollem Umfang aus einer Schenkung des Unternehmers, ist in der Regel eine Gewinnverteilungsabrede angemessen, die im Zeitpunkt der Vereinbarung bei vernünftiger kaufmännischer Beurteilung eine durchschnittliche Rendite von 15% der Einlage erwarten lässt, wenn der Beschenkte am Gewinn und Verlust beteiligt ist; ist eine Beteiligung am Verlust ausgeschlossen, ist bei einem steuerlich anerkannten stillen Gesellschaftsverhältnis in der Regel ein Satz von 12% der → Einlage angemessen (→ BFH vom 29.3.1973 – BStBl. II S. 650).

– → BMF vom 23.12.2010 (BStBl. 2011 I S. 37), Rdnr. 15.

Veränderung der tatsächlichen Verhältnisse. Eine zunächst angemessene Rendite muss bei Veränderung der tatsächlichen Verhältnisse (hier: nicht erwarteter Gewinnsprung) nach dem Maßstab des Fremdvergleichs korrigiert werden (→ BFH vom 19.2.2009 – BStBl. II S. 798).

R 15.10 Verlustabzugsbeschränkungen nach § 15 Abs. 4 EStG

Betreibt ein Stpfl. gewerbliche Tierzucht oder Tierhaltung in mehreren selbständigen Betrieben, kann der in einem Betrieb erzielte Gewinn aus gewerblicher Tierzucht oder Tierhaltung mit dem in einem anderen Betrieb des Stpfl. erzielten Verlust aus gewerblicher Tierzucht oder Tierhaltung bis zum Betrag von 0 Euro verrechnet werden.

H 15.10

Abschreibungs- oder Buchverluste. Von § 15 Abs. 4 Satz 1 und 2 EStG werden alle Verluste aus gewerblicher Tierzucht oder gewerblicher Tierhaltung erfasst, nicht nur Abschreibungs- oder Buchverluste (→ BFH vom 5.2.1981 – BStBl. II S. 359).

Brüterei. Die Unterhaltung einer Brüterei durch einen Gewerbetreibenden stellt keine gewerbliche Tierzucht oder Tierhaltung dar (→ BFH vom 14.9.1989 – BStBl. 1990 II S. 152).

Doppelstöckige Personengesellschaft. Die Verlustausgleichs- und -abzugsbeschränkung für Verluste einer Untergesellschaft aus gewerblicher Tierzucht und Tierhaltung wirkt sich auch auf die Besteuerung der Gesellschafter der Obergesellschaft aus. Ein solcher Verlust ist zwingend und vorrangig mit Gewinnen aus der Veräußerung der Beteiligung an der Obergesellschaft zu verrechnen, soweit dieser anteilig mittelbar auf Wirtschaftsgüter der Untergesellschaft entfällt (→ BFH vom 1.7.2004 – BStBl. 2010 II S. 157).

Ehegatten. Bei der Zusammenveranlagung von Ehegatten sind Verluste aus gewerblicher Tierzucht oder Tierhaltung des einen Ehegatten mit Gewinnen des anderen Ehegatten aus gewerblicher Tierzucht oder Tierhaltung auszugleichen (→ BFH vom 6.7.1989 – BStBl. II S. 787).

Gemischte Betriebe. Wird in einem einheitlichen Betrieb neben gewerblicher Tierzucht oder gewerblicher Tierhaltung noch eine andere gewerbliche Tätigkeit ausgeübt, darf der Verlust aus der gewerblichen Tierzucht oder Tierhaltung nicht mit einem Gewinn aus der anderen gewerblichen Tätigkeit verrechnet werden (→ BFH vom 21.9.1995 – BStBl. 1996 II S. 85).

Gewerbliche Tierzucht oder gewerbliche Tierhaltung ist jede Tierzucht oder Tierhaltung, der nach den Vorschriften des § 13 Abs. 1 EStG i. V. m. §§ 51 und 51a BewG keine ausreichenden landwirtschaftlichen Nutzflächen als Futtergrundlage zur Verfügung stehen (→ BFH vom 12.8.1982 – BStBl. 1983 II S. 36; → R 13.2).

Landwirtschaftliche Tätigkeit. Wird neben einer Tierzucht oder Tierhaltung, die für sich gesehen als landwirtschaftliche Tätigkeit einzuordnen wäre, eine gewerbliche Tätigkeit ausgeübt, ist § 15 Abs. 4 Satz 1 und 2 EStG nicht anzuwenden. Das gilt auch, wenn die Tierzucht oder Tierhaltung im Rahmen einer Personengesellschaft erfolgt, deren Einkünfte zu den Einkünften aus Gewerbebetrieb gehören, oder sich die Tierzucht oder Tierhaltung als Nebenbetrieb der gewerblichen Tätigkeit darstellt (→ BFH vom 1.2.1990 – BStBl. 1991 II S. 625).

Lohnmast. § 15 Abs. 4 Satz 1 und 2 EStG ist auch anzuwenden, soweit der Gewerbetreibende die Tiermast im Wege der Lohnmast auf Auftragnehmer übertragen hat, die ihrerseits Einkünfte aus Land- und Forstwirtschaft beziehen (→ BFH vom 8.11.2000 – BStBl. 2001 II S. 349).

Pelztierzucht. Das Ausgleichs- und Abzugsverbot für Verluste aus gewerblicher Tierzucht oder gewerblicher Tierhaltung gilt nicht für Verluste aus einer Nerzzucht (→ BFH vom 19.12.2002 – BStBl. 2003 II S. 507).

Personengesellschaft. → Landwirtschaftliche Tätigkeit.

Termingeschäft.
- Ein strukturierter EUR-Zinsswap mit CMS-Spread-Koppelung (CMS Spread Ladder Swap) ist ein unter § 15 Abs. 4 Satz 3 EStG fallendes Termingeschäft (→ BFH vom 20.8.2014 – BStBl. 2015 II S. 177).
- Sog. echte (ungedeckte) Daytrading-Geschäfte sind von dem Begriff des Termingeschäfts in § 15 Abs. 4 Satz 3 EStG umfasst (→ BFH vom 21.2.2018 – BStBl. II S. 637).
- Index-Partizipationszertifikate werden nicht vom Begriff des Termingeschäfts in § 15 Abs. 4 Satz 3 EStG umfasst (→ BFH vom 4.12.2014 – BStBl. 2015 II S. 483).
- Termingeschäfte, die aus wirtschaftlicher Sicht rein auf die „physische" Lieferung des Basiswertes gerichtet sind, werden von dem Tatbestand des § 15 Abs. 4 Satz 3 EStG nicht umfasst. Aus wirtschaftlicher Sicht nicht auf „physische" Lieferung, sondern auf Differenzausgleich gerichtet sind jedoch Devisentermingeschäfte auch dann, wenn Eröffnungsgeschäft und Gegengeschäft „brutto" abgewickelt werden. Dies setzt zwar nicht die Nämlichkeit des Vertragspartners voraus; erforderlich ist aber, dass das Gegengeschäft zeitlich vor Fälligkeit des Eröffnungsgeschäfts abgeschlossen worden ist (→ BFH vom 6.7.2016 – BStBl. 2018 II S. 124).

Verlustabzug in Erbfällen. Verluste i. S. d. § 15 Abs. 4 Satz 1 und 2 EStG → R 10d Abs. 9 Satz 11.

Verlustabzugsbeschränkung nach § 15 Abs. 4 Satz 3 und 4 EStG.
- Die Ausgleichs- und Abzugsbeschränkung für Verluste aus betrieblichen Termingeschäften ist jedenfalls in den Fällen, in denen es nicht zu einer Definitivbelastung kommt, verfassungsgemäß (→ BFH vom 28.4.2016 – BStBl. II S. 739 und vom 6.7.2016 – BStBl. 2018 II S. 124).
- Der Tatbestand des § 15 Abs. 4 Satz 3 EStG setzt keine Spekulationsabsicht des Stpfl. voraus (→ BFH vom 6.7.2016 – BStBl. 2018 II S. 124).
- Reicht die im Außenverhältnis aus einem Termingeschäft berechtigte bzw. verpflichtete Holdinggesellschaft die Chancen und Risiken aus diesem Geschäft im Innenverhältnis insgesamt an ein gruppeninternes Unternehmen weiter, ist die Verlustausgleichs- und -abzugsbeschränkung des § 15 Abs. 4 Satz 3 EStG allein auf Ebene des aus dem Geschäft tatsächlich belasteten operativ tätigen Unternehmens anzuwenden. Die Absicherung von Geschäften des gewöhnlichen Geschäftsbetriebs i. S. v. § 15 Abs. 4 Satz 4 zweite Alternative EStG setzt nicht nur einen subjektiven Sicherungszusammenhang, sondern auch einen objektiven Nutzungs- und Funktionszusammenhang zwischen dem Grund- und dem Absicherungsgeschäft voraus. Das Sicherungsgeschäft muss deshalb auch dazu geeignet sein, Risiken aus dem Grundgeschäft zu kompensieren (→ BFH vom 20.8.2014 – BStBl. 2015 II S. 177).

Verlustabzugsbeschränkung nach § 15 Abs. 4 Satz 6 bis 8 EStG. Zur Behandlung von Verlusten aus atypisch stillen Gesellschaften, Unterbeteiligungen oder sonstigen Innengesellschaften an Kapitalgesellschaften → BMF vom 19.11.2008 (BStBl. I S. 970).

Verlustvor- und -rücktrag. Zur Anwendung des § 10d EStG im Rahmen des § 15 Abs. 4 Satz 1 und 2 EStG → BMF vom 29.11.2004 (BStBl. I S. 1097).

Zu § 15a EStG

R 15a. Verluste bei beschränkter Haftung

Zusammentreffen von Einlage- und Haftungsminderung

(1) Treffen Einlage- und Haftungsminderung in einem Wirtschaftsjahr zusammen, ist die Einlageminderung vor der Haftungsminderung im Rahmen des § 15a Abs. 3 EStG zu berücksichtigen.

Sonderbetriebsvermögen

(2) [1] Verluste, die der Gesellschafter im Bereich seines Sonderbetriebsvermögens erleidet, sind grundsätzlich unbeschränkt ausgleichs- und abzugsfähig. [2] Sie sind ausnahmsweise nicht unbeschränkt ausgleichs- und abzugsfähig, wenn sich das Sonderbetriebsvermögen im Gesamthandseigentum einer anderen Gesellschaft befindet, bei der für die Verluste der Gesellschafter ihrerseits § 15a EStG gilt. [3] Sofern auf Ebene der anderen Gesellschaft selbst eine Feststellung nach § 15a Abs. 4 EStG in Betracht kommt, ist die Ausgleichs-/Abzugsbeschränkung nach § 15a EStG in Bezug auf den Bereich Sonderbetriebsvermögen erst bei dieser Feststellung zu berücksichtigen.

Außenhaftung des Kommanditisten nach § 15a Abs. 1 Satz 2 und 3 EStG

(3) [1] Der erweiterte Verlustausgleich oder -abzug im Jahr der Entstehung des Verlustes bei der KG setzt u. a. voraus, dass derjenige, dem der Anteil zuzurechnen ist und der deshalb den Verlustanteil bei seiner persönlichen Steuerveranlagung ausgleichen oder abziehen will, am Bilanzstichtag namentlich im Handelsregister eingetragen ist. [2] Die Anmeldung zur Eintragung im Handelsregister reicht nicht aus. [3] Dies gilt auch, wenn die Eintragung z. B. wegen Überlastung des Handelsregistergerichts oder wegen firmenrechtlicher Bedenken des Gerichts noch nicht vollzogen ist. [4] Bei Treuhandverhältnissen i. S. d. § 39 AO und bei Unterbeteiligungen, die ein beschränkt haftender Unternehmer einem Dritten an seinem Gesellschaftsanteil einräumt, reicht für den erweiterten Verlustausgleich oder -abzug die Eintragung des Treuhänders oder des Hauptbeteiligten im Handelsregister nicht aus. [5] Der erweiterte Verlustausgleich nach § 15a Abs. 1 Satz 2 und 3 EStG kommt nicht in Betracht, wenn sich die Haftung des Kommanditisten aus § 176 HGB ergibt. [6] Nach der Konzeption des § 15a EStG kann der Kommanditist Verluste insgesamt maximal bis zur Höhe seiner Einlage zuzüglich einer etwaigen überschießenden Außenhaftung nach § 171 Abs. 1 HGB steuerlich geltend machen. [7] Daher darf auch bei einer über mehrere Bilanzstichtage bestehenden Haftung das Verlustausgleichsvolumen nach § 15a Abs. 1 Satz 2 und 3 EStG insgesamt nur einmal in Anspruch genommen werden. [8] Die spätere haftungsbeendende Einlageleistung schafft auch nach Ablauf des Elf-Jahreszeitraums nach § 15a Abs. 3 EStG kein zusätzliches Verlustausgleichspotential. [9] Das Verlustausgleichspotential nach § 15a Abs. 1 Satz 2 und 3 EStG darf auch dann nur einmal in Anspruch genommen werden, wenn die Außenhaftung des Kommanditisten auf Grund von Entnahmen nach § 172 Abs. 4 Satz 2 HGB wieder auflebt.

Steuerbefreiung nach § 16 Abs. 4 EStG bei verrechenbaren Verlusten

(4) Bezugsgröße der Steuerbefreiung des § 16 Abs. 4 EStG ist der Veräußerungsgewinn nach der Minderung um die verrechenbaren Verluste.

Ausländische Verluste

(5) [1] Auf den Anteil am Verlust aus ausländischen Betriebsstätten ist auf Ebene der Gesellschaft § 15a EStG anzuwenden. [2] Ergibt sich nach Anwendung des § 15a EStG ein ausgleichsfähiger Verlust, ist des Weiteren – getrennt nach Staaten – festzustellen, ob und ggf. inwieweit es sich um einen Verlust aus einer aktiven Tätigkeit i. S. d. § 2a Abs. 2 EStG handelt oder um einen Verlust, der den Verlustausgleichsbeschränkungen des § 2a Abs. 1 Satz 1 Nr. 2 EStG unterliegt (Verlust aus passiver Tätigkeit). [3] Soweit ein Verlust aus passiver Tätigkeit vorliegt, ist auf Ebene des Gesellschafters zu prüfen, ob ein Ausgleich mit positiven Einkünften derselben Art aus demselben Staat in Betracht kommt. [4] Die vorstehenden Grundsätze gelten auch für ausländische Personengesellschaften unter den Voraussetzungen des § 15a Abs. 5 Nr. 3 EStG.

Verlustzurechnung nach § 52 Abs. 33 Satz 4 EStG[1)] beim Ausscheiden von Kommanditisten

(6) [1] In Höhe der nach § 52 Abs. 33 Satz 3 EStG[2)] als Gewinn zuzurechnenden Beträge sind bei den anderen Mitunternehmern unter Berücksichtigung der für die Zurechnung von Verlusten geltenden Grundsätze nach Maßgabe des Einzelfalles Verlustanteile anzusetzen (§ 52 Abs. 33 Satz 4 EStG).[3)] [2] Das bedeutet, dass im Falle der Auflösung der Gesellschaft diese Verlustanteile ausschließlich bei den unbeschränkt haftenden Mitunternehmern anzusetzen sind. [3] In den Fällen des Ausscheidens von Mitgesellschaftern ohne Auflösung der Gesellschaft sind bei den Mitunternehmern, auf die der Anteil des Ausscheidenden übergeht, in Höhe der in dem Anteil enthaltenen und auf sie übergehenden stillen Reserven Anschaffungskosten zu aktivieren. [4] In Höhe des Teilbetrags des negativen Kapitalkontos, der die stillen Reserven einschließlich des Firmenwerts übersteigt, sind bei den Mitunternehmern, auf die der Anteil übergeht, Verlustanteile anzusetzen. [5] Soweit die übernehmenden Mitunternehmer beschränkt haften, ist bei ihnen die Beschränkung des Verlustausgleichs nach § 15a EStG zu beachten.

H 15a

Allgemeines. Die Frage der Zurechnung von Einkünften wird durch die Regelung des § 15a Abs. 1 bis 4 EStG nicht berührt. Verlustanteile, die der Kommanditist nach § 15a Abs. 1 Satz 1 EStG nicht ausgleichen oder abziehen darf, werden diesem nach Maßgabe der vom BFH für die Zurechnung von Einkünften entwickelten Grundsätze zugerechnet (→ BFH vom 10.11.1980 – BStBl. 1981 II S. 164, vom 19.3.1981 – BStBl. II S. 570, vom 26.3.1981 – BStBl. II S. 572, vom 5.5.1981 – BStBl. II S. 574, vom 26.5.1981 – BStBl. II S. 668 und 795 und vom 22.1.1985 – BStBl. 1986 II

---

1) **[Amtl. Anm.:]** Jetzt § 52 Abs. 24 EStG.
2) **[Amtl. Anm.:]** Jetzt § 52 Abs. 24 Satz 3 EStG.
3) **[Amtl. Anm.:]** Jetzt § 52 Abs. 24 Satz 4 EStG.

S. 136). Daher mindern diese Verlustanteile auch die Gewinne, die dem Kommanditisten in späteren Wj. aus seiner Beteiligung an der Kommanditgesellschaft zuzurechnen sind.

Anwendungsbereich. § 15a EStG gilt für sämtliche Kommanditgesellschaften, nicht nur für Verlustzuweisungsgesellschaften (→ BFH vom 9.5.1996 – BStBl. II S. 474).

Auflösung des negativen Kapitalkontos.

– Bei einem vorzeitigen Fortfall des negativen Kapitalkontos kann eine überschießende Außenhaftung des Kommanditisten nicht gewinnmindernd berücksichtigt werden (→ BFH vom 26.9.1996 – BStBl. 1997 II S. 277).
– → H 16 (4) Negatives Kapitalkonto.

Beispiele:

1. Grundfall

Die eingetragene Hafteinlage des Kommanditisten beträgt	200 000 €.
tatsächlich geleistete Einlage (= Kapitalkonto 1.1.01)	110 000 €
Verlustanteil des Kommanditisten 01	300 000 €
Kapitalkonto 31.12.01	– 190 000 €

Lösung:

ausgleichsfähig	nach § 15a Abs. 1 Satz 1 EStG	110 000 €
	nach § 15a Abs. 1 Satz 2 und 3 EStG	90 000 €
verrechenbar	nach § 15a Abs. 2 EStG	100 000 €

2. Spätere Rückzahlung der Hafteinlage

Die eingetragene Hafteinlage des Kommanditisten beträgt 200 000 €.

Jahr 01:	tatsächlich geleistete Einlage (= Kapitalkonto 1.1.01)	100 000 €	
	Verlustanteil 01	250 000 €	
	Lösung:		
	ausgleichsfähig nach § 15a Abs. 1 Satz 1 EStG		100 000 €
	nach § 15a Abs. 1 Satz 2 und 3 EStG		100 000 €
	verrechenbar nach § 15a Abs. 2 EStG		50 000 €
Jahr 02:	Resteinzahlung Haftkapital	100 000 €	
	Verlustanteil 02	50 000 €	
	Lösung:		
	ausgleichsfähig (R 15a Abs. 3 Satz 8)		0 €
	verrechenbar nach § 15a Abs. 2 EStG		50 000 €
Jahr 03:	Rückzahlung Kommanditeinlage	60 000 €	
	Verlustanteil 03	40 000 €	
	Lösung:		
	ausgleichsfähig (R 15a Abs. 3 Satz 9)		0 €
	verrechenbar nach § 15a Abs. 2 EStG		40 000 €

Keine Gewinnzurechnung nach § 15a Abs. 3 Satz 1 EStG, weil die Außenhaftung auf Grund der Einlageminderung in Höhe von 60 000 € wieder auflebt.

3. Gewinne und Entnahmen bei vorhandenem verrechenbaren Verlust

Die eingetragene Hafteinlage des Kommanditisten beträgt 200 000 €.

Jahr 01:	tatsächlich geleistete Einlage (= Kapitalkonto 1.1.01)	200 000 €
	Verlustanteil 01	220 000 €
	Kapitalkonto 31.12.01	– 20 000 €

Lösung:

ausgleichsfähig nach § 15a Abs. 1 Satz 1 EStG	200 000 €
verrechenbar nach § 15a Abs. 2 EStG	20 000 €

Jahr 02:	Entnahme 02	60 000 €
	Gewinnanteil 02	40 000 €
	Kapitalkonto 31.12.02	– 40 000 €

Lösung:

zu versteuernder Gewinnanteil:

Gewinnanteil (vor § 15a Abs. 2 EStG)	40 000 €	
abzgl. verrechenbarer Verlust 01	– 20 000 €	
in 02 zu versteuern		20 000 €
Gewinnzurechnung nach § 15a Abs. 3 Satz 1 EStG		0 €

Keine Gewinnzurechnung nach § 15a Abs. 3 Satz 1 EStG, weil durch die Einlageminderung in 02 die Außenhaftung des Kommanditisten i. S. d. § 15a Abs. 1 Satz 2 EStG in Höhe von 60 000 € wieder auflebt.

4. Liquidation – § 52 Abs. 24 Satz 3 EStG

Die eingetragene Hafteinlage des Kommanditisten beträgt 200 000 €.

bis zum Zeitpunkt der Liquidation tatsächlich geleistete Einlage		100 000 €
bis zum Zeitpunkt der Liquidation ausgleichsfähige Verluste		200 000 €
negatives Kapitalkonto im Zeitpunkt der Liquidation		– 100 000 €
anteiliger Liquidationsgewinn	a)	50 000 €
	b)	110 000 €

Der Liquidationsgewinn wird zunächst zur Auffüllung des negativen Kapitalkontos verwandt.

Im Fall a) braucht der Kommanditist das verbleibende negative Kapitalkonto nicht aufzufüllen.

Im Fall b) erhält der Kommanditist nach Auffüllung seines negativen Kapitalkontos noch 10 000 € ausbezahlt.

Lösungen:

Fall a)	Liquidationsgewinn	50 000 €
	Wegfall des negativen Kapitalkontos	50 000 €
	Veräußerungsgewinn i. S. d. § 16 EStG	100 000 €
Fall b)	Veräußerungsgewinn i. S. d. § 16 EStG	110 000 €

(keine Nachversteuerung des negativen Kapitalkontos, da es durch den Liquidationsgewinn gedeckt ist).

Beteiligung an vermögensverwaltender Gesellschaft. Wird ein Gesellschaftsanteil an einer vermögensverwaltenden GbR von einer KG im gewerblichen Betriebsvermögen gehalten (sog. **Zebragesellschaft**), ist § 15a EStG auch hinsichtlich der aus der Beteiligung an der GbR bezogenen Einkünfte der KG nur auf der Ebene der KG anzuwenden. Die unbeschränkten Haftungsverhältnisse bei der GbR sind nicht zu berücksichtigen (→ BFH vom 19.9.2019 – BStBl. 2020 II S. 199).

BGB-Innengesellschaft.

– Verluste des nicht nach außen auftretenden Gesellschafters einer BGB-Innengesellschaft, die zu einem negativen Kapitalkonto geführt haben, sind nicht ausgleichsfähig, sondern nur nach § 15a EStG verrechenbar. Das gilt auch dann, wenn sich der Gesellschafter gegenüber dem tätigen

Gesellschafter zum Verlustausgleich verpflichtet hat (→ BFH vom 10.7.2001 – BStBl. 2002 II S. 339).

– Die im Interesse des gemeinsamen Unternehmens eingegangenen Verpflichtungen eines BGB-Innengesellschafters gegenüber Gläubigern des Geschäftsinhabers begründen keinen erweiterten Verlustausgleich. Die Inanspruchnahme aus solchen Verpflichtungen ist als Einlage zu behandeln, die für frühere Jahre festgestellte verrechenbare Verluste nicht ausgleichsfähig macht (→ BFH vom 5.2.2002 – BStBl. II S. 464).

Bürgschaft. Eine Gewinnzurechnung auf Grund des Wegfalls des negativen Kapitalkontos ist nicht vorzunehmen, wenn der ausscheidende Kommanditist damit rechnen muss, dass er aus einer Bürgschaft für die KG in Anspruch genommen wird (→ BFH vom 12.7.1990 – BStBl. 1991 II S. 64).

Einlagen.[1]

– Einlagen, die vor dem 25.12.2008 zum Ausgleich eines negativen Kapitalkontos geleistet und im Wj. der Einlage nicht durch ausgleichsfähige Verluste verbraucht worden sind (→ § 52 Abs. 33 Satz 6 EStG i. d. F. des Artikels 1 des Gesetzes vom 19.12.2008 – BGBl. I S. 2794), schaffen Verlustausgleichspotenzial für spätere Wj. (→ BFH vom 26.6.2007 – BStBl. II S. 934 und BMF vom 19.11.2007 – BStBl. I S. 823). Dies gilt auch für Einlagen eines atypisch stillen Gesellschafters (→ BFH vom 20.9.2007 – BStBl. 2008 II S. 118).

– Leistet der Kommanditist zusätzlich zu der im Handelsregister eingetragenen, nicht voll eingezahlten Hafteinlage eine weitere Sach- oder Bareinlage, kann er im Wege einer negativen Tilgungsbestimmung die Rechtsfolge herbeiführen, dass die Haftungsbefreiung nach § 171 Abs. 1 2. Halbsatz HGB nicht eintritt. Das führt dazu, dass die Einlage nicht mit der eingetragenen Hafteinlage zu verrechnen ist, sondern im Umfang ihres Wertes die Entstehung oder Erhöhung eines negativen Kapitalkontos verhindert und auf diese Weise nach § 15a Abs. 1 Satz 1 EStG zur Ausgleichs- und Abzugsfähigkeit von Verlusten führt (→ BFH vom 11.10.2007 – BStBl. 2009 II S. 135 und vom 16.10.2008 – BStBl. 2009 II S. 272).

Formwechsel mit steuerlicher Rückwirkung. Wird eine GmbH in eine KG formwechselnd und nach § 2 i. V. m. § 9 UmwStG rückwirkend umgewandelt, ist für Zwecke der Bestimmung der den Rückwirkungszeitraum betreffenden verrechenbaren Verluste i. S. v. § 15a EStG auch die Haftungsverfassung des entstandenen Rechtsträgers (KG) auf den steuerlichen Übertragungsstichtag zurückzubeziehen. Dabei ist nach den aus der Rückwirkungsfiktion abgeleiteten steuerlichen Kapitalkontenständen zu bestimmen, in welcher Höhe den Kommanditisten ausgleichsfähige Verluste nach § 15a Abs. 1 Satz 1 EStG (Verlustausgleich gem. geleisteter Einlagen) zuzurechnen sind. Auch die Haftsumme für den erweiterten Verlustausgleich ist gem. § 15a Abs. 1 Satz 2 und 3 EStG rückwirkend zu berücksichtigen (→ BFH vom 3.2.2010 – BStBl. II S. 942).

[1] Zur Erhöhung des Verlustausgleichsvolumens eines Kommanditisten bei Erbringung einer freiwilligen Einlage siehe BFH v. 10.11.2022 IV R 8/19, BStBl. II 2023, 332.

Gewinnzurechnung nach § 15a Abs. 3 EStG.

– Die Frage, ob eine Gewinnzurechnung nach § 15a Abs. 3 EStG vorzunehmen ist, ist im Rahmen des Verfahrens zur gesonderten und einheitlichen Feststellung der Besteuerungsgrundlagen gem. § 179 Abs. 2 Satz 2, § 180 Abs. 1 Satz 1 Nr. 2 Buchst. a AO zu klären (→ BFH vom 20.11.2014 – BStBl. 2015 II S. 532).
– Wird bei Bestehen eines negativen Kapitalkontos eine die Haftsumme übersteigende Pflichteinlage (z. B. ein Agio) entnommen, kommt es insoweit bis zur Höhe der Haftsumme zum Wiederaufleben der nach § 15a Abs. 1 Satz 2 EStG zu berücksichtigenden Haftung, so dass eine Gewinnzurechnung nach § 15a Abs. 3 Satz 1 EStG zu unterbleiben hat (→ BFH vom 6.3.2008 – BStBl. II S. 676).
– Eine Übertragung der Gewinnzurechnung nach § 15a Abs. 3 EStG auf eine andere Kommanditbeteiligung des Mitunternehmers ist nicht möglich. Gewinne und Verluste i. S. d. § 15a EStG müssen aus derselben Einkunftsquelle stammen (→ BFH vom 20.11.2014 – BStBl. 2015 II S. 532).

Kapitalkonto.

– Zum Umfang des Kapitalkontos i. S. d. § 15a Abs. 1 Satz 1 EStG → BMF vom 30.5.1997 (BStBl. I S. 627).
– Beteiligungskonto/Forderungskonto → BMF vom 30.5.1997 (BStBl. I S. 627), BFH vom 23.1.2001 (BStBl. II S. 621) und BFH vom 16.10. 2008 (BStBl. 2009 II S. 272).
– Finanzplandarlehen sind Darlehen, die nach den vertraglichen Bestimmungen während des Bestehens der Gesellschaft vom Kommanditisten nicht gekündigt werden können und im Fall des Ausscheidens oder der Liquidation der Gesellschaft mit einem evtl. bestehenden negativen Kapitalkonto verrechnet werden. Sie erhöhen das Kapitalkonto i. S. d. § 15a EStG (→ BFH vom 7.4.2005 – BStBl. II S. 598).

Saldierung von Ergebnissen aus dem Gesellschaftsvermögen mit Ergebnissen aus dem Sonderbetriebsvermögen. Keine Saldierung von Gewinnen und Verlusten aus dem Gesellschaftsvermögen mit Gewinnen und Verlusten aus dem Sonderbetriebsvermögen (→ BMF vom 15.12.1993 – BStBl. I S. 976 und BFH vom 13.10.1998 – BStBl. 1999 II S. 163).

Stille Reserven. Bei Anwendung des § 15a EStG sind vorhandene stille Reserven nicht zu berücksichtigen (→ BFH vom 9.5.1996 – BStBl. II S. 474).

Übernahme des negativen Kapitalkontos. In Veräußerungsfällen findet § 52 Abs. 24 EStG keine Anwendung (→ BFH vom 21.4.1994 – BStBl. II S. 745). Die Übernahme eines negativen Kapitalkontos führt beim eintretenden Kommanditisten auch dann nicht zu einem sofort ausgleichs- oder abzugsfähigen Verlust, wenn es nicht durch stille Reserven im Betriebsvermögen gedeckt ist (→ BFH vom 14.6.1994 – BStBl. 1995 II S. 246). Entsprechendes gilt, wenn nach dem Gesellschafterwechsel die neu eingetretenen Gesellschafter Einlagen leisten (→ BFH vom 19.2.1998 – BStBl. 1999 II S. 266). Für den Erwerber stellen die gesamten Aufwendungen zum Erwerb des Anteils einschließlich des negativen Kapitalkontos Anschaffungskosten dar (→ BFH vom 21.4.1994 – BStBl. II S. 745). Dies gilt auch, wenn der Kommanditanteil an einen Mitgesellschafter veräußert wird (→ BFH vom 21.4.1994 – BStBl. II S. 745).

Unentgeltliche Übertragung.

– Der verrechenbare Verlust des ausscheidenden Gesellschafters einer zweigliedrigen KG geht bei einer unentgeltlichen Übertragung eines Mitunternehmeranteils auf den das Unternehmen fortführenden Gesellschafter über. Die Zurechnung des verrechenbaren Verlustes hat im Rahmen der gesonderten Feststellung nach § 15a Abs. 4 EStG zu erfolgen (→ BFH vom 10.3.1998 – BStBl. 1999 II S. 269).

– Überträgt ein Kommanditist unentgeltlich einen Teil seiner Beteiligung an der KG, geht der verrechenbare Verlust anteilig auf den Übernehmer über, wenn diesem auch das durch die Beteiligung vermittelte Gewinnbezugsrecht übertragen wird (→ BFH vom 1.3.2018 – BStBl. II S. 527).

Unwahrscheinlichkeit der Inanspruchnahme bei Gesellschaften mit Einkünften aus Vermietung und Verpachtung. → BMF vom 30.6. 1994 (BStBl. I S. 355).

Verfassungsmäßigkeit.

– Es bestehen keine ernsthaften Zweifel an der Verfassungsmäßigkeit des § 15a EStG (→ BFH vom 19.5.1987 – BStBl. 1988 II S. 5 und vom 9.5.1996 – BStBl. II S. 474).

– Die Beschränkung des erweiterten Verlustausgleichs und Verlustabzugs auf den Fall der Haftung des Kommanditisten nach § 171 Abs. 1 HGB begegnet keinen verfassungsrechtlichen Bedenken (→ BFH vom 14.12. 1999 – BStBl. 2000 II S. 265).

Verlustabzug in Erbfällen. → R 10d Abs. 9 Satz 12.

Verlustabzugsbeschränkung nach § 15 Abs. 4 Satz 6 bis 8 EStG. Zum Verhältnis der Verlustabzugsbeschränkung bei Verlusten aus atypisch stillen Gesellschaften, Unterbeteiligungen oder sonstigen Innengesellschaften an Kapitalgesellschaften zu § 15a EStG → BMF vom 19.11.2008 (BStBl. I S. 970).

Verlustausgleich.

– Der erweiterte Verlustausgleich kommt bei Kommanditisten von Altbetrieben auch in Betracht, wenn ihnen vor 1985 ausgleichsfähige Verluste zugerechnet worden sind, die zu einem negativen Kapitalkonto in Höhe ihres Haftungsbetrags geführt haben (→ BFH vom 26.8.1993 – BStBl. 1994 II S. 627).

– Der erweiterte Verlustausgleich kommt nicht in Betracht, wenn sich die Haftung des Kommanditisten aus anderen Vorschriften als § 171 Abs. 1 HGB ergibt (→ BFH vom 14.12.1999 – BStBl. 2000 II S. 265).

– Die im Interesse des gemeinsamen Unternehmens eingegangenen Verpflichtungen eines BGB-Innengesellschafters oder eines atypisch stillen Gesellschafters gegenüber Gläubigern des Geschäftsinhabers begründen keinen erweiterten Verlustausgleich (→ BFH vom 5.2.2002 – BStBl. II S. 464 und BFH vom 11.3.2003 – BStBl. II S. 705).

– Der erweiterte Verlustausgleich des Kommanditisten mindert sich um den Teil der im Handelsregister eingetragenen Hafteinlage, der der Beteiligung des atypisch still Unterbeteiligten an der Unterbeteiligungsgesellschaft mit dem Kommanditisten entspricht (→ BFH vom 19.4.2007 – BStBl. II S. 868).

Verlustverrechnung bei Einlageminderung. Der einem Kommanditisten bei einer Einlageminderung als fiktiver Gewinn zuzurechnende Betrag ist nach § 15a Abs. 3 Satz 2 EStG auf den Betrag der Verlustanteile begrenzt, der im Jahr der Einlageminderung und in den zehn vorangegangenen Jahren ausgleichsfähig war. Für die Ermittlung dieses begrenzten Betrags sind die ausgleichsfähigen Verlustanteile mit den Gewinnanteilen zu saldieren, mit denen sie hätten verrechnet werden können, wenn sie nicht ausgleichsfähig, sondern lediglich verrechenbar i. S. d. § 15a Abs. 2 EStG gewesen wären. Hierbei kommt die fiktive Saldierung eines Verlustanteils mit einem Gewinnanteil eines vorangegangenen Jahres nicht in Betracht (→ BFH vom 20.3.2003 – BStBl. II S. 798).

Verrechenbare Werbungskostenüberschüsse.
– → H 20.1 (Stiller Gesellschafter).
– → H 21.2 (Sinngemäße Anwendung des § 15a EStG).

Vertraglicher Haftungsausschluss bei Gesellschaftern mit Einkünften aus Vermietung und Verpachtung.
– Trotz vertraglichem Haftungsausschluss liegt keine Haftungsbeschränkung nach § 15a Abs. 5 Nr. 2 EStG vor, wenn ein Teil der Gesellschafter für die Verbindlichkeiten der GbR bürgt und die übrigen Gesellschafter die bürgenden Gesellschafter intern von der Inanspruchnahme aus der Bürgschaft freistellen (→ BFH vom 25.7.1995 – BStBl. 1996 II S. 128).
– Zur Haftungsbeschränkung bei einer GbR → BMF vom 18.7.2000 (BStBl. I S. 1198) und vom 28.8.2001 (BStBl. I S. 614).

Wechsel der Rechtsstellung eines Gesellschafters.
– Allein auf Grund des Wechsels der Rechtsstellung eines Kommanditisten in diejenige eines unbeschränkt haftenden Gesellschafters (z.B. auf Grund der Umwandlung der Gesellschaft) ist der für ihn bisher festgestellte verrechenbare Verlust nicht in einen ausgleichsfähigen Verlust umzuqualifizieren (→ BFH vom 14.10.2003 – BStBl. 2004 II S. 115). Die bisher festgestellten verrechenbaren Verluste können jedoch über den Wortlaut des § 15a Abs. 2 EStG hinaus mit künftigen Gewinnanteilen des Gesellschafters verrechnet werden (→ BFH vom 14.10.2003 – BStBl. 2004 II S. 115). Findet der Wechsel in die Rechtsstellung eines unbeschränkt haftenden Gesellschafters innerhalb eines Wj. statt, ist § 15a EStG für das gesamte Wj. nicht anzuwenden (→ BFH vom 14.10.2003 – BStBl. 2004 II S. 118).
– Wechselt der Komplementär während des Wj. in die Rechtsstellung eines Kommanditisten, ist § 15a EStG für das gesamte Wj. und damit für den dem Gesellschafter insgesamt zuzurechnenden Anteil am Ergebnis der KG zu beachten (→ BFH vom 14.10.2003 – BStBl. 2004 II S. 118).
– Der Wechsel der Gesellschafterstellung findet zum Zeitpunkt des entsprechenden Gesellschafterbeschlusses statt. Der Zeitpunkt des Antrages auf

Eintragung im Handelsregister ist unmaßgeblich (→ BFH vom 12.2.2004 – BStBl. II S. 423).

Zu § 15b EStG

H 15b

Anwendungsschreiben. → BMF vom 17.7.2007 (BStBl. I S. 542).[1]

Verfassungsmäßigkeit. § 15b EStG ist bezogen auf das Tatbestandsmerkmal einer „modellhaften Gestaltung" hinreichend bestimmt (→ BFH vom 6.2. 2014 – BStBl. II S. 465).

Verlustabzug in Erbfällen. → R 10d Abs. 9 Satz 12.

Zu § 16 EStG

R 16. Veräußerung des gewerblichen Betriebs

Betriebsveräußerung im Ganzen

(1) [1] Eine Veräußerung des ganzen Gewerbebetriebs liegt vor, wenn der Betrieb mit seinen wesentlichen Grundlagen gegen Entgelt in der Weise auf einen Erwerber übertragen wird, dass der Betrieb als geschäftlicher Organismus fortgeführt werden kann. [2] Nicht erforderlich ist, dass der Erwerber den Betrieb tatsächlich fortführt.

H 16 (1)

Aufgabe der bisherigen Tätigkeit.

- Voraussetzung einer Betriebsveräußerung ist, dass der Veräußerer die mit dem veräußerten Betriebsvermögen verbundene Tätigkeit aufgibt (→ BFH vom 12.6.1996 – BStBl. II S. 527).
- Die gelegentliche Vermittlung von Verträgen durch einen aus dem aktiven Erwerbsleben ausgeschiedenen Versicherungsvertreter kann sich in finanzieller, wirtschaftlicher und organisatorischer Hinsicht grundlegend von dem Gewerbebetrieb, den er als Versicherungsbezirksdirektor unterhalten hat, unterscheiden und steht in diesem Fall einer Betriebsveräußerung nicht entgegen (→ BFH vom 18.12.1996 – BStBl. 1997 II S. 573).
- Eine Aufgabe der bisherigen Tätigkeit und somit eine begünstigte Veräußerung i.S.d. § 16 EStG liegt auch dann vor, wenn der Veräußerer als selbständiger Unternehmer nach der Veräußerung des Betriebs für den Erwerber tätig wird (→ BFH vom 17.7.2008 – BStBl. 2009 II S. 43).
- Die Tarifbegünstigung eines Veräußerungsgewinns setzt nicht voraus, dass der Stpfl. jegliche gewerbliche Tätigkeit einstellt. Erforderlich ist lediglich, dass er die in dem veräußerten Betrieb bislang ausgeübte Tätigkeit einstellt und die diesbezüglich wesentlichen Betriebsgrundlagen veräußert (→ BFH vom 3.4.2014 – BStBl. II S. 1000).
- → H 18.3 (Veräußerung).

[1] Ergänzend siehe BMF v. 29.1.2008, DStR 2008, 561.

Betriebsfortführung. Werden nicht der Betriebsorganismus, sondern nur wichtige Betriebsmittel übertragen, während der Stpfl. das Unternehmen in derselben oder in einer veränderten Form fortführt, liegt keine Betriebsveräußerung vor (→ BFH vom 3.10.1984 – BStBl. 1985 II S. 131).

Betriebsübertragung im Zusammenhang mit wiederkehrenden Leistungen. → BMF vom 11.3.2010 (BStBl. I S. 227)[1] unter Berücksichtigung der Änderungen durch BMF vom 6.5.2016 (BStBl. I S. 476).

Funktionsfähiger Betrieb. Eine Betriebsveräußerung setzt voraus, dass im Veräußerungszeitpunkt schon ein funktionsfähiger Betrieb gegeben ist, jedoch nicht, dass der Veräußerer mit den veräußerten wesentlichen Betriebsgrundlagen tatsächlich bereits eine gewerbliche Tätigkeit ausgeübt hat (→ BFH vom 3.4.2014 – BStBl. II S. 1000).

Gewerblich geprägte Personengesellschaft. Besteht die Tätigkeit einer gewerblich geprägten Personengesellschaft sowohl in der Nutzung von Grundbesitz als auch in der Nutzung von Kapitalvermögen, liegt eine nach §§ 16, 34 EStG begünstigte Betriebsveräußerung nur vor, wenn die wesentlichen Grundlagen beider Tätigkeitsbereiche veräußert werden (→ BFH vom 12.12.2000 – BStBl. 2001 II S. 282).

Gewinnermittlung. Hält der Veräußerer Wirtschaftsgüter, die nicht zu den wesentlichen Betriebsgrundlagen gehören, zurück, um sie später bei sich bietender Gelegenheit zu veräußern, ist eine Gewinnermittlung auf Grund Betriebsvermögensvergleichs hinsichtlich dieser Wirtschaftsgüter nach der Betriebsveräußerung nicht möglich (→ BFH vom 22.2.1978 – BStBl. II S. 430).

Häusliches Arbeitszimmer. Zur Ermittlung des Gewinns bei Veräußerung oder Betriebsaufgabe → H 4.7 (Häusliches Arbeitszimmer).

Maßgeblicher Zeitpunkt.
– Für die Entscheidung, ob eine Betriebsveräußerung im Ganzen vorliegt, ist auf den Zeitpunkt abzustellen, in dem das wirtschaftliche Eigentum an den veräußerten Wirtschaftsgütern übertragen wird (→ BFH vom 3.10.1984 – BStBl. 1985 II S. 245).[2]
– → H 16 (4).

Personengesellschaft.
– Bei einer Personengesellschaft ist es nicht erforderlich, dass die Gesellschafter gleichzeitig mit der Betriebsveräußerung die Auflösung beschließen (→ BFH vom 4.2.1982 – BStBl. II S. 348).
– Die Veräußerung des gesamten Gewerbebetriebs durch eine Personengesellschaft an einen Gesellschafter ist abzugrenzen von der Veräußerung eines Mitunternehmeranteils. Dabei ist auf die vertraglichen Vereinbarungen abzustellen. Haben die Vertragsparteien den Vertrag tatsächlich wie eine Betriebsveräußerung an den Gesellschafter behandelt, eine

[1] Ergänzend siehe BMF v. 20.11.2019, BStBl. I 2019, 1291, geänd. durch BMF v. 5.5.2021, BStBl. I 2021, 696, Rn. 40.
[2] Siehe auch BFH v. 23.1.1992 IV R 88/90, BStBl. II 1992, 525.

Schlussbilanz eingereicht und den Veräußerungsgewinn den Gesellschaftern dem allgemeinen Gewinnverteilungsschlüssel entsprechend zugerechnet, liegt eine Betriebsveräußerung im Ganzen an den Gesellschafter vor (→ BFH vom 20.2.2003 – BStBl. II S. 700).
– → H 16 (4) Negatives Kapitalkonto.

Verdeckte Einlage. Zur verdeckten Einlage bei Verkauf eines Betriebes an eine Kapitalgesellschaft → BFH vom 24.3.1987 (BStBl. II S. 705) und vom 1.7.1992 (BStBl. 1993 II S. 131).

Zurückbehaltene Wirtschaftsgüter.
– Die Annahme einer Betriebsveräußerung im Ganzen wird nicht dadurch ausgeschlossen, dass der Veräußerer Wirtschaftsgüter, die **nicht zu den wesentlichen Betriebsgrundlagen** gehören, zurückbehält (→ BFH vom 26.5.1993 – BStBl. II S. 710). Das gilt auch, wenn einzelne, nicht zu den wesentlichen Betriebsgrundlagen gehörende Wirtschaftsgüter in zeitlichem Zusammenhang mit der Veräußerung in das Privatvermögen überführt oder anderen betriebsfremden Zwecken zugeführt werden (→ BFH vom 24.3.1987 – BStBl. II S. 705 und vom 29.10.1987 – BStBl. 1988 II S. 374).
– Wird eine **eingeführte Bezeichnung** für einen Betrieb nicht mitverkauft, sondern im Rahmen eines Franchisevertrags zur Nutzung überlassen, sind nicht alle wesentlichen Betriebsgrundlagen übertragen worden. Eine begünstigte Betriebsveräußerung liegt in diesen Fällen nicht vor (→ BFH vom 20.3.2017 – BStBl. II S. 992).

R 16 (2)

Betriebsaufgabe im Ganzen

(2) [1]Eine Betriebsaufgabe erfordert eine Willensentscheidung oder Handlung des Stpfl., die darauf gerichtet ist, den Betrieb als selbständigen Organismus nicht mehr in seiner bisherigen Form bestehen zu lassen. [2]Der Begriff der Betriebsaufgabe erfordert nicht, dass der bisherige Unternehmer künftig keine unternehmerische Tätigkeit mehr ausübt. [3]Liegt eine Betriebsaufgabe deshalb vor, weil bei einer Betriebsaufspaltung die personelle Verflechtung durch Eintritt der Volljährigkeit bisher minderjähriger Kinder wegfällt, wird dem Stpfl. auf Antrag aus Billigkeitsgründen das Wahlrecht zur Fortsetzung der gewerblichen Tätigkeit im Rahmen einer Betriebsverpachtung (→ Absatz 5) auch dann eingeräumt, wenn nicht alle wesentlichen Betriebsgrundlagen an das Betriebsunternehmen verpachtet sind. [4]Wird danach die Betriebsverpachtung nicht als Betriebsaufgabe behandelt, können in diesen Fällen weiterhin die auf einen Betrieb bezogenen Steuervergünstigungen (z. B. Übertragung stiller Reserven nach den §§ 6b und 6c EStG, erhöhte Absetzungen und Sonderabschreibungen) gewährt werden. [5]Eine Betriebsaufgabe liegt auch vor, wenn die Voraussetzungen für eine gewerblich geprägte Personengesellschaft wegfallen. [6]Ist Gegenstand der Verpachtung ein Betrieb im Ganzen, gilt Absatz 5 entsprechend. [7]Im Rahmen einer Betriebsaufgabe kann auch das Buchwertprivileg nach § 6 Abs. 1 Nr. 4 Satz 4 und 5 EStG in Anspruch genommen werden.

H 16 (2)

Allgemeines.

– Die Aufgabe eines Gewerbebetriebs im Ganzen ist anzunehmen, wenn alle wesentlichen Betriebsgrundlagen innerhalb kurzer Zeit (→ Zeitraum für die Betriebsaufgabe) und damit in einem einheitlichen Vorgang – nicht nach und nach – entweder in das Privatvermögen überführt oder an verschiedene Erwerber veräußert oder teilweise veräußert und teilweise in das Privatvermögen überführt werden und damit der Betrieb als selbständiger Organismus des Wirtschaftslebens zu bestehen aufhört (→ BFH vom 24.6.1976 – BStBl. II S. 670, vom 29.10.1981 – BStBl. 1982 II S. 381 und vom 18.12.1990 – BStBl. 1991 II S. 512).

– Eine Betriebsaufgabe liegt **nicht** vor,
  - wenn die Wirtschaftsgüter nach und nach im Laufe mehrerer Wj. an Dritte veräußert werden oder in das Privatvermögen überführt werden (→ BFH vom 10.9.1957 – BStBl. III S. 414),
  - wenn der Betriebsinhaber den Entschluss zur Betriebsaufgabe lediglich dokumentiert hat. Erforderlich ist darüber hinaus die Umsetzung dieses Entschlusses durch Veräußerung oder Entnahme von wesentlichen Betriebsgrundlagen (→ BFH vom 30.8.2007 – BStBl. 2008 II S. 113).

– → Betriebsunterbrechung.

– → Betriebsverlegung.

– → Strukturwandel.

Aufgabegewinn.[1)]

– Als gemeiner Wert eines Grundstücks in einem Sanierungsgebiet ist der Wert anzusetzen, der nach § 153 Abs. 1 BauGB (früher § 23 Abs. 2 Städtebauförderungsgesetz) Werterhöhungen unberücksichtigt lässt, die lediglich durch die Aussicht auf Sanierung, durch ihre Vorbereitung oder ihre Durchführung eingetreten sind, ohne dass der Stpfl. diese Wert–steigerungen durch eigene Aufwendungen zulässigerweise bewirkt hat – sog. Eingangswert – (→ BFH vom 29.8.1996 – BStBl. 1997 II S. 317).

– → H 16 (10) Nachträgliche Änderungen des Veräußerungspreises oder des gemeinen Werts.

– Wird im Rahmen einer Betriebsaufgabe ein betrieblich genutzter Grundstücksteil in das Privatvermögen überführt, ist zur Ermittlung des Aufgabegewinns der gemeine Wert des gesamten Grundstücks regelmäßig nach dem Nutzflächenverhältnis und nicht nach dem Verhältnis von Ertragswerten aufzuteilen (→ BFH vom 15.2.2001 – BStBl. 2003 II S. 635).

– Weder handels- noch steuerrechtlich besteht eine Verpflichtung, eine Aufgabebilanz zusätzlich zur letzten Schlussbilanz aufzustellen (→ BFH vom 3.7.1991 – BStBl. II S. 802).

– Beendigung der Nutzungsberechtigung als Miteigentümer → H 4.2 (1) Nutzungsrechte/Nutzungsvorteile.

---

1) Zur Ermittlung des Aufgabegewinns siehe auch BFH v. 17.6.1998 XI R 64/97, BStBl. II 1998, 727.

Beendigung einer Betriebsaufspaltung.

– Entfallen die tatbestandlichen Voraussetzungen einer Betriebsaufspaltung z. B. durch Wegfall der personellen Verflechtung zwischen Besitzunternehmen und Betriebskapitalgesellschaft, ist dieser Vorgang in der Regel als Betriebsaufgabe des Besitzunternehmens zu beurteilen mit der Folge, dass die im Betriebsvermögen des früheren Besitzunternehmens enthaltenen stillen Reserven aufzulösen sind (→ BFH vom 13.12.1983 – BStBl. 1984 II S. 474 und vom 15.12.1988 – BStBl. 1989 II S. 363);[1] aber → R 16 Abs. 2 Satz 3 ff.
– Zu einer Betriebsaufgabe durch Beendigung der Betriebsaufspaltung kommt es, wenn die vom Besitzunternehmen an die Betriebskapitalgesellschaft verpachteten Wirtschaftsgüter veräußert und infolgedessen keine wesentlichen Betriebsgrundlagen mehr überlassen werden. Das verbliebene Betriebsvermögen, einschließlich der Anteile an der Betriebskapitalgesellschaft, wird dann zu Privatvermögen (→ BFH vom 22.10.2013 – BStBl. 2014 II S. 158).
– Die Beendigung einer Betriebsaufspaltung führt nicht zur Betriebsaufgabe bei der Besitzpersonengesellschaft, wenn die Voraussetzungen einer Betriebsverpachtung vorliegen (→ BMF vom 17.10.1994 – BStBl. I S. 771). Die Voraussetzungen einer Betriebsverpachtung sind auch bei Beendigung einer unechten Betriebsaufspaltung gegeben, wenn die funktional wesentlichen Betriebsgrundlagen weiterhin verpachtet werden (→ BFH vom 17.4.2019 – BStBl. II S. 745). Die für die Einstellung der werbenden Tätigkeit durch den Unternehmer geltenden Grundsätze (→ Betriebsunterbrechung) sind bei der Beendigung der Betriebsaufspaltung gleichermaßen zu beachten (→ BFH vom 14.3.2006 – BStBl. II S. 591).
– Wird eine Betriebsaufspaltung dadurch beendet, dass die Betriebs-GmbH auf eine AG verschmolzen und das Besitzunternehmen in die AG eingebracht wird, kann dieser Vorgang gewinnneutral gestaltet werden, wenn das Besitzunternehmen nicht nur wegen der Betriebsaufspaltung gewerblich tätig war. Andernfalls führt die Verschmelzung zur Aufgabe des Gewerbebetriebs mit der Folge, dass dieser nicht mehr zu Buchwerten eingebracht werden kann (→ BFH vom 24.10.2000 – BStBl. 2001 II S. 321).
– → H 15.7 (6) Insolvenz des Betriebsunternehmens.

Betriebsunterbrechung.

– Stellt ein Unternehmer seine gewerbliche Tätigkeit ein, liegt darin nicht notwendigerweise eine Betriebsaufgabe. Die Einstellung kann auch nur als Betriebsunterbrechung zu beurteilen sein, die den Fortbestand des Betriebs unberührt lässt. Die Betriebsunterbrechung kann darin bestehen, dass der Betriebsinhaber die gewerbliche Tätigkeit ruhen lässt oder darin, dass er die wesentlichen Betriebsgrundlagen verpachtet. Gibt er keine Aufgabeerklärung ab, ist davon auszugehen, dass er beabsichtigt, den unterbrochenen Betrieb künftig wieder aufzunehmen, sofern die zurückbehaltenen Wirtschaftsgüter dies ermöglichen (→ BFH vom 22.9.2004 –

[1] Siehe ferner BFH v. 25.8.1993 XI R 6/93, BStBl. II 1994, 23.

BStBl. 2005 II S. 160, vom 14.3.2006 – BStBl. II S. 591 und vom 9.11.2017 – BStBl. 2018 II S. 227).
- Eine Betriebsunterbrechung im engeren Sinne und keine Aufgabe des Gewerbebetriebs kann bei dem vormaligen Besitzunternehmen auch dann vorliegen, wenn das Betriebsunternehmen die werbende Geschäftstätigkeit endgültig eingestellt hat (→ BFH vom 14.3.2006 – BStBl. II S. 591).
- → H 16 (5) Betriebsaufgabeerklärung.
- Eine Betriebsunterbrechung, die nicht als Betriebsaufgabe anzusehen ist und deshalb auch nicht zur Aufdeckung der stillen Reserven führt, liegt vor, wenn bei Einstellung der werbenden Tätigkeit die Absicht vorhanden und die Verwirklichung der Absicht nach den äußerlich erkennbaren Umständen wahrscheinlich ist, den Betrieb in gleichartiger oder ähnlicher Weise wieder aufzunehmen, so dass der stillgelegte und der eröffnete Betrieb als identisch anzusehen sind (→ BFH vom 17.10.1991 – BStBl. 1992 II S. 392). Dies ist nicht der Fall, wenn nach Einstellung der werbenden Tätigkeit keine wesentlichen Betriebsgrundlagen mehr vorhanden sind, die einem später identitätswahrend fortgeführten Betrieb dienen könnten (→ BFH vom 26.2.1997 – BStBl. II S. 561).
- Betreibt ein Unternehmen, das zuvor auf dem Gebiet des Bauwesens, des Grundstückshandels und der Grundstücksverwaltung tätig war, nur noch Grundstücksverwaltung, ist hierin regelmäßig eine bloße Betriebsunterbrechung zu sehen, solange gegenüber dem Finanzamt nicht die Betriebsaufgabe erklärt wird und die zurückbehaltenen Wirtschaftsgüter jederzeit die Wiederaufnahme des Betriebes erlauben (→ BFH vom 28.9.1995 – BStBl. 1996 II S. 276).
- → Eröffnung eines neuen Betriebs.
- → H 16 (5) Betriebsfortführungsfiktion.

Betriebsverlegung.
- Keine Betriebsaufgabe, sondern eine Betriebsverlegung liegt vor, wenn der alte und der neue Betrieb bei wirtschaftlicher Betrachtung und unter Berücksichtigung der Verkehrsauffassung wirtschaftlich identisch sind (→ BFH vom 24.6.1976 – BStBl. II S. 670 und vom 28.6.2001 – BStBl. 2003 II S. 124), wovon regelmäßig auszugehen ist, wenn die wesentlichen Betriebsgrundlagen in den neuen Betrieb überführt werden (→ BFH vom 24.6.1976 – BStBl. II S. 672).
- Überträgt ein Bezirkshändler, der Produkte eines Unternehmens über Beraterinnen im sog. Heimvorführungs-Vertriebssystem verkauft, die Rechte aus seinen Verträgen mit den Beraterinnen entgeltlich auf einen Dritten und erwirbt er gleichzeitig die Rechtspositionen aus den Verträgen eines anderen Bezirkshändlers mit dessen Beraterinnen, um in Fortführung seines bisherigen Bezirkshändlervertrages die Produkte des Unternehmens an einem anderen Ort zu vertreiben, liegt weder eine Betriebsveräußerung noch eine Betriebsaufgabe vor (→ BFH vom 9.10.1996 – BStBl. 1997 II S. 236).

Bewertung von Unternehmen und Anteilen an Kapitalgesellschaften. Bei der Bewertung von Unternehmen und Anteilen an Kapitalgesellschaften sind die bewertungsrechtlichen Regelungen gem. den gleich lautenden Erlassen der obersten Finanzbehörden der Länder vom 17.5.2011 (BStBl. I S. 606) zu den §§ 11, 95 bis 109 und 199 ff. BewG für ertragsteuerliche Zwecke entsprechend anzuwenden (→ BMF vom 22.9.2011 – BStBl. I S. 859).[1]

Buchwertprivileg. Das Buchwertprivileg nach § 6 Abs. 1 Nr. 4 Satz 4 EStG ist auch zulässig im Fall des Übergangs von Sonderbetriebsvermögen auf den Erben und Überführung ins Privatvermögen im Rahmen eines betriebsaufgabeähnlichen Vorgangs (→ BFH vom 5.2.2002 – BStBl. 2003 II S. 237).

Eröffnung eines neuen Betriebs.

– Eine Betriebsaufgabe kann auch dann gegeben sein, wenn der Stpfl. einen neuen Betrieb – auch der gleichen Branche – beginnt, sofern der bisher geführte betriebliche Organismus aufhört zu bestehen und sich der neue Betrieb in finanzieller, wirtschaftlicher und organisatorischer Hinsicht von dem bisherigen Betrieb unterscheidet (→ BFH vom 18.12.1996 – BStBl. 1997 II S. 573).
– → Betriebsunterbrechung.
– → Betriebsverlegung.

Gewerblicher Grundstückshandel.

– Die entgeltliche Bestellung von Erbbaurechten an (allen) zugehörigen Grundstücken führt nicht zur Aufgabe eines gewerblichen Grundstückshandels, sondern stellt lediglich einen Geschäftsvorfall des weiter bestehenden gewerblichen Grundstückshandels dar (→ BFH vom 22.4.1998 – BStBl. II S. 665).
– → BMF vom 26.3.2004 (BStBl. I S. 434), Tz. 35.
– Im Rahmen des Folgebescheids darf der Gewinn aus der Veräußerung eines Anteils an einer grundbesitzenden Personengesellschaft auch dann in einen laufenden Gewinn im Rahmen eines vom Stpfl. betriebenen gewerblichen Grundstückshandels umqualifiziert werden, wenn er im Grundlagenbescheid als Veräußerungsgewinn bezeichnet worden ist (→ BFH vom 18.4.2012 – BStBl. II S. 647).

Handelsvertreter. Eine Betriebsaufgabe liegt nicht vor, wenn ein Handelsvertreter seine bisherigen Vertretungen beendet, um anschließend eine andere Vertretung zu übernehmen; dies gilt auch für den Fall der erstmaligen Übernahme einer Generalvertretung (→ BFH vom 19.4.1966 – BStBl. III S. 459).

Insolvenzverfahren. Der Gewerbebetrieb einer Personengesellschaft wird regelmäßig nicht schon mit der Eröffnung des Insolvenzverfahrens über das Gesellschaftsvermögen aufgegeben (→ BFH vom 19.1.1993 – BStBl. II S. 594).

Körperschaft als Erbin. Erbt eine Körperschaft Betriebsvermögen einer natürlichen Person, ist grundsätzlich § 6 Abs. 3 EStG anwendbar. Dies gilt auch, wenn Erbin eine Körperschaft des öffentlichen Rechts ist, die den

[1] Siehe jetzt R B 11, R B 95 bis 109 und R B 199 ff. ErbStR (Nr. **250**).

übergehenden Betrieb als steuerpflichtigen Betrieb gewerblicher Art i. S. d. § 1 Abs. 1 Nr. 6, § 4 Abs. 1 KStG fortführt (→ BFH vom 19.2.1998 – BStBl. II S. 509). Für Betriebe der Land- und Forstwirtschaft → aber H 14 (Körperschaft des öffentlichen Rechts als Erbin).

Landwirtschaft.[1)]
- Eine Betriebsaufgabe liegt regelmäßig nicht vor, wenn ein Landwirt seinen auf eigenen Flächen betriebenen Hof an seinen Sohn verpachtet und er diesem zugleich das lebende und tote Inventar schenkt (→ BFH vom 18.4.1991 – BStBl. II S. 833).
- Die Begründung einer Betriebsaufspaltung durch Vermietung wesentlicher Betriebsgrundlagen an eine GmbH schließt die vorangehende steuerbegünstigte Aufgabe eines land- und forstwirtschaftlichen Betriebs, zu dessen Betriebsvermögen die zur Nutzung überlassenen Wirtschaftsgüter gehörten, nicht aus, wenn der Stpfl. zuvor seine landwirtschaftliche Betätigung beendet hat (→ BFH vom 30.3.2006 – BStBl. II S. 652).

Liebhaberei.
- Der Übergang von einem Gewerbebetrieb zu einem einkommensteuerlich unbeachtlichen Liebhabereibetrieb stellt grundsätzlich keine Betriebsaufgabe dar, es sei denn, der Stpfl. erklärt selbst die Betriebsaufgabe (→ BFH vom 11.5.2016 – BStBl. 2017 II S. 112). Auf den Zeitpunkt des Übergangs zur Liebhaberei ist für jedes Wirtschaftsgut des Anlagevermögens der Unterschiedsbetrag zwischen dem gemeinen Wert und dem Wert, der nach § 4 Abs. 1 oder nach § 5 EStG anzusetzen wäre, gesondert und bei mehreren Beteiligten einheitlich festzustellen (→ § 8 der VO zu § 180 Abs. 2 AO vom 19.12.1986 – BStBl. 1987 I S. 2,[2)] zuletzt geändert durch Art. 4 der VO vom 18.7.2016 – BStBl. I S. 725).
- Die Veräußerung oder Aufgabe eines Liebhabereibetriebs ist eine Betriebsveräußerung oder -aufgabe i. S. v. § 16 Abs. 1 und 3 EStG. Der Veräußerungs- oder Aufgabegewinn hieraus ist nur steuerpflichtig, soweit er auf die einkommensteuerlich relevante Phase des Betriebs entfällt. Der steuerpflichtige Teil des Gewinns ist im Jahr der Veräußerung oder Aufgabe zu versteuern. Er entspricht der Höhe nach im Grundsatz den nach § 8 der VO zu § 180 Abs. 2 AO auf den Zeitpunkt des Übergangs zur Liebhaberei gesondert festgestellten stillen Reserven. Eine negative Wertentwicklung während der Liebhabereiphase berührt die Steuerpflicht des auf die einkommensteuerlich relevante Phase entfallenden Gewinnanteils nicht. Die Veräußerung eines Liebhabereibetriebs kann daher auch dann zu einem steuerpflichtigen Gewinn führen, wenn der erzielte Erlös die festgestellten stillen Reserven nicht erreicht (→ BFH vom 11.5.2016 – BStBl. 2017 II S. 112).
- Ermittelt der Stpfl. seinen Gewinn durch Einnahmenüberschussrechnung, ist er nicht verpflichtet, im Zeitpunkt des Strukturwandels zur Lieb-

---

[1)] Siehe auch BFH v. 21.10.1993 IV R 42/93, BStBl. II 1994, 385, und v. 18.3.1999 IV R 65/98, BStBl. II 1999, 398. – Zur Betriebsaufgabe auf Grund Übertragung sämtlicher landwirtschaftlicher Nutzflächen siehe BFH v. 16.12.2009 IV R 7/07, BStBl. II 2010, 431.

[2)] **Steuergesetze** Nr. **800e**.

haberei zum Betriebsvermögensvergleich überzugehen und einen daraus resultierenden Übergangsgewinn zu ermitteln und zu versteuern. Hat ein solcher Stpfl. in dem Zeitraum, in dem er noch mit Gewinnerzielungsabsicht handelte, die Anschaffungskosten für ein Wirtschaftsgut des Umlaufvermögens als Betriebsausgaben abgesetzt, so stellt auch nach Wegfall der Gewinnerzielungsabsicht die Verwirklichung eines Realisationsakts in Bezug auf dieses Wirtschaftsgut (Veräußerung oder Entnahme des Wirtschaftsguts, Veräußerung oder Aufgabe des Liebhabereibetriebs) dem Grunde nach einen Steuertatbestand dar. Der Höhe nach ist derjenige Betrag als nachträgliche Betriebseinnahme anzusetzen und zu versteuern, der für das einzelne Wirtschaftsgut des Umlaufvermögens im Zeitpunkt des Strukturwandels zur Liebhaberei in eine Übergangsbilanz einzustellen gewesen wäre (→ BFH vom 11.5.2016 – BStBl. II S. 939).

Realteilung. → BMF vom 19.12.2018 (BStBl. 2019 I S. 6).[1)]

Strukturwandel. Eine Betriebsaufgabe liegt nicht vor, wenn der Betrieb als selbständiger Organismus in dem der inländischen Besteuerung unterliegenden Gebiet weitergeführt wird und die Einkünfte des Stpfl. aus dem Betrieb lediglich infolge Strukturwandels rechtlich anders eingeordnet werden, weil z.B. ein bisher als gewerblich behandelter Betrieb infolge Einschränkung des Zukaufs oder Erweiterung des Eigenanbaues zu einem land- und forstwirtschaftlichen Betrieb wird (→ BFH vom 10.2.1972 – BStBl. II S. 455 und vom 26.4.1979 – BStBl. II S. 732).

Zeitlich gestreckte Betriebsaufgabe.

– Bei einer Betriebsaufgabe ist der Wert des Betriebsvermögens wie bei der Betriebsveräußerung durch eine Bilanz zu ermitteln. Diese Bilanz (zu Buchwerten) ist auch bei einer zeitlich gestreckten Betriebsaufgabe einheitlich und umfassend auf einen bestimmten Zeitpunkt zu erstellen. Das ist zweckmäßigerweise der Zeitpunkt der Beendigung der betrieblichen Tätigkeit, zu dem die Schlussbilanz zur Ermittlung des laufenden Gewinns aufzustellen ist. Unabhängig davon bestimmt sich der Zeitpunkt der Gewinnverwirklichung für die einzelnen Aufgabevorgänge (Veräußerung oder Überführung ins Privatvermögen) nach allgemeinen Gewinnrealisierungsgrundsätzen (→ BFH vom 19.5.2005 – BStBl. II S. 637).
– → BMF vom 20.12.2005 (BStBl. 2006 I S. 7).

Zeitraum für die Betriebsaufgabe. Der Begriff „kurzer Zeitraum" (→ Allgemeines) darf nicht zu eng aufgefasst werden. Maßgebender Gesichtspunkt ist, ob man die Aufgabehandlungen wirtschaftlich noch als einen einheitlichen Vorgang werten kann (→ BFH vom 16.9.1966 – BStBl. 1967 III S. 70 und vom 8.9.1976 – BStBl. 1977 II S. 66). Bei einem Zeitraum von mehr als 36 Monaten kann nicht mehr von einem wirtschaftlich einheitlichen Vorgang ausgegangen werden (→ BFH vom 26.4.2001 – BStBl. II S. 798). Die Betriebsaufgabe beginnt mit vom Aufgabeentschluss getragenen Handlungen, die objektiv auf die Auflösung des Betriebs als selbständiger

1) Siehe auch BMF v. 17.5.2022, BStBl. I 2022, 678 sowie § 14 Abs. 3 i.V.m. § 52 Abs. 22c EStG.

Organismus des Wirtschaftslebens gerichtet sind (→ BFH vom 5.7.1984 – BStBl. II S. 711). Der Zeitraum für die Betriebsaufgabe endet mit der Veräußerung der letzten wesentlichen Betriebsgrundlage bzw. mit deren Überführung in das Privatvermögen. Es ist nicht auf den Zeitpunkt abzustellen, in dem die stillen Reserven des Betriebs im Wesentlichen oder nahezu vollständig aufgedeckt worden sind (→ BFH vom 26.5.1993 – BStBl. II S. 710). Der Abwicklungszeitraum kann nicht dadurch abgekürzt werden, dass Wirtschaftsgüter, die bei Aufgabe des Betriebs nicht veräußert worden sind, formell in das Privatvermögen überführt werden, um sie anschließend privat zu veräußern. In solchen Fällen setzt der Stpfl. in der Regel seine unternehmerische Tätigkeit fort (→ BFH vom 12.12.2000 – BStBl. 2001 II S. 282).

Zwangsweise Betriebsaufgabe. Der Annahme einer Betriebsaufgabe steht nicht entgegen, dass der Stpfl. zur Einstellung des Gewerbebetriebs gezwungen wird; auch Ereignisse, die von außen auf den Betrieb einwirken, können zu einer Betriebsaufgabe führen (→ BFH vom 3.7.1991 – BStBl. II S. 802).

R **16** (3)

Teilbetriebsveräußerung und Teilbetriebsaufgabe

(3) [1] Ein Teilbetrieb ist ein mit einer gewissen Selbständigkeit ausgestatteter, organisch geschlossener Teil des Gesamtbetriebs, der für sich betrachtet alle Merkmale eines Betriebs i. S. d. EStG aufweist und für sich lebensfähig ist. [2] Eine völlig selbständige Organisation mit eigener Buchführung ist nicht erforderlich. [3] Für die Annahme einer Teilbetriebsveräußerung genügt nicht die Möglichkeit einer technischen Aufteilung des Betriebs. [4] Notwendig ist die Eigenständigkeit des Teiles. [5] Ein Stpfl. kann deshalb bestimmte abgegrenzte Tätigkeitsgebiete nicht durch eine organisatorische Verselbständigung und durch gesonderten Vermögens- und Ergebnisausweis zu einem Teilbetrieb machen. [6] Die Veräußerung der Beteiligung an einer Kapitalgesellschaft, die das gesamte Nennkapital der Gesellschaft umfasst, gilt als Veräußerung eines Teilbetriebes (§ 16 Abs. 1 Satz 1 Nr. 1 Satz 2 EStG), wenn die gesamte Beteiligung an der Kapitalgesellschaft zum Betriebsvermögen eines einzelnen Stpfl. oder einer Personengesellschaft gehört und die gesamte Beteiligung im Laufe eines Wirtschaftsjahres veräußert wird. [7] § 16 Abs. 1 Satz 1 Nr. 1 Satz 2 EStG ist auf den Gewinn aus der Veräußerung einer Beteiligung, die das gesamte Nennkapital einer Kapitalgesellschaft umfasst, auch dann anwendbar, wenn die Beteiligung im Eigentum eines oder mehrerer Mitunternehmer derselben Personengesellschaft stand und steuerlich zum Betriebsvermögen der Personengesellschaft gehörte. [8] § 16 Abs. 1 Satz 1 Nr. 1 Satz 2 EStG ist nicht anwendbar, wenn die Beteiligung an der Kapitalgesellschaft teilweise auch zum Privatvermögen des Stpfl. gehört.

H **16** (3)

Auflösung einer Kapitalgesellschaft. Wird eine Kapitalgesellschaft in der Weise aufgelöst, dass ihr Vermögen auf den Alleingesellschafter übertragen wird, der die gesamte Beteiligung im Betriebsvermögen hält, liegt darin die nach § 16 Abs. 1 Satz 1 Nr. 1 Satz 2 EStG begünstigte Aufgabe eines Teilbetriebs. Der Begünstigung steht auch nicht entgegen, dass die untergehende Kapitalgesellschaft Betriebsunternehmen im Rahmen einer Betriebsaufspaltung war (→ BFH vom 4.10.2006 – BStBl. 2009 II S. 772).

Auflösung stiller Reserven. Keine Teilbetriebsveräußerung oder -aufgabe liegt vor, wenn

- bei der Einstellung eines Teilbetriebs Wirtschaftsgüter von nicht untergeordneter Bedeutung, in denen erhebliche stille Reserven enthalten sind, als Betriebsvermögen in einen anderen Teilbetrieb desselben Stpfl. übernommen werden und deshalb die stillen Reserven nicht aufgelöst werden dürfen (→ BFH vom 28.10.1964 – BStBl. 1965 III S. 88 und vom 30.10.1974 – BStBl. 1975 II S. 232);
- bei der Einstellung der Produktion eines Zweigwerks nicht alle wesentlichen stillen Reserven – vor allem die in den Grundstücken enthaltenen – aufgelöst werden (→ BFH vom 26.9.1968 – BStBl. 1969 II S. 69);
- in dem zurückbehaltenen Wirtschaftsgut erhebliche stille Reserven vorhanden sind (→ BFH vom 26.4.1979 – BStBl. II S. 557); dies gilt auch dann, wenn das zurückbehaltene Wirtschaftsgut überwiegend von einem noch verbleibenden Restbetrieb genutzt wird (→ BFH vom 13.2.1996 – BStBl. II S. 409);
- wesentliche Betriebsgrundlagen, auch wenn sie keine erheblichen stillen Reserven enthalten, in den Hauptbetrieb verbracht werden (→ BFH vom 19.1.1983 – BStBl. II S. 312).

Beendigung der betrieblichen Tätigkeit. Eine Teilbetriebsveräußerung erfordert nicht, dass der Veräußerer seine gewerblichen Tätigkeiten in vollem Umfang beendet. Es ist ausreichend, wenn er die gewerbliche Tätigkeit aufgibt, die sich auf die veräußerten wesentlichen Betriebsgrundlagen bezieht (→ BFH vom 9.8.1989 – BStBl. II S. 973). Das Auswechseln der Produktionsmittel unter Fortführung des Tätigkeitsgebiets stellt jedoch keine Teilbetriebsveräußerung dar (→ BFH vom 3.10.1984 – BStBl. 1985 II S. 245).

Betriebsaufspaltung. Erwirbt die Besitzpersonengesellschaft einen Teil des Betriebs von der Betriebsgesellschaft zurück, um ihn selbst fortzuführen, kann die Grundstücksverwaltung ein Teilbetrieb der bisherigen Besitzgesellschaft sein. Ein von dem zurückerworbenen operativen Betrieb genutztes Grundstück der Besitzgesellschaft wird dann mit dem Rückerwerb wesentliche Betriebsgrundlage dieses Teilbetriebs (→ BFH vom 20.1.2005 – BStBl. II S. 395). Die Anteile an einer Betriebskapitalgesellschaft sind wesentliche Betriebsgrundlagen des Besitzunternehmens (→ BFH vom 4.7.2007 – BStBl. II S. 772).

Brauerei. Bei einer Brauerei ist eine von ihr betriebene Gastwirtschaft ein selbständiger Teilbetrieb (→ BFH vom 3.8.1966 – BStBl. 1967 III S. 47).

Entnahme einer Beteiligung. Die Entnahme einer Beteiligung an einer Kapitalgesellschaft, die das gesamte Nennkapital umfasst, ist als Aufgabe eines Teilbetriebs (→ Teilbetriebsaufgabe) anzusehen; das gilt auch für die Entnahme aus dem Gesellschaftsvermögen einer Personenhandelsgesellschaft (→ BFH vom 24.6.1982 – BStBl. II S. 751).

Fahrschule. Bei der Veräußerung einer Niederlassung einer Fahrschule kann es sich um die Veräußerung eines Teilbetriebs handeln (→ BFH vom 24.8. 1989 – BStBl. 1990 II S. 55). Wird ein Betriebsteil einer Fahrschule veräußert, kann dessen Eigenständigkeit nicht allein aus dem Grund verneint werden, dass dem Betriebsteil im Zeitpunkt der Veräußerung nicht mindestens ein Schulungsfahrzeug zugeordnet ist (→ BFH vom 5.6.2003 – BStBl. II S. 838).

Fertigungsbetrieb. Bei einem Fertigungsbetrieb mit mehreren Produktionszweigen liegen in der Regel keine selbständigen Teilbetriebe vor, wenn für die einzelnen Produktionen wesentliche Maschinen nur für alle Produktionsabteilungen zur Verfügung stehen (→ BFH vom 8.9.1971 – BStBl. 1972 II S. 118).

Filialen und Zweigniederlassungen. Teilbetriebe können insbesondere Filialen und Zweigniederlassungen sein. Werden Zweigniederlassungen oder Filialen eines Unternehmens veräußert, ist die Annahme einer Teilbetriebsveräußerung nicht deshalb ausgeschlossen, weil das Unternehmen im Übrigen andernorts weiterhin eine gleichartige gewerbliche Tätigkeit ausübt; erforderlich für die Annahme einer Teilbetriebsveräußerung ist aber, dass das Unternehmen mit der Veräußerung des entsprechenden Betriebsteils einen eigenständigen Kundenkreis aufgibt (→ BFH vom 24.8.1989 – BStBl. 1990 II S. 55). Eine Einzelhandelsfiliale ist nur dann Teilbetrieb, wenn dem dort beschäftigten leitenden Personal eine Mitwirkung beim Wareneinkauf und bei der Preisgestaltung dieser Filiale eingeräumt ist (→ BFH vom 12.9.1979 – BStBl. 1980 II S. 51).

Gaststätten.

- Räumlich getrennte Gaststätten sind in der Regel Teilbetriebe (→ BFH vom 18.6.1998 – BStBl. II S. 735).
- → Brauerei.

Güternah- und Güterfernverkehr. Betreibt ein Stpfl. im Rahmen seines Unternehmens den Güternah- und den Güterfernverkehr oder z. B. ein Reisebüro und die Personenbeförderung mit Omnibussen, liegen zwei Teilbetriebe nur dann vor, wenn beide Tätigkeitsarten nicht nur als Geschäftszweige des einheitlichen Unternehmens betrieben werden, sondern auch innerhalb dieses einheitlichen Unternehmens mit einer gewissen Selbständigkeit ausgestattet sind (→ BFH vom 20.2.1974 – BStBl. II S. 357 und vom 27.6.1978 – BStBl. II S. 672).

Grundstücksverwaltung. Eine Grundstücksverwaltung bildet im Rahmen eines Gewerbebetriebs nur dann einen Teilbetrieb, wenn sie als solche ausnahmsweise auch außerhalb des Gewerbebetriebes gewerblichen Charakter hätte (→ BFH vom 24.4.1969 – BStBl. II S. 397).

Handelsvertreter. Ein Teilbetrieb kann auch dann vorliegen, wenn der Unternehmensbereich statt von einem Angestellten von einem selbständigen Handelsvertreter geleitet wird (→ BFH vom 2.8.1978 – BStBl. 1979 II S. 15).

Maßgeblicher Zeitpunkt.

- Ob eine Summe von Wirtschaftsgütern einen Teilbetrieb darstellt, ist nach den tatsächlichen Verhältnissen im Zeitpunkt der Veräußerung zu

entscheiden. Dies gilt auch dann, wenn die Wirtschaftsgüter die Eigenschaft als Teile eines Teilbetriebs erst durch die Zerstörung einer wesentlichen Betriebsgrundlage verloren haben (→ BFH vom 16.7.1970 – BStBl. II S. 738).
– → H 16 (4).

Schiffe. Die Veräußerung eines Schiffes stellt lediglich dann eine Teilbetriebsveräußerung dar, wenn das Schiff die wesentliche Grundlage eines selbständigen Zweigunternehmens bildet und das Zweigunternehmen dabei im Ganzen veräußert wird (→ BFH vom 13.1.1966 – BStBl. III S. 168).

Sonderbetriebsvermögen. Ein Grundstück, das dem Betrieb einer Personengesellschaft dient, ist nicht schon deshalb ein Teilbetrieb, weil es im Sondereigentum eines Gesellschafters steht (→ BFH vom 12.4.1967 – BStBl. III S. 419 und vom 5.4.1979 – BStBl. II S. 554).

Spediteur. Verkauft ein Spediteur, der auch mit eigenen Fernlastzügen das Frachtgeschäft betreibt, seine Fernlastzüge an verschiedene Erwerber und betreut er in der Folgezeit seine bisherigen Kunden über die Spedition unter Einschaltung fremder Frachtführer weiter, liegt weder eine Teilbetriebsveräußerung noch eine Teilbetriebsaufgabe vor (→ BFH vom 22.11.1988 – BStBl. 1989 II S. 357).

Tankstellen. Die einzelnen Tankstellen eines Kraftstoff-Großhandelsunternehmens bilden nicht schon deshalb Teilbetriebe, weil sie von Pächtern betrieben werden (→ BFH vom 13.2.1980 – BStBl. II S. 498).

Teilbetriebe im Aufbau. Die §§ 16 und 34 EStG sind auch auf im Aufbau befindliche Teilbetriebe anzuwenden, die ihre werbende Tätigkeit noch nicht aufgenommen haben. Ein im Aufbau befindlicher Teilbetrieb liegt erst dann vor, wenn die wesentlichen Betriebsgrundlagen bereits vorhanden sind und bei zielgerechter Weiterverfolgung des Aufbauplans ein selbständig lebensfähiger Organismus zu erwarten ist (→ BFH vom 3.4.2014 – BStBl. II S. 1000).

Teilbetriebsaufgabe.

– Die Grundsätze über die Veräußerung eines Teilbetriebs gelten für die Aufgabe eines Teilbetriebs entsprechend (→ BFH vom 15.7.1986 – BStBl. II S. 896). Die Aufgabe eines Teilbetriebs setzt voraus, dass die Abwicklung ein wirtschaftlich einheitlicher Vorgang ist (→ BFH vom 16.9.1966 – BStBl. 1967 III S. 70 und vom 8.9.1976 – BStBl. 1977 II S. 66). Eine Teilbetriebsaufgabe ist nicht anzunehmen, wenn ein bisher als gewerblicher Teilbetrieb geführter land- und forstwirtschaftlicher Besitz aus dem gewerblichen Betriebsvermögen ausgegliedert und als selbständiger Betrieb der Land- und Forstwirtschaft geführt wird, sofern die einkommensteuerliche Erfassung der stillen Reserven gewährleistet ist (→ BFH vom 9.12.1986 – BStBl. 1987 II S. 342).
– Die Veräußerung aller Grundstücke des im Rahmen einer Betriebsaufspaltung bestehenden grundstücksverwaltenden Teilbetriebs an verschiedene Erwerber stellt eine Aufgabe dieses Teilbetriebs dar. Der dabei erzielte Gewinn ist jedenfalls dann begünstigt, wenn zeitgleich auch das zuvor in den operativ tätigen Teilbetrieb übergegangene und zu diesem

gehörende Grundstück veräußert wird (→ BFH vom 20.1.2005 – BStBl. II S. 395).
– → Auflösung stiller Reserven.

Teilbetriebsveräußerung. Die Anteile an einer Betriebskapitalgesellschaft sind wesentliche Betriebsgrundlagen des Besitzunternehmens. Diese können nicht (quotal) den jeweiligen Teilbetrieben, sondern nur dem Besitzunternehmen insgesamt zugeordnet werden. Werden die Anteile an der Betriebskapitalgesellschaft nicht mitveräußert, kann daher von einer begünstigten Teilbetriebsveräußerung nicht ausgegangen werden (→ BFH vom 4.7.2007 – BStBl. II S. 772).

Vermietung von Ferienwohnungen. Ein Stpfl., der ein Hotel betreibt und außerdem in einem Appartementhaus Ferienwohnungen vermietet, kann mit der Vermietungstätigkeit die Voraussetzungen eines Teilbetriebs erfüllen (→ BFH vom 23.11.1988 – BStBl. 1989 II S. 376).

Wohnungsbauunternehmen. Bei einem Wohnungsbauunternehmen, dem Wohnungen in mehreren Städten gehören und das hiervon seinen in einer Stadt belegenen Grundbesitz veräußert, liegt auch dann nicht die Veräußerung eines Teilbetriebs vor, wenn für den veräußerten Grundbesitz ein hauptamtlicher Verwalter bestellt ist (→ BFH vom 27.3.1969 – BStBl. II S. 464).

Zurückbehaltene Wirtschaftsgüter. → Auflösung stiller Reserven.

R 16 (4)

Veräußerung und Aufgabe eines Mitunternehmeranteiles *(unbesetzt)*

H 16 (4)

Abfindung unter Buchwert. Bleibt beim Ausscheiden eines Gesellschafters die Abfindung hinter dem Buchwert seines Mitunternehmeranteiles zurück, wird ein Gewinn von den verbleibenden Gesellschaftern jedenfalls dann nicht erzielt, wenn das Geschäft in vollem Umfang entgeltlich erfolgt ist (→ BFH vom 12.12.1996 – BStBl. 1998 II S. 180).

Aufnahme eines Gesellschafters in ein Einzelunternehmen. → BMF vom 11.11.2011 (BStBl. I S. 1314), Randnr. 24.01 ff. unter Berücksichtigung der Änderungen durch BMF vom 26.7.2016 (BStBl. I S. 684).

Auseinandersetzung einer Zugewinngemeinschaft. Die Grundsätze über die Erbauseinandersetzung eines sog. Mischnachlasses (gewinnneutrale Realteilung) sind nicht auf die Aufteilung gemeinschaftlichen Vermögens bei Beendigung einer ehelichen Zugewinngemeinschaft anzuwenden (→ BFH vom 21.3.2002 – BStBl. II S. 519).

Betriebsveräußerung an einen Gesellschafter. → H 16 (1) Personengesellschaft.

Buchwertübertragung von Mitunternehmeranteilen. Der Begünstigung des Gewinns aus der Veräußerung eines Mitunternehmeranteils an einer Obergesellschaft nach den §§ 16, 34 EStG steht nicht entgegen, dass im Zusammenhang mit der Veräußerung Mitunternehmeranteile der Obergesellschaft an einer Unterpersonengesellschaft zu Buchwerten in das Gesamthandsvermögen einer weiteren Personengesellschaft ausgegliedert werden (→ BFH vom 25.2.2010 – BStBl. II S. 726).

Buchwertübertragung von wesentlichen Betriebsgrundlagen. Der Gewinn aus der Veräußerung eines Mitunternehmeranteils ist nicht nach §§ 16, 34 EStG begünstigt, wenn auf Grund einheitlicher Planung und in engem zeitlichen Zusammenhang mit der Anteilsveräußerung wesentliche Betriebsgrundlagen der Personengesellschaft ohne Aufdeckung sämtlicher stillen Reserven aus dem Betriebsvermögen der Gesellschaft ausgeschieden sind (→ BFH vom 6.9.2000 – BStBl. 2001 II S. 229).

Einheitlicher Mitunternehmeranteil. Erwirbt ein Mitunternehmer einen weiteren Anteil an derselben Personengesellschaft aufgrund des Todes eines Mitgesellschafters im Wege der Anwachsung hinzu, vereinigt sich der hinzuerworbene Anteil mit dem bisherigen Mitunternehmeranteil des Erwerbers zu einem einheitlichen Mitunternehmeranteil, wenn nicht ausnahmsweise eine personelle Sonderzuordnung gegeben ist. Dies gilt auch dann, wenn der Mitunternehmer bereits im Anwachsungszeitpunkt die Absicht hat, den hinzuerworbenen Anteil an einen anderen Mitgesellschafter zu veräußern (→ BFH vom 6.8.2019 – BStBl. 2020 II S. 378).

Erbauseinandersetzung.
- → BMF vom 14.3.2006 (BStBl. I S. 253) unter Berücksichtigung der Änderungen durch BMF vom 27.12.2018 (BStBl. 2019 I S. 11).
- Wird nach dem Tod des Gesellschafters einer unternehmerisch tätigen Personengesellschaft ein Streit darüber, wer infolge seiner Stellung als Erbe Gesellschafter geworden ist, durch einen Vergleich beigelegt, auf Grund dessen jemand gegen Erhalt eines Geldbetrags auf die Geltendmachung seiner Rechte als Erbe verzichtet, und war diese Person gesellschaftsrechtlich nicht von der Rechtsnachfolge in den Gesellschaftsanteil ausgeschlossen, steht sie einem Miterben gleich, der im Rahmen einer Erbauseinandersetzung aus der Personengesellschaft ausscheidet. Die Abfindung führt in einem solchen Fall zu einem nach §§ 16, 34 EStG begünstigten Gewinn (→ BFH vom 16.5.2013 – BStBl. II S. 858).

Ermittlung des Veräußerungsgewinns.
- Scheidet ein Gesellschafter durch Veräußerung seiner (gesamten) Beteiligung aus einer Personenhandelsgesellschaft aus, ist der Veräußerungsgewinn oder -verlust der Unterschied zwischen dem Veräußerungspreis und dem Buchwert seiner Beteiligung (→ BFH vom 27.5.1981 – BStBl. 1982 II S. 211).
- Die ursprünglichen Anschaffungskosten eines i. S. d. § 17 EStG beteiligten Gesellschafters für den Erwerb der Gesellschaftsanteile einer GmbH mindern, nachdem die GmbH formwechselnd in eine Personengesellschaft umgewandelt worden ist, nicht den Gewinn aus einer späteren Veräußerung des Mitunternehmeranteils (→ BFH vom 12.7.2012 – BStBl. II S. 728).
- Da das Einkommen einer Organgesellschaft nur den Mitunternehmern einer Organträger-Personengesellschaft zuzurechnen ist, die im Zeit-

punkt der Einkommenszurechnung an der Organträgerin beteiligt sind, sind Entgelte, die auf Grund der Übertragung des Gewinnbezugsrechts eines unterjährig ausgeschiedenen Mitunternehmers an diesen gezahlt werden, im Rahmen der Ermittlung des Veräußerungsgewinns zu berücksichtigen (→ BFH vom 28.2.2013 – BStBl. II S. 494).

Gesellschafterforderungen.

– Wird im Zuge der Veräußerung eines Gesellschaftsanteils auch eine Darlehensforderung veräußert, erhöht das dafür erhaltene Entgelt den Veräußerungserlös. Liegt das Entgelt unter dem Nennbetrag der Forderung, führt dies zu einem Veräußerungsverlust im Sonderbetriebsvermögen (→ BFH vom 16.3.2017 – BStBl. II S. 943).
– Bleibt eine Forderung des Gesellschafters gegenüber der Gesellschaft nach seinem Ausscheiden bestehen, ist der gemeine Wert dieser Forderung bei der Ermittlung des Veräußerungsgewinns wie ein Veräußerungserlös zu behandeln. Verzichtet der Gesellschafter beim Ausscheiden auf die Forderung, ergibt sich keine Gewinnauswirkung (→ BFH vom 12.12.1996 – BStBl. 1998 II S. 180).

Gesellschaftsrechtliche Befugnisse. Der Verzicht auf die Ausübung gesellschaftsrechtlicher Befugnisse ist keine Veräußerung eines Mitunternehmeranteils (→ BFH vom 6.11.1991 – BStBl. 1992 II S. 335).

Maßgeblicher Zeitpunkt. Der Veräußerungszeitpunkt ist der Zeitpunkt des Übergangs des wirtschaftlichen Eigentums. Erfolgt die Veräußerung unter einer aufschiebenden Bedingung, geht das wirtschaftliche Eigentum grundsätzlich erst mit dem Eintritt der Bedingung auf den Erwerber über, wenn ihr Eintritt nicht allein vom Willen und Verhalten des Erwerbers abhängt (→ BFH vom 25.6.2009 – BStBl. 2010 II S. 182).

Nachträgliche Erhöhung des Kapitalkontos eines ausgeschiedenen Kommanditisten. → H 15.8 (3).

Negatives Kapitalkonto.

– Beim Ausscheiden eines Mitunternehmers unter Übernahme eines negativen Kapitalkontos ohne Abfindungszahlung kann eine entgeltliche oder unentgeltliche Übertragung eines Mitunternehmeranteils vorliegen. Ein Erwerbsverlust entsteht beim übernehmenden Mitunternehmer jedoch nicht (→ BFH vom 10.3.1998 – BStBl. 1999 II S. 269).
– Scheidet ein Kommanditist gegen Entgelt aus einer KG aus, ist ein von ihm nicht auszugleichendes negatives Kapitalkonto bei der Berechnung seines Veräußerungsgewinns in vollem Umfang zu berücksichtigen. Es kommt nicht darauf an, aus welchen Gründen das Kapitalkonto negativ geworden ist (→ BFH vom 9.7.2015 – BStBl. II S. 954).
– In den Fällen, in denen das negative Kapitalkonto des Kommanditisten bei Aufgabe oder Veräußerung des Betriebs durch die Gesellschaft wegfällt, ist dieser Gewinn ein nach den §§ 16, 34 EStG begünstigter Veräußerungs- oder Aufgabegewinn. Soweit jedoch schon früher feststeht, dass ein Ausgleich des negativen Kapitalkontos des Kommanditisten mit künftigen Gewinnanteilen nicht mehr in Betracht kommt, ist dieser Zeit-

punkt für die Auflösung des negativen Kapitalkontos maßgebend (→ BFH vom 30.3.2017 – BStBl. II S. 896). Dieser Gewinn ist als laufender Gewinn zu erfassen (→ BFH vom 10.11.1980 – BStBl. 1981 II S. 164). Ist das negative Kapitalkonto des Kommanditisten zu Unrecht nicht aufgelöst worden und die Veranlagung bestandskräftig, kann die Auflösung im Folgejahr nach den Grundsätzen des formellen Bilanzenzusammenhangs nachgeholt werden (→ BFH vom 10.12.1991 – BStBl. 1992 II S. 650 und vom 30.6.2005 – BStBl. II S. 809).

– Die Besteuerung des Veräußerungsgewinns aus der Auflösung eines negativen Kapitalkontos ist sachlich unbillig, wenn dieses durch Verluste entstanden ist, für die die Möglichkeit des Verlustabzugs nach § 10d EStG nicht genutzt werden konnte (→ BFH vom 26.10.1994 – BStBl. 1995 II S. 297), oder durch Verluste aus gewerblicher Tierzucht entstanden ist, die sich wegen § 15 Abs. 4 EStG nicht ausgewirkt haben (→ BFH vom 25.1.1996 – BStBl. II S. 289).

Realteilung. → BMF vom 19.12.2018 (BStBl. 2019 I S. 6).

Sonderbetriebsvermögen.

– Die §§ 16, 34 EStG finden bei der Veräußerung oder Aufgabe eines Mitunternehmeranteils keine Anwendung, wenn gleichzeitig wesentliche Betriebsgrundlagen des Sonderbetriebsvermögens zum Buchwert in ein anderes Betriebs- oder Sonderbetriebsvermögen des Mitunternehmers überführt (→ BFH vom 19.3.1991 – BStBl. II S. 635 und vom 2.10. 1997 – BStBl. 1998 II S. 104) oder unentgeltlich auf den Erwerber des Mitunternehmeranteils übertragen werden (→ BFH vom 6.12.2000 – BStBl. 2003 II S. 194). Zur Überführung einer 100%-Beteiligung an einer Kapitalgesellschaft → H 34.5 (Ausgliederung einer 100%-Beteiligung an einer Kapitalgesellschaft).

– Eine nach §§ 16, 34 EStG begünstigte Aufgabe des gesamten Mitunternehmeranteils liegt auch vor, wenn anlässlich der unentgeltlichen Übertragung eines Mitunternehmeranteils ein Wirtschaftsgut des Sonderbetriebsvermögens, das zu den wesentlichen Betriebsgrundlagen gehört, zurückbehalten und in das Privatvermögen überführt wird; zum Mitunternehmeranteil zählt neben dem Anteil am Vermögen der Gesellschaft auch etwaiges Sonderbetriebsvermögen (→ BMF vom 20.11.2019 – BStBl. I S. 1291 unter Berücksichtigung der Änderungen durch BMF vom 5.5.2021 – BStBl. I S. 696, Rn. 8 und 9).

– → R 4.2 Abs. 2.

Tausch von Mitunternehmeranteilen. Der Tausch von Mitunternehmeranteilen führt grundsätzlich zur Gewinnrealisierung (→ BFH vom 8.7.1992 – BStBl. II S. 946).

Tod eines Gesellschafters. Die entgeltliche Übernahme aller Wirtschaftsgüter einer Personengesellschaft durch die verbleibenden Gesellschafter bei Ableben eines Gesellschafters führt zur Veräußerung eines Mitunternehmeranteils (→ BFH vom 6.8.2019 – BStBl. 2020 II S. 378). Ein nach R 4.5 Abs. 6 zu ermittelnder Übergangsgewinn ist anteilig dem verstorbenen Gesellschafter zuzurechnen, auch wenn er im Wesentlichen auf der Zurechnung auf die anderen Gesellschafter übergehender Honorarforderungen beruht (→ BFH vom 13.11.1997 – BStBl. 1998 II S. 290).

Unentgeltliche Übertragung an Dritte. Die unentgeltliche Übertragung eines Mitunternehmeranteils auf einen fremden Dritten führt zu einem Veräußerungsverlust in Höhe des Buchwerts des Kapitalkontos, sofern der Übertragende nicht die Absicht hatte, den Empfänger unentgeltlich zu bereichern (→ BFH vom 26.6.2002 – BStBl. 2003 II S. 112).

Veräußerung eines Teils eines Mitunternehmeranteils. Im Fall der Veräußerung eines Teils eines Mitunternehmeranteils ist die positive Ergänzungsbilanz oder -rechnung korrespondierend in Höhe des veräußerten Bruchteils des Anteils aufzulösen und das Mehrkapital insoweit in das anteilige Buchkapital des veräußerten Teilanteils einzubeziehen (→ BFH vom 6.8.2019 – BStBl. 2020 II S. 378).

R 16 (5)

Betriebsverpachtung im Ganzen *(unbesetzt)*

H 16 (5)

Betriebsaufgabeerklärung. Erklärt der Unternehmer ausdrücklich, den Betrieb endgültig eingestellt zu haben, kann er sich später nicht darauf berufen, diese rechtsgestaltende Erklärung sei wirkungslos, weil ihm nicht bewusst gewesen sei, dass mit der Betriebsaufgabe auch die stillen Reserven des verpachteten Betriebsgrundstücks aufzudecken seien (→ BFH vom 22.9.2004 – BStBl. 2005 II S. 160).

Betriebsfortführungsfiktion. Anwendungsschreiben zu § 16 Abs. 3b EStG → BMF vom 22.11.2016 (BStBl. I S. 1326).

Betriebsgrundstück als alleinige wesentliche Betriebsgrundlage.[1] Wird nur das Betriebsgrundstück, ggf. i. V. m. Betriebsvorrichtungen, verpachtet, liegt nur dann eine Betriebsverpachtung im Ganzen vor, wenn das Grundstück die alleinige wesentliche Betriebsgrundlage darstellt (→ BFH vom 17.4.2019 – BStBl. II S. 745). Dies ist regelmäßig bei Groß- und Einzelhandelsunternehmen sowie bei Hotel- und Gaststättenbetrieben der Fall (→ BFH vom 28.8.2003 – BStBl. 2004 II S. 10).

Betriebsüberlassungsvertrag. Ein unentgeltlicher Betriebsüberlassungsvertrag steht einem Pachtvertrag gleich (→ BFH vom 7.8.1979 – BStBl. 1980 II S. 181).

Betriebsvermögen. → H 4.2 (7) Land- und forstwirtschaftlicher Betrieb.

Branchenfremde Verpachtung. Bei einer branchenfremden Verpachtung kommt es nicht zu einer Zwangsbetriebsaufgabe, wenn der Verpächter den Betrieb nach Ablauf des Nutzungsverhältnisses ohne wesentliche Änderung fortführen kann (→ BFH vom 28.8.2003 – BStBl. 2004 II S. 10).

---

[1] Zum Grundstück im Sonderbetriebsvermögen siehe BFH v. 6.11.2008 IV R 51/07, BStBl. II 2009, 303.

Eigenbewirtschaftung. Eine Betriebsverpachtung setzt voraus, dass der Betrieb zuvor von dem Verpächter oder im Fall des unentgeltlichen Erwerbs von seinem Rechtsvorgänger selbst bewirtschaftet worden ist (→ BFH vom 20.4.1989 – BStBl. II S. 863 und BMF vom 23.11.1990 – BStBl. I S. 770).[1)]

Eiserne Verpachtung. Zur Gewinnermittlung bei der Verpachtung von Betrieben mit Substanzerhaltungspflicht des Pächters nach §§ 582a, 1048 BGB → BMF vom 21.2.2002 (BStBl. I S. 262).

Form und Inhalt der Betriebsaufgabeerklärung. Zu Form und Inhalt der Betriebsaufgabeerklärung → BFH vom 15.10.1987 (BStBl. 1988 II S. 257, 260).

Gaststättenverpachtung. Eine gewerbliche Gaststättenverpachtung wird nicht bereits deshalb zum „Gaststättenhandel“, weil innerhalb von fünf Jahren mehr als drei der verpachteten Gaststätten verkauft werden; für die verbleibenden Teilbetriebe erlischt das Verpächterwahlrecht nicht (→ BFH vom 18.6.1998 – BStBl. II S. 735).

Gemeinsames Eigentum von Pächter und Verpächter an wesentlichen Betriebsgrundlagen. Die Fortführung eines Betriebes im Wege der Betriebsverpachtung ist grundsätzlich nicht möglich, wenn wesentliche Betriebsgegenstände von einem Miteigentümer an einen anderen Miteigentümer verpachtet werden und der Betrieb vor der Verpachtung vom Verpächter und Pächter gemeinsam (z.B. in der Rechtsform einer GbR) geführt worden ist (→ BFH vom 22.5.1990 – BStBl. II S. 780).

Geschäfts- oder Firmenwert. Wird zu Beginn oder während der Verpachtung des Gewerbebetriebs die Betriebsaufgabe erklärt, ist bei der Ermittlung des Aufgabegewinns weder ein originärer noch ein derivativer Geschäfts- oder Firmenwert anzusetzen. Der Geschäfts- oder Firmenwert ist dann zur Versteuerung heranzuziehen, wenn bei einer späteren Veräußerung des Unternehmens ein Entgelt für ihn geleistet wird (→ BFH vom 30.1.2002 – BStBl. II S. 387).

Mitunternehmer. Die Fortführung eines Betriebs im Wege der Verpachtung ist auch dann möglich, wenn ein Gesellschafter bei der Beendigung einer gewerblich tätigen Personengesellschaft wesentliche Betriebsgegenstände behält und an einen früheren Mitgesellschafter verpachtet (→ BFH vom 14.12.1978 – BStBl. 1979 II S. 300).

Parzellenweise Verpachtung. Die parzellenweise Verpachtung der Grundstücke eines land- und forstwirtschaftlichen Betriebs steht der Annahme einer Betriebsverpachtung nicht grundsätzlich entgegen (→ BFH vom 28.11.1991 – BStBl. 1992 II S. 521).

Personengesellschaft. Das Verpächterwahlrecht kann bei Personengesellschaften nur einheitlich ausgeübt werden (→ BFH vom 17.4.1997 – BStBl. 1998 II S. 388).

Produktionsunternehmen. Wird bei Verpachtung eines Produktionsunternehmens der gesamte, umfangreiche Maschinenpark veräußert, hat un-

---

1) Siehe ergänzend BFH v. 19.10.1995 IV R 111/94, BStBl. II 1996, 188.

beschadet einer möglichen kurzfristigen Wiederbeschaffbarkeit einzelner Produktionsmaschinen der Verpächter jedenfalls eine wesentliche Betriebsgrundlage nicht zur Nutzung überlassen, so dass die übrigen Wirtschaftsgüter zwangsweise entnommen werden und eine Betriebsaufgabe vorliegt (→ BFH vom 17.4.1997 – BStBl. 1998 II S. 388).

Rechtsnachfolger. Im Fall des unentgeltlichen Erwerbs eines verpachteten Betriebs hat der Rechtsnachfolger des Verpächters das Wahlrecht, das erworbene Betriebsvermögen während der Verpachtung fortzuführen (→ BFH vom 17.10.1991 – BStBl. 1992 II S. 392).

Sonderbetriebsvermögen. Ein Wirtschaftsgut des Sonderbetriebsvermögens, das bisher alleinige wesentliche Betriebsgrundlage des Betriebs einer Personengesellschaft war, kann auch dann Gegenstand einer Betriebsverpachtung sein, wenn die Personengesellschaft liquidiert wurde (→ BFH vom 6.11.2008 – BStBl. 2009 II S. 303).

Umgestaltung wesentlicher Betriebsgrundlagen.

- Werden anlässlich der Verpachtung eines Gewerbebetriebs die wesentlichen Betriebsgrundlagen so umgestaltet, dass sie nicht mehr in der bisherigen Form genutzt werden können, entfällt grundsätzlich die Möglichkeit, das Betriebsvermögen fortzuführen; damit entfällt auch die Möglichkeit der Betriebsverpachtung (→ BFH vom 15.10.1987 – BStBl. 1988 II S. 257, 260).
  → Branchenfremde Verpachtung.
- Veräußerungen und Entnahmen von Grundstücken berühren das Fortbestehen eines im Ganzen verpachteten land- und forstwirtschaftlichen Betriebs nur dann, wenn die im Eigentum des Verpächters verbleibenden Flächen nicht mehr ausreichen, um nach Beendigung des Pachtverhältnisses einen land- und forstwirtschaftlichen Betrieb zu bilden. Das Schicksal der Wirtschaftsgebäude ist für die Annahme einer Zwangsbetriebsaufgabe unerheblich (→ BMF vom 1.12.2000 – BStBl. I S. 1556). Ein verpachteter landwirtschaftlicher Betrieb wird nicht mit der Folge einer Zwangsbetriebsaufgabe dadurch zerschlagen, dass der Verpächter nach einem Brandschaden die mitverpachteten Wirtschaftsgebäude nicht wieder aufbaut, sondern die landwirtschaftlichen Nutzflächen nach Auflösung der ursprünglichen Pachtverträge erneut verpachtet und die Hofstelle veräußert (→ BFH vom 26.6.2003 – BStBl. II S. 755).

Verpächterwahlrecht.

- Zweifelsfragen im Zusammenhang mit der Ausübung des Verpächterwahlrechts → BMF vom 17.10.1994 (BStBl. I S. 771).
- Wird ein im Ganzen verpachteter Betrieb teilentgeltlich veräußert, setzt sich das Verpächterwahlrecht beim Erwerber fort (→ BFH vom 6.4.2016 – BStBl. II S. 710).
- Die Grundsätze über das Verpächterwahlrecht gelten sowohl bei Beendigung einer echten als auch einer unechten Betriebsaufspaltung (→ BFH vom 17.4.2019 – BStBl. II S. 745).
- Zur Übertragung und Überführung von land- und forstwirtschaftlichem Vermögen aus einer Mitunternehmerschaft und zum Verpächter-

wahlrecht bei land- und forstwirtschaftlichen Betrieben → BMF vom 17.5.2022 (BStBl. I S. 678).

Wesentliche Betriebsgrundlagen.

– Wesentliche Betriebsgrundlagen sind jedenfalls die Wirtschaftsgüter, die zur Erreichung des Betriebszwecks erforderlich sind und denen ein besonderes wirtschaftliches Gewicht für die Betriebsführung zukommt (→ BFH vom 17.4.1997 – BStBl. 1998 II S. 388). Dabei ist maßgeblich auf die sachlichen Erfordernisse des Betriebs abzustellen – sog. funktionale Betrachtungsweise (→ BFH vom 11.10.2007 – BStBl. 2008 II S. 220). Für diese Beurteilung kommt es auf die Verhältnisse des verpachtenden, nicht auf diejenigen des pachtenden Unternehmens an (→ BFH vom 28.8.2003 – BStBl. 2004 II S. 10).
– Bei einem Autohaus (Handel mit Neu- und Gebrauchtfahrzeugen einschließlich angeschlossenem Werkstattservice) sind das speziell für dessen Betrieb hergerichtete Betriebsgrundstück samt Gebäuden und Aufbauten sowie die fest mit dem Grund und Boden verbundenen Betriebsvorrichtungen im Regelfall die alleinigen wesentlichen Betriebsgrundlagen. Demgegenüber gehören die beweglichen Anlagegüter, insbesondere die Werkzeuge und Geräte, regelmäßig auch dann nicht zu den wesentlichen Betriebsgrundlagen, wenn diese im Hinblick auf die Größe des Autohauses ein nicht unbeträchtliches Ausmaß einnehmen (→ BFH vom 11.10.2007 – BStBl. 2008 II S. 220 und vom 18.8.2009 – BStBl. 2010 II S. 222).
– → Produktionsunternehmen.

R 16 (6)

Unentgeltliche Betriebsübertragung[1] *(unbesetzt)*

H 16 (6)

Betriebsaufgabe. Werden nicht die wesentlichen Grundlagen eines Betriebs oder Teilbetriebs, sondern nur Teile des Betriebsvermögens unentgeltlich übertragen, während der andere Teil der Wirtschaftsgüter in das Privatvermögen übernommen wird, liegt eine Betriebsaufgabe vor. Der begünstigte Veräußerungsgewinn ist in diesem Fall der Unterschiedsbetrag zwischen den Buchwerten und den gemeinen Werten sowohl der unentgeltlich übertragenen als auch der in das Privatvermögen übernommenen Wirtschaftsgüter, vermindert um etwaige Veräußerungskosten (→ BFH vom 27.7.1961 – BStBl. III S. 514).

Erbauseinandersetzung. Zur Annahme einer unentgeltlichen Betriebsübertragung mit der Folge der Anwendung des § 6 Abs. 3 EStG im Zusammenhang mit einer Erbauseinandersetzung → BMF vom 14.3.2006 (BStBl. I S. 253) unter Berücksichtigung der Änderungen durch BMF vom 27.12. 2018 (BStBl. 2019 I S. 11).

Körperschaft als Erbin. → H 16 (2).

---

[1] Zur Fortführung einer § 6b-Rücklage siehe BFH v. 22.9.1994 IV R 61/93, BStBl. II 1995, 367.

Nießbrauch.[1)]
- Unentgeltlichkeit liegt auch vor, wenn sich der Übertragende den Nießbrauch an dem Betrieb vorbehält (→ BMF vom 13.1.1993 – BStBl. I S. 80, Tz. 24 i. V. m. Tz. 10).
- Zum Nießbrauch bei land- und forstwirtschaftlichen Betrieben → H 13.3.

Übertragung der wesentlichen Betriebsgrundlagen. Für die unentgeltliche Übertragung eines Betriebs oder Teilbetriebs ist Voraussetzung, dass mindestens die wesentlichen Grundlagen des Betriebs oder Teilbetriebs unentgeltlich übertragen worden sind (→ BFH vom 7.8.1979 – BStBl. 1980 II S. 181). Die wesentlichen Betriebsgrundlagen müssen durch einen einheitlichen Übertragungsakt auf den Erwerber überführt werden; eine in mehrere, zeitlich aufeinanderfolgende Einzelakte aufgespaltene Gesamtübertragung kann nur dann als einheitlicher Übertragungsakt angesehen werden, wenn sie auf einem einheitlichen Willensentschluss beruht und zwischen den einzelnen Übertragungsvorgängen ein zeitlicher und sachlicher Zusammenhang besteht (→ BFH vom 12.4.1989 – BStBl. II S. 653).

Übertragung zwischen Ehegatten. Die Übertragung eines Betriebs zwischen Ehegatten auf Grund eines Vermögensauseinandersetzungsvertrags im Zusammenhang mit der Beendigung einer Zugewinngemeinschaft ist ein entgeltliches Geschäft (→ BFH vom 31.7.2002 – BStBl. 2003 II S. 282).

Unentgeltliche Übertragung eines Mitunternehmeranteils.
- Zweifelsfragen zu § 6 Abs. 3 EStG im Zusammenhang mit der unentgeltlichen Übertragung von Mitunternehmeranteilen mit Sonderbetriebsvermögen und von Anteilen an Mitunternehmeranteilen mit Sonderbetriebsvermögen sowie mit der unentgeltlichen Aufnahme in ein Einzelunternehmen → BMF vom 20.11.2019 (BStBl. I S. 1291) unter Berücksichtigung der Änderungen durch BMF vom 5.5.2021 (BStBl. I S. 696).
- Überträgt ein Vater einen Kommanditanteil unentgeltlich auf seine Kinder und wird der Anteil alsbald von den Kindern an Dritte veräußert, kann in der Person des Vaters ein Aufgabegewinn entstehen (→ BFH vom 15.7.1986 – BStBl. II S. 896).

Verdeckte Einlage. Keine unentgeltliche Betriebsübertragung liegt bei verdeckter Einlage eines Einzelunternehmens in eine GmbH vor (→ BMF vom 20.11.2019 – BStBl. I S. 1291, Rn. 2).

Vorweggenommene Erbfolge. Zur Betriebsübertragung im Rahmen der vorweggenommenen Erbfolge → BMF vom 13.1.1993 (BStBl. I S. 80) unter Berücksichtigung der Änderungen durch BMF vom 26.2.2007 (BStBl. I S. 269) und BMF vom 11.3.2010 (BStBl. I S. 227).[2)]

[1)] Siehe auch BFH v. 25.1.2017 X R 59/14, BStBl. II 2019, 730 und BMF v. 20.11.2019, BStBl. I 2019, 1291, geänd. durch BMF v. 5.5.2021, BStBl. I 2021, 696, Rn. 7.

[2)] Ergänzend siehe BMF v. 20.11.2019, BStBl. I 2019, 1291, geänd. durch BMF v. 5.5.2021, BStBl. I 2021, 696, Rn. 40.

Zurückbehaltene Wirtschaftsgüter.

- Werden die wesentlichen Grundlagen eines Betriebs, eines Teilbetriebs oder eines Mitunternehmeranteils unentgeltlich übertragen und behält der Stpfl. Wirtschaftsgüter zurück, die innerhalb eines kurzen Zeitraums veräußert oder in das Privatvermögen überführt werden, ist die teilweise Aufdeckung der stillen Reserven nicht steuerbegünstigt (→ BFH vom 19.2.1981 – BStBl. II S. 566).
- → Betriebsaufgabe.

R 16 (7)

Teilentgeltliche Betriebsübertragung *(unbesetzt)*

H 16 (7)

Einheitstheorie. Die sog. Einheitstheorie ist nur in den Fällen der teilentgeltlichen Betriebsveräußerung, nicht jedoch bei einer teilentgeltlichen Betriebsaufgabe anzuwenden (→ BFH vom 22.10.2013 – BStBl. 2014 II S. 158).

Negatives Kapitalkonto. Bei einer teilentgeltlichen Betriebsübertragung im Wege der vorweggenommenen Erbfolge ist der Veräußerungsgewinn auch dann gem. § 16 Abs. 2 EStG zu ermitteln, wenn das Kapitalkonto negativ ist (→ BMF vom 13.1.1993 – BStBl. I S. 80 unter Berücksichtigung der Änderungen durch BMF vom 26.2.2007 – BStBl. I S. 269, sowie BFH vom 16.12.1992 – BStBl. 1993 II S. 436).

Veräußerungsgewinn. Bei der teilentgeltlichen Veräußerung eines Betriebs, Teilbetriebs, Mitunternehmeranteils oder des Anteils eines persönlich haftenden Gesellschafters einer Kommanditgesellschaft auf Aktien ist der Vorgang nicht in ein voll entgeltliches und ein voll unentgeltliches Geschäft aufzuteilen. Der Veräußerungsgewinn i. S. d. § 16 Abs. 2 EStG ist vielmehr durch Gegenüberstellung des Entgelts und des Wertes des Betriebsvermögens oder des Wertes des Anteils am Betriebsvermögen zu ermitteln (→ BFH vom 10.7.1986 – BStBl. II S. 811 sowie BMF vom 13.1.1993 – BStBl. I S. 80 unter Berücksichtigung der Änderungen durch BMF vom 26.2.2007 – BStBl. I S. 269).

R 16 (8)

Begriff der wesentlichen Betriebsgrundlage *(unbesetzt)*

H 16 (8)

Begriff der wesentlichen Betriebsgrundlage.[1] Ob ein Wirtschaftsgut zu den wesentlichen Betriebsgrundlagen gehört, ist nach der funktional-quantitativen Betrachtungsweise zu entscheiden. Zu den wesentlichen Betriebsgrundlagen gehören in der Regel auch Wirtschaftsgüter, die funktional

---

[1] Anteile an einer Betriebskapitalgesellschaft sind wesentliche Betriebsgrundlagen; siehe H 16 (3) EStH „Betriebsaufspaltung".

gesehen für den Betrieb, Teilbetrieb oder Mitunternehmeranteil nicht erforderlich sind, in denen aber erhebliche stille Reserven gebunden sind (→ BFH vom 2.10.1997 – BStBl. 1998 II S. 104 und vom 10.11.2005 – BStBl. 2006 II S. 176).

Gebäude/Gebäudeteile.

- Bei einem Möbelhändler ist z. B. das Grundstück, in dem sich die Ausstellungs- und Lagerräume befinden, die wesentliche Betriebsgrundlage (→ BFH vom 4.11.1965 – BStBl. 1966 III S. 49 und vom 7.8.1990 – BStBl. 1991 II S. 336).
- Das Gleiche gilt für ein Grundstück, das zum Zweck des Betriebs einer Bäckerei und Konditorei sowie eines Café-Restaurants und Hotels besonders gestaltet ist (→ BFH vom 7.8.1979 – BStBl. 1980 II S. 181).
- Das Dachgeschoss eines mehrstöckigen Hauses ist eine funktional wesentliche Betriebsgrundlage, wenn es zusammen mit den übrigen Geschossen einheitlich für den Betrieb genutzt wird (→ BFH vom 14.2. 2007 – BStBl. II S. 524).

Immaterielle Wirtschaftsgüter.

- Wesentliche Betriebsgrundlagen können auch immaterielle Wirtschaftsgüter sein (→ BFH vom 9.10.1996 – BStBl. 1997 II S. 236). Darauf, ob diese immateriellen Werte selbständig bilanzierungsfähig sind, kommt es nicht an (→ BFH vom 16.12.2009 – BStBl. 2010 II S. 808).
- Eine eingeführte Bezeichnung für einen Betrieb kann zu den wesentlichen Betriebsgrundlagen gehören (→ BFH vom 20.3.2017 – BStBl. II S. 992).

Maschinen und Einrichtungsgegenstände. Maschinen und Einrichtungsgegenstände rechnen zu den wesentlichen Betriebsgrundlagen, soweit sie für die Fortführung des Betriebs unentbehrlich oder nicht jederzeit ersetzbar sind (→ BFH vom 19.1.1983 – BStBl. II S. 312).

Produktionsunternehmen. Bei einem Produktionsunternehmen gehören zu den wesentlichen Betriebsgrundlagen die für die Produktion bestimmten und auf die Produktion abgestellten Betriebsgrundstücke und Betriebsvorrichtungen (→ BFH vom 12.9.1991 – BStBl. 1992 II S. 347).

Umlaufvermögen. Wirtschaftsgüter des Umlaufvermögens, die ihrem Zweck nach zur Veräußerung oder zum Verbrauch bestimmt sind, bilden allein regelmäßig nicht die wesentliche Grundlage eines Betriebs. Nach den Umständen des Einzelfalles können Waren bei bestimmten Betrieben jedoch zu den wesentlichen Grundlagen des Betriebs gehören (→ BFH vom 24.6.1976 – BStBl. II S. 672).

R 16 (9)

Abgrenzung des Veräußerungs- bzw. Aufgabegewinns vom laufenden Gewinn[1] *(unbesetzt)*

[1] Der Aufgabegewinn ist bei einem überschuldeten Betrieb nicht um den Überschuldungsbetrag zu mindern; siehe BFH v. 7.3.1996 IV R 52/93, BStBl. II 1996, 415.

H 16 (9)

Abfindung eines Pensionsanspruchs. Wird der gegenüber einer Personengesellschaft bestehende Pensionsanspruch eines Gesellschafters anlässlich der Aufgabe des Betriebs der Gesellschaft abgefunden, mindert sich hierdurch der Aufgabegewinn der Gesellschaft; beim Gesellschafter stellt die Abfindung eine Sondervergütung dar, die seinen Anteil am Aufgabegewinn erhöht (→ BFH vom 20.1.2005 – BStBl. II S. 559).

Abwicklungsgewinne. Gewinne, die während und nach der Aufgabe eines Betriebs aus normalen Geschäften und ihrer Abwicklung anfallen, gehören nicht zu dem begünstigten Aufgabegewinn (→ BFH vom 25.6.1970 – BStBl. II S. 719).

Aufgabegewinn bei Veräußerung von Wirtschaftsgütern. Bei gleichzeitiger Veräußerung von Wirtschaftsgütern im Rahmen einer Betriebsaufgabe entsteht der Aufgabegewinn mit Übertragung des wirtschaftlichen Eigentums an den Wirtschaftsgütern (→ BFH vom 17.10.1991 – BStBl. 1992 II S. 392).

Ausgleichsanspruch nach § 89b HGB.

- Zum laufenden Gewinn gehören der Ausgleichsanspruch des selbständigen Handelsvertreters nach § 89b HGB (→ BFH vom 5.12.1968 – BStBl. 1969 II S. 196) sowie die Ausgleichszahlungen an Kommissionsagenten in entsprechender Anwendung des § 89b HGB (→ BFH vom 19.2.1987 – BStBl. II S. 570). Dies gilt auch, wenn der Anspruch auf Ausgleichsleistung durch den Tod des Handelsvertreters entstanden ist und der Erbe den Betrieb aufgibt (→ BFH vom 9.2.1983 – BStBl. II S. 271). Zahlungen des nachfolgenden Handelsvertreters an seinen Vorgänger sind als laufender Gewinn zu behandeln (→ BFH vom 25.7.1990 – BStBl. 1991 II S. 218).
- Nicht zum Ausgleichsanspruch nach § 89b HGB gehören Ansprüche eines Versicherungsvertreters aus einer mit Beiträgen des Versicherungsunternehmens aufgebauten Alters- und Hinterbliebenenversorgung (Lebensversicherung), die auf den Ausgleichsanspruch nach § 89b Abs. 5 HGB angerechnet werden sollen. Die Auszahlung aus einem solchen Vertrag ist nicht den Einkünften aus Gewerbebetrieb zuzuordnen (→ BFH vom 8.12.2016 – BStBl. 2017 II S. 630).

Betriebseinbringung.

- Geht anlässlich der Einbringung eines Mitunternehmeranteiles in eine Kapitalgesellschaft nach § 20 UmwStG bisheriges Sonderbetriebsvermögen eines Gesellschafters in dessen Privatvermögen über, ist das **Sonderbetriebsvermögen** mit dem gemeinen Wert nach § 16 Abs. 3 Satz 7 EStG anzusetzen und durch Vergleich mit dessen Buchwert der sich ergebende Veräußerungsgewinn zu ermitteln (→ BFH vom 28.4. 1988 – BStBl. II S. 829).
- Bei Einbringung eines Betriebs zu Buchwerten in eine Personengesellschaft ist der Gewinn aus der Überführung eines nicht zu den wesentlichen Betriebsgrundlagen gehörenden Wirtschaftsguts in das Privatvermögen kein begünstigter Veräußerungsgewinn (→ BFH vom 29.10.1987 – BStBl. 1988 II S. 374).

– Zur Einbringung eines Einzelunternehmens mit Zuzahlung → BMF vom 11.11.2011 (BStBl. I S. 1314), Randnr. 24.08 ff.

Einheitliches Geschäftskonzept. Der Gewinn aus der Veräußerung von Wirtschaftsgütern des Anlagevermögens gehört zum laufenden Gewinn, wenn die Veräußerung Bestandteil eines einheitlichen Geschäftskonzepts der unternehmerischen Tätigkeit ist (→ BMF vom 1.4.2009 – BStBl. I S. 515 und BFH vom 1.8.2013 – BStBl. II S. 910).

Gaststättenverpachtung. Eine gewerbliche Gaststättenverpachtung wird nicht bereits deshalb zum „Gaststättenhandel", weil innerhalb von fünf Jahren mehr als drei der verpachteten Gaststätten verkauft werden. Die Veräußerung jeder Gaststätte stellt daher eine Teilbetriebsveräußerung dar (→ BFH vom 18.6.1998 – BStBl. II S. 735).

Gewerblicher Grundstückshandel. Der Gewinn aus gewerblichem Grundstückshandel gehört zum laufenden Gewinn aus normalen Geschäften, auch wenn der gesamte Grundstücksbestand (Umlaufvermögen) in einem einheitlichen Vorgang veräußert wird (→ BFH vom 25.1.1995 – BStBl. II S. 388 und BMF vom 26.3.2004 – BStBl. I S. 434, Tz. 35). Entsprechendes gilt für die Veräußerung eines Mitunternehmeranteils jedenfalls dann, wenn zum Betriebsvermögen der Personengesellschaft nahezu ausschließlich Grundstücke des Umlaufvermögens gehören (→ BFH vom 14.12.2006 – BStBl. 2007 II S. 777).

Hinzurechnung eines Unterschiedsbetrags nach § 5a Abs. 4 Satz 3 Nr. 3 EStG. → H 5a.

Mitunternehmeranteil. Veräußert der Gesellschafter einer Personengesellschaft seinen Mitunternehmeranteil an einen Mitgesellschafter und entnimmt er im Einverständnis mit dem Erwerber und den Mitgesellschaftern vor der Übertragung des Gesellschaftsanteils bestimmte Wirtschaftsgüter des Gesellschaftsvermögens, gehört der daraus entstehende Entnahmegewinn zum begünstigten Veräußerungsgewinn (→ BFH vom 24.8.1989 – BStBl. 1990 II S. 132).

Organschaft. Ist Organträger eine natürliche Person oder eine Personengesellschaft, stellen die Gewinne aus der Veräußerung von Teilbetrieben der Organgesellschaft keine Gewinne i. S. d. § 16 EStG dar (→ BFH vom 22.1.2004 – BStBl. II S. 515).

Personengesellschaft.

– Hat eine Personengesellschaft ihren Betrieb veräußert, ist der Anteil eines Gesellschafters am Veräußerungsgewinn auch dann begünstigt, wenn ein anderer Gesellschafter **§ 6b EStG** in Anspruch genommen hat (→ BFH vom 30.3.1989 – BStBl. II S. 558).
– Hinsichtlich der **Übertragung** von Teilen der **Festkapitalkonten** verschiedener Gesellschafter einer Personenhandelsgesellschaft auf einen neu eintretenden Gesellschafter bei gleichzeitiger Übertragung von Anteilen an den Sonderkonten → BFH vom 27.5.1981 (BStBl. 1982 II S. 211).

Räumungsverkauf. Der Gewinn aus einem Räumungsverkauf gehört nicht zu dem begünstigten Aufgabegewinn (→ BFH vom 29.11.1988 – BStBl. 1989 II S. 602).

Rechnungsabgrenzungsposten. Ein wegen eines Zinszuschusses gebildeter passiver Rechnungsabgrenzungsposten ist im Rahmen einer Betriebsaufgabe zu Gunsten des Aufgabegewinns aufzulösen, wenn das dem Zinszuschuss zugrundeliegende Darlehen im Privatvermögen fortgeführt wird (→ BFH vom 25.4.2018 – BStBl. II S. 778).

Restschuldbefreiung. Eine erteilte Restschuldbefreiung stellt unabhängig davon, ob der Betrieb vor oder nach Eröffnung des Insolvenzverfahrens aufgegeben wurde, ein auf den Zeitpunkt der Betriebsaufgabe rückwirkendes Ereignis dar (→ BMF vom 8.4.2022 – BStBl. I S. 632).

Rücklage. Zum Veräußerungsgewinn gehören auch Gewinne, die sich bei der Veräußerung eines Betriebs aus der Auflösung von steuerfreien Rücklagen, z. B. Rücklage für Ersatzbeschaffung, Rücklage nach § 6b EStG, ergeben (→ BFH vom 25.6.1975 – BStBl. II S. 848 und vom 17.10.1991 – BStBl. 1992 II S. 392). Die spätere Auflösung einer anlässlich der Betriebsveräußerung gebildeten Rücklage nach § 6b EStG ist jedoch kein Veräußerungsgewinn (→ BFH vom 4.2.1982 – BStBl. II S. 348).

Rückstellung. Der Gewinn aus der Auflösung einer Rückstellung ist nicht zum Veräußerungsgewinn zu rechnen, wenn die Auflösung der Rückstellung und die Betriebsveräußerung in keinem rechtlichen oder ursächlichen, sondern lediglich in einem gewissen zeitlichen Zusammenhang miteinander stehen (→ BFH vom 15.11.1979 – BStBl. 1980 II S. 150).

Sachwertabfindung.

– Werden zur Tilgung einer Abfindungsschuld gegenüber einem ausgeschiedenen Mitunternehmer Wirtschaftsgüter veräußert, ist der dabei entstehende Gewinn als laufender Gewinn zu behandeln (→ BFH vom 28.11.1989 – BStBl. 1990 II S. 561).
– Die für die Sachwertabfindung geltenden Grundsätze sind auch anzuwenden, wenn die ausscheidenden Gesellschafter einer Personengesellschaft durch Abtretung einer noch nicht realisierten Forderung aus einem Grundstückskaufvertrag abgefunden werden (→ BFH vom 23.11.1995 – BStBl. 1996 II S. 194).

Schadensersatzanspruch eines Mitunternehmers bei Prospekthaftung. Der Schadensersatzanspruch eines Mitunternehmers wegen Prospekthaftung unterliegt i. d. R. als Sonderbetriebseinnahme der Einkommensteuer, da derartige Ansprüche durch die Mitunternehmerstellung und damit betrieblich veranlasst sind. Besteht die Verpflichtung zur Leistung von Schadensersatz Zug um Zug gegen Übertragung der Kommanditbeteiligung selbst, führt dies zu einem Veräußerungsgewinn nach § 16 Abs. 1 Satz 1 Nr. 2 (→ BFH vom 17.3.2021 – BStBl. II S. 904).

Selbsterzeugte Waren. Gewinne aus der Veräußerung von selbsterzeugten Waren an Handelsvertreter, die bisher den Verkauf der Erzeugnisse an Einzelhändler nur vermittelt haben, können zum begünstigten Aufgabegewinn gehören (→ BFH vom 1.12.1988 – BStBl. 1989 II S. 368).

Teilbetriebsveräußerung. Wird im zeitlichen Zusammenhang mit einer Teilbetriebsveräußerung ein wirtschaftlich nicht dem Teilbetrieb dienender

Grundstücksteil in das Privatvermögen überführt, gehört der bei diesem Entnahmevorgang verwirklichte Gewinn nicht zum Veräußerungsgewinn nach § 16 EStG (→ BFH vom 18.4.1973 – BStBl. II S. 700).

Umlaufvermögen.[1] Gewinne aus der Veräußerung von Umlaufvermögen gehören zum Aufgabegewinn, wenn die Veräußerung nicht den Charakter einer normalen gewerblichen Tätigkeit hat, sondern die Waren, z. B. an frühere Lieferanten, veräußert werden (→ BFH vom 2.7.1981 – BStBl. II S. 798).

Verbindlichkeiten. Der Erlass einer Verbindlichkeit, die bei Betriebsaufgabe oder -veräußerung im Betriebsvermögen verbleibt, erhöht den Gewinn i. S. d. § 16 EStG. Wird die Verbindlichkeit nachträglich erlassen, ist dieser Gewinn rückwirkend zu erhöhen (→ BFH vom 6.3.1997 – BStBl. II S. 509).

Versicherungsleistungen. Entschließt sich der Unternehmer nach einem Brandschaden wegen der Betriebszerstörung zur Betriebsaufgabe, gehört der Gewinn aus der Realisierung der stillen Reserven, der dadurch entsteht, dass die auf die Anlagegüter entfallenden Versicherungsleistungen die Buchwerte übersteigen, zum Aufgabegewinn (→ BFH vom 11.3.1982 – BStBl. II S. 707).

Wertaufholung. Der Gewinn aus einer Wertaufholung auf den Zeitpunkt der Veräußerung ist als laufender Gewinn zu erfassen (→ BFH vom 9.11.2017 – BStBl. 2018 II S. 575).

Wettbewerbsverbot. Kommt der Verpflichtung zum Wettbewerbsverbot keine eigenständige wirtschaftliche Bedeutung zu, gehört das dafür gezahlte Entgelt zum Veräußerungsgewinn nach § 16 Abs. 1 EStG (→ BFH vom 23.2.1999 – BStBl. II S. 590).

R 16 (10)

Veräußerungspreis *(unbesetzt)*

H 16 (10)

Forderungsausfall. Scheidet ein Kommanditist aus einer KG aus und bleibt sein bisheriges Gesellschafterdarlehen bestehen, ist, wenn diese Forderung später wertlos wird, sein Veräußerungs- bzw. Aufgabegewinn mit steuerlicher Wirkung für die Vergangenheit gemindert (→ BFH vom 14.12.1994 – BStBl. 1995 II S. 465).

Nachträgliche Änderungen des Veräußerungspreises oder des gemeinen Werts.[2)]

– Ein später auftretender **Altlastenverdacht** mindert nicht den gemeinen Wert eines Grundstücks im Zeitpunkt der Aufgabe (→ BFH vom 1.4.1998 – BStBl. II S. 569).

[1)] Siehe ergänzend BFH v. 23.1.2003 IV R 75/00, BStBl. II 2003, 467.

[2)] Siehe auch H 16 (9) EStH „Restschuldbefreiung".

– Die **Herabsetzung des Kaufpreises** für einen Betrieb auf Grund von Einwendungen des Käufers gegen die Rechtswirksamkeit des Kaufvertrages ist ein rückwirkendes Ereignis, das zur Änderung des Steuer-/Feststellungsbescheides führt, dem der nach dem ursprünglich vereinbarten Kaufpreis ermittelte Veräußerungsgewinn zugrunde liegt (→ BFH vom 23.6.1988 – BStBl. 1989 II S. 41).
– Wird bei der Veräußerung eines Wirtschaftsguts im Rahmen einer Betriebsaufgabe eine **nachträgliche Kaufpreiserhöhung** vereinbart, erhöht die spätere Nachzahlung den begünstigten Aufgabegewinn im Kj. der Betriebsaufgabe (→ BFH vom 31.8.2006 – BStBl. II S. 906).
– Die Zahlung von **Schadensersatzleistungen** für betriebliche Schäden nach Betriebsaufgabe beeinflusst die Höhe des begünstigten Aufgabegewinns, weil sie ein rückwirkendes Ereignis auf den Zeitpunkt der Betriebsaufgabe darstellt (→ BFH vom 10.2.1994 – BStBl. II S. 564).
– Die **spätere vergleichsweise Festlegung eines strittigen Veräußerungspreises** ist auf den Zeitpunkt der Realisierung des Veräußerungsgewinns zurückzubeziehen (→ BFH vom 26.7.1984 – BStBl. II S. 786).
– Wird ein Grundstück im Rahmen einer Betriebsaufgabe veräußert und zu einem späteren Zeitpunkt der **Kaufpreis** aus Gründen, die im Kaufvertrag angelegt waren, **gemindert,** ist der tatsächlich erzielte Veräußerungserlös bei der Ermittlung des Aufgabegewinnes zu berücksichtigen. Gleiches gilt, wenn der **ursprüngliche Kaufvertrag aufgehoben** und das Grundstück zu einem geringeren Preis an neue Erwerber veräußert wird (→ BFH vom 12.10.2005 – BStBl. 2006 II S. 307).
– Wird die **gestundete Kaufpreisforderung** für die Veräußerung eines Gewerbebetriebs in einem späteren VZ ganz oder teilweise **uneinbringlich,** stellt dies ein Ereignis mit steuerlicher Rückwirkung auf den Zeitpunkt der Veräußerung dar (→ BFH vom 19.7.1993 – BStBl. II S. 897).
– Hält der Erwerber eines Gewerbebetriebs seine Zusage, den Veräußerer von der **Haftung** für alle vom Erwerber übernommenen Betriebsschulden **freizustellen,** nicht ein und wird der Veräußerer deshalb in einem späteren VZ aus einem als Sicherheit für diese Betriebsschulden bestellten Grundpfandrecht in Anspruch genommen, liegt ein Ereignis mit steuerlicher Rückwirkung auf den Zeitpunkt der Veräußerung vor (→ BFH vom 19.7.1993 – BStBl. II S. 894).
– Der **Tod des Rentenberechtigten** ist bei der Veräußerung gegen abgekürzte Leibrente und bei sog. Sofortversteuerung des Veräußerungsgewinns kein rückwirkendes Ereignis (→ BFH vom 19.8.1999 – BStBl. 2000 II S. 179).

Sachgüter. Soweit der Veräußerungspreis nicht in Geld, sondern in Sachgütern besteht, ist dieser mit dem gemeinen Wert (§ 9 BewG)[1] der erlangten

[1] **Steuergesetze** Nr. **200**.

Sachgüter grundsätzlich im Zeitpunkt der Veräußerung zu bewerten. Für die Bewertung kommt es aber auf die Verhältnisse im Zeitpunkt der Erfüllung der Gegenleistungspflicht an, wenn diese von den Verhältnissen im Zeitpunkt der Entstehung des Veräußerungsgewinns abweichen. Eine Veränderung der wertbestimmenden Umstände wirkt materiell-rechtlich auf den Zeitpunkt der Entstehung des Veräußerungsgewinns zurück (→ BFH vom 13.10.2015 – BStBl. 2016 II S. 212).

Schuldenübernahme durch Erwerber.

- Teil des Veräußerungspreises ist auch eine Verpflichtung des Erwerbers, den Veräußerer von einer privaten Schuld gegenüber einem Dritten durch befreiende Schuldübernahme oder durch Schuldbeitritt mit befreiender Wirkung im Innenverhältnis freizustellen. Gleiches gilt für die Verpflichtung zur Freistellung von einer dinglichen Last, die ihrem Rechtsinhalt nach einer rein schuldrechtlichen Verpflichtung gleichwertig ist, z.B. Übernahme einer Nießbrauchslast (→ BFH vom 12.1.1983 – BStBl. II S. 595).
- Bei der Berechnung des Gewinns aus einer Betriebsveräußerung sind vom Erwerber übernommene betriebliche Verbindlichkeiten, die auf Grund von Rückstellungsverboten in der Steuerbilanz (z. B. für Jubiläumszuwendungen und für drohende Verluste aus schwebenden Geschäften) nicht passiviert worden sind, nicht gewinnerhöhend zum Veräußerungspreis hinzuzurechnen (→ BFH vom 17.10.2007 – BStBl. 2008 II S. 555).

R 16 (11)

Betriebsveräußerung gegen wiederkehrende Bezüge

(11) [1] Veräußert ein Stpfl. seinen Betrieb gegen eine Leibrente, hat er ein Wahlrecht.[1)] [2] Er kann den bei der Veräußerung entstandenen Gewinn sofort versteuern. [3] In diesem Fall ist § 16 EStG anzuwenden. [4] Veräußerungsgewinn ist der Unterschiedsbetrag zwischen dem nach den Vorschriften des BewG ermittelten Barwert der Rente, vermindert um etwaige Veräußerungskosten des Stpfl., und dem Buchwert des steuerlichen Kapitalkontos im Zeitpunkt der Veräußerung des Betriebs. [5] Die in den Rentenzahlungen enthaltenen Ertragsanteile sind sonstige Einkünfte i.S.d. § 22 Nr. 1 Satz 3 Buchstabe a Doppelbuchstabe bb EStG. [6] Der Stpfl. kann stattdessen die Rentenzahlungen als nachträgliche Betriebseinnahmen i.S.d. § 15 i.V.m. § 24 Nr. 2 EStG behandeln. [7] In diesem Fall entsteht ein Gewinn, wenn der Kapitalanteil der wiederkehrenden Leistungen das steuerliche Kapitalkonto des Veräußerers zuzüglich etwaiger Veräußerungskosten des Veräußerers übersteigt; der in den wiederkehrenden Leistungen enthaltene Zinsanteil stellt bereits im Zeitpunkt des Zuflusses nachträgliche Betriebseinnahmen dar. [8] Für Veräußerungen, die

---

1) Das Wahlrecht zwischen Sofort- und Zuflussbesteuerung gilt auch, soweit betriebliche Wirtschaftsgüter im Rahmen einer Betriebsaufgabe gegen wiederkehrende Bezüge veräußert werden, siehe BFH v. 29.6.2022 X R 6/20, BStBl. II 2023, 112.

vor dem 1.1.2004 erfolgt sind, gilt R 139 Abs. 11 EStR 2001.[1)] [9]Die Sätze 1 bis 8 gelten sinngemäß, wenn ein Betrieb gegen einen festen Barpreis und eine Leibrente veräußert wird; das Wahlrecht bezieht sich jedoch nicht auf den durch den festen Barpreis realisierten Teil des Veräußerungsgewinns. [10]Bei der Ermittlung des Barwerts der wiederkehrenden Bezüge ist von einem Zinssatz von 5,5 % auszugehen, wenn nicht vertraglich ein anderer Satz vereinbart ist.

H **16** (11)

Betriebsveräußerung gegen wiederkehrende Bezüge und festes Entgelt. Wird ein Betrieb gegen wiederkehrende Bezüge und ein festes Entgelt veräußert, besteht das Wahlrecht hinsichtlich der wiederkehrenden Bezüge auch dann, wenn sie von dritter Seite erbracht werden (→ BFH vom 7.11.1991 – BStBl. 1992 II S. 457).

Freibetrag. Der Freibetrag des § 16 Abs. 4 EStG und die Steuerbegünstigung nach § 34 EStG sind nicht zu gewähren, wenn bei der Veräußerung gegen wiederkehrende Bezüge die Zahlungen beim Veräußerer als laufende nachträgliche Einkünfte aus Gewerbebetrieb i. S. d. § 15 i. V. m. § 24 Nr. 2 EStG behandelt werden (→ BFH vom 21.12.1988 – BStBl. 1989 II S. 409). Wird ein Betrieb gegen festen Kaufpreis und Leibrente veräußert, ist für die Ermittlung des Freibetrags nach § 16 Abs. 4 EStG nicht allein auf den durch den festen Barpreis realisierten Veräußerungsgewinn abzustellen, sondern auch der Kapitalwert der Rente als Teil des Veräußerungspreises zu berücksichtigen (→ BFH vom 17.8.1967 – BStBl. 1968 II S. 75). Der Freibetrag kann jedoch höchstens in Höhe des durch den festen Kaufpreis realisierten Teils des Veräußerungsgewinns gewährt werden (→ BFH vom 21.12.1988 – BStBl. 1989 II S. 409).

Gewinn- oder umsatzabhängiger Kaufpreis. Wird ein Betrieb, Teilbetrieb oder Mitunternehmeranteil gegen einen gewinnabhängigen oder umsatzabhängigen Kaufpreis veräußert, ist das Entgelt zwingend als laufende nachträgliche Betriebseinnahme im Jahr des Zuflusses in der Höhe zu versteuern, in der die Summe der Kaufpreiszahlungen das – ggf. um Einmalleistungen gekürzte – Schlusskapitalkonto zuzüglich der Veräußerungskosten überschreitet (→ BFH vom 14.5.2002 – BStBl. II S. 532).

[1)] **R 139 Abs. 11 EStR 2001:**
„Betriebsveräußerung gegen wiederkehrende Bezüge
(11) [1]Veräußert ein Steuerpflichtiger seinen Betrieb gegen eine Leibrente, so hat er ein Wahlrecht. [2]Er kann den bei der Veräußerung entstandenen Gewinn sofort versteuern. [3]In diesem Fall ist § 16 EStG anzuwenden. [4]Veräußerungsgewinn ist der Unterschiedsbetrag zwischen dem nach den Vorschriften des BewG ermittelten Barwert der Rente, vermindert um etwaige Veräußerungskosten des Steuerpflichtigen, und dem Buchwert des steuerlichen Kapitalkontos im Zeitpunkt der Veräußerung des Betriebs. [5]Die in den Rentenzahlungen enthaltenen Ertragsanteile sind sonstige Einkünfte im Sinne des § 22 Nr. 1 Satz 3 Buchstabe a EStG. [6]Der Steuerpflichtige kann statt dessen die Rentenzahlungen als nachträgliche Betriebseinnahmen im Sinne des § 15 in Verbindung mit § 24 Nr. 2 EStG behandeln. [7]In diesem Fall entsteht ein Gewinn, wenn die Rentenzahlungen das steuerliche Kapitalkonto des Veräußerers zuzüglich etwaiger Veräußerungskosten des Veräußerers übersteigen. [8]Die Sätze 1 bis 7 gelten sinngemäß, wenn ein Betrieb gegen einen festen Barpreis und eine Leibrente veräußert wird; das Wahlrecht bezieht sich jedoch nicht auf den durch den festen Barpreis realisierten Teil des Veräußerungsgewinns. [9]Bei der Ermittlung des Barwerts der wiederkehrenden Bezüge ist von einem Zinssatz von 5,5 % auszugehen, wenn nicht vertraglich ein anderer Satz vereinbart ist."

Kaufpreisstundung. Eine gestundete Kaufpreisforderung ist bei der Ermittlung des Veräußerungsgewinns mit dem gemeinen Wert anzusetzen (→ BFH vom 19.1.1978 – BStBl. II S. 295).

Ratenzahlungen. Veräußert ein Stpfl. seinen Betrieb gegen einen in Raten zu zahlenden Kaufpreis, sind die Grundsätze der R 16 Abs. 11 Satz 1 bis 9 mit der Maßgabe anzuwenden, dass an die Stelle des nach den Vorschriften des Bewertungsgesetzes ermittelten Barwerts der Rente der Barwert der Raten tritt, wenn die Raten während eines mehr als zehn Jahre dauernden Zeitraums zu zahlen sind und die Ratenvereinbarung sowie die sonstige Ausgestaltung des Vertrags eindeutig die Absicht des Veräußerers zum Ausdruck bringen, sich eine Versorgung zu verschaffen (→ BFH vom 23.1.1964 – BStBl. III S. 239 und vom 12.6.1968 – BStBl. II S. 653).

Tod des Rentenberechtigten. Der Tod des Rentenberechtigten ist bei der Veräußerung gegen abgekürzte Leibrente und bei sog. Sofortversteuerung des Veräußerungsgewinns kein rückwirkendes Ereignis (→ BFH vom 19.8.1999 – BStBl. 2000 II S. 179).

Zeitrente. Das Wahlrecht zwischen einer begünstigten Sofortbesteuerung eines Veräußerungsgewinns und einer nicht begünstigten Besteuerung nachträglicher Einkünfte aus Gewerbebetrieb besteht auch bei der Veräußerung gegen eine Zeitrente mit einer langen, nicht mehr überschaubaren Laufzeit (länger als 10 Jahre), wenn sie auch mit dem Nebenzweck vereinbart ist, dem Veräußerer langfristig eine etwaige zusätzliche Versorgung zu schaffen (→ BFH vom 5.11.2019 – BStBl. 2020 II S. 262).

Zuflussbesteuerung. → BMF vom 3.8.2004 (BStBl. I S. 1187).

R 16 (12)

Veräußerungskosten *(unbesetzt)*

H 16 (12)

Gewerbesteuer. § 4 Abs. 5b EStG steht dem Abzug der Gewerbesteuer als Veräußerungskosten nur bei dem Schuldner der Gewerbesteuer entgegen, nicht auch bei demjenigen, der sich vertraglich zur Übernahme der Gewerbesteuerbelastung verpflichtet (→ BFH vom 7.3.2019 – BStBl. II S. 696).

Rentenverpflichtung. Die Leistungen zur Ablösung einer freiwillig begründeten Rentenverpflichtung i. S. d. § 12 Nr. 2 EStG sind keine Veräußerungskosten (→ BFH vom 20.6.2007 – BStBl. 2008 II S. 99).

Veräußerungskosten. Veräußerungskosten mindern auch dann den begünstigten Veräußerungsgewinn, wenn sie in einem VZ vor der Veräußerung entstanden sind (→ BFH vom 6.10.1993 – BStBl. 1994 II S. 287).

Vorfälligkeitsentschädigung. Eine Vorfälligkeitsentschädigung, die zu zahlen ist, weil im Rahmen einer Betriebsveräußerung ein betrieblicher Kredit vorzeitig abgelöst wird, gehört jedenfalls dann zu den Veräußerungskosten, wenn der Veräußerungserlös zur Tilgung der Schulden ausreicht (→ BFH vom 25.1.2000 – BStBl. II S. 458).

R **16** (13)

Gewährung des Freibetrags

(13) [1]Über die Gewährung des Freibetrags wird bei der Veranlagung zur Einkommensteuer entschieden. [2]Dies gilt auch im Falle der Veräußerung eines Mitunternehmeranteiles; in diesem Fall ist im Verfahren zur gesonderten und einheitlichen Gewinnfeststellung nur die Höhe des auf den Gesellschafter entfallenden Veräußerungsgewinns festzustellen. [3]Veräußert eine Personengesellschaft, bei der die Gesellschafter als Mitunternehmer anzusehen sind, ihren ganzen Gewerbebetrieb, steht den einzelnen Mitunternehmern für ihren Anteil am Veräußerungsgewinn nach Maßgabe ihrer persönlichen Verhältnisse der Freibetrag in voller Höhe zu. [4]Der Freibetrag ist dem Stpfl. nur einmal zu gewähren; nicht verbrauchte Teile des Freibetrags können nicht bei einer anderen Veräußerung in Anspruch genommen werden. [5]Die Gewährung des Freibetrags nach § 16 Abs. 4 EStG ist ausgeschlossen, wenn dem Stpfl. für eine Veräußerung oder Aufgabe, die nach dem 31.12.1995 erfolgt ist, ein Freibetrag nach § 14 Satz 2, § 16 Abs. 4 oder § 18 Abs. 3 EStG bereits gewährt worden ist. [6]Wird der zum Betriebsvermögen eines Einzelunternehmers gehörende Mitunternehmeranteil im Zusammenhang mit der Veräußerung des Einzelunternehmens veräußert, ist die Anwendbarkeit des § 16 Abs. 4 EStG für beide Vorgänge getrennt zu prüfen. [7]Liegen hinsichtlich beider Vorgänge die Voraussetzungen des § 16 Abs. 4 EStG vor, kann der Stpfl. den Abzug des Freibetrags entweder bei der Veräußerung des Einzelunternehmens oder bei der Veräußerung des Mitunternehmeranteiles beantragen. [8]Die Veräußerung eines Anteils an einer Mitunternehmerschaft (Obergesellschaft), zu deren Betriebsvermögen die Beteiligung an einer anderen Mitunternehmerschaft gehört (mehrstöckige Personengesellschaft), stellt für die Anwendbarkeit des § 16 Abs. 4 EStG einen einheitlich zu beurteilenden Veräußerungsvorgang dar. [9]In den Fällen des § 16 Abs. 2 Satz 3 und Abs. 3 Satz 5 EStG ist für den Teil des Veräußerungsgewinns, der nicht als laufender Gewinn gilt, der volle Freibetrag zu gewähren; der Veräußerungsgewinn, der als laufender Gewinn gilt, ist bei der Kürzung des Freibetrags nach § 16 Abs. 4 Satz 3 EStG nicht zu berücksichtigen. [10]Umfasst der Veräußerungsgewinn auch einen Gewinn aus der Veräußerung von Anteilen an Körperschaften, Personenvereinigungen oder Vermögensmassen, ist für die Berechnung des Freibetrags der nach § 3 Nr. 40 Satz 1 Buchstabe b i. V.m. § 3c Abs. 2 EStG steuerfrei bleibende Teil nicht zu berücksichtigen.

H **16** (13)

Erbfall. Wird ein Veräußerungsgeschäft vor dem Erbfall abgeschlossen, aber erst nach dem Erbfall wirksam, steht der Freibetrag nur dem Erben nach dessen persönlichen Verhältnissen zu (→ BFH vom 9.6.2015 – BStBl. 2016 II S. 216).

Freibetrag.

– Aufteilung des Freibetrages und Gewährung der Tarifermäßigung bei Betriebsaufgaben über zwei Kj.,
Freibetrag bei teilentgeltlicher Veräußerung im Wege der vorweggenommenen Erbfolge,

Vollendung der Altersgrenze in § 16 Abs. 4[1] und § 34 Abs. 3 EStG nach Beendigung der Betriebsaufgabe oder -veräußerung, aber vor Ablauf des VZ der Betriebsaufgabe oder -veräußerung,
→ BMF vom 20.12.2005 (BStBl. 2006 I S. 7).
– Der Freibetrag für Betriebsveräußerungs- oder -aufgabegewinne kann auch bei Veräußerung oder Aufgabe mehrerer Betriebe, Teilbetriebe oder Mitunternehmeranteile innerhalb desselben VZ nur für einen einzigen Veräußerungs- oder Aufgabegewinn in Anspruch genommen werden (→ BFH vom 27.10.2015 – BStBl. 2016 II S. 278).

Personenbezogenheit. Der Freibetrag nach § 16 Abs. 4 EStG wird personenbezogen gewährt; er steht dem Stpfl. für alle Gewinneinkunftsarten insgesamt nur einmal zu. Dabei kommt es nicht darauf an, ob der Freibetrag zu Recht gewährt worden ist oder nicht (→ BFH vom 21.7.2009 – BStBl. II S. 963).

Teileinkünfteverfahren.

Beispiel:

A veräußert sein Einzelunternehmen. Der Veräußerungserlös beträgt 200 000 €, der Buchwert des Kapitalkontos 70 000 €. Im Betriebsvermögen befindet sich eine Beteiligung an einer GmbH, deren Buchwert 20 000 € beträgt. Der auf die GmbH-Beteiligung entfallende Anteil am Veräußerungserlös beträgt 50 000 €.
Der aus der Veräußerung des GmbH-Anteils erzielte Gewinn ist nach § 3 Nr. 40 Satz 1 Buchst. b, § 3c Abs. 2 EStG in Höhe von (30 000 € ./. 12 000 € =) 18 000 € steuerpflichtig. Der übrige Veräußerungsgewinn beträgt (150 000 € ./. 50 000 € =) 100 000 €. Der Freibetrag ist vorrangig mit dem Veräußerungsgewinn zu verrechnen, auf den das Teileinkünfteverfahren anzuwenden ist (→ BFH vom 14.7.2010 – BStBl. II S. 1011).

	Insgesamt	**Ermäßigt zu besteuern**	**Teileinkünfte-verfahren**
Veräußerungsgewinn nach § 16 EStG	118 000 €	100 000 €	18 000 €
Freibetrag nach § 16 Abs. 4 EStG	45 000 €	27 000 €	18 000 €
Steuerpflichtig	73 000 €	73 000 €	0 €

Zweifelsfragen im Zusammenhang mit § 6b Abs. 2a EStG. → BMF vom 7.3.2018 (BStBl. I S. 309).

R 16 (14)

Dauernde Berufsunfähigkeit

(14) [1]Zum Nachweis der dauernden Berufsunfähigkeit reicht die Vorlage eines Bescheides des Rentenversicherungsträgers aus, wonach die Berufsunfähigkeit oder Erwerbsunfähigkeit i. S. d. gesetzlichen Rentenversicherung vorliegt. [2]Der Nachweis kann auch durch eine amtsärztliche Bescheinigung oder durch die Leistungspflicht einer privaten Versicherungsgesellschaft, wenn deren Versicherungsbedingungen an einen Grad der Berufsunfähigkeit von mindestens 50% oder an eine Minderung der Erwerbsfähigkeit wegen Krankheit oder Behinderung auf weniger als sechs Stunden täglich anknüpfen, erbracht

[1] Veräußerer muss bereits im Zeitpunkt der Veräußerung das 55. Lebensjahr vollendet haben; siehe BFH v. 28.11.2007 X R 12/07, BStBl. II 2008, 193.

werden. [3]Der Freibetrag nach § 16 Abs. 4 EStG kann gewährt werden, wenn im Zeitpunkt der Veräußerung oder Aufgabe eine dauernde Berufsunfähigkeit vorliegt; eine Kausalität zwischen der Veräußerung oder Aufgabe und der Berufsunfähigkeit ist nicht erforderlich.

H 16 (14)

Berufsunfähigkeit im sozialversicherungsrechtlichen Sinne. Berufsunfähig sind Versicherte, deren Erwerbsfähigkeit wegen Krankheit oder Behinderung im Vergleich zur Erwerbsfähigkeit von körperlich, geistig und seelisch gesunden Versicherten mit ähnlicher Ausbildung und gleichwertigen Kenntnissen und Fähigkeiten auf weniger als sechs Stunden gesunken ist (§ 240 Abs. 2 SGB VI).[1)]

Erbfolge. Wird ein im Erbwege übergegangener Betrieb von dem Erben aufgegeben, müssen die Voraussetzungen für die Gewährung des Freibetrags nach § 16 Abs. 4 EStG in der Person des Erben erfüllt sein (→ BFH vom 19.5.1981 – BStBl. II S. 665).

Zu § 17 EStG

(§§ 53 und 54 EStDV)

R 17. Veräußerung von Anteilen an einer Kapitalgesellschaft oder Genossenschaft

R 17 (1)

Abgrenzung des Anwendungsbereichs gegenüber anderen Vorschriften

(1) [1]§ 17 EStG gilt nicht für die Veräußerung von Anteilen an einer Kapitalgesellschaft, die zu einem Betriebsvermögen gehören. [2]In diesem Fall ist der Gewinn nach § 4 oder § 5 EStG zu ermitteln.

H 17 (1)

Handel mit Beteiligungen. → H 15.7 (1).

Umqualifizierung von Einkünften i. S. d. § 20 Abs. 2 Satz 1 Nr. 1 EStG in Einkünfte i. S. d. § 17 EStG. → BMF vom 16.12.2014 (BStBl. 2015 I S. 24).

R 17 (2)

Beteiligung

(2) [1]Eine Beteiligung i. S. d. § 17 Abs. 1 Satz 1 EStG liegt vor, wenn der Stpfl. nominell zu mindestens 1% am Nennkapital der Kapitalgesellschaft beteiligt ist oder innerhalb der letzten fünf Jahre vor der Veräußerung beteiligt war. [2]In den Fällen des § 17 Abs. 6 EStG (Erwerb der Anteile durch Sacheinlage

[1)] **Aichberger SGB** Nr. **6**.

oder durch Einbringung von Anteilen/Anteilstausch i. S. d. § 17 Abs. 1 Satz 1 EStG) führt auch eine nominelle Beteiligung von weniger als 1 % am Nennkapital zur Anwendung von § 17 Abs. 1 Satz 1 EStG.

H 17 (2)

Ähnliche Beteiligungen. Die Einlage eines stillen Gesellschafters ist keine „ähnliche Beteiligung" i. S. d. § 17 Abs. 1 Satz 3 EStG (→ BFH vom 28.5.1997 – BStBl. II S. 724).

Anteile im Betriebsvermögen. Im Betriebsvermögen gehaltene Anteile zählen bei der Ermittlung der Beteiligungshöhe mit (→ BFH vom 10.11.1992 – BStBl. 1994 II S. 222).

Anwartschaftsrechte. Anwartschaften (Bezugsrechte) bleiben bei der Ermittlung der Höhe der Beteiligung grundsätzlich außer Betracht (→ BFH vom 14.3.2006 – BStBl. II S. 746 und vom 19.2.2013 – BStBl. II S. 578).

Ausländische Kapitalgesellschaft. § 17 EStG gilt auch für Anteile an einer ausländischen Kapitalgesellschaft, wenn die ausländische Gesellschaft mit einer deutschen AG oder GmbH vergleichbar ist (→ BFH vom 21.10.1999 – BStBl. 2000 II S. 424).

Durchgangserwerb. Ein Anteil, der bereits vor seinem Erwerb an einen Dritten abgetreten wird, erhöht die Beteiligung (→ BFH vom 16.5.1995 – BStBl. II S. 870).

Eigene Anteile. Werden von der **Kapitalgesellschaft eigene Anteile** gehalten, ist bei der Entscheidung, ob ein Stpfl. i. S. d. § 17 Abs. 1 Satz 1 EStG beteiligt ist, von dem um die eigenen Anteile der Kapitalgesellschaft verminderten Nennkapital auszugehen (→ BFH vom 24.9.1970 – BStBl. 1971 II S. 89).[1]

Einbringungsgeborene Anteile aus Umwandlungen vor dem 13.12. 2006.

– Zur steuerlichen Behandlung von Gewinnen aus der Veräußerung von einbringungsgeborenen Anteilen → § 21 UmwStG in der am 21.5.2003 geltenden Fassung (UmwStG a. F.) i. V. m. § 27 Abs. 3 Nr. 3 UmwStG;[2] → BMF vom 25.3.1998 (BStBl. I S. 268) unter Berücksichtigung der Änderungen durch BMF vom 21.8.2001 (BStBl. I S. 543), Tz. 21.01–21.16.
– Einbringungsgeborene Anteile an einer Kapitalgesellschaft, die durch einen Antrag nach § 21 Abs. 2 Satz 1 Nr. 1 UmwStG a. F. entstrickt wurden, unterfallen der Besteuerung gem. § 17 Abs. 1 EStG. Veräußerungsgewinn nach § 17 Abs. 2 EStG in Bezug auf derartige Anteile ist der Betrag, um den der Veräußerungspreis den gemeinen Wert der Anteile (§ 21 Abs. 2 Satz 2 UmwStG a. F.) übersteigt (→ BFH vom 24.6.2008 – BStBl. II S. 872).

---

[1] Siehe auch BFH v. 5.4.2022 IX R 19/20, BStBl. II 2023, 18.
[2] **Steuergesetze** Nr. **130**.

Fünfjahreszeitraum.

- → BMF vom 20.12.2010 (BStBl. 2011 I S. 16) unter Berücksichtigung der Änderungen durch BMF vom 16.12.2015 (BStBl. 2016 I S. 10).[1]
- Der Gewinn aus der Veräußerung einer Beteiligung von weniger als 1% ist auch dann nach § 17 Abs. 1 Satz 1 EStG zu erfassen, wenn der Gesellschafter die Beteiligung erst neu erworben hat, nachdem er zuvor innerhalb des Fünfjahreszeitraums eine Beteiligung von mindestens 1% insgesamt veräußert hat und mithin vorübergehend überhaupt nicht an der Kapitalgesellschaft beteiligt war (→ BFH vom 20.4.1999 – BStBl. II S. 650).
- Maßgeblich für die Berechnung des Fünfjahreszeitraums ist der Übergang des wirtschaftlichen und nicht des zivilrechtlichen Eigentums (→ BFH vom 17.2.2004 – BStBl. II S. 651).

Genussrechte. Eine „Beteiligung am Kapital der Gesellschaft" i. S. d. § 17 EStG liegt bei eingeräumten Genussrechten nicht schon dann vor, wenn diese eine Gewinnbeteiligung gewähren, sondern nur, wenn sie auch eine Beteiligung am Liquidationserlös der Gesellschaft vorsehen. Die Vereinbarung, dass das Genussrechtskapital erst nach der Befriedigung der übrigen Gesellschaftsgläubiger zurückzuzahlen ist (sog. Nachrangvereinbarung), verleiht dem Genussrecht noch keinen Beteiligungscharakter (→ BFH vom 14.6.2005 – BStBl. II S. 861).

Gesamthandsvermögen.

- Bei der Veräußerung einer **Beteiligung, die sich im Gesamthandsvermögen (z. B. einer vermögensverwaltenden Personengesellschaft, Erbengemeinschaft)** befindet, ist für die Frage, ob eine Beteiligung i. S. d. § 17 Abs. 1 Satz 1 EStG vorliegt, nicht auf die Gesellschaft oder Gemeinschaft als solche, sondern auf die einzelnen Mitglieder abzustellen, da die Beteiligung nach § 39 Abs. 2 Nr. 2 AO den einzelnen Mitgliedern zuzurechnen ist – sog. Bruchteilsbetrachtung – (→ BFH vom 7.4.1976 – BStBl. II S. 557 und vom 9.5.2000 – BStBl. II S. 686).
- Die Veräußerung von **Anteilen an einer Gesellschaft oder Gemeinschaft,** die ihrerseits eine Beteiligung an einer Kapitalgesellschaft hält, fällt unter § 17 EStG, wenn eine Beteiligung i. S. d. § 17 Abs. 1 Satz 1 EStG vorliegt. Hierbei ist nicht auf die Gesellschaft oder Gemeinschaft als solche, sondern auf das veräußernde Mitglied abzustellen, da die Beteiligung nach § 39 Abs. 2 Nr. 2 AO den einzelnen Mitgliedern zuzurechnen ist – sog. Bruchteilsbetrachtung – (→ BFH vom 13.7.1999 – BStBl. II S. 820 und vom 9.5.2000 – BStBl. II S. 686).

Kurzfristige Beteiligung. Eine Beteiligung i. S. d. § 17 Abs. 1 Satz 1 EStG liegt bereits dann vor, wenn der Veräußerer oder bei unentgeltlichem Erwerb sein Rechtsvorgänger innerhalb des maßgebenden Fünfjahreszeitraums nur **kurzfristig** zu mindestens 1% unmittelbar oder mittelbar an der Gesellschaft beteiligt war (→ BFH vom 5.10.1976 – BStBl. 1977 II S. 198). Auch Anteile, die der Stpfl. noch am Tage des **unentgeltlichen Erwerbs** veräußert, zählen mit (→ BFH vom 7.7.1992 – BStBl. 1993 II S. 331). Etwas an-

[1] Siehe auch BMF v. 27.5.2013, BStBl. I 2013, 721.

deres gilt, wenn im Rahmen eines Gesamtvertragskonzepts (= mehrere zeitgleich abgeschlossene, korrespondierende Verträge) die mit der übertragenen Beteiligung verbundenen Rechte von vorneherein nur für eine Beteiligung von weniger als 1% übergehen sollten (→ BFH vom 5.10.2011 – BStBl. 2012 II S. 318).

Missbrauch.

- Eine Beteiligung i. S. d. § 17 Abs. 1 Satz 1 EStG kann auch dann vorliegen, wenn der Veräußerer zwar formal nicht zu mindestens 1% an der Kapitalgesellschaft beteiligt war, die Gestaltung der Beteiligungsverhältnisse jedoch **einen Missbrauch der Gestaltungsmöglichkeiten i. S. d. § 42 AO darstellt** (→ BFH vom 27.1.1977 – BStBl. II S. 754).
- **Anteilsrotation** → BMF vom 3.2.1998 (BStBl. I S. 207).

Mitgliedschaftsrechte an einer AG. Eine mögliche – durch die Kennzeichnung als Nennbetragsaktien anstatt als Stückaktien bedingte – formale Unrichtigkeit von Aktien hindert nicht den Erwerb des dann noch unverkörperten Mitgliedschaftsrechts (→ BFH vom 7.7.2011 – BStBl. 2012 II S. 20).

Mittelbare Beteiligung.

- Besteht **neben einer unmittelbaren auch eine mittelbare Beteiligung** an der Gesellschaft, liegt eine Beteiligung i. S. d. § 17 Abs. 1 Satz 1 EStG vor, wenn die Zusammenrechnung eine Beteiligung von mindestens 1% ergibt, unabhängig davon, ob der Stpfl. die die mittelbare Beteiligung vermittelnde Kapitalgesellschaft beherrscht oder nicht (→ BFH vom 28.6.1978 – BStBl. II S. 590 und vom 12.6.1980 – BStBl. II S. 646).
- Der Gesellschafter einer Kapitalgesellschaft ist auch dann Beteiligter i. S. d. § 17 Abs. 1 Satz 1 EStG, wenn sich die Anteilsquote von mindestens 1% erst durch – anteilige – Hinzurechnung von **Beteiligungen an der Kapitalgesellschaft** ergibt, **welche unmittelbar oder mittelbar von einer Personenhandelsgesellschaft gehalten werden,** an der der Gesellschafter der Kapitalgesellschaft als Mitunternehmer beteiligt ist (→ BFH vom 10.2.1982 – BStBl. II S. 392).
- Die Übernahme einer Bürgschaft für eine Gesellschaft durch einen nur mittelbar beteiligten Anteilseigner stellt keine nachträglichen Anschaffungskosten der unmittelbaren Beteiligung i. S. d. § 17 EStG dar (→ BFH vom 4.3.2008 – BStBl. II S. 575).

Nominelle Beteiligung. Die für die Anwendung des § 17 EStG maßgebliche Höhe einer Beteiligung ist bei einer GmbH aus den Geschäftsanteilen zu berechnen. Dies gilt auch, wenn in der GmbH-Satzung die Stimmrechte oder die Verteilung des Gewinns und des Liquidationserlöses abweichend von §§ 29, 72 GmbHG geregelt sind (→ BFH vom 25.11.1997 – BStBl. 1998 II S. 257 und vom 14.3.2006 – BStBl. II S. 749).

Optionsrecht. Die Veräußerung einer Anwartschaft i. S. d. § 17 Abs. 1 Satz 3 EStG liegt vor, wenn eine schuldrechtliche Option auf den Erwerb einer Beteiligung (Call-Option) veräußert wird, die die wirtschaftliche Verwertung des bei der Kapitalgesellschaft eingetretenen Zuwachses an Vermögenssubstanz ermöglicht (→ BFH vom 19.12.2007 – BStBl. 2008 II S. 475).

Quotentreuhand. Der Annahme eines zivilrechtlich wirksamen Treuhandverhältnisses steht nicht entgegen, dass dieses nicht an einem selbständigen Geschäftsanteil, sondern – als sog. Quotentreuhand – lediglich an einem Teil eines solchen Geschäftsanteils vereinbart wird. Ein solcher quotaler Anteil ist ein Wirtschaftsgut i. S. d. § 39 Abs. 2 Nr. 1 Satz 2 AO und stellt damit einen treugutfähigen Gegenstand dar (→ BFH vom 6.10.2009 – BStBl. 2010 II S. 460).

Rückwirkende Schenkung. Entsteht durch den **Erwerb weiterer Anteile** eine Beteiligung von mindestens 1 %, kann diese nicht dadurch beseitigt werden, dass die erworbenen Anteile rückwirkend verschenkt werden (→ BFH vom 18.9.1984 – BStBl. 1985 II S. 55).

Unentgeltlicher Hinzuerwerb. Eine Beteiligung von weniger als 1 % wird nicht dadurch insgesamt zu einer Beteiligung i. S. d. § 17 Abs. 1 Satz 1 EStG, dass der Stpfl. einzelne Geschäftsanteile davon unentgeltlich von einem Beteiligten erworben hat, der eine Beteiligung von mindestens 1 % gehalten hat oder noch hält (→ BFH vom 29.7.1997 – BStBl. II S. 727).

R 17 (3)

Unentgeltlicher Erwerb von Anteilen oder Anwartschaften

(3) Überlässt der i. S. d. § 17 Abs. 1 Satz 1 EStG beteiligte Anteilseigner einem Dritten unentgeltlich das Bezugsrecht aus einer Kapitalerhöhung (Anwartschaft i. S. d. § 17 Abs. 1 Satz 3 EStG), sind die vom Dritten erworbenen Anteile teilweise nach § 17 Abs. 1 Satz 4 EStG steuerverhaftet (→ Unentgeltlicher Anwartschaftserwerb).

H 17 (3)

Abgrenzung von entgeltlichem und unentgeltlichem Erwerb. Die bei Verträgen unter fremden Dritten bestehende Vermutung für das Vorliegen eines entgeltlichen Geschäfts ist im Fall der Übertragung eines Kapitalgesellschaftsanteils, für den der Zuwendende hohe Anschaffungskosten getragen hat, nicht alleine dadurch als widerlegt anzusehen, weil ein Freundschaftsverhältnis zwischen dem Zuwendenden und dem Empfänger besteht (→ BFH vom 9.5.2017 – BStBl. 2018 II S. 94).

Kapitalerhöhung nach unentgeltlichem Erwerb von Anteilen. Die nach einer Kapitalerhöhung aus Gesellschaftsmitteln zugeteilten neuen Aktien führen nicht zu einem gegenüber dem unentgeltlichen Erwerb der Altaktien selbständigen Erwerbsvorgang. Zwischen den Altaktien und den neuen Aktien besteht wirtschaftliche Identität (→ BFH vom 25.2.2009 – BStBl. II S. 658).

Unentgeltlicher Anwartschaftserwerb.

Beispiel:

Alleingesellschafter A hat seine GmbH-Anteile für 80 000 € erworben. Der gemeine Wert der Anteile beträgt 400 000 €. Die GmbH erhöht ihr Stammkapital von 100 000 € auf 120 000 €. A ermöglicht seinem Sohn S, die neu ausgegebenen Anteile von nominal 20 000 € gegen Bareinlage von 50 000 € zu erwerben. Die neuen Anteile des S haben einen gemeinen Wert von 20 000 € : 120 000 € × (400 000 € + 50 000 €) = 75 000 € und sind zu (75 000 € – 50 000 €) : 75 000 € = 33,33 % unentgeltlich und zu 66,67 % entgeltlich erworben worden. Auf den unentgeltlich erworbenen Teil ist § 17 Abs. 1 Satz 1 und 4 EStG anzuwenden. Auf diesen Teil entfallen Anschaffungskosten des Rechtsvorgängers A i. S. d. § 17 Abs. 2 Satz 5 EStG in Höhe von 80 000 € × 25 000 € : 400 000 € = 5000 €. Die verbleibenden Anschaffungskosten des A sind entsprechend auf 75 000 € zu kürzen (→ BFH vom 6.12.1968 – BStBl. 1969 II S. 105).

Vorbehaltsnießbrauch. → H 17 (4).

R 17 (4)

Veräußerung von Anteilen

(4) Die Ausübung von Bezugsrechten durch die Altaktionäre bei Kapitalerhöhungen gegen Einlage ist keine Veräußerung i. S. d. § 17 Abs. 1 EStG.

H 17 (4)

Allgemeines.

– Veräußerung i. S. d. § 17 Abs. 1 EStG ist die entgeltliche Übertragung des rechtlichen oder zumindest des wirtschaftlichen Eigentums an einer Beteiligung auf einen anderen Rechtsträger (→ BFH vom 11.7.2006 – BStBl. 2007 II S. 296).
– Sieht ein vorab erstelltes Konzept vor, dass der vereinbarte Kaufpreis ganz oder teilweise unmittelbar als Schenkung von dem Veräußerer an den Erwerber zurückfließt, liegt in Höhe des zurückgeschenkten Betrags keine entgeltliche Übertragung vor (→ BFH vom 22.10.2013 – BStBl. 2014 II S. 158).
– Der entgeltliche Erwerb eigener Anteile durch die GmbH stellt auf der Ebene des veräußernden Gesellschafters ein Veräußerungsgeschäft i. S. d. § 17 Abs. 1 EStG dar (→ BFH vom 6.12.2017 – BStBl. 2019 II S. 213).
– → Wirtschaftliches Eigentum.

Beendigung der unbeschränkten Steuerpflicht und gleichgestellte Sachverhalte mit Auslandsbezug. → § 6 AStG.[1]

Bezugsrechte.

– Veräußert ein i. S. d. § 17 Abs. 1 Satz 1 EStG Beteiligter ihm auf Grund seiner Anteile zustehende **Bezugsrechte auf weitere Beteiligungsrechte,** liegt auch insoweit eine Veräußerung i. S. d. § 17 Abs. 1 Satz 1 EStG vor (→ BFH vom 20.2.1975 – BStBl. II S. 505 und vom 19.4.2005 – BStBl. II S. 762).
– Wird das **Stammkapital** einer GmbH **erhöht** und das Bezugsrecht einem Nichtgesellschafter gegen Zahlung eines Ausgleichs für die auf den neuen Geschäftsanteil übergehenden stillen Reserven eingeräumt, kann dies die Veräußerung eines Anteils an einer GmbH (Anwartschaft auf eine solche Beteiligung) sein. Wird dieser Ausgleich in Form eines Agios in die GmbH eingezahlt und in engem zeitlichen Zusammenhang damit wieder an die Altgesellschafter ausgezahlt, kann ein Missbrauch

[1] **Steuergesetze** Nr. **725**.

rechtlicher Gestaltungsmöglichkeiten (§ 42 AO) vorliegen. Die Zahlung an die Altgesellschafter ist dann als Entgelt für die Einräumung des Bezugsrechts zu behandeln (→ BFH vom 13.10.1992 – BStBl. 1993 II S. 477).

Einziehung. Ein Verlust nach § 17 EStG aus der Einziehung eines GmbH-Anteils nach § 34 GmbHG ist frühestens mit deren zivilrechtlicher Wirksamkeit zu berücksichtigen (→ BFH vom 22.7.2008 – BStBl. II S. 927).

Entstehung des Veräußerungsgewinns. Der Veräußerungsgewinn entsteht grundsätzlich im Zeitpunkt der Veräußerung und zwar auch dann, wenn der Kaufpreis gestundet wird (→ BFH vom 20.7.2010 – BStBl. II S. 969).

Rückübertragung.

- Eine Rückübertragung auf Grund einer vor Kaufpreiszahlung geschlossenen Rücktrittsvereinbarung ist als Ereignis mit steuerlicher Rückwirkung auf den Zeitpunkt der Veräußerung der Beteiligung zurückzubeziehen (→ BFH vom 21.12.1993 – BStBl. 1994 II S. 648).
- Der Abschluss eines außergerichtlichen Vergleiches, mit dem die Vertragsparteien den Rechtsstreit über den Eintritt einer im Kaufvertrag vereinbarten auflösenden Bedingung beilegen, ist ein Ereignis mit steuerlicher Rückwirkung auf den Zeitpunkt der Veräußerung (→ BFH vom 19.8.2003 – BStBl. 2004 II S. 107).
- Die Rückabwicklung eines noch nicht beiderseits vollständig erfüllten Kaufvertrags ist aus der Sicht des früheren Veräußerers keine Anschaffung der zurückübertragenen Anteile, sondern sie führt bei ihm zum rückwirkenden Wegfall eines bereits entstandenen Veräußerungsgewinns (→ BFH vom 6.12.2016 – BStBl. 2017 II S. 673).
- Wird der Verkauf eines Anteils an einer Kapitalgesellschaft durch die Parteien des Kaufvertrages wegen Wegfalls der Geschäftsgrundlage tatsächlich und vollständig rückgängig gemacht, kann dieses Ereignis steuerlich auf den Zeitpunkt der Veräußerung zurückwirken (→ BFH vom 28.10.2009 – BStBl. 2010 II S. 539).

Teilentgeltliche Übertragung. Die Übertragung von Anteilen an einer Kapitalgesellschaft bei einer Beteiligung von mindestens 1% im Wege einer gemischten Schenkung ist nach dem Verhältnis der tatsächlichen Gegenleistung zum Verkehrswert der übertragenen Anteile in eine voll entgeltliche Anteilsübertragung (Veräußerung i. S. d. § 17 Abs. 1 Satz 1 und Abs. 2 Satz 1 EStG) und eine voll unentgeltliche Anteilsübertragung (i. S. d. § 17 Abs. 1 Satz 4 und Abs. 2 Satz 5 EStG) aufzuteilen (→ BFH vom 17.7.1980 – BStBl. 1981 II S. 11).

Umwandlung nach ausländischem Recht. Als Auflösung i. S. d. § 17 Abs. 4 EStG ist die Umwandlung einer ausländischen Kapitalgesellschaft in eine Personengesellschaft anzusehen, wenn das maßgebende ausländische Recht in der Umwandlung eine Auflösung sieht (→ BFH vom 22.2.1989 – BStBl. II S. 794).

Vereinbarungstreuhand. Der Verlust aus der entgeltlichen Übertragung einer Beteiligung i. S. d. § 17 Abs. 1 Satz 1 EStG im Wege einer Vereinbarungstreuhand ist steuerrechtlich nur zu berücksichtigen, wenn die Beteiligung nach der Vereinbarung künftig fremdnützig für den Treugeber gehalten werden soll und die tatsächliche Durchführung der Vereinbarung vom Veräußerer nachgewiesen wird. Bei der Prüfung, ob ein Treuhandverhältnis tatsächlich gegeben ist, ist ein strenger Maßstab anzulegen (→ BFH vom 15.7.1997 – BStBl. 1998 II S. 152).

Vorbehaltsnießbrauch. Die Übertragung von Anteilen an Kapitalgesellschaften im Wege der vorweggenommenen Erbfolge unter Vorbehalt eines Nießbrauchsrechts stellt keine Veräußerung i. S. d. § 17 Abs. 1 EStG dar. Dies gilt auch dann, wenn das Nießbrauchsrecht später abgelöst wird und der Nießbraucher für seinen Verzicht eine Abstandszahlung erhält, sofern der Verzicht auf einer neuen Entwicklung der Verhältnisse beruht (→ BFH vom 14.6.2005 – BStBl. 2006 II S. 15 und vom 18.11.2014 – BStBl. 2015 II S. 224).

Wertloser Anteil. Als Veräußerung kann auch die Übertragung eines wertlosen GmbH-Anteils angesehen werden (→ BFH vom 5.3.1991 – BStBl. II S. 630 und vom 18.8.1992 – BStBl. 1993 II S. 34).

Wirtschaftliches Eigentum.

- Der Übergang des wirtschaftlichen Eigentums an einem Kapitalgesellschaftsanteil ist nach § 39 AO zu beurteilen (→ BFH vom 17.2.2004 – BStBl. II S. 651 und vom 9.10.2008 – BStBl. 2009 II S. 140). Dies gilt auch anlässlich der Begründung von Unterbeteiligungsrechten an dem Anteil (→ BFH vom 18.5.2005 – BStBl. II S. 857).
- Bei dem Verkauf einer Beteiligung geht das wirtschaftliche Eigentum jedenfalls dann über, wenn der Käufer des Anteils auf Grund eines (bürgerlich-rechtlichen) Rechtsgeschäfts bereits eine rechtlich geschützte, auf den Erwerb des Rechts gerichtete Position erworben hat, die ihm gegen seinen Willen nicht mehr entzogen werden kann, und die mit dem Anteil verbundenen wesentlichen Rechte sowie das Risiko der Wertminderung und die Chance einer Wertsteigerung auf ihn übergegangen sind. Diese Voraussetzungen müssen nicht in vollem Umfang erfüllt sein; entscheidend ist das Gesamtbild der Verhältnisse (→ BFH vom 11.7.2006 – BStBl. 2007 II S. 296).
- Bei dem Verkauf des Geschäftsanteils an einer GmbH ist regelmäßig erforderlich, dass dem Erwerber das Gewinnbezugsrecht und das Stimmrecht eingeräumt werden. Für den Übergang des Stimmrechts ist ausreichend, dass der Veräußerer verpflichtet ist, bei der Stimmabgabe die Interessen des Erwerbers wahrzunehmen (→ BFH vom 17.2.2004 – BStBl. II S. 651).
- Auch eine kurze Haltezeit kann wirtschaftliches Eigentum begründen, wenn dem Stpfl. der in der Zeit seiner Inhaberschaft erwirtschaftete Erfolg (einschließlich eines Substanzwertzuwachses) zusteht (→ BFH vom 18.5.2005 – BStBl. II S. 857).
- Erwerbsoptionen können die Annahme wirtschaftlichen Eigentums nur begründen, wenn nach dem typischen und für die wirtschaftliche Beurteilung maßgeblichen Geschehensablauf tatsächlich mit einer Ausübung des Optionsrechts gerechnet werden kann (→ BFH vom 4.7.2007 –

BStBl. II S. 937). Hierauf kommt es nicht an, wenn nicht nur dem Käufer ein Ankaufsrecht, sondern auch dem Verkäufer ein Andienungsrecht im Überschneidungsbereich der vereinbarten Optionszeiträume zum selben Optionspreis eingeräumt wird, sog. wechselseitige Option oder Doppeloption (→ BFH vom 11.7.2006 – BStBl. 2007 II S. 296).

- Auch eine einjährige Veräußerungssperre von erhaltenen Anteilen hindert den Übergang des wirtschaftlichen Eigentums nicht (→ BFH vom 28.10.2008 – BStBl. 2009 II S. 45).
- Ein zivilrechtlicher Durchgangserwerb (in Gestalt einer logischen Sekunde) hat nicht zwangsläufig auch einen steuerrechtlichen Durchgangserwerb i. S. d. Innehabens wirtschaftlichen Eigentums in der Person des zivilrechtlichen Durchgangserwerbers zur Folge (→ BFH vom 26.1.2011 – BStBl. II S. 540).
- Besteht die Position eines Gesellschafters allein in der gebundenen Mitwirkung an einer inkongruenten Kapitalerhöhung, vermittelt sie kein wirtschaftliches Eigentum an einem Gesellschaftsanteil (→ BFH vom 25.5.2011 – BStBl. 2012 II S. 3).
- Werden im Rahmen eines Gesamtvertragskonzepts (= mehrere zeitgleich abgeschlossene, korrespondierende Verträge) GmbH-Anteile übertragen und deren Höhe durch eine Kapitalerhöhung auf weniger als 1% reduziert, vermittelt die einer Kapitalerhöhung vorgreifliche Anteilsübertragung kein wirtschaftliches Eigentum an einer Beteiligung i. S. v. § 17 EStG, wenn nach dem Gesamtvertragskonzept die mit der übertragenen Beteiligung verbundenen Rechte von vorneherein nur für eine Beteiligung von weniger als 1% übergehen sollten (→ BFH vom 5.10.2011 – BStBl. 2012 II S. 318).
- Wem Gesellschaftsanteile im Rahmen einer vorweggenommenen Erbfolge unter dem Vorbehalt des Nießbrauchs übertragen werden, erwirbt sie nicht i. S. v. § 17 Abs. 2 Satz 5 EStG, wenn sie weiterhin dem Nießbraucher nach § 39 Abs. 2 Nr. 1 AO zuzurechnen sind, weil dieser nach dem Inhalt der getroffenen Abrede alle mit der Beteiligung verbundenen wesentlichen Rechte (Vermögens- und Verwaltungsrechte) ausüben und im Konfliktfall effektiv durchsetzen kann (→ BFH vom 24.1.2012 – BStBl. II S. 308).

R 17 (5)

Anschaffungskosten der Anteile[1)]

(5) [1] Eine Kapitalerhöhung aus Gesellschaftsmitteln erhöht die Anschaffungskosten der Beteiligung nicht. [2] Die Anschaffungskosten sind nach dem Verhältnis der Nennbeträge auf die vor der Kapitalerhöhung erworbenen Anteile und die neuen Anteile zu verteilen (→ § 3 Kapitalerhöhungssteuergesetz).[2)] [3] Für Anteile i. S. d. § 17 Abs. 1 EStG, die sich in Girosammelverwahrung befinden, sind die Anschaffungskosten der veräußerten Anteile nicht

---

[1)] Siehe jetzt auch § 17 Abs. 2a, § 52 Abs. 25a EStG idF des G v. 12.12.2019, BGBl. I 2019, 2451.

[2)] **Steuergesetze** Nr. **141**.

nach dem Fifo-Verfahren, sondern nach den durchschnittlichen Anschaffungskosten sämtlicher Anteile derselben Art zu bestimmen.

H 17 (5)

Ablösung eines Vorbehaltsnießbrauchs. Zahlungen für die Ablösung eines Vorbehaltsnießbrauchs an einer Beteiligung i. S. v. § 17 EStG stellen nachträgliche Anschaffungskosten auf die Beteiligung dar (→ BFH vom 18.11.2014 – BStBl. 2015 II S. 224).

Absenkung der Beteiligungsgrenze. Bei der Ermittlung des Veräußerungsgewinns ist der gemeine Wert der Anteile zum Zeitpunkt der Absenkung der Beteiligungsgrenze anzusetzen (→ BVerfG vom 7.7.2010 – BStBl. 2011 II S. 86 und BMF vom 20.12.2010 – BStBl. 2011 I S. 16 unter Berücksichtigung der Änderungen durch BMF vom 16.12.2015 – BStBl. 2016 I S. 10).[1]

Bezugsrechte/Gratisaktien.
- Das anlässlich einer Kapitalerhöhung entstehende konkrete Bezugsrecht auf neue Aktien führt zu einer Abspaltung der im Geschäftsanteil verkörperten Substanz und damit auch zu einer Abspaltung eines Teils der ursprünglichen Anschaffungskosten für die Altanteile; dieser Teil ist dem Bezugsrecht zuzuordnen (→ BFH vom 19.4.2005 – BStBl. II S. 762).
- Werden Kapitalgesellschaftsanteile im Anschluss an eine mit der Gewährung von kostenlosen Bezugsrechten oder von Gratisaktien verbundene Kapitalerhöhung veräußert, sind die ursprünglichen Anschaffungskosten der Kapitalgesellschaftsanteile um den auf die Bezugsrechte oder die Gratisaktien entfallenden Betrag nach der Gesamtwertmethode zu kürzen (→ BFH vom 19.12.2000 – BStBl. 2001 II S. 345).

Bürgschaft.[2], [3]
- Die Bürgschaftsverpflichtung eines zahlungsunfähigen Gesellschafters erhöht nicht die Anschaffungskosten seiner Beteiligung (→ BFH vom 8.4.1998 – BStBl. II S. 660).
- Wird ein Gesellschafter vom Gläubiger der Kapitalgesellschaft aus einer Bürgschaft in Anspruch genommen und begleicht er seine Schuld vereinbarungsgemäß ratierlich, können nachträgliche Anschaffungskosten nur in Höhe des Tilgungsanteils entstehen. Eine Teilzahlungsvereinbarung wirkt als rückwirkendes Ereignis i. S. v. § 175 Abs. 1 Satz 1 Nr. 2 AO auf den Zeitpunkt des Entstehens eines Veräußerungs- oder Auflösungsverlusts zurück (→ BFH vom 20.11.2012 – BStBl. 2013 II S. 378).

---

[1] Zum verfassungsrechtlichen Vertrauensschutz bei einem der Sphäre des Stpfl. zuzurechnenden Hineinwachsen in die Wesentlichkeit siehe BFH v. 5.4.2022 IX R 19/20, BStBl. II 2023, 18.

[2] Zu Bürgschaftszahlungen zugunsten der Ehefrau = Gesellschafterin bei Auflösung einer KG siehe auch BFH v. 17.12.1996 VIII B 71/96, BStBl. II 1997, 290.

[3] Siehe auch § 17 Abs. 2a, § 52 Abs. 25a EStG idF des G v. 12.12.2019, BGBl. I 2019, 2451.

– Zur Berücksichtigung von Ausfällen von Bürgschaftsregressforderungen als nachträgliche Anschaffungskosten i. S. d. § 17 Abs. 2a → BMF vom 7.6.2022 (BStBl. I S. 897).
– → Drittaufwand.

Drittaufwand.
– Wird einer GmbH durch einen nahen Angehörigen eines Gesellschafters ein Darlehen gewährt und kann die GmbH das Darlehen wegen Vermögenslosigkeit nicht zurückzahlen, kann der Wertverlust der Darlehensforderung bei der Ermittlung des Auflösungsgewinns des Gesellschafters nicht als nachträgliche Anschaffungskosten der Beteiligung berücksichtigt werden. Gesondert zu prüfen ist, ob dem Gesellschafter das Darlehen unmittelbar zuzurechnen ist (→ BFH vom 12.12.2000 – BStBl. 2001 II S. 286).
– Die Inanspruchnahme des Ehegatten des Alleingesellschafters einer GmbH aus der Bürgschaft für ein der Gesellschaft in einer wirtschaftlichen Krise durch eine Bank gewährtes Darlehen erhöht die Anschaffungskosten der Beteiligung des Gesellschafters, soweit dieser verpflichtet ist, dem Ehegatten die Aufwendungen zu ersetzen (→ BFH vom 12.12.2000 – BStBl. 2001 II S. 385).
– Hat eine GmbH I, die vom Ehemann der Mehrheitsgesellschafterin einer weiteren GmbH (GmbH II) beherrscht wird, der GmbH II als „Darlehen" bezeichnete Beträge überlassen, die bei dem beherrschenden Gesellschafter der GmbH I als vGA besteuert worden sind, erhöht die Gewährung des „Darlehens" als mittelbare verdeckte Einlage die Anschaffungskosten der Mehrheitsgesellschafterin der GmbH II auf ihre Beteiligung (→ BFH vom 12.12.2000 – BStBl. 2001 II S. 234).

Gesellschafterdarlehen. Zur ertragsteuerlichen Behandlung von Gesellschafterdarlehen (§ 17 Abs. 2a) → BMF vom 7.6.2022 (BStBl. I S. 897).

Gewinnvortrag und Jahresüberschuss. Wird ein Anteil an einer Kapitalgesellschaft veräußert, stellt der nicht ausgeschüttete Anteil am Gewinn dieser Kapitalgesellschaft keine Anschaffungskosten dar (→ BFH vom 8.2.2011 – BStBl. II S. 684).

Gutachtenkosten. → H 20.1 (Anschaffungskosten).

Kapitalerhöhung gegen Einlage. Eine Kapitalerhöhung gegen Einlage führt bei den bereits bestehenden Anteilen zu einer Substanzabspaltung mit der Folge, dass Anschaffungskosten der Altanteile im Wege der Gesamtwertmethode teilweise den Bezugsrechten bzw. den neuen Anteilen zuzuordnen sind (→ BFH vom 21.1.1999 – BStBl. II S. 638).

Kapitalrücklage.
– Die Einzahlung eines Gesellschafters in die Kapitalrücklage einer Gesellschaft, die dem deutschen Handelsrecht unterliegt, ist eine Einlage in das Gesellschaftsvermögen und erhöht die Anschaffungskosten seiner Beteiligung. Ist die empfangende Gesellschaft eine ausländische, ist nach dem jeweiligen ausländischen Handelsrecht zu beurteilen, ob die Einzahlung in die Kapitalrücklage die Anschaffungskosten der Beteiligung an der Gesellschaft erhöht oder zur Entstehung eines selbstständigen Wirtschafts-

guts „Beteiligung an der Kapitalrücklage" führt (→ BFH vom 27.4.2000 – BStBl. 2001 II S. 168).

– Einzahlungen in die Kapitalrücklage führen zu nachträglichen Anschaffungskosten des Gesellschafters auf seine Beteiligung, selbst wenn sie zur Vermeidung einer Bürgschaftsinanspruchnahme geleistet und die Einzahlungen von der Kapitalgesellschaft zur Tilgung der zugrunde liegenden Verbindlichkeiten verwendet werden (→ BFH vom 20.7.2018 – BStBl. 2019 II S. 194).

Nachweis der Kapitaleinzahlung. Der Nachweis der Einzahlung einer Stammeinlage im Hinblick auf daraus resultierende Anschaffungskosten i. S. v. § 17 Abs. 2 EStG muss nach langem Zeitablauf seit Eintragung der GmbH nicht zwingend allein durch den entsprechenden Zahlungsbeleg geführt werden. Vielmehr sind alle Indizien im Rahmen einer Gesamtwürdigung zu prüfen (→ BFH vom 8.2.2011 – BStBl. II S. 718).

Rückbeziehung von Anschaffungskosten.

– Fallen nach der Veräußerung der Beteiligung noch Aufwendungen an, die nachträgliche Anschaffungskosten der Beteiligung sind, sind sie nach § 175 Abs. 1 Satz 1 Nr. 2 AO zu dem Veräußerungszeitpunkt zu berücksichtigen (→ BFH vom 2.10.1984 – BStBl. 1985 II S. 428).

– Fallen im Rahmen einer Nachtragsliquidation Aufwendungen an, die nachträgliche Anschaffungskosten der Beteiligung sind, handelt es sich um ein nachträgliches Ereignis, das die Höhe des Auflösungsgewinns oder -verlusts beeinflusst und nach § 175 Abs. 1 Satz 1 Nr. 2 AO zurückzubeziehen ist (→ BFH vom 1.7.2014 – BStBl. II S. 786).

Rückzahlung aus Kapitalherabsetzung. Setzt die Körperschaft ihr Nennkapital zum Zweck der Kapitalrückzahlung herab (§ 222 AktG, § 58 GmbHG), mindern die Rückzahlungsbeträge, soweit sie nicht Einnahmen i. S. d. § 20 Abs. 1 Nr. 2 EStG sind, nachträglich die Anschaffungskosten der Anteile (→ BFH vom 29.6.1995 – BStBl. II S. 725).

Rückzahlung einer offenen Gewinnausschüttung. Die Rückzahlung einer offenen Gewinnausschüttung führt zu nachträglichen Anschaffungskosten der Beteiligung (→ BFH vom 29.8.2000 – BStBl. 2001 II S. 173).

Schadensersatzleistungen. Leistet eine Wirtschaftsprüfungsgesellschaft wegen eines fehlerhaften Bestätigungsvermerks im Rahmen eines Vergleichs Schadensersatz an den Erwerber von Gesellschaftsanteilen, mindert dies beim Erwerber nicht die Anschaffungskosten der Anteile. Hat der Erwerber die Anteile bereits veräußert, erhöht die Zahlung der Wirtschaftsprüfungsgesellschaft auch nicht den Veräußerungserlös (→ BFH vom 4.10.2016 – BStBl. 2017 II S. 316).

Tilgung einer Verbindlichkeit nach Vollbeendigung der Gesellschaft. Als nachträgliche Anschaffungskosten können Aufwendungen des Stpfl. nur berücksichtigt werden, wenn sie sich auf die konkrete Beteiligung beziehen. Befriedigt ein Gesellschafter einer Kapitalgesellschaft einen Gläubiger dieser Kapitalgesellschaft, obwohl diese Verbindlichkeit wegen der Vollbeendigung der Kapitalgesellschaft nicht mehr besteht, ist der entsprechende Aufwand nicht (mehr) durch das Gesellschaftsverhältnis veranlasst und es liegen daher keine nachträglichen Anschaffungskosten vor (→ BFH vom 9.6.2010 – BStBl. II S. 1102).

Veräußerung nach Überführung in das Privatvermögen. Veräußert ein Gesellschafter Anteile an einer Kapitalgesellschaft, die er zuvor aus seinem Betriebsvermögen in sein Privatvermögen überführt hat, tritt der Teilwert oder der gemeine Wert dieser Anteile zum Zeitpunkt der Entnahme nur dann an die Stelle der (historischen) Anschaffungskosten, wenn durch die Entnahme die stillen Reserven tatsächlich aufgedeckt und bis zur Höhe des Teilwerts oder gemeinen Werts steuerrechtlich erfasst sind oder noch erfasst werden können (→ BFH vom 13.4.2010 – BStBl. II S. 790).

Verdeckte Einlage.

- Begriff → H 4.3 (1).
- Zu den Anschaffungskosten i. S. d. § 17 Abs. 2 Satz 1 EStG gehören neben dem Anschaffungspreis der Anteile auch **weitere in Bezug auf die Anteile getätigte Aufwendungen,** wenn sie durch das Gesellschaftsverhältnis veranlasst und weder Werbungskosten noch Veräußerungskosten sind, wie z. B. Aufwendungen, die als verdeckte Einlagen zur Werterhöhung der Anteile beigetragen haben (→ BFH vom 12.2.1980 – BStBl. II S. 494).
- Zu den Anschaffungskosten i. S. d. § 17 Abs. 2 Satz 1 EStG gehört auch der gemeine Wert von Anteilen i. S. d. § 17 EStG, die verdeckt in eine Kapitalgesellschaft, an der nunmehr eine Beteiligung i. S. d. § 17 Abs. 1 Satz 1 EStG besteht, eingebracht worden sind. Dies gilt auch dann, wenn die verdeckte Einlage vor dem 1.1.1992 erfolgt ist (→ BFH vom 18.12. 2001 – BStBl. 2002 II S. 463).
- → Drittaufwand.

Wahlrecht bei teilweiser Veräußerung von GmbH-Anteilen. Wird die Beteiligung nicht insgesamt veräußert und wurden die **Anteile zu verschiedenen Zeitpunkten und zu verschiedenen Preisen erworben,** kann der Stpfl. bestimmen, welche Anteile oder Teile davon er veräußert. Für die Ermittlung des Veräußerungsgewinns (-verlustes) sind die tatsächlichen Anschaffungskosten dieser Anteile maßgebend (→ BFH vom 10.10. 1978 – BStBl. 1979 II S. 77).

Wertzuwachs vor Begründung der unbeschränkten Steuerpflicht (Zuzugsfall). Der bis zum Zeitpunkt der Begründung der unbeschränkten Steuerpflicht entstandene Vermögenszuwachs hat nicht i. S. d. § 17 Abs. 2 Satz 3 aufgrund gesetzlicher Bestimmungen des Wegzugsstaats im Wegzugsstaat einer der Steuer nach § 6 AStG vergleichbaren Steuer unterlegen, wenn dort keine Steuer festgesetzt worden ist (→ BFH vom 26.10.2021 – BStBl. II 2022 S. 172).

R 17 (6)

Veräußerungskosten

(6) Veräußerungskosten i. S. d. § 17 Abs. 2 EStG sind alle durch das Veräußerungsgeschäft veranlassten Aufwendungen.

H 17 (6)

Fehlgeschlagene Veräußerung. Die Kosten der fehlgeschlagenen Veräußerung einer Beteiligung i. S. d. § 17 Abs. 1 Satz 1 EStG können weder als Veräußerungskosten nach § 17 Abs. 2 Satz 1 EStG noch als Werbungskosten bei den Einkünften aus Kapitalvermögen berücksichtigt werden (→ BFH vom 17.4.1997 – BStBl. 1998 II S. 102).

Verständigungsverfahren. Aufwendungen eines beschränkt Stpfl. im Zusammenhang mit einem Verständigungsverfahren wegen des Besteuerungsrechts hinsichlich eines Gewinns aus der Veräußerung einer GmbH-Beteiligung stellen keine Veräußerungskosten dar (→ BFH vom 9.10.2013 – BStBl. 2014 II S. 102).

R 17 (7)

Veräußerungsgewinn

(7) [1] Für eine in Fremdwährung angeschaffte oder veräußerte Beteiligung i. S. d. § 17 Abs. 1 Satz 1 EStG sind die Anschaffungskosten, der Veräußerungspreis und die Veräußerungskosten jeweils im Zeitpunkt ihrer Entstehung aus der Fremdwährung in Euro umzurechnen. [2] Wird eine Beteiligung i. S. d. § 17 Abs. 1 Satz 1 EStG gegen eine Leibrente oder gegen einen in Raten zu zahlenden Kaufpreis veräußert, gilt R 16 Abs. 11 entsprechend mit der Maßgabe, dass der Ertrags- oder Zinsanteil nach § 22 Nr. 1 Satz 3 Buchstabe a Doppelbuchstabe bb oder § 20 Abs. 1 Nr. 7 EStG zu erfassen ist.

H 17 (7)

Anteilstausch. Beim Tausch von Anteilen an Kapitalgesellschaften bestimmt sich der Veräußerungspreis i. S. d. § 17 Abs. 2 Satz 1 EStG nach dem ge-meinen Wert der erhaltenen Anteile. Für die Bewertung kommt es auf die Verhältnisse im Zeitpunkt der Erfüllung der Gegenleistungspflicht an, wenn diese von den Verhältnissen im Zeitpunkt der Entstehung des Veräußerungsgewinns abweichen. Eine Veränderung der wertbestimmenden Umstände wirkt materiell-rechtlich auf den Zeitpunkt der Entstehung des Veräußerungsgewinns zurück. Eine Veräußerungsbeschränkung ist bei der Bewertung nur zu berücksichtigen, wenn sie im Wirtschaftsgut selbst gründet und für alle Verfügungsberechtigten gilt (→ BFH vom 28.10.2008 – BStBl. 2009 II S. 45 und vom 13.10.2015 – BStBl. 2016 II S. 212).

Auflösung und Kapitalherabsetzung.

– Der Zeitpunkt der Gewinnverwirklichung ist bei einer Auflösung mit anschließender Liquidation normalerweise der Zeitpunkt des Abschlusses der Liquidation; erst dann steht fest, ob und in welcher Höhe der Gesellschafter mit einer Zuteilung und Rückzahlung von Vermögen der Gesellschaft rechnen kann, und ferner, welche nachträglichen Anschaffungskosten der Beteiligung anfallen und welche Veräußerungskosten/Auflösungskosten der Gesellschafter persönlich zu tragen hat. Ausnahmsweise kann der Zeitpunkt, in dem der Veräußerungsverlust realisiert ist, schon vor Abschluss der Liquidation liegen, wenn mit einer wesentlichen Änderung des bereits feststehenden Verlustes nicht mehr zu rechnen ist (→ BFH vom 25.1.2000 – BStBl. II S. 343). Dies gilt auch dann, wenn später eine Nachtragsliquidation angeordnet wird (→ BFH vom 1.7.2014 – BStBl. II S. 786). Bei der Prüfung, ob mit einer Auskehrung von Gesellschaftsvermögen an den Gesellschafter und mit einer wesentlichen Änderung der durch die Beteiligung veranlassten Aufwendungen nicht mehr zu rechnen ist, sind auch Sachverhalte zu berücksichtigen, die die Kapitalgesellschaft oder den Gesellschafter – wenn er Kaufmann wäre – zur Bildung einer Rückstellung verpflichten würden (→ BFH vom 27.11.2001 – BStBl. 2002 II S. 731).

- Ohne unstreitige greifbare Anhaltspunkte für eine Vermögenslosigkeit der Gesellschaft nach den vorstehenden Grundsätzen oder einen Auflösungsbeschluss der Gesellschafter entsteht ein Auflösungsverlust erst zum Zeitpunkt der Löschung der Gesellschaft im Handelsregister (→ BFH vom 21.1.2004 – BStBl. II S. 551).
- Zum Veräußerungspreis i. S. d. § 17 Abs. 4 Satz 2 EStG gehört auch die (anteilige) Rückzahlung des Stammkapitals (→ BFH vom 6.5.2014 – BStBl. II S. 682).
- Rückzahlung aus Kapitalherabsetzung → H 6.2, H 17 (5).

Besserungsoption. Vereinbaren die Vertragsparteien beim Verkauf eines Anteils an einer Kapitalgesellschaft eine Besserungsoption, welche dem Verkäufer ein Optionsrecht auf Abschluss eines Änderungsvertrages zum Kaufvertrag mit dem Ziel einer nachträglichen Beteiligung an der Wertentwicklung des Kaufgegenstands einräumt, stellt die spätere Ausübung des Optionsrechts kein rückwirkendes Ereignis dar (→ BFH vom 23.5.2012 – BStBl. II S. 675).

Bewertung von Anteilen an Kapitalgesellschaften. Bei der Bewertung von Anteilen an Kapitalgesellschaften sind die bewertungsrechtlichen Regelungen gem. den gleich lautenden Erlassen der obersten Finanzbehörden der Länder vom 17.5.2011 (BStBl. I S. 606) zu den §§ 11, 95 bis 109 und 199 ff. BewG für ertragsteuerliche Zwecke entsprechend anzuwenden (→ BMF vom 22.9.2011 – BStBl. I S. 859).[1]

Fehlgeschlagene Gründung. Im Zusammenhang mit der fehlgeschlagenen Gründung einer Kapitalgesellschaft entstandene Kosten können jedenfalls dann nicht als Liquidationsverlust i. S. d. § 17 Abs. 4 EStG abgezogen werden, wenn lediglich eine Vorgründungsgesellschaft bestanden hat (→ BFH vom 20.4.2004 – BStBl. II S. 597).

Fremdwährung. Zur Berechnung des Veräußerungsgewinns aus einer in ausländischer Währung angeschafften und veräußerten Beteiligung an einer Kapitalgesellschaft sind die Anschaffungskosten, der Veräußerungspreis und die Veräußerungskosten zum Zeitpunkt ihres jeweiligen Entstehens in Euro umzurechnen und nicht lediglich der Saldo des in ausländischer Währung errechneten Veräußerungsgewinns/Veräußerungsverlustes zum Zeitpunkt der Veräußerung (→ BFH vom 24.1.2012 – BStBl. II S. 564).

[1] Siehe jetzt R B 11, R B 95 bis 109 und R B 199 ff. ErbStR (Nr. **250**).

Kapitalerhöhung. Erwirbt ein Anteilseigner, nachdem der Umfang seiner Beteiligung auf unter 1% gesunken ist, bei einer Kapitalerhöhung weitere Geschäftsanteile hinzu, ohne dass sich der %-Satz seiner Beteiligung ändert, dann ist auch der auf diese Anteile entfallende Veräußerungsgewinn gem. § 17 EStG zu erfassen (→ BFH vom 10.11.1992 – BStBl. 1994 II S. 222).

Rückkaufsrecht. Die Vereinbarung eines Rückkaufsrechts steht der Annahme eines Veräußerungsgeschäfts nicht entgegen. Zum Veräußerungspreis gehört auch der wirtschaftliche Vorteil eines Rückkaufsrechts mit wertmäßig beschränktem Abfindungsanspruch (→ BFH vom 7.3.1995 – BStBl. II S. 693).

Stichtagsbewertung. Der Veräußerungsgewinn i. S. d. § 17 Abs. 2 EStG entsteht im Zeitpunkt der Veräußerung. Bei der Ermittlung des Veräußerungsgewinns ist für alle beeinflussenden Faktoren eine Stichtagsbewertung grundsätzlich auf den Zeitpunkt der Veräußerung vorzunehmen. Das Zuflussprinzip des § 11 EStG gilt insoweit nicht. Für die Bewertung kommt es aber auf die Verhältnisse im Zeitpunkt der Erfüllung der Gegenleistungspflicht an, wenn diese von den Verhältnissen im Zeitpunkt der Entstehung des Veräußerungsgewinns abweichen. Eine Veränderung der wertbestimmenden Umstände wirkt materiell-rechtlich auf den Zeitpunkt der Entstehung des Veräußerungsgewinns zurück (→ BFH vom 13.10.2015 – BStBl. 2016 II S. 212).

Veräußerung gegen wiederkehrende Leistungen.

- → BMF vom 3.8.2004 (BStBl. I S. 1187), aber bei Wahl der Zuflussbesteuerung richtet sich die Besteuerung nach dem im Zeitpunkt des Zuflusses geltenden Recht. § 3 Nr. 40 Satz 1 Buchst. c Satz 1 EStG ist bei einer Veräußerung gegen wiederkehrende Leistung und Wahl der Zuflussbesteuerung auch dann anwendbar, wenn die Veräußerung vor Einführung des § 3 Nr. 40 EStG stattgefunden hat und diese Vorschrift im Zeitpunkt des Zuflusses für laufende Ausschüttungen aus der Gesellschaft anwendbar gewesen wäre (→ BFH vom 18.11.2014 – BStBl. 2015 II S. 526).
- Eine wahlweise Zuflussbesteuerung des Veräußerungsgewinns kommt nur in Betracht, wenn die wiederkehrenden Leistungen Versorgungscharakter haben. Fehlt es daran, entsteht der Gewinn im Zeitpunkt der Veräußerung (→ BFH vom 20.7.2010 – BStBl. II S. 969).
- → H 17 (4) Entstehung des Veräußerungsgewinns.

Veräußerungspreis.

- Bei rechtlich, wirtschaftlich und zeitlich verbundenen Erwerben von Aktienpaketen durch denselben Erwerber zu unterschiedlichen Entgelten muss der Veräußerungspreis für das einzelne Paket für steuerliche Zwecke abweichend von der zivilrechtlichen Vereinbarung aufgeteilt werden, wenn sich keine kaufmännisch nachvollziehbaren Gründe für die unterschiedliche Preisgestaltung erkennen lassen (→ BFH vom 4.7.2007 – BStBl. II S. 937).
- Verkauft eine Kapitalgesellschaft an einen ausscheidenden Gesellschafter im unmittelbaren wirtschaftlichen Zusammenhang mit der Anteilsveräu-

ßerung auf Veranlassung des Anteilserwerbers ein Grundstück zu einem unter dem Verkehrswert liegenden Preis, gehört der sich daraus für den Anteilsveräußerer ergebende geldwerte Vorteil zum Veräußerungspreis für den Anteil (→ BFH vom 27.8.2014 – BStBl. 2015 II S. 249).

Veräußerungsverlust.

- War der Stpfl. nicht während der gesamten letzten fünf Jahre i. S. d. § 17 Abs. 1 Satz 1 EStG beteiligt, ist ein Veräußerungsverlust nach § 17 Abs. 2 Satz 6 Buchstabe b EStG nur insoweit anteilig zu berücksichtigen, als er auf die im Fünfjahreszeitraum erworbenen Anteile entfällt, deren Erwerb zu einer Beteiligung i. S. d. § 17 Abs. 1 Satz 1 EStG geführt hat (→ BFH vom 20.4.2004 – BStBl. II S. 556).
- Ein Auflösungsverlust i. S. d. § 17 Abs. 2 Satz 6 und Abs. 4 EStG ist auch zu berücksichtigen, wenn der Stpfl. eine Beteiligung i. S. d. § 17 Abs. 1 Satz 1 EStG an einer Kapitalgesellschaft erwirbt und die Beteiligung innerhalb der letzten fünf Jahre vor der Auflösung der Gesellschaft unter die Beteiligungsgrenze des § 17 Abs. 1 Satz 1 EStG abgesenkt wird (→ BFH vom 1.4.2009 – BStBl. II S. 810).
- Die verlustbringende Veräußerung eines Anteils an einer Kapitalgesellschaft an einen Mitanteilseigner ist nicht deshalb rechtsmissbräuchlich i. S. d. § 42 AO, weil der Veräußerer in engem zeitlichen Zusammenhang von einem anderen Anteilseigner dessen in gleicher Höhe bestehenden Anteil an derselben Kapitalgesellschaft erwirbt (→ BFH vom 7.12.2010 – BStBl. 2011 II S. 427).

Wettbewerbsverbot. Wird im Zusammenhang mit der Veräußerung einer Beteiligung i. S. d. § 17 Abs. 1 Satz 1 EStG an einer Kapitalgesellschaft ein Wettbewerbsverbot mit eigener wirtschaftlicher Bedeutung vereinbart, gehört die Entschädigung für das Wettbewerbsverbot nicht zu dem Veräußerungspreis i. S. d. § 17 Abs. 2 Satz 1 EStG (→ BFH vom 21.9.1982 – BStBl. 1983 II S. 289).

R 17 (8)

Einlage einer wertgeminderten Beteiligung *(unbesetzt)*

H 17 (8)

Einlage einer wertgeminderten Beteiligung/wertgeminderten Forderung.

- Bei Einbringung einer wertgeminderten Beteiligung i. S. d. § 17 Abs. 1 Satz 1 EStG aus dem Privatvermögen in das betriebliche Gesamthandsvermögen einer Personengesellschaft gegen Gewährung von Gesellschaftsrechten entsteht ein Veräußerungsverlust, der im Zeitpunkt der Einbringung nach Maßgabe des § 17 Abs. 2 Satz 6 EStG zu berücksichtigen ist (→ BMF vom 29.3.2000 – BStBl. I S. 462).[1]
- Eine Beteiligung i. S. d. § 17 EStG, deren Wert im Zeitpunkt der Einlage in das Einzelbetriebsvermögen unter die Anschaffungskosten gesunken ist,

[1] Siehe auch BMF v. 11.7.2011, BStBl. I 2011, 713, und v. 26.7.2016, BStBl. I 2016, 684.

ist mit den Anschaffungskosten einzulegen. Wegen dieses Wertverlusts kann eine Teilwertabschreibung nicht beansprucht werden. Die Wertminderung ist erst in dem Zeitpunkt steuermindernd zu berücksichtigen, in dem die Beteiligung veräußert wird oder gem. § 17 Abs. 4 EStG als veräußert gilt, sofern ein hierbei realisierter Veräußerungsverlust nach § 17 Abs. 2 EStG zu berücksichtigen wäre (→ BFH vom 2.9.2008 – BStBl. 2010 II S. 162 und vom 29.11.2017 – BStBl. 2018 II S. 426).

- Zur Einlage wertgeminderter Forderungen aus Gesellschafterdarlehen, die vor dem 1.1.2009 begründet wurden, im Zusammenhang mit der Einlage einer Beteiligung i. S. d. § 17 EStG → BFH vom 29.11.2017 (BStBl. 2018 II S. 426).

R 17 (9)

Freibetrag

(9) Für die Berechnung des Freibetrags ist der nach § 3 Nr. 40 Satz 1 Buchstabe c i. V. m. § 3c Abs. 2 EStG steuerfrei bleibende Teil des Veräußerungsgewinns nicht zu berücksichtigen.

Zu § 18 EStG

R 18.1 Abgrenzung der selbständigen Arbeit gegenüber anderen Einkunftsarten

Ärzte

(1) Die Vergütungen der Betriebsärzte, der Knappschaftsärzte, der nicht voll beschäftigten Hilfsärzte bei den Gesundheitsämtern, der Vertragsärzte und der Vertragstierärzte der Bundeswehr und anderer Vertragsärzte in ähnlichen Fällen gehören zu den Einkünften aus selbständiger Arbeit, unabhängig davon, ob neben der vertraglichen Tätigkeit eine eigene Praxis ausgeübt wird, es sei denn, dass besondere Umstände vorliegen, die für die Annahme einer nichtselbständigen Tätigkeit sprechen.

Erfinder

(2) [1] Planmäßige Erfindertätigkeit ist in der Regel freie Berufstätigkeit i. S. d. § 18 Abs. 1 Nr. 1 EStG, soweit die Erfindertätigkeit nicht im Rahmen eines Betriebs der Land- und Forstwirtschaft oder eines Gewerbebetriebs ausgeübt wird. [2] Wird die Erfindertätigkeit im Rahmen eines Arbeitsverhältnisses ausgeübt, dann ist der Arbeitnehmer als freier Erfinder zu behandeln, soweit er die Erfindung außerhalb seines Arbeitsverhältnisses verwertet. [3] Eine Verwertung außerhalb des Arbeitsverhältnisses ist auch anzunehmen, wenn ein Arbeitnehmer eine frei gewordene Diensterfindung seinem Arbeitgeber zur Auswertung überlässt, sofern der Verzicht des Arbeitgebers nicht als Verstoß gegen § 42 AO anzusehen ist.

H 18.1

Allgemeines.

- → R 15.1 (Selbständigkeit).

– → H 15.6.
– → H 19.0 LStH.[1)]
– → R 19.2 LStR 2015.[1)]

Beispiele für selbständige Nebentätigkeit.

– Beamter als Vortragender an einer Hochschule, Volkshochschule, Verwaltungsakademie oder bei Vortragsreihen ohne festen Lehrplan,
– Rechtsanwalt als Honorarprofessor ohne Lehrauftrag.

Die Einkünfte aus einer solchen Tätigkeit gehören in der Regel zu den Einkünften aus selbständiger Arbeit i. S. d. § 18 Abs. 1 Nr. 1 EStG (→ BFH vom 4.10.1984 – BStBl. 1985 II S. 51).

Gewinnerzielungsabsicht. Verluste über einen längeren Zeitraum sind für sich allein noch kein ausreichendes Beweisanzeichen für fehlende Gewinnerzielungsabsicht (→ BFH vom 14.3.1985 – BStBl. II S. 424).

Kindertagespflege. Zur ertragsteuerlichen Behandlung der Kindertagespflege → BMF vom 11.11.2016 (BStBl. I S. 1236).

Lehrtätigkeit. Die nebenberufliche Lehrtätigkeit von Handwerksmeistern an Berufs- und Meisterschulen ist in der Regel als Ausübung eines freien Berufs anzusehen, wenn sich die Lehrtätigkeit ohne besondere Schwierigkeit von der Haupttätigkeit trennen lässt (→ BFH vom 27.1.1955 – BStBl. III S. 229).

Nachhaltige Erfindertätigkeit.

– Keine Zufallserfindung, sondern eine planmäßige (nachhaltige) Erfindertätigkeit liegt vor, wenn es nach einem spontan geborenen Gedanken weiterer Tätigkeiten bedarf, um die Erfindung bis zur Verwertungsreife zu entwickeln (→ BFH vom 18.6.1998 – BStBl. II S. 567).
– Liegt eine Zufallserfindung vor, führt allein die Anmeldung der Erfindung zum Patent noch nicht zu einer nachhaltigen Tätigkeit (→ BFH vom 10.9.2003 – BStBl. 2004 II S. 218).

Patentveräußerung gegen Leibrente

– **durch Erben des Erfinders:**
Veräußert der Erbe die vom Erblasser als freiberuflichem Erfinder entwickelten Patente gegen Leibrente, so ist die Rente, sobald sie den Buchwert der Patente übersteigt, als laufende Betriebseinnahme und nicht als private Veräußerungsrente nur mit dem Ertragsanteil zu versteuern, es sei denn, dass die Patente durch eindeutige Entnahme vor der Veräußerung in das Privatvermögen überführt worden waren (→ BFH vom 7.10.1965 – BStBl. III S. 666);
– **bei anschließender Wohnsitzverlegung ins Ausland:**
Laufende Rentenzahlungen können als nachträglich erzielte Einkünfte aus selbständiger Arbeit im Inland steuerpflichtig sein (→ BFH vom 28.3.1984 – BStBl. II S. 664).

Prüfungstätigkeit als Nebentätigkeit ist i. d. R. als Ausübung eines freien Berufs anzusehen (→ BFH vom 14.3. und 2.4.1958 – BStBl. III S. 255, 293).

[1)] Nr. **20**.

Wiederholungshonorare/Erlösbeteiligungen. Bei Wiederholungshonoraren und Erlösbeteiligungen, die an ausübende Künstler von Hörfunk- oder Fernsehproduktionen als Nutzungsentgelte für die Übertragung originärer urheberrechtlicher Verwertungsrechte gezahlt werden, handelt es sich nicht um Arbeitslohn, sondern um Einkünfte i. S. d. § 18 EStG (→ BFH vom 26.7.2006 – BStBl. II S. 917).

R **18.2** Betriebsvermögen *(unbesetzt)*

H **18.2**

Aktienoption eines Aufsichtsratsmitglieds. Nimmt ein Aufsichtsrat einer nicht börsennotierten Aktiengesellschaft an einer Maßnahme zum Bezug neuer Aktien teil, die nur Mitarbeitern und Aufsichtsratsmitgliedern der Gesellschaft eröffnet ist, und hat er die Option, die von ihm gezeichneten Aktien innerhalb einer bestimmten Frist zum Ausgabekurs an die Gesellschaft zurückzugeben, erzielt er Einkünfte aus selbständiger Arbeit, wenn er die unter dem Ausgabepreis notierenden Aktien innerhalb der vereinbarten Frist zum Ausgabepreis an die Gesellschaft zurückgibt. Die Höhe der Einkünfte bemisst sich nach der Differenz zwischen Ausgabepreis und dem tatsächlichen Wert der Aktien im Zeitpunkt der Ausübung der Option. Der Zufluss erfolgt im Zeitpunkt der Ausübung der Option (→ BFH vom 9.4. 2013 – BStBl. II S. 689).

Aufzeichnungspflicht. Eine Aufzeichnungspflicht von Angehörigen der freien Berufe kann sich z. B. ergeben aus:
- § 4 Abs. 3 Satz 5 EStG,
- § 6c EStG bei Gewinnen aus der Veräußerung bestimmter Anlagegüter,
- § 7a Abs. 8 EStG bei erhöhten Absetzungen und Sonderabschreibungen,
- § 41 EStG, Aufzeichnungspflichten beim Lohnsteuerabzug,
- § 22 UStG.

Betriebsausgabenpauschale.
- Betriebsausgabenpauschale bei hauptberuflicher selbständiger schriftstellerischer oder journalistischer Tätigkeit, aus wissenschaftlicher, künstlerischer und schriftstellerischer Nebentätigkeit sowie aus nebenamtlicher Lehr- und Prüfungstätigkeit:

  Es ist nicht zu beanstanden, wenn bei der Ermittlung der vorbezeichneten Einkünfte die Betriebsausgaben wie folgt pauschaliert werden:
  a) bei hauptberuflicher selbständiger schriftstellerischer oder journalistischer Tätigkeit auf 30% der Betriebseinnahmen aus dieser Tätigkeit, höchstens jedoch 2455 € jährlich,
  b) bei wissenschaftlicher, künstlerischer oder schriftstellerischer Nebentätigkeit (auch Vortrags- oder nebenberufliche Lehr- und Prüfungstätigkeit), soweit es sich nicht um eine Tätigkeit i. S. d. § 3 Nr. 26 EStG handelt, auf 25% der Betriebseinnahmen aus dieser Tätigkeit, höchstens jedoch 614 € jährlich. Der Höchstbetrag von 614 € kann für alle Nebentätigkeiten, die unter die Vereinfachungsregelung fallen, nur einmal gewährt werden.

  Es bleibt den Stpfl. unbenommen, etwaige höhere Betriebsausgaben nachzuweisen.

(→ BMF vom 21.1.1994 – BStBl. I S. 112).[1]
- Zur Höhe und Aufteilung der Betriebsausgabenpauschale bei Geldleistungen an Kindertagespflegepersonen → BMF vom 11.11.2016 (BStBl. I S. 1236).[2]

Betriebsvermögen.
- Ein Wirtschaftsgut kann nur dann zum freiberuflichen Betriebsvermögen gehören, wenn zwischen dem Betrieb oder Beruf und dem Wirtschaftsgut eine objektive Beziehung besteht; das Wirtschaftsgut muss bestimmt und geeignet sein, dem Betrieb zu dienen bzw. ihn zu fördern. Wirtschaftsgüter, die der freiberuflichen Tätigkeit wesensfremd sind und bei denen eine sachliche Beziehung zum Betrieb fehlt, sind kein Betriebsvermögen (→ BFH vom 14.11.1985 – BStBl. 1986 II S. 182).
- → Geldgeschäfte.
- → Gewillkürtes Betriebsvermögen.

Buchführung. Werden freiwillig Bücher geführt und regelmäßig Abschlüsse gemacht, ist der Gewinn nach § 4 Abs. 1 EStG zu ermitteln. Ein nicht buchführungspflichtiger Stpfl., der nur Aufzeichnungen über Einnahmen und Ausgaben fertigt, kann nicht verlangen, dass sein Gewinn nach § 4 Abs. 1 EStG ermittelt wird (→ BFH vom 2.3.1978 – BStBl. II S. 431). Zur Gewinnermittlung → R 4.1 bis R 4.7.

Bürgschaft. Bürgschaftsaufwendungen eines Freiberuflers können ausnahmsweise Betriebsausgaben darstellen, wenn ein Zusammenhang mit anderen Einkünften ausscheidet und nachgewiesen wird, dass die Bürgschaftszusage ausschließlich aus betrieblichen Gründen erteilt wurde (→ BFH vom 24.8.1989 – BStBl. 1990 II S. 17).

Geldgeschäfte.
- Geldgeschäfte (Darlehensgewährung, Beteiligungserwerb etc.) sind bei Angehörigen der freien Berufe in der Regel nicht betrieblich veranlasst, weil sie nicht dem Berufsbild eines freien Berufes entsprechen (→ BFH vom 24.2.2000 – BStBl. II S. 297). Ein Geldgeschäft ist nicht dem Betriebsvermögen eines Freiberuflers zuzuordnen, wenn es ein eigenes wirtschaftliches Gewicht hat. Dies ist auf Grund einer Abwägung der nach außen erkennbaren Motive zu beantworten. Ein eigenes wirtschaftliches Gewicht ist anzunehmen, wenn bei einem Geldgeschäft die Gewinnung eines Auftraggebers lediglich ein erwünschter Nebeneffekt ist. Dagegen ist ein eigenes wirtschaftliches Gewicht zu verneinen, wenn das Geschäft ohne die Aussicht auf neue Aufträge nicht zustande gekommen wäre (→ BFH vom 31.5.2001 – BStBl. II S. 828).
- Die GmbH-Beteiligung eines Bildjournalisten kann nicht allein deshalb als notwendiges Betriebsvermögen des freiberuflichen Betriebs beurteilt werden, weil er 99% seiner Umsätze aus Autorenverträgen mit der GmbH erzielt, wenn diese Umsätze nur einen geringfügigen Anteil der Geschäftstätigkeit der GmbH ausmachen und es wegen des Umfangs dieser Geschäftstätigkeit und der Höhe der Beteiligung des Stpfl. an der

---

[1] **Ab VZ 2023:** höchstens 3000 € jährlich bzw. 900 € jährlich (BMF v. 6.4.2023, BStBl. I 2023, 671).

[2] Zur Anhebung der Betriebsausgabenpauschale ab VZ 2023 siehe BMF v. 6.4.2023, BStBl. I 2023, 669.

GmbH naheliegt, dass es dem Stpfl. nicht auf die Erschließung eines Vertriebswegs für seine freiberufliche Tätigkeit, sondern auf die Kapitalanlage ankommt (→ BFH vom 12.1.2010 – BStBl. II S. 612).

Dem Betriebsvermögen eines Freiberuflers **kann zugeordnet** werden:

– die Darlehensforderung eines Steuerberaters, wenn das Darlehen zur Rettung von Honorarforderungen gewährt wurde (→ BFH vom 22.4.1980 – BStBl. II S. 571),
– die Beteiligung eines Baustatikers an einer Wohnungsbau-AG (→ BFH vom 23.11.1978 – BStBl. 1979 II S. 109),
– die Beteiligung eines Architekten an einer Bauträgergesellschaft, sofern dies unerlässliche Voraussetzung für die freiberufliche Tätigkeit ist (→ BFH vom 14.1.1982 – BStBl. II S. 345),
– die Beteiligung eines Mediziners, der Ideen und Rezepturen für medizinische Präparate entwickelt, an einer Kapitalgesellschaft, die diese Präparate als Lizenznehmerin vermarktet (→ BFH vom 26.4.2001 – BStBl. II S. 798),
– → Bürgschaft.

Dem Betriebsvermögen eines Freiberuflers **kann nicht zugeordnet** werden:

– ein Geldgeschäft, das ein Rechtsanwalt, Notar oder Steuerberater tätigt, um einen Mandanten neu zu gewinnen oder zu erhalten (→ BFH vom 22.1.1981 – BStBl. II S. 564),
– eine Beteiligung, die ein Steuerberater zusammen mit einem Mandanten auf dessen Veranlassung an einer Kapitalgesellschaft eingeht, deren Unternehmensgegenstand der freiberuflichen Betätigung wesensfremd ist, und die eigenes wirtschaftliches Gewicht hat (→ BFH vom 23.5.1985 – BStBl. II S. 517),
– eine Lebensversicherung, die ein Rechtsanwalt als Versicherungsnehmer und Versicherungsempfänger im Erlebensfall auf sein Leben oder das seines Sozius abschließt (→ BFH vom 21.5.1987 – BStBl. II S. 710),
– eine Beteiligung an einer Kapitalgesellschaft, wenn die Beteiligung nicht in erster Linie mit dem Ziel erworben wurde, die Beratungstätigkeit des Steuerpflichtigen bei der Gesellschaft zu fördern oder erst zu ermöglichen. Dies gilt selbst dann, wenn die mit der Beteiligung verbundenen Informations- und Kontrollrechte die Tätigkeit des Stpfl. bei der Gesellschaft erleichtern (→ BFH vom 1.12.2020 – BStBl. 2021 II S. 609).

Gewillkürtes Betriebsvermögen.

– Der Umfang des Betriebsvermögens wird durch die Erfordernisse des Berufs begrenzt. Ein Angehöriger der freien Berufe kann nicht in demselben Umfang gewillkürtes Betriebsvermögen bilden wie ein Gewerbetreibender (→ BFH vom 24.8.1989 – BStBl. 1990 II S. 17).
– Zur Bildung und zum Nachweis → BMF vom 17.11.2004 (BStBl. I S. 1064).

Leibrente. Eine Leibrente als Gegenleistung für anwaltliche Betreuung ist den Einkünften aus freiberuflicher Tätigkeit zuzurechnen (→ BFH vom 26.3.1987 – BStBl. II S. 597).

Versorgungskasse. Besondere Zuschläge für einen Fürsorgefonds sind Betriebsausgaben, wenn die berufstätigen Ärzte keinerlei Rechte auf Leistungen aus dem Fürsorgefonds haben. Beiträge an die berufsständische Versorgungskasse zur Erlangung einer späteren Altersversorgung oder anderer Versorgungsansprüche sind Sonderausgaben (→ BFH vom 13.4.1972 – BStBl. II S. 728). Wegen der Behandlung als Sonderausgaben → H 10.5 (Versorgungsbeiträge Selbständiger).

R 18.3 Veräußerungsgewinn nach § 18 Abs. 3 EStG

Allgemeines

(1) Bei einer → Veräußerung oder Aufgabe i. S. d. § 18 Abs. 3 EStG gelten die Ausführungen in R 16 entsprechend.

Einbringung

(2) Bei Einbringung einer freiberuflichen Praxis in eine Personengesellschaft ist § 24 UmwStG anzuwenden.

Aufgabe

(3) Eine Aufgabe einer selbständigen Tätigkeit ist dann anzunehmen, wenn sie der betreffende Stpfl. mit dem Entschluss einstellt, die Tätigkeit weder fortzusetzen noch das dazugehörende Vermögen an Dritte zu übertragen.

Freibetrag

(4) Die Gewährung des Freibetrags nach § 18 Abs. 3 i. V. m. § 16 Abs. 4 EStG ist ausgeschlossen, wenn dem Stpfl. für eine Veräußerung oder Aufgabe, die nach dem 31.12.1995 erfolgt ist, ein Freibetrag nach § 14 Satz 2, § 16 Abs. 4 oder § 18 Abs. 3 EStG bereits gewährt worden ist.

H 18.3

Einbringungsgewinn.

- Bei einer Einbringung nach § 24 UmwStG besteht die Möglichkeit der steuerbegünstigten Auflösung sämtlicher stiller Reserven auch dann, wenn der Einbringende und die aufnehmende Gesellschaft ihren Gewinn nach § 4 Abs. 3 EStG ermitteln. Die steuerliche Begünstigung des Einbringungsgewinns setzt voraus, dass der Einbringungsgewinn auf der Grundlage einer Einbringungs- und einer Eröffnungsbilanz ermittelt worden ist (→ BFH vom 5.4.1984 – BStBl. II S. 518 und vom 18.10.1999 – BStBl. 2000 II S. 123); → auch R 4.5 Abs. 6 Satz 2.
- Zur entgeltlichen Aufnahme eines Sozius in eine freiberufliche Einzelpraxis → BMF vom 11.11.2011 (BStBl. I S. 1314), Rdnr. 24.09.

Gesellschaftereintritt in bestehende freiberufliche Sozietät. § 24 UmwStG umfasst auch die Aufnahme weiterer Gesellschafter (→ BFH vom 23.5.1985 – BStBl. II S. 695).

Veräußerung.[1)]

1. Einzelunternehmen.

– Eine **Veräußerung** i. S. d. § 18 Abs. 3 EStG **liegt vor,**

[1)] Zum Zeitpunkt der Betriebsveräußerung siehe BFH v. 23.1.1992 IV R 88/90, BStBl. II 1992, 525.

wenn die für die Ausübung wesentlichen wirtschaftlichen Grundlagen, insbesondere die immateriellen Wirtschaftsgüter wie Mandantenstamm und Praxiswert, entgeltlich und definitiv auf einen anderen übertragen werden. Die freiberufliche Tätigkeit in dem bisherigen örtlichen Wirkungskreis muss wenigstens für eine gewisse Zeit eingestellt werden. Die „definitive" Übertragung des Mandantenstamms lässt sich erst nach einem gewissen Zeitablauf abschließend beurteilen. Neben der Dauer der Einstellung der freiberuflichen Tätigkeit sind insbesondere die räumliche Entfernung einer wieder aufgenommenen Berufstätigkeit zur veräußerten Praxis, die Vergleichbarkeit der Betätigungen, die Art und Struktur der Mandate, eine zwischenzeitliche Tätigkeit des Veräußerers als Arbeitnehmer oder freier Mitarbeiter des Erwerbers sowie die Nutzungsdauer des erworbenen Praxiswerts zu berücksichtigen (→ BFH vom 21.8.2018 – BStBl. 2019 II S. 64).[1]

Unschädlich ist

- wenn der Veräußerer nach der Veräußerung frühere Mandanten auf Rechnung und im Namen des Erwerbers berät oder eine nichtselbständige Tätigkeit in der Praxis des Erwerbers ausübt (→ BFH vom 18.5.1994 – BStBl. II S. 925).
- die Fortführung einer freiberuflichen Tätigkeit in geringem Umfang, wenn die darauf entfallenden Umsätze in den letzten drei Jahren weniger als 10% der gesamten Einnahmen ausmachten (→ BFH vom 7.11.1991 – BStBl. 1992 II S. 457 und vom 29.10.1992 – BStBl. 1993 II S. 182).

– Eine **Veräußerung** i.S.d. § 18 Abs. 3 EStG **liegt nicht vor,** wenn

- ein Steuerberater von seiner einheitlichen Praxis den Teil veräußert, der lediglich in der Erledigung von Buchführungsarbeiten bestanden hat (→ BFH vom 14.5.1970 – BStBl. II S. 566),
- ein Steuerbevollmächtigter, der am selben Ort in einem einheitlichen örtlichen Wirkungskreis, jedoch in organisatorisch getrennten Büros, eine landwirtschaftliche Buchstelle und eine Steuerpraxis für Gewerbetreibende betreibt, die Steuerpraxis für Gewerbetreibende veräußert (→ BFH vom 27.4.1978 – BStBl. II S. 562),
- ein unheilbar erkrankter Ingenieur aus diesem Grund sein technisches Spezialwissen und seine Berufserfahrung entgeltlich auf seinen einzigen Kunden überträgt (→ BFH vom 26.4.1995 – BStBl. 1996 II S. 4).

2. **Mitunternehmeranteil.** Wird der gesamte Mitunternehmeranteil an einer freiberuflich tätigen Personengesellschaft veräußert, muss die Tätigkeit im bisherigen Wirkungskreis für eine gewisse Zeit eingestellt werden (→ BFH vom 23.1.1997 – BStBl. II S. 498).

3. **Teilbetrieb.**

– Eine begünstigte Teilbetriebsveräußerung setzt neben der Ausübung mehrerer ihrer Art nach verschiedener Tätigkeiten auch eine organisa-

[1] Siehe dazu auch BFH v. 11.2.2020 VIII B 131/19, BFH/NV 2020, 507.

torische Selbständigkeit der Teilbetriebe voraus. Ist ein Arzt als Allgemeinmediziner und auf arbeitsmedizinischem Gebiet tätig, übt er zwei verschiedene Tätigkeiten aus. Die Veräußerung eines dieser Praxisteile stellt eine tarifbegünstigte Teilpraxisveräußerung dar, sofern den Praxisteilen die notwendige organisatorische Selbständigkeit zukommt (→ BFH vom 4.11.2004 – BStBl. 2005 II S. 208).

- Eine begünstigte Teilpraxisveräußerung kann vorliegen, wenn ein Steuerberater eine Beratungspraxis veräußert, die er (neben anderen Praxen) als völlig selbständigen Betrieb erworben und bis zu ihrer Veräußerung im Wesentlichen unverändert fortgeführt hat (→ BFH vom 26.6.2012 – BStBl. II S. 777).
- Keine Teilbetriebsveräußerung bei Veräußerung der „Großtierpraxis" und Rückbehalt der „Kleintierpraxis" (→ BFH vom 29.10.1992 – BStBl. 1993 II S. 182).[1]

Verpachtung. Beim Tod des Freiberuflers führt die vorübergehende Verpachtung einer freiberuflichen Praxis durch den Erben oder Vermächtnisnehmer bei fehlender Betriebsaufgabeerklärung nicht zur Betriebsaufgabe, wenn der Rechtsnachfolger im Begriff ist, die für die beabsichtigte Praxisfortführung erforderliche freiberufliche Qualifikation zu erlangen (→ BFH vom 12.3.1992 – BStBl. 1993 II S. 36).[2]

Zu § 20 EStG

R 20.1 Werbungskosten bei Einkünften aus Kapitalvermögen

(1) [1]Aufwendungen sind, auch wenn sie gleichzeitig der Sicherung und Erhaltung des Kapitalstamms dienen, insoweit als Werbungskosten zu berücksichtigen, als sie zum Erwerb, Sicherung und Erhaltung von Kapitaleinnahmen dienen. [2]Aufwendungen, die auf Vermögen entfallen, das nicht zur Erzielung von Kapitaleinkünften angelegt ist oder bei dem Kapitalerträge nicht mehr zu erwarten sind, können nicht als Werbungskosten berücksichtigt werden.

(2) [1]Nach den allgemeinen Grundsätzen können u. a. Bankspesen für die Depotverwaltung, Gebühren, Fachliteratur, Reisekosten zur Hauptversammlung, Verfahrensauslagen und Rechtsanwaltskosten als Werbungskosten berücksichtigt werden. [2]Zum Abzug ausländischer Steuern wie Werbungskosten → R 34c.

(3) Absatz 1 und 2 gelten vorbehaltlich des § 2 Abs. 2 Satz 2 EStG.

H 20.1

Abgeltungsteuer. Zu Einzelfragen zur Abgeltungsteuer → BMF vom 19.5.2022 (BStBl. I S. 742) unter Berücksichtigung der Änderungen in Rn. 92 und 300a durch BMF vom 20.12.2022 (BStBl. I 2023 S. 46).

---

[1] Ebenso bei Veräußerung einer Kassenpraxis unter Beibehaltung der Privatpatienten; siehe BFH v. 6.3.1997 IV R 28/96, DStRE 1997, 712.

[2] Siehe auch BFH v. 14.12.1993 VIII R 13/93, BStBl. II 1994, 922.

Anschaffungskosten.

- Ein beim Erwerb einer stillen Beteiligung an den Geschäftsinhaber entrichtetes Ausgabeaufgeld gehört zu den Anschaffungskosten der stillen Beteiligung (→ BFH vom 23.11.2000 – BStBl. 2001 II S. 24).
- Gutachtenkosten im Zusammenhang mit der Anschaffung von GmbH-Geschäftsanteilen sind Anschaffungsnebenkosten, wenn sie nach einer grundsätzlich gefassten Erwerbsentscheidung entstehen und die Erstellung des Gutachtens nicht lediglich eine Maßnahme zur Vorbereitung einer noch unbestimmten, erst später zu treffenden Erwerbsentscheidung darstellt (→ BFH vom 27.3.2007 – BStBl. 2010 II S. 159).
- Zahlt ein Stpfl., der einem Vermögensverwalter Vermögen zur Anlage auf dem Kapitalmarkt überlässt, ein gesondertes Entgelt für die Auswahl zwischen mehreren Gewinnstrategien des Vermögensverwalters (sog. Strategieentgelt), ist das Entgelt den Anschaffungskosten für den Erwerb der Kapitalanlagen zuzurechnen (→ BFH vom 28.10.2009 – BStBl. 2010 II S. 469).

Bond-Stripping. → BMF vom 11.11.2016 (BStBl. I S. 1245).

Gesellschafterdarlehen.

- Ein Verzicht des Gesellschafters auf ein Gesellschafterdarlehen gegen Besserungsschein kann für Schuldzinsen, die auf ein Refinanzierungsdarlehen gezahlt werden, bis zum Eintritt des Besserungsfalls zu einem Wechsel des Veranlassungszusammenhangs der Aufwendungen hin zu den Beteiligungserträgen gem. § 20 Abs. 1 Nr. 1 EStG führen. Dieser tritt insbesondere dann ein, wenn der Gesellschafter durch den Verzicht auf Zins- und Tilgungsansprüche aus dem Gesellschafterdarlehen die Eigenkapitalbildung und Ertragskraft der Gesellschaft stärken will (→ BFH vom 24.10.2017 – BStBl. 2019 II S. 34).
- Zur Berücksichtigung von Verlusten aus Gesellschafterdarlehen bei den Einkünften aus Kapitalvermögen → BMF vom 7.6.2022 (BStBl. I S. 897), Rn. 21 ff.

Sinngemäße Anwendung des § 15a EStG.

- Erst wenn die Gesellschaft endgültig von einer Schuld befreit wird, handelt es sich im Falle der Übernahme einer Gesellschaftsschuld durch den stillen Gesellschafter um die allein maßgebliche „geleistete Einlage" i. S. d. § 15a Abs. 1 Satz 1 EStG. Eine erst später erteilte Genehmigung einer Schuldübernahme durch den Gläubiger wirkt steuerrechtlich nicht auf den Zeitpunkt zurück, in dem der stille Gesellschafter sich dazu verpflichtet hatte (→ BFH vom 16.10.2007 – BStBl. 2008 II S. 126).
- → H 21.2.

Stiller Gesellschafter.

- Die Vereinbarung einer Beteiligung des stillen Gesellschafters am Gewinn des Geschäftsinhabers gilt im Zweifel auch für seine Beteiligung am Verlust. Der Verlustanteil ist dem stillen Gesellschafter nicht nur bis zum Verbrauch seiner Einlage, sondern auch in Höhe seines negativen Einlagekontos zuzurechnen. Spätere Gewinne sind gem. § 15a EStG zunächst mit den auf diesem Konto ausgewiesenen Verlusten zu verrechnen (→ BFH vom 23.7.2002 – BStBl. II S. 858).

– Ein an einer GmbH typisch still beteiligter Gesellschafter kann seinen Anteil an dem laufenden Verlust der GmbH nur dann berücksichtigen, wenn der Verlustanteil im Jahresabschluss der GmbH festgestellt oder vom Finanzamt geschätzt und von der Kapitaleinlage des stillen Gesellschafters abgebucht worden ist (→ BFH vom 28.5.1997 – BStBl. II S. 724 und vom 16.10.2007 – BStBl. 2008 II S. 126). Die Abbuchung als Voraussetzung für die Verlustberücksichtigung entfällt jedoch, soweit durch den Verlustanteil ein negatives Einlagekonto entsteht. Der Verlustanteil entsteht mit seiner Berechnung nach § 232 Abs. 1 HGB auf der Grundlage des Jahresabschlusses des Geschäftsinhabers (→ BFH vom 23.7.2002 – BStBl. II S. 858).
– Zur Behandlung von Verlusten aus stillen Gesellschaften an Kapitalgesellschaften → BMF vom 19.11.2008 (BStBl. I S. 970).
– → Anschaffungskosten.

Verlustabzug in Erbfällen. Verluste i. S. d. § 20 Abs. 6 EStG → R 10d Abs. 9 Satz 9.

Werbungskostenabzugsverbot nach § 20 Abs. 9 EStG.
– **Schuldzinsen, die nach der Veräußerung oder der Aufgabe einer wesentlichen Beteiligung** i. S. d. § 17 Abs. 1 EStG anfallen, sind ab dem VZ 2009 grundsätzlich nicht mehr als Werbungskosten bei den Einkünften aus Kapitalvermögen abziehbar (→ BFH vom 1.7.2014 – BStBl. II S. 975 und vom 21.10.2014 – BStBl. 2015 II S. 270).
– Das Werbungskostenabzugsverbot findet auch dann Anwendung, wenn Ausgaben, die nach dem 31.12.2008 getätigt wurden, mit **Kapitalerträgen** zusammenhängen, die bereits **vor dem 1.1.2009** zugeflossen sind (→ BFH vom 2.12.2014 – BStBl. 2015 II S. 387 und vom 9.6.2015 – BStBl. 2016 II S. 199).
– Gegen das Werbungskostenabzugsverbot bestehen **keine verfassungsrechtlichen Bedenken** (→ BFH vom 1.7.2014 – BStBl. II S. 975, vom 28.1.2015 – BStBl. II S. 393 und vom 9.6.2015 – BStBl. 2016 II S. 199).
– Das Werbungskostenabzugsverbot kommt in den Fällen des § 32d Abs. 2 Nr. 1 Satz 1 Buchst. b Satz 1 EStG nicht zur Anwendung (§ 32d Abs. 2 Nr. 1 Satz 2 EStG). Dies gilt grundsätzlich auch dann, wenn von der Gesellschaft die geschuldeten Kapitalerträge nicht gezahlt werden (→ BFH vom 24.10.2017 – BStBl. 2019 II S. 34).
– Zu einer Sicherheits-Kompakt-Rente → H 22.4 (Werbungskosten).

R **20.2** Einnahmen aus Kapitalvermögen

[1] Auf Erträge aus Versicherungen auf den Erlebens- oder Todesfall ist bei Verträgen, die vor dem 1.1.2005 abgeschlossen worden sind, R 154 EStR 2003 weiter anzuwenden. [2] R 154 Satz 4 Buchstabe a EStR 2003 gilt nicht für Zinsen, die nach Ablauf der Mindestlaufzeit von 12 Jahren bei Weiterführung des Versicherungsvertrages gezahlt werden.

R **154** EStR 2003. Einnahmen aus Kapitalvermögen

[1] Zu den Einnahmen aus Kapitalvermögen rechnen nach § 20 Abs. 1 Nr. 6 EStG die außerrechnungsmäßigen und rechnungsmäßigen Zinsen aus den Sparanteilen, die in den Beiträ-

gen zu Versicherungen auf den Erlebens- oder Todesfall enthalten sind. [2] Zu den Einnahmen aus Kapitalvermögen gehören stets Zinsen aus

1. Kapitalversicherungen gegen Einmalbeitrag,
2. Rentenversicherungen mit Kapitalwahlrecht gegen Einmalbeitrag,
3. Rentenversicherungen mit Kapitalwahlrecht gegen laufende Beitragsleistung, bei denen das Kapitalwahlrecht vor Ablauf von 12 Jahren nach Vertragsabschluss ausgeübt werden kann,
4. Kapitalversicherungen gegen laufende Beitragsleistung, wenn der Vertrag nicht für die Dauer von mindestens 12 Jahren abgeschlossen ist,
5. Versicherungen im Sinne des § 10 Abs. 1 Nr. 2 Buchstabe b EStG in den Fällen des § 10 Abs. 2 Satz 2 EStG, wenn die Voraussetzungen für den Sonderausgabenabzug nicht erfüllt sind,
6. Versicherungen auf den Erlebens- oder Todesfall in den Fällen des § 10 Abs. 1 Nr. 2 Buchstabe b *Satz 5* [ab VZ 2004: Satz 6] EStG, wenn die Voraussetzungen für den Sonderausgabenabzug nicht erfüllt sind.

[3] Zinsen aus Versicherungen im Sinne des § 10 Abs. 1 Nr. 2 Buchstabe b EStG rechnen grundsätzlich nicht zu den steuerpflichtigen Einnahmen, wenn die Voraussetzungen für den Sonderausgabenabzug erfüllt sind. [4] Die Zinsen gehören bei diesen Verträgen jedoch zu den Einnahmen aus Kapitalvermögen, soweit sie

a) zu dem laufenden Vertrag oder
b) im Falle des Rückkaufs des Vertrages vor Ablauf von 12 Jahren nach Vertragsabschluss mit dem Rückkaufwert

ausgezahlt werden. [5] Die Höhe der steuerpflichtigen Kapitalerträge ist von dem Versicherer zu ermitteln.

H **20.2**

Abtretung. Zur Zurechnung von Zinsen bei Abtretung einer verzinslichen Forderung → BFH vom 8.7.1998 (BStBl. 1999 II S. 123).

American Depository Receipts (ADRs). Zur Besteuerung von ADRs auf inländische Aktien und vergleichbaren Hinterlegungsscheinen, die Aktien vertreten → BMF vom 24.5.2013 (BStBl. I S. 718) unter Berücksichtigung der Änderungen durch BMF vom 18.12.2018 (BStBl. I S. 1400).

Betriebsaufspaltung. → H 15.7 (4) Gewinnausschüttungen.

Einlagenrückgewähr.

– Rückgewähr von Einlagen durch eine unbeschränkt steuerpflichtige Körperschaft; bilanzsteuerrechtliche Behandlung beim Empfänger → BMF vom 9.1.1987 (BStBl. I S. 171).
– Der aus dem steuerlichen Einlagekonto i. S. d. § 27 KStG stammende Gewinnanteil ist beim Gesellschafter gemäß § 20 Abs. 1 Nr. 1 Satz 3 EStG als nicht steuerbare Einnahme zu behandeln. Dies gilt auch dann, wenn der Stpfl. an der ausschüttenden Körperschaft gemäß § 17 EStG beteiligt ist. Der Teil der Ausschüttung einer Körperschaft, der aus dem steuerlichen Einlagekonto i. S. d. § 27 KStG finanziert ist, führt zu einer Minderung der Anschaffungskosten der Beteiligung. Zur Veräußerung von Anteilen i. S. d. § 17 EStG (→ BFH vom 19.7.1994 – BStBl. 1995 II S. 362), zu den Auswirkungen bei § 20 Abs. 2 EStG → BMF vom 19.5.2022 (BStBl. I S. 742) unter Berücksichtigung der Änderungen durch BMF vom 20.12.2022 (BStBl. I 2023 S. 46), Rn. 92.
– Zur Bescheinigung der Leistungen, die als Abgang auf dem steuerlichen Einlagekonto zu berücksichtigen sind, durch die Kapitalgesellschaft → § 27 Abs. 3 KStG.

Erstattungszinsen nach § 233a AO.
- Erstattungszinsen sind steuerbare Einnahmen (→ BFH vom 12.11.2013 – BStBl. 2014 II S. 168 und vom 24.6.2014 – BStBl. II S. 998).
- Aus Gründen sachlicher Härte sind auf Antrag Erstattungszinsen i. S. d. § 233a AO nach § 163 AO nicht in die Steuerbemessungsgrundlage einzubeziehen, soweit ihnen nicht abziehbare Nachforderungszinsen gegenüberstehen, die auf ein- und demselben Ereignis beruhen (→ BMF vom 16.3.2021 – BStBl. I S. 353).

Erträge aus Lebensversicherungen (Vertragsabschluss vor dem 1.1. 1974). Zinsen aus Sparanteilen aus Beiträgen für vor dem 1.1.1974 abgeschlossene Lebensversicherungen sind nicht steuerbar (→ BFH vom 29.5. 2012 – BStBl. 2013 II S. 115).

Erträge aus Lebensversicherungen (Vertragsabschluss vor dem 1.1.2005).
- → BMF vom 31.8.1979 (BStBl. I S. 592) zur steuerlichen Behandlung der rechnungsmäßigen und außerrechnungsmäßigen Zinsen aus Lebensversicherungen.
- → BMF vom 13.11.1985 (BStBl. I S. 661) zum Näherungsverfahren zur Berechnung der rechnungsmäßigen und außerrechnungsmäßigen Zinsen.
- → BMF vom 16.7.2012 (BStBl. I S. 686) zur gesonderten Feststellung der Steuerpflicht von Zinsen aus einer Lebensversicherung.
- → BMF vom 15.6.2000 (BStBl. I S. 1118) zu Finanzierungen unter Einsatz von Lebensversicherungsverträgen (Policendarlehen).
- Zinsen aus einer vor dem 1.1.2005 abgeschlossenen Kapitallebensversicherung, die nach Ablauf eines Zeitraums von mehr als 12 Jahren nach Vertragsabschluss bei Weiterführung gezahlt werden, sind in entsprechender Anwendung des § 20 Abs. 1 Nr. 6 Satz 2 EStG in der am 31.12.2004 geltenden Fassung steuerfrei (→ BFH vom 12.10.2005 – BStBl. 2006 II S. 251).
- Die Steuerbefreiung in § 20 Abs. 1 Nr. 6 Satz 2 EStG in der am 31.12.2004 geltenden Fassung für Zinsen aus Lebensversicherungen ist nicht an die Voraussetzungen des Sonderausgabenabzugs für die Versicherungsbeiträge geknüpft. Es ist daher unschädlich, wenn der ausländischen Lebensversicherungsgesellschaft die Erlaubnis zum Betrieb eines nach § 10 Abs. 2 Satz 1 Nr. 2 Buchst. a EStG in der am 31.12.2004 geltenden Fassung begünstigten Versicherungszweigs im Inland nicht erteilt worden ist (→ BFH vom 1.3.2005 – BStBl. 2006 II S. 365).
- → Auszug aus dem EStG 2002 in der am 31.12.2004 geltenden Fassung.

Erträge aus Lebensversicherungen (Vertragsabschluss nach dem 31.12. 2004). Zur Besteuerung von Versicherungserträgen i. S. d. § 20 Abs. 1 Nr. 6 EStG → BMF vom 1.10.2009 (BStBl. I S. 1172) unter Berücksichtigung der Änderungen durch BMF vom 6.3.2012 (BStBl. I S. 238), vom 29.9.2017 (BStBl. I S. 1314) und vom 9.8.2019 (BStBl. I S. 829) und → BMF vom 18.6.2013 (BStBl. I S. 768).

Ferienwohnung. Überlässt eine AG satzungsgemäß ihren Aktionären Ferienwohnungen zur zeitlich vorübergehenden Nutzung nach Maßgabe eines

Wohnberechtigungspunktesystems, erzielt der Aktionär mit der Nutzung Kapitalerträge (→ BFH vom 16.12.1992 – BStBl. 1993 II S. 399).

Hochzins- und Umtauschanleihen. → BMF vom 2.3.2001 (BStBl. I S. 206).

Investmentanteile. Zu Anwendungsfragen zum Investmentsteuergesetz in der ab dem 1.1.2018 geltenden Fassung → BMF vom 21.5.2019 (BStBl. I S. 527) unter Berücksichtigung der Änderungen durch BMF vom 19.12.2019 (BStBl. 2020 I S. 85), vom 29.10.2020 (BStBl. I S. 1167), vom 15.3.2022 (BStBl. I S. 336) und vom 30.12.2022 (BStBl. I 2023 S. 46).

Pflichtteilsansprüche.

- Verzichtet ein Kind gegenüber seinen Eltern auf künftige Pflichtteilsansprüche und erhält es dafür im Gegenzug von den Eltern wiederkehrende Zahlungen, so liegt darin kein entgeltlicher Leistungsaustausch und keine Kapitalüberlassung des Kindes an die Eltern, so dass in den wiederkehrenden Zahlungen auch kein einkommensteuerbarer Zinsanteil enthalten ist (→ BFH vom 9.2.2010 – BStBl. II S. 818).
- Erhält das Kind für den Verzicht auf künftige Pflichtteilsansprüche einen fälligen Zahlungsanspruch, führt die Verzinsung dieses Zahlungsanspruches zu steuerpflichtigen Kapitalerträgen i. S. d. § 20 Abs. 1 Nr. 7 EStG (→ BFH vom 6.8.2019 – BStBl. 2020 II S. 92).
- Ist der Erbfall bereits eingetreten und erhält ein Pflichtteilsberechtigter vom Erben unter Anrechnung auf seinen Pflichtteil wiederkehrende Leistungen, ist das Merkmal der Überlassung von Kapital zur Nutzung i. S. d. § 20 Abs. 1 Nr. 7 EStG jedenfalls dann erfüllt, wenn der Bedachte rechtlich befugt ist, den niedrigeren Barwert im Rahmen seines Pflichtteilsanspruchs geltend zu machen (→ BFH vom 26.11.1992 – BStBl. 1993 II S. 298).

Rückgängigmachung einer Gewinnausschüttung. Die Gewinnausschüttung einer Kapitalgesellschaft bleibt bei dem Gesellschafter auch dann eine Einnahme aus Kapitalvermögen, wenn der Gewinnverteilungsbeschluss auf Grund eines Rückforderungsanspruchs der Gesellschaft rückgängig gemacht werden kann oder aufgehoben wird (→ BFH vom 1.3.1977 – BStBl. II S. 545). Das gilt auch bei einer Verpflichtung zur Rückzahlung einer offenen Gewinnausschüttung; die Rückzahlung stellt keine negative Einnahme dar (→ BFH vom 29.8.2000 – BStBl. 2001 II S. 173).

Schenkung unter Auflage. Wird ein geschenkter Geldbetrag entsprechend der Auflage des Schenkers vom Beschenkten angelegt, erzielt dieser hieraus auch dann Einkünfte aus Kapitalvermögen, wenn er die Erträge entsprechend einer weiteren Auflage weiterzuleiten hat (→ BFH vom 26.11.1997 – BStBl. 1998 II S. 190).

Schneeballsystem.

- Beteiligt sich ein Kapitalanleger an einem sog. Schneeballsystem, mit dem ihm vorgetäuscht wird, in seinem Auftrag und für seine Rechnung würden Geschäfte auf dem Kapitalmarkt getätigt, ist der vom Kapitalanleger angenommene Sachverhalt der Besteuerung zugrunde zu legen (→ BFH vom 14.12.2004 – BStBl. 2005 II S. 739 und S. 746).[1)]

– Gutschriften aus Schnellballsystemen führen zu Einnahmen aus Kapitalvermögen, wenn der Betreiber des Schneeballsystems bei entsprechendem Verlangen des Anlegers zur Auszahlung der gutgeschriebenen Beträge leistungsbereit und leistungsfähig gewesen wäre. An der Leistungsbereitschaft des Betreibers des Schneeballsystems kann es fehlen, wenn er auf einen Auszahlungswunsch des Anlegers hin eine sofortige Auszahlung ablehnt und stattdessen über anderweitige Zahlungsmodalitäten verhandelt. Entscheidend ist, ob der Anleger in seinem konkreten Fall eine Auszahlung hätte erreichen können. Auf eine hypothetische Zahlung an alle Anleger ist nicht abzustellen (→ BFH vom 16.3.2010 – BStBl. 2014 II S. 147, vom 11.2.2014 – BStBl. II S. 461 und vom 2.4.2014 – BStBl. II S. 698).

Stiftung.

– Können die Leistungsempfänger einer Stiftung unmittelbar oder mittelbar Einfluss auf das Ausschüttungsverhalten der Stiftung nehmen, handelt es sich bei den Leistungen um Einkünfte aus Kapitalvermögen i. S. d. § 20 Abs. 1 Nr. 9 EStG (→ BFH vom 3.11.2010 – BStBl. 2011 II S. 417).

– Unter § 20 Abs. 1 Nr. 9 EStG fallen alle wiederkehrenden oder einmaligen Leistungen einer Stiftung, die von den Beschluss fassenden Stiftungsgremien aus den Erträgen der Stiftung an den Stifter, seine Angehörigen oder deren Abkömmlinge ausgekehrt werden. Dies gilt auch, wenn die Leistungen anlässlich der Auflösung der Stiftung erbracht werden (→ BMF vom 27.6.2006 – BStBl. I S. 417).

Stiller Gesellschafter.

– Zu den Einnahmen aus Kapitalvermögen gehören auch alle Vorteile, die ein typischer stiller Gesellschafter als Gegenleistung für die Überlassung der Einlage erhält, z. B. Bezüge auf Grund von Wertsicherungsklauseln oder von Kursgarantien, ein Damnum und ein Aufgeld. Dazu gehört auch ein im Fall der Veräußerung der stillen Beteiligung über den Betrag der Einlage hinaus erzielter Mehrerlös, soweit dieser auf einen Anteil am Gewinn eines bereits abgelaufenen Wj. entfällt (→ BFH vom 11.2.1981 – BStBl. II S. 465) oder soweit er ein anders bemessenes Entgelt für die Überlassung der Einlage darstellt (→ BFH vom 14.2.1984 – BStBl. II S. 580).

– Gewinnanteile aus einer stillen Beteiligung, die zur Wiederauffüllung einer durch Verluste geminderten Einlage dienen, sind Einnahmen aus Kapitalvermögen (→ BFH vom 24.1.1990 – BStBl. 1991 II S. 147); bei negativem Einlagekonto → H 20.1.

– Auch der Mehrheitsgesellschafter einer Kapitalgesellschaft kann daneben typisch stiller Gesellschafter der Kapitalgesellschaft sein, dessen Gewinnanteil zu den Einnahmen aus Kapitalvermögen gehört (→ BFH vom 21.6.1983 – BStBl. II S. 563).

---

1) Zur Abgeltungswirkung eines vermeintlichen Kapitalertragsteuerabzugs siehe H 43 EStH „Schneeballsysteme".

- § 20 Abs. 1 Nr. 4 EStG ist auf Gewinnanteile aus typischen Unterbeteiligungen entsprechend anzuwenden (→ BFH vom 28.11.1990 – BStBl. 1991 II S. 313).
- Für die Annahme einer stillen Gesellschaft können – vor allem in Grenzfällen – von den Vertragsparteien gewählte Formulierungen indizielle Bedeutung haben; entscheidend ist, was die Vertragsparteien wirtschaftlich gewollt haben und ob der – unter Heranziehung aller Umstände zu ermittelnde – Vertragswille auf die Merkmale einer (stillen) Gesellschaft gerichtet ist (→ BFH vom 28.10.2008 – BStBl. 2009 II S. 190). Dabei darf der für eine stille Gesellschaft erforderliche gemeinsame Zweck der Gesellschafter nicht mit deren Motiven für ihre Beteiligung vermengt werden. Dass Kapitalanleger und Fondsgesellschaft beide das Ziel verfolgen, durch Handel an internationalen Finanzterminmärkten mittelfristig einen Kapitalzuwachs zu erreichen, reicht für die Annahme eines gemeinsamen Zwecks nicht aus. Ein gemeinsamer Zweck verlangt zwischen Anleger und Anlagegesellschaft ein substantielles „Mehr" als die bloße Kapitalhingabe und dessen Verwendung (→ BFH vom 8.4.2008 – BStBl. II S. 852).
- Stellt ein Kapitalanleger einem Unternehmer unter Gewährung einer Erfolgsbeteiligung Geldbeträge zur Verfügung, die dieser an Brokerfirmen für Börsentermingeschäfte oder an Fonds weiterleiten soll, kann eine solche Vereinbarung eine typisch stille Gesellschaft begründen (→ BFH vom 28.10.2008 – BStBl. 2009 II S. 190).

Stückzinsen. → BMF vom 19.5.2022 (BStBl. I S. 742), Rn. 49–51.

Teilentgeltliche Übertragung eines Grundstücks und Gebäudes des Privatvermögens gegen eine Veräußerungszeitrente. Auch bei der teilentgeltlichen Übertragung eines Grundstücks und Gebäudes des Privatvermögens gegen eine Veräußerungszeitrente fließen dem Veräußerer von Beginn an steuerpflichtige Zinseinkünfte gem. § 20 Abs. 1 Nr. 7 zu, soweit die Rentenzahlungen nicht auf den Unterschiedsbetrag zwischen dem Barwert der Rentenforderung zu Beginn und zum Ende des Streitjahres (sog. Tilgungsanteil) entfallen (→ BFH vom 14.7.2020 – BStBl. II S. 813).

Treuhandverhältnis. Der Treugeber als wirtschaftlicher Inhaber einer Kapitalforderung erzielt die Einkünfte aus Kapitalvermögen (→ BFH vom 24.11.2009 – BStBl. 2010 II S. 590).

Umqualifizierung von Einkünften i. S. d. § 20 Abs. 2 Satz 1 Nr. 1 EStG in Einkünfte i. S. d. § 17 EStG. → BMF vom 16.12.2014 (BStBl. 2015 I S. 24).

Unverzinsliche Kaufpreisraten. Ein Zinsanteil ist auch in unverzinslichen Forderungen enthalten, deren Laufzeit mehr als ein Jahr beträgt und die zu einem bestimmten Zeitpunkt fällig werden (→ BFH vom 21.10.1980 – BStBl. 1981 II S. 160). Dies gilt auch dann, wenn die Vertragsparteien eine Verzinsung ausdrücklich ausgeschlossen haben (→ BFH vom 25.6.1974 – BStBl. 1975 II S. 431).

Verdeckte Gewinnausschüttung an nahestehende Personen. Die der nahestehenden Person zugeflossene vGA ist stets dem Gesellschafter als Einnahme zuzurechnen (→ BMF vom 20.5.1999 – BStBl. I S. 514).[1]

Vermächtnisanspruch. Zinsen, die auf einer testamentarisch angeordneten Verzinsung eines erst fünf Jahre nach dem Tode des Erblassers fälligen betagten Vermächtnisanspruchs beruhen, sind beim Vermächtnisnehmer Einkünfte aus Kapitalvermögen (→ BFH vom 20.10.2015 – BStBl. 2016 II S. 342).

Virtuelle Währungen und sonstige Token. → BMF vom 10.5.2022 (BStBl. I S. 668).

Zahlungseinstellung des Emittenten. Zur Behandlung der Einnahmen aus der Veräußerung oder Abtretung einer Kapitalanlage bei vorübergehender oder endgültiger Zahlungseinstellung des Emittenten → BMF vom 14.7.2004 (BStBl. I S. 611).

Zinsen aus Rentennachzahlungen. Nicht zu den Rentennachzahlungen zählen darauf entfallende Zinsen. Diese gehören zu den Einkünften aus Kapitalvermögen gem. § 20 Abs. 1 Nr. 7 EStG (→ BMF vom 19.8.2013 – BStBl. I S. 1087[2]) unter Berücksichtigung der Änderungen durch BMF vom 4.7.2016 – BStBl. I S. 645, Rz. 196).

Zinsen und Nebenleistungen aus einer durch Versteigerung realisierten Grundschuld. Zinsen i. S. v. § 1191 Abs. 2 BGB, denen kein Kapitalnutzungsverhältnis zugrunde liegt, unterliegen wegen ihrer ausdrücklichen Erwähnung in § 20 Abs. 1 Nr. 5 EStG der Besteuerung. Sie sind demjenigen zuzurechnen, der im Zeitpunkt des Zuschlagsbeschlusses aus der Grundschuld berechtigt ist und bei dem deshalb erstmals der Anspruch auf Ersatz des Wertes der Grundschuld aus dem Versteigerungserlös entsteht. Dagegen ist der dem Grundschuldgläubiger aus dem Versteigerungserlös zufließende Betrag nicht steuerbar, soweit er auf eine Nebenleistung i. S. v. § 1191 Abs. 2 BGB entfällt (→ BFH vom 11.4.2012 – BStBl. II S. 496).

Zuflusszeitpunkt bei Gewinnausschüttungen.
- **Grundsatz.** Einnahmen aus Kapitalvermögen sind zugeflossen, sobald der Stpfl. über sie wirtschaftlich verfügen kann (→ BFH vom 8.10.1991 – BStBl. 1992 II S. 174). Gewinnausschüttungen sind dem Gesellschafter schon dann zugeflossen, wenn sie ihm z. B. auf einem Verrechnungskonto bei der leistungsfähigen Kapitalgesellschaft gutgeschrieben worden sind, über das der Gesellschafter verfügen kann, oder wenn der Gesellschafter aus eigenem Interesse (z. B. bei einer Novation) seine Gewinnanteile in der Gesellschaft belässt (→ BFH vom 14.2.1984 – BStBl. II S. 480).
- **Beherrschender Gesellschafter/Alleingesellschafter.** Gewinnausschüttungen an den beherrschenden Gesellschafter oder an den Alleinge-

[1] Siehe auch BFH v. 19.6.2007 VIII R 54/05, BStBl. II 2007, 830.

[2] Geänd. durch BMF v. 10.1.2014, BStBl. I 2014, 70, v. 10.4.2015, BStBl. I 2015, 256, v. 1.6.2015, BStBl. I 2015, 475, v. 4.7.2016, BStBl. I 2016, 645, v. 6.12.2016, BStBl. I 2016, 1426, v. 19.12.2016, BStBl. I 2016, 1433, v. 24.5.2017, BStBl. I 2017, 820, v. 28.9.2021, BStBl. I 2021, 1831, v. 10.1.2022, BStBl. I 2022, 36.

sellschafter einer zahlungsfähigen Kapitalgesellschaft sind diesen in der Regel auch dann zum Zeitpunkt der Beschlussfassung über die Gewinnverwendung i. S. d. § 11 Abs. 1 Satz 1 EStG zugeflossen, wenn die Gesellschafterversammlung eine spätere Fälligkeit des Auszahlungsanspruchs beschlossen hat (→ BFH vom 17.11.1998 – BStBl. 1999 II S. 223). Die Zahlungsfähigkeit einer Kapitalgesellschaft ist auch dann gegeben, wenn diese zwar mangels eigener Liquidität die von ihr zu erbringende Ausschüttung nicht leisten kann, sie sich als beherrschende Gesellschafterin einer Tochter-Kapitalgesellschaft mit hoher Liquidität indes jederzeit bei dieser bedienen kann, um sich selbst die für ihre Ausschüttung erforderlichen Geldmittel zu verschaffen (→ BFH vom 2.12.2014 – BStBl. 2015 II S. 333).

– **Verschiebung des Auszahlungstags.** Zur Frage des Zeitpunkts des Zuflusses bei Verschiebung des Auszahlungstags, wenn eine Kapitalgesellschaft von mehreren Personen gemeinsam beherrscht wird oder die Satzung Bestimmungen über Gewinnabhebungen oder Auszahlungen zu einem späteren Zeitpunkt als dem Gewinnverteilungsbeschluss enthält, → BFH vom 21.10.1981 (BStBl. 1982 II S. 139).

Zurechnung von Beteiligungserträgen. Steht einem Nießbraucher an einem Kapitalgesellschaftsanteil nur ein Anspruch am damit verbundenen Gewinnanteil zu, ohne dass der Nießbraucher wesentliche Verwaltungsrechte, insbesondere die Stimmrechte, ausüben und im Konfliktfall effektiv durchsetzen kann, sind die Einnahmen i. S. d. § 20 Abs. 1 Nr. 1 Satz 1 weiter dem Anteilseigner zuzurechnen (→ BFH vom 14.2.2022 – BStBl. II S. 544 und S. 548).

Zu § 21 EStG
(§§ 82a, 82f, 82g und 82i EStDV)

R 21.1 Erhaltungsaufwand und Herstellungsaufwand[1)]

(1) [1] Aufwendungen für die Erneuerung von bereits vorhandenen Teilen, Einrichtungen oder Anlagen sind regelmäßig Erhaltungsaufwand. [2] Zum Erhaltungsaufwand gehören z. B Aufwendungen für den Einbau messtechnischer Anlagen zur verbrauchsabhängigen Abrechnung von Heiz- und Wasserkosten oder für den Einbau einer privaten Breitbandanlage und einmalige Gebühren für den Anschluss privater Breitbandanlagen an das öffentliche Breitbandnetz bei bestehenden Gebäuden.

(2) [1] Nach der Fertigstellung des Gebäudes ist Herstellungsaufwand anzunehmen, wenn Aufwendungen durch den Verbrauch von Gütern und die Inanspruchnahme von Diensten für die Erweiterung oder für die über den ursprünglichen Zustand hinausgehende wesentliche Verbesserung eines Gebäudes entstehen (→ § 255 Abs. 2 Satz 1 HGB). [2] Betragen die Aufwendungen nach Fertigstellung eines Gebäudes für die einzelne Baumaßnahme nicht

---

[1)] Zur Abgrenzung zwischen Erhaltungsaufwand und Herstellungsaufwand bei Versorgungsleitungen siehe BFH v. 10.6.1992 I R 9/91, BStBl. II 1993, 41. – Zur Abgrenzung zwischen Erhaltungsaufwand und Herstellungsaufwand bei Umbau eines Flachdachs zu einem Satteldach siehe BFH v. 15.5.2013 IX R 36/12, BStBl. II 2013, 732.

mehr als 4000 Euro (Rechnungsbetrag ohne Umsatzsteuer) je Gebäude, ist auf Antrag dieser Aufwand stets als Erhaltungsaufwand zu behandeln. [3] Auf Aufwendungen, die der endgültigen Fertigstellung eines neu errichteten Gebäudes dienen, ist die Vereinfachungsregelung jedoch nicht anzuwenden.

(3) [1] Kosten für die gärtnerische Gestaltung der Grundstücksfläche bei einem Wohngebäude gehören nur zu den Herstellungskosten des Gebäudes, soweit diese Kosten für das Anpflanzen von Hecken, Büschen und Bäumen an den Grundstücksgrenzen („lebende Umzäunung") entstanden sind. [2] Im Übrigen bildet die bepflanzte Gartenanlage ein selbständiges Wirtschaftsgut. [3] Bei Gartenanlagen, die die Mieter mitbenutzen dürfen, und bei Vorgärten sind die Herstellungskosten der gärtnerischen Anlage gleichmäßig auf deren regelmäßig 10 Jahre betragende Nutzungsdauer zu verteilen. [4] Aufwendungen für die Instandhaltung der Gartenanlagen können sofort abgezogen werden. [5] Absatz 2 Satz 2 ist sinngemäß anzuwenden. [6] Soweit Aufwendungen für den Nutzgarten des Eigentümers und für Gartenanlagen, die die Mieter nicht nutzen dürfen, entstehen, gehören sie zu den nach § 12 Nr. 1 EStG nicht abziehbaren Kosten (grundsätzlich Aufteilung nach der Zahl der zur Nutzung befugten Mietparteien). [7] Auf die in Nutzgärten befindlichen Anlagen sind die allgemeinen Grundsätze anzuwenden.

(4) Die Merkmale zur Abgrenzung von Erhaltungs- und Herstellungsaufwand bei Gebäuden gelten bei selbständigen Gebäudeteilen (→ hierzu R 4.2 Abs. 4 und Abs. 5) entsprechend.

(5) [1] Werden Teile der Wohnung oder des Gebäudes zu eigenen Wohnzwecken genutzt, sind die Herstellungs- und Anschaffungskosten sowie die Erhaltungsaufwendungen um den Teil der Aufwendungen zu kürzen, der nach objektiven Merkmalen und Unterlagen leicht und einwandfrei dem selbst genutzten Teil zugeordnet werden kann. [2] Soweit sich die Aufwendungen nicht eindeutig zuordnen lassen, sind sie um den Teil, der auf eigene Wohnzwecke entfällt, nach dem Verhältnis der Nutzflächen zu kürzen.

(6) [1] Bei der Verteilung von Erhaltungsaufwand nach § 82b EStDV kann für die in dem jeweiligen VZ geleisteten Erhaltungsaufwendungen ein besonderer Verteilungszeitraum gebildet werden. [2] Wird das Eigentum an einem Gebäude unentgeltlich auf einen anderen übertragen, kann der Rechtsnachfolger Erhaltungsaufwand noch in dem von seinem Rechtsvorgänger gewählten restlichen Verteilungszeitraum geltend machen. [3] Dabei ist der Teil des Erhaltungsaufwands, der auf den VZ des Eigentumswechsels entfällt, entsprechend der Besitzdauer auf den Rechtsvorgänger und den Rechtsnachfolger aufzuteilen.[1)]

H 21.1

Abgrenzung von Anschaffungs-, Herstellungskosten und Erhaltungsaufwendungen.

– Bei Instandsetzung und Modernisierung von Gebäuden → BMF vom 18.7.2003 (BStBl. I S. 386).

[1)] **[Amtl. Anm.:]** R 21.1 Abs. 6 Sätze 2 und 3 überholt durch BFH v. 10.11.2020 IX R 31/19, BStBl. II 2021, 474, → H 21.1 (Verteilung des Erhaltungsaufwands nach § 82b EStDV).

- Instandsetzungs- und Modernisierungsaufwendungen für ein Gebäude sind nicht allein deshalb als Herstellungskosten zu beurteilen, weil das Gebäude wegen Abnutzung und Verwahrlosung nicht mehr vermietbar ist, sondern nur bei schweren Substanzschäden an den für die Nutzbarkeit als Bau und die Nutzungsdauer des Gebäudes bestimmenden Teilen (→ BFH vom 13.10.1998 – BStBl. 1999 II S. 282).
- Bei der Prüfung, ob Herstellungsaufwand vorliegt, darf nicht auf das gesamte Gebäude abgestellt werden, sondern nur auf den entsprechenden Gebäudeteil, wenn das Gebäude in unterschiedlicher Weise genutzt wird und deshalb mehrere Wirtschaftsgüter umfasst (→ BFH vom 25.9.2007 – BStBl. 2008 II S. 218).

Anschaffungsnahe Herstellungskosten. → R 6.4 Abs. 1 und H 6.4.

Erhaltungsaufwand.

- Erhaltungsaufwand bei Instandsetzung und Modernisierung von Gebäuden → BMF vom 18.7.2003 (BStBl. I S. 386).
- → H 21.2.

Herstellungsaufwand nach Fertigstellung.

- → BMF vom 18.7.2003 (BStBl. I S. 386).
- Zu den Besonderheiten bei Teileigentum → BFH vom 19.9.1995 (BStBl. 1996 II S. 131).

Verteilung des Erhaltungsaufwands nach § 82b EStDV.

- Keine Übertragung des Anteils eines Jahres auf ein anderes Jahr (→ BFH vom 26.10.1977 – BStBl. 1978 II S. 367).
- Größere Erhaltungsaufwendungen, die das Finanzamt im Jahr ihrer Entstehung bestandskräftig zu Unrecht als Herstellungskosten behandelt hat, können gleichmäßig anteilig auf die Folgejahre verteilt werden. Der auf das Jahr der Entstehung entfallende Anteil der Aufwendungen bleibt dabei unberücksichtigt. Die AfA-Bemessungsgrundlage ist insoweit für die Folgejahre zu korrigieren (→ BFH vom 27.10.1992 – BStBl. 1993 II S. 591).
- Die Ausübung des Wahlrechts ist auch nach Eintritt der Festsetzungsverjährung für das Aufwandsentstehungsjahr möglich. Aufwendungen, die auf VZ entfallen, für die die Festsetzungsverjährung bereits eingetreten ist, dürfen dabei nicht abgezogen werden (→ BFH vom 27.10.1992 – BStBl. 1993 II S. 589). Dies gilt auch, wenn die Erhaltungsaufwendungen im Entstehungsjahr zu Unrecht als Herstellungskosten und in Form der AfA berücksichtigt worden sind (→ BFH vom 24.11.1992 – BStBl. 1993 II S. 593).
- Verstirbt der Steuerpflichtige innerhalb des Verteilungszeitraums nach § 82b EStDV, ist der noch nicht berücksichtigte Teil der Erhaltungsaufwendungen im VZ des Versterbens als Werbungskosten im Rahmen seiner Einkünfte aus Vermietung und Verpachtung abzusetzen (→ BFH vom 10.11.2020 – BStBl. 2021 II S. 474).

R **21.2 Einnahmen und Werbungskosten**

(1) [1] Werden Teile einer selbst genutzten Eigentumswohnung, eines selbst genutzten Einfamilienhauses oder insgesamt selbst genutzten anderen Hauses vorübergehend vermietet und übersteigen die Einnahmen hieraus nicht

520 Euro im VZ, kann im Einverständnis mit dem Stpfl. aus Vereinfachungsgründen von der Besteuerung der Einkünfte abgesehen werden. [2]Satz 1 ist bei vorübergehender Untervermietung von Teilen einer angemieteten Wohnung, die im Übrigen selbst genutzt wird, entsprechend anzuwenden.

(2) Zinsen, die Beteiligte einer Wohnungseigentümergemeinschaft aus der Anlage der Instandhaltungsrücklage erzielen, gehören zu den Einkünften aus Kapitalvermögen.

(3) Die Berücksichtigung von Werbungskosten aus Vermietung und Verpachtung kommt auch dann in Betracht, wenn aus dem Objekt im VZ noch keine Einnahmen erzielt werden, z. B. bei einem vorübergehend leer stehenden Gebäude.

(4) [1]Die Tätigkeit eines Stpfl. zur Erzielung von Einkünften aus Vermietung und Verpachtung besteht im Wesentlichen in der Verwaltung seines Grundbesitzes. [2]Bei nicht umfangreichem Grundbesitz erfordert diese Verwaltung in der Regel keine besonderen Einrichtungen, z. B. Büro, sondern erfolgt von der Wohnung des Stpfl. aus. [3]Regelmäßige Tätigkeitsstätte ist dann die Wohnung des Stpfl. [4]Aufwendungen für gelegentliche Fahrten zu dem vermieteten Grundstück sind Werbungskosten i. S. d. § 9 Abs. 1 Satz 1 EStG.

H 21.2

Bauherrenmodell.

– Zur Abgrenzung zwischen Werbungskosten, Anschaffungskosten und Herstellungskosten → BMF vom 20.10.2003 (BStBl. I S. 546).
– → Fonds, geschlossene.
– Schuldzinsen, die auf die Zeit zwischen Kündigung und Auseinandersetzung im Zusammenhang mit einer Beteiligung an einer Bauherrengemeinschaft entfallen, sind Werbungskosten, selbst wenn Einnahmen noch nicht erzielt worden sind (→ BFH vom 4.3.1997 – BStBl. II S. 610).

Drittaufwand. → H 4.7.

Eigenaufwand für ein fremdes Wirtschaftsgut. → H 4.7.

Einbauküche. → H 6.4.

Einkünfteerzielungsabsicht[1)]

– **bei Wohnobjekten** → BMF vom 8.10.2004 (BStBl. I S. 933),

---

[1)] Zur dauerhaften Verpachtung unbebauten Grundbesitzes siehe BFH v. 28.11.2007 IX R 9/06, BStBl. II 2008, 515. – Zum Nachweis der Einkünfteerzielungsabsicht bei einer nach Selbstnutzung leerstehenden Wohnung siehe BFH v. 28.10.2008 IX R 1/07, BStBl. II 2009, 848. – Zur Einkünfteerzielungsabsicht bei Verpachtung von beweglichem Betriebsvermögen siehe BFH v. 28.10.2008 IX R 51/07, BFH/NV 2009, 157. – Zur objektbezogenen Prüfung der Einkünfteerzielungsabsicht siehe BFH v. 1.4.2009 IX R 39/08, BStBl. II 2009, 776, u. v. 9.10.2013 IX R 2/13, BStBl. II 2014, 527. – Zur Einkünfteerzielungsabsicht bei Ferienwohnungen siehe BFH v. 16.4.2013 IX R 26/11, BStBl. II 2013, 613. – Zur „teilweisen" Aufgabe der Vermietungsabsicht bei langjährigem Leerstand einer Wohnung siehe BFH v. 12.6.2013 IX R 38/12, BStBl. II 2013, 1013. – Zur Einkünfteerzielungsabsicht bei strukturell bedingtem Leerstand von Wohnungen siehe BFH v. 9.7.2013 IX R 48/12, BStBl. II 2013, 693. – Zur Feststellung der Bebauungs- und Vermietungsabsicht eines unbebauten Grundstücks siehe BFH v. 1.12.2015 IX R 9/15, BStBl. II 2016, 335. – Zu einer Wohnung in einem nicht vermietbaren Zustand siehe BFH v. 31.1.2017 IX R 17/16, BStBl. II 2017, 633.

- **bei unbebauten Grundstücken** → BMF vom 8.10.2004 (BStBl. I S. 933), Rdnr. 29,
- **bei Gewerbeobjekten.** Bei der Vermietung von Gewerbeobjekten ist im Einzelfall festzustellen, ob der Stpfl. beabsichtigt, auf die voraussichtliche Dauer der Nutzung einen Überschuss der Einnahmen über die Werbungskosten zu erzielen (→ BFH vom 20.7.2010 – BStBl. II S. 1038 und vom 9.10.2013 – BStBl. 2014 II S. 527).

Einnahmen.

- Zahlungen, die wegen **übermäßiger Beanspruchung, vertragswidriger Vernachlässigung oder Vorenthaltung einer Miet- oder Pachtsache** geleistet werden (→ BFH vom 22.4.1966 – BStBl. III S. 395, vom 29.11.1968 – BStBl. 1969 II S. 184 und vom 5.5.1971 – BStBl. II S. 624).
- Guthabenzinsen aus einem **Bausparvertrag,** die in einem engen zeitlichen Zusammenhang mit einem der Einkunftserzielungsabsicht dienenden Grundstück stehen (→ BFH vom 9.11.1982 – BStBl. 1983 II S. 172 und BMF vom 28.2.1990 – BStBl. I S. 124).
- **Abstandszahlungen** eines Mietinteressenten an Vermieter **für Entlassung aus Vormietvertrag** (→ BFH vom 21.8.1990 – BStBl. 1991 II S. 76).
- Von einem Kreditinstitut oder einem Dritten (z.B. Erwerber) **erstattete Damnumbeträge,** die als Werbungskosten abgezogen worden sind (→ BFH vom 22.9.1994 – BStBl. 1995 II S. 118). **Keine Einnahmen** aus Vermietung und Verpachtung liegen vor, wenn das Damnum **nur einen unselbständigen Rechnungsposten für die Bemessung einer Vorfälligkeitsentschädigung** darstellt (→ BFH vom 19.2.2002 – BStBl. 2003 II S. 126).
- **Umlagen und Nebenentgelte,** die der Vermieter für die Nebenkosten oder Betriebskosten erhebt (→ BFH vom 14.12.1999 – BStBl. 2000 II S. 197).
- Zur **Vermietung eines Arbeitszimmers** oder einer als Homeoffice genutzten Wohnung durch den Arbeitnehmer **an den Arbeitgeber** → BMF vom 18.4.2019 (BStBl. I S. 461).
- Einkünfte aus der **Vermietung eines häuslichen Arbeitszimmers** an den Auftraggeber eines Gewerbetreibenden sind Einkünfte aus Gewerbebetrieb, wenn die Vermietung ohne den Gewerbebetrieb nicht denkbar wäre (→ BFH vom 13.12.2016 – BStBl. 2017 II S. 450).
- Mietzahlungen des Arbeitgebers für eine vom Arbeitnehmer an den **Arbeitgeber vermietete Garage,** in der ein Dienstwagen untergestellt wird (→ BFH vom 7.6.2002 – BStBl. II S. 829).
- **Öffentliche Fördermittel** (Zuschüsse oder nicht rückzahlbare Darlehen), die ein Bauherr im Rahmen des sog. Dritten Förderungsweges für Belegungs- und Mietpreisbindungen erhält (→ BFH vom 14.10.2003 – BStBl. 2004 II S. 14).
- **Entgelte für die Inanspruchnahme** eines Grundstücks im Zuge baulicher Maßnahmen **auf dem Nachbargrundstück,** selbst wenn das Grundstück mit einem zu eigenen Wohnzwecken genutzten Gebäude bebaut ist (→ BFH vom 2.3.2004 – BStBl. II S. 507).

- Mietentgelte, die der **Restitutionsberechtigte** vom Verfügungsberechtigten nach **§ 7 Abs. 7 Satz 2 VermG** erlangt (→ BFH vom 11.1.2005 – BStBl. II S. 480).
- Die **Leistung aus einer Gebäudefeuerversicherung** führt beim Vermieter bis zur Höhe einer für den Schadensfall in Anspruch genommenen AfaA für das vermietete Gebäude zu Einnahmen aus Vermietung und Verpachtung, soweit er sie nach dem Versicherungsvertrag beanspruchen kann (→ BFH vom 2.12.2014 – BStBl. 2015 II S. 493).
- **Ausgleichszahlungen** aus der Auflösung von **Zinsswapgeschäften** gehören nicht zu den Einkünften aus Vermietung und Verpachtung (→ BMF vom 19.5.2022 – BStBl. I S. 742,[1] Rn. 176).
- Die einmalige **Entschädigung** für ein Recht auf **Überspannung** eines im Privatvermögen befindlichen Grundstücks mit einer Stromleitung ist kein Entgelt für eine zeitlich begrenzte Nutzungsüberlassung, wenn das Überspannungsrecht weder schuldrechtlich noch dinglich auf eine zeitlich bestimmte oder absehbare Dauer beschränkt ist. Sie ist keine steuerbare Einnahme (→ BFH vom 2.7.2018 – BStBl. II S. 759).
- Einnahmen aus dem Betrieb eines **Blockheizkraftwerks** → H 15.8 (1) Wohnungseigentümergemeinschaft.

Erbbaurecht.

- Der Erbbauzins für ein Erbbaurecht an einem privaten Grundstück gehört zu den Einnahmen aus Vermietung und Verpachtung (→ BFH vom 20.9.2006 – BStBl. 2007 II S. 112).
- Vom Erbbauberechtigten neben Erbbauzins gezahlte Erschließungsbeiträge fließen dem Erbbauverpflichteten erst bei Realisierung des Wertzuwachses zu (→ BFH vom 21.11.1989 – BStBl. 1990 II S. 310). Der Erbbauberechtigte kann die von ihm gezahlten Erschließungskosten nur verteilt über die Laufzeit des Erbbaurechtes als Werbungskosten abziehen (→ BMF vom 16.12.1991 – BStBl. I S. 1011).
- Geht das vom Erbbauberechtigten in Ausübung des Erbbaurechts errichtete Gebäude nach Beendigung des Erbbaurechts entsprechend den Bestimmungen des Erbbaurechtsvertrages entschädigungslos auf den Erbbauverpflichteten über, führt dies beim Erbbauverpflichteten zu einer zusätzlichen Vergütung für die vorangegangene Nutzungsüberlassung (→ BFH vom 11.12.2003 – BStBl. 2004 II S. 353).

Erhaltungsaufwand.[2]

- Erhaltungsaufwendungen nach Beendigung der Vermietung und vor Beginn der Selbstnutzung sind grundsätzlich keine Werbungskosten. Ein Abzug kommt ausnahmsweise in Betracht, soweit sie mit Mitteln der einbehaltenen und als Einnahme erfassten Mieterkaution finanziert werden, oder wenn sie zur Beseitigung eines Schadens gemacht werden, der die mit dem gewöhnlichen Gebrauch der Mietsache verbundene Abnutzung

[1] Geänd. durch BMF v. 20.12.2022, BStBl. I 2023, 46, Rn. 176; zur zeitlichen Anwendung siehe Rn. 324 und 325.

[2] Zum Werbungskostenabzug auch bei Zahlung eines Dritten im abgekürzten Vertragsweg (Drittaufwand) siehe BFH v. 15.1.2008 IX R 45/07, BStBl. II 2008, 572, und BMF v. 7.7.2008, BStBl. I 2008, 717; vgl. auch H 4.7 EStH „Drittaufwand".

deutlich übersteigt, insbesondere eines mutwillig vom Mieter verursachten Schadens (→ BFH vom 11.7.2000 – BStBl. 2001 II S. 784).
- Aufwendungen für Erhaltungsmaßnahmen, die noch während der Vermietungszeit an einem anschließend selbstgenutzten Gebäude durchgeführt werden, sind grundsätzlich als Werbungskosten abziehbar (→ BFH vom 10.10.2000 – BStBl. 2001 II S. 787). Sie sind ausnahmsweise dann nicht als Werbungskosten abziehbar, wenn die Maßnahmen für die Selbstnutzung bestimmt sind und in die Vermietungszeit vorverlagert werden. Dies trifft insbesondere dann zu, wenn sie bei bereits gekündigtem Mietverhältnis objektiv nicht zur Wiederherstellung oder Bewahrung der Mieträume und des Gebäudes erforderlich sind (→ BMF vom 26.11.2001 – BStBl. I S. 868).
- Zur Abgrenzung zwischen Erhaltungs- und Herstellungsaufwendungen → R 21.1, R 6.4 und BMF vom 18.7.2003 (BStBl. I S. 386).

Erschließungskosten. → H 6.4 (Erschließungs-, Straßenanlieger- und andere Beiträge).

Ferienwohnung. → BMF vom 8.10.2004 (BStBl. I S. 933).

Finanzierungskosten.
- Die **dingliche Belastung** von Grundstücken mit Hypotheken oder Grundschulden begründet für sich allein keinen wirtschaftlichen Zusammenhang des Darlehens mit den Einkünften aus Vermietung und Verpachtung. Maßgebend ist vielmehr der tatsächliche Verwendungszweck. Schuldzinsen für ein durch eine Hypothek auf einem weiteren Grundstück gesichertes Darlehen sind daher bei dem Grundstück zu berücksichtigen, für das das Darlehen verwendet wurde (→ BFH vom 6.10.2004 – BStBl. 2005 II S. 324). Nimmt der Stpfl. ein Darlehen auf, um Grundschulden, die er als Sicherheit für fremde Schulden bestellt hat, abzulösen, sind die für dieses Darlehen aufgewendeten Zinsen und Kreditkosten nicht als Werbungskosten bei seinen Einkünften aus Vermietung und Verpachtung abziehbar (→ BFH vom 29.7.1997 – BStBl. II S. 772).
- Unterlässt es der Stpfl., einen **allgemeinen Betriebskredit** nach Aufgabe seines Betriebes durch Veräußerung eines früheren Betriebsgrundstücks zu tilgen und vermietet er stattdessen das Grundstück vermögensverwaltend, wird die Verbindlichkeit bis zur Höhe des Grundstückswertes Privatvermögen. Die darauf entfallenden Schuldzinsen sind als Werbungskosten bei den Einkünften aus Vermietung und Verpachtung abziehbar (→ BFH vom 19.8.1998 – BStBl. 1999 II S. 353). Gleiches gilt, wenn der allgemeine Betriebskredit durch ein neues Darlehen abgelöst wird (→ BFH vom 25.1.2001 – BStBl. II S. 573).
- Finanzierungskosten für ein **unbebautes Grundstück** sind als vorab entstandene Werbungskosten abziehbar, wenn ein wirtschaftlicher Zusammenhang mit der späteren Bebauung und Vermietung des Gebäudes besteht (→ BFH vom 8.2.1983 – BStBl. II S. 554). Ein solcher wirtschaftlicher Zusammenhang ist auch bei Erwerb von **Bauerwartungsland** nicht ausgeschlossen, wenn der Stpfl. damit rechnen kann, dass er das Grundstück in absehbarer Zeit bebauen darf und er seine erkennbare Bauabsicht nachhaltig zu verwirklichen versucht (→ BFH vom 4.6.1991 – BStBl. II S. 761).

- Zum Schuldzinsenabzug bei einem Darlehen für die Herstellung oder Anschaffung eines **teilweise vermieteten und teilweise selbstgenutzten Gebäudes** → BMF vom 16.4.2004 (BStBl. I S. 464). Dies gilt entsprechend für die anteilige Zuordnung von Darlehen zur Herstellung oder Anschaffung eines Gebäudes, das teilweise vermietet und teilweise veräußert werden soll (→ BFH vom 4.2.2020 – BStBl. II S. 311).
- Zum Schuldzinsenabzug als nachträgliche Werbungskosten bei Vermietung und Verpachtung nach Veräußerung des Mietobjekts oder nach Wegfall der Einkünfteerzielungsabsicht → BMF vom 27.7.2015 (BStBl. I S. 581).
- Wird ein zur Finanzierung eines vermieteten Grundstücks aufgenommenes Darlehen unter Zahlung einer **Vorfälligkeitsentschädigung** getilgt, das Grundstück jedoch weiterhin zur Vermietung genutzt, ist die Vorfälligkeitsentschädigung als Werbungskosten bei den Einkünften aus Vermietung und Verpachtung abziehbar (→ BFH vom 6.12.2005 – BStBl. 2006 II S. 265). Für im Zuge der Veräußerung gezahlte Vorfälligkeitsentschädigung → BMF vom 27.7.2015 (BStBl. I S. 581).
- Zu den Schuldzinsen gehören auch die **Nebenkosten der Darlehensaufnahme** und sonstige Kreditkosten einschließlich der Geldbeschaffungskosten. Danach sind auch **Notargebühren** zur Besicherung eines Darlehens (→ BFH vom 1.10.2002 – BStBl. 2003 II S. 399) oder **Abschlussgebühren** eines Bausparvertrags, der bestimmungsgemäß der Ablösung eines Finanzierungsdarlehens zum Erwerb einer vermieteten Immobilie dient (→ BFH vom 1.10.2002 – BStBl. 2003 II S. 398) als Werbungskosten abziehbare Schuldzinsen.
- **Damnum** oder **Zinsbegrenzungsprämie** sind in Höhe des vom jeweiligen Darlehensnehmer an das Kreditinstitut gezahlten Betrags als Werbungskosten abziehbar, soweit unter Berücksichtigung der jeweiligen Zinsbelastung die marktüblichen Beträge nicht überschritten werden (→ BMF vom 20.10.2003 – BStBl. I S. 546). Dem Veräußerer erstattete Damnum-/Disagiobeträge gehören beim Erwerber zu den Anschaffungskosten und sind nicht als Werbungskosten abziehbar, wenn die verpflichtende Erstattung des Damnums/Disagios im Kaufvertrag als Teil des Kaufpreises vereinbart worden ist. Sind hingegen die Konditionen für die Schuldübernahme und die damit verbundene Bezahlung des Damnums/ Disagios unabhängig vom Kaufpreis des Grundstücks vereinbart worden und der Grundstückskauf nicht zwingend an die Schuldübernahme gekoppelt, kann die Damnumerstattung zu den eigenen Finanzierungskosten des Erwerbers zu rechnen sein, für die der Werbungskostenabzug zulässig ist (→ BFH vom 17.2.1981 – BStBl. II S. 466).
- Nehmen **Ehegatten gemeinsam ein gesamtschuldnerisches Darlehen** zur Finanzierung eines vermieteten Gebäudes auf, das einem von ihnen gehört, sind die Schuldzinsen in vollem Umfang als Werbungskosten bei den Einkünften aus Vermietung und Verpachtung des Eigentümerehegatten abziehbar, gleichgültig aus wessen Mitteln sie gezahlt werden (→ BFH vom 2.12.1999 – BStBl. 2000 II S. 310). Entsprechendes gilt für Schuldzinsen, die nach den Grundsätzen des BMF vom 27.7.2015

(BStBl. I S. 581) als nachträgliche Werbungskosten abziehbar sind (→ BFH vom 16.9.2015 – BStBl. 2016 II S. 78).

– Nimmt ein **Ehegatte allein ein Darlehen** zur Finanzierung eines Gebäudes auf, das dem anderen Ehegatten gehört und von diesem zur Einkünfteerzielung genutzt wird, sind die vom Nichteigentümerehegatten gezahlten Schuldzinsen nicht abziehbar. Dies gilt selbst dann, wenn der Eigentümerehegatte für das Darlehen eine selbstschuldnerische Bürgschaft übernimmt und die auf seinem Gebäude lastenden Grundpfandrechte als Sicherheit einsetzt. Die Schuldzinsen können jedoch abgezogen werden, wenn der Eigentümerehegatte sie aus eigenen Mitteln bezahlt, z. B. wenn er seine Mieteinnahmen mit der Maßgabe auf das Konto des anderen Ehegatten überweist, dass dieser daraus die Schuldzinsen entrichten soll (→ BFH vom 2.12.1999 – BStBl. 2000 II S. 310 und S. 312).

– Nimmt der **Eigentümer-Ehegatte allein ein Darlehen** zur Finanzierung eines Gebäudes auf, das der andere Ehegatte zur Einkünfteerzielung nutzt, scheidet ein Abzug der Schuldzinsen beim Nichteigentümer-Ehegatten aus, selbst wenn die Tilgung durch Zahlungen vom Oder-Konto der Ehegatten erfolgt (→ BFH vom 21.2.2017 – BStBl. I S. 819).

– Sind **Darlehen** zur Finanzierung eines vermieteten Gebäudes, das einem Ehegatten gehört, **teils von den Eheleuten gemeinschaftlich, teils allein vom Nichteigentümerehegatten** aufgenommen worden und wird der Zahlungsverkehr für die Immobilie insgesamt über ein Konto des Nichteigentümerehegatten abgewickelt, werden aus den vom Eigentümerehegatten auf dieses Konto geleiteten eigenen Mitteln (hier: Mieteinnahmen) vorrangig die laufenden Aufwendungen für die Immobilie und die Schuldzinsen für die gemeinschaftlich aufgenommenen Darlehen abgedeckt. Nur soweit die eingesetzten Eigenmittel (Mieteinnahmen) des Eigentümerehegatten darüber hinaus auch die allein vom Nichteigentümerehegatten geschuldeten Zinsen abzudecken vermögen, sind diese Zinsen als Werbungskosten des Eigentümerehegatten abziehbar (→ BFH vom 4.9.2000 – BStBl. 2001 II S. 785).

– Wird eine durch ein Darlehen finanzierte Immobilie **veräußert** und unter Aufrechterhaltung des Darlehens nur ein Teil des Verkaufserlöses dazu verwendet, durch die Anschaffung einer anderen Immobilie Einkünfte aus Vermietung und Verpachtung zu erzielen, können aus dem **fortgeführten Darlehen** nicht mehr an Schuldzinsen als Werbungskosten abgezogen werden als dem Anteil der Anschaffungskosten der neuen Immobilie an dem gesamten Verkaufserlös entspricht (→ BFH vom 8.4.2003 – BStBl. II S. 706).

– Schuldzinsen, die der Erwerber eines zum Vermieten bestimmten Grundstücks vereinbarungsgemäß für den **Zeitraum nach dem Übergang von Besitz, Nutzen, Lasten und Gefahren** bis zur später eintretenden Fälligkeit des Kaufpreises an den Veräußerer zahlt, sind als Werbungskosten abziehbar (→ BFH vom 27.7.2004 – BStBl. II S. 1002).

– Wird ein als Darlehen empfangener Geldbetrag nicht zur Begleichung von Aufwendungen im Zusammenhang mit der Vermietungstätigkeit genutzt, sondern in einen **Cash-Pool** eingebracht, aus dem später die Kosten bestritten werden, sind die Schuldzinsen nicht als Werbungskosten abziehbar (→ BFH vom 29.3.2007 – BStBl. II S. 645).

– Aufwendungen für ein zur Finanzierung von Versicherungsbeiträgen aufgenommenes **Darlehen** können als Werbungskosten abziehbar sein, wenn die **Kapitallebensversicherung** der Rückzahlung von Darlehen dient, die zum Erwerb von Mietgrundstücken aufgenommen worden sind (→ BFH vom 25.2.2009 – BStBl. II S. 459).

– **Bauzeitzinsen,** die während der Herstellungsphase, in der noch keine Vermietungsabsicht bestand, entstanden sind, stellen keine vorweggenommenen Werbungskosten dar. Sie können in die Herstellungskosten des Gebäudes einbezogen werden, wenn das fertiggestellte Gebäude durch Vermietung genutzt wird (→ BFH vom 23.5.2012 – BStBl. II S. 674).

– Schuldzinsen für ein **Darlehen zur Ablösung eines Fremdwährungsdarlehens,** das der Anschaffung eines Vermietungsobjekts gedient hat, sind keine Werbungskosten, soweit das Darlehen zur Bezahlung des bei der Umschuldung realisierten Währungskursverlusts verwendet worden ist (→ BFH vom 12.3.2019 – BStBl. II S. 606).

Fonds, geschlossene.[1)]

– Zur Abgrenzung zwischen Werbungskosten, Anschaffungskosten und Herstellungskosten → BMF vom 20.10.2003 (BStBl. I S. 546).

– Provisionsrückzahlungen, die der Eigenkapitalvermittler Fondsgesellschaftern gewährt, mindern die Anschaffungskosten der Immobilie, weil die Provisionszahlungen zu den Anschaffungskosten gehören (→ BFH vom 26.2.2002 – BStBl. II S. 796).

Negative Einnahmen. Mietentgelte, die der Verfügungsberechtigte nach § 7 Abs. 7 Satz 2 VermG an den Restitutionsberechtigten herausgibt, sind im Jahr des Abflusses negative Einnahmen (→ BFH vom 11.1.2005 – BStBl. II S. 456).

Nießbrauch und andere Nutzungsrechte.[2)] Zur einkommensteuerrechtlichen Behandlung des Nießbrauchs und anderer Nutzungsrechte bei Einkünften aus Vermietung und Verpachtung → BMF vom 30.9.2013 (BStBl. I S. 1184).

Sinngemäße Anwendung des § 15a EStG.

– Zur Haftung und zur Unwahrscheinlichkeit der Inanspruchnahme eines Gesellschafters einer GbR mit Einkünften aus Vermietung und Verpachtung → BMF vom 30.6.1994 (BStBl. I S. 355).

– Zur sinngemäßen Anwendung des § 15a EStG bei vermögensverwaltenden Kommanditgesellschaften → BMF vom 15.9.2020 (BStBl. I S. 919).

Sonderabschreibung für Mietwohnungsneubau.[3)] → BMF vom 7.7.2020 (BStBl. I S. 623) unter Berücksichtigung der Änderungen durch BMF vom 21.9.2021 (BStBl. I S. 1805).

[1)] Zur gesetzlichen Neuregelung zu Fondsetablierungskosten siehe §§ 6e, 9 Abs. 5 Satz 2 EStG (G v. 12.12.2019, BGBl. I 2019, 2451), anzuwenden auch in vor dem 18.12.2019 endenden Wj. (§ 52 Abs. 14a EStG).

[2)] Zur Zurechnung der Einkünfte bei einem Quotennießbrauch an einem Gesellschaftsanteil siehe BFH v. 15.11.2022 IX R 4/20, BStBl. II 2023, 389.

[3)] Siehe auch § 7b EStG i. d. F. des JStG 2022 v. 16.12.2022, BGBl. I 2022, 2294.

Sozialpädagogische Lebensgemeinschaft. Bei der Vermietung von gemeinschaftlich genutzten Räumen an den Betrieb einer sozialpädagogischen Lebensgemeinschaft stellt die Aufteilung nach der Zahl der Nutzer einer Wohnung einen objektiven Maßstab dar, der eine sichere und leichte Abgrenzung einer steuerbaren Raumnutzung von der privaten Wohnnutzung ermöglicht (→ BFH vom 25.6.2009 – BStBl. 2010 II S. 122).

Treuhandverhältnisse.
- Zur Zurechnung von Einkünften aus Vermietung und Verpachtung bei Treuhandverhältnissen → BMF vom 1.9.1994 (BStBl. I S. 604).
- Zur sinngemäßen Anwendung von § 15a Abs. 5 Nr. 2 EStG bei Treuhandverhältnissen → BFH vom 25.7.1995 (BStBl. 1996 II S. 128).

Werbungskosten.
- → Erhaltungsaufwand.
- → Finanzierungskosten.
- → Sonderabschreibung für Mietwohnungsneubau.
- → Zweitwohnungssteuer.
- Die nach dem WEG an den Verwalter gezahlten **Beiträge zur Instandhaltungsrücklage** sind erst bei Verausgabung der Beträge für Erhaltungsmaßnahmen als Werbungskosten abziehbar (→ BFH vom 26.1.1988 – BStBl. II S. 577).
- Als **dauernde Last** zu beurteilende wiederkehrende Leistungen zum Erwerb eines zum Vermieten bestimmten Grundstücks führen nur in Höhe des in ihnen enthaltenen **Zinsanteils** zu sofort abziehbaren Werbungskosten; in Höhe des Barwerts der dauernden Last liegen Anschaffungskosten vor, die, soweit der Barwert auf das Gebäude entfällt, in Form von AfA als Werbungskosten abziehbar sind (→ BFH vom 9.2.1994 – BStBl. 1995 II S. 47).
- **Aussetzungszinsen für Grunderwerbsteuer** eines zur Erzielung von Mieteinkünften dienenden Gebäudes gehören zu den sofort abzugsfähigen Werbungskosten (→ BFH vom 25.7.1995 – BStBl. II S. 835).
- Ein gesondertes Honorar für tatsächlich **nicht erbrachte Architektenleistung** gehört nicht zu den Herstellungskosten eines später errichteten anderen Gebäudes, sondern ist als Werbungskosten abziehbar (→ BFH vom 8.9.1998 – BStBl. 1999 II S. 20).
- **Vergütungen** für einen ausschließlich zur Vermögenssorge bestellten **Betreuer** stellen Werbungskosten bei den mit dem verwalteten Vermögen erzielten Einkünften dar, sofern die Tätigkeit des Betreuers weder einer kurzfristigen Abwicklung des Vermögens noch der Verwaltung ertraglosen Vermögens dient (→ BFH vom 14.9.1999 – BStBl. 2000 II S. 69).
- Auch nach Aufgabe der Einkünfteerzielungsabsicht können vorab entstandene **vergebliche Werbungskosten** abziehbar sein, wenn sie getätigt worden sind, um sich aus einer gescheiterten Investition zu lösen und so die Höhe der vergeblich aufgewendeten Kosten zu begrenzen (→ BFH vom 15.11.2005 – BStBl. 2006 II S. 258 und vom 7.6.2006 – BStBl. II S. 803).
- Aufwendungen für ein **Schadstoff-Gutachten,** das der Feststellung der durch einen Mieter verursachten Bodenverunreinigungen dient, können als

Werbungskosten abziehbar sein (→ BFH vom 17.7.2007 – BStBl. II S. 941).

– **Grunderwerbsteuer** nach § 1 Abs. 2a GrEStG **bei Gesellschafterwechsel** (→ BFH vom 2.9.2014 – BStBl. 2015 II S. 260).
– Aufwendungen für eine auf Dauer angelegte **Testamentsvollstreckung** können bei den aus der Verwaltung des Nachlasses erzielten Einkünften aus Vermietung und Verpachtung als Werbungskosten abgezogen werden. Werden aus dem Nachlass noch andere Einkünfte erzielt, kommt es für die Aufteilung der Aufwendungen auf die verschiedenen Einkunftsarten auf die Zusammensetzung des Nachlasses im jeweiligen VZ an, wenn sich der Anspruch des Testamentsvollstreckers nach dem Nachlasswert bemisst (→ BFH vom 8.11.2017 – BStBl. 2018 II S. 191).
– Zu verlorenen Aufwendungen bei **gescheitertem Immobilienerwerb** → BFH vom 9.5.2017 (BStBl. 2018 II S. 168).[1]

Keine Werbungskosten.[2]

– Aufwendungen zur **Schadensbeseitigung,** zu denen sich der Verkäufer im Kaufvertrag über sein Mietwohngrundstück verpflichtet hat (→ BFH vom 23.1.1990 – BStBl. II S. 465).
– Zahlungen anteiliger Grundstückserträge an den geschiedenen Ehegatten auf Grund eines **Scheidungsfolgevergleichs** zur Regelung des Zugewinnausgleichs (→ BFH vom 8.12.1992 – BStBl. 1993 II S. 434).
– **Veruntreute Geldbeträge** durch einen Miteigentümer (→ BFH vom 20.12.1994 – BStBl. 1995 II S. 534).
– Aufwendungen für die **geplante** Veräußerung eines Grundstücks, auch wenn das Grundstück tatsächlich weiterhin vermietet wird (→ BFH vom 19.12.1995 – BStBl. 1996 II S. 198).
– Aufwendungen, die auf eine Zeit entfallen, in der der Stpfl. die Absicht hatte, die angeschaffte oder hergestellte Wohnung **selbst zu beziehen,** auch wenn er sich anschließend zu deren Vermietung entschlossen hat (→ BFH vom 23.7.1997 – BStBl. 1998 II S. 15).
– Aufwendungen eines mit einem vermieteten Grundstück Beschenkten, die auf Grund eines **Rückforderungsanspruchs** des Schenkers wegen Verarmung gem. § 528 Abs. 1 BGB geleistet werden (→ BFH vom 19.12.2000 – BStBl. 2001 II S. 342).
– Aufwendungen, die allein oder ganz überwiegend durch die **Veräußerung** des Mietwohnobjekts veranlasst oder die im Rahmen einer Grundstücksveräußerung für vom Verkäufer zu erbringende Reparaturen angefallen sind. Dies gilt auch dann, wenn die betreffenden Arbeiten noch während der Vermietungszeit durchgeführt werden (→ BFH vom 14.12.2004 – BStBl. 2005 II S. 343). Entsprechendes gilt bei einer gescheiterten Grundstücksveräußerung (→ BFH vom 1.8.2012 – BStBl. II S. 781).
– Im **Restitutionsverfahren** nach dem VermG zum Ausgleich von Instandsetzungs- und Modernisierungsaufwendungen an einem rücküber-

---

[1] Zur Abgrenzung bei sog. Aufgabeaufwendungen siehe BFH v. 19.7.2022 IX R 18/20, BStBl. II 2023, 173.

[2] Kursverluste bei Fremdwährungsdarlehen sind nicht als Werbungskosten abziehbar; siehe BFH v. 9.11.1993 IX R 81/90, BStBl. II 1994, 289, und v. 23.11.2016 IX B 42/16, BFH/NV 2017, 287.

tragenen Gebäude geleistete Zahlungen (→ BFH vom 11.1.2005 – BStBl. II S. 477).
- **Abstandszahlungen** an den Mieter zur vorzeitigen Räumung der Wohnung, wenn der Vermieter deren Nutzung zu eigenen Wohnzwecken beabsichtigt (→ BFH vom 7.7.2005 – BStBl. II S. 760).
- **Verluste aus Optionsgeschäften,** auch dann nicht, wenn Mieteinnahmen dazu verwendet werden, die Optionsgeschäfte durchzuführen und beabsichtigt ist, die angelegten Beträge wiederum für Zwecke der Vermietung zu verwenden (→ BFH vom 18.9.2007 – BStBl. 2008 II S. 26).
- **Prozess- und Anwaltskosten,** die mit dem Antrag auf Auflösung einer Grundstücksgemeinschaft durch Verkauf des gemeinschaftlichen, bislang vermieteten Grundstücks im Wege der Teilungsversteigerung verbunden sind (→ BFH vom 19.3.2013 – BStBl. II S. 536).
- **Beiträge für Risikolebensversicherungen,** welche der Absicherung von Darlehen dienen, die zur Finanzierung der Anschaffungskosten einer der Einkünfteerzielung dienenden Immobilie aufgenommen werden (→ BFH vom 13.10.2015 – BStBl. 2016 II S. 210).
- **Vergütung des Verbraucherinsolvenztreuhänders;** diese ist insgesamt dem Privatbereich des Stpfl. zuzuordnen und kann nicht – auch nicht anteilig – bei den Einkünften aus Vermietung und Verpachtung abgezogen werden (→ BFH vom 4.8.2016 – BStBl. 2017 II S. 276).

Zwangsverwaltung. Zur Ermittlung der Einkünfte für den Zeitraum einer Zwangsverwaltung → BMF vom 3.5.2017 (BStBl. I S. 718), Rn. 28–32.

Zweitwohnungssteuer. Die Zweitwohnungssteuer ist mit dem auf die Vermietung der Wohnung an wechselnde Feriengäste entfallenden zeitlichen Anteil als Werbungskosten abziehbar (→ BFH vom 15.10.2002 – BStBl. 2003 II S. 287).

R 21.3 Verbilligt überlassene Wohnung

[1] In den Fällen des § 21 Abs. 2 EStG ist von der ortsüblichen Marktmiete für Wohnungen vergleichbarer Art, Lage und Ausstattung auszugehen. [2] Die ortsübliche Marktmiete umfasst die ortsübliche Kaltmiete zuzüglich der nach der Betriebskostenverordnung[1)] umlagefähigen Kosten.

H 21.3

Einkünfteerzielungsabsicht bei verbilligter Überlassung einer Wohnung. → BMF vom 8.10.2004 (BStBl. I S. 933).

Gewinneinkünfte.
- § 21 Abs. 2 EStG ist auf Gewinneinkünfte nicht entsprechend anzuwenden (→ BFH vom 29.4.1999 – BStBl. II S. 652).
- → H 4.7 (Teilentgeltliche Überlassung).

Ortsübliche Marktmiete.
- Unter ortsüblicher Miete für Wohnungen vergleichbarer Art, Lage und Ausstattung ist die ortsübliche Kaltmiete zuzüglich der nach der Be-

---

1) **Steuergesetze** Nr. **445**.

triebskostenverordnung umlagefähigen Kosten zu verstehen (→ BFH vom 10.5.2016 – BStBl. II S. 835).

– Die ortsübliche Miete ist grundsätzlich auf der Basis des Mietspiegels zu bestimmen. Kann ein Mietspiegel nicht zugrunde gelegt werden oder ist er nicht vorhanden, kann die ortsübliche Miete z. B. mit Hilfe eines mit Gründen versehenen Gutachtens eines öffentlich bestellten und vereidigten Sachverständigen i. S. d. § 558a Abs. 2 Nr. 3 BGB, durch die Auskunft aus einer Mietdatenbank i. S. d. § 558a Abs. 2 Nr. 2 BGB i. V. m. § 558e BGB oder durch Zugrundelegung der Entgelte für zumindest drei vergleichbare Wohnungen i. S. d. § 558a Abs. 2 Nr. 4 BGB ermittelt werden. Jeder dieser Ermittlungswege ist gleichrangig (→ BFH vom 22.2.2021 – BStBl. II S. 479).

– Bei der Überlassung von (teil-)möblierten Wohnungen ist für die Berechnung der ortsüblichen Miete grundsätzlich ein **Möblierungszuschlag** anzusetzen, der am Markt zu realisieren ist. Soweit der Mietspiegel für die überlassenen Möbel einen prozentualen Zuschlag oder eine Erhöhung des Ausstattungsfaktors vorsieht, ist dies als marktüblich anzusehen. Lässt sich aus dem Mietspiegel kein am Markt realisierbarer Möblierungszuschlag entnehmen, kann ein erforderlicher Zuschlag auf der Grundlage des örtlichen Mietmarkts für möblierte Wohnungen ermittelt werden (z. B. durch Sachverständigengutachten oder Rückgriff auf aktuellere Entwicklungen auf dem maßgebenden Mietmarkt/Neuauflagen des örtlichen Mietspiegels). Ist ein marktüblicher Gebrauchswert für die überlassenen Möbel nicht zu ermitteln, kommt ein Möblierungszuschlag nicht in Betracht. Die Annahme eines Möblierungszuschlags in Höhe der monatlichen AfA für die überlassenen Möbel (zuzüglich eines Gewinnaufschlags) ist nicht zulässig (→ BFH vom 6.2.2018 – BStBl. II S. 522).

Überlassung an fremde Dritte. Die Nutzungsüberlassung ist in den Fällen des § 21 Abs. 2 EStG selbst dann in einen entgeltlichen und einen unentgeltlichen Teil aufzuteilen, wenn die Wohnung einem fremden Dritten überlassen wird und der Stpfl. aus vertraglichen oder tatsächlichen Gründen gehindert ist, das vereinbarte Entgelt zu erhöhen (→ BFH vom 28.1.1997 – BStBl. II S. 605).

R 21.4 Miet- und Pachtverträge zwischen Angehörigen und Partnern einer nichtehelichen Lebensgemeinschaft

Die für die steuerliche Beurteilung von Verträgen zwischen Ehegatten geltenden Grundsätze können nicht auf Verträge zwischen Partnern einer nichtehelichen Lebensgemeinschaft – ausgenommen eingetragene Lebenspartnerschaften – übertragen werden, es sei denn, dass der Vertrag die gemeinsam genutzte Wohnung betrifft.

H 21.4

Fremdvergleich. Im Rahmen des Fremdvergleichs (→ H 4.8) schließt nicht jede Abweichung vom Üblichen notwendigerweise die steuerliche Anerkennung aus. Voraussetzung ist aber, dass die Hauptpflichten der Mietvertragsparteien wie Überlassen einer konkret bestimmten Mietsache und Höhe der zu entrichtenden Miete stets klar und eindeutig vereinbart sowie entsprechend dem Vereinbarten durchgeführt werden. Diese Anforderungen sind auch an nachträgliche Vertragsänderungen zu stellen (→ BFH vom 20.10.1997 – BStBl. 1998 II S. 106). Die steuerliche Anerkennung des Mietverhältnisses ist danach **nicht allein dadurch ausgeschlossen,** dass

- die Mieterin, nachdem der Vermieter sein Konto aufgelöst hat, die Miete wie mündlich vereinbart vorschüssig bar bezahlt (→ BFH vom 7.5.1996 – BStBl. 1997 II S. 196),
- keine schriftliche Vereinbarung hinsichtlich der Nebenkosten getroffen worden ist und z.B. der Umfang der auf die Wohnung entfallenden Nebenkosten unter Berücksichtigung der sonstigen Pflichten unbedeutend ist (→ BFH vom 21.10.1997 – BStBl. 1998 II S. 108 und vom 17.2.1998 – BStBl. II S. 349),
- ein Mietvertrag mit einem Angehörigen nach seinem Inhalt oder in seiner Durchführung Mängel aufweist, die auch bei einem mit einem Fremden abgeschlossenen Mietverhältnis aufgetreten sind (→ BFH vom 28.6.2002 – BStBl. II S. 699),
- ein Ehegatte dem anderen seine an dessen Beschäftigungsort belegene und im Rahmen einer doppelten Haushaltsführung genutzte Wohnung zu fremdüblichen Bedingungen vermietet (→ BFH vom 11.3.2003 – BStBl. II S. 627),
- eine verbilligte Vermietung vorliegt (→ BFH vom 22.7.2003 – BStBl. II S. 806).

Das Mietverhältnis ist jedoch steuerlich **nicht anzuerkennen,** wenn

- die Mietzahlungen entgegen der vertraglichen Vereinbarung nicht regelmäßig, sondern in einem späteren Jahr in einem Betrag gezahlt werden (→ BFH vom 19.6.1991 – BStBl. 1992 II S. 75),
- nicht feststeht, dass die gezahlte Miete tatsächlich endgültig aus dem Vermögen des Mieters in das des Vermieters gelangt. Ein Beweisanzeichen dafür kann sich insbesondere daraus ergeben, dass der Mieter wirtschaftlich nicht oder nur schwer in der Lage ist, die Miete aufzubringen (→ BFH vom 28.1.1997 – BStBl. II S. 655),
- eine Einliegerwohnung zur Betreuung eines Kleinkindes an die Großeltern vermietet wird, die am selben Ort weiterhin über eine größere Wohnung verfügen (→ BFH vom 14.1.1992 – BStBl. II S. 549),
- Wohnräume im Haus der Eltern, die keine abgeschlossene Wohnung bilden, an volljährige unterhaltsberechtigte Kinder vermietet werden (→ BFH vom 16.1.2003 – BStBl. II S. 301).

Nichteheliche Lebensgemeinschaft. Keine einkommensteuerliche Anerkennung eines Mietverhältnisses zwischen Partnern einer nichtehelichen Lebensgemeinschaft über eine gemeinsam bewohnte Wohnung (→ BFH vom 30.1.1996 – BStBl. II S. 359).

Sicherungsnießbrauch. Die gleichzeitige Vereinbarung eines Nießbrauchs und eines Mietvertrages steht der steuerlichen Anerkennung des Mietverhältnisses jedenfalls dann nicht entgegen, wenn das dingliche Nutzungsrecht lediglich zur Sicherung des Mietverhältnisses vereinbart und nicht tatsächlich ausgeübt wird (→ BFH vom 3.2.1998 – BStBl. II S. 539).

Vermietung an Angehörige nach Grundstücksübertragung. Eine **rechtsmissbräuchliche Gestaltung** bei Mietverträgen unter Angehörigen **liegt nicht vor,** wenn der Mieter

- vor Abschluss des Mietvertrags das Grundstück gegen wiederkehrende Leistungen auf den Vermieter übertragen hat (→ BFH vom 10.12.2003 – BStBl. 2004 II S. 643),
- auf das im Zusammenhang mit der Grundstücksübertragung eingeräumte unentgeltliche Wohnungsrecht verzichtet und stattdessen mit dem neuen Eigentümer einen Mietvertrag abgeschlossen hat (→ BFH vom 17.12.2003 – BStBl. 2004 II S. 646).

Das Mietverhältnis ist jedoch wegen rechtsmissbräuchlicher Gestaltung steuerlich **nicht anzuerkennen,** wenn

- ein im Zusammenhang mit einer Grundstücksübertragung eingeräumtes unentgeltliches Wohnungsrecht gegen Vereinbarung einer dauernden Last aufgehoben und gleichzeitig ein Mietverhältnis mit einem Mietzins in Höhe der dauernden Last vereinbart wird (→ BFH vom 17.12.2003 – BStBl. 2004 II S. 648).
- → Fremdvergleich.

Vermietung an Unterhaltsberechtigte. Mietverträge mit Angehörigen sind nicht bereits deshalb rechtsmissbräuchlich, weil der Stpfl. dem Angehörigen gegenüber unterhaltsverpflichtet ist und die Miete aus den geleisteten Unterhaltszahlungen erbracht wird. Nicht rechtsmissbräuchlich ist daher ein Mietverhältnis mit:

- der unterhaltsberechtigten Mutter (→ BFH vom 19.12.1995 – BStBl. 1997 II S. 52),
- der volljährigen Tochter und deren Ehemann (→ BFH vom 28.1.1997 – BStBl. II S. 599),
- dem geschiedenen oder dauernd getrennt lebenden Ehegatten, wenn die Miete mit dem geschuldeten Barunterhalt verrechnet wird (→ BFH vom 16.1.1996 – BStBl. II S. 214). Wird dagegen eine Wohnung aufgrund einer Unterhaltsvereinbarung zu Wohnzwecken überlassen und dadurch der Anspruch des Unterhaltsberechtigten auf Barunterhalt vermindert, liegt kein Mietverhältnis vor (→ BFH vom 17.3.1992 – BStBl. II S. 1009). Zum Abzug des Mietwerts als Sonderausgabe i. S. d. § 10 Abs. 1a Nr. 1 EStG → H 10.2 (Wohnungsüberlassung),
- unterhaltsberechtigten Kindern, auch wenn das Kind die Miete durch Verrechnung mit dem Barunterhalt der Eltern zahlt (→ BFH vom 19.10.1999 – BStBl. 2000 II S. 223 und S. 224) oder die Miete aus einer einmaligen Geldschenkung der Eltern bestreitet (→ BFH vom 28.3.1995 – BStBl. 1996 II S. 59). Das Mietverhältnis ist allerdings nicht anzuerkennen, wenn Eltern und Kinder noch eine Haushaltsgemeinschaft bilden (→ BFH vom 19.10.1999 – BStBl. 2000 II S. 224).

Vorbehaltsnießbrauch. Ist das mit dem Vorbehaltsnießbrauch belastete Grundstück vermietet, erzielt der Nießbraucher Einkünfte aus Vermietung und Verpachtung. Dies gilt auch, wenn der Nießbraucher das Grundstück dem Grundstückseigentümer entgeltlich zur Nutzung überlässt (→ BMF vom 30.9.2013 – BStBl. I S. 1184, Rz. 41).

Wechselseitige Vermietung und Gestaltungsmissbrauch.

– Keine einkommensteuerliche Berücksichtigung, wenn planmäßig in etwa gleichwertige Wohnungen von Angehörigen angeschafft bzw. in Wohnungseigentum umgewandelt werden, um sie sogleich wieder dem anderen zu vermieten (→ BFH vom 19.6.1991 – BStBl. II S. 904 und vom 25.1.1994 – BStBl. II S. 738).

– Mietrechtliche Gestaltungen sind insbesondere dann unangemessen i. S. v. § 42 AO, wenn derjenige, der einen Gebäudeteil für eigene Zwecke benötigt, einem anderen daran die wirtschaftliche Verfügungsmacht einräumt, um ihn anschließend wieder zurück zu mieten (→ BFH vom 9.10.2013 – BStBl. 2014 II S. 527).

– Überträgt der Alleineigentümer von zwei Eigentumswohnungen einem nahen Angehörigen nicht die an diesen vermietete, sondern die von ihm selbstgenutzte Wohnung, stellt das gleichzeitig für diese Wohnung abgeschlossene Mietverhältnis mit dem nahen Angehörigen keinen Gestaltungsmissbrauch i. S. d. § 42 AO dar (→ BFH vom 12.9.1995 – BStBl. 1996 II S. 158).

R **21.5** Behandlung von Zuschüssen

(1) [1] Zuschüsse zur Finanzierung von Baumaßnahmen aus öffentlichen oder privaten Mitteln, die keine Mieterzuschüsse sind (z. B. Zuschuss einer Flughafengesellschaft für den Einbau von Lärmschutzfenstern), gehören grundsätzlich nicht zu den Einnahmen aus Vermietung und Verpachtung. [2] Handelt es sich bei den bezuschussten Aufwendungen um Herstellungskosten, sind ab dem Jahr der Bewilligung die AfA, die erhöhten Absetzungen oder die Sonderabschreibungen nach den um den Zuschuss verminderten Herstellungskosten zu bemessen; → R 7.3 Abs. 4 Satz 2 und R 7a Abs. 4. [3] Das gilt auch bei Zufluss des Zuschusses in mehreren Jahren. [4] Wird der Zuschuss zurückgezahlt, sind vom Jahr des Entstehens der Rückzahlungsverpflichtung an die AfA oder die erhöhten Absetzungen oder die Sonderabschreibungen von der um den Rückzahlungsbetrag erhöhten Bemessungsgrundlage vorzunehmen. [5] Handelt es sich bei den bezuschussten Aufwendungen um Erhaltungsaufwendungen oder Schuldzinsen, sind diese nur vermindert um den Zuschuss als Werbungskosten abziehbar. [6] Fällt die Zahlung des Zuschusses und der Abzug als Werbungskosten nicht in einen VZ, rechnet der Zuschuss im Jahr der Zahlung zu den Einnahmen aus Vermietung und Verpachtung. [7] Wählt der Stpfl. eine gleichmäßige Verteilung nach §§ 11a, 11b EStG oder § 82b EStDV, mindern die gezahlten Zuschüsse im Jahr des Zuflusses die zu verteilenden Erhaltungsaufwendungen. [8] Der verbleibende Betrag ist gleichmäßig auf den verbleibenden Abzugszeitraum zu verteilen. [9] Soweit der Zuschuss die noch nicht berücksichtigten Erhaltungsaufwendungen übersteigt oder wird er erst nach Ablauf des Verteilungszeitraums gezahlt, rechnet der Zuschuss zu den Einnahmen aus Vermietung und Verpachtung. [10] Hat der Stpfl. die Zuschüsse zurückgezahlt, sind sie im Jahr der Rückzahlung als Werbungskosten abzuziehen.

(2) Abweichend von Absatz 1 handelt es sich bei Zuschüssen, die keine Mieterzuschüsse sind, im Kalenderjahr des Zuflusses um Einnahmen aus Vermietung und Verpachtung, wenn sie eine Gegenleistung für die Gebrauchsüberlassung des Grundstücks darstellen (z. B. Zuschuss als Gegenleistung für eine Mietpreisbindung oder Nutzung durch einen bestimmten Personenkreis); § 11 Abs. 1 Satz 3 EStG ist zu beachten.

(3) [1] Vereinbaren die Parteien eines Mietverhältnisses eine Beteiligung des Mieters an den Kosten der Herstellung des Gebäudes oder der Mieträume oder lässt der Mieter die Mieträume auf seine Kosten wieder herrichten und einigt er sich mit dem Vermieter, dass die Kosten ganz oder teilweise verrechnet werden, entsteht dem Mieter ein Rückzahlungsanspruch, der in der Regel durch Anrechnung des vom Mieter aufgewandten Betrags (Mieterzuschuss) auf den Mietzins wie eine Mietvorauszahlung befriedigt wird. [2] Für Mieterzuschüsse ist § 11 Abs. 1 Satz 3 EStG zu beachten. [3] Als vereinnahmte Miete ist dabei jeweils die tatsächlich gezahlte Miete zuzüglich des anteiligen Vorauszahlungsbetrags anzusetzen. [4] Satz 3 gilt nur für die vereinnahmte Nettomiete, nicht für vereinnahmte Umsatzsteuerbeträge. [5] Die AfA nach § 7 EStG und die erhöhten Absetzungen oder Sonderabschreibungen sind von den gesamten Herstellungskosten (eigene Aufwendungen des Vermieters zuzüglich Mieterzuschüsse) zu berechnen. [6] Hat ein Mieter Kosten getragen, die als Erhaltungsaufwand zu behandeln sind, sind aus Vereinfachungsgründen nur die eigenen Kosten des Vermieters als Werbungskosten zu berücksichtigen. [7] Wird ein Gebäude während des Verteilungszeitraums veräußert, in ein Betriebsvermögen eingebracht oder nicht mehr zur Erzielung von Einkünften i. S. d. § 2 Abs. 1 Satz 1 Nr. 4 bis 7 EStG genutzt, ist der noch nicht als Mieteinnahme berücksichtigte Teil der Mietvorauszahlung in dem betreffenden VZ als Einnahme bei den Einkünften aus Vermietung und Verpachtung anzusetzen. [8] In Veräußerungsfällen erhöhen sich seine Mieteinnahmen insoweit nicht, als unberücksichtigte Zuschussteile durch entsprechende Minderung des Kaufpreises und Übernahme der Verpflichtung gegenüber den Mietern auf den Käufer übergegangen sind.

(4) Entfallen Zuschüsse auf eine eigengenutzte oder unentgeltlich an Dritte überlassene Wohnung, gilt Folgendes:

1. Handelt es sich bei den bezuschussten Aufwendungen um Herstellungs- oder Anschaffungskosten, für die der Stpfl. die Steuerbegünstigung nach § 10f Abs. 1 EStG oder § 7 FördG, die Eigenheimzulage oder die Investitionszulage nach § 4 InvZulG 1999 in Anspruch nimmt, gilt Absatz 1 Satz 2 bis 4 entsprechend.
2. Handelt es sich bei den bezuschussten Aufwendungen um Erhaltungsaufwand, für den der Stpfl. die Steuerbegünstigung nach § 10f Abs. 2 EStG oder § 7 FördG oder die Investitionszulage nach § 4 InvZulG 1999 in Anspruch nimmt, gilt Absatz 1 Satz 5 und 10 entsprechend.

H 21.5

Zuschüsse.

– Zuschüsse, die eine Gemeinde für die Durchführung bestimmter Maßnahmen, die der Erhaltung, Erneuerung und funktionsgerechten Verwendung des Gebäudes dienen, unabhängig von der Nutzung des Gebäudes gewährt, mindern die Herstellungskosten und sind nicht als Einnahmen aus Vermietung und Verpachtung zu behandeln. Die Herstellungskosten sind auch dann um einen Zuschuss zu kürzen, wenn der Stpfl. im Vorjahr einen Zuschuss als Einnahme behandelt hatte (→ BFH vom 26.3.1991 – BStBl. 1992 II S. 999).

– Der Zuschuss einer Gemeinde zum Bau einer Tiefgarage ohne Vereinbarung einer Mietpreisbindung oder Nutzung durch bestimmte Personen mindert die Herstellungskosten. Die mit dem Zuschuss verbundene Verpflichtung, die Tiefgarage der Öffentlichkeit gegen Entgelt zur Verfügung zu stellen, ist keine Gegenleistung des Empfängers (→ BFH vom 23.3.1995 – BStBl. II S. 702).
– Öffentliche Fördermittel (Zuschüsse oder nicht rückzahlbare Darlehen), die ein Bauherr im Rahmen des sog. Dritten Förderungswegs für Belegungs- und Mietpreisbindungen erhält, sind im Zuflussjahr Einnahmen aus Vermietung und Verpachtung (→ BFH vom 14.10.2003 – BStBl. 2004 II S. 14).

R 21.6 Miteigentum und Gesamthand

[1]Die Einnahmen und Werbungskosten sind den Miteigentümern grundsätzlich nach dem Verhältnis der nach bürgerlichem Recht anzusetzenden Anteile zuzurechnen. [2]Haben die Miteigentümer abweichende Vereinbarungen getroffen, sind diese maßgebend, wenn sie bürgerlich-rechtlich wirksam sind und hierfür wirtschaftlich vernünftige Gründe vorliegen, die grundstücksbezogen sind. [3]AfA oder erhöhte Absetzungen und Sonderabschreibungen können nur demjenigen Miteigentümer zugerechnet werden, der die Anschaffungs- oder Herstellungskosten getragen hat.

H 21.6

Abweichende Zurechnung.[1)]

– Treffen Angehörige als Miteigentümer eine vom zivilrechtlichen Beteiligungsverhältnis abweichende Vereinbarung über die Verteilung der Einnahmen und Ausgaben, ist diese steuerrechtlich nur beachtlich, wenn sie in Gestaltung und Durchführung dem zwischen fremden Dritten Üblichen entspricht; Korrekturmöglichkeit einer unzutreffenden Verteilung im gerichtlichen Verfahren auch dann noch, wenn Gesamtüberschuss bestandskräftig festgestellt ist, weil lediglich die Verteilung des festgestellten Überschusses angefochten wurde (→ BFH vom 31.3.1992 – BStBl. II S. 890).
– Trägt der Gesellschafter einer GbR deren Werbungskosten über den seiner Beteiligung entsprechenden Anteil hinaus, sind ihm diese Aufwendungen im Rahmen der einheitlichen und gesonderten Feststellung der Einkünfte aus Vermietung und Verpachtung der Gesellschaft ausnahms-

1) Zu einer gesellschaftsvertraglichen Ergebniszuweisung einer vermögensverwaltenden GbR bei Gesellschafterwechsel während des Geschäftsjahres siehe BFH v. 25.9.2018 IX R 35/17, BStBl. II 2019, 167.

weise dann allein zuzurechnen, wenn insoweit weder eine Zuwendung an Mitgesellschafter beabsichtigt ist noch gegen diese ein durchsetzbarer Ausgleichsanspruch besteht (→ BFH vom 23.11.2004 – BStBl. 2005 II S. 454).

Einbringung von Miteigentumsanteilen. → H 7.3 (Anschaffungskosten).

Mietverhältnis zwischen GbR und Gesellschafter. Der Mietvertrag zwischen einer GbR und einem Gesellschafter ist steuerrechtlich nicht anzuerkennen, soweit diesem das Grundstück nach § 39 Abs. 2 Nr. 2 AO anteilig zuzurechnen ist (→ BFH vom 18.5.2004 – BStBl. II S. 898).

Miteigentum. A und B sind zu je $^1/_2$ Miteigentümer eines Hauses mit drei gleich großen Wohnungen. Wohnung 1 vermietet die Gemeinschaft an B zu Wohnzwecken, Wohnung 2 überlassen A und B ihren Eltern unentgeltlich zu Wohnzwecken, Wohnung 3 wird an Dritte vermietet.

Hinsichtlich Wohnung 3 ist davon auszugehen, dass A und B diese gemeinschaftlich vermieten (→ BFH vom 26.1.1999 – BStBl. II S. 360). Auch Wohnung 2 nutzen A und B durch die unentgeltliche Überlassung an die Eltern gemeinschaftlich.

Die Nutzung von Wohnung 1 durch B zu eigenen Wohnzwecken führt nicht zum vorrangigen „Verbrauch" seines Miteigentumsanteils. Bei gemeinschaftlichem Bruchteilseigentum wird die Sache selbst weder real noch ideell geteilt; geteilt wird nur die Rechtszuständigkeit am gemeinschaftlichen Gegenstand. Dementsprechend ist nicht das Gebäude, sondern – im Rahmen einer Vereinbarung nach § 745 Abs. 1 BGB – das Nutzungsrecht am Gebäude zwischen A und B aufgeteilt worden. A hat B – abweichend von § 743 Abs. 2 BGB – einen weitergehenden Gebrauch der gemeinschaftlichen Sache eingeräumt. Hierfür stünde A ein Entschädigungsanspruch aus § 745 Abs. 2 BGB zu. Stattdessen hat er zugunsten von B gegen Entgelt auf sein Mitgebrauchsrecht verzichtet und B die Wohnung 1 zur Alleinnutzung überlassen. A erzielt insoweit Einkünfte aus Vermietung und Verpachtung (→ BFH vom 18.5.2004 – BStBl. II S. 929).

Unterbeteiligung an einer Personengesellschaft. Ein Unterbeteiligter an einer Personengesellschaft erzielt dann keine Einkünfte aus Vermietung und Verpachtung, wenn er nicht nach außen als Vermieter in Erscheinung tritt und der Hauptbeteiligte ihn nur auf schuldrechtlicher Grundlage am Einnahmeüberschuss und am Auseinandersetzungsguthaben beteiligt sowie ihm nur in bestimmten Gesellschaftsangelegenheiten Mitwirkungsrechte einräumt (→ BFH vom 17.12.1996 – BStBl. 1997 II S. 406).

R 21.7 Substanzausbeuterecht *(unbesetzt)*

H 21.7

Abgrenzung Pacht-/Kaufvertrag.

– Die zeitlich begrenzte Überlassung von Grundstücken zur Hebung der darin ruhenden Bodenschätze (sog. Ausbeuteverträge) ist grundsätzlich als Pachtvertrag zu beurteilen. Nur wenn sich der zu beurteilende Sachverhalt als Übertragung des überlassenen Gegenstands/Rechts darstellt und der Vertrag keine wesentlichen veräußerungsatypischen Elemente enthält, können Ausbeuteverträge als Veräußerungsvorgänge angesehen werden. Ein solcher Ausnahmefall kann z. B. vorliegen

- bei einem zeitlich begrenzten Abbau und der Lieferung einer fest begrenzten Menge an Bodensubstanz (→ BFH vom 19.7.1994 – BStBl. II S. 846),
- bei endgültiger und unwiederbringlicher Veräußerung und Übertragung eines Rechts/einer Abbaugerechtigkeit (→ BFH vom 11.2.2014 – BStBl. II S. 566).

– Einnahmen aus Vermietung und Verpachtung sind:

- Entgelte für die Ausbeute von Bodenschätzen (→ BFH vom 21.7. 1993 – BStBl. 1994 II S. 231 und vom 4.12.2006 – BStBl. 2007 II S. 508),
- Entgelt für die Überlassung eines Grundstücks, wenn dieses zwar bürgerlich-rechtlich übereignet wird, die Vertragsparteien aber die Rückübertragung nach Beendigung der Ausbeute vereinbaren (→ BFH vom 5.10.1973 – BStBl. 1974 II S. 130); dies gilt auch bei zusätzlicher Vereinbarung einer Steuerklausel, wenn diese dem Finanzamt nicht rechtzeitig offenbart wird (→ BFH vom 24.11.1992 – BStBl. 1993 II S. 296),
- Entgelt aus dem Verkauf eines bodenschatzführenden Grundstücks, wenn die Auslegung der Bestimmungen des Kaufvertrags ergibt oder aus außerhalb des Vertrags liegenden Umständen zu ersehen ist, dass die Vertragsparteien keine dauerhafte Eigentumsübertragung, sondern eine zeitlich begrenzte Überlassung zur Substanzausbeute anstreben (→ BFH vom 11.2.2014 – BStBl. II S. 566).

Entschädigungen. Neben Förderzinsen zum Abbau von Bodenschätzen gezahlte Entschädigungen für entgangene/entgehende Einnahmen sind keine Einnahmen aus Vermietung und Verpachtung, sondern Betriebseinnahmen, wenn die Flächen im Betriebsvermögen bleiben (→ BFH vom 15.3.1994 – BStBl. II S. 840).

Wertminderung des Grund und Bodens. Wird die Substanz bislang land- und forstwirtschaftlich genutzten Grund und Bodens durch den Abbau eines Bodenvorkommens zerstört oder wesentlich beeinträchtigt, steht die Verlustausschlussklausel des § 55 Abs. 6 EStG der Berücksichtigung der Wertminderung als Werbungskosten bei den Einkünften aus Vermietung und Verpachtung entgegen (→ BFH vom 16.10.1997 – BStBl. 1998 II S. 185).

Zu § 22 EStG
(§ 55 EStDV)

R 22.1 Besteuerung von wiederkehrenden Bezügen mit Ausnahme der Leibrenten

(1) [1]Wiederkehrende Bezüge sind als sonstige Einkünfte nach § 22 Nr. 1 Satz 1 EStG zu erfassen, wenn sie nicht zu anderen Einkunftsarten gehören

und soweit sie sich bei wirtschaftlicher Betrachtung nicht als Kapitalrückzahlungen, z. B. Kaufpreisraten, darstellen. [2]Wiederkehrende Bezüge setzen voraus, dass sie auf einem einheitlichen Entschluss oder einem einheitlichen Rechtsgrund beruhen und mit einer gewissen Regelmäßigkeit wiederkehren. [3]Sie brauchen jedoch nicht stets in derselben Höhe geleistet zu werden. [4]Deshalb können Studienzuschüsse, die für einige Jahre gewährt werden, wiederkehrende Bezüge sein.

(2) [1]Wiederkehrende Zuschüsse und sonstige Vorteile sind entsprechend der Regelung in § 12 Nr. 2 EStG und § 22 Nr. 1 Satz 2 EStG entweder vom Geber oder vom Empfänger zu versteuern. [2]Soweit die Bezüge nicht auf Grund des § 3 EStG steuerfrei bleiben, sind sie vom Empfänger als wiederkehrende Bezüge zu versteuern, wenn sie der unbeschränkt steuerpflichtige Geber als Betriebsausgaben oder Werbungskosten abziehen kann.

H 22.1

Stiftung. → H 20.2.

Stipendien. Leistungen aus einem Stipendium für die Aus- und Fortbildung eines Stipendiaten können steuerbare wiederkehrende Bezüge gemäß § 22 Nr. 1 Satz 1 i. V. m. Satz 3 Buchst. b EStG sein. Voraussetzung ist, dass die Weiterbildung im Rahmen eines Dienst- oder vergleichbaren Rechtsverhältnisses erfolgt, die Leistungen aus dem Stipendium an die Erfüllung der sich aus einem solchen Rechtsverhältnis ergebenden Verpflichtungen anknüpfen und die fehlende Entlohnung aus jenem Rechtsverhältnis ausgleichen sollen (→ BFH vom 8.7.2020 – BStBl. 2021 II S. 557).

Verpfändung eines GmbH-Anteils. Verpfändet ein an einem Darlehensverhältnis nicht beteiligter Dritter einen GmbH-Anteil zur Sicherung des Darlehens, kann die Vergütung, die der Dritte dafür erhält, entweder zu Einkünften aus wiederkehrenden Bezügen i. S. d. § 22 Nr. 1 Satz 1 1. Halbsatz EStG oder zu Einkünften aus Leistungen i. S. d. § 22 Nr. 3 EStG führen (→ BFH vom 14.4.2015 – BStBl. II S. 795).

Vorweggenommene Erbfolge.
- → BMF vom 11.3.2010 (BStBl. I S. 227),[1), 2)] Rz. 81.
- Ein gesamtberechtigter Ehegatte versteuert ihm zufließende Altenteilsleistungen anlässlich einer vorweggenommenen Erbfolge im Regelfall auch dann nach § 22 Nr. 1 Satz 1 EStG, wenn er nicht Eigentümer des übergebenen Vermögens war. Der Abzugsbetrag nach § 24a EStG und der Pauschbetrag nach § 9a Satz 1 Nr. 3 EStG kann jedem Ehegatten gewährt werden, wenn er Einkünfte aus wiederkehrenden Bezügen hat (→ BFH vom 22.9.1993 – BStBl. 1994 II S. 107).

[1)] Geänd. durch BMF v. 6.5.2016, BStBl. I 2016, 476, mit Übergangsregelung.

[2)] Ergänzend siehe BMF v. 20.11.2019, BStBl. I 2019, 1291, geänd. durch BMF v. 5.5. 2021, BStBl. I 2021, 696, Rn. 40.

Wiederkehrende Bezüge sind nicht:

– Bezüge, die sich zwar wiederholen, bei denen aber die einzelne Leistung jeweils von einer neuen Entschlussfassung oder Vereinbarung abhängig ist (→ BFH vom 20.7.1971 – BStBl. 1972 II S. 170),
– Schadensersatzrenten zum Ausgleich vermehrter Bedürfnisse; sog. Mehrbedarfsrenten nach § 843 Abs. 1 2. Alternative BGB (→ BMF vom 15.7.2009 – BStBl. I S. 836),
– Schadensersatzrenten, die nach § 844 Abs. 2 BGB für den Verlust von Unterhaltsansprüchen oder nach § 845 BGB für entgangene Dienste gewährt werden (→ BMF vom 15.7.2009 – BStBl. I S. 836),
– Schmerzensgeldrenten nach § 253 Abs. 2 BGB (→ BMF vom 15.7.2009 – BStBl. I S. 836),
– Unterhaltsleistungen, die ein unbeschränkt Stpfl. von seinem nicht unbeschränkt steuerpflichtigen geschiedenen oder dauernd getrennt lebenden Ehegatten erhält (→ BFH vom 31.3.2004 – BStBl. II S. 1047),
– wiederkehrende Leistungen in schwankender Höhe, die ein pflichtteilsberechtigter Erbe auf Grund letztwilliger Verfügung des Erblassers vom Erben unter Anrechnung auf seinen Pflichtteil für die Dauer von 15 Jahren erhält; sie sind mit ihrem Zinsanteil steuerbar (→ BFH vom 26.11.1992 – BStBl. 1993 II S. 298),
– wiederkehrende Zahlungen als Gegenleistung für den Verzicht eines zur gesetzlichen Erbfolge Berufenen auf seinen potentiellen künftigen Erb- und/oder Pflichtteil (→ BFH vom 9.2.2010 – BStBl. II S. 818).

R 22.2 *(unbesetzt)*

R 22.3 Besteuerung von Leibrenten und anderen Leistungen i. S. d. § 22 Nr. 1 Satz 3 Buchstabe a Doppelbuchstabe aa EStG[1)]

(1) [1] Eine Leibrente kann vorliegen, wenn die Bemessungsgrundlage für die Bezüge keinen oder nur unbedeutenden Schwankungen unterliegt. [2] Veränderungen in der absoluten Höhe, die sich deswegen ergeben, weil die Bezüge aus gleichmäßigen Sachleistungen bestehen, stehen der Annahme einer Leibrente nicht entgegen.

(2) [1] Ist die Höhe einer Rente von mehreren selbständigen Voraussetzungen abhängig, kann einkommensteuerrechtlich eine lebenslängliche Leibrente erst ab dem Zeitpunkt angenommen werden, in dem die Voraussetzung für eine fortlaufende Gewährung der Rente in gleichmäßiger Höhe bis zum Lebensende des Berechtigten erstmals vorliegt. [2] Wird die Rente schon vor diesem Zeitpunkt zeitlich begrenzt nach einer anderen Voraussetzung oder in geringerer Höhe voraussetzungslos gewährt, handelt es sich um eine abgekürzte Leibrente.

H 22.3

Allgemeines. Der Besteuerung nach § 22 Nr. 1 Satz 3 Buchst. a Doppelbuchst. aa EStG unterliegen Leibrenten und andere Leistungen aus den

1) Zu Vorsorgeeinrichtungen nach der zweiten Säule der schweizerischen Altersvorsorge siehe BMF v. 27.7.2016, BStBl. I 2016, 759.

gesetzlichen Rentenversicherungen, den landwirtschaftlichen Alterskassen, den berufsständischen Versorgungseinrichtungen und aus Rentenversicherungen i. S. d. § 10 Abs. 1 Nr. 2 Buchstabe b EStG. Für die Besteuerung ist eine Unterscheidung dieser Leistungen zwischen Leibrente, abgekürzter Leibrente und Einmalzahlungen nur bei Anwendung der Öffnungsklausel von Bedeutung. Zu Einzelheiten zur Besteuerung → BMF vom 19.8.2013 (BStBl. I S. 1087) unter Berücksichtigung der Änderungen durch BMF vom 28.9.2021 (BStBl. I S. 1831)[1] und vom 10.1.2022 (BStBl. I S. 36), insbesondere Rz. 190–237.

Begriff der Leibrente.

– Der Begriff der Leibrente i. S. d. § 22 Nr. 1 Satz 3 Buchst. a EStG ist ein vom bürgerlichen Recht (§§ 759 ff. BGB) abweichender steuerrechtlicher Begriff. Er setzt gleich bleibende Bezüge voraus, die für die Dauer der Lebenszeit einer Bezugsperson gezahlt werden (→ BFH vom 15.7.1991 – BStBl. 1992 II S. 78).
– Aus dem Erfordernis der Gleichmäßigkeit ergibt sich, dass eine Leibrente nicht gegeben ist, wenn die Bezüge von einer wesentlich schwankenden Größe abhängen, z. B. vom Umsatz oder Gewinn eines Unternehmens; das gilt auch dann, wenn die Bezüge sich nach einem festen Prozentsatz oder einem bestimmten Verteilungsschlüssel bemessen (→ BFH vom 10.10.1963 – BStBl. III S. 592, vom 27.5.1964 – BStBl. III S. 475 und vom 25.11.1966 – BStBl. 1967 III S. 178).
– Die Vereinbarung von Wertsicherungsklauseln oder so genannten Währungsklauseln, die nur der Anpassung der Kaufkraft an geänderte Verhältnisse dienen sollen, schließen die Annahme einer Leibrente nicht aus (→ BFH vom 2.12.1966 – BStBl. 1967 III S. 179 und vom 11.8.1967 – BStBl. III S. 699). Unter diesem Gesichtspunkt liegt eine Leibrente auch dann vor, wenn ihre Höhe jeweils von der für Sozialversicherungsrenten maßgebenden Bemessungsgrundlage abhängt (→ BFH vom 30.11.1967 – BStBl. 1968 II S. 262). Ist auf die wertgesicherte Leibrente eine andere – wenn auch in unterschiedlicher Weise – wertgesicherte Leibrente anzurechnen, hat die Differenz zwischen beiden Renten ebenfalls Leibrentencharakter (→ BFH vom 5.12.1980 – BStBl. 1981 II S. 265).
– Eine grundsätzlich auf Lebensdauer einer Person zu entrichtende Rente bleibt eine Leibrente auch dann, wenn sie unter bestimmten Voraussetzungen, z. B. Wiederverheiratung, früher endet (→ BFH vom 5.12.1980 – BStBl. 1981 II S. 265).
– Durch die Einräumung eines lebenslänglichen Wohnrechts und die Versorgung mit elektrischem Strom und Heizung wird eine Leibrente nicht begründet (→ BFH vom 2.12.1966 – BStBl. 1967 III S. 243 und vom 12.9.1969 – BStBl. II S. 706).

[1] Weitere Änderungen durch BMF v. 10.1.2014, BStBl. I 2014, 70, v. 10.4.2015, BStBl. I 2015, 256, v. 1.6.2015, BStBl. I 2015, 475, v. 4.7.2016, BStBl. I 2016, 645, v. 9.12.2016, BStBl. I 2016, 1426, v. 19.12.2016, BStBl. I 2016, 1433, v. 24.5.2017, BStBl. I 2017, 820.

Nachzahlung.

– Eine Rentennachzahlung aus der gesetzlichen Rentenversicherung, die dem Rentenempfänger nach dem 31.12.2004 zufließt, wird mit dem Besteuerungsanteil gem. § 22 Nr. 1 Satz 3 Buchst. a Doppelbuchst. aa EStG besteuert, auch wenn sie für einen Zeitraum gezahlt wird, der vor dem Inkrafttreten des AltEinkG liegt (→ BMF vom 19.8.2013 – BStBl. I S. 1087,[1] Rz. 191).

– Nicht zu den Rentennachzahlungen zählen darauf entfallende Zinsen. Diese gehören zu den Einkünften aus Kapitalvermögen gem. § 20 Abs. 1 Nr. 7 EStG (→ BMF vom 19.8.2013 – BStBl. I S. 1087[1] unter Berücksichtigung der Änderungen durch BMF vom 4.7.2016 – BStBl. I S. 645, Rz. 196).

– Erfolgt die Nachzahlung einer rückwirkend zugebilligten Rente durch Erstattung an den Sozialleistungsträger für eine bisher gezahlte Sozialleistung (z. B. Kranken- oder Arbeitslosengeld), unterliegt die Rente bereits im Zeitpunkt des Zuflusses dieser Sozialleistung im Umfang der Erfüllungsfiktion nach § 103 Abs. 1 und 2, § 107 Abs. 1 SGB X mit dem zum rückwirkend zugebilligten Zeitpunkt der Rentenzahlung geltenden Besteuerungsanteil der Besteuerung nach § 22 Nr. 1 Satz 3 Buchst. a Doppelbuchst. aa EStG (→ BMF vom 19.8.2013 – BStBl. I S. 1087,[1] Rz. 192). Sofern die Sozialleistungen dem Progressionsvorbehalt unterlegen haben, ist dieser rückgängig zu machen, soweit die Beträge zu einer Rente umgewidmet werden → R 32b Abs. 4.

Öffnungsklausel. Soweit die Leistungen auf vor dem 1.1.2005 gezahlten Beiträgen oberhalb des Betrags des Höchstbeitrags zur gesetzlichen Rentenversicherung beruhen und der Höchstbeitrag bis zum 31.12.2004 über einen Zeitraum von mindestens 10 Jahren überschritten wurde, unterliegt dieser Teil der Leistung auf Antrag der Besteuerung mit dem Ertragsanteil. Nur in diesen Fällen ist es von Bedeutung, ob es sich bei der Leistung um eine Leibrente (z. B. eine Altersrente), um eine abgekürzte Leibrente (z. B. eine Erwerbsminderungsrente oder eine kleine Witwenrente) oder um eine Einmalzahlung handelt. Für diesen Teil der Leistung ist R 22.4 zu beachten. Zu Einzelheiten zur Anwendung der Öffnungsklausel → BMF vom 19.8.2013 (BStBl. I S. 1087),[1] Rz. 238–269.

Verfassungsmäßigkeit. Die Besteuerung der Altersrenten mit dem Besteuerungsanteil des § 22 Nr. 1 Satz 3 Buchst. a Doppelbuchst. aa EStG ist verfassungsmäßig, sofern nicht gegen das Verbot der Doppelbesteuerung verstoßen wird (→ BFH vom 6.4.2016 – BStBl. II S. 733).

Werbungskosten. Einkommensteuerrechtliche Behandlung von **Beratungs-, Prozess- und ähnlichen Kosten** im Zusammenhang mit Rentenansprüchen → BMF vom 20.11.1997 (BStBl. 1998 I S. 126).

---

[1] Geänd. durch BMF v. 10.1.2014, BStBl. I 2014, 70, v. 10.4.2015, BStBl. I 2015, 256, v. 1.6.2015, BStBl. I 2015, 475, v. 4.7.2016, BStBl. I 2016, 645, v. 9.12.2016, BStBl. I 2016, 1426, v. 19.12.2016, BStBl. I 2016, 1433, v. 24.5.2017, BStBl. I 2017, 820, v. 28.9.2021, BStBl. I 2021, 1831, v. 10.1.2022, BStBl. I 2022, 36.

R 22.4 Besteuerung von Leibrenten i. S. d. § 22 Nr. 1 Satz 3 Buchstabe a Doppelbuchstabe bb EStG[1)]

Erhöhung der Rente

(1) [1]Bei einer Erhöhung der Rente ist, falls auch das Rentenrecht eine zusätzliche Werterhöhung erfährt, der Erhöhungsbetrag als selbständige Rente anzusehen, für die der Ertragsanteil vom Zeitpunkt der Erhöhung an gesondert zu ermitteln ist; dabei ist unerheblich, ob die Erhöhung von vornherein vereinbart war oder erst im Laufe des Rentenbezugs vereinbart wird. [2]Ist eine Erhöhung der Rentenzahlung durch eine Überschussbeteiligung von vornherein im Rentenrecht vorgesehen, sind die der Überschussbeteiligung dienenden Erhöhungsbeträge Erträge dieses Rentenrechts; es tritt insoweit keine Werterhöhung des Rentenrechts ein. [3]Eine neue Rente ist auch nicht anzunehmen, soweit die Erhöhung in zeitlichem Zusammenhang mit einer vorangegangenen Herabsetzung steht oder wenn die Rente lediglich den gestiegenen Lebenshaltungskosten angepasst wird (Wertsicherungsklausel).

Herabsetzung der Rente

(2) Wird die Rente herabgesetzt, sind die folgenden Fälle zu unterscheiden:

1. Wird von vornherein eine spätere Herabsetzung vereinbart, ist zunächst der Ertragsanteil des Grundbetrags der Rente zu ermitteln, d. h. des Betrags, auf den die Rente später ermäßigt wird. [2]Diesen Ertragsanteil muss der Berechtigte während der gesamten Laufzeit versteuern, da er den Grundbetrag bis zu seinem Tod erhält. [3]Außerdem hat er bis zum Zeitpunkt der Herabsetzung den Ertragsanteil des über den Grundbetrag hinausgehenden Renteneiles zu versteuern. [4]Dieser Teil der Rente ist eine abgekürzte Leibrente (§ 55 Abs. 2 EStDV), die längstens bis zum Zeitpunkt der Herabsetzung läuft.
2. Wird die Herabsetzung während des Rentenbezugs vereinbart und sofort wirksam, bleibt der Ertragsanteil unverändert.
3. Wird die Herabsetzung während des Rentenbezugs mit der Maßgabe vereinbart, dass sie erst zu einem späteren Zeitpunkt wirksam wird, bleibt der Ertragsanteil bis zum Zeitpunkt der Vereinbarung unverändert. [2]Von diesem Zeitpunkt an ist Nummer 1 entsprechend anzuwenden. [3]Dabei sind jedoch das zu Beginn des Rentenbezugs vollendete Lebensjahr des Rentenberechtigten und insoweit, als die Rente eine abgekürzte Leibrente (§ 55 Abs. 2 EStDV) ist, die beschränkte Laufzeit ab Beginn des Rentenbezugs zugrunde zu legen.

Besonderheit bei der Ermittlung des Ertragsanteiles

(3) Setzt der Beginn des Rentenbezugs die Vollendung eines bestimmten Lebensjahres der Person voraus, von deren Lebenszeit die Dauer der Rente abhängt, und wird die Rente schon vom Beginn des Monats an gewährt, in dem die Person das bestimmte Lebensjahr vollendet hat, ist dieses Lebensjahr bei der Ermittlung des Ertragsanteiles nach § 22 Nr. 1 Satz 3 Buchstabe a Doppelbuchstabe bb EStG zugrunde zu legen.

[1)] Zu Vorsorgeeinrichtungen nach der zweiten Säule der schweizerischen Altersvorsorge siehe BMF v. 27.7.2016, BStBl. I 2016, 759.

Abrundung der Laufzeit abgekürzter Leibrenten

(4) Bemisst sich bei einer abgekürzten Leibrente die beschränkte Laufzeit nicht auf volle Jahre, ist bei Anwendung der in § 55 Abs. 2 EStDV aufgeführten Tabelle die Laufzeit aus Vereinfachungsgründen auf volle Jahre abzurunden.

Besonderheiten bei Renten wegen teilweiser oder voller Erwerbsminderung

(5) [1] Bei Renten wegen verminderter Erwerbsfähigkeit handelt es sich regelmäßig um abgekürzte Leibrenten. [2] Für die Bemessung der Laufzeit kommt es auf die vertraglichen Vereinbarungen oder die gesetzlichen Regelungen an. [3] Ist danach der Wegfall oder die Umwandlung in eine Altersrente nicht bei Erreichen eines bestimmten Alters vorgesehen, sondern von anderen Umständen – z. B. Bezug von Altersrente aus der gesetzlichen Rentenversicherung – abhängig, ist grundsätzlich davon auszugehen, dass der Wegfall oder die Umwandlung in die Altersrente mit Vollendung des 65. Lebensjahres erfolgt. [4] Legt der Bezieher einer Rente wegen verminderter Erwerbsfähigkeit jedoch schlüssig dar, dass der Wegfall oder die Umwandlung vor der Vollendung des 65. Lebensjahres erfolgen wird, ist auf Antrag auf den früheren Umwandlungszeitpunkt abzustellen; einer nach § 165 AO vorläufigen Steuerfestsetzung bedarf es insoweit nicht. [5] Entfällt eine Rente wegen verminderter Erwerbsfähigkeit vor Vollendung des 65. Lebensjahres oder wird sie vor diesem Zeitpunkt in eine vorzeitige Altersrente umgewandelt, ist die Laufzeit bis zum Wegfall oder zum Umwandlungszeitpunkt maßgebend.

Besonderheiten bei Witwen-/Witwerrenten

(6) R 167 Abs. 8 und 9 EStR 2003 gilt bei Anwendung des § 22 Nr. 1 Satz 3 Buchstabe a Doppelbuchstabe bb Satz 2 EStG entsprechend.

Begriff der Leibrente

(7) R 22.3 gilt sinngemäß.

R 167 (8), (9) EStR 2003

Besonderheiten bei Witwen- und Witwerrenten

(8) [1] Für die Ermittlung des Ertragsanteiles der stets als abgekürzte Leibrenten zu behandelnden Kleinen Witwen- oder Witwerrente ist davon auszugehen, dass die Rente mit der Vollendung des 45. Lebensjahres in eine lebenslängliche Große Witwen- oder Witwerrente umgewandelt wird. [2] Eine Große Witwen- oder Witwerrente, die der unter 45 Jahre alte Berechtigte bezieht, weil er ein waisenrentenberechtigtes Kind erzieht, ist als abgekürzte Leibrente nach § 55 Abs. 2 EStDV zu versteuern, wenn das waisenrentenberechtigte Kind volljährig wird, bevor der Stpfl. das 45. Lebensjahr vollendet hat. [3] Anschließend wird bis zur Vollendung des 45. Lebensjahres die Kleine Witwen- oder Witwerrente gezahlt, die wiederum gesondert als abgekürzte Leibrente zu besteuern ist. [4] Eine Große Witwen- und Witwerrente, die auf Grund sozialversicherungsrechtlicher Vorschriften aller Voraussicht nach auf Dauer entfallen wird, ist als abgekürzte Leibrente zu besteuern; die Laufzeit bemisst sich nach der voraussichtlichen Dauer des Rentenbezugs. [5] Lebt die Witwen- oder Witwerrente wieder auf, ist deren Ertragsanteil ab diesem Zeitpunkt nach den allgemeinen Grundsätzen zu ermitteln. [6] Für die Vergangenheit sind aus Vereinfachungsgründen keine Folgerungen zu ziehen. [7] Für die Bestimmung der Höhe des Ertragsanteiles ist das zu Beginn der Witwen- oder Witwerrente vollendete Lebensalter um die rentenfreien Zeiten zu erhöhen oder gegebenenfalls die bestimmte Laufzeit entsprechend zu mindern; aus Vereinfachungsgründen sind jedoch nur volle Kalenderjahre zu berücksichtigen.

Besonderheiten bei Witwen- oder Witwerrenten nach dem vorletzten Ehegatten

(9) [1] Der Ertragsanteil einer Witwen- oder Witwerrente nach dem vorletzten Ehegatten bestimmt sich nach dem vollendeten Lebensalter bei Beginn der Witwen- oder Witwerrente; bei abgekürzten Leibrenten muss zudem die Beschränkung auf die bestimmte Laufzeit berücksichtigt werden. [2] Dabei sind die rentenfreien Zeiten in der Weise zu berücksichtigen, dass für die Bemessung des Ertragsanteiles der Witwen- oder Witwerrente nach dem vorletzten Ehegatten dem vollendeten Lebensalter bei Beginn der Witwen- oder Witwerrente die rentenfreien Zeiten zugerechnet werden und gegebenenfalls die bestimmte Laufzeit entsprechend gemindert wird; aus Vereinfachungsgründen sind jedoch nur volle Kalenderjahre zu berücksichtigen.

H **167** **EStH 2004**

Witwen- und Witwerrente.

– **Große Witwen- und Witwerrente.** Die sog. Große Witwen- und Witwerrente (§ 46 Abs. 2 SGB VI)[1)] wird geleistet,
  1. solange der Berechtigte mindestens ein Kind erzieht, das das 18. Lebensjahr noch nicht vollendet hat, oder für ein Kind sorgt, das wegen körperlicher, geistiger oder seelischer Behinderung außerstande ist, sich selbst zu unterhalten (§ 46 Abs. 2 Nr. 1 SGB VI) oder
  2. wenn der Berechtigte das 45. Lebensjahr bereits vollendet hat (§ 46 Abs. 2 Nr. 2 SGB VI) oder
  3. solange der Berechtigte erwerbsgemindert ist (§ 46 Abs. 2 Nr. 3 SGB VI).

  Hat der Berechtigte das 45. Lebensjahr vollendet und erhält er infolgedessen die Große Witwen- und Witwerrente, so ist deren Ertragsanteil nach § 22 Nr. 1 Satz 3 Buchstabe a EStG zu ermitteln. Eine Große Witwen- und Witwerrente, die der unter 45 Jahre alte Berechtigte nach unterschiedlichen Vorschriften voraussichtlich auf Lebenszeit bezieht, stellt ebenfalls stets eine lebenslängliche Leibrente dar (→ BFH vom 8.3.1989 – BStBl. II S. 551). Dagegen ist eine Große Witwenrente, die wegen Anrechnung eigenen Einkommens nur für eine bestimmte Anzahl von Jahren gezahlt wird, als abgekürzte Leibrente zu besteuern (→ BFH vom 14.6.2000 – BStBl. II S. 672).
– **Kleine Witwen- und Witwerrente.** Die Kleine Witwen- und Witwerrente wird nach dem Tod des versicherten Ehemanns seiner Witwe oder nach dem Tod der versicherten Ehefrau ihrem Witwer gewährt, wenn der versicherte Ehegatte die allgemeine Wartezeit erfüllt hat (§ 46 Abs. 1 SGB VI).[1)] Ihr Ertragsanteil ist nach § 55 Abs. 2 EStDV zu ermitteln.

Witwen- und Witwerrente nach dem vorletzten Ehegatten. Der Anspruch auf Witwen- und Witwerrente entfällt mit Ablauf des Monats der Wiederheirat. Durch Auflösung der den Wegfall verursachenden Ehe lebt der Rentenanspruch wieder auf (§ 46 Abs. 3 SGB VI).[1)] Lebt eine wegen Wiederheirat des Berechtigten weggefallene Witwen- oder Witwerrente wegen Auflösung oder Nichtigkeitserklärung der neuen Ehe wieder auf (§ 46 Abs. 3 SGB VI), so handelt es sich nicht um eine neue Leibrente im Sinne des § 22 Nr. 1 Satz 3 Buchstabe a EStG (→ BFH vom 12.7.1989 – BStBl. II S. 1012).

H 22.4

Beginn der Rente. Unter Beginn der Rente (Kopfleiste der in § 22 Nr. 1 Satz 3 Buchst. a Doppelbuchst. bb EStG aufgeführten Tabelle) ist bei Renten auf Grund von Versicherungsverträgen der Zeitpunkt zu verstehen, ab dem versicherungsrechtlich die Rente zu laufen beginnt; auch bei Rentennachzahlungen ist unter „Beginn der Rente“ der Zeitpunkt zu verstehen, in dem der Rentenanspruch entstanden ist. Auf den Zeitpunkt des Rentenantrags oder der Zahlung kommt es nicht an (→ BFH vom 6.4.1976 – BStBl. II S. 452). Die Verjährung einzelner Rentenansprüche hat auf den

[1)] **Aichberger SGB** Nr. 6.

„Beginn der Rente" keinen Einfluss (→ BFH vom 30.9.1980 – BStBl. 1981 II S. 155).

Begriff der Leibrente. → H 22.3.

Bezüge aus einer ehemaligen Tätigkeit.

- Bezüge, die nach § 24 Nr. 2 EStG zu den Gewinneinkünften rechnen oder die Arbeitslohn sind, sind nicht Leibrenten i. S. d. § 22 Nr. 1 Satz 3 Buchst. a EStG; hierzu gehören z. B. betriebliche Versorgungsrenten aus einer ehemaligen Tätigkeit i. S. d. § 24 Nr. 2 EStG (→ BFH vom 10.10.1963 – BStBl. III S. 592).
- Ruhegehaltszahlungen an ehemalige NATO-Bedienstete sind grundsätzlich Einkünfte aus nichtselbständiger Arbeit (→ BMF vom 3.8.1998 – BStBl. I S. 1042 und BFH vom 22.11.2006 – BStBl. 2007 II S. 402).

Ertragsanteil einer Leibrente.

Beispiel:

Einem Ehepaar wird gemeinsam eine lebenslängliche Rente von 24 000 € jährlich mit der Maßgabe gewährt, dass sie beim Ableben des zuerst Sterbenden auf 15 000 € jährlich ermäßigt wird. Der Ehemann ist zu Beginn des Rentenbezugs 55, die Ehefrau 50 Jahre alt.

Es sind zu versteuern

a) bis zum Tod des zuletzt Sterbenden der Ertragsanteil des Sockelbetrags von 15 000 €. Dabei ist nach § 55 Abs. 1 Nr. 3 EStDV das Lebensalter der jüngsten Person, mithin der Ehefrau, zugrunde zu legen. Der Ertragsanteil beträgt
30 % von 15 000 € = 4500 € (§ 22 Nr. 1 Satz 3 Buchst. a Doppelbuchst. bb EStG);

b) außerdem bis zum Tod des zuerst Sterbenden der Ertragsanteil des über den Sockelbetrag hinausgehenden Rententeils von 9000 €. Dabei ist nach § 55 Abs. 1 Nr. 3 EStDV das Lebensalter der ältesten Person, mithin des Ehemanns, zugrunde zu legen. Der Ertragsanteil beträgt
26 % von 9000 € = 2340 € (§ 22 Nr. 1 Satz 3 Buchst. a Doppelbuchst. bb EStG).

Der jährliche Ertragsanteil beläuft sich somit auf (4500 € + 2340 € =) 6840 €.
Bei der Ermittlung des Ertragsanteils einer lebenslänglichen Leibrente ist – vorbehaltlich des § 55 Abs. 1 Nr. 1 EStDV – von dem bei Beginn der Rente vollendeten Lebensjahr auszugehen (Kopfleiste der in § 22 Nr. 1 Satz 3 Buchst. a Doppelbuchst. bb EStG aufgeführten Tabelle).
Ist die Dauer einer Leibrente von der Lebenszeit mehrerer Personen abhängig, ist der Ertragsanteil nach § 55 Abs. 1 Nr. 3 EStDV zu ermitteln. Das gilt auch, wenn die Rente mehreren Personen, z. B. Ehegatten, gemeinsam mit der Maßgabe zusteht, dass sie beim Ableben des zuerst Sterbenden herabgesetzt wird. In diesem Fall ist bei der Ermittlung des Grundbetrags der Rente, d. h. des Betrags, auf den sie später ermäßigt wird, das Lebensjahr der jüngsten Person zugrunde zu legen. Für den Ertragsanteil des über den Grundbetrag hinausgehenden Rententeils ist das Lebensjahr der ältesten Person maßgebend.
Steht die Rente nur einer Person zu, z. B. dem Ehemann, und erhält eine andere Person, z. B. die Ehefrau, nur für den Fall eine Rente, dass sie die erste Person überlebt, so liegen zwei Renten vor, von denen die letzte aufschiebend bedingt ist. Der Ertragsanteil für diese Rente ist erst von dem Zeitpunkt an zu versteuern, in dem die Bedingung eintritt.

Fremdfinanzierte Rentenversicherung gegen Einmalbeitrag.

- Zur Überschussprognose einer fremdfinanzierten Rentenversicherung gegen Einmalbeitrag → BFH vom 15.12.1999 (BStBl. 2000 II S. 267), vom 16.9.2004 (BStBl. 2006 II S. 228 und S. 234), vom 17.8.2005 (BStBl. 2006 II S. 248), vom 20.6.2006 (BStBl. II S. 870) und vom 22.11.2006 (BStBl. 2007 II S. 390).

– Zur Höhe der auf die Kreditvermittlung entfallenden Provision → BFH vom 30.10.2001 (BStBl. 2006 II S. 223) und vom 16.9.2004 (BStBl. 2006 II S. 238).

Herabsetzung der Rente.

Beispiele:

1. Die spätere Herabsetzung wird von vornherein vereinbart.

A gewährt dem B eine lebenslängliche Rente von 8000 € jährlich mit der Maßgabe, dass sie nach Ablauf von acht Jahren auf 5000 € jährlich ermäßigt wird. B ist zu Beginn des Rentenbezugs 50 Jahre alt.

B hat zu versteuern

a) während der gesamten Dauer des Rentenbezugs – nach Abzug von Werbungskosten – den Ertragsanteil des Grundbetrags. Der Ertragsanteil beträgt nach der in § 22 Nr. 1 Satz 3 Buchst. a Doppelbuchst. bb EStG aufgeführten Tabelle 30 % von 5000 € = 1500 €;

b) außerdem in den ersten acht Jahren den Ertragsanteil des über den Grundbetrag hinausgehenden Rententeils von 3000 €. Dieser Teil der Rente ist eine abgekürzte Leibrente mit einer beschränkten Laufzeit von acht Jahren; der Ertragsanteil beträgt nach der in § 55 Abs. 2 EStDV aufgeführten Tabelle 9 % von 3000 € = 270 €.

Der jährliche Ertragsanteil beläuft sich somit für die ersten acht Jahre ab Rentenbeginn auf (1500 € + 270 € =) 1770 €.

2. Die spätere Herabsetzung wird erst während des Rentenbezugs vereinbart.

A gewährt dem B ab 1.1.04 eine lebenslängliche Rente von jährlich 9000 €. Am 1.1.06 wird vereinbart, dass die Rente vom 1.1.10 an auf jährlich 6000 € herabgesetzt wird. B ist zu Beginn des Rentenbezugs 50 Jahre alt. Im VZ 05 beträgt der Ertragsanteil 30 % von 9000 € = 2700 € (§ 22 Nr. 1 Satz 3 Buchst. a Doppelbuchst. bb EStG).

Ab 1.1.06 hat B zu versteuern

a) während der gesamten weiteren Laufzeit des Rentenbezugs den Ertragsanteil des Sockelbetrags der Rente von 6000 €. Der Ertragsanteil beträgt unter Zugrundelegung des Lebensalters zu Beginn des Rentenbezugs nach der in § 22 Nr. 1 Satz 3 Buchst. a Doppelbuchst. bb EStG aufgeführten Tabelle ab VZ 06: 30 % von 6000 € = 1800 €;

b) außerdem bis zum 31.12.09 den Ertragsanteil des über den Sockelbetrag hinausgehenden Rententeils von 3000 €. Dieser Teil der Rente ist eine abgekürzte Leibrente mit einer beschränkten Laufzeit von sechs Jahren; der Ertragsanteil beträgt nach der in § 55 Abs. 2 EStDV aufgeführten Tabelle 7 % von 3000 € = 210 €.

Der jährliche Ertragsanteil beläuft sich somit für die VZ 06 bis 09 auf (1800 € + 210 € =) 2010 €.

Kapitalabfindung. Wird eine Leibrente durch eine Kapitalabfindung abgelöst, unterliegt diese nicht der Besteuerung nach § 22 Nr. 1 Satz 3 Buchst. a Doppelbuchst. bb EStG (→ BFH vom 23.4.1958 – BStBl. III S. 277).

Leibrente, abgekürzt.

– Abgekürzte Leibrenten sind Leibrenten, die auf eine bestimmte Zeit beschränkt sind und deren Ertragsanteil nach § 55 Abs. 2 EStDV bestimmt wird. Ist das Rentenrecht ohne Gegenleistung begründet worden (z. B. bei Vermächtnisrenten, nicht aber bei Waisenrenten aus Versicherungen), muss – vorbehaltlich R 22.4 Abs. 1 – die zeitliche Befristung, vom Beginn der Rente an gerechnet, regelmäßig einen Zeitraum von mindestens zehn Jahren umfassen; siehe aber auch → Renten wegen verminderter Erwerbsfähigkeit. Hierzu und hinsichtlich des Unterschieds von Zeitrenten und abgekürzten Leibrenten → BFH vom 7.8.1959 (BStBl. III S. 463).

– Abgekürzte Leibrenten erlöschen, wenn die Person, von deren Lebenszeit sie abhängen, vor Ablauf der zeitlichen Begrenzung stirbt. Überlebt die Person die zeitliche Begrenzung, so endet die abgekürzte Leibrente mit ihrem Zeitablauf.

NATO-Bedienstete. Ruhegehaltszahlungen an ehemalige NATO-Bedienstete sind grundsätzlich Einkünfte aus nichtselbständiger Arbeit (→ BMF vom 3.8.1998 – BStBl. I S. 1042 und BFH vom 22.11.2006 – BStBl. 2007 II S. 402).

Renten wegen verminderter Erwerbsfähigkeit. Bei Renten wegen teilweiser oder voller Erwerbsminderung, wegen Berufs- oder Erwerbsunfähigkeit handelt es sich stets um abgekürzte Leibrenten. Der Ertragsanteil bemisst sich grundsätzlich nach der Zeitspanne zwischen dem Eintritt des Versicherungsfalles (Begründung der Erwerbsminderung) und dem voraussichtlichen Leistungsende (z.B. Erreichen einer Altersgrenze oder Beginn der Altersrente bei einer kombinierten Rentenversicherung). Steht der Anspruch auf Rentengewährung unter der auflösenden Bedingung des Wegfalls der Erwerbsminderung und lässt der Versicherer das Fortbestehen der Erwerbsminderung in mehr oder minder regelmäßigen Abständen prüfen, wird hierdurch die zu berücksichtigende voraussichtliche Laufzeit nicht berührt. Wird eine Rente wegen desselben Versicherungsfalles hingegen mehrfach hintereinander auf Zeit bewilligt und schließen sich die Bezugszeiten unmittelbar aneinander an, liegt eine einzige abgekürzte Leibrente vor, deren voraussichtliche Laufzeit unter Berücksichtigung der jeweiligen Verlängerung und des ursprünglichen Beginns für jeden VZ neu zu bestimmen ist (→ BFH vom 22.1.1991 – BStBl. II S. 686).

Überschussbeteiligung. Wird neben der garantierten Rente aus einer Rentenversicherung eine Überschussbeteiligung geleistet, ist der Überschussanteil zusammen mit der garantierten Rente als einheitlicher Rentenbezug zu beurteilen (→ BMF vom 26.11.1998 – BStBl. I S. 1508 und BFH vom 22.8.2012 – BStBl. 2013 II S. 158).

Vermögensübertragung. Einkommensteuerrechtliche Behandlung von wiederkehrenden Leistungen im Zusammenhang mit einer Vermögensübertragung → BMF vom 11.3.2010 (BStBl. I S. 227),[1) · 2)] Rz. 81.

Versorgungs- und Versicherungsrenten aus einer Zusatzversorgung. Von der Versorgungsanstalt des Bundes und der Länder (VBL) und vergleichbaren Zusatzversorgungseinrichtungen geleistete Versorgungs- und Versicherungsrenten für Versicherte und Hinterbliebene stellen grundsätzlich lebenslängliche Leibrenten dar. Werden sie neben einer Rente wegen verminderter Erwerbsfähigkeit aus der gesetzlichen Rentenversicherung gezahlt, sind sie als abgekürzte Leibrenten zu behandeln (→ BFH vom 4.10.1990 – BStBl. 1991 II S. 89). Soweit die Leistungen auf gefördertem Kapital i. S. d. § 22 Nr. 5 Satz 1 EStG beruhen, unterliegen sie der vollständig nachgelagerten Besteue-

---

[1)] Geänd. durch BMF v. 6.5.2016, BStBl. I 2016, 476, mit Übergangsregelung.

[2)] Ergänzend siehe BMF v. 20.11.2019, BStBl. I 2019, 1291, geänd. durch BMF v. 5.5. 2021, BStBl. I 2021, 696, Rn. 40.

rung; soweit sie auf nicht gefördertem Kapital beruhen, erfolgt die Besteuerung nach § 22 Nr. 5 Satz 2 Buchst. a EStG (→ BMF vom 21.12.2017 – BStBl. 2018 I S. 93, Rz. 139–147).[1)]

Werbungskosten.
- Finanzierungskosten für den Erwerb einer **Sicherheits-Kompakt-Rente,** die den Abschluss einer Rentenversicherung als Versorgungskomponente und einer Lebensversicherung als Tilgungskomponente zum Gegenstand hat, sind auch nach der Einführung des Werbungskostenabzugsverbots nach § 20 Abs. 9 EStG aufzuteilen in Werbungskosten, die anteilig den Einkünften aus Kapitalvermögen i. S. d. § 20 Abs. 1 Nr. 6 EStG und den sonstigen Einkünften i. S. d. § 22 Nr. 1 EStG zuzuordnen sind (→ BFH vom 11.12.2018 – BStBl. 2019 II S. 231).
- → H 22.3.

Wertsicherungsklausel. → H 22.3 (Begriff der Leibrente).

R 22.5 Renten nach § 2 Abs. 2 der 32. DV zum Umstellungsgesetz (UGDV)

Beträge, die nach § 2 Abs. 2 der 32. UGDV[2)] i. V. m. § 1 der Anordnung der Versicherungsaufsichtsbehörden über die Zahlung von Todesfall- und Invaliditätsversicherungssummen vom 15.11.1949[3)] unter der Bezeichnung „Renten" gezahlt werden, gehören nicht zu den wiederkehrenden Bezügen i. S. d. § 22 Nr. 1 EStG und sind deshalb nicht einkommensteuerpflichtig.

R 22.6 Versorgungsleistungen *(unbesetzt)*

H 22.6

Allgemeines. Einkommensteuerrechtliche Behandlung von wiederkehrenden Leistungen im Zusammenhang mit einer Vermögensübertragung → BMF vom 11.3.2010 (BStBl. I S. 227)[4)] unter Berücksichtigung der Änderungen durch BMF vom 6.5.2016 (BStBl. I S. 476).

Beerdigungskosten. Beim Erben stellen ersparte Beerdigungskosten Einnahmen nach § 22 Nr. 1b EStG dar, wenn ein Vermögensübernehmer kein Erbe und vertraglich zur Übernahme der durch den Tod des letztverstorbenen Vermögensübergebers entstandenen Beerdigungskosten verpflichtet ist (→ BFH vom 19.1.2010 – BStBl. II S. 544).

R 22.7 Leistungen auf Grund eines schuldrechtlichen Versorgungsausgleichs *(unbesetzt)*

[1)] Geänd. durch BMF v. 17.2.2020, BStBl. I 2020, 213. Siehe auch BMF v. 12.8.2021, BStBl. I 2021, 1050.

[2)] **[Amtl. Anm.:]** StuZBl. 1949, 327.

[3)] **[Amtl. Anm.:]** Veröffentlichungen des Zonenamtes des Reichsaufsichtsamtes für das Versicherungswesen in Abw. 1949, 118.

[4)] Ergänzend siehe BMF v. 20.11.2019, BStBl. I 2019, 1291, geänd. durch BMF v. 5.5. 2021, BStBl. I 2021, 696, Rn. 40.

H 22.7

Allgemeines. Zur einkommensteuerrechtlichen Behandlung der Leistungen auf Grund eines schuldrechtlichen Versorgungsausgleichs → BMF vom 9.4.2010 (BStBl. I S. 323).

R 22.8 Besteuerung von Leistungen im Sinne des § 22 Nr. 3 EStG

Haben beide zusammenveranlagten Ehegatten Einkünfte i. S. d. § 22 Nr. 3 EStG bezogen, ist bei jedem Ehegatten die in dieser Vorschrift bezeichnete Freigrenze – höchstens jedoch bis zur Höhe seiner Einkünfte i. S. d. § 22 Nr. 3 EStG – zu berücksichtigen.

H 22.8

Allgemeines.

- Leistung i. S. d. § 22 Nr. 3 EStG ist jedes Tun, Dulden oder Unterlassen, das Gegenstand eines entgeltlichen Vertrags sein kann und das eine Gegenleistung auslöst (→ BFH vom 21.9.2004 – BStBl. 2005 II S. 44 und vom 8.5.2008 – BStBl. II S. 868), sofern es sich nicht um Veräußerungsvorgänge oder veräußerungsähnliche Vorgänge im privaten Bereich handelt, bei denen ein Entgelt dafür erbracht wird, dass ein Vermögenswert in seiner Substanz endgültig aufgegeben wird (→ BFH vom 28.11.1984 – BStBl. 1985 II S. 264 und vom 10.9.2003 – BStBl. 2004 II S. 218).
- Für das Vorliegen einer Leistung i. S. d. § 22 Nr. 3 EStG kommt es entscheidend darauf an, ob die Gegenleistung (das Entgelt) durch das Verhalten des Stpfl. ausgelöst wird. Allerdings setzt § 22 Nr. 3 EStG wie die übrigen Einkunftsarten die allgemeinen Merkmale der Einkünfteerzielung voraus. Der Leistende muss aber nicht bereits beim Erbringen seiner Leistung eine Gegenleistung erwarten. Für die Steuerbarkeit ist ausreichend, dass er eine im wirtschaftlichen Zusammenhang mit seinem Tun, Dulden oder Unterlassen gewährte Gegenleistung als solche annimmt (→ BFH vom 21.9.2004 – BStBl. 2005 II S. 44).
- Hat der Stpfl. nicht die Möglichkeit, durch sein Verhalten (Leistung) das Entstehen des Anspruchs auf die Leistung des Vertragspartners positiv zu beeinflussen, genügt die Annahme der Leistung der Gegenseite nicht, um den fehlenden besteuerungsrelevanten Veranlassungszusammenhang zwischen Leistung und Gegenleistung herzustellen (→ BFH vom 13.3.2018 – BStBl. II S. 531).

Einnahmen aus Leistungen i. S. d. § 22 Nr. 3 EStG sind:

- **Bindungsentgelt (Stillhalterprämie),** das beim Wertpapieroptionsgeschäft dem Optionsgeber gezahlt wird (→ BFH vom 17.4.2007 – BStBl. II S. 608),
- **Einmalige Bürgschaftsprovision** (→ BFH vom 22.1.1965 – BStBl. III S. 313),
- Entgelt für ein freiwilliges **Einsammeln und Verwerten leerer Flaschen** (→ BFH vom 6.6.1973 – BStBl. II S. 727),
- Entgelt für eine **Beschränkung der Grundstücksnutzung** (→ BFH vom 9.4.1965 – BStBl. III S. 361 und vom 26.8.1975 – BStBl. 1976 II S. 62),

– Entgelt für die **Einräumung eines Vorkaufsrechts** (→ BFH vom 30.8.1966 – BStBl. 1967 III S. 69 und vom 10.12.1985 – BStBl. 1986 II S. 340); bei späterer Anrechnung des Entgelts auf den Kaufpreis entfällt der Tatbestand des § 22 Nr. 3 EStG rückwirkend nach § 175 Abs. 1 Satz 1 Nr. 2 AO (→ BFH vom 10.8.1994 – BStBl. 1995 II S. 57),
– Entgelt für den **Verzicht** auf Einhaltung des gesetzlich vorgeschriebenen **Grenzabstands** eines auf dem Nachbargrundstück errichteten Gebäudes (→ BFH vom 5.8.1976 – BStBl. 1977 II S. 26),
– Entgelt für die **Abgabe eines zeitlich befristeten Kaufangebots** über ein Grundstück (→ BFH vom 26.4.1977 – BStBl. II S. 631),
– Entgelt für den **Verzicht** des Inhabers eines eingetragenen Warenzeichens auf seine **Abwehrrechte** (→ BFH vom 25.9.1979 – BStBl. 1980 II S. 114),
– Entgelt für ein vertraglich vereinbartes umfassendes **Wettbewerbsverbot** (→ BFH vom 12.6.1996 – BStBl. II S. 516 und vom 23.2.1999 – BStBl. II S. 590),
– Entgelt für eine Vereinbarung, das **Bauvorhaben** des Zahlenden zu **dulden** (→ BFH vom 26.10.1982 – BStBl. 1983 II S. 404),
– Entgelt für die regelmäßige **Mitnahme eines Arbeitskollegen** auf der Fahrt zwischen Wohnung und Arbeitsstätte (→ BFH vom 15.3.1994 – BStBl. II S. 516),
– Vergütungen für die **Rücknahme des Widerspruchs** gegen den Bau und Betrieb eines Kraftwerks (→ BFH vom 12.11.1985 – BStBl. 1986 II S. 890),
– Entgelt für die **Duldung der Nutzung** von Teileigentum zum Betrieb eines Spielsalons an einen benachbarten Wohnungseigentümer (→ BFH vom 21.11.1997 – BStBl. 1998 II S. 133),
– **Eigenprovisionen,** wenn sie aus einmaligem Anlass und für die Vermittlung von Eigenverträgen gezahlt werden (→ BFH vom 27.5.1998 – BStBl. II S. 619),
– Entgelt für die **zeitweise Vermietung eines Wohnmobils** an wechselnde Mieter (→ BFH vom 12.11.1997 – BStBl. 1998 II S. 774); zur gewerblichen Wohnmobilvermietung → H 15.7 (3) Wohnmobil,
– **Bestechungsgelder,** die einem Arbeitnehmer von Dritten gezahlt worden sind (→ BFH vom 16.6.2015 – BStBl. II S. 1019),
– **Provision** für die Bereitschaft, mit seinen Beziehungen einem Dritten bei einer geschäftlichen Transaktion behilflich zu sein (→ BFH vom 20.4.2004 – BStBl. II S. 1072),
– Belohnung für einen **„werthaltigen Tipp"** (Hinweis auf die Möglichkeit einer Rechtsposition) durch Beteiligung am Erfolg bei Verwirklichung (→ BFH vom 26.10.2004 – BStBl. 2005 II S. 167),
– **Fernseh-Preisgelder,** wenn der Auftritt des Kandidaten und das gewonnene Preisgeld in einem gegenseitigen Leistungsverhältnis stehen (→ BMF vom 30.5.2008 – BStBl. I S. 645 und BFH vom 24.4.2012 – BStBl. II S. 581),
– Nachträglich wegen fehlgeschlagener Hofübergabe geltend gemachte **Vergütungen für geleistete Dienste** (→ BFH vom 8.5.2008 – BStBl. II S. 868),

– Provisionen aus der ringweisen **Vermittlung von Lebensversicherungen** (→ BFH vom 20.1.2009 – BStBl. II S. 532),
– Vergütungen, die ein an einem Darlehensverhältnis nicht beteiligter Dritter dafür erhält, dass er einen GmbH-Anteil zur **Sicherung des Darlehens** verpfändet, soweit sie nicht zu den Einkünften nach § 22 Nr. 1 Satz 1 1. Halbsatz EStG gehören (→ BFH vom 14.4.2015 – BStBl. II S. 795),
– Vergütungen aus (echten) **Edelmetall-Pensionsgeschäften im Privatvermögen** (→ BFH vom 23.4.2021 – BStBl. II S. 687).

Keine Einnahmen aus Leistungen i. S. d. § 22 Nr. 3 EStG sind:[1]
– **Abfindungen an den Mieter einer Wohnung,** soweit er sie für vermögenswerte Einschränkungen seiner Mietposition erhält (→ BFH vom 5.8.1976 – BStBl. 1977 II S. 27),
– Entgeltliche **Abtretungen von Rückkaufsrechten** an Grundstücken (→ BFH vom 14.11.1978 – BStBl. 1979 II S. 298),
– Entschädigungen für eine **faktische Bausperre** (→ BFH vom 12.9.1985 – BStBl. 1986 II S. 252),
– Gewinne aus **Errichtung und Veräußerung von Kaufeigenheimen,** auch wenn die Eigenheime bereits vor Errichtung verkauft worden sind (→ BFH vom 1.12.1989 – BStBl. 1990 II S. 1054),
– **Streikunterstützungen** (→ BFH vom 24.10.1990 – BStBl. 1991 II S. 337),
– **Verzicht auf** ein testamentarisch vermachtes obligatorisches **Wohnrecht** gegen Entgelt im privaten Bereich (→ BFH vom 9.8.1990 – BStBl. II S. 1026),
– Vereinbarung wertmindernder Beschränkung des Grundstückseigentums gegen Entgelt zur **Vermeidung eines** ansonsten zulässigen **Enteignungsverfahrens** (→ BFH vom 17.5.1995 – BStBl. II S. 640),
– Zahlungen von einem pflegebedürftigen Angehörigen für seine **Pflege im Rahmen des familiären Zusammenlebens** (→ BFH vom 14.9.1999 – BStBl. II S. 776),
– Entgelte aus der **Vermietung eines** in die Luftfahrzeugrolle eingetragenen **Flugzeugs** (→ BFH vom 2.5.2000 – BStBl. II S. 467); → H 15.7 (3) (Flugzeug),
– Entgelte aus **Telefonsex** (→ BFH vom 23.2.2000 – BStBl. II S. 610); → H 15.4 (Sexuelle Dienstleistungen),
– Entgelte für den **Verzicht auf ein dingliches Recht** (Aufhebung einer eingetragenen Dienstbarkeit alten Rechts) eines Grundstückseigentümers am Nachbargrundstück (→ BFH vom 19.12.2000 – BStBl. 2001 II S. 391),
– Erlöse aus der **Veräußerung einer Zufallserfindung** (→ BFH vom 10.9.2003 – BStBl. 2004 II S. 218),
– Entgelte für die Inanspruchnahme eines Grundstücks im Zuge **baulicher Maßnahmen auf dem Nachbargrundstück** (→ BFH vom 2.3.2004 – BStBl. II S. 507); → aber H 21.2 (Einnahmen),

[1] Zur Verwendung bereits erwirtschafteter Provisionseinnahmen für die Teilnahme an einer betrieblichen Losveranstaltung siehe BFH v. 2.9.2008 X R 8/06, BStBl. II 2010, 548.

– an den Versicherungsnehmer **weitergeleitete Versicherungsprovisionen** des Versicherungsvertreters (→ BFH vom 2.3.2004 – BStBl. II S. 506),
– Entgelte für **Verzicht auf Nachbarrechte** im Zusammenhang mit der Veräußerung des betreffenden Grundstücks (→ BFH vom 18.5.2004 – BStBl. II S. 874),
– Provision an den **Erwerber eines Grundstücks,** wenn der Provision keine eigene Leistung des Erwerbers gegenübersteht (→ BFH vom 16.3.2004 – BStBl. II S. 1046),
– **Reugeld** wegen Rücktritts vom Kaufvertrag z. B. über ein Grundstück des Privatvermögens (→ BFH vom 24.8.2006 – BStBl. 2007 II S. 44),
– Zahlungen für den **Verzicht auf** ein sich aus einem Aktienkauf- und Übertragungsvertrag ergebenden **Anwartschaftsrecht** (→ BFH vom 19.2.2013 – BStBl. II S. 578),
– einmalige Entschädigungen für ein zeitlich nicht begrenztes **Recht auf Überspannung** eines zum Privatvermögen gehörenden Grundstücks mit einer Hochspannungsleitung. Sie sind keine steuerbaren Einnahmen (→ BFH vom 2.7.2018 – BStBl. II S. 759).

Rückzahlung von Einnahmen. Die Rückzahlung von Einnahmen i. S. d. § 22 Nr. 3 EStG in einem späteren VZ ist im Abflusszeitpunkt in voller Höhe steuermindernd zu berücksichtigen. Das Verlustausgleichsverbot und Verlustabzugsverbot des § 22 Nr. 3 Satz 3 EStG steht nicht entgegen (→ BFH vom 26.1.2000 – BStBl. II S. 396).

Steuerfreie Einnahmen nach § 3 Nr. 26a EStG. → BMF vom 21.11.2014 (BStBl. I S. 1581), Tz. 10.

Verfassungsmäßigkeit. Die Verlustausgleichsbeschränkung des § 22 Nr. 3 Satz 3 EStG ist verfassungsgemäß (→ BFH vom 16.6.2015 – BStBl. II S. 1019).

Verlustabzug in Erbfällen. Verluste i. S. d. § 22 Nr. 3 Satz 4 EStG → R 10d Abs. 9 Satz 9.

Verlustvor- und -rücktrag. Zur Anwendung des § 10d EStG im Rahmen des § 22 Nr. 3 EStG → BMF vom 29.11.2004 (BStBl. I S. 1097).

Virtuelle Währungen und sonstige Token. → BMF vom 10.5.2022 (BStBl. I S. 668).

Werbungskosten. Treffen mehrere Stpfl. die Abrede, sich ringweise Lebensversicherungen zu vermitteln und die dafür erhaltenen Provisionen an den jeweiligen Versicherungsnehmer weiterzugeben, kann die als Gegenleistung für die Vermittlung von der Versicherungsgesellschaft vereinnahmte und nach § 22 Nr. 3 EStG steuerbare Provision nicht um den Betrag der Provision als Werbungskosten gemindert werden, die der Stpfl. an den Versicherungsnehmer weiterleiten muss, wenn er umgekehrt einen Auskehrungsanspruch gegen denjenigen hat, der den Abschluss seiner Versicherung vermittelt (→ BFH vom 20.1.2009 – BStBl. II S. 532).

Zeitpunkt des Werbungskostenabzugs. Werbungskosten sind bei den Einkünften aus einmaligen (sonstigen) Leistungen auch dann im Jahre des Zuflusses der Einnahme abziehbar, wenn sie vor diesem Jahr angefallen sind oder nach diesem Jahr mit Sicherheit anfallen werden. Entstehen künftig Werbungskosten, die im Zuflussjahr noch nicht sicher vorhersehbar waren, ist die Veranlagung des Zuflussjahres gem. § 175 Abs. 1 Satz 1 Nr. 2 AO zu ändern (→ BFH vom 3.6.1992 – BStBl. II S. 1017).

R 22.9 Besteuerung von Bezügen i. S. d. § 22 Nr. 4 EStG

[1] § 22 Nr. 4 EStG umfasst nur solche Leistungen, die auf Grund des Abgeordnetengesetzes, des Europaabgeordnetengesetzes oder der entsprechenden Gesetze der Länder gewährt werden. [2] Leistungen, die außerhalb dieser Gesetze erbracht werden, z. B. Zahlungen der Fraktionen, unterliegen hingegen den allgemeinen Grundsätzen steuerlicher Beurteilung. [3] Gesondert gezahlte Tage- oder Sitzungsgelder sind nur dann nach § 3 Nr. 12 EStG steuerfrei, wenn sie nach bundes- oder landesrechtlicher Regelung als Aufwandsentschädigung gezahlt werden.

H 22.9

Werbungskosten. Soweit ein Abgeordneter zur Abgeltung von durch das Mandat veranlassten Aufwendungen eine nach § 3 Nr. 12 EStG steuerfreie Aufwandsentschädigung erhält, schließt dies nach § 22 Nr. 4 Satz 2 EStG den Abzug jeglicher mandatsbedingter Aufwendungen, auch von Sonderbeiträgen an eine Partei, als Werbungskosten aus (→ BFH vom 29.3.1983 – BStBl. II S. 601, vom 3.12.1987 – BStBl. 1988 II S. 266, vom 8.12.1987 – BStBl. 1988 II S. 433 und vom 23.1.1991 – BStBl. II S. 396). Derzeit werden nur in Brandenburg, Nordrhein-Westfalen und Schleswig-Holstein keine steuerfreien Aufwandsentschädigungen gezahlt.
Auch Kosten eines erfolglosen Wahlkampfes dürfen nach § 22 Nr. 4 Satz 3 EStG nicht als Werbungskosten abgezogen werden. Für ein Bundestagsmandat → BFH vom 8.12.1987 (BStBl. 1988 II S. 435), für ein Mandat im Europäischen Parlament → BFH vom 10.12.2019 (BStBl. 2020 II S. 389).

R 22.10 Besteuerung von Leistungen i. S. d. § 22 Nr. 5 EStG *(unbesetzt)*

H 22.10

Besteuerung von Leistungen nach § 22 Nr. 5 EStG. → BMF vom 21.12.2017 (BStBl. 2018 I S. 93, Rz. 126–194).[1)]

Leistungen aus einem US-amerikanischen Altersvorsorgeplan „401(k) pension plan". Zur Besteuerung von Leistungen aus einem US-amerikanischen Altersvorsorgeplan „401(k) pension plan", wenn der Stpfl. während der Ansparphase nicht der inländischen Besteuerung unterlag → BFH vom 28.10.2020 (BStBl. 2021 II S. 675).

Mitteilung über steuerpflichtige Leistungen aus einem Altersvorsorgevertrag oder aus einer betrieblichen Altersversorgung. Amtlich vor-

1) Geänd. durch BMF v. 17.2.2020, BStBl. I 2020, 213. Siehe auch BMF v. 6.12.2017, BStBl. I 2018, 147.

geschriebenes Vordruckmuster für Jahre ab 2020 → BMF vom 9.11.2020 (BStBl. I S. 1061).

Zu § 22a EStG

H 22a

Anwendungsschreiben. → BMF vom 7.12.2011 (BStBl. I S. 1223).

Zu § 23 EStG

H 23

Anschaffung.

- Zu Anschaffungen im Rahmen der vorweggenommenen Erbfolge und bei Erbauseinandersetzung → BMF vom 13.1.1993 (BStBl. I S. 80) unter Berücksichtigung der Änderungen durch BMF vom 26.2.2007 (BStBl. I S. 269) und → BMF vom 14.3.2006 (BStBl. I S. 253) unter Berücksichtigung der Änderungen durch BMF vom 27.12.2018 (BStBl. 2019 I S. 11).
- → Enteignung.
- Anschaffung ist **auch**
  - die Abgabe eines Meistgebots in einer Zwangsversteigerung (→ BFH vom 27.8.1997 – BStBl. 1998 II S. 135),
  - der Erwerb auf Grund eines Ergänzungsvertrags, wenn damit erstmalig ein Anspruch auf Übertragung eines Miteigentumsanteils rechtswirksam entsteht (→ BFH vom 17.12.1997 – BStBl. 1998 II S. 343),
  - der entgeltliche Erwerb eines Anspruchs auf Rückübertragung eines Grundstücks nach dem VermG (Restitutionsanspruch) (→ BFH vom 13.12.2005 – BStBl. 2006 II S. 513),
  - der Erwerb eines parzellierten und beplanten Grundstücks, das der Eigentümer auf Grund eines Rückübertragungsanspruchs dafür erhält, dass er bei der Veräußerung eines nicht parzellierten Grundstücks eine Teilfläche ohne Ansatz eines Kaufpreises überträgt (→ BFH vom 13.4.2010 – BStBl. II S. 792).
- **Keine** Anschaffung ist[1]
  - der unentgeltliche Erwerb eines Wirtschaftsguts, z. B. durch Erbschaft, Vermächtnis oder Schenkung (→ BFH vom 4.7.1950 – BStBl. 1951 III S. 237, vom 22.9.1987 – BStBl. 1988 II S. 250 und vom 12.7.1988 – BStBl. II S. 942, → Veräußerungsfrist). Ein unentgeltlicher Erwerb liegt auch vor, wenn im Rahmen der Übertragung eines Grundstücks im Wege der vorweggenommenen Erbfolge dem Übergeber ein dingliches Wohnrecht eingeräumt wird und die durch Grundschulden auf dem Grundstück abgesicherten Darlehen des Rechtsvorgängers nicht übernommen werden (→ BFH vom 3.9.2019 – BStBl. 2020 II S. 122),

[1] Auch die Zuteilung der THG-Quote ist keine Anschaffung, siehe LfSt Rh-Pf v. 29.3.2022 – S 2240/S 2257 A – St 32 1, St 34 4, St 31 5, DStR 2022, 1049.

- der Erwerb kraft Gesetzes oder eines auf Grund gesetzlicher Vorschriften ergangenen Hoheitsaktes (→ BFH vom 19.4.1977 – BStBl. II S. 712 und vom 13.4.2010 – BStBl. II S. 792),
- die Rückübertragung von enteignetem Grundbesitz oder dessen Rückgabe nach Aufhebung der staatlichen Verwaltung auf Grund des VermG vom 23.9.1990 i. d. F. der Bekanntmachung vom 21.12.1998 (BGBl. I S. 4026, § 52 Abs. 2 Satz 2 D-Markbilanzgesetz i. d. F. vom 28.7.1994 – DMBilG – BGBl. I S. 1842); → hierzu auch BMF vom 11.1.1993 – BStBl. I S. 18,
- die Einbringung von Grundstücken durch Bruchteilseigentümer zu unveränderten Anteilen in eine personenidentische GbR mit Vermietungseinkünften (→ BFH vom 6.10.2004 – BStBl. 2005 II S. 324 und BFH vom 2.4.2008 – BStBl. II S. 679),
- die unentgeltliche Einräumung eines Erbbaurechts an einem Grundstück. Vom Erbbauberechtigten getragene Erbbaurechtsvertragskosten, Kosten des Vollzugs der Urkunde und die Grunderwerbsteuer stellen lediglich Anschaffungsnebenkosten des Erbbaurechts und keine Gegenleistung für die Einräumung des Erbbaurechts dar (→ BFH vom 8.11.2017 – BStBl. 2018 II S. 518).

Anschaffungskosten.

– Der Begriff „Anschaffungskosten" in § 23 Abs. 3 Satz 1 EStG ist mit dem Begriff der Anschaffungskosten in § 6 Abs. 1 Nr. 1 und 2 EStG identisch (→ BFH vom 19.12.2000 – BStBl. 2001 II S. 345).

– Nachträgliche Anschaffungskosten entstehen nicht, wenn der Erwerber des Grundstücks zwecks Löschung eines Grundpfandrechts Schulden tilgt, die er zunächst nicht vom Übergeber übernommen hat (→ BFH vom 3.9.2019 – BStBl. 2020 II S. 122).

Eintrittskarten. Eintrittskarten (z. B. Champions League Tickets) zählen zu den anderen Wirtschaftsgütern i. S. d. § 23 Abs. 1 Satz 1 Nr. 2 Satz 1 EStG, die Gegenstand eines privaten Veräußerungsgeschäfts sein können. Sie sind keine Gegenstände des täglichen Gebrauchs i. S. d. § 23 Abs. 1 Satz 1 Nr. 2 Satz 2 EStG (→ BFH vom 29.10.2019 – BStBl. 2020 II S. 258).

Enteignung.

– Veräußert ein Stpfl. zur Abwendung einer unmittelbar drohenden Enteignung ein Grundstück und erwirbt er in diesem Zusammenhang ein Ersatzgrundstück, liegt hierin keine Veräußerung und Anschaffung i. S. d. § 23 EStG (→ BFH vom 29.6.1962 – BStBl. III S. 387 und vom 16.1.1973 – BStBl. II S. 445). Veräußertes und angeschafftes Grundstück bilden in diesem Fall für die Anwendung des § 23 EStG eine Einheit. Für die Berechnung der Veräußerungsfrist ist daher nicht der Tag der Anschaffung des Ersatzgrundstücks, sondern der Tag maßgebend, zu dem das veräußerte Grundstück angeschafft wurde (→ BFH vom 5.5.1961 – BStBl. III S. 385).

– Ersetzt der Stpfl. im Zusammenhang mit der drohenden Enteignung einer Teilfläche auch die nicht unmittelbar betroffenen Grundstücksteile, handelt es sich insoweit um eine Anschaffung und Veräußerung i. S. d. § 23 EStG (→ BFH vom 7.12.1976 – BStBl. 1977 II S. 209).

– Eine Anschaffung bzw. Veräußerung i. S. d. § 23 EStG liegt nicht vor, wenn der Verlust des Eigentums am Grundstück ohne maßgeblichen Einfluss des Stpfl. stattfindet. Ein Entzug des Eigentums durch Sonderungsbescheid nach dem Bodensonderungsgesetz ist deshalb keine Veräußerung i. S. d. § 23 EStG (→ BFH vom 23.7.2019 – BStBl. II S. 701).

Fondsbeteiligung bei Schrottimmobilien. Zahlungen bei der Rückabwicklung von Immobilienfonds mit Schrottimmobilien können in ein steuerpflichtiges Veräußerungsentgelt und eine nicht steuerbare Entschädigungsleistung aufzuteilen sein. Maßgebend für die Kaufpreisaufteilung ist der Wert des Fonds im Veräußerungszeitpunkt. Als Veräußerungserlös auf Ebene des Gesellschafters ist alles anzusehen, was der Anleger vom Erwerber für seine Beteiligung erhalten hat. Eine Erhöhung des Veräußerungserlöses um anteilige Verbindlichkeiten der Fondsgesellschaft erfolgt dann nicht, wenn der Veräußerer nicht von einer ihn belastenden Verbindlichkeit befreit wurde. Zum Veräußerungspreis gehört die Freistellung des Veräußerers von einer ihn betreffenden Verbindlichkeit, wenn der Veräußerer für die Verbindlichkeit zumindest haftete und der Erwerber in die Haftung eintritt (→ BFH vom 6.9.2016 – BStBl. 2018 II S. 323, 329 und 335, vom 31.1.2017 – BStBl. 2018 II S. 341 und vom 11.7.2017 – BStBl. 2018 II S. 348).

Freigrenze.

– Haben beide zusammenveranlagten Ehegatten Veräußerungsgewinne erzielt, steht jedem Ehegatten die Freigrenze des § 23 Abs. 3 EStG – höchstens jedoch bis zur Höhe seines Gesamtgewinns aus privaten Veräußerungsgeschäften – zu (→ BVerfG vom 21.2.1961 – BStBl. I S. 55).

– → BMF vom 5.10.2000 (BStBl. I S. 1383),[1] Rz. 41.

Fremdwährungsgeschäfte. Fremdwährungsbeträge können Gegenstand eines privaten Veräußerungsgeschäfts sein (→ BMF vom 19.5.2022 – BStBl. I S. 742, Rn. 131).[2] Sie werden insbesondere angeschafft, indem sie gegen Umtausch von nationaler Währung erworben werden, und veräußert, indem sie in die nationale Währung zurückgetauscht oder in eine andere Fremdwährung umgetauscht werden. Werden Fremdwährungsguthaben als Gegenleistung für die Veräußerung von Wertpapieren entgegengenommen, werden beide Wirtschaftsgüter getauscht, d. h. die Wertpapiere veräußert und das Fremdwährungsguthaben angeschafft (→ BFH vom 21.1.2014 – BStBl. II S. 385).

Fristberechnung. → Veräußerungsfrist.

Grundstücksgeschäfte. Zweifelsfragen bei der Besteuerung privater Grundstücksgeschäfte → BMF vom 5.10.2000 (BStBl. I S. 1383)[3]·[4] unter Be-

---

[1] Geänd. durch BMF v. 7.2.2007, BStBl. I 2007, 262, und v. 3.9.2019, BStBl. I 2019, 888; siehe auch BMF v. 17.6.2020, BStBl. I 2020, 576.

[2] Zur zeitlichen Anwendung siehe Rn. 324 und 325.

[3] Zu Rz. 25 (2. Tiret) des BMF v. 5.10.2000 siehe aber auch BMF vom 17.6.2020, BStBl. I 2020, 576.

[4] Keine Besteuerung des bei Verkauf einer Eigentumswohnung auf das häusliche Arbeitszimmer entfallenden Veräußerungsgewinns; BFH v. 1.3.2021 IX R 27/19, BStBl. II 2021, 680 (gegen Rz. 31 BMF v. 5.10.2020).

rücksichtigung der Änderungen durch BMF vom 7.2.2007 (BStBl. I S. 262) und vom 3.9.2019 (BStBl. I S. 888).

Identisches Wirtschaftsgut.

– Ein privates Veräußerungsgeschäft ist auch anzunehmen, wenn ein unbebautes Grundstück parzelliert und eine Parzelle innerhalb der Veräußerungsfrist veräußert wird (→ BFH vom 19.7.1983 – BStBl. 1984 II S. 26).
– Die Aufteilung eines Hausgrundstücks in Wohneigentum ändert nichts an der wirtschaftlichen Identität von angeschafftem und veräußertem Wirtschaftsgut (→ BFH vom 23.8.2011 – BStBl. 2013 II S. 1002).
– Eine wirtschaftliche Teilidentität zwischen angeschafftem und veräußertem Wirtschaftsgut ist ausreichend. Diese ist z. B. gegeben, wenn ein bei Anschaffung mit einem Erbbaurecht belastetes Grundstück lastenfrei veräußert wird (→ BFH vom 12.6.2013 – BStBl. II S. 1011).
– → Enteignung.

Schuldzinsen. → Werbungskosten.

Spekulationsabsicht. Für das Entstehen der Steuerpflicht ist es unerheblich, ob der Stpfl. in spekulativer Absicht gehandelt hat (→ Beschluss des BVerfG vom 9.7.1969 – BStBl. 1970 II S. 156 und BFH vom 2.5.2000 – BStBl. II S. 469).

Veräußerung.

– Als Veräußerung i. S. d. § 23 Abs. 1 EStG ist **auch** anzusehen
  - unter besonderen Umständen die Abgabe eines bindenden Angebots (→ BFH vom 23.9.1966 – BStBl. 1967 III S. 73, vom 7.8.1970 – BStBl. II S. 806 und vom 19.10.1971 – BStBl. 1972 II S. 452);
  - der Abschluss eines bürgerlich-rechtlich wirksamen, beide Vertragsparteien bindenden Vorvertrags (→ BFH vom 13.12.1983 – BStBl. 1984 II S. 311);
  - unter den Voraussetzungen des § 41 Abs. 1 AO der Abschluss eines unvollständig beurkundeten und deswegen nach den § 313 Satz 1 BGB, § 125 HGB formunwirksamen Kaufvertrags (→ BFH vom 15.12.1993 – BStBl. 1994 II S. 687);
  - die Übertragung aus dem Privatvermögen eines Gesellschafters in das betriebliche Gesamthandsvermögen einer Personengesellschaft gegen Gewährung von Gesellschaftsrechten (→ BMF vom 29.3.2000 – BStBl. I S. 462 und vom 11.7.2011 – BStBl. I S.713 unter Berücksichtigung von BMF vom 26.7.2016 – BStBl. I S. 684);
  - die Veräußerung des rückübertragenen Grundstücks bei entgeltlichem Erwerb des Restitutionsanspruchs nach dem VermG (→ BFH vom 13.12.2005 – BStBl. 2006 II S. 513).
– **Keine** Veräußerung i. S. d. § 23 Abs. 1 EStG ist
  - die Rückabwicklung eines Anschaffungsgeschäfts wegen irreparabler Vertragsstörungen (→ BFH vom 27.6.2006 – BStBl. 2007 II S. 162);
  - die in Erfüllung des Sachleistungsanspruches aus einer XETRA-Gold Inhaberschuldverschreibung erfolgte Einlösung und Auslieferung physischen Goldes (→ BFH vom 6.2.2018 – BStBl. II S. 525).
– → Enteignung.

Veräußerungsfrist.[1]

- Die **nachträgliche Genehmigung** eines zunächst schwebend unwirksamen Vertrags durch einen der Vertragspartner wirkt für die Fristberechnung nicht auf den Zeitpunkt der Vornahme des Rechtsgeschäfts zurück (→ BFH vom 2.10.2001 – BStBl. 2002 II S. 10).
- Bei Veräußerung eines im Wege der **Gesamtrechtsnachfolge** erworbenen Wirtschaftsguts ist bei der Berechnung der Veräußerungsfrist von dem Zeitpunkt des entgeltlichen Erwerbs durch den Rechtsvorgänger auszugehen (→ BFH vom 12.7.1988 – BStBl. II S. 942). Das Gleiche gilt auch für ein im Wege der unentgeltlichen Einzelrechtsnachfolge erworbenes Wirtschaftsgut → § 23 Abs. 1 Satz 3 EStG.
- Für die Berechnung der Veräußerungsfrist des § 23 Abs. 1 EStG ist grundsätzlich das der → Anschaffung oder → Veräußerung zugrunde liegende **obligatorische Geschäft** maßgebend (→ BFH vom 15.12.1993 – BStBl. 1994 II S. 687 und vom 8.4.2014 – BStBl. II S. 826). Ein außerhalb der Veräußerungsfrist liegender Zeitpunkt des Eintritts einer aufschiebenden Bedingung des Veräußerungsgeschäfts (→ BFH vom 10.2.2015 – BStBl. II S. 487) oder eine außerhalb der Veräußerungsfrist liegende öffentlich-rechtliche Genehmigung eines noch schwebend unwirksamen Veräußerungsgeschäfts ist unmaßgeblich (→ BFH vom 25.3.2021 – BStBl. II S. 758).
- → Enteignung.

Veräußerungspreis.

- Wird infolge von Meinungsverschiedenheiten über die Formgültigkeit des innerhalb der Veräußerungsfrist abgeschlossenen Grundstückskaufvertrages der Kaufpreis erhöht, kann der erhöhte Kaufpreis auch dann Veräußerungspreis i. S. v. § 23 Abs. 3 Satz 1 EStG sein, wenn die Erhöhung nach Ablauf der Veräußerungsfrist vereinbart und beurkundet wird (→ BFH vom 15.12.1993 – BStBl. 1994 II S. 687).
- Zum Veräußerungspreis gehört auch das Entgelt für den Verzicht auf Nachbarrechte im Zusammenhang mit der Veräußerung des betreffenden Grundstücks (→ BFH vom 18.5.2004 – BStBl. II S. 874).

Veräußerungsverlust bei Ratenzahlung. Bei Zahlung des Veräußerungserlöses in verschiedenen VZ fällt der Veräußerungsverlust anteilig nach dem Verhältnis der Teilzahlungsbeträge zu dem Gesamtveräußerungserlös in den jeweiligen VZ der Zahlungszuflüsse an (→ BFH vom 6.12.2016 – BStBl. 2017 II S. 676).

Verfassungsmäßigkeit. Die Beschränkung des Verlustausgleichs bei privaten Veräußerungsgeschäften durch § 23 Abs. 3 Satz 8 (jetzt: Satz 7) EStG ist verfassungsgemäß (→ BFH vom 18.10.2006 – BStBl. 2007 II S. 259).

Verlustabzug in Erbfällen. Verluste i. S. d. § 22 Nr. 2 i. V. m. § 23 Abs. 3 Satz 7 bis 10 EStG → R 10d Abs. 9 Satz 10.

---

[1] Zur rückwirkenden Verlängerung der Veräußerungsfrist für Grundstücksveräußerungen von 2 auf 10 Jahre siehe BVerfG v. 7.7.2010 2 BvL 14/02, 2 BvL 2/04, 2 BvL 13/05, BStBl. II 2011, 76, und BMF v. 20.12.2010, BStBl. I 2011, 14, geänd. durch BMF v. 18.5.2015, BStBl. I 2015, 464.

Verlustvor- und -rücktrag. Zur Anwendung des § 10d EStG im Rahmen des § 23 EStG → BMF vom 29.11.2004 (BStBl. I S. 1097).

Virtuelle Währungen und sonstige Token.[1] → BMF vom 10.5.2022 (BStBl. I S. 668).

Werbungskosten.

– Werbungskosten sind grundsätzlich alle durch ein Veräußerungsgeschäft i. S. d. § 23 EStG veranlassten Aufwendungen (z. B. Schuldzinsen), die weder zu den (nachträglichen) Anschaffungs- oder Herstellungskosten des veräußerten Wirtschaftsguts gehören noch einer vorrangigen Einkunftsart zuzuordnen sind oder wegen privater Nutzung unter das Abzugsverbot des § 12 EStG fallen (→ BFH vom 12.12.1996 – BStBl. 1997 II S. 603).
– Durch ein privates Veräußerungsgeschäft veranlasste Werbungskosten sind – abweichend vom Abflussprinzip des § 11 Abs. 2 EStG – in dem Kj. zu berücksichtigen, in dem der Verkaufserlös zufließt (→ BFH vom 17.7.1991 – BStBl. II S. 916).
– Fließt der Verkaufserlös in mehreren VZ zu, sind sämtliche Werbungskosten zunächst mit dem im ersten Zuflussjahr erhaltenen Teilerlös und ein etwa verbleibender Werbungskostenüberschuss mit den in den Folgejahren erhaltenen Teilerlösen zu verrechnen (→ BFH vom 3.6.1992 – BStBl. II S. 1017).
– Planungsaufwendungen zur Baureifmachung eines unbebauten Grundstücks (Baugenehmigungsgebühren, Architektenhonorare) können abziehbar sein, wenn von Anfang an Veräußerungsabsicht bestanden hat (→ BFH vom 12.12.1996 – BStBl. 1997 II S. 603).
– Erhaltungsaufwendungen können abziehbar sein, soweit sie allein oder ganz überwiegend durch die Veräußerung des Mietobjekts veranlasst sind (→ BFH vom 14.12.2004 – BStBl. 2005 II S. 343).
– Wird ein Gebäude, das zu eigenen Wohnzwecken genutzt werden sollte, vor dem Selbstbezug und innerhalb der Veräußerungsfrist wieder veräußert, mindern nur solche Grundstücksaufwendungen den Veräußerungsgewinn, die auf die Zeit entfallen, in der der Stpfl. bereits zum Verkauf des Objekts entschlossen war (→ BFH vom 16.6.2004 – BStBl. 2005 II S. 91).
– Vorfälligkeitsentschädigungen, die durch die Verpflichtung zur lastenfreien Veräußerung von Grundbesitz veranlasst sind, sind zu berücksichtigen (→ BFH vom 6.12.2005 – BStBl. 2006 II S. 265).
– Aufwendungen können nicht als Werbungskosten bei den privaten Veräußerungsgeschäften berücksichtigt werden, wenn es tatsächlich nicht zu einer Veräußerung kommt (→ BFH vom 1.8.2012 – BStBl. II S. 781).
– Die bloße Verwendung des Veräußerungserlöses zur Tilgung privater Verbindlichkeiten, die durch Grundschulden auf dem veräußerten Grundstück abgesichert waren, führt nicht zur Entstehung von als Werbungskosten abziehbaren Veräußerungskosten (→ BFH vom 3.9.2019 – BStBl. 2020 II S. 122).

---

[1] Zur Steuerbarkeit von Gewinnen aus der Veräußerung von verschiedenen Kryptowährungen siehe BFH v. 13.2.2023 IX R 3/22, DStR 2023, 435.

Wiederkehrende Leistungen. Zur Ermittlung des Gewinns bei Veräußerungsgeschäften gegen wiederkehrende Leistungen und bei der Umschichtung von nach § 10 Abs. 1a Nr. 2 EStG begünstigt übernommenem Vermögen → BMF vom 11.3.2010 (BStBl. I S. 227),[1)·2)] Rz. 37–41, 65–79 und 88.

Zu § 24 EStG

R 24.1 Begriff der Entschädigung i. S. d. § 24 Nr. 1 EStG

Der Entschädigungsbegriff des § 24 Nr. 1 EStG setzt in seiner zu Buchstabe a und b gleichmäßig geltenden Bedeutung voraus, dass der Stpfl. infolge einer Beeinträchtigung der durch die einzelne Vorschrift geschützten Güter einen finanziellen Schaden erlitten hat und die Zahlung unmittelbar dazu bestimmt ist, diesen Schaden auszugleichen.

H 24.1

Abzugsfähige Aufwendungen. Bei der Ermittlung der Entschädigung i. S. d. § 24 Nr. 1 EStG sind von den Bruttoentschädigungen nur die damit in unmittelbarem Zusammenhang stehenden Betriebsausgaben oder Werbungskosten abzuziehen (→ BFH vom 26.8.2004 – BStBl. 2005 II S. 215).

Allgemeines.

– § 24 EStG schafft keinen neuen Besteuerungstatbestand, sondern weist die in ihm genannten Einnahmen nur der Einkunftsart zu, zu der die entgangenen oder künftig entgehenden Einnahmen gehört hätten, wenn sie erzielt worden wären (→ BFH vom 12.6.1996 – BStBl. II S. 516).

– Wegen einer anstelle der Rückübertragung von enteignetem Grundbesitz gezahlten Entschädigung nach dem VermG vom 23.9.1990 i. d. F. vom 3.8.1992 → BMF vom 11.1.1993 (BStBl. I S. 18).

Ausgleichszahlungen an Handelsvertreter.

– Ausgleichszahlungen an Handelsvertreter nach § 89b HGB gehören auch dann zu den Entschädigungen i. S. d. § 24 Nr. 1 Buchst. c EStG, wenn sie zeitlich mit der **Aufgabe der gewerblichen Tätigkeit** zusammenfallen (→ BFH vom 5.12.1968 – BStBl. 1969 II S. 196).

– Ausgleichszahlungen an **andere Kaufleute** als Handelsvertreter, z. B. **Kommissionsagenten oder Vertragshändler,** sind wie Ausgleichszahlungen an Handelsvertreter zu behandeln, wenn sie in entsprechender Anwendung des § 89b HGB geleistet werden (→ BFH vom 12.10.1999 – BStBl. 2000 II S. 220).

– Ausgleichszahlungen i. S. d. § 89b HGB gehören nicht zu den Entschädigungen nach § 24 Nr. 1 Buchst. c EStG, wenn ein **Nachfolgevertreter**

[1)] Geänd. durch BMF v. 6.5.2016, BStBl. I 2016, 476, mit Übergangsregelung.

[2)] Ergänzend siehe BMF v. 20.11.2019, BStBl. I 2019, 1291, geänd. durch BMF v. 5.5.2021, BStBl. I 2021, 696, Rn. 40.

aufgrund eines selbständigen Vertrags mit seinem Vorgänger dessen Handelsvertretung oder Teile davon entgeltlich erwirbt. Ein selbständiger Vertrag liegt aber nicht vor, wenn der Nachfolger es übernimmt, die vertretenen Firmen von Ausgleichsansprüchen freizustellen (→ BFH vom 31.5.1972 – BStBl. II S. 899 und vom 25.7.1990 – BStBl. 1991 II S. 218).

Entschädigungen i. S. d. § 24 Nr. 1 Buchst. a EStG.

– Die Entschädigung i. S. d. § 24 Nr. 1 Buchst. a EStG muss als **Ersatz** für unmittelbar entgangene oder entgehende **konkrete Einnahmen** gezahlt werden (→ BFH vom 9.7.1992 – BStBl. 1993 II S. 27). Eine Anwendung von § 24 Nr. 1 Buchst. a EStG kommt nicht in Betracht, wenn eine gewährte Versicherungsleistung trotz der Bezeichnung als Verdienstausfall nicht dahin gedeutet werden kann, dass damit Ersatz für steuerbare Einnahmen aus einer konkreten, d. h. bestimmten oder hinreichend bestimmbaren Einkunftsquelle i. S. d. § 2 Abs. 1 Satz 1 Nr. 1–7 EStG gezahlt werden sollte (→ BFH vom 26.5.2020 – BStBl. II 2021 S. 901).

– Für den Begriff der Entschädigung nach § 24 Nr. 1 Buchst. a EStG ist **nicht entscheidend,** ob das zur Entschädigung führende **Ereignis ohne oder gegen den Willen** des Stpfl. eingetreten ist. Eine Entschädigung i. S. d. § 24 Nr. 1 Buchst. a EStG kann vielmehr auch vorliegen, wenn der Stpfl. bei dem zum Einnahmeausfall führenden Ereignis selbst mitgewirkt hat. Ist dies der Fall, muss der Stpfl. bei Aufgabe seiner Rechte aber unter erheblichem wirtschaftlichen, rechtlichen oder tatsächlichen Druck gehandelt haben; keinesfalls darf er das schadenstiftende Ereignis aus eigenem Antrieb herbeigeführt haben. Der Begriff des Entgehens schließt freiwilliges Mitwirken oder gar die Verwirklichung eines eigenen Strebens aus (→ BFH vom 20.7.1978 – BStBl. 1979 II S. 9, vom 16.4.1980 – BStBl. II S. 393, vom 9.7.1992 – BStBl. 1993 II S. 27 und vom 4.9.2002 – BStBl. 2003 II S. 177). Gibt ein Arbeitnehmer im Konflikt mit seinem Arbeitgeber nach und nimmt dessen Abfindungsangebot an, entspricht es dem Zweck des Merkmals der Zwangssituation, nicht schon wegen dieser gütlichen Einigung in Widerspruch stehender Interessenlage einen tatsächlichen Druck in Frage zu stellen (→ BFH vom 29.2.2012 – BStBl. II S. 569). Bei einer (einvernehmlichen) Auflösung des Arbeitsverhältnisses sind tatsächliche Feststellungen zu der Frage, ob der Arbeitnehmer dabei unter tatsächlichem Druck stand, regelmäßig entbehrlich (→ BFH vom 13.3.2018 – BStBl. II S. 709).

– Die an die Stelle der Einnahmen tretende Ersatzleistung nach § 24 Nr. 1 Buchst. a EStG muss auf einer **neuen Rechts- oder Billigkeitsgrundlage** beruhen. Zahlungen, die zur Erfüllung eines Anspruchs geleistet werden, sind keine Entschädigungen i. S. d. § 24 Nr. 1 Buchst. a EStG, wenn die vertragliche Grundlage bestehen geblieben ist und sich nur die Zahlungsmodalität geändert hat (→ BFH vom 25.8.1993 – BStBl. 1994 II S. 167, vom 10.10.2001 – BStBl. 2002 II S. 181 und vom 6.3.2002 – BStBl. II S. 516).

– **Entschädigungen** nach § 24 Nr. 1 Buchst. a EStG sind:

- Abfindung wegen **Auflösung eines Dienstverhältnisses,** wenn der Arbeitgeber die Beendigung veranlasst hat (→ BFH vom 20.10.1978 – BStBl. 1979 II S. 176 und vom 22.1.1988 – BStBl. II S. 525); hierzu gehören auch Vorruhestandsgelder, die auf Grund eines Manteltarifvertrags vereinbart werden (→ BFH vom 16.6.2004 – BStBl. II S. 1055);
- Abstandszahlung eines **Mietinteressenten** für die Entlassung aus einem Vormietvertrag (→ BFH vom 21.8.1990 – BStBl. 1991 II S. 76);
- Aufwandsersatz, soweit er über den Ersatz von Aufwendungen hinaus auch den **Ersatz von ausgefallenen steuerbaren Einnahmen** bezweckt (→ BFH vom 26.2.1988 – BStBl. II S. 615);
- Abfindung anlässlich der **Liquidation** einer Gesellschaft an einen Gesellschafter-Geschäftsführer, wenn auch ein gesellschaftsfremder Unternehmer im Hinblick auf die wirtschaftliche Situation der Gesellschaft die Liquidation beschlossen hätte (→ BFH vom 4.9.2002 – BStBl. 2003 II S. 177);
- Abfindung, die der Gesellschafter-Geschäftsführer, der seine GmbH-Anteile veräußert, für den **Verzicht auf seine Pensionsansprüche** gegen die GmbH erhält, falls der Käufer den Erwerb des Unternehmens von der Nichtübernahme der Pensionsverpflichtung abhängig macht (→ BFH vom 10.4.2003 – BStBl. II S. 748). Entsprechendes gilt für eine Entschädigung für die durch den Erwerber veranlasste **Aufgabe der Geschäftsführertätigkeit** (→ BFH vom 13.8.2003 – BStBl. 2004 II S. 106);
- Abfindung wegen **Auflösung eines Dienstverhältnisses,** auch wenn bereits bei Beginn des Dienstverhältnisses ein Ersatzanspruch für den Fall der betriebsbedingten Kündigung oder Nichtverlängerung des Dienstverhältnisses vereinbart wird (→ BFH vom 10.9.2003 – BStBl. 2004 II S. 349);
- Schadensersatz infolge einer schuldhaft **verweigerten Wiedereinstellung** (→ BFH vom 6.7.2005 – BStBl. 2006 II S. 55);
- Schadensersatz aus Amtshaftung **als Ersatz für entgangene Gehalts- und Rentenansprüche** infolge einer rechtswidrigen Abberufung als Bankvorstand (→ BFH vom 12.7.2016 – BStBl. 2017 II S. 158);
- Leistungen wegen einer **Körperverletzung** nur insoweit, als sie steuerbare und steuerpflichtige Einnahmen ersetzen (sog. Verdienstausfall, → BFH vom 21.1.2004 – BStBl. II S. 716).[1] Dies gilt auch, wenn der Leistungsempfänger im Zeitpunkt des schädigenden Ereignisses erwerbslos war (→ BFH vom 20.7.2018 – BStBl. 2020 II S. 186),
- **Mietentgelte,** die der **Restitutionsberechtigte** vom Verfügungsberechtigten nach § 7 Abs. 7 Satz 2 VermG erlangt (→ BFH vom 11.1.2005 – BStBl. II S. 450);
- Abfindung wegen unbefristeter **Reduzierung der Wochenarbeitszeit** auf Grund eines Vertrags zur **Änderung des Arbeitsvertrags** (→ BFH vom 25.8.2009 – BStBl. 2010 II S. 1030);

---

[1] Siehe auch BFH v. 26.5.2020 IX R 15/19, BStBl. II 2021, 901.

- Abfindung wegen **Auflösung eines Beratungsvertrags,** wenn die Leistung trotz Beibehaltung der rechtlichen Selbständigkeit im Wesentlichen wie die eines Arbeitnehmers geschuldet wurde (→ BFH vom 10.7.2012 – BStBl. 2013 II S. 155);
- Entgelt, das bei vorzeitiger **Beendigung eines Genussrechtsverhältnisses,** das keine Beteiligung am Unternehmensvermögen vermittelt, als Ersatz für entgehende Einnahmen aus der Verzinsung von Genussrechtskapital gewährt wird (→ BFH vom 11.2.2015 – BStBl. II S. 647);
- Zahlung zur Abgeltung einer dem Stpfl. zustehenden Forderung, soweit diese auf einem **Entschädigungsanspruch aus einer Vergleichsvereinbarung** beruht (→ BFH vom 25.8.2015 – BStBl. II S. 1015);
- Entschädigungen **ehrenamtlicher Richter für Verdienstausfall** gem. § 18 des Justizvergütungs- und -entschädigungsgesetzes,[1] wenn sie als Ersatz für entgangene Einnahmen gezahlt werden (→ BFH vom 31.1.2017 – BStBl. 2018 II S. 571).

– **Keine Entschädigungen** nach § 24 Nr. 1 Buchst. a EStG sind:

- Abfindung, die bei Abschluss oder während des Arbeitsverhältnisses für den Verlust späterer **Pensionsansprüche** infolge Kündigung vereinbart wird (→ BFH vom 6.3.2002 – BStBl. II S. 516);
- Abfindung, die bei Fortsetzung des Arbeitnehmerverhältnisses für **Verzicht auf Tantiemeanspruch** gezahlt wird (→ BFH vom 10.10.2001 – BStBl. 2002 II S. 347);
- Abfindung nach vorausgegangener freiwilliger **Umwandlung zukünftiger Pensionsansprüche** (→ BFH vom 6.3.2002 – BStBl. II S. 516);
- Entgelt für den Verzicht auf ein testamentarisch vermachtes **obligatorisches Wohnrecht** (→ BFH vom 9.8.1990 – BStBl. II S. 1026);
- **Pensionsabfindung,** wenn der Arbeitnehmer nach Eheschließung zur Herstellung der ehelichen Lebensgemeinschaft gekündigt hat (→ BFH vom 21.6.1990 – BStBl. II S. 1020);
- **Streikunterstützung** (→ BFH vom 24.10.1990 – BStBl. 1991 II S. 337);
- Zahlung einer Vertragspartei, die diese wegen einer **Vertragsstörung** im Rahmen des Erfüllungsinteresses leistet, und zwar einschließlich der Zahlung für den **entgangenen Gewinn** i. S. d. § 252 BGB. Dies gilt unabhängig davon, ob der Stpfl. das Erfüllungsinteresse im Rahmen des bestehenden und verletzten Vertrags durchsetzt oder zur Abgeltung seiner vertraglichen Ansprüche einer ergänzenden vertraglichen Regelung in Form eines Vergleichs zustimmt (→ BFH vom 27.7.1978 – BStBl. 1979 II S. 66, 69, 71, vom 3.7.1986 – BStBl. II S. 806, vom 18.9.1986 – BStBl. 1987 II S. 25 und vom 5.10.1989 – BStBl. 1990 II S. 155);
- Zahlung für das Überspannen von Grundstücken mit **Hochspannungsfreileitungen** (→ BFH vom 19.4.1994 – BStBl. II S. 640);

[1] **Habersack** Nr. **116.**

- Ersatz für **zurückzuzahlende Einnahmen** oder Ausgleich von Ausgaben, z. B. Zahlungen für (mögliche) Umsatzsteuerrückzahlungen bei Auflösung von Mietverhältnissen (→ BFH vom 18.10.2011 – BStBl. 2012 II S. 286);
- **Erstattungszinsen nach § 233a AO** (→ BFH vom 12.11.2013 – BStBl. 2014 II S. 168);
- Entschädigungen **ehrenamtlicher Richter für Zeitversäumnis** nach § 16 des Justizvergütungs- und -entschädigungsgesetzes,[1] da diese Entschädigungen sowohl nach ihrem Wortlaut als auch nach ihrem Sinn und Zweck nicht an die Stelle von entgangenen oder entgehenden Einnahmen treten (→ BFH vom 31.1.2017 – BStBl. 2018 II S. 571);
- **Aufstockungsbeträge** zum **Transferkurzarbeitergeld** (→ BFH vom 12.3.2019 – BStBl. II S. 574);
- **Leistungen wegen einer Körperverletzung,** soweit sie für den Wegfall des Anspruchs auf steuerfreie Sozialleistungen wie das Arbeitslosengeld (§ 3 Nr. 2 Buchst. a EStG) oder das Arbeitslosengeld II (§ 3 Nr. 2 Buchst. d EStG) gezahlt werden (→ BFH vom 20.7.2018 – BStBl. 2020 II S. 186).

Entschädigungen i. S. d. § 24 Nr. 1 Buchst. b EStG.

– § 24 Nr. 1 Buchst. b EStG erfasst Entschädigungen, die als Gegenleistung für den Verzicht auf eine mögliche Einkunftserzielung gezahlt werden. Eine Entschädigung i. S. d. § 24 Nr. 1 Buchst. b EStG liegt auch vor, wenn die Tätigkeit mit Willen oder mit Zustimmung des Arbeitnehmers aufgegeben wird. Der Ersatzanspruch muss nicht auf einer neuen Rechts- oder Billigkeitsgrundlage beruhen. Die Entschädigung für die Nichtausübung einer Tätigkeit kann auch als Hauptleistungspflicht vereinbart werden (→ BFH vom 12.6.1996 – BStBl. II S. 516).

– **Entschädigungen** nach § 24 Nr. 1 Buchst. b EStG sind:
  - Abfindungszahlung, wenn der Stpfl. von einem ihm tarifvertraglich eingeräumten **Optionsrecht,** gegen Abfindung aus dem Arbeitsverhältnis auszuscheiden, Gebrauch macht (→ BFH vom 8.8.1986 – BStBl. 1987 II S. 106);
  - Entgelt für ein im Arbeitsvertrag vereinbartes **Wettbewerbsverbot** (→ BFH vom 13.2.1987 – BStBl. II S. 386 und vom 16.3.1993 – BStBl. II S. 497);
  - Entgelt für ein **umfassendes Wettbewerbsverbot,** das im Zusammenhang mit der Beendigung eines Arbeitsverhältnisses vereinbart worden ist (→ BFH vom 12.6.1996 – BStBl. II S. 516);
  - Entgelt für ein **umfassendes Wettbewerbsverbot** auch dann, wenn die dadurch untersagten Tätigkeiten verschiedenen Einkunftsarten zuzuordnen sind (→ BFH vom 23.2.1999 – BStBl. II S. 590);
  - Abfindung, die ein angestellter **Versicherungsvertreter** von seinem Arbeitgeber für den Verzicht auf eine mögliche künftige Einkunftserzielung durch die Verkleinerung seines Bezirks erhält (→ BFH vom 23.1.2001 – BStBl. II S. 541).

---

[1] **Habersack** Nr. **116.**

– **Keine Entschädigungen** nach § 24 Nr. 1 Buchst. b EStG sind: Abfindung an Arbeitnehmer für die **Aufgabe eines gewinnabhängigen Tantiemeanspruchs** (→ BFH vom 10.10.2001 – BStBl. 2002 II S. 347).

Steuerbegünstigung nach § 34 Abs. 1 Satz 1 EStG. Wegen der Frage, unter welchen Voraussetzungen Entschädigungen i. S. d. § 24 Nr. 1 EStG der Steuerbegünstigung nach § 34 Abs. 1 Satz 1 EStG unterliegen → R 34.3.

R **24.2** Nachträgliche Einkünfte

(1) [1]Einkünfte aus einer ehemaligen Tätigkeit liegen vor, wenn sie in wirtschaftlichem Zusammenhang mit der ehemaligen Tätigkeit stehen, insbesondere ein Entgelt für die im Rahmen der ehemaligen Tätigkeit erbrachten Leistungen darstellen. [2]Bezahlt ein Mitunternehmer nach Auflösung der Gesellschaft aus seinem Vermögen betrieblich begründete Schulden eines anderen Gesellschafters, hat er einen nachträglichen gewerblichen Verlust, soweit er seine Ausgleichsforderung nicht verwirklichen kann.

(2) § 24 Nr. 2 EStG ist auch anzuwenden, wenn die nachträglichen Einkünfte einem Rechtsnachfolger zufließen.

H **24.2**

Ermittlung der nachträglichen Einkünfte. Nach der Betriebsveräußerung oder Betriebsaufgabe anfallende nachträgliche Einkünfte sind in sinngemäßer Anwendung des § 4 Abs. 3 EStG zu ermitteln (→ BFH vom 22.2.1978 – BStBl. II S. 430).

Nachträgliche Einnahmen sind:

- **Ratenweise gezahltes Auseinandersetzungsguthaben** in Höhe des Unterschiedsbetrags zwischen Nennbetrag und Auszahlungsbetrag der Rate, wenn ein aus einer Personengesellschaft ausgeschiedener Gesellschafter verlangen darf, dass alljährlich die Rate nach dem jeweiligen Preis eines Sachwertes bemessen wird (→ BFH vom 16.7.1964 – BStBl. III S. 622).
- **Versorgungsrenten,** die auf früherer gewerblicher oder freiberuflicher Tätigkeit des Stpfl. oder seines Rechtsvorgängers beruhen (→ BFH vom 10.10.1963 – BStBl. III S. 592).

Nachträgliche Werbungskosten/Betriebsausgaben sind:[1)]

- **Betriebssteuern,** wenn bei Gewinnermittlung nach § 4 Abs. 3 EStG auf den Zeitpunkt der Betriebsaufgabe keine Schlussbilanz erstellt wurde, und dies nicht zur Erlangung ungerechtfertigter Steuervorteile geschah (→ BFH vom 13.5.1980 – BStBl. II S. 692).
- **Schuldzinsen** für Verbindlichkeiten, die bis zur Vollbeendigung eines Gewerbebetriebs trotz Verwertung des Aktivvermögens nicht abgedeckt werden, auch wenn die Verbindlichkeiten durch Grundpfandrechte an einem privaten Grundstück gesichert sind oder eine Umschuldung durchgeführt worden ist (→ BFH vom 11.12.1980 – BStBl. 1981 II S. 460, 461 und 462).

[1)] Zu einer ungewissen Verbindlichkeit als Betriebsschuld nach Veräußerung oder Aufgabe des Betriebs siehe BFH v. 28.2.1990 I R 205/85, BStBl. II 1990, 537.

– **Schuldzinsen** für während des Bestehens des Betriebs entstandene und bei Betriebsveräußerung zurückbehaltene Verbindlichkeiten, soweit der Veräußerungserlös und der Verwertungserlös aus zurückbehaltenen Aktivwerten nicht zur Schuldentilgung ausreicht; darüber hinaus Schuldzinsen auch dann noch und so lange, als der Schuldentilgung Auszahlungshindernisse hinsichtlich des Veräußerungserlöses, Verwertungshindernisse hinsichtlich der zurückbehaltenen Aktivwerte oder Rückzahlungshindernisse hinsichtlich der früheren Betriebsschulden entgegenstehen (→ BFH vom 19.1.1982 – BStBl. II S. 321, vom 27.11.1984 – BStBl. 1985 II S. 323 und vom 12.11.1997 – BStBl. 1998 II S. 144); bei Personengesellschaften → H 4.2 (15) Betriebsaufgabe oder -veräußerung im Ganzen.
– **Schuldzinsen** für betrieblich begründete Verbindlichkeiten nach Übergang des Betriebs zur **Liebhaberei,** wenn und soweit die zugrunde liegenden Verbindlichkeiten nicht durch eine mögliche Verwertung von Aktivvermögen beglichen werden können (→ BFH vom 15.5.2002 – BStBl. II S. 809 und vom 31.7.2002 – BStBl. 2003 II S. 282).
– **Zinsanteile von Rentenzahlungen,** wenn der Rentenberechtigte einer mit den Erlösen aus der Betriebsaufgabe möglichen Ablösung der betrieblich veranlassten Rentenverpflichtung nicht zustimmt (→ BFH vom 22.9.1999 – BStBl. 2000 II S. 120).
– Zum Abzug der Schuldzinsen als nachträgliche Werbungskosten bei Vermietung und Verpachtung nach **Veräußerung des Mietobjekts** oder nach **Wegfall der Einkünfteerzielungsabsicht** → BMF vom 27.7.2015 (BStBl. I S. 581).

Nachträgliche Werbungskosten/Betriebsausgaben sind nicht:
– **Schuldzinsen,** soweit es der Stpfl. bei Aufgabe eines Gewerbebetriebes unterlässt, vorhandene Aktiva zur Tilgung der Schulden einzusetzen (→ BFH vom 11.12.1980 – BStBl. 1981 II S. 463 und vom 21.11.1989 – BStBl. 1990 II S. 213), diese Schuldzinsen können jedoch Werbungskosten bei einer anderen Einkunftsart sein (→ BFH vom 19.8.1998 – BStBl. 1999 II S. 353 und vom 28.3.2007 – BStBl. II S. 642, → H 21.2 – Finanzierungskosten –). Bei Personengesellschaften → H 4.2 (15) Betriebsaufgabe oder -veräußerung im Ganzen.
– **Schuldzinsen** für vom übertragenden Gesellschafter bei Veräußerung eines Gesellschaftsanteils mit befreiender Wirkung gegenüber der Gesellschaft und dem eintretenden Gesellschafter **übernommene Gesellschaftsschulden** (→ BFH vom 28.1.1981 – BStBl. II S. 464).
– **Schuldzinsen** für Verbindlichkeiten, die nicht während des Bestehens des Betriebs entstanden, sondern **Folge der Aufgabe oder Veräußerung des Betriebs** sind (→ BFH vom 12.11.1997 – BStBl. 1998 II S. 144).

Rechtsnachfolger.
– Der **Begriff des Rechtsnachfolgers** umfasst sowohl den bürgerlichrechtlichen Einzel- oder Gesamtrechtsnachfolger als auch denjenigen, dem z. B. aufgrund eines von einem Gewerbetreibenden abgeschlossenen Vertrags zugunsten Dritter (§ 328 BGB) Einnahmen zufließen, die auf der gewerblichen Betätigung beruhen (→ BFH vom 25.3.1976 – BStBl. II S. 487).

– Fließen **nachträgliche Einkünfte** dem Rechtsnachfolger zu, sind sie nach den in seiner Person liegenden Besteuerungsmerkmalen zu versteuern (→ BFH vom 29.7.1960 – BStBl. III S. 404).[1]
– **Nachträglich zugeflossene Rentenzahlungen** werden dem Erben auch dann als nachträgliche Einkünfte zugerechnet, wenn sie vom Testamentsvollstrecker zur **Erfüllung von Vermächtnissen** verwendet werden (→ BFH vom 24.1.1996 – BStBl. II S. 287).

Zu § 24a EStG

R 24a. Altersentlastungsbetrag

Allgemeines

(1) [1]Bei der Berechnung des Altersentlastungsbetrags sind Einkünfte aus Land- und Forstwirtschaft nicht um den Freibetrag nach § 13 Abs. 3 EStG zu kürzen. [2]Kapitalerträge, die nach § 32d Abs. 1 und § 43 Abs. 5 EStG dem gesonderten Steuertarif für Einkünfte aus Kapitalvermögen unterliegen, sind in die Berechnung des Altersentlastungsbetrags nicht einzubeziehen. [3]Sind in den Einkünften neben Leibrenten auch andere wiederkehrende Bezüge i. S. d. § 22 Nr. 1 EStG enthalten, ist der Werbungskosten-Pauschbetrag nach § 9a Satz 1 Nr. 3 EStG von den der Besteuerung nach § 22 Nr. 1 Satz 3 EStG unterliegenden Teilen der Leibrenten abzuziehen, soweit er diese nicht übersteigt. [4]Der Altersentlastungsbetrag ist auf den nächsten vollen Euro-Betrag aufzurunden.

Berechnung bei Anwendung anderer Vorschriften

(2) Ist der Altersentlastungsbetrag außer vom Arbeitslohn noch von weiteren Einkünften zu berechnen und muss er für die Anwendung weiterer Vorschriften von bestimmten Beträgen abgezogen werden, ist davon auszugehen, dass er zunächst vom Arbeitslohn berechnet worden ist.

H 24a

Altersentlastungsbetrag bei Ehegatten. Im Fall der Zusammenveranlagung von Ehegatten ist der Altersentlastungsbetrag jedem Ehegatten, der die altersmäßigen Voraussetzungen erfüllt, nach Maßgabe der von ihm bezogenen Einkünfte zu gewähren (→ BFH vom 22.9.1993 – BStBl. 1994 II S. 107).

Berechnung des Altersentlastungsbetrags. Der Altersentlastungsbetrag ist von der S. d. E. zur Ermittlung des G. d. E. abzuziehen (→ R 2).

Beispiel 1:

Der Stpfl. hat im VZ 2004 das 64. Lebensjahr vollendet. Im VZ 2022 wurden erzielt:

Arbeitslohn	14 000 €
darin enthalten:	
Versorgungsbezüge in Höhe von	6 000 €
Einkünfte aus selbständiger Arbeit	500 €
Einkünfte aus Vermietung und Verpachtung	– 1 500 €

[1] Siehe aber auch BFH v. 29.4.1993 IV R 16/92, BStBl. II 1993, 716.

Der Altersentlastungsbetrag beträgt 40 % des Arbeitslohns (14 000 € abzüglich Versorgungsbezüge 6000 € = 8000 €), das sind 3200 €, höchstens jedoch 1900 €. Die Einkünfte aus selbständiger Arbeit und aus Vermietung und Verpachtung werden für die Berechnung des Altersentlastungsbetrags nicht berücksichtigt, weil ihre Summe negativ ist (– 1500 € + 500 € = – 1000 €).

Beispiel 2:
Wie Beispiel 1, jedoch hat der Stpfl. im VZ 2021 das 64. Lebensjahr vollendet.
Der Altersentlastungsbetrag beträgt 14,4 % des Arbeitslohnes (14 000 € abzüglich Versorgungsbezüge 6000 € = 8000 €), das sind 1152 €, höchstens jedoch 684 €.

Lohnsteuerabzug. Die Berechnung des Altersentlastungsbetrags beim Lohnsteuerabzug hat keine Auswirkung auf die Berechnung im Veranlagungsverfahren (→ R 39b.4 Abs. 3 LStR 2015).[1]

Zu § 24b EStG

H 24b

Anwendungsschreiben. → BMF vom 23.11.2022 (BStBl. I S. 1634).[2]

Zu § 25 EStG
(§§ 56 und 60 EStDV)

R 25. Verfahren bei der Veranlagung von Ehegatten nach § 26a EStG

(1) [1]Hat ein Ehegatte nach § 26 Abs. 2 Satz 1 EStG die Einzelveranlagung (§ 26a EStG) gewählt, ist für jeden Ehegatten eine Einzelveranlagung durchzuführen, auch wenn sich jeweils eine Steuerschuld von 0 Euro ergibt. [2]*Der bei einer Zusammenveranlagung der Ehegatten in Betracht kommende Betrag der außergewöhnlichen Belastungen ist grundsätzlich von dem Finanzamt zu ermitteln, das für die Veranlagung des Ehemannes zuständig ist.*[3]

(2)[3] *Für den VZ 2012 ist R 25 EStR 2008 weiter anzuwenden.*

H 25

Anlage EÜR.

– Der amtlich vorgeschriebene Datensatz ist durch Datenfernübertragung authentifiziert zu übermitteln.
  Die Anlage AVEÜR sowie bei Mitunternehmerschaften die entsprechenden Anlagen sind notwendiger Bestandteil der EÜR.
  Übersteigen die im Wj. angefallenen Schuldzinsen, ohne die Berücksichtigung der Schuldzinsen für Darlehen zur Finanzierung von Anschaffungs- oder Herstellungskosten von Wirtschaftsgütern des Anlagevermögens, den Betrag von 2050 Euro, sind bei Einzelunternehmen die in der Anlage SZ enthaltenen Angaben als notwendiger Bestandteil der EÜR an die Finanzverwaltung zu übermitteln (→ BMF vom 1.9.2022 – BStBl. I S. 1303).

---

[1] Nr. **20**.
[2] Zum Entlastungsbetrag für Alleinerziehende bei der Aufnahme von Flüchtlingen siehe FM Schl-H v. 16.6.2022 VI 305 – S 2223 – 711, DStR 2022, 1438.
[3] **[Amtl. Anm.:]** Für VZ ab 2013 ohne Bedeutung.

– § 60 Abs. 4 EStDV stellt eine wirksame Rechtsgrundlage für die Pflicht zur Abgabe der Anlage EÜR dar. Die Aufforderung zur Einreichung der Anlage EÜR ist ein Verwaltungsakt (→ BFH vom 16.11.2011 – BStBl. 2012 II S. 129).

Elektronische Übermittlungspflicht. Eine Pflicht zur elektronischen Übermittlung der Einkommensteuererklärung ist wirtschaftlich unzumutbar, wenn der finanzielle Aufwand für die Einrichtung und Aufrechterhaltung einer Datenfernübertragungsmöglichkeit in keinem wirtschaftlich sinnvollen Verhältnis zu den Einkünften nach § 2 Abs. 1 Satz 1 Nr. 1 bis 3 EStG steht. Der Antrag auf Befreiung wegen unbilliger Härten nach § 25 Abs. 4 Satz 2 EStG i. V. m. § 150 Abs. 8 AO bezieht sich nur auf den jeweiligen Veranlagungszeitraum (→ BFH vom 16.6.2020 – BStBl. 2021 II S. 288 und 290).

Härteregelung. § 46 Abs. 3 und 5 EStG ist auch bei solchen Arbeitnehmern anzuwenden, die mangels Vornahme eines Lohnsteuerabzugs nicht gem. § 46 EStG, sondern nach § 25 Abs. 1 EStG zu veranlagen sind, z. B. bei ausländischem Arbeitgeber (→ BFH vom 27.11.2014 – BStBl. 2015 II S. 793).

Steuererklärungspflicht gem. § 56 Satz 2 EStDV. Die Verpflichtung zur Abgabe der Einkommensteuererklärung nach § 56 Satz 2 EStDV wegen Feststellung eines verbleibenden Verlustvortrags gilt nur für den unmittelbar auf den festgestellten Verlustabzug folgenden VZ.
Ist der Stpfl. nach § 46 Abs. 2 Nr. 8 EStG nur auf seinen Antrag hin zur Einkommensteuer zu veranlagen, kommt er mit der Abgabe der Einkommensteuererklärung nicht nur seiner Erklärungspflicht gem. § 56 Satz 2 EStDV nach, sondern stellt zugleich einen Veranlagungsantrag i. S. d. § 46 Abs. 2 Nr. 8 Satz 2 EStG, der wiederum die Ablaufhemmung des § 171 Abs. 3 AO auslöst (→ BFH vom 30.3.2017 – BStBl. II S. 1046).

Unterzeichnung durch einen Bevollmächtigten. Kehrt ein ausländischer Arbeitnehmer auf Dauer in sein Heimatland zurück, kann dessen Einkommensteuer-Erklärung ausnahmsweise durch einen Bevollmächtigten unter Offenlegung des Vertretungsverhältnisses unterzeichnet werden (→ BFH vom 10.4.2002 – BStBl. II S. 455).

Zu § 26 EStG[1]

R 26. Voraussetzungen für die Anwendung des § 26 EStG

Nicht dauernd getrennt lebend

(1) [1]Bei der Frage, ob Ehegatten als dauernd getrennt lebend anzusehen sind, wird einer auf Dauer herbeigeführten räumlichen Trennung regelmäßig eine besondere Bedeutung zukommen. [2]Die eheliche Lebens- und Wirtschaftsgemeinschaft ist jedoch im Allgemeinen nicht aufgehoben, wenn sich die Ehegatten nur vorübergehend räumlich trennen, z. B. bei einem beruflich bedingten Auslandsaufenthalt eines der Ehegatten. [3]Sogar in Fällen, in denen die Ehegatten infolge zwingender äußerer Umstände für eine nicht absehbare Zeit räumlich voneinander getrennt leben müssen, z. B. infolge Krankheit

[1] § 26 EStG neugef. durch SteuervereinfachungsG 2011 v. 1.11.2011, BGBl. I 2011, 2131, mWv VZ 2013.

oder Verbüßung einer Freiheitsstrafe, kann die eheliche Lebens- und Wirtschaftsgemeinschaft noch weiterbestehen, wenn die Ehegatten die erkennbare Absicht haben, die eheliche Verbindung in dem noch möglichen Rahmen aufrechtzuerhalten und nach dem Wegfall der Hindernisse die volle eheliche Gemeinschaft wiederherzustellen. [4]Ehegatten, von denen einer vermisst ist, sind im Allgemeinen nicht als dauernd getrennt lebend anzusehen.

Zurechnung gemeinsamer Einkünfte

(2) Gemeinsame Einkünfte der Ehegatten, z.B. aus einer Gesamthandsgesellschaft oder Gesamthandsgemeinschaft sind jedem Ehegatten, falls keine andere Aufteilung in Betracht kommt, zur Hälfte zuzurechnen.

(3)[1] *Für den VZ 2012 ist R 26 EStR 2008 weiter anzuwenden.*

H **26**

Allgemeines.

- Welche Personen **Ehegatten** i.S.d. § 26 Abs. 1 Satz 1 EStG sind, bestimmt sich **nach bürgerlichem Recht** (→ BFH vom 21.6.1957 – BStBl. III S. 300).
- Bei Ausländern sind die materiell-rechtlichen Voraussetzungen für jeden Beteiligten nach den Gesetzen des Staates zu beurteilen, dem er angehört. Die Anwendung eines ausländischen Gesetzes ist jedoch ausgeschlossen, wenn es gegen die guten Sitten oder den Zweck eines deutschen Gesetzes verstoßen würde (→ BFH vom 6.12.1985 – BStBl. 1986 II S. 390). Haben **ausländische Staatsangehörige,** von denen einer außerdem die deutsche Staatsangehörigkeit besitzt, im Inland eine Ehe geschlossen, die zwar nach dem gemeinsamen Heimatrecht, nicht aber nach deutschem Recht gültig ist, so handelt es sich nicht um Ehegatten i.S.d. § 26 Abs. 1 Satz 1 EStG (→ BFH vom 17.4.1998 – BStBl. II S. 473).
- Eine Ehe ist bei **Scheidung** nach § 1564 BGB **oder Aufhebung** nach § 1313 BGB erst mit Rechtskraft des Urteils aufgelöst; diese Regelung ist auch für das Einkommensteuerrecht maßgebend (→ BFH vom 9.3.1973 – BStBl. II S. 487).
- Ein Stpfl., dessen Ehegatte **verschollen oder vermisst** ist, gilt als verheiratet. Bei Kriegsgefangenen oder Verschollenen kann in der Regel ferner davon ausgegangen werden, dass sie vor Eintritt der Kriegsgefangenschaft oder Verschollenheit einen Wohnsitz im Inland gehabt haben (→ BFH vom 3.3.1978 – BStBl. II S. 372).
- Wird ein verschollener Ehegatte **für tot erklärt,** gilt der Stpfl. vom Tag der Rechtskraft des Todeserklärungsbeschlusses an als verwitwet (→ § 49 AO, BFH vom 24.8.1956 – BStBl. III S. 310).

Ehegatte im Ausland.

- → § 1a Abs. 1 Nr. 2 EStG.[2]

[1] **[Amtl. Anm.:]** Für VZ ab 2013 ohne Bedeutung.

[2] Zur Zusammenveranlagung von nicht dauernd getrennt lebenden Ehegatten, die ihre Wohnorte in verschiedenen EU-Mitgliedstaaten haben, siehe EuGH v. 25.1.2007 C-329/05, „Meindl“, DStR 2007, 232; hierzu und zur Einkünfteermittlung siehe BFH v. 20.8.2008 I R 78/07, BStBl. II 2009, 708, sowie H 1a EStH „Einkünfteermittlung zur Bestimmung der Einkunftsgrenzen“.

– Die Antragsveranlagung einer Person mit inländischen Einkünften i. S. d. § 49 EStG nach § 1 Abs. 3 EStG ermöglicht im Grundsatz keine Zusammenveranlagung mit ihrem ebenfalls im Ausland wohnenden Ehegatten, wenn dieser selbst nicht unbeschränkt einkommensteuerpflichtig ist (→ BFH vom 22.2.2006 – BStBl. 2007 II S. 106).

Ehegatte ohne Einkünfte. Stellt ein Ehegatte, der keine Einkünfte erzielt hat, einen Antrag auf Einzelveranlagung, ist dieser selbst dann unbeachtlich, wenn dem anderen Ehegatten eine Steuerstraftat zur Last gelegt wird. Im Fall eines solchen Antrags sind die Ehegatten nach § 26 Abs. 3 EStG zusammen zu veranlagen, wenn der andere Ehegatte dies beantragt hat (→ BFH vom 10.1.1992 – BStBl. II S. 297).

Getrenntleben.

– Ein dauerndes Getrenntleben ist anzunehmen, wenn die zum Wesen der Ehe gehörende Lebens- und Wirtschaftsgemeinschaft nach dem Gesamtbild der Verhältnisse auf die Dauer nicht mehr besteht. Dabei ist unter Lebensgemeinschaft die räumliche, persönliche und geistige Gemeinschaft der Ehegatten, unter Wirtschaftsgemeinschaft die gemeinsame Erledigung der die Ehegatten gemeinsam berührenden wirtschaftlichen Fragen ihres Zusammenlebens zu verstehen (→ BFH vom 15.6.1973 – BStBl. II S. 640).
– In der Regel sind die Angaben der Ehegatten, sie lebten nicht dauernd getrennt, anzuerkennen, es sei denn, dass die äußeren Umstände das Bestehen einer ehelichen Lebens- und Wirtschaftsgemeinschaft fraglich erscheinen lassen (→ BFH vom 5.10.1966 – BStBl. 1967 III S. 84 und 110). In einem Scheidungsverfahren zum Getrenntleben getroffene Feststellungen (§ 1565 BGB) sind für die steuerliche Beurteilung nicht unbedingt bindend (→ BFH vom 13.12.1985 – BStBl. 1986 II S. 486).

Lebenspartner und Lebenspartnerschaften. → H 2.

Tod eines Ehegatten. Die Wahl der Veranlagungsart ist auch nach dem Tod eines Ehegatten für das Jahr des Todes möglich, wobei an die Stelle des Verstorbenen dessen Erben treten. Falls die zur Wahl erforderlichen Erklärungen nicht abgegeben werden, wird nach § 26 Abs. 3 EStG unterstellt, dass eine Zusammenveranlagung gewählt wird, wenn der Erbe Kenntnis von seiner Erbenstellung und den steuerlichen Vorgängen des Erblassers hat. Bis zur Ermittlung des Erben ist grundsätzlich einzeln zu veranlagen (→ BFH vom 21.6.2007 – BStBl. II S. 770).

Wahl der Veranlagungsart.

– Beantragen Ehegatten innerhalb der Frist für einen Einspruch gegen den Zusammenveranlagungsbescheid die Einzelveranlagung, ist das Finanzamt bei der daraufhin für jeden durchzuführenden Einzelveranlagung an die tatsächliche und rechtliche Beurteilung der Besteuerungsgrundlagen im Zusammenveranlagungsbescheid gebunden (→ BFH vom 3.3.2005 – BStBl. II S. 564).
– Ist ein Ehegatte von Amts wegen zu veranlagen und wird auf Antrag eines der beiden Ehegatten eine Einzelveranlagung durchgeführt, ist auch der andere Ehegatte zwingend einzeln zu veranlagen. Für die Veranlagung kommt es in einem solchen Fall auf das Vorliegen der Voraussetzungen des § 46 Abs. 2 EStG nicht mehr an (→ BFH vom 21.9.2006 – BStBl. 2007 II S. 11).

Zu § 26a EStG[1)]

(§§ 61 und 62d EStDV)[2)]

R 26a. Veranlagung von Ehegatten nach § 26a EStG

Für den VZ 2012 ist R 26a EStR 2008 weiter anzuwenden.[3)]

H 26a

Gütergemeinschaft.
- Zur Frage der einkommensteuerrechtlichen Wirkung des Güterstands der allgemeinen Gütergemeinschaft zwischen Ehegatten → BFH-Gutachten vom 18.2.1959 (BStBl. III S. 263).
- Gewerbebetrieb als Gesamtgut der in Gütergemeinschaft lebenden Ehegatten → H 15.9 (1) Gütergemeinschaft.
- Kein Gesellschaftsverhältnis, wenn die persönliche Arbeitsleistung eines Ehegatten in den Vordergrund tritt und im Betrieb kein nennenswertes ins Gesamtgut fallendes Kapital eingesetzt wird (→ BFH vom 20.3.1980 – BStBl. II S. 634).
- Übertragung einer im gemeinsamen Ehegatteneigentum stehenden forstwirtschaftlich genutzten Fläche in das Alleineigentum eines Ehegatten → H 4.2 (12) Gütergemeinschaft.
- Ist die einkommensteuerrechtliche Auswirkung der Gütergemeinschaft zwischen Ehegatten streitig, ist hierüber im Verfahren der gesonderten und einheitlichen Feststellung (§§ 179, 180 AO) zu befinden (→ BFH vom 23.6.1971 – BStBl. II S. 730).

Kinderbetreuungskosten. → BMF vom 14.3.2012 (BStBl. I S. 307), Rdnr. 27.

Pauschbetrag für Menschen mit Behinderungen. Nach § 26a Abs. 2 Satz 2 EStG ist auf übereinstimmenden Antrag der Ehegatten der grundsätzlich einem Ehegatten zustehende Pauschbetrag für Menschen mit Behinderungen (§ 33b Abs. 1 bis 3 EStG) bei der Einzelveranlagung der Ehegatten jeweils zur Hälfte abzuziehen (→ BFH vom 20.12.2017 – BStBl. 2018 II S. 468).

Zugewinngemeinschaft. Jeder Ehegatte bezieht – wie bei der Gütertrennung – die Nutzungen seines Vermögens selbst (→ §§ 1363 ff. BGB).

Zu § 26b EStG

(§ 62d EStDV)

R 26b. Zusammenveranlagung von Ehegatten nach § 26b EStG

Gesonderte Ermittlung der Einkünfte

(1) [1]Die Zusammenveranlagung nach § 26b EStG führt zwar zu einer Zusammenrechnung, nicht aber zu einer einheitlichen Ermittlung der Einkünfte

---

1) § 26a EStG neugef. durch SteuervereinfachungsG 2011 v. 1.11.2011, BGBl. I 2011, 2131, mWv VZ 2013.

2) §§ 61 und 62d Abs. 1 und Abs. 2 Satz 1 EStDV neugef. durch SteuervereinfachungsG 2011 v. 1.11.2011, BGBl. I 2011, 2131, mWv VZ 2013 (§ 84 Abs. 11 EStDV).

3) **[Amtl. Anm.:]** Für VZ ab 2013 ohne Bedeutung.

der Ehegatten. [2]Wegen des Verlustabzugs nach § 10d EStG wird auf § 62d Abs. 2 EStDV und R 10d Abs. 6 hingewiesen.

Feststellung gemeinsamer Einkünfte

(2) Gemeinsame Einkünfte zusammenzuveranlagender Ehegatten sind grundsätzlich gesondert und einheitlich festzustellen (§ 180 Abs. 1 Nr. 2 Buchstabe a[1]) und § 179 Abs. 2 AO), sofern es sich nicht um Fälle geringer Bedeutung handelt (§ 180 Abs. 3 AO).

H 26b

Feststellung gemeinsamer Einkünfte. Bei Ehegatten ist eine gesonderte und einheitliche Feststellung von Einkünften jedenfalls dann durchzuführen, wenn ein für die Besteuerung erhebliches Merkmal streitig ist, so auch, wenn zweifelhaft ist, ob Einkünfte vorliegen, an denen ggf. die Eheleute beteiligt sind (→ BFH vom 17.5.1995 – BStBl. II S. 640). Dies ist nicht erforderlich bei Fällen von geringer Bedeutung. Solche Fälle sind beispielsweise bei Mieteinkünften von zusammen zu veranlagenden Ehegatten (→ BFH vom 20.1.1976 – BStBl. II S. 305)[2]) und bei dem gemeinschaftlich erzielten Gewinn von zusammen zu veranlagenden Landwirts-Ehegatten (→ BFH vom 4.7.1985 – BStBl. II S. 576) gegeben, wenn die Einkünfte verhältnismäßig einfach zu ermitteln sind und die Aufteilung feststeht.

Gesonderte Ermittlung der Einkünfte. Bei der Zusammenveranlagung nach § 26b EStG sind ebenso wie bei der Einzelveranlagung nach § 26a EStG für jeden Ehegatten die von ihm bezogenen Einkünfte gesondert zu ermitteln (→ BFH vom 25.2.1988 – BStBl. II S. 827).

Zu § 31 EStG

R 31. Familienleistungsausgleich

Prüfung der Steuerfreistellung

(1) *(unbesetzt)*

Anspruch auf Kindergeld

(2) [1]Bei der Prüfung der Steuerfreistellung ist auf das für den jeweiligen VZ zustehende Kindergeld oder die vergleichbare Leistung abzustellen, unabhängig davon, ob ein Antrag gestellt wurde oder eine Zahlung erfolgt ist. [2]Dem Kindergeld vergleichbare Leistungen i. S. d. § 65 Abs. 1 Satz 1 EStG oder Leistungen auf Grund über- oder zwischenstaatlicher Rechtsvorschriften sind wie Ansprüche auf Kindergeld bis zur Höhe der Beträge nach § 66 EStG zu berücksichtigen. [3]Auch ein Anspruch auf Kindergeld, dessen Festsetzung aus verfahrensrechtlichen Gründen nicht erfolgt ist, ist zu berücksichtigen.

Zurechnung des Kindergelds/zivilrechtlicher Ausgleich

(3) [1]Der Anspruch auf Kindergeld ist demjenigen zuzurechnen, der für das Kind Anspruch auf einen Kinderfreibetrag nach § 32 Abs. 6 EStG hat, auch

---

1) **[Amtl. Anm.:]** Jetzt § 180 Abs. 1 Satz 1 Nr. 2 Buchstabe a AO.
2) Bestätigt durch BFH v. 4.7.2018 IX B 114/17, BFH/NV 2018, 1088.

wenn das Kindergeld an das Kind selbst oder einen Dritten (z. B. einen Träger von Sozialleistungen) ausgezahlt wird. [2]Der Anspruch auf Kindergeld ist grundsätzlich beiden Elternteilen jeweils zur Hälfte zuzurechnen; dies gilt unabhängig davon, ob ein barunterhaltspflichtiger Elternteil Kindergeld über den zivilrechtlichen Ausgleich von seinen Unterhaltszahlungen abzieht, oder ein zivilrechtlicher Ausgleich nicht in Anspruch genommen wird. [3]In den Fällen des § 32 Abs. 6 Satz 3 EStG und in den Fällen der Übertragung des Kinderfreibetrags (§ 32 Abs. 6 Satz 6, 1. Alternative EStG) ist dem Stpfl. der gesamte Anspruch auf Kindergeld zuzurechnen. [4]Wird für ein Kind lediglich der Freibetrag für den Betreuungs- und Erziehungs- oder Ausbildungsbedarf übertragen (§ 32 Abs. 6 Satz 6, 2. Alternative EStG), bleibt die Zurechnung des Anspruchs auf Kindergeld hiervon unberührt.

Abstimmung zwischen Finanzämtern und Familienkassen

(4) [1]Kommen die Freibeträge für Kinder zum Abzug, hat das Finanzamt die Veranlagung grundsätzlich unter Berücksichtigung des Anspruchs auf Kindergeld durchzuführen. [2]Ergeben sich durch den Vortrag des Stpfl. begründete Zweifel am Bestehen eines Anspruchs auf Kindergeld, ist die Familienkasse zu beteiligen. [3]Wird von der Familienkasse bescheinigt, dass ein Anspruch auf Kindergeld besteht, übernimmt das Finanzamt grundsätzlich die Entscheidung der Familienkasse über die Berücksichtigung des Kindes. [4]Zweifel an der Richtigkeit der Entscheidung der einen Stelle (Finanzamt oder Familienkasse) oder eine abweichende Auffassung sind der Stelle, welche die Entscheidung getroffen hat, mitzuteilen. [5]Diese teilt der anderen Stelle mit, ob sie den Zweifeln Rechnung trägt bzw. ob sie sich der abweichenden Auffassung anschließt. [6]Kann im Einzelfall kein Einvernehmen erzielt werden, haben das Finanzamt und die Familienkasse der jeweils vorgesetzten Behörde zu berichten. [7]Bis zur Klärung der Streitfrage ist die Festsetzung unter dem Vorbehalt der Nachprüfung durchzuführen.

H 31

Hinzurechnung nach § 31 Satz 4 und 5 EStG.

– Für die Hinzurechnung ist allein entscheidend, ob ein Anspruch auf Kindergeld besteht. Der Kindergeldanspruch ist daher unabhängig davon, ob das Kindergeld tatsächlich gezahlt worden ist, hinzuzurechnen, wenn die Berücksichtigung von Freibeträgen nach § 32 Abs. 6 EStG rechnerisch günstiger ist als der Kindergeldanspruch (→ BFH vom 13.9.2012 – BStBl. 2013 II S. 228). Dies gilt auch dann, wenn ein Kindergeldantrag trotz des materiell-rechtlichen Bestehens des Anspruchs bestandskräftig abgelehnt worden ist (→ BFH vom 15.3.2012 – BStBl. 2013 II S. 226).
– → aber § 31 Satz 5 EStG.

Prüfung der Steuerfreistellung. Die Vergleichsrechnung, bei der geprüft wird, ob das Kindergeld oder der Ansatz der Freibeträge nach § 32 Abs. 6 EStG für den Stpfl. vorteilhafter ist, wird für jedes Kind einzeln durchgeführt. Dies gilt auch dann, wenn eine Zusammenfassung der Freibeträge für zwei und mehr Kinder wegen der Besteuerung außerordentlicher Einkünfte günstiger wäre (→ BFH vom 28.4.2010 – BStBl. 2011 II S. 259).

Übersicht über vergleichbare ausländische Leistungen. → BZSt vom 16.1.2017 (BStBl. I S. 151).

Über- und zwischenstaatliche Rechtsvorschriften. Über- und zwischenstaatliche Rechtsvorschriften i. S. d. R 31 Abs. 2 Satz 2 sind insbesondere folgende Regelungen:

- Verordnung (EG) Nr. 883/2004 des Europäischen Parlaments und des Rates vom 29.4.2004 zur Koordinierung der Systeme der sozialen Sicherheit (ABl. EG Nr. L 200 vom 7.6.2004, S. 1), zuletzt geändert durch VO (EU) Nr. 2017/492 der Kommission vom 21.3.2017 (ABl. Nr. L 76 vom 22.3.2017, S. 13), anzuwenden im Verhältnis zu den EU-Staaten seit 1.5.2010 (zu Kroatien seit 1.7.2013), zur Schweiz seit 1.4.2012 und zu den EWR-Staaten Island, Liechtenstein und Norwegen seit 1.6.2012, zu den Übergangsbestimmungen siehe Art. 87 VO (EG) Nr. 883/2004;
- Verordnung (EG) Nr. 987/2009 des Europäischen Parlaments und des Rates vom 16.9.2009 zur Festlegung der Modalitäten für die Durchführung der Verordnung (EG) Nr. 883/2004 über die Koordinierung der Systeme der sozialen Sicherheit (ABl. Nr. L 284 vom 30.10.2009, S. 1), anzuwenden im Verhältnis zu den EU-Staaten seit 1.5.2010 (zu Kroatien seit 1.7.2013), zur Schweiz seit 1.4.2012 und zu den EWR-Staaten Island, Liechtenstein und Norwegen seit 1.6.2012, zu den Übergangsbestimmungen siehe Art. 93 VO (EG) Nr. 987/2009 i. V. m. Art. 87 VO (EG) Nr. 883/2004;
- Verordnung (EU) Nr. 1231/2010 des Europäischen Parlaments und des Rates vom 24. November 2010 zur Ausdehnung der Verordnung (EG) Nr. 883/2004 und der Verordnung (EG) Nr. 987/2009 auf Drittstaatsangehörige, die ausschließlich aufgrund ihrer Staatsangehörigkeit nicht bereits unter diese Verordnungen fallen (ABl. Nr. L 344 vom 29.12.2010, S. 1), gültig in allen Mitgliedstaaten der EU mit Ausnahme von Dänemark und Großbritannien;
- EWR-Abkommen vom 2.5.1992 (BGBl. 1993 II S. 226) i. d. F. des Anpassungsprotokolls vom 17.3.1993 (BGBl. II S. 1294);
- Abkommen zwischen der Europäischen Gemeinschaft und ihren Mitgliedstaaten einerseits und der Schweizerischen Eidgenossenschaft andererseits über die Freizügigkeit vom 21.6.1999 (BGBl. 2001 II S. 810), in Kraft getreten am 1.6.2002 (BGBl. II S. 1692). Nach diesem Abkommen gelten die gemeinschaftsrechtlichen Koordinierungsvorschriften (Verordnungen (EG) Nr. 883/2004 und 987/2009) seit dem 1.4.2012 auch im Verhältnis zur Schweiz.

Auf Grund der vorstehenden Regelungen besteht grundsätzlich vorrangig ein Anspruch im Beschäftigungsstaat. Wenn die ausländische Familienleistung geringer ist und der andere Elternteil dem deutschen Recht der sozialen Sicherheit unterliegt, besteht Anspruch auf einen Unterschiedsbetrag zum Kindergeld in Deutschland:

- **Bosnien und Herzegowina** → Serbien/Montenegro;
- **Marokko.** Abkommen zwischen der Bundesrepublik Deutschland und dem Königreich Marokko über Kindergeld vom 25.3.1981 (BGBl.

1995 II S. 634 ff.) i. d. F. des Zusatzabkommens vom 22.11.1991 (BGBl. 1995 II S. 640), beide in Kraft getreten am 1.8.1996 (BGBl. II S. 1455);
- **Mazedonien** → Serbien/Montenegro;
- **Serbien/Montenegro.** Abkommen zwischen der Bundesrepublik Deutschland und der Sozialistischen Föderativen Republik Jugoslawien über Soziale Sicherheit vom 12.10.1968 (BGBl. 1969 II S. 1437), in Kraft getreten am 1.9.1969 (BGBl. II S. 1568), i. d. F. des Änderungsabkommens vom 30.9.1974 (BGBl. 1975 II S. 389), in Kraft getreten am 1.1.1975 (BGBl. II S. 916).
  Das vorgenannte Abkommen gilt im Verhältnis zu Bosnien und Herzegowina, Serbien sowie Montenegro uneingeschränkt fort, nicht jedoch im Verhältnis zur Republik Kroatien, zur Republik Slowenien und zur Republik Mazedonien;
- **Türkei.** Abkommen zwischen der Bundesrepublik Deutschland und der Republik Türkei über Soziale Sicherheit vom 30.4.1964 (BGBl. 1965 II S. 1169 ff.), in Kraft getreten am 1.11.1965 (BGBl. II S. 1588), i. d. F. des Zusatzabkommens vom 2.11.1984 zur Änderung des Abkommens (BGBl. 1986 II S. 1040 ff.), in Kraft getreten am 1.4.1987 (BGBl. II S. 188);
- **Tunesien.** Abkommen zwischen der Bundesrepublik Deutschland und der Tunesischen Republik über Kindergeld vom 20.9.1991 (BGBl. 1995 II S. 642 ff.), in Kraft getreten am 1.8.1996 (BGBl. II S. 2522).

Höhe des inländischen Kindergelds für Kinder in einzelnen Abkommensstaaten:

Angaben in Euro je Monat	1. Kind	2. Kind	3. Kind	4. Kind	5. Kind	6. Kind	ab 7. Kind
Bosnien und Herzegowina	5,11	12,78	30,68	30,68	35,79	35,79	35,79
Kosovo	5,11	12,78	30,68	30,68	35,79	35,79	35,79
Marokko	5,11	12,78	12,78	12,78	12,78	12,78	–
Montenegro	5,11	12,78	30,68	30,68	35,79	35,79	35,79
Serbien	5,11	12,78	30,68	30,68	35,79	35,79	35,79
Türkei	5,11	12,78	30,68	30,68	35,79	35,79	35,79
Tunesien	5,11	12,78	12,78	12,78	–	–	–

Zivilrechtlicher Ausgleich. Verzichtet der zum Barunterhalt verpflichtete Elternteil durch gerichtlichen oder außergerichtlichen Vergleich auf die Anrechnung des hälftigen Kindergeldes auf den Kindesunterhalt, ist sein zivilrechtlicher Ausgleichsanspruch gleichwohl in die Prüfung der Steuerfreistellung des § 31 EStG einzubeziehen (→ BFH vom 16.3.2004 – BStBl. 2005 II S. 332). Sieht das Zivilrecht eines anderen Staates nicht vor, dass das Kindergeld die Unterhaltszahlung an das Kind mindert, ist der für das Kind bestehende Kindergeldanspruch dennoch bei der Prüfung der Steuerfreistellung nach § 31 EStG anzusetzen (→ BFH vom 13.8.2002 – BStBl. II S. 867 und vom 28.6.2012 – BStBl. 2013 II S. 855).

Zurechnung des Kindergelds. Bei der Prüfung der Steuerfreistellung ist der gesamte Anspruch auf Kindergeld dem vollen Kinderfreibetrag gegenüberzustellen, wenn der halbe Kinderfreibetrag auf den betreuenden Elternteil übertragen wurde, weil der andere Elternteil seiner Unterhaltsverpflichtung gegenüber dem Kind nicht nachkam (→ BFH vom 16.3.2004 – BStBl. 2005 II S. 594).

Zu § 32 EStG

R 32.1 Im ersten Grad mit dem Steuerpflichtigen verwandte Kinder

(unbesetzt)

H 32.1

Anerkennung der Vaterschaft. Die Anerkennung der Vaterschaft begründet den gesetzlichen Vaterschaftstatbestand des § 1592 Nr. 2 BGB und bestätigt das zwischen dem Kind und seinem Vater von der Geburt an bestehende echte Verwandtschaftsverhältnis i. S. d. § 32 Abs. 1 Nr. 1 EStG. Bestandskräftige Einkommensteuerbescheide sind nach § 175 Abs. 1 Satz 1 Nr. 2 AO zu ändern und kindbedingte Steuervorteile zu berücksichtigen (→ BFH vom 28.7.2005 – BStBl. 2008 II S. 350).

Annahme als Kind. → A 10.2 Abs. 1 und 3 DA-KG 2022:[1]

„(1) Ein angenommenes minderjähriges Kind ist mit dem Berechtigten im ersten Grad verwandt (vgl. § 32 Abs. 1 Nr. 1 EStG). Die Annahme wird vom Familiengericht ausgesprochen und durch Zustellung des Annahmebeschlusses an die annehmende Person rechtswirksam (§ 197 Abs. 2 FamFG). Mit der Annahme als Kind erlischt das Verwandtschaftsverhältnis des Kindes zu seinen bisherigen Verwandten. Nimmt ein Ehegatte oder Lebenspartner das Kind seines Ehegatten oder Lebenspartners an, erlischt das Verwandtschaftsverhältnis nur zu dem anderen Elternteil und dessen Verwandten (§ 1755 BGB).

(3) Wird eine volljährige Person als Kind angenommen, gilt diese ebenfalls als im ersten Grad mit der annehmenden Person verwandt. Das Verwandtschaftsverhältnis zu bisherigen Verwandten erlischt jedoch nur dann, wenn das Familiengericht der Annahme die Wirkung einer Minderjährigenannahme beigelegt hat (§ 1772 BGB). …"

R 32.2 Pflegekinder

Pflegekindschaftsverhältnis

(1) [1]Ein Pflegekindschaftsverhältnis (§ 32 Abs. 1 Nr. 2 EStG) setzt voraus, dass das Kind im Haushalt der Pflegeeltern sein Zuhause hat und diese zu dem Kind in einer familienähnlichen, auf längere Dauer angelegten Beziehung wie zu einem eigenen Kind stehen, z. B. wenn der Stpfl. ein Kind im Rahmen von Hilfe zur Erziehung in Vollzeitpflege (§§ 27, 33 SGB VIII) oder im Rahmen von Eingliederungshilfe (§ 35a Abs. 2 Nr. 3 SGB VIII) in seinen Haushalt aufnimmt, sofern das Pflegeverhältnis auf Dauer angelegt ist. [2]Hieran fehlt es, wenn ein Kind von vornherein nur für eine begrenzte Zeit im Haushalt des Stpfl. Aufnahme findet. [3]Kinder, die mit dem Ziel der Annahme vom Stpfl. in Pflege genommen werden (§ 1744 BGB), sind regelmäßig Pflegekinder. [4]Zu

[1] BStBl. I 2022, 1010. – Hinweis auf DA-KG 2023, BStBl. I 2023, 818.

Erwerbszwecken in den Haushalt aufgenommen sind z. B. Kostkinder. [5] Hat der Stpfl. mehr als sechs Kinder in seinem Haushalt aufgenommen, spricht eine Vermutung dafür, dass es sich um Kostkinder handelt.

Kein Obhuts- und Pflegeverhältnis zu den leiblichen Eltern

(2) [1] Voraussetzung für ein Pflegekindschaftsverhältnis zum Stpfl. ist, dass das Obhuts- und Pflegeverhältnis zu den leiblichen Eltern nicht mehr besteht, d. h. die familiären Bindungen zu diesen auf Dauer aufgegeben sind. [2] Gelegentliche Besuchskontakte allein stehen dem nicht entgegen.

Altersunterschied

(3) [1] Ein Altersunterschied wie zwischen Eltern und Kindern braucht nicht unbedingt zu bestehen. [2] Dies gilt auch, wenn das zu betreuende Geschwister von Kind an wegen Behinderung pflegebedürftig war und das betreuende Geschwister die Stelle der Eltern, z. B. nach deren Tod, einnimmt. [3] Ist das zu betreuende Geschwister dagegen erst im Erwachsenenalter pflegebedürftig geworden, wird im Allgemeinen ein dem Eltern-Kind-Verhältnis ähnliches Pflegeverhältnis nicht mehr begründet werden können.

H 32.2

Familienähnliches, auf längere Dauer berechnetes Band; nicht zu Erwerbszwecken. → A 11.3 DA-KG 2022:[1)]

„(1) Ein familienähnliches Band wird allgemein dann angenommen, wenn zwischen der Pflegeperson und dem Kind ein Aufsichts-, Betreuungs- und Erziehungsverhältnis wie zwischen Eltern und leiblichem Kind besteht. Es kommt nicht darauf an, ob die Pflegeeltern die Personensorge innehaben.

(2) Die nach § 32 Abs. 1 Nr. 2 EStG erforderliche familienähnliche Bindung muss von vornherein auf mehrere Jahre angelegt sein. Maßgebend ist nicht die tatsächliche Dauer der Bindung, wie sie sich aus rückschauender Betrachtung darstellt, sondern vielmehr die Dauer, die der Bindung nach dem Willen der Beteiligten bei der Aufnahme des Kindes zugedacht ist. Dabei kann bei einer von den Beteiligten beabsichtigten Dauer von mindestens zwei Jahren im Regelfall davon ausgegangen werden, dass ein Pflegekindschaftsverhältnis i. S. d. EStG begründet worden ist. Das Gleiche gilt, wenn ein Kind mit dem Ziel der Annahme als Kind in Pflege genommen wird.

(3) Ein familienähnliches Band kann auch noch begründet werden, wenn ein Kind kurz vor Eintritt der Volljährigkeit in den Haushalt der Pflegeperson aufgenommen wird. Die Aufnahme einer volljährigen Person, insbesondere eines volljährigen Familienangehörigen, in den Haushalt und die Sorge für diese Person begründet für sich allein regelmäßig kein Pflegekindschaftsverhältnis, selbst wenn es sich um eine Person mit Behinderung handelt. Wenn es sich bei der Person jedoch um einen Menschen mit schwerer geistiger oder seelischer Behinderung handelt, der in seiner geistigen Entwicklung einem Kind gleichsteht, kann ein Pflegekindschaftsverhältnis unabhängig vom Alter dieser Person und der Pflegeeltern begründet werden. Die Wohn- und Lebensverhältnisse der Person mit Behinderung müssen den Verhältnissen leiblicher Kinder vergleichbar sein und eine Zugehörigkeit dieser Person zur Familie widerspiegeln, außerdem muss ein dem Eltern-Kind-Verhältnis vergleichbares Erziehungsverhältnis bestehen (siehe auch BFH vom 9.2.2012, III R 15/09, BStBl. II S. 739).

(4) Anhaltspunkt für das Vorliegen einer familienähnlichen Bindung kann eine vom Jugendamt erteilte Pflegeerlaubnis nach § 44 SGB VIII sein. Sie ist jedoch nicht in jedem Fall vorgeschrieben, z. B. dann nicht, wenn das Kind der Pflegeperson vom Jugendamt vermit-

[1)] BStBl. I 2022, 1010.

telt worden ist, wenn Pflegekind und Pflegeperson miteinander verwandt oder verschwägert sind, oder wenn es sich um eine nicht gewerbsmäßige Tagespflege handelt. Wird eine amtliche Pflegeerlaubnis abgelehnt bzw. eine solche widerrufen, kann davon ausgegangen werden, dass ein familienähnliches, auf längere Dauer angelegtes Band zwischen Pflegeperson und Kind nicht bzw. nicht mehr vorliegt. Endet die Pflegeerlaubnis nur deshalb, weil das Pflegekind eine bestimmte Altersgrenze erreicht (z. B. Vollendung des 18. Lebensjahres), ist dies allein kein Grund anzunehmen, dass ein familienähnliches, auf längere Dauer angelegtes Band zwischen Pflegeperson und Kind nicht mehr vorliegt.

(5) Ein Altersunterschied wie zwischen Eltern und Kindern braucht nicht unbedingt zu bestehen. Ein Pflegekindschaftsverhältnis kann daher auch zwischen Geschwistern, z. B. Waisen, gegeben sein (BFH vom 5.8.1977, VI R 187/74, BStBl. II S. 832). Das Gleiche gilt ohne Rücksicht auf einen Altersunterschied, wenn der zu betreuende Geschwisterteil von Kind an wegen Behinderung pflegebedürftig war und der betreuende Teil die Stelle der Eltern, etwa nach deren Tod, einnimmt. Ist der zu betreuende Geschwisterteil dagegen erst nach Eintritt der Volljährigkeit pflegebedürftig geworden, so wird im Allgemeinen ein dem Eltern-Kind-Verhältnis ähnliches Pflegeverhältnis nicht mehr begründet werden können.

(6) Werden von einer Pflegeperson bis zu sechs Kinder in ihren Haushalt aufgenommen, ist davon auszugehen, dass die Haushaltsaufnahme nicht zu Erwerbszwecken erfolgt. Keine Pflegekinder sind sog. Kostkinder. Hat die Pflegeperson mehr als sechs Kinder in ihren Haushalt aufgenommen, spricht eine Vermutung dafür, dass es sich um Kostkinder handelt, vgl. R 32.2 Abs. 1 EStR 2012. In einem erwerbsmäßig betriebenen Heim (Kinderhaus) oder in einer sonstigen betreuten Wohnform nach § 34 SGB VIII untergebrachte Kinder sind keine Pflegekinder (BFH vom 23.9.1998, XI R 11/98, BStBl. 1999 II S. 133 und BFH vom 2.4.2009, III R 92/06, BStBl. 2010 II S. 345). Die sozialrechtliche Einordnung hat Tatbestandswirkung (BFH vom 2.4.2009, III R 92/06, BStBl. 2010 II S. 345), d. h. sie ist ein Grundlagenbescheid, dem Bindungswirkung zukommt (vgl. V 20)[1]."

Fehlendes Obhuts- und Pflegeverhältnis zu den Eltern. → A 11.4 DA-KG 2022:[2]

„(1) Ein Pflegekindschaftsverhältnis setzt des Weiteren voraus, dass ein Obhuts- und Pflegeverhältnis zu den Eltern nicht mehr besteht. Ob ein Obhuts- und Pflegeverhältnis zu den Eltern noch besteht, hängt vom Einzelfall ab und ist insbesondere unter Berücksichtigung des Alters des Kindes, der Anzahl und der Dauer der Besuche der Eltern bei dem Kind sowie der Frage zu beurteilen, ob und inwieweit vor der Trennung bereits ein Obhuts- und Pflegeverhältnis des Kindes zu den Eltern bestanden hat (BFH vom 20.1.1995, III R 14/94, BStBl. II S. 582 und BFH vom 7.9.1995, III R 95/93, BStBl. 1996 II S. 63).

(2) Ein Pflegekindschaftsverhältnis liegt nicht vor, wenn die Pflegeperson nicht nur mit dem Kind, sondern auch mit einem Elternteil des Kindes in häuslicher Gemeinschaft lebt, und zwar selbst dann nicht, wenn der Elternteil durch eine Schul- oder Berufsausbildung in der Obhut und Pflege des Kindes beeinträchtigt ist (BFH vom 9.3.1989, VI R 94/88, BStBl. II S. 680). Ein zwischen einem allein erziehenden Elternteil und seinem Kind im Kleinkindalter begründetes Obhuts- und Pflegeverhältnis wird durch die vorübergehende Abwesenheit des Elternteils nicht unterbrochen (BFH vom 12.6.1991, III R 108/89, BStBl. 1992 II S. 20). Die Auflösung des Obhuts- und Pflegeverhältnisses des Kindes zu den Eltern kann i. d. R. angenommen werden, wenn ein noch nicht schulpflichtiges Kind mindestens ein Jahr lang bzw. ein noch schulpflichtiges Kind über zwei Jahre und länger keine ausreichenden Kontakte mehr hat (BFH vom 20.1.1995, III R 14/94, BStBl. II S. 582 und BFH vom 7.9.1995, III R 95/93, BStBl. 1996 II S. 63). Das Pflegekindschaftsverhältnis besteht dann nicht erst nach Ablauf dieses Zeitraums, sondern ab Aufnahme des Kindes in den Haushalt der Pflegeperson und Bestehen des familienähnlichen, auf längere Dauer berechneten Bandes. Diese Grundsätze gelten auch für Prognoseentscheidungen. Die Prognoseentscheidung basiert auf der Bewertung, ob zum Zeitpunkt der Entscheidung das Obhuts- und Pflegeverhältnis

---

[1] V 20 DA-KG 2022 regelt die Korrektur von Folgebescheiden nach § 175 Abs. 1 Satz 1 Nr. 1 AO.

[2] BStBl. I 2022, 1010. – Hinweis auf DA-KG 2023, BStBl. I 2023, 818.

zu den abstammungsrechtlich zugeordneten Eltern besteht. Kein ausreichendes Obhuts- und Pflegeverhältnis liegt beispielsweise vor, wenn:
– ein Pflegekind von seinen Eltern nur gelegentlich im Haushalt der Pflegeperson besucht wird bzw. wenn es seine Eltern ebenfalls nur gelegentlich besucht,
– Besuche allein dem Zweck dienen, die vom Gericht oder Jugendamt festgelegten Besuchszeiten einzuhalten, oder
– die Kontakte mit den Eltern nicht geeignet sind, einen Beitrag für die Pflege und Obhut des Kindes zu leisten und Obhut und Pflege also im Wesentlichen durch die Pflegeperson erbracht werden.

(3) Bei unbegleiteten minderjährigen Flüchtlingen kann das fehlende Obhuts- und Pflegeverhältnis zu den Eltern unterstellt werden. Als unbegleiteter minderjähriger Flüchtling gilt ein minderjähriges Kind, das ohne Begleitung eines nach dem Gesetz oder der Praxis des betreffenden Staates für das Kind verantwortlichen Erwachsenen geflüchtet ist."

R 32.3 Allgemeines zur Berücksichtigung von Kindern

[1] Ein Kind wird vom Beginn des Monats an, in dem die Anspruchsvoraussetzungen erfüllt sind, berücksichtigt. [2] Entsprechend endet die Berücksichtigung mit Ablauf des Monats, in dem die Anspruchsvoraussetzungen wegfallen (Monatsprinzip). [3] Für die Frage, ob ein Kind lebend geboren wurde, ist im Zweifel das Personenstandsregister des Standesamtes maßgebend. [4] Eine Berücksichtigung außerhalb des Zeitraums der unbeschränkten Steuerpflicht der Eltern ist – auch in den Fällen des § 2 Abs. 7 Satz 3 EStG – nicht möglich. [5] Ein vermisstes Kind ist bis zur Vollendung des 18. Lebensjahres zu berücksichtigen.

R 32.4 Kinder, die Arbeit suchen *(unbesetzt)*

H 32.4

Erkrankung und Mutterschaft. → A 14.2 DA-KG 2022:[1)]

„(1) Eine Berücksichtigung ist auch in einem Zeitraum möglich, in dem das Kind wegen Erkrankung nicht bei einer Agentur für Arbeit im Inland oder einem Jobcenter arbeitsuchend gemeldet ist. Die Erkrankung und das voraussichtliche Ende der Erkrankung sind durch eine Bescheinigung des behandelnden Arztes nachzuweisen; die Bescheinigung ist jeweils nach Ablauf von sechs Monaten zu erneuern. Ist nach den ärztlichen Feststellungen das voraussichtliche Ende der Erkrankung nicht absehbar, ist zu prüfen, ob das Kind wegen einer Behinderung nach § 32 Abs. 4 Satz 1 Nr. 3 EStG berücksichtigt werden kann. Von einer ärztlichen Bescheinigung über das voraussichtliche Ende der Erkrankung kann abgesehen werden, wenn das Kind zwischenzeitlich wieder arbeitsuchend gemeldet ist. Wurde das Kind nicht bereits vor der Erkrankung nach § 32 Abs. 4 Satz 1 Nr. 1 EStG berücksichtigt, muss es seinen Willen, sich unmittelbar nach Wegfall der Hinderungsgründe bei der zuständigen Agentur für Arbeit im Inland oder einem Jobcenter arbeitsuchend zu melden, durch eine schriftliche Erklärung glaubhaft machen (vgl. V 6.1 Abs. 1 Satz 8). Meldet sich das Kind nach Wegfall der Hinderungsgründe nicht unmittelbar bei der zuständigen Agentur für Arbeit im Inland oder einem Jobcenter arbeitsuchend, ist die Festsetzung ab dem Monat, der dem Monat folgt, in dem die Hinderungsgründe wegfallen, nach § 70 Abs. 2 Satz 1 EStG aufzuheben. Für die Bearbeitung und Nachweisführung stehen die Vordrucke KG 9a und KG 9b[2)] zur Verfügung.

(2) Ein Kind, das wegen eines Beschäftigungsverbots nach §§ 3, 13 Abs. 1 Nr. 3 oder 16 MuSchG nicht bei einer Agentur für Arbeit im Inland oder einem Jobcenter arbeitsuchend gemeldet ist, kann nach § 32 Abs. 4 Satz 1 Nr. 1 EStG berücksichtigt werden. Das Gleiche

[1)] BStBl. I 2022, 1010. – Hinweis auf DA-KG 2023, BStBl. I 2023, 818.
[2)] **[Amtl. Anm.:]** Vordrucke der Familienkasse.

gilt, wenn das Kind wegen unzulässiger Tätigkeiten und Arbeitsbedingungen nach §§ 11, 12 MuSchG nicht arbeitssuchend gemeldet ist. Die Schwangerschaft und der voraussichtliche Tag der Entbindung sind durch ein ärztliches Zeugnis oder das Zeugnis einer Hebamme oder eines Entbindungshelfers nachzuweisen. Ein Beschäftigungsverbot nach § 16 MuSchG ist durch ärztliches Zeugnis zu bestätigen. Die Nichtvermittelbarkeit wegen unzulässiger Tätigkeit nach §§ 11, 12 MuSchG ist durch eine Bescheinigung der Arbeitsvermittlung nachzuweisen. Satz 1 und 2 gelten unabhängig davon, ob das Kind nach dem Ende des Beschäftigungsverbots nach §§ 3, 13 Abs. 1 Nr. 3 oder 16 MuSchG die Meldung als Arbeitsuchender im Inland erneut vornimmt (BFH vom 13.6.2013, III R 58/12, BStBl. 2014 II S. 834). Befindet sich das Kind jedoch in Elternzeit nach dem BEEG, wird es nur berücksichtigt, wenn es arbeitsuchend gemeldet ist."

Kinder, die Arbeit suchen. → A 14.1 Abs. 1 und 2 DA-KG 2022:[1)]

„(1) Ein Kind, das das 18., aber noch nicht das 21. Lebensjahr vollendet hat, kann nach § 32 Abs. 4 Satz 1 Nr. 1 EStG berücksichtigt werden, wenn es nicht in einem Beschäftigungsverhältnis steht und bei einer Agentur für Arbeit im Inland oder einem Jobcenter (gemeinsame Einrichtung oder zugelassener kommunaler Träger) arbeitsuchend gemeldet ist.
Einer Berücksichtigung stehen nicht entgegen:
- eine geringfügige Beschäftigung i. S. v. § 8 SGB IV bzw. § 8a SGB IV (vgl. A 20.3.3 Abs. 1 und 2),
- eine selbständige oder gewerbliche Tätigkeit von insgesamt weniger als 15 Stunden wöchentlich (vgl. BFH vom 18.12.2014, III R 9/14, BStBl. 2015 II S. 653),
- die Zuweisung in Arbeitsgelegenheiten nach § 16d SGB II,
- wenn die Meldung als Arbeitssuchender nicht im Inland, sondern bei der staatlichen Arbeitsvermittlung in einem anderen EU- bzw. EWR-Staat oder in der Schweiz erfolgt ist.

A 23 und V 1.5.2 sind zu beachten.

(2) Der Nachweis, dass ein Kind bei einer Agentur für Arbeit im Inland arbeitsuchend gemeldet ist, hat durch eine Bescheinigung der zuständigen Agentur für Arbeit oder des Jobcenters zu erfolgen. Hierfür steht der Vordruck KG 11a[2)] zur Verfügung. Es sind diesbezüglich keine weiteren Prüfungen durch die Familienkasse erforderlich. Auch die Bescheinigung der Arbeitslosigkeit oder des Bezugs von Arbeitslosengeld nach § 136 SGB III sind ein ausreichender Nachweis der Meldung als arbeitsuchend."

R 32.5 Kinder, die für einen Beruf ausgebildet werden *(unbesetzt)*

H 32.5

Allgemeines.

- → A 15 DA-KG 2022;[1)]
- Als Berufsausbildung ist die Ausbildung für einen künftigen Beruf zu verstehen. In der Berufsausbildung befindet sich, wer sein Berufsziel noch nicht erreicht hat, sich aber ernstlich darauf vorbereitet (→ BFH vom 9.6.1999 – BStBl. II S. 706). Dem steht nicht entgegen, dass das Kind auf Grund der Art der jeweiligen Ausbildungsmaßnahme die Möglichkeit der Erzielung eigener Einkünfte erlangt (→ BFH vom 16.4.2002 – BStBl. II S. 523).

Beginn, Unterbrechung und Ende der Berufsausbildung.

- Das Referendariat im Anschluss an die erste juristische Staatsprüfung gehört zur Berufsausbildung (→ BFH vom 10.2.2000 – BStBl. II S. 398).

---

1) BStBl. I 2022, 1010. – Hinweis auf DA-KG 2023, BStBl. I 2023, 818.
2) **[Amtl. Anm.:]** Vordruck der Familienkasse.

– Ein Kind befindet sich nicht in Ausbildung, wenn es sich zwar an einer Universität immatrikuliert, aber tatsächlich das Studium noch nicht aufgenommen hat (→ BFH vom 23.11.2001 – BStBl. 2002 II S. 484).
– Ein Universitätsstudium ist in dem Zeitpunkt abgeschlossen, in dem eine nach dem einschlägigen Prüfungsrecht zur Feststellung des Studienerfolgs vorgesehene Prüfungsentscheidung ergangen ist oder ein Prüfungskandidat von der vorgesehenen Möglichkeit, sich von weiteren Prüfungsabschnitten befreien zu lassen, Gebrauch gemacht hat (→ BFH vom 21.1.1999 – BStBl. II S. 141). Das Studium endet regelmäßig mit Bekanntgabe des Prüfungsergebnisses. Das Prüfungsergebnis ist dem Kind bekanntgegeben, sobald es eine schriftliche Bestätigung über den erfolgreichen Abschluss und die erzielten Abschlussnoten erhalten hat oder objektiv die Möglichkeit hat, eine solche schriftliche Bestätigung über ein Online-Portal der Hochschule erstellen zu können (→ BFH vom 7.7.2021 – BStBl. II S. 864). Die Berufsausbildung endet bereits vor Bekanntgabe des Prüfungsergebnisses, wenn das Kind nach Erbringung aller Prüfungsleistungen eine Vollzeiterwerbstätigkeit aufnimmt (→ BFH vom 24.5.2000 – BStBl. II S. 473).
– → A 15.10 DA-KG 2022.
– → A 20.2.4 Abs. 2 und 3 DA-KG 2022.[1)]

Kinder mit Behinderung, die für einen Beruf ausgebildet werden.
→ A 15.4 DA-KG 2022:[1)]

„Ein Kind mit Behinderung wird auch dann für einen Beruf ausgebildet, wenn es durch gezielte Maßnahmen auf eine – wenn auch einfache – Erwerbstätigkeit vorbereitet wird, die nicht spezifische Fähigkeiten oder Fertigkeiten erfordert. Unter diesem Gesichtspunkt kann z. B. auch der Besuch einer Schule für Menschen mit Behinderung, einer Heimsonderschule, das Arbeitstraining in einer Anlernwerkstatt oder die Förderung im Berufsbildungsbereich einer Werkstatt für behinderte Menschen den Grundtatbestand des § 32 Abs. 4 Satz 1 Nr. 2 Buchst. a EStG erfüllen."

Praktikum, Volontariat und Trainee-Programm.
– → A 15.8 DA-KG 2022:[1)]

„(1) Während eines Praktikums wird ein Kind für einen Beruf ausgebildet, sofern dadurch Kenntnisse, Fähigkeiten und Erfahrungen vermittelt werden, die als Grundlagen für die Ausübung des angestrebten Berufs geeignet sind (vgl. BFH vom 9.6.1999, IV R 16/99, BStBl. II S. 713) und es sich nicht lediglich um ein gering bezahltes Arbeitsverhältnis handelt. Das Praktikum muss für das angestrebte Berufsziel förderlich sein (BFH vom 15.7.2003, VIII R 79/99, BStBl. II S. 843). Es sind auch der Vervollkommnung und Abrundung von Fähigkeiten und Kenntnissen dienende Maßnahmen einzubeziehen, die außerhalb eines geregelten Bildungsganges ergriffen werden und damit über das vorgeschriebene Maß hinausgehen. Es ist nicht erforderlich, dass die Ausbildungsmaßnahme einem im BBiG geregelten fest umrissenen Bildungsgang entspricht, sie in einer Ausbildungs- oder Studienordnung vorgeschrieben ist oder auf ein deutsches Studium angerechnet wird.

(2) Ein vorgeschriebenes Praktikum ist als notwendige fachliche Voraussetzung oder Ergänzung der eigentlichen Ausbildung an einer Schule, Hochschule oder sonstigen Ausbildungsstätte ohne weiteres anzuerkennen. Gleiches gilt für ein durch die Ausbildungs- oder Studienordnung empfohlenes Praktikum sowie für ein Praktikum, das in dem mit der späteren Ausbildungsstätte abgeschlossenen schriftlichen Ausbildungsvertrag oder der von die-

[1)] BStBl. I 2022, 1010. – Hinweis auf DA-KG 2023, BStBl. I 2023, 818.

ser Ausbildungsstätte schriftlich gegebenen verbindlichen Ausbildungszusage vorgesehen ist.

(3) Ein Praktikum, das weder vorgeschrieben noch empfohlen ist, kann unter den Voraussetzungen des Abs. 1 für die Dauer berücksichtigt werden, in der ein ausreichender Bezug zum Berufsziel glaubhaft gemacht wird, längstens für zwölf Monate. Von einem ausreichenden Bezug kann ausgegangen werden, wenn dem Praktikum ein detaillierter Ausbildungsplan zu Grunde liegt, der darauf zielt, unter fachkundiger Anleitung für die Ausübung des angestrebten Berufs wesentliche Kenntnisse und Fertigkeiten zu vermitteln.

(4) Eine Tätigkeit kann für eine Dauer von bis zu drei Monaten als Praktikum berücksichtigt werden, wenn sie im Rahmen der Berufsorientierung dazu dient, Einblicke in Inhalte, Anforderungen, Strukturen und Themen des jeweiligen Berufsbildes zu vermitteln und es sich dabei nicht lediglich um ein gering bezahltes Arbeitsverhältnis handelt.

(5) Eine Volontärtätigkeit, die ein ausbildungswilliges Kind vor Annahme einer voll bezahlten Beschäftigung gegen geringe Entlohnung absolviert, ist berücksichtigungsfähig, wenn das Volontariat der Erlangung der angestrebten beruflichen Qualifikation dient und somit der Ausbildungscharakter im Vordergrund steht (vgl. BFH vom 9.6.1999, VI R 50/98, BStBl. II S. 706; vgl. auch Anlernverhältnis, A 15.2 Satz 2); Gleiches gilt für eine Tätigkeit als Trainee. Für eine Prägung durch Ausbildungszwecke spricht es, dass ein detaillierter Ausbildungsplan zu Grunde liegt, dass die Unterweisung auf qualifizierte Tätigkeiten ausgerichtet ist, dass auf der Grundlage der Ausbildung dem Kind eine den Lebensunterhalt selbständig sichernde Berufstätigkeit ermöglicht wird und dass die Höhe des Arbeitslohns dem eines Auszubildenden vergleichbar ist. Es darf sich dagegen nicht lediglich um ein gering bezahltes Arbeitsverhältnis handeln."

- Das Anwaltspraktikum eines Jurastudenten ist Berufsausbildung, auch wenn es weder gesetzlich noch durch die Studienordnung vorgeschrieben ist (→ BFH vom 9.6.1999 – BStBl. II S. 713).
- Zur Berufsausbildung eines Studenten der Anglistik, der einen Abschluss in diesem Studiengang anstrebt, gehört auch ein Auslandspraktikum als Fremdsprachenassistent an einer Schule in Großbritannien während eines Urlaubssemesters (→ BFH vom 14.1.2000 – BStBl. II S. 199).

Schulbesuch.

- Zur Berufsausbildung gehört auch der Besuch von Allgemeinwissen vermittelnden Schulen wie Grund-, Haupt- und Oberschulen sowie von Fach- und Hochschulen. Auch der Besuch eines Colleges in den USA kann zur Berufsausbildung zählen (→ BFH vom 9.6.1999 – BStBl. II S. 705).
- → A 15.5 DA-KG 2022.[1)]

Soldat in Aus-/Weiterbildung. → A 15.2 Satz 3 bis 4 DA-KG 2022:[1)]

„In den Laufbahngruppen der Bundeswehr können folgende Berufsausbildungsmaßnahmen berücksichtigungsfähig sein:
- die Ausbildung eines Soldaten auf Zeit für seine spätere Verwendung in der Laufbahngruppe Mannschaft, wenn sie zu Beginn der Verpflichtungszeit erfolgt; die Ausbildung umfasst die Grundausbildung und die sich anschließende Dienstpostenausbildung (vgl. BFH vom 10.5.2012 – BStBl. II S. 895); dies gilt auch für den freiwilligen Wehrdienst nach § 58b SG,
- die Ausbildung eines Soldaten auf Zeit oder Berufssoldaten in der Laufbahngruppe Unteroffizier (mit oder ohne Portepee) bzw. in der Laufbahngruppe Offizier (BFH vom 16.4.2002 und 15.7.2003 – BStBl. 2002 II S. 523 und BStBl. 2007 II S. 247); zur Ausbildung können auch zivilberufliche Aus- und Weiterbildungsmaßnahmen (sog. ZAW-Maßnahmen), das Studium an einer Bundeswehrhochschule oder an einer zivilen Hoch-

[1)] BStBl. I 2022, 1010. – Hinweis auf DA-KG 2023, BStBl. I 2023, 818.

schule zählen, auch wenn diese Maßnahmen über die jeweilige Ernennung hinaus andauern,
- die während des Wehrdienstes stattfindende Ausbildung zum Reserveoffizier (BFH vom 8.5.2014 – BStBl. II S. 717),
- zusätzliche Weiterbildungen bzw. Ausbildungsmaßnahmen eines Soldaten, die grundsätzlich dazu geeignet sind, den Aufstieg in eine höhere Laufbahngruppe, den Einstieg in eine Laufbahngruppe oder den Laufbahnwechsel vom Unteroffizier ohne Portepee zum Unteroffizier mit Portepee zu ermöglichen (darunter fallen nicht in der Bundeswehr übliche Verwendungslehrgänge, die nach dem Erwerb der Laufbahnbefähigung absolviert werden, vgl. BFH vom 16.9.2015 – BStBl. 2016 II S. 281).

Findet eine der oben genannten Maßnahmen zu Beginn der Verpflichtungszeit statt, können die ersten vier Monate ohne näheren Nachweis anerkannt werden, lediglich der Dienstantritt ist glaubhaft zu machen. Für die Prüfung der weiteren Berücksichtigung steht der Vordruck KG 15[1] zur Verfügung."

Sprachaufenthalte im Ausland. → A 15.9 DA-KG 2022:[2]

„(1) Sprachaufenthalte im Ausland sind regelmäßig berücksichtigungsfähig, wenn der Erwerb der Fremdsprachenkenntnisse nicht dem ausbildungswilligen Kind allein überlassen bleibt, sondern Ausbildungsinhalt und Ausbildungsziel von einer fachlich autorisierten Stelle vorgegeben werden. Davon ist ohne weiteres auszugehen, wenn der Sprachaufenthalt mit anerkannten Formen der Berufsausbildung verbunden wird (z. B. Besuch einer allgemeinbildenden Schule, eines Colleges oder einer Universität). In allen anderen Fällen – insbesondere bei Auslandsaufenthalten im Rahmen von Au-pair-Verhältnissen – setzt die Anerkennung voraus, dass der Aufenthalt von einem theoretisch-systematischen Sprachunterricht in einer Fremdsprache begleitet wird (vgl. BFH vom 9.6.1999, VI R 33/98 und VI R 143/98, BStBl. II S. 701 und S. 710 und BFH vom 19.2.2002, VIII R 83/00, BStBl. II S. 469).

(2) Es kann regelmäßig eine ausreichende Ausbildung angenommen werden, wenn ein begleitender Sprachunterricht von wöchentlich zehn Unterrichtsstunden stattfindet. Das Leben in der Gastfamilie zählt nicht dazu. Ein Sprachaufenthalt im Ausland kann ebenfalls berücksichtigt werden, wenn der begleitende Sprachunterricht weniger als wöchentlich zehn Unterrichtsstunden umfasst, der Auslandsaufenthalt aber von einer Ausbildungs- oder Prüfungsordnung vorausgesetzt wird. Gleiches gilt, wenn der Sprachaufenthalt der Vorbereitung auf einen für die Zulassung zum Studium oder zu einer anderen Ausbildung erforderlichen Fremdsprachentest dient. Im Einzelnen gilt A 15.3."

→ Umfang der zeitlichen Inanspruchnahme durch die Berufsausbildung.

Umfang der zeitlichen Inanspruchnahme durch die Berufsausbildung. → A 15.3 Abs. 1 bis 3 DA-KG 2022:[2]

„(1) Die Ausbildung ist berücksichtigungsfähig, wenn sich das Kind ernsthaft und nachhaltig auf das Erreichen eines bestimmten Berufsziels vorbereitet. Anders als z. B. bei einem Sprachunterricht im Ausland (vgl. A 15.9), ist bei einer Ausbildung in einem öffentlich-rechtlich geordneten Ausbildungsgang eine Prüfung der Ernsthaftigkeit, beispielsweise anhand zeitlicher Kriterien, regelmäßig nicht erforderlich (vgl. BFH vom 8.9.2016, III R 27/15, BStBl. II 2017 S. 278).

(2) Sind bei Studenten die Semesterbescheinigungen aussagekräftig (durch Ausweis der Hochschulsemester), sind diese als Nachweis grundsätzlich ausreichend. Bestehen trotz aussagekräftiger Semesterbescheinigungen Zweifel an der Ernsthaftigkeit des Studiums, sollte die Ernsthaftigkeit durch Vorlage von Leistungsnachweisen („Scheine", Bescheinigungen des Betreuenden über Einreichung von Arbeiten zur Kontrolle), die Aufschluss über die Fortschritte des Lernenden geben, in den in A 15.10 Abs. 13 festgelegten Zeitpunkten belegt werden. Bei Ausbildungsgängen, die keine regelmäßige Präsenz an einer

---

[1] **[Amtl. Anm.:]** Vordruck der Familienkasse.
[2] BStBl. I 2022, 1010. – Hinweis auf DA-KG 2023, BStBl. I 2023, 818.

Ausbildungsstätte erfordern (insbesondere bei als Fernstudium angebotenen Fernlehrgängen), sollte die Ernsthaftigkeit nach Satz 2 geprüft werden.

(3) Es ist zwar kein zeitliches Mindestmaß an einer Ausbildungsmaßnahme zu fordern, gleichwohl kann die tatsächliche zeitliche Inanspruchnahme als Anhaltspunkt für die Ernsthaftigkeit der Ausbildung herangezogen werden. So kann beispielsweise eine tatsächliche Unterrichts- bzw. Ausbildungszeit von zehn Wochenstunden regelmäßig als ausreichende Ausbildung anerkannt werden. Eine Unterrichts- bzw. Ausbildungszeit von weniger als zehn Wochenstunden kann als ausreichende Ausbildung anerkannt werden, wenn z. B.

– das Kind zur Teilnahme am Schulunterricht zur Erfüllung der Schulpflicht verpflichtet ist (BFH vom 28.4.2010, III R 93/08, BStBl. II S. 1060),
– der zusätzliche ausbildungsbezogene Zeitaufwand (z. B. für Vor- und Nachbereitung) über das übliche Maß hinausgeht oder
– die besondere Bedeutung der Maßnahme für das angestrebte Berufsziel dies rechtfertigt.

Üblich ist ein Zeitaufwand für die häusliche Vor- und Nacharbeit, welcher der Dauer der Unterrichts- bzw. Ausbildungszeit entspricht, sowie ein Zeitaufwand für den Weg von und zur Ausbildungsstätte bis zu einer Stunde für die einfache Wegstrecke. Über das übliche Maß hinaus geht der ausbildungsbezogene Zeitaufwand z. B.

– bei besonders umfangreicher Vor- und Nacharbeit oder
– wenn neben die Unterrichtseinheiten zusätzliche ausbildungsfördernde Aktivitäten bzw. die praktische Anwendung des Gelernten treten.

Die besondere Bedeutung der Maßnahme für das angestrebte Berufsziel rechtfertigt eine geringere Stundenanzahl, z. B. bei

– Erwerb einer qualifizierten Teilnahmebescheinigung,
– Prüfungsteilnahme,
– regelmäßigen Leistungskontrollen oder
– berufszielbezogener Üblichkeit der Durchführung einer solchen Maßnahme, wenn die Ausbildungsmaßnahme der üblichen Vorbereitung auf einen anerkannten Prüfungsabschluss dient oder wenn die einschlägigen Ausbildungs- oder Studienordnungen bzw. entsprechende Fachbereiche die Maßnahme vorschreiben oder empfehlen."

Unterbrechungszeiten.

– Zur Berufsausbildung zählen Unterbrechungszeiten wegen Erkrankung oder Mutterschaft, nicht jedoch Unterbrechungszeiten wegen der Betreuung eines eigenen Kindes (→ BFH vom 15.7.2003 – BStBl. II S. 848) oder der krankheitsbedingte Abbruch des Ausbildungsverhältnisses, z. B. durch Abmeldung von der (Hoch-)Schule oder Kündigung des Ausbildungsverhältnisses (→ BFH vom 31.8.2021 – BStBl. II 2022 S. 465).
– Ist für den Zeitraum eines Urlaubssemesters der Besuch von Vorlesungen und der Erwerb von Leistungsnachweisen nach hochschulrechtlichen Bestimmungen untersagt, sind für diesen Zeitraum die Voraussetzungen einer Berufsausbildung nicht erfüllt (→ BFH vom 13.7.2004 – BStBl. II S. 999).
– → A 15.10 Abs. 8 und A 15.11 DA-KG 2022.[1]

R 32.6 Kinder, die sich in einer Übergangszeit befinden *(unbesetzt)*

H 32.6

Übergangszeit nach § 32 Abs. 4 Satz 1 Nr. 2 Buchst. b EStG. → A 16 Abs. 1 bis 4 DA-KG 2022:[1]

[1] BStBl. I 2022, 1010. – Hinweis auf DA-KG 2023, BStBl. I 2023, 818.

„(1) Nach § 32 Abs. 4 Satz 1 Nr. 2 Buchst. b EStG besteht für ein Kind, das das 18., aber noch nicht das 25. Lebensjahr vollendet hat, Anspruch auf Kindergeld, wenn es sich in einer Übergangszeit von höchstens vier Monaten befindet, die zwischen zwei Ausbildungsabschnitten oder zwischen einem Ausbildungsabschnitt und der Ableistung
– des freiwilligen Wehrdienstes nach § 58b SG (für Anspruchszeiträume ab 1.1.2015) oder
– eines geregelten Freiwilligendienstes i. S. d. § 32 Abs. 4 Satz 1 Nr. 2 Buchst. d EStG (vgl. A 18)

liegt.

Kinder sind auch in Übergangszeiten von höchstens vier Monaten zwischen dem Abschluss der Ausbildung und dem Beginn eines der in Satz 1 genannten Dienste und Tätigkeiten zu berücksichtigen (vgl. BFH vom 25.1.2007, III R 23/06, BStBl. 2008 II S. 664). Die Übergangszeit beginnt am Ende des unmittelbar vorangegangenen Ausbildungsabschnittes oder Dienstes, auch wenn das Kind zu diesem Zeitpunkt das 18. Lebensjahr noch nicht vollendet hat (BFH vom 16.4.2015, III R 54/13, BStBl. 2016 II S. 25). Die Übergangszeit von höchstens vier Monaten ist nicht taggenau zu berechnen, sondern umfasst vier volle Kalendermonate (BFH vom 15.7.2003, VIII R 105/01, BStBl. II S. 847). Endet z. B. ein Ausbildungsabschnitt im Juli, muss der nächste spätestens im Dezember beginnen.

(2) Übergangszeiten ergeben sich als vom Kind nicht zu vermeidende Zwangspausen, z. B. durch Rechtsvorschriften über den Ausbildungsverlauf, aus den festen Einstellungsterminen der Ausbildungsbetriebe oder den Einstellungsgewohnheiten staatlicher Ausbildungsinstitutionen. Eine Übergangszeit im Sinne einer solchen Zwangspause kann auch in Betracht kommen, wenn das Kind den vorangegangenen Ausbildungsplatz – ggf. aus von ihm zu vertretenden Gründen – verloren oder die Ausbildung abgebrochen hat. Als Ausbildungsabschnitt gilt jeder Zeitraum, der nach § 32 Abs. 4 Satz 1 Nr. 2 Buchst. a EStG zu berücksichtigen ist.

(3) Eine Berücksichtigung des Kindes während der Übergangszeit hat zu erfolgen, wenn es entweder bereits einen Ausbildungsplatz hat oder sich um einen Platz im nachfolgenden Ausbildungsabschnitt beworben hat, der tatsächlich innerhalb des zeitlichen Rahmens des § 32 Abs. 4 Satz 1 Nr. 2 Buchst. b EStG beginnt. Eine Übergangszeit i. S. d. § 32 Abs. 4 Satz 1 Nr. 2 Buchst. b EStG kann nicht dadurch begründet werden, dass sich ein Kind um eine Ausbildung bemüht und diese erst nach der Übergangszeit beginnt (BFH vom 7.7.2021, III R 40/19, BStBl. II S. 864). Gleichermaßen ist zu verfahren, wenn der Berechtigte bei Beendigung der Ausbildung des Kindes an einer allgemeinbildenden Schule oder in einem sonstigen Ausbildungsabschnitt glaubhaft erklärt, dass sich das Kind um einen solchen Ausbildungsplatz sobald wie möglich bewerben wird, und die Familienkasse unter Würdigung aller Umstände zu der Überzeugung gelangt, dass die Fortsetzung der Ausbildung zu dem angegebenen Zeitpunkt wahrscheinlich ist. Entsprechend ist bei Übergangszeiten zwischen einem Ausbildungsabschnitt und einem Dienst bzw. einer Tätigkeit i. S. d. Abs. 1 Satz 1 zu verfahren.

(4) Eine Übergangszeit liegt nicht vor, wenn das Kind sich nach einem Ausbildungsabschnitt oder einem Dienst bzw. einer Tätigkeit i. S. d. Abs. 1 Satz 1 wegen Kindesbetreuung nicht um einen Anschlussausbildungsplatz bemüht."

R 32.7 Kinder, die mangels Ausbildungsplatz ihre Berufsausbildung nicht beginnen oder fortsetzen können

Allgemeines

(1) [1]Grundsätzlich ist jeder Ausbildungswunsch des Kindes anzuerkennen, es sei denn, dass seine Verwirklichung wegen der persönlichen Verhältnisse des Kindes ausgeschlossen erscheint. [2]Dies gilt auch dann, wenn das Kind bereits eine abgeschlossene Ausbildung in einem anderen Beruf besitzt. [3]Das Finanzamt kann verlangen, dass der Stpfl. die ernsthaften Bemühungen des Kindes um einen Ausbildungsplatz durch geeignete Unterlagen nachweist oder zumindest glaubhaft macht.

Ausbildungsplätze

(2) Ausbildungsplätze sind neben betrieblichen und überbetrieblichen insbesondere solche an Fach- und Hochschulen sowie Stellen, an denen eine in der Ausbildungs- oder Prüfungsordnung vorgeschriebene praktische Tätigkeit abzuleisten ist.

Ernsthafte Bemühungen um einen Ausbildungsplatz

(3) [1]Für die Berücksichtigung eines Kindes ohne Ausbildungsplatz ist Voraussetzung, dass es dem Kind trotz ernsthafter Bemühungen nicht gelungen ist, seine Berufsausbildung zu beginnen oder fortzusetzen. [2]Als Nachweis der ernsthaften Bemühungen kommen z. B. Bescheinigungen der Agentur für Arbeit über die Meldung des Kindes als Bewerber um eine berufliche Ausbildungsstelle, Unterlagen über eine Bewerbung bei der Zentralen Vergabestelle von Studienplätzen, Bewerbungsschreiben unmittelbar an Ausbildungsstellen sowie deren Zwischennachricht oder Ablehnung in Betracht.

(4) [1]Die Berücksichtigung eines Kindes ohne Ausbildungsplatz ist ausgeschlossen, wenn es sich wegen Kindesbetreuung nicht um einen Ausbildungsplatz bemüht. [2]Eine Berücksichtigung ist dagegen möglich, wenn das Kind infolge Erkrankung oder wegen eines Beschäftigungsverbots nach den §§ 3 und 6 Mutterschutzgesetz daran gehindert ist, seine Berufsausbildung zu beginnen oder fortzusetzen.

H 32.7

Erkrankung und Mutterschaft. → A 17.2 Abs. 1 Satz 1 bis 3 und Abs. 2 Satz 1 bis 4 DA-KG 2022:[1)]

„(1) Eine Berücksichtigung ist nach § 32 Abs. 4 Satz 1 Nr. 2 Buchst. c EStG auch möglich, wenn das Kind infolge einer Erkrankung daran gehindert ist, sich um eine Berufsausbildung zu bemühen, sie zu beginnen oder fortzusetzen. Die Erkrankung und das voraussichtliche Ende der Erkrankung sind durch eine Bescheinigung des behandelnden Arztes nachzuweisen; die Bescheinigung ist jeweils nach Ablauf von sechs Monaten zu erneuern. Ist nach den ärztlichen Feststellungen das voraussichtliche Ende der Erkrankung nicht absehbar, reicht der Wille des Kindes, sich nach dem Ende der Erkrankung um einen Ausbildungsplatz zu bemühen, nicht aus. In diesem Fall ist zu prüfen, ob das Kind wegen einer Behinderung nach § 32 Abs. 4 Satz 1 Nr. 3 EStG berücksichtigt werden kann (vgl. BFH vom 12.11.2020, III R 49/18, BStBl. 2021 II S. 390).

(2) Ein Kind, das sich wegen eines Beschäftigungsverbots nach §§ 3, 13 Abs. 1 Nr. 3 oder 16 MuSchG nicht um eine Berufsausbildung bemüht, sie beginnt oder fortsetzt, kann nach § 32 Abs. 4 Satz 1 Nr. 2 Buchst. c EStG berücksichtigt werden. Das Gleiche gilt, wenn sich das Kind wegen unzulässiger Tätigkeiten und Arbeitsbedingungen nach §§ 11, 12 MuSchG nicht um den Ausbildungsplatz bewerben kann. Die Schwangerschaft und der voraussichtliche Tag der Entbindung sind durch ein ärztliches Zeugnis oder das Zeugnis einer Hebamme oder eines Entbindungshelfers nachzuweisen. Ein Beschäftigungsverbot nach § 16 MuSchG ist durch ärztliches Zeugnis zu bestätigen."

Kinder ohne Ausbildungsplatz. → A 17.1 Abs. 1 bis 3 DA-KG 2022:[1)]

„(1) Nach § 32 Abs. 4 Satz 1 Nr. 2 Buchst. c EStG ist ein Kind, das das 18., aber noch nicht das 25. Lebensjahr vollendet hat, zu berücksichtigen, wenn es eine Berufsausbildung – im Inland oder Ausland – mangels Ausbildungsplatz nicht beginnen oder fort-

---

1) BStBl. I 2022, 1010. – Hinweis auf DA-KG 2023, BStBl. I 2023, 818.

setzen kann. Der angestrebte Ausbildungsplatz muss nach § 32 Abs. 4 Satz 1 Nr. 2 Buchst. a EStG zu berücksichtigen sein. Ein Mangel eines Ausbildungsplatzes liegt sowohl in Fällen vor, in denen das Kind noch keinen Ausbildungsplatz gefunden hat, als auch dann, wenn ihm ein solcher bereits zugesagt wurde, es diesen aber aus schul-, studien- oder betriebsorganisatorischen Gründen erst zu einem späteren Zeitpunkt antreten kann (BFH vom 15.7.2003, VIII R 77/00, BStBl. II S. 845). Kein Mangel eines Ausbildungsplatzes liegt dagegen vor, wenn das Kind die objektiven Anforderungen an den angestrebten Ausbildungsplatz nicht erfüllt oder wenn es im Falle des Bereitstehens eines Ausbildungsplatzes aus anderen Gründen am Antritt gehindert wäre, z. B. wenn es im Ausland arbeitsvertraglich gebunden ist (BFH vom 15.7.2003, VIII R 79/99, BStBl. II S. 843). Hat das Kind noch keinen Ausbildungsplatz gefunden, hängt die Berücksichtigung davon ab, dass es ihm trotz ernsthafter Bemühungen nicht gelungen ist, seine Berufsausbildung zu beginnen oder fortzusetzen. Die Suche nach einem Ausbildungsplatz muss also bisher erfolglos verlaufen sein oder der nächste Ausbildungsabschnitt einer mehrstufigen Ausbildung kann mangels Ausbildungsplatz nicht begonnen werden. Beispiele für eine üblicherweise noch nicht abgeschlossene Berufsausbildung sind die Beendigung der Schulausbildung und die Ablegung des ersten Staatsexamens, wenn das zweite Staatsexamen für die Berufsausübung angestrebt wird. Grundsätzlich ist jeder Ausbildungswunsch des Kindes anzuerkennen. Die Bewerbung muss für den nächstmöglichen Ausbildungsbeginn erfolgen. Kann eine Bewerbung nicht abgegeben werden, z. B. für Studierwillige, weil das Verfahren bei der SfH noch nicht eröffnet ist, genügt zunächst eine schriftliche Erklärung des Kindes (vgl. V 6.1 Abs. 1 Satz 8), sich so bald wie möglich bewerben zu wollen.

(2) Der Berechtigte muss der Familienkasse die ernsthaften Bemühungen des Kindes um einen Ausbildungsplatz zum nächstmöglichen Beginn durch geeignete Unterlagen nachweisen oder zumindest glaubhaft machen. Eine Ausbildung wird nicht zum nächstmöglichen Zeitpunkt angestrebt, wenn das Kind aus von ihm zu vertretenden Gründen, z. B. wegen einer Erwerbstätigkeit oder der Ableistung eines freiwilligen Wehrdienstes, die Ausbildung erst zu einem späteren Zeitpunkt beginnen möchte. Ist eine Bewerbung erfolglos geblieben, sind für den anschließenden Zeitraum übliche und zumutbare Bemühungen nachzuweisen.

Als Nachweis kommen insbesondere folgende Unterlagen in Betracht:

- schriftliche Bewerbungen unmittelbar an Ausbildungsstellen sowie deren Zwischennachricht oder Ablehnung,
- die schriftliche Bewerbung bei der SfH,
- die schriftliche Bewerbung für den freiwilligen Wehrdienst,
- die schriftliche Zusage einer Ausbildungsstelle,
- die Bescheinigung über die Registrierung als Bewerber für einen Ausbildungsplatz oder für eine Bildungsmaßnahme bei einer Agentur für Arbeit oder bei einem anderen zuständigen Leistungsträger (Jobcenter; hierfür steht der Vordruck KG 11a[1] zur Verfügung); in Zweifelsfällen ist die tatsächliche Bewerbereigenschaft, ggf. nach Rücksprache mit der zuständigen Agentur für Arbeit bzw. dem zuständigen Leistungsträger, festzustellen (vgl. BFH vom 18.6.2015, VI R 10/14, BStBl. II S. 940),
- die Bescheinigung über die Registrierung als Ratsuchender bei der Agentur für Arbeit,
- die von der Agentur für Arbeit für den Rentenversicherungsträger erstellte Bescheinigung über Anrechnungszeiten der Ausbildungssuche i. S. d. § 58 Abs. 1 Satz 1 Nr. 3a SGB VI.

(3) Das Kind kann für den Zeitraum berücksichtigt werden, in dem es auf einen Ausbildungsplatz wartet (BFH vom 7.8.1992, III R 20/92, BStBl. 1993 II S. 103). Die Wartezeit beginnt beispielsweise mit der Beendigung der Schulausbildung, einer (ersten) Ausbildung oder eines Ausbildungsabschnitts. Nimmt das Kind ernsthafte Bemühungen erst nach Ablauf des Folgemonats nach Wegfall eines anderen Berücksichtigungstatbestandes i. S. d. § 32 Abs. 4 Satz 1 Nr. 2 EStG auf, ist es ab dem Monat der ersten Bewerbung oder Registrierung zu berücksichtigen; Abs. 1 Satz 9 bleibt unberührt.

---

[1] **[Amtl. Anm.:]** Vordruck der Familienkasse.

Beispiel 1:

Das Kind legt die Abiturprüfung im April eines Jahres ab (offizielles Schuljahresende in diesem Land). Unmittelbar nach Ablegung der Abiturprüfung beabsichtigt das Kind, im Oktober des Jahres ein Studium zu beginnen, und bewirbt sich im Juli (Eröffnung des Verfahrens bei der SfH) um einen Studienplatz. Im September erhält das Kind jedoch die Absage der SfH. Das Kind möchte sich zum Sommersemester des nächsten Jahres erneut um einen Studienplatz bewerben.

Das Kind kann wie folgt berücksichtigt werden:

- bis einschließlich April als Kind, das für einen Beruf ausgebildet wird (§ 32 Abs. 4 Satz 1 Nr. 2 Buchst. a EStG),
- ab Mai durchgängig als Kind ohne Ausbildungsplatz (§ 32 Abs. 4 Satz 1 Nr. 2 Buchst. c EStG), von Mai bis September, weil es nach dem Schulabschluss die Ausbildung aufgrund des Vergabeverfahrens der SfH zunächst nicht fortsetzen konnte, und für den Zeitraum ab Oktober aufgrund der Absage der SfH und des weiter bestehenden Ausbildungswunsches. Abs. 1 Satz 9 und 10 und Abs. 2 Satz 3 sind zu beachten.

Beispiel 2:

Das Kind legt die Abiturprüfung im April eines Jahres ab (offizielles Schuljahresende in diesem Land). Das Kind möchte sich zunächst orientieren und beabsichtigt, danach eine Berufsausbildung zu beginnen. Im August bewirbt sich das Kind schriftlich zum nächstmöglichen Zeitpunkt um einen Ausbildungsplatz, erhält im Januar des nachfolgenden Jahres eine schriftliche Zusage und nimmt im August die Ausbildung auf.

Das Kind kann nur in folgenden Zeiträumen berücksichtigt werden:

- bis einschließlich April als Kind, das für einen Beruf ausgebildet wird (§ 32 Abs. 4 Satz 1 Nr. 2 Buchst. a EStG),
- von August bis Juli des nachfolgenden Jahres als Kind ohne Ausbildungsplatz (§ 32 Abs. 4 Satz 1 Nr. 2 Buchst. c EStG),
- ab August des nachfolgenden Jahres als Kind, das für einen Beruf ausgebildet wird (§ 32 Abs. 4 Satz 1 Nr. 2 Buchst. a EStG)."

R 32.8 Kinder, die ein freiwilliges soziales oder ökologisches Jahr oder freiwillige Dienste leisten *(unbesetzt)*

H 32.8

Geregelte Freiwilligendienste. → A 18 DA-KG 2022.[1]

R 32.9 Kinder, die wegen körperlicher, geistiger oder seelischer Behinderung außerstande sind, sich selbst zu unterhalten

[1] Als Kinder, die wegen körperlicher, geistiger oder seelischer Behinderung außerstande sind, sich selbst zu unterhalten, kommen insbesondere Kinder in Betracht, deren Schwerbehinderung (§ 2 Abs. 2 SGB IX)[2] festgestellt ist oder die einem schwer behinderten Menschen gleichgestellt sind (§ 2 Abs. 3 SGB IX). [2] Ein Kind, das wegen seiner Behinderung außerstande ist, sich selbst zu unterhalten, kann bei Vorliegen der sonstigen Voraussetzungen über das 25. Lebensjahr hinaus ohne altersmäßige Begrenzung berücksichtigt werden. [3] Eine Berücksichtigung setzt voraus, dass die Behinderung, deretwegen das Kind nicht in der Lage ist, sich selbst zu unterhalten, vor Vollendung des 25. Lebensjahres eingetreten ist.

---

[1] BStBl. I 2022, 1010. – Hinweis auf DA-KG 2023, BStBl. I 2023, 818.

[2] **Aichberger SGB** Nr. **9**.

H 32.9

Altersgrenze. Die Altersgrenze, innerhalb derer die Behinderung eingetreten sein muss, ist nicht auf Grund entsprechender Anwendung des § 32 Abs. 5 Satz 1 EStG z. B. um den Zeitraum des vom Kind in früheren Jahren geleisteten Grundwehrdienstes zu verlängern (→ BFH vom 2.6.2005 – BStBl. II S. 756).

Außerstande sein, sich selbst zu unterhalten.
– Allgemeines → A 19.4 DA-KG 2022;[1)]
– verfügbares Nettoeinkommen → A 19.5 DA-KG 2022;[1)]
– Leistungen Ddritter → A 19.6 Da-KG 2022.[1)]

Nachweis der Behinderung. → A 19.2 Abs. 1 DA-KG 2022:[1)]

„Den Nachweis einer Behinderung kann der Berechtigte erbringen:

1. bei einer Behinderung, deren Grad auf mindestens 50 festgestellt ist, durch einen Ausweis nach dem SGB IX oder durch einen Bescheid der nach § 152 Abs. 1 SGB IX zuständigen Behörde,
2. bei einer Behinderung, deren Grad auf weniger als 50, aber mindestens 20 festgestellt ist,
   a) durch eine Bescheinigung der nach § 152 Abs. 1 SGB IX zuständigen Behörde oder,
   b) wenn dem Kind wegen seiner Behinderung nach den gesetzlichen Vorschriften Renten oder andere laufende Bezüge zustehen, durch den Rentenbescheid oder einen entsprechenden Bescheid,
3. bei einer Einstufung in den Pflegegrad 4 oder 5 nach dem SGB XI oder diesem entsprechenden Bestimmungen durch den entsprechenden Bescheid.

Der Nachweis der Behinderung kann auch in Form einer Bescheinigung bzw. eines Zeugnisses des behandelnden Arztes oder eines ärztlichen Gutachtens erbracht werden (BFH vom 16.4.2002, VIII R 62/99, BStBl. II S. 738). Aus der Bescheinigung bzw. dem Gutachten muss Folgendes hervorgehen:
– Vorliegen der Behinderung,
– Beginn der Behinderung, soweit das Kind das 25. Lebensjahr vollendet hat, und
– Auswirkungen der Behinderung auf die Erwerbsfähigkeit des Kindes."

Suchtkrankheiten. Suchtkrankheiten können Behinderungen darstellen (→ BFH vom 16.4.2002 – BStBl. II S. 738).

Ursächlichkeit der Behinderung. → A 19.3 DA-KG 2022.[1)]

R 32.10 Erwerbstätigkeit *(unbesetzt)*

H 32.10

Ausschluss von Kindern auf Grund einer Erwerbstätigkeit.
– → BMF vom 8.2.2016 (BStBl. I S. 226).
– Zu einer mehraktigen Berufsausbildung → BZSt vom 26.2.2020 (BStBl. I S. 251).
– → A 20 DA-KG 2022:[1)]

„**A 20.1 Allgemeines**

(1) Ein über 18 Jahre altes Kind, das eine erstmalige Berufsausbildung oder ein Erststudium abgeschlossen hat und

---

[1)] BStBl. I 2022, 1010. – Hinweis auf DA-KG 2023, BStBl. I 2023, 818.

– weiterhin für einen Beruf ausgebildet wird (§ 32 Abs. 4 Satz 1 Nr. 2 Buchst. a EStG),
– sich in einer Übergangszeit befindet (§ 32 Abs. 4 Satz 1 Nr. 2 Buchst. b EStG),
– seine Berufsausbildung mangels Ausbildungsplatz nicht beginnen oder fortsetzen kann (§ 32 Abs. 4 Satz 1 Nr. 2 Buchst. c EStG) oder
– einen Freiwilligendienst leistet (§ 32 Abs. 4 Satz 1 Nr. 2 Buchst. d EStG),

wird nach § 32 Abs. 4 Satz 2 EStG nur berücksichtigt, wenn es keiner anspruchsschädlichen Erwerbstätigkeit i. S. d. § 32 Abs. 4 Satz 3 EStG nachgeht (vgl. A 20.3).
Dies gilt auch, wenn die erstmalige Berufsausbildung vor Vollendung des 18. Lebensjahres abgeschlossen worden ist.

(2) Die Einschränkung des § 32 Abs. 4 Satz 2 EStG gilt nicht für Kinder ohne Arbeitsplatz i. S. v. § 32 Abs. 4 Satz 1 Nr. 1 EStG (vgl. A 14) und Kinder mit Behinderung i. S. d. § 32 Abs. 4 Satz 1 Nr. 3 EStG (vgl. A 19).

A 20.2 Erstmalige Berufsausbildung und Erststudium

A 20.2.1 Berufsausbildung nach § 32 Abs. 4 Satz 2 EStG

(1) Eine Berufsausbildung i. S. d. § 32 Abs. 4 Satz 2 EStG liegt vor, wenn das Kind durch eine berufliche Ausbildungsmaßnahme die notwendigen fachlichen Fertigkeiten und Kenntnisse erwirbt, die zur Aufnahme eines Berufs befähigen. Voraussetzung ist, dass der Beruf durch eine Ausbildung in einem öffentlich-rechtlich geordneten Ausbildungsgang erlernt wird (BFH vom 6.3.1992, VI R 163/88, BStBl. II S. 661) und der Ausbildungsgang durch eine Prüfung abgeschlossen wird.
Das Tatbestandsmerkmal „Berufsausbildung" nach § 32 Abs. 4 Satz 2 EStG ist enger gefasst als das Tatbestandsmerkmal „für einen Beruf ausgebildet werden" nach § 32 Abs. 4 Satz 1 Nr. 2 Buchst. a EStG (vgl. A 15). Es handelt sich bei einer „Berufsausbildung" i. S. v. Satz 2 stets auch um eine Maßnahme, in der das Kind nach Satz 1 „für einen Beruf ausgebildet wird". Jedoch ist nicht jede allgemein berufsqualifizierende Maßnahme gleichzeitig auch eine „Berufsausbildung". Der Abschluss einer solchen Maßnahme (z. B. der Erwerb eines Schulabschlusses, ein Volontariat oder ein freiwilliges Berufspraktikum) führt nicht bereits dazu, dass ein Kind, das im Anschluss weiterhin die Anspruchsvoraussetzungen nach § 32 Abs. 4 Satz 1 Nr. 2 EStG erfüllt, nur noch unter den weiteren Voraussetzungen der Sätze 2 und 3 berücksichtigt wird.

Beispiel:

Nach dem Abitur absolvierte ein 20-jähriges Kind ein Praktikum. Danach kann es eine Berufsausbildung mangels Ausbildungsplatz nicht beginnen und geht zur Überbrückung des Zeitraums zwischen Praktikum und Berufsausbildung einer Erwerbstätigkeit nach (30 Wochenstunden).
In der Zeit zwischen Praktikum und Beginn der Berufsausbildung erfüllt das Kind den Grundtatbestand des § 32 Abs. 4 Satz 1 Nr. 2 Buchst. c EStG. § 32 Abs. 4 Satz 2 und 3 EStG ist nicht einschlägig, da das Praktikum zwar das Tatbestandsmerkmal des § 32 Abs. 4 Satz 1 Nr. 2 Buchst. a EStG („für einen Beruf ausgebildet werden") erfüllt, jedoch keine „Berufsausbildung" i. S. d. § 32 Abs. 4 Satz 2 EStG darstellt. Der Kindergeldanspruch besteht somit unabhängig davon, wie viele Stunden das Kind in der Woche arbeitet.

(2) Zur Berufsausbildung zählen insbesondere:

1. Berufsausbildungsverhältnisse gem. § 1 Abs. 3, §§ 4 bis 52 BBiG bzw. §§ 21 bis 40 HwO. Der erforderliche Abschluss besteht hierbei in der erfolgreich abgelegten Abschlussprüfung i. S. d. § 37 BBiG und § 31 HwO. Gleiches gilt, wenn die Abschlussprüfung nach § 43 Abs. 2 BBiG ohne ein Ausbildungsverhältnis auf Grund einer entsprechenden schulischen Ausbildung abgelegt wird, die gem. den Voraussetzungen des § 43 Abs. 2 BBiG als im Einzelnen gleichwertig anerkannt ist;
2. mit Berufsausbildungsverhältnissen vergleichbare betriebliche Ausbildungsgänge außerhalb des Geltungsbereichs des BBiG (z. B. die Ausbildung zum Schiffsmechaniker nach der See-Berufsausbildungsverordnung);
3. die Ausbildung auf Grund der bundes- oder landesrechtlichen Ausbildungsregelungen für Berufe im Gesundheits- und Sozialwesen;

4. landesrechtlich geregelte Berufsabschlüsse an Berufsfachschulen;
5. die Berufsausbildung von Menschen mit Behinderung in anerkannten Berufsausbildungsberufen oder auf Grund von Regelungen der zuständigen Stellen in besonderen Ausbildungsberufen für Menschen mit Behinderung;
6. die Berufsausbildung in einem öffentlich-rechtlichen Dienstverhältnis und
7. Maßnahmen zur Behebung von amtlich festgestellten Unterschieden zwischen einem im Ausland erworbenen Berufsabschluss und einem entsprechenden im Inland geregelten Berufsabschluss, z. B. Anpassungslehrgänge nach § 11 Berufsqualifikationsfeststellungsgesetz. Informationen zur Anerkennung ausländischer Berufsqualifikationen (z. B. zu den zuständigen Stellen) sind unter www.anerkennung-in-deutschland.de und www.bq-portal.de zu finden.

(3) Von Abs. 2 nicht erfasste Bildungsmaßnahmen werden einer Berufsausbildung i. S. d. § 32 Abs. 4 Satz 2 EStG gleichgestellt, wenn sie dem Nachweis einer Sachkunde dienen, die Voraussetzung zur Aufnahme einer fest umrissenen beruflichen Betätigung ist. Die Ausbildung muss in einem geordneten Ausbildungsgang erfolgen und durch eine staatliche oder staatlich anerkannte Prüfung abgeschlossen werden. Der erfolgreiche Abschluss der Prüfung muss Voraussetzung für die Aufnahme der beruflichen Betätigung sein. Die Ausbildung und der Abschluss müssen von Umfang und Qualität der Ausbildungsmaßnahmen und Prüfungen her grundsätzlich mit den Anforderungen vergleichbar sein, die bei Berufsausbildungsmaßnahmen i. S. d. Abs. 2 gestellt werden. Dazu gehört z. B. die Ausbildung zu Berufspiloten auf Grund der JAR-FCL 1 deutsch vom 15.4.2003, BAnz 2003 Nr. 80a.

(4) Abs. 1 bis 3 gelten entsprechend für Berufsausbildungen im Ausland, deren Abschlüsse inländischen Abschlüssen gleichgestellt sind. Bei Abschlüssen aus einem Mitgliedstaat der EU oder des EWR oder der Schweiz ist i. d. R. davon auszugehen, dass diese gleichgestellt sind.

A 20.2.2 Erstmalige Berufsausbildung

(1) Die Berufsausbildung ist als erstmalige Berufsausbildung anzusehen, wenn ihr keine andere abgeschlossene Berufsausbildung bzw. kein abgeschlossenes Hochschulstudium vorausgegangen ist. Wird ein Kind ohne entsprechende Berufsausbildung in einem Beruf tätig und führt es die zugehörige Berufsausbildung nachfolgend durch (nachgeholte Berufsausbildung), handelt es sich dabei um eine erstmalige Berufsausbildung.

(2) Maßnahmen nach A 20.2.1 Abs. 2 Nr. 7 sind als Teil der im Ausland erfolgten Berufsausbildung anzusehen.

A 20.2.3 Erststudium

(1) Ein Studium i. S. d. § 32 Abs. 4 Satz 2 EStG liegt vor, wenn es an einer Hochschule i. S. d. Hochschulgesetze der Länder absolviert wird. Hochschulen i. S. dieser Vorschrift sind Universitäten, Pädagogische Hochschulen, Kunsthochschulen, Fachhochschulen und sonstige Einrichtungen des Bildungswesens, die nach dem jeweiligen Landesrecht staatliche Hochschulen sind. Gleichgestellt sind private und kirchliche Bildungseinrichtungen sowie Hochschulen des Bundes, die nach dem jeweiligen Landesrecht als Hochschule anerkannt werden. Nach Landesrecht kann vorgesehen werden, dass bestimmte an Berufsakademien oder anderen Ausbildungseinrichtungen erfolgreich absolvierte Ausbildungsgänge einem abgeschlossenen Studium an einer Fachhochschule gleichwertig sind und die gleichen Berechtigungen verleihen. Soweit dies der Fall ist, stellt ein entsprechendes Studium ein Studium i. S. d. § 32 Abs. 4 Satz 2 EStG dar. Studien können auch als Fernstudien durchgeführt werden.

(2) Ein Studium stellt ein Erststudium i. S. d. § 32 Abs. 4 Satz 2 EStG dar, wenn es sich um eine Erstausbildung handelt. Es darf ihm kein anderes durch einen berufsqualifizierenden Abschluss beendetes Studium bzw. keine andere abgeschlossene nichtakademische Berufsausbildung i. S. v. A 20.2.1 und A 20.2.2 vorangegangen sein.

(3) Bei einem Wechsel des Studiums ohne Abschluss des zunächst betriebenen Studiengangs stellt das zunächst aufgenommene Studium kein abgeschlossenes Erststudium dar. Bei einer Unterbrechung eines Studiengangs ohne einen berufsqualifizierenden Ab-

schluss und seiner späteren Weiterführung stellt der der Unterbrechung vorangegangene Studienteil kein abgeschlossenes Erststudium dar.

(4) Studien- und Prüfungsleistungen an ausländischen Hochschulen, die zur Führung eines ausländischen akademischen Grades berechtigen, der nach dem Recht des Landes, in dem der Gradinhaber seinen Wohnsitz oder gewöhnlichen Aufenthalt hat, anerkannt wird, sowie Studien- und Prüfungsleistungen, die von Staatsangehörigen eines Mitgliedstaats der EU oder von Vertragsstaaten des EWR oder der Schweiz an Hochschulen dieser Staaten erbracht werden, sind nach diesen Grundsätzen inländischen Studien- und Prüfungsleistungen gleichzustellen. Für die Gleichstellung von Studien- und Prüfungsleistungen werden die in der Datenbank „anabin" (www.anabin.kmk.org) der Zentralstelle für ausländisches Bildungswesen beim Sekretariat der Kultusministerkonferenz aufgeführten Bewertungsvorschläge zugrunde gelegt.

A 20.2.4 Abschluss einer erstmaligen Berufsausbildung oder eines Erststudiums[1)]

(1) Eine erstmalige Berufsausbildung oder ein Erststudium sind grundsätzlich abgeschlossen, wenn sie das Kind zur Aufnahme eines Berufs befähigen. Wenn das Kind später eine weitere Ausbildung aufnimmt (z. B. Meisterausbildung nach mehrjähriger Berufstätigkeit aufgrund abgelegter Gesellenprüfung oder Masterstudium nach mehrjähriger Berufstätigkeit), handelt es sich um eine Zweitausbildung.

(2) Ist aufgrund objektiver Beweisanzeichen erkennbar, dass das Kind sein angestrebtes Berufsziel (vgl. A 15.1 Abs. 2) noch nicht erreicht hat, kann auch eine weiterführende Ausbildung noch als Teil der Erstausbildung zu qualifizieren sein (BFH vom 3.7.2014, III R 52/13, BStBl. 2015 II S. 152). Entscheidend ist, dass die objektiven Beweisanzeichen (z.B. Bewerbungen) vor dem Beginn des nachfolgenden Ausbildungsabschnittes entstanden sind. Ein verspätetes Bekanntwerden bei der Familienkasse ist nicht schädlich. Fehlt es an anderen objektiven Beweisanzeichen, kann die schriftliche Willenserklärung des Kindes (vgl. V 6.1 Abs. 1 Satz 8) als objektives Beweisanzeichen dienen (BFH vom 20.2.2019, III R 42/18, BStBl. II S. 769). Die weiterführende Ausbildung ist noch als Teil der Erstausbildung zu qualifizieren, wenn sie in einem engen sachlichen Zusammenhang mit der nichtakademischen Ausbildung oder dem Erststudium steht und im engen zeitlichen Zusammenhang durchgeführt wird (BFH vom 15.4.2015, V R 27/14, BStBl. 2016 II S. 163). Ein enger sachlicher Zusammenhang liegt vor, wenn die nachfolgende Ausbildung z. B. dieselbe Berufssparte oder denselben fachlichen Bereich betrifft (vgl. BFH vom 23.10.2019, III R 14/18, BStBl. 2020 II S. 785). Ein enger zeitlicher Zusammenhang liegt vor, wenn das Kind die weitere Ausbildung zum nächstmöglichen Zeitpunkt aufnimmt oder sich bei mangelndem Ausbildungsplatz zeitnah zum nächstmöglichen Zeitpunkt für die weiterführende Ausbildung bewirbt. Unschädlich sind Verzögerungen, die z. B. aus einem zunächst fehlenden oder einem aus schul-, studien- oder betriebsorganisatorischen Gründen erst zu einem späteren Zeitpunkt verfügbaren Ausbildungsplatz resultieren. In Fällen von Erkrankung und Mutterschaft siehe A 17.2. Setzt die weiterführende Ausbildung eine Berufstätigkeit voraus oder nimmt das Kind vor Beginn der weiterführenden Ausbildung eine Berufstätigkeit aus anderen Gründen auf, die zu einem verzögerten Beginn der weiteren Ausbildung führt, liegt regelmäßig mangels notwendigen engen Zusammenhangs keine einheitliche Erstausbildung vor (BFH vom 4.2.2016, III R 14/15, BStBl. II S. 615). Der notwendige enge Zusammenhang entfällt nicht dadurch, dass der nachfolgende Ausbildungsabschnitt erst für die Zulassung zur Abschlussprüfung oder für deren Bestehen eine Berufstätigkeit voraussetzt (BFH vom 11.12.2018, III R 26/18, BStBl. 2019 II S. 765). Die Ausbildungsmaßnahme darf dabei nicht von der Erwerbstätigkeit geprägt sein (siehe Abs. 3). Einer einheitlichen Erstausbildung steht nicht entgegen, dass diese neben öffentlich-rechtlich geordneten Ausbildungsmaßnahmen auch nicht öffentlich-rechtlich geordnete Ausbildungsmaßnahmen umfasst (BFH vom 21.3.2019, III R 17/18, BStBl. II S. 772).

(3) Nimmt ein volljähriges Kind nach Erlangung eines ersten Abschlusses in einem öffentlich-rechtlich geordneten Ausbildungsgang eine Erwerbstätigkeit auf, ist zwischen

1) Zu einer mehraktigen Berufsausbildung siehe BZSt v. 26.2.2020, BStBl. I 2020, 251.

einer mehraktigen einheitlichen Erstausbildung mit daneben ausgeübter Erwerbstätigkeit und einer berufsbegleitend durchgeführten Weiterbildung (Zweitausbildung) abzugrenzen. Eine einheitliche Erstausbildung ist nicht mehr anzunehmen, wenn die vom Kind aufgenommene Erwerbstätigkeit bei einer Gesamtwürdigung der Verhältnisse im Vordergrund steht und die weitere Ausbildungsmaßnahme als Weiterbildung oder Aufstieg im bereits ausgeübten Beruf hinter den vorrangigen Erwerbscharakter der Tätigkeit zurücktritt (BFH vom 11.12.2018, III R 26/18, BStBl. 2019 II S. 765). Dies ist insbesondere der Fall, wenn:

- die Tätigkeit im erlernten Beruf ausgeübt wird,
- sich das Kind längerfristig an einen Arbeitgeber bindet (mehr als 26 Wochen),
- der zeitliche Umfang der Erwerbstätigkeit den zeitlichen Umfang der Ausbildungsmaßnahme übersteigt oder
- die Ausbildungsmaßnahme in ihrem Ablauf der Erwerbstätigkeit untergeordnet ist, z. B. weil die Ausbildung nur nach Feierabend und an den Wochenenden durchgeführt wird.

Die Familienkasse hat ihre Entscheidung über den Charakter der Tätigkeit unter Würdigung aller Umstände des Einzelfalls zu treffen.

(4) Die Bewertung anhand der in Abs. 2 und 3 genannten Kriterien, ob der weitere Ausbildungsabschnitt Teil einer mehraktigen Erstausbildung oder einer (ggf. berufsbegleitend durchgeführten) Zweitausbildung ist, kann auch auf die vor Beginn der weiteren Ausbildungsmaßnahme liegende Übergangszeit nach § 32 Abs. 4 Satz 1 Nr. 2 Buchst. b EStG bzw. Wartezeit nach § 32 Abs. 4 Satz 1 Nr. 2 Buchst. c EStG übertragen werden, sofern nicht besondere Umstände vorliegen, die eine abweichende Beurteilung rechtfertigen. Für die Frage, ob eine erstmalige Berufsausbildung oder ein Erststudium nach § 32 Abs. 4 Satz 2 EStG abgeschlossen sind, kommt es nicht darauf an, ob die Berufsausbildung bzw. das Studium die besonderen Voraussetzungen für eine Erstausbildung im Sinne des § 9 Abs. 6 EStG erfüllen.

(5) Eine erstmalige Berufsausbildung ist grundsätzlich abgeschlossen, wenn die entsprechende Abschlussprüfung bestanden wurde (vgl. A 15.10 Abs. 3 ff.).

(6) Ein Studium wird, sofern zwischen Prüfung und Bekanntgabe des Prüfungsergebnisses noch keine Vollzeiterwerbstätigkeit im angestrebten Beruf ausgeübt wird, regelmäßig erst mit Bekanntgabe des Prüfungsergebnisses abgeschlossen (vgl. A 15.10 Abs. 9 ff.). Mit bestandener Prüfung wird i. d. R. ein Hochschulgrad verliehen. Hochschulgrade sind u. a. der Diplom-, Magister-, Bachelor- oder Mastergrad. Zwischenprüfungen stellen keinen Abschluss eines Studiums i. S. d. § 32 Abs. 4 Satz 2 EStG dar. Die von den Hochschulen angebotenen Studiengänge führen i. d. R. zu einem berufsqualifizierenden Abschluss. Im Zweifel ist davon auszugehen, dass die entsprechenden Prüfungen berufsqualifizierend sind.

(7) Der Bachelor- oder Bakkalaureusgrad einer inländischen Hochschule ist ein berufsqualifizierender Abschluss. Daraus folgt, dass der Abschluss eines Bachelorstudiengangs den Abschluss eines Erststudiums darstellt und ein nachfolgender Studiengang als weiteres Studium anzusehen ist. Wird hingegen ein Masterstudiengang besucht, der zeitlich und inhaltlich auf den vorangegangenen Bachelorstudiengang abgestimmt ist, so ist dieser Teil der Erstausbildung (BFH vom 3.9.2015, VI R 9/15, BStBl. 2016 II S. 166). Bei sog. konsekutiven Masterstudiengängen an einer inländischen Hochschule ist von einem engen sachlichen Zusammenhang auszugehen.

(8) Werden zwei (oder ggf. mehrere) Studiengänge parallel studiert, die zu unterschiedlichen Zeiten abgeschlossen werden oder wird während eines Studiums eine Berufsausbildung abgeschlossen, stellt der nach dem Erreichen des ersten berufsqualifizierenden Abschlusses weiter fortgesetzte Studiengang vom Zeitpunkt dieses Abschlusses an grundsätzlich kein Erststudium mehr dar. Etwas anderes gilt nur, wenn die Studiengänge bzw. das Studium und die Berufsausbildung in einem engen sachlichen Zusammenhang stehen (vgl. Abs. 2) und keine Erwerbstätigkeit im Vordergrund steht (vgl. Abs. 3).

(9) Postgraduale Zusatz-, Ergänzungs- und Aufbaustudiengänge setzen den Abschluss eines ersten Studiums voraus und stellen daher grundsätzlich kein Erststudium dar. Dies gilt nicht, wenn ein solches Zusatz-, Ergänzungs- oder Aufbaustudium auf dem ersten

Studienabschluss des Kindes aufbaut und in einem engen zeitlichen Zusammenhang aufgenommen wird. In diesen Fällen ist von einem einheitlichen Erststudium auszugehen.

(10) Als berufsqualifizierender Studienabschluss gilt auch der Abschluss eines Studiengangs, durch den die fachliche Eignung für einen beruflichen Vorbereitungsdienst oder eine berufliche Einführung vermittelt wird. Dazu zählt insbesondere der Vorbereitungsdienst der Rechts- oder Lehramtsreferendare. Daher ist z. B. mit dem ersten juristischen Staatsexamen die erstmalige Berufsausbildung grundsätzlich abgeschlossen. Ein in einem engen zeitlichen Zusammenhang aufgenommenes Referendariat zur Vorbereitung auf das zweite Staatsexamen ist jedoch Teil der erstmaligen Berufsausbildung.

(11) Dem Promotionsstudium und der Promotion durch die Hochschule geht regelmäßig ein abgeschlossenes Studium voran, sodass die erstmalige Berufsausbildung grundsätzlich bereits abgeschlossen ist. Wird die Vorbereitung auf die Promotion jedoch in einem engen zeitlichen Zusammenhang mit dem Erststudium durchgeführt, ist sie noch Teil der erstmaligen Ausbildung.

A 20.3 Anspruchsunschädliche Erwerbstätigkeit

Nach Abschluss einer erstmaligen Berufsausbildung oder eines Erststudiums wird ein Kind in den Fällen des § 32 Abs. 4 Satz 1 Nr. 2 EStG nur berücksichtigt, wenn es keiner anspruchsschädlichen Erwerbstätigkeit nachgeht. Ein Kind ist erwerbstätig, wenn es einer auf die Erzielung von Einkünften gerichteten Beschäftigung nachgeht, die den Einsatz seiner persönlichen Arbeitskraft erfordert (BFH vom 16.5.1975, VI R 143/73, BStBl. II S. 537). Das ist der Fall bei einem Kind, das eine nichtselbständige Tätigkeit, eine land- und forstwirtschaftliche, eine gewerbliche oder eine selbständige Tätigkeit ausübt. Keine Erwerbstätigkeit ist insbesondere:
– ein Au-Pair-Verhältnis,
– die Verwaltung eigenen Vermögens.

Anspruchsunschädlich nach § 32 Abs. 4 Satz 3 EStG ist
– eine Erwerbstätigkeit mit bis zu 20 Stunden regelmäßiger wöchentlicher Arbeitszeit (vgl. A. 20.3.1),
– ein Ausbildungsdienstverhältnis (vgl. A 20.3.2) oder
– ein geringfügiges Beschäftigungsverhältnis i. S. d. §§ 8 und 8a SGB IV (vgl. A 20.3.3).

Eine Erwerbstätigkeit im Rahmen eines geregelten Freiwilligendienstes nach § 32 Abs. 4 Satz 1 Nr. 2 Buchst. d EStG ist unschädlich.

A 20.3.1 Regelmäßige wöchentliche Arbeitszeit bis zu 20 Stunden

(1) Unschädlich für den Kindergeldanspruch ist eine Erwerbstätigkeit, wenn die regelmäßige wöchentliche Arbeitszeit insgesamt nicht mehr als 20 Stunden beträgt. Bei der Ermittlung der regelmäßigen wöchentlichen Arbeitszeit ist grundsätzlich die individuell vertraglich vereinbarte Arbeitszeit zu Grunde zu legen. Ist lediglich eine monatliche Arbeitszeit vereinbart, ist diese durch 4,35 Wochen zu teilen, um die regelmäßige wöchentliche Arbeitszeit zu ermitteln (vgl. R 3b Abs. 2 Nr. 2 Buchst. a LStR 2015). Es sind nur Zeiträume ab dem Folgemonat nach Abschluss einer erstmaligen Berufsausbildung bzw. eines Erststudiums einzubeziehen.

(2) Eine vorübergehende (höchstens zwei Monate andauernde) Ausweitung der Beschäftigung auf mehr als 20 Stunden ist unbeachtlich, wenn während des Zeitraumes innerhalb eines Kj., in dem einer der Grundtatbestände des § 32 Abs. 4 Satz 1 Nr. 2 EStG erfüllt ist, die durchschnittliche wöchentliche Arbeitszeit nicht mehr als 20 Stunden beträgt. Durch einen Jahreswechsel wird eine vorübergehende Ausweitung nicht unterbrochen. Bei der Ermittlung der durchschnittlichen wöchentlichen Arbeitszeit sind nur volle Kalenderwochen mit gleicher Arbeitszeit anzusetzen.

Beispiel:

Die Tochter eines Berechtigten hat die Erstausbildung abgeschlossen und beginnt im Oktober 2021 mit dem Masterstudium. Gem. vertraglicher Vereinbarung ist sie ab dem 1. April 2022 mit einer wöchentlichen Arbeitszeit von 20 Stunden als Bürokraft beschäftigt. In den Semesterferien arbeitet sie – auf Grund einer zusätzlichen vertraglichen Vereinbarung – vom 1. August bis zur Kündigung am 30. September 2022 in Vollzeit mit 40 Stunden wöchentlich. Im Oktober 2022 vollendet sie ihr 25. Lebensjahr.

Somit ergeben sich folgende Arbeitszeiten pro voller Woche:
vom 1. April bis 31. Juli 2022
(17 Wochen und 3 Tage): 20 Stunden pro Woche
vom 1. August bis 30. September 2022
(8 Wochen und 5 Tage): 40 Stunden pro Woche
(= Ausweitung der Beschäftigung)

Die durchschnittliche wöchentliche Arbeitszeit beträgt 15,3 Stunden; Berechnung:

$$\frac{(17 \text{ Wochen} \times 20 \text{ Std.}) + (8 \text{ Wochen} \times 40 \text{ Std.})}{43 \text{ Wochen}} = 15{,}3 \text{ Std.}$$

Das Kind ist aufgrund des Studiums bis einschließlich Oktober 2022 nach § 32 Abs. 4 Satz 1 Nr. 2 Buchst. a EStG zu berücksichtigen. Das Studium wird jedoch nach Abschluss einer Erstausbildung durchgeführt, so dass das Kind nach § 32 Abs. 4 Satz 2 und 3 EStG nur berücksichtigt werden kann, wenn die ausgeübte Erwerbstätigkeit anspruchsunschädlich ist. Da die Ausweitung der Beschäftigung des Kindes lediglich vorübergehend ist und gleichzeitig während des Vorliegens des Grundtatbestandes nach § 32 Abs. 4 Satz 1 Nr. 2 EStG die durchschnittliche wöchentliche Arbeitszeit 20 Stunden nicht übersteigt, ist die Erwerbstätigkeit anspruchsunschädlich. Das Kind ist von Januar bis einschließlich Oktober 2022 zu berücksichtigen.

Variante:

Würde das Kind während der Semesterferien dagegen vom 15. Juli bis 27. September 2021 (= mehr als zwei Monate) vollzeiterwerbstätig sein, wäre die Ausweitung der Erwerbstätigkeit nicht nur vorübergehend und damit diese Erwerbstätigkeit als anspruchsschädlich einzustufen. Dies gilt unabhängig davon, dass auch hier die durchschnittliche wöchentliche Arbeitszeit von 20 Stunden nicht überschritten würde. Das Kind könnte demnach für den Monat August 2022 nicht berücksichtigt werden (vgl. auch A 20.4).

(3) Führt eine vorübergehende (höchstens zwei Monate andauernde) Ausweitung der Beschäftigung auf über 20 Wochenstunden dazu, dass die durchschnittliche wöchentliche Arbeitszeit insgesamt mehr als 20 Stunden beträgt, ist der Zeitraum der Ausweitung anspruchsschädlich, nicht der gesamte Zeitraum der Erwerbstätigkeit.

Beispiel:

Ein Kind hat seine Erstausbildung bereits abgeschlossen und befindet sich während des gesamten Kj. im Studium. Neben dem Studium übt das Kind ganzjährig eine Beschäftigung mit einer vertraglich vereinbarten Arbeitszeit von 20 Stunden wöchentlich aus. In der vorlesungsfreien Zeit von Juli bis August weitet das Kind seine wöchentliche Arbeitszeit vorübergehend auf 40 Stunden aus. Ab September beträgt die wöchentliche Arbeitszeit wieder 20 Stunden.
Durch die vorübergehende Ausweitung seiner Arbeitszeit erhöht sich die durchschnittliche wöchentliche Arbeitszeit des Kindes auf über 20 Stunden. Aus diesem Grund ist der Zeitraum der Ausweitung als anspruchsschädlich anzusehen. Für die Monate Juli und August entfällt daher nach § 32 Abs. 4 Satz 2 und 3 EStG der Anspruch.

(4) Mehrere nebeneinander ausgeübte Tätigkeiten (z. B. eine Erwerbstätigkeit nach Abs. 1 Satz 1 und eine geringfügige Beschäftigung nach A 20.3.3) sind anspruchsunschädlich, wenn dadurch insgesamt die 20-Stunden-Grenze des § 32 Abs. 4 Satz 3 EStG nicht überschritten wird. Hingegen ist eine innerhalb eines Ausbildungsdienstverhältnisses erbrachte Erwerbstätigkeit außer Betracht zu lassen.

A 20.3.2 Ausbildungsdienstverhältnis

(1) Die Erwerbstätigkeit im Rahmen eines Ausbildungsdienstverhältnisses ist stets anspruchsunschädlich. Ein solches liegt vor, wenn die Ausbildungsmaßnahme Gegenstand des Dienstverhältnisses ist (vgl. R 9.2 LStR 2015 und H 9.2 „Ausbildungsdienstverhältnis" LStH 2020; BFH vom 23.6.2015, III R 37/14, BStBl. 2016 II S. 55). Hierzu zählen z. B.
– die Berufsausbildungsverhältnisse gemäß § 1 Abs. 3, §§ 4 bis 52 BBiG,

- ein Praktikum bzw. ein Volontariat, bei dem die Voraussetzungen nach A 15.8 vorliegen,
- das Referendariat bei Lehramtsanwärtern und Rechtsreferendaren zur Vorbereitung auf das zweite Staatsexamen,
- duale Studiengänge (siehe aber Abs. 2),
- das Dienstverhältnis von Beamtenanwärtern und Aufstiegsbeamten,
- eine Berufsausbildungsmaßnahme in einer Laufbahngruppe der Bundeswehr i. S. v. A 15.2 Satz 3,
- das Praktikum eines Pharmazeuten im Anschluss an den universitären Teil des Pharmaziestudiums,
- das im Rahmen der Ausbildung zum Erzieher abzuleistende Anerkennungsjahr.

Dagegen liegt kein Ausbildungsdienstverhältnis vor, wenn die Ausbildungsmaßnahme nicht Gegenstand des Dienstverhältnisses ist, auch wenn sie seitens des Arbeitgebers gefördert wird, z. B. durch ein Stipendium oder eine Verringerung der vertraglich vereinbarten Arbeitszeit.

(2) Bei berufsbegleitenden und berufsintegrierten dualen Studiengängen fehlt es häufig an einer Ausrichtung der Tätigkeit für den Arbeitgeber auf den Inhalt des Studiums, so dass in solchen Fällen die Annahme eines Ausbildungsdienstverhältnisses ausscheidet. Liegt hingegen eine Verknüpfung zwischen Studium und praktischer Tätigkeit vor, die über eine bloße thematische Verbindung zwischen der Fachrichtung des Studiengangs und der in dem Unternehmen ausgeübten Tätigkeit oder eine rein organisatorische Verzahnung hinausgeht, ist die Tätigkeit als im Rahmen eines Ausbildungsdienstverhältnisses ausgeübt zu betrachten. Eine entsprechende Ausrichtung der berufspraktischen Tätigkeit kann z. B. anhand der Studienordnung oder der Kooperationsvereinbarung zwischen Unternehmen und Hochschule glaubhaft gemacht werden.

A 20.3.3 Geringfügiges Beschäftigungsverhältnis

(1) Geringfügige Beschäftigungsverhältnisse nach § 32 Abs. 4 Satz 3 EStG sind:
- geringfügig entlohnte Beschäftigungen (§§ 8 Abs. 1 Nr. 1 und 8a SGB IV) und
- kurzfristige Beschäftigungen (§§ 8 Abs. 1 Nr. 2 und 8a SGB IV).

(2) Bei der Beurteilung, ob ein geringfügiges Beschäftigungsverhältnis vorliegt, ist grundsätzlich die Einstufung des Arbeitgebers maßgeblich.

(3) Eine neben einem Ausbildungsdienstverhältnis ausgeübte geringfügige Beschäftigung ist unschädlich. Hinsichtlich einer neben einer Erwerbstätigkeit ausgeübten geringfügigen Beschäftigung vgl. A 20.3.1 Abs. 4 Satz 1.

A 20.4 Monatsprinzip

Liegen die Anspruchsvoraussetzungen des § 32 Abs. 4 Satz 1 bis 3 EStG wenigstens an einem Tag im Kalendermonat vor, besteht nach § 66 Abs. 2 EStG für diesen Monat Anspruch auf Kindergeld. Hat ein Kind eine erstmalige Berufsausbildung oder ein Erststudium abgeschlossen und erfüllt es weiterhin einen Anspruchstatbestand des § 32 Abs. 4 Satz 1 Nr. 2 EStG, entfällt der Kindergeldanspruch nur in den Monaten, in denen die anspruchsschädliche Erwerbstätigkeit den gesamten Monat umfasst. V 14.2 ist zu beachten.

Beispiel:

Ein Kind hat seine Erstausbildung abgeschlossen und im Oktober des Vorjahres mit dem Masterstudium begonnen. Ab dem 20. Juli des laufenden Jahres nimmt es unbefristet eine anspruchsschädliche Erwerbstätigkeit auf.

Aufgrund des Studiums ist das Kind nach § 32 Abs. 4 Satz 1 Nr. 2 Buchst. a EStG zu berücksichtigen. Das Studium wird jedoch nach Abschluss einer erstmaligen Berufsausbildung durchgeführt, so dass das Kind nach § 32 Abs. 4 Satz 2 EStG nur berücksichtigt werden kann, wenn es keiner anspruchsschädlichen Erwerbstätigkeit nachgeht. Für die Monate August bis Dezember kann das Kind nicht berücksichtigt werden. Neben den Monaten Januar bis Juni kann das Kind auch im Juli berücksichtigt werden, da es wenigstens an einem Tag die Anspruchsvoraussetzung – keine anspruchsschädliche Erwerbstätigkeit – erfüllt.“

R 32.11 Verlängerungstatbestände bei Arbeit suchenden Kindern und Kindern in Berufsausbildung *(unbesetzt)*

H 32.11

Dienste im Ausland. → A 21 Abs. 5 DA-KG 2022:[1]

„(5) Als Verlängerungstatbestände sind nicht nur der nach deutschem Recht geleistete GWD bzw. ZD sowie die Entwicklungshilfedienste nach dem EhfG oder dem ZDG zu berücksichtigen, sondern auch entsprechende Dienste nach ausländischen Rechtsvorschriften. Eine Berücksichtigung der nach ausländischen Rechtsvorschriften geleisteten Dienste ist jedoch grundsätzlich nur bis zur Dauer des deutschen gesetzlichen GWD oder ZD möglich. Dabei ist auf die zu Beginn des Auslandsdienstes maßgebende Dauer des deutschen GWD oder ZD abzustellen. Wird der gesetzliche GWD oder ZD in einem anderen EU- bzw. EWR-Staat geleistet, so ist nach § 32 Abs. 5 Satz 2 EStG die Dauer dieses Dienstes maßgebend, auch wenn dieser länger als die Dauer des entsprechenden deutschen Dienstes ist."

Entwicklungshelfer.
- → Gesetz vom 18.6.1969 (BGBl. I S. 549 – EhfG), zuletzt geändert durch Artikel 6 des Gesetzes vom 23.5.2017 (BGBl. I S. 1228).[2]
- Entwicklungshelfer sind deutsche Personen, die nach Vollendung ihres 18. Lebensjahres und auf Grund einer Verpflichtung für zwei Jahre gegenüber einem anerkannten Träger des Entwicklungsdienstes Tätigkeiten in Entwicklungsländern ohne Erwerbsabsicht ausüben (→ § 1 EhfG). Als Träger des Entwicklungsdienstes sind anerkannt:
  a) Deutsche Gesellschaft für internationale Zusammenarbeit (GIZ), Bonn/Eschborn,
  b) Arbeitsgemeinschaft für Entwicklungshilfe e. V. (AGEH), Köln,
  c) Evangelischer Entwicklungsdienst e. V. (EED/DÜ), Berlin,
  d) Internationaler Christlicher Friedensdienst e. V. (EIRENE), Neuwied,
  e) Weltfriedensdienst e. V. (WFD), Berlin,
  f) Christliche Fachkräfte International e. V. (CFI), Stuttgart,
  g) Forum Ziviler Friedensdienst e. V. (forumZFD), Bonn.

Ermittlung des Verlängerungszeitraums. → A 21 Abs. 3 DA-KG 2022:[2]

„(3) Bei der Ermittlung des Verlängerungszeitraums sind zunächst die Monate zu berücksichtigen, in denen mindestens an einem Tag ein Dienst bzw. eine Tätigkeit i. S. d. § 32 Abs. 5 Satz 1 EStG geleistet wurde. Dabei sind auch die Monate zu berücksichtigen, für die Anspruch auf Kindergeld bestand (vgl. BFH vom 5.9.2013, XI R 12/12, BStBl. 2014 II S. 39)."

R 32.12 Höhe der Freibeträge für Kinder in Sonderfällen

Einem Stpfl., der die vollen Freibeträge für Kinder erhält, weil der andere Elternteil verstorben ist (§ 32 Abs. 6 Satz 3 EStG), werden Stpfl. in Fällen gleichgestellt, in denen

[1] BStBl. I 2022, 1010. – Hinweis auf DA-KG 2023, BStBl. I 2023, 818.
[2] Entwicklungshelfer-Gesetz (**Aichberger SGB** Nr. **40/10**).

1. der Wohnsitz oder gewöhnliche Aufenthalt des anderen Elternteiles nicht zu ermitteln ist oder
2. der Vater des Kindes amtlich nicht feststellbar ist.

H 32.12

Lebenspartner und Freibeträge für Kinder. → BMF vom 17.1.2014 (BStBl. I S. 109).

R 32.13 Übertragung der Freibeträge für Kinder

Barunterhaltsverpflichtung

(1) [1]Bei dauernd getrennt lebenden oder geschiedenen Ehegatten sowie bei Eltern eines nichtehelichen Kindes ist der Elternteil, in dessen Obhut das Kind sich nicht befindet, grundsätzlich zur Leistung von Barunterhalt verpflichtet. [2]Wenn die Höhe nicht durch gerichtliche Entscheidung, Verpflichtungserklärung, Vergleich oder anderweitig durch Vertrag festgelegt ist, können dafür die von den Oberlandesgerichten als Leitlinien aufgestellten Unterhaltstabellen, z. B. „Düsseldorfer Tabelle", einen Anhalt geben.

Der Unterhaltsverpflichtung im Wesentlichen nachkommen

(2) [1]Ein Elternteil kommt seiner Barunterhaltsverpflichtung gegenüber dem Kind im Wesentlichen nach, wenn er sie mindestens zu 75% erfüllt. [2]Der Elternteil, in dessen Obhut das Kind sich befindet, erfüllt seine Unterhaltsverpflichtung in der Regel durch die Pflege und Erziehung des Kindes (§ 1606 Abs. 3 BGB).

Maßgebender Verpflichtungszeitraum

(3) [1]Hat aus Gründen, die in der Person des Kindes liegen, oder wegen des Todes des Elternteiles die Unterhaltsverpflichtung nicht während des ganzen Kalenderjahres bestanden, ist für die Frage, inwieweit sie erfüllt worden ist, nur auf den Verpflichtungszeitraum abzustellen. [2]Wird ein Elternteil erst im Laufe des Kalenderjahres zur Unterhaltszahlung verpflichtet, ist für die Prüfung, ob er seiner Barunterhaltsverpflichtung gegenüber dem Kind zu mindestens 75% nachgekommen ist, nur der Zeitraum zu Grunde zu legen, für den der Elternteil zur Unterhaltsleistung verpflichtet wurde. [3]Im Übrigen kommt es nicht darauf an, ob die unbeschränkte Steuerpflicht des Kindes oder der Eltern während des ganzen Kalenderjahres bestanden hat.

Verfahren

(4)[1)] [1]Wird die Übertragung des dem anderen Elternteil zustehenden Kinderfreibetrags beantragt, weil dieser seiner Unterhaltsverpflichtung gegenüber dem Kind für das Kalenderjahr nicht im Wesentlichen nachgekommen ist oder mangels Leistungsfähigkeit nicht unterhaltspflichtig ist, muss der Antragsteller die Voraussetzungen dafür darlegen; eine Übertragung des dem anderen Elternteil zustehenden Kinderfreibetrags scheidet für Zeiträume aus, in denen

---

1) **[Amtl. Anm.:]** Die bisher in R 32.13 Abs. 4 Satz 2 EStR 2008 enthaltene Regelung, dass die Übertragung des Kinderfreibetrags stets auch zur Übertragung des Freibetrags für den Betreuungs- und Erziehungs- oder Ausbildungsbedarf führt, gilt weiterhin (→ BMF vom 28.6.2013 – BStBl. I S. 845, Rz. 5).

Unterhaltsleistungen nach dem Unterhaltsvorschussgesetz gezahlt worden sind. [2]Dem betreuenden Elternteil ist auf Antrag der dem anderen Elternteil, in dessen Wohnung das minderjährige Kind nicht gemeldet ist, zustehende Freibetrag für den Betreuungs- und Erziehungs- oder Ausbildungsbedarf zu übertragen. [3]Die Übertragung scheidet aus, wenn der Elternteil, bei dem das Kind nicht gemeldet ist, der Übertragung widerspricht, weil er Kinderbetreuungskosten trägt (z. B., weil er als barunterhaltsverpflichteter Elternteil ganz oder teilweise für einen sich aus Kindergartenbeiträgen ergebenden Mehrbedarf des Kindes aufkommt) oder das Kind regelmäßig in einem nicht unwesentlichen Umfang betreut (z. B., wenn eine außergerichtliche Vereinbarung über einen regelmäßigen Umgang an Wochenenden und in den Ferien vorliegt). [4]Die Voraussetzungen für die Übertragung sind monatsweise zu prüfen. [5]In Zweifelsfällen ist dem anderen Elternteil Gelegenheit zu geben, sich zum Sachverhalt zu äußern (§ 91 AO). [6]In dem Kalenderjahr, in dem das Kind das 18. Lebensjahr vollendet, ist eine Übertragung des Freibetrags für den Betreuungs- und Erziehungs- oder Ausbildungsbedarf nur für den Teil des Kalenderjahres möglich, in dem das Kind noch minderjährig ist. [7]Werden die Freibeträge für Kinder bei einer Veranlagung auf den Stpfl. übertragen, teilt das Finanzamt dies dem für den anderen Elternteil zuständigen Finanzamt mit. [8]Ist der andere Elternteil bereits veranlagt, ist die Änderung der Steuerfestsetzung, sofern sie nicht nach § 164 Abs. 2 Satz 1 oder § 165 Abs. 2 AO vorgenommen werden kann, nach § 175 Abs. 1 Satz 1 Nr. 2 AO durchzuführen. [9]Beantragt der andere Elternteil eine Herabsetzung der gegen ihn festgesetzten Steuer mit der Begründung, die Voraussetzungen für die Übertragung der Freibeträge für Kinder auf den Stpfl. lägen nicht vor, ist der Stpfl. unter den Voraussetzungen des § 174 Abs. 4 und 5 AO zu dem Verfahren hinzuzuziehen. [10]Obsiegt der andere Elternteil, kommt die Änderung der Steuerfestsetzung beim Stpfl. nach § 174 Abs. 4 AO in Betracht. [11]Dem Finanzamt des Stpfl. ist zu diesem Zweck die getroffene Entscheidung mitzuteilen.

H 32.13

Beispiele zu R 32.13 Abs. 3:

A. Das Kind beendet im Juni seine Berufsausbildung und steht ab September in einem Arbeitsverhältnis. Seitdem kann es sich selbst unterhalten. Der zum Barunterhalt verpflichtete Elternteil ist seiner Verpflichtung nur für die Zeit bis einschließlich Juni nachgekommen. Er hat seine für 8 Monate bestehende Unterhaltsverpflichtung für 6 Monate, also zu 75 % erfüllt.

B. Der Elternteil, der bisher seiner Unterhaltsverpflichtung durch Pflege und Erziehung des Kindes voll nachgekommen ist, verzieht im August ins Ausland und leistet von da an keinen Unterhalt mehr. Er hat seine Unterhaltsverpflichtung, bezogen auf das Kj., nicht mindestens zu 75 % erfüllt.

Beurteilungszeitraum. Bei der Beurteilung der Frage, ob ein Elternteil seiner Unterhaltsverpflichtung gegenüber einem Kind nachgekommen ist, ist nicht auf den Zeitpunkt abzustellen, in dem der Unterhalt gezahlt worden ist, sondern auf den Zeitraum, für den der Unterhalt bestimmt ist (→ BFH vom 11.12.1992 – BStBl. 1993 II S. 397).

Freistellung von der Unterhaltsverpflichtung. Stellt ein Elternteil den anderen Elternteil von der Unterhaltsverpflichtung gegenüber einem gemeinsamen Kind gegen ein Entgelt frei, das den geschätzten Unterhaltsansprüchen des Kindes entspricht, behält der freigestellte Elternteil den Anspruch auf den (halben) Kinderfreibetrag (→ BFH vom 25.1.1996 – BStBl. 1997 II S. 21).

Konkrete Unterhaltsverpflichtung. Kommt ein Elternteil seiner konkret-individuellen Unterhaltsverpflichtung nach, so ist vom Halbteilungsgrundsatz auch dann nicht abzuweichen, wenn diese Verpflichtung im Verhältnis zum Unterhaltsbedarf des Kindes oder zur Unterhaltszahlung des anderen Elternteils gering ist (→ BFH vom 25.7.1997 – BStBl. 1998 II S. 433).

Steuerrechtliche Folgewirkungen der Übertragung. Infolge der Übertragung der Freibeträge für Kinder können sich bei den kindbedingten Steuerentlastungen, die vom Erhalt eines Freibetrags nach § 32 Abs. 6 EStG abhängen, Änderungen ergeben. Solche Folgeänderungen können zum Beispiel eintreten beim Entlastungsbetrag für Alleinerziehende (§ 24b EStG), beim Prozentsatz der zumutbaren Belastung (§ 33 Abs. 3 EStG), beim Freibetrag nach § 33a Abs. 2 EStG und bei der Übertragung des dem Kind zustehenden Behinderten- oder Hinterbliebenen-Pauschbetrags (§ 33b Abs. 5 EStG).

Übertragung der Freibeträge für Kinder. → BMF vom 28.6.2013 (BStBl. I S. 845).

Zu § 32a EStG

H **32a**

Alleinerziehende. Die Besteuerung Alleinerziehender nach dem Grundtarif im Rahmen einer Einzelveranlagung anstelle einer Besteuerung nach dem Splittingtarif ist verfassungsgemäß (→ BFH vom 29.9.2016 – BStBl. 2017 II S. 259).

Auflösung der Ehe (außer durch Tod) und Wiederheirat eines Ehegatten. Ist eine Ehe, für die die Voraussetzungen des § 26 Abs. 1 EStG vorgelegen haben, im VZ durch Aufhebung oder Scheidung aufgelöst worden und ist der Stpfl. im selben VZ eine neue Ehe eingegangen, für die die Voraussetzungen des § 26 Abs. 1 Satz 1 EStG ebenfalls vorliegen, so kann nach § 26 Abs. 1 Satz 2 EStG für die aufgelöste Ehe das Wahlrecht zwischen Einzelveranlagung (§ 26a EStG) und Zusammenveranlagung (§ 26b EStG) nicht ausgeübt werden. Der andere Ehegatte, der nicht wieder geheiratet hat, ist mit dem von ihm bezogenen Einkommen nach dem Splitting-Verfahren zu besteuern (§ 32a Abs. 6 Satz 1 Nr. 2 EStG). Der Auflösung einer Ehe durch Aufhebung oder Scheidung steht die Nichtigerklärung einer Ehe gleich (→ H 26 – Allgemeines).

Auflösung einer Ehe. Ist eine Ehe, die der Stpfl. im VZ des Todes des früheren Ehegatten geschlossen hat, im selben VZ wieder aufgelöst worden, so ist er für den folgenden VZ auch dann wieder nach § 32a Abs. 6 Satz 1 Nr. 1 EStG als Verwitweter zu behandeln, wenn die Ehe in anderer Weise als durch Tod aufgelöst worden ist (→ BFH vom 9.6.1965 – BStBl. III S. 590).

Dauerndes Getrenntleben im Todeszeitpunkt. Die Einkommensteuer eines verwitweten Stpfl. ist in dem VZ, der dem VZ des Todes folgt, nur dann nach dem Splittingtarif festzusetzen, wenn er und sein verstorbener Ehegatte im Zeitpunkt des Todes nicht dauernd getrennt gelebt haben (→ BFH vom 27.2.1998 – BStBl. II S. 350).

Todeserklärung eines verschollenen Ehegatten. → H 26 (Allgemeines).

Zu § 32b EStG

R 32b. Progressionsvorbehalt

Allgemeines

(1) [1]Entgelt-, Lohn- oder Einkommensersatzleistungen der gesetzlichen Krankenkassen unterliegen auch insoweit dem Progressionsvorbehalt nach § 32b Abs. 1 Satz 1 Nr. 1 Buchstabe b EStG, als sie freiwillig Versicherten gewährt werden. [2]Beim Übergangsgeld, das behinderten oder von Behinderung bedrohten Menschen nach den §§ 45 bis 52 SGB IX gewährt wird, handelt es sich um steuerfreie Leistungen nach dem SGB III, SGB VI, SGB VII oder dem Bundesversorgungsgesetz, die dem Progressionsvorbehalt unterliegen.[1)] [3]Leistungen nach der Berufskrankheitenverordnung sowie das Krankentagegeld aus einer privaten Krankenversicherung und Leistungen zur Sicherung des Lebensunterhalts und zur Eingliederung in Arbeit nach dem SGB II (sog. Arbeitslosengeld II) gehören nicht zu den Entgelt-, Lohn- oder Einkommensersatzleistungen, die dem Progressionsvorbehalt unterliegen.

(2) [1]In den Progressionsvorbehalt sind die Entgelt-, Lohn- und Einkommensersatzleistungen mit den Beträgen einzubeziehen, die als Leistungsbeträge nach den einschlägigen Leistungsgesetzen festgestellt werden. [2]Kürzungen dieser Leistungsbeträge, die sich im Falle der Abtretung oder durch den Abzug von Versichertenanteilen an den Beiträgen zur Rentenversicherung, Arbeitslosenversicherung und ggf. zur Kranken- und Pflegeversicherung ergeben, bleiben unberücksichtigt. [3]Der bei der Ermittlung der Einkünfte aus nichtselbständiger Arbeit nicht ausgeschöpfte Arbeitnehmer-Pauschbetrag ist auch von Entgelt-, Lohn- und Einkommensersatzleistungen abzuziehen.

Rückzahlung von Entgelt-, Lohn- oder Einkommensersatzleistungen

(3) [1]Werden die in § 32b Abs. 1 Satz 1 Nr. 1 EStG bezeichneten Entgelt-, Lohn- oder Einkommensersatzleistungen zurückgezahlt, sind sie von den im selben Kalenderjahr bezogenen Leistungsbeträgen abzusetzen, unabhängig davon, ob die zurückgezahlten Beträge im Kalenderjahr ihres Bezugs dem Progressionsvorbehalt unterlegen haben. [2]Ergibt sich durch die Absetzung ein negativer Betrag, weil die Rückzahlungen höher sind als die im selben Kalenderjahr empfangenen Beträge oder weil den zurückgezahlten keine empfangenen Beträge gegenüber stehen, ist auch der negative Betrag bei der Ermittlung des besonderen Steuersatzes nach § 32b EStG zu berücksichtigen (negativer

---

1) **Aichberger SGB** Nr. **3** (SGB III), Nr. **6** (SGB VI), Nr. **7** (SGB VII), Nr. **9** (SGB IX) bzw. Nr. **20/10** (BVG).

Progressionsvorbehalt). [3] Aus Vereinfachungsgründen bestehen keine Bedenken, zurückgezahlte Beträge dem Kalenderjahr zuzurechnen, in dem der Rückforderungsbescheid ausgestellt worden ist. [4] Beantragt der Stpfl., die zurückgezahlten Beträge dem Kalenderjahr zuzurechnen, in dem sie tatsächlich abgeflossen sind, hat er den Zeitpunkt des tatsächlichen Abflusses anhand von Unterlagen, z. B. Aufhebungs-/Erstattungsbescheide oder Zahlungsbelege, nachzuweisen oder glaubhaft zu machen.

Rückwirkender Wegfall von Entgelt-, Lohn- oder Einkommensersatzleistungen

(4) Fällt wegen der rückwirkenden Zubilligung einer Rente der Anspruch auf Sozialleistungen (z. B. Kranken- oder Arbeitslosengeld) rückwirkend ganz oder teilweise weg, ist dies am Beispiel des Krankengeldes steuerlich wie folgt zu behandeln:

1. Soweit der Krankenkasse ein Erstattungsanspruch nach § 103 SGB X gegenüber dem Rentenversicherungsträger zusteht, ist das bisher gezahlte Krankengeld als Rentenzahlung anzusehen und nach § 22 Nr. 1 Satz 3 Buchstabe a EStG der Besteuerung zu unterwerfen. [2] Das Krankengeld unterliegt insoweit nicht dem Progressionsvorbehalt nach § 32b EStG.
2. Gezahlte und die Rentenleistung übersteigende Krankengeldbeträge i. S. d. § 50 Abs. 1 Satz 2 SGB V sind als Krankengeld nach § 3 Nr. 1 Buchstabe a EStG steuerfrei; § 32b EStG ist anzuwenden. [2] Entsprechendes gilt für das Krankengeld, das vom Empfänger infolge rückwirkender Zubilligung einer Rente aus einer ausländischen gesetzlichen Rentenversicherung nach § 50 Abs. 1 Satz 3 SGB V an die Krankenkasse zurückzuzahlen ist.
3. Soweit die nachträgliche Feststellung des Rentenanspruchs auf VZ zurückwirkt, für die Steuerbescheide bereits ergangen sind, sind diese Steuerbescheide nach § 175 Abs. 1 Satz 1 Nr. 2 AO zu ändern.

Fehlende Entgelt-, Lohn- oder Einkommensersatzleistungen

(5) [1] Hat ein Arbeitnehmer trotz Arbeitslosigkeit kein Arbeitslosengeld erhalten, weil ein entsprechender Antrag abgelehnt worden ist, kann dies durch die Vorlage des Ablehnungsbescheids nachgewiesen werden; hat der Arbeitnehmer keinen Antrag gestellt, kann dies durch die Vorlage der vom Arbeitgeber nach § 312 SGB III ausgestellten Arbeitsbescheinigung im Original belegt werden. [2] Kann ein Arbeitnehmer weder durch geeignete Unterlagen nachweisen noch in sonstiger Weise glaubhaft machen, dass er keine Entgelt-, Lohn- oder Einkommensersatzleistungen erhalten hat, kann das Finanzamt bei der für den Arbeitnehmer zuständigen Agentur für Arbeit (§ 327 SGB III) eine Bescheinigung darüber anfordern (Negativbescheinigung).

H 32b

Allgemeines. Ist für Einkünfte nach § 32b Abs. 1 EStG der Progressionsvorbehalt zu beachten, ist wie folgt zu verfahren:

1. Ermittlung des nach § 32a Abs. 1 EStG maßgebenden z. v. E.
2. Dem z. v. E. werden für die Berechnung des besonderen Steuersatzes die Entgelt-, Lohn- oder Einkommensersatzleistungen (§ 32b Abs. 1 Satz 1

Nr. 1 EStG) sowie die unter § 32b Abs. 1 Satz 1 Nr. 2 bis 5 EStG fallenden Einkünfte im Jahr ihrer Entstehung hinzugerechnet oder von ihm abgezogen. Der sich danach ergebende besondere Steuersatz ist auf das nach § 32a Abs. 1 EStG ermittelte z. v. E. anzuwenden.

Beispiele:

Fall	A	B
z. v. E. (§ 2 Abs. 5 EStG)	40 000 €	40 000 €
Fall A Arbeitslosengeld	10 000 €	
oder		
Fall B zurückgezahltes Arbeitslosengeld		3 000 €
Für die Berechnung des Steuersatzes maßgebendes z. v. E.	50 000 €	37 000 €
Steuer nach Splittingtarif	7 125 €	3 643 €
besonderer (= durchschnittlicher) Steuersatz	14,25 %	9,846 %
Die Anwendung des besonderen Steuersatzes auf das z. v. E. ergibt als Steuer	5 700 €	3 938 €

Ein Verlustabzug (§ 10d EStG) ist bei der Ermittlung des besonderen Steuersatzes nach § 32b Abs. 1 EStG nicht zu berücksichtigen.

Anwendung auf Lohnersatzleistungen. Der Progressionsvorbehalt für Lohnersatzleistungen ist verfassungsgemäß (→ BVerfG vom 3.5.1995 – BStBl. II S. 758).

Anwendung bei Stpfl. mit Einkünften aus nichtselbständiger Arbeit. → R 46.2.

Arbeitnehmer-Pauschbetrag. Zur Berechnung des Progressionsvorbehalts sind steuerfreie Leistungen nach § 32b Abs. 1 Satz 1 Nr. 1 EStG nicht um den Arbeitnehmer-Pauschbetrag zu vermindern, wenn bei der Ermittlung der Einkünfte aus nichtselbständiger Arbeit den Pauschbetrag übersteigende Werbungskosten abgezogen wurden (→ BFH vom 25.9.2014 – BStBl. 2015 II S. 182).

Ausländische Einkünfte. Die Höhe ist nach dem deutschen Steuerrecht zu ermitteln (→ BFH vom 20.9.2006 – BStBl. 2007 II S. 756). Die steuerfreien ausländischen Einkünfte aus nichtselbständiger Arbeit i. S. d. § 32b Abs. 1 Satz 1 Nr. 2 bis 5 EStG sind als Überschuss der Einnahmen über die Werbungskosten zu berechnen. Dabei sind die tatsächlich angefallenen Werbungskosten bzw. der Arbeitnehmer-Pauschbetrag nach Maßgabe des § 32b Abs. 2 Satz 1 Nr. 2 Satz 2 EStG zu berücksichtigen.

Beispiel für Einkünfte aus nichtselbständiger Arbeit:

Der inländische steuerpflichtige Arbeitslohn beträgt 20 000 €; die Werbungskosten betragen 500 €. Der nach DBA/ATE unter Progressionsvorbehalt steuerfreie Arbeitslohn beträgt 10 000 €; im Zusammenhang mit der Erzielung des steuerfreien Arbeitslohns sind Werbungskosten in Höhe von 400 € tatsächlich angefallen.

Inländischer steuerpflichtiger Arbeitslohn	20 000 €
./. Arbeitnehmer-Pauschbetrag (§ 9a Satz 1 Nr. 1 Buchst. a EStG)	./. 1 000 €
steuerpflichtige Einkünfte gem. § 19 EStG	19 000 €
Ausländische Progressionseinnahmen	10 000 €
./. Arbeitnehmer-Pauschbetrag	0 €
maßgebende Progressionseinkünfte (§ 32b Abs. 2 Satz 1 Nr. 2 Satz 2 EStG)	10 000 €

Ausländische Personengesellschaft. Nach einem DBA freigestellte Einkünfte aus der Beteiligung an einer ausländischen Personengesellschaft unterliegen auch dann dem Progressionsvorbehalt, wenn die ausländische Personengesellschaft in dem anderen Vertragsstaat als juristische Person besteuert wird (→ BFH vom 4.4.2007 – BStBl. II S. 521).

Ausländische Renteneinkünfte. Ausländische Renteneinkünfte sind im Rahmen des Progressionsvorbehalts mit dem Besteuerungsanteil (§ 22 Nr. 1 Satz 3 Buchst. a Doppelbuchst. aa EStG) und nicht mit dem Ertragsanteil zu berücksichtigen, wenn die Leistung der ausländischen Altersversorgung in ihrem Kerngehalt den gemeinsamen und typischen Merkmalen der inländischen Basisversorgung entspricht. Zu den wesentlichen Merkmalen der Basisversorgung gehört, dass die Renten erst bei Erreichen einer bestimmten Altersgrenze bzw. bei Erwerbsunfähigkeit gezahlt werden und als Entgeltersatzleistung der Lebensunterhaltssicherung dienen (→ BFH vom 14.7.2010 – BStBl. 2011 II S. 628).

Ausländische Sozialversicherungsbeiträge. Beiträge an die schweizerische Alters- und Hinterlassenenversicherung können nicht bei der Ermittlung des besonderen Steuersatzes im Rahmen des Progressionsvorbehaltes berücksichtigt werden (→ BFH vom 18.4.2012 – BStBl. II S. 721).

Ausländische Verluste.
- Durch ausländische Verluste kann der Steuersatz auf Null sinken (→ BFH vom 25.5.1970 – BStBl. II S. 660).
- Drittstaatenverluste i. S. d. § 2a EStG werden nur nach Maßgabe des § 2a EStG berücksichtigt (→ BFH vom 17.11.1999 – BStBl. 2000 II S. 605).
- Ausländische Verluste aus der Veräußerung oder Aufgabe eines Betriebs, die nach einem DBA von der Bemessungsgrundlage der deutschen Steuer auszunehmen sind, unterfallen im Rahmen des Progressionsvorbehaltes nicht der sog. Fünftel-Methode (→ BFH vom 1.2.2012 – BStBl. II S. 405).

Datenübermittlung. Zur rückwirkenden Verrechnung zwischen Trägern der Sozialleistungen → BMF vom 16.7.2013 (BStBl. I S. 922).

EU-Tagegeld. Zur steuerlichen Behandlung des von Organen der EU gezahlten Tagegeldes → BMF vom 12.4.2006 (BStBl. I S. 340).

Grundfreibetrag. Es begegnet keinen verfassungsrechtlichen Bedenken, dass wegen der in § 32a Abs. 1 Satz 2 EStG angeordneten vorrangigen Anwendung des Progressionsvorbehalts des § 32b EStG auch ein z. v. E. unterhalb des Grundfreibetrags der Einkommensteuer unterliegt (→ BFH vom 9.8.2001 – BStBl. II S. 778).

Leistungen der gesetzlichen Krankenkasse.
- Leistungen der gesetzlichen Krankenkasse für eine Ersatzkraft im Rahmen der Haushaltshilfe an nahe Angehörige (§ 38 Abs. 4 Satz 2 SGB V) unterliegen nicht dem Progressionsvorbehalt (→ BFH vom 17.6.2005 – BStBl. 2006 II S. 17).
- Die Einbeziehung des Krankengeldes, das ein freiwillig in einer gesetzlichen Krankenkasse versicherter Stpfl. erhält, in den Progressionsvorbehalt, ist verfassungsgemäß (→ BFH vom 26.11.2008 – BStBl. 2009 II S. 376).

- Auch nach der Einführung des sog. Basistarifs in der privaten Krankenversicherung ist es verfassungsrechtlich nicht zu beanstanden, dass zwar das Krankengeld aus der gesetzlichen Krankenversicherung, nicht aber das Krankentagegeld aus einer privaten Krankenversicherung in den Progressionsvorbehalt einbezogen wird (→ BFH vom 13.11.2014 – BStBl. 2015 II S. 563).

Steuerfreiheit einer Leibrente. Ist eine Leibrente sowohl nach einem DBA als auch nach § 3 Nr. 6 EStG steuerfrei, unterliegt sie nicht dem Progressionsvorbehalt (→ BFH vom 22.1.1997 – BStBl. II S. 358).

Vorfinanziertes Insolvenzgeld. Soweit Insolvenzgeld vorfinanziert wird, das nach § 188 Abs. 1 SGB III einem Dritten zusteht, ist die Gegenleistung für die Übertragung des Arbeitsentgeltanspruchs als Insolvenzgeld anzusehen. Die an den Arbeitnehmer gezahlten Entgelte hat dieser i. S. d. § 32b Abs. 1 Satz 1 Nr. 1 Buchst. a EStG bezogen, wenn sie ihm nach den Regeln über die Überschusseinkünfte zugeflossen sind (→ BFH vom 1.3.2012 – BStBl. II S. 596).

Zeitweise unbeschränkte Steuerpflicht.

- Besteht wegen Zu- oder Wegzugs nur zeitweise die unbeschränkte Steuerpflicht, sind die außerhalb der unbeschränkten Steuerpflicht im Kj. erzielten Einkünfte im Wege des Progressionsvorbehalts zu berücksichtigen, wenn diese nicht der beschränkten Steuerpflicht unterliegen (→ BFH vom 15.5.2002 – BStBl. II S. 660, vom 19.12.2001 – BStBl. 2003 II S. 302 und vom 19.11.2003 – BStBl. 2004 II S. 549).
- Vorab entstandene Werbungskosten im Zusammenhang mit einer beabsichtigten Tätigkeit im Ausland sind beim Progressionsvorbehalt zu berücksichtigen, wenn dies nicht durch ein DBA ausgeschlossen wird (→ BFH vom 20.9.2006 – BStBl. 2007 II S. 756).

Zu § 32c EStG[1]

H 32c

Allgemeines. → BMF vom 18.9.2020 (BStBl. I S. 952) unter Berücksichtigung der Änderungen durch BMF vom 24.11.2020 (BStBl. I S. 1217) und vom 31.8.2022 (BStBl. I S. 1302).

Zu § 32d EStG

R 32d. Gesonderter Tarif für Einkünfte aus Kapitalvermögen

Verrechnung von Kapitaleinkünften

(1) Verluste aus Kapitaleinkünften nach § 32d Abs. 1 EStG dürfen nicht mit positiven Erträgen aus Kapitaleinkünften nach § 32d Abs. 2 EStG verrechnet werden.

---

[1] § 32c EStG regelt die Tarifermäßigung bei Einkünften aus Land- und Forstwirtschaft, zur Anwendung siehe § 52 Abs. 33a EStG.

Nahestehende Personen

(2) Anders als bei § 32d Abs. 2 Nr. 1 Buchstabe a EStG ist von einem Näheverhältnis i. S. d. § 32d Abs. 2 Nr. 1 Buchstabe b Satz 2 EStG zwischen Personengesellschaft und Gesellschafter nicht schon allein deshalb auszugehen, weil der Gesellschafter einer Kapitalgesellschaft, an der die Personengesellschaft beteiligt ist, ein Darlehen gewährt und dafür Zinszahlungen erhält.

Veranlagungsoption

(3) [1] § 32d Abs. 2 Nr. 3 Satz 4 EStG dient der Verwaltungsvereinfachung in Form eines erleichterten Nachweises der Tatbestandsvoraussetzungen und ersetzt nicht das Vorliegen einer Beteiligung nach § 32d Abs. 2 Nr. 3 Satz 1 EStG. [2] Sinkt die Beteiligung unter die Grenzen nach § 32d Abs. 2 Nr. 3 Satz 1 Buchstabe a oder b EStG, ist auch innerhalb der Frist des § 32d Abs. 2 Nr. 3 Satz 4 EStG ein Werbungskostenabzug unzulässig.

H 32d

Allgemeines. Einzelfragen zur Abgeltungsteuer → BMF vom 19.5.2022 (BStBl. I S. 742),[1)] Rn. 132–151.

Zu § 33 EStG
(§ 64 EStDV)

R 33.1 Außergewöhnliche Belastungen allgemeiner Art

[1] § 33 EStG setzt eine Belastung des Stpfl. auf Grund außergewöhnlicher und dem Grunde und der Höhe nach zwangsläufiger Aufwendungen voraus. [2] Der Stpfl. ist belastet, wenn ein Ereignis in seiner persönlichen Lebenssphäre ihn zu Ausgaben zwingt, die er selbst endgültig zu tragen hat. [3] Die Belastung tritt mit der Verausgabung ein. [4] Zwangsläufigkeit dem Grunde nach wird in der Regel auf Aufwendungen des Stpfl. für sich selbst oder für Angehörige i. S. d. § 15 AO beschränkt sein. [5] Aufwendungen für andere Personen können diese Voraussetzung nur ausnahmsweise erfüllen (sittliche Pflicht).

H 33.1–33.4 *(abgedruckt nach R 33.4)*

R 33.2 Aufwendungen für existentiell notwendige Gegenstände

Aufwendungen zur Wiederbeschaffung oder Schadensbeseitigung können im Rahmen des Notwendigen und Angemessenen unter folgenden Voraussetzungen als außergewöhnliche Belastung berücksichtigt werden:

1. Sie müssen einen existentiell notwendigen Gegenstand betreffen – dies sind Wohnung, Hausrat und Kleidung, nicht aber z. B. ein Pkw oder eine Garage.
2. Der Verlust oder die Beschädigung muss durch ein unabwendbares Ereignis wie Brand, Hochwasser, Kriegseinwirkung, Vertreibung, politische Verfol-

---

1) Geänd. durch BMF v. 20.12.2022, BStBl. I 2023, 46, Rn. 132–151; zur zeitlichen Anwendung siehe Rn. 324 und 325.

gung verursacht sein, oder von dem Gegenstand muss eine Gesundheitsgefährdung ausgehen, die beseitigt werden muss und die nicht auf Verschulden des Stpfl. oder seines Mieters oder auf einen Baumangel zurückzuführen ist (z. B. bei Schimmelpilzbildung).

3. Dem Stpfl. müssen tatsächlich finanzielle Aufwendungen entstanden sein; ein bloßer Schadenseintritt reicht zur Annahme von Aufwendungen nicht aus.
4. Die Aufwendungen müssen ihrer Höhe nach notwendig und angemessen sein und werden nur berücksichtigt, soweit sie den Wert des Gegenstandes im Vergleich zu vorher nicht übersteigen.
5. Nur der endgültig verlorene Aufwand kann berücksichtigt werden, d. h. die Aufwendungen sind um einen etwa nach Schadenseintritt noch vorhandenen Restwert zu kürzen.
6. Der Stpfl. muss glaubhaft darlegen, dass er den Schaden nicht verschuldet hat und dass realisierbare Ersatzansprüche gegen Dritte nicht bestehen.
7. Ein Abzug scheidet aus, sofern der Stpfl. zumutbare Schutzmaßnahmen unterlassen oder eine allgemein zugängliche und übliche Versicherungsmöglichkeit nicht wahrgenommen hat.
8. Das schädigende Ereignis darf nicht länger als drei Jahre zurückliegen, bei Baumaßnahmen muss mit der Wiederherstellung oder Schadensbeseitigung innerhalb von drei Jahren nach dem schädigenden Ereignis begonnen worden sein.

H 33.1–33.4 *(abgedruckt nach R 33.4)*

R 33.3 Aufwendungen wegen Pflegebedürftigkeit und erheblich eingeschränkter Alltagskompetenz

Voraussetzungen und Nachweis

(1) [1]Zu dem begünstigten Personenkreis zählen pflegebedürftige Personen, bei denen mindestens ein Schweregrad der Pflegebedürftigkeit i. S. d. §§ 14, 15 SGB XI[1)] besteht und Personen, bei denen eine erhebliche Einschränkung der Alltagskompetenz nach *§ 45a SGB XI*[1) · 2)] festgestellt wurde. [2]Der Nachweis ist durch eine Bescheinigung (z. B. Leistungsbescheid oder -mitteilung) der sozialen Pflegekasse oder des privaten Versicherungsunternehmens, das die private Pflegepflichtversicherung durchführt, oder nach § 65 Abs. 2 EStDV zu führen. [3]Pflegekosten von Personen, die nicht zu dem nach Satz 1 begünstigten Personenkreis zählen und ambulant gepflegt werden, können ohne weiteren Nachweis auch dann als außergewöhnliche Belastungen berücksichtigt werden, wenn sie von einem anerkannten Pflegedienst nach § 89 SGB XI gesondert in Rechnung gestellt worden sind.

---

1) **Aichberger SGB** Nr. 11.

2) **[Amtl. Anm.:]** Durch das Zweite Pflegestärkungsgesetz wird die bisher nach § 45a SGB XI a. F. festgestellte erhebliche Einschränkung der Alltagskompetenz ab 1.1.2017 von den §§ 14 und 15 SGB XI miterfasst.

Eigene Pflegeaufwendungen

(2) [1]Zu den Aufwendungen infolge Pflegebedürftigkeit und erheblich eingeschränkter Alltagskompetenz zählen sowohl Kosten für die Beschäftigung einer ambulanten Pflegekraft und/oder die Inanspruchnahme von Pflegediensten, von Einrichtungen der Tages- oder Nachtpflege, der Kurzzeitpflege oder von nach Landesrecht anerkannten niedrigschwelligen Betreuungsangeboten als auch Aufwendungen zur Unterbringung in einem Heim. [2]Wird bei einer Heimunterbringung wegen Pflegebedürftigkeit der private Haushalt aufgelöst, ist die Haushaltsersparnis mit dem in § 33a Abs. 1 Satz 1 EStG genannten Höchstbetrag der abziehbaren Aufwendungen anzusetzen. [3]Liegen die Voraussetzungen nur während eines Teiles des Kalenderjahres vor, sind die anteiligen Beträge anzusetzen ($^{1}/_{360}$ pro Tag, $^{1}/_{12}$ pro Monat).

Konkurrenz zu § 33a Abs. 3 EStG

(3) *(unbesetzt)*

Konkurrenz zu § 33b Abs. 3 EStG

(4) [1]Die Inanspruchnahme eines Pauschbetrags nach § 33b Abs. 3 EStG schließt die Berücksichtigung von Pflegeaufwendungen nach Absatz 2 im Rahmen des § 33 EStG aus. [2]Zur Berücksichtigung eigener Aufwendungen der Eltern für ein behindertes Kind[1)] → R 33b Abs. 2.

Pflegeaufwendungen für Dritte

(5) Hat der pflegebedürftige Dritte im Hinblick auf sein Alter oder eine etwaige Bedürftigkeit dem Stpfl. Vermögenswerte zugewendet, z. B. ein Hausgrundstück, kommt ein Abzug der Pflegeaufwendungen nur in der Höhe in Betracht, wie die Aufwendungen den Wert des hingegebenen Vermögens übersteigen.

H **33.1–33.4** *(abgedruckt nach R 33.4)*

R **33.4** Aufwendungen wegen Krankheit und Behinderung sowie für Integrationsmaßnahmen

Nachweis

(1) [1]Der Nachweis von Krankheitskosten ist nach § 64 EStDV zu führen. [2]Bei Aufwendungen für eine Augen-Laser-Operation ist die Vorlage eines amtsärztlichen Attests nicht erforderlich. [3]Bei einer andauernden Erkrankung mit anhaltendem Verbrauch bestimmter Arznei-, Heil- und Hilfsmittel reicht die einmalige Vorlage einer Verordnung. [4]Wurde die Notwendigkeit einer Sehhilfe in der Vergangenheit durch einen Augenarzt festgestellt, genügt in den Folgejahren die Sehschärfenbestimmung durch einen Augenoptiker. [5]Als Nachweis der angefallenen Krankheitsaufwendungen kann auch die Vorlage der Erstattungsmitteilung der privaten Krankenversicherung oder der Beihilfebescheid einer Behörde ausreichen. [6]Diese Erleichterung entbindet den Stpfl. aber nicht von der Verpflichtung, dem Finanzamt die Zwangsläufigkeit, Notwendigkeit und Angemessenheit nicht erstatteter Aufwendungen auf Verlan-

---

1) **[Amtl. Anm.:]** Jetzt Kind mit Behinderungen.

gen nachzuweisen. [7] Wurde die Notwendigkeit einer Kur offensichtlich im Rahmen der Bewilligung von Zuschüssen oder Beihilfen anerkannt, genügt bei Pflichtversicherten die Bescheinigung der Versicherungsanstalt und bei öffentlich Bediensteten der Beihilfebescheid.

Privatschulbesuch

(2) [1] Ist ein Kind ausschließlich wegen einer Behinderung im Interesse einer angemessenen Berufsausbildung auf den Besuch einer Privatschule (Sonderschule oder allgemeine Schule in privater Trägerschaft) mit individueller Förderung angewiesen, weil eine geeignete öffentliche Schule oder eine den schulgeldfreien Besuch ermöglichende geeignete Privatschule nicht zur Verfügung steht oder nicht in zumutbarer Weise erreichbar ist, ist das Schulgeld dem Grunde nach als außergewöhnliche Belastung nach § 33 EStG – neben einem auf den Stpfl. übertragbaren Pauschbetrag für behinderte Menschen[1)] – zu berücksichtigen. [2] Der Nachweis, dass der Besuch der Privatschule erforderlich ist, muss durch eine Bestätigung der zuständigen obersten Landeskultusbehörde oder der von ihr bestimmten Stelle geführt werden.

Kur

(3) [1] Kosten für Kuren im Ausland sind in der Regel nur bis zur Höhe der Aufwendungen anzuerkennen, die in einem dem Heilzweck entsprechenden inländischen Kurort entstehen würden. [2] Verpflegungsmehraufwendungen anlässlich einer Kur können nur in tatsächlicher Höhe nach Abzug der Haushaltsersparnis von $^1/_5$ der Aufwendungen berücksichtigt werden.

Aufwendungen behinderter Menschen[1)] für Verkehrsmittel

(4)[2)] [1] Macht ein gehbehinderter Stpfl. neben den Aufwendungen für Privatfahrten mit dem eigenen Pkw auch solche für andere Verkehrsmittel (z. B. für Taxis) geltend, ist die als noch angemessen anzusehende jährliche Fahrleistung von 3000 km (beim GdB von mindestens 80 oder GdB von mindestens 70 und Merkzeichen G) – bzw. von 15 000 km (bei Merkzeichen aG, BI oder H) – entsprechend zu kürzen. [2] Die Aufwendungen für die behindertengerechte Umrüstung eines PKWs können im VZ des Abflusses als außergewöhnliche Belastungen neben den angemessenen Aufwendungen für Fahrten berücksichtigt werden. [3] Eine Verteilung auf mehrere VZ ist nicht zulässig.

Behinderungsbedingte Baukosten

(5) [1] Um- oder Neubaukosten eines Hauses oder einer Wohnung können im VZ des Abflusses eine außergewöhnliche Belastung darstellen, soweit die Baumaßnahme durch die Behinderung bedingt ist. [2] Eine Verteilung auf mehrere VZ ist nicht zulässig. [3] Für den Nachweis der Zwangsläufigkeit der Aufwendungen ist die Vorlage folgender Unterlagen ausreichend:
– der Bescheid eines gesetzlichen Trägers der Sozialversicherung oder der Sozialleistungen über die Bewilligung eines pflege- bzw. behinderungsbedingten Zuschusses (z. B. zur Verbesserung des individuellen Wohnumfeldes nach § 40 Abs. 4 SGB XI) oder

---

1) **[Amtl. Anm.:]** Jetzt Menschen mit Behinderungen.
2) **[Amtl. Anm.:]** Für VZ ab 2021 siehe § 33 Abs. 2a EStG.

– das Gutachten des Medizinischen Dienstes der Krankenversicherung (MDK), des Sozialmedizinischen Dienstes (SMD) oder der Medicproof Gesellschaft für Medizinische Gutachten mbH.

Aufwendungen für Deutsch- und Integrationskurse

(6) [1] Aufwendungen für den Besuch von Sprachkursen, in denen Deutsch gelehrt wird, sind nicht als außergewöhnliche Belastungen abziehbar. [2] Gleiches gilt für Integrationskurse, es sei denn, der Stpfl. weist durch Vorlage einer Bestätigung der Teilnahmeberechtigung nach § 6 Abs. 1 Satz 1 und 3 der Verordnung über die Durchführung von Integrationskursen für Ausländer und Spätaussiedler nach, dass die Teilnahme am Integrationskurs verpflichtend war und damit aus rechtlichen Gründen zwangsläufig erfolgte.

H **33.1–33.4**

Abkürzung des Zahlungsweges. Bei den außergewöhnlichen Belastungen kommt der Abzug von Aufwendungen eines Dritten auch unter dem Gesichtspunkt der Abkürzung des Vertragswegs nicht in Betracht (→ BMF vom 7.7.2008 – BStBl. I S. 717).

Adoption. Aufwendungen im Zusammenhang mit einer Adoption sind nicht zwangsläufig (→ BFH vom 10.3.2015 – BStBl. II S. 695).

Asbestbeseitigung.

– Die tatsächliche Zwangsläufigkeit von Aufwendungen zur Beseitigung von Asbest ist nicht anhand der abstrakten Gefährlichkeit von Asbestfasern zu beurteilen; erforderlich sind zumindest konkret zu befürchtende Gesundheitsgefährdungen. Denn die Notwendigkeit einer Asbestsanierung hängt wesentlich von der verwendeten Asbestart und den baulichen Gegebenheiten ab (→ BFH vom 29.3.2012 – BStBl. II S. 570).
– → Gesundheitsgefährdung.

Asyl. Die Anerkennung als Asylberechtigter lässt nicht ohne weiteres auf ein unabwendbares Ereignis für den Verlust von Hausrat und Kleidung schließen (→ BFH vom 26.4.1991 – BStBl. II S. 755).

Außergewöhnlich. Außergewöhnlich sind Aufwendungen, wenn sie nicht nur der Höhe, sondern auch ihrer Art und dem Grunde nach außerhalb des Üblichen liegen und insofern nur einer Minderheit entstehen. Die typischen Aufwendungen der Lebensführung sind aus dem Anwendungsbereich des § 33 EStG ungeachtet ihrer Höhe im Einzelfall ausgeschlossen (→ BFH vom 29.9.1989 – BStBl. 1990 II S. 418, vom 19.5.1995 – BStBl. II S. 774, vom 22.10.1996 – BStBl. 1997 II S. 558 und vom 12.11.1996 – BStBl. 1997 II S. 387).

Aussteuer. Aufwendungen für die Aussteuer einer heiratenden Tochter sind regelmäßig nicht als zwangsläufig anzusehen. Dies gilt auch dann, wenn die Eltern ihrer Tochter keine Berufsausbildung gewährt haben (→ BFH vom 3.6.1987 – BStBl. II S. 779).

Begleitperson. Aufwendungen eines schwerbehinderten Menschen für eine Begleitperson bei Reisen sind nicht als außergewöhnliche Belastung abziehbar, wenn die Begleitperson ein Ehegatte ist, der aus eigenem Interesse an der Reise teilgenommen hat und für den kein durch die Behinderung des anderen Ehegatten veranlasster Mehraufwand angefallen ist (→ BFH vom 7.5.2013 – BStBl. II S. 808).

Behindertengerechte Ausstattung.[1)]

- Mehraufwendungen für die notwendige behindertengerechte Gestaltung des individuellen Wohnumfelds sind außergewöhnliche Belastungen. Sie stehen so stark unter dem Gebot der sich aus der Situation ergebenden Zwangsläufigkeit, dass die Erlangung eines etwaigen Gegenwerts regelmäßig in den Hintergrund tritt. Es ist nicht erforderlich, dass die Behinderung auf einem nicht vorhersehbaren Ereignis beruht und deshalb ein schnelles Handeln des Stpfl. oder seiner Angehörigen geboten ist. Auch die Frage nach zumutbaren Handlungsalternativen stellt sich in solchen Fällen nicht (→ BFH vom 24.2.2011 – BStBl. II S. 1012).
- Behinderungsbedingte Umbaukosten einer Motoryacht sind keine außergewöhnlichen Belastungen (→ BFH vom 2.6.2015 – BStBl. II S. 775).
- R 33.4 Abs. 5.

Bestattungskosten eines nahen Angehörigen sind regelmäßig als außergewöhnliche Belastung zu berücksichtigen, soweit sie nicht aus dem Nachlass bestritten werden können und auch nicht durch Ersatzleistungen gedeckt sind (→ BFH vom 24.7.1987 – BStBl. II S. 715, vom 4.4.1989 – BStBl. II S. 779 und vom 21.2.2018 – BStBl. II S. 469). Leistungen aus einer Sterbegeldversicherung oder aus einer Lebensversicherung, die dem Stpfl. anlässlich des Todes eines nahen Angehörigen außerhalb des Nachlasses zufließen, sind auf die als außergewöhnliche Belastung anzuerkennenden Kosten anzurechnen (→ BFH vom 19.10.1990 – BStBl. 1991 II S. 140 und vom 22.2.1996 – BStBl. II S. 413).

Zu den außergewöhnlichen Belastungen gehören nur solche Aufwendungen, die unmittelbar mit der eigentlichen Bestattung zusammenhängen. Nur mittelbar mit einer Bestattung zusammenhängende Kosten werden mangels Zwangsläufigkeit nicht als außergewöhnliche Belastung anerkannt. Zu diesen mittelbaren Kosten gehören z. B.:

- Aufwendungen für die Bewirtung von Trauergästen (→ BFH vom 17.9.1987 – BStBl. 1988 II S. 130),
- Aufwendungen für die Trauerkleidung (→ BFH vom 12.8.1966 – BStBl. 1967 III S. 364),
- Reisekosten für die Teilnahme an einer Bestattung eines nahen Angehörigen (→ BFH vom 17.6.1994 – BStBl. II S. 754).

Betreuervergütung. Vergütungen für einen ausschließlich zur Vermögenssorge bestellten Betreuer stellen keine außergewöhnlichen Belastungen, sondern Betriebsausgaben bzw. Werbungskosten bei den mit dem verwalteten Vermögen erzielten Einkünften dar, sofern die Tätigkeit des Betreuers weder einer kurzfristigen Abwicklung des Vermögens noch der Verwaltung

---

1) Mehrkosten für die Anschaffung eines größeren Grundstücks zum Bau eines behindertengerechten Bungalows sind keine außergewöhnliche Belastung; siehe BFH v. 17.7.2014 VI R 42/13, BStBl. II 2014, 931. – Behindertengerechter Gartenumbau ist keine außergewöhnliche Belastung; siehe BFH v. 26.10.2022 VI R 25/20, BStBl. II 2023, 372.

ertraglosen Vermögens dient (→ BFH vom 14.9.1999 – BStBl. 2000 II S. 69).

Betrug. Durch Betrug veranlasste vergebliche Zahlungen für einen Grundstückskauf sind nicht zwangsläufig (→ BFH vom 19.5.1995 – BStBl. II S. 774).

Darlehen.
- Werden die Ausgaben über Darlehen finanziert, tritt die Belastung bereits im Zeitpunkt der Verausgabung ein (→ BFH vom 10.6.1988 – BStBl. II S. 814).
- → Verausgabung.

Diätverpflegung.
- Aufwendungen, die durch Diätverpflegung entstehen, sind von der Berücksichtigung als außergewöhnliche Belastung auch dann ausgeschlossen, wenn die Diätverpflegung an die Stelle einer sonst erforderlichen medikamentösen Behandlung tritt (→ BFH vom 21.6.2007 – BStBl. II S. 880).
- Aufwendungen für Arzneimittel i. S. d. § 2 des Arzneimittelgesetzes unterfallen nicht dem Abzugsverbot für Diätverpflegung, wenn die Zwangsläufigkeit (medizinische Indikation) der Medikation durch ärztliche Verordnung nachgewiesen ist (→ BFH vom 14.4.2015 – BStBl. II S. 703).

Eltern-Kind-Verhältnis. Aufwendungen des nichtsorgeberechtigten Elternteils zur Kontaktpflege sind nicht außergewöhnlich (→ BFH vom 27.9.2007 – BStBl. 2008 II S. 287).

Ergänzungspflegervergütung. Wird für einen Minderjährigen im Zusammenhang mit einer Erbauseinandersetzung die Anordnung einer Ergänzungspflegschaft erforderlich, sind die Aufwendungen hierfür nicht als außergewöhnliche Belastungen zu berücksichtigen (→ BFH vom 14.9.1999 – BStBl. 2000 II S. 69).

Erpressungsgelder. Erpressungsgelder sind keine außergewöhnlichen Belastungen, wenn der Erpressungsgrund selbst und ohne Zwang geschaffen worden ist (→ BFH vom 18.3.2004 – BStBl. II S. 867).

Ersatz von dritter Seite. Ersatz und Unterstützungen von dritter Seite zum Ausgleich der Belastung sind von den berücksichtigungsfähigen Aufwendungen abzusetzen, es sei denn, die vertragsgemäße Erstattung führt zu steuerpflichtigen Einnahmen beim Stpfl. (→ BFH vom 14.3.1975 – BStBl. II S. 632 und vom 6.5.1994 – BStBl. 1995 II S. 104). Die Ersatzleistungen sind auch dann abzusetzen, wenn sie erst in einem späteren Kj. gezahlt werden, der Stpfl. aber bereits in dem Kj., in dem die Belastung eingetreten ist, mit der Zahlung rechnen konnte (→ BFH vom 21.8.1974 – BStBl. 1975 II S. 14). Werden Ersatzansprüche gegen Dritte nicht geltend gemacht, entfällt die Zwangsläufigkeit, wobei die Zumutbarkeit Umfang und Intensität der erforderlichen Rechtsverfolgung bestimmt (→ BFH vom 20.9.1991 – BStBl. 1992 II S. 137 und vom 18.6.1997 – BStBl. II S. 805). Der Verzicht auf die Inanspruchnahme von staatlichen Transferleistungen (z. B. Eingliederungshilfe nach § 35a SGB VIII)[1] steht dem Abzug von Krankheitskosten als außergewöhnliche Belastungen nicht entgegen (→ BFH vom 11.11. 2010 – BStBl. 2011 II S. 969). Der Abzug von Aufwendungen nach § 33 EStG ist ausgeschlossen, wenn der Stpfl. eine allgemein zugängliche und übliche Versicherungsmöglichkeit nicht wahrgenommen hat (→ BFH vom 6.5.1994 – BStBl. 1995 II S. 104). Dies gilt auch, wenn lebensnotwendige Vermögensgegenstände, wie Hausrat und Kleidung, wiederbeschafft werden müssen (→ BFH vom 26.6.2003 – BStBl. 2004 II S. 47).

– **Hausratversicherung.** Anzurechnende Leistungen aus einer Hausratversicherung sind nicht aufzuteilen in einen Betrag, der auf allgemein notwendigen und angemessenen Hausrat entfällt, und in einen solchen, der die Wiederbeschaffung von Gegenständen und Kleidungsstücken gehobenen Anspruchs ermöglichen soll (→ BFH vom 30.6.1999 – BStBl. II S. 766).
– **Krankenhaustagegeldversicherungen.** Bis zur Höhe der durch einen Krankenhausaufenthalt verursachten Kosten sind die Leistungen abzusetzen, nicht aber Leistungen aus einer Krankentagegeldversicherung (→ BFH vom 22.10.1971 – BStBl. 1972 II S. 177).
– **Private Pflegezusatzversicherung.** Das aus einer privaten Pflegezusatzversicherung bezogene Pflege(tage)geld mindert die abziehbaren Pflegekosten (→ BFH vom 14.4.2011 – BStBl. II S. 701).

Existenzgrundlage. Unter der Existenzgrundlage i. S. d. § 33 Abs. 2 Satz 4 EStG ist nur die rein materielle Lebensgrundlage des Steuerpflichtigen zu verstehen (→ BFH vom 18.5.2017 – BStBl. II S. 988 und vom 13.8.2020 – BStBl. II 2021 S. 83 und 86).

Fahrtkosten, allgemein.

– Unumgängliche Fahrtkosten, die dem Grunde nach als außergewöhnliche Belastung zu berücksichtigen sind, sind bei Benutzung eines Pkw nur in Höhe der Kosten für die Benutzung eines öffentlichen Verkehrsmittels abziehbar, es sei denn, es bestand keine zumutbare öffentliche Verkehrsverbindung (→ BFH vom 3.12.1998 – BStBl. 1999 II S. 227).
– → Familienheimfahrten.
– → Kur.
– → Mittagsheimfahrt.
– → Pflegeaufwendungen für Dritte.
– → Zwischenheimfahrten.

Familienheimfahrten. Aufwendungen verheirateter Wehrpflichtiger für Familienheimfahrten sind keine außergewöhnliche Belastung (→ BFH vom 5.12.1969 – BStBl. 1970 II S. 210).

Formaldehydemission. → Gesundheitsgefährdung.

Freiwillige Ablösungen von laufenden Kosten für die Anstaltsunterbringung eines pflegebedürftigen Kindes sind nicht zwangsläufig (→ BFH vom 14.11.1980 – BStBl. 1981 II S. 130).

[1] **Aichberger SGB** Nr. **8**.

Gegenwert.[1)]

– Die Erlangung eines Gegenwerts schließt insoweit die Belastung des Stpfl. aus. Ein Gegenwert liegt vor, wenn der betreffende Gegenstand oder die bestellte Leistung eine gewisse Marktfähigkeit besitzen, die in einem bestimmten Verkehrswert zum Ausdruck kommt (→ BFH vom 4.3.1983 – BStBl. II S. 378 und vom 29.11.1991 – BStBl. 1992 II S. 290). Bei der Beseitigung eingetretener Schäden an einem Vermögensgegenstand, der für den Stpfl. von existenziell wichtiger Bedeutung ist, ergibt sich ein Gegenwert nur hinsichtlich von Wertverbesserungen, nicht jedoch hinsichtlich des verlorenen Aufwandes (→ BFH vom 6.5.1994 – BStBl. 1995 II S. 104).
– → Gesundheitsgefährdung.
– → Behindertengerechte Ausstattung.

Gesundheitsgefährdung.

– Geht von einem Gegenstand des existenznotwendigen Bedarfs eine konkrete Gesundheitsgefährdung aus, die beseitigt werden muss (z. B. asbesthaltige Außenfassade des Hauses, Formaldehydemission von Möbeln), sind die Sanierungskosten und die Kosten für eine ordnungsgemäße Entsorgung des Schadstoffs aus tatsächlichen Gründen zwangsläufig entstanden. Die Sanierung muss im Zeitpunkt ihrer Durchführung unerlässlich sein (→ BFH vom 9.8.2001 – BStBl. 2002 II S. 240 und vom 23.5.2002 – BStBl. II S. 592). Der Stpfl. ist verpflichtet, die medizinische Indikation der Maßnahmen nachzuweisen. Eines amts- oder vertrauensärztlichen Gutachtens bedarf es hierzu nicht (→ BFH vom 11.11.2010 – BStBl. 2011 II S. 966).
– Tauscht der Stpfl. gesundheitsgefährdende Gegenstände des existenznotwendigen Bedarfs aus, steht die Gegenwertlehre dem Abzug der Aufwendungen nicht entgegen. Der sich aus der Erneuerung ergebende Vorteil ist jedoch anzurechnen („Neu für Alt") (→ BFH vom 11.11.2010 – BStBl. 2011 II S. 966).
– Sind die von einem Gegenstand des existenznotwendigen Bedarfs ausgehenden konkreten Gesundheitsgefährdungen auf einen Dritten zurückzuführen und unterlässt der Stpfl. die Durchsetzung realisierbarer zivilrechtlicher Abwehransprüche, sind die Aufwendungen zur Beseitigung konkreter Gesundheitsgefährdungen nicht abziehbar (→ BFH vom 29.3. 2012 – BStBl. II S. 570).
– → Mietzahlungen.

Gutachter. Ergibt sich aus Gutachten die Zwangsläufigkeit von Aufwendungen gem. § 33 Abs. 2 EStG, können auch die Aufwendungen für das Gutachten berücksichtigt werden (→ BFH vom 23.5.2002 – BStBl. II S. 592).

Haushaltsersparnis.

– Aufwendungen für die krankheits- oder pflegebedingte Unterbringung in einem Alten- oder Pflegeheim sind um eine Haushaltsersparnis, die der

---

1) Einbaukosten des Mieters für Schalldämmfenster sind keine agB; siehe BFH v. 23.1.1976 VI R 62/74, BStBl. II 1976, 194.

Höhe nach den ersparten Verpflegungs- und Unterbringungskosten entspricht, zu kürzen, es sei denn, der Pflegebedürftige behält seinen normalen Haushalt bei. Die Haushaltsersparnis des Stpfl. ist entsprechend dem in § 33a Abs. 1 EStG vorgesehenen Höchstbetrag für den Unterhalt unterhaltsbedürftiger Personen anzusetzen → R 33.3 Abs. 2 Satz 2 (→ BFH vom 15.4.2010 – BStBl. II S. 794 und vom 4.10.2017 – BStBl. 2018 II S. 179).

– Sind beide Ehegatten krankheits- oder pflegebedingt in einem Alten- und Pflegeheim untergebracht, ist für jeden der Ehegatten eine Haushaltsersparnis anzusetzen (→ BFH vom 4.10.2017 – BStBl. 2018 II S. 179).
– Kosten der Unterbringung in einem Krankenhaus können regelmäßig ohne Kürzung um eine Haushaltsersparnis als außergewöhnliche Belastung anerkannt werden (→ BFH vom 22.6.1979 – BStBl. II S. 646).

Heileurythmie.
– Die Heileurythmie ist ein Heilmittel i. S. d. §§ 2 und 32 SGB V.[1] Für den Nachweis der Zwangsläufigkeit von Aufwendungen im Krankheitsfall ist eine Verordnung eines Arztes oder Heilpraktikers nach § 64 Abs. 1 Nr. 1 EStDV ausreichend (→ BFH vom 26.2.2014 – BStBl. II S. 824).
– → Wissenschaftlich nicht anerkannte Behandlungsmethoden.

Heimunterbringung.
– Aufwendungen eines nicht pflegebedürftigen Stpfl., der mit seinem pflegebedürftigen Ehegatten in ein Wohnstift übersiedelt, erwachsen nicht zwangsläufig (→ BFH vom 14.11.2013 – BStBl. 2014 II S. 456).
– Bei einem durch Krankheit veranlassten Aufenthalt in einem Seniorenheim oder -wohnstift sind die Kosten für die Unterbringung außergewöhnliche Belastungen. Der Aufenthalt kann auch krankheitsbedingt sein, wenn keine zusätzlichen Pflegekosten entstanden sind und kein Merkmal „H“ oder „Bl“ im Schwerbehindertenausweis festgestellt ist. Die Unterbringungskosten sind nach Maßgabe der für Krankheitskosten geltenden Grundsätze als außergewöhnliche Belastungen zu berücksichtigen, soweit sie nicht außerhalb des Rahmens des Üblichen liegen (→ BFH vom 14.11.2013 – BStBl. 2014 II S. 456).
– Kosten für die behinderungsbedingte Unterbringung in einer sozialtherapeutischen Einrichtung können außergewöhnliche Belastungen sein (→ BFH vom 9.12.2010 – BStBl. 2011 II S. 1011).
– → H 33a.1 (Abgrenzung zu § 33 EStG).

Kapitalabfindung von Unterhaltsansprüchen. Der Abzug einer vergleichsweise vereinbarten Kapitalabfindung zur Abgeltung sämtlicher möglicherweise in der Vergangenheit entstandener und künftiger Unterhaltsansprüche eines geschiedenen Ehegatten scheidet in aller Regel wegen fehlender Zwangsläufigkeit aus (→ BFH vom 26.2.1998 – BStBl. II S. 605).

Krankenhaustagegeldversicherung. Die Leistungen sind von den berücksichtigungsfähigen Aufwendungen abzusetzen (→ BFH vom 22.10.1971 – BStBl. 1972 II S. 177).

---

[1] **Aichberger SGB** Nr. 5.

Krankentagegeldversicherung. Die Leistungen sind – im Gegensatz zu Leistungen aus einer Krankenhaustagegeldversicherung – kein Ersatz für Krankenhauskosten (→ BFH vom 22.10.1971 – BStBl. 1972 II S. 177).

Krankenversicherungsbeiträge.

- Da Krankenversicherungsbeiträge ihrer Art nach Sonderausgaben sind, können sie auch bei an sich beihilfeberechtigten Angehörigen des öffentlichen Dienstes nicht als außergewöhnliche Belastung berücksichtigt werden, wenn der Stpfl. wegen seines von Kindheit an bestehenden Leidens keine Aufnahme in eine private Krankenversicherung gefunden hat (→ BFH vom 29.11.1991 – BStBl. 1992 II S. 293).
- Der Abzug der nicht als Sonderausgaben abziehbaren Krankenversicherungsbeiträge als außergewöhnliche Belastung scheidet aus (→ BFH vom 29.11.2017 – BStBl. 2018 II S. 230).

Krankheitskosten

- einschließlich **Zuzahlungen** sind außergewöhnliche Belastungen. Es ist verfassungsrechtlich nicht geboten, bei der einkommensteuerrechtlichen Berücksichtigung dieser Aufwendungen auf den Ansatz der zumutbaren Belastung zu verzichten (→ BFH vom 2.9.2015 – BStBl. 2016 II S. 151 und vom 21.2.2018 – BStBl. II S. 469).
- für **Unterhaltsberechtigte.** Für einen Unterhaltsberechtigten aufgewendete Krankheitskosten können beim Unterhaltspflichtigen grundsätzlich nur insoweit als außergewöhnliche Belastung anerkannt werden, als der Unterhaltsberechtigte nicht in der Lage ist, die Krankheitskosten selbst zu tragen (→ BFH vom 11.7.1990 – BStBl. 1991 II S. 62). Ein schwerbehindertes Kind, das angesichts der Schwere und der Dauer seiner Erkrankung seinen Grundbedarf und behinderungsbedingten Mehrbedarf nicht selbst zu decken in der Lage ist und bei dem ungewiss ist, ob sein Unterhaltsbedarf im Alter durch Leistungen Unterhaltspflichtiger gedeckt werden kann, darf jedoch zur Altersvorsorge maßvoll Vermögen bilden. Die das eigene Vermögen des Unterhaltsempfängers betreffende Bestimmung des § 33a Abs. 1 Satz 4 EStG kommt im Rahmen des § 33 EStG nicht zur Anwendung (→ BFH vom 11.2.2010 – BStBl. II S. 621).

Künstliche Befruchtung wegen Krankheit.

- Aufwendungen für eine künstliche Befruchtung, die einem Ehepaar zu einem gemeinsamen Kind verhelfen soll, das wegen Empfängnisunfähigkeit der Ehefrau sonst von ihrem Ehemann nicht gezeugt werden könnte (homologe künstliche Befruchtung), können außergewöhnliche Belastungen sein (→ BFH vom 18.6.1997 – BStBl. II S. 805). Dies gilt auch für ein nicht verheiratetes Paar, wenn die Richtlinien der ärztlichen Berufsordnungen beachtet werden, insbesondere eine fest gefügte Partnerschaft vorliegt und der Mann die Vaterschaft anerkennen wird (→ BFH vom 10.5.2007 – BStBl. II S. 871).
- Aufwendungen eines Ehepaares für eine medizinisch angezeigte künstliche Befruchtung mit dem Samen eines Dritten (heterologe künstliche Befruchtung) sind als Krankheitskosten zu beurteilen und damit als außergewöhnliche Belastung zu berücksichtigen (→ BFH vom 16.12.2010 – BStBl. 2011 II S. 414).

– Aufwendungen einer unfruchtbaren Frau für eine heterologe künstliche Befruchtung (d. h. durch Samenspende) durch In-vitro-Fertilisation im Ausland sind als außergewöhnliche Belastung auch dann zu berücksichtigen, wenn die Frau in einer gleichgeschlechtlichen Partnerschaft lebt (→ BFH vom 5.10.2017 – BStBl. 2018 II S. 350).
– Aufwendungen für eine künstliche Befruchtung nach vorangegangener freiwilliger Sterilisation sind keine außergewöhnlichen Belastungen (→ BFH vom 3.3.2005 – BStBl. II S. 566).
– Aufwendungen für eine künstliche Befruchtung im Ausland können als außergewöhnliche Belastung abgezogen werden, wenn die Behandlung nach inländischen Maßstäben mit dem Embryonenschutzgesetz oder anderen Gesetzen vereinbar ist (→ BFH vom 17.5.2017 – BStBl. 2018 II S. 344).

Kur. Kosten für eine Kurreise können als außergewöhnliche Belastung nur abgezogen werden, wenn die Kurreise zur Heilung oder Linderung einer Krankheit nachweislich notwendig ist und eine andere Behandlung nicht oder kaum erfolgversprechend erscheint (→ BFH vom 12.6.1991 – BStBl. II S. 763).
– **Erholungsurlaub/Abgrenzung zur Heilkur.** Im Regelfall ist zur Abgrenzung einer Heilkur vom Erholungsurlaub ärztliche Überwachung zu fordern. Gegen die Annahme einer Heilkur kann auch die Unterbringung in einem Hotel oder Privatquartier anstatt in einem Sanatorium und die Vermittlung durch ein Reisebüro sprechen (→ BFH vom 12.6.1991 – BStBl. II S. 763).
– **Fahrtkosten.** Als Fahrtkosten zum Kurort sind grundsätzlich die Kosten der öffentlichen Verkehrsmittel anzusetzen (→ BFH vom 12.6.1991 – BStBl. II S. 763). Die eigenen Kfz-Kosten können nur ausnahmsweise berücksichtigt werden, wenn besondere persönliche Verhältnisse dies erfordern (→ BFH vom 30.6.1967 – BStBl. III S. 655).
Aufwendungen für Besuchsfahrten zu in Kur befindlichen Angehörigen sind keine außergewöhnliche Belastung (→ BFH vom 16.5.1975 – BStBl. II S. 536).
– **Nachkur.** Nachkuren in einem typischen Erholungsort sind auch dann nicht abziehbar, wenn sie ärztlich verordnet sind; dies gilt erst recht, wenn die Nachkur nicht unter einer ständigen ärztlichen Aufsicht in einer besonderen Kranken- oder Genesungsanstalt durchgeführt wird (→ BFH vom 4.10.1968 – BStBl. 1969 II S. 179).

Medizinisch erforderliche auswärtige Unterbringung eines Kindes. Für den Begriff der „Behinderung" i. S. d. § 64 Abs. 1 Nr. 2 Satz 1 Buchst. c EStDV ist auf § 2 Abs. 1 SGB IX[1] abzustellen. Danach sind Menschen behindert, wenn ihre körperliche Funktion, geistige Fähigkeit oder seelische Gesundheit mit hoher Wahrscheinlichkeit länger als sechs Monate von dem für das Lebensalter typischen Zustand abweichen und daher ihre Teilhabe am Leben in der Gesellschaft beeinträchtigt ist (→ BFH vom 18.6.2015 – BStBl. 2016 II S. 40).

[1] **Aichberger SGB** Nr. 9.

Medizinische Fachliteratur. Aufwendungen eines Stpfl. für medizinische Fachliteratur sind auch dann nicht als außergewöhnliche Belastungen zu berücksichtigen, wenn die Literatur dazu dient, die Entscheidung für eine bestimmte Therapie oder für die Behandlung durch einen bestimmten Arzt zu treffen (→ BFH vom 6.4.1990 – BStBl. II S. 958, BFH vom 24.10.1995 – BStBl. 1996 II S. 88).

Medizinische Hilfsmittel als Gebrauchsgegenstände des täglichen Lebens. Gebrauchsgegenstände des täglichen Lebens i. S. v. § 33 Abs. 1 SGB V[1] sind nur solche technischen Hilfen, die getragen oder mit sich geführt werden können, um sich im jeweiligen Umfeld zu bewegen, zurechtzufinden und die elementaren Grundbedürfnisse des täglichen Lebens zu befriedigen. Ein Nachweis nach § 64 Abs. 1 Nr. 2 Satz 1 Buchst. e EStDV kann nur gefordert werden, wenn ein medizinisches Hilfsmittel diese Merkmale erfüllt. Ein Treppenlift erfüllt nicht die Anforderungen dieser Legaldefinition eines medizinischen Hilfsmittels, so dass die Zwangsläufigkeit von Aufwendungen für den Einbau eines Treppenlifts nicht formalisiert nachzuweisen ist (→ BFH vom 6.2.2014 – BStBl. II S. 458).

Mietzahlungen. Mietzahlungen für eine ersatzweise angemietete Wohnung können als außergewöhnliche Belastung zu berücksichtigen sein, wenn eine Nutzung der bisherigen eigenen Wohnung wegen Einsturzgefahr amtlich untersagt ist. Dies gilt jedoch nur bis zur Wiederherstellung der Bewohnbarkeit oder bis zu dem Zeitpunkt, in dem der Stpfl. die Kenntnis erlangt, dass eine Wiederherstellung der Bewohnbarkeit nicht mehr möglich ist (→ BFH vom 21.4.2010 – BStBl. II S. 965).

Mittagsheimfahrt. Aufwendungen für Mittagsheimfahrten stellen keine außergewöhnliche Belastung dar, auch wenn die Fahrten wegen des Gesundheitszustands oder einer Behinderung des Stpfl. angebracht oder erforderlich sind (→ BFH vom 4.7.1975 – BStBl. II S. 738).

Nachweis der Zwangsläufigkeit von krankheitsbedingten Aufwendungen.
- Die in § 64 EStDV vorgesehenen Nachweise können nicht durch andere Unterlagen ersetzt werden (→ BFH vom 15.1.2015 – BStBl. II S. 586).
- Gegen die in § 64 Abs. 1 EStDV geregelten Nachweiserfordernisse bestehen keine verfassungsrechtlichen Bedenken (→ BFH vom 21.2.2018 – BStBl. II S. 469).

Neben den Pauschbeträgen für Menschen mit Behinderungen zu berücksichtigende Aufwendungen. → H 33b.

Pflegeaufwendungen.
- Ob die Pflegebedürftigkeit bereits vor Beginn des Heimaufenthalts oder erst später eingetreten ist, ist ohne Bedeutung (→ BMF vom 20.1.2003 – BStBl. I S. 89).[2]
- Aufwendungen wegen Pflegebedürftigkeit sind nur insoweit zu berücksichtigen, als die Pflegekosten die Leistungen der Pflegepflichtversiche-

[1] **Aichberger SGB** Nr. **5**.
[2] Nichtanwendungserlass zu BFH v. 18.4.2002 III R 15/00, BStBl. II 2003, 70.

rung und das aus einer ergänzenden Pflegekrankenversicherung bezogene Pflege(tage)geld übersteigen (→ BFH vom 14.4.2011 – BStBl. II S. 701).

Pflegeaufwendungen für Dritte. Pflegeaufwendungen (z.B. Kosten für die Unterbringung in einem Pflegeheim), die dem Stpfl. infolge der Pflegebedürftigkeit einer Person erwachsen, der gegenüber der Stpfl. zum Unterhalt verpflichtet ist (z.B. seine Eltern oder Kinder), können grundsätzlich als außergewöhnliche Belastungen abgezogen werden, sofern die tatsächlich angefallenen Pflegekosten von den reinen Unterbringungskosten abgegrenzt werden können (→ BFH vom 12.11.1996 – BStBl. 1997 II S. 387). Zur Berücksichtigung von besonderem Unterhaltsbedarf einer unterhaltenen Person (z.B. wegen Pflegebedürftigkeit) neben typischen Unterhaltsaufwendungen (→ BMF vom 2.12.2002 – BStBl. I S. 1389). Aufwendungen, die einem Stpfl. für die krankheitsbedingte Unterbringung eines Angehörigen in einem Heim entstehen, stellen als Krankheitskosten eine außergewöhnliche Belastung i.S.d. § 33 EStG dar (→ BFH vom 30.6.2011 – BStBl. 2012 II S. 876). Ob die Pflegebedürftigkeit bereits vor Beginn des Heimaufenthalts oder erst später eingetreten ist, ist ohne Bedeutung (→ BMF vom 20.1.2003 – BStBl. I S. 89).[1] Abziehbar sind neben den Pflegekosten auch die im Vergleich zu den Kosten der normalen Haushaltsführung entstandenen Mehrkosten für Unterbringung und Verpflegung (→ BFH vom 30.6.2011 – BStBl. 2012 II S. 876).

- **Fahrtkosten.** Aufwendungen für Fahrten, um einen kranken Angehörigen, der im eigenen Haushalt lebt, zu betreuen und zu versorgen, können unter besonderen Umständen außergewöhnliche Belastungen sein. Die Fahrten dürfen nicht lediglich der allgemeinen Pflege verwandtschaftlicher Beziehungen dienen (→ BFH vom 6.4.1990 – BStBl. II S. 958 und vom 22.10.1996 – BStBl. 1997 II S. 558).
- **Übertragung des gesamten sicheren Vermögens.**
  - → R 33.3 Abs. 5.
  - Aufwendungen für die Unterbringung und Pflege eines bedürftigen Angehörigen sind nicht als außergewöhnliche Belastung zu berücksichtigen, soweit der Stpfl. von dem Angehörigen dessen gesamtes sicheres Vermögen in einem Zeitpunkt übernommen hat, als dieser sich bereits im Rentenalter befand (→ BFH vom 12.11.1996 – BStBl. 1997 II S. 387).
- **Zwangsläufigkeit bei persönlicher Pflege.** Aufwendungen, die durch die persönliche Pflege eines nahen Angehörigen entstehen, sind nur dann außergewöhnliche Belastungen, wenn die Übernahme der Pflege unter Berücksichtigung der näheren Umstände des Einzelfalls aus rechtlichen oder sittlichen Gründen i.S.d. § 33 Abs. 2 EStG zwangsläufig ist. Allein das Bestehen eines nahen Verwandtschaftsverhältnisses reicht für die Anwendung des § 33 EStG nicht aus. Bei der erforderlichen Gesamtbewertung der Umstände des Einzelfalls sind u.a. der Umfang der erforderlichen Pflegeleistungen und die Höhe der für den Stpfl. entstehenden

[1] Nichtanwendungserlass zu BFH v. 18.4.2002 III R 15/00, BStBl. II 2003, 70.

Aufwendungen zu berücksichtigen (→ BFH vom 22.10.1996 – BStBl. 1997 II S. 558).

Prozesskosten.

Unter das Abzugsverbot gem. § 33 Abs. 2 Satz 4 fallen Prozesskosten

– anlässlich eines Umgangsrechtsstreits und der Rückführung des Kindes aus dem Ausland zurück nach Deutschland (→ BFH vom 13.8.2020 – BStBl. II 2021 S. 83),
– eines Scheidungsverfahrens (→ BFH vom 18.5.2017 – BStBl. II S. 988),
– für die Führung eines Rechtsstreits eines Dritten, z.B. eines Angehörigen (→ BFH vom 10.8.2022 – BStBl. II S. 766).

Rechtliche Pflicht.

– Zahlungen in Erfüllung rechtsgeschäftlicher Verpflichtungen erwachsen regelmäßig nicht zwangsläufig. Unter rechtliche Gründe i.S.v. § 33 Abs. 2 EStG fallen danach nur solche rechtlichen Verpflichtungen, die der Stpfl. nicht selbst gesetzt hat (→ BFH vom 18.7.1986 – BStBl. II S. 745 und vom 19.5.1995 – BStBl. II S. 774).
– → Kapitalabfindung von Unterhaltsansprüchen.

Rentenversicherungsbeiträge. → Sittliche Pflicht.

Sanierung eines selbst genutzten Gebäudes.

– Aufwendungen für die Sanierung eines selbst genutzten Wohngebäudes, nicht aber die Kosten für übliche Instandsetzungs- und Modernisierungsmaßnahmen oder die Beseitigung von Baumängeln, können als außergewöhnliche Belastung abzugsfähig sein, wenn
  • durch die Baumaßnahmen konkrete Gesundheitsgefährdungen abgewehrt werden, z.B. bei einem asbestgedeckten Dach (→ BFH vom 29.3.2012 – BStBl. II S. 570), → aber Asbestbeseitigung;
  • unausweichliche Schäden beseitigt werden, weil eine konkrete und unmittelbar bevorstehende Unbewohnbarkeit des Gebäudes droht und daraus eine aufwändige Sanierung folgt, z.B. bei Befall eines Gebäudes mit Echtem Hausschwamm (→ BFH vom 29.3.2012 – BStBl. II S. 572);
  • vom Gebäude ausgehende unzumutbare Beeinträchtigungen behoben werden, z.B. Geruchsbelästigungen (→ BFH vom 29.3.2012 – BStBl. II S. 574).

  Der Grund für die Sanierung darf weder beim Erwerb des Grundstücks erkennbar gewesen noch vom Grundstückseigentümer verschuldet worden sein. Auch muss der Stpfl. realisierbare Ersatzansprüche gegen Dritte verfolgen, bevor er seine Aufwendungen steuerlich geltend machen kann und er muss sich den aus der Erneuerung ergebenden Vorteil anrechnen lassen („Neu für Alt"). Die Zwangsläufigkeit der Aufwendungen ist anhand objektiver Kriterien nachzuweisen.
– → Gesundheitsgefährdung.

Schadensersatzleistungen können zwangsläufig sein, wenn der Stpfl. bei der Schädigung nicht vorsätzlich oder grob fahrlässig gehandelt hat (→ BFH vom 3.6.1982 – BStBl. II S. 749).

Scheidungskosten. → Prozesskosten.

Schulbesuch.

- Aufwendungen für den Privatschulbesuch eines Kindes werden durch die Vorschriften des Familienleistungsausgleichs und § 33a Abs. 2 EStG abgegolten und können daher grundsätzlich nur dann außergewöhnliche Belastungen sein, wenn es sich bei diesen Aufwendungen um unmittelbare Krankheitskosten handelt (→ BFH vom 17.4.1997 – BStBl. II S. 752).
- Außergewöhnliche Belastungen liegen nicht vor, wenn ein Kind ausländischer Eltern, die sich nur vorübergehend im Inland aufhalten, eine fremdsprachliche Schule besucht (→ BFH vom 23.11.2000 – BStBl. 2001 II S. 132).
- Aufwendungen für den Besuch einer Schule für Hochbegabte können außergewöhnliche Belastungen sein, wenn dies medizinisch angezeigt ist und es sich hierbei um unmittelbare Krankheitskosten handelt. Dies gilt auch für die Kosten einer auswärtigen der Krankheit geschuldeten Internatsunterbringung, selbst wenn diese zugleich der schulischen Ausbildung dient. Ein zusätzlicher Freibetrag nach § 33a Abs. 2 EStG kann nicht gewährt werden (→ BFH vom 12.5.2011 – BStBl. II S. 783).
- → H 33a.2 (Auswärtige Unterbringung).

Sittliche Pflicht.[1)]

- Eine die Zwangsläufigkeit von Aufwendungen begründende sittliche Pflicht ist nur dann zu bejahen, wenn diese so unabdingbar auftritt, dass sie ähnlich einer Rechtspflicht von außen her als eine Forderung oder zumindest Erwartung der Gesellschaft derart auf den Stpfl. einwirkt, dass ihre Erfüllung als eine selbstverständliche Handlung erwartet und die Missachtung dieser Erwartung als moralisch anstößig empfunden wird, wenn das Unterlassen der Aufwendungen also Sanktionen im sittlich-moralischen Bereich oder auf gesellschaftlicher Ebene zur Folge haben kann (→ BFH vom 27.10.1989 – BStBl. 1990 II S. 294 und vom 22.10.1996 – BStBl. 1997 II S. 558). Die sittliche Pflicht gilt nur für unabdingbar notwendige Aufwendungen (→ BFH vom 12.12.2002 – BStBl. 2003 II S. 299). Bei der Entscheidung ist auf alle Umstände des Einzelfalles, insbesondere die persönlichen Beziehungen zwischen den Beteiligten, ihre Einkommens- und Vermögensverhältnisse sowie die konkrete Lebenssituation, bei der Übernahme einer Schuld auch auf den Inhalt des Schuldverhältnisses abzustellen (→ BFH vom 24.7.1987 – BStBl. II S. 715).
- Die allgemeine sittliche Pflicht, in Not geratenen Menschen zu helfen, kann allein die Zwangsläufigkeit nicht begründen (→ BFH vom 8.4.1954 – BStBl. III S. 188).
- Zwangsläufigkeit kann vorliegen, wenn das Kind des Erblassers als Alleinerbe Nachlassverbindlichkeiten erfüllt, die auf existenziellen Bedürfnissen seines in Armut verstorbenen Elternteils unmittelbar vor oder im Zu-

[1)] Aufwendungen für den Sprachkurs des Bruders fallen nicht unter § 33 EStG; siehe BFH v. 11.3.1988 III B 122/86, BStBl. II 1988, 534. Das Gleiche gilt für Aufwendungen für ein Hochschulstudium von volljährigen Geschwistern; siehe BFH v. 11.11.1988 III R 262/83, BStBl. II 1989, 280. – Zur Zwangsläufigkeit von Unterhaltsleistungen an den Verlobten siehe BFH v. 30.7.1993 III R 16/92, BStBl. II 1994, 31.

sammenhang mit dessen Tod beruhen (→ BFH vom 24.7.1987 – BStBl. II S. 715).

– Nachzahlungen zur Rentenversicherung eines Elternteils sind nicht aus sittlichen Gründen zwangsläufig, wenn auch ohne die daraus entstehenden Rentenansprüche der Lebensunterhalt des Elternteils sichergestellt ist (→ BFH vom 7.3.2002 – BStBl. II S. 473).

Studiengebühren. Gebühren für die Hochschulausbildung eines Kindes sind weder nach § 33a Abs. 2 EStG noch nach § 33 EStG als außergewöhnliche Belastung abziehbar (→ BFH vom 17.12.2009 – BStBl. 2010 II S. 341).

Trinkgelder. Trinkgelder sind nicht zwangsläufig i. S. d. § 33 Abs. 2 EStG und zwar unabhängig davon, ob die zugrunde liegende Leistung selbst als außergewöhnliche Belastung zu beurteilen ist (→ BFH vom 30.10.2003 – BStBl. 2004 II S. 270 und vom 19.4.2012 – BStBl. II S. 577).

Umschulungskosten. Kosten für eine Zweitausbildung sind dann nicht berücksichtigungsfähig, wenn die Erstausbildung nicht endgültig ihren wirtschaftlichen Wert verloren hat (→ BFH vom 28.8.1997 – BStBl. 1998 II S. 183).

Umzug. Umzugskosten sind unabhängig von der Art der Wohnungskündigung durch den Mieter oder Vermieter in der Regel nicht außergewöhnlich (→ BFH vom 28.2.1975 – BStBl. II S. 482 und vom 23.6.1978 – BStBl. II S. 526).

Unterbringung eines nahen Angehörigen in einem Heim. → BMF vom 2.12.2002 (BStBl. I S. 1389).

Unterhaltsverpflichtung.
– → Kapitalabfindung von Unterhaltsansprüchen.
– → Pflegeaufwendungen für Dritte.

Urlaubsreise. Aufwendungen für die Wiederbeschaffung von Kleidungsstücken, die dem Stpfl. auf einer Urlaubsreise entwendet wurden, können regelmäßig nicht als außergewöhnliche Belastung angesehen werden, weil üblicherweise ein notwendiger Mindestbestand an Kleidung noch vorhanden ist (→ BFH vom 3.9.1976 – BStBl. II S. 712).

Verausgabung.
– Aus dem Zusammenhang der Vorschriften von § 33 Abs. 1 EStG und § 11 Abs. 2 Satz 1 EStG folgt, dass außergewöhnliche Belastungen für das Kj. anzusetzen sind, in dem die Aufwendungen tatsächlich geleistet worden sind (→ BFH vom 30.7.1982 – BStBl. II S. 744 und vom 10.6. 1988 – BStBl. II S. 814). Dies gilt grundsätzlich auch, wenn die Aufwendungen (nachträgliche) Anschaffungs- oder Herstellungskosten eines mehrjährig nutzbaren Wirtschaftsguts darstellen (→ BFH vom 22.10.2009 – BStBl. 2010 II S. 280).
– → Darlehen.
– → Ersatz von dritter Seite.

Verbraucherinsolvenzverfahren. Die Insolvenztreuhandvergütung ist mangels Außergewöhnlichkeit nicht als außergewöhnliche Belastung zu berücksichtigen (→ BFH vom 16.12.2021 – BStBl. II 2022 S. 321).

Vermögensebene.
- Auch Kosten zur Beseitigung von Schäden an einem Vermögensgegenstand können Aufwendungen i. S. v. § 33 EStG sein, wenn der Vermögensgegenstand für den Stpfl. von existenziell wichtiger Bedeutung ist. Eine Berücksichtigung nach § 33 EStG scheidet aus, wenn Anhaltspunkte für ein Verschulden des Stpfl. erkennbar oder Ersatzansprüche gegen Dritte gegeben sind oder wenn der Stpfl. eine allgemein zugängliche und übliche Versicherungsmöglichkeit nicht wahrgenommen hat (→ BFH vom 6.5.1994 – BStBl. 1995 II S. 104). Dies gilt auch, wenn lebensnotwendige Vermögensgegenstände wie Hausrat und Kleidung wiederbeschafft werden müssen (→ BFH vom 26.6.2003 – BStBl. 2004 II S. 47).
- → R 33.2.

Verschulden.
- Ein eigenes (ursächliches) Verschulden des Stpfl. schließt die Berücksichtigung von Aufwendungen zur Wiederherstellung von Vermögensgegenständen nach § 33 EStG aus (→ BFH vom 6.5.1994 – BStBl. 1995 II S. 104).
- → Vermögensebene.

Versicherung.
- Eine Berücksichtigung von Aufwendungen zur Wiederherstellung von Vermögensgegenständen nach § 33 EStG scheidet aus, wenn der Stpfl. eine allgemein zugängliche und übliche Versicherungsmöglichkeit nicht wahrgenommen hat (→ BFH vom 6.5.1994 – BStBl. 1995 II S. 104). Dies gilt auch, wenn lebensnotwendige Vermögensgegenstände, wie Hausrat und Kleidung, wiederbeschafft werden müssen (→ BFH vom 26.6.2003 – BStBl. 2004 II S. 47).
- → Ersatz von dritter Seite.
- → Vermögensebene.
- → Bestattungskosten.

Wildtierschäden. Wildtierschäden als solche sind keineswegs unüblich und nicht mit ungewöhnlichen Schadensereignissen i. S. d. § 33 EStG vergleichbar (→ BFH vom 1.10.2020 – BStBl. 2021 II S. 146).

Wissenschaftlich nicht anerkannte Behandlungsmethoden.
- Wissenschaftlich nicht anerkannt ist eine Behandlungsmethode dann, wenn Qualität und Wirksamkeit nicht dem allgemein anerkannten Stand der medizinischen Erkenntnisse entsprechen (→ BFH vom 26.6.2014 – BStBl. 2015 II S. 9).
- Maßgeblicher Zeitpunkt für die wissenschaftliche Anerkennung einer Behandlungsmethode i. S. d. § 64 Abs. 1 Nr. 2 Satz 1 Buchst. f EStDV ist der Zeitpunkt der Behandlung (→ BFH vom 18.6.2015 – BStBl. II S. 803).
- Die Behandlungsmethoden, Arznei- und Heilmittel der besonderen Therapierichtungen nach § 2 Abs. 1 Satz 2 SGB V[1] (Phytotherapie, Homöo-

[1] **Aichberger SGB** Nr. 5.

pathie und Anthroposophie mit dem Heilmittel Heileurythmie) gehören nicht zu den wissenschaftlich nicht anerkannten Behandlungsmethoden. Der Nachweis der Zwangsläufigkeit von Aufwendungen im Krankheitsfall ist daher nicht nach § 64 Abs. 1 Nr. 2f EStDV zu führen. Sofern es sich um Aufwendungen für Arznei-, Heil- und Hilfsmittel handelt, ist der Nachweis der Zwangsläufigkeit nach § 64 Abs. 1 Nr. 1 EStDV zu erbringen (→ BFH vom 26.2.2014 – BStBl. II S. 824).
- Bei einer Liposuktion handelt es sich um eine wissenschaftlich nicht anerkannte Methode zur Behandlung eines Lipödems (→ BFH vom 18.6.2015 – BStBl. II S. 803).

Wohngemeinschaft. Nicht erstattete Kosten für die behinderungsbedingte Unterbringung eines Menschen im arbeitsfähigen Alter in einer betreuten Wohngemeinschaft können außergewöhnliche Belastungen sein. Werden die Unterbringungskosten als Eingliederungshilfe teilweise vom Sozialhilfeträger übernommen, kann die Notwendigkeit der Unterbringung unterstellt werden (→ BFH vom 23.5.2002 – BStBl. II S. 567).

Zinsen. Zinsen für ein Darlehen können ebenfalls zu den außergewöhnlichen Belastungen zählen, soweit die Darlehensaufnahme selbst zwangsläufig erfolgt ist (→ BFH vom 6.4.1990 – BStBl. II S. 958); sie sind im Jahr der Verausgabung abzuziehen.

Zumutbare Belastung. Die Höhe der zumutbaren Belastung (§ 33 Abs. 3 Satz 1 EStG) wird gestaffelt ermittelt. Nur der Teil des Gesamtbetrags der Einkünfte, der die jeweilige Betragsstufe übersteigt, wird mit dem jeweils höheren Prozentsatz belastet (→ BFH vom 19.1.2017 – BStBl. II S. 684).

Zwischenheimfahrten. Fahrtkosten aus Anlass von Zwischenheimfahrten können grundsätzlich nicht berücksichtigt werden. Dies gilt nicht für Kosten der Zwischenheimfahrten einer Begleitperson, die ein krankes, behandlungsbedürftiges Kind, das altersbedingt einer Begleitperson bedarf, zum Zwecke einer amtsärztlich bescheinigten Heilbehandlung von mehrstündiger Dauer gefahren und wieder abgeholt hat, wenn es der Begleitperson nicht zugemutet werden kann, die Behandlung abzuwarten (→ BFH vom 3.12.1998 – BStBl. 1999 II S. 227).

Zu § 33a EStG

R **33a.1** Aufwendungen für den Unterhalt und eine etwaige Berufsausbildung

Gesetzlich unterhaltsberechtigte Person

(1) [1] Gesetzlich unterhaltsberechtigt sind Personen, denen gegenüber der Stpfl. nach dem BGB oder dem LPartG unterhaltsverpflichtet ist. [2] Somit müssen die zivilrechtlichen Voraussetzungen eines Unterhaltsanspruchs vorliegen und die Unterhaltskonkurrenzen beachtet werden. [3] Für den Abzug ist dabei die tatsächliche Bedürftigkeit des Unterhaltsempfängers erforderlich (sog. konkrete Betrachtungsweise). [4] Eine Prüfung, ob im Einzelfall tatsäch-

lich ein Unterhaltsanspruch besteht, ist aus Gründen der Verwaltungsvereinfachung nicht erforderlich, wenn die unterstützte Person unbeschränkt steuerpflichtig sowie dem Grunde nach (potenziell) unterhaltsberechtigt ist, tatsächlich Unterhalt erhält und alle übrigen Voraussetzungen des § 33a Abs. 1 EStG vorliegen; insoweit wird die Bedürftigkeit der unterstützten Person typisierend unterstellt. [5]Gehört die unterhaltsberechtigte Person zum Haushalt des Stpfl., kann regelmäßig davon ausgegangen werden, dass ihm dafür Unterhaltsaufwendungen in Höhe des maßgeblichen Höchstbetrags erwachsen.

Arbeitskraft und Vermögen

(2) [1]Die zu unterhaltende Person muss zunächst ihr eigenes Vermögen, wenn es nicht geringfügig ist, einsetzen und verwerten. [2]Hinsichtlich des vorrangigen Einsatzes und Verwertung der eigenen Arbeitskraft ist Absatz 1 Satz 4 entsprechend anzuwenden. [3]Als geringfügig kann in der Regel ein Vermögen bis zu einem gemeinen Wert (Verkehrswert) von 15 500 Euro angesehen werden. [4]Dabei bleiben außer Betracht:

1. Vermögensgegenstände, deren Veräußerung offensichtlich eine Verschleuderung bedeuten würde,
2. Vermögensgegenstände, die einen besonderen persönlichen Wert, z. B. Erinnerungswert, für den Unterhaltsempfänger haben oder zu seinem Hausrat gehören, und ein angemessenes Hausgrundstück im Sinne von § 90 Abs. 2 Nr. 8 SGB XII,[1)] wenn der Unterhaltsempfänger das Hausgrundstück allein oder zusammen mit Angehörigen bewohnt, denen es nach seinem Tode weiter als Wohnung dienen soll.

Einkünfte und Bezüge

(3) [1]Einkünfte sind stets in vollem Umfang zu berücksichtigen, also auch soweit sie zur Bestreitung des Unterhalts nicht zur Verfügung stehen oder die Verfügungsbefugnis beschränkt ist. [2]Dies gilt auch für Einkünfte, die durch unvermeidbare Versicherungsbeiträge des Kindes gebunden sind. [3]Bezüge i. S. v. § 33a Abs. 1 Satz 5 EStG sind alle Einnahmen in Geld oder Geldeswert, die nicht im Rahmen der einkommensteuerrechtlichen Einkunftsermittlung erfasst werden. [4]Zu diesen Bezügen gehören insbesondere:

1. Kapitalerträge i. S. d. § 32d Abs. 1 EStG ohne Abzug des Sparer-Pauschbetrags nach § 20 Abs. 9 EStG,
2. die nicht der Besteuerung unterliegenden Teile der Leistungen (§ 22 Nr. 1 Satz 3 Buchstabe a Doppelbuchstabe aa EStG) und die Teile von Leibrenten, die den Ertragsanteil nach § 22 Nr. 1 Satz 3 Buchstabe a Doppelbuchstabe bb EStG übersteigen,
3. Einkünfte und Leistungen, soweit sie dem Progressionsvorbehalt unterliegen,
4. steuerfreie Einnahmen nach § 3 Nr. 1 Buchstabe a, Nr. 2b, 3, 5, 6, 11, 27, 44, 58 und § 3b EStG,

---

1) **Aichberger SGB** Nr. **12**.

5. die nach § 3 Nr. 40 und 40a EStG steuerfrei bleibenden Beträge abzüglich der damit in Zusammenhang stehenden Aufwendungen i. S. d. § 3c EStG,
6. pauschal besteuerte Bezüge nach § 40a EStG,
7. Unterhaltsleistungen des geschiedenen oder dauernd getrennt lebenden Ehegatten, soweit sie nicht als sonstige Einkünfte i. S. d. § 22 Nr. 1a EStG erfasst sind,
8. Zuschüsse eines Trägers der gesetzlichen Rentenversicherung zu den Aufwendungen eines Rentners für seine Krankenversicherung.

[5]Bei der Feststellung der anzurechnenden Bezüge sind aus Vereinfachungsgründen insgesamt 180 Euro im Kalenderjahr abzuziehen, wenn nicht höhere Aufwendungen, die im Zusammenhang mit dem Zufluss der entsprechenden Einnahmen stehen, nachgewiesen oder glaubhaft gemacht werden. [6]Ein solcher Zusammenhang ist z. B. bei Kosten eines Rechtsstreits zur Erlangung der Bezüge und bei Kontoführungskosten gegeben.

Opfergrenze, Ländergruppeneinteilung

(4) [1]Die Opfergrenze ist unabhängig davon zu beachten, ob die unterhaltene Person im Inland oder im Ausland lebt. [2]Die nach § 33a Abs. 1 Satz 6 EStG maßgeblichen Beträge sind anhand der Ländergruppeneinteilung zu ermitteln.[1)]

Erhöhung des Höchstbetrages für Unterhaltsleistungen um Beiträge zur Kranken- und Pflegeversicherung

(5) [1]Der Höchstbetrag nach § 33a Abs. 1 Satz 1 EStG erhöht sich um die für die Absicherung der unterhaltsberechtigten Person aufgewandten Beiträge zur Kranken- und Pflegeversicherung nach § 10 Abs. 1 Nr. 3 EStG, wenn für diese beim Unterhaltsleistenden kein Sonderausgabenabzug möglich ist. [2]Dabei ist es nicht notwendig, dass die Beiträge tatsächlich von dem Unterhaltsverpflichteten gezahlt oder erstattet wurden. [3]Für diese Erhöhung des Höchstbetrages genügt es, wenn der Unterhaltsverpflichtete seiner Unterhaltsverpflichtung nachkommt. [4]Die Gewährung von Sachunterhalt (z. B. Unterkunft und Verpflegung) ist ausreichend.

H 33a.1

Allgemeines zum Abzug von Unterhaltsaufwendungen. → BMF vom 6.4.2022 (BStBl. I S. 617).

Abgrenzung zu § 33 EStG.
- → BMF vom 6.4.2022 (BStBl. I S. 617), Rz. 11 f.
- Zur Berücksichtigung von Aufwendungen wegen Pflegebedürftigkeit und erheblich eingeschränkter Alltagskompetenz → R 33.3, von Aufwendungen wegen Krankheit und Behinderung → R 33.4 und von Aufwendungen für existentiell notwendige Gegenstände → R 33.2.

---

1) Siehe H 33a.1 „Ländergruppeneinteilung".

Anrechnung eigener Einkünfte und Bezüge.

– **Allgemeines.** Leistungen des Stpfl., die neben Unterhaltsleistungen aus einem anderen Rechtsgrund (z. B. Erbauseinandersetzungsvertrag) erbracht werden, gehören zu den anzurechnenden Einkünften und Bezügen der unterhaltenen Person (→ BFH vom 17.10.1980 – BStBl. 1981 II S. 158).

– **Ausbildungshilfen.** Ausbildungshilfen der Agentur für Arbeit mindern nur dann den Höchstbetrag des § 33a Abs. 1 EStG bei den Eltern, wenn sie Leistungen abdecken, zu denen die Eltern gesetzlich verpflichtet sind. Eltern sind beispielsweise nicht verpflichtet, ihrem Kind eine zweite Ausbildung zu finanzieren, der sich das Kind nachträglich nach Beendigung der ersten Ausbildung unterziehen will. Erhält das Kind in diesem Fall Ausbildungshilfen zur Finanzierung von Lehrgangsgebühren, Fahrtkosten oder Arbeitskleidung, sind diese nicht auf den Höchstbetrag anzurechnen (→ BFH vom 4.12.2001 – BStBl. 2002 II S. 195). Der Anspruch auf kindergeldähnliche Leistungen nach ausländischem Recht steht dem Kindergeldanspruch gleich (→ BFH vom 4.12.2003 – BStBl. 2004 II S. 275).

– **Einkünfte und Bezüge.**
  - → R 33a.1 Abs. 3.
  - Unvermeidbare Versicherungsbeiträge der unterhaltenen Person mindern die anzurechnenden Einkünfte i. S. d. § 33a Abs. 1 Satz 5 EStG nicht. Verfassungsrechtliche Bedenken hiergegen bestehen nicht (→ BFH vom 18.6.2015 – BStBl. II S. 928).

– **Elterngeld.** Das Elterngeld zählt in vollem Umfang und damit einschließlich des Sockelbetrags (§ 2 Abs. 4 BEEG) zu den anrechenbaren Bezügen (→ BFH vom 20.10.2016 – BStBl. 2017 II S. 194).

– **Leistungen für Mehrbedarf bei Körperschaden.** Leistungen, die nach bundes- oder landesgesetzlichen Vorschriften gewährt werden, um einen Mehrbedarf zu decken, der durch einen Körperschaden verursacht ist, sind keine anzurechnenden Bezüge (→ BFH vom 22.7.1988 – BStBl. II S. 830).

– **Zusammenfassendes Beispiel für die Anrechnung:**

Ein Stpfl. unterhält seinen 35-jährigen Sohn mit 150 € monatlich. Dieser erhält Arbeitslohn von jährlich 7200 €. Davon wurden gesetzliche Sozialversicherungsbeiträge i. H. v. 1459 € abgezogen (Krankenversicherung 568 €, Rentenversicherung 673 €, Pflegeversicherung 110 € und Arbeitslosenversicherung 108 €). Daneben erhält er seit seinem 30. Lebensjahr eine lebenslängliche Rente aus einer privaten Unfallversicherung i. H. v. 150 € monatlich.

Tatsächliche Unterhaltsleistungen			1 800 €
Ungekürzter Höchstbetrag			9 984 €
Erhöhungsbetrag nach § 33a Abs. 1 Satz 2 EStG			
Krankenversicherung	568 €		
abzüglich 4 % (→ BMF vom 24.5.2017 – BStBl. I S. 820, Rz. 83)	– 22 €		
verbleiben	546 €	546 €	
Pflegeversicherung		110 €	
Erhöhungsbetrag			656 €
Ungekürzter Höchstbetrag und Erhöhungsbetrag gesamt			10 640 €

Einkünfte des Sohnes			
Arbeitslohn	7 200 €		
Arbeitnehmer-Pauschbetrag	– 1 000 €		
Einkünfte i. S. d. § 19 EStG	6 200 €	6 200 €	
Leibrente	1 800 €		
Hiervon Ertragsanteil 44 %	792 €		
Werbungskosten-Pauschbetrag	– 102 €		
Einkünfte i. S. d. § 22 EStG	690 €	+ 690 €	
S. d. E.		6 890 €	
Bezüge des Sohnes			
Steuerlich nicht erfasster Teil der Rente	1 008 €		
Kostenpauschale	– 180 €		
Bezüge	828 €	+ 828 €	
S. d. E. und Bezüge		7 718 €	
anrechnungsfreier Betrag		– 624 €	
anzurechnende Einkünfte		7 094 €	– 7 094 €
Höchstbetrag			3 546 €
Abzugsfähige Unterhaltsleistungen			1 800 €

– **Zuschüsse.** Zu den ohne anrechnungsfreien Betrag anzurechnenden Zuschüssen gehören z. B. die als Zuschuss gewährten Leistungen nach dem BAföG, nach dem SGB III gewährte Berufsausbildungsbeihilfen und Ausbildungsgelder sowie Stipendien aus öffentlichen Mitteln. Dagegen sind Stipendien aus dem ERASMUS/SOKRATES-Programm der EU nicht anzurechnen, da die Stipendien nicht die üblichen Unterhaltsaufwendungen, sondern allein die anfallenden Mehrkosten eines Auslandsstudiums (teilweise) abdecken (→ BFH vom 17.10.2001 – BStBl. 2002 II S. 793).

Geringes Vermögen („Schonvermögen").

– Nicht gering kann auch Vermögen sein, das keine anzurechnenden Einkünfte abwirft; Vermögen ist auch dann zu berücksichtigen, wenn es die unterhaltene Person für ihren künftigen Unterhalt benötigt (→ BFH vom 14.8.1997 – BStBl. 1998 II S. 241).
– Bei Ermittlung des für den Unterhaltshöchstbetrag schädlichen Vermögens sind Verbindlichkeiten und Verwertungshindernisse vom Verkehrswert der aktiven Vermögensgegenstände, der mit dem gemeinen Wert nach dem BewG zu ermitteln ist, in Abzug zu bringen (Nettovermögen) (→ BFH vom 11.2.2010 – BStBl. II S. 628). Wertmindernd zu berücksichtigen sind dabei auch ein Nießbrauchsvorbehalt sowie ein dinglich gesichertes Veräußerungs- und Belastungsverbot (→ BFH vom 29.5.2008 – BStBl. 2009 II S. 361).
– Die Bodenrichtwerte nach dem BauGB sind für die Ermittlung des Verkehrswertes von Grundvermögen i. S. d. § 33a EStG nicht verbindlich (→ BFH vom 11.2.2010 – BStBl. II S. 628).
– Ein angemessenes Hausgrundstück i. S. d. § 90 Abs. 2 Nr. 8 SGB XII bleibt außer Betracht (→ R 33a.1 Abs. 2).

§ 90 Abs. 2 Nr. 8 SGB XII hat folgenden Wortlaut:

„Einzusetzendes Vermögen

...

(2) Die Sozialhilfe darf nicht abhängig gemacht werden vom Einsatz oder von der Verwertung

…

8. eines angemessenen Hausgrundstücks, das von der nachfragenden Person oder einer anderen in den § 19 Abs. 1 bis 3 genannten Person allein oder zusammen mit Angehörigen ganz oder teilweise bewohnt wird und nach ihrem Tod von ihren Angehörigen bewohnt werden soll. Die Angemessenheit bestimmt sich nach der Zahl der Bewohner, dem Wohnbedarf (zum Beispiel behinderter, blinder oder pflegebedürftiger Menschen), der Grundstücksgröße, der Hausgröße, dem Zuschnitt und der Ausstattung des Wohngebäudes sowie dem Wert des Grundstücks einschließlich des Wohngebäudes,".

Geschiedene oder dauernd getrennt lebende Ehegatten. Durch Antrag und Zustimmung nach § 10 Abs. 1a Nr. 1 EStG werden alle in dem betreffenden VZ geleisteten Unterhaltsaufwendungen zu Sonderausgaben umqualifiziert. Ein Abzug als außergewöhnliche Belastung ist nicht möglich, auch nicht, soweit sie den für das Realsplitting geltenden Höchstbetrag übersteigen (→ BFH vom 7.11.2000 – BStBl. 2001 II S. 338). Sind für das Kj. der Trennung oder Scheidung die Vorschriften über die Ehegattenbesteuerung (§§ 26 bis 26b, § 32a Abs. 5 EStG) anzuwenden, dann können Aufwendungen für den Unterhalt des dauernd getrennt lebenden oder geschiedenen Ehegatten nicht nach § 33a Abs. 1 EStG abgezogen werden (→ BFH vom 31.5.1989 – BStBl. II S. 658).

Gleichgestellte Person. → BMF vom 6.4.2022 (BStBl. I S. 617).

Haushaltsgemeinschaft. Lebt der Unterhaltsberechtigte mit bedürftigen Angehörigen in einer Haushaltsgemeinschaft und wird seine Rente bei der Berechnung der Sozialhilfe als Einkommen der Haushaltsgemeinschaft angerechnet, ist die Rente nur anteilig auf den Höchstbetrag des § 33a Abs. 1 Satz 1 EStG anzurechnen. In diesem Fall sind die Rente und die Sozialhilfe nach Köpfen aufzuteilen (→ BFH vom 19.6.2002 – BStBl. II S. 753).

Heimunterbringung. → Personen in einem Altenheim oder Altenwohnheim.

Ländergruppeneinteilung. → BMF vom 11.11.2020 (BStBl. I S. 1212).

Opfergrenze. → BMF vom 6.4.2022 (BStBl. I S. 617), Rz. 16ff.

Personen in einem Altenheim oder Altenwohnheim. Zu den Aufwendungen für den typischen Unterhalt gehören grundsätzlich auch Kosten der Unterbringung in einem Altenheim oder Altenwohnheim (→ BFH vom 29.9.1989 – BStBl. 1990 II S. 418).

Personen im Ausland.
- Zur Berücksichtigung von Aufwendungen für den Unterhalt → BMF vom 6.4.2022 (BStBl. I S. 623).
- Ländergruppeneinteilung[1] → BMF vom 11.11.2020 (BStBl. I S. 1212).

Personen mit einer Aufenthaltserlaubnis nach § 23 Aufenthaltsgesetz. → BMF vom 27.5.2015 (BStBl. I S. 474).

Unterhalt für mehrere Personen. Unterhält der Stpfl. mehrere Personen, die einen gemeinsamen Haushalt führen, so ist der nach § 33a Abs. 1 EStG abziehbare Betrag grundsätzlich für jede unterhaltsberechtigte oder gleich-

---

[1] Zur Rechtmäßigkeit der Ländergruppeneinteilung siehe BFH v. 25.11.2010 VI R 28/10, BStBl. II 2011, 283.

gestellte Person getrennt zu ermitteln. Der insgesamt nachgewiesene Zahlungsbetrag ist unterschiedslos nach Köpfen aufzuteilen (→ BMF vom 6.4.2022 – BStBl. I S. 623, Rz. 22). Handelt es sich bei den unterhaltenen Personen um in Haushaltsgemeinschaft lebende Ehegatten, z. B. Eltern, sind die Einkünfte und Bezüge zunächst für jeden Ehegatten gesondert festzustellen und sodann zusammenzurechnen. Die zusammengerechneten Einkünfte und Bezüge sind um 1248 € (zweimal 624 €) zu kürzen. Der verbleibende Betrag ist von der Summe der beiden Höchstbeträge abzuziehen (→ BFH vom 15.11.1991 – BStBl. 1992 II S. 245).

Unterhaltsanspruch der Mutter bzw. des Vaters eines nichtehelichen Kindes.

§ 1615l BGB:

„(1) [1] Der Vater hat der Mutter für die Dauer von sechs Wochen vor und acht Wochen nach der Geburt des Kindes Unterhalt zu gewähren. [2] Dies gilt auch hinsichtlich der Kosten, die infolge der Schwangerschaft oder der Entbindung außerhalb dieses Zeitraums entstehen.

(2) [1] Soweit die Mutter einer Erwerbstätigkeit nicht nachgeht, weil sie infolge der Schwangerschaft oder einer durch die Schwangerschaft oder die Entbindung verursachten Krankheit dazu außerstande ist, ist der Vater verpflichtet, ihr über die in Absatz 1 Satz 1 bezeichnete Zeit hinaus Unterhalt zu gewähren. [2] Das Gleiche gilt, soweit von der Mutter wegen der Pflege oder Erziehung des Kindes eine Erwerbstätigkeit nicht erwartet werden kann. [3] Die Unterhaltspflicht beginnt frühestens vier Monate vor der Geburt und besteht für mindestens drei Jahre nach der Geburt. [4] Sie verlängert sich, solange und soweit dies der Billigkeit entspricht. [5] Dabei sind insbesondere die Belange des Kindes und die bestehenden Möglichkeiten der Kinderbetreuung zu berücksichtigen.

(3) [1] Die Vorschriften über die Unterhaltspflicht zwischen Verwandten sind entsprechend anzuwenden. [2] Die Verpflichtung des Vaters geht der Verpflichtung der Verwandten der Mutter vor. [3] § 1613 Abs. 2 gilt entsprechend. [4] Der Anspruch erlischt nicht mit dem Tod des Vaters.

(4) [1] Wenn der Vater das Kind betreut, steht ihm der Anspruch nach Absatz 2 Satz 2 gegen die Mutter zu. [2] In diesem Falle gilt Absatz 3 entsprechend."

Der gesetzliche Unterhaltsanspruch der Mutter eines nichtehelichen Kindes gegenüber dem Kindsvater nach § 1615l BGB ist vorrangig gegenüber der Unterhaltsverpflichtung ihrer Eltern mit der Folge, dass für die Kindsmutter der Anspruch ihrer Eltern auf Kindergeld oder Freibeträge für Kinder erlischt und für die Unterhaltsleistungen des Kindsvaters an sie eine Berücksichtigung nach § 33a Abs. 1 EStG in Betracht kommt (→ BFH vom 19.5.2004 – BStBl. II S. 943).

Unterhaltsberechtigung.

– Dem Grunde nach gesetzlich unterhaltsberechtigt sind nach § 1601 BGB Verwandte in gerader Linie i. S. d. § 1589 Satz 1 BGB, wie z. B. Kinder, Enkel, Eltern und Großeltern, sowie nach §§ 1360 ff., 1570 BGB Ehegatten untereinander. Voraussetzung für die Annahme einer gesetzlichen Unterhaltsberechtigung i. S. d. § 33a Abs. 1 EStG ist die tatsächliche Bedürftigkeit des Unterhaltsempfängers i. S. d. § 1602 BGB. Nach der sog. konkreten Betrachtungsweise kann die Bedürftigkeit des Unterhaltsempfängers nicht typisierend unterstellt werden. Dies führt dazu, dass die zivilrechtlichen Voraussetzungen eines Unterhaltsanspruchs (§§ 1601–1603 BGB) vorliegen müssen und die Unterhaltskonkurrenzen (§§ 1606 und

1608 BGB) zu beachten sind (→ BFH vom 5.5.2010 – BStBl. 2011 II S. 116). Zur Unterhaltsberechtigung und zur Unterhaltsbedürftigkeit von Personen im erwerbsfähigen Alter → BMF vom 6.4.2022 – BStBl. I S. 623, Rz. 1, 10–12.

– Bei landwirtschaftlich tätigen Angehörigen greift die widerlegbare Vermutung, dass diese nicht unterhaltsbedürftig sind, soweit der landwirtschaftliche Betrieb in einem nach den Verhältnissen des Wohnsitzstaates üblichen Umfang und Rahmen betrieben wird (→ BFH vom 5.5.2010 – BStBl. 2011 II S. 116).
– Für Inlandssachverhalte gilt die Vereinfachungsregelung in R 33a.1 Abs. 1 Satz 4 EStR.

R 33a.2 Freibetrag zur Abgeltung des Sonderbedarfs eines sich in Berufsausbildung befindenden, auswärtig untergebrachten, volljährigen Kindes[1)]

Allgemeines

(1) [1]Den Freibetrag nach § 33a Abs. 2 EStG kann nur erhalten, wer für das in Berufsausbildung befindliche Kind einen Anspruch auf einen Freibetrag nach § 32 Abs. 6 EStG oder Kindergeld hat. [2]Der Freibetrag nach § 33a Abs. 2 EStG kommt daher für Kinder i. S. d. § 63 Abs. 1 EStG in Betracht.

Auswärtige Unterbringung

(2) [1]Eine auswärtige Unterbringung i. S. d. § 33a Abs. 2 Satz 1 EStG liegt vor, wenn ein Kind außerhalb des Haushalts der Eltern wohnt. [2]Dies ist nur anzunehmen, wenn für das Kind außerhalb des Haushalts der Eltern eine Wohnung ständig bereitgehalten und das Kind auch außerhalb des elterlichen Haushalts verpflegt wird. [3]Seine Unterbringung muss darauf angelegt sein, die räumliche Selbständigkeit des Kindes während seiner ganzen Ausbildung, z. B. eines Studiums, oder eines bestimmten Ausbildungsabschnitts, z. B. eines Studiensemesters oder -trimesters, zu gewährleisten. [4]Voraussetzung ist, dass die auswärtige Unterbringung auf eine gewisse Dauer angelegt ist. [5]Auf die Gründe für die auswärtige Unterbringung kommt es nicht an.

H 33a.2

Auswärtige Unterbringung.

– **Asthma.** Keine auswärtige Unterbringung des Kindes wegen Asthma (→ BFH vom 26.6.1992 – BStBl. 1993 II S. 212).
– **Aufwendungen für den Schulbesuch als außergewöhnliche Belastungen.** Werden die Aufwendungen für den Schulbesuch als außergewöhnliche Belastungen berücksichtigt, kann kein zusätzlicher Freibetrag nach § 33a Abs. 2 EStG gewährt werden (→ BFH vom 12.5.2011 – BStBl. II S. 783).

---

1) Zur Verfassungsmäßigkeit siehe BFH v. 25.11.2010 III R 111/07, BStBl. II 2011, 281; Vb. nicht zur Entscheidung angenommen, BVerfG v. 23.10.2012 2 BvR 451/11.

- **Getrennte Haushalte beider Elternteile.** Auswärtige Unterbringung liegt nur vor, wenn das Kind aus den Haushalten beider Elternteile ausgegliedert ist (→ BFH vom 5.2.1988 – BStBl. II S. 579).
- **Haushalt des Kindes in Eigentumswohnung des Stpfl.** Auswärtige Unterbringung liegt vor, wenn das Kind in einer Eigentumswohnung des Stpfl. einen selbständigen Haushalt führt (→ BFH vom 26.1.1994 – BStBl. II S. 544 und vom 25.1.1995 – BStBl. II S. 378). Ein Freibetrag gem. § 33a Abs. 2 EStG wegen auswärtiger Unterbringung ist ausgeschlossen, wenn die nach dem EigZulG begünstigte Wohnung als Teil eines elterlichen Haushalts anzusehen ist (→ BMF vom 21.12.2004 – BStBl. 2005 I S. 305, Rz. 63).
- **Klassenfahrt.** Keine auswärtige Unterbringung, da es an der erforderlichen Dauer fehlt (→ BFH vom 5.11.1982 – BStBl. 1983 II S. 109).
- **Legasthenie.** Werden Aufwendungen für ein an Legasthenie leidendes Kind als außergewöhnliche Belastung i. S. d. § 33 EStG berücksichtigt (→ § 64 Abs. 1 Nr. 2 Buchstabe c EStDV), ist daneben ein Freibetrag nach § 33a Abs. 2 EStG wegen auswärtiger Unterbringung des Kindes nicht möglich (→ BFH vom 26.6.1992 – BStBl. 1993 II S. 278).
- **Praktikum.** Keine auswärtige Unterbringung bei Ableistung eines Praktikums außerhalb der Hochschule, wenn das Kind nur dazu vorübergehend auswärtig untergebracht ist (→ BFH vom 20.5.1994 – BStBl. II S. 699).
- **Sprachkurs.** Keine auswärtige Unterbringung bei dreiwöchigem Sprachkurs (→ BFH vom 29.9.1989 – BStBl. 1990 II S. 62).
- **Verheiratetes Kind.** Auswärtige Unterbringung liegt vor, wenn ein verheiratetes Kind mit seinem Ehegatten eine eigene Wohnung bezogen hat (→ BFH vom 8.2.1974 – BStBl. II S. 299).

Freiwilliges soziales Jahr. Die Tätigkeit im Rahmen eines freiwilligen sozialen Jahres ist grundsätzlich nicht als Berufsausbildung zu beurteilen (→ BFH vom 24.6.2004 – BStBl. 2006 II S. 294).

Ländergruppeneinteilung. → BMF vom 11.11.2020 (BStBl. I S. 1212).

Studiengebühren. Gebühren für die Hochschulausbildung eines Kindes sind weder nach § 33a Abs. 2 EStG noch nach § 33 EStG als außergewöhnliche Belastung abziehbar (→ BFH vom 17.12.2009 – BStBl. 2010 II S. 341).

R **33a.3** Zeitanteilige Ermäßigung nach § 33a Abs. 3 EStG

Ansatz bei unterschiedlicher Höhe des Höchstbetrags nach § 33a Abs. 1 EStG oder des Freibetrags nach § 33a Abs. 2 EStG

(1) Ist in einem Kalenderjahr der Höchstbetrag nach § 33a Abs. 1 EStG oder der Freibetrag nach § 33a Abs. 2 EStG in unterschiedlicher Höhe anzusetzen, z. B. bei Anwendung der Ländergruppeneinteilung für einen Teil des Kalenderjahres, wird für den Monat, in dem die geänderten Voraussetzungen eintreten, der jeweils höhere Betrag angesetzt.

Aufteilung der eigenen Einkünfte und Bezüge

(2) [1]Der Jahresbetrag der eigenen Einkünfte und Bezüge ist für die Anwendung des § 33a Abs. 3 Satz 2 EStG wie folgt auf die Zeiten innerhalb und außerhalb des Unterhaltszeitraums aufzuteilen:

1. Einkünfte aus nichtselbständiger Arbeit, sonstige Einkünfte sowie Bezüge nach dem Verhältnis der in den jeweiligen Zeiträumen zugeflossenen Einnahmen; die Grundsätze des § 11 Abs. 1 EStG gelten entsprechend; Pauschbeträge nach § 9a EStG und die Kostenpauschale nach R 33a.1 Abs. 3 Satz 5 sind hierbei zeitanteilig anzusetzen;
2. andere Einkünfte auf jeden Monat des Kalenderjahres mit einem Zwölftel.

[2]Der Stpfl. kann jedoch nachweisen, dass eine andere Aufteilung wirtschaftlich gerechtfertigt ist, wie es z. B. der Fall ist, wenn bei Einkünften aus selbständiger Arbeit die Tätigkeit erst im Laufe des Jahres aufgenommen wird oder wenn bei Einkünften aus nichtselbständiger Arbeit im Unterhaltszeitraum höhere Werbungskosten angefallen sind als bei verhältnismäßiger bzw. zeitanteiliger Aufteilung darauf entfallen würden.

H 33a.3

Allgemeines.

- Der Höchstbetrag für den Abzug von Unterhaltsaufwendungen (§ 33a Abs. 1 EStG) und der Freibetrag nach § 33a Abs. 2 EStG sowie der anrechnungsfreie Betrag nach § 33a Abs. 1 Satz 5 EStG ermäßigen sich für jeden vollen Kalendermonat, in dem die Voraussetzungen für die Anwendung der betreffenden Vorschrift nicht vorgelegen haben, um je ein Zwölftel (§ 33a Abs. 3 Satz 1 EStG).[1] Erstreckt sich das Studium eines Kindes einschließlich der unterrichts- und vorlesungsfreien Zeit über den ganzen VZ, kann davon ausgegangen werden, dass beim Stpfl. in jedem Monat Aufwendungen anfallen, so dass § 33a Abs. 3 Satz 1 EStG nicht zur Anwendung kommt (→ BFH vom 22.3.1996 – BStBl. 1997 II S. 30).
- Eigene Einkünfte und Bezüge der unterhaltenen Person sind nur anzurechnen, soweit sie auf den Unterhaltszeitraum entfallen (§ 33a Abs. 3 Satz 2 EStG). Leisten Eltern Unterhalt an ihren Sohn nur während der Dauer seines Wehrdienstes, unterbleibt die Anrechnung des Entlassungsgeldes nach § 9 des Wehrsoldgesetzes, da es auf die Zeit nach Beendigung des Wehrdienstes entfällt (→ BFH vom 26.4.1991 – BStBl. II S. 716).

Beispiel für die Aufteilung eigener Einkünfte und Bezüge auf die Zeiten innerhalb und außerhalb des Unterhaltszeitraums:
Der Stpfl. unterhält seine allein stehende im Inland lebende Mutter vom 15. April bis 15. September (Unterhaltszeitraum) mit insgesamt 4200 €. Die Mutter bezieht ganzjährig eine monatliche Rente aus der gesetzlichen Rentenversicherung von 200 € (Besteuerungsanteil 50 %). Außerdem hat sie im Kj. Einkünfte aus Vermietung und Verpachtung in Höhe von 1050 €.
Höchstbetrag für das Kj. 9984 € (§ 33a Abs. 1 Satz 1 EStG)

[1] Siehe hierzu auch BFH v. 25.4.2018 VI R 35/16, BStBl. II 2018, 643.

anteiliger Höchstbetrag für April bis September ($^6/_{12}$ von 9984 € =)			4992 €
Eigene Einkünfte der Mutter im Unterhaltszeitraum:			
Einkünfte aus Leibrenten			
Besteuerungsanteil 50 % von 2400 € =	1200 €		
abzgl. Werbungskosten-Pauschbetrag (§ 9a Satz 1 Nr. 3 EStG)	– 102 €		
Einkünfte	1098 €		
auf den Unterhaltszeitraum entfallen $^6/_{12}$		549 €	
Einkünfte aus V + V	1050 €		
auf den Unterhaltszeitraum entfallen $^6/_{12}$		+ 525 €	
S. d. E. im Unterhaltszeitraum		1074 €	
Eigene Bezüge der Mutter im Unterhaltszeitraum:			
steuerfreier Teil der Rente	1200 €		
abzgl. Kostenpauschale	– 180 €		
verbleibende Bezüge	1020 €		
auf den Unterhaltszeitraum entfallen $^6/_{12}$		+ 510 €	
Summe der eigenen Einkünfte und Bezüge im Unterhaltszeitraum		1584 €	
abzgl. anteiliger anrechnungsfreier Betrag ($^6/_{12}$ von 624 € =)		– 312 €	
anzurechnende Einkünfte und Bezüge		1272 €	– 1272 €
abzuziehender Betrag			3720 €

Besonderheiten bei Zuschüssen. Als Ausbildungshilfe bezogene Zuschüsse jeglicher Art, z. B. Stipendien für ein Auslandsstudium aus öffentlichen oder aus privaten Mitteln, mindern die zeitanteiligen Höchstbeträge nur der Kalendermonate, für die die Zuschüsse bestimmt sind (§ 33a Abs. 3 Satz 3 EStG). Liegen bei der unterhaltenen Person sowohl eigene Einkünfte und Bezüge als auch Zuschüsse vor, die als Ausbildungshilfe nur für einen Teil des Unterhaltszeitraums bestimmt sind, dann sind zunächst die eigenen Einkünfte und Bezüge anzurechnen und sodann die Zuschüsse zeitanteilig entsprechend ihrer Zweckbestimmung.

Beispiel:

Ein über 25 Jahre altes Kind des Stpfl. B studiert während des ganzen Kj., erhält von ihm monatliche Unterhaltsleistungen i. H. v. 500 € und gehört nicht zum Haushalt des Stpfl. Verlängerungstatbestände nach § 32 Abs. 5 EStG liegen nicht vor. Dem Kind fließt in den Monaten Januar bis Juni Arbeitslohn von 3400 € zu, die Werbungskosten übersteigen nicht den Arbeitnehmer-Pauschbetrag. Für die Monate Juli bis Dezember bezieht es ein Stipendium aus öffentlichen Mitteln von 6000 €.

Ungekürzter Höchstbetrag nach § 33a Abs. 1 EStG für das Kj.		9984 €
Arbeitslohn	3400 €	
abzüglich Arbeitnehmer-Pauschbetrag	– 1000 €	
Einkünfte aus nichtselbständiger Arbeit	2400 €	
anrechnungsfreier Betrag	– 624 €	
anzurechnende Einkünfte	1776 €	– 1776 €
verminderter Höchstbetrag nach § 33a Abs. 1 EStG		8208 €
zeitanteiliger verminderter Höchstbetrag für Januar–Juni ($^6/_{12}$ von 8208 €)		4104 €
Unterhaltsleistungen Jan.–Juni (6 × 500 €)		3000 €
abzugsfähige Unterhaltsleistungen Jan.–Juni		3000 €
zeitanteiliger verminderter Höchstbetrag nach § 33a Abs. 1 EStG für Juli–Dezember		4104 €

Ausbildungszuschuss (Auslandsstipendium)	6000 €	
abzüglich Kostenpauschale	– 180 €	
anzurechnende Bezüge	5820 €	– 5820 €
Höchstbetrag nach § 33a Abs. 1 EStG für Juli–Dezember		0 €
abzugsfähige Unterhaltsleistungen Juli–Dezember		0 €

Zu § 33b EStG
(§ 65 EStDV)

R 33b. Pauschbeträge für behinderte Menschen,[1] Hinterbliebene und Pflegepersonen

(1) [1]Ein Pauschbetrag für behinderte Menschen,[1] der Hinterbliebenen-Pauschbetrag und der Pflege-Pauschbetrag können mehrfach gewährt werden, wenn mehrere Personen die Voraussetzungen erfüllen (z. B. Stpfl., Ehegatte, Kind), oder wenn eine Person die Voraussetzungen für verschiedene Pauschbeträge erfüllt. [2]Mit dem Pauschbetrag für behinderte Menschen werden die laufenden und typischen Aufwendungen für die Hilfe bei den gewöhnlichen und regelmäßig wiederkehrenden Verrichtungen des täglichen Lebens, für die Pflege sowie für einen erhöhten Wäschebedarf abgegolten. [3]Es handelt sich um Aufwendungen, die behinderten Menschen erfahrungsgemäß durch ihre Krankheit bzw. Behinderung entstehen und deren alleinige behinderungsbedingte Veranlassung nur schwer nachzuweisen ist. [4]Alle übrigen behinderungsbedingten Aufwendungen (z. B. Operationskosten sowie Heilbehandlungen, Kuren, Arznei- und Arztkosten, Fahrtkosten) können daneben als außergewöhnliche Belastung nach § 33 EStG berücksichtigt werden.

(2) Unabhängig von einer Übertragung des Behinderten-Pauschbetrags nach § 33b Abs. 5 EStG können Eltern ihre eigenen zwangsläufigen Aufwendungen für ein behindertes Kind[2] nach § 33 EStG abziehen.

(3) Eine Übertragung des Pauschbetrages für behinderte Menschen[1] auf die Eltern eines Kindes mit Wohnsitz oder gewöhnlichem Aufenthalt im Ausland ist nur möglich, wenn das Kind als unbeschränkt steuerpflichtig behandelt wird (insbesondere § 1 Abs. 3 Satz 2, 2. Halbsatz EStG ist zu beachten).

(4) Ein Stpfl. führt die Pflege auch dann noch persönlich durch, wenn er sich zur Unterstützung zeitweise einer ambulanten Pflegekraft bedient.

(5) § 33b Abs. 6 Satz 6 EStG gilt auch, wenn nur ein Stpfl. den Pflege-Pauschbetrag tatsächlich in Anspruch nimmt.

(6) Der Pflege-Pauschbetrag nach § 33b Abs. 6 EStG kann neben dem nach § 33b Abs. 5 EStG vom Kind auf die Eltern übertragenen Pauschbetrag für behinderte Menschen[1] in Anspruch genommen werden.

(7) Beiträge zur Rentenversicherung, Kranken- und Pflegeversicherung der pflegenden Person, die die Pflegekasse übernimmt, führen nicht zu Einnahmen i. S. d. § 33b Abs. 6 Satz 1 EStG.

---

[1] **[Amtl. Anm.:]** Jetzt Menschen mit Behinderungen.
[2] **[Amtl. Anm.:]** Jetzt Kind mit Behinderungen.

(8) [1]Bei Beginn, Änderung oder Wegfall der Behinderung im Laufe eines Kalenderjahres ist stets der Pauschbetrag nach dem höchsten Grad zu gewähren, der im Kalenderjahr festgestellt war. [2]Eine Zwölftelung ist nicht vorzunehmen. [3]Dies gilt auch für den Hinterbliebenen- und Pflege-Pauschbetrag.

(9) Der Nachweis der Behinderung nach § 65 Abs. 1 Nr. 2 Buchstabe a EStDV gilt als geführt, wenn die dort genannten Bescheinigungen behinderten Menschen[1] nur noch in elektronischer Form übermittelt werden und der Ausdruck einer solchen elektronisch übermittelten Bescheinigung vom Stpfl. vorgelegt wird.

H 33b

Allgemeines.[2]

- Zur Behinderung i. S. d. § 33b EStG → § 152 SGB IX,[3] zur Hilflosigkeit → § 33b Abs. 3 EStG, zur Pflegebedürftigkeit → R 33.3 Abs. 1.
- Verwaltungsakte, die die Voraussetzungen für die Inanspruchnahme der Pauschbeträge feststellen (→ § 65 EStDV), sind Grundlagenbescheide i. S. d. § 171 Abs. 10 Satz 2 AO i. d. F. des ZollkodexAnpG vom 22.12. 2014, BStBl. I S. 2417 und § 175 Abs. 1 Satz 1 Nr. 1 AO. Auf Grund eines solchen Bescheides ist ggf. eine Änderung früherer Steuerfestsetzungen hinsichtlich der Anwendung des § 33b EStG nach § 175 Abs. 1 Satz 1 Nr. 1 AO unabhängig davon vorzunehmen, ob ein Antrag i. S. d. § 33b Abs. 1 EStG für den VZ dem Grunde nach bereits gestellt worden ist. Die Festsetzungsfrist des Einkommensteuerbescheides wird jedoch nur insoweit nach § 171 Abs. 10 Satz 1 AO gehemmt, wie der Grundlagenbescheid vor Ablauf der Festsetzungsfrist des Einkommensteuerbescheides bei der zuständigen Behörde beantragt worden ist.

Aufteilung des übertragenen Pauschbetrags für Menschen mit Behinderungen. → BMF vom 28.6.2013 (BStBl. I S. 845).

Hinterbliebenen-Pauschbetrag. Zu den Gesetzen, die das BVG für entsprechend anwendbar erklären (§ 33b Abs. 4 Nr. 1 EStG), gehören:
- das Soldatenversorgungsgesetz (→ § 80),
- das ZDG (→ § 47),
- das Häftlingshilfegesetz (→ §§ 4 und 5),
- das Gesetz über die Unterhaltsbeihilfe für Angehörige von Kriegsgefangenen (→ § 3),
- das Gesetz über die Bundespolizei (→ § 59 Abs. 1 i. V. m. dem Soldatenversorgungsgesetz),
- das Gesetz über das Zivilschutzkorps (→ § 46 i. V. m. dem Soldatenversorgungsgesetz),
- das Gesetz zur Regelung der Rechtsverhältnisse der unter Artikel 131 GG fallenden Personen (→ §§ 66, 66a),
- das Gesetz zur Einführung des Bundesversorgungsgesetzes im Saarland (→ § 5 Abs. 1),

---

1) **[Amtl. Anm.:]** Jetzt Menschen mit Behinderungen.
2) Siehe Änderungen des § 65 EStDV ab VZ 2021 durch G v. 9.12.2020, BGBl. I 2020, 2770.
3) **Aichberger SGB** Nr. **9**.

- das Infektionsschutzgesetz (→ § 63),
- das Gesetz über die Entschädigung für Opfer von Gewalttaten (→ § 1 Abs. 1).

Nachweis der Behinderung.

- Der Nachweis für die Voraussetzungen eines Pauschbetrages ist gem. § 65 EStDV zu führen (zum Pflege-Pauschbetrag → BFH vom 20.2.2003 – BStBl. II S. 476). Nach § 152 Abs. 1 SGB IX[1] zuständige Behörden sind die für die Durchführung des Bundesversorgungsgesetzes zuständigen Behörden (Versorgungsämter) und die gem. § 152 Abs. 1 Satz 7 SGB IX nach Landesrecht für zuständig erklärten Behörden.
- Zum Nachweis der Behinderung von in Deutschland nicht steuerpflichtigen Kindern → BMF vom 8.8.1997 (BStBl. I S. 1016).
- An die für die Gewährung des Pauschbetrags für Menschen mit Behinderungen und des Pflege-Pauschbetrags vorzulegenden Bescheinigungen, Ausweise oder Bescheide sind die Finanzbehörden gebunden (→ BFH vom 5.2.1988 – BStBl. II S. 436).
- Bei den Nachweisen nach § 65 Abs. 1 Nr. 2 Buchst. b EStDV kann es sich z. B. um Rentenbescheide des Versorgungsamtes oder eines Trägers der gesetzlichen Unfallversicherung oder bei Beamten, die Unfallruhegeld beziehen, um einen entsprechenden Bescheid ihrer Behörde handeln. Der Rentenbescheid eines Trägers der gesetzlichen Rentenversicherung der Arbeiter und Angestellten genügt nicht (→ BFH vom 25.4.1968 – BStBl. II S. 606).

Neben den Pauschbeträgen für Menschen mit Behinderungen zu berücksichtigende Aufwendungen. Folgende Aufwendungen können neben den Pauschbeträgen für Menschen mit Behinderungen als außergewöhnliche Belastung nach § 33 EStG berücksichtigt werden:

- Operationskosten, Kosten für Heilbehandlungen, Arznei- und Arztkosten → R 33b Abs. 1 EStR,
- Kraftfahrzeugkosten → § 33 Abs. 2a und → R 33b Abs. 1 Satz 4 EStR,
- Führerscheinkosten für ein schwer geh- und stehbehindertes Kind → BFH vom 26.3.1993 (BStBl. II S. 749),
- Kosten für eine Heilkur → BFH vom 11.12.1987 (BStBl. 1988 II S. 275), → H 33.1–33.4 (Kur) und → R 33.4 Abs. 1 und 3,
- Schulgeld für den Privatschulbesuch des Kindes mit Behinderungen → H 33.1–33.4 (Schulbesuch) und → R 33.4 Abs. 2 sowie
- Kosten für die behindertengerechte Ausgestaltung des eigenen Wohnhauses → R 33.4 Abs. 5 und H 33.1–33.4 (Behindertengerechte Ausstattung).

Pflegebedürftigkeit. → R 33.3 Abs. 1.

Pflege-Pauschbetrag.

- Eine sittliche Verpflichtung zur Pflege ist anzuerkennen, wenn eine enge persönliche Beziehung zu der gepflegten Person besteht (→ BFH vom 29.8.1996 – BStBl. 1997 II S. 199).

---

[1] **Aichberger SGB** Nr. **9**.

- Die Funktion als amtlich bestellter Betreuer führt für sich gesehen nicht dazu, dass dem Betreuer die Pflege des Betreuten zwangsläufig i. S. d. § 33 Abs. 2 EStG erwächst. Der Pflege-Pauschbetrag kann daher nur gewährt werden, wenn eine darüber hinausgehende enge persönliche Beziehung zum Betreuten besteht (→ BFH vom 4.9.2019 – BStBl. 2020 II S. 97).
- Der Pflege-Pauschbetrag nach § 33b Abs. 6 EStG ist nicht nach der Zahl der Personen aufzuteilen, welche bei ihrer Einkommensteuerveranlagung die Berücksichtigung eines Pflegepauschbetrages begehren, sondern nach der Zahl der Stpfl., welche eine hilflose Person in ihrer Wohnung oder in der Wohnung des Pflegebedürftigen tatsächlich persönlich gepflegt haben (→ BFH vom 14.10.1997 – BStBl. 1998 II S. 20).
- Abgesehen von der Pflege durch Eltern (§ 33b Abs. 6 Satz 2 EStG) schließen Einnahmen der Pflegeperson für die Pflege unabhängig von ihrer Höhe die Gewährung des Pflege-Pauschbetrags aus. Hierzu gehört grundsätzlich auch das weitergeleitete Pflegegeld. Der Ausschluss von der Gewährung des Pflege-Pauschbetrags gilt nicht, wenn das Pflegegeld lediglich treuhänderisch für den Pflegebedürftigen verwaltet wird und damit ausschließlich Aufwendungen des Pflegebedürftigen bestritten werden. In diesem Fall muss die Pflegeperson die konkrete Verwendung des Pflegegeldes nachweisen und ggf. nachträglich noch eine Vermögenstrennung durchführen (→ BFH vom 21.3.2002 – BStBl. II S. 417). Die dem amtlich bestellten Betreuer gewährte Aufwandsentschädigung ist keine Einnahme für die Pflege der betreuten Person i. S. d. § 33b Abs. 6 Satz 1 EStG (→ BFH vom 4.9.2019 – BStBl. 2020 II S. 97).

Übertragung des Pauschbetrags von einem im Ausland lebenden Kind. Der Pauschbetrag nach § 33b Abs. 3 EStG für ein Kind mit Behinderungen kann nicht nach § 33b Abs. 5 EStG auf einen im Inland unbeschränkt steuerpflichtigen Elternteil übertragen werden, wenn das Kind im Ausland außerhalb eines EU/EWR-Mitgliedstaates seinen Wohnsitz oder gewöhnlichen Aufenthalt hat und im Inland keine eigenen Einkünfte erzielt (→ BFH vom 2.6.2005 – BStBl. II S. 828; → auch R 33b Abs. 3).

Zu § 34 EStG

R 34.1 Umfang der steuerbegünstigten Einkünfte

(1) [1] § 34 Abs. 1 EStG ist grundsätzlich bei allen Einkunftsarten anwendbar. [2] § 34 Abs. 3 EStG ist nur auf Einkünfte i. S. d. § 34 Abs. 2 Nr. 1 EStG anzuwenden. [3] Die von der S. d. E., dem G. d. E. und dem Einkommen abzuziehenden Beträge sind zunächst bei den nicht nach § 34 EStG begünstigten Einkünften zu berücksichtigen. [4] Liegen die Voraussetzungen für die Steuerermäßigung nach § 34 Abs. 1 EStG und § 34 Abs. 3 EStG nebeneinander vor, ist eine Verrechnung der noch nicht abgezogenen Beträge mit den außerordentlichen Einkünften in der Reihenfolge vorzunehmen, dass sie zu dem für den Stpfl. günstigsten Ergebnis führt. [5] Sind in dem Einkommen Einkünfte aus Land- und Forstwirtschaft enthalten und bestehen diese zum Teil aus außerordentlichen Einkünften, die nach § 34 EStG ermäßigt zu besteuern sind, ist

hinsichtlich der Anwendung dieser Vorschrift der Freibetrag nach § 13 Abs. 3 EStG zunächst von den nicht nach § 34 EStG begünstigten Einkünften aus Land- und Forstwirtschaft abzuziehen. [6]Wird für einen Gewinn i. S. d. § 34 Abs. 2 Nr. 1 EStG die Tarifbegünstigung nach § 34a EStG in Anspruch genommen, scheidet die Anwendung des § 34 Abs. 3 EStG aus.

(2) Tarifbegünstigte Veräußerungsgewinne i. S. d. §§ 14, 16 und 18 Abs. 3 EStG liegen grundsätzlich nur vor, wenn die stillen Reserven in einem einheitlichen wirtschaftlichen Vorgang aufgedeckt werden.

(3) [1]Die gesamten außerordentlichen Einkünfte sind grundsätzlich bis zur Höhe des z. v. E. tarifbegünstigt. [2]In Fällen, in denen Verluste zu verrechnen sind, sind die vorrangig anzuwendenden besonderen Verlustverrechnungsbeschränkungen (z. B. § 2a Abs. 1, § 2b i. V. m. § 52 Abs. 4,[1)] 15 Abs. 4, § 15b EStG) zu beachten.

(4) [1]Veräußerungskosten sind bei der Ermittlung des tarifbegünstigten Veräußerungsgewinns erst im Zeitpunkt des Entstehens des Veräußerungsgewinns zu berücksichtigen, auch wenn sie bereits im VZ vor dem Entstehen des Veräußerungsgewinns angefallen sind. [2]Die übrigen außerordentlichen Einkünfte unterliegen der Tarifvergünstigung in dem VZ, in dem sie nach den allgemeinen Grundsätzen vereinnahmt werden, nur insoweit, als nicht in früheren VZ mit diesen Einkünften unmittelbar zusammenhängende Betriebsausgaben bzw. Werbungskosten die Einkünfte des Stpfl. gemindert haben.

H 34.1

Arbeitnehmer-Pauschbetrag. Der Arbeitnehmer-Pauschbetrag ist bei der Ermittlung der nach § 34 EStG begünstigten außerordentlichen Einkünfte aus nichtselbständiger Tätigkeit nur insoweit abzuziehen, als tariflich voll zu besteuernde Einnahmen dieser Einkunftsart dafür nicht mehr zur Verfügung stehen (→ BFH vom 29.10.1998 – BStBl. 1999 II S. 588).

Betriebsaufgabegewinn in mehreren Veranlagungszeiträumen. Erstreckt sich eine Betriebsaufgabe über zwei Kj. und fällt der Aufgabegewinn daher in zwei VZ an, kann die Tarifermäßigung nach § 34 Abs. 3 EStG für diesen Gewinn auf Antrag in beiden VZ gewährt werden. Der Höchstbetrag von fünf Millionen Euro ist dabei aber insgesamt nur einmal zu gewähren (→ BMF vom 20.12.2005 – BStBl. 2006 I S. 7).

Fortführung der bisherigen Tätigkeit. Voraussetzung einer Betriebsveräußerung i. S. d. §§ 16 und 34 EStG ist, dass der Veräußerer die mit dem veräußerten Betriebsvermögen verbundene gewerbliche Tätigkeit aufgibt (→ BFH vom 12.6.1996 – BStBl. II S. 527). Veräußert dagegen ein Land- und Forstwirt seinen Betrieb und pachtet er diesen unmittelbar nach der Veräußerung zurück, so ist auf den Veräußerungsgewinn i. S. d. § 14 EStG § 34 Abs. 1 oder 3 EStG anzuwenden (→ BFH vom 28.3.1985 – BStBl. II S. 508).

Freibetrag nach § 16 Abs. 4 EStG. → H 16 (13) Freibetrag und H 16 (13) Teileinkünfteverfahren.

---

1) **[Amtl. Anm.:]** Jetzt § 52 Abs. 3 EStG.

Geschäfts- oder Firmenwert. Wird für den bei der erklärten Betriebsaufgabe nicht in das Privatvermögen zu überführenden Geschäfts- oder Firmenwert (→ H 16 (5)) später ein Erlös erzielt, ist der Gewinn nicht nach § 34 EStG begünstigt (→ BFH vom 30.1.2002 – BStBl. II S. 387).

Nicht entnommene Gewinne. Sind sowohl die Voraussetzungen für eine Tarifbegünstigung nach § 34a EStG als auch die Voraussetzungen für eine Begünstigung nach § 34 Abs. 1 EStG erfüllt, kann der Stpfl. wählen, welche Begünstigung er in Anspruch nehmen will (→ BMF vom 11.8.2008 – BStBl. I S. 838, Rn. 6).

Zweifelsfragen zu § 6b Abs. 2a EStG bei Betriebsveräußerung. → BMF vom 7.3.2018 (BStBl. I S. 309).

R 34.2 Steuerberechnung unter Berücksichtigung der Tarifermäßigung

(1) [1]Für Zwecke der Steuerberechnung nach § 34 Abs. 1 EStG ist zunächst für den VZ, in dem die außerordentlichen Einkünfte erzielt worden sind, die Einkommensteuer zu ermitteln, die sich ergibt, wenn die in dem z. v. E. enthaltenen außerordentlichen Einkünfte nicht in die Bemessungsgrundlage einbezogen werden. [2]Sodann ist in einer Vergleichsberechnung die Einkommensteuer zu errechnen, die sich unter Einbeziehung eines Fünftels der außerordentlichen Einkünfte ergibt. [3]Bei diesen nach den allgemeinen Tarifvorschriften vorzunehmenden Berechnungen sind dem Progressionsvorbehalt (§ 32b EStG) unterliegende Einkünfte zu berücksichtigen. [4]Der Unterschiedsbetrag zwischen beiden Steuerbeträgen ist zu verfünffachen und der sich so ergebende Steuerbetrag der nach Satz 1 ermittelten Einkommensteuer hinzuzurechnen.

(2) [1]Sind in dem z. v. E. auch Einkünfte enthalten, die nach § 34 Abs. 3 EStG oder § 34b Abs. 3 EStG ermäßigten Steuersätzen unterliegen, ist die jeweilige Tarifermäßigung unter Berücksichtigung der jeweils anderen Tarifermäßigung zu berechnen. [2]Einkünfte, die nach § 34a Abs. 1 EStG mit einem besonderen Steuersatz versteuert werden, bleiben bei der Berechnung der Tarifermäßigung nach § 34 Abs. 1 EStG unberücksichtigt.

H 34.2

Berechnungsbeispiele.

Beispiel 1:

Berechnung der Einkommensteuer nach § 34 Abs. 1 EStG

Der Stpfl., der Einkünfte aus Gewerbebetrieb und Vermietung und Verpachtung (einschließlich Entschädigung i. S. d. § 34 EStG) hat, und seine Ehefrau werden zusammen veranlagt. Es sind die folgenden Einkünfte und Sonderausgaben anzusetzen:

Einkünfte aus Gewerbebetrieb	45 000 €
Einkünfte aus Vermietung und Verpachtung	
– laufende Einkünfte	+ 5 350 €
– Einkünfte aus Entschädigung i. S. d. § 34 Abs. 2 Nr. 2 EStG	+ 25 000 €
G. d. E.	75 350 €
Sonderausgaben	3 200 €
Einkommen	72 150 €
z. v. E.	72 150 €

z. v. E.	72 150 €	
abzüglich Einkünfte i. S. d. § 34 Abs. 2 Nr. 2 EStG	– 25 000 €	
verbleibendes z. v. E.	47 150 €	
darauf entfallender Steuerbetrag		6 192 €
verbleibendes z. v. E.	47 150 €	
zuzüglich 1/5 der Einkünfte i. S. d. § 34 Abs. 2 Nr. 2 EStG	+ 5 000 €	
	52 150 €	
darauf entfallender Steuerbetrag	7 596 €	
abzüglich Steuerbetrag auf das verbleibende z. v. E.	– 6 192 €	
Unterschiedsbetrag	1 404 €	
multipliziert mit Faktor 5	7 020 €	7 020 €
tarifliche Einkommensteuer		**13 212 €**

Beispiel 2:

Berechnung der Einkommensteuer nach § 34 Abs. 1 EStG bei negativem verbleibenden z. v. E.

Der Stpfl., der Einkünfte aus Gewerbetrieb hat, und seine Ehefrau werden zusammen veranlagt. Die Voraussetzungen des § 34 Abs. 3 und § 16 Abs. 4 EStG liegen nicht vor. Es sind die folgenden Einkünfte und Sonderausgaben anzusetzen:

Einkünfte aus Gewerbebetrieb, laufender Gewinn	+ 5 350 €	
Veräußerungsgewinn (§ 16 EStG)	+ 225 000 €	230 350 €
Einkünfte aus Vermietung und Verpachtung		– 45 000 €
G. d. E.		185 350 €
Sonderausgaben		– 3 200 €
Einkommen/z. v. E.		182 150 €
Höhe der Einkünfte i. S. d. § 34 Abs. 2 EStG, die nach § 34 Abs. 1 EStG besteuert werden können; maximal aber bis zur Höhe des z. v. E.		182 150 €
z. v. E.	182 150 €	
abzüglich Einkünfte i. S. d. § 34 Abs. 2 EStG	– 225 000 €	
verbleibendes z. v. E.	– 42 850 €	

Damit ist das gesamte z. v. E. in Höhe von 182 150 € gem. § 34 EStG tarifbegünstigt.

1/5 des z. v. E. (§ 34 Abs. 1 Satz 3 EStG)	36 430 €	
darauf entfallender Steuerbetrag	3 360 €	
multipliziert mit Faktor 5	16 800 €	
tarifliche Einkommensteuer		**16 800 €**

Beispiel 3:

Berechnung der Einkommensteuer nach § 34 Abs. 1 EStG mit Einkünften, die dem Progressionsvorbehalt unterliegen

(Entsprechende Anwendung des BFH-Urteils vom 22.9.2009 – BStBl. 2010 II S. 1032)

Der Stpfl. hat Einkünfte aus nichtselbständiger Arbeit und aus Vermietung und Verpachtung (einschließlich einer Entschädigung i. S. d. § 34 EStG). Es sind folgende Einkünfte und Sonderausgaben anzusetzen:

Einkünfte aus nichtselbständiger Arbeit	10 000 €
Einkünfte aus Vermietung und Verpachtung	
– laufende Einkünfte	+ 60 000 €
– Einkünfte aus Entschädigung i. S. d. § 34 Abs. 2 Nr. 2 EStG	+ 30 000 €
G. d. E.	100 000 €
Sonderausgaben	– 3 200 €
Einkommen/z. v. E.	96 800 €
Arbeitslosengeld	20 000 €

z. v. E.	96 800 €	
abzüglich Einkünfte i. S. d. § 34 Abs. 2 Nr. 2 EStG	– 30 000 €	
verbleibendes z. v. E.	66 800 €	
zuzüglich Arbeitslosengeld § 32b Abs. 2 EStG	+ 20 000 €	
für die Berechnung des Steuersatzes gem. § 32b Abs. 2 EStG maßgebendes verbleibendes z. v. E.	86 800 €	
Steuer nach Grundtarif	27 119 €	
besonderer (= durchschnittlicher) Steuersatz § 32b Abs. 2 EStG	31,2430 %	
Steuerbetrag auf verbleibendes z. v. E. (66 800 €) unter Berücksichtigung des Progressionsvorbehalts		20 870 €
verbleibendes z. v. E.	66 800 €	
zuzüglich $1/5$ der Einkünfte i. S. d. § 34 EStG	+ 6 000 €	
	72 800 €	
zuzüglich Arbeitslosengeld § 32b Abs. 2 EStG	+ 20 000 €	
für die Berechnung des Steuersatzes gem. § 32b Abs. 2 EStG maßgebendes z. v. E. mit $1/5$ der außerordentlichen Einkünfte	92 800 €	
Steuer nach Grundtarif	29 639 €	
besonderer (= durchschnittlicher) Steuersatz	31,9385 %	
Steuerbetrag auf z. v. E. mit $1/5$ der außerordentlichen Einkünfte (72 800 €) unter Berücksichtigung des Progressionsvorbehalts	23 251 €	
abzüglich Steuerbetrag auf das verbleibende z. v. E.	– 20 870 €	
Unterschiedsbetrag	2 381 €	
multipliziert mit Faktor 5	11 905 €	11 905 €
tarifliche Einkommensteuer		**32 775 €**

Beispiel 4:

Berechnung der Einkommensteuer nach § 34 Abs. 1 EStG bei negativem verbleibenden z. v. E. und Einkünften, die dem Progressionsvorbehalt unterliegen (→ BFH vom 11.12.2012 – BStBl. 2013 II S. 370).

Der Stpfl. hat Einkünfte aus nichtselbständiger Arbeit und aus Vermietung und Verpachtung (einschließlich einer Entschädigung i. S. d. § 34 EStG). Es sind folgende Einkünfte und Sonderausgaben anzusetzen:

Einkünfte aus nichtselbständiger Arbeit		10 000 €
Einkünfte aus Vermietung und Verpachtung		
– laufende Einkünfte		– 20 000 €
– Einkünfte aus Entschädigung i. S. d. § 34 Abs. 2 Nr. 2 EStG		+ 30 000 €
G. d. E.		20 000 €
Sonderausgaben		– 5 000 €
Einkommen/z. v. E.		15 000 €
Höhe der Einkünfte i. S. d. § 34 Abs. 2 EStG, die nach § 34 Abs. 1 besteuert werden können, maximal bis zur Höhe des z. v. E.		15 000 €
z. v. E.	15 000 €	
abzüglich Einkünfte i. S. d. § 34 Abs. 2 EStG	– 30 000 €	
verbleibendes z. v. E.	– 15 000 €	
Damit ist das gesamte z. v. E. in Höhe von 15 000 € gem. § 34 EStG tarifbegünstigt.		
$1/5$ des z. v. E. (§ 34 Abs. 1 Satz 3 EStG)		3 000 €
Arbeitslosengeld	40 000 €	
abzüglich negatives verbleibendes z. v. E.	– 15 000 €	
dem Progressionsvorbehalt unterliegende Bezüge werden nur insoweit berücksichtigt, als sie das negative verbleibende z. v. E. übersteigen	25 000 €	+ 25 000 €
für die Berechnung des Steuersatzes gem. § 32b Abs. 2 EStG maßgebendes verbleibendes z. v. E.		28 000 €

Steuer nach Grundtarif	4 356 €	
besonderer (= durchschnittlicher) Steuersatz	15,5571 %	
Steuerbetrag auf $^{1}/_{5}$ des z. v. E. (3000 €)	466 €	
multipliziert mit Faktor 5	2 330 €	
tarifliche Einkommensteuer		**2 330 €**

Beispiel 5:

Berechnung der Einkommensteuer bei Zusammentreffen der Vergünstigungen nach § 34 Abs. 1 EStG und § 34 Abs. 3 EStG

Der Stpfl., der Einkünfte aus Gewerbebetrieb hat, und seine Ehefrau werden zusammen veranlagt. Im Zeitpunkt der Betriebsveräußerung hatte der Stpfl. das 55. Lebensjahr vollendet. Es sind die folgenden Einkünfte und Sonderausgaben anzusetzen:

Einkünfte aus Gewerbebetrieb, laufender Gewinn		50 000 €
Veräußerungsgewinn (§ 16 EStG)	120 000 €	
davon bleiben nach § 16 Abs. 4 EStG steuerfrei	– 45 000 €	+ 75 000 €
Einkünfte, die Vergütung für eine mehrjährige Tätigkeit sind		+ 100 000 €
Einkünfte aus Vermietung und Verpachtung		+ 3 500 €
G. d. E.		228 500 €
Sonderausgaben		– 3 200 €
Einkommen/z. v. E.		225 300 €

1. Steuerberechnung nach § 34 Abs. 1 EStG

1.1. Ermittlung des Steuerbetrags ohne Einkünfte nach § 34 Abs. 1

z. v. E.	225 300 €	
abzüglich Einkünfte nach § 34 Abs. 1 EStG	– 100 000 €	125 300 €
(darauf entfallender Steuerbetrag = 33 952 €)		
abzüglich Einkünfte nach § 34 Abs. 3 EStG		– 75 000 €
		50 300 €
darauf entfallender Steuerbetrag	7 070 €	

Für das z. v. E. ohne Einkünfte nach § 34 Abs. 1 EStG würde sich eine Einkommensteuer nach Splittingtarif von 33 952 € ergeben. Sie entspricht einem durchschnittlichen Steuersatz von 27,0965 %. Der ermäßigte Steuersatz beträgt mithin 56 % von 27,0965 % = 15,1740 %. Der ermäßigte Steuersatz ist höher als der mindestens anzusetzende Steuersatz von 14 % (§ 34 Abs. 3 Satz 2 EStG). Daher ist der Mindeststeuersatz nicht maßgeblich. Mit dem ermäßigten Steuersatz gemäß § 34 Abs. 3 EStG zu versteuern: 15,1740 % von 75 000 € = 11 380 €

Steuerbetrag nach § 34 Abs. 3 EStG (ohne Einkünfte nach § 34 Abs. 1 EStG)	11 380 €
zuzüglich Steuerbetrag von 50 300 € (= z. v. E. ohne Einkünfte nach § 34 Abs. 1 EStG und § 34 Abs. 3 EStG)	+ 7 070 €
Steuerbetrag ohne Einkünfte nach § 34 Abs. 1 EStG	18 450 €

1.2. Ermittlung des Steuerbetrags mit $^{1}/_{5}$ der Einkünfte nach § 34 Abs. 1 EStG

z. v. E.		225 300 €
abzüglich Einkünfte nach § 34 Abs. 1 EStG		– 100 000 €
zuzüglich $^{1}/_{5}$ der Einkünfte nach § 34 Abs. 1 EStG		+ 20 000 €
		145 300 €
(darauf entfallender Steuerbetrag = 42 352 €)		
abzüglich Einkünfte nach § 34 Abs. 3 EStG		– 75 000 €
		70 300 €
darauf entfallender Steuerbetrag	13 122 €	

Für das z. v. E. ohne die Einkünfte nach § 34 Abs. 1 EStG zuzüglich $^{1}/_{5}$ der Einkünfte nach § 34 Abs. 1 EStG würde sich eine Einkommensteuer nach Splittingtarif von 42 352 € ergeben. Sie entspricht einem durchschnittlichen Steuersatz von 29,1479 %. Der ermäßigte Steuersatz beträgt mithin 56 % von 29,1479 % = 16,3228 %. Der ermäßigte Steuersatz ist höher als der mindestens anzusetzende Steuersatz in Höhe von 14 % (§ 34 Abs. 3 Satz 2 EStG). Daher ist der Mindeststeuersatz nicht maßgeblich. Mit dem ermäßigten Steuersatz zu versteuern: 16,3228 % von 75 000 € = 12 242 €.

Steuerbetrag nach § 34 Abs. 3 EStG (unter Berücksichtigung von $^{1}/_{5}$ der Einkünfte nach § 34 Abs. 1 EStG)	12 242 €
zuzüglich Steuerbetrag von 70 300 € (= z. v. E. ohne Einkünfte nach § 34 Abs. 3 und § 34 Abs. 1 EStG mit $^{1}/_{5}$ der Einkünfte nach § 34 Abs. 1 EStG)	+ 13 122 €
Steuerbetrag mit $^{1}/_{5}$ der Einkünfte nach § 34 Abs. 1 EStG	25 364 €

1.3. Ermittlung des Unterschiedsbetrages nach § 34 Abs. 1 EStG

Steuerbetrag mit $^{1}/_{5}$ der Einkünfte nach § 34 Abs. 1 EStG	25 364 €
abzüglich Steuerbetrag ohne Einkünfte nach § 34 Abs. 1 EStG (→ Nr. 1.1)	– 18 450 €
Unterschiedsbetrag	6 914 €
verfünffachter Unterschiedsbetrag nach § 34 Abs. 1 EStG	34 570 €

2. Steuerberechnung nach § 34 Abs. 3 EStG

z. v. E.	225 300 €	
abzüglich Einkünfte nach § 34 Abs. 1 EStG	– 100 000 €	
	125 300 €	
Steuerbetrag von 125 300 €		33 952 €
zuzüglich verfünffachter Unterschiedsbetrag nach § 34 Abs. 1 EStG (→ Nr. 1.3)		+ 34 570 €
Summe		68 522 €

Ermittlung des ermäßigten Steuersatzes nach Splittingtarif auf der Grundlage des z. v. E.
68 522 €/225 300 € = 30,4136 %
Der ermäßigte Steuersatz beträgt mithin 56% von 30,4136 % = 17,0316 %. Der ermäßigte Steuersatz ist höher als der mindestens anzusetzende Steuersatz in Höhe von 14 % (§ 34 Abs. 3 Satz 2 EStG). Daher ist der Mindeststeuersatz nicht maßgeblich. Mit dem ermäßigten Steuersatz zu versteuern: 17,0316 % von 75 000 € = 12 773 €.

Steuerbetrag nach § 34 Abs. 3 EStG	12 773 €

3. Berechnung der gesamten Einkommensteuer

nach dem Splittingtarif entfallen auf das z. v. E. ohne begünstigte Einkünfte (→ Nr. 1.1)	7 070 €
verfünffachter Unterschiedsbetrag nach § 34 Abs. 1 EStG (→ Nr. 1.3)	34 570 €
Steuer nach § 34 Abs. 3 EStG (→ Nr. 2)	12 773 €
tarifliche Einkommensteuer	**54 413 €**

Negativer Progressionsvorbehalt. Unterliegen Einkünfte sowohl der Tarifermäßigung des § 34 Abs. 1 EStG als auch dem negativen Progressionsvorbehalt des § 32b EStG, ist eine integrierte Steuerberechnung nach dem Günstigkeitsprinzip vorzunehmen. Danach sind die Ermäßigungsvorschriften in der Reihenfolge anzuwenden, die zu einer geringeren Steuerbelastung führt, als dies bei ausschließlicher Anwendung des negativen Progressionsvorbehalts der Fall wäre (→ BFH vom 15.11.2007 – BStBl. 2008 II S. 375).

Verhältnis zu § 34b EStG. → R 34b.5 Abs. 2.

R 34.3 Besondere Voraussetzungen für die Anwendung des § 34 Abs. 1 EStG

(1) Entschädigungen i. S. d. § 24 Nr. 1 EStG sind nach § 34 Abs. 1 i. V. m. Abs. 2 Nr. 2 EStG nur begünstigt, wenn es sich um außerordentliche Einkünfte handelt; dabei kommt es nicht darauf an, im Rahmen welcher Einkunftsart sie angefallen sind.

(2) [1]Die Nachzahlung von Nutzungsvergütungen und Zinsen i. S. d. § 34 Abs. 2 Nr. 3 EStG muss einen Zeitraum von mehr als 36 Monaten umfassen. [2]Es genügt nicht, dass sie auf drei Kalenderjahre entfällt.

H 34.3

Entlassungsentschädigungen.

– → BMF vom 1.11.2013 (BStBl. I S. 1326) unter Berücksichtigung der Änderungen durch BMF vom 4.3.2016 (BStBl. I S. 277).
– Die Rückzahlung einer Abfindung ist auch dann im Abflussjahr zu berücksichtigen, wenn die Abfindung im Zuflussjahr begünstigt besteuert worden ist. Eine Lohnrückzahlung ist regelmäßig kein rückwirkendes Ereignis, das zur Änderung des Einkommensteuerbescheides des Zuflussjahres berechtigt (→ BFH vom 4.5.2006 – BStBl. II S. 911).

Entschädigung i. S. d. § 24 Nr. 1 EStG. → R 24.1.

Entschädigung in zwei Veranlagungszeiträumen.

– Außerordentliche Einkünfte i. S. d. § 34 Abs. 2 Nr. 2 EStG sind (nur) gegeben, wenn die zu begünstigenden Einkünfte in einem VZ zu erfassen sind (→ BFH vom 21.3.1996 – BStBl. II S. 416 und vom 14.5.2003 – BStBl. II S. 881). Die Tarifermäßigung nach § 34 Abs. 1 EStG kann aber unter besonderen Umständen ausnahmsweise auch dann in Betracht kommen, wenn die Entschädigung nicht in einem Kj. zufließt, sondern sich auf zwei Kj. verteilt. Voraussetzung ist jedoch stets, dass die Zahlung der Entschädigung von vornherein in einer Summe vorgesehen war und nur wegen ihrer ungewöhnlichen Höhe und der besonderen Verhältnisse des Zahlungspflichtigen auf zwei Jahre verteilt wurde oder wenn der Entschädigungsempfänger – bar aller Existenzmittel – dringend auf den baldigen Bezug einer Vorauszahlung angewiesen war (→ BFH vom 2.9.1992 – BStBl. 1993 II S. 831).
– Bei Land- und Forstwirten mit einem vom Kj. abweichenden Wj. ist die Tarifermäßigung ausgeschlossen, wenn sich die außerordentlichen Einkünfte auf Grund der Aufteilungsvorschrift des § 4a Abs. 2 Nr. 1 Satz 1 EStG auf mehr als zwei VZ verteilen (→ BFH vom 4.4.1968 – BStBl. II S. 411).
– Planwidriger Zufluss → BMF vom 1.11.2013 (BStBl. I S. 1326), Rz. 16–19.
– Die Ablösung wiederkehrender Bezüge aus einer Betriebs- oder Anteilsveräußerung durch eine Einmalzahlung kann als Veräußerungserlös auch dann tarifbegünstigt sein, wenn im Jahr der Betriebs- oder Anteilsveräußerung eine Einmalzahlung tarifbegünstigt versteuert worden ist, diese aber im Verhältnis zum Ablösebetrag als geringfügig (im Urteilsfall weniger als 1 %) anzusehen ist (→ BFH vom 14.1.2004 – BStBl. II S. 493).

Nutzungsvergütungen i. S. d. § 24 Nr. 3 EStG.

- Werden Nutzungsvergütungen oder Zinsen i. S. d. § 24 Nr. 3 EStG für einen Zeitraum von mehr als drei Jahren nachgezahlt, ist der gesamte Nachzahlungsbetrag nach § 34 Abs. 2 Nr. 3 i. V. m. Abs. 1 EStG begünstigt. Nicht begünstigt sind Nutzungsvergütungen, die in einem Einmalbetrag für einen drei Jahre übersteigenden Nutzungszeitraum gezahlt werden und von denen ein Teilbetrag auf einen Nachzahlungszeitraum von weniger als drei Jahren und die im Übrigen auf den zukünftigen Nutzungszeitraum entfallen (→ BFH vom 19.4.1994 – BStBl. II S. 640).
- Die auf Grund eines Zwangsversteigerungsverfahrens von der öffentlichen Hand als Ersteherin gezahlten sog. Bargebotszinsen stellen keine „Zinsen auf Entschädigungen" i. S. v. § 24 Nr. 3 EStG dar (→ BFH vom 28.4.1998 – BStBl. II S. 560).

Vorabentschädigungen. Teilzahlungen, die ein Handelsvertreter entsprechend seinen abgeschlossenen Geschäften laufend vorweg auf seine künftige Wettbewerbsentschädigung (§ 90a HGB) und auf seinen künftigen Ausgleichsanspruch (§ 89b HGB) erhält, führen in den jeweiligen VZ zu keiner → Zusammenballung von Einkünften und lösen deshalb auch nicht die Tarifermäßigung nach § 34 Abs. 1 EStG aus (→ BFH vom 20.7.1988 – BStBl. II S. 936).

Zinsen i. S. d. § 24 Nr. 3 EStG. → Nutzungsvergütungen.

Zusammenballung von Einkünften.

- Eine Entschädigung ist nur dann tarifbegünstigt, wenn sie zu einer Zusammenballung von Einkünften innerhalb eines VZ führt (→ BFH vom 4.3.1998 – BStBl. II S. 787).
- → BMF vom 1.11.2013 (BStBl. I S. 1326) unter Berücksichtigung der Änderungen durch BMF vom 4.3.2016 (BStBl. I S. 277), Rz. 8–15.
- Erhält ein Stpfl. wegen der Körperverletzung durch einen Dritten auf Grund von mehreren gesonderten und unterschiedliche Zeiträume betreffenden Vereinbarungen mit dessen Versicherung Entschädigungen als Ersatz für entgangene und entgehende Einnahmen, steht der Zufluss der einzelnen Entschädigungen in verschiedenen VZ der tarifbegünstigten Besteuerung jeder dieser Entschädigungen nicht entgegen (→ BFH vom 21.1.2004 – BStBl. II S. 716). Bei einem zeitlichen Abstand zweier selbständiger Entschädigungszahlungen von sechs Jahren fehlt der für die Beurteilung der Einheitlichkeit einer Entschädigungsleistung erforderliche zeitliche Zusammenhang (→ BFH vom 11.10.2017 – BStBl. 2018 II S. 706).

R 34.4 Anwendung des § 34 Abs. 1 EStG auf Einkünfte aus der Vergütung für eine mehrjährige Tätigkeit (§ 34 Abs. 2 Nr. 4 EStG)

Allgemeines

(1) [1] § 34 Abs. 2 Nr. 4 i. V. m. Abs. 1 EStG gilt grundsätzlich für alle Einkunftsarten. [2] § 34 Abs. 1 EStG ist auch auf Nachzahlungen von Ruhegehaltsbezügen und von Renten i. S. d. § 22 Nr. 1 EStG anwendbar, soweit diese nicht für den laufenden VZ geleistet werden. [3] Voraussetzung für die Anwendung ist, dass auf Grund der Einkunftsermittlungsvorschriften eine Zusam-

menballung von Einkünften eintritt, die bei Einkünften aus nichtselbständiger Arbeit auf wirtschaftlich vernünftigen Gründen beruht und bei anderen Einkünften nicht dem vertragsgemäßen oder dem typischen Ablauf entspricht.

Einkünfte aus nichtselbständiger Arbeit

(2) Bei Einkünften aus nichtselbständiger Arbeit kommt es nicht darauf an, dass die Vergütung für eine abgrenzbare Sondertätigkeit gezahlt wird, dass auf sie ein Rechtsanspruch besteht oder dass sie eine zwangsläufige Zusammenballung von Einnahmen darstellt.

Ermittlung der Einkünfte

(3) [1]Bei der Ermittlung der dem § 34 Abs. 2 Nr. 4 i. V. m. Abs. 1 EStG unterliegenden Einkünfte gilt R 34.1 Abs. 4 Satz 2. [2]Handelt es sich sowohl bei den laufenden Einnahmen als auch bei den außerordentlichen Bezügen um Versorgungsbezüge i. S. d. § 19 Abs. 2 EStG, können im Kalenderjahr des Zuflusses die Freibeträge für Versorgungsbezüge nach § 19 Abs. 2 EStG nur einmal abgezogen werden; sie sind zunächst bei den nicht nach § 34 EStG begünstigten Einkünften zu berücksichtigen. [3]Nur insoweit nicht verbrauchte Freibeträge für Versorgungsbezüge sind bei den nach § 34 EStG begünstigten Einkünften abzuziehen. [4]Entsprechend ist bei anderen Einkunftsarten zu verfahren, bei denen ein im Rahmen der Einkünfteermittlung anzusetzender Freibetrag oder Pauschbetrag abzuziehen ist. [5]Werden außerordentliche Einkünfte aus nichtselbständiger Arbeit neben laufenden Einkünften dieser Art bezogen, ist bei den Einnahmen der Arbeitnehmer-Pauschbetrag oder der Pauschbetrag nach § 9a Satz 1 Nr. 1 Buchstabe b EStG insgesamt nur einmal abzuziehen, wenn insgesamt keine höheren Werbungskosten nachgewiesen werden. [6]In anderen Fällen sind die auf die jeweiligen Einnahmen entfallenden tatsächlichen Werbungskosten bei diesen Einnahmen zu berücksichtigen.

H 34.4

Arbeitslohn für mehrere Jahre.

– Die Anwendung des § 34 Abs. 2 Nr. 4 i. V. m. § 34 Abs. 1 EStG setzt nicht voraus, dass der Arbeitnehmer die Arbeitsleistung erbringt; es genügt, dass der Arbeitslohn für mehrere Jahre gezahlt worden ist (→ BFH vom 17.7.1970 – BStBl. II S. 683).

– Liegen wirtschaftlich vernünftige Gründe für eine zusammengeballte Entlohnung vor, muss es sich nicht um einmalige und unübliche (Sonder-)Einkünfte für eine Tätigkeit handeln, die von der regelmäßigen Erwerbstätigkeit abgrenzbar ist oder auf einem besonderen Rechtsgrund beruht (→ BFH vom 7.5.2015 – BStBl. II S. 890).

Außerordentliche Einkünfte i. S. d. § 34 Abs. 2 Nr. 4 i. V. m. § 34 Abs. 1 EStG.

– **§ 34 Abs. 2 Nr. 4 i. V. m. § 34 Abs. 1 EStG ist z. B. anzuwenden, wenn:**

• eine **Lohnzahlung** für eine Zeit, die vor dem Kj. liegt, deshalb nachträglich geleistet wird, weil der Arbeitgeber Lohnbeträge zu Unrecht einbehalten oder mangels flüssiger Mittel nicht in der festgelegten Höhe ausgezahlt hat (→ BFH vom 17.7.1970 – BStBl. II S. 683),

- der Arbeitgeber **Prämien** mehrerer Kj. für eine Versorgung oder für eine Unfallversicherung des Arbeitnehmers deshalb voraus- oder nachzahlt, weil er dadurch günstigere Prämiensätze erzielt oder weil die Zusammenfassung satzungsgemäßen Bestimmungen einer Versorgungseinrichtung entspricht,
- dem Stpfl. **Tantiemen** für mehrere Jahre in einem Kj. zusammengeballt zufließen (→ BFH vom 11.6.1970 – BStBl. II S. 639),
- dem Stpfl. Zahlungen, die zur Abfindung von **Pensionsanwartschaften** geleistet werden, zufließen. Dem Zufluss steht nicht entgegen, dass der Ablösungsbetrag nicht an den Stpfl., sondern an einen Dritten gezahlt worden ist (→ BFH vom 12.4.2007 – BStBl. II S. 581),
- **Arbeitslohn** aus einem **Forderungsverzicht** auf eine bereits erdiente (werthaltige) Pensionsanwartschaft vorliegt (→ BFH vom 23.8.2017 – BStBl. 2018 II S. 208),
- **Nachzahlungen von Versorgungsbezügen,** die als Ruhegehalt für eine ehemalige Arbeitnehmertätigkeit gezahlt werden (→ BFH vom 28.2.1958 – BStBl. III S. 169),
- eine **(Einmal-)Zahlung des Rückkaufwertes** einer Versicherung der betrieblichen Altersversorgung vorliegt (→ BFH vom 6.5.2020 – BStBl. 2021 II S. 141),
- im Rahmen der betrieblichen Altersvorsorge im Durchführungsweg Direktzusage eine Trennung zwischen **arbeitgeberfinanziertem Basiskonto und mitarbeiterfinanziertem Aufbaukonto** vorgenommen wird und eine Einmalauszahlung aus einem dieser Konten erfolgt (→ BFH vom 23.4.2021 – BStBl. II S. 692),
- Überstundenvergütungen für einen Zeitraum von mehr als zwölf Monaten als Einmalzahlung geleistet werden (→ BFH vom 2.12.2021 – BStBl. II 2022 S. 442).

– **§ 34 Abs. 2 Nr. 4 i. V. m. § 34 Abs. 1 EStG ist z. B. nicht anzuwenden:**

- bei zwischen Arbeitgeber und Arbeitnehmer vereinbarten und regelmäßig ausgezahlten **gewinnabhängigen Tantiemen,** deren Höhe erst nach Ablauf des Wj. festgestellt werden kann; es handelt sich hierbei nicht um die Abgeltung einer mehrjährigen Tätigkeit (→ BFH vom 30.8.1966 – BStBl. III S. 545),
- bei **Erstattungszinsen** nach § 233a AO (→ BFH vom 12.11.2013 – BStBl. 2014 II S. 168),
- bei der Vereinnahmung eines **berufsüblichen Honorars** für die Bearbeitung eines mehrjährigen Mandats durch einen Rechtsanwalt (→ BFH vom 30.1.2013 – BStBl. 2018 II S. 696),
- bei **Zuwendungen,** die ohne Rücksicht auf die Dauer der Betriebszugehörigkeit lediglich aus Anlass eines **Firmenjubiläums** erfolgen (→ BFH vom 3.7.1987 – BStBl. II S. 820),
- bei **Versorgungsleistungen aus einer Pensionszusage,** die an die Stelle einer in einem vergangenen Jahr erdienten variablen Vergütung (Bonus) treten (→ BFH vom 31.8.2016 – BStBl. 2017 II S. 322),

- bei einer gewährten Prämie an einen Arbeitnehmer für einen **Verbesserungsvorschlag,** wenn sie nicht nach dem Zeitaufwand des Arbeitnehmers, sondern ausschließlich nach der Kostenersparnis des Arbeitgebers in einem bestimmten künftigen Zeitraum berechnet wird (→ BFH vom 31.8.2016 – BStBl. 2017 II S. 322).

– **§ 34 Abs. 2 Nr. 4 i. V. m. § 34 Abs. 1 EStG (Vergütung für eine mehrjährige Tätigkeit)** kann in besonders gelagerten **Ausnahmefällen** anzuwenden sein:
- wenn die Vergütung dem Stpfl. aus **wirtschaftlich vernünftigen Gründen** nicht in einem Kj., sondern **in zwei Kj. in Teilbeträgen** zusammengeballt ausgezahlt wird (→ BFH vom 16.9.1966 – BStBl. 1967 III S. 2),
- wenn die Vergütung **während eines Kj. in mehreren Teilbeträgen** gezahlt wird (→ BFH vom 11.6.1970 – BStBl. II S. 639).

Gewinneinkünfte. Die Annahme außerordentlicher Einkünfte i. S. d. § 34 Abs. 2 Nr. 4 EStG setzt voraus, dass die Vergütung für mehrjährige Tätigkeiten eine Progressionswirkung typischerweise erwarten lässt. Dies kann bei Einkünften i. S. d. § 2 Abs. 2 Satz 1 Nr. 1 EStG dann der Fall sein, wenn
– der Stpfl. sich während mehrerer Jahre **ausschließlich einer bestimmten Sache** gewidmet und die Vergütung dafür in einem einzigen VZ erhalten hat oder
– eine sich über mehrere Jahre erstreckende **Sondertätigkeit,** die von der übrigen Tätigkeit des Stpfl. ausreichend abgrenzbar ist und nicht zum regelmäßigen Gewinnbetrieb gehört, in einem einzigen VZ entlohnt wird oder
– der Stpfl. für eine mehrjährige Tätigkeit eine Nachzahlung in einem Betrag aufgrund einer vorausgegangenen **rechtlichen Auseinandersetzung** erhalten hat (→ BFH vom 14.12.2006 – BStBl. 2007 II S. 180),
– eine **einmalige Sonderzahlung** für langjährige Dienste auf Grund einer arbeitnehmerähnlichen Stellung geleistet wird (→ BFH vom 7.7.2004 – BStBl. 2005 II S. 276),
– durch geballte **Nachaktivierung** von **Umsatzsteuer-Erstattungsansprüchen** mehrerer Jahre ein Ertrag entsteht (→ BFH vom 25.2.2014 – BStBl. II S. 668 und vom 25.9.2014 – BStBl. 2015 II S. 220),
– eine **Nachzahlung der Kassenärztlichen Vereinigung,** die insgesamt mehrere Jahre betrifft, ganz überwiegend in einem VZ ausgezahlt wird (→ BFH vom 2.8.2016 – BStBl. 2017 II S. 258).

Zusammenballung von Einkünften.
Eine Zusammenballung von Einkünften ist **nicht anzunehmen:**
– wenn die Vertragsparteien die Vergütung bereits durch ins Gewicht fallende **Teilzahlungen** auf mehrere Kj. verteilt haben (→ BFH vom 10.2.1972 – BStBl. II S. 529),
– bei der **Veräußerung eines Mitunternehmeranteils,** wenn der Stpfl. zuvor auf Grund einheitlicher Planung und im zeitlichen Zusammenhang mit der Veräußerung einen Teil des ursprünglichen Mitunterneh-

meranteils ohne Aufdeckung der stillen Reserven übertragen hat (→ BFH vom 9.12.2014 – BStBl. 2015 II S. 529),
- wenn die **Auszahlung der Gesamtvergütung** in zwei VZ in etwa gleich großen Teilbeträgen erfolgt. Dabei ist es unerheblich, ob die Modalitäten des Zuflusses vereinbart oder dem Zahlungsempfänger aufgezwungen wurden (→ BFH vom 2.8.2016 – BStBl. 2017 II S. 258).

R 34.5 Anwendung der Tarifermäßigung nach § 34 Abs. 3 EStG

Berechnung

(1) [1]Für das gesamte z. v. E. i. S. d. § 32a Abs. 1 EStG – also einschließlich der außerordentlichen Einkünfte, soweit sie zur Einkommensteuer heranzuziehen sind – ist der Steuerbetrag nach den allgemeinen Tarifvorschriften zu ermitteln. [2]Aus dem Verhältnis des sich ergebenden Steuerbetrags zu dem gerundeten z. v. E. ergibt sich der durchschnittliche Steuersatz, der auf vier Dezimalstellen abzurunden ist. [3]56 % dieses durchschnittlichen Steuersatzes, mindestens 14 %, ist der anzuwendende ermäßigte Steuersatz.

Beschränkung auf einen Veräußerungsgewinn

(2) [1]Die Ermäßigung nach § 34 Abs. 3 Satz 1 bis 3 EStG kann der Stpfl. nur einmal im Leben in Anspruch nehmen, selbst dann, wenn der Stpfl. mehrere Veräußerungs- oder Aufgabegewinne innerhalb eines VZ erzielt. [2]Dabei ist die Inanspruchnahme einer Steuerermäßigung nach § 34 EStG in VZ vor dem 1.1.2001 unbeachtlich (→ § 52 Abs. 47 Satz 8 EStG).[1)] [3]Wird der zum Betriebsvermögen eines Einzelunternehmers gehörende Mitunternehmeranteil im Zusammenhang mit der Veräußerung des Einzelunternehmens veräußert, ist die Anwendbarkeit des § 34 Abs. 3 EStG für beide Vorgänge getrennt zu prüfen. [4]Liegen hinsichtlich beider Vorgänge die Voraussetzungen des § 34 Abs. 3 EStG vor, kann der Stpfl. die ermäßigte Besteuerung nach § 34 Abs. 3 EStG entweder für die Veräußerung des Einzelunternehmens oder für die Veräußerung des Mitunternehmeranteiles beantragen. [5]Die Veräußerung eines Anteils an einer Mitunternehmerschaft (Obergesellschaft), zu deren Betriebsvermögen die Beteiligung an einer anderen Mitunternehmerschaft gehört (mehrstöckige Personengesellschaft), stellt für die Anwendbarkeit des § 34 Abs. 3 EStG einen einheitlich zu beurteilenden Veräußerungsvorgang dar.

Nachweis der dauernden Berufsunfähigkeit

(3) R 16 Abs. 14 gilt entsprechend.

H 34.5

Ausgliederung einer 100%-Beteiligung an einer Kapitalgesellschaft. Der Gewinn aus der Aufgabe eines Betriebs unterliegt auch dann der Tarifbegünstigung, wenn zuvor im engen zeitlichen Zusammenhang mit der Betriebsaufgabe eine das gesamte Nennkapital umfassende Beteiligung an einer

---

[1)] **[Amtl. Anm.:]** § 52 Abs. 47 Satz 8 EStG i. d. F. vor dem Gesetz zur Anpassung des nationalen Steuerrechts an den Beitritt Kroatiens zur EU und zur Änderung weiterer steuerlicher Vorschriften v. 25.7.2014, BGBl. I 2014, 1266.

Kapitalgesellschaft zum Buchwert in ein anderes Betriebsvermögen übertragen oder überführt worden ist (→ BFH vom 28.5.2015 – BStBl. II S. 797).

Beispiel. → H 34.2 (Berechnungsbeispiele), Beispiel 5.

Verbrauch der Steuerbegünstigung nach § 34 Abs. 3 Satz 1 EStG. Die Steuervergünstigung ist auch verbraucht, wenn das Finanzamt die Vergünstigung zu Unrecht gewährt hat. Dies gilt selbst dann, wenn dies ohne Antrag des Stpfl. geschieht und ein Betrag begünstigt besteuert wird, bei dem es sich tatsächlich nicht um einen Veräußerungsgewinn i. S. d. § 34 Abs. 2 Nr. 1 handelt. Etwas anderes gilt nur, wenn es für den Stpfl. angesichts der geringen Höhe der Vergünstigung und wegen des Fehlens eines Hinweises des Finanzamts nicht erkennbar war (→ BFH vom 28.9.2021 – BStBl. II 2022 S. 169).

Zu § 34a EStG

H 34a

Allgemeines. → BMF vom 11.8.2008 (BStBl. I S. 838).

Zu § 34b EStG
(§ 68 EStDV)

R 34b.1 Gewinnermittlung

Allgemeines

(1) [1]Die Einkünfte aus Holznutzungen sind nach den Grundsätzen der jeweiligen Gewinnermittlungsart für jedes Wirtschaftsjahr gesondert zu ermitteln. [2]Eine Holznutzung liegt vor, wenn aus einem Wirtschaftsgut Baumbestand heraus Holz vom Grund und Boden getrennt wird und im Zuge der Aufarbeitung vom Anlagevermögen zum Umlaufvermögen wird. [3]Entsprechendes gilt, wenn Holz auf dem Stamm verkauft wird. [4]Mit der Zuordnung zum Umlaufvermögen ist der Holzvorrat mit den tatsächlichen Anschaffungs- oder Herstellungskosten zu bewerten.

Pauschalierung

(2) [1]Die Pauschalierung der Betriebsausgaben nach § 51 EStDV darf nur vorgenommen werden, wenn es zulässig ist, den Gewinn für die forstwirtschaftliche Nutzung des Betriebs nach den Grundsätzen des § 4 Abs. 3 EStG zu ermitteln und die zum Betrieb gehörenden forstwirtschaftlich genutzten Flächen im Sinne des § 34 Abs. 2 Nr. 1 Buchstabe b des Bewertungsgesetzes zum Beginn des Wirtschaftsjahres 50 Hektar nicht übersteigen. [2]Soweit unter diesen Voraussetzungen oder nach § 4 des Forstschäden-Ausgleichsgesetzes Gewinne aus Holznutzungen pauschal ermittelt werden, gelten die pauschalen Betriebsausgaben auch für die Ermittlung der nach § 34b EStG begünstigten Einkünfte aus außerordentlichen Holznutzungen.

Abweichende Wirtschaftsjahre

(3) Die für jedes Wirtschaftsjahr gesondert ermittelten Einkünfte für außerordentliche Holznutzungen sind bei abweichenden Wirtschaftsjahren – den

übrigen laufenden Einkünften entsprechend – zeitanteilig und getrennt nach den Einkünften i. S. v. § 34b Abs. 2 i. V. m. Abs. 3 Nr. 1 und 2 EStG dem jeweiligen VZ zuzuordnen.

Mehrere Betriebe

(4) Unterhält ein Stpfl. mehrere Betriebe mit eigenständiger Gewinnermittlung, sind die Einkünfte aus außerordentlichen Holznutzungen nach § 34b Abs. 2 i. V. m. Abs. 3 Nr. 1 und 2 EStG für jeden Betrieb gesondert zu ermitteln und dem jeweiligen VZ zuzurechnen.

H 34b.1

Bewertung des Baumbestandes. Zur steuerlichen Behandlung des Baumbestandes → BMF vom 16.5.2012 (BStBl. I S. 595).

Forstschäden-Ausgleichsgesetz.[1)]

- → Gesetz vom 26.8.1985 (BGBl. I S. 1756, BStBl. I S. 592) zuletzt geändert durch Artikel 412 der Zehnten Zuständigkeitsanpassungsverordnung vom 31.8.2015 (BGBl. I S. 1474).
- Zweifelsfragen zu den steuerlichen Regelungen des Forstschäden-Ausgleichsgesetzes → BMF vom 27.7.2021 (BStBl. I S. 1044).
- → H 13.5 (Forstwirtschaft).

Zeitliche Anwendung. Zur zeitlichen Anwendung der Tarifvorschrift des § 68 EStDV → BMF vom 16.5.2012 (BStBl. I S. 594).

R 34b.2 Ordentliche und außerordentliche Holznutzungen

Definition

(1) [1] Außerordentliche Holznutzungen liegen vor, wenn bei einer Holznutzung die in § 34b Abs. 1 EStG genannten Voraussetzungen erfüllt sind. [2] Es ist unerheblich, ob sie in Nachhaltsbetrieben oder in aussetzenden Betrieben anfallen. [3] Alle übrigen Holznutzungen sind ordentliche Holznutzungen. [4] Die Veräußerung des Grund und Bodens einschließlich des Aufwuchses oder die Veräußerung des Grund und Bodens und des stehenden Holzes an denselben Erwerber in getrennten Verträgen ist keine Holznutzung i. S. d. § 34b EStG.

Zeitpunkt der Verwertung

(2) [1] § 34b EStG begünstigt die Einkünfte aus der Verwertung von außerordentlichen Holznutzungen (→ R 34b.1 Abs. 1) durch Veräußerung oder Entnahme. [2] Zeitpunkt der Verwertung ist in den Fällen der Gewinnermittlung nach § 4 Abs. 1 EStG der Zeitpunkt der Veräußerung oder Entnahme. [3] Soweit die Grundsätze des § 4 Abs. 3 EStG anzuwenden sind, ist der Zeitpunkt des Zuflusses der Einnahmen oder der Entnahme maßgebend.

Holznutzungen aus volks- und staatswirtschaftlichen Gründen

(3) [1] Eine Nutzung geschieht aus volks- oder staatswirtschaftlichen Gründen, wenn sie z. B. durch gesetzlichen oder behördlichen Zwang veranlasst worden ist. [2] Dies sind insbesondere Holznutzungen infolge einer Enteignung

---

1) Zuletzt geänd. durch G v. 10.8.2021, BGBl. I 2021, 3436 (**Steuergesetze** Nr. **720**).

oder einer drohenden Enteignung, z.B. beim Bau von Verkehrswegen. [3]Ein Zwang kann dabei schon angenommen werden, wenn der Stpfl. nach den Umständen des Falles der Ansicht sein kann, dass er im Fall der Verweigerung des Verkaufs ein behördliches Enteignungsverfahren zu erwarten habe. [4]Unter einem unmittelbar drohenden behördlichen Eingriff sind jedoch nicht diejenigen Verpflichtungen zu verstehen, die allein auf Grund der Waldgesetze vorzunehmen sind.

Holznutzungen infolge höherer Gewalt (Kalamitätsnutzungen)[1)]

(4) [1]Holznutzungen infolge höherer Gewalt liegen neben den in § 34b Abs. 1 Nr. 2 Satz 2 EStG genannten Fällen auch dann vor, wenn sie durch Naturereignisse verursacht sind, die im Gesetz nicht besonders aufgeführt sind. [2]Kalamitätsnutzungen knüpfen stets an das Vorliegen eines außergewöhnlichen Naturereignisses im Sinne höherer Gewalt an. [3]Eine Holznutzung infolge höherer Gewalt kann auch in einem Wirtschaftsjahr nach Eintritt des Schadensereignisses erfolgen. [4]Zu den Holznutzungen infolge höherer Gewalt zählen nicht Schadensfälle von einzelnen Bäumen (z.B. Dürrhölzer, Schaden durch Blitzschlag), soweit sie sich im Rahmen der regelmäßigen natürlichen Abgänge halten.

(5) [1]Bei vorzeitigen Holznutzungen auf Grund von Schäden durch militärische Übungen sind dieselben Steuersätze wie für Holznutzungen infolge höherer Gewalt anzuwenden. [2]Ersatzleistungen für Schäden, die sich beseitigen lassen (z.B. Schäden an Wegen und Jungpflanzungen), sind nach R 6.6 zu behandeln.

H 34b.2

Höhere Gewalt. Außerordentliche Holznutzungen infolge gesetzlicher oder behördlicher Anordnungen gehören nicht zu den Holznutzungen infolge höherer Gewalt (→ RFH vom 23.8.1939 – RStBl. S. 1056).

Kalamitätsfolgehiebe. Muss ein nach einem Naturereignis stehengebliebener Bestand nach forstwirtschaftlichen Grundsätzen eingeschlagen werden (sog. Kalamitätsfolgehiebe), werden die daraus anfallenden Nutzungen steuerlich nur als Kalamitätsnutzungen begünstigt, wenn sie nicht in die planmäßige Holznutzung der nächsten Jahre einbezogen werden können, insbesondere aber, wenn nicht hiebreife Bestände eingeschlagen werden müssen (→ BFH vom 11.4.1961 – BStBl. III S. 276).

Rotfäule. → BMF vom 18.11.2018 (BStBl. I S. 1214).

R 34b.3 Ermittlung der Einkünfte aus außerordentlichen Holznutzungen

Grundsätze

(1) Zur Ermittlung der Einkünfte aus außerordentlichen Holznutzungen, sind die mit allen Holznutzungen im Zusammenhang stehenden Betriebseinnahmen und Betriebsausgaben gesondert aufzuzeichnen.

---

1) Siehe auch BMF v. 27.7.2021, BStBl. I 2021, 1044.

(2) [1] Einnahmen aus sämtlichen Holznutzungen sind die Erlöse aus der Verwertung des Holzes, die der Gewinnermittlung des Wirtschaftsjahres zu Grunde gelegt wurden. [2] Hierzu gehören insbesondere die Erlöse für das veräußerte Holz und der Teilwert für das entnommene Holz. [3] Nicht dazu gehören die Einnahmen aus Nebennutzungen und aus Verkäufen von Wirtschaftsgütern des Anlagevermögens. [4] Von den Einnahmen aus sämtlichen Holznutzungen sind die mit diesen Einnahmen in sachlichem Zusammenhang stehenden Betriebsausgaben des Wirtschaftsjahres abzuziehen, die der Gewinnermittlung des Wirtschaftsjahres zu Grunde gelegt wurden. [5] Dazu gehören insbesondere die festen und beweglichen Verwaltungskosten, Steuern, Zwangsbeiträge und die Betriebskosten. [6] Erhöhte AfA, Sonderabschreibungen sowie Buchwertminderungen und -abgänge sind zu berücksichtigen. [7] Eine Aktivierung von Holzvorräten ist keine Verwertung des Holzes. [8] Der Investitionsabzugsbetrag nach § 7g EStG ist weder als Einnahme noch als Ausgabe zu berücksichtigen, die mit einer Holznutzung in sachlichem Zusammenhang steht. [9] Zum Zeitpunkt der Erfassung der Einnahmen → R 34b.2 Abs. 2.

Pauschalierung

(3) [1] Im Fall der Pauschalierung nach § 51 EStDV oder § 4 des Forstschäden-Ausgleichsgesetzes gilt Absatz 2 entsprechend. [2] Die nicht mit den Pauschsätzen abgegoltenen, aber abzugsfähigen Wiederaufforstungskosten, Buchwertminderungen und -abgänge beim Wirtschaftsgut Baumbestand sind zusätzlich als Betriebsausgaben zu berücksichtigen.

Entschädigungen

(4) [1] Die Berücksichtigung von Entschädigungen und Zuschüssen richtet sich nach den Grundsätzen der maßgebenden Gewinnermittlung. [2] Die Zuordnung der Entschädigungen und Zuschüsse zu den Einnahmen aus Holznutzungen oder zu den übrigen Betriebseinnahmen oder -ausgaben richtet sich nach dem Grund der Zahlung. [3] Soweit für Entschädigungen die Tarifvergünstigung nach § 34 Abs. 1 i. V. m. § 24 Nr. 2[1)] EStG in Anspruch genommen wird, sind die entsprechenden Betriebseinnahmen und die damit in sachlichem Zusammenhang stehenden Betriebsausgaben für Zwecke des § 34b EStG zur Vermeidung einer doppelten Berücksichtigung zu korrigieren.

R 34b.4 Ermittlung der Steuersätze

Durchschnittlicher Steuersatz

(1) [1] Für das gesamte z. v. E. i. S. d. § 32a Abs. 1 EStG – also einschließlich der Einkünfte aus außerordentlichen Holznutzungen – ist der Steuerbetrag nach den allgemeinen Tarifvorschriften zu ermitteln. [2] Aus dem Verhältnis des sich ergebenden Steuerbetrags zu dem gesamten z. v. E. ergibt sich der durchschnittliche Steuersatz, der auf vier Dezimalstellen abzurunden ist. [3] Die Hälfte bzw. ein Viertel dieses durchschnittlichen Steuersatzes ist der anzuwendende ermäßigte Steuersatz nach § 34b Abs. 3 EStG.

[1)] **[Amtl. Anm.:]** Richtig § 24 Nr. 1 EStG.

Anzuwendende Steuersätze

(2) [1] Der Umfang der ordentlichen Holznutzung ist für die Anwendung der Steuersätze nach § 34b Abs. 3 EStG ohne Bedeutung. [2] Für die Frage, mit welchen Steuersätzen die Einkünfte aus außerordentlichen Holznutzungen zu versteuern sind, ist die im Wirtschaftsjahr verwertete Holzmenge des Betriebs maßgebend. [3] Auf die Einkünfte aus außerordentlichen Holznutzungen des Betriebs ist die Hälfte des durchschnittlichen Steuersatzes i. S. d. Absatzes 1 anzuwenden, wenn die Voraussetzungen des § 68 EStDV nicht vorliegen.

(3) [1] Auf Einkünfte aus außerordentlichen Holznutzungen des Betriebs ist unter den Voraussetzungen des § 68 EStDV bis zur Höhe des Nutzungssatzes (Absatz 4) die Hälfte des durchschnittlichen Steuersatzes (§ 34b Abs. 3 Nr. 1 EStG) und für darüber hinausgehende außerordentliche Holznutzungen ein Viertel des durchschnittlichen Steuersatzes (§ 34b Abs. 3 Nr. 2 EStG) anzuwenden. [2] Hierzu sind die Einkünfte aus außerordentlichen Holznutzungen nach dem Verhältnis der Holzmengen zum Nutzungssatz aufzuteilen.

Nutzungssatz

(4) [1] Der Nutzungssatz i. S. d. § 34b Abs. 3 Nr. 2 EStG i. V. m. § 68 EStDV ist eine steuerliche Bemessungsgrundlage. [2] Er muss den Nutzungen entsprechen, die unter Berücksichtigung der vollen jährlichen Ertragsfähigkeit des Waldes in Kubikmetern (Festmetern) objektiv nachhaltig im Betrieb erzielbar sind. [3] Maßgebend für die Bemessung des Nutzungssatzes sind nicht die Nutzungen, die nach dem Willen des Betriebsinhabers in einem Zeitraum von zehn Jahren erzielt werden sollen (subjektiver Hiebsatz), sondern die Nutzungen, die unter Berücksichtigung der vollen Ertragsfähigkeit nachhaltig erzielt werden können (objektive Nutzungsmöglichkeit). [4] Aus diesem Grunde kann sich der Hiebsatz der Forsteinrichtung vom Nutzungssatz unterscheiden. [5] Die amtliche Anerkennung eines Betriebsgutachtens oder die Vorlage eines Betriebswerks schließt daher eine Prüfung durch den Forstsachverständigen der zuständigen Finanzbehörde nicht aus.

H 34b.4

Beispiel zur Verwertung des Holzes in einem Wj.

Grundsachverhalt:

Ein Forstwirt hat in seinem Betrieb (150 ha forstwirtschaftlich genutzte Fläche) einen Sturmschaden mit einem Gesamtumfang von 5200 fm. Er hat außerdem noch 800 fm ordentliche Holznutzung. Die gesamte Holzmenge von 6000 fm wird im gleichen Wj. veräußert. Die Einkünfte aus der Verwertung der Holznutzungen betragen insgesamt 180 000 €. Der Stpfl. hat kein gültiges Betriebswerk bzw. amtlich anerkanntes Betriebsgutachten.

Lösung:

a) **Zuordnung der Holzmengen**
Die ordentliche Holznutzung unterliegt im Umfang von 800 fm der regulären Besteuerung. Die außerordentliche Holznutzung infolge höherer Gewalt unterliegt mit 5200 fm der Tarifvergünstigung des § 34b Abs. 3 Nr. 1 EStG im Umfang von 5200 fm.

b) Zuordnung der Steuersätze

Einkünfte aus allen Holznutzungen	180 000 €
davon aus	
– ordentlichen Holznutzungen (800/6000)	24 000 €
= Normalsteuersatz	
– außerordentlichen Holznutzungen (5200/6000)	156 000 €
= Steuersatz nach § 34b Abs. 3 Nr. 1 EStG ($^1/_2$)	

Abwandlung:

Der auf Grund eines Betriebswerks festgesetzte Nutzungssatz beträgt 1000 fm.

a) Zuordnung der Holzmengen

Die ordentliche Holznutzung unterliegt im Umfang von 800 fm der regulären Besteuerung. Eine Auffüllung des Nutzungssatzes mit Kalamitätsnutzungen erfolgt nicht. Die außerordentliche Holznutzung infolge höherer Gewalt unterliegt mit 1000 fm dem Steuersatz des § 34b Abs. 3 Nr. 1 EStG und mit 4200 fm dem Steuersatz des § 34b Abs. 3 Nr. 2 EStG.

b) Zuordnung der Steuersätze

Einkünfte aus allen Holznutzungen	180 000 €
davon aus	
– ordentlichen Holznutzungen (800/6000)	24 000 €
= Normalsteuersatz	
– außerordentlichen Holznutzungen (1000/6000)	30 000 €
= Steuersatz nach § 34b Abs. 3 Nr. 1 EStG ($^1/_2$)	
– außerordentlichen Holznutzungen (4200/6000)	126 000 €
= Steuersatz nach § 34b Abs. 3 Nr. 2 EStG ($^1/_4$)	

Beispiel zur Verwertung des Holzes über mehrere Wirtschaftsjahre.

Im Wj. 01 veräußert er die gesamte ordentliche Holznutzung von 800 fm und die Kalamitätsnutzung von 2200 fm. Die Einkünfte aus der Verwertung der Holznutzungen betragen insgesamt 100 000 €. Im Wj. 02 veräußert er die restliche Kalamitätsnutzung von 3000 fm und erzielt hieraus Einkünfte in Höhe von 80 000 €.

Lösung:

a) Zuordnung der Steuersätze im Wj. 01

Einkünfte aus allen Holznutzungen	100 000 €
davon aus	
– ordentlichen Holznutzungen (800/3000)	26 666 €
= Normalsteuersatz	
– außerordentlichen Holznutzungen bis zur Höhe des Nutzungssatzes (1000/3000)	33 334 €
= § 34b Abs. 3 Nr. 1 EStG ($^1/_2$)	
– außerordentlichen Holznutzungen über dem Nutzungssatz (1200/3000)	40 000 €
= § 34b Abs. 3 Nr. 2 EStG ($^1/_4$)	

b) Zuordnung der Steuersätze im Wj. 02

Einkünfte aus allen Holznutzungen	80 000 €
davon aus	
– ordentlichen Holznutzungen (0/3000)	0 €
= Normalsteuersatz	
– außerordentlichen Holznutzungen bis zur Höhe des Nutzungssatzes (1000/3000)	26 666 €
= § 34b Abs. 3 Nr. 1 EStG ($^1/_2$)	
– außerordentlichen Holznutzungen über dem Nutzungssatz (2000/3000)	53 334 €
= § 34b Abs. 3 Nr. 2 EStG ($^1/_4$)	

Beispiel zur Verwertung des Holzes in den Fällen des § 51 EStDV.

Ein Stpfl. hat in seinem land- und forstwirtschaftlichen Betrieb 40 ha forstwirtschaftlich genutzte Fläche und ermittelt seinen Gewinn nach § 4 Abs. 3 EStG. Der Stpfl. hat kein amtlich anerkanntes Betriebsgutachten. In den Wj. 01 und 02 beantragt er die Anwendung von § 51 EStDV.

Im Wj. 01 sind ein Sturmschaden mit einem Gesamtumfang von 800 fm und 100 fm ordentliche Holznutzung angefallen. Neben der ordentlichen Holznutzung wird Kalamitätsholz im Umfang von 500 fm verwertet. Die Einnahmen aus der Verwertung der Holznutzungen betragen insgesamt 24 000 €. Es sind keine Buchwertminderungen und Wiederaufforstungskosten zu berücksichtigen.

Im Wj. 02 verwertet er das restliche Kalamitätsholz im Umfang von 300 fm und eine ordentliche Holznutzung im Umfang von 200 fm. Die Einnahmen aus der Verwertung der Holznutzungen betragen insgesamt 20 000 €. Der Stpfl. hat sofort abziehbare Wiederaufforstungskosten in Höhe von 6000 € aufgewendet.

Lösung:

Die Einkünfte aus Holznutzungen im Wj. 01 betragen 10 800 € (Einnahmen 24 000 € abzüglich des Betriebsausgabenpauschsatzes nach § 51 Abs. 2 EStDV von 55 % = 13 200 €). Nach der Vereinfachungsregelung der R 34b.6 Abs. 3 EStR kann für die Berechnung des § 34b EStG ein Nutzungssatz von 5 fm/ha × 40 ha = 200 fm zu Grunde gelegt werden.

a) Zuordnung der Steuersätze im Wj. 01

Einkünfte aus allen Holznutzungen	10 800 €
davon aus	
– ordentlichen Holznutzungen (100/600)	1 800 €
= Normalsteuersatz	
– außerordentlichen Holznutzungen bis zur Höhe des Nutzungssatzes (200/600)	3 600 €
= § 34b Abs. 3 Nr. 1 EStG (1/2)	
– außerordentlichen Holznutzungen über dem Nutzungssatz (300/600)	5 400 €
= § 34b Abs. 3 Nr. 2 EStG (1/4)	

Die Einkünfte aus Holznutzungen im Wj. 02 betragen 3000 € (Einnahmen 20 000 € abzüglich des Betriebsausgabenpauschsatzes nach § 51 Abs. 2 EStDV von 55 % = 11 000 € und der Wiederaufforstungskosten in Höhe von 6000 €). Nach der Vereinfachungsregelung der R 34b.6 Abs. 3 EStR kann für die Berechnung des § 34b EStG ein Nutzungssatz von 5 fm/ha × 40 ha = 200 fm zu Grunde gelegt werden.

b) Zuordnung der Steuersätze im Wj. 02

Einkünfte aus allen Holznutzungen	3 000 €
davon aus	
– ordentlichen Holznutzungen (200/500)	1 200 €
= Normalsteuersatz	
– außerordentlichen Holznutzungen bis zur Höhe des Nutzungssatzes (200/500)	1 200 €
= § 34b Abs. 3 Nr. 1 EStG (1/2)	
– außerordentlichen Holznutzungen über dem Nutzungssatz (100/500)	600 €
= § 34b Abs. 3 Nr. 2 EStG (1/4)	

Richtlinien für die Bemessung von Nutzungssätzen. → BMF vom 17.5.2017 (BStBl. I S. 783).

R 34b.5 Umfang der Tarifvergünstigung

Grundsätze

(1) [1]Die Tarifvergünstigung bei Einkünften aus außerordentlichen Holznutzungen nach § 34b EStG stellt eine Progressionsmilderung der dort be-

stimmten laufenden Einkünfte dar. [2]Sie wird für einen Veranlagungszeitraum gewährt. [3]Bei abweichenden Wirtschaftsjahren ist nach R 34b.1 Abs. 3 zu verfahren. [4]Ergeben sich im VZ nach einer Saldierung (→ R 34b.1 Abs. 3 und 4) insgesamt keine positiven Einkünfte aus außerordentlichen Holznutzungen, scheidet eine Tarifvergünstigung nach § 34b EStG aus. [5]Bei der Berechnung der Tarifvergünstigung ist maximal das z. v. E. zugrunde zu legen.

Verhältnis zu § 34 EStG

(2) [1]Treffen Einkünfte aus außerordentlichen Holznutzungen i. S. d. § 34b EStG mit außerordentlichen Einkünften i. S. d. § 34 Abs. 2 EStG zusammen und übersteigen diese Einkünfte das z. v. E., sind die von der S. d. E., dem G. d. E. und dem Einkommen abzuziehenden Beträge zunächst bei den nicht nach § 34 EStG begünstigten Einkünften, danach bei den nach § 34 Abs. 1 EStG begünstigten Einkünften und danach bei den nach § 34 Abs. 3 EStG begünstigten Einkünften zu berücksichtigen, wenn der Stpfl. keine andere Zuordnung beantragt. [2]Der Freibetrag nach § 13 Abs. 3 EStG darf dabei nur von Einkünften aus Land- und Forstwirtschaft abgezogen werden.

H 34b.5

Beispiel:

Ein Stpfl. betreibt einen land- und forstwirtschaftlichen Einzelbetrieb (Wj. vom 1.7.–30.6.) und ist daneben seit dem VZ 02 an einer forstwirtschaftlichen Mitunternehmerschaft beteiligt (Wj. = Kj.). Im Wj. 01/02 ist für den Einzelbetrieb eine Gesamtmenge Kalamitätsholz i. H. v. 1200 fm anerkannt worden, die in den Wj. 01/02–03/04 verwertet wird. Der auf Grund eines Betriebswerks festgesetzte Nutzungssatz für den Einzelbetrieb beträgt 500 fm. Im Wj. 03/04 entstehen auf Grund von Wiederaufforstungskosten negative Einkünfte aus Holznutzungen. Für die Mitunternehmerschaft liegen Feststellungen des zuständigen Finanzamts vor. Aus der Verwertung von Holz hat der Stpfl. folgende Einkünfte erzielt:

Einzelbetrieb

Wj. 01/02

Einkünfte aus allen Holznutzungen (1000 fm)	30 000 €
davon aus	
ordentlichen Holznutzungen (300 fm/1000 fm)	9 000 €
außerordentlichen Holznutzungen nach § 34b Abs. 3 Nr. 1 EStG (500 fm/1000 fm)	15 000 €
außerordentlichen Holznutzungen nach § 34b Abs. 3 Nr. 2 EStG (200 fm/1000 fm)	6 000 €

Wj. 02/03

Einkünfte aus allen Holznutzungen (600 fm)	21 000 €
davon aus	
ordentlichen Holznutzungen (200 fm/600 fm)	7 000 €
außerordentlichen Holznutzungen nach § 34b Abs. 3 Nr. 1 EStG (400 fm/600 fm)	14 000 €

Wj. 03/04

Einkünfte aus allen Holznutzungen (300 fm)	– 6 000 €
davon aus	
ordentlichen Holznutzungen (200 fm/300 fm)	– 4 000 €
außerordentlichen Holznutzungen nach § 34b Abs. 3 Nr. 1 EStG (100 fm/300 fm)	– 2 000 €

Im Wj. 04/05 fallen keine Einkünfte aus Holznutzungen an.

Mitunternehmerschaft

VZ 02

Einkünfte aus allen Holznutzungen	19 000 €
davon aus	
ordentlichen Holznutzungen	5 000 €
außerordentlichen Holznutzungen nach § 34b Abs. 3 Nr. 1 EStG	4 000 €
außerordentlichen Holznutzungen nach § 34b Abs. 3 Nr. 2 EStG	10 000 €

VZ 03

Einkünfte aus allen Holznutzungen	9 000 €
davon aus	
ordentlichen Holznutzungen	1 000 €
außerordentlichen Holznutzungen nach § 34b Abs. 3 Nr. 1 EStG	2 000 €
außerordentlichen Holznutzungen nach § 34b Abs. 3 Nr. 2 EStG	6 000 €

VZ 04

Einkünfte aus allen Holznutzungen	3 600 €
davon aus	
ordentlichen Holznutzungen	1 200 €
außerordentlichen Holznutzungen nach § 34b Abs. 3 Nr. 1 EStG	2 400 €

Lösung:

Für die VZ 01–04 ergibt sich unter Berücksichtigung von § 4a Abs. 2 Nr. 1 EStG folgende Zuordnung der Einkünfte aus Holznutzungen:

	Einkünfte aus Holznutzungen	**Zuordnung zu VZ**			
	Wj.	**VZ 01**	**VZ 02**	**VZ 03**	**VZ 04**
ordentliche Holznutzungen (Normalsteuersatz)					
aus Wj. 01/02	9 000 €	4 500 €	4 500 €		
aus Wj. 02/03	7 000 €		3 500 €	3 500 €	
aus Wj. 03/04	– 4 000 €			– 2 000 €	– 2 000 €
Mitunternehmerschaft	–		5 000 €	1 000 €	1 200 €
Summe (Normalsteuersatz)		**4 500 €**	**13 000 €**	**2 500 €**	**– 800 €**
außerordentliche Holznutzungen nach § 34b Abs. 3 Nr. 1 EStG (1/2-Steuersatz)					
aus Wj. 01/02	15 000 €	7 500 €	7 500 €		
aus Wj. 02/03	14 000 €		7 000 €	7 000 €	
aus Wj. 03/04	– 2 000 €			– 1 000 €	**– 1 000 €**
Mitunternehmerschaft	–		4 000 €	2 000 €	**2 400 €**
Summe (1/2-Steuersatz)		**7 500 €**	**18 500 €**	**8 000 €**	**1 400 €**
außerordentliche Holznutzungen nach § 34b Abs. 3 Nr. 2 EStG (1/4-Steuersatz)					
aus Wj. 01/02	6 000 €	3 000 €	3 000 €		
Mitunternehmerschaft	–		10 000 €	6 000 €	
Summe (1/4-Steuersatz)		**3 000 €**	**13 000 €**	**6 000 €**	

R 34b.6 Voraussetzungen für die Anwendung der Tarifvergünstigung

Aufstellung und Vorlage eines Betriebsgutachtens oder eines Betriebswerks

(1) [1] Für die Festsetzung des Nutzungssatzes i. S. d. § 34b Abs. 3 Nr. 2 EStG ist grundsätzlich ein amtlich anerkanntes Betriebsgutachten oder ein Betriebs-

werk erforderlich. [2]Dieses soll nach § 68 Abs. 2 Satz 2 EStDV innerhalb eines Jahres nach dem Stichtag seiner Aufstellung dem Forstsachverständigen der zuständigen Finanzbehörde zur Überprüfung zugeleitet werden. [3]Wird es nicht innerhalb eines Jahres übermittelt, kann dies im Fall nicht mehr nachprüfbarer Daten bei der Festsetzung eines Nutzungssatzes zu Lasten des Stpfl. gehen (z. B. durch Unsicherheitszuschläge). [4]Enthält es Mängel (z. B. methodische Mängel, unzutreffende oder nicht mehr überprüfbare Naturaldaten), kann es zurückgewiesen werden; ein Gegengutachten der zuständigen Finanzbehörde ist nicht erforderlich.

(2) [1]Wird ein amtlich anerkanntes Betriebsgutachten oder ein Betriebswerk nicht fortlaufend aufgestellt oder wird es infolge einer Betriebsumstellung neu aufgestellt und schließt deshalb nicht an den vorherigen Zeitraum der Nutzungssatzfeststellung an, kann es im Schadensfalle nur berücksichtigt werden, wenn es spätestens auf den Anfang des Wirtschaftsjahres des Schadensereignisses aufgestellt wurde. [2]Gleiches gilt für den Fall, dass ein amtlich anerkanntes Betriebsgutachten oder ein Betriebswerk erstmals nach einem Schadensereignis erstellt wird; Absatz 1 Satz 3 und 4 sind entsprechend anzuwenden.

Vereinfachungsregelung

(3) [1]Aus Vereinfachungsgründen kann bei Betrieben mit bis zu 50 Hektar forstwirtschaftlich genutzter Fläche, für die nicht bereits aus anderen Gründen ein amtlich anerkanntes Betriebsgutachten oder ein Betriebswerk vorliegt, auf die Festsetzung eines Nutzungssatzes verzichtet werden. [2]In diesen Fällen ist bei der Anwendung des § 34b EStG ein Nutzungssatz von fünf Erntefestmetern ohne Rinde je Hektar zu Grunde zu legen.

Festsetzung eines Nutzungssatzes

(4) [1]Nach Prüfung der vorgelegten Unterlagen ist ein Nutzungssatz zu ermitteln und periodisch für einen Zeitraum von zehn Jahren festzusetzen. [2]Er stellt eine unselbständige Besteuerungsgrundlage dar und kann gegebenenfalls auch nachträglich geändert werden. [3]Der festgesetzte Nutzungssatz muss zum Zeitpunkt der Veräußerung der außerordentlichen Holznutzungen gültig sein.

Nutzungsnachweis

(5) [1]Für den Nutzungsnachweis nach § 34b Abs. 4 Nr. 1 EStG genügt es, wenn der Stpfl. die Holznutzungen eines Wirtschaftsjahrs mengenmäßig getrennt nach ordentlichen und außerordentlichen Holznutzungen nachweist. [2]Im Falle eines besonderen Schadensereignisses i. S. d. § 34b Abs. 5 EStG gelten zudem die Regelungen in R 34b.7 Abs. 1.

Kalamitätsmeldungen

(6) [1]Schäden infolge höherer Gewalt werden nur anerkannt, wenn sie nach Feststellung des Schadensfalls ohne schuldhaftes Zögern und vor Beginn der Aufarbeitung der zuständigen Finanzbehörde nach amtlichem Vordruck für jeden Betrieb gesondert mitgeteilt werden. [2]Die Mitteilung darf nicht deshalb verzögert werden, weil der Schaden dem Umfang und der Höhe nach noch nicht feststeht.

R 34b.7 Billigkeitsmaßnahmen nach § 34b Abs. 5 EStG

Besonderer Steuersatz

(1) [1]Werden aus sachlichen Billigkeitsgründen die Regelungen des § 34b Abs. 5 EStG für ein Wirtschaftsjahr in Kraft gesetzt, bestimmt sich der Umfang des mit dem besonderen Steuersatz der Rechtsverordnung zu begünstigenden Kalamitätsholzes nach der für das betroffene Wirtschaftsjahr anerkannten Schadensmenge (Begünstigungsvolumen). [2]Grundlage hierfür ist die nach der Aufarbeitung nachgewiesene Schadensmenge (→ R 34b.6 Abs. 6). [3]Das Begünstigungsvolumen wird durch Kalamitätsnutzungen gemindert, die dem Steuersatz nach § 34b Abs. 5 EStG unterworfen werden.

(2) [1]Die unter die Tarifvergünstigung nach § 34b Abs. 5 EStG fallenden Einkünfte werden im Wirtschaftsjahr der Verwertung des Kalamitätsholzes gesondert ermittelt. [2]Daneben kann für andere Kalamitätsnutzungen die Tarifvergünstigung nach § 34b Abs. 3 EStG in Betracht kommen. [3]Der besondere Steuersatz der Rechtsverordnung ist so lange zu berücksichtigen, bis das Begünstigungsvolumen nach Absatz 1 durch Kalamitätsnutzungen jeglicher Art aufgebraucht ist.

Bewertung von Holzvorräten

(3) Bei der Gewinnermittlung durch Betriebsvermögensvergleich kann nach Maßgabe der Rechtsverordnung für das darin benannte Wirtschaftsjahr von der Aktivierung des eingeschlagenen und unverkauften Kalamitätsholzes ganz oder teilweise abgesehen werden.

Weisungen im Rahmen einer Vielzahl von Einzelfällen

(4) [1]Die in § 34b Abs. 5 EStG vorgesehenen Billigkeitsmaßnahmen können nach Maßgabe der Absätze 1 bis 3 auch bei größeren, regional begrenzten Schadensereignissen, die nicht nur Einzelfälle betreffen, im Wege typisierender Verwaltungsanweisungen auf der Grundlage des § 163 der AO entsprechend angewendet werden. [2]Darüber hinaus gehende Billigkeitsmaßnahmen sind nur in begründeten Einzelfällen unter Berücksichtigung der sachlichen und persönlichen Unbilligkeit zulässig.

H 34b.7

Beispiel:

Ein Forstwirt hat im Wj. 01 eine Holzmenge von 10 000 fm aufgearbeitet. Davon sind 9000 fm auf Grund eines besonders großen Sturmschadens als Kalamitätsholz angefallen. Der Vorrat an aufgearbeitetem und unverkauftem Kalamitätsholz vorangegangener Wj. beträgt 350 fm.

Der für die Wj. 00 bis 09 festgesetzte Nutzungssatz beträgt 1500 fm.

Eine Einschlagsbeschränkung nach dem Forstschäden-Ausgleichsgesetz wurde nicht angeordnet. Die Bundesregierung hat mit Zustimmung des Bundesrats eine Rechtsverordnung erlassen, wonach zum Ausgleich des Sturmschadens das im Wj. 01 angefallene Kalamitätsholz einheitlich mit einem Viertel des durchschnittlichen Steuersatzes zu besteuern ist.

Im Wj. 01 veräußert er die ordentliche Holznutzung von 1000 fm, das Kalamitätsholz vorangegangener Wj. von 350 fm und 3000 fm Kalamitätsholz des Schadensjahres.

Im Wj. 02 veräußert er weitere 4000 fm Kalamitätsholz aus dem Wj. 01.

Im Wj. 03 fallen weitere 500 fm Kalamitätsholz an, die er sofort veräußert. Zudem veräußert er noch die gesamte restliche Holzmenge von 2000 fm.

Lösung:

Wj. 01

Die veräußerte ordentliche Holznutzung von 1000 fm ist ohne Tarifvergünstigung zu besteuern. Das Kalamitätsholz im Umfang von 9000 fm unterliegt im Wj. der Holznutzung infolge der Anordnung einem Viertel des durchschnittlichen Steuersatzes. Davon sind im Wj. 01 3000 fm veräußert worden und unterliegen der besonderen Tarifvergünstigung. Dies gilt auch für den im Wj. 01 veräußerten Holzvorrat an Kalamitätsholz vorangegangener Wj. von 350 fm. Das verbleibende Begünstigungsvolumen nach § 34b Abs. 5 EStG beträgt 5650 fm.

Wj. 02

Das veräußerte Kalamitätsholz von 4000 fm unterliegt in vollem Umfang einem Viertel des durchschnittlichen Steuersatzes. Das verbleibende Begünstigungsvolumen nach § 34b Abs. 5 EStG beträgt 1650 fm.

Wj. 03

Das veräußerte Kalamitätsholz von 2500 fm unterliegt im Umfang von 1650 fm dem besonderen Steuersatz nach § 34b Abs. 5 EStG. Die verbleibenden 850 fm liegen innerhalb des im Wj. 03 gültigen Nutzungssatzes; hierfür gilt der Steuersatz nach § 34b Abs. 3 Nr. 1 EStG.

R 34b.8 Rücklage nach § 3 des Forstschäden-Ausgleichsgesetzes[1]

[1]Die Bildung einer steuerfreien Rücklage nach § 3 des Forstschäden-Ausgleichsgesetzes ist von den nutzungssatzmäßigen Einnahmen der vorangegangenen drei Wirtschaftsjahre abhängig. [2]Dabei sind Über- und Unternutzungen in den jeweiligen Wirtschaftsjahren nicht auszugleichen. [3]Übersteigt die tatsächliche Holznutzung eines Wirtschaftsjahres den Nutzungssatz nicht, so sind alle Einnahmen aus Holznutzungen des Wirtschaftsjahres als nutzungssatzmäßige Einnahmen zu berücksichtigen. [4]Übersteigt dagegen die tatsächliche Holznutzung im Wirtschaftsjahr den Nutzungssatz, sind zur Ermittlung der nutzungssatzmäßigen Einnahmen alle Einnahmen aus Holznutzungen im Verhältnis des Nutzungssatzes zur gesamten Holznutzung aufzuteilen. [5]Dies setzt voraus, dass für das Wirtschaftsjahr der Bildung einer Rücklage und der drei vorangegangenen Wirtschaftsjahre jeweils ein Nutzungssatz gültig ist. [6]Der durch die Rücklage verursachte Aufwand oder Ertrag ist bei der Ermittlung der Einkünfte aus außerordentlichen Holznutzungen nach § 34b Abs. 2 EStG zu berücksichtigen.

Zu § 34c EStG
(§§ 68a und 68b EStDV)

R 34c. Anrechnung und Abzug ausländischer Steuern

Umrechnung ausländischer Steuern

(1) [1]Die nach § 34c Abs. 1 und Abs. 6 EStG auf die deutsche Einkommensteuer anzurechnende oder nach § 34c Abs. 2, 3 und 6 EStG bei der Ermittlung der Einkünfte abzuziehende ausländische Steuer ist auf der Grundlage der von der Europäischen Zentralbank täglich veröffentlichten Euro-Referenzkurse umzurechnen. [2]Zur Vereinfachung ist die Umrechnung dieser Währun-

[1] G v. 26.8.1985, BGBl. I 1985, 1756, zuletzt geänd. durch G v. 10.8.2021, BGBl. I 2021, 3436 (**Steuergesetze** Nr. **720**). – Siehe auch BMF v. 27.7.2021, BStBl. I 2021, 1044, Rn. 17 ff.

gen auch zu den Umsatzsteuer-Umrechnungskursen zulässig, die monatlich im Bundessteuerblatt Teil I veröffentlicht werden.[1)]

Zu berücksichtigende ausländische Steuer

(2) [1] Entfällt eine zu berücksichtigende ausländische Steuer auf negative ausländische Einkünfte, die unter die Verlustausgleichsbeschränkung des § 2a Abs. 1 EStG fallen, oder auf die durch die spätere Verrechnung gekürzten positiven ausländischen Einkünfte, ist sie im Rahmen des Höchstbetrags (→ Absatz 3) nach § 34c Abs. 1 EStG anzurechnen oder auf Antrag nach § 34c Abs. 2 EStG bei der Ermittlung der Einkünfte abzuziehen. [2] Bei Abzug erhöhen sich die – im VZ nicht ausgleichsfähigen – negativen ausländischen Einkünfte. [3] Die nach § 34c Abs. 1 und 6 anzurechnende ausländische Steuer ist nicht zu kürzen, wenn die entsprechenden Einnahmen nach § 3 Nr. 40 EStG teilweise steuerfrei sind.

H **34c** (1, 2)

Anrechnung ausländischer Steuern bei Bestehen von DBA.
→ H 34c (5) Anrechnung.

Festsetzung ausländischer Steuern. Eine Festsetzung i. S. d. § 34c Abs. 1 EStG kann auch bei einer Anmeldungssteuer vorliegen. Die Anrechnung solcher Steuern hängt von einer hinreichend klaren Bescheinigung des Anmeldenden über die Höhe der für den Stpfl. abgeführten Steuer ab (→ BFH vom 5.2.1992 – BStBl. II S. 607).

Nichtanrechenbare ausländische Steuern. → § 34c Abs. 3 EStG.

Verzeichnis ausländischer Steuern in Nicht-DBA-Staaten, die der deutschen Einkommensteuer entsprechen. → Anlage 6;[2)] die Entsprechung nicht aufgeführter ausländischer Steuern mit der deutschen Einkommensteuer wird erforderlichenfalls vom BMF festgestellt.

R **34c** (3)

Ermittlung des Höchstbetrags für die Steueranrechnung

(3) [1] Bei der Ermittlung des Höchstbetrags nach § 34c Abs. 1 Satz 2 EStG bleiben ausländische Einkünfte, die nach § 34c Abs. 5 EStG pauschal besteuert werden, und die Pauschsteuer außer Betracht. [2] Ebenfalls nicht zu berücksichtigen sind nach § 34c Abs. 1 Satz 3 EStG die ausländischen Einkünfte, die in dem Staat, aus dem sie stammen, nach dessen Recht nicht besteuert werden. [3] Die ausländischen Einkünfte sind für die deutsche Besteuerung unabhängig von der Einkünfteermittlung im Ausland nach den Vorschriften des deutschen Einkommensteuerrechts zu ermitteln. [4] Dabei sind alle Betriebsausgaben und Werbungskosten zu berücksichtigen, die mit den im Ausland erzielten Einnahmen in wirtschaftlichem Zusammenhang stehen. [5] Die § 3 Nr. 40 und § 3c Abs. 2 EStG sind zu beachten. [6] *Bei zusammenveranlagten Ehegatten (→ § 26b EStG) ist*

---

1) Zusammenstellung in **Steuererlasse** Nr. **500** § 16/6 und § 16/7.
2) Nr. **1** Anl. 6.

für die Ermittlung des Höchstbetrags eine einheitliche S. d. E. zu bilden.[1] [7] Haben zusammenveranlagte Ehegatten ausländische Einkünfte aus demselben Staat bezogen, sind für die nach § 68a EStDV für jeden einzelnen ausländischen Staat gesondert durchzuführende Höchstbetragsberechnung der anrechenbaren ausländischen Steuern die Einkünfte und anrechenbare Steuern der Ehegatten aus diesem Staat zusammenzurechnen. [8] Bei der Ermittlung des Höchstbetrags ist § 2a Abs. 1 EStG sowohl im VZ des Entstehens von negativen Einkünften als auch in den VZ späterer Verrechnung zu beachten.

H **34c** (3)

Anrechnung (bei)

- **abweichender ausländischer Bemessungsgrundlage.** Keinen Einfluss auf die Höchstbetragsberechnung, wenn Einkünfteidentität dem Grunde nach besteht → BFH vom 2.2.1994, Leitsatz 8 (BStBl. II S. 727),
- **abweichender ausländischer Steuerperiode möglich** → BFH vom 4.6.1991 (BStBl. 1992 II S. 187),
- **schweizerischer Steuern bei sog. Pränumerando-Besteuerung** mit Vergangenheitsbemessung → BFH vom 31.7.1991 (BStBl. II S. 922),
- **schweizerischer Abzugssteuern bei Grenzgängern.** § 34c EStG ist nicht einschlägig. Die Anrechnung erfolgt in diesen Fällen entsprechend § 36 EStG (→ Artikel 15a Abs. 3 DBA Schweiz).[2]

Ermittlung des Höchstbetrags für die Steueranrechnung.

Beispiel:

Ein verheirateter Stpfl., der im Jahr 2005 das 65. Lebensjahr vollendet hatte, hat im Jahr 2022

Einkünfte aus Gewerbebetrieb	101 900 €
Einkünfte aus Vermietung und Verpachtung	5 300 €
Sonderausgaben	6 140 €

In den Einkünften aus Gewerbebetrieb sind Darlehenszinsen von einem ausländischen Schuldner im Betrag von 20 000 € enthalten, für die im Ausland eine Einkommensteuer von 2500 € gezahlt werden musste. Nach Abzug der hierauf entfallenden Betriebsausgaben einschließlich Refinanzierungskosten betragen die ausländischen Einkünfte 6500 €. Die auf die ausländischen Einkünfte entfallende anteilige deutsche Einkommensteuer ist wie folgt zu ermitteln:

S. d. E. (101 900 € + 5 300 € =)	107 200 €
Altersentlastungsbetrag	– 1 900 €
G. d. E.	105 300 €
Sonderausgaben	– 6 140 €
z. v. E.	99 160 €
Einkommensteuer nach dem Splittingtarif	23 308 €
Durchschnittlicher Steuersatz: 23 308 € × 100/99 160 € =	23,5054 %
Höchstbetrag: 23,5054 % von 6500 € = 1527,85 €, aufgerundet	1 528 €

Nur bis zu diesem Betrag kann die ausländische Steuer angerechnet werden.

[1] **[Amtl. Anm.:]** Satz 6 für VZ ab 2015 ohne Bedeutung.
[2] Abgedruckt in **Doppelbesteuerungsabkommen.**

R 34c (4, 5)

Antragsgebundener Abzug ausländischer Steuern

(4) [1]Das Antragsrecht auf Abzug ausländischer Steuern bei der Ermittlung der Einkünfte nach § 34c Abs. 2 EStG muss für die gesamten Einkünfte und Steuern aus demselben Staat einheitlich ausgeübt werden. [2]Zusammenveranlagte Ehegatten müssen das Antragsrecht nach § 34c Abs. 2 EStG für ausländische Steuern auf Einkünfte aus demselben Staat nicht einheitlich ausüben. [3]Werden Einkünfte gesondert festgestellt, ist über den Steuerabzug im Feststellungsverfahren zu entscheiden. [4]Der Antrag ist grundsätzlich in der Feststellungserklärung zu stellen. [5]In Fällen der gesonderten und einheitlichen Feststellung kann jeder Beteiligte einen Antrag stellen. [6]Hat ein Stpfl. in einem VZ neben den festzustellenden Einkünften andere ausländische Einkünfte aus demselben Staat als Einzelperson und/oder als Beteiligter bezogen, ist die Ausübung oder Nichtausübung des Antragsrechts in der zuerst beim zuständigen Finanzamt eingegangenen Feststellungs- oder Steuererklärung maßgebend. [7]Der Antrag kann noch im Rechtsbehelfsverfahren mit Ausnahme des Revisionsverfahrens und, soweit es nach der AO zulässig ist, im Rahmen der Änderung von Steuerbescheiden nachgeholt oder zurückgenommen werden. [8]Die abzuziehende ausländische Steuer ist zu kürzen, soweit die entsprechenden Einnahmen nach § 3 Nr. 40 EStG teilweise steuerfrei sind.

Bestehen von DBA[1)]

(5) Sieht ein DBA die Anrechnung ausländischer Steuern vor, kann dennoch auf Antrag der nach innerstaatlichem Recht wahlweise eingeräumte Abzug der ausländischen Steuern bei der Ermittlung der Einkünfte beansprucht werden.

H 34c (5)

Allgemeines. Stand der DBA und anderer Abkommen im Steuerbereich.[2)]

Anrechnung. Die Höhe der anzurechnenden ausländischen Steuern (§ 34c Abs. 6 Satz 2 EStG) ergibt sich aus den jeweiligen DBA. Danach ist regelmäßig die in Übereinstimmung mit dem DBA erhobene und nicht zu erstattende ausländische Steuer anzurechnen. Bei Dividenden, Zinsen und Lizenzgebühren sind das hiernach die nach den vereinbarten Quellensteuersätzen erhobenen Quellensteuern, die der ausländische Staat als Quellenstaat auf diese Einkünfte erheben darf. Nur diese Steuern sind in Übereinstimmung mit dem jeweiligen DBA erhoben und nicht zu erstatten. Eine Anrechnung von ausländischer Steuer kommt auch dann nur in Höhe der abkommensrechtlich begrenzten Quellensteuer in Betracht, wenn eine darüber hinausgehende ausländische Steuer wegen Ablaufs der Erstattungsfrist im ausländischen Staat nicht mehr erstattet werden kann (→ BFH vom

---

1) Vgl. auch BFH v. 24.3.1998 I R 38/97, BStBl. II 1998, 471.

2) Stand der DBA am 1.1.2022 siehe BMF v. 19.1.2022, BStBl. I 2022, 147, am 1.1.2023 siehe BMF v. 18.1.2023, BStBl. I 2023, 195. Übersicht sowie alle DBA abgedruckt in **Doppelbesteuerungsabkommen.**

15.3.1995 – BStBl. II S. 580). Dies gilt nach der Neufassung des § 34c Abs. 1 Satz 1 EStG auch für Nicht-DBA-Fälle.

H 34c (6)

Pauschalierung.

– Pauschalierung der Einkommensteuer für ausländische Einkünfte gem. § 34c Abs. 5 EStG → BMF vom 10.4.1984 (BStBl. I S. 252);
– Steuerliche Behandlung von Arbeitnehmereinkünften bei Auslandstätigkeiten (ATE) → BMF vom 31.10.1983 (BStBl. I S. 470).[1]

Zu § 34d EStG

H 34d

Ausländische Betriebsstätteneinkünfte.

– Ausländische Einkünfte aus Gewerbebetrieb, die durch eine in einem ausländischen Staat belegene Betriebsstätte erzielt worden sind, liegen auch dann vor, wenn der Stpfl. im Zeitpunkt der steuerlichen Erfassung dieser Einkünfte die Betriebsstätte nicht mehr unterhält. Voraussetzung ist, dass die betriebliche Leistung, die den nachträglichen Einkünften zugrunde liegt, von der ausländischen Betriebsstätte während der Zeit ihres Bestehens erbracht worden ist.
– → § 34d Nr. 2 Buchst. a EStG.
– → BFH vom 15.7.1964 (BStBl. III S. 551).
– → BFH vom 12.10.1978 (BStBl. 1979 II S. 64).
– → BFH vom 16.7.1969 (BStBl. 1970 II S. 56); dieses Urteil ist nur i. S. d. vorzitierten Rechtsprechung zu verstehen.

Zu § 34g EStG

H 34g

Kommunale Wählervereinigungen. Spenden an kommunale Wählervereinigungen sind nicht nach § 10b Abs. 2 EStG begünstigt (→ BFH vom 20.3.2017 – BStBl. II S. 1122).

Nachweis von Zuwendungen an politische Parteien. → BMF vom 7.11.2013 (BStBl. I S. 1333) ergänzt durch BMF vom 26.3.2014 (BStBl. I S. 791).[2]

Zuwendungen an unabhängige Wählervereinigungen. → BMF vom 16.6.1989 (BStBl. I S. 239):

„Durch das Gesetz zur steuerlichen Begünstigung von Zuwendungen an unabhängige Wählervereinigungen vom 25. Juli 1988 (BStBl. I S. 397) ist § 34g EStG ausgeweitet worden. Wie für Zuwendungen an politische Parteien wird nach § 34g Nr. 2 EStG auch für Mitgliedsbeiträge und Spenden an unabhängige Wählervereinigungen, die bestimmte Voraussetzungen erfüllen, eine Tarifermäßigung von 50 v. H. der Ausgaben, höchstens

[1] Geänd. durch BMF v. 14.3.2017, BStBl. I 2017, 473.
[2] Nr. 1 Anl. 4.

600 DM bzw. 1200 DM[1] im Falle der Zusammenveranlagung von Ehegatten, gewährt. Die Vorschrift gilt nach Artikel 4 Nr. 11c des Haushaltsbegleitgesetzes 1989 (BStBl. I S. 19) rückwirkend ab 1984.

Unter Bezugnahme auf das Ergebnis der Erörterungen mit den obersten Finanzbehörden der Länder gilt für die Anwendung der Vorschrift Folgendes:

1. Die Höchstbeträge von *600 DM und 1200 DM*[1] im Fall der Zusammenveranlagung von Ehegatten gelten für Mitgliedsbeiträge und Spenden (Zuwendungen) an politische Parteien nach § 34g Nr. 1 EStG und für Zuwendungen an unabhängige Wählervereinigungen nach § 34g Nr. 2 EStG gesondert und nebeneinander.
   Als Ausgabe gilt auch die Zuwendung von Wirtschaftsgütern mit Ausnahme von Nutzungen und Leistungen. Zur Bewertung von Sachzuwendungen wird auf § 10b Abs. 3 EStG hingewiesen.
2. Die Tarifermäßigung nach § 34g Nr. 2 EStG wird nur für Mitgliedsbeiträge und Spenden an unabhängige Wählervereinigungen in der Rechtsform des eingetragenen oder des nichtrechtsfähigen Vereins gewährt. Ein Sonderausgabenabzug nach § 10b Abs. 2 EStG ist nicht möglich. Der Zweck einer unabhängigen Wählervereinigung ist auch dann als ausschließlich auf die in § 34g Nr. 2 Buchst. a EStG genannten politischen Zwecke gerichtet anzusehen, wenn sie gesellige Veranstaltungen durchführt, die im Vergleich zu ihrer politischen Tätigkeit von untergeordneter Bedeutung sind, und wenn eine etwaige wirtschaftliche Betätigung ihre politische Tätigkeit nicht überwiegt. Ihr Zweck ist dagegen zum Beispiel nicht ausschließlich auf die politische Tätigkeit gerichtet, wenn sie neben dem politischen Zweck einen anderen Satzungszweck zum Beispiel gemeinnütziger oder wirtschaftlicher Art hat.
3. Die nach § 34g Nr. 2 Buchst. b EStG ggf. erforderliche Anzeige gegenüber der zuständigen Wahlbehörde oder dem zuständigen Wahlorgan kann formlos in der Zeit vom ersten Tag nach der letzten Wahl bis zu dem Tag erfolgen, an dem die Anmeldefrist für die nächste Wahl abläuft. Die Anzeige kann der zuständigen Wahlbehörde oder dem zuständigen Wahlorgan bereits mehrere Jahre vor der nächsten Wahl zugehen. Sie muss ihr spätestens am Ende des Jahres vorliegen, für das eine Tarifermäßigung für Zuwendungen an die unabhängige Wählervereinigung beantragt wird. Spendenbestätigungen dürfen erst ausgestellt werden, wenn die Anzeige tatsächlich erfolgt ist.
4. Nach § 34g Satz 3 EStG wird die Steuerermäßigung für Beiträge und Spenden an eine unabhängige Wählervereinigung, die an der jeweils nächsten Wahl nicht teilgenommen hat, erst wieder gewährt, wenn sie sich mit eigenen Wahlvorschlägen an einer Wahl beteiligt hat. Diese einschränkende Regelung gilt nur für Beiträge und Spenden an unabhängige Wählervereinigungen, die der zuständigen Wahlbehörde vor einer früheren Wahl ihre Teilnahme angekündigt und sich dann entgegen dieser Mitteilung nicht an der Wahl beteiligt haben. Sie gilt nicht für unabhängige Wählervereinigungen, die sich an einer früheren Wahl zwar nicht beteiligt, eine Beteiligung an dieser Wahl aber auch nicht angezeigt haben.

   Beispiele:

   a) Der neugegründete Verein A teilt der zuständigen Wahlbehörde im Jahr 01 mit, dass er an der nächsten Kommunalwahl am 20.5.03 teilnehmen will. Er nimmt an dieser Wahl jedoch nicht teil, ebenso nicht an der folgenden Wahl im Jahr 08. Im Jahr 09 teilt er der Wahlbehörde mit, dass er an der nächsten Wahl am 5.4.13 teilnehmen will. An dieser Wahl nimmt er dann auch tatsächlich teil.
   Die Steuerermäßigung nach § 34g Nr. 2 EStG kann gewährt werden für Beiträge und Spenden, die in der Zeit vom 1.1.01 bis zum 20.5.03 und vom 1.1.13 bis zum 5.4.13 an den Verein geleistet worden sind. In der Zeit vom 21.5.03 bis zum 31.12.12 geleistete Beiträge und Spenden sind nicht begünstigt. Nach dem 5.4.13 geleistete Beiträge und Spenden sind begünstigt, wenn der Verein bei der Wahl am 5.4.13 ein Mandat errungen hat oder noch im Jahr 13 anzeigt, dass er an der nächsten Wahl teilnehmen will.

   b) Der Verein B ist in der Wahlperiode 1 mit einem Mandat im Stadtrat vertreten. An der Wahl für die Wahlperiode 2 am 15.10.05 nimmt er nicht teil. Er hatte eine

---

[1] **[Amtl. Anm.:]** Ab 2002 **825 €** bzw. **1650 €.**

Teilnahme auch nicht angekündigt. Am 20.11.05 teilt er der zuständigen Wahlbehörde mit, dass er an der Wahl für die Wahlperiode 3 am 9.9.10 teilnehmen will.
Die Steuerermäßigung kann für alle bis zum 9.9.10 an den Verein geleisteten Beiträge und Spenden gewährt werden. Nach diesem Termin geleistete Beiträge und Spenden sind nur begünstigt, wenn der Verein an der Wahl am 9.9.10 teilgenommen hat.

c) Der Verein C wird im Jahr 01 gegründet. An der nächsten Kommunalwahl am 10.2.03 nimmt er nicht teil. Er hatte eine Teilnahme an dieser Wahl auch nicht angekündigt. Am 11.2.03 teilt er der zuständigen Wahlbehörde mit, dass er an der nächsten Wahl am 15.3.08 teilnehmen will.
Die Steuerermäßigung kann für Beiträge und Spenden gewährt werden, die ab dem 1.1.03 an den Verein geleistet worden sind. Nach dem 15.3.08 geleistete Beiträge und Spenden sind nur begünstigt, wenn der Verein tatsächlich an der Wahl am 15.3.08 teilgenommen hat und entweder erfolgreich war (mindestens ein Mandat) oder bei erfolgloser Teilnahme der zuständigen Wahlbehörde mitteilt, dass er auch an der folgenden Wahl teilnehmen will.

5. Eine Teilnahme an einer Wahl liegt nur vor, wenn die Wähler die Möglichkeit haben, die Wählervereinigung zu wählen. Der Wahlvorschlag der Wählervereinigung muss also auf dem Stimmzettel enthalten sein.

6. Der Stpfl. hat dem Finanzamt durch eine Spendenbestätigung der unabhängigen Wählervereinigung nachzuweisen, dass alle Voraussetzungen des § 34g EStG für die Gewährung der Tarifermäßigung erfüllt sind."[1)]

Zu § 35 EStG

R 35. Steuerermäßigung bei Einkünften aus Gewerbebetrieb

(unbesetzt)

H 35

Allgemeines. → BMF vom 3.11.2016 (BStBl. I S. 1187) unter Berücksichtigung der Änderungen durch BMF vom 17.4.2019 (BStBl. I S. 459).

Zu § 35a EStG

H 35a

Anwendungsschreiben. → BMF vom 9.11.2016 (BStBl. I S. 1213) unter Berücksichtigung der Änderungen durch BMF vom 21.9.2021 (BStBl. I S. 1494).[2)]

Zu § 35b EStG

H 35b

Allgemeines.

– Die nach § 35b Satz 1 EStG begünstigten Einkünfte müssen aus der Veräußerung eines Vermögensgegenstandes herrühren, der sowohl von To-

---

[1)] Siehe BMF v. 7.11.2013, BStBl. I 2013, 1333, ergänzt durch BMF v. 26.3.2014, BStBl. I 2014, 791 (Nr. **1** Anl. 4).

[2)] Zur Inanspruchnahme der Steuerermäßigung bei ambulanten Pflege- und Betreuungsleistungen siehe BFH v. 12.4.2022 VI R 2/20, DStR 2022, 1416. – Keine Steuerermäßigung nach § 35a EStG für Hausnotrufsysteme ohne Sofort-Hilfe; siehe BFH v. 15.2.2023 VI R 7/21, BStBl. II 2023, 647.

des wegen erworben worden ist als auch tatsächlich der Erbschaftsteuer unterlegen hat; der in Anspruch genommene persönliche Freibetrag (§ 16 ErbStG) ist anteilig abzuziehen.
– Die auf die begünstigten Einkünfte anteilig entfallende Einkommensteuer ist nach dem Verhältnis der begünstigten Einkünfte zur S.d.E. zu ermitteln (→ BFH vom 13.3.2018 – BStBl. II S. 593).

Zusammentreffen von Erwerben von Todes wegen und Vorerwerben. Beim Zusammentreffen von Erwerben von Todes wegen und Vorerwerben ermittelt sich der Ermäßigungsprozentsatz des § 35b Satz 2 EStG durch Gegenüberstellung der anteiligen, auf die von Todes wegen erworbenen Vermögensteile entfallenden Erbschaftsteuer und des Betrags, der sich ergibt, wenn dem anteiligen steuerpflichtigen Erwerb (§ 10 Abs. 1 ErbStG) der anteilige Freibetrag nach § 16 ErbStG hinzugerechnet wird (→ BFH vom 13.3.2018 – BStBl. II S. 593).

Zu § 35c EStG

H 35c

Anwendungsschreiben. → BMF vom 14.1.2021 (BStBl. I S. 103).

Bescheinigungen. Zur Bescheinigung des ausführenden Fachunternehmens und zur Bescheinigung für Personen mit Ausstellungsberechtigung nach § 88 Gebäudeenergiegesetz[1] → BMF vom 26.1.2023 (BStBl. I S. 218).

Zu § 36 EStG

R 36. Anrechnung von Steuervorauszahlungen und von Steuerabzugsbeträgen

[1] Die Anrechnung von Kapitalertragsteuer setzt voraus, dass die der Anrechnung zugrunde liegenden Einnahmen bei der Veranlagung erfasst werden und der Anteilseigner die in § 45a Abs. 2 oder 3 EStG bezeichnete Bescheinigung im Original vorlegt.[2] [2] Ob die Einnahmen im Rahmen der Einkünfte aus Kapitalvermögen anfallen oder bei einer anderen Einkunftsart, ist für die Anrechnung unerheblich. [3] Bei der Bilanzierung abgezinster Kapitalforderungen erfolgt die Anrechnung der Kapitalertragsteuer stets im Erhebungsjahr, auch wenn die der Anrechnung zugrunde liegenden Einnahmen ganz oder teilweise bereits in früheren Jahren zu erfassen waren.

H 36

Abtretung. Der Anspruch auf die Anrechnung von Steuerabzugsbeträgen kann nicht abgetreten werden. Abgetreten werden kann nur der Anspruch

---

[1] GebäudeenergieG v. 8.8.2020, BGBl. I 2020, 1728, geänd. durch G. v. 20.7.2022, BGBl. I 2022, 1237.

[2] **[Amtl. Anm.:]** Soweit der Stpfl. einen Antrag nach § 32d Abs. 4 oder Abs. 6 EStG stellt, ist es ab VZ 2017 für die Anrechnung ausreichend, wenn die Bescheinigung auf Verlangen des Finanzamts vorgelegt wird → § 36 Abs. 2 Satz 3 EStG.

auf Erstattung von überzahlter Einkommensteuer, der sich durch den Anrechnungsbetrag ergibt. Der Erstattungsanspruch entsteht wie die zu veranlagende Einkommensteuer mit Ablauf des VZ. Die Abtretung wird erst wirksam, wenn sie der Gläubiger nach diesem Zeitpunkt der zuständigen Finanzbehörde anzeigt (§ 46 Abs. 2 AO).

Anrechnung.

– **Änderungen.** Die Vorschriften über die Aufhebung oder Änderung von Steuerfestsetzungen können – auch wenn im Einkommensteuerbescheid die Steuerfestsetzung und die Anrechnung technisch zusammengefasst sind – nicht auf die Anrechnung angewendet werden. Die Korrektur der Anrechnung richtet sich nach §§ 129 bis 131 AO. Zum Erlass eines Abrechnungsbescheides → § 218 Abs. 2 AO.
  Die Anrechnung von Steuerabzugsbeträgen und Steuervorauszahlungen ist ein Verwaltungsakt mit Bindungswirkung. Diese Bindungswirkung muss auch beim Erlass eines Abrechnungsbescheids nach § 218 Abs. 2 AO beachtet werden. Deshalb kann im Rahmen eines Abrechnungsbescheides die Steueranrechnung zugunsten oder zuungunsten des Stpfl. nur dann geändert werden, wenn eine der Voraussetzungen der §§ 129 bis 131 AO gegeben ist (→ BFH vom 15.4.1997 – BStBl. II S. 787).

– **Bei Veranlagung.** Die Anrechnung von Steuerabzugsbeträgen ist unzulässig, soweit die Erstattung beantragt oder durchgeführt worden ist (§ 36 Abs. 2 Nr. 2 EStG).
  Durch einen bestandskräftig abgelehnten Antrag auf Erstattung von Kapitalertragsteuer wird die Anrechnung von Kapitalertragsteuer bei der Veranlagung zur Einkommensteuer nicht ausgeschlossen.

– **Teil der Steuererhebung.** Die Anrechnung von Steuervorauszahlungen (§ 36 Abs. 2 Nr. 1 EStG) und von erhobenen Steuerabzugsbeträgen (§ 36 Abs. 2 Nr. 2 EStG) auf die Einkommensteuer ist Teil der Steuererhebung (→ BFH vom 14.11.1984 – BStBl. 1985 II S. 216).

Forschungszulage. Zum Anrechnungsverfahren der Forschungszulage → BMF vom 11.11.2021 (BStBl. 2022 I S. 2277), Rn. 258 ff.

Investmentanteile. Zur Anrechnung von Kapitalertragsteuer bei Veräußerung oder Rückgabe eines Anteils an einem ausländischen thesaurierenden Investmentvermögen → BMF vom 17.12.2012 (BStBl. 2013 I S. 54).

Personengesellschaft. → H 15.8 (3) GmbH-Beteiligung.

Zu § 36a EStG

H 36a

Allgemeines. Anwendungsfragen zur Beschränkung der Anrechenbarkeit der Kapitalertragsteuer nach § 36a EStG → BMF vom 3.4.2017 (BStBl. I S. 726) unter Berücksichtigung der Änderungen vom 20.2.2018 (BStBl. I S. 308).

Zu § 37 EStG

R 37. Einkommensteuer-Vorauszahlung[1]

Bei der Veranlagung von Ehegatten nach § 26a EStG ist für die Ermittlung der 600-Euro-Grenze in § 37 Abs. 3 EStG die Summe der für beide Ehegatten in Betracht kommenden Aufwendungen und abziehbaren Beträge zugrunde zu legen.

H 37

Anpassung von Vorauszahlungen. Eine Anpassung ist auch dann noch möglich, wenn eine Einkommensteuererklärung für den abgelaufenen VZ bereits abgegeben worden ist (→ BFH vom 27.9.1976 – BStBl. 1977 II S. 33).

Erhöhung von Vorauszahlungen. Im Fall der Erhöhung einer Vorauszahlung zum nächsten Vorauszahlungstermin des laufenden Kj. gilt die Monatsfrist des § 37 Abs. 4 Satz 2 EStG nicht (→ BFH vom 22.8.1974 – BStBl. 1975 II S. 15 und vom 25.6.1981 – BStBl. 1982 II S. 105).

Verteilung von Vorauszahlungen. Vorauszahlungen sind grundsätzlich in vier gleich großen Teilbeträgen zu leisten. Eine Ausnahme hiervon kommt auch dann nicht in Betracht, wenn der Stpfl. geltend macht, der Gewinn des laufenden VZ entstehe nicht gleichmäßig (→ BFH vom 22.11.2011 – BStBl. 2012 II S. 329).

Vorauszahlungen bei Arbeitnehmern. Die Festsetzung von Einkommensteuer-Vorauszahlungen ist auch dann zulässig, wenn der Stpfl. ausschließlich Einkünfte aus nichtselbständiger Arbeit erzielt, die dem Lohnsteuerabzug unterliegen (→ BFH vom 20.12.2004 – BStBl. 2005 II S. 358).

Zu § 37b EStG

H 37b

Allgemeines.[2] Zur Pauschalierung der Einkommensteuer bei Sachzuwendungen → BMF vom 19.5.2015 (BStBl. I S. 468) unter Berücksichtigung der Änderungen durch BMF vom 28.6.2018 (BStBl. I S. 814).

Zu § 43 EStG

H 43

Allgemeines.[3] Einzelfragen zur Abgeltungsteuer → BMF vom 19.5.2022 (BStBl. I S. 742) unter Berücksichtigung der Änderungen in Rn. 92 und 300a durch BMF vom 20.12.2022 (BStBl. I 2023 S. 46).

---

[1] Zum Antrag auf pauschalierte Herabsetzung bereits geleisteter Vorauszahlungen für 2019 als Corona-Sofortmaßnahme siehe §§ 110, 111 EStG idF des 2. Corona-SteuerhilfeG v. 29.6.2020, BGBl. I 2020, 1512. Zur vereinfachten Anpassung von Vorauszahlungen 2021 für die durch die Auswirkungen des Coronavirus nicht unerheblich negativ wirtschaftlich betroffenen Steuerpflichtigen siehe BMF v. 31.1.2022, BStBl. I 2022, 132.

[2] Siehe auch BFH v. 21.2.2018 VI R 25/16, BStBl. II 2018, 389.

[3] Zum Kapitalertragsteuerabzug durch inländische Kreditinstitute bei Treuhandmodellen siehe BMF v. 31.3.2017, BStBl. I 2017, 725.

Empfänger und Zeitpunkt der Datenlieferung. → BMF vom 24.9.2013 (BStBl. I S. 1183).

Insolvenz. Der Abzug von Kapitalertragsteuer ist auch bei dem Gläubiger von Kapitalerträgen vorzunehmen, der in Insolvenz gefallen ist (→ BFH vom 20.12.1995 – BStBl. 1996 II S. 308).

Rückzahlung einer Dividende. → H 44b.1.

Schneeballsysteme. Die Abgeltungswirkung nach § 43 Abs. 5 Satz 1 Halbsatz 1 EStG tritt auch dann ein, wenn der Stpfl. Kapitaleinkünfte in Form von Scheinrenditen aus einem betrügerischen Schneeballsystem erzielt hat, für die aus seiner Sicht Kapitalertragsteuer nach § 43 Abs. 5 Satz 1 EStG einbehalten worden ist (→ BFH vom 29.9.2020 – BStBl. 2021 II S. 468 und vom 27.10.2020 – BStBl. 2021 II S. 472 und 481).

Typische Unterbeteiligung. Der Gewinnanteil aus einer typischen Unterbeteiligung unterliegt der Kapitalertragsteuer. Der Zeitpunkt des Zuflusses bestimmt sich für die Zwecke der Kapitalertragsteuer nach dem vertraglich bestimmten Tag der Auszahlung (§ 44 Abs. 3 EStG) (→ BFH vom 28.11.1990 – BStBl. 1991 II S. 313).

Zu § 43b EStG

H 43b

Unmittelbare Beteiligung. Eine unmittelbare Beteiligung i. S. d. § 43b Abs. 2 Satz 1 liegt auch dann vor, wenn diese Beteiligung unter Zwischenschaltung einer vermögensverwaltenden, nicht gewerblich geprägten Personengesellschaft gehalten wird. Maßgebend ist die steuerrechtliche Bruchteilsbetrachtung des § 39 Abs. 2 Nr. 2 AO (→ BFH vom 18.5.2021 – BStBl. 2022 II S. 114).

Zuständige Behörde. Zuständige Behörde für die Durchführung des Erstattungs- oder Freistellungsverfahrens ist das Bundeszentralamt für Steuern, 53221 Bonn.

Zu § 44 EStG

H 44

Allgemeines. Einzelfragen zur Abgeltungsteuer → BMF vom 19.5.2022 (BStBl. I S. 742) unter Berücksichtigung der Änderungen in Rn. 92 und 300a durch BMF vom 20.12.2022 (BStBl. I 2023 S. 46).

Zuflusszeitpunkt. Eine Dividende gilt auch dann gem. § 44 Abs. 2 Satz 2 EStG als am Tag nach dem Gewinnausschüttungsbeschluss zugeflossen, wenn dieser bestimmt, die Ausschüttung solle nach einem bestimmten Tag erfolgen (→ BFH vom 20.12.2006 – BStBl. 2007 II S. 616).

Zu § 44a EStG

H 44a

Allgemeines.[1] Einzelfragen zur Abgeltungsteuer → BMF vom 19.5.2022 (BStBl. I S. 742) unter Berücksichtigung der Änderungen in Rn. 92 und 300a durch BMF vom 20.12.2022 (BStBl. I 2023 S. 46).

Freistellungsauftrag. Muster des amtlich vorgeschriebenen Vordrucks → BMF vom 19.5.2022 (BStBl. I S. 742), Rn. 257, Anlage 2.

Genossenschaften. Kapitalertragsteuer ist bei einer eingetragenen Genossenschaft auch dann zu erheben, wenn diese auf Dauer höher wäre als die gesamte festzusetzende Körperschaftsteuer, weil die Genossenschaft ihre Geschäftsüberschüsse an ihre Mitglieder rückvergütet (→ BFH vom 10.7.1996 – BStBl. 1997 II S. 38).

Insolvenz.

– Im Insolvenzverfahren über das Vermögen einer Personengesellschaft kann dem Insolvenzverwalter keine NV-Bescheinigung erteilt werden (→ BFH vom 9.11.1994 – BStBl. 1995 II S. 255).
– Der Kapitalertragsteuerabzug gem. § 43 Abs. 1 EStG ist auch bei dem Gläubiger von Kapitalerträgen vorzunehmen, der in Insolvenz gefallen ist und bei dem wegen hoher Verlustvorträge die Kapitalertragsteuer auf Dauer höher wäre als die gesamte festzusetzende Einkommensteuer (sog. Überzahler). Eine solche Überzahlung beruht nicht auf Grund der „Art seiner Geschäfte" i. S. v. § 44a Abs. 5 EStG. Bei einem solchen Gläubiger von Kapitalerträgen kann deshalb auch nicht aus Gründen sachlicher Billigkeit vom Kapitalertragsteuerabzug abgesehen werden (→ BFH vom 20.12.1995 – BStBl. 1996 II S. 199).

Kommunale Unternehmen. Der Kapitalertragsteuerabzug ist auch bei einem kommunalen Unternehmen (z. B. Abwasserentsorgungsunternehmen) vorzunehmen, bei dem diese auf Dauer höher als die gesamte festzusetzende Körperschaftsteuer ist (→ BFH vom 29.3.2000 – BStBl. II S. 496).

Sammel-Steuerbescheinigungen. Zur Anwendung der Sammel-Steuerbescheinigung nach § 44a Abs. 10 Satz 4 EStG → BMF vom 16.9.2013 (BStBl. I S. 1168).

Verlustvortrag/Verfassungsmäßigkeit. Kapitalertragsteuer ist auch dann zu erheben, wenn diese wegen hoher Verlustvorträge höher ist als die festzusetzende Einkommensteuer; § 44a Abs. 5 EStG ist verfassungsgemäß (→ BFH vom 20.12.1995 – BStBl. 1996 II S. 199).

---

[1] Zur Abstandnahme vom Kapitalertragsteuerabzug nach § 44a Abs. 10 Satz 1 Nr. 3, § 44a Abs. 7 EStG i. d. F. des G v. 11.12.2018, BGBl. I 2018, 2338, siehe auch BMF v. 17.12.2018, BStBl. I 2018, 1399.

Zu § 44b EStG[1)]

R **44b.1** *Erstattung von Kapitalertragsteuer durch das BZSt nach den §§ 44b und 45b EStG*[1)]

Liegen die Voraussetzungen für die Erstattung von Kapitalertragsteuer durch das BZSt nach den §§ 44b und 45b EStG vor, kann der Anteilseigner wählen, ob er die Erstattung im Rahmen

1. eines Einzelantrags (→ R 44b.2) oder

2. eines Sammelantragsverfahrens (→ R 45b)

beansprucht.

H **44b.1**

Allgemeines. Einzelfragen zur Abgeltungsteuer → BMF vom 19.5.2022 (BStBl. I S. 742) unter Berücksichtigung der Änderungen in Rn. 92 und 300a durch BMF vom 20.12.2022 (BStBl. I 2023 S. 46).

Rückzahlung einer Dividende. Werden steuerpflichtige Kapitalerträge auf Grund einer tatsächlichen oder rechtlichen Verpflichtung in einem späteren Jahr zurückgezahlt, berührt die Rückzahlung den ursprünglichen Zufluss nicht. Eine Erstattung/Verrechnung der Kapitalertragsteuer, die von der ursprünglichen Dividende einbehalten und abgeführt worden ist, kommt deshalb nicht in Betracht (→ BFH vom 13.11.1985 – BStBl. 1986 II S. 193).

R **44b.2** *Einzelantrag beim BZSt (§ 44b EStG)*[1)]

(1) Voraussetzungen für die Erstattung:

1. Dem auf amtlichem Vordruck zu stellenden Antrag ist das Original
– der vom zuständigen Wohnsitzfinanzamt ausgestellten Nichtveranlagungs-(NV-)Bescheinigung oder
– der Bescheinigung i. S. d. § 44a Abs. 5 EStG
beizufügen.

2. Der Anteilseigner weist die Höhe der Kapitalertragsteuer durch die Urschrift der Steuerbescheinigung oder durch eine als solche gekennzeichnete Ersatzbescheinigung eines inländischen Kreditinstituts nach (§ 45a Abs. 2 oder 3 EStG). [2] Wird für Ehegatten ein gemeinschaftliches Depot unterhalten, ist es unter den Voraussetzungen des § 26 EStG nicht zu beanstanden, wenn die Bescheinigung auf den Namen beider Ehegatten lautet.

(2) [1] Eine NV-Bescheinigung ist nicht zu erteilen, wenn der Anteilseigner voraussichtlich von Amts wegen oder auf Antrag zur Einkommensteuer veranlagt wird. [2] Das gilt auch, wenn die Veranlagung voraussichtlich nicht zur Festsetzung einer Steuer führt. [3] Im Falle der Eheschließung hat der Anteilseigner eine vorher auf seinen Namen

---

[1)] Erstattung von Kapitalertragsteuer durch das BZSt nach den §§ 44b Abs. 1 bis 4 und § 45b EStG a. F., letztmals für Kapitalerträge anzuwenden, die vor dem 1.1.2013 zugeflossen sind.

ausgestellte NV-Bescheinigung an das Finanzamt auch dann zurückzugeben, wenn die Geltungsdauer noch nicht abgelaufen ist. [4]Das Finanzamt hat auf Antrag eine neue NV-Bescheinigung auszustellen, wenn anzunehmen ist, dass für den unbeschränkt steuerpflichtigen Anteilseigner und seinen Ehegatten auch nach der Eheschließung eine Veranlagung zur Einkommensteuer nicht in Betracht kommt; bei Veranlagung auf Antrag gilt Satz 1 entsprechend. [5]Für Kapitalerträge, die nach einem Erbfall zugeflossen sind, berechtigt eine auf den Namen des Erblassers ausgestellte NV-Bescheinigung nicht zur Erstattung der Kapitalertragsteuer an die Erben.

(3) Für die Erstattung von Kapitalertragsteuer bei Kapitalerträgen i. S. d. § 43 Abs. 1 Satz 1 Nr. 2 EStG gelten die Absätze 1 und 2 entsprechend.

Zu § 45a EStG

H **45a**

Steuerbescheinigung.
- Zur Ausstellung von Steuerbescheinigungen für Kapitalerträge nach § 45a Absatz 2 und 3 → BMF vom 23.5.2022 (BStBl. I S. 860).
- Zur Ausstellung von Steuerbescheinigungen bei American Depository Receipts (ADRs) auf inländische Aktien und vergleichbaren Hinterlegungsscheinen, die Aktien vertreten → BMF vom 24.5.2013 (BStBl. I S. 718) unter Berücksichtigung der Änderungen durch BMF vom 18.12.2018 (BStBl. I S. 1400).

Zu § 45b EStG[1)]

R **45b.** ***Sammelantrag beim BZSt (§ 45b EStG)***

(1) [1]Der Anteilseigner muss den Sammelantragsteller zu seiner Vertretung bevollmächtigt haben. [2]Der Nachweis einer Vollmacht ist nur zu verlangen, wenn begründete Zweifel an der Vertretungsmacht bestehen. [3]Abweichend von § 80 Abs. 1 Satz 2 AO ermächtigt bei einem Sammelantrag auf Erstattung von Kapitalertragsteuer die für die Antragstellung erteilte Vollmacht auch zum Empfang der Steuererstattungen.

(2) Die Anweisungen in R 44b.2 Abs. 1 gelten für den Sammelantrag mit folgenden Abweichungen:

1. *Beauftragt der Anteilseigner einen in § 45b EStG genannten Vertreter, einen Sammelantrag beim BZSt zu stellen, hat er dem Vertreter das Original der NV-Bescheinigung, des Freistellungsauftrags oder der Bescheinigung i. S. d. § 44a Abs. 5, Abs. 7 oder Abs. 8 EStG vorzulegen.*
2. *[1]In den Sammelantrag auf Erstattung von Kapitalertragsteuer dürfen auch Einnahmen einbezogen werden, für die der Anteilseigner die Ausstellung einer Jahressteuerbescheinigung beantragt hat, wenn der Vertreter des Anteilseigners versichert, dass eine Steuerbescheinigung über zu erstattende Kapitalertragsteuer nicht erteilt worden ist. [2]Das Gleiche gilt für Einnahmen, für die dem Anteilseigner eine Steuerbeschei-*

[1)] § 45b EStG a.F. aufgeh. durch AmtshilfeRLUmsG v. 26.6.2013, BGBl. I 2013, 1809, letztmals anzuwenden auf vor dem 1.1.2013 zugeflossene Kapitalerträge. – § 45b EStG n. F. eingef. durch G v. 2.6.2021, BGBl. I 2021, 1259 mWv 1.1.2025 (§ 52 Abs. 4b EStG).

nigung ausgestellt worden ist, wenn der Vertreter des Anteilseigners versichert, dass die Bescheinigung als ungültig gekennzeichnet oder nach den Angaben des Anteilseigners abhanden gekommen oder vernichtet ist.

(3) Für die Erstattung von Kapitalertragsteuer bei Kapitalerträgen i. S. d. § 43 Abs. 1 Satz 1 Nr. 2 EStG gelten die Absätze 1 und 2 entsprechend.

Zu § 46 EStG
(§ 70 EStDV)

R **46.1** Veranlagung nach § 46 Abs. 2 Nr. 2 EStG

§ 46 Abs. 2 Nr. 2 EStG gilt auch für die Fälle, in denen der Stpfl. rechtlich in nur einem Dienstverhältnis steht, die Bezüge aber von verschiedenen öffentlichen Kassen ausgezahlt und gesondert nach Maßgabe der jeweiligen *Lohnsteuerkarte*[1] dem Steuerabzug unterworfen worden sind.

R **46.2** Veranlagung nach § 46 Abs. 2 Nr. 8 EStG

(1) Die Vorschrift des § 46 Abs. 2 Nr. 8 EStG ist nur anwendbar, wenn der Arbeitnehmer nicht bereits nach den Vorschriften des § 46 Abs. 2 Nr. 1 bis 7 EStG zu veranlagen ist.

(2)[2] Der Antrag ist innerhalb der allgemeinen Festsetzungsfrist von vier Jahren zu stellen.

(3) Sollen ausländische Verluste, die nach einem DBA bei der Ermittlung des z. v. E. (§ 2 Abs. 5 EStG) außer Ansatz geblieben sind, zur Anwendung des negativen Progressionsvorbehalts berücksichtigt werden, ist auf Antrag eine Veranlagung durchzuführen.

(4) [1]Hat ein Arbeitnehmer im VZ zeitweise nicht in einem Dienstverhältnis gestanden, so kann die Dauer der Nichtbeschäftigung z. B. durch eine entsprechende Bescheinigung der Agentur für Arbeit, wie einen Bewilligungsbescheid über das Arbeitslosengeld oder eine Bewilligung von Leistungen nach dem SGB III, belegt werden. [2]Kann ein Arbeitnehmer Zeiten der Nichtbeschäftigung durch geeignete Unterlagen nicht nachweisen oder in sonstiger Weise glaubhaft machen, ist dies kein Grund, die Antragsveranlagung nicht durchzuführen. [3]Ob und in welcher Höhe außer dem auf der Lohnsteuerbescheinigung ausgewiesenen Arbeitslohn weiterer Arbeitslohn zu berücksichtigen ist, hängt von dem im Einzelfall ermittelten Sachverhalt ab. [4]Für dessen Beurteilung gelten die Grundsätze der freien Beweiswürdigung.

H **46.2**

Abtretung/Verpfändung.
– Zur Abtretung bzw. Verpfändung des Erstattungsanspruchs → § 46 AO sowie AEAO zu § 46.[3]

---

[1] **[Amtl. Anm.:]** Jetzt Lohnsteuerabzugsmerkmale.

[2] Keine fristwahrende Einreichung der Steuererklärung beim örtlich unzuständigen Finanzamt; siehe BFH v. 13.2.2020 VI R 37/17, BStBl. II 2021, 856.

[3] Nr. **800**.

– Zum Entstehen des Erstattungsanspruchs → § 38 AO i. V. m. § 36 Abs. 1 EStG.

Anlaufhemmung. Eine Anlaufhemmung gem. § 170 Abs. 2 Satz 1 Nr. 1 AO kommt in den Fällen des § 46 Abs. 2 Nr. 8 EStG nicht in Betracht (→ BFH vom 14.4.2011 – BStBl. II S. 746).

Ermittlung der Summe der Einkünfte. Unter der „Summe der Einkünfte" i. S. d. § 46 Abs. 2 Nr. 1 EStG ist derjenige Saldo zu verstehen, der nach horizontaler und vertikaler Verrechnung der Einkünfte verbleibt. Versagt das Gesetz – wie in § 23 Abs. 3 Satz 8 EStG im Falle eines Verlustes aus privaten Veräußerungsgeschäften – die Verrechnung eines Verlustes aus einer Einkunftsart mit Gewinnen bzw. Überschüssen aus anderen Einkunftsarten, fließt dieser Verlust nicht in die „Summe der Einkünfte" ein (→ BFH vom 26.3.2013 – BStBl. II S. 631).

Pfändung des Erstattungsanspruchs aus der Antragsveranlagung. → § 46 AO sowie AEAO zu § 46.[1)]

Rechtswirksamer, fristwahrender Antrag.[2)]

– Ein Antrag auf Veranlagung zur Einkommensteuer ist nur dann rechtswirksam gestellt, wenn der amtlich vorgeschriebene Vordruck verwendet wird, dieser innerhalb der allgemeinen Festsetzungsfrist beim Finanzamt eingeht und bis dahin auch vom Arbeitnehmer eigenhändig unterschrieben ist (→ BFH vom 10.10.1986 – BStBl. 1987 II S. 77). Eine Einkommensteuererklärung ist auch dann „nach amtlich vorgeschriebenem Vordruck" abgegeben, wenn ein – auch einseitig – privat gedruckter oder fotokopierter Vordruck verwendet wird, der dem amtlichen Muster entspricht (→ BFH vom 22.5.2006 – BStBl. 2007 II S. 2).
– Der Ablauf der Festsetzungsfrist wird gem. § 171 Abs. 3 AO nur dann gehemmt, wenn die Steuererklärung bis zum Ablauf der Festsetzungsfrist beim örtlich zuständigen Finanzamt eingeht (→ BFH vom 13.2.2020 – BStBl. II 2021 S. 856).
– Kommt eine Veranlagung des Stpfl. nach § 46 Abs. 2 nicht in Betracht, können auch **Grundlagenbescheide** nicht über die Änderungsnorm des § 175 Abs. 1 Satz 1 Nr. 1 AO zu einer solchen führen (→ BFH vom 9.2.2012 – BStBl. II S. 750).

Schätzungsbescheid. Für die Durchführung des Veranlagungsverfahrens bedarf es keines Antrags des Stpfl., wenn das Finanzamt das Veranlagungsverfahren von sich aus bereits durchgeführt und einen Schätzungsbescheid unter dem Vorbehalt der Nachprüfung erlassen hat. Dies gilt jedenfalls dann, wenn bei Erlass des Steuerbescheids aus der insoweit maßgeblichen Sicht des Finanzamts die Voraussetzungen für eine Veranlagung von Amts wegen vorlagen (→ BFH vom 22.5.2006 – BStBl. II S. 912).

R 46.3 Härteausgleich *(unbesetzt)*

---

1) Nr. **800**.

2) Zum Antragsrecht des Pfändungsgläubigers siehe BFH v. 18.8.1998 VII R 114/97, BStBl. II 1999, 84, und v. 29.2.2000 VII R 109/98, BStBl. II 2000, 573.

H 46.3

Abhängigkeit der Veranlagung vom Härteausgleich. Eine Veranlagung ist unabhängig vom Härteausgleich nach § 46 Abs. 3 EStG durchzuführen, auch wenn dieser im Ergebnis zu einem Betrag unter 410 Euro führt (→ BFH vom 2.12.1971 – BStBl. 1972 II S. 278).

Allgemeines. Bestehen die einkommensteuerpflichtigen Einkünfte, die nicht der Lohnsteuer zu unterwerfen waren, sowohl aus positiven Einkünften als auch aus negativen Einkünften (Verlusten), so wird ein Härteausgleich nur gewährt, wenn die Summe dieser Einkünfte abzüglich der darauf entfallenden Beträge nach § 13 Abs. 3 und § 24a EStG einen positiven Einkunftsbetrag von nicht mehr als 410 Euro bzw. 820 Euro ergibt. Das gilt auch in den Fällen der Zusammenveranlagung von Ehegatten, in denen der eine Ehegatte positive und der andere Ehegatte negative Einkünfte, die nicht der Lohnsteuer zu unterwerfen waren, bezogen hat, und im Falle der Veranlagung nach § 46 Abs. 2 Nr. 4 EStG (→ BFH vom 24.4.1961 – BStBl. III S. 310).

Beispiel:

Ein Arbeitnehmer, der im Jahr 2012 das 65. Lebensjahr vollendet hatte und für den Lohnsteuerabzugsmerkmale nach § 39 Abs. 4 i. V. m. § 39a Abs. 1 Satz 1 Nr. 5 EStG (einschl. Freibetrag) gebildet wurden, hat neben seinen Einkünften aus nichtselbständiger Arbeit (Ruhegeld) in 2022 folgende Einkünfte bezogen:

Gewinn aus Land- und Forstwirtschaft		2000 €
Verlust aus Vermietung und Verpachtung		– 300 €
positive Summe dieser Einkünfte		1700 €
Prüfung des Veranlagungsgrundes nach § 46 Abs. 2 Nr. 1 EStG:		
Summe der einkommensteuerpflichtigen Einkünfte, die nicht dem Steuerabzug vom Arbeitslohn unterlagen		1700 €
Abzug nach § 13 Abs. 3 EStG	900 €	
Altersentlastungsbetrag nach § 24a EStG (28,8 % aus 1700 € =)	+ 490 €	– 1390 €
		310 €

Die Voraussetzungen nach § 46 Abs. 2 Nr. 1 EStG sind nicht gegeben; der Arbeitnehmer ist nach § 46 Abs. 2 Nr. 4 EStG zu veranlagen.

Härteausgleich nach § 46 Abs. 3 EStG:	
Betrag der einkommensteuerpflichtigen (Neben-)Einkünfte	1700 €
Abzug nach § 13 Abs. 3 EStG	– 900 €
Altersentlastungsbetrag nach § 24a EStG	– 490 €
Vom Einkommen abziehbarer Betrag	310 €

Anwendung der §§ 34, 34b und 34c EStG. Würden Einkünfte, die nicht der Lohnsteuer zu unterwerfen waren, auf Grund eines Härteausgleichsbetrags in gleicher Höhe unversteuert bleiben, ist für die Anwendung dieser Ermäßigungsvorschriften kein Raum (→ BFH vom 29.5.1963 – BStBl. III S. 379 und vom 2.12.1971 – BStBl. 1972 II S. 278).

Lohnersatzleistung. Der Härteausgleich nach § 46 Abs. 3 EStG ist nicht auf dem Progressionsvorbehalt unterliegende Lohnersatzleistungen anzuwenden (→ BFH vom 5.5.1994 – BStBl. II S. 654).

Zu § 48 EStG

H 48

Bauwerke. Bauwerke i. S. d. § 48 Abs. 1 Satz 3 EStG sind insbesondere nicht auf Gebäude oder unbewegliche Wirtschaftsgüter beschränkt, sondern kommen auch bei Scheinbestandteilen, Betriebsvorrichtungen und technischen Anlagen in Betracht. Zur Errichtung von Freiland-Photovoltaikanlagen → BFH vom 7.11.2019 (BStBl. 2020 II S. 552).

Fiktiv wirtschaftlich Leistender nach § 48 Abs. 1 Satz 4. Die Fiktion des wirtschaftlich Leistenden trifft selbst auf inaktive ausländische Domizilgesellschaften und Briefkastenfirmen zu, welche die Bauleistung nicht selbst erbringen (→ BFH vom 9.6.2022 – BStBl. II S. 721).

Steuerabzug bei Bauleistungen. → BMF vom 19.7.2022 (BStBl. I S. 1229).

Zu § 49 EStG

R 49.1 Beschränkte Steuerpflicht bei Einkünften aus Gewerbebetrieb

(1) [1]Einkünfte aus Gewerbebetrieb unterliegen nach § 49 Abs. 1 Nr. 2 Buchstabe a EStG auch dann der beschränkten Steuerpflicht, wenn im Inland keine Betriebsstätte unterhalten wird, sondern nur ein ständiger Vertreter für den Gewerbebetrieb bestellt ist (§ 13 AO). [2]Ist der ständige Vertreter ein Kommissionär oder Makler, der Geschäftsbeziehungen für das ausländische Unternehmen im Rahmen seiner ordentlichen Geschäftstätigkeit unterhält, und ist die Besteuerung des ausländischen Unternehmens nicht durch ein DBA geregelt, sind die Einkünfte des ausländischen Unternehmens insoweit nicht der Besteuerung zu unterwerfen. [3]Das gilt auch, wenn der ständige Vertreter ein Handelsvertreter (§ 84 HGB) ist, der weder eine allgemeine Vollmacht zu Vertragsverhandlungen und Vertragsabschlüssen für das ausländische Unternehmen besitzt noch über ein Warenlager dieses Unternehmens verfügt, von dem er regelmäßig Bestellungen für das Unternehmen ausführt.

(2) [1]Auf Einkünfte, die ein beschränkt Stpfl. durch den Betrieb eigener oder gecharterter Schiffe oder Luftfahrzeuge aus einem Unternehmen bezieht, dessen Geschäftsleitung sich in einem ausländischen Staat befindet, sind die Sätze 2 und 3 des Absatzes 1 nicht anzuwenden. [2]Einkünfte aus Gewerbebetrieb, die ein Unternehmen im Rahmen einer internationalen Betriebsgemeinschaft oder eines Pool-Abkommens erzielt, unterliegen nach § 49 Abs. 1 Nr. 2 Buchstabe c EStG der beschränkten Steuerpflicht auch, wenn das die Beförderung durchführende Unternehmen mit Sitz oder Geschäftsleitung im Inland nicht als ständiger Vertreter des ausländischen Beteiligten anzusehen ist.

(3) Bei gewerblichen Einkünften, die durch im Inland ausgeübte oder verwertete künstlerische, sportliche, artistische, unterhaltende oder ähnliche Darbietungen erzielt werden, kommt es für die Begründung der beschränkten Steuerpflicht nicht darauf an, ob im Inland eine Betriebsstätte unterhalten wird oder ein ständiger Vertreter bestellt worden ist und ob die Einnahmen

dem Darbietenden, dem die Darbietung Verwertenden oder einem Dritten zufließen.

(4) [1] Hat der Stpfl. im Falle des § 49 Abs. 1 Nr. 2 Buchstabe e EStG wegen Verlegung des Wohnsitzes in das Ausland den Vermögenszuwachs der Beteiligung i. S. d. § 17 Abs. 1 Satz 1 EStG nach § 6 AStG[1] versteuert, ist dieser Vermögenszuwachs vom tatsächlich erzielten Veräußerungsgewinn abzusetzen (§ 6 Abs. 1 Satz 5 AStG). [2] Ein sich dabei ergebender Verlust ist bei der Ermittlung der Summe der zu veranlagenden inländischen Einkünfte auszugleichen.

H 49.1

Allgemeines. Stand der DBA und anderer Abkommen im Steuerbereich.[2]

Anteilsveräußerung mit Verlust nach Wegzug ins EU-/EWR-Ausland. → § 6 Abs. 6 AStG.[1]

Beschränkt steuerpflichtige inländische Einkünfte aus Gewerbebetrieb bei Verpachtung. Beschränkt steuerpflichtige inländische Einkünfte aus Gewerbebetrieb bei Verpachtung liegen vor, solange der Verpächter für seinen Gewerbebetrieb im Inland einen ständigen Vertreter, gegebenenfalls den Pächter seines Betriebs, bestellt hat und während dieser Zeit weder eine Betriebsaufgabe erklärt noch den Betrieb veräußert (→ BFH vom 13.11.1963 – BStBl. 1964 III S. 124 und vom 12.4.1978 – BStBl. II S. 494).

Besteuerung beschränkt steuerpflichtiger Einkünfte nach § 50a EStG.
- → BMF vom 25.11.2010 (BStBl. I S. 1350).
- → R 49.1 Abs. 3.

Grenzüberschreitende Überlassung von Software und Datenbanken. → BMF vom 27.10.2017 (BStBl. I S. 1448).

Nachträgliche Einkünfte aus Gewerbebetrieb im Zusammenhang mit einer inländischen Betriebsstätte. → H 34d sinngemäß.

Rechte, die in ein inländisches Register eingetragen sind. → BMF vom 6.11.2020 (BStBl. I S. 1060) und vom 11.2.2021 (BStBl. I S. 301).[3]

Schiff- und Luftfahrt.
- Pauschalierung der Einkünfte → § 49 Abs. 3 EStG.
- Steuerfreiheit der Einkünfte bei Gegenseitigkeit mit ausländischem Staat → § 49 Abs. 4 EStG.
- Verzeichnis der Staaten, die eine dem § 49 Abs. 4 EStG entsprechende Steuerbefreiung gewähren;[2] Gegenseitigkeit wird erforderlichenfalls vom BMF festgestellt.

Ständiger Vertreter kann auch ein inländischer Gewerbetreibender sein, der die Tätigkeit im Rahmen eines eigenen Gewerbebetriebs ausübt (→ BFH vom 28.6.1972 – BStBl. II S. 785).

---

[1] **Steuergesetze** Nr. **725**.

[2] Stand 1.1.2023 BMF v. 18.1.2023, BStBl. I 2023, 195 (abgedruckt in **Doppelbesteuerungsabkommen** DBA-Allgemein 0.1).

[3] Ergänzend siehe BMF v. 14.7.2021, BStBl. I 2021, 1005, und v. 27.6.2022, BStBl. I 2022, 957.

Veräußerung von Dividendenansprüchen. Zur Veräußerung von Dividendenansprüchen durch Steuerausländer an Dritte → BMF vom 26.7.2013 (BStBl. I S. 939).

Zweifelsfragen zur Besteuerung der Einkünfte aus Vermietung und Verpachtung. Zur Vermietung und Verpachtun gem. § 49 Abs. 1 Nr. 2 Buchstabe f Doppelbuchstabe aa EStG → BMF vom 16.5.2011 (BStBl. I S. 530).

R 49.2 Beschränkte Steuerpflicht bei Einkünften aus selbständiger Arbeit

[1] Zur Ausübung einer selbständigen Tätigkeit gehört z. B. die inländische Vortragstätigkeit durch eine im Ausland ansässige Person. [2] Eine Verwertung einer selbständigen Tätigkeit im Inland liegt z. B. vor, wenn ein beschränkt steuerpflichtiger Erfinder sein Patent einem inländischen Betrieb überlässt oder wenn ein beschränkt steuerpflichtiger Schriftsteller sein Urheberrecht an einem Werk auf ein inländisches Unternehmen überträgt.[1)]

H 49.2

Ausüben einer selbständigen Tätigkeit. Das Ausüben einer selbständigen Tätigkeit setzt das persönliche Tätigwerden im Inland voraus (→ BFH vom 12.11.1986 – BStBl. 1987 II S. 372).

Beschränkt steuerpflichtige inländische Einkünfte eines im Ausland ansässigen Textdichters.
– → BFH vom 28.2.1973 (BStBl. II S. 660).
– → BFH vom 20.7.1988 (BStBl. 1989 II S. 87).

R 49.3 Bedeutung der Besteuerungsmerkmale im Ausland bei beschränkter Steuerpflicht[2)]

(1) [1] Nach § 49 Abs. 2 EStG sind bei der Feststellung, ob inländische Einkünfte i. S. d. beschränkten Steuerpflicht vorliegen, die im Ausland gegebenen Besteuerungsmerkmale insoweit außer Betracht zu lassen, als bei ihrer Berücksichtigung steuerpflichtige inländische Einkünfte nicht angenommen werden könnten (isolierende Betrachtungsweise). [2] Danach unterliegen z. B. Einkünfte, die unter den Voraussetzungen des § 17 EStG aus der Veräußerung des Anteiles an einer Kapitalgesellschaft erzielt werden, auch dann der beschränkten Steuerpflicht (§ 49 Abs. 1 Nr. 2 Buchstabe e EStG), wenn der Anteil in einem ausländischen Betriebsvermögen gehalten wird.

(2) Vergütungen für die Überlassung der Nutzung oder des Rechts auf Nutzung von gewerblichem Know-how, die weder Betriebseinnahmen eines inländischen Betriebs sind noch zu den Einkünften i. S. d. § 49 Abs. 1 Nr. 1 bis 8 EStG gehören, sind als sonstige Einkünfte i. S. d. § 49 Abs. 1 Nr. 9 EStG beschränkt steuerpflichtig.

---

1) Siehe BFH v. 5.11.1992 I R 41/92, BStBl. II 1993, 407.
2) Siehe aber BFH v. 7.11.2001 I R 14/01, BStBl. II 2002, 861, und BMF v. 25.11.2010, BStBl. I 2010, 1350.

(3) [1] Wird für verschiedenartige Leistungen eine einheitliche Vergütung gewährt, z. B. für Leistungen i. S. d. § 49 Abs. 1 Nr. 3 oder 9 EStG, ist die Vergütung nach dem Verhältnis der einzelnen Leistungen aufzuteilen. [2] Ist eine Trennung nicht ohne besondere Schwierigkeit möglich, kann die Gesamtvergütung zur Vereinfachung den sonstigen Einkünften i. S. d. § 49 Abs. 1 Nr. 9 EStG zugeordnet werden.

H 49.4

Einkünfte aus inländischen öffentlichen Kassen. → BMF vom 13.11. 2019 (BStBl. I S. 1082).

Zu § 50 EStG

R 50. Bemessungsgrundlage für die Einkommensteuer und Steuerermäßigung für ausländische Steuern

[1] § 50 Abs. 3 EStG ist auch im Verhältnis zu Staaten anzuwenden, mit denen ein DBA besteht. [2] Es ist in diesem Fall grundsätzlich davon auszugehen, dass Ertragsteuern, für die das DBA gilt, der deutschen Einkommensteuer entsprechen. [3] Bei der Ermittlung des Höchstbetrags für Zwecke der Steueranrechnung (→ R 34c) sind in die S. d. E. nur die Einkünfte einzubeziehen, die im Wege der Veranlagung besteuert werden.

H 50

Allgemeines. Stand der DBA und anderer Abkommen im Steuerbereich.[1)]

Anwendung des § 50 Abs. 5 Satz 2 Nr. 2 (jetzt § 50 Abs. 2 Satz 2 Nr. 4 i. d. F. des JStG 2009). → BMF vom 30.12.1996 (BStBl. I S. 1506).

Anwendung des § 50 Abs. 3 EStG. → R 34c gilt entsprechend.

Ausländische Kulturvereinigungen.

- Zu Billigkeitsmaßnahmen nach § 50 Abs. 7 EStG (jetzt § 50 Abs. 4 EStG) bei ausländischen Kulturvereinigungen → BMF vom 20.7.1983 (BStBl. I S. 382) – sog. Kulturorchestererlass – und BMF vom 30.5.1995 (BStBl. I S. 336).
- Als „solistisch besetztes Ensemble" i. S. d. Tz. 4 des sog. Kulturorchestererlasses ist eine Formation jedenfalls dann anzusehen, wenn bei den einzelnen Veranstaltungen nicht mehr als fünf Mitglieder auftreten und die ihnen abverlangte künstlerische Gestaltungshöhe mit derjenigen eines Solisten vergleichbar ist (→ BFH vom 7.3.2007 – BStBl. 2008 II S. 186).

Europäische Vereinswettbewerbe von Mannschaftssportarten. → BMF vom 20.3.2008 (BStBl. I S. 538).

Kein Veranlagungswahlrecht für einen beschränkt steuerpflichtigen Staatsbürger eines Drittstaates. Einem in Deutschland beschränkt steuerpflichtigen Staatsbürger eines Drittstaates steht das Veranlagungswahl-

---

1) Stand 1.1.2023 BMF v. 18.1.2023, 195 (abgedruckt in **Doppelbesteuerungsabkommen** DBA-Allgemein 0.1).

recht gem. § 50 Abs. 2 Satz 2 Nr. 4 Buchst. b i. V. m. Satz 7 EStG für Einkünfte aus nichtselbständiger Arbeit auch dann nicht zu, wenn er in einem EU- oder EWR-Staat wohnt (→ BFH vom 3.9.2020 – BStBl. 2021 II S. 237).

Wechsel zwischen beschränkter und unbeschränkter Steuerpflicht. → § 2 Abs. 7 Satz 3 EStG.

Zu § 50a EStG
(§§ 73a bis 73g EStDV)

R 50a.1 Steuerabzug bei Lizenzgebühren, Vergütungen für die Nutzung von Urheberrechten und bei Veräußerungen von Schutzrechten usw.[1)]

[1] Lizenzgebühren für die Verwertung gewerblicher Schutzrechte und Vergütungen für die Nutzung von Urheberrechten, deren Empfänger im Inland weder einen Wohnsitz noch ihren gewöhnlichen Aufenthalt haben, unterliegen nach § 49 Abs. 1 Nr. 2 Buchstabe f Doppelbuchstabe aa bzw. Nr. 6 EStG der beschränkten Steuerpflicht, wenn die Patente in die deutsche Patentrolle eingetragen sind oder wenn die gewerblichen Erfindungen oder Urheberrechte in einer inländischen Betriebsstätte oder in einer anderen Einrichtung verwertet werden. [2] Als andere Einrichtungen sind öffentlich-rechtliche Rundfunkanstalten anzusehen, soweit sie sich in dem durch Gesetz oder Staatsvertrag bestimmten Rahmen mit der Weitergabe von Informationen in Wort und Bild beschäftigen und damit hoheitliche Aufgaben wahrnehmen, so dass sie nicht der Körperschaftsteuer unterliegen und damit auch keine Betriebsstätte begründen. [3] In den übrigen Fällen ergibt sich die beschränkte Steuerpflicht für Lizenzgebühren aus § 49 Abs. 1 Nr. 2 Buchstabe a oder Nr. 9 EStG. [4] Dem Steuerabzug unterliegen auch Lizenzgebühren, die den Einkünften aus selbständiger Arbeit zuzurechnen sind (§ 49 Abs. 1 Nr. 3 EStG).

H 50a.1

Kundenadressen. Einkünfte aus der Überlassung von Kundenadressen zur Nutzung im Inland fallen auch dann nicht gem. § 49 Abs. 1 Nr. 9 EStG unter die beschränkte Steuerpflicht, wenn die Adressen vom ausländischen Überlassenden nach Informationen über das Konsumverhalten der betreffenden Kunden selektiert wurden. Es handelt sich nicht um die Nutzungsüberlassung von Know-how, sondern von Datenbeständen (→ BFH vom 13.11.2002 – BStBl. 2003 II S. 249).

Rechteüberlassung.
- Die entgeltliche Überlassung eines Rechts führt zu inländischen Einkünften, wenn die Rechteverwertung Teil einer gewerblichen oder selbständigen Tätigkeit im Inland (§ 49 Abs. 1 Nr. 2 Buchst. a oder Nr. 3 EStG) ist oder die Überlassung zeitlich begrenzt zum Zwecke der Ver-

---

1) Zum Steuerabzug nach § 50a EStG bei Softwareauftragsentwicklung siehe BMF v. 2.8.2022, BStBl. I 2022, 1253.

wertung in einer inländischen Betriebsstätte oder anderen inländischen Einrichtung erfolgt (§ 49 Abs. 1 Nr. 6 EStG). Dies gilt auch dann, wenn das Recht vom originären beschränkt steuerpflichtigen Inhaber selbst überlassen wird, wie z.B. bei der Überlassung der Persönlichkeitsrechte eines Sportlers durch diesen selbst im Rahmen einer Werbekampagne (→ BMF vom 2.8.2005 – BStBl. I S. 844).

– Zu einem ausnahmsweise möglichen Betriebsausgaben- und Werbungskostenabzug → BMF vom 17.6.2014 (BStBl. I S. 887).
– Zur grenzüberschreitenden Überlassung von Software und Datenbanken → BMF vom 27.10.2017 (BStBl. I S. 1448).
– Kein Steuerabzug nach § 50a Abs. 1 Nr. 3 EStG bei Vergütungen für die Platzierung oder Vermittlung von Onlinewerbung → BMF vom 3.4.2019 (BStBl. I S. 256).
– Zur Überlassung von in inländischen Registern eingetragenen Rechten → BMF vom 6.11.2020 (BStBl. I S. 1060) und vom 11.2.2021 (BStBl. I S. 301).[1]

Spezialwissen. Auch ein rechtlich nicht geschütztes technisches Spezialwissen, wie es in § 49 Abs. 1 Nr. 9 EStG aufgeführt ist, kann wie eine Erfindung zu behandeln sein, wenn sein Wert etwa dadurch greifbar ist, dass es in Lizenzverträgen zur Nutzung weitergegeben werden kann (→ BFH vom 26.10.2004 – BStBl. 2005 II S. 167).

Werbeleistungen eines ausländischen Motorsport-Rennteams. Eine ausländische Kapitalgesellschaft, die als Motorsport-Rennteam Rennwagen und Fahrer in einer internationalen Rennserie einsetzt, erbringt eine eigenständige sportliche Darbietung. Sie ist mit ihrer anteilig auf inländische Rennen entfallenden Vergütung für Werbeleistungen (auf den Helmen und Rennanzügen der Fahrer und auf den Rennwagen aufgebrachte Werbung) beschränkt steuerpflichtig (→ BFH vom 6.6.2012 – BStBl. 2013 II S. 430).

R 50a.2 Berechnung des Steuerabzugs nach § 50a EStG in besonderen Fällen *(unbesetzt)*

H 50a.2

Allgemeines.

– Zum Steuerabzug gem. § 50a EStG bei Einkünften beschränkt Steuerpflichtiger aus künstlerischen, sportlichen, artistischen, unterhaltenden oder ähnlichen Darbietungen → BMF vom 25.11.2010 (BStBl. I S. 1350).[2]
– Zur Haftung eines im Ausland ansässigen Vergütungsschuldners gem. § 50a Abs. 5 EStG auf der sog. zweiten Ebene → BFH vom 22.8.2007 (BStBl. 2008 II S. 190).

Auslandskorrespondenten. → BMF vom 13.3.1998 (BStBl. I S. 351).

---

[1] Ergänzend siehe BMF v. 14.7.2021, BStBl. I 2021, 1005, mit Übergangsregelungen.

[2] Zum Steuerabzug nach § 50a Abs. 1 Nr. 3 EStG bei einem „total buy out"-Vertrag siehe BFH v. 24.10.2018 I R 69/16, BStBl. II 2019, 401.

Ausländische Kulturvereinigungen.[1] → BMF vom 20.7.1983 (BStBl. I S. 382) und BMF vom 30.5.1995 (BStBl. I S. 336).

Doppelbesteuerungsabkommen. Nach § 50d Abs. 1 Satz 1 EStG sind die Vorschriften über die Einbehaltung, Abführung und Anmeldung der Steuer durch den Schuldner der Vergütung nach § 50a EStG ungeachtet eines DBA anzuwenden, wenn Einkünfte nach dem Abkommen nicht oder nur nach einem niedrigeren Steuersatz besteuert werden können (→ BFH vom 13.7.1994 – BStBl. 1995 II S. 129).

Fotomodelle. Zur Aufteilung von Gesamtvergütungen beim Steuerabzug von Einkünften beschränkt stpfl. Fotomodelle → BMF vom 9.1.2009 (BStBl. I S. 362).

Sicherungseinbehalt nach § 50a Abs. 7 EStG.
- Allgemeines → BMF vom 2.8.2002 (BStBl. I S. 710).
- Sperrwirkung gem. § 48 Abs. 4 EStG → BMF vom 19.7.2022 (BStBl. I S. 1229), Rn. 94 ff.

Steueranmeldung.
- Im Falle einer Aussetzung (Aufhebung) der Vollziehung dürfen ausgesetzte Steuerbeträge nur an den Vergütungsschuldner und nicht an den Vergütungsgläubiger erstattet werden (→ BFH vom 13.8.1997 – BStBl. II S. 700 und BMF vom 25.11.2010 – BStBl. I S. 1350, Rz. 68).
- Zu Inhalt und Wirkungen einer Steueranmeldung gem. § 73e EStDV und zur gemeinschaftsrechtskonformen Anwendung des § 50a EStG → BFH vom 7.11.2007 (BStBl. 2008 II S. 228) und BMF vom 25.11.2010 (BStBl. I S. 1350, Rz. 68).

Steuerbescheinigung nach § 50a Abs. 5 Satz 6 EStG. Das amtliche Muster ist auf der Internetseite des BZSt (www.bzst.bund.de) abrufbar.

Übersicht. Übernimmt der Schuldner der Vergütung die Steuer nach § 50a EStG und den Solidaritätszuschlag (sog. Nettovereinbarung), ergibt sich zur Ermittlung der Abzugsteuer in den Fällen des § 50a Abs. 2 Satz 1, erster Halbsatz und Satz 3 EStG folgender Berechnungssatz in %, der auf die jeweilige Netto-Vergütung anzuwenden ist:

Bei einer Netto-Vergütung in € Zufluss nach dem 31.12.2008	Berechnungssatz für die Steuer nach § 50a EStG in % der Netto-Vergütung	Berechnungssatz für den Solidaritätszuschlag in % der Netto-Vergütung
bis 250,00	0,00	0,00
mehr als 250,00	17,82	0,98

Zuständigkeit. Örtlich zuständig für den Erlass eines Nachforderungsbescheides gem. § 73g Abs. 1 EStDV gegen den Vergütungsgläubiger (Steuerschuldner) ist in Fällen des angeordneten Steuerabzugs gem. § 50a Abs. 7 EStG das für dessen Besteuerung zuständige Finanzamt und im Übrigen das BZSt (§ 73e Satz 1 und Satz 7 EStDV).

[1] Zu Jazz-Ensembles und zu Kammermusikbesetzungen siehe BayLfSt v. 24.10.2011 – S 2303.1.1-5/2 St 32, DB 2011, 2575.

Zu § 50c EStG

R 50c. Wertminderung von Anteilen durch Gewinnausschüttungen[1]

In Fällen, in denen gem. § 52 Abs. 59 EStG[2] ab dem VZ 2001 noch § 50c EStG i. d. F. des Gesetzes vom 24.3.1999 (Steuerentlastungsgesetz 1999/2000/2002, BGBl. I S. 402) anzuwenden ist, gilt R 227d EStR 1999 weiter.

H 50c

Abstandnahme vom Steuerabzug gem. § 50d Abs. 2 Satz 1 EStG a. F. (jetzt § 50c Abs. 2 EStG) bei sog. abgesetzten Beständen. → BMF vom 5.7.2013 (BStBl. I S. 847).

Merkblatt des BZSt. Zur Entlastung vom Steuerabzug i. S. v. § 50a aufgrund von DBA

- bei Vergütungen an ausländische Künstler und Sportler vom 9.10.2002 (BStBl. I S. 904),
- bei Lizenzgebühren und ähnlichen Vergütungen vom 9.10.2002 (BStBl. I S. 916).

Das BZSt bietet aktuelle Fassungen seiner Merkblätter sowie die Bestellung von Antragsvordrucken im Internet an (www.bzst.bund.de).

Zu § 50d EStG

H 50d

Anwendung der DBA auf Personengesellschaften. → BMF vom 26.9.2014 (BStBl. I S. 1258).

Arbeitslohn nach DBA. → BMF vom 3.5.2018 (BStBl. I S. 643) unter Berücksichtigung der Änderungen durch BMF vom 22.4.2020 (BStBl. I S. 483).

Entlastungsberechtigung ausländischer Gesellschaften. Zur Anwendung des § 50d Abs. 3 EStG → BMF vom 24.1.2012 (BStBl. I S. 171) unter Berücksichtigung → BMF vom 4.4.2018 (BStBl. I S. 589).

Entlastung von deutscher Abzugsteuer gemäß § 50a EStG bei künstlerischer, sportlicher Tätigkeit oder ähnlichen Darbietungen. → BMF vom 25.11.2010 (BStBl. I S. 1350).

Gestaltungsmissbrauch. Werden im Inland erzielte Einnahmen zur Vermeidung inländischer Steuer durch eine ausländische Kapitalgesellschaft „durchgeleitet", kann ein Missbrauch rechtlicher Gestaltungsmöglichkeiten auch dann vorliegen, wenn der Staat, in dem die Kapitalgesellschaft ihren Sitz hat, kein sog. Niedrigbesteuerungsland ist (→ BFH vom 29.10.1997 – BStBl. 1998 II S. 235).

---

[1] **[Amtl. Anm.:]** R 50c ist zu § 50c „Wertminderung von Anteilen durch Gewinnausschüttungen" i. d. F. des Gesetzes vom 24.3.1999 (BGBl. I S. 402) ergangen.

[2] § 52 Abs. 59 EStG i. d. F. vor dem G v. 25.7.2014, BGBl. I 2014, 1266.

Zu § 50i EStG

H 50i

Anwendung der DBA auf Personengesellschaften. → BMF vom 26.9.2014 (BStBl. I S. 1258).

Anwendung des § 50i Abs. 2 EStG. → BMF vom 5.1.2017 (BStBl. I S. 32).

Zu § 55 EStG

R 55. Bodengewinnbesteuerung

Zu den Wirtschaftsgütern und Nutzungsbefugnissen nach § 55 Abs. 1 Satz 2 EStG gehören insbesondere Milchlieferrechte, Zuckerrübenlieferrechte, Weinanbaurechte, Bodenschätze und Eigenjagdrechte.[1)]

H 55

Abschreibung auf den niedrigeren Teilwert.

- Eine Abschreibung auf den niedrigeren Teilwert ist bei Grund und Boden, der mit dem Zweifachen des Ausgangsbetrags als Einlage anzusetzen war, auch dann ausgeschlossen, wenn für die Minderung des Werts des Grund und Bodens eine Entschädigung gezahlt und diese als Betriebseinnahme erfasst wird (→ BFH vom 10.8.1978 – BStBl. 1979 II S. 103).
- Ein außer Betracht bleibender Veräußerungs- oder Entnahmeverlust kann nicht im Wege der Teilwertabschreibung vorweggenommen werden (→ BFH vom 16.10.1997 – BStBl. 1998 II S. 185).

Ackerprämienberechtigung (Ackerquote). Ein immaterielles Wirtschaftsgut Ackerquote entsteht erst, wenn es in den Verkehr gebracht wurde (→ BFH vom 30.9.2010 – BStBl. 2011 II S. 406).

Ausschlussfrist. Versäumt ein Land- und Forstwirt es, rechtzeitig vor Ablauf der Ausschlussfrist die Feststellung des höheren Teilwerts nach § 55 Abs. 5 EStG zu beantragen, und ist auch die Wiedereinsetzung in den vorigen Stand wegen Ablaufs der Jahresfrist nicht mehr möglich, kann er aus Billigkeitsgründen nicht so gestellt werden, als hätte das Finanzamt den höheren Teilwert festgestellt (→ BFH vom 26.5.1994 – BStBl. II S. 833).

Bodengewinnbesteuerung. Zu Fragen der Bodengewinnbesteuerung → BMWF vom 29.2.1972 (BStBl. I S. 102), Tz. 1 bis 6 und 9 bis 13.

Verlustausschlussklausel.

- Verlustausschlussklausel des § 55 Abs. 6 EStG zwingt bei Hinzuerwerb eines Miteigentumsanteils dazu, für den neu erworbenen Anteil als Buchwert die Anschaffungskosten getrennt von dem schon bisher diesem Miteigentümer gehörenden Anteil anzusetzen; gilt entsprechend bei Gesamthandseigentum. Bei einer **späteren Veräußerung** dieser Grund-

---

1) Siehe BMF v. 23.6.1999, BStBl. I 1999, 593.

stücksflächen ist der **Veräußerungsgewinn** für beide Buchwerte gesondert zu ermitteln (→ BFH vom 8.8.1985 – BStBl. 1986 II S. 6).

– Für die Anwendung des § 55 Abs. 6 EStG ist unerheblich, auf welchen Umständen der Veräußerungsverlust oder Entnahmeverlust oder die Teilwertabschreibung des Grund und Bodens beruhen. Demgemäß sind vom Abzugsverbot auch Wertminderungen betroffen, die nicht auf eine Veränderung der Preisverhältnisse, sondern auf tatsächliche Veränderungen am Grundstück zurückgehen. Überlässt ein Landwirt einem Dritten das Recht, ein Sandvorkommen – das in einem bisher landwirtschaftlich genutzten und weiterhin zum Betriebsvermögen rechnenden Grundstück vorhanden ist – abzubauen, so vollzieht sich die Nutzung des Sandvorkommens im Privatbereich und der Landwirt erzielt hieraus Einkünfte aus Vermietung und Verpachtung. Die von den Einnahmen aus dem Sandvorkommen abzuziehenden Werbungskosten können auch das Betriebsvermögen des Landwirts betreffen. Die dadurch bewirkte Vermögensminderung kann jedoch, weil nicht betrieblich veranlasst, den betrieblichen Gewinn nicht mindern. Ihr ist deswegen eine gewinnerhöhende Entnahme gegenüberzustellen. Die Höhe der Entnahme legt insoweit den Umfang der Werbungskosten bei den Einkünften aus Vermietung und Verpachtung fest (→ BFH vom 16.10.1997 – BStBl. 1998 II S. 185).

Zu § 62 EStG

H 62

Anspruchsberechtigung. → A 1–6 DA-KG 2022.[1]

Zu § 63 EStG

H 63

Berücksichtigung von Kindern.
- → R 32.1–R 32.11.
- → A 7–23 DA-KG 2022.[1]

Territoriale Voraussetzungen.
- → A 23.1 DA-KG 2022.[1]
- Die territorialen Voraussetzungen gelten nicht, wenn die Voraussetzungen nach einem zwischenstaatlichen Abkommen über die Soziale Sicherheit → H 31 (Über- und zwischenstaatliche Rechtsvorschriften) erfüllt sind → A 23.2 Abs. 2 DA-KG 2022.[1]

Zu § 64 EStG

H 64

Haushaltsaufnahme. → A 9 und A 25.2 DA-KG 2022.[1]

Zusammentreffen mehrerer Ansprüche. → A 24–27 DA-KG 2022.[1]

---

[1] BStBl. I 2022, 1010. – Hinweis auf DA-KG 2023, BStBl. I 2023, 818.

Zu § 65 EStG

H 65

Kindergeld in Höhe eines Unterschiedsbetrags. → A 29 DA-KG 2022.[1]

Leistungen, die den Kindergeldanspruch ausschließen. → A 28 DA-KG 2022.[1]

Vergleichbare ausländische Leistungen. → BZSt vom 16.1.2017 (BStBl. I S. 151).

Zu § 66 EStG

H 66

Anspruchszeitraum. → A 31 DA-KG 2022.[1]

Festsetzungsverjährung. → V 12 DA-KG 2022.[1]

Höhe des Kindergeldes. → A 30 DA-KG 2022.[1]

Kinderbonus. → BZSt vom 27.5.2022 (BStBl. I S. 894).

Zählkinder.

Beispiel:

Ein Berechtigter hat aus einer früheren Beziehung zwei Kinder, für die die Mutter das Kindergeld erhält. Diese Kinder werden bei dem Berechtigten, der aus seiner jetzigen Beziehung zwei weitere Kinder hat, als Zählkinder berücksichtigt. Somit erhält er für sein zweitjüngstes (also sein drittes) Kind Kindergeld in Höhe von 225 € und für sein jüngstes (also sein viertes) Kind Kindergeld in Höhe von 250 €.

Zu § 67 EStG

H 67

Antrag bei volljährigen Kindern. → V 5.4 DA-KG 2022.[1]

Antragstellung. → V 5 DA-KG 2022.[1]

Auskunfts- und Beratungspflicht der Familienkassen. → V 8 DA-KG 2022.[1]

Mitwirkungspflichten.
- → § 68 EStG.
- → V 7 DA-KG 2022.[1]

Zuständigkeit. Dem BZSt obliegt die Durchführung des Familienleistungsausgleichs nach Maßgabe der §§ 31, 62 bis 78 EStG. Die Bundesagentur für Arbeit stellt dem BZSt zur Durchführung dieser Aufgaben ihre Dienststellen als Familienkassen zur Verfügung; die Fachaufsicht obliegt dem BZSt (§ 5 Abs. 1 Satz 1 Nr. 11 FVG).[2]

---

[1] BStBl. I 2022, 1010.
[2] **Steuergesetze** Nr. **803**.

Zu § 68 EStG

H 68

Bescheinigungen für Finanzämter. → O 4.3 DA-KG 2022.[1]

Auskunftserteilung an Bezügestellen des öffentlichen Dienstes. → O 4.4 DA-KG 2022.[1]

Zu § 70 EStG

H 70

Festsetzung des Kindergeldes durch Bescheid. → V 10 DA-KG 2022.[1]

Zu § 71 EStG

H 71

Vorläufige Zahlungseinstellung. → V 23.3 DA-KG 2022.[1]

Zu § 72 EStG

H 72

Festsetzung und Zahlung des Kindergeldes an Angehörige des öffentlichen Dienstes. → V 1.2–3.3 DA-KG 2022.[1]

Zu § 74 EStG

H 74

Zahlung des Kindergeldes in Sonderfällen. → V 33–34 DA-KG 2022.[1]

Zu § 75 EStG

H 75

Aufrechnung. → V 28 DA-KG 2022.[1]

Zu § 76 EStG

H 76

Pfändung. → V 24 DA-KG 2022.[1]

Zu § 77 EStG

H 77

Rechtsbehelfsverfahren. → R 1–14 DA-KG 2022.[1]

---

[1] BStBl. I 2022, 1010. – Hinweis auf DA-KG 2023, BStBl. I 2023, 818.

Zu § 78 EStG

H 78

Sonderregelung für Berechtigte in den neuen Ländern. → A 27 DA-KG 2022.[1]

Zu § 79 EStG

H 79

Private Altersvorsorge. → BMF vom 21.12.2017 (BStBl. 2018 I S. 93) unter Berücksichtigung der Änderungen durch BMF vom 17.2.2020 (BStBl. I S. 213) und vom 11.2.2022 (BStBl. I S. 186).

---

[1] BStBl. I 2022, 1010. – Hinweis auf DA-KG 2023, BStBl. I 2023, 818.

cher Verluste durch den Organträger ist steuerrechtlich als Einlage zu werten;

2. der ohne die Gewinnabführung entstehende Jahresüberschuss der Organgesellschaft nach § 301 AktG um den Betrag vermindert wird, der nach § 300 AktG in die gesetzliche Rücklage einzustellen ist. [2]Zuführungen zur gesetzlichen Rücklage, die die gesetzlich vorgeschriebenen Beträge übersteigen, sind steuerrechtlich wie die Bildung von Gewinnrücklagen zu beurteilen;
3. die Organgesellschaft nach § 14 Abs. 1 Satz 1 Nr. 4 KStG Gewinnrücklagen i. S. d. § 272 Abs. 3 und 4 HGB mit Ausnahme der gesetzlichen Rücklagen, aber einschließlich der satzungsmäßigen Rücklagen (§ 266 Abs. 3 A III HGB) bildet, die bei vernünftiger kaufmännischer Beurteilung wirtschaftlich begründet sind. [2]Die Bildung einer Kapitalrücklage i. S. d. § 272 Abs. 2 Nr. 4 HGB beeinflusst die Höhe der Gewinnabführung nicht und stellt daher keinen Verstoß gegen § 14 Abs. 1 Satz 1 Nr. 4 KStG dar. [3]Für die Bildung der Rücklagen muss ein konkreter Anlass gegeben sein, der es auch aus objektiver unternehmerischer Sicht rechtfertigt, eine Rücklage zu bilden, wie z. B. eine geplante Betriebsverlegung, Werkserneuerung, Kapazitätsausweitung. [4]Die Beschränkung nach § 14 Abs. 1 Satz 1 Nr. 4 KStG ist nicht auf die Bildung stiller Reserven anzuwenden;
4. die Organgesellschaft ständig Verluste erwirtschaftet.

Beendigung des Gewinnabführungsvertrags

(6) [1]Wird der GAV, der noch nicht fünf aufeinanderfolgende Jahre durchgeführt worden ist, durch Kündigung oder im gegenseitigen Einvernehmen beendet, bleibt der Vertrag für die Jahre, für die er durchgeführt worden ist, steuerrechtlich wirksam, wenn die Beendigung auf einem wichtigen Grund beruht. [2]Ein wichtiger Grund kann insbesondere in der Veräußerung oder Einbringung der Organbeteiligung durch den Organträger, der Verschmelzung, Spaltung oder Liquidation des Organträgers oder der Organgesellschaft gesehen werden. [3]Stand bereits im Zeitpunkt des Vertragsabschlusses fest, dass der GAV vor Ablauf der ersten fünf Jahre beendet werden wird, ist ein wichtiger Grund nicht anzunehmen. [4]Liegt ein wichtiger Grund nicht vor, ist der GAV von Anfang an als steuerrechtlich unwirksam anzusehen.

(7) Ist der GAV bereits mindestens fünf aufeinanderfolgende Jahre durchgeführt worden, bleibt er für diese Jahre steuerrechtlich wirksam.

Nichtdurchführung des Gewinnabführungsvertrags

(8) [1]Wird ein GAV in einem Jahr nicht durchgeführt, ist er

1. von Anfang an als steuerrechtlich unwirksam anzusehen, wenn er noch nicht fünf aufeinanderfolgende Jahre durchgeführt worden ist;
2. erst ab diesem Jahr als steuerrechtlich unwirksam anzusehen, wenn er bereits mindestens fünf aufeinanderfolgende Jahre durchgeführt worden ist. [2]Soll die körperschaftsteuerrechtliche Organschaft ab einem späteren Jahr wieder anerkannt werden, bedarf es einer erneuten mindestens fünfjährigen Laufzeit und ununterbrochenen Durchführung des Vertrags.

[2]Ist der GAV als steuerrechtlich unwirksam anzusehen, ist die Organgesellschaft nach den allgemeinen steuerrechtlichen Vorschriften zur Körperschaftsteuer zu veranlagen.[1)]

H 14.5

Änderung des § 301 AktG und § 249 HGB durch das BilMoG. → BMF vom 14.1.2010, BStBl. I S. 65.

Auflösung und Abführung vorvertraglicher versteuerter Rücklagen. Zur Auflösung und Abführung vorvertraglicher versteuerter Rücklagen bei einer nach den §§ 319 bis 327 AktG eingegliederten Organgesellschaft in der Rechtsform der AG oder KGaA → R 14.6 Abs. 3.

Auflösung von in organschaftlicher Zeit gebildeten Kapitalrücklagen. Eine in organschaftlicher Zeit gebildete und aufgelöste Kapitalrücklage kann an die Gesellschafter ausgeschüttet werden; sie unterliegt nicht der Gewinnabführung (→ BFH vom 8.8.2001, I R 25/00, BStBl. 2003 II S. 923 und → BMF vom 27.11.2003, BStBl. I S. 647).

Ausschüttungssperre. Keine analoge Anwendung des § 253 Abs. 6 HGB im Rahmen des § 14 Absatz 1 Satz 1 KStG i. V. m. § 301 AktG; → BMF vom 23.12.2016, BStBl. 2017 I S. 41.

Beendigung des Gewinnabführungsvertrags. Die Beendigung des GAV, weil er aus Sicht der Parteien seinen Zweck der Konzernverlustverrechnung erfüllt hat, ist kein wichtiger Grund i. S. d. § 14 Abs. 1 Satz 1 Nr. 3 Satz 2 KStG (→ BFH vom 13.11.2013, I R 45/12, BStBl. 2014 II S. 486).

Beginn der Mindestlaufzeit des Gewinnabführungsvertrages bei umwandlungssteuerlicher Rückwirkungsfiktion. → BFH vom 10.5.2017, I R 19/15, BStBl. 2019 II S. 81.

Bildung einer Rücklage. Zur Zulässigkeit der Bildung einer Rücklage in der Bilanz einer Organgesellschaft aus Gründen der Risikovorsorge → BFH vom 29.10.1980, I R 61/77, BStBl. 1981 II S. 336.

Mindestlaufzeit.[2)] Die fünfjährige Mindestlaufzeit des GAV bei der körperschaftsteuerlichen Organschaft bemisst sich nach Zeitjahren und nicht nach Wj. (→ BFH vom 12.1.2011, I R 3/10, BStBl. II S. 727). Unabhängig von einer Umstellung des Wj. der Organgesellschaft und der damit einhergehenden Bildung eines Rumpfwirtschaftsjahres ist für die steuerliche Anerkennung der Organschaft die Mindestlaufzeit des GAV von fünf Zeitjahren einzuhalten (→ BFH vom 13.11.2013, I R 45/12, BStBl. 2014 II S. 486). Zur Voraussetzung der Mindestlaufzeit → BMF vom 10.11.2005, BStBl. I S. 1038 Rn. 4.

Variable Ausgleichszahlungen an außenstehende Gesellschafter. → BFH vom 10.5.2017, I R 93/15, BStBl. 2019 II S. 278; → BMF vom 4.3.2020, BStBl. I S. 256.

[1)] Zur körperschaftsteuerrechtl. Organschaft im Fall der Insolvenz siehe BFH v. 2.11.2022 I R 29/19, BStBl. II 2023, 405; zur tatsächlichen Durchführung eines Gewinnabführungsvertrags siehe BFH v. 2.11.2022 I R 37/19, BStBl. II 2023, 409.

[2)] Zur Anerkennung einer körperschaftsteuerrechtl. Organschaft bei fehlender finanzieller Eingliederung in den Vorjahren siehe BFH v. 10.5.2017 I R 51/15, BStBl. II 2018, 30.

Verzinsung des Anspruchs auf Verlustübernahme nach § 302 AktG. Die unterlassene oder unzutreffende Verzinsung eines Verlustausgleichsanspruchs steht einer tatsächlichen Durchführung des GAV nicht entgegen (→ BMF vom 15.10.2007, BStBl. I S. 765).

Verzögerte Registereintragung. Keine sachliche Unbilligkeit bei verzögerter Registereintragung → BFH vom 23.8.2017, I R 80/15, BStBl. 2018 II S. 141.

Wirksamwerden des Gewinnabführungsvertrags. Bei einem lediglich mit der Vorgründungsgesellschaft (→ H 1.1) abgeschlossenen GAV gehen die sich daraus ergebenden Rechte und Pflichten nicht automatisch auf die später gegründete und eingetragene Kapitalgesellschaft über (→ BFH vom 8.11.1989, I R 174/86, BStBl. 1990 II S. 91).

R **14.6** Zuzurechnendes Einkommen der Organgesellschaft

(1) [1] Als zuzurechnendes Einkommen ist das Einkommen der Organgesellschaft vor Berücksichtigung des an den Organträger abgeführten Gewinns oder des vom Organträger zum Ausgleich eines sonst entstehenden Jahresfehlbetrags (§ 302 Abs. 1 AktG) geleisteten Betrags zu verstehen. [2] Bei der Ermittlung des Einkommens des Organträgers bleibt demnach der von der Organgesellschaft an den Organträger abgeführte Gewinn außer Ansatz; ein vom Organträger an die Organgesellschaft zum Ausgleich eines sonst entstehenden Jahresfehlbetrags geleisteter Betrag darf nicht abgezogen werden.

(2) [1] Gewinne der Organgesellschaft, die aus der Auflösung vorvertraglicher unversteuerter stiller Reserven herrühren, sind Teil des Ergebnisses des Wj. der Organgesellschaft, in dem die Auflösung der Reserven erfolgt. [2] Handelsrechtlich unterliegen diese Gewinne deshalb der vertraglichen Abführungsverpflichtung. [3] Steuerrechtlich gehören sie zu dem Einkommen, das nach § 14 KStG dem Organträger zuzurechnen ist.

(3) [1] Bei einer nach den §§ 319 bis 327 AktG eingegliederten AG oder KGaA als Organgesellschaft sind nach § 324 Abs. 2 AktG die §§ 293 bis 296, 298 bis 303 AktG nicht anzuwenden. [2] Löst diese Organgesellschaft vorvertragliche Gewinn- oder Kapitalrücklagen zugunsten des an den Organträger abzuführenden Gewinns auf, verstößt sie handelsrechtlich nicht gegen das Abführungsverbot. [3] In diesen Fällen ist deshalb → R 14.5 Abs. 8 nicht anzuwenden. [4] Steuerrechtlich fällt die Abführung der Gewinne aus der Auflösung dieser Rücklagen an den Organträger nicht unter § 14 KStG; sie unterliegt somit den allgemeinen steuerrechtlichen Vorschriften.

(4) [1] VGA an den Organträger sind im Allgemeinen vorweggenommene Gewinnabführungen; sie stellen die tatsächliche Durchführung des GAV nicht in Frage. [2] Das gilt auch, wenn eine Personengesellschaft der Organträger ist (→ R 14.3) und Gewinn verdeckt an einen Gesellschafter der Personengesellschaft ausgeschüttet wird. [3] Ein solcher Vorgang berührt lediglich die Gewinnverteilung innerhalb der Personengesellschaft. [4] VGA an außen stehende Gesellschafter sind wie Ausgleichszahlungen i. S. d. § 16 KStG zu behandeln.

(5) Der Gewinn aus der Veräußerung eines Teilbetriebs unterliegt der vertraglichen Gewinnabführungsverpflichtung; er ist bei der Ermittlung des dem Organträger zuzurechnenden Einkommens zu berücksichtigen.

(6) [1]Die Höhe des nach § 14 KStG dem Organträger zuzurechnenden Einkommens der Organgesellschaft sowie weitere Besteuerungsgrundlagen werden gesondert und einheitlich festgestellt mit Bindungswirkung für die Steuerbescheide der Organgesellschaft und des Organträgers. [2]Einspruchsberechtigt gegen den Bescheid über die gesonderte und einheitliche Feststellung sind sowohl der Organträger als auch die Organgesellschaft.

(7) Gewinnabführungen stellen auch dann keine Gewinnausschüttungen dar, wenn sie erst nach Beendigung des GAV abfließen.

H 14.6

Einstellung der gewerblichen Tätigkeit. Stellt eine Organgesellschaft ohne förmlichen Auflösungsbeschluss ihre gewerbliche Tätigkeit nicht nur vorübergehend ein und veräußert sie ihr Vermögen, fällt der Gewinn, den sie während der tatsächlichen Abwicklung erzielt, nicht mehr unter die Gewinnabführungsverpflichtung (→ BFH vom 17.2.1971, I R 148/68, BStBl. II S. 411).

Gewinn im Zeitraum der Abwicklung. Der im Zeitraum der Abwicklung erzielte Gewinn (§ 11 KStG, → R 11) unterliegt nicht der vertraglichen Gewinnabführungsverpflichtung und ist deshalb von der Organgesellschaft zu versteuern (→ BFH vom 18.10.1967, I 262/63, BStBl. 1968 II S. 105).

Klagebefugnis. → BFH vom 1.7.2020, XI R 20/18, BStBl. 2021 II S. 296.[1)]

R 14.7 Einkommensermittlung beim Organträger

(1) Ausgaben im Zusammenhang mit der Organbeteiligung, z. B. Zinsen für Schulden, die der Organträger zum Erwerb der Beteiligung aufgenommen hat, dürfen bei der Ermittlung des Einkommens des Organträgers abgezogen werden.

(2) [1]VGA der Organgesellschaft sind beim Organträger zur Vermeidung der Doppelbelastung aus dem Einkommen auszuscheiden, wenn die Vorteilszuwendung den Bilanzgewinn des Organträgers erhöht oder dessen Bilanzverlust gemindert hat. [2]Entgegen → BFH vom 20.8.1986 (I R 150/82, BStBl. 1987 II S. 455) ist jedoch nicht das zuzurechnende Organeinkommen, sondern das eigene Einkommen des Organträgers zu kürzen.

(3) [1]Der Organträger kann seine Beteiligung an der Organgesellschaft auf den niedrigeren Teilwert abschreiben, wenn die nach dem geltenden Recht hierfür erforderlichen Voraussetzungen erfüllt sind. [2]Eine Abschreibung auf den niedrigeren Teilwert ist jedoch nicht schon deshalb gerechtfertigt, weil die Organgesellschaft ständig Verluste erwirtschaftet.

(4) Übernimmt der Organträger die Verpflichtung, einen vorvertraglichen Verlust der Organgesellschaft auszugleichen, stellt der Verlustausgleich steuerrechtlich eine Einlage des Organträgers in die Organgesellschaft dar.

H 14.7

Veranlagungszeitraum der Zurechnung. Das Einkommen der Organgesellschaft ist dem Organträger für das Kj. (VZ) zuzurechnen, in dem die Organgesellschaft das Einkommen erzielt hat (→ BFH vom 29.10.1974, I R 240/72, BStBl. 1975 II S. 126).

[1)] Vb. eingelegt, Az. BVerfG 2 BvR 926/21.

Schützenfeste usw., dann ist bei erkennbarer Wiederholungsabsicht von einem fortbestehenden Gewerbebetrieb auszugehen, bei dem nicht jeweils die Steuerpflicht nach Abwicklung der Veranstaltung erlischt und im Folgejahr neu eintritt.

Betriebsaufgabe, Auflösung und Insolvenz

(4) [1]Die Aufgabe des Betriebs bei Einzelgewerbetreibenden, die Auflösung und die Abwicklung bei Personengesellschaften und Unternehmen im Sinne des § 2 Abs. 2 GewStG und die Eröffnung des Insolvenzverfahrens bei Unternehmen aller Art ändern nach § 4 GewStDV an der Gewerbesteuerpflicht nichts. [2]Das Erlöschen der Gewerbesteuerpflicht beurteilt sich auch in diesen Fällen ausschließlich nach den Grundsätzen der R 2.6 Abs. 1 bis 3. [3]Die Beendigung der Abwicklung und damit das Aufhören der Gewerbesteuerpflicht eines aufgelösten Unternehmens im Sinne des Absatzes 2 fallen regelmäßig mit dem Zeitpunkt zusammen, in dem das Vermögen an die Gesellschafter verteilt wird. [4]Werden jedoch bei dieser Verteilung Vermögensbeträge zur Begleichung von Schulden zurückbehalten, bleibt das Unternehmen gewerbesteuerpflichtig, bis die Schulden beglichen sind.

H 2.6 (4)

Beendigung der Abwicklung. Der Grundsatz, dass die Gewerbesteuerpflicht noch nicht endet, wenn bei der Vermögensverteilung Beträge zur Begleichung von Schulden zurückbehalten werden, gilt nicht, wenn es sich bei den Schulden um Steuern handelt, die erst nach der Beendigung der Abwicklung festgesetzt werden können (→ RFH vom 12.12.1939 – RStBl. 1940 S. 435). Entsprechend ist der Abwicklungszeitraum einer im Insolvenzverfahren befindlichen Kapitalgesellschaft als abgeschlossen anzusehen, wenn die förmliche Beendigung des Insolvenzverfahrens nur dadurch gehindert wird, dass die Höhe der Steuern, die erst nach dem Ablauf des Abwicklungszeitraums festgesetzt werden können, noch nicht bekannt ist (→ RFH vom 5.3.1940 – RStBl. S. 476).

R 2.7 Steuerpflicht bei Unternehmerwechsel

Übergang eines Betriebs im Ganzen

(1)[1)] [1]Ein Gewerbebetrieb, der im Ganzen auf einen anderen Unternehmer übergeht, gilt als durch den bisherigen Unternehmer eingestellt. [2]Er gilt als durch den anderen Unternehmer neu gegründet, wenn er nicht mit einem bereits bestehenden Gewerbebetrieb vereinigt wird. [3]Der Zeitpunkt des Übergangs (Unternehmerwechsel) wird als Zeitpunkt der Einstellung und als Zeitpunkt der Neugründung angesehen. [4]In diesem Zeitpunkt erlischt die sachliche Steuerpflicht des übergegangenen Betriebs. [5]Der übernommene Betrieb tritt in die sachliche Steuerpflicht neu ein, wenn er nicht mit einem bestehenden Gewerbebetrieb vereinigt wird.

[1)] Auch im Anwendungsbereich des § 2 Abs. 5 GewStG kein Abzug vorweggenommener Betriebsausgaben bei der Gewerbesteuer; siehe BFH v. 30.8.2022 X R 17/21, BStBl. II 2023, 396.

Änderungen im Gesellschafterbestand einer Personengesellschaft

(2) [1]Scheiden aus einer Personengesellschaft im Sinne des § 15 Abs. 3 EStG einzelne Gesellschafter oder alle bis auf einen aus oder treten neue hinzu oder wird ein Einzelunternehmen durch Aufnahme eines oder mehrerer Gesellschafter in eine Personengesellschaft umgewandelt, geht der Gewerbebetrieb nicht im Ganzen auf einen anderen Unternehmer über, solange ihn mindestens einer der bisherigen Unternehmer unverändert fortführt. [2]§ 2 Abs. 5 GewStG findet demnach in diesen Fällen keine Anwendung und die sachliche Steuerpflicht des Unternehmens besteht fort.

Übergang eines Teilbetriebs

(3) [1]Geht ein Teilbetrieb eines Unternehmens auf einen anderen Unternehmer über, liegt beim bisherigen Unternehmer die Einstellung eines Gewerbebetriebs nicht vor. [2]In diesem Fall kommt für den Unternehmer, der den Betrieb abgibt, zunächst nur eine Anpassung der Vorauszahlungen in Betracht. [3]Die Abgabe eines Teilbetriebs wird bei der Veranlagung dadurch berücksichtigt, dass der Festsetzung des Steuermessbetrags der Gewerbeertrag des verkleinerten Unternehmens zugrunde gelegt wird. [4]Für den neuen Unternehmer kommt, wenn der übernommene Betrieb nicht mit einem bestehenden Betrieb vereinigt wird, die erstmalige Festsetzung der Vorauszahlungen, sonst die Anpassung der bisherigen Vorauszahlungen in Betracht.

H 2.7

Partieller Unternehmerwechsel bei Personengesellschaften.[1)] In Fällen des partiellen Unternehmerwechsels bei Personengesellschaften kommt es grundsätzlich nicht darauf an, auf welche Weise, z. B. Anwachsung, Übertragung, Gesamtrechtsnachfolge, die Eigentumsanteile ausscheidender Unternehmer an dem fortgeführten Gewerbebetrieb auf den verbleibenden oder auf neu hinzutretende Unternehmer übergehen (→ BFH vom 18.5.1972 – BStBl. II S. 775).

Soweit das BFH-Urteil vom 24.10.1972 – BStBl. 1973 II S. 233 dem entgegensteht, ist es nicht anzuwenden.

Persönliche Steuerpflicht. Wegen der Auswirkungen auf die persönliche Steuerpflicht und damit der Steuerschuldnerschaft des jeweiligen Unternehmers → § 5 Abs. 2 GewStG, R 5.1 Abs. 1.

Verfahren bei der Anpassung oder erstmaligen Festsetzung von Vorauszahlungen. → R 19.2.

Zur Verrechnung von im übergegangenen Unternehmen entstandenen Verlusten. → § 10a Satz 8 GewStG.

R 2.8 Inland, gebietsmäßige Abgrenzung der Besteuerung

[1]Gewerbesteuerpflichtig sind nur Unternehmen, die im Inland betrieben werden. [2]Erstreckt sich der Gewerbebetrieb auch auf das Ausland, werden nur die im Inland befindlichen Betriebsstätten der Besteuerung unterworfen.

---

1) Zu den Kriterien für Identität von „bisherigem" und neuem Gewerbebetrieb siehe BFH v. 19.12.2019 IV R 8/17, BStBl. II 2020, 401.

[3] Zum Inland im Sinne des Gewerbesteuerrechts gehört auch der an die Bundesrepublik Deutschland grenzende deutsche Festlandsockel, soweit es sich um die Erforschung und Ausbeutung der Naturschätze des Meeresgrundes und des Meeresuntergrundes handelt (→ Proklamation der Bundesregierung vom 22.1.1964 – BGBl. II S. 104).

(Fortsetzung S. 31)

500. Umsatzsteuer-Anwendungserlass (UStAE)

Vom 1. Oktober 2010 (BStBl. I 2010, 846)[1)]

(BMF IV D 3 – S 7015/10/10002; DOK 2010/0815152)

Geändert durch BMF-Schreiben vom 21.10.2010 (BStBl. I 2010, 1192), vom 26.10.2010 (BStBl. I 2010, 1197) vom 27.10.2010 (BStBl. I 2010, 1273), vom 01.12.2010 (BStBl. I 2010, 1375), vom 08.12.2010 (BStBl. I 2010, 1501), vom 15.12.2010 (BStBl. I 2010, 1502), vom 17.12.2010 (BStBl. I 2010, 1512), vom 21.12.2010 (BStBl. I 2011, 46), vom 04.02.2011 (BStBl. I 2011, 156 und 162), vom 02.03.2011 (BStBl. I 2011, 232), vom 03.03.2011 (BStBl. I 2011, 233), vom 14.03.2011 (BStBl. I 2011, 254), vom 25.03.2011 (BStBl. I 2011, 304), vom 07.04.2011 (BStBl. I 2011, 306), vom 08.04.2011 (BStBl. I 2011, 307), vom 11.04.2011 (BStBl. I 2011, 459), vom 15.04.2011 (BStBl. I 2011, 489), vom 02.05.2011 (BStBl. I 2011, 490), vom 12.05.2011 (BStBl. I 2011, 535), vom 07.06.2011 (BStBl. I 2011, 581), vom 08.06.2011 (BStBl. I 2011, 582), 2 Schreiben vom 10.06.2011 (BStBl. I 2011, 583), vom 22.06.2011 (BStBl. I 2011, 597), vom 23.06.2011 (BStBl. I 2011, 677), vom 24.06.2011 (BStBl. I 2011, 687), vom 29.06.2011 (BStBl. I 2011, 702), vom 05.07.2011 (BStBl. I 2011, 703), vom 06.07.2011 (BStBl. I 2011, 738), vom 07.07.2011 (BStBl. I 2011, 739), vom 27.07.2011 (BStBl. I 2011, 752), vom 02.08.2011 (BStBl. I 2011, 754), vom 08.08.2011 (BStBl. I 2011, 755), vom 31.08.2011 (BStBl. I 2011, 825), vom 22.09.2011 (BStBl. I 2011, 910), vom 26.09.2011 (BStBl. I 2011, 980), vom 30.09.2011 (BStBl. I 2011, 981), vom 05.10.2011 (BStBl. I 2011, 982), vom 11.10.2011 (BStBl. I 2011, 983), vom 14.11.2011 (BStBl. I 2011, 1158), vom 09.12.2011 (BStBl. I 2011, 1272, 1273 und 1288), vom 12.12.2011 (BStBl. I 2011, 1289), vom 02.01.2012 (BStBl. I 2012, 59 und 60), vom 03.01.2012 (BStBl. I 2012, 76), vom 18.01.2012 (BStBl. I 2012, 139), vom 19.01.2012 (BStBl. I 2012, 209), vom 06.02.2012 (BStBl. I 2012, 212), vom 21.03.2012 (BStBl. I 2012, 343, 344), vom 28.03.2012 (BStBl. I 2012, 481, 482), vom 29.03.2012 (BStBl. I 2012, 483), vom 02.04.2012 (BStBl. I 2012, 484), vom 03.04.2012 (BStBl. I 2012, 486), vom 24.04.2012 (BStBl. I 2012, 533), vom 19.06.2012 (BStBl. I 2012, 682), vom 02.07.2012 (BStBl. I 2012, 726), vom 25.07.2012 (BStBl. I 2012, 876), vom 20.08.2012 (BStBl. I 2012, 877), vom 31.08.2012 (BStBl. I 2012, 932), vom 24.10.2012 (BStBl. I 2012, 1086), vom 13.11.2012 (BStBl. I 2012, 1169), vom 14.11.2012 (BStBl. I 2012, 1170), vom 21.11.2012 (BStBl. I 2012, 1229), vom 30.11.2012 (BStBl. I 2012, 1230), vom 12.12.2012 (BStBl. I 2012, 1259), vom 17.12.2012 (BStBl. I 2012, 1260), vom 18.12.2012 (BStBl. I 2012, 1272), vom 22.01.2013 (BStBl. I 2013, 178), vom 22.02.2013 (BStBl. I 2013, 268), vom 07.03.2013 (BStBl. I 2013, 333), vom 20.03.2013 (BStBl. I 2013, 335 und 444), vom 25.03.2013 (BStBl. I 2013, 449), vom 26.03.2013 (BStBl. I 2013, 450), vom 27.03.2013 (BStBl. I 2013, 452), vom 02.04.2013 (BStBl. I 2013, 454), vom 09.04.2013 (BStBl. I 2013, 517), vom 12.04.2013 (BStBl. I 2013, 518), vom 26.04.2013 (BStBl. I 2013, 714), vom 10.06.2013 (BStBl. I 2013, 780), vom 28.06.2013 (BStBl. I 2013, 852), vom 08.07.2013 (BStBl. I 2013, 860), vom 12.07.2013 (BStBl. I 2013, 923), vom 31.07.2013 (BStBl. I 2013, 964), vom 26.08.2013 (BStBl. I 2013, 1018), vom 12.09.2013 (BStBl. I 2013, 1176), vom 13.09.2013 (BStBl. I 2013, 1179), vom 16.09.2013 (BStBl. I 2013, 1192), vom 19.09.2013 (BStBl. I 2013, 1212), vom 24.09.2013 (BStBl. I 2013, 1219), vom 23.10.2013 (BStBl. I 2013, 1303 und 1304), vom 25.10.2013 (BStBl. I 2013, 1305), vom 28.10.2013 (BStBl. I 2013, 1382), vom 31.10.2013 (BStBl. I 2013, 1383 und 1384), vom 04.11.2013 (BStBl. I 2013, 1385), vom 05.11.2013 (BStBl. I 2013, 1386), vom 08.11.2013 (BStBl. I 2013, 1389), vom 15.11.2013 (BStBl. I 2013, 1475 und 1477), vom 20.11.2013 (BStBl. I 2013, 1581), vom 21.11.2013 (BStBl. I 2013, 1583 und 1584), vom 22.11.2013 (BStBl. I 2013, 1590), vom 28.11.2013 (BStBl. I 2013, 1594), vom 29.11.2013 (BStBl. I 2013, 1596), vom 09.12.2013 (BStBl. I 2013, 1620), vom 10.12.2013 (BStBl. I 2013, 1621 und 1623),

---

1) Auch Änderungen von Anwendungsregelungen sind in den Änderungsnachweis aufgenommen.

vom 11.12.2013 (BStBl. I 2013, 1625), vom 12.12.2013 (BStBl. I 2013, 1627), vom 16.12.2013 (BStBl. I 2013, 1638), vom 02.01.2014 (BStBl. I 2014, 119), vom 06.01.2014 (BStBl. I 2014, 152), vom 20.01.2014 (BStBl. I 2014, 154), vom 31.01.2014 (BStBl. I 2014, 217), vom 04.02.2014 (BStBl. I 2014, 229), vom 05.02.2014 (BStBl. I 2014, 233), vom 06.02.2014 (BStBl. I 2014, 267 und 269), vom 07.02.2014 (BStBl. I 2014, 271), vom 28.02.2014 (BStBl. I 2014, 279), vom 20.03.2014 (BStBl. I 2014, 603), vom 04.04.2014 (BStBl. I 2014, 801), vom 10.04.2014 (BStBl. I 2014, 802), vom 29.04.2014 (BStBl. I 2014, 814), vom 30.04.2014 (BStBl. I 2014, 816), vom 05.05.2014 (BStBl. I 2014, 820), vom 08.05.2014 (BStBl. I 2014, 823), vom 05.06.2014 (BStBl. I 2014, 896), vom 12.06.2014 (BStBl. I 2014, 909), vom 01.07.2014 (BStBl. I 2014, 1111), vom 22.07.2014 (BStBl. I 2014, 1113), vom 25.07.2014 (BStBl. I 2014, 1114), vom 31.07.2014 (BStBl. I 2014, 1073), vom 26.08.2014 (BStBl. I 2014, 1216), vom 27.08.2014 (BStBl. I 2014, 1218), vom 19.09.2014 (BStBl. I 2014, 1287), vom 26.09.2014 (BStBl. I 2014, 1297), vom 01.10.2014 (BStBl. I 2014, 1322), vom 17.10.2014 (BStBl. I 2014, 1369), vom 20.10.2014 (BStBl. I 2014, 1372), vom 28.10.2014 (BStBl. I 2014, 1439), vom 04.12.2014 (BStBl. I 2014, 1617), vom 08.12.2014 (BStBl. I 2014, 1619), vom 09.12.2014 (BStBl. I 2014, 1620), vom 10.12.2014 (BStBl. I 2014, 1622), vom 11.12.2014 (BStBl. I 2014, 1631), vom 18.12.2014 (BStBl. I 2015, 44), vom 22.01.2015 (BStBl. I 2015, 123), vom 23.01.2015 (BStBl. I 2015, 144), vom 27.01.2015 (BStBl. I 2015, 164), vom 04.02.2015 (BStBl. I 2015, 166), vom 19.02.2015 (BStBl. I 2015, 217), vom 27.02.2015 (BStBl. I 2015, 232), vom 13.03.2015 (BStBl. I 2015, 234), vom 02.04.2015 (BStBl. I 2015, 272), vom 24.04.2015 (BStBl. I 2015, 456), vom 05.05.2015 (BStBl. I 2015, 458), vom 21.05.2015 (BStBl. I 2015, 491), vom 17.06.2015 (BStBl. I 2015, 513), vom 19.06.2015 (BStBl. I 2015, 559), vom 07.07.2015 (BStBl. I 2015, 562), vom 03.08.2015 (BStBl. I 2015, 624), vom 27.08.2015 (BStBl. I 2015, 656), vom 31.08.2015 (BStBl. I 2015, 737), vom 04.09.2015 (BStBl. I 2015, 738), vom 07.10.2015 (BStBl. I 2015, 782), vom 14.10.2015 (BStBl. I 2015, 832), vom 21.10.2015 (BStBl. I 2015, 835), vom 04.11.2015 (BStBl. I 2015, 886), vom 12.11.2015 (BStBl. I 2015, 887), vom 02.12.2015 (BStBl. I 2015, 1012), vom 07.12.2015 (BStBl. I 2015, 1014), vom 08.12.2015 (BStBl. I 2015, 1066), vom 15.12.2015 (BStBl. I 2015, 1067),[1] vom 21.01.2016 (BStBl. I 2016, 150), vom 16.02.2016 (BStBl. I 2016, 239), vom 23.02.2016 (BStBl. I 2016, 240), vom 02.03.2016 (BStBl. I 2016, 287), vom 25.04.2016 (BStBl. I 2016, 484), vom 18.05.2016 (BStBl. I 2016, 506), vom 20.6.2016 (BStBl. I 2016, 531), vom 10.08.2016 (BStBl. I 2016, 820), vom 28.09.2016 BStBl. I 2016, 1043), 2 Schreiben v. 04.10.2016 (BStBl. I 2016, 1059 und 1074), vom 24.11.2016 (BStBl. I 2016, 1328), vom 02.12.2016 (BStBl. I 2016, 1450), vom 16.12.2016 (BStBl. I 2016, 1451), vom 19.12.2016 (BStBl. I 2016, 1459), vom 17.01.2017 (BStBl. I 2017, 104), vom 23.01.2017 (BStBl. I 2017, 108), vom 26.01.2017 (BStBl. I 2017, 175), vom 3.02.2017 (BStBl. I 2017, 180), vom 10.02.2017 (BStBl. I 2017, 350), vom 21.03.2017 (BStBl. I 2017, 482), vom 12.04.2017 (BStBl. I 2017, 710), vom 08.05.2017 (BStBl. I 2017, 745), vom 09.05.2017 (BStBl. I 2017, 780), vom 26.05.2017 (BStBl. I 2017, 790), vom 02.06.2017 (BStBl. I 2017, 850), vom 06.06.2017 (BStBl. I 2017, 853), vom 08.06.2017 (BStBl. I 2017, 858), vom 03.07.2017 (BStBl. I 2017, 885), vom 10.07.2017 (BStBl. I 2017, 888), vom 13.07.2017 (BStBl. I 2017, 992), vom 14.07.2017 (BStBl. I 2017, 997), vom 26.07.2017 (BStBl. I 2017, 1001), vom 02.08.2017 (BStBl. I 2017, 1240), vom 22.09.2017 (BStBl. I 2017, 1299), vom 06.10.2017 (BStBl. I 2017, 1349), vom 10.10.2017 (BStBl. I 2017, 1442), vom 08.11.2017 (BStBl. I 2017, 1517), vom 15.11.2017 (BStBl. I 2017, 1518), vom 30.11.2017 (BStBl. I 2017, 1599), vom 05.12.2017 (BStBl. I 2017, 1658), vom 06.12.2017 (BStBl. I 2017, 1660), vom 07.12.2017 (BStBl. I 2017, 1662), vom 08.12.2017 (BStBl. I 2017, 1664), vom 08.12.2017 (BStBl. I 2017, 1665), vom 13.12.2017 (BStBl. I 2017, 1667), vom 13.12.2017 (BStBl. I 2018, 72), vom 14.12.2017 (BStBl. I 2017, 1673), vom 07.02.2018 (BStBl. I 2018, 302), vom 27.02.2018 (BStBl. I 2018, 316), vom 23.04.2018 (BStBl. I 2018, 638), vom 18.05.2018 (BStBl. I 2018, 695), vom 17.07.2018 (BStBl. I 2018, 820), vom 05.09.2018 (BStBl. I 2018, 1012), vom 04.10.2018 (BStBl. I 2018, 1090), vom 31.10.2018 (BStBl. I 2018, 1203), vom 27.11.2018 (BStBl. I 2018, 1363), vom 03.12.2018 (BStBl. I 2018, 1365), vom 07.12.2018 (BStBl. I 2018, 1401), 2 Schreiben vom 14.12.2018 (BStBl. I 2018, 1402 und 1429), vom 02.01.2019 (BStBl. I

---

[1] Die Änderungen des UStAE sind sämtlich eingearbeitet; die Ersetzung der Begriffe „Abgabe, abgeben“ usw. durch „Übermittlung, übermitteln“ usw. wurde durchgeführt, aber nicht einzeln durch Fußnoten nachgewiesen.

2019, 17), vom 23.05.2019 (BStBl. I 2019, 510), vom 23.05.2019 (BStBl. I 2019, 511), vom 27.05.2019 (BStBl. I 2019, 512), vom 18.06.2019 (BStBl. I 2019, 591), vom 17.07.2019 (BStBl. I 2019, 835), vom 18.12.2019 (BStBl. I 2019, 1396), vom 19.12.2019 (BStBl. I 2019, 1399), vom 10.01.2020 (BStBl. I 2020, 184), vom 14.01.2020 (BStBl. I 2020, 196), vom 06.02.2020 (BStBl. I 2020, 235), vom 18.03.2020 (BStBl. I 2020, 286), vom 23.03.2020 (BStBl. I 2020, 288), vom 24.03.2020 (BStBl. I 2020, 291), vom 07.05.2020 (BStBl. I 2020, 530), vom 02.06.2020 (BStBl. I 2020, 545), vom 03.06.2020 (BStBl. I 2020, 546), vom 15.06.2020 (BStBl. I 2020, 580), vom 17.06.2020 (BStBl. I 2020, 581), vom 25.06.2020 (BStBl. I 2020, 582), vom 02.07.2020 (BStBl. I 2020, 610), vom 07.07.2020 (BStBl. I 2020, 642), vom 09.07.2020 (BStBl. I 2020, 643), vom 13.07.2020 (BStBl. I 2020, 644), vom 16.07.2020 (BStBl. I 2020, 645), vom 03.08.2020 (BStBl. I 2020, 646), vom 05.08.2020 (BStBl. 2020, 669), vom 20.08.2020 (BStBl. I 2020, 671), vom 28.08.2020 (BStBl. I 2020, 928), vom 03.09.2020 (BStBl. I 2020, 940), vom 18.09.2020 (BStBl. I 2020, 976), vom 30.09.2020 (BStBl. I 2020, 982), vom 01.10.2020 (BStBl. I 2020, 983), vom 09.10.2020 (BStBl. I 2020, 1038), vom 14.10.2020 (BStBl. I 2020, 1043), vom 28.10.2020 (BStBl. I 2020, 1120), vom 02.11.2020 (BStBl. I 2020, 1121), vom 06.11.2020 (BStBl. I 2020, 1202), vom 12.11.2020 (BStBl. I 2020, 1265), vom 16.11.2020 (BStBl. I 2020, 1267), vom 23.11.2020 (BStBl. I 2020, 1335), vom 15.12.2020 (BStBl. I 2020, 1374), vom 16.12.2020 (BStBl. I 2020, 1379) vom 18.12.2020 (BStBl. I 2021, 64), vom 23.12.2020 (BStBl. I 2021, 92), vom 11.01.2021 (BStBl. I 2021, 120), vom 18.01.2021 (BStBl. I 2021, 121), vom 29.01.2021 (BStBl. I 2021, 250), vom 04.02.2021 (BStBl. I 2021, 312), vom 10.02.2021 (BStBl. I 2021, 314), vom 04.03.2021 (BStBl. I 2021, 316), vom 11.03.2021 (BStBl. I 2021, 380), vom 12.03.2021 (BStBl. I 2021, 380), vom 15.03.2021 (BStBl. I 2021, 381), vom 18.03.2021 (BStBl. I 2021, 384), vom 26.03.2021 (BStBl. I 2021, 385), vom 29.03.2021 (BStBl. I 2021, 386), vom 01.04.2021 (BStBl. I 2021, 629), vom 20.04.2021 (BStBl. I 2021, 705), vom 22.04.2021 (BStBl. I 2021, 712), vom 03.05.2021 (BStBl. I 2021, 713), vom 11.05.2021 (BStBl. I 2021, 781), vom 03.06.2021 (BStBl. I 2021, 777), vom 09.06.2021 (BStBl. I 2021, 778 und 780), vom 18.06.2021 (BStBl. I 2021, 871), vom 22.06.2021 (BStBl. I 2021, 856), vom 24.06.2021 (BStBl. 2021, 857), vom 28.06.2021 (BStBl. I 2021, 868), vom 02.07.2021 (BStBl. I 2021, 918), vom 08.07.2021 (BStBl. I 2021, 919), vom 22.07.2021 (BStBl. I 2021, 1023), vom 19.08.2021 (BStBl. I 2021, 1088), vom 07.09.2021 (BStBl. I 2021, 1591), vom 09.09.2021 (BStBl. I 2021, 1593), vom 27.09.2021 (BStBl. I 2021, 1810, 1812 und 1856), vom 28.09.2021 (BStBl. I 2021, 1858), vom 01.10.2021 (BStBl. I 2021, 1859), vom 04.10.2021 (BStBl. I 2021, 1861), vom 18.10.2021 (BStBl. I 2021, 2142), vom 27.10.2021 (BStBl. I 2021, 2137 und 2139), vom 16.11.2021 (BStBl. I 2021, 2329), vom 01.12.2021 (BStBl. I 2021, 2486 und 2488), vom 10.12.2021 (BStBl. I 2021, 2492), vom 17.12.2021 (BStBl. I 2021, 2502 und 2504), vom 17.01.2022 (BStBl. I 2022, 161), vom 07.02.2022 (BStBl. I 2022, 197), vom 15.03.2022 (BStBl. I 2022, 351), vom 29.03.2022 (BStBl. I 2022, 567), vom 30.03.2022 (BStBl. I 2022, 568), vom 12.04.2022 (BStBl. I 2022, 650 und 652), vom 26.04.2022 (BStBl. I 2022, 655), vom 02.05.2022 (BStBl. I 2022, 736), vom 20.05.2022 (BStBl. I 2022, 738), vom 02.06.2022 (BStBl. I 2022, 926), vom 15.06.2022 (BStBl. I 2022, 1001), vom 16.06.2022 (BStBl. I 2022, 1003), vom 22.06.2022 (BStBl. I 2022, 1004), vom 24.06.2022 (BStBl. I 2022, 1006), vom 01.09.2022 (BStBl. I 2022, 1399), vom 20.10.2022 (BStBl. I 2022, 1497), vom 09.11.2022 (BStBl. I 2022, 1585), vom 11.11.2022 (BStBl. I 2022, 1588), vom 18.11.2022 (BStBl. I 2022, 1590 und 1592), vom 22.11.2022 (BStBl. I 2022, 1595), vom 13.12.2022 (BStBl. I 2022, 1683), 14.12.2022 (BStBl. I 2022, 1688), vom 20.12.2022 (BStBl. I 2022, 1694), vom 11.01.2023 (BStBl. I 2023, 179), vom 27.01.2023 (BStBl. I 2023, 305 und 314), vom 07.02.2023 (BStBl. I 2023, 322), vom 14.02.2023 (BStBl. I 2023, 348), vom 27.02.2023 (BStBl. I 2023, 351), vom 24.03.2023 (BStBl. I 2023, 627), vom 12.04.2023 (BStBl. I 2023, 734), 18.04.2023 (BStBl. I 2023, 776), vom 25.04.2023 (BStBl. I 2023, 778), 28.04.2023 (BStBl. II 2023, 795)

Inhaltsübersicht

Zu § 1 UStG

Zu § 1a UStG

Zu § 1b UStG

Zu § 1c UStG

Zu § 2 UStG

Zu § 2b UStG

Zu § 3 UStG

Zu § 12 Abs. 2 Nr. 14 UStG Seite

Zu § 13 UStG

Zu § 13b UStG
(§ 30a UStDV)

Zu § 13c UStG

Zu § 14 UStG
(§§ 31 bis 34 UStDV)

Zu § 14a UStG

Seite

Zu § 22f UStG

Zu § 23 UStG
(§§ 69, 70 UStDV, Anlage der UStDV)

Zu § 24 UStG
(§ 71 UStDV)

Zu § 25 UStG
(§ 72 UStDV)

Zu § 25a UStG

Zu § 25b UStG

Zu § 25c UStG

Zu § 25d UStG

In der Gliederung des Unternehmens gesondert geführte Betriebe

(6) [1]Ein in der Gliederung eines Unternehmens gesondert geführter Betrieb liegt vor, wenn der veräußerte Teil des Unternehmens vom Erwerber als selbständiges wirtschaftliches Unternehmen fortgeführt werden kann (vgl. BFH-Urteil vom 19.12.2012, XI R 38/10, BStBl. II 2013 S. 1053). [2]Nicht entscheidend ist, dass bereits im Unternehmen, das eine Übertragung vornimmt, ein (organisatorisch) selbständiger Unternehmensteil bestand. [3]Es ist nicht Voraussetzung, dass mit dem Unternehmen oder mit dem in der Gliederung des Unternehmens gesondert geführten Teil in der Vergangenheit bereits Umsätze erzielt wurden; die Absicht, Umsätze erzielen zu wollen, muss jedoch anhand objektiver, vom Unternehmer nachzuweisender Anhaltspunkte spätestens im Zeitpunkt der Übergabe bestanden haben (vgl. BFH-Urteil vom 08.03.2001, V R 24/98, BStBl. II 2003 S. 430). [4]Soweit einkommensteuerrechtlich eine Teilbetriebsveräußerung angenommen wird (vgl. R 16 Abs. 3 EStR),[1)] kann vorbehaltlich des Absatzes 9 umsatzsteuerrechtlich von der Veräußerung eines gesondert geführten Betriebs ausgegangen werden.

(7) [1]Eine nicht steuerbare Geschäftsveräußerung ist kein Verwendungsumsatz im Sinne des § 15 Abs. 2 UStG (BFH-Urteil vom 08.03.2001, V R 24/98, BStBl. II 2003 S. 430). [2]Zur Vorsteuerberichtigung des Erwerbers vgl. Abschnitt 15a.4 ff.

(8) Liegen bei einer unentgeltlichen Übertragung die Voraussetzungen für eine Geschäftsveräußerung nicht vor, kann eine steuerbare unentgeltliche Wertabgabe (vgl. Abschnitt 3.2) in Betracht kommen.

Gesellschaftsrechtliche Beteiligungen

(9) [1]Die Übertragung eines Gesellschaftsanteils kann – unabhängig von dessen Höhe – nur dann einer nicht steuerbaren Geschäftsveräußerung gleichgestellt werden, wenn der Gesellschaftsanteil Teil einer eigenständigen Einheit ist, die eine selbständige wirtschaftliche Betätigung ermöglicht, und diese Tätigkeit vom Erwerber fortgeführt wird. [2]Eine bloße Veräußerung von Anteilen ohne gleichzeitige Übertragung von Vermögenswerten versetzt den Erwerber nicht in die Lage, eine selbständige wirtschaftliche Tätigkeit als Rechtsnachfolger des Veräußerers fortzuführen (vgl. EuGH-Urteil vom 30.05.2013, C-651/11, X).[2)]

Betrieb einer Photovoltaikanlage[3)]

(10)[3)] [1]Verkauft ein Unternehmer, der kein Kleinunternehmer ist und dessen Unternehmen (unter anderem) im Betrieb einer Photovoltaikanlage besteht, die Photovoltaikanlage oder übereignet er sie unentgeltlich an einen Dritten, handelt es sich hierbei unter den übrigen Voraussetzungen des § 1 Abs. 1a UStG um eine nichtsteuerbare Geschäftsveräußerung im Ganzen. [2]Der Erwerber tritt dabei an die Stelle des Veräußerers (§ 1 Abs. 1a Satz 3

[1)] Nr. **1**.

[2)] DStR 2013, 1166.

[3)] A 1.5 UStAE Zwischenüberschrift und Abs. 10 angef. durch BMF v. 27.02.2023, BStBl. I 2023, 351, erstmals anzuwenden auf nach dem 31.12.2022 bewirkte Umsätze.

UStG); dies stellt keine Änderung der Verhältnisse im Sinne von § 15a UStG dar (Abschnitt 15a.10). [3] Ist der Erwerber Kleinunternehmer, führt der Wechsel der Besteuerungsart bei diesem zu einer Berichtigung des Vorsteuerabzugs (§ 15a Abs. 7 UStG).

1.6 Leistungsaustausch bei Gesellschaftsverhältnissen

(1) [1] Zwischen Personen- und Kapitalgesellschaften und ihren Gesellschaftern ist ein Leistungsaustausch möglich (vgl. BFH-Urteile vom 23.07.1959, V 6/58 U, BStBl. III S. 379, und vom 05.12.2007, V R 60/05, BStBl. II 2009 S. 486). [2] Unentgeltliche Leistungen von Gesellschaften an ihre Gesellschafter werden durch § 3 Abs. 1b und Abs. 9a UStG erfasst (vgl. Abschnitte 3.2 bis 3.4). [3] An einem Leistungsaustausch fehlt es in der Regel, wenn eine Gesellschaft Geldmittel nur erhält, damit sie in die Lage versetzt wird, sich in Erfüllung ihres Gesellschaftszwecks zu betätigen (vgl. BFH-Urteil vom 20.04.1988, X R 3/82, BStBl. II S. 792). [4] Das ist z. B. der Fall, wenn ein Gesellschafter aus Gründen, die im Gesellschaftsverhältnis begründet sind, die Verluste seiner Gesellschaft übernimmt, um ihr die weitere Tätigkeit zu ermöglichen (vgl. BFH-Urteil vom 11.04.2002, V R 65/00, BStBl. II S. 782).

Gründung von Gesellschaften, Eintritt neuer Gesellschafter

(2) [1] Eine Personengesellschaft erbringt bei der Aufnahme eines Gesellschafters an diesen keinen steuerbaren Umsatz (vgl. BFH-Urteil vom 01.07.2004, V R 32/00, BStBl. II S. 1022). [2] Dies gilt auch für Kapitalgesellschaften bei der erstmaligen Ausgabe von Anteilen (vgl. EuGH-Urteil vom 26.05.2005, C-465/03, Kretztechnik).[1)] [3] Zur Übertragung von Gesellschaftsanteilen vgl. Abschnitt 3.5 Abs. 8. [4] Dagegen sind Sacheinlagen eines Gesellschafters umsatzsteuerbar, wenn es sich um Lieferungen und sonstige Leistungen im Rahmen seines Unternehmens handelt und keine Geschäftsveräußerung im Sinne des § 1 Abs. 1a UStG vorliegt. [5] Die Einbringung von Wirtschaftsgütern durch den bisherigen Einzelunternehmer in die neu gegründete Gesellschaft ist auf die Übertragung der Gesellschaftsrechte gerichtet (vgl. BFH-Urteile vom 08.11.1995, XI R 63/94, BStBl. II 1996 S. 114, und vom 15.05.1997, V R 67/94, BStBl. II S. 705). [6] Als Entgelt für die Einbringung von Wirtschaftsgütern in eine Gesellschaft kommt neben der Verschaffung der Beteiligung an der Gesellschaft auch die Übernahme von Schulden des Gesellschafters durch die Gesellschaft in Betracht, wenn der einbringende Gesellschafter dadurch wirtschaftlich entlastet wird (vgl. BFH-Urteil vom 15.05.1997, a. a. O.). [7] Zum Nachweis der Voraussetzung, dass der Leistungsaustausch zwischen Gesellschafter und Gesellschaft tatsächlich vollzogen worden ist, vgl. BFH-Urteil vom 08.11.1995, XI R 63/94, a. a. O.

Leistungsaustausch oder nicht steuerbarer Gesellschafterbeitrag

(3) [1] Ein Gesellschafter kann an die Gesellschaft sowohl Leistungen erbringen, die ihren Grund in einem gesellschaftsrechtlichen Beitragsverhältnis haben, als auch Leistungen, die auf einem gesonderten schuldrechtlichen Austauschverhältnis beruhen. [2] Die umsatzsteuerrechtliche Behandlung dieser

---

1) DStR 2005, 965.

Leistungen richtet sich danach, ob es sich um Leistungen handelt, die als Gesellschafterbeitrag durch die Beteiligung am Gewinn oder Verlust der Gesellschaft abgegolten werden, oder um Leistungen, die gegen Sonderentgelt ausgeführt werden und damit auf einen Leistungsaustausch gerichtet sind. [3]Entscheidend ist die tatsächliche Ausführung des Leistungsaustauschs und nicht allein die gesellschaftsrechtliche Verpflichtung. [4]Dabei ist es unerheblich, dass der Gesellschafter zugleich seine Mitgliedschaftsrechte ausübt. [5]Umsatzsteuerrechtlich maßgebend für das Vorliegen eines Leistungsaustauschs ist, dass ein Leistender und ein Leistungsempfänger vorhanden sind und der Leistung eine Gegenleistung gegenübersteht. [6]Die Steuerbarkeit der Geschäftsführungs- und Vertretungsleistungen eines Gesellschafters an die Gesellschaft setzt das Bestehen eines unmittelbaren Zusammenhangs zwischen der erbrachten Leistung und dem empfangenen Sonderentgelt voraus (vgl. BFH-Urteile vom

(Fortsetzung S. 37)

Leistung (Anschluss an das Verteilungsnetz) zusammen und hat preisauffüllenden Charakter. [7]Das gilt auch dann, wenn der Verbraucher wegen des Abzugs nach § 7a Abs. 3 KWKG für den Anschluss an das Verteilungsnetz selbst nichts bezahlen muss. [8]Der vom Netzbetreiber an den Wärme- oder Kältenetzbetreiber gezahlte Zuschlag ist entsprechend aufzuteilen. [9]Werden bei der Verbindung zwischen Verteilungsnetz und Verbraucherabgang entgeltlich die betreffenden Leitungen vom Wärme- oder Kältenetzbetreiber auf den Verbraucher übertragen, liegt eine Lieferung der entsprechenden Anlagen durch den Wärme- oder Kältenetzbetreiber an den Wärme- oder Kälteabnehmer vor. [10]Soweit der Netzbetreiber nach § 5b KWKG verpflichtet ist, dem Betreiber eines Wärme- bzw. Kältespeichers für den Neu- oder Ausbau von Wärme- bzw. Kältespeichern einen Zuschlag zu zahlen, handelt es sich um einen echten Zuschuss.

(4) [1]Zahlungen des Übertragungsnetzbetreibers an den (Verteil-)Netzbetreiber nach § 35 Abs. 1 EEG[1)] stellen Entgeltzahlungen dar, da diesen Beträgen tatsächliche Stromlieferungen gegenüberstehen. [2]Ausgleichszahlungen des Übertragungsnetzbetreibers nach § 35 Abs. 1a EEG für die vom (Verteil-)Netzbetreiber nach §§ 33g und 33i EEG gezahlten Prämien vollziehen sich hingegen nicht im Rahmen eines Leistungsaustausches. [3]Hat der Netzbetreiber nach § 35 Abs. 2 EEG einen Ausgleich an den Übertragungsnetzbetreiber für vermiedene Netzentgelte zu leisten, da die Stromeinspeisung nach § 16 EEG vergütet oder in den Formen des § 33b Nr. 1 oder Nr. 2 EEG direkt vermarktet wird (Marktprämienmodell oder Grünstromprivileg), handelt es sich bei diesen Ausgleichszahlungen nicht um Entgelte für steuerbare Leistungen.

Ausgleich von Mehr- bzw. Mindermengen Gas

(5) [1]Soweit Ausspeisenetzbetreiber und Transportkunde nach § 25 GasNZV[2)] Mehr- bzw. Mindermengen an Gas ausgleichen, handelt es sich um eine Lieferung entweder vom Ausspeisenetzbetreiber an den Transportkunden (Mindermenge) oder vom Transportkunden an den Ausspeisenetzbetreiber (Mehrmenge), weil jeweils Verfügungsmacht an dem zum Ausgleich zur Verfügung gestellten Gas verschafft wird. [2]Gleiches gilt für das Verhältnis zwischen Marktgebietsverantwortlichem und Ausspeisenetzbetreiber. [3]Der Marktgebietsverantwortliche beschafft die für die Mehr- bzw. Mindermengen benötigten Gasmengen von Händlern am Regelenergiemarkt und stellt diese den Ausspeisenetzbetreibern in seinem Marktgebiet als Mehr- bzw. Mindermenge zur Verfügung bzw. nimmt sie entgegen.

Ausgleich von Mehr- bzw. Mindermengen Strom

(6) [1]Soweit Verteilnetzbetreiber und Lieferant bzw. Kunde nach § 13 StromNZV[3)] Mehr- oder Mindermengen an Strom ausgleichen, handelt es sich um eine Lieferung entweder vom Verteilnetzbetreiber an den Lieferanten bzw. Kunden (Mindermenge) oder vom Lieferanten bzw. Kunden an den Ver-

---

1) EEG 2021 v. 21.07.2014, BGBl. I 2014, 1066 (**Sartorius Ergänzungsband** Nr. **833**).
2) Gasnetzzugangsverordnung v. 03.09.2010, BGBl. I 2010, 1261.
3) Stromnetzzugangsverordnung v. 25.07.2005, BGBl. I 2005, 2243.

teilnetzbetreiber (Mehrmenge). [2]Die Verfügungsmacht an dem zum Ausgleich zur Verfügung gestellten Strom wird verschafft.

1.8 Sachzuwendungen und sonstige Leistungen an das Personal

Allgemeines

(1)[1)] [1]Wendet der Unternehmer (Arbeitgeber) seinem Personal (seinen Arbeitnehmern) als Vergütung für geleistete Dienste neben dem Barlohn auch einen Sachlohn zu, bewirkt der Unternehmer mit dieser Sachzuwendung eine entgeltliche Leistung im Sinne des § 1 Abs. 1 Nr. 1 Satz 1 UStG, für die der Arbeitnehmer einen Teil seiner Arbeitsleistung als Gegenleistung aufwendet. [2]Wegen des Begriffs der Vergütung für geleistete Dienste vgl. Abschnitt 4.18.1 Abs. 4. [3]Ebenfalls nach § 1 Abs. 1 Nr. 1 Satz 1 UStG steuerbar sind Lieferungen oder sonstige Leistungen, die der Unternehmer an seine Arbeitnehmer oder deren Angehörige auf Grund des Dienstverhältnisses gegen besonders berechnetes Entgelt, aber verbilligt, ausführt. [4]Von einer entgeltlichen Leistung in diesem Sinne ist auszugehen, wenn der Unternehmer für die Leistung gegenüber dem einzelnen Arbeitnehmer einen unmittelbaren Anspruch auf eine Geldzahlung oder eine andere – nicht in der Arbeitsleistung bestehende – Gegenleistung in Geldeswert hat. [5]Für die Steuerbarkeit kommt es nicht darauf an, ob der Arbeitnehmer das Entgelt gesondert an den Unternehmer entrichtet oder ob der Unternehmer den entsprechenden Betrag vom Barlohn einbehält. [6]Die Gewährung von Personalrabatt durch den Unternehmer beim Einkauf von Waren durch seine Mitarbeiter ist keine Leistung gegen Entgelt, sondern Preisnachlass (BFH-Beschluss vom 17.09.1981, V B 43/80, BStBl. II S. 775).

(2) [1]Zuwendungen von Gegenständen (Sachzuwendungen) und sonstige Leistungen an das Personal für dessen privaten Bedarf sind nach § 3 Abs. 1b Satz 1 Nr. 2 und § 3 Abs. 9a UStG auch dann steuerbar, wenn sie unentgeltlich sind (vgl. Abschnitt 3.3 Abs. 9). [2]Die Steuerbarkeit setzt voraus, dass Leistungen aus unternehmerischen (betrieblichen) Gründen für den privaten, außerhalb des Dienstverhältnisses liegenden Bedarf des Arbeitnehmers ausgeführt werden (vgl. BFH-Urteile vom 11.03.1988, V R 30/84, BStBl. II S. 643, und V R 114/83, BStBl. II S. 651). [3]Der Arbeitnehmer erhält Sachzuwendungen und sonstige Leistungen unentgeltlich, wenn er seine Arbeit lediglich für den vereinbarten Barlohn und unabhängig von dem an alle Arbeitnehmer gerichteten Angebot (vgl. BFH-Urteil vom 10.06.1999, V R 104/98, BStBl. II S. 582) oder unabhängig von dem Umfang der gewährten Zuwendungen leistet. [4]Hieran ändert der Umstand nichts, dass der Unternehmer die Zuwendungen zur Ablösung tarifvertraglicher Verpflichtungen erbringt (vgl. BFH-Urteil vom 11.05.2000, V R 73/99, BStBl. II S. 505). [5]Steuerbar sind auch Leistungen an ausgeschiedene Arbeitnehmer auf Grund eines früheren Dienstverhältnisses sowie Leistungen an Auszubildende. [6]Bei unentgeltlichen Zuwendungen eines Gegenstands an das Personal oder der Verwendung eines dem Unternehmen zugeordneten Gegenstands für den privaten Bedarf des Personals setzt die Steuerbarkeit voraus, dass der Gegenstand oder seine Bestandteile zumindest zu einem teilweisen Vorsteuerabzug berechtigt haben

---

1) A 1.8 UStAE Abs. 1 Satz 2 Verweis geänd. durch BMF v. 14.02.2023, BStBl. I 2023, 348.

[2]Wer sich an einer Personen- oder Kapitalgesellschaft beteiligt, übt zwar eine „Tätigkeit zur Erzielung von Einnahmen“ aus. [3]Gleichwohl ist er im Regelfall nicht Unternehmer im Sinne des UStG, weil Dividenden und andere Gewinnbeteiligungen aus Gesellschaftsverhältnissen nicht als umsatzsteuerrechtliches Entgelt im Rahmen eines Leistungsaustauschs anzusehen sind (vgl. EuGH-Urteil vom 21.10.2004, C-8/03, BBL).[1)] [4]Soweit daneben eine weitergehende Geschäftstätigkeit ausgeübt wird, die für sich die Unternehmereigenschaft begründet, ist diese vom nichtunternehmerischen Bereich zu trennen. [5]Unternehmer, die neben ihrer unternehmerischen Betätigung auch Beteiligungen an anderen Gesellschaften halten, können diese Beteiligungen grundsätzlich nicht dem Unternehmen zuordnen. [6]Bei diesen Unternehmern ist deshalb eine Trennung des unternehmerischen Bereichs vom nichtunternehmerischen Bereich geboten. [7]Dieser Grundsatz gilt für alle Unternehmer gleich welcher Rechtsform (vgl. BFH-Urteil vom 20.12.1984, V R 25/76, BStBl. II 1985 S. 176).

(3) [1]Auch Erwerbsgesellschaften können gesellschaftsrechtliche Beteiligungen im nichtunternehmerischen Bereich halten. [2]Dies bedeutet, dass eine Holding, deren Zweck sich auf das Halten und Verwalten gesellschaftsrechtlicher Beteiligungen beschränkt und die keine Leistungen gegen Entgelt erbringt (sog. Finanzholding), nicht Unternehmer im Sinne des § 2 UStG ist. [3]Demgegenüber ist eine Holding, die im Sinne einer einheitlichen Leitung aktiv in das laufende Tagesgeschäft ihrer Tochtergesellschaften eingreift (sog. Führungs- oder Funktionsholding), unternehmerisch tätig. [4]Wird eine Holding nur gegenüber einigen Tochtergesellschaften geschäftsleitend tätig, während sie Beteiligungen an anderen Tochtergesellschaften lediglich hält und verwaltet (sog. gemischte Holding), hat sie sowohl einen unternehmerischen als auch einen nichtunternehmerischen Bereich. [5]Das Erwerben, Halten und Veräußern einer gesellschaftsrechtlichen Beteiligung stellt nur dann eine unternehmerische Tätigkeit dar (vgl. EuGH-Urteil vom 06.02.1997, C-80/95, Harnas & Helm),[2)]

1. soweit Beteiligungen im Sinne eines gewerblichen Wertpapierhandels gewerbsmäßig erworben und veräußert werden und dadurch eine nachhaltige, auf Einnahmeerzielungsabsicht gerichtete Tätigkeit entfaltet wird (vgl. BFH-Urteil vom 15.01.1987, V R 3/77, BStBl. II S. 512 und EuGH-Urteil vom 29.04.2004, C-77/01, EDM)[3)] oder
2. wenn die Beteiligung nicht um ihrer selbst willen (bloßer Wille, Dividenden zu erhalten) gehalten wird, sondern der Förderung einer bestehenden oder beabsichtigten unternehmerischen Tätigkeit (z. B. Sicherung günstiger Einkaufskonditionen, Verschaffung von Einfluss bei potenziellen Konkurrenten, Sicherung günstiger Absatzkonditionen) dient (vgl. EuGH-Urteil vom 11.07.1996, C-306/94, Régie dauphinoise),[4)] oder
3. [1]wenn, abgesehen von der Ausübung der Rechte als Gesellschafter oder Aktionär, unmittelbar in die Verwaltung der Gesellschaften, an denen die

---

[1)] DStRE 2005, 45.
[2)] DStRE 1997, 210.
[3)] DStRE 2004, 1095.
[4)] EuZW 1997, 220.

Beteiligung besteht, eingegriffen wird (vgl. EuGH-Urteil vom 20.06.1991, C-60/90, Polysar Investments Netherlands).[1] [2]Die Eingriffe müssen dabei zwingend durch unternehmerische Leistungen im Sinne der § 1 Abs. 1 Nr. 1 und § 2 Abs. 1 UStG erfolgen. [3]Hierbei kann es sich z. B. um administrative, finanzielle, kaufmännische oder technische Dienstleistungen an die jeweilige Beteiligungsgesellschaft handeln (vgl. EuGH-Urteile vom 27.09.2001, C-16/00, Cibo Participations,[2] vom 12.07.2001, C-102/00, Welthgrove,[1] und vom 16.07.2015, C-108/14, Larentia + Minerva, und C-109/14, Marenave, BStBl. II 2017 S. 604).[3]

(4)[4] [1]Das Innehaben einer gesellschaftsrechtlichen Beteiligung fällt, abgesehen von den Fällen des gewerblichen Wertpapierhandels, nur dann in den Rahmen des Unternehmens, wenn die gesellschaftsrechtliche Beteiligung im Zusammenhang mit einer unternehmerischen Tätigkeit erworben, gehalten und veräußert wird. [2]Dabei reicht jedoch nicht jeder beliebige Zusammenhang zwischen dem Erwerb und Halten der gesellschaftsrechtlichen Beteiligung und der unternehmerischen Tätigkeit aus. [3]Vielmehr muss zwischen der gesellschaftsrechtlichen Beteiligung und der unternehmerischen Tätigkeit ein erkennbarer und objektiver wirtschaftlicher Zusammenhang bestehen (vgl. Abschnitt 15.2b Abs. 3).. [4]Das ist der Fall, wenn die Aufwendungen für die gesellschaftsrechtliche Beteiligung zu den Kostenelementen der steuerbaren Ausgangsumsätze gehören (vgl. EuGH-Urteile vom 26.05.2005, C-465/03, Kretztechnik,[5] und vom 16.07.2015, C-108/14, Larentia + Minerva, und C-109/14, Marenave, BStBl. II 2017 S. 604,[6] sowie BFH-Urteile vom 10.04.1997, V R 26/96, BStBl. II S. 552, und vom 06.04.2016, V R 6/14, BStBl. II 2017 S. 577). [5]Finanzinvestoren, die (sanierungsreife) Gesellschaften erwerben, um sie nach erfolgter Sanierung gewinnbringend zu veräußern, sind insoweit Unternehmer. [6]Der Erwerb und das Halten der gesellschaftsrechtlichen Beteiligung sind unabdingbare Voraussetzungen für die Ausübung der unternehmerischen Tätigkeit. [7]Die gesellschaftsrechtliche Beteiligung wird daher im unternehmerischen Bereich des Finanzinvestors gehalten. [8]Zum Vorsteuerabzug beim Halten und Veräußern von gesellschaftsrechtlichen Beteiligungen siehe Abschnitt 15.22.

Nachhaltigkeit

(5) [1]Die gewerbliche oder berufliche Tätigkeit wird nachhaltig ausgeübt, wenn sie auf Dauer zur Erzielung von Entgelten angelegt ist (vgl. BFH-Urteile vom 30.07.1986, V R 41/76, BStBl. II S. 874, und vom 18.07.1991, V R 86/87, BStBl. II S. 776). [2]Ob dies der Fall ist, richtet sich nach dem Gesamtbild der Verhältnisse im Einzelfall. [3]Die für und gegen die Nachhaltigkeit sprechenden Merkmale müssen gegeneinander abgewogen werden. [4]Als Krite-

---

[1] EuZW 1992, 702.
[2] DStR 2001, 1795. – DStRE 2001, 1180.
[3] DStR 2015, 1673.
[4] A 2.3 UStAE Abs. 4 Sätze 5 bis 7 eingef., bish. Satz 5 wird Satz 8 durch BMF v. 07.02.2023, BStBl. I 2023, 322, anzuwenden in allen offenen Fällen.
[5] DStR 2005, 965.
[6] DStR 2015, 1673.

rien für die Nachhaltigkeit einer Tätigkeit kommen nach dem BFH-Urteil vom 18.07.1991, V R 86/87, a. a. O., insbesondere in Betracht:

- mehrjährige Tätigkeit,
- planmäßiges Handeln,
- auf Wiederholung angelegte Tätigkeit,
- die Ausführung mehr als nur eines Umsatzes,

(Fortsetzung S. 77)

men, die der Unternehmer im Zusammenhang mit der Installation einer Photovoltaikanlage in Auftrag gibt, vgl. Abschnitt 15.2c Abs. 8 Beispiele 1 und 2.

Photovoltaikanlagen (Anwendung des EEG in der ab 01.04.2012 geltenden Fassung)[1)]

(9) [1] Für Photovoltaikanlagen, die nach dem 31.03.2012 in Betrieb genommen wurden und nicht unter die Übergangsvorschrift nach § 66 Abs. 18a EEG fallen, gilt das EEG in der ab 01.04.2012 geltenden Fassung. [2] Bei der umsatzsteuerrechtlichen Behandlung dieser Photovoltaikanlagen sind die nachfolgenden Absätze 10 bis 16 zu beachten.

(10) [1] Die Stromlieferung des Betreibers einer Photovoltaikanlage an den Netzbetreiber umfasst umsatzsteuerrechtlich den physisch eingespeisten und den kaufmännisch-bilanziell weitergegebenen Strom. [2] Der dezentral verbrauchte Strom wird nach EEG nicht vergütet und ist nicht Gegenstand der Lieferung an den Netzbetreiber.

(11) [1] Der Betreiber einer Photovoltaikanlage ist unter den Voraussetzungen des § 15 UStG zum Vorsteuerabzug berechtigt. [2] Wird der erzeugte Strom nur zum Teil unternehmerisch (z. B. zur entgeltlichen Einspeisung) und im Übrigen im Rahmen des dezentralen Verbrauchs nichtunternehmerisch verwendet, liegt eine teilunternehmerische Verwendung vor, die grundsätzlich nur im Umfang der unternehmerischen Verwendung zum Vorsteuerabzug berechtigt (vgl. Abschnitt 15.2b Abs. 2), sofern die unternehmerische Nutzung mindestens 10% beträgt (§ 15 Abs. 1 Satz 2 UStG). [3] Zum Vorsteuerabzug aus Baumaßnahmen, die der Unternehmer im Zusammenhang mit der Installation einer Photovoltaikanlage in Auftrag gibt, vgl. Abschnitt 15.2c Abs. 8 Beispiele 1 und 2.

(12) [1] Soweit eine Photovoltaikanlage für nichtwirtschaftliche Tätigkeiten i. e. S. verwendet wird (vgl. Abschnitt 2.3 Abs. 1a), ist eine Zuordnung der Anlage zum Unternehmen nicht möglich. [2] Der Vorsteuerabzug aus der Anschaffung der Photovoltaikanlage ist insoweit ausgeschlossen. [3] Die erforderliche Vorsteueraufteilung ist nach dem Verhältnis der betreffenden Strommengen vorzunehmen;[2)] zur Ermittlung der dezentral verbrauchten Strommenge vgl. Absatz 16. [4] Erhöht sich die Nutzung des dezentralen Stromverbrauchs für nichtwirtschaftliche Tätigkeiten i. e. S., unterliegt die Erhöhung der Wertabgabenbesteuerung nach § 3 Abs. 1b Satz 1 Nr. 1 UStG. [5] Bei Erhöhung der unternehmerischen Verwendung des erzeugten Stroms kommt eine Berichtigung des Vorsteuerabzugs nach § 15a UStG aus Billigkeitsgründen in Betracht (vgl. Abschnitt 15a.1 Abs. 7). [6] Zum Berichtigungszeitraum vgl. Abschnitt 15a.3 Abs. 2.

(13)[3)] [1] Besteht die nichtunternehmerische Verwendung der Photovoltaikanlage in einer unternehmensfremden (privaten) Nutzung, hat der Unternehmer ein Zuordnungswahlrecht und kann den vollen Vorsteuerabzug aus der Anschaffung der Photovoltaikanlage geltend machen, wenn die unternehmerische Nutzung mindestens 10% beträgt (§ 15 Abs. 1 Satz 2 UStG). [2] Zum Aus-

---

[1)] EEG 2021 v. 21.07.2014, BGBl. I 2014, 1066 (**Sartorius Ergänzungsband** Nr. **833**).

[2)] Siehe aber BFH v. 16.11.2016 V R 1/15, BStBl. II 2022, 777: Aufteilung nach dem Verhältnis der Marktpreise der produzierten Strom- und Wärmemengen.

[3)] A 2.5 UStAE Abs. 13 Satz 3 angef. durch BMF v. 27.02.2023, BStBl. I 2023, 351, anzuwenden auf nach dem 31.12.2022 bewirkte Umsätze.

gleich unterliegt der dezentral (privat) verbrauchte Strom der Wertabgabenbesteuerung nach § 3 Abs. 1b Satz 1 Nr. 1 UStG. [3]Zur Wertabgabenbesteuerung im Zusammenhang mit einer Leistung, die dem Nullsteuersatz (§ 12 Abs. 3 UStG) unterliegt, siehe Abschnitt 3.2 Abs. 3.

(14) Stellt eine Batterie zur Speicherung des Stroms im Einzelfall umsatzsteuerrechtlich ein eigenständiges Zuordnungsobjekt dar (vgl. Abschnitt 15.2c Abs. 9), ist ein Vorsteuerabzug aus der Anschaffung oder Herstellung der Batterie nicht zulässig, wenn der gespeicherte Strom zu weniger als 10 % für unternehmerische Zwecke des Anlagenbetreibers verbraucht wird (§ 15 Abs. 1 Satz 2 UStG).

(15) [1]Führt der dezentral verbrauchte Strom zu einer steuerpflichtigen unentgeltlichen Wertabgabenbesteuerung nach § 3 Abs. 1b Satz 1 Nr. 1 UStG, ist für die Bemessungsgrundlage nach § 10 Abs. 4 Satz 1 Nr. 1 UStG der fiktive Einkaufspreis im Zeitpunkt des Umsatzes maßgebend (vgl. BFH-Urteil vom 12.12.2012, XI R 3/10, BStBl. 2014 II S. 809). [2]Bezieht der Photovoltaikanlagenbetreiber von einem Energieversorgungsunternehmen zusätzlich Strom, liegt ein dem selbstproduzierten Strom gleichartiger Gegenstand vor, dessen Einkaufspreis als (fiktiver) Einkaufspreis anzusetzen ist. [3]Sofern der Betreiber seinen Strombedarf allein durch den dezentralen Verbrauch deckt, ist als fiktiver Einkaufspreis der Strompreis des Stromgrundversorgers anzusetzen. [4]Bei der Ermittlung des fiktiven Einkaufspreises ist ein ggf. zu zahlender Grundpreis anteilig mit zu berücksichtigen. [5]Die Beweis- und Feststellungslast für die Ermittlung und die Höhe des fiktiven Einkaufspreises obliegt dem Photovoltaikanlagenbetreiber.

(16) [1]Die Höhe des dezentral verbrauchten Stroms wird durch Abzug der an den Netzbetreiber gelieferten Strommenge von der insgesamt erzeugten Strommenge ermittelt. [2]Photovoltaikanlagen mit einer installierten Leistung von mehr als 10 kW bis einschließlich 1.000 kW müssen nach dem EEG über eine entsprechende Messeinrichtung verfügen (z. B. Stromzähler), die die erzeugte Strommenge erfasst. [3]Bei Photovoltaikanlagen, für die diese Verpflichtung nach dem EEG nicht gilt (z. B. Photovoltaikanlagen mit einer installierten Leistung bis 10 kW), kann die erzeugte Strommenge aus Vereinfachungsgründen unter Berücksichtigung einer durchschnittlichen Volllaststundenzahl von 1.000 kWh/kWp (jährlich erzeugte Kilowattstunden pro Kilowatt installierter Leistung) geschätzt werden. [4]Im Falle einer unterjährigen Nutzung (z. B. Defekt, Ausfall) ist die Volllaststundenzahl entsprechend zeitanteilig anzupassen. [5]Sofern der Anlagenbetreiber die tatsächlich erzeugte Strommenge nachweist (z. B. durch einen Stromzähler), ist dieser Wert maßgebend.

Beispiel:

[1]Photovoltaikanlagenbetreiber P lässt zum 1.1.01 auf dem Dach seines Einfamilienhauses eine Photovoltaikanlage mit einer Leistung von 5 kW installieren (Inbetriebnahme nach dem 31.03.2012, keine Anwendung des § 66 Abs. 18a EEG). [2]Die Anschaffungskosten betragen 10.000 € zzgl. 1.900 € Umsatzsteuer. [3]P beabsichtigt bei Anschaffung ca. 20 % des erzeugten Stroms privat zu verbrauchen. [4]Im Jahr 01 speist P Strom in Höhe von 3.900 kWh ein. [5]P kann die insgesamt erzeugte Strommenge nicht nachweisen. [6]Zur Deckung des eigenen Strombedarfs von 4.000 kWh bezieht P zusätzlich Strom von einem Energieversorgungsunternehmen zu einem Preis von 25 Cent pro kWh (Bruttopreis) zzgl. eines monatlichen Grundpreises von 6,55 € (Bruttopreis); demnach 22,66 Cent (Nettopreis) pro kWh (4.000 kWh × 25 Cent + 6,55 € × 12 Monate = 1.078,60 €/4.000 kWh × 1,19]).

[7] P erbringt mit der Einspeisung des Stroms eine Lieferung an den Netzbetreiber. [8] Der dezentral (selbst) verbrauchte Strom wird nach EEG nicht vergütet und ist nicht Gegenstand der Lieferung an den Netzbetreiber. [9] Die Photovoltaikanlage wird teilunternehmerisch genutzt. [10] Da die nichtunternehmerische Verwendung in einer unternehmensfremden (privaten) Nutzung besteht, hat P das Wahlrecht, die Photovoltaikanlage vollständig seinem Unternehmen zuzuordnen und den vollen Vorsteuerbetrag in Höhe von 1.900 € aus der Anschaffung geltend zu machen. [11] In diesem Fall führt der dezentrale Verbrauch zu einer unentgeltlichen Wertabgabe nach § 3 Abs. 1b Satz 1 Nr. 1 UStG, die wie folgt zu berechnen ist:
[12] Da P die insgesamt erzeugte Strommenge nicht nachweisen kann, ist diese anhand einer Volllaststundenzahl von 1.000 kWh/kWp mit 5.000 kWh (5 kW installierte Leistung × 1.000 kWh) zu schätzen. [13] Hiervon hat P 3.900 kWh eingespeist, sodass der dezentrale Verbrauch im Jahr 01 1.100 kWh beträgt. [14] Als Bemessungsgrundlage ist nach § 10 Abs. 4 Satz 1 Nr. 1 UStG der fiktive Einkaufspreis maßgebend. [15] Als fiktiver Einkaufspreis ist der NettoStrompreis in Höhe von 22,66 Cent anzusetzen. [16] Die Bemessungsgrundlage der unentgeltlichen Wertabgaben nach § 3 Abs. 1b Satz 1 Nr. 1 UStG beträgt im Jahr 01 somit rund 249 € (1.100 kWh × 22,66 Cent); es entsteht Umsatzsteuer in Höhe von 47,31 € (249 € × 19 %).

Kraft-Wärme-Kopplungsanlagen (KWK-Anlagen)

(17) [1] Nach § 4 Abs. 3a KWKG[1)] wird auch der sog. Direktverbrauch (dezentraler Verbrauch von Strom durch den Anlagenbetreiber oder einen Dritten) gefördert. [2] Hinsichtlich der Beurteilung des Direktverbrauchs bei KWK-Anlagen sind die Grundsätze der Absätze 6 und 7 für die Beurteilung des Direktverbrauchs bei Photovoltaikanlagen (Anwendung des EEG in der bis zum 31.03.2012 geltenden Fassung) entsprechend anzuwenden. [3] Umsatzsteuerrechtlich wird demnach auch der gesamte selbst erzeugte und dezentral verbrauchte Strom an den Netzbetreiber geliefert und von diesem an den Anlagenbetreiber zurückgeliefert. [4] Die Hin- und Rücklieferungen beim dezentralen Verbrauch von Strom liegen nur vor, wenn der Anlagenbetreiber für den dezentral verbrauchten Strom eine Vergütung nach dem EEG oder einen Zuschlag nach dem KWKG in Anspruch genommen hat. [5] Sie sind nur für Zwecke der Umsatzsteuer anzunehmen.

Bemessungsgrundlage bei dezentralem Verbrauch von Strom

(18) [1] Wird der vom Anlagenbetreiber oder von einem Dritten dezentral verbrauchte Strom nach dem KWKG vergütet, entspricht die Bemessungsgrundlage für die Lieferung des Anlagenbetreibers dem üblichen Preis zuzüglich der nach dem KWKG vom Netzbetreiber zu zahlenden Zuschläge und ggf. der sog. vermiedenen Netznutzungsentgelte (Vergütung für den Teil der Netznutzungsentgelte, der durch die dezentrale Einspeisung durch die KWK-Anlage vermieden wird, vgl. § 4 Abs. 3 Satz 2 KWKG), abzüglich einer eventuell enthaltenen Umsatzsteuer. [2] Als üblicher Preis gilt bei KWK-Anlagen mit einer elektrischen Leistung von bis zu 2 Megawatt der durchschnittliche Preis für Grundlaststrom an der Strombörse EEX in Leipzig im jeweils vorangegangenen Quartal (§ 4 Abs. 3 KWKG); für umsatzsteuerrechtliche Zwecke bestehen keine Bedenken, diesen Wert als üblichen Preis auch bei allen KWK-Anlagen zu übernehmen. [3] Die Bemessungsgrundlage für die Rücklieferung des Netzbetreibers entspricht der Bemessungsgrundlage für die

---

1) Kraft-Wärme-Kopplungsgesetz v. 21.12.2015, BGBl. I 2015, 2498 (**Sartorius Ergänzungsband** Nr. **834**).

Hinlieferung ohne Berücksichtigung der nach dem KWKG vom Netzbetreiber zu zahlenden Zuschläge.

Beispiel: (Anlage mit Einspeisung ins Niederspannungsnetz des Netzbetreibers)

1. Bemessungsgrundlage der Lieferung des Anlagenbetreibers:

EEX-Referenzpreis	4,152 Cent/kWh
Vermiedene Netznutzungsentgelte	0,12 Cent/kWh
Zuschlag nach § 7 Abs. 6 KWKG	5,11 Cent/kWh
Summe	9,382 Cent/kWh.

2. Bemessungsgrundlage für die Rücklieferung des Netzbetreibers:

EEX-Referenzpreis	4,152 Cent/kWh
Vermiedene Netznutzungsentgelte	0,12 Cent/kWh
Summe	4,272 Cent/kWh.

[4] Bei der Abgabe von elektrischer Energie bestehen hinsichtlich der Anwendung der Bemessungsgrundlagen nach § 10 Abs. 4 und Abs. 5 UStG keine Bedenken dagegen, den Marktpreis unter Berücksichtigung von Mengenrabatten zu bestimmen; Abschnitt 10.7 Abs. 1 Satz 5 bleibt unberührt. [5] Ungeachtet der umsatzsteuerlichen Bemessungsgrundlage für die Hinlieferung des Anlagenbetreibers an den Netzbetreiber hat dieser keinen höheren Betrag zu entrichten als den nach dem KWKG geschuldeten Zuschlag bzw. die Vergütung nach dem EEG.

KWK-Bonus

(19) Erhält der Betreiber eines Blockheizkraftwerkes, welches unter die Übergangsvorschrift des § 66 EEG fällt, vom Netzbetreiber eine erhöhte Vergütung für den von ihm gelieferten Strom, soweit die im Blockheizkraftwerk erzeugte Wärme nach Maßgabe der Anlage 3 zum EEG in der bis zum 31.12.2011 geltenden Fassung genutzt wird (sog. KWK-Bonus), handelt es sich bei dem Bonus um ein zusätzliches gesetzlich vorgeschriebenes Entgelt für die Stromlieferung des Anlagenbetreibers an den Netzbetreiber und damit nicht um ein Entgelt von dritter Seite für die Lieferung von selbst erzeugter Wärme (vgl. BFH-Urteil vom 31.05.2017, XI R 2/14, BStBl. II S. 1024).

Entnahme von Wärme

(20)[1)] [1] Verwendet der KWK-Anlagenbetreiber selbst erzeugte Wärme für nichtunternehmerische Zwecke (unternehmensfremde und/oder nichtwirtschaftliche Tätigkeiten i. e. S.), gelten grundsätzlich die Absätze 11 bis 13 entsprechend. [2] Wird jedoch bei einer Strom und Wärme produzierenden KWK-Anlage die erzeugte Wärme entnommen bzw. zu den Vorsteuerabzug ausschließenden Zwecken (z. B. Verwendung in einem der Durchschnittssatzbesteuerung nach § 24 UStG unterliegenden Betrieb des Unternehmers) verwendet und der durch die KWK-Anlage erzeugte Strom in das allgemeine Stromnetz eingespeist, richtet sich die Vorsteueraufteilung nach Abschnitt 15.17 Abs. 3 (keine Aufteilung nach Menge bei nicht miteinander vergleichbaren Produkten). [3] Sofern die nichtunternehmerische Verwendung der Wärme zu einer steuerpflichtigen unentgeltlichen Wertabgabe nach § 3

---

1) A 2.5 UStAE Abs. 20 Satz 1 neugef., Satz 2 eingef., bish. Sätze 2 bis 5 werden Sätze 3 bis 6 durch BMF v. 18.11.2022, BStBl. I 2022, 1590, anzuwenden in allen offenen Fällen; für **bis zum 31.12.2022** bezogene Leistungen kann sich der Stpfl. auf A 2.5 Abs. 20 a. F. berufen.

Abs. 1b Satz 1 Nr. 1 UStG führt, ist für die Bemessungsgrundlage grundsätzlich der (fiktive) Einkaufspreis für einen gleichartigen Gegenstand im Zeitpunkt des Umsatzes maßgebend (§ 10 Abs. 4 Satz 1 Nr. 1 UStG). [4]Von einem gleichartigen Gegenstand in diesem Sinne ist auszugehen, wenn die Wärme im Zeitpunkt der Entnahme für den KWK-Anlagenbetreiber ebenso erreichbar und einsetzbar ist wie die selbst erzeugte Wärme (vgl. BFH-Urteil vom 12.12.2012, XI R 3/10, BStBl. II 2014 S. 809). [5]Kann danach die selbsterzeugte Wärme im Zeitpunkt des Bedarfs ohne erheblichen Aufwand unter Berücksichtigung der individuellen Umstände am Ort des Verbrauches durch eine gleichartige, einzukaufende Wärme ersetzt und der (fiktive) Einkaufspreis ermittelt werden, ist dieser Wert anzusetzen. [6]Der Ansatz eines Fernwärmepreises setzt daher den tatsächlichen Anschluss an das Fernwärmenetz eines Energieversorgungsunternehmens voraus.

(21) [1]Einkaufspreise für andere Energieträger (z. B. Elektrizität, Heizöl oder Gas) kommen als Bemessungsgrundlage nach § 10 Abs. 4 Satz 1 Nr. 1 UStG nur dann in Betracht, wenn eine Wärmeerzeugung auf deren Basis keine aufwändigen Investitionen voraussetzt, die Inbetriebnahme der anderen Wärmeerzeugungsanlage (z. B. Heizöl-Wärmetherme) jederzeit möglich ist und der Bezug des anderen Energieträgers (z. B. Heizöl) ohne weiteres bewerkstelligt werden kann. [2]Die Einbeziehung von Wärmenutzungskonzepten (z. B. Biomasse-Container, Contracting-Vereinbarungen oder mobile Wärmespeicher) scheidet regelmäßig aus, da diese Heizmethoden aufwändige Investitionen voraussetzen und damit die so erzeugte Wärme für den KWK-Anlagenbetreiber im Zeitpunkt des Bezugs der selbsterzeugten Wärme nicht ebenso erreichbar und einsetzbar ist wie die selbsterzeugte Wärme.

(22) [1]Ist ein (fiktiver) Einkaufspreis nicht feststellbar, sind die Selbstkosten als Bemessungsgrundlage nach § 10 Abs. 4 Satz 1 Nr. 1 UStG anzusetzen (vgl. BFH-Urteil vom 12.12.2012, XI R 3/10, BStBl. II 2014 S. 809). [2]Die Selbstkosten umfassen alle vorsteuerbelasteten und nichtvorsteuerbelasteten Kosten, die für die Herstellung der jeweiligen Wärmemenge im Zeitpunkt der Entnahme unter Berücksichtigung der tatsächlichen Verhältnisse vor Ort anfallen würden. [3]Hierzu gehören neben den Anschaffungs- oder Herstellungskosten der Anlage auch die laufenden Aufwendungen, wie z. B. die Energieträgerkosten zur Befeuerung der Anlage (Erdgas etc.) oder die Aufwendungen zur Finanzierung der Anlage. [4]Wird die KWK-Anlage mit Gas aus einer eigenen Biogasanlage des Unternehmers betrieben, sind die Produktionskosten des Biogases ebenfalls in die Selbstkosten einzubeziehen. [5]Bei der Ermittlung der Selbstkosten sind die Anschaffungs- oder Herstellungskosten der Anlage auf die betriebsgewöhnliche Nutzungsdauer, die nach den ertragsteuerrechtlichen Grundsätzen anzusetzen ist, zu verteilen. [6]Die Selbstkosten sind grundsätzlich im Verhältnis der erzeugten Mengen an elektrischer und thermischer Energien in der einheitlichen Messgröße kWh aufzuteilen (sog. energetische Aufteilungsmethode).[1)]

[1)] Siehe aber BFH v. 25.11.2021 V R 45/20, DStR 2022, 766, zu einer unentgeltlichen Wärmeabgabe aus mit Vorsteuerabzug hergestellter Biogasanlage; siehe auch BFH v. 15.03.2022 V R 34/20, DStR 2022, 1493, und v. 09.11.2022 XI R 31/19, DStRE 2023, 433, auch zu Aufteilungsmethoden, sowie v. 22.11.2022 XI R 17/20, BStBl. II 2023, 601, zur Vorlage an den EuGH (Az. C-207/23).

[7] Andere Aufteilungsmethoden, z. B. exergetische Allokations- oder Marktwertmethode, kommen nicht in Betracht. [8] Aus Vereinfachungsgründen ist es jedoch nicht zu beanstanden, wenn der Unternehmer die unentgeltliche Wärmeabgabe nach dem bundesweit einheitlichen durchschnittlichen Fernwärmepreis des jeweiligen Vorjahres auf Basis der jährlichen Veröffentlichungen des Bundesministeriums für Wirtschaft und Energie (sog. Energiedaten) bemisst.

Mindestbemessungsgrundlage bei der Abgabe von Wärme

(23) [1] Wird die mittels Kraft-Wärme-Kopplung erzeugte Wärme an einen Dritten geliefert, ist Bemessungsgrundlage für diese Lieferung grundsätzlich das vereinbarte Entgelt (§ 10 Abs. 1 UStG). [2] Handelt es sich bei dem Dritten um eine nahestehende Person, ist die Mindestbemessungsgrundlage des § 10 Abs. 5 UStG zu prüfen (vgl. Abschnitt 10.7). [3] Die Bemessungsgrundlage wird nach § 10 Abs. 5 in Verbindung mit Abs. 4 Satz 1 Nr. 1 UStG bestimmt, wenn das tatsächliche Entgelt niedriger als die Kosten nach § 10 Abs. 4 Satz 1 Nr. 1 UStG ist. [4] Der Umsatz bemisst sich jedoch höchstens nach dem marktüblichen Entgelt. [5] Marktübliches Entgelt ist der gesamte Betrag, den ein Leistungsempfänger an einen Unternehmer unter Berücksichtigung der Handelsstufe zahlen müsste, um die betreffende Leistung zu diesem Zeitpunkt unter den Bedingungen des freien Wettbewerbs zu erhalten. [6] Daher sind für die Ermittlung des marktüblichen Entgelts (Marktpreis) die konkreten Verhältnisse am Standort des Energieverbrauches, also im Regelfall des Betriebs des Leistungsempfängers, entscheidend. [7] Die Ausführungen in Absatz 15 zum fiktiven Einkaufspreis gelten sinngemäß. [8] Ist danach ein marktübliches Entgelt nicht feststellbar, sind die Kosten nach § 10 Abs. 4 Satz 1 Nr. 1 UStG maßgeblich. [9] Auf die Anwendung der Vereinfachungsregelung nach Absatz 22 Satz 8 wird hingewiesen.

Prämien für die Direktvermarktung

(24) [1] Anstelle der Inanspruchnahme der gesetzlichen Einspeisevergütung nach dem EEG können Betreiber von Anlagen zur Produktion von Strom aus erneuerbaren Energien den erzeugten Strom auch direkt vermarkten (durch Lieferung an einen Stromhändler oder -versorger bzw. an einen Letztverbraucher oder durch Vermarktung an der Strombörse). [2] Da der erzielbare Marktpreis für den direkt vermarkteten Strom in der Regel unter der Einspeisevergütung nach dem EEG liegt, erhält der Anlagenbetreiber als Anreiz für die Direktvermarktung ab dem 01.01.2012 von dem jeweiligen Einspeisenetzbetreiber unter den Voraussetzungen des § 33g EEG in Verbindung mit Anlage 4 zum EEG eine Marktprämie einschließlich einer Managementprämie und des § 33i EEG in Verbindung mit Anlage 5 zum EEG eine Flexibilitätsprämie. [3] Die Managementprämie wird zur Abgeltung des mit der Direktvermarktung verbundenen Vermarktungsaufwandes gewährt. [4] Bei den Prämien handelt es sich jeweils um echte, nichtsteuerbare Zuschüsse. [5] Dies gilt auch, wenn der Anlagenbetreiber einen Dritten mit der Vermarktung des Stroms beauftragt, dieser Dritte neben der eigentlichen Vermarktung auch die Beantragung sowie Zahlungsabwicklung der von dem Netzbetreiber zu zahlenden Prämien übernimmt und die Prämien an den Anlagenbetreiber einschließlich des Entgelts für die Stromlieferung weiterreicht. [6] Behält der Dritte einen Teil der dem Anlagenbetreiber zustehenden Prämien für

nehmer und umsatzsteuerrechtlicher Leistungsempfänger schuldet die Steuer nach § 13b Abs. 5 UStG.

Beispiel 3:

[1] Der Organträger O in Frankreich hat die Organgesellschaften T 1 in Belgien und T 2 in den Niederlanden. [2] Im Inland hat er keine Organgesellschaft. [3] T 1 hat im Inland die Betriebsstätte B 1 (Jahresumsatz 500.000 €), T 2 die Betriebsstätte B 2 (Jahresumsatz 300.000 €). [4] O hat abziehbare Vorsteuerbeträge aus der Anmietung einer Lagerhalle im Inland.
[5] B 1 und B 2 bilden das Unternehmen im Sinne von § 2 Abs. 2 Nr. 2 Satz 3 UStG. [6] B 1 ist als wirtschaftlich bedeutendster Unternehmensteil der Unternehmer. [7] O kann die abziehbaren Vorsteuerbeträge im Vorsteuer-Vergütungsverfahren geltend machen.

Beispiel 4:

[1] Der in Japan ansässige Organträger O hat in der Schweiz die Organgesellschaft T und im Inland die Betriebsstätte B. [2] O und T versenden Waren an B und umgekehrt. [3] Außerdem hat O abziehbare Vorsteuerbeträge aus der Anmietung einer Lagerhalle im Inland.
[4] B gehört einerseits zum Unternehmen des O (§ 2 Abs. 1 Satz 2 UStG) und ist andererseits nach § 2 Abs. 2 Nr. 2 Satz 3 UStG ein Unternehmen im Inland. [5] Die bei der Einfuhr der an B versandten Waren anfallende Einfuhrumsatzsteuer ist unter den Voraussetzungen des § 15 UStG bei B als Vorsteuer abziehbar. [6] Soweit B an O Waren versendet, werden Innenleistungen bewirkt, die deshalb nicht steuerbar sind. [7] Die Lieferungen von B an T sind steuerbar und unter den Voraussetzungen der § 4 Nr. 1 Buchstabe a und § 6 UStG als Ausfuhrlieferungen steuerfrei. [8] O kann die abziehbaren Vorsteuerbeträge im Vorsteuer-Vergütungsverfahren geltend machen, da mit Japan Gegenseitigkeit besteht und somit eine Vergütung nach § 18 Abs. 9 Satz 4 UStG nicht ausgeschlossen ist (vgl. Abschnitt 18.11 Abs. 4).

2.10[1)] Unternehmereigenschaft und Vorsteuerabzug bei Vereinen,[2)] Forschungseinrichtungen und ähnlichen Einrichtungen

Unternehmereigenschaft[3)]

(1)[1)·4)·5)] [1] Soweit Vereine Mitgliederbeiträge vereinnahmen, um in Erfüllung ihres satzungsmäßigen Gemeinschaftszwecks die Gesamtbelange ihrer Mitglieder wahrzunehmen, ist ein Leistungsaustausch nicht gegeben (vgl. BFH-Urteil vom 12.04.1962, V 134/59 U, BStBl. III S. 260, und Abschnitt 1.4 Abs. 1). [2] In Wahrnehmung dieser Aufgaben sind die Vereine daher nicht Unternehmer (vgl. BFH-Urteile vom 28.11.1963, II 181/61 U, BStBl. III 1964 S. 114, und vom 30.09.1965, V 176/63 U, BStBl. III S. 682, und Abschnitt 2.3 Abs. 1a). [3] Das Gleiche gilt für Einrichtungen, deren Aufgaben ausschließlich durch Zuschüsse finanziert werden, die nicht das Entgelt für eine Leistung darstellen, z. B. Forschungseinrichtungen. [4] Zur Unternehmereigenschaft von Forschungseinrichtungen vgl. Absätze 10 und 11. [5] Vereinnahmen Vereine oder ähnliche Einrichtungen neben echten Mitgliederbeiträgen

---

1) A 2.10 UStAE Überschrift neugef., Abs. 1 Satz 3 geänd., Satz 4 eingef., bish. Sätze 4 bis 11 werden Sätze 5 bis 12, neuer Satz 5 neugef. durch BMF v. 27.01.2023, BStBl. I 2023, 314, anzuwenden in allen offenen Fällen.

2) Zu Sportvereinen vgl. A 1.4, A 2.1 Abs. 6, A 4.12.11, A 4.22.2 u. A 12.9 Abs. 6 ff. UStAE.

3) Zum unternehmerischen Bereich einer Forstbetriebsgemeinschaft in der Rechtsform eines wirtschaftlichen Vereins vgl. BFH v. 18.06.2009 V R 77/07, BFH/NV 2009, 1912.

4) Vgl. aber BFH v. 09.08.2007 V R 27/04, DStR 2007, 1719 (Flugzeugüberlassung durch Luftsportverein) u. v. 29.10.2008 XI R 59/07, DStRE 2009, 292 (entgeltliche Leistungen an Vereinsmitglieder).

5) Zu Geschäftsführungs- und Vertretungsleistungen von Vereinsvorständen vgl. BFH v. 14.05.2008 XI R 70/07, BStBl. II 2008, 912.

und Zuschüssen auch Entgelte für Lieferungen oder sonstige Leistungen, sind sie nur insoweit Unternehmer, als ihre Tätigkeit darauf gerichtet ist, nachhaltig entgeltliche Lieferungen oder sonstige Leistungen zu bewirken. [6]Daher ist eine nach der Verordnung (EWG) Nr. 2137/85 vom 25.07.1985 (ABl. EG Nr. L 199 S. 1) gegründete Europäische wirtschaftliche Interessenvereinigung (EWIV), die gegen Entgelt Lieferungen von Gegenständen oder Dienstleistungen an ihre Mitglieder oder an Dritte bewirkt, Unternehmer (vgl. Artikel 5 MwStVO).[1)] [7]Der unternehmerische Bereich umfasst die gesamte zur Ausführung der entgeltlichen Leistungen entfaltete Tätigkeit einschließlich aller unmittelbar hierfür dienenden Vorbereitungen. [8]Diese Beurteilung gilt ohne Rücksicht auf die Rechtsform, in der die Tätigkeit ausgeübt wird. [9]Der umsatzsteuerrechtliche Unternehmerbegriff stellt nicht auf die Rechtsform ab (vgl. Abschnitt 2.1 Abs. 1). [10]Außer Vereinen, Stiftungen, Genossenschaften können auch z.B. Kapitalgesellschaften oder Personengesellschaften einen nichtunternehmerischen Bereich besitzen (vgl. BFH-Urteil vom 20.12.1984, V R 25/76, BStBl. II 1985 S. 176). [11]Sog. Hilfsgeschäfte, die der Betrieb des nichtunternehmerischen Bereichs bei Vereinen und Erwerbsgesellschaften mit sich bringt, sind auch dann als nicht steuerbar zu behandeln, wenn sie wiederholt oder mit einer gewissen Regelmäßigkeit ausgeführt werden. [12]Als Hilfsgeschäfte in diesem Sinne sind z.B. anzusehen:

1. Veräußerungen von Gegenständen, die im nichtunternehmerischen Bereich eingesetzt waren, z.B. der Verkauf von gebrauchten Kraftfahrzeugen, Einrichtungsgegenständen und Altpapier,
2. Überlassung des Telefons an im nichtunternehmerischen Bereich tätige Arbeitnehmer zur privaten Nutzung,
3. Überlassung von im nichtunternehmerischen Bereich eingesetzten Kraftfahrzeugen an Arbeitnehmer zur privaten Nutzung.

Gesonderter Steuerausweis und Vorsteuerabzug

(2) [1]Einrichtungen im Sinne des Absatzes 1, die außerhalb des unternehmerischen Bereichs tätig werden, sind insoweit nicht berechtigt, Rechnungen mit gesondertem Steuerausweis auszustellen. [2]Ein trotzdem ausgewiesener Steuerbetrag wird nach § 14c Abs. 2 UStG geschuldet. [3]Der Leistungsempfänger ist nicht berechtigt, diesen Steuerbetrag als Vorsteuer abzuziehen. [4]Zur Möglichkeit einer Rechnungsberichtigung vgl. Abschnitt 14c.2 Abs. 3 und 5.

(3) [1]Unter den Voraussetzungen des § 15 UStG können die Einrichtungen die Steuerbeträge abziehen, die auf Lieferungen, sonstige Leistungen, den innergemeinschaftlichen Erwerb oder die Einfuhr von Gegenständen für den unternehmerischen Bereich entfallen (vgl. Abschnitt 15.2b Abs. 2). [2]Abziehbar sind danach z.B. auch Steuerbeträge für Umsätze, die nur dazu dienen, den unternehmerischen Bereich in Ordnung zu halten oder eine Leistungssteigerung in diesem Bereich herbeizuführen. [3]Maßgebend sind die Verhältnisse im Zeitpunkt des Umsatzes an die Einrichtung.

(4) [1]Für Gegenstände, die zunächst nur im unternehmerischen Bereich verwendet worden sind, später aber zeitweise dem nichtunternehmerischen

---

[1)] **Steuergesetze** Nr. **550a, Zölle und Verbrauchsteuern** Nr. **401.**

Bereich überlassen werden, bleibt der Vorsteuerabzug erhalten. [2]Die nichtunternehmerische Verwendung unterliegt aber nach § 3 Abs. 9a Nr. 1 UStG der Umsatzsteuer. [3]Auch eine spätere Überführung in den nichtunternehmerischen Bereich beeinflusst den ursprünglichen Vorsteuerabzug nicht; sie ist eine steuerbare Wertabgabe nach § 3 Abs. 1b Nr. 1 UStG.

(5) [1]Ist ein Gegenstand oder eine sonstige Leistung sowohl für die unternehmerischen als auch für die nichtunternehmerischen Tätigkeiten der Einrichtung bestimmt, kann der Vorsteuerabzug grundsätzlich nur insoweit in Anspruch genommen werden, als die Aufwendungen hierfür der unternehmerischen Tätigkeit zuzurechnen sind (vgl. BFH-Urteil vom 03.03.2011, V R 23/10, BStBl. II 2012 S. 74, Abschnitt 15.2b Abs. 2). [2]Hinsichtlich der Änderung des Nutzungsumfangs vgl. Abschnitte 3.3, 3.4 und 15a.1 Abs. 7.

Erleichterungen beim Vorsteuerabzug

(6) [1]Wegen der Schwierigkeiten bei der sachgerechten Zuordnung der Vorsteuern und bei der Versteuerung der unentgeltlichen Wertabgaben kann das Finanzamt auf Antrag folgende Erleichterungen gewähren:

[2]Die Vorsteuern, die teilweise dem unternehmerischen und teilweise dem nichtunternehmerischen Bereich zuzurechnen sind, werden auf diese Bereiche nach dem Verhältnis aufgeteilt, das sich aus folgender Gegenüberstellung ergibt:

1. Einnahmen aus dem unternehmerischen Bereich abzüglich der Einnahmen aus Hilfsgeschäften dieses Bereichs
   und
2. Einnahmen aus dem nichtunternehmerischen Bereich abzüglich der Einnahmen aus Hilfsgeschäften dieses Bereichs.

[3]Hierzu gehören alle Einnahmen, die der betreffenden Einrichtung zufließen, insbesondere die Einnahmen aus Umsätzen, z.B. Veranstaltungen, Gutachten, Lizenzüberlassungen, sowie die Mitgliederbeiträge, Zuschüsse, Spenden usw. [4]Das Finanzamt kann hierbei anordnen, dass bei der Gegenüberstellung das Verhältnis des laufenden, eines früheren oder mehrerer Kalenderjahre zu Grunde gelegt wird. [5]Falls erforderlich, z.B. bei Zugrundelegung des laufenden Kalenderjahres, kann für die Voranmeldungszeiträume die Aufteilung zunächst nach dem Verhältnis eines anderen Zeitraums zugelassen werden. [6]Außerdem können alle Vorsteuerbeträge, die sich auf die sog. Verwaltungsgemeinkosten beziehen, z.B. die Vorsteuern für die Beschaffung des Büromaterials, einheitlich in den Aufteilungsschlüssel einbezogen werden, auch wenn einzelne dieser Vorsteuerbeträge an sich dem unternehmerischen oder dem nichtunternehmerischen Bereich ausschließlich zuzurechnen wären. [7]Werden in diese Aufteilung Vorsteuerbeträge einbezogen, die durch die Anschaffung, die Herstellung, den innergemeinschaftlichen Erwerb oder die Einfuhr einheitlicher Gegenstände, ausgenommen Fahrzeuge im Sinne des § 1b Abs. 2 UStG, angefallen sind, z.B. durch den Ankauf eines für den unternehmerischen und den nichtunternehmerischen Bereich bestimmten Computers, braucht der Anteil der nichtunternehmerischen Verwendung des Gegenstands nicht als unentgeltliche Wertabgabe im Sinne des § 3 Abs. 9a Nr. 1 UStG

versteuert zu werden. [8]Dafür sind jedoch alle durch die Verwendung oder Nutzung dieses Gegenstands anfallenden Vorsteuerbeträge in die Aufteilung einzubeziehen. [9]Bei einer nachträglichen Erhöhung des Anteils der nichtunternehmerischen Verwendung des Gegenstands ist nur der entsprechende Erhöhungsanteil als unentgeltliche Wertabgabe zu versteuern (vgl. Abschnitt 3.4 Abs. 2 Satz 4). [10]Die Versteuerung der Überführung eines solchen Gegenstands in den nichtunternehmerischen Bereich als unentgeltliche Wertabgabe (§ 3 Abs. 1b Satz 1 Nr. 1 UStG) bleibt unberührt.

(7) [1]Das Finanzamt kann im Einzelfall ein anderes Aufteilungsverfahren zulassen. [2]Zum Beispiel kann es gestatten, dass die teilweise dem unternehmerischen Bereich zuzurechnenden Vorsteuern, die auf die Anschaffung, Herstellung und Unterhaltung eines Gebäudes entfallen, insoweit als das Gebäude dauernd zu einem feststehenden Anteil für Unternehmenszwecke verwendet wird, entsprechend der beabsichtigten bzw. tatsächlichen Verwendung und im Übrigen nach dem in Absatz 6 bezeichneten Verfahren aufgeteilt werden.

Beispiel:

[1]Bei einem Vereinsgebäude, das nach seiner Beschaffenheit dauernd zu 75 % als Gastwirtschaft und im Übrigen mit wechselndem Anteil für unternehmerische und nichtunternehmerische Vereinszwecke verwendet wird, können die nicht ausschließlich zurechenbaren Vorsteuern von vornherein zu 75 % als abziehbar behandelt werden. [2]Der restliche Teil von 25 % kann entsprechend dem jeweiligen Einnahmeverhältnis (vgl. Absatz 6) in einen abziehbaren und einen nichtabziehbaren Teil aufgeteilt werden.

(8) [1]Ein vereinfachtes Aufteilungsverfahren ist nur unter dem Vorbehalt des jederzeitigen Widerrufs zu genehmigen und kann mit Auflagen verbunden werden. [2]Es darf nicht zu einem offensichtlich unzutreffenden Ergebnis führen. [3]Außerdem muss sich die Einrichtung verpflichten, das Verfahren mindestens für fünf Kalenderjahre anzuwenden. [4]Ein Wechsel des Verfahrens ist jeweils nur zu Beginn eines Besteuerungszeitraums zu gestatten.

(9) Beispiele zur Unternehmereigenschaft und zum Vorsteuerabzug:

Beispiel 1:

[1]Ein Verein hat die Aufgabe, die allgemeinen ideellen und wirtschaftlichen Interessen eines Berufsstands wahrzunehmen (Berufsverband). [2]Er dient nur den Gesamtbelangen aller Mitglieder. [3]Die Einnahmen des Berufsverbands setzen sich ausschließlich aus Mitgliederbeiträgen zusammen.

[4]Der Berufsverband wird nicht im Rahmen eines Leistungsaustauschs tätig. [5]Er ist nicht Unternehmer. [6]Ein Vorsteuerabzug kommt nicht in Betracht.

Beispiel 2:

[1]Der in Beispiel 1 bezeichnete Berufsverband übt seine Tätigkeit in gemieteten Räumen aus. [2]Im Laufe des Jahres hat er seine Geschäftsräume gewechselt, weil die bisher genutzten Räume vom Vermieter selbst beansprucht wurden. [3]Für die vorzeitige Freigabe der Räume hat der Verein vom Vermieter eine Abstandszahlung erhalten. [4]Die übrigen Einnahmen des Vereins bestehen ausschließlich aus Mitgliederbeiträgen.

[5]Hinsichtlich seiner Verbandstätigkeit, die außerhalb eines Leistungsaustauschs ausgeübt wird, ist der Verein nicht Unternehmer. [6]Bei der Freigabe der Geschäftsräume gegen Entgelt liegt zwar ein Leistungsaustausch vor. [7]Die Leistung des Vereins ist aber nicht steuerbar, weil die Geschäftsräume nicht im Rahmen eines Unternehmens genutzt worden sind. [8]Der Verein ist nicht berechtigt, für die Leistung eine Rechnung mit gesondertem Ausweis der Steuer zu erteilen. [9]Ein Vorsteuerabzug kommt nicht in Betracht.

Beispiel 3:

1 Der in Beispiel 1 bezeichnete Berufsverband betreibt neben seiner nicht steuerbaren Verbandstätigkeit eine Kantine, in der seine Angestellten gegen Entgelt beköstigt werden. 2 Für die Verbandstätigkeit und die Kantine besteht eine gemeinsame Verwaltungsstelle. 3 Der Kantinenbetrieb war in gemieteten Räumen untergebracht. 4 Der Verein löst das bisherige Mietverhältnis und mietet neue Kantinenräume. 5 Vom bisherigen Vermieter erhält er für die Freigabe der Räume eine Abstandszahlung. 6 Die Einnahmen des Vereins bestehen aus Mitgliederbeiträgen, Kantinenentgelten und der vom Vermieter gezahlten Abstandszahlung.
7 Der Verein ist hinsichtlich seiner nicht steuerbaren Verbandstätigkeit nicht Unternehmer. 8 Nur im Rahmen des Kantinenbetriebs übt er eine unternehmerische Tätigkeit aus. 9 In den unternehmerischen Bereich fällt auch die entgeltliche Freigabe der Kantinenräume. 10 Diese Leistung ist daher steuerbar, aber als eine der Vermietung eines Grundstücks gleichzusetzende Leistung nach § 4 Nr. 12 Satz 1 Buchstabe a UStG steuerfrei (vgl. EuGH-Urteil vom 15.12.1993, C-63/92 Lubbock Fine, BStBl. 1995 II S. 480). 11 Die Vorsteuerbeträge, die dieser Leistung zuzurechnen sind, sind nicht abziehbar. 12 Lediglich die den Kantinenumsätzen zuzurechnenden Vorsteuern können abgezogen werden.
13 Wendet der Verein eine Vereinfachungsregelung an, kann er die Vorsteuern, die den Kantinenumsätzen ausschließlich zuzurechnen sind, z. B. den Einkauf der Kantinenwaren und des Kantineninventars, voll abziehen. 14 Die für die gemeinsame Verwaltungsstelle angefallenen Vorsteuern, z. B. für Büromöbel und Büromaterial, sind nach dem Verhältnis der Einnahmen aus Mitgliederbeiträgen und der Freigabe der Kantinenräume zu den Einnahmen aus dem Kantinenbetrieb aufzuteilen. 15 Die Verwendung der Büromöbel der gemeinsamen Verwaltungsstelle für den nichtunternehmerischen Bereich braucht in diesem Fall nicht als unentgeltliche Wertabgabe nach § 3 Abs. 9a Nr. 1 UStG versteuert zu werden.

Beispiel 4:

1 Ein Verein, der ausschließlich satzungsmäßige Gemeinschaftsaufgaben wahrnimmt, erzielt außer echten Mitgliederbeiträgen Einnahmen aus gelegentlichen Verkäufen von im Verein angefallenem Altmaterial und aus der Erstattung von Fernsprechkosten für private Ferngespräche seiner Angestellten.
2 Die Altmaterialverkäufe und die Überlassung des Telefons an die Angestellten unterliegen als Hilfsgeschäfte zur nichtunternehmerischen Tätigkeit nicht der Umsatzsteuer. 3 Der Verein ist nicht Unternehmer. 4 Ein Vorsteuerabzug kommt nicht in Betracht.

Beispiel 5:

1 Mehrere juristische Personen des öffentlichen Rechts gründen eine GmbH zu dem Zweck, die Möglichkeiten einer Verwaltungsvereinfachung zu untersuchen. 2 Die Ergebnisse der Untersuchungen sollen in einem Bericht zusammengefasst werden, der allen interessierten Verwaltungsstellen auf Anforderung kostenlos zu überlassen ist. 3 Die Tätigkeit der GmbH wird ausschließlich durch echte Zuschüsse der öffentlichen Hand finanziert. 4 Weitere Einnahmen erzielt die GmbH nicht.
5 Die Tätigkeit der GmbH vollzieht sich außerhalb eines Leistungsaustauschs. 6 Die GmbH ist nicht Unternehmer und daher nicht zum Vorsteuerabzug berechtigt.

Forschungseinrichtungen[1)]

(10)[1)] 1 Forschungseinrichtungen sind Einheiten, die Forschungsprojekte oder Forschungsprogramme durchführen. 2 Abhängig von ihrer Organisation können Forschungseinrichtungen rechtlich selbständige Unternehmer oder unselbständiger Teil des unternehmerischen oder nichtunternehmerischen Bereichs einer anderen rechtlich selbständigen Einrichtung sein. 3 Zum unternehmerischen Bereich bei Forschungseinrichtungen gehören die Eigenforschung, die Auftragsforschung sowie der weitere Technologietransfer, soweit beabsich-

1) A 2.10 UStAE Zwischenüberschrift sowie Abs. 10 und 11 angef. durch BMF v. 27.01.2023, BStBl. I 2023, 314, anzuwenden in allen offenen Fällen.

tigt ist, die Forschungsergebnisse nachhaltig zur Erzielung von Einnahmen zu verwenden. [4]Auch die Grundlagenforschung ist dem unternehmerischen Bereich zuzurechnen, wenn sie dazu dient, die unternehmerische Verkaufstätigkeit zu steigern und die Marktposition zu stärken. [5]Etwas anderes gilt, wenn Grundlagenforschung in abgrenzbaren Teilbereichen ohne nachhaltige Einnahmeerzielungsabsicht ausgeübt wird; in diesen Fällen sind die betroffenen Teilbereiche dem nichtunternehmerischen Bereich des Unternehmers zuzuordnen. [6]Als abgrenzbare Teilbereiche können organisatorische Einheiten, wie z. B. Institute, angesehen werden. [7]Dem nichtunternehmerischen Bereich zuzurechnen ist die Erbringung eigenständiger Leistungen, die keine Forschungstätigkeiten sind und ihren Grund im Gesellschaftsvertrag, in der Satzung oder der Zugehörigkeit zu Forschungsorganisationen haben, sofern bei diesen Leistungen von vornherein nicht die Absicht besteht, sie gegen Entgelt zu vermarkten. [8]Zum nichtunternehmerischen Bereich gehören regelmäßig die reine Lehre (insbesondere Lehrbeauftragungen und Betreuung von Studierenden), die Ausbildung über den betrieblichen Bedarf hinaus, die Öffentlichkeitsarbeit mit Breitenwirkung (z. B. Tage der offenen Tür, Besucherprogramme, Schülerlabore) sowie die Weiterentwicklung des Wissenschaftssystems. [9]Verbietet die Satzung einer Forschungseinrichtung die entgeltliche Verwertung von Forschungsergebnissen, sind diese ebenfalls dem nichtunternehmerischen Bereich zuzuordnen.

Beispiel 1:

[1]Die Forschungstätigkeit einer Forschungseinrichtung wird vorwiegend durch echte Zuschüsse der öffentlichen Hand finanziert. [2]Außerdem erzielt die Forschungseinrichtung Einnahmen aus der Verwertung der Ergebnisse ihrer Forschungstätigkeit durch Vergabe von Lizenzen an ihren Erfindungen.

[3]Die Vergabe von Lizenzen gegen Entgelt ist eine nachhaltige Tätigkeit zur Erzielung von Einnahmen. [4]Diese Tätigkeit übt die Forschungseinrichtung unternehmerisch aus. [5]Die vorausgegangene Forschungstätigkeit steht mit der Lizenzvergabe in unmittelbarem Zusammenhang. [6]Sie stellt die Vorbereitungshandlung für die unternehmerische Verwertung der Erfindungen dar und kann daher nicht aus dem unternehmerischen Bereich ausgeschieden werden. [7]Auf das Verhältnis der echten Zuschüsse zu den Lizenzeinnahmen kommt es bei dieser Beurteilung nicht an. [8]Unter den Voraussetzungen des § 15 UStG ist die Forschungseinrichtung in vollem Umfang zum Vorsteuerabzug berechtigt. [9]Außerdem hat sie für ihre Leistungen Rechnungen mit gesondertem Steuerausweis zu erteilen. [10]Dies gilt nicht, soweit die Forschungseinrichtung in einem abgrenzbaren Teilbereich die Forschung ohne die Absicht betreibt, Einnahmen zu erzielen.

Beispiel 2:

[1]Eine Forschungseinrichtung untersucht Möglichkeiten einer Verwaltungsvereinfachung im Bereich der Steuerverwaltung. [2]Es besteht keine Absicht, die Forschungsergebnisse gegen Entgelt zu vermarkten. [3]Die Forschungseinrichtung verwendet eine Datenverarbeitungsanlage. [4]Die Kapazität der Anlage ist mit den eigenen Arbeiten nur zu 80 % ausgelastet. [5]Um die Kapazität der Anlage voll auszunutzen, überlässt sie die Anlage an einen Unternehmer gegen Entgelt zur Benutzung. [6]Die Einnahmen der Forschungseinrichtung bestehen außer dem Benutzungsentgelt nur in Zuschüssen der öffentlichen Hand.

[7]Die entgeltliche Überlassung der Datenverarbeitungsanlage ist eine nachhaltige Tätigkeit zur Erzielung von Einnahmen. [8]Insoweit ist die Forschungseinrichtung Unternehmer. [9]Die Leistung unterliegt der Umsatzsteuer. [10]Die Unternehmereigenschaft erstreckt sich nicht auf die unentgeltliche Forschungstätigkeit. [11]Für die Überlassung der Datenverarbeitungsanlage sind von der Forschungseinrichtung Rechnungen mit gesondertem Ausweis der Steuer zu erteilen. [12]Die Vorsteuern für die Anschaffung und Nutzung der Datenverarbeitungsanlage sind nur im Umfang der Verwendung für die unternehmerische Tätigkeit abzugsfähig (vgl. Ab-

schnitt 15.2b Abs. 2), eine darüber hinausgehende Zuordnung zum Unternehmen ist in Fällen einer nichtwirtschaftlichen Tätigkeit i. e. S. nicht möglich (vgl. Abschnitt 15.2c Abs. 2). [13] Außerdem können die der entgeltlichen Überlassung der Datenverarbeitungsanlage zuzurechnenden Vorsteuerbeträge, insbesondere in dem Bereich der Verwaltungsgemeinkosten, abgezogen werden. [14] Bei Anwendung einer Vereinfachungsregelung der Absätze 6 und 7 kann die Forschungseinrichtung die Vorsteuern für die Verwaltungsgemeinkosten sowie die durch die Anschaffung und Nutzung der Datenverarbeitungsanlage angefallenen Vorsteuerbeträge nach dem Verhältnis der Nettoeinnahmen aus der Überlassung der Anlage an den Unternehmer zu den öffentlichen Zuschüssen auf den unternehmerischen und den nichtunternehmerischen Bereich aufteilen.

Beispiel 3:

[1] Eine Forschungseinrichtung untersucht wirtschafts- und steuerrechtliche Grundsatzfragen. [2] Zu den Aufgaben der Forschungseinrichtung gehört auch die Erstellung von Gutachten auf diesem Gebiet gegen Entgelt. [3] Die Einnahmen der Forschungseinrichtung setzen sich aus echten Zuschüssen der öffentlichen Hand und aus Vergütungen, die für die Gutachten von den Auftraggebern gezahlt worden sind, zusammen.

[4] Die Erstellung von Gutachten ist eine nachhaltige Tätigkeit zur Erzielung von Einnahmen. [5] Die Forschungseinrichtung übt diese Tätigkeit als Unternehmer aus. [6] In der Regel wird davon auszugehen sein, dass die Auftraggeber Gutachten bei der Forschungseinrichtung bestellen, weil sie annehmen, dass diese auf Grund ihrer Forschungstätigkeit über besondere Kenntnisse und Erfahrungen auf dem betreffenden Gebiet verfügt. [7] Die Auftraggeber erwarten, dass die von der Forschungseinrichtung gewonnenen Erkenntnisse in dem Gutachten verwertet werden. [8] Die Forschungstätigkeit steht hiernach mit der Tätigkeit als Gutachter in engem Zusammenhang. [9] Sie ist daher in den unternehmerischen Bereich einzubeziehen. [10] Vorsteuerabzug und gesonderter Steuerausweis wie im Beispiel 1.

Beispiel 4:

[1] Eine Forschungseinrichtung untersucht Erzeugnisse, die im Rahmen einer eigenen unternehmerischen Tätigkeit veräußert werden sollen, auf Beschaffenheit und Einsatzfähigkeit und entwickelt neue Stoffe. [2] Die Entwicklungsarbeiten setzen eine gewisse Grundlagenforschung voraus, die durch echte Zuschüsse der öffentlichen Hand gefördert wird. [3] Die Forschungseinrichtung ist verpflichtet, die Erkenntnisse, die sie im Rahmen des durch öffentliche Mittel geförderten Forschungsvorhabens gewinnt, der Allgemeinheit zugänglich zu machen.

[4] Die Forschungseinrichtung übt mit ihren Lieferungen und sonstigen Leistungen eine unternehmerische Tätigkeit aus. [5] Auch die Grundlagenforschung soll dazu dienen, die Verkaufstätigkeit zu steigern und die Marktposition zu festigen. [6] Obwohl es insoweit an einem Leistungsaustausch fehlt, steht die Grundlagenforschung in unmittelbarem Zusammenhang mit der unternehmerischen Tätigkeit. [7] Die Grundlagenforschung wird daher im Rahmen des Unternehmens ausgeübt. [8] Vorsteuerabzug und gesonderter Steuerausweis wie im Beispiel 1.

Beispiel 5:

[1] Eine Forschungseinrichtung wird vorwiegend durch echte Zuschüsse der öffentlichen Hand finanziert. [2] Aufgabe der Forschungseinrichtung ist es, medizinische Forschung auf dem Gebiet der Infektionsbiologie sowie deren praktischer Umsetzung zu betreiben (Grundlagenforschung). [3] Die gewonnenen Erkenntnisse werden der Allgemeinheit zugänglich gemacht. [4] Darüber hinaus untersucht die Forschungseinrichtung im Auftrag der Industrie Wirkstoffe gegen Viren und Bakterien (Auftragsforschung).

[5] Lösung wie Beispiel 4.

(11)[1)] [1] Der unternehmerische Bereich ist bei Forschungseinrichtungen oftmals nur schwierig von deren nichtunternehmerischem Bereich abzugrenzen. [2] Zur Vereinfachung kann für die Ermittlung des Prozentsatzes der nicht für das Unternehmen bezogenen Vorsteuern folgendes Berechnungsschema herangezogen werden:

---

1) A 2.10 UStAE Zwischenüberschrift sowie Abs. 10 und 11 angef. durch BMF v. 27.01.2023, BStBl. I 2023, 314, anzuwenden in allen offenen Fällen.

Schritt 1:

Kosten der Gesamtleistung
./. Kosten für Forschung und experimentelle Entwicklung, soweit unternehmerisch (inklusive zurechenbarer allgemeiner Aufwendungen)
./. Kosten des wirtschaftlichen Geschäftsbetriebs und der Vermögensverwaltung inklusive zurechenbarer allgemeiner Aufwendungen
= Kosten des nichtunternehmerischen Bereichs

Schritt 2:

$$\frac{\text{Kosten des nichtunternehmerischen Bereichs} \times 100}{\text{Kosten der Gesamtleistung}} = \text{Prozentsatz der nicht für das Unternehmen bezogenen Vorsteuern}$$

[3]Bei Anwendung des Berechnungsschemas sind nur die vorsteuerbelasteten Kosten zu berücksichtigen. [4]Die Kosten der Gesamtleistung können den Werten der Kosten- und Leistungsrechnung der Forschungseinrichtung entnommen werden. [5]Als allgemeine Aufwendungen gelten Kosten für den Betrieb und Erhalt der allgemeinen Infrastruktur (z.B. Gebäude, Betriebs- und Geschäftsausstattung, Facility Management), der Unternehmensleitung (z.B. Vorstand, Stäbe), der Verwaltung (z.B. Finanzwesen, Controlling, Einkauf) und allgemeine innerbetriebliche Dienstleistungen (z.B. Werkschutz). [6]Die unter den übrigen Voraussetzungen abziehbaren Vorsteuern unterliegen einer weiteren Aufteilung, sofern die Forschungseinrichtung die bezogenen Leistungen auch zur Ausführung von Umsätzen verwendet, für die der Vorsteuerabzug nach § 15 Abs. 2 bis 4 UStG ausgeschlossen ist.

2.11 Juristische Personen des öffentlichen Rechts (§ 2 Abs. 3 UStG)[1)]

Allgemeines[2)]

(1) [1]Juristische Personen des öffentlichen Rechts im Sinne von § 2 Abs. 3 UStG sind insbesondere die Gebietskörperschaften (Bund, Länder, Gemeinden, Gemeindeverbände, Zweckverbände), die öffentlich-rechtlichen Religionsgemeinschaften, die Innungen, Handwerkskammern, Industrie- und Handelskammern und sonstige Gebilde, die auf Grund öffentlichen Rechts eigene Rechtspersönlichkeit besitzen. [2]Dazu gehören neben Körperschaften

[1)] Zum Vorsteuerabzug vgl. A 15.19 UStAE.

[2)] Zu Klein- und Kleinstvermietungen im Bereich der Hochschulen siehe BayLfSt v. 13.02.2008, DStR 2008, 619. – Zur Übernahme der öff. Abfallentsorgung durch GmbH siehe BFH v. 03.12.2007 V R 63/05, BFH/NV 2008, 996, zur Entsorgung von Abwasser durch AG siehe BFH v. 08.11.2007 V R 20/05, BStBl. II 2009, 483. – Zur Grundstücksverwaltung durch eine jur. Person des öff. Rechts siehe BFH v. 20.08.2009 V R 70/05, BStBl. II 2017, 825. – Zur Vermietung von Standplatzflächen durch eine Gemeinde siehe BFH v. 24.01.2008 V R 12/05, BStBl. II 2009, 60, v. 03.03.2011 V R 23/10, BStBl. II 2012, 74, und v. 13.02.2014 V R 5/13, BStBl. II 2017, 846. – Zur Unternehmereigenschaft einer jur. Person des öff. Rechts grds. siehe BFH v. 15.12.2016 V R 44/15, DStR 2017, 656.

auch Anstalten und Stiftungen des öffentlichen Rechts, z. B. Rundfunkanstalten des öffentlichen Rechts. [3]Zur Frage, unter welchen Voraussetzungen kirchliche Orden juristische Personen des öffentlichen Rechts sind, vgl. das BFH-Urteil vom 08.07.1971, V R 1/68, BStBl. II 1972 S. 70. [4]Auf ausländische juristische Personen des öffentlichen Rechts ist die Vorschrift des § 2 Abs. 3 UStG analog anzuwenden. [5]Ob eine solche Einrichtung eine juristische Person des öffentlichen Rechts ist, ist grundsätzlich nach deutschem Recht zu beurteilen. [6]Das schließt jedoch nicht aus, dass für die Bestimmung öffentlich-rechtlicher Begriffe die ausländischen Rechtssätze mit herangezogen werden.

(2) [1]Die Gesamtheit aller Betriebe gewerblicher Art im Sinne von § 1 Abs. 1 Nr. 6, § 4 KStG und aller land- und forstwirtschaftlichen Betriebe stellt das Unternehmen der juristischen Person des öffentlichen Rechts dar (vgl. BFH-Urteil vom 18.08.1988, V R 194/83, BStBl. II S. 932). [2]Das Unternehmen erstreckt sich auch auf die Tätigkeitsbereiche, die nach § 2 Abs. 3 Satz 2 UStG als unternehmerische Tätigkeiten gelten. [3]Nur die in diesen Betrieben und Tätigkeitsbereichen ausgeführten Umsätze unterliegen der Umsatzsteuer. [4]Andere Leistungen sind nicht steuerbar, auch wenn sie nicht in Ausübung öffentlicher Gewalt bewirkt werden, es sei denn, die Behandlung als nicht steuerbar würde zu größeren Wettbewerbsverzerrungen führen (vgl. BFH-Urteil vom 11.06.1997, XI R 33/94, BStBl. II 1999 S. 418).

(3) [1]Eine Tätigkeit, die der Erfüllung von Hoheitsaufgaben dient, ist steuerbar, wenn sie nicht von einer juristischen Person des öffentlichen Rechts, sondern von Unternehmern des privaten Rechts (z. B. von sog. beliehenen Unternehmern) ausgeübt wird (vgl. BFH-Urteile vom 10.11.1977, V R 115/74, BStBl. II 1978 S. 80, und vom 18.01.1995, XI R 71/93, BStBl. II S. 559). [2]Ein mit der Durchführung einer hoheitlichen Pflichtaufgabe betrauter Unternehmer ist als Leistender an den Dritten anzusehen, wenn er bei der Ausführung der Leistung diesem gegenüber – unabhängig von der öffentlich-rechtlichen Berechtigung – im eigenem Namen und für eigene Rechnung auftritt, leistet und abrechnet (BFH-Urteil vom 28.02.2002, V R 19/01, BStBl. II 2003 S. 950). [3]Durch den Leistungsaustausch zwischen dem beauftragten Unternehmer und dem Dritten wird das weiterhin bestehende Leistungsverhältnis zwischen dem Unternehmer und dem Hoheitsträger sowie die hoheitliche Ausübung der Tätigkeit durch den Hoheitsträger nicht berührt. [4]Zur umsatzsteuerrechtlichen Beurteilung, wenn der Hoheitsträger dagegen zulässigerweise nur die tatsächliche Durchführung seiner gesetzlichen Pflichtaufgabe auf den eingeschalteten Unternehmer überträgt und dieser entsprechend den öffentlich-rechtlichen Vorgaben als Erfüllungsgehilfe des Hoheitsträgers auftritt, vgl. BMF-Schreiben vom 27.12.1990, BStBl. I 1991 S. 81.

(4)[1)] [1]Für die Frage, ob ein Betrieb gewerblicher Art vorliegt, ist auf § 1 Abs. 1 Nr. 6 und § 4 KStG in der jeweils geltenden Fassung abzustellen. [2]Die

---

1) Zum Auskunftsanspruch eines Konkurrenten zur Besteuerung öff.-rechtl. Einrichtungen siehe EuGH v. 08.06.2006 C-430/04, DStR 2006, 1082, und BFH v. 05.10.2006 VII R 24/03, BStBl. II 2007, 243. – Zur Unternehmereigenschaft einer Gemeinde bei Einsatz eines mit Werbeaufdrucken versehenen Fahrzeugs (auch ohne die Erreichung der Umsatzgrenze von *30 678 €*) siehe BFH v. 17.03.2010 XI R 17/08, BStBl. II 2017, 828.

zu diesen Vorschriften von Rechtsprechung und Verwaltung für das Gebiet der Körperschaftsteuer entwickelten Grundsätze sind anzuwenden (vgl. insbesondere R 4.1 KStR).[1)] [3]Über die Anwendung der Umsatzgrenzen von 130.000 € (R 4.1 Abs. 4 KStR) und *35.000 €*[2)] (R 4.1 Abs. 5 KStR) ist bei der Umsatzsteuer und bei der Körperschaftsteuer einheitlich zu entscheiden.

(5) Die Frage, ob ein land- und forstwirtschaftlicher Betrieb vorliegt, ist unabhängig von einer Umsatzgrenze nach den gleichen Merkmalen zu beurteilen, die grundsätzlich auch bei der Durchschnittssatzbesteuerung nach § 24 UStG maßgebend sind (vgl. § 24 Abs. 2 UStG, Abschnitt 24.1 Abs. 2).

(6) Auch wenn die Voraussetzungen eines Betriebs gewerblicher Art oder eines land- und forstwirtschaftlichen Betriebs nicht gegeben sind, gelten die in § 2 Abs. 3 Satz 2 Nr. 2 bis 5 UStG bezeichneten Tätigkeitsbereiche als unternehmerische Tätigkeiten (zu § 2 Abs. 3 Satz 2 Nr. 4 UStG vgl. Absätze 7 bis 11).

Vermessungs- und Katasterbehörden

(7) [1]Bei den Vermessungs- und Katasterbehörden unterliegen nach Sinn und Zweck des § 2 Abs. 3 Satz 2 Nr. 4 UStG solche Tätigkeiten der Umsatzsteuer, die ihrer Art nach auch von den in fast allen Bundesländern zugelassenen öffentlich bestellten Vermessungsingenieuren ausgeführt werden. [2]Die Vorschrift beschränkt sich auf hoheitliche Vermessungen, deren Ergebnisse zur Fortführung des Liegenschaftskatasters bestimmt sind (Teilungsvermessungen, Grenzfeststellungen und Gebäudeeinmessungen). [3]Nicht dazu gehören hoheitliche Leistungen, wie z. B. die Führung und Neueinrichtung des Liegenschaftskatasters. [4]Die entgeltliche Erteilung von Auszügen aus dem Liegenschaftskataster durch Vermessungs- und Katasterbehörden gilt nach § 2 Abs. 3 Satz 2 Nr. 4 UStG als unternehmerische Tätigkeit, soweit in dem betreffenden Bundesland nach den jeweiligen landesrechtlichen Gegebenheiten eine entgeltliche Erteilung von Auszügen aus dem Liegenschaftskataster auch durch öffentlich bestellte Vermessungsingenieure rechtlich und technisch möglich ist. [5]Dies gilt jedoch nicht, soweit öffentlich bestellte Vermessungsingenieure nach den jeweiligen landesrechtlichen Bestimmungen lediglich als Erfüllungsgehilfen der Vermessungs- und Katasterbehörden tätig werden. [6]Soweit Gemeinden entgeltlich Auszüge aus dem Liegenschaftskataster erteilen, gelten sie als Vermessungs- und Katasterbehörden i. S. v. § 2 Abs. 3 Satz 2 Nr. 4 UStG. [7]Der Umsatzsteuer unterliegen nur Leistungen an Dritte, dagegen nicht unentgeltliche Wertabgaben, z. B. Vermessungsleistungen für den Hoheitsbereich der eigenen Trägerkörperschaft.

(8) [1]Die Unternehmereigenschaft erstreckt sich nicht auf die Amtshilfe, z. B. Überlassung von Unterlagen an die Grundbuchämter und Finanzämter. [2]Keine Amtshilfe liegt vor, wenn Leistungen an juristische Personen des öffentlichen Rechts ausgeführt werden, denen nach Landesgesetzen keine Vermessungsaufgaben als eigene Aufgaben obliegen.

---

1) Nr. **100.**
2) Ab VZ 2022: 45 000 €.

(9) [1]Wirtschaftliche Tätigkeiten der Kataster- und Vermessungsbehörden fallen nicht unter § 2 Abs. 3 Satz 2 Nr. 4 UStG. [2]Sie sind – ebenso wie Vermessungsleistungen anderer Behörden – nach § 2 Abs. 3 Satz 1 UStG steuerbar, sofern die körperschaftsteuerlichen Voraussetzungen eines Betriebs gewerblicher Art vorliegen. [3]Wirtschaftliche Tätigkeiten sind z. B. der Verkauf von Landkarten, Leistungen auf dem Gebiet der Planung wie Anfertigung von Bebauungsplänen, und ingenieurtechnische Vermessungsleistungen.

(10) [1]Die Vorsteuerbeträge, die dem unternehmerischen Bereich zuzuordnen sind, können unter den Voraussetzungen des § 15 UStG abgezogen werden. [2]Für Vorsteuerbeträge, die sowohl dem unternehmerischen als auch dem nichtunternehmerischen Bereich zuzuordnen sind, beurteilt sich der Vorsteuerabzug nach Abschnitt 15.19 Abs. 3.

(11) [1]Aus Vereinfachungsgründen bestehen keine Bedenken, wenn die insgesamt abziehbaren Vorsteuerbeträge mit 1,9 % der Bemessungsgrundlage für die steuerpflichtigen Vermessungsumsätze ermittelt werden. [2]Die Verwendung der Anlagegegenstände für nichtunternehmerische Zwecke ist dann nicht als Wertabgabe nach § 3 Abs. 9a Nr. 1 UStG zu versteuern. [3]Bei einer Änderung der Anteile an der Verwendung der Anlagegegenstände für unternehmerische und nichtunternehmerische Tätigkeiten (vgl. Abschnitt 2.3 Abs. 1a) kommt auch keine Vorsteuerberichtigung nach § 15a UStG aus Billigkeitsgründen in Betracht (vgl. Abschnitt 15a.1 Abs. 7). [4]Dagegen ist die Veräußerung von Gegenständen, die ganz oder teilweise für den unternehmerischen Bereich bezogen wurden, der Umsatzsteuer zu unterwerfen. [5]An die Vereinfachungsregelung ist die jeweilige Vermessungs- und Katasterbehörde für mindestens fünf Kalenderjahre gebunden. [6]Ein Wechsel ist nur zum Beginn eines Kalenderjahres zulässig.

Einzelfälle

(12) [1]Betreibt eine Gemeinde ein Parkhaus, kann ein Betrieb gewerblicher Art auch dann anzunehmen sein, wenn sie sich mit einer Benutzungssatzung der Handlungsformen des öffentlichen Rechts bedient (BFH-Urteil vom 10.12.1992, V R 3/88, BStBl. II 1993 S. 380). [2]Überlässt sie hingegen auf Grund der Straßenverkehrsordnung Parkplätze durch Aufstellung von Parkscheinautomaten gegen Parkgebühren, handelt sie insoweit nicht als Unternehmer im Sinne des Umsatzsteuerrechts (BFH-Urteil vom 27.02.2003, V R 78/01, BStBl. II 2004 S. 431; zur Rechtslage nach § 2b UStG vgl. Abschnitt 2b.1 Absatz 5).

(13) [1]Gemeindliche Kurverwaltungen, die Kurtaxen und Kurförderungsabgaben erheben, sind in der Regel Betriebe gewerblicher Art (vgl. BFH-Urteil vom 15.10.1962, I 53/61 U, BStBl. III S. 542). [2]Sofern die Voraussetzungen von R 4.1 Abs. 4 und 5 KStR[1] gegeben sind, unterliegen die Gemeinden mit den durch die Kurtaxe abgegoltenen Leistungen der Umsatzsteuer. [3]Die Kurförderungsabgaben (Fremdenverkehrsbeiträge A) sind dagegen nicht als Entgelte für Leistungen der Gemeinden zu betrachten und nicht der Steuer zu unterwerfen.

---

[1] Nr. **100**.

(14) [1] Die staatlichen Materialprüfungsanstalten oder Materialprüfungsämter üben neben ihrer hoheitlichen Tätigkeit vielfach auch Tätigkeiten wirtschaftlicher Natur, z. B. entgeltliche Untersuchungs-, Beratungs- und Begutachtungsleistungen für private Auftraggeber, aus. [2] Unter den Voraussetzungen von R 4.1 Abs. 4 und 5 KStR[1)] sind in diesen Fällen Betriebe gewerblicher Art anzunehmen.

(15) [1] Die Gestellung von Personal durch juristische Personen des öffentlichen Rechts gegen Erstattung der Kosten stellt grundsätzlich einen Leistungsaustausch dar, sofern die gestellende juristische Person Arbeitgeber bleibt. [2] Ob dieser Leistungsaustausch der Umsatzsteuer unterliegt, hängt nach § 2 Abs. 3 UStG davon ab, ob die Personalgestellung im Rahmen eines Betriebs gewerblicher Art im Sinne von § 1 Abs. 1 Nr. 6, § 4 KStG vorgenommen wird.

Beispiel 1:

[1] Eine juristische Person des öffentlichen Rechts setzt Bedienstete ihres Hoheitsbereichs in eigenen Betrieben gewerblicher Art ein.
[2] Es handelt sich um einen nicht steuerbaren Vorgang (Innenleistung).

Beispiel 2:

[1] Eine juristische Person des öffentlichen Rechts stellt Bedienstete aus ihrem Hoheitsbereich an den Hoheitsbereich einer anderen juristischen Person des öffentlichen Rechts ab.
[2] Es handelt sich um einen nicht steuerbaren Vorgang.

Beispiel 3:

[1] Eine juristische Person des öffentlichen Rechts stellt Bedienstete aus ihrem Hoheitsbereich an Betriebe gewerblicher Art anderer juristischer Personen des öffentlichen Rechts ab.
[2] Die Personalgestellung ist nicht durch hoheitliche Zwecke veranlasst, sondern dient wirtschaftlichen Zielen. [3] Sie ist insgesamt als Betrieb gewerblicher Art zu beurteilen, sofern die Voraussetzungen von R 4.1 Abs. 4 und 5 KStR[1)] gegeben sind. [4] Es liegen in diesem Fall steuerbare Leistungen vor.

Beispiel 4:

[1] Eine juristische Person des öffentlichen Rechts stellt Bedienstete aus ihrem Hoheitsbereich an privatrechtliche Unternehmer ab.
[2] Beurteilung wie zu Beispiel 3.

Beispiel 5:

[1] Eine juristische Person des öffentlichen Rechts stellt Bedienstete aus ihrem Hoheitsbereich an einen als gemeinnützig anerkannten eingetragenen Verein ab, der nicht unternehmerisch tätig ist. [2] Mitglieder des Vereins sind neben der gestellenden Person des öffentlichen Rechts weitere juristische Personen des öffentlichen Rechts, Verbände und sonstige Einrichtungen.
[3] Beurteilung wie zu Beispiel 3.

Beispiel 6:

[1] Eine juristische Person des öffentlichen Rechts stellt Bedienstete aus einem ihrer Betriebe gewerblicher Art an den Hoheitsbereich einer anderen juristischen Person des öffentlichen Rechts ab.
[2] Es ist eine steuerbare Leistung im Rahmen des Betriebs gewerblicher Art anzunehmen, wenn die Personalkostenerstattung unmittelbar dem Betrieb gewerblicher Art zufließt. [3] Die Personalgestellung kann jedoch dem hoheitlichen Bereich zugerechnet werden, sofern der Bedienstete zunächst in den Hoheitsbereich zurückberufen und von dort abgestellt wird und der Erstattungsbetrag dem Hoheitsbereich zufließt.

---

1) Nr. **100**.

Beispiel 7:

[1] Eine juristische Person des öffentlichen Rechts stellt Bedienstete aus einem ihrer Betriebe gewerblicher Art an einen Betrieb gewerblicher Art einer anderen juristischen Person des öffentlichen Rechts oder an einen privatrechtlichen Unternehmer ab.
[2] Es liegt eine steuerbare Leistung im Rahmen des Betriebs gewerblicher Art vor.

Beispiel 8:

[1] Eine juristische Person des öffentlichen Rechts stellt Bedienstete aus einem ihrer Betriebe gewerblicher Art an den eigenen Hoheitsbereich ab.
[2] Die Überlassung des Personals ist dann nicht als steuerbare Wertabgabe im Sinne von § 3 Abs. 9a Nr. 2 UStG anzusehen, wenn beim Personaleinsatz eine eindeutige und leicht nachvollziehbare Trennung zwischen dem unternehmerischen Bereich (Betrieb gewerblicher Art) und dem Hoheitsbereich vorgenommen wird.

(16) Betriebe von juristischen Personen des öffentlichen Rechts, die vorwiegend zum Zwecke der Versorgung des Hoheitsbereichs der juristischen Person des öffentlichen Rechts errichtet worden sind (Selbstversorgungsbetriebe), sind nur dann Betriebe gewerblicher Art, wenn bezüglich der Umsätze an Dritte die Voraussetzung von R 4.1 Abs. 5 KStR[1)] erfüllt ist.

(17) Eine von einem Bundesland eingerichtete sog. „Milchquoten-Verkaufsstelle", die Anlieferungs-Referenzmengen an Milcherzeuger überträgt, handelt bei dieser Tätigkeit nicht als Unternehmer (vgl. BFH-Urteil vom 03.07.2008, V R 40/04, BStBl. II 2009 S. 208).

Gemeindliche Schwimmbäder[2)]

(18) [1] Wird ein gemeindliches Schwimmbad sowohl für das Schulschwimmen (nichtwirtschaftliche Tätigkeit i. e. S.) als auch für den öffentlichen Badebetrieb genutzt, ist unabhängig davon, welche Nutzung überwiegt, die Nutzung für den öffentlichen Badebetrieb grundsätzlich als wirtschaftlich selbständige Tätigkeit im Sinne des § 4 Abs. 1 KStG anzusehen. [2] Die wirtschaftliche Tätigkeit ist unter der Voraussetzung von R 4.1 Abs. 5 KStR[1)] ein Betrieb gewerblicher Art. [3] Vorsteuerbeträge, die durch den Erwerb, die Herstellung sowie die Verwendung des Schwimmbades anfallen, sind nach § 15 UStG nur abziehbar, soweit sie auf die Verwendung für den öffentlichen Badebetrieb entfallen (vgl. Abschnitt 15.2b Abs. 2). [4] Ist der öffentliche Badebetrieb nicht als Betrieb gewerblicher Art zu behandeln, weil die Voraussetzungen von R 4.1 Abs. 5 KStR nicht erfüllt sind, rechnet die Gesamttätigkeit des gemeindlichen Schwimmbades zum nichtunternehmerischen Hoheitsbereich mit der Folge, dass ein Vorsteuerabzug nicht in Betracht kommt. [5] In den Fällen, die der Übergangsregelung nach § 27 Abs. 16 UStG unterliegen, ist die Verwendung des Gegenstands für hoheitliche Zwecke (Schulschwimmen) unabhängig davon, ob den Schulen das Schwimmbad zeitweise ganz überlassen wird (vgl. BFH-Urteil vom 31.05.2001, V R 97/98, BStBl. II S. 658, Abschnitt 4.12.11) oder das Schulschwimmen während des öffentlichen Badebetriebs stattfindet (vgl. BFH-Urteil vom 10.02.1994, V R 33/92, BStBl. II S. 668, Abschnitt 4.12.6 Abs. 2 Nr. 10), nach § 3 Abs. 9a Nr. 1 UStG als steuerbare und steuerpflichtige Wertabgabe zu behandeln, sofern der Erwerb oder

---

1) Nr. **100**.
2) Hinweis auf A 3.4 Abs. 6 UStAE.

die Herstellung des Schwimmbades auch insoweit zum Vorsteuerabzug berechtigt hat. [6]Bemessungsgrundlage für die unentgeltliche Wertabgabe sind nach § 10 Abs. 4 Satz 1 Nr. 2 UStG die durch die Überlassung des Schwimmbades für das Schulschwimmen entstandenen Ausgaben des Unternehmers für die Erbringung der sonstigen Leistung; vgl. Abschnitt 10.6 Abs. 3. [7]Die Wertabgabe kann nach den im öffentlichen Badebetrieb erhobenen Eintrittsgeldern bemessen werden (vgl. Abschnitt 10.7 Abs. 1 Sätze 4 bis 7).

Eigenjagdverpachtung

(19) [1]Eine juristische Person des öffentlichen Rechts wird mit der Verpachtung ihrer Eigenjagd im Rahmen ihres bestehenden land- und forstwirtschaftlichen Betriebs nach § 2 Abs. 3 UStG gewerblich oder beruflich tätig. [2]Dies gilt unabhängig davon, dass die Umsätze aus der Jagdverpachtung nicht der Durchschnittssatzbesteuerung nach § 24 UStG unterliegen (vgl. BFH-Urteil vom 22.09.2005, V R 28/03, BStBl. II 2006 S. 280).

Betriebe in privatrechtlicher Form

(20) [1]Von den Betrieben gewerblicher Art einer juristischen Person des öffentlichen Rechts sind die Betriebe zu unterscheiden, die in eine privatrechtliche Form (z. B. AG, GmbH) gekleidet sind. [2]Solche Eigengesellschaften sind grundsätzlich selbständige Unternehmer. [3]Sie können jedoch nach den umsatzsteuerrechtlichen Vorschriften über die Organschaft unselbständig sein, und zwar auch gegenüber der juristischen Person des öffentlichen Rechts. [4]Da Organschaft die Eingliederung in ein Unternehmen voraussetzt, kann eine Gesellschaft nur dann Organgesellschaft einer juristischen Person des öffentlichen Rechts sein, wenn sie in den Unternehmensbereich dieser juristischen Person des öffentlichen Rechts eingegliedert ist. [5]Die finanzielle Eingliederung wird in diesen Fällen nicht dadurch ausgeschlossen, dass die Beteiligung an der Organgesellschaft nicht im Unternehmensbereich, sondern im nichtunternehmerischen Bereich der juristischen Person des öffentlichen Rechts verwaltet wird. [6]Eine wirtschaftliche Eingliederung in den Unternehmensbereich ist gegeben, wenn die Organgesellschaft Betrieben gewerblicher Art oder land- und forstwirtschaftlichen Betrieben der juristischen Person des öffentlichen Rechts wirtschaftlich untergeordnet ist. [7]Zur Organträgerschaft einer juristischen Person des öffentlichen Rechts vgl. Abschnitt 2.8 Abs. 2 Satz 2. [8]Tätigkeiten, die der Erfüllung öffentlich-rechtlicher Aufgaben dienen, können grundsätzlich eine wirtschaftliche Eingliederung in den Unternehmensbereich nicht begründen.

Zu § 2b UStG

2b.1 Juristische Personen des öffentlichen Rechts (§ 2b UStG)

(1) Zur Anwendung des § 2b UStG vgl. BMF-Schreiben vom 16. Dezember 2016, BStBl. I S. 1451.

(2) Zur Einstufung einer juristischen Person des privaten Rechts als sonstige Einrichtung des öffentlichen Rechts nach dem EuGH-Urteil vom 29.10.2015, C-174/14, Saudaçor,[1)] vgl. BMF-Schreiben vom 18.09.2019, BStBl. I S. 921.

[1)] MwStR 2016, 24.

(3) Zur gesonderten Prüfung möglicher größerer Wettbewerbsverzerrungen bei § 2b Abs. 3 Nr. 2 UStG vgl. BMF-Schreiben vom 14.11.2019, BStBl. I S. 1140.

(4) Die Kreishandwerkerschaften gelten mit der Ausübung der Geschäftsführung der Innungen hinsichtlich der Anwendung des § 2b UStG nicht als Unternehmer im Sinne des § 2 UStG.

(5) Die Überlassung unselbständiger Parkbuchten auf öffentlich-rechtlich gewidmeten Straßen gegen Gebühren (Parkscheinautomaten) ist als hoheitliche Tätigkeit zur Ordnung des ruhenden Verkehrs nach § 2b UStG nicht umsatzsteuerbar (zur Rechtslage nach § 2 Abs. 2 UStG vgl. Abschnitt 2.11 Abs. 12 Satz 2).

(6) [1] Die durch die Landwirtschaftskammern und andere juristische Personen des öffentlichen Rechts auf öffentlich-rechtlicher Grundlage durchgeführten nachhaltigen und entgeltlichen Tätigkeiten im Zusammenhang mit (Landes-) Weinprämierungen führen zu größeren Wettbewerbsverzerrungen im Sinne von § 2b Abs. 1 Satz 2 UStG. [2] Sie werden damit unternehmerisch ausgeübt.

(7) Die privatrechtliche Ausgestaltung der Leistung führt, auch in den Fällen des Anschluss- und Benutzungszwangs, dazu, dass kein Handeln im Rahmen der öffentlichen Gewalt im Sinne des § 2b Abs. 1 Satz 1 UStG vorliegt.

(8) [1] Für eine Anwendung des § 2b Abs. 3 Nummer 1 UStG müssen die gesetzlichen Grundlagen so gefasst sein, dass die von einer juristischen Person des öffentlichen Rechts benötigte Leistung ausschließlich von einer anderen juristischen Person des öffentlichen Rechts erbracht werden darf (vgl. dazu Rz. 41 des BMF-Schreibens vom 16.12.2016, BStBl. I S. 1451). [2] Nicht ausreichend ist zum Beispiel die gesetzliche Regelung eines allgemein gehaltenen Kooperationsgebots, das im Nachgang durch untergesetzliche Regelungen, vertragliche Vereinbarungen oder die tatsächliche Verwaltungspraxis ausgefüllt wird.

(9) [1] Hoheitliche Hilfsgeschäfte, die der nichtunternehmerische Bereich einer juristischen Person des öffentlichen Rechts mit sich bringt, sind grundsätzlich nicht steuerbar. [2] Da große Hoheitsbereiche oftmals entsprechend viele Hilfsgeschäfte tätigen, führt auch deren große Anzahl grundsätzlich nicht zu einer nachhaltigen wirtschaftlichen Betätigung und damit zur Steuerbarkeit. [3] Dies kann jedoch ausnahmsweise der Fall sein, wenn das Auftreten der juristischen Person des öffentlichen Rechts am Markt wegen der Vielzahl ihrer Umsätze und des daraus resultierenden Handelns dem eines professionellen Händlers derart gleicht, dass eine Nichtsteuerbarkeit zu einer Wettbewerbsverzerrung führen würde. [4] Wegen weiterer Einzelheiten siehe Rz. 19 und 20 des BMF-Schreibens vom 16.12.2016, BStBl. I S. 1451.

(10) Zur Behandlung der Konzessionsabgabe unter § 2b UStG vgl. BMF-Schreiben vom 05.08.2020, BStBl. I S. 669.

(11) Zur Behandlung der Anwendungsfragen des § 2b UStG in Zusammenhang mit dem Friedhofs- und Bestattungswesen vgl. BMF-Schreiben vom 23.11.2020, BStBl. I S. 1335.[1)]

[1)] Anwendungsregelung geändert wegen Verlängerung der Übergangsfrist für die zwingende Anwendung des § 2b UStG bis zum 31.12.2024 (BMF v. 14.03.2023, BStBl. I 2023, 626).

Zu § 3 UStG

3.1 Lieferungen und sonstige Leistungen

Lieferungen[1)]

(1) [1]Eine Lieferung liegt vor, wenn die Verfügungsmacht an einem Gegenstand verschafft wird. [2]Gegenstände im Sinne des § 3 Abs. 1 UStG sind körperliche Gegenstände (Sachen nach § 90 BGB, Tiere nach § 90a BGB), Sachgesamtheiten und solche Wirtschaftsgüter, die im Wirtschaftsverkehr wie körperliche Sachen behandelt werden, z.B. Elektrizität, Wärme und Wasserkraft; zur Übertragung von Gesellschaftsanteilen vgl. Abschnitt 3.5 Abs. 8. [3]Eine Sachgesamtheit stellt die Zusammenfassung mehrerer selbständiger Gegenstände zu einem einheitlichen Ganzen dar, das wirtschaftlich als ein anderes Verkehrsgut angesehen wird als die Summe der einzelnen Gegenstände (vgl. BFH-Urteil vom 25.01.1968, V 161/64, BStBl. II S. 331). [4]Ungetrennte Bodenerzeugnisse, z.B. stehende Ernte, sowie Rebanlagen können selbständig nutzungsfähiger und gegenüber dem Grund und Boden eigenständiger Liefergegenstand sein (vgl. BFH-Urteil vom 08.11.1995, XI R 63/94, BStBl. II 1996 S. 114). [5]Rechte sind dagegen keine Gegenstände, die im Rahmen einer Lieferung übertragen werden können; die Übertragung von Rechten stellt eine sonstige Leistung dar (vgl. BFH-Urteil vom 16.07.1970, V R 95/66, BStBl. II S. 706).

(2) [1]Die Verschaffung der Verfügungsmacht beinhaltet den von den Beteiligten endgültig gewollten Übergang von wirtschaftlicher Substanz, Wert und Ertrag eines Gegenstands vom Leistenden auf den Leistungsempfänger (vgl. BFH-Urteile vom 18.11.1999, V R 13/99, BStBl. II 2000 S. 153, und vom 16.03.2000, V R 44/99, BStBl. II S. 361). [2]Der Abnehmer muss faktisch in der Lage sein, mit dem Gegenstand nach Belieben zu verfahren, insbesondere ihn wie ein Eigentümer zu nutzen und veräußern zu können (vgl. BFH-Urteil vom 12.05.1993, XI R 56/90, BStBl. II S. 847). [3]Die Übertragung dieser Befugnis verlangt weder, dass der Leistungsempfänger physisch über den Gegenstand verfügt, noch, dass der Gegenstand physisch zu ihm befördert und/oder physisch von ihm empfangen wird (vgl. EuGH-Urteil vom 20.06.2018, C-108/17, Enteco Baltic).[2)] [4]Keine Lieferung, sondern eine sonstige Leistung ist danach die entgeltlich eingeräumte Bereitschaft zur Verschaffung der Verfügungsmacht (vgl. BFH-Urteil vom 25.10.1990, V R 20/85, BStBl. II 1991 S. 193). [5]Die Verschaffung der Verfügungsmacht ist ein Vorgang vorwiegend tatsächlicher Natur, der in der Regel mit dem bürgerlich-rechtlichen Eigentumsübergang verbunden ist, aber nicht notwendigerweise verbunden sein muss (vgl. BFH-Urteil vom 16.04.2008, XI R 56/06, BStBl. II S. 909, und EuGH-Urteil vom 18.07.2013, C-78/12, Evita-K).[3)]

---

1) Zur Überlassung von Werbefahrzeugen an Kommunen usw. siehe OFD Karlsruhe v. 19.02.2015 S 7100 K. 16, BeckVerw 296049, sowie BFH v. 16.04.2008 XI R 56/06, BStBl. II 2008, 909, und v. 17.03.2010 XI R 17/08, BStBl. II 2017, 828.

2) DStRE 2018, 1196.

3) DStRE 2014, 167.

[6]Zu Ausnahmefällen, in denen der Lieferer zivilrechtlich nicht Eigentümer des Liefergegenstands ist und darüber hinaus beabsichtigt, den gelieferten Gegenstand vertragswidrig nochmals an einen anderen Erwerber zu liefern, vgl. BFH-Urteil vom 08.09.2011, V R 43/10, BStBl. II 2014 S. 203.

(3) [1]An einem zur Sicherheit übereigneten Gegenstand wird durch die Übertragung des Eigentums noch keine Verfügungsmacht verschafft. [2]Entsprechendes gilt bei der rechtsgeschäftlichen Verpfändung eines Gegenstands (vgl. BFH-Urteil vom 16.04.1997, XI R 87/96, BStBl. II S. 585). [3]Zur Verwertung von Sicherungsgut vgl. Abschnitt 1.2. [4]Dagegen liegt eine Lieferung vor, wenn ein Gegenstand unter Eigentumsvorbehalt verkauft und übergeben wird. [5]Bei einem Kauf auf Probe (§ 454 BGB) wird die Verfügungsmacht erst nach Billigung des Angebots durch den Empfänger verschafft (vgl. BFH-Urteil vom 06.12.2007, V R 24/05, BStBl. II 2009 S. 490, Abschnitt 13.1 Abs. 6 Sätze 1 und 2). [6]Dagegen wird bei einem Kauf mit Rückgaberecht die Verfügungsmacht mit der Zusendung der Ware verschafft (vgl. Abschnitt 13.1 Abs. 6 Satz 3). [7]Beim Kommissionsgeschäft (§ 3 Abs. 3 UStG) liegt eine Lieferung des Kommittenten an den Kommissionär erst im Zeitpunkt der Lieferung des Kommissionsguts an den Abnehmer vor (vgl. BFH-Urteil vom 25.11.1986, V R 102/78, BStBl. II 1987 S. 278). [8]Gelangt das Kommissionsgut bei der Zurverfügungstellung an den Kommissionär im Wege des innergemeinschaftlichen Verbringens vom Ausgangs- in den Bestimmungsmitgliedstaat, kann die Lieferung jedoch nach dem Sinn und Zweck der Regelung bereits zu diesem Zeitpunkt als erbracht angesehen werden (vgl. Abschnitt 1a.2 Abs. 7).

Sonstige Leistungen[1)]

(4) [1]Sonstige Leistungen sind Leistungen, die keine Lieferungen sind (§ 3 Abs. 9 Satz 1 UStG). [2]Als sonstige Leistungen kommen insbesondere in Betracht: Dienstleistungen, Gebrauchs- und Nutzungsüberlassungen – z. B. Vermietung, Verpachtung, Darlehensgewährung, Einräumung eines Nießbrauchs, Einräumung, Übertragung und Wahrnehmung von Patenten, Urheberrechten, Markenzeichenrechten und ähnlichen Rechten –, Reiseleistungen im Sinne des § 25 Abs. 1 UStG, Übertragung immaterieller Wirtschaftsgüter wie z. B. Firmenwert, Kundenstamm oder Lebensrückversicherungsverträge (vgl. EuGH-Urteil vom 22.10.2009, C-242/08, Swiss Re Germany Holding, BStBl. II 2011 S. 559),[2)] der Verzicht auf die Ausübung einer Tätigkeit (vgl. BFH-Urteile vom 06.05.2004, V R 40/02, BStBl. II S. 854, vom 07.07.2005, V R 34/03, BStBl. II 2007 S. 66, und vom 24.08.2006, V R 19/05, BStBl. II 2007 S. 187) oder die entgeltliche Unterlassung von Wettbewerb (vgl. BFH-Urteil vom 13.11.2003, V R 59/02, BStBl. II 2004 S. 472). [3]Die Bestellung eines Nießbrauchs oder eines Erbbaurechts ist eine Duldungsleistung in der Form der Dauerleistung im Sinne von § 3 Abs. 9 Satz 2 UStG (vgl. BFH-Urteil vom 20.04.1988, X R 4/80, BStBl. II S. 744). [4]Zur Behandlung des sog. Quotennießbrauchs vgl. BFH-Urteil vom 28.02.1991, V R 12/85, BStBl. II S. 649.

---

1) Zu Umsätzen aus sog. Mailingaktionen als einheitliche sonstige Leistung siehe BFH v. 15.10.2009 XI R 52/06, BStBl. II 2010, 869.

2) DStR 2009, 2245.

(5) Zur Abgrenzung zwischen Lieferungen und sonstigen Leistungen vgl. Abschnitt 3.5.

3.2 Unentgeltliche Wertabgaben

(1) [1]Unentgeltliche Wertabgaben aus dem Unternehmen sind, soweit sie in der Abgabe von Gegenständen bestehen, nach § 3 Abs. 1b UStG den entgeltlichen Lieferungen und, soweit sie in der Abgabe oder Ausführung von sonstigen Leistungen bestehen, nach § 3 Abs. 9a UStG den entgeltlichen sonstigen Leistungen gleichgestellt. [2]Solche Wertabgaben sind sowohl bei Einzelunternehmern als auch bei Personen- und Kapitalgesellschaften sowie bei Vereinen und bei unternehmerisch tätigen juristischen Personen des öffentlichen Rechts möglich. [3]Sie umfassen im Wesentlichen die Tatbestände, die bis zum 31.03.1999 als Eigenverbrauch nach § 1 Abs. 1 Nr. 2 Buchstaben a und b UStG 1993, als sog. Gesellschafterverbrauch nach § 1 Abs. 1 Nr. 3 UStG 1993, sowie als unentgeltliche Sachzuwendungen und sonstige Leistungen an Arbeitnehmer nach § 1 Abs. 1 Nr. 1 Satz 2 Buchstabe b UStG 1993 der Steuer unterlagen. [4]Die zu diesen Tatbeständen ergangene Rechtsprechung des BFH ist sinngemäß weiter anzuwenden.

(2) [1]Für unentgeltliche Wertabgaben im Sinne des § 3 Abs. 1b UStG ist die Steuerbefreiung für Ausfuhrlieferungen ausgeschlossen (§ 6 Abs. 5 UStG; vgl. BFH-Urteil vom 19.02.2014, XI R 9/13, BStBl. II S. 597). [2]Bei unentgeltlichen Wertabgaben im Sinne des § 3 Abs. 9a Nr. 2 UStG entfällt die Steuerbefreiung für Lohnveredelungen an Gegenständen der Ausfuhr (§ 7 Abs. 5 UStG). [3]Die übrigen Steuerbefreiungen sowie die Steuerermäßigungen sind auf unentgeltliche Wertabgaben anzuwenden, wenn die in den §§ 4 und 12 UStG bezeichneten Voraussetzungen vorliegen. [4]Eine Option zur Steuerpflicht nach § 9 UStG kommt allenfalls bei unentgeltlichen Wertabgaben nach § 3 Abs. 1b Satz 1 Nr. 3 UStG an einen anderen Unternehmer für dessen Unternehmen in Betracht. [5]Über eine unentgeltliche Wertabgabe, die in der unmittelbaren Zuwendung eines Gegenstands oder in der Ausführung einer sonstigen Leistung an einen Dritten besteht, kann nicht mit einer Rechnung im Sinne des § 14 UStG abgerechnet werden. [6]Die vom Zuwendenden oder Leistenden geschuldete Umsatzsteuer kann deshalb vom Empfänger nicht als Vorsteuer abgezogen werden. [7]Zur Bemessungsgrundlage bei unentgeltlichen Wertabgaben vgl. Abschnitt 10.6.

(3)[1)] Im Zusammenhang mit einer Leistung, die dem Nullsteuersatz (§ 12 Abs. 3 UStG) unterliegt, ist im Hinblick auf eine unentgeltliche Wertabgabe wie folgt zu differenzieren:

1. [1]Bestand beim Erwerb eines Gegenstandes eine Berechtigung zum vollen oder teilweisen Vorsteuerabzug (keine Anwendung des Nullsteuersatzes), stellt die spätere Entnahme und die unentgeltliche Zuwendung oder Verwendung des Gegenstandes unter den übrigen Voraussetzungen eine unentgeltliche Wertabgabe dar. [2]Eine Entnahme des gesamten Gegenstandes ist nur möglich, wenn zukünftig voraussichtlich mehr als 90 % des Gegenstandes für nichtunternehmerische Zwecke verwendet werden. [3]Unter den

[1)] A 3.2 UStAE Abs. 3 angef. durch BMF v. 27.02.2023, BStBl. I 2023, 351, anzuwenden auf nach dem 31.12.2022 bewirkte Umsätze.

übrigen Voraussetzungen des § 12 Abs. 3 UStG unterliegt diese unentgeltliche Wertabgabe dem Nullsteuersatz. [4]Die Entnahme nur eines Teils eines ursprünglich zulässigerweise dem Unternehmen zugeordneten Gegenstandes (vgl. Abschnitt 15.2c) ist nicht möglich.

2. Unterlag der Erwerb eines Gegenstandes dem Nullsteuersatz, stellt die spätere Entnahme, unentgeltliche Zuwendung oder Verwendung des Gegenstandes keine unentgeltliche Wertabgabe dar.

3.3 Den Lieferungen gleichgestellte Wertabgaben

Allgemeines

(1) [1]Die nach § 3 Abs. 1b UStG einer entgeltlichen Lieferung gleichgestellte Entnahme oder unentgeltliche Zuwendung eines Gegenstands aus dem Unternehmen setzt die Zugehörigkeit des Gegenstands zum Unternehmen voraus. [2]Die Zuordnung eines Gegenstands zum Unternehmen richtet sich nicht nach ertragsteuerrechtlichen Merkmalen, also nicht nach der Einordnung als Betriebs- oder Privatvermögen. [3]Maßgebend ist, ob der Unternehmer den Gegenstand dem unternehmerischen oder dem nichtunternehmerischen Tätigkeitsbereich zugewiesen hat (vgl. BFH-Urteil vom 21.04.1988, V R 135/83, BStBl. II S. 746). [4]Zum nichtunternehmerischen Bereich gehören sowohl nichtwirtschaftliche Tätigkeiten i. e. S. als auch unternehmensfremde Tätigkeiten (vgl. Abschnitt 2.3 Abs. 1a). [5]Bei Gegenständen, die sowohl unternehmerisch als auch unternehmensfremd genutzt werden sollen, hat der Unternehmer unter den Voraussetzungen, die durch die Auslegung des Tatbestandsmerkmals „für sein Unternehmen" in § 15 Abs. 1 UStG zu bestimmen sind, grundsätzlich die Wahl der Zuordnung (vgl. BFH-Urteil vom 03.03.2011, V R 23/10, BStBl. II 2012 S. 74). [6]Beträgt die unternehmerische Nutzung jedoch weniger als 10%, ist die Zuordnung des Gegenstands zum Unternehmen unzulässig (§ 15 Abs. 1 Satz 2 UStG). [7]Kein Recht auf Zuordnung zum Unternehmen besteht auch, wenn der Unternehmer bereits bei Leistungsbezug beabsichtigt, die bezogene Leistung ausschließlich und unmittelbar für eine steuerbare unentgeltliche Wertabgabe im Sinne des § 3 Abs. 1b oder 9a UStG zu verwenden (vgl. BFH-Urteil vom 09.12.2010, V R 17/10, BStBl. II 2012 S. 53). [8]Zum Vorsteuerabzug beim Bezug von Leistungen sowohl für Zwecke unternehmerischer als auch nichtunternehmerischer Tätigkeit vgl. im Übrigen Abschnitt 15.2b und 15.2c.

Berechtigung zum Vorsteuerabzug für den Gegenstand oder seine Bestandteile (§ 3 Abs. 1b Satz 2 UStG)

(2) [1]Die Entnahme eines dem Unternehmen zugeordneten Gegenstands wird nach § 3 Abs. 1b UStG nur dann einer entgeltlichen Lieferung gleichgestellt, wenn der entnommene oder zugewendete Gegenstand oder seine Bestandteile zum vollen oder teilweisen Vorsteuerabzug berechtigt haben. [2]Falls an einem Gegenstand (z. B. Pkw), der ohne Berechtigung zum Vorsteuerabzug erworben wurde, nach seiner Anschaffung Arbeiten ausgeführt worden sind, die zum Einbau von Bestandteilen geführt haben und für die der Unternehmer zum Vorsteuerabzug berechtigt war, unterliegen bei einer Entnahme des Gegenstands nur diese Bestandteile der Umsatzbesteuerung. [3]Bestandteile eines Gegenstands sind diejenigen gelieferten Gegenstände, die auf

Grund ihres Einbaus ihre körperliche und wirtschaftliche Eigenart endgültig verloren haben und die zu einer dauerhaften, im Zeitpunkt der Entnahme nicht vollständig verbrauchten Werterhöhung des Gegenstands geführt haben (z. B. eine nachträglich in einen Pkw eingebaute Klimaanlage). [4]Dienstleistungen (sonstige Leistungen) einschließlich derjenigen, für die zusätzlich kleinere Lieferungen von Gegenständen erforderlich sind (z. B. Karosserie- und Lackarbeiten an einem Pkw), führen nicht zu Bestandteilen des Gegenstands (vgl. BFH-Urteile vom 18.10.2001, V R 106/98, BStBl. II 2002 S. 551, und vom 20.12.2001, V R 8/98, BStBl. II 2002 S. 557).

(3) [1]Der Einbau eines Bestandteils in einen Gegenstand hat nur dann zu einer dauerhaften, im Zeitpunkt der Entnahme nicht vollständig verbrauchten Werterhöhung des Gegenstands geführt, wenn er nicht lediglich zur Werterhaltung des Gegenstands beigetragen hat. [2]Unterhalb einer gewissen Bagatellgrenze liegende Aufwendungen für den Einbau von Bestandteilen führen nicht zu einer dauerhaften Werterhöhung des Gegenstands (vgl. BFH-Urteil vom 18.10.2001, V R 106/98, BStBl. II 2002 S. 551).

(4) [1]Aus Vereinfachungsgründen wird keine dauerhafte Werterhöhung des Gegenstands angenommen, wenn die vorsteuerentlasteten Aufwendungen für den Einbau von Bestandteilen weder 20% der Anschaffungskosten des Gegenstands noch einen Betrag von 1000 € übersteigen. [2]In diesen Fällen kann auf eine Besteuerung der Bestandteile nach § 3 Abs. 1b Satz 1 Nr. 1 i. V. m. Satz 2 UStG bei der Entnahme eines dem Unternehmen zugeordneten Gegenstands, den der Unternehmer ohne Berechtigung zum Vorsteuerabzug erworben hat, verzichtet werden. [3]Werden an einem Wirtschaftsgut mehrere Bestandteile in einem zeitlichen oder sachlichen Zusammenhang eingebaut, handelt es sich nicht um eine Maßnahme, auf die in der Summe die Bagatellregelung angewendet werden soll. [4]Es ist vielmehr für jede einzelne Maßnahme die Vereinfachungsregelung zu prüfen.

Beispiel:

[1]Ein Unternehmer erwirbt am 01.07.2001 aus privater Hand einen gebrauchten Pkw für 10.000 € und ordnet ihn zulässigerweise seinem Unternehmen zu. [2]Am 01.03.2002 lässt er in den Pkw nachträglich eine Klimaanlage einbauen (Entgelt 2.500 €) und am 01.08.2002 die Windschutzscheibe erneuern (Entgelt 500 €). [3]Für beide Leistungen nimmt der Unternehmer den Vor-steuerabzug in Anspruch. [4]Am 01.03.2003 entnimmt der Unternehmer den Pkw in sein Privatvermögen (Aufschlag nach „Schwacke-Liste" auf den Marktwert des Pkw im Zeitpunkt der Entnahme für die Klimaanlage 1.500 €, für die Windschutzscheibe 50 €).

[5]Das aufgewendete Entgelt für den nachträglichen Einbau der Windschutzscheibe beträgt 500 €, also weniger als 20% der ursprünglichen Anschaffungskosten des Pkw, und übersteigt auch nicht den Betrag von 1.000 €. [6]Aus Vereinfachungsgründen wird für den Einbau der Windschutzscheibe keine dauerhafte Werterhöhung des Gegenstands angenommen.

[7]Das aufgewendete Entgelt für den nachträglichen Einbau der Klimaanlage beträgt 2.500 €, also mehr als 20% der ursprünglichen Anschaffungskosten des Pkw. [8]Mit dem Einbau der Klimaanlage in den Pkw hat diese ihre körperliche und wirtschaftliche Eigenart endgültig verloren und zu einer dauerhaften, im Zeitpunkt der Entnahme nicht vollständig verbrauchten Werterhöhung des Gegenstands geführt. [9]Die Entnahme der Klimaanlage unterliegt daher nach § 3 Abs. 1b Satz 1 Nr. 1 i. V. m. Satz 2 UStG mit einer Bemessungsgrundlage nach § 10 Abs. 4 Satz 1 Nr. 1 UStG i. H. v. 1.500 € der Umsatzsteuer.

[5]Die vorstehende Bagatellgrenze gilt auch für entsprechende unentgeltliche Zuwendungen eines Gegenstands im Sinne des § 3 Abs. 1b Satz 1 Nr. 2 und 3 UStG.

3.14[1)] Reihengeschäfte

Begriff des Reihengeschäfts (§ 3 Abs. 6a Satz 1 UStG)

(1) [1]Liefergeschäfte im Sinne des § 3 Abs. 6a Satz 1 UStG, die von mehreren Unternehmern über denselben Gegenstand abgeschlossen werden und bei denen dieser Gegenstand im Rahmen einer Beförderung oder Versendung unmittelbar vom ersten Unternehmer (Ort der Lieferung des ersten Unternehmers) an den letzten Abnehmer gelangt, werden nachfolgend als Reihengeschäfte bezeichnet. [2]Ein besonderer Fall des Reihengeschäfts ist das innergemeinschaftliche Dreiecksgeschäft im Sinne des § 25b Abs. 1 UStG (vgl. Abschnitt 25b.1).

(2) [1]Bei Reihengeschäften werden im Rahmen einer Warenbewegung (Beförderung oder Versendung) mehrere Lieferungen ausgeführt, die in Bezug auf den Lieferort und den Lieferzeitpunkt jeweils gesondert betrachtet werden müssen. [2]Die Warenbewegung des Gegenstands ist nur einer der Lieferungen zuzuordnen (§ 3 Abs. 6a Satz 1 UStG). [3]Diese ist die Beförderungs- oder Versendungslieferung (bewegte Lieferung); nur bei ihr kommt die Steuerbefreiung für Ausfuhrlieferungen (§ 6 UStG) oder für innergemeinschaftliche Lieferungen (§ 6a UStG) in Betracht. [4]Bei allen anderen Lieferungen in der Reihe findet keine Warenbewegung statt (ruhende Lieferungen). [5]Sie werden entweder vor oder nach der Beförderungs- oder Versendungslieferung ausgeführt (§ 3 Abs. 7 Satz 2 UStG). [6]Liefergeschäfte, die von mehreren Unternehmern über denselben Gegenstand abgeschlossen werden und bei denen keine Beförderung oder Versendung stattfindet (z. B. Grundstückslieferungen oder Lieferungen, bei denen die Verfügungsmacht durch Vereinbarung eines Besitzkonstituts oder durch Abtretung des Herausgabeanspruchs verschafft wird), können nicht Gegenstand eines Reihengeschäfts sein.

(3) [1]Die Beförderung oder Versendung kann durch einen an einem Reihengeschäft beteiligten Lieferer, Abnehmer oder einen vom Lieferer oder vom Abnehmer beauftragten Dritten durchgeführt werden. [2]Ein Beförderungs- oder Versendungsfall liegt daher auch dann vor, wenn der letzte Abnehmer den Gegenstand der Lieferung selbst abholt oder abholen lässt (Abholfall). [3]Beauftragter Dritter kann z. B. ein Lohnveredelungsunternehmer, ein selbständiger Spediteur oder ein Lagerhalter sein, der jeweils nicht unmittelbar in die Liefervorgänge eingebunden ist.

(4) [1]Das unmittelbare Gelangen im Sinne des § 3 Abs. 6a Satz 1 UStG setzt grundsätzlich eine Beförderung oder Versendung durch einen am Reihengeschäft beteiligten Unternehmer voraus; diese Voraussetzung ist bei der Beförderung oder Versendung durch mehrere beteiligte Unternehmer (sog. gebrochene Beförderung oder Versendung) nicht erfüllt. [2]Der Gegenstand der Lieferung gelangt auch dann unmittelbar an den letzten Abnehmer, wenn die Beförderung oder Versendung an einen beauftragten Dritten ausgeführt wird, der nicht unmittelbar in die Liefervorgänge eingebunden ist, vgl. Absatz 3 Satz 3. [3]Im Fall der vorhergehenden Be- oder Verarbeitung des Gegenstands

---

[1)] A 3.14 UStAE neugef. durch BMF v. 25.04.2023, BStBl. I 2023, 778, anzuwenden in allen offenen Fällen.

durch einen vom Lieferer beauftragten Dritten ist Gegenstand der Lieferung der be- oder verarbeitete Gegenstand.

Beispiel 1:

[1] Der Unternehmer D 1 in Köln bestellt bei dem Großhändler D 2 in Hamburg eine dort nicht vorrätige Maschine. [2] D 2 gibt die Bestellung an den Hersteller DK in Dänemark weiter. [3] DK befördert die Maschine mit eigenem Lkw unmittelbar nach Köln und übergibt sie dort D 1.

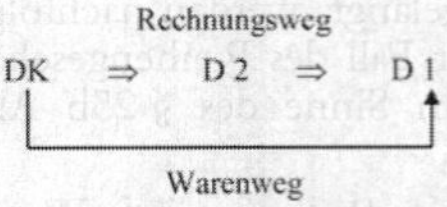

[4] Es liegt ein Reihengeschäft im Sinne des § 3 Abs. 6a Satz 1 UStG vor, da mehrere Unternehmer über dieselbe Maschine Liefergeschäfte abschließen und die Maschine im Rahmen einer Beförderung unmittelbar vom ersten Unternehmer (DK) an den letzten Abnehmer (D 1) gelangt.

Beispiel 2:

[1] Sachverhalt wie Beispiel 1. [2] D 2 weist DK an, die Maschine zur Zwischenlagerung an einen von D 1 benannten Lagerhalter (L) nach Hannover zu befördern.

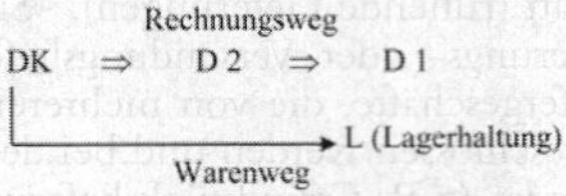

[3] Es liegt wie im Beispiel 1 ein Reihengeschäft im Sinne des § 3 Abs. 6a Satz 1 UStG vor, da mehrere Unternehmer über dieselbe Maschine Liefergeschäfte abschließen und die Maschine unmittelbar vom ersten Unternehmer (DK) an einen vom letzten Abnehmer (D 1) benannten Lagerhalter (L) befördert wird. [4] Mit der auftragsgemäßen Übergabe der Maschine an den Lagerhalter ist die Voraussetzung des unmittelbaren Gelangens an den letzten Abnehmer erfüllt.

Ort der Lieferungen (§ 3 Abs. 6 und Abs. 7 UStG)

(5) [1] Für die in einem Reihengeschäft ausgeführten Lieferungen ergeben sich die Lieferorte sowohl aus § 3 Abs. 6 als auch aus § 3 Abs. 7 UStG. [2] Im Fall der bewegten Lieferung gilt die Lieferung dort als ausgeführt, wo die Beförderung oder Versendung an den Abnehmer oder in dessen Auftrag an einen Dritten beginnt (§ 3 Abs. 6 Satz 1 UStG). [3] In den Fällen der ruhenden Lieferungen ist der Lieferort nach § 3 Abs. 7 Satz 2 UStG zu bestimmen.

(6) [1] Die ruhenden Lieferungen, die der bewegten Lieferung vorangehen, gelten an dem Ort als ausgeführt, an dem die Beförderung oder Versendung des Gegenstands beginnt (§ 3 Abs. 7 Satz 2 Nr. 1 UStG). [2] Die ruhenden Lieferungen, die der bewegten Lieferung nachfolgen, gelten an dem Ort als ausgeführt, an dem die Beförderung oder Versendung des Gegenstands endet (§ 3 Abs. 7 Satz 2 Nr. 2 UStG).

Beispiel:

[1] Der Unternehmer B 1 in Belgien bestellt bei dem ebenfalls in Belgien ansässigen Großhändler B 2 eine dort nicht vorrätige Ware. [2] B 2 gibt die Bestellung an den Großhändler D 1 in

Frankfurt weiter. [3]D 1 bestellt die Ware beim Hersteller D 2 in Köln. [4]D 2 befördert die Ware von Köln mit eigenem Lkw unmittelbar nach Belgien und übergibt sie dort B 1.

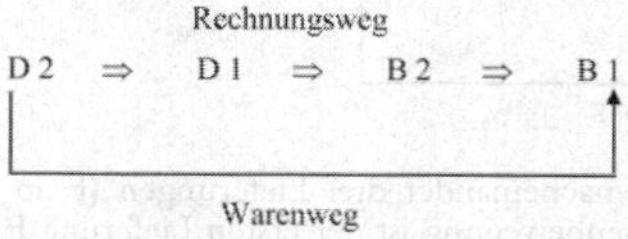

[5]Bei diesem Reihengeschäft werden nacheinander drei Lieferungen (D 2 an D 1, D 1 an B 2 und B 2 an B 1) ausgeführt. [6]Die erste Lieferung D 2 an D 1 ist die Beförderungslieferung. [7]Der Ort der bewegten Lieferung liegt nach § 3 Abs. 6a Satz 1 UStG in Verbindung mit § 3 Abs. 6 Satz 1 UStG in Köln, Deutschland (Beginn der Beförderung). [8]Die zweite Lieferung D 1 an B 2 und die dritte Lieferung B 2 an B 1 sind ruhende Lieferungen. [9]Für diese Lieferungen liegt der Lieferort nach § 3 Abs. 7 Satz 2 Nr. 2 UStG jeweils in Belgien (Ende der Beförderung), da sie der Beförderungslieferung folgen.

Transportverantwortlichkeit im Reihengeschäft[1)]

(7) [1]Die Zuordnung der Beförderung oder Versendung zu einer der Lieferungen des Reihengeschäfts ist davon abhängig, ob der Gegenstand der Lieferung durch den ersten Unternehmer, den letzten Abnehmer oder einen Zwischenhändler in der Reihe befördert oder versendet wird. [2]Zwischenhändler im Sinne des Satzes 1 ist ein Lieferer innerhalb der Reihe (mit Ausnahme des ersten Lieferers in der Reihe), der den Gegenstand selbst oder auf seine Rechnung durch einen Dritten befördert oder versendet (§ 3 Abs. 6a Satz 4 UStG). [3]Die Zuordnungsentscheidung muss einheitlich für alle Beteiligten getroffen werden. [4]Aus den vorhandenen Aufzeichnungen muss sich eindeutig und leicht nachprüfbar ergeben, wer die Beförderung durchgeführt oder die Versendung veranlasst hat (Transportverantwortlichkeit). [5]Im Fall der Versendung ist dabei auf die Auftragserteilung an den selbständigen Beauftragten abzustellen. [6]Eine von den Sätzen 4 und 5 abweichende Zuordnung ist nur zulässig, wenn der Unternehmer nachweist, dass die Beförderung bzw. die Versendung auf Rechnung eines anderen Unternehmers erfolgt ist und dieser tatsächlich die Gefahr des zufälligen Untergangs des Gegenstands während des Transports getragen hat.

Bestimmung der bewegten Lieferung

(8) [1]Wird der Gegenstand der Lieferung durch den ersten Unternehmer in der Reihe befördert oder versendet, ist die Warenbewegung seiner Lieferung zuzuordnen (§ 3 Abs. 6a Satz 2 UStG). [2]Wird der Liefergegenstand durch den letzten Abnehmer befördert oder versendet, ist die Warenbewegung der Lieferung an ihn zuzuordnen (§ 3 Abs. 6a Satz 3 UStG).

Beispiel 1:

[1]Der Unternehmer SP aus Spanien bestellt eine Maschine bei dem Unternehmer D 1 in Kassel. [2]D 1 bestellt die Maschine seinerseits bei dem Großhändler D 2 in Bielefeld. [3]D 2 wiederum gibt die Bestellung an den Hersteller F in Frankreich weiter. [4]F lässt die Maschine durch einen Beförderungsunternehmer von Frankreich unmittelbar nach Spanien zu SP transportieren.

---

1) Zur von den Abs. 7 bis 11 abweichenden Zuweisung der Transportverantwortlichkeit siehe Anlage 8 (BMF v. 25.04.2023).

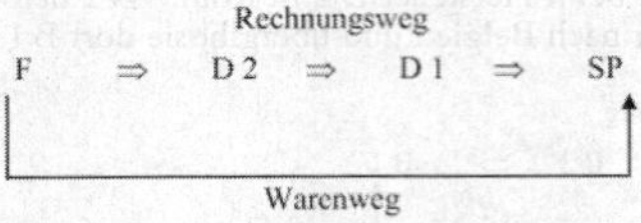

[5] Bei diesem Reihengeschäft werden nacheinander drei Lieferungen (F an D 2, D 2 an D 1 und D 1 an SP) ausgeführt. [6] Die Warenbewegung ist der ersten Lieferung F an D 2 zuzuordnen, da F als erster Unternehmer in der Reihe die Maschine versendet. [7] Der Ort der bewegten Lieferung liegt nach § 3 Abs. 6a Satz 2 UStG in Verbindung mit § 3 Abs. 6 Satz 1 UStG in Frankreich (Beginn der Versendung). [8] Die zweite Lieferung D 2 an D 1 und die dritte Lieferung D 1 an SP sind ruhende Lieferungen. [9] Für diese Lieferungen liegt der Lieferort nach § 3 Abs. 7 Satz 2 Nr. 2 UStG jeweils in Spanien (Ende der Versendung), da sie der Versendungslieferung folgen. [10] D 2 und D 1 müssen sich demnach in Spanien steuerlich registrieren lassen.

Beispiel 2:

[1] Sachverhalt wie Beispiel 1. [2] SP holt die Maschine mit eigenem Lkw bei F in Frankreich ab und transportiert sie unmittelbar nach Spanien.
[3] Bei diesem Reihengeschäft werden nacheinander drei Lieferungen (F an D 2, D 2 an D 1 und D 1 an SP) ausgeführt. [4] Die Warenbewegung ist der dritten Lieferung D 1 an SP zuzuordnen, da SP als letzter Abnehmer in der Reihe die Maschine befördert (Abholfall). [5] Der Ort der bewegten Lieferung liegt nach § 3 Abs. 6a Satz 3 UStG in Verbindung mit § 3 Abs. 6 Satz 1 UStG in Frankreich (Beginn der Beförderung). [6] Die erste Lieferung F an D 2 und die zweite Lieferung D 2 an D 1 sind ruhende Lieferungen. [7] Für diese Lieferungen liegt der Lieferort nach § 3 Abs. 7 Satz 2 Nr. 1 UStG ebenfalls jeweils in Frankreich (Beginn der Beförderung), da sie der Beförderungslieferung vorangehen. [8] D 2 und D 1 müssen sich demnach in Frankreich steuerlich registrieren lassen.

Lieferung durch einen Zwischenhändler

(9) [1] Wird der Gegenstand der Lieferung durch einen Zwischenhändler befördert oder versendet, ist die Warenbewegung grundsätzlich der Lieferung des vorangegangenen Unternehmers zuzuordnen (widerlegbare Vermutung, § 3 Abs. 6a Satz 4 1. Halbsatz UStG). [2] Beschränkt sich die Warenbewegung im Reihengeschäft auf das Inland, kann der Zwischenhändler die Warenbewegung seiner eigenen Lieferung zuordnen, wenn er nachweist, dass er den Gegenstand in seiner Eigenschaft als Lieferer befördert bzw. versendet hat (§ 3 Abs. 6a Satz 4 2. Halbsatz UStG). [3] Nachweise im Sinne des Satzes 2 sind z.B. eine Auftragsbestätigung, das Doppel der Rechnung oder andere handelsübliche Belege und Aufzeichnungen, die nachweisen, dass er als Lieferer aufgetreten ist. [4] Der Zwischenhändler kann die Eigenschaft als Lieferer unter Berücksichtigung der Gesamtheit der Umstände des Einzelfalls nachweisen (z.B. anhand Übernahme von Kosten des Transports aufgrund der mit dem Vorlieferanten und seinem Auftraggeber vereinbarten Lieferkonditionen, Mitteilung über den Weiterverkauf vor Beginn der Beförderung oder Versendung usw.). [5] Allein die Mitteilung an den Vorlieferanten über den Weiterverkauf des Liefergegenstands ist hierfür nicht ausreichend (vgl. BFH-Urteil vom 28.5.2013 – XI R 11/09, BStBl. II 2023 S. 537).

Beispiel 1:

[1] Der Unternehmer D 1 in Köln bestellt bei dem Großhändler D 2 in Hamburg eine dort nicht vorrätige Maschine. [2] D 2 gibt die Bestellung an den Hersteller D 3 in Stuttgart weiter. [3] D 2 befördert die Maschine mit eigenem Lkw unmittelbar von Stuttgart nach Köln und

übergibt sie dort D 1. [4]D 2 weist die Eigenschaft als Lieferer unter Berücksichtigung der Gesamtheit der Umstände des Einzelfalls nicht nach.

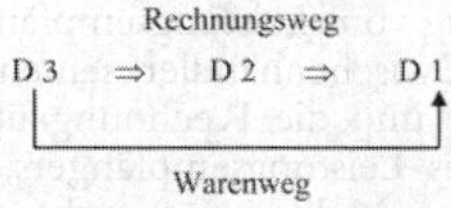

[5]Bei diesem Reihengeschäft werden nacheinander zwei Lieferungen (D 3 an D 2, D 2 an D 1) ausgeführt. [6]Die Warenbewegung ist der ersten Lieferung D 3 an D 2 zuzuordnen, da D 2 als Zwischenhändler die Ware befördert hat und nicht nachgewiesen hat, dass er den Gegenstand in seiner Eigenschaft als Lieferer befördert hat (§ 3 Abs. 6a Satz 4 1. Halbsatz UStG). [7]Der Ort der bewegten Lieferung liegt nach § 3 Abs. 6a Satz 4 1. Halbsatz UStG in Verbindung mit § 3 Abs. 6 Sätze 1 und 2 UStG in Stuttgart (Beginn der Beförderung). [8]Die zweite Lieferung D 2 an D 1 ist eine ruhende Lieferung. [9]Für diese Lieferung liegt der Lieferort nach § 3 Abs. 7 Satz 2 Nr. 2 UStG in Köln (Ende der Beförderung), da sie der Beförderungslieferung folgt.

Beispiel 2:

[1]Sachverhalt wie Beispiel 1. [2]D 2 weist die Eigenschaft als Lieferer unter Berücksichtigung der Gesamtheit der Umstände des Einzelfalls nach.

[3]Bei diesem Reihengeschäft werden nacheinander zwei Lieferungen (D 3 an D 2, D 2 an D 1) ausgeführt. [4]Die Warenbewegung ist der zweiten Lieferung D 2 an D 1 zuzuordnen, da D 2 als Zwischenhändler die Ware befördert hat und nachgewiesen hat, dass er den Gegenstand in seiner Eigenschaft als Lieferer befördert hat (§ 3 Abs. 6a Satz 4 2. Halbsatz UStG). [5]Der Ort der bewegten Lieferung liegt nach § 3 Abs. 6a Satz 4 2. Halbsatz UStG in Verbindung mit § 3 Abs. 6 Sätze 1 und 2 UStG in Stuttgart (Beginn der Beförderung). [6]Die erste Lieferung D 3 an D 2 ist eine ruhende Lieferung. [7]Für diese Lieferung liegt der Lieferort nach § 3 Abs. 7 Satz 2 Nr. 1 UStG in Stuttgart (Beginn der Beförderung), da sie der Beförderungslieferung vorangeht.

(10) [1]Gelangt der Gegenstand der Lieferung im Rahmen eines Reihengeschäftes aus dem Gebiet eines Mitgliedstaats in das Gebiet eines anderen Mitgliedstaats, gilt der Nachweis, dass der Zwischenhändler den Gegenstand als Lieferer befördert oder versendet hat, nur dann als erbracht, wenn der Zwischenhändler gegenüber dem leistenden Unternehmer bis zum Beginn der Beförderung oder Versendung eine USt-IdNr., die ihm vom Mitgliedstaat des Beginns der Beförderung oder Versendung erteilt wurde, verwendet (§ 3 Abs. 6a Satz 5 UStG). [2]Der Begriff „Verwendung" einer USt-IdNr. setzt ein positives Tun des mittleren Unternehmers voraus. [3]Da es sich dabei um die Verwirklichung des Sachverhalts handelt (Auftreten als Lieferer), bleiben spätere Änderungen bei der Verwendung der USt-IdNr. ohne Auswirkung. [4]Verwendet der mittlere Unternehmer seine ihm vom Abgangsstaat erteilte USt-IdNr., muss dies in der Regel bereits bei Vertragsabschluss, spätestens jedoch bei Ausführung der Lieferung erfolgen. [5]Die verwendete USt-IdNr. soll in dem jeweiligen Auftragsdokument schriftlich festgehalten werden. [6]Bei mündlicher Erteilung eines Auftrags muss die rechtzeitige Verwendung der USt-IdNr. vom mittleren Unternehmer dokumentiert werden. [7]Es reicht ebenfalls aus, wenn der mittlere Unternehmer dokumentiert, dass er gegenüber seinem leistenden Unternehmer erklärt hat, die ihm vom Abgangsstaat erteilte USt-IdNr. für alle künftigen Lieferungen verwenden zu wollen. [8]Eine in einem Dokument lediglich formularmäßig eingedruckte USt-IdNr. reicht nicht aus. [9]Ein positives Tun des Zwischenhändlers liegt auch dann vor, wenn

dessen Leistungsempfänger (Erwerber) die Erklärung über die Unternehmereigenschaft und den unternehmerischen Bezug objektiv nachvollziehbar vorgenommen hat und der Leistungsbezug vom Leistungsempfänger in zutreffender Weise erklärt worden ist, der Zwischenhändler seinen Meldepflichten nach § 18a UStG nachgekommen ist und die Rechnung über die Leistung einen Hinweis auf die USt-IdNr. des Leistungsempfängers, die nach § 18a Abs. 7 UStG in der Zusammenfassenden Meldung angegeben wurde, enthält.

Beispiel 1:

[1] Der Unternehmer D 1 in Köln bestellt bei dem Großhändler D 2 in Hamburg eine dort nicht vorrätige Maschine. [2] D 2 gibt die Bestellung an den Hersteller DK in Dänemark weiter. [3] D 2 befördert die Maschine mit eigenem Lkw unmittelbar von Dänemark nach Köln und übergibt sie dort D 1. [4] Alle Beteiligten treten unter Verwendung der USt-IdNr. ihres Landes auf.

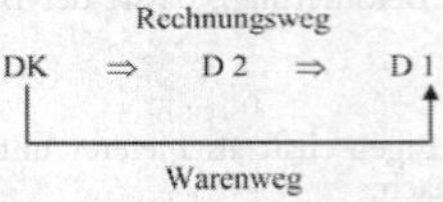

[5] Bei diesem Reihengeschäft werden nacheinander zwei Lieferungen (DK an D 2, D 2 an D 1) ausgeführt. [6] Die Warenbewegung ist der ersten Lieferung DK an D 2 zuzuordnen, da D 2 als Zwischenhändler eine deutsche USt-IdNr. verwendet hat. [7] Dies ist keine vom Mitgliedstaat des Beginns der Beförderung (Dänemark) erteilte USt-IdNr. (§ 3 Abs. 6a Satz 4 1. Halbsatz UStG). [8] Der Ort der bewegten Lieferung liegt nach § 3 Abs. 6a Satz 4 1. Halbsatz UStG in Verbindung mit § 3 Abs. 6 Sätze 1 und 2 UStG in Dänemark (Beginn der Beförderung). [9] Die zweite Lieferung D 2 an D 1 ist eine ruhende Lieferung. [10] Für diese Lieferung liegt der Lieferort nach § 3 Abs. 7 Satz 2 Nr. 2 UStG in Deutschland (Ende der Beförderung), da sie der Beförderungslieferung folgt.

Beispiel 2:

[1] Sachverhalt wie Beispiel 1. [2] Der Zwischenhändler (D 2) verwendet bis zum Beginn der Beförderung die ihm von der dänischen Finanzverwaltung erteilte USt-IdNr. gegenüber dem leistenden Unternehmer DK.

[3] Bei diesem Reihengeschäft werden nacheinander zwei Lieferungen (DK an D 2, D 2 an D 1) ausgeführt. [4] Die Warenbewegung ist der zweiten Lieferung D 2 an D 1 zuzuordnen, da D 2 als Zwischenhändler bis zum Beginn der Beförderung seine dänische USt-IdNr. gegenüber seinem leistenden Unternehmer DK verwendet hat. [5] Dies ist eine vom Mitgliedstaat des Beginns der Beförderung (Dänemark) erteilte USt-IdNr. (§ 3 Abs. 6a Satz 4 2. Halbsatz in Verbindung mit Satz 5 UStG). [6] Der Ort der bewegten Lieferung liegt nach § 3 Abs. 6a Satz 4 2. Halbsatz, Satz 5 in Verbindung mit § 3 Abs. 6 Sätze 1 und 2 UStG in Dänemark (Beginn der Beförderung). [7] Die erste Lieferung DK an D 2 ist eine ruhende Lieferung. [8] Für diese Lieferung liegt der Lieferort nach § 3 Abs. 7 Satz 2 Nr. 1 UStG in Dänemark (Beginn der Beförderung), da sie der Beförderungslieferung vorangeht.

Beispiel 3:

[1] Der Unternehmer DK aus Dänemark bestellt bei dem Großhändler D 2 in Hamburg eine dort nicht vorrätige Maschine. [2] D 2 gibt die Bestellung an den Hersteller D 1 in Köln weiter. [3] D 2 befördert unter Verwendung seiner deutschen USt-IdNr. die Maschine mit eigenem Lkw unmittelbar von Köln nach Dänemark und übergibt sie dort DK. [4] DK tritt unter Verwendung der USt-IdNr. seines Landes auf.

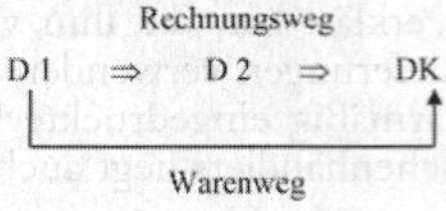

[5] Bei diesem Reihengeschäft werden nacheinander zwei Lieferungen (D 1 an D 2, D 2 an DK) ausgeführt. [6] Die Warenbewegung ist der zweiten Lieferung D 2 an DK zuzuordnen, da D 2 als Zwischenhändler den Transport veranlasst und er bis zum Beginn der Beförderung seine deutsche USt-IdNr. gegenüber seinem leistenden Unternehmer D 1 verwendet hat. [7] Dies ist eine vom Mitgliedstaat des Beginns der Beförderung (Deutschland) erteilte USt-IdNr. (§ 3 Abs. 6a Satz 4 2. Halbsatz in Verbindung mit Satz 5 UStG). [8] Der Ort der bewegten Lieferung liegt nach § 3 Abs. 6a Satz 4 2. Halbsatz, Satz 5 in Verbindung mit § 3 Abs. 6 Sätze 1 und 2 UStG in Köln (Beginn der Beförderung). [9] Diese Lieferung an DK ist unter den weiteren Voraussetzungen als innergemeinschaftliche Lieferung umsatzsteuerfrei. [10] Die erste Lieferung D 1 an D 2 ist eine ruhende Lieferung. [11] Für diese Lieferung liegt der Lieferort nach § 3 Abs. 7 Satz 2 Nr. 1 UStG in Deutschland (Beginn der Beförderung), da sie der Beförderungslieferung vorangeht.

(11) [1] Gelangt der Gegenstand der Lieferung in das Drittlandsgebiet, gilt der Nachweis, dass der Zwischenhändler den Gegenstand als Lieferer befördert oder versendet hat, nur dann als erbracht, wenn er gegenüber dem leistenden Unternehmer bis zum Beginn der Beförderung oder Versendung eine USt-IdNr. oder Steuernummer verwendet, die ihm vom Mitgliedstaat des Beginns der Beförderung oder Versendung erteilt worden ist (§ 3 Abs. 6a Satz 6 UStG). [2] Zum Begriff der Verwendung vgl. Abschnitt 3.14 Abs. 10 Sätze 2 bis 8. [3] Gelangt der Gegenstand der Lieferung vom Drittlandsgebiet in das Gemeinschaftsgebiet, gilt der Nachweis, dass der Zwischenhändler den Gegenstand als Lieferer befördert oder versendet hat, nur dann als erbracht, wenn der Gegenstand der Lieferung in seinem Namen oder im Rahmen der indirekten Stellvertretung (Artikel 18 UZK) für seine Rechnung zum zoll- und umsatzsteuerrechtlich freien Verkehr angemeldet wird (§ 3 Abs. 6a Satz 7 UStG).

Auf das Inland beschränkte Warenbewegungen

(12) [1] Die Grundsätze der Absätze 1 bis 9 finden auch bei Reihengeschäften Anwendung, bei denen keine grenzüberschreitende Warenbewegung stattfindet. [2] Ist an solchen Reihengeschäften ein in einem anderen Mitgliedstaat oder im Drittland ansässiger Unternehmer beteiligt, muss er sich wegen der im Inland steuerbaren Lieferung stets im Inland steuerlich registrieren lassen. [3] Die Verwendung der ausländischen USt-IdNr. führt nicht zu einer Änderung hinsichtlich des Lieferorts, der Steuerpflicht und der Zuordnung der Warenbewegung, wenn ruhende Lieferungen vorliegen oder keine grenzüberschreitende Warenbewegung stattfindet.

Beispiel:

[1] Der Unternehmer D 1 aus Essen bestellt eine Maschine bei dem Unternehmer B in Belgien. [2] B bestellt die Maschine seinerseits bei dem Großhändler D 2 in Bielefeld. [3] D 2 lässt die Maschine durch einen Beförderungsunternehmer von Bielefeld unmittelbar nach Essen an D 1 transportieren. [4] Alle Beteiligten treten unter Verwendung der USt-IdNr. ihres Landes auf.

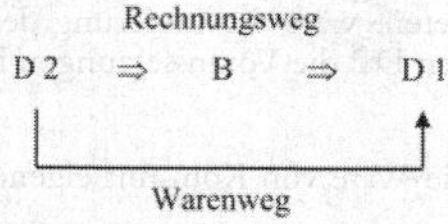

[5] Bei diesem Reihengeschäft werden nacheinander zwei Lieferungen (D 2 an B und B an D 1) ausgeführt. [6] Die Warenbewegung ist der ersten Lieferung D 2 an B zuzuordnen, da D 2 als erster Unternehmer in der Reihe die Maschine versendet.

[7] Der Ort der bewegten Lieferung liegt nach § 3 Abs. 6a Satz 2 UStG in Verbindung mit § 3 Abs. 6 Sätze 1, 3 und 4 UStG in Bielefeld (Beginn der Versendung). [8] Die zweite Lieferung B an D 1 ist eine ruhende Lieferung. [9] Für diese Lieferung liegt der Lieferort nach § 3 Abs. 7 Satz 2 Nr. 2 UStG in Essen (Ende der Versendung), da sie der Versendungslieferung folgt. [10] B muss sich in Deutschland bei dem zuständigen Finanzamt registrieren lassen und seine Lieferung zur Umsatzbesteuerung erklären. [11] Auch die Verwendung der belgischen USt-IdNr. des B führt zu keiner abweichenden Beurteilung.

Innergemeinschaftliche Lieferung und innergemeinschaftlicher Erwerb

(13) [1] Im Rahmen eines Reihengeschäfts, bei dem die Warenbewegung im Inland beginnt und im Gebiet eines anderen Mitgliedstaats endet, kann mit der Beförderung oder Versendung des Liefergegenstands in das übrige Gemeinschaftsgebiet nur eine innergemeinschaftliche Lieferung im Sinne des § 6a UStG bewirkt werden. [2] Die Steuerbefreiung nach § 4 Nr. 1 Buchstabe b UStG kommt demnach nur bei der Beförderungs- oder Versendungslieferung zur Anwendung. [3] Beginnt die Warenbewegung in einem anderen Mitgliedstaat und endet sie im Inland, ist von den beteiligten Unternehmern nur derjenige Erwerber im Sinne des § 1a UStG, an den die Beförderungs- oder Versendungslieferung ausgeführt wird.

Beispiel 1:

[1] Der Unternehmer B 1 in Belgien bestellt bei dem ebenfalls in Belgien ansässigen Großhändler B 2 eine dort nicht vorrätige Ware. [2] B 2 gibt die Bestellung an den Großhändler D 1 in Frankfurt weiter. [3] D 1 bestellt die Ware beim Hersteller D 2 in Köln. [4] Alle Beteiligten treten unter der USt-IdNr. ihres Landes auf. [5] D 2 befördert die Ware von Köln mit eigenem Lkw unmittelbar nach Belgien und übergibt sie dort B 1.

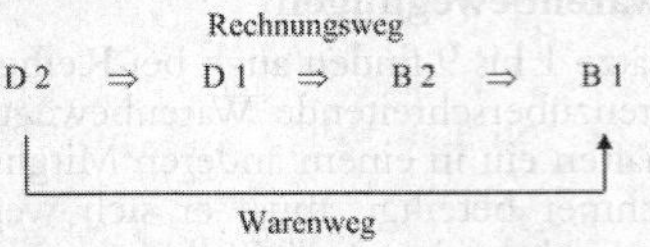

[6] Es werden nacheinander drei Lieferungen (D 2 an D 1, D 1 an B 2 und B 2 an B 1) ausgeführt. [7] Die erste Lieferung D 2 an D 1 ist die Beförderungslieferung. [8] Der Ort der bewegten Lieferung liegt nach § 3 Abs. 6a Satz 2 UStG in Verbindung mit § 3 Abs. 6 Sätze 1 und 2 UStG in Deutschland (Beginn der Beförderung). [9] Die Lieferung ist im Inland steuerbar und steuerpflichtig, da D 1 ebenfalls mit deutscher USt-IdNr. auftritt. [10] Der Erwerb der Ware unterliegt bei D 1 der Besteuerung des innergemeinschaftlichen Erwerbs in Belgien, weil die Warenbewegung dort endet (§ 3d Satz 1 UStG). [11] Solange D 1 eine Besteuerung des innergemeinschaftlichen Erwerbs in Belgien nicht nachweisen kann, hat er einen innergemeinschaftlichen Erwerb in Deutschland zu besteuern (§ 3d Satz 2 UStG). [12] Die zweite Lieferung D 1 an B 2 und die dritte Lieferung B 2 an B 1 sind ruhende Lieferungen. [13] Für diese Lieferungen liegt der Lieferort nach § 3 Abs. 7 Satz 2 Nr. 2 UStG jeweils in Belgien (Ende der Beförderung), da sie der Beförderungslieferung folgen. [14] Beide Lieferungen sind nach belgischem Recht zu beurteilen. [15] D 1 muss sich in Belgien umsatzsteuerlich registrieren lassen. [16] Würde D 1 mit belgischer USt-IdNr. auftreten, wäre die Lieferung des D 2 an D 1 als innergemeinschaftliche Lieferung steuerfrei, wenn D 2 die Voraussetzungen hierfür nachweist.

Beispiel 2:

[1] Sachverhalt wie Beispiel 1. [2] D 1 befördert die Ware von Köln mit eigenem Lkw unmittelbar nach Belgien und übergibt sie dort B 1.

[3] Es werden nacheinander drei Lieferungen (D 2 an D 1, D 1 an B 2 und B 2 an B 1) ausgeführt. [4] Die Warenbewegung ist der zweiten Lieferung D 1 an B 2 zuzuordnen, da D 1 gegenüber seinem leistenden Unternehmer D 2 bis zum Beginn der Beförderung seine deutsche

USt-IdNr. verwendet hat (§ 3 Abs. 6a Satz 4 2. Halbsatz in Verbindung mit Satz 5 UStG). [5]Dies ist eine vom Mitgliedstaat des Beginns der Beförderung (Deutschland) erteilte USt-IdNr. [6]Der Ort der Beförderungslieferung liegt nach § 3 Abs. 6 Sätze 1 und 2 UStG in Köln (Beginn der Beförderung). [7]Die bewegte Lieferung ist steuerbar und bei Vorliegen der Voraussetzungen nach § 4 Nr. 1 Buchstabe b in Verbindung mit § 6a UStG als innergemeinschaftliche Lieferung steuerfrei. [8]Der Erwerb der Ware unterliegt bei B 2 der Besteuerung des innergemeinschaftlichen Erwerbs in Belgien, weil die Warenbewegung dort endet (§ 3d Satz 1 UStG). [9]Der Ort der ruhenden Lieferung von D 2 an D 1 liegt nach § 3 Abs. 7 Satz 2 Nr. 1 UStG in Köln (Beginn der Beförderung), da sie der Beförderungslieferung vorangeht. [10]Die Lieferung ist folglich steuerbar und steuerpflichtig. [11]Der Lieferort der ruhenden Lieferung von B 2 an B 1 liegt nach § 3 Abs. 7 Satz 2 Nr. 2 UStG in Belgien (Ende der Beförderung), da sie der Beförderungslieferung folgt.

Beispiel 3:

[1]Sachverhalt wie Beispiel 1. [2]B 2 befördert die Ware von Köln mit eigenem Lkw unmittelbar nach Belgien und übergibt sie dort B 1.

[3]Es werden nacheinander drei Lieferungen (D 2 an D 1, D 1 an B 2 und B 2 an B 1) ausgeführt. [4]Die Warenbewegung ist nach der Vermutungsregelung des § 3 Abs. 6a Satz 4 1. Halbsatz UStG der zweiten Lieferung von D 1 an B 2 zuzuordnen. [5]Eine Zuordnung der Warenbewegung zur dritten Lieferung von B 2 an B 1 kommt nicht in Betracht, da B 2 gegenüber seinem leistenden Unternehmer D 1 bis zum Beginn der Beförderung seine belgische USt-IdNr. verwendet hat und diese nicht die USt-IdNr. ist, die B 2 vom Mitgliedstaat des Beginns der Beförderung (Deutschland) erteilt wurde (§ 3 Abs. 6a Satz 4 2. Halbsatz in Verbindung mit Satz 5 UStG). [6]Die Beurteilung entspricht daher der von Beispiel 2.

Beispiel 4:

[1]Sachverhalt wie Beispiel 1. [2]B 2 tritt mit einer deutschen USt-IdNr. auf; alle anderen Beteiligten treten unter der USt-IdNr. ihres Landes auf.

[3]B 2 befördert die Ware von Köln mit eigenem Lkw unmittelbar nach Belgien, übergibt sie dort B 1 und hat gegenüber D 1 vor Beginn der Beförderung seine deutsche USt-IdNr. verwendet.

[4]Die gesetzliche Vermutung des § 3 Abs. 6a Satz 4 1. Halbsatz UStG ist widerlegt. [5]B 2 tritt durch die Verwendung der vom Mitgliedstaat des Beginns der Beförderung (Deutschland) erteilten USt-IdNr. nicht in seiner Eigenschaft als Abnehmer der Vorlieferung, sondern als Lieferer auf; die Warenbewegung ist der dritten Lieferung (B 2 an B 1) zuzuordnen (§ 3 Abs. 6a Satz 5 UStG). [6]Der Ort der bewegten Lieferung liegt nach § 3 Abs. 6a Satz 4 2. Halbsatz, Satz 5 in Verbindung mit Abs. 6 Sätze 1 und 2 UStG in Deutschland (Beginn der Beförderung). [7]Die Lieferung ist bei Nachweis der Voraussetzungen nach § 4 Nr. 1 Buchstabe b in Verbindung mit § 6a UStG als innergemeinschaftliche Lieferung steuerfrei. [8]Der Erwerb der Ware unterliegt bei B 1 der Besteuerung des innergemeinschaftlichen Erwerbs in Belgien, weil die Warenbewegung dort endet (§ 3d Satz 1 UStG). [9]Die erste Lieferung D 2 an D 1 und die zweite Lieferung D 1 an B 2 sind ruhende Lieferungen. [10]Der Lieferort für diese Lieferungen liegt nach § 3 Abs. 7 Satz 2 Nr. 1 UStG jeweils in Deutschland (Beginn der Beförderung), da sie der Beförderungslieferung vorangehen. [11]Sie sind in Deutschland steuerbar und steuerpflichtig.

Beispiel 5:

[1]Sachverhalt wie Beispiel 1. [2]B 1 holt die Ware bei D 2 in Köln ab und befördert sie von dort mit eigenem Lkw nach Belgien.

[3]Die Warenbewegung ist in diesem Fall der dritten Lieferung (B 2 an B 1) zuzuordnen, da der letzte Abnehmer die Ware selbst befördert (Abholfall). [4]Diese Lieferung ist die Beförderungslieferung. [5]Der Ort der bewegten Lieferung liegt nach § 3 Abs. 6a Satz 3 in Verbindung mit § 3 Abs. 6 Sätze 1 und 2 UStG in Deutschland (Beginn der Beförderung). [6]Die Lieferung des B 2 ist bei Nachweis der Voraussetzungen des § 6a UStG als innergemeinschaftliche Lieferung nach § 4 Nr. 1 Buchstabe b UStG steuerfrei. [7]Der Erwerb der Ware unterliegt bei B 1 der Besteuerung des innergemeinschaftlichen Erwerbs in Belgien, weil die innergemeinschaftliche Warenbewegung dort endet (§ 3d Satz 1 UStG). [8]Die erste Lieferung D 2 an D 1 und die zweite Lieferung D 1 an B 2 sind ruhende Lieferungen. [9]Für diese Lieferungen liegt der Lie-

ferort nach § 3 Abs. 7 Satz 2 Nr. 1 UStG jeweils in Deutschland (Beginn der Beförderung), da sie der Beförderungslieferung vorangehen. [10] Beide Lieferungen sind steuerbare und steuerpflichtige Lieferungen in Deutschland. [11] D 2, D 1 und B 2 müssen ihre Lieferungen zur Umsatzbesteuerung erklären.

Warenbewegungen im Verhältnis zum Drittland

(14) [1] Im Rahmen eines Reihengeschäfts, bei dem die Warenbewegung im Inland beginnt und im Drittlandsgebiet endet, kann mit der Beförderung oder Versendung des Liefergegenstands in das Drittlandsgebiet nur eine Ausfuhrlieferung im Sinne des § 6 UStG bewirkt werden. [2] Die Steuerbefreiung nach § 4 Nr. 1 Buchstabe a UStG kommt demnach nur bei der Beförderungs- oder Versendungslieferung zur Anwendung.

Beispiel 1:

[1] Der türkische Unternehmer T bestellt eine Werkzeugmaschine bei dem Unternehmer S aus der Schweiz. [2] S bestellt die Maschine bei D 1 in Frankfurt, der die Bestellung an den Hersteller D 2 in Stuttgart weitergibt. [3] S holt die Maschine in Stuttgart ab und befördert sie mit eigenem Lkw unmittelbar in die Türkei und übergibt sie dort T; S verwendet gegenüber D 1 vor Beginn der Beförderung weder eine deutsche USt-IdNr. noch eine deutsche Steuernummer.

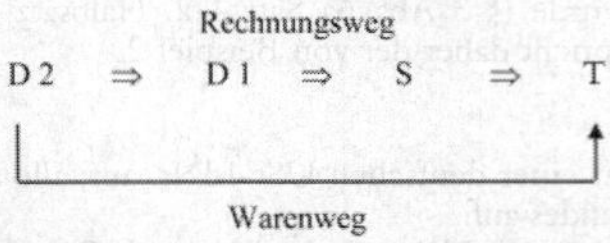

[4] Bei diesem Reihengeschäft werden drei Lieferungen (D 2 an D 1, D 1 an S und S an T) ausgeführt. [5] Die Warenbewegung ist nach § 3 Abs. 6a Sätze 1 und 4 1. Halbsatz UStG der zweiten Lieferung D 1 an S zuzuordnen, da S als Zwischenhändler in seiner Eigenschaft als Abnehmer der Vorlieferung auftritt; S hat die gesetzliche Vermutung des § 3 Abs. 6a Satz 4 1. Halbsatz UStG nicht durch Verwendung einer vom Mitgliedstaat des Beginns der Beförderung (Deutschland) erteilten USt-IdNr. oder Steuernummer widerlegt (§ 3 Abs. 6a Satz 6 UStG). [6] Ort der Beförderungslieferung ist nach § 3 Abs. 6a Satz 4 1. Halbsatz UStG in Verbindung mit § 3 Abs. 6 Sätze 1 und 2 UStG Stuttgart (Beginn der Beförderung). [7] Die Lieferung ist bei Nachweis der Voraussetzungen des § 6 UStG als Ausfuhrlieferung nach § 4 Nr. 1 Buchstabe a UStG steuerfrei. [8] Die erste Lieferung D 2 an D 1 und die dritte Lieferung S an T sind ruhende Lieferungen. [9] Der Lieferort für die erste Lieferung liegt nach § 3 Abs. 7 Satz 2 Nr. 1 UStG in Deutschland (Beginn der Beförderung), da sie der Beförderungslieferung vorangeht. [10] Sie ist eine steuerbare und steuerpflichtige Lieferung in Deutschland. [11] Die Steuerbefreiung für Ausfuhrlieferungen kommt bei ruhenden Lieferungen nicht in Betracht. [12] Der Lieferort für die dritte Lieferung liegt nach § 3 Abs. 7 Satz 2 Nr. 2 UStG in der Türkei (Ende der Beförderung), da sie der Beförderungslieferung folgt.

Beispiel 2:

[1] Sachverhalt wie Beispiel 1. [2] S holt die Maschine in Stuttgart ab, befördert sie mit eigenem Lkw unmittelbar in die Türkei und übergibt sie dort T. [3] S hat gegenüber D 1 vor Beginn der Beförderung seine deutsche USt-IdNr. verwendet.
[4] Es werden nacheinander drei Lieferungen (D 2 an D 1, D 1 an S und S an T) ausgeführt. [5] Die Warenbewegung ist der dritten Lieferung S an T zuzuordnen, da S als Zwischenhändler die Ware befördert und gegenüber D 1 vor Beginn der Beförderung seine deutsche USt-IdNr. verwendet hat (§ 3 Abs. 6a Satz 4 2. Halbsatz in Verbindung mit Satz 6 UStG). [6] Der Ort der Beförderungslieferung liegt nach § 3 Abs. 6 Sätze 1 und 2 UStG in Stuttgart (Beginn der Beförderung). [7] Die bewegte Lieferung ist steuerbar und bei Vorliegen der Voraussetzungen nach § 4 Nr. 1 Buchstabe a in Verbindung mit § 6 UStG als Ausfuhrlieferung steuerfrei. [8] Der Ort der ruhenden Lieferungen von D 2 an D 1 und D 1 an S liegt nach § 3 Abs. 7 Satz 2

Nr. 1 UStG in Stuttgart (Beginn der Beförderung), da sie der Beförderungslieferung vorangehen. [9]Die Lieferungen sind folglich steuerbar und steuerpflichtig.

Beispiel 3:

[1]Sachverhalt wie Beispiel 1. [2]T holt die Maschine selbst bei D 2 in Stuttgart ab und befördert sie mit eigenem Lkw in die Türkei.

[3]Die Warenbewegung ist der dritten Lieferung (S an T) zuzuordnen (§ 3 Abs. 6a Satz 3 UStG). [4]Ort der Beförderungslieferung ist nach § 3 Abs. 6a Satz 3 in Verbindung mit § 3 Abs. 6 Sätze 1 und 2 UStG Stuttgart (Beginn der Beförderung). [5]Die Lieferung ist bei Nachweis der Voraussetzungen des § 6 UStG als Ausfuhrlieferung nach § 4 Nr. 1 Buchstabe a UStG steuerfrei. [6]Die erste Lieferung (D 2 an D 1) und die zweite Lieferung (D 1 an S) sind als ruhende Lieferungen jeweils in Deutschland steuerbar und steuerpflichtig, da sie der Beförderungslieferung vorangehen (§ 3 Abs. 7 Satz 2 Nr. 1 UStG). [7]S muss seine Lieferung beim zuständigen Finanzamt in Deutschland zur Umsatzbesteuerung erklären.

Beispiel 4:

[1]Sachverhalt wie Beispiel 1. [2]D 1 holt die Maschine in Stuttgart ab, befördert sie mit eigenem Lkw unmittelbar in die Türkei und übergibt sie dort T. [3]D 1 hat gegenüber D 2 vor Beginn der Beförderung seine deutsche USt-IdNr. verwendet.

[4]Es werden nacheinander drei Lieferungen (D 2 an D 1, D 1 an S und S an T) ausgeführt. [5]Die Warenbewegung ist der zweiten Lieferung D 1 an S zuzuordnen, da D 1 gegenüber seinem leistenden Unternehmer D 2 bis zum Beginn der Beförderung seine deutsche USt-IdNr. verwendet hat (§ 3 Abs. 6a Satz 4 2. Halbsatz in Verbindung mit Satz 6 UStG). [6]Dies ist eine vom Mitgliedstaat des Beginns der Beförderung (Deutschland) erteilte USt-IdNr. [7]Der Ort der Beförderungslieferung liegt nach § 3 Abs. 6 Sätze 1 und 2 UStG in Stuttgart (Beginn der Beförderung). [8]Die Lieferung ist steuerbar und bei Vorliegen der Voraussetzungen nach § 4 Nr. 1 Buchstabe a in Verbindung mit § 6 UStG als Ausfuhrlieferung steuerfrei. [9]Der Ort der ruhenden Lieferung von D 2 an D 1 liegt nach § 3 Abs. 7 Satz 2 Nr. 1 UStG in Stuttgart (Beginn der Beförderung), da sie der Beförderungslieferung vorangeht. [10]Die Lieferung ist folglich steuerbar und steuerpflichtig. [11]Der Lieferort der ruhenden Lieferung von S an T liegt nach § 3 Abs. 7 Satz 2 Nr. 2 UStG in der Türkei (Ende der Beförderung), da sie der Beförderungslieferung folgt.

(15) [1]Gelangt im Rahmen eines Reihengeschäfts der Gegenstand der Lieferungen aus dem Drittlandsgebiet in das Inland, kann eine Verlagerung des Lieferorts nach § 3 Abs. 8 UStG nur für die Beförderungs- oder Versendungslieferung in Betracht kommen. [2]Dazu muss derjenige Unternehmer, dessen Lieferung im Rahmen des Reihengeschäfts die Warenbewegung zuzuordnen ist, oder sein Beauftragter zugleich auch Schuldner der Einfuhrumsatzsteuer sein.

Beispiel 1:

[1]Der in Belgien ansässige Unternehmer B bestellt bei dem in Deutschland ansässigen Unternehmer D Waren, die D bei S aus der Schweiz bestellt. [2]Die Waren werden in Deutschland im Namen des Zwischenhändlers D zum zoll- und steuerrechtlich freien Verkehr überlassen. [3]D beauftragt einen Spediteur mit dem Transport der Ware von der Schweiz nach Belgien.

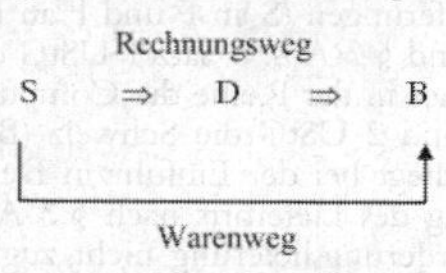

[4]Bei diesem Reihengeschäft werden zwei Lieferungen (S an D und D an B) ausgeführt. [5]Die Warenbewegung ist nach § 3 Abs. 6a Satz 4 2. Halbsatz in Verbindung mit Satz 7 UStG der zweiten Lieferung D an B zuzuordnen, da auf Grund der Beauftragung des Spediteurs der Zwischenhändler D die Ware befördert und der Zwischenhändler D diese Beförderung durch

die Anmeldung der Waren im Namen des Zwischenhändlers D zum zoll- und steuerrechtlich freien Verkehr nachweisen kann. [6] Die Vermutung des § 3 Abs. 6a Satz 4 1. Halbsatz UStG gilt somit als widerlegt, so dass D im Rahmen des Reihengeschäfts nicht als Abnehmer, sondern als Lieferer auftritt. [7] Lieferort der (bewegten) Lieferung des D an B ist nach § 3 Abs. 8 UStG Deutschland, da D als Lieferer der Versendungslieferung zugleich Schuldner der Einfuhrumsatzsteuer ist. [8] Seine Lieferung an B ist unter den weiteren Voraussetzungen nach § 4 Nr. 1 Buchstabe b in Verbindung mit § 6a UStG als innergemeinschaftliche Lieferung umsatzsteuerfrei.

Beispiel 2:

[1] Sachverhalt wie Beispiel 1. [2] Die Waren werden in Deutschland im Namen des Abnehmers B zum zoll- und steuerrechtlichen freien Verkehr überlassen. [3] B beauftragt einen Spediteur mit dem Transport der Ware von der Schweiz nach Belgien.

[4] Bei diesem Reihengeschäft werden zwei Lieferungen (S an D und D an B) ausgeführt. [5] Die Warenbewegung ist nach § 3 Abs. 6a Satz 3 UStG der Lieferung von D an B zuzuordnen. [6] § 3 Abs. 8 UStG kommt nicht zur Anwendung, weil D als Lieferer nicht Schuldner der Einfuhrumsatzsteuer ist. [7] Die bewegte Lieferung des D ist wegen § 3 Abs. 6 Satz 1 UStG in Deutschland nicht steuerbar. [8] B verwirklicht mit der Einfuhr in Deutschland und dem Innehaben der umsatzsteuerlichen Verfügungsmacht bis zur Beendigung der Versendung in Belgien ein in Deutschland mit der Einfuhr beginnendes innergemeinschaftliches Verbringen nach § 3 Abs. 1a UStG. [9] Dieses Verbringen ist einer Lieferung gegen Entgelt gleichgestellt und unter den weiteren Voraussetzungen des § 4 Nr. 1 Buchstabe b in Verbindung mit § 6a UStG steuerbefreit (§ 6a Abs. 2 UStG). [10] Folglich ist B aufgrund des Verbringenstatbestandes verpflichtet, sich in Deutschland für umsatzsteuerliche Zwecke registrieren zu lassen. [11] Die etwaige Vorsteuer aus Einfuhrumsatzsteuer ist damit von B im allgemeinen Besteuerungsverfahren geltend zu machen.

(16) Gelangt der Gegenstand der Lieferungen im Rahmen eines Reihengeschäfts aus dem Drittlandsgebiet in das Inland und hat ein Zwischenhändler oder dessen Beauftragter den Gegenstand der Lieferung eingeführt, sind die der Einfuhr in der Lieferkette vorausgegangenen Lieferungen nach § 4 Nr. 4b UStG steuerfrei.

Beispiel 1:

[1] Der deutsche Unternehmer D bestellt bei dem französischen Unternehmer F Computerteile. [2] Dieser bestellt die Computerteile seinerseits bei dem Hersteller S in der Schweiz. [3] S befördert die Computerteile auf Veranlassung des F unmittelbar zu D nach Deutschland. [4] D lässt die Teile zur Überlassung zum zoll- und steuerrechtlich freien Verkehr abfertigen, nachdem ihm S die Computerteile übergeben hat.

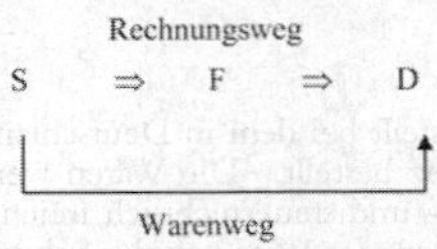

[5] Bei diesem Reihengeschäft werden zwei Lieferungen (S an F und F an D) ausgeführt. [6] Die Warenbewegung ist nach § 3 Abs. 6a Satz 2 und § 3 Abs. 6 Satz 1 UStG der ersten Lieferung S an F zuzuordnen, da S als erster Unternehmer in der Reihe die Computerteile selbst befördert. [7] Lieferort ist nach § 3 Abs. 6 Sätze 1 und 2 UStG die Schweiz (Beginn der Beförderung). [8] Die (bewegte) Lieferung des S unterliegt bei der Einfuhr in Deutschland der deutschen Einfuhrumsatzsteuer. [9] Eine Verlagerung des Lieferorts nach § 3 Abs. 8 UStG kommt nicht in Betracht, da S als Lieferer der Beförderungslieferung nicht zugleich Schuldner der Einfuhrumsatzsteuer ist. [10] Die zweite Lieferung (F an D) ist eine ruhende Lieferung. [11] Sie gilt nach § 3 Abs. 7 Satz 2 Nr. 2 UStG in Deutschland als ausgeführt (Ende der Beförderung), da sie der Beförderung nachfolgt. [12] F führt eine nach § 4 Nr. 4b UStG steuerfreie Lieferung aus, da seine Lieferung in der Lieferkette der Einfuhr durch den Abnehmer D vorausgeht.

[13] Erteilt F dem D eine Rechnung mit gesondertem Steuerausweis, kann D lediglich die geschuldete Einfuhrumsatzsteuer als Vorsteuer abziehen. [14] Ein Abzug der in einer solchen Rechnung des F gesondert ausgewiesenen Steuer als Vorsteuer kommt für D nur dann in Betracht, wenn diese Steuer gesetzlich geschuldet ist. [15] Kann F den Nachweis nicht erbringen, dass sein Folgeabnehmer D die Computerteile zur Überlassung zum zoll- und steuerrechtlich freien Verkehr abgefertigt hat, muss er die Lieferung an D als steuerpflichtig behandeln. [16] Die Umsatzsteuer ist dann gesetzlich geschuldet und D kann in diesem Fall die in der Rechnung des F gesondert ausgewiesene Umsatzsteuer nach § 15 Abs. 1 Satz 1 Nr. 1 UStG neben der entstandenen Einfuhrumsatzsteuer nach § 15 Abs. 1 Satz 1 Nr. 2 UStG als Vorsteuer abziehen, vgl. Abschnitt 15.8 Abs. 10 Satz 3.

Beispiel 2:

[1] Sachverhalt wie Beispiel 1. [2] S befördert die Computerteile auf Veranlassung des F unmittelbar an D nach Deutschland. [3] Die Computerteile werden bereits bei Grenzübertritt für F zur Überlassung zum zoll- und steuerrechtlich freien Verkehr abgefertigt.

[4] Es liegt wie im Beispiel 1 ein Reihengeschäft vor, bei dem die (bewegte) Lieferung des S an F mit Beginn der Beförderung in der Schweiz (§ 3 Abs. 6a Satz 2 in Verbindung mit § 3 Abs. 6 Satz 1 UStG) und die ruhende Lieferung des F an D am Ende der Beförderung in Deutschland ausgeführt wird (§ 3 Abs. 7 Satz 2 Nr. 2 UStG). [5] Im Zeitpunkt der Überlassung zum zoll- und steuerrechtlich freien Verkehr hat F die Verfügungsmacht über die eingeführten Computerteile, weil die Lieferung von S an ihn bereits in der Schweiz und seine Lieferung an D erst mit der Übergabe der Waren an D im Inland als ausgeführt gilt. [6] Die angefallene Einfuhrumsatzsteuer kann daher von F als Vorsteuer abgezogen werden. [7] Die Lieferung des F an D ist nicht nach § 4 Nr. 4b UStG steuerfrei, da sie innerhalb der Lieferkette der Einfuhr nachgeht. [8] Erteilt F dem D eine Rechnung mit gesondertem Steuerausweis, kann D diese unter den allgemeinen Voraussetzungen des § 15 UStG als Vorsteuer abziehen.

Beispiel 3:

[1] Sachverhalt wie Beispiel 1. [2] F befördert die Computerteile selbst unmittelbar an D nach Deutschland. [3] Die Computerteile werden bei Grenzübertritt im Namen des F zur Überlassung zum zoll- und steuerrechtlich freien Verkehr abgefertigt.

[4] Bei diesem Reihengeschäft werden zwei Lieferungen (S an F und F an D) ausgeführt. [5] Die Warenbewegung ist nach § 3 Abs. 6a Satz 4 2. Halbsatz in Verbindung mit Satz 7 UStG der zweiten Lieferung F an D zuzuordnen, da die Computerteile im Namen des Zwischenhändlers F zum zoll- und steuerrechtlich freien Verkehr angemeldet wurden. [6] Die Vermutung des § 3 Abs. 6a Satz 4 1. Halbsatz UStG gilt somit als widerlegt und F tritt im Rahmen des Reihengeschäfts nicht als Abnehmer, sondern als Lieferer auf. [7] Lieferort der (bewegten) Lieferung des F an D ist nach § 3 Abs. 8 UStG Deutschland, da F als Lieferer der Beförderungslieferung zugleich Schuldner der Einfuhrumsatzsteuer ist. [8] Die erste Lieferung (S an F) ist eine ruhende Lieferung. [9] Sie gilt nach § 3 Abs. 7 Satz 2 Nr. 1 UStG in der Schweiz als ausgeführt (Beginn der Beförderung), da sie der Beförderung vorangeht. [10] Im Zeitpunkt der Überlassung zum zoll- und steuerrechtlich freien Verkehr hat F die Verfügungsmacht über die eingeführten Computerteile, weil die Lieferung von S an ihn bereits in der Schweiz und seine Lieferung an D erst nach der Einfuhr im Inland als ausgeführt gilt. [11] Die angefallene Einfuhrumsatzsteuer kann daher von F als Vorsteuer abgezogen werden. [12] Die Lieferung des F an D ist nicht nach § 4 Nr. 4b UStG steuerfrei, da sie innerhalb der Lieferkette der Einfuhr nachgeht. [13] Erteilt F dem D eine Rechnung mit gesondertem Steuerausweis, kann D diese unter den allgemeinen Voraussetzungen des § 15 UStG als Vorsteuer abziehen.

(17) Die Absätze 14 bis 16 gelten entsprechend, wenn bei der Warenbewegung vom Inland in das Drittlandsgebiet (oder umgekehrt) das Gebiet eines anderen Mitgliedstaats berührt wird.

Reihengeschäfte mit privaten Endabnehmern

(18) [1] An Reihengeschäften können auch Nichtunternehmer als letzte Abnehmer in der Reihe beteiligt sein. [2] Die Grundsätze der Absätze 1 bis 9 und Absatz 19 Satz 1 sind auch in diesen Fällen anzuwenden. [3] Wenn der letzte

Abnehmer im Rahmen eines Reihengeschäfts, bei dem die Warenbewegung im Inland beginnt und im Gebiet eines anderen Mitgliedstaates endet (oder umgekehrt), nicht die subjektiven Voraussetzungen für die Besteuerung des innergemeinschaftlichen Erwerbs erfüllt und demzufolge nicht mit einer USt-IdNr. auftritt, ist § 3c UStG zu beachten, wenn der letzten Lieferung in der Reihe die Beförderung oder Versendung zugeordnet wird; dies gilt nicht, wenn der private Endabnehmer den Gegenstand abholt.

Beispiel:

[1] Der niederländische Privatmann NL kauft für sein Einfamilienhaus in Venlo (Niederlande) Möbel beim Möbelhaus D 1 in Köln. [2] D 1 bestellt die Möbel bei der Möbelfabrik D 2 in Münster. [3] D 2 versendet die Möbel unmittelbar zu NL nach Venlo. [4] D 1 und D 2 treten jeweils unter ihrer deutschen USt-IdNr. auf.

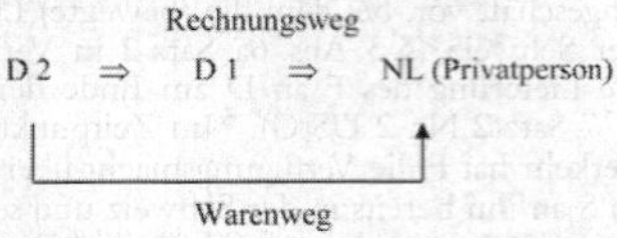

[5] Bei diesem Reihengeschäft werden nacheinander zwei Lieferungen (D 2 an D 1 und D 1 an NL) ausgeführt. [6] Die erste Lieferung D 2 an D 1 ist die Versendungslieferung, da D 2 als erster Unternehmer in der Reihe den Transport durchführen lässt. [7] Der Ort der (bewegten) Lieferung liegt nach § 3 Abs. 6a Satz 2 in Verbindung mit § 3 Abs. 6 Satz 1 UStG in Deutschland (Beginn der Versendung). [8] Die Lieferung ist im Inland steuerbar und steuerpflichtig, da D 1 ebenfalls mit deutscher USt-IdNr. auftritt. [9] Der Erwerb der Ware unterliegt bei D 1 der Besteuerung des innergemeinschaftlichen Erwerbs in den Niederlanden, weil die innergemeinschaftliche Warenbewegung dort endet (§ 3d Satz 1 UStG). [10] Solange D 1 einen innergemeinschaftlichen Erwerb in den Niederlanden nicht nachweisen kann, hat er einen innergemeinschaftlichen Erwerb in Deutschland zu besteuern (§ 3d Satz 2 UStG). [11] Die zweite Lieferung D 1 an NL ist eine ruhende Lieferung. [12] Die Lieferung des D 1 an NL fällt deshalb nicht unter die Regelung des § 3c UStG. [13] Der Lieferort für diese Lieferung liegt nach § 3 Abs. 7 Satz 2 Nr. 2 UStG in den Niederlanden (Ende der Versendung), da sie der Versendungslieferung folgt. [14] Die Lieferung ist nach niederländischem Recht zu beurteilen. [15] D 1 muss sich in den Niederlanden umsatzsteuerlich registrieren lassen.

[16] Würde D 1 mit niederländischer USt-IdNr. auftreten, wäre die Lieferung des D 2 an D 1 als innergemeinschaftliche Lieferung steuerfrei, wenn D 2 die Voraussetzungen hierfür nachweist.

[17] Würde die Versendung im vorliegenden Fall allerdings der zweiten Lieferung (D 1 an NL) zuzuordnen sein, wäre diese Lieferung nach § 3c UStG zu beurteilen, da der Gegenstand vom Lieferer in einen anderen Mitgliedstaat versendet wird und der Abnehmer NL als Privatperson ein Erwerber im Sinne des § 3a Abs. 5 Satz 1 UStG ist.

Vereinfachungsregelungen

(19) [1] Ist die Zuordnung der Beförderung oder Versendung zu einer der Lieferungen von einem an dem Reihengeschäft beteiligten Unternehmer auf Grund des Rechts eines anderen Mitgliedstaats ausnahmsweise abweichend von den Absätzen 7 bis 11 vorgenommen worden, ist es nicht zu beanstanden, wenn dieser Zuordnung gefolgt wird. [2] Bei einer gebrochenen Beförderung oder Versendung aus einem anderen Mitgliedstaat ins Drittlandsgebiet ist die Behandlung als Reihengeschäft nicht zu beanstanden, wenn der erste Unternehmer den Liefergegenstand aus dem Mitgliedstaat des Beginns der Beförderung oder Versendung (Abgangsmitgliedstaat) nur zum Zweck der Verschiffung ins Drittlandsgebiet in das Inland befördert oder versendet, auf Grund des Rechts des Abgangsmitgliedstaats die Behandlung als Reihengeschäft vorge-

nommen worden ist und der Unternehmer, dessen Lieferung bei Nichtannahme eines Reihengeschäfts im Inland steuerbar wäre, dies nachweist.

Lieferungen unter Einbeziehung von Betreibern elektronischer Schnittstellen in fiktive Lieferketten

(20) Die Absätze 1 bis 19 sind nicht auf Lieferketten im Sinne des § 3 Abs. 3a in Verbindung mit Abs. 6b UStG anzuwenden (vgl. hierzu Abschnitt 3.18).

3.15 Dienstleistungskommission (§ 3 Abs. 11 UStG)

(1) [1] Wird ein Unternehmer (Auftragnehmer) in die Erbringung einer sonstigen Leistung eingeschaltet und handelt er dabei im eigenen Namen und für fremde Rechnung (Dienstleistungskommission), gilt diese sonstige Leistung als an ihn und von ihm erbracht. [2] Dabei wird eine Leistungskette fingiert. [3] Sie behandelt den Auftragnehmer als Leistungsempfänger und zugleich Leis-

(Fortsetzung S. 171)

(8) [1]Leistungen der Gemeinschaft an Nicht-Mitglieder sind von der Befreiung nach § 4 Nr. 14 Buchstabe d UStG ausgeschlossen. [2]Das gilt auch dann, wenn ein Leistungsempfänger, der nicht Mitglied ist, der Gemeinschaft ein Darlehen oder einen Zuschuss gegeben hat.

4.14.9 Leistungen von Einrichtungen mit Versorgungsverträgen nach §§ 73b, 73c oder 140a SGB V[1)]

(1) Im Rahmen eines Versorgungsvertrags nach §§ 73b, 73c oder 140a SGB V[1)] wird die vollständige bzw. teilweise ambulante und/oder stationäre Versorgung der Mitglieder der jeweiligen Krankenkasse auf eine Einrichtung im Sinne der §§ 73b Abs. 4, 73c Abs. 3 oder 140b Abs. 1 SGB V übertragen mit dem Ziel, eine bevölkerungsbezogene Flächendeckung der Versorgung zu ermöglichen.

(2) Einrichtungen im Sinne der §§ 73b Abs. 4, 73c Abs. 3 und 140b Abs. 1 SGB V,[1)] die Leistungen nach § 4 Nr. 14 Buchstabe a und b UStG erbringen, führen nach § 4 Nr. 14 Buchstabe c UStG steuerfreie Umsätze aus, soweit mit ihnen Verträge

- zur hausarztzentrierten Versorgung nach § 73b SGB V,
- zur besonderen ambulanten ärztlichen Versorgung nach § 73c SGB V oder
- zur integrierten Versorgung nach § 140a SGB V

bestehen.

(3) Zu den Einrichtungen nach § 73b Abs. 4 SGB V[1)] zählen:

- vertragsärztliche Leistungserbringer, die an der hausärztlichen Versorgung nach § 73 Abs. 1a SGB V teilnehmen, und deren Gemeinschaften;
- Gemeinschaften, die mindestens die Hälfte der an der hausärztlichen Versorgung teilnehmenden Allgemeinärzte des Bezirks einer Kassenärztlichen Vereinigung vertreten;
- Träger von Einrichtungen, die eine hausarztzentrierte Versorgung nach § 73b Abs. 1 SGB V durch vertragsärztliche Leistungserbringer, die an der hausärztlichen Versorgung nach § 73 Abs. 1a SGB V teilnehmen, anbieten;
- Kassenärztliche Vereinigungen, soweit Gemeinschaften von vertragsärztlichen Leistungserbringern, die an der hausärztlichen Versorgung nach § 73 Abs. 1a SGB V teilnehmen, sie hierzu ermächtigt haben.

(4) Zu den Einrichtungen nach § 73c Abs. 3 SGB V[1)] zählen:

- vertragsärztliche Leistungserbringer;
- Gemeinschaften vertragsärztlicher Leistungserbringer;
- Träger von Einrichtungen, die eine besondere ambulante Versorgung nach § 73c Abs. 1 SGB V durch vertragsärztliche Leistungserbringer anbieten;
- Kassenärztliche Vereinigungen.

(5) Zu den Einrichtungen nach § 140b Abs. 1 SGB V[1)] zählen:

- einzelne, zur vertragsärztlichen Versorgung zugelassene Ärzte und Zahnärzte und einzelne sonstige, nach dem Vierten Kapitel des SGB V zur Versorgung der Versicherten berechtigte Leistungserbringer;

[1)] **Aichberger SGB** Nr. **5.**

– Träger zugelassener Krankenhäuser, soweit sie zur Versorgung berechtigt sind, Träger von stationären Vorsorge- und Rehabilitationseinrichtungen, soweit mit ihnen ein Versorgungsvertrag nach § 111 SGB V besteht, Träger von ambulanten Rehabilitationseinrichtungen;
– Träger von Einrichtungen nach § 95 Abs. 1 Satz 2 SGB V (medizinische Versorgungszentren);
– Träger von Einrichtungen, die eine integrierte Versorgung nach § 140a SGB V durch zur Versorgung der Versicherten nach dem Vierten Kapitel des SGB V berechtigte Leistungserbringer anbieten (sog. Managementgesellschaften);
– Pflegekassen und zugelassene Pflegeeinrichtungen auf der Grundlage des § 92b SGB XI;[1)]
– Gemeinschaften der vorgenannten Leistungserbringer und deren Gemeinschaften;
– Praxiskliniken nach § 115 Abs. 2 Satz 1 Nr. 1 SGB V.

(6) [1]Gemeinschaften der in Absatz 3 bis 5 genannten Einrichtungen sind z.B. Managementgesellschaften, die als Träger dieser Einrichtungen nicht selbst Versorger sind, sondern eine Versorgung durch dazu berechtigte Leistungserbringer anbieten. [2]Sie erbringen mit der Übernahme der Versorgung von Patienten und dem „Einkauf" von Behandlungsleistungen Dritter sowie der Einhaltung vereinbarter Ziele und Qualitätsstandards steuerfreie Leistungen, wenn die beteiligten Leistungserbringer die jeweiligen Heilbehandlungsleistungen unmittelbar mit dem Träger abrechnen. [3]In diesen Fällen ist die Wahrnehmung von Managementaufgaben als unselbständiger Teil der Heilbehandlungsleistung der Managementgesellschaften gegenüber der jeweiligen Krankenkasse anzusehen. [4]Sofern in einem Vertrag zur vollständigen bzw. teilweisen ambulanten und/oder stationären Versorgung der Mitglieder der Krankenkasse jedoch lediglich Steuerungs-, Koordinierungs- und/oder Managementaufgaben von der Krankenkasse auf die Managementgesellschaft übertragen werden, handelt es sich hierbei um eine Auslagerung von Verwaltungsaufgaben. [5]Diese Leistungen gegenüber der jeweiligen Krankenkasse stellen keine begünstigten Heilbehandlungen dar und sind steuerpflichtig.

Zu § 4 Nr. 15 UStG

4.15.1[2)] Sozialversicherung, Grundsicherung für Arbeitsuchende, Sozialhilfe, Kriegsopferversorgung

(1) [1]Nach § 4 Nr. 15 Buchstabe a und b UStG sind in unionsrechtskonformer Auslegung von Artikel 132 Abs. 1 Buchstabe g MwStSystRL nur die Umsätze der in § 4 Nr. 15 UStG genannten Unternehmer untereinander und an die Versicherten steuerfrei, bei denen es sich um eng mit der Sozialfürsorge oder der sozialen Sicherheit verbundene Leistungen handelt. [2]Es kommt

---

[1)] **Aichberger SGB** Nr. **11**.

[2)] A 4.15.1 UStAE neugef. durch BMF v. 24.03.2023, BStBl. I 2023, 627, anzuwenden in allen offenen Fällen.

grundsätzlich nicht darauf an, dass diese aufgrund einer gesetzlichen Verpflichtung bewirkt werden.

(2) Nicht unter die Steuerbefreiung des § 4 Nr. 15 Buchstabe b UStG fallen Leistungen, die außerhalb eines bestehenden Sozialversicherungsverhältnisses erbracht werden, sowie Tätigkeiten, die für die Einrichtung nicht unerlässlich oder dazu bestimmt sind, der Einrichtung zusätzliche Einnahmen zu verschaffen (vgl. BFH-Urteil vom 16.12.2015 – XI R 52/13, BStBl. II 2023 S. 412).

Zu § 4 Nr. 16 UStG

4.16.1 Anwendungsbereich und Umfang der Steuerbefreiung

Anwendungsbereich

(1) [1] § 4 Nr. 16 UStG selbst enthält nur eine allgemeine Definition der Betreuungs- und Pflegeleistungen. [2] Welche Leistungen letztlich im Einzelnen in den Anwendungsbereich der Steuerbefreiung fallen, ergibt sich aus der

(Fortsetzung S. 369)

Leistungen der häuslichen Pflege (§ 4 Nr. 16 Satz 1 Buchstabe c, i oder l UStG)

(5) [1]Einrichtungen, die Leistungen zur häuslichen Pflege und Betreuung sowie zur hauswirtschaftlichen Versorgung erbringen, sind mit ihren Leistungen steuerfrei, wenn mit ihnen die Krankenkasse einen Vertrag nach § 132a SGB V[1)] (Versorgung mit häuslicher Krankenpflege) bzw. die zuständige Pflegekasse einen Vertrag nach § 77 SGB XI[1)] (Häusliche Pflege durch Einzelpersonen) geschlossen hat oder mit ihnen ein Versorgungsvertrag

– nach § 72 SGB XI (zugelassene Pflegeeinrichtungen – § 4 Nr. 16 Satz 1 Buchstabe c UStG) bzw.
– nach § 8 Abs. 3 Satz 2 SVLFGG (Inanspruchnahme anderer geeigneter Personen, Einrichtungen oder Unternehmen zur Gewährung von häuslicher Krankenpflege, Betriebs- und Haushaltshilfe – § 4 Nr. 16 Satz 1 Buchstabe i UStG) über die Gewährung von Leistungen nach § 8 KVLG 1989 i.V.m. § 37 SGB V besteht,
– oder wenn sie hierzu nach § 26 Abs. 5 in Verbindung mit §§ 32 bzw. 44 SGB VII[1)] (Leistungen bei Pflegebedürftigkeit durch häusliche Krankenpflege bzw. Pflege) bestimmt sind (§ 4 Nr. 16 Satz 1 Buchstabe c UStG)

bzw. wenn die Voraussetzungen nach § 4 Nr. 16 Satz 1 Buchstabe l UStG erfüllt sind. [2]Unter die Steuerbefreiung fallen auch die von diesen Einrichtungen erbrachten Pflegeberatungsleistungen nach §§ 7a bzw. 37 Abs. 3 SGB XI.

(6) [1]Häusliche Krankenpflege kann die auf Grund ärztlicher Verordnung erforderliche Grund- und Behandlungspflege sowie die hauswirtschaftliche Versorgung umfassen. [2]Nach § 4 Nr. 16 UStG sind aber nur die Grundpflegeleistungen und die hauswirtschaftliche Versorgung befreit. [3]Dabei fallen auch isolierte hauswirtschaftliche Versorgungsleistungen, die an hilfsbedürftige Personen erbracht werden, unter diese Steuerbefreiung. [4]Leistungen der Behandlungspflege können aber unter den weiteren Voraussetzungen des § 4 Nr. 14 UStG steuerfrei sein (vgl. Abschnitt 4.14.4 Abs. 11 Nr. 4).

Leistungen der Integrationsfachdienste (§ 4 Nr. 16 Satz 1 Buchstabe e UStG)

(7) [1]Integrationsfachdienste sind Dienste Dritter, die bei der Durchführung der Maßnahmen zur Teilhabe schwer behinderter Menschen am Arbeitsleben, um die Erwerbsfähigkeit des genannten Personenkreises herzustellen oder wiederherzustellen, beteiligt sind. [2]Sie können unter weiteren Voraussetzungen auch zur beruflichen Eingliederung von behinderten Menschen, die nicht schwer behindert sind, tätig werden (§ 192 Abs. 1 und 4 SGB IX).[2)] [3]Sie können zur Teilhabe (schwer-)behinderter Menschen am Arbeitsleben (Aufnahme, Ausübung und Sicherung einer möglichst dauerhaften Beschäftigung) beteiligt werden, indem sie die (schwer-)behinderten Menschen beraten, unterstützen und auf geeignete Arbeitsplätze vermitteln, sowie die Arbeitgeber informieren, beraten und ihnen Hilfe leisten (§ 193 SGB IX). [4]Anders als bei den Leistungen der Arbeitsvermittlungsagenturen steht hier die Betreuung behinderter Menschen zur Eingliederung ins Arbeitsleben im Vordergrund.

[1)] **Aichberger SGB** Nr. **5, 7** bzw. **11.**
[2)] **Aichberger SGB** Nr. **9.**

(8) [1]Die Inanspruchnahme der Steuerbefreiung nach § 4 Nr. 16 Satz 1 Buchstabe e UStG für Leistungen der Integrationsfachdienste setzt voraus, dass diese im Auftrag der Integrationsämter oder der Rehabilitationsträger tätig werden und mit ihnen eine Vereinbarung nach § 194 SGB IX[1)] besteht. [2]Für die Inanspruchnahme der Steuerbefreiung nach § 4 Nr. 16 Satz 1 Buchstabe e UStG kommt es ausschließlich darauf an, dass das Integrationsamt mit dem Integrationsfachdienst eine Vereinbarung abgeschlossen hat, in der dieser als Integrationsfachdienst benannt ist. [3]Wenn diese (Grund-)Vereinbarung besteht, sind alle Tätigkeiten des Integrationsfachdienstes im Rahmen des gesetzlichen Auftrages (§ 193 SGB IX) steuerbefreit. [4]Dabei ist es unerheblich, wer den konkreten Auftrag im Einzelfall erteilt (z.B. Integrationsamt, Rehabilitationsträger oder Träger der Arbeitsverwaltung).

Leistungen der Werkstätten für behinderte Menschen (§ 4 Nr. 16 Satz 1 Buchstabe f UStG)

(9) [1]Eine Werkstatt für behinderte Menschen ist eine Einrichtung zur Teilhabe behinderter Menschen am Arbeitsleben und zur Eingliederung in das Arbeitsleben. [2]Eine solche Werkstatt steht allen behinderten Menschen offen, sofern erwartet werden kann, dass sie spätestens nach Teilnahme an Maßnahmen im Berufsbildungsbereich wenigstens ein Mindestmaß wirtschaftlich verwertbarer Arbeitsleistungen erbringen werden (§ 219 Abs. 1 und 2 SGB IX).[1)] [3]Behinderte Menschen, die die Voraussetzungen für die Beschäftigung in der Werkstatt nicht erfüllen, sollen in Einrichtungen oder Gruppen betreut und gefördert werden, die der Werkstatt angegliedert sind (§ 219 Abs. 3 SGB IX).

(10)[2)] [1]Die nach dem Sozialgesetzbuch an Werkstätten für behinderte Menschen und deren angegliederten Betreuungseinrichtungen gezahlten Pflegegelder sind als Entgelte für die Betreuungs-, Beköstigungs-, Beherbergungs- und Beförderungsleistungen dieser Werkstätten anzusehen. [2]Diese Leistungen sind nach § 4 Nr. 16 Satz 1 Buchstabe f UStG befreit, wenn sie von Werkstätten bzw. deren Zusammenschlüssen erbracht werden, die nach § 225 SGB IX[1)] anerkannt sind.

(11) Zur umsatzsteuerlichen Behandlung der Umsätze im Werkstattbereich wird auf Abschnitt 12.9 Abs. 4 Nr. 4 hingewiesen.

Angebote zur Unterstützung im Alltag (§ 4 Nr. 16 Satz 1 Buchstabe g UStG)

(12) [1]Angebote zur Unterstützung im Alltag sind zum einen Angebote, in denen Helferinnen und Helfer unter pflegefachlicher Anleitung die Betreuung von Pflegebedürftigen mit allgemeinem oder mit besonderem Betreuungsbedarf in Gruppen oder im häuslichen Bereich übernehmen sowie pflegende Angehörige und vergleichbar nahestehende Pflegepersonen entlasten und beratend unterstützen (Betreuungsangebote sowie Angebote zur Entlastung von Pflegenden, § 45a Abs. 1 Satz 2 Nr. 1 und Nr. 2 SGB XI).[3)] [2]Das sind

---

[1)] **Aichberger SGB** Nr. **9.**

[2)] A 4.16.5 UStAE Abs. 10 Satz 1 Klammerzusatz gestrichen durch BMF v. 14.02.2023, BStBl. I 2023, 348.

[3)] **Aichberger SGB** Nr. **11.**

z. B. Betreuungsgruppen für Pflegebedürftige mit demenzbedingten Fähigkeitsstörungen, mit geistigen Behinderungen oder mit psychischen Erkrankungen, Helferinnen- und Helferkreise zur stundenweisen Entlastung pflegender Angehöriger im häuslichen Bereich, die Tagesbetreuung in Kleingruppen oder die Einzelbetreuung durch anerkannte Helferinnen und Helfer oder familienentlastende Dienste. [3] Angebote zur Unterstützung im Alltag sind zum anderen Angebote, die dazu dienen, die Pflegebedürftigen bei der Bewältigung von allgemeinen oder pflegebedingten Anforderungen des Alltags oder im Haushalt, insbesondere der Haushaltsführung, oder bei der eigenverantwortlichen Organisation individuell benötigter Hilfeleistungen zu unterstützen (Angebote zur Entlastung im Alltag, § 45a Abs. 1 Satz 2 Nr. 3 SGB XI). [4] Das sind z. B. Alltagsbegleiterinnen und -begleiter oder Angebote für haushaltsnahe Dienstleistungen.

(13) [1] Solche Angebote zur Unterstützung im Alltag werden z. B. von ambulanten Pflegediensten, von Wohlfahrtsverbänden, Betroffenenverbänden, Nachbarschaftshäusern, Kirchengemeinden und anderen Organisationen und Vereinen erbracht, aber auch von Einzelpersonen. [2] Umsätze von Einrichtungen sind nach § 4 Nr. 16 Satz 1 Buchstabe g UStG steuerfrei, soweit sie Leistungen erbringen, die landesrechtlich als Angebote zur Unterstützung im Alltag nach § 45a SGB XI[1)] anerkannt oder zugelassen sind.

Eingliederungshilfe- und Sozialhilfeleistungen (§ 4 Nr. 16 Satz 1 Buchstabe h UStG)

(14) [1] Die Träger der Eingliederungshilfe nach § 94 SGB IX[2)] und der Sozialhilfe sind für alle Vertragsangelegenheiten der Leistungserbringer im Bereich Eingliederungshilfe und Sozialhilfe zuständig. [2] Neben dem Abschluss von Rahmenvereinbarungen mit den Vereinigungen der Leistungserbringer werden auch individuelle Leistungs- und Vergütungsvereinbarungen nach § 123 SGB IX oder nach § 76 SGB XII[3)] geschlossen.

(15) [1] Im Bereich Eingliederungshilfe (SGB IX Teil 2)[2)] werden mit den Leistungserbringern nach §§ 123 ff. SGB IX ausschließlich Verträge über die Erbringung der Fachleistungen der Eingliederungshilfe (z. B. Assistenzleistungen) an Menschen mit wesentlichen Behinderungen (§ 99 SGB IX) abgeschlossen. [2] Im Bereich des SGB XII[3)] werden nach §§ 75 ff. SGB XII insbesondere Verträge für die folgenden Leistungsbereiche abgeschlossen:
– Leistungen der Hilfe zur Pflege (§§ 61 ff. SGB XII [7. Kapitel]);
– Leistungen zur Überwindung besonderer sozialer Schwierigkeiten (§§ 67 ff. SGB XII [8. Kapitel]).

(16) Leistungserbringer, die Vereinbarungen nach § 123 SGB IX[2)] oder nach § 76 SGB XII[3)] mit den Trägern der Eingliederungshilfe und der Sozialhilfe geschlossen haben, sind nach § 4 Nr. 16 Satz 1 Buchstabe h UStG begünstigte Einrichtungen.

[1)] **Aichberger SGB** Nr. **11.**
[2)] **Aichberger SGB** Nr. **9.**
[3)] **Aichberger SGB** Nr. **12.**

Interdisziplinäre Frühförderstellen (§ 4 Nr. 16 Satz 1 Buchstabe j UStG)

(17) [1]Interdisziplinäre Frühförderstellen sind familien- und wohnortnahe Dienste und Einrichtungen, die der Früherkennung, Behandlung und Förderung von Kindern dienen, um in interdisziplinärer Zusammenarbeit von qualifizierten medizinisch-therapeutischen und pädagogischen Fachkräften eine drohende oder bereits eingetretene Behinderung zum frühestmöglichen Zeitpunkt zu erkennen und die Behinderung durch gezielte Förder- und Behandlungsmaßnahmen auszugleichen oder zu mildern. [2]Leistungen durch interdisziplinäre Frühförderstellen werden in der Regel in ambulanter, einschließlich mobiler Form erbracht (§ 3 Frühförderungsverordnung).

(18) Die Leistungen der interdisziplinären Frühförderstellen sind nach § 4 Nr. 16 Satz 1 Buchstabe j UStG steuerfrei, wenn die Stellen auf der Grundlage einer Landesrahmenempfehlung nach § 2 Frühförderungsverordnung als fachlich geeignet anerkannt sind.

(19) Leistungen der sozialpädiatrischen Zentren (§ 4 Frühförderungsverordnung, § 119 SGB V),[1)] die Leistungen zur Früherkennung und Frühförderung behinderter oder von Behinderung bedrohter Kinder erbringen, können unter den weiteren Voraussetzungen nach § 4 Nr. 14 Buchstabe b Satz 2 Doppelbuchstabe. bb UStG steuerfrei sein.

Rechtliche Betreuungsleistungen (§ 4 Nr. 16 Satz 1 Buchstabe k UStG)

(20) [1]Rechtliche Betreuung erhalten volljährige Personen, die ihre Angelegenheiten auf Grund einer psychischen Krankheit oder einer körperlichen, geistigen oder seelischen Behinderung ganz oder teilweise nicht besorgen können. [2]Rechtliche Betreuungsleistungen nach §§ 1896ff. BGB sind nach § 4 Nr. 16 Satz 1 Buchstabe k UStG steuerfrei, wenn sie von Einrichtungen erbracht werden, denen die rechtliche Betreuung nach § 1896 BGB durch einen Betreuungsbeschluss übertragen wurde. [3]Der Begriff „Einrichtungen" erfasst – unabhängig von der Rechts- oder Organisationsform des Leistungserbringers – sowohl natürliche als auch juristische Personen. [4]Nicht unter die Steuerbefreiung des § 4 Nr. 16 Satz 1 Buchstabe k UStG fallen Leistungen, die nach § 1908i Abs. 1 Satz 1 in Verbindung mit § 1835 Abs. 3 BGB vergütet werden (Dienste, die zum Gewerbe oder Beruf des Betreuers gehören), da es sich bei ihnen nicht um Betreuungsleistungen im eigentlichen Sinne handelt; z.B. wenn der Betreuer Rechtsanwalt ist und den Betreuten in einem Prozess vertritt oder wenn er Steuerberater ist und die Steuererklärung für den Betreuten erstellt (vgl. BFH-Urteil vom 25.04.2013, V R 7/11, BStBl. II S. 976). [5]Zu rechtlichen Betreuungsleistungen für Kinder und Jugendliche vgl. auch Abschnitt 4.25.2 Abs. 7ff.

Sonstige Betreuungs- oder Pflegeleistungen (§ 4 Nr. 16 Satz 1 Buchstabe l UStG)

(21) [1]Zu den begünstigten Leistungen zählen auch Leistungen zur Betreuung hilfsbedürftiger Personen zum Erwerb und Erhalt praktischer Kenntnisse und Fähigkeiten, die erforderlich und geeignet sind, Menschen mit Behinderungen oder von Behinderung bedrohten Menschen die für sie erreichbare

[1)] **Aichberger SGB** Nr. 5.

Teilhabe am Leben in der Gemeinschaft zu ermöglichen, z. B. die Unterrichtung im Umgang mit dem Langstock als Orientierungshilfe für blinde Menschen. [2]Zu den begünstigten Leistungen zählen auch Leistungen der Eingliederungshilfe für Menschen mit Behinderungen, für die mit den Leistungserbringern keine Vereinbarungen nach § 123 SGB IX[1)] geschlossen wurden. [3]Zur umsatzsteuerlichen Behandlung der Leistungen von Gebärdensprachdolmetschern vgl. BMF-Schreiben vom 01.02.2016, BStBl. I S. 219. [4]Auch Pflegeberatungsleistungen nach § 7a SGB XI,[2)] sofern diese nicht bereits Teil der Betreuungs- oder Pflegeleistung einer Einrichtungen zur häuslichen Pflege sind, sind als Betreuungsleistungen anzusehen.

4.16.6 Eng verbundene Umsätze

(1) [1]Als eng mit dem Betrieb von Einrichtungen zur Betreuung oder Pflege körperlich, geistig oder seelisch hilfsbedürftiger Personen verbundene Umsätze sind Leistungen anzusehen, die für diese Einrichtungen nach der Verkehrsauffassung typisch und unerlässlich sind, regelmäßig und allgemein beim laufenden Betrieb vorkommen und damit unmittelbar oder mittelbar zusammenhängen (vgl. BFH-Urteil vom 01.12.1977, V R 37/75, BStBl. II 1978 S. 173). [2]Die Umsätze dürfen nicht im Wesentlichen dazu bestimmt sein, den Einrichtungen zusätzliche Einnahmen durch Tätigkeiten zu verschaffen, die in unmittelbarem Wettbewerb zu steuerpflichtigen Umsätzen anderer Unternehmer stehen (vgl. EuGH-Urteil vom 01.12.2005, C-394/04 und C-395/04, EuGHE I S. 10373).[3)]

(2) Unter diesen Voraussetzungen können zu den eng verbundenen Umsätzen gehören:

1. die stationäre oder teilstationäre Aufnahme von hilfsbedürftigen Personen, deren Betreuung oder Pflege einschließlich der Lieferungen der zur Betreuung oder Pflege erforderlichen Medikamente und Hilfsmittel z. B. Verbandsmaterial;
2. die (ambulante) Betreuung, Pflege oder hauswirtschaftliche Versorgung (Einkaufen, Kochen, Verpflegen, Reinigen der Wohnung, Waschen der Kleidung) hilfsbedürftiger Personen (vgl. BFH-Urteil vom 22.04.2004, V R 1/98, BStBl. II S. 849);
3. [1]die Lieferungen von Gegenständen, die im Wege der Arbeitstherapie hergestellt worden sind, sofern kein nennenswerter Wettbewerb zu den entsprechenden Unternehmen der gewerblichen Wirtschaft besteht. [2]Ein solcher Wettbewerb ist anzunehmen, wenn für den Absatz der im Wege der Arbeitstherapie hergestellten Gegenstände geworben wird;
4. die Gestellung von Personal durch Einrichtungen nach § 4 Nr. 16 Satz 1 UStG an andere Einrichtungen dieser Art;
5. Verpflegungsleistungen, die durch Werkstätten für behinderte Menschen an die Menschen mit Behinderung erbracht werden.

[1)] **Aichberger SGB** Nr. **9.**
[2)] **Aichberger SGB** Nr. **11.**
[3)] DStRE 2006, 286.

(3) Nicht zu den eng verbundenen Umsätzen gehören insbesondere:

1. die entgeltliche Abgabe von Speisen und Getränken an Besucher;
2. die Telefongestellung an hilfsbedürftige Personen, die Vermietung von Fernsehgeräten und die Unterbringung und Verpflegung von Begleitpersonen (EuGH-Urteil vom 01.12.2005, C-394/04 und C-395/04, Ygeia);[1]
3. [1] die Veräußerung des gesamten beweglichen Anlagevermögens und der Warenvorräte nach Einstellung des Betriebs (BFH-Urteil vom 01.12.1977, V R 37/75, BStBl. II 1978 S. 173). [2] Es kann jedoch die Steuerbefreiung nach § 4 Nr. 28 UStG in Betracht kommen;
4. die Abgabe von Medikamenten und Hilfsmitteln gegen gesondertes Entgelt an ehemals stationär oder teilstationär untergebrachte körperlich, geistig oder seelisch hilfsbedürftige Personen.

Zu § 4 Nr. 17 UStG

4.17.1 Menschliche Organe, menschliches Blut und Frauenmilch

(1) [1] Unter den Begriff „menschliches Blut“ fallen sowohl Vollblut als auch Blutbestandteile, wie z.B. Blutzellen und Blutplasma. [2] Die Steuerbefreiung für die Lieferung von menschlichem Blut setzt weiter voraus, dass die Lieferung unmittelbar zu den dem Gemeinwohl dienenden Tätigkeiten beiträgt, d.h. unmittelbar für Gesundheitsleistungen oder zu therapeutischen Zwecken eingesetzt wird. [3] In den Anwendungsbereich der Steuerbefreiung fallen danach Frischblutkonserven, Vollblutkonserven, Serum- und Plasmakonserven, Serumaugentropfen und Konserven zellulärer Blutbestandteile, z.B. Thrombozytenkonzentrat und Erythrozytenkonzentrat. [4] Die Steuerbefreiung für die Lieferung von menschlichem Blut umfasst nicht die Lieferung von aus menschlichem Blut gewonnenem Blutplasma, wenn dieses Blutplasma nicht unmittelbar für therapeutischen Zwecke, sondern ausschließlich zur Herstellung von Arzneimitteln bestimmt ist (vgl. EuGH-Urteil vom 05.10.2016, C-412/15, TMD, BStBl. II 2017 S. 505).[2]

(2) [1] Nicht unter die Befreiung fallen die aus Mischungen von humanem Blutplasma hergestellten Plasmapräparate. [2] Hierzu gehören insbesondere: Faktoren-Präparate, Humanalbumin, Fibrinogen, Immunglobuline. [3] Dies gilt ebenso für die Lieferung allogener menschlicher Knochen, welche als Teil des Skeletts nicht unter den Begriff „Organe“ fallen.

(3) Für die Steuerfreiheit der Lieferungen von Frauenmilch ist es ohne Bedeutung, ob die Frauenmilch bearbeitet, z.B. gereinigt, erhitzt, tiefgekühlt, getrocknet, wird.

(4) Liegen für die Lieferungen nach § 4 Nr. 17 Buchstabe a UStG auch die Voraussetzungen einer Ausfuhrlieferung (§ 4 Nr. 1 Buchstabe a, § 6 UStG) bzw. einer innergemeinschaftlichen Lieferung (§ 4 Nr. 1 Buchstabe b, § 6a UStG) vor, geht die Steuerbefreiung des § 4 Nr. 17 Buchstabe a UStG diesen Steuerbefreiungen vor.

---

[1] DStRE 2006, 286.
[2] MwStR 2016, 999.

4.17.2 Beförderung von kranken und verletzten Personen

(1) [1]Ein Fahrzeug (Kraft-, Luft- und Wasserfahrzeug) ist für die Beförderung von kranken und verletzten Personen besonders eingerichtet, wenn es durch die vorhandenen Einrichtungen die typischen Merkmale eines Krankenfahrzeugs aufweist, z. B. Liegen, Spezialsitze. [2]Spezielle Einrichtungen für die Beförderung von Kranken und Verletzten können u. a. auch eine Bodenverankerung für Rollstühle, eine Auffahrrampe sowie eine seitlich ausfahrbare Trittstufe sein. [3]Bei Fahrzeugen, die nach dem Fahrzeugschein als Krankenkraftwagen anerkannt sind (§ 4 Abs. 6 PBefG),[1] ist stets davon auszugehen, dass sie für die Beförderung von kranken und verletzten Personen besonders eingerichtet sind. [4]Serienmäßige Personenkraftwagen, die lediglich mit blauem Rundumlicht und Einsatzhorn, sog. Martinshorn, ausgerüstet sind, erfüllen die Voraussetzungen nicht (BFH-Urteil vom 16.11.1989, V R 9/85, BStBl. II 1990 S. 255). [5]Die Ausstattung mit einer Trage und einer Grundausstattung für „Erste Hilfe" reicht nicht aus.

(2) [1]Für die Inanspruchnahme der Steuerbefreiung nach § 4 Nr. 17 Buchstabe b UStG ist es nicht erforderlich, dass das verwendete Fahrzeug für die Beförderung von kranken und verletzten Personen dauerhaft besonders eingerichtet ist; das Fahrzeug muss aber im Zeitpunkt der begünstigten Beförderung nach seiner Bauart und Ausstattung speziell für die Beförderung verletzter und kranker Personen bestimmt sein (vgl. BFH-Urteil vom 12.08.2004, V R 45/03, BStBl. II 2005 S. 314). [2]Bei der Beförderung mit Fahrzeugen, die zum Zweck einer anderweitigen Verwendung umgerüstet werden können, sind die Voraussetzungen für jede einzelne Fahrt, z. B. mittels eines Fahrtenbuchs, nachzuweisen. [3]Befördert der Unternehmer neben kranken oder verletzten Personen in einem hierfür besonders eingerichteten Fahrzeug weitere Personen, ist das auf die Beförderung der weiteren Personen entfallende Entgelt steuerpflichtig; ein für steuerfreie und steuerpflichtige Beförderungsleistungen einheitliches Entgelt ist aufzuteilen.

(3) Die Steuerbefreiung gilt nicht nur für die Beförderung von akut erkrankten und verletzten Personen, sondern auch für die Beförderung von Personen, die körperlich oder geistig behindert und auf die Benutzung eines Rollstuhls angewiesen sind (vgl. BFH-Urteil vom 12.08.2004, V R 45/03, BStBl. II 2005 S. 314).

(4) [1]Nach § 4 Nr. 17 Buchstabe b UStG sind bestimmte Beförderungsleistungen befreit. [2]Dabei ist es nicht erforderlich, dass die Beförderungen auf Grund eines Beförderungsvertrages ausgeführt werden oder dass der Empfänger der umsatzsteuerlichen Leistung und die beförderte Person identisch sind. [3]Es können deshalb auch die Beförderungen von kranken oder verletzten Personen im Rahmen von Dienstverträgen über den Betrieb einer Rettungswache befreit werden (vgl. BFH-Urteil vom 18.01.1995, XI R 71/93, BStBl. II S. 559).

---

[1] Personenbeförderungsgesetz i. d. F. v. 08.08.1990, BGBl. I 1990, 1690 (**Sartorius** Nr. **950**).

(5) [1]Die Leistungen der Notfallrettung umfassen sowohl Leistungen der Lebensrettung und Betreuung von Notfallpatienten als auch deren Beförderung. [2]Die lebensrettenden Maßnahmen i. e. S. werden regelmäßig durch selbständige Ärzte erbracht, die sich dazu gegenüber dem beauftragten Unternehmen verpflichtet haben und insoweit als Unternehmer im Sinne des § 2 UStG tätig werden. [3]Die Leistungen dieser Ärzte sind nach § 4 Nr. 14 Buchstabe a UStG steuerfrei. [4]Die vom beauftragten Unternehmer am Einsatzort erbrachten lebensrettenden Maßnahmen im weiteren Sinne können unter den Voraussetzungen des § 4 Nr. 14 Buchstabe a oder b UStG steuerfrei sein. [5]Die Beförderung von Notfallpatienten in dafür besonders eingerichteten Fahrzeugen ist steuerfrei nach § 4 Nr. 17 Buchstabe b UStG. [6]Wird der Verletzte im Anschluss an eine Notfallrettung in ein Krankenhaus befördert, stellen die lebensrettenden Maßnahmen, die der Vorbereitung der Transportfähigkeit des Patienten dienen, eine einheitliche Leistung dar, die nach § 4 Nr. 17 Buchstabe b UStG steuerfrei ist.

(6) [1]Werden Leistungen zur Sicherstellung der Einsatzbereitschaft der Rettungsmittel und des Personals (sog. Vorhalteleistungen) von demselben Unternehmer erbracht, der die Beförderung von Notfallpatienten als Hauptleistung ausführt, teilen die Vorhalteleistungen als Nebenleistungen das Schicksal der Hauptleistung. [2]Eine Steuerbefreiung nach § 4 Nr. 17 Buchstabe b UStG kommt hingegen nicht in Betracht, wenn Vorhalteleistungen und Hauptleistungen von verschiedenen Unternehmern erbracht werden.

Zu § 4 Nr. 18 UStG

(§ 23 UStDV)[1)]

4.18.1[2)] Eng mit der Sozialfürsorge und der sozialen Sicherheit verbundene Leistungen

Umfang der Steuerbefreiung

(1) [1]Die Steuerbefreiung des § 4 Nr. 18 UStG umfasst eng mit der Sozialfürsorge und der sozialen Sicherheit verbundene Leistungen im Sinne des Artikels 132 Abs. 1 Buchstabe g MwStSystRL, soweit diese nicht bereits in anderen Nummern des § 4 UStG genannt sind. [2]Unter eng mit der Sozialfürsorge und der sozialen Sicherheit verbundene Leistungen fallen sowohl Leistungen, die im Rahmen von Maßnahmen der Sozialfürsorge und der sozialen Sicherheit unmittelbar an die hilfsbedürftigen Personen erbracht werden, als auch solche Leistungen, die zwar nicht unmittelbar an die hilfsbedürftigen Personen erbracht werden, jedoch für die Umsätze im Bereich der Sozialfürsorge und der sozialen Sicherheit unerlässlich sind (vgl. EuGH-Urteil vom 8.10.2020, C-657/19, Finanzamt D); eine Vertragsbeziehung zu der hilfsbedürftigen Person selbst muss nicht bestehen.

---

1) § 23 UStDV aufgeh. durch G v. 12.12.2019, BGBl. I 2019, 2451, mWv 01.01.2020.

2) A 4.18.1 UStAE neugef. durch BMF v. 14.02.2023, BStBl. I 2023, 348, grds. anzuwenden auf nach dem 31.12.2019 erbrachte Umsätze; zur weiteren Anwendungsregelung siehe Anlage 8.

(2) [1] Nach § 4 Nr. 18 UStG sind insbesondere Leistungen an wirtschaftlich hilfsbedürftige Personen zur Überwindung der wirtschaftlichen Hilfsbedürftigkeit steuerfrei, z. B. Leistungen der Schuldnerberatung im außergerichtlichen Insolvenzverfahren, der „Tafeln", der Frauenhäuser nach § 36a SGB II, der Bahnhofsmission, der Mitternachtsmission oder die Beratung und Hilfe für Obdach- und Wohnungslose. [2] Auch Beratungsleistungen für Angehörige drogen- oder alkoholabhängiger Menschen oder bei Fragen zu Mütterkuren, Mutter-Kind-Kuren oder Vater-Kind-Kuren, Leistungen der Beratungsstellen für Ehe- und Lebensfragen und die Beratung und Hilfe für Haftentlassene sowie für Prostituierte sind eng mit der Sozialfürsorge und der sozialen Sicherheit verbundene Leistungen. [3] Das gilt auch für Leistungen im Zusammenhang mit der Migration von Menschen, z. B. die Beratung und Hilfe für Migranten, Asylbewerber, Aussiedler oder Flüchtlinge. [4] Hierunter fallen auch die im Zusammenhang mit dem Betrieb von Flüchtlingsunterkünften erbrachten Leistungen wie die Unterbringung und Betreuung der Flüchtlinge sowie in Erstaufnahmeeinrichtungen auch die Verpflegung der Flüchtlinge (vgl. BFH-Urteil vom 24.03.2021 – V R 1/19, BStBl. II 2023 S. 279).

(3) [1] Unter die Steuerbefreiung des § 4 Nr. 18 UStG fallen auch Leistungen, die auf Grund von Verträgen zur Übertragung von Aufgaben im Rahmen des Bundesfreiwilligendienstes nach § 16 Bundesfreiwilligendienstgesetz (BFDG) erbracht werden, sofern die Einsatzstellen mit den Freiwilligen Aufgaben im Bereich der Sozialfürsorge oder der sozialen Sicherheit erfüllen. [2] Insbesondere sind die unter § 4 Nr. 14 Buchstabe f, Nr. 15, 15a, 15b, 15c, 16 und 18 UStG genannten Leistungen als eng mit der Sozialfürsorge und der sozialen Sicherheit verbundene Dienstleistungen anzusehen. [3] Sofern die Freiwilligen durch die Einsatzstellen jedoch für Aufgaben in anderen Bereichen eingesetzt werden, z. B. in den Bereichen Umwelt- oder Naturschutz, Landschaftspflege, Kultur und Denkmalpflege, Sport sowie Zivil- und Katastrophenschutz, ist eine Befreiung der auf Grund eines vorgenannten Vertrages nach § 16 BFDG u. a. von Zentralstellen an das Bundesamt für Familie und zivilgesellschaftliche Aufgaben erbrachten Leistungen nach § 4 Nr. 18 UStG nicht möglich (vgl. BFH-Urteil vom 23.07.2009 – V R 93/07, BStBl. II 2015 S. 735). [4] Des Weiteren sind auch Leistungen, die ein Träger des Jugendfreiwilligendienstes, der gemäß § 11 Abs. 1 Jugendfreiwilligendienstegesetz zur Gewährung von Geld- und Sachleistungen an die Freiwilligen verpflichtet ist, an die Einsatzstelle der Freiwilligen erbringt, und die dem Träger von der Einsatzstelle durch eine monatliche Pauschale vergütet werden, von der Steuerbefreiung des § 4 Nr. 18 UStG umfasst (vgl. BFH-Urteil vom 24.06.2020 – V R 21/19, BStBl. II 2023 S. 276); die Sätze 2 und 3 gelten entsprechend.

(4) [1] Eine Steuerfreiheit für die Beherbergung, Beköstigung, ausgenommen die Abgabe von alkoholischen Getränken, und die üblichen Naturalleistungen an Personen, die bei den begünstigten Leistungen tätig sind, kommt nur dann in Betracht, wenn diese Sachzuwendungen als Vergütung für geleistete Dienste gewährt werden. [2] Diese Voraussetzung ist erfüllt, wenn ein Arbeitnehmer nach dem Arbeitsvertrag, den mündlichen Abreden oder nach den sonstigen Umständen des Arbeitsverhältnisses (z. B. faktische betriebliche Übung) neben dem Barlohn einen zusätzlichen Lohn in Form der Sachzuwendungen erhält.

[3]Unschädlich ist es hierbei, wenn die Beteiligten aus verrechnungstechnischen Gründen einen Bruttogesamtlohn bilden und hierauf die Sachzuwendungen anrechnen. [4]Die Sachzuwendungen werden jedoch nicht als Vergütung für geleistete Dienste gewährt, wenn sie auf den Barlohn des Arbeitnehmers angerechnet werden. [5]Die Sachzuwendungen haben hier nicht die Eigenschaft eines Arbeitslohnes. [6]Vielmehr liegt ein besonderer Umsatz an den Arbeitnehmer vor, der nicht unter die Befreiung des § 4 Nr. 18 UStG fällt (vgl. BFH-Urteil vom 03.03.1960 – V 103/58 U, BStBl. III S. 169).

(5) [1]Die Steuerbefreiung nach § 4 Nr. 18 UStG findet keine Anwendung, wenn für eine Leistung eine andere Steuerbefreiung als lex specialis vorgeht (vgl. EuGH-Urteil vom 15.11.2012, C-174/11, Zimmermann). [2]Das gilt u.a. für Heilbehandlungsleistungen, für Leistungen der Behindertenhilfe (z.B. der Werkstätten für behinderte Menschen), für Leistungen im Rahmen der rechtlichen Betreuung, der Altenhilfe, der Jugendhilfe oder für Leistungen zur Beförderung von kranken und verletzten Personen.

(6) [1]Leistungen, die in der Regel nicht speziell den hilfsbedürftigen Personen im Rahmen der Sozialfürsorge und der sozialen Sicherheit angeboten werden, z.B. Umzugsleistungen, Rechtsberatungsleistungen oder allgemeine Geschäftsführungs- und Verwaltungsleistungen, sind als solche keine eng mit der Sozialfürsorge und der sozialen Sicherheit verbundenen Leistungen. [2]Auch bei den von einem Menüservice erbrachten Leistungen handelt es sich nicht um eng mit der Sozialfürsorge oder der sozialen Sicherheit verbundene Leistungen; diese fallen daher nicht unter die Steuerbefreiung des § 4 Nr. 18 UStG (vgl. BFH-Urteil vom 01.12.2010 – XI R 46/08, BStBl. II 2023 S. 269). [3]Die Leistungen eines solchen Menüservices oder Mahlzeitendienstes (z.B. „Essen auf Rädern") unterliegen aber unter den Voraussetzungen des § 12 Abs. 2 Nr. 1 oder 8 UStG dem ermäßigten Steuersatz.

Begünstigte Leistungserbringer

(7) [1]Eng mit der Sozialfürsorge und der sozialen Sicherheit verbundene Leistungen sind steuerfrei, wenn sie von Einrichtungen juristischer Personen des öffentlichen Rechts oder von anderen Einrichtungen, die keine systematische Gewinnerzielung anstreben, erbracht werden. [2]Bei der Beurteilung der Frage, ob es sich um eine Einrichtung handelt, die keine systematische Gewinnerzielung anstrebt, sind sämtliche Tätigkeiten desselben Unternehmers zu berücksichtigen. [3]Eine Einrichtung ohne systematische Gewinnerzielung kann jedoch auch dann vorliegen, wenn sie zwar systematisch danach strebt, Überschüsse zu erwirtschaften, sie diese jedoch nicht als Gewinn an ihre Mitglieder ausschüttet, sondern für die Durchführung ihrer Leistungen verwendet (vgl. EuGH-Urteil vom 21.03.2002, C-174/00, Kennemer Golf & Country Club).

Zu § 4 Nr. 19 UStG

4.19.1 Blinde

(1) Der Unternehmer hat den Nachweis der Blindheit in der gleichen Weise wie bei der Einkommensteuer für die Inanspruchnahme eines Pauschbetrags nach § 33b EStG i.V.m. § 65 EStDV zu führen.

(2) [1]Bei der Frage nach den beschäftigten Arbeitnehmern kommt es nach dem Sinn und Zweck der Steuerbefreiung nicht auf die Anzahl der Arbeitnehmer schlechthin, sondern auf ihre zeitliche Arbeitsleistung an. [2]Die Umsätze von Blinden sind daher auch dann steuerfrei, wenn mehr als zwei Teilzeitkräfte beschäftigt werden, sofern ihre Beschäftigungszeit – bezogen jeweils auf den Kalendermonat – diejenige von zwei ganztägig beschäftigten Arbeitnehmern nicht übersteigt.

(3) [1]Die Einschränkung der Steuerbefreiung für die Lieferungen von Mineralöl und Alkoholerzeugnissen in den Fällen, in denen der Blinde für diese Waren Energiesteuer oder Alkoholsteuer zu entrichten hat, ist insbesondere für blinde Tankstellenunternehmer von Bedeutung, denen nach § 7 EnergieStG ein Lager für Energieerzeugnisse bewilligt ist. [2]Der Begriff Mineralöl richtet sich nach § 1 Abs. 2 und 3 EnergieStG.[1)] [3]Hiernach fallen unter diesen Begriff vor allem Vergaserkraftstoffe, Dieselkraftstoffe, Flüssiggase (Autogase). [4]Der Begriff Alkoholerzeugnisse richtet sich nach § 1 Alkoholsteuergesetzes (AlkStG).[2)] [5]Bei einer Erhöhung der Energiesteuer oder Alkoholsteuer können die entsprechenden Waren einer Nachsteuer unterliegen. [6]Wenn blinde Unternehmer lediglich eine solche Nachsteuer zu entrichten haben, entfällt die Steuerbefreiung nicht.

(4) Liegen für die Lieferungen durch einen in § 4 Nr. 19 Buchstabe a UStG genannten Unternehmer auch die Voraussetzungen einer Ausfuhrlieferung (§ 4 Nr. 1 Buchstabe a, § 6 UStG) bzw. einer innergemeinschaftlichen Lieferung (§ 4 Nr. 1 Buchstabe b, § 6a UStG) vor, geht die Steuerbefreiung des § 4 Nr. 19 Buchstabe a UStG diesen Steuerbefreiungen vor.

4.19.2 Blindenwerkstätten

(1) [1]Blindenwerkstätten sind Betriebe, in denen ausschließlich Blindenwaren hergestellt und in denen bei der Herstellung andere Personen als Blinde nur mit Hilfs- oder Nebenarbeiten beschäftigt werden. [2]Die Unternehmer sind im Besitz eines Anerkennungsbescheids auf Grund des Blindenwarenvertriebsgesetzes vom 9.04.1965 (BGBl. I S. 311) in der bis zum 13.09.2007 geltenden Fassung (BGBl. I S. 2246).

(2) [1]Welche Waren als Blindenwaren und Zusatzwaren anzusehen sind, bestimmt sich nach § 2 des Blindenwarenvertriebsgesetzes vom 09.04.1965 (BGBl. I S. 311) in der bis zum 13.09.2007 geltenden Fassung (BGBl. I S. 2246) und nach den §§ 1 und 2 der zu diesem Gesetz ergangenen Durchführungsverordnung vom 11.08.1965 (BGBl. I S. 807), geändert durch die Verordnung vom 10.07.1991 (BGBl. I S. 1491) in der bis zum 13.09.2007 geltenden Fassung (BGBl. I S. 2246). [2]Unter die Steuerbefreiung fallen auch die Umsätze von solchen Blindenwaren, die nicht in der eigenen Blindenwerkstätte hergestellt sind.

(3) Liegen für die Lieferungen durch einen in § 4 Nr. 19 Buchstabe b UStG genannten Unternehmer auch die Voraussetzungen einer Ausfuhrliefe-

---

1) **Zölle und Verbrauchsteuern** Nr. **330.**
2) **Zölle und Verbrauchsteuern** Nr. **310.**

rung (§ 4 Nr. 1 Buchstabe a, § 6 UStG) bzw. einer innergemeinschaftlichen Lieferung (§ 4 Nr. 1 Buchstabe b, § 6a UStG) vor, geht die Steuerbefreiung des § 4 Nr. 19 Buchstabe b UStG diesen Steuerbefreiungen vor.

Zu § 4 Nr. 20 UStG

4.20.1 Theater

(1) [1]Ein Theater im Sinne des § 4 Nr. 20 UStG wendet sich in der Regel an eine unbestimmte Zahl von Zuschauern und hat die Aufgabe, der Öffentlichkeit Theaterstücke in künstlerischer Form nahezubringen (BVerwG-Urteil vom 31.07.2008, 9 B 80/07).[1)] [2]Danach können Umsätze eines Theaters nur vorliegen, wenn Personen in irgendeiner Weise auf einer Bühne vor einem Publikum ein Stück zur Aufführung bringen oder eine für Zuschauer bestimmte Aufführung durch eine Person erfolgt (vgl. BFH-Urteile vom 04.05.2011, XI R 44/08, BStBl. II 2014 S. 200, und vom 10.01.2013, V R 31/10, BStBl. II S. 352). [3]Wenn z.B. so viele künstlerische und technische Kräfte und die zur Aufführung von Theaterveranstaltungen notwendigen technischen Voraussetzungen unterhalten werden, dass die Durchführung eines Spielplans aus eigenen Kräften möglich ist (BFH-Urteil vom 14.11.1968, V 217/64, BStBl. II 1969 S. 274), liegt ein Theater vor. [4]Es

(Fortsetzung S. 387)

1) NJW 2009, 793.

21.11.1974, II R 107/68, BStBl. II 1975 S. 389). [2]Vorbehaltlich von Absatz 2 Satz 16 gehört hierzu u. a. auch die sportliche Erziehung. [3]Die Befreiungsvorschrift kommt deshalb sowohl bei von einer anerkannten Kinder- und Jugendhilfeeinrichtung durchgeführten Sportlehrgängen für Berufssportler als auch bei solchen für Amateursportler in Betracht.

(5)[1)] Hinsichtlich des Begriffs der Vergütung für geleistete Dienste wird auf Abschnitt 4.18.1 Abs. 4 hingewiesen.

(6) [1]§ 4 Nr. 23 Satz 4 UStG regelt, dass diese Steuerbefreiungsvorschrift nicht gilt, soweit eine Leistung der Jugendhilfe nach SGB VIII[2)] erbracht wird. [2]Die Leistungen nach § 2 Abs. 2 SGB VIII (Abschnitt 4.25.1 Abs. 1 Satz 2) und die Inobhutnahme nach § 42 SGB VIII sind somit nur unter den Voraussetzungen des § 4 Nr. 25 UStG steuerfrei.

Zu § 4 Nr. 24 UStG

4.24.1 Jugendherbergswesen

(1) Nach Satz 1 der Vorschrift des § 4 Nr. 24 UStG sind folgende Unternehmer begünstigt:

1. das Deutsche Jugendherbergswerk, Hauptverband für Jugendwandern und Jugendherbergen e. V. (DJH), und die ihm angeschlossenen Landes-, Kreis- und Ortsverbände;
2. kommunale, kirchliche und andere Träger von Jugendherbergen, die dem DJH als Mitglied angeschlossen sind und deren Häuser im Deutschen Jugendherbergsverzeichnis als Jugendherbergen ausgewiesen sind;
3. die Pächter der Jugendherbergen, die von den in den Nummern 1 und 2 genannten Unternehmern unterhalten werden;
4. die Herbergseltern, soweit sie einen Teil der Jugendherberge, insbesondere die Kantine, auf eigene Rechnung betreiben.

(2) Die in Absatz 1 genannten Unternehmer erbringen folgende Leistungen:

1. die Beherbergung und die Beköstigung in Jugendherbergen einschließlich der Lieferung von Lebensmitteln und alkoholfreien Getränken außerhalb der Tagesverpflegung (Zusatz- und Wanderverpflegung);
2. die Durchführung von Freizeiten, Wanderfahrten und Veranstaltungen, die dem Sport, der Erholung oder der Bildung dienen;
3. die Lieferungen von Schlafsäcken und die Überlassung von Schlafsäcken und Bettwäsche zum Gebrauch;
4. die Überlassung von Rucksäcken, Fahrrädern und Fotoapparaten zum Gebrauch;
5. die Überlassung von Spiel- und Sportgeräten zum Gebrauch sowie die Gestattung der Telefonbenutzung in Jugendherbergen;
6. die Lieferungen von Wanderkarten, Wanderbüchern und von Ansichtskarten mit Jugendherbergsmotiven;

---

1) A 4.23.1 UStAE Abs. 5 Verweis geänd. durch BMF v. 14.02.2023, BStBl. I 2023, 348.
2) **Aichberger SGB** Nr. **8.**

7. die Lieferungen von Jugendherbergsverzeichnissen, Jugendherbergskalendern, Jugendherbergsschriften und von Wimpeln und Abzeichen mit dem Emblem des DJH oder des Internationalen Jugendherbergswerks (IYHF);
8. die Lieferungen der für den Betrieb von Jugendherbergen erforderlichen und vom Hauptverband oder von den Landesverbänden zentral beschafften Einrichtungsgegenstände.

(3) [1]Die in Absatz 2 bezeichneten Leistungen dienen unmittelbar den Satzungszwecken der begünstigten Unternehmer und sind daher steuerfrei, wenn

1. [1]die Leistungen in den Fällen des Absatzes 2 Nr. 1 bis 6 an folgende Personen bewirkt werden:
   a) Jugendliche; Jugendliche in diesem Sinne sind alle Personen vor Vollendung des 27. Lebensjahres,
   b) andere Personen, wenn sie sich in der Ausbildung oder Fortbildung befinden und Mitglied einer geführten Gruppe sind,
   c) Leiter und Betreuer von Gruppen, deren Mitglieder die in den Buchstaben a und b genannten Jugendlichen oder andere Personen sind,
   d) [1]wandernde Familien mit Kindern. [2]Hierunter fallen alle Inhaber von Familienmitgliedsausweisen in Begleitung von eigenen oder anderen minderjährigen Kindern.

   [2]Soweit die Leistungen in geringem Umfang auch an andere Personen erbracht werden, ist die Inanspruchnahme der Steuerbefreiung nicht zu beanstanden. [3]Von einem geringen Umfang ist auszugehen, wenn die Leistungen an diese Personen nicht mehr als 2% der in Absatz 2 Nr. 1 bis 6 bezeichneten Leistungen betragen;[1)]
2. die Leistungen im Fall des Absatzes 2 Nr. 8 an die in Absatz 1 genannten Unternehmer bewirkt werden.

[2]Die Steuerfreiheit der in Absatz 2 Nr. 7 bezeichneten Leistungen ist nicht von der Lieferung an bestimmte Personen oder Einrichtungen abhängig.

(4)[2)] Hinsichtlich des Begriffs der Vergütung für geleistete Dienste wird auf Abschnitt 4.18.1 Abs. 4 hingewiesen.

(5) [1]Nach § 4 Nr. 24 Satz 2 UStG gilt die Steuerbefreiung auch für andere Vereinigungen, die gleiche Aufgaben unter denselben Voraussetzungen erfüllen. [2]Hierbei ist es insbesondere erforderlich, dass die Unterkunftsstätten der anderen Vereinigungen nach der Satzung und ihrer tatsächlichen Durchführung überwiegend Jugendlichen dienen. [3]Zu den hiernach begünstigten „anderen Vereinigungen" gehören der Touristenverein „Natur Freunde Deutschlands Verband für Umweltschutz, sanften Tourismus, Sport und Kultur Bundesgruppe Deutschland e.V." und die ihm angeschlossenen Landesverbände, Bezirke und Ortsgruppen sowie die Pächter der von diesen Unternehmern unterhaltenen Naturfreundehäuser. [4]Die Absätze 2 bis 4 gelten entsprechend.

---

1) Siehe auch BFH v. 10.08.2016 V R 11/15, BStBl. II 2018, 113, sowie AEAO Nr. 3 Satz 2 zu § 68 Nr. 1 AO (Nr. **800**).

2) A 4.24.1 UStAE Abs. 4 Verweis geänd. durch BMF v. 14.02.2023, BStBl. I 2023, 348.

Zu § 4 Nr. 25 UStG

4.25.1 Leistungen im Rahmen der Kinder- und Jugendhilfe

(1) [1]Die Steuerbefreiungsvorschrift des § 4 Nr. 25 Satz 1 UStG umfasst die Leistungen der Jugendhilfe nach § 2 Abs. 2 SGB VIII[1)] und die Inobhutnahme nach § 42 SGB VIII. [2]Unter § 2 Abs. 2 SGB VIII fallen folgende Leistungen:

1. Angebote der Jugendarbeit, der Jugendsozialarbeit und des erzieherischen Kinder- und Jugendschutzes (§§ 11 bis 14 SGB VIII);
2. Angebote zur Förderung der Erziehung in der Familie (§§ 16 bis 21 SGB VIII);
3. Angebote zur Förderung von Kindern in Tageseinrichtungen und in Tagespflege (§§ 22 bis 25 SGB VIII);
4. Hilfe zur Erziehung und ergänzende Leistungen (§§ 27 bis 35, 36, 37, 39, 40 SGB VIII);
5. Hilfe für seelisch behinderte Kinder und Jugendliche und ergänzende Leistungen (§§ 35a bis 37, 39, 40 SGB VIII);
6. Hilfe für junge Volljährige und Nachbetreuung (§ 41 SGB VIII).

[3]Mit Wirkung vom 01.11.2015 wurde der Inobhutnahme von ausländischen Kindern und Jugendlichen nach § 42 Abs. 1 Nr. 3 SGB VIII die vorläufige Inobhutnahme von ausländischen Kindern und Jugendlichen nach unbegleiteter Einreise nach § 42a SGB VIII vorgeschaltet. [4]Da es sich hierbei ebenfalls um Leistungen der Jugendhilfe handelt, sind diese Leistungen nach § 42a SGB VIII unter den weiteren Voraussetzungen des § 4 Nr. 25 UStG ebenso wie die Leistungen der Inobhutnahme nach § 42 SGB VIII umsatzsteuerfrei.

Begünstigte Leistungserbringer

(2) [1]Die vorgenannten Leistungen sind steuerfrei, wenn sie durch Träger der öffentlichen Jugendhilfe (§ 69 SGB VIII)[1)] oder andere Einrichtungen mit sozialem Charakter erbracht werden. [2]Der Begriff der „anderen Einrichtung mit sozialem Charakter" entspricht der Formulierung der maßgeblichen unions-rechtlichen Grundlage (Artikel 132 Abs. 1 Buchstabe h MwStSystRL).[2)] [3]Auf der Grundlage der dort eingeräumten Befugnis der Mitgliedstaaten sind insoweit anerkannt:

1. von der zuständigen Jugendbehörde anerkannte Träger der freien Jugendhilfe (§ 75 Abs. 1 SGB VIII), die Kirchen und Religionsgemeinschaften des öffentlichen Rechts sowie die amtlich anerkannten Verbände der freien Wohlfahrtspflege nach § 23 UStDV;
2. [1]bestimmte weitere Einrichtungen soweit sie
   a) [1]für ihre Leistungen eine im SGB VIII geforderte Erlaubnis besitzen. [2]Insoweit handelt es sich um die Erlaubnistatbestände des § 43 SGB VIII

---

1) **Aichberger SGB** Nr. **8.**
2) **Steuergesetze** Nr. **550.**

(Erlaubnis zur Kindertagespflege), § 44 Abs. 1 Satz 1 SGB VIII (Erlaubnis zur Vollzeitpflege), § 45 Abs. 1 Satz 1 SGB VIII (Erlaubnis für den Betrieb einer Einrichtung, in der Kinder oder Jugendliche ganztägig oder für einen Teil des Tages betreut werden oder Unterkunft erhalten) und § 54 SGB VIII (Erlaubnis zur Übernahme von Pflegschaften oder Vormundschaften durch rechtsfähige Vereine). [3]Eine Betriebserlaubnis, die einer Einrichtung nach § 45 SGB VIII erteilt wurde, gilt auch als Erlaubnis für eine sonstige Wohnform im Sinne des § 48a Abs. 2 SGB VIII, wenn sie in der Erlaubnis ausdrücklich aufgeführt ist. [4]Das gilt auch bei einem Wechsel einer sonstigen Wohnform im Sinne des § 48a Abs. 2 SGB VIII, wenn die zuständige Behörde bestätigt hat, dass die Einrichtung ihrer Anzeigepflicht nachgekommen ist und der Unternehmer die für die Tätigkeit notwendige Eignung besitzt. [5]Die Ausführungen zur Wirkung der Betriebserlaubnis in den Sätzen 3 und 4 gelten sinngemäß auch für einen Unternehmer, der vom Träger einer Jugendhilfeeinrichtung mit der pädagogischen Leitung dieser Einrichtung beauftragt wurde,

b) [1]für ihre Leistungen einer Erlaubnis nach SGB VIII nicht bedürfen. [2]Dies sind die in § 44 Abs. 1 Satz 2 SGB VIII geregelten Fälle der Vollzeitpflege sowie der Betrieb einer Einrichtung nach § 45 SGB VIII, allerdings nur, wenn es sich um eine Jugendfreizeiteinrichtung, eine Jugendausbildungseinrichtung, eine Jugendherberge oder ein Schullandheim im Sinne des § 45 Abs. 1 Satz 2 Nr. 1 SGB VIII oder um ein landesgesetzlich der Schulaufsicht unterstehendes Schülerheim im Sinne des § 45 Abs. 1 Satz 2 Nr. 2 SGB VIII handelt. [3]Ausgenommen sind somit die Einrichtungen im Sinne des § 45 Abs. 1 Satz 2 Nr. 3 SGB VIII, die außerhalb der Jugendhilfe liegende Aufgaben für Kinder oder Jugendliche wahrnehmen,

c) [1]Leistungen erbringen, die im vorangegangenen Kalenderjahr ganz oder zum überwiegenden Teil von Trägern der öffentlichen Jugendhilfe (§ 69 SGB VIII), anerkannten Trägern der freien Jugendhilfe (§ 75 Abs. 1 SGB VIII), Kirchen und Religionsgemeinschaften des öffentlichen Rechts oder amtlich anerkannten Verbänden der freien Wohlfahrtspflege nach § 23 UStDV vergütet wurden. [2]Eine Vergütung durch die zuvor genannten Träger und Einrichtungen ist aber nur dann gegeben, wenn der Leistungserbringer von diesen unmittelbar bezahlt wird. [3]Die Vergütung ist nicht um eine eventuelle Kostenbeteiligung nach §§ 90 ff. SGB VIII, z. B. der Eltern, zu mindern,

d) [1]Leistungen der Kindertagespflege erbringen, für die die Einrichtungen nach § 23 Abs. 3 SGB VIII geeignet sind und aufgrund dessen nach § 24 i. V. m. § 23 Abs. 1 SGB VIII vermittelt werden können. [2]Da der Befreiungstatbestand insoweit allein darauf abstellt, dass die Einrichtung nach § 23 Abs. 3 SGB VIII als Tagespflegeperson geeignet ist, greift die Steuerbefreiung somit auch in den Fällen, in denen die Leistung „privat", also ohne Vermittlung durch das Jugendamt, nachgefragt wird.

[2]Der Begriff „Einrichtungen" umfasst dabei auch natürliche Personen. [3]Für die Anerkennung eines Unternehmers als eine Einrichtung mit sozialem

Charakter reicht es für sich allein nicht schon aus, dass der Unternehmer lediglich als Subunternehmer für eine nach § 4 Nr. 25 Satz 2 Buchstabe b UStG anerkannte Einrichtung tätig ist.

Leistungsberechtigte/-adressaten

(3) [1]Das SGB VIII[1)] unterscheidet Leistungsberechtigte und Leistungsadressaten. [2]Leistungen der Jugendhilfe – namentlich im Eltern-Kind-Verhältnis – sind meist nicht personenorientiert, sondern systemorientiert. [3]Sie zielen nicht nur auf die Verhaltensänderung einer bestimmten Person ab, sondern auf die Änderung bzw. Verbesserung des Eltern-Kind-Verhältnisses. [4]Deshalb sind leistungsberechtigte Personen

– in der Regel die Eltern,

darüber hinaus

– Kinder im Rahmen der Förderung in Tageseinrichtungen und in Tagespflege,
– Kinder und Jugendliche als Teilnehmer an Veranstaltungen der Jugendarbeit (§ 11 SGB VIII),
– Kinder und Jugendliche im Rahmen der Eingliederungshilfe für seelisch Behinderte (§ 35a SGB VIII),
– junge Volljährige im Rahmen von Veranstaltungen der Jugendarbeit (§ 11 SGB VIII) und von Hilfe für junge Volljährige (§ 41 SGB VIII).

[5]Leistungsadressaten sind bei Hilfen für Eltern regelmäßig auch Kinder und Jugendliche.

(4) [1]§ 4 Nr. 25 UStG verzichtet zudem auf eine eigenständige Definition des „Jugendlichen". [2]Umsatzsteuerbefreit können daher auch Leistungen an Personen über 27 Jahren sein, z.B. Angebote der Jugendarbeit (§ 11 SGB VIII),[1)] die nach § 11 Abs. 4 SGB VIII in angemessenem Umfang auch Personen einbeziehen, die das 27. Lebensjahr vollendet haben.

(5)–(9) *(aufgehoben)*

4.25.2 Eng mit der Jugendhilfe verbundene Leistungen

Durchführung von kulturellen und sportlichen Veranstaltungen

(1) Steuerfrei ist nach § 4 Nr. 25 Satz 3 Buchstabe a UStG auch die Durchführung von kulturellen und sportlichen Veranstaltungen, wenn die Darbietungen von den von der Jugendhilfe begünstigten Personen (vgl. Abschnitt 4.25.1 Absätze 3 und 4) selbst erbracht oder die Einnahmen überwiegend zur Deckung der Kosten verwendet werden und diese Leistungen in engem Zusammenhang mit den in § 4 Nr. 25 Satz 1 UStG bezeichneten Leistungen (vgl. Abschnitt 4.25.1 Abs. 1 und 2) stehen.

(2) [1]In § 4 Nr. 25 Satz 3 Buchstabe a UStG wird auf „die von der Jugendhilfe begünstigten Personen" abgestellt. [2]Danach ist die Einbeziehung von Eltern in die Durchführung von kulturellen und sportlichen Veranstaltungen für die Steuerbefreiung unschädlich, sofern diese Leistungen in engem Zusammenhang mit den Leistungen der Jugendhilfe stehen.

[1)] **Aichberger SGB** Nr. **8.**

Beherbergung, Beköstigung und die üblichen Naturalleistungen

(3)[1] [1] Nach § 4 Nr. 25 Satz 3 Buchstabe b UStG sind auch die Beherbergung, Beköstigung und die üblichen Naturalleistungen steuerfrei, die diese Einrichtungen den Empfängern der Jugendhilfeleistungen und Mitarbeitern in der Jugendhilfe sowie den bei den Leistungen nach § 4 Nr. 25 Satz 1 UStG tätigen Personen als Vergütung für die geleisteten Dienste gewähren. [2] Davon ausgenommen ist die Abgabe von alkoholischen Getränken. [3] Hinsichtlich des Begriffs der Vergütung für geleistete Dienste wird auf Abschnitt 4.18.1 Abs. 4 hingewiesen.

(4) Durch das Abstellen auf den „Empfänger der Jugendhilfeleistungen" wird auch insoweit eine steuerfreie Einbeziehung von Eltern ermöglicht.

Leistungen von Vormündern und Ergänzungspflegern

(5) Von der Umsatzsteuer sind nach § 4 Nr. 25 Satz 3 Buchstabe c UStG auch die Leistungen befreit, die von einer Einrichtung erbracht werden, die als Vormund nach § 1773 BGB oder als Ergänzungspfleger nach § 1909 BGB bestellt worden ist, es sei denn, es handelt sich um Leistungen, die nach § 1835 Abs. 3 BGB vergütet werden.

(6) Für alle Pflegschaften gelten die Vorschriften über die Vormundschaft nach § 1915 BGB entsprechend; hinsichtlich der von nicht mittellosen Pfleglingen zu zahlenden Vergütung gilt eine Sonderregelung zur Berechnung der Vergütung abweichend von § 3 Abs. 1 bis 3 Vormünder- und Betreuervergütungsgesetz (§ 1915 Abs. 1 Satz 2 BGB).

(7) [1] Die Ergänzungspflegschaft nach § 1909 BGB dient – wie die Vormundschaft – der Fürsorge für Minderjährige, wenn deren Angelegenheiten in Teilbereichen nicht von dem Sorgeberechtigten (Eltern oder Vormund) besorgt werden können. [2] Die Ergänzungspflegschaft kann sich, der Betreuung vergleichbar, auf die gesamte Personen- oder Vermögenssorge oder auf einzelne Angelegenheiten dieser Teilbereiche beziehen. [3] Wird die Pflegschaft in Teilbereichen wahrgenommen, bleibt die sorgerechtliche Zuständigkeit der Eltern oder des Vormunds in den übrigen Angelegenheiten bestehen. [4] So kann z. B. Eltern, die ihr Kind vernachlässigen, nur die Personensorge entzogen und einem Ergänzungspfleger übertragen werden; die Vermögenssorge bleibt in diesem Fall bei den Eltern. [5] Andererseits kann auch die Ergänzungspflegschaft für Vermögensangelegenheiten des Minderjährigen erforderlich sein, insbesondere in den Fällen des § 1909 Abs. 1 Satz 2 BGB in Verbindung mit § 1638 Abs. 1 BGB.

(7a) [1] Als eine Form der Ergänzungspflegschaft fallen auch die Leistungen, die von einer Einrichtung erbracht werden, die als Umgangspfleger nach § 1684 Abs. 3 BGB bestellt worden ist, unter die Steuerbefreiung nach § 4 Nr. 25 Satz 3 Buchstabe c UStG. [2] Für die Umgangspflegschaft, die als ein Sonderfall der Pflegschaft den Umgang zwischen Eltern(-teil) und Kind regelt, sind ebenfalls die Regelungen über die Pflegschaft (§§ 1909 ff. BGB) entsprechend anzuwenden (vgl. § 1915 Abs. 1 Satz 1 BGB).

(8) [1] Die sonstigen Pflegschaften des BGB sind mit der Vormundschaft und Ergänzungspflegschaft nicht vergleichbar, da diese nicht auf die Fürsorge für

[1] A 4.25.2 UStAE Abs. 3 Satz 3 Verweis geänd. durch BMF v. 14.02.2023, BStBl. I 2023, 348.

Minderjährige gerichtet sind und somit bei ihnen der spezifisch soziale Charakter nicht gegeben ist. [2] Für die Leistungen im Rahmen der sonstigen Pflegschaften des BGB wird deshalb keine Umsatzsteuerbefreiung gewährt. [3] Unter die sonstigen Pflegschaften fallen die Abwesenheitspflegschaft für abwesende Volljährige (§ 1911 BGB) und die Nachlasspflegschaft (§§ 1960 ff. BGB) sowie die Sammlungspflegschaft (§ 1914 BGB). [4] Sie betreffen nur die Verwaltung von Vermögen und haben keinen spezifischen Bezug auf Minderjährige, für die die elterlichen Sorgeberechtigten ersetzt werden müssen. [5] Des Weiteren zählen hierzu die Pflegschaft für einen unbekannten Beteiligten nach § 1913 BGB und die Pflegschaft für eine Leibesfrucht nach § 1912 BGB, die ebenfalls in der Regel nur die Verwaltung von Vermögen betreffen.

Leistungen von Verfahrensbeiständen[1)]

(9)[1) · 2)] [1] Nach § 4 Nr. 25 Satz 3 Buchstabe d UStG sind die von Verfahrensbeiständen erbrachten Leistungen von der Umsatzsteuer befreit, wenn sie von Einrichtungen erbracht werden, die als Verfahrensbeistand nach den §§ 158, 174 oder 191 des Gesetzes über das Verfahren in Familiensachen und in den Angelegenheiten der freiwilligen Gerichtsbarkeit zur Wahrnehmung der Interessen minderjähriger Kinder in Kindschaftssachen, in Abstammungssachen oder in Adoptionssachen bestellt worden sind (vgl. BFH-Urteil vom 17.07.2019 – V R 27/17, BStBl. II 2023 S. 591). [2] Unter die Steuerbefreiung fallen sowohl die von freiberuflich tätigen Rechtsanwälten, Pädagogen sowie Kinder- und Jugendpsychologen erbrachten Beistandsleistungen als auch die Leistungen von Mitarbeitern von Betreuungsvereinen, die vom Familiengericht zum Verfahrensbeistand bestellt wurden. [3] Voraussetzung für die Steuerbefreiung ist, dass die Preise, die diese Einrichtungen verlangen, von den zuständigen Behörden genehmigt sind oder die genehmigten Preise nicht übersteigen. [4] Bei Umsätzen, für die eine Preisgenehmigung nicht vorgesehen ist, müssen die verlangten Preise unter den Preisen liegen, die der Mehrwertsteuer unterliegende gewerbliche Unternehmen für entsprechende Umsätze fordern.

Reiseleistungen im Drittland

(10) Liegen für Leistungen nach § 4 Nr. 25 UStG auch die Voraussetzungen der Steuerbefreiung für Reiseleistungen im Drittland (§ 25 Abs. 2 UStG) vor, geht die Steuerbefreiung des § 4 Nr. 25 UStG der Steuerbefreiung nach § 25 Abs. 2 UStG vor.

Zu § 4 Nr. 26 UStG

4.26.1 Ehrenamtliche Tätigkeit

(1) [1] Für die Steuerbefreiung nach § 4 Nr. 26 Buchstabe a und Buchstabe b UStG ist das Vorliegen einer ehrenamtlichen Tätigkeit erforderlich (vgl. BFH-

1) 4.25.2 UStAE Zwischenüberschrift eingef. und Abs. 9 neugef. durch BMF v. 28.04.2023, BStBl. I 2023, 795, grds. anzuwenden auf nach dem 31.12.2020 erbrachte Umsätze; zur weiteren Anwendungsregelung siehe Anlage 8.

2) Die nach §§ 276, 317 FamFG gerichtlich bestellten Verfahrenspfleger für Betreuungs- und Unterbringungssachen können sich auf die unionsrechtliche Steuerbefreiung nach Art. 132 Abs. 1 Buchst. g MwStSystRL berufen, siehe BFH v. 25.11.2021 V R 34/19, DStR 2022, 653.

Urteil vom 17.12.2015, V R 45/14, BStBl. II 2017 S. 658). [2]Hierzu rechnen neben den in einem Gesetz ausdrücklich als solche genannten Tätigkeiten auch die, die man im allgemeinen Sprachgebrauch herkömmlicherweise als ehrenamtlich bezeichnet (vgl. BFH-Urteil vom 27.7.1972, V R 33/72, BStBl. II S. 844) oder die dem materiellen Begriffsinhalt der Ehrenamtlichkeit entsprechen (vgl. BFH-Urteil vom 14.05.2008, XI R 70/07, BStBl. II S. 912, und vom 20.08.2009, V R 32/08, BStBl. II 2010 S. 88). [3]Die Annahme der Ehrenamtlichkeit kraft gesetzlicher Regelung erfordert die Benennung in einem materiellen oder formellen Gesetz. [4]Eine Ehrenamtlichkeit kraft gesetzlicher Regelung ist allerdings nicht anzunehmen, wenn es sich um eine Bestimmung in einer im Bereich der Selbstverwaltung erlassenen Satzung handelt (vgl. BFH-Urteil vom 17.12.2015, V R 45/14, a. a. O.). [5]Die Tätigkeit im Aufsichtsrat einer Volksbank wird im allgemeinen Sprachgebrauch herkömmlicherweise nicht als ehrenamtlich bezeichnet (vgl. BFH-Urteil vom 20.08.2009, V R 32/08, a. a. O.). [6]Ergibt sich die Bezeichnung „ehrenamtlich“ weder aus einem Gesetz noch lässt sich ein diesbezüglicher Sprachgebrauch ermitteln, bedarf es einer Bestimmung des materiellen Begriffsinhalts. [7]Im öffentlich-rechtlichen Bereich ist darunter die unentgeltliche Mitwirkung natürlicher Personen bei der Erfüllung öffentlicher Aufgaben zu verstehen, die auf Grund behördlicher Bestellung außerhalb eines haupt- oder nebenamtlichen Dienstverhältnisses stattfindet und für die lediglich eine Entschädigung besonderer Art gezahlt wird (vgl. BFH-Urteil vom 16.12.1987, X R 7/82, BStBl. II 1988 S. 384). [8]Wenn eine Tätigkeit für den hoheitlichen Bereich einer juristischen Person des öffentlichen Rechts (vgl. Abschnitt 4.26.1 Abs. 2 Satz 1) in einem anderen Gesetz oder im allgemeinen Sprachgebrauch als ehrenamtlich bezeichnet wird, kann grundsätzlich vom Vorliegen der Befreiungsvoraussetzungen ausgegangen werden, es sei denn, die Anwendung des Begriffs der Ehrenamtlichkeit auf die Tätigkeit ist mit der gebotenen engen Auslegung des Begriffs der Ehrenamtlichkeit ausnahmsweise nicht mehr vereinbar, insbesondere wenn sie in einem Umfang ausgeführt wird, bei dem die Annahme einer beruflichen Ausübung nicht mehr ausgeschlossen werden kann. [9]Für den nicht-öffentlichen Bereich kommt es nach dem materiellen Begriffsinhalt hingegen auf das Fehlen eines eigennützigen Erwerbsstrebens, die fehlende Hauptberuflichkeit und den Einsatz für eine fremdnützig bestimmte Einrichtung an. [10]Danach kann sowohl die Tätigkeit eines Ratsmitgliedes im Aufsichtsrat einer kommunalen Eigengesellschaft (BFH-Urteil vom 04.05.1994, XI R 86/92, BStBl. II S. 773) als auch die Tätigkeit in Gremien der berufsständischen Kammern und Verbände eine ehrenamtliche Tätigkeit im Sinne der Befreiungsvorschrift sein. [11]Liegt ein eigennütziges Erwerbsstreben oder eine Hauptberuflichkeit vor bzw. wird der Einsatz nicht für eine fremdnützig bestimmte Einrichtung erbracht, kann unabhängig von der Höhe der Entschädigung nicht von einer ehrenamtlichen Tätigkeit ausgegangen werden. [12]Das ist insbesondere dann der Fall, wenn der Zeitaufwand der Tätigkeit auf eine hauptberufliche Teilzeit- oder sogar Vollzeitbeschäftigung hindeutet. [13]Ein Entgelt, das nicht lediglich im Sinne einer Entschädigung für Zeitversäumnis oder eines Verdienstausfalls gezahlt wird, sondern sich an der Qualifikation des Tätigen und seiner Leistung orientiert, steht dem Begriff der ehrenamtlichen Tätigkeit entgegen.

(2) [1]Die ehrenamtlichen Tätigkeiten für juristische Personen des öffentlichen Rechts fallen nur dann unter § 4 Nr. 26 Buchstabe a UStG, wenn sie für deren nichtunternehmerischen Bereich ausgeführt werden. [2]Es muss sich also um die Ausübung einer ehrenamtlichen Tätigkeit für den öffentlich-rechtlichen Bereich handeln. [3]Wird die ehrenamtliche Tätigkeit für den Betrieb gewerblicher Art einer Körperschaft des öffentlichen Rechts ausgeübt, kann sie deshalb nur unter den Voraussetzungen des § 4 Nr. 26 Buchstabe b UStG steuerfrei belassen werden (BFH-Urteil vom 04.04.1974, V R 70/73, BStBl. II S. 528).

(3) Die Mitwirkung von Rechtsanwälten in Rechtsberatungsdiensten ist keine ehrenamtliche Tätigkeit, weil die Rechtsanwälte in diesen Fällen nicht außerhalb ihres Hauptberufs tätig werden.

(4) [1]Geht in Fällen des § 4 Nr. 26 Buchstabe b UStG das Entgelt über einen Auslagenersatz und eine angemessene Entschädigung für Zeitversäumnis hinaus, besteht in vollem Umfang Steuerpflicht. [2]Was als angemessene Ent-

(Fortsetzung S. 411)

(2) ¹Die ehrenamtlichen Tätigkeiten für juristische Personen des öffentlichen Rechts fallen nur dann unter § 4 Nr. 26 Buchstabe a UStG, wenn sie für deren nichtunternehmerischen Bereich ausgeführt werden. ²Es muss sich also um die Ausübung einer ehrenamtlichen Tätigkeit für den öffentlich-rechtlichen Bereich handeln. ³Wird die ehrenamtliche Tätigkeit für den Betrieb gewerblicher Art einer Körperschaft des öffentlichen Rechts ausgeübt, kann sie deshalb nur unter den Voraussetzungen des § 4 Nr. 26 Buchstabe b UStG steuerfrei belassen werden (BFH-Urteil vom 04.04.1974, V R 70/73, BStBl. II S. 528).

(3) Die Mitwirkung von Rechtsanwälten in Rechtsberatungsdiensten ist keine ehrenamtliche Tätigkeit, weil die Rechtsanwälte in diesen Fällen nicht außerhalb ihres Hauptberufs tätig werden.

(4) ¹Geht in Fällen des § 4 Nr. 26 Buchstabe b UStG das Entgelt über einen Auslagenersatz und eine angemessene Entschädigung für Zeitversäumnis hinaus, besteht in vollem Umfang Steuerpflicht. ²Was als angemessene Ent-

(Fortsetzung S. 411)

Dritte Ausfertigung des vereinfachten Begleitdokuments bei Lieferung verbrauchsteuerpflichtiger Waren des steuerrechtlich freien Verkehrs in Beförderungsfällen

(14) [1]Nach § 17b Abs. 3 Satz 1 Nr. 4 Buchstabe b UStDV kann der Unternehmer bei der Beförderung verbrauchsteuerpflichtiger Waren des steuerrechtlich freien Verkehrs den Nachweis der innergemeinschaftlichen Lieferung wie folgt führen: durch die dritte Ausfertigung des vereinfachten Begleitdokuments, das dem zuständigen Hauptzollamt für Zwecke der Verbrauchsteuerentlastung vorzulegen ist. [2]Diese Nachweismöglichkeit ist auch in den Fällen der Versendung verbrauchsteuerpflichtiger Waren zulässig.

(15) Eine nach dem Muster des im Anhang zu der Verordnung (EWG) Nr. 3649/92 der Kommission vom 17.12.1992 über ein vereinfachtes Begleitdokument für die Beförderung von verbrauchsteuerpflichtigen Waren, die sich bereits im steuerrechtlich freien Verkehr des Abgangsmitgliedstaats befinden, (ABl. EG 1992 Nr. L 369 S. 17) enthaltenen Begleitdokuments vollständig und richtig ausgefüllte dritte Ausfertigung (3. Ausfertigung; vgl. Anlage 7)[1)] ist als Beleg im Sinne von Absatz 14 anzuerkennen.

Zulassung des Fahrzeugs auf den Erwerber bei Beförderung durch den Abnehmer

(16) Nach § 17b Abs. 3 Satz 1 Nr. 5 UStDV kann der Unternehmer bei der innergemeinschaftlichen Lieferung von Fahrzeugen, die durch den Abnehmer befördert werden und für die eine Zulassung für den Straßenverkehr erforderlich ist, den Nachweis der innergemeinschaftlichen Lieferung wie folgt führen: durch einen Nachweis über die Zulassung des Fahrzeugs auf den Erwerber im Bestimmungsmitgliedstaat der Lieferung; dabei ist eine einfache Kopie der Zulassung ausreichend.

(17) [1]Der Nachweis der Zulassung muss die Fahrzeug-Identifikationsnummer enthalten. [2]Ein Nachweis der Zulassung des Fahrzeugs im übrigen Gemeinschaftsgebiet auf eine andere Person als den Erwerber, d.h. den Abnehmer der Lieferung, ist kein ausreichender Nachweis.

6a.6 Belegnachweis in Bearbeitungs- oder Verarbeitungsfällen

[1]In Bearbeitungs- oder Verarbeitungsfällen im Zusammenhang mit innergemeinschaftlichen Lieferungen hat der liefernde Unternehmer den Belegnachweis durch Belege nach § 17b UStDV zu führen, die zusätzlich die in § 11 Abs. 1 Nr. 1 bis 4 UStDV bezeichneten Angaben enthalten (§ 17c Satz 2 UStDV). [2]Abschnitt 6.8 ist entsprechend anzuwenden.

6a.7 Buchmäßiger Nachweis

(1)[2)] [1]Zur Führung des Buchnachweises muss der liefernde Unternehmer die ausländische USt-IdNr. des Abnehmers aufzeichnen (§ 17d Abs. 1 UStDV).

[1)] Nr. **500** Anl. 7.

[2)] A 6a.7 UStAE Abs. 1 Satz 9 Klammerzusatz gestrichen durch BMF v. 25.04.2023, BStBl. I 2023, 778, anzuwenden in allen offenen Fällen.

[2]Darüber hinaus muss er den Namen und die Anschrift des Abnehmers aufzeichnen (§ 17d Abs. 2 Nr. 1 UStDV). [3]Zu den erforderlichen Voraussetzungen der Steuerbefreiung gehört auch die Unternehmereigenschaft des Abnehmers. [4]Diese muss der liefernde Unternehmer nachweisen (§ 17d Abs. 1 UStDV in Verbindung mit § 6a Abs. 1 Satz 1 Nr. 2 Buchstabe a UStG). [5]Die Aufzeichnung der ausländischen USt-IdNr. allein reicht hierfür nicht aus, weil sich aus ihr nicht ergibt, wer der tatsächliche Leistungsempfänger ist. [6]Die Beteiligten eines Leistungsaustausches – und somit auch der Abnehmer – ergeben sich regelmäßig aus den zivilrechtlichen Vereinbarungen. [7]Handelt jemand im fremden Namen, kommt es darauf an, ob er hierzu Vertretungsmacht hat. [8]Der Unternehmer muss daher die Identität des Abnehmers (bzw. dessen Vertretungsberechtigten), z. B. durch Vorlage des Kaufvertrags, nachweisen. [9]Handelt ein Dritter im Namen des Abnehmers, muss der Unternehmer auch die Vollmacht des Vertretungsberechtigten nachweisen, weil beim Handeln im fremden Namen die Wirksamkeit der Vertretung davon abhängt, ob der Vertretungsberechtigte Vertretungsmacht hat.

(2) [1]Die nach § 17d Abs. 1 Satz 1 UStDV buchmäßig nachzuweisende USt-IdNr. des Abnehmers bezeichnet die gültige ausländische USt-IdNr. des Abnehmers im Sinne des Abschnitts 6a.1 Abs. 10. [2]Wenn der liefernde Unternehmer die gültige USt-IdNr. des Abnehmers nicht aufzeichnen bzw. im Bestätigungsverfahren beim BZSt nicht erfragen kann, weil ihm eine unrichtige USt-IdNr. genannt worden ist, steht nicht objektiv fest, an welchen Abnehmer die Lieferung bewirkt wurde. [3]Im Übrigen steht nicht entsprechend § 6a Abs. 1 Satz 1 Nr. 3 UStG fest, dass der Erwerb des Gegenstands in dem anderen Mitgliedstaat der Erwerbsbesteuerung unterliegt. [4]In einem solchen Fall liegen die Voraussetzungen für die Inanspruchnahme der Steuerbefreiung für eine innergemeinschaftliche Lieferung nicht vor. [5]Zu einer etwaigen Gewährung von Vertrauensschutz in diesen Fällen vgl. Abschnitt 6a.8.

(3) Hat der Unternehmer eine im Zeitpunkt der Lieferung gültige ausländische USt-IdNr. des Abnehmers im Sinne des Abschnitts 6a.1 Abs. 10 aufgezeichnet, kann

– die Feststellung, dass der Adressat einer Lieferung den Gegenstand nicht zur Ausführung entgeltlicher Umsätze verwendet hat,
– die Feststellung, der Empfänger der Lieferung habe die mit Hilfe der bezogenen Lieferungen ausgeführten Umsätze nicht versteuert, oder
– die Mitteilung eines anderen Mitgliedstaates, bei dem Abnehmer handele es sich um einen „missing trader",

für sich genommen nicht zu dem Schluss führen, nicht der Vertragspartner, sondern eine andere Person sei Empfänger der Lieferung gewesen.

(4) Für die Unternehmereigenschaft des Abnehmers ist es auch unerheblich, ob dieser im Bestimmungsmitgliedstaat des Gegenstands der Lieferung seine umsatzsteuerlichen Pflichten erfüllt.

(5) [1]Regelmäßig ergibt sich aus den abgeschlossenen zivilrechtlichen Vereinbarungen, wer bei einem Umsatz als Leistender und wer als Leistungsempfänger anzusehen ist. [2]Allerdings kommt unter vergleichbaren Voraussetzungen eine von den „vertraglichen Vereinbarungen" abweichende Bestimmung des Leistungsempfängers in Betracht, wenn bei einer innergemeinschaftlichen

(8) [1]Vermittlungsleistungen sind keine Leistungen für den unmittelbaren Bedarf der begünstigten Schiffe. [2]Das gilt auch dann, wenn sie von im Absatz 7 genannten Unternehmern erbracht werden. [3]Die Vermittlung der in § 8 UStG bezeichneten Umsätze ist jedoch unter den Voraussetzungen des § 4 Nr. 5 UStG steuerfrei.

(9) Sonstige Leistungen, die sich unmittelbar auf Gegenstände beziehen, die in das Drittlandsgebiet verbracht werden, oder die sich auf Gegenstände der Einfuhr in das Gebiet eines Mitgliedstaates der Europäischen Gemeinschaft beziehen, aber keine Leistungen für den unmittelbaren Bedarf der in § 8 Abs. 1 Nr. 1 und 2 UStG bezeichneten Wasserfahrzeuge darstellen, können nach § 4 Nr. 3 UStG unter den dort genannten Voraussetzungen steuerfrei sein.

8.2 Umsätze für die Luftfahrt

(1) Abschnitt 8.1 Abs. 1 bis 3 ist auf Umsätze für die Luftfahrt entsprechend anzuwenden.

(2) [1]Die Steuerbefreiung nach § 8 Abs. 2 Nr. 1 UStG ist davon abhängig, dass der Unternehmer nur in unbedeutendem Umfang nach § 4 Nr. 17 Buchstabe b UStG steuerfreie, auf das Inland beschränkte Beförderungen mit Luftfahrzeugen durchführt (vgl. Abschnitt 4.17.2). [2]Der Unternehmer führt dann steuerfreie, auf das Inland beschränkte Beförderungen mit Luftfahrzeugen in unbedeutendem Umfang durch, wenn die Entgelte für diese Umsätze im vorangegangenen Kalenderjahr nicht mehr als 1% der Entgelte seiner im jeweiligen Zeitraum ausgeführten Personenbeförderungen im Binnenluftverkehr und im internationalen Luftverkehr betragen oder die Anzahl der Flüge, bei denen nach § 4 Nr. 17 Buchstabe b UStG steuerfreie, auf das Inland beschränkte Beförderungen ausgeführt werden, im vorangegangenen Kalenderjahr nicht mehr als 1% der Gesamtzahl der ausgeführten Flüge des Unternehmers im Personenverkehr beträgt.

(3) [1]Von den Beförderungen im internationalen Luftverkehr im Sinne des § 8 Abs. 2 Nr. 1 UStG sind die Beförderungen zu unterscheiden, die sich ausschließlich auf das Inland erstrecken (Binnenluftverkehr). [2]Die Frage, welcher der beiden Verkehre überwiegt, bestimmt sich nach der Höhe der Entgelte für die Personen- und Güterbeförderungen im Luftverkehr. [3]Übersteigen bei einem Unternehmer, der ausschließlich – oder mit einem Unternehmensteil oder auch nur im Rahmen von Hilfsumsätzen – entgeltlichen Luftverkehr betreibt, die Entgelte für die Beförderungen im internationalen Luftverkehr die Entgelte für die Beförderungen im Binnenluftverkehr, kommt für die Lieferungen usw. von Luftfahrzeugen, die zum Einsatz bei diesem Unternehmer bestimmt sind, die Steuerbefreiung in Betracht. [4]Auf den Zweck, für den das einzelne Flugzeug bestimmt ist oder verwendet wird – Einsatz im internationalen Luftverkehr oder im Binnenluftverkehr –, kommt es nicht an. [5]Bei den Luftverkehrsunternehmern mit Sitz im Ausland ist davon auszugehen, dass sie im Rahmen ihres entgeltlichen Luftverkehrs überwiegend internationalen Luftverkehr betreiben und nur in unbedeutendem Umfang nach § 4 Nr. 17 Buchstabe b UStG steuerfreie, auf das Inland beschränkte

Beförderungen durchführen. [6]Bei den Luftverkehrsunternehmern mit Sitz im Inland kann diese Voraussetzung als erfüllt angesehen werden, wenn sie in der für den Besteuerungszeitraum maßgeblichen im Bundessteuerblatt veröffentlichten Liste aufgeführt sind.[1)] [7]Die Liste wird jeweils zu Beginn eines Kalenderjahres neu herausgegeben, soweit bis zu diesem Zeitpunkt Änderungen eingetreten sind. [8]Das Vorliegen einer aktiven Betriebsgenehmigung durch das Luftfahrtbundesamt kann ein Indiz dafür sein, dass das betreffende Unternehmen in die Liste aufgenommen werden kann, ist aber keine materiellrechtliche Voraussetzung für die Anwendung der Steuerbefreiung nach § 8 Abs. 2 UStG.

(4)[2)] [1]Bis zur Aufnahme eines Unternehmers in die in Absatz 3 bezeichnete Liste gilt Folgendes: Haben die zuständigen Landesfinanzbehörden bei einem Unternehmer festgestellt, dass er im entgeltlichen Luftverkehr überwiegend internationalen Luftverkehr betreibt und nur in unbedeutendem Umfang nach § 4 Nr. 17 Buchstabe b UStG steuerfreie, auf das Inland beschränkte Beförderungsleistungen erbringt, erteilt das zuständige Finanzamt dem Unternehmer hierüber einen schriftlichen bis zum Ablauf des Kalenderjahres befristeten Bescheid. [2]Der Unternehmer kann anderen Unternehmern Ablichtungen oder Abschriften des Bescheids des Finanzamts übersenden und sie auf diese Weise unterrichten. [3]Die anderen Unternehmer sind berechtigt, diese Ablichtungen oder Abschriften bis zum Beginn des neuen Kalenderjahres für die Führung des buchmäßigen Nachweises zu verwenden.

(5) [1]Das Finanzamt prüft einmal jährlich, ob der in die Liste aufgenommene Unternehmer die Voraussetzungen hierfür noch erfüllt. [2]Ist der Unternehmer danach in die nächste Liste nicht mehr aufzunehmen, können andere Unternehmer aus Vereinfachungsgründen bei Umsätzen, die sie bis zum Beginn des neuen Kalenderjahres bewirken, noch davon ausgehen, dass der Unternehmer im entgeltlichen Luftverkehr überwiegend internationalen Luftverkehr betreibt und nur in unbedeutendem Umfang nach § 4 Nr. 17 Buchstabe b UStG steuerfreie, auf das Inland beschränkte Beförderungen durchführt.

(6) [1]Bezüglich der Begriffe „Ausrüstungsgegenstände" und „Versorgungsgegenstände" gelten die Ausführungen in Abschnitt 8.1 Abs. 3 und 4 entsprechend. [2]Jedoch ist es nicht erforderlich, dass der Unternehmer die Gegenstände zur Ausrüstung oder Versorgung eines bestimmten Luftfahrzeuges liefert. [3]Bei speziell nur für die Luftfahrt zu verwendenden Containern (z. B. für einen bestimmten Flugzeugtyp angefertigte Container) handelt es sich um Ausrüstungsgegenstände im Sinne von § 8 Abs. 2 Nr. 2 UStG.

(7) Zu den sonstigen Leistungen im Sinne des § 8 Abs. 2 Nr. 4 UStG gehören insbesondere:

1. die Duldung der Benutzung des Flughafens und seiner Anlagen einschließlich der Erteilung der Start- und Landeerlaubnis;
2. die Reinigung von Luftfahrzeugen;

---

1) Ab **01.01.2022** siehe BMF v. 09.12.2021, BStBl. I 2021, 2489, ab **01.01.2023** siehe BMF v. 09.12.2022, BStBl. I 2022, 1679, geänd. durch BMF v. 03.05.2023, BStBl. I 2023, 797.

2) So die amtliche Satzzählung in Abs. 4.

[3] Ob der Unternehmer Beträge im Namen und für Rechnung eines anderen vereinnahmt und verauslagt, kann nicht nach der wirtschaftlichen Betrachtungsweise entschieden werden. [4] Es ist vielmehr erforderlich, dass zwischen dem Zahlungsverpflichteten und dem, der Anspruch auf die Zahlung hat (Zahlungsempfänger), unmittelbare Rechtsbeziehungen bestehen (vgl. BFH-Urteil vom 24.02.1966, V 135/63, BStBl. III S. 263). [5] Liegen solche unmittelbaren Rechtsbeziehungen mit dem Unternehmer vor, sind Rechtsbeziehungen ohne Bedeutung, die zwischen dem Zahlungsempfänger und der Person bestehen, die an den Unternehmer leistet oder zu leisten verpflichtet ist (vgl. BFH-Urteil vom 02.03.1967, V 54/64, BStBl. III S. 377).

(2)[1)] [1] Unmittelbare Rechtsbeziehungen setzen voraus, dass der Zahlungsverpflichtete und der Zahlungsempfänger jeweils den Namen des anderen und die Höhe des gezahlten Betrags erfahren (vgl. BFH-Urteil vom 04.12.1969, V R 104/66, BStBl. II 1970 S. 191). [2] Dieser Grundsatz findet jedoch regelmäßig auf Abgaben und Beiträge keine Anwendung. [3] Solche Beträge können auch dann durchlaufende Posten sein, wenn die Mittelsperson dem Zahlungsempfänger die Namen der Zahlungsverpflichteten und die jeweilige Höhe der Beträge nicht mitteilt (vgl. BFH-Urteil vom 11.08.1966, V 13/64, BStBl. III S. 647). [4] Kosten (Gebühren und Auslagen), die Rechtsanwälte, Notare und Angehörige verwandter Berufe bei Behörden und ähnlichen Stellen für ihre Auftraggeber auslegen, können als durchlaufende Posten auch dann anerkannt werden, wenn dem Zahlungsempfänger Namen und Anschriften der Auftraggeber nicht mitgeteilt werden. [5] Voraussetzung ist, dass die Kosten nach Kosten(Gebühren-)ordnungen berechnet werden, die den Auftraggeber als Kosten(Gebühren-)schuldner bestimmen (vgl. BFH-Urteil vom 24.08.1967, V 239/64, BStBl. III S. 719). [6] Zu durchlaufenden Posten im Rahmen von postvorbereitenden sonstigen Leistungen von Konsolidierern an die Deutsche Post AG vgl. BMF-Schreiben vom 13.12.2006, BStBl. 2007 I S. 119. [7] Die von den gesetzlichen Trägern der Grundsicherung für Arbeitssuchende gezahlte Mehraufwandsentschädigung ist bei der Auszahlung durch die Arbeitsgelegenheit bei dieser als durchlaufender Posten zu beurteilen.

(3) [1] Steuern, öffentliche Gebühren und Abgaben, die vom Unternehmer geschuldet werden, sind bei ihm keine durchlaufenden Posten, auch wenn sie dem Leistungsempfänger gesondert berechnet werden (vgl. BFH-Urteil vom 04.06.1970, V R 10/67, BStBl. II S. 648, und Abschnitt 10.1 Abs. 6). [2] Dementsprechend sind z. B. Gebühren, die im Rahmen eines Grundbuchabrufverfahrens vom Notar geschuldet werden, bei diesem keine durchlaufenden Posten, auch wenn sie als verauslagte Gerichtskosten in Rechnung gestellt werden dürfen.

(4)[1)] Für die Annahme eines durchlaufenden Postens in Fällen der Gesamtschuldnerschaft obliegt der Nachweis über die Funktion als Mittelsperson dem Unternehmer.

[1)] A 10.4 UStAE Abs. 2 Satz 6 aufgeh., bish. Sätze 7 und 8 werden Sätze 6 und 7, Abs. 4 neugef. durch BMF v. 11.01.2023, BStBl. II 2023, 179, anzuwenden in allen offenen Fällen; für bis zum 31.12.2022 ausgeführte Umsätze kann sich der Unternehmer bis zum o. a. BMF-Schreiben (veröffentlicht im BStBl. I 2023 Nr. 1 v. 27.01.2023) auf die bish. Verwaltungsauffassung berufen.

10.5 Bemessungsgrundlage beim Tausch und bei tauschähnlichen Umsätzen

Allgemeines

(1)[1] [1]Beim Tausch und bei tauschähnlichen Umsätzen gilt der Wert jedes Umsatzes als Entgelt für den anderen Umsatz. [2]Der Wert des anderen Umsatzes wird durch den subjektiven Wert für die tatsächlich erhaltene und in Geld ausdrückbare Gegenleistung bestimmt. [3]Subjektiver Wert ist derjenige, den der Leistungsempfänger der Leistung beimisst, die er sich verschaffen will und deren Wert dem Betrag entspricht, den er zu diesem Zweck aufzuwenden bereit ist (vgl. BFH-Urteil vom 16.04.2008, XI R 56/06, BStBl. II S. 909, und EuGH-Urteil vom 02.06.1994, C-33/93, Empire Stores). [4]Dieser Wert umfasst alle Ausgaben einschließlich der Nebenleistungen, die der Empfänger der jeweiligen Leistung aufwendet, um diese Leistung zu erhalten (vgl. BFH-Urteile vom 01.08.2002, V R 21/01, BStBl. II 2003 S. 438, und vom 16.04.2008, XI R 56/06, a. a. O.; zu Versandkosten vgl. z. B. EuGH-Urteil vom 03.07.2001, C-380/99, Bertelsmann).[2] [5]Soweit der Leistungsempfänger konkrete Aufwendungen für die von ihm erbrachte Gegenleistung getätigt hat, ist daher der gemeine Wert (§ 9 BewG) dieser Gegenleistung nicht maßgeblich. [6]Hat er keine konkreten Aufwendungen für seine Gegenleistung getätigt, ist das Entgelt für die Leistung gem. § 162 AO zu schätzen (vgl. BFH-Urteil vom 25.04.2018, XI R 21/16, BStBl. II S. 505). [7]Wird ein Geldbetrag zugezahlt, handelt es sich um einen Tausch oder tauschähnlichen Umsatz mit Baraufgabe. [8]In diesen Fällen ist der Wert der Sachleistung um diesen Betrag zu mindern. [9]Wird im Rahmen eines tauschähnlichen Umsatzes Kapital zinslos oder verbilligt zur Nutzung überlassen, richtet sich der Wert dieses Vorteils nach den allgemeinen Vorschriften des BewG (§§ 13 bis 16 BewG).[3] [10]Danach ist ein einjähriger Betrag der Nutzung mit 5,5 % des Darlehens zu ermitteln (vgl. BFH-Urteil vom 28.02.1991, V R 12/85, BStBl. II S. 649).

Materialabfall und werthaltige Abfälle

(2) [1]Zum Entgelt für eine Werkleistung oder eine Werklieferung kann neben der vereinbarten Barvergütung auch der bei der Werkleistung oder Werklieferung anfallende Materialabfall gehören, den der Leistungsempfänger dem leistenden Unternehmer überlässt. [2]Das gilt insbesondere, wenn Leistungsempfänger und leistender Unternehmer sich darüber einig sind, dass die Barvergütung kein hinreichender Gegenwert für die Werkleistung oder die Werklieferung ist. [3]Der Wert des Materialabfalls kann auch dann anteilige

---

[1] A 10.5 UStAE Abs. 1 Satz 6 neugef., Satz 7 aufgeh., bish. Sätze 8 bis 11 werden Sätze 7 bis 10 durch BMF v. 28.08.2020, BStBl. I 2020, 928, anzuwenden in allen offenen Fällen; zur **bis 01.01.2022** begrenzten Anwendung der bisherigen Regelungen siehe Anlage 8. – Vgl. BFH v. 30.09.2008 XI B 74/08, BFH/NV 2008, 2066 (tauschähnlicher Umsatz beim Reinigen von Toilettenanlagen gegen Entgelt).

[2] DStRE 2001, 936.

[3] **Steuergesetze** Nr. **200.**

Gegenleistung für die Werkleistung oder die Werklieferung sein, wenn über den Verbleib des Materialabfalls keine besondere Vereinbarung getroffen worden ist. [4]Die Vermutung, dass in diesem Fall die Höhe der vereinbarten Barvergütung durch den überlassenen Materialabfall beeinflusst worden ist, besteht insbesondere, wenn es sich um wertvollen Materialabfall handelt (vgl. BFH-Urteil vom 15.12.1988, V R 24/88, BStBl. II 1989 S. 252). [5]Übernimmt bei der Entsorgung werthaltiger Abfälle der Unternehmer (Entsorger) die vertraglich geschuldete industrielle Aufbereitung und erhält er die Verwertungs- und Vermarktungsmöglichkeit über die im Abfall enthaltenen Wertstoffe, bleibt der Charakter der Leistung als Entsorgungsleistung ungeachtet des durch den Entsorger erzielten Preises für die Wertstoffe unberührt. [6]Der Wert des Wertstoffs ist Bemessungsgrundlage für die erbrachte Entsorgungsleistung, ggf. – je nach Marktlage – abzüglich bzw. zuzüglich einer Baraufgabe. [7]Die für die Höhe der Baraufgabe maßgebenden Verhältnisse ergeben sich dabei regelmäßig aus den vertraglichen Vereinbarungen und Abrechnungen. [8]Bemessungsgrundlage für die Lieferung des Unternehmers, der den werthaltigen Abfall abgibt, ist der Wert der Gegenleistung (Entsorgungsleistung) ggf. – je nach Marktlage – abzüglich bzw. zuzüglich einer Baraufgabe. [9]Zu tauschähnlichen Umsätzen bei der Abgabe von werthaltigen Abfällen vgl. Abschnitt 3.16.[10]Beginnt die Beförderung oder Versendung an den Abnehmer (Entsorger) in einem anderen EU-Mitgliedstaat, kann die Leistung des liefernden Unternehmers als innergemeinschaftliche Lieferung steuerfrei sein. [11]Der Entsorger hat einen betragsmäßig identischen innergemeinschaftlichen Erwerb des werthaltigen Abfalls der Umsatzbesteuerung in Deutschland zu unterwerfen, wenn hier die Entsorgung des Abfalls erfolgt.

Austauschverfahren in der Kraftfahrzeugwirtschaft

(3)[1)] [1]Die Umsätze beim Austauschverfahren in der Kraftfahrzeugwirtschaft sind in der Regel Tauschlieferungen mit Baraufgabe (vgl. BFH-Urteil vom 03.05.1962, V 298/59 S, BStBl. III S. 265). [2]Der Lieferung eines aufbereiteten funktionsfähigen Austauschteils (z.B. Motor, Aggregat, Achse, Benzinpumpe, Kurbelwelle, Vergaser) durch den Unternehmer der Kraftfahrzeugwirtschaft stehen eine Geldzahlung und eine Lieferung des reparaturbedürftigen Kraftfahrzeugteils (Altteils) durch den Kunden gegenüber. [3]Als Entgelt für die Lieferung des Austauschteils sind demnach die vereinbarte Geldzahlung und der subjektive Wert des Altteils, jeweils abzüglich der darin enthaltenen Umsatzsteuer, anzusetzen (vgl. BFH-Urteil vom 25.04.2018, XI R 21/16, BStBl. II S. 505). [4]Dabei können die Altteile mit einem Durchschnittswert von 10% des sog. Bruttoaustauschentgelts bewertet werden. [5]Als Bruttoaustauschentgelt ist der Betrag anzusehen, den der Endabnehmer für den Erwerb eines dem zurückgegebenen Altteil entsprechenden Austauschteils abzüglich Umsatzsteuer, jedoch ohne Abzug eines Rabatts zu zahlen hat. [6]Der Durchschnittswert ist danach auf allen Wirtschaftsstufen gleich. [7]Er kann beim Austauschverfahren

---

1) A 10.5 UStAE Abs. 3 Satz 3 neugef. durch BMF v. 28.08.2020, BStBl. I 2020, 928, anzuwenden in allen offenen Fällen; zur **bis 01.01.2022** begrenzten Anwendung der bisherigen Regelungen siehe Anlage 8.

sowohl für Personenkraftwagen als auch für andere Kraftfahrzeuge, insbesondere auch Traktoren, Mähdrescher und andere selbst fahrende Arbeitsmaschinen im Sinne des § 3 Abs. 2 Nr. 1 Buchstabe a FZV,[1] angewandt werden. [8]Setzt ein Unternehmer bei der Abrechnung an Stelle des Durchschnittswerts andere Werte an, sind die tatsächlichen Werte der Umsatzsteuer zu unterwerfen. [9]Zur Vereinfachung der Abrechnung (§ 14 UStG) und zur Erleichterung der Aufzeichnungspflichten (§ 22 UStG) kann wie folgt verfahren werden:

1. [1]Die Lieferungen von Altteilen durch die am Kraftfahrzeug-Austauschverfahren beteiligten Unternehmer werden nicht zur Umsatzsteuer herangezogen. [2]Soweit der Endabnehmer des Austauschteils ein Land- und Forstwirt ist und seine Umsätze nach § 24 UStG nach Durchschnittssätzen versteuert, ist der Lieferer des Austauschteils, z. B. Reparaturwerkstatt, verpflichtet, über die an ihn ausgeführte Lieferung des Altteils auf Verlangen eine Gutschrift nach § 14 Abs. 2 Sätze 3 und 4 UStG zu erteilen (vgl. Nummer 2 Satz 2 Buchstabe a Beispiel 2).
2. [1]Bei der Lieferung des Austauschteils wird der Wert des zurückgegebenen Altteils in allen Fällen von den Lieferern – Hersteller, Großhändler, Reparaturwerkstatt – als Teil der Bemessungsgrundlage berücksichtigt. [2]Dabei ist Folgendes zu beachten:

   a) [1]In der Rechnung über die Lieferung des Austauschteils braucht der Wert des Altteils nicht in den Rechnungsbetrag einbezogen zu werden. [2]Es genügt, dass der Unternehmer den auf den Wert des Altteils entfallenden Steuerbetrag angibt.

Beispiel 1:

1 Austauschmotor	1.000,– €
+ Umsatzsteuer (19 %)	190,– €
+ Umsatzsteuer (19 %) auf den Wert des Altteils von 100 € (10 % von 1.000 €)	19,– €
	1.209,– €

Beispiel 2:

(Lieferung eines Austauschteils an einen Landwirt, der § 24 UStG anwendet)

1 Austauschmotor	1.000,– €
+ Umsatzsteuer (19 %)	190,– €
+ Umsatzsteuer (19 %) auf den Wert des Altteils von 100 € (10 % von 1.000 €)	19,– €
	1.209,– €
./. Gutschrift 10,7 %	
./. Umsatzsteuer auf den Wert des Altteils (100 €)	10,70 €
	1.198,30 €

1) Fahrzeug-Zulassungsverordnung v. 03.02.2011, BGBl. I 2011, 139 (**Straßenverkehrsrecht** Nr. **2.3**).

b) [1]Der Lieferer der Austauschteile – Hersteller, Großhändler, Reparaturwerkstatt – hat die auf die Werte der Altteile entfallenden Steuerbeträge gesondert aufzuzeichnen. [2]Am Schluss des Voranmeldungs- und des Besteuerungszeitraums ist aus der Summe dieser Steuerbeträge die Summe der betreffenden Entgeltteile zu errechnen.

c) Der Lieferungsempfänger muss, sofern er auf der Eingangsseite die Entgelte für empfangene steuerpflichtige Lieferungen und sonstige Leistungen und die darauf entfallenden Steuerbeträge nicht getrennt voneinander, sondern nach § 63 Abs. 5 UStDV in einer Summe aufzeichnet, die um die Steuer auf die Werte der Altteile verminderten Bruttorechnungsbeträge (nach den vorstehenden Beispielen 1190 €) und die auf die Werte der Altteile entfallenden Steuerbeträge getrennt voneinander aufzeichnen.

(4)[1)] [1]Nimmt ein Kraftfahrzeughändler beim Verkauf eines Kraftfahrzeugs einen Gebrauchtwagen in Zahlung und leistet der Käufer in Höhe des Differenzbetrags eine Zuzahlung, liegt ein Tausch mit Baraufgabe vor. [2]Zum Entgelt des Händlers gehört neben der Zuzahlung auch der subjektive Wert des in Zahlung genommenen gebrauchten Fahrzeugs. [3]Der subjektive Wert ergibt sich aus dem individuell vereinbarten Verkaufspreis zwischen dem Kraftfahrzeughändler und dem Käufer abzüglich der vom Käufer zu leistenden Zuzahlung. [4]Denn dies ist der Wert, den der Händler dem Gebrauchtwagen beimisst und den er bereit ist, hierfür aufzuwenden (vgl. Abs. 1 Sätze 2 bis 4).

(5)[1)] *(aufgehoben)*

Forderungskauf

(6) [1]Der Forderungskauf ohne Übernahme des Forderungseinzugs stellt einen tauschähnlichen Umsatz dar, bei dem der Forderungskäufer eine Baraufgabe leistet, vgl. Abschnitt 2.4 Abs. 5 Sätze 1 bis 3. [2]Die Baraufgabe des Forderungskäufers ist der von ihm ausgezahlte Betrag. [3]Der Wert der Leistung des Forderungskäufers besteht aus dem Wert für die Kreditgewährung, welcher durch die Gebühr und den Zins bestimmt wird, sowie dem bar aufgegebenen Betrag. [4]Der Wert der Leistung des Forderungsverkäufers besteht aus dem Kaufpreis, d.h. dem (Brutto-)Nennwert der abgetretenen Forderung zzgl. der darauf entfallenden Umsatzsteuer. [5]Dementsprechend ist Bemessungsgrundlage für die Leistung des Forderungsverkäufers der Wert des gewährten Kredits – dieser wird regelmäßig durch die vereinbarten Gebühren und Zinsen bestimmt – zzgl. des vom Käufer gezahlten Auszahlungsbetrags. [6]Bemessungsgrundlage für die Leistung des Forderungskäufers ist der Wert der übertragenen Forderung – dieser entspricht dem Bruttoverkaufspreis der Forderung, abzüglich der selbst geleisteten Baraufgabe in Höhe des Auszahlungsbetrags.

Beispiel:

[1]V hat eine Forderung über 1.190.000 € gegenüber einem Dritten, die er an den Erwerber K veräußert und abtritt. [2]Der Einzug der Forderung verbleibt bei V. [3]Sowohl V als auch K ma-

---

1) A 10.5 UStAE Abs. 4 neugef., Abs. 5 aufgeh. durch BMF v. 28.08.2020, BStBl. I 2020, 928, anzuwenden in allen offenen Fällen; zur **bis 01.01.2022** begrenzten Anwendung der bisherigen Regelungen siehe Anlage 8.

chen von der Möglichkeit der Option nach § 9 UStG Gebrauch. [4]K zahlt dem V den Forderungsbetrag (1.190.000 €) zuzüglich Umsatzsteuer (226.100 €) und abzüglich einer vereinbarten Gebühr von 5.950 €, also 1.410.150 €.
[5]Da der Einzug der Forderung nicht vom Erwerber der Forderung übernommen wird, erbringt K keine Factoringleistung, sondern eine grundsätzlich nach § 4 Nr. 8 Buchstabe a UStG steuerfreie Kreditgewährung. [6]Die Leistung des V besteht in der Abtretung seiner Forderung; auch diese Leistung ist grundsätzlich nach § 4 Nr. 8 Buchstabe c UStG steuerfrei. [7]Da sowohl V als auch K für ihre Leistung zur Steuerpflicht optiert haben, sind die Bemessungsgrundlagen für ihre Leistungen wie folgt zu ermitteln:
[8]Bemessungsgrundlage für die Leistung des V ist der Wert des gewährten Kredits – dieser wird durch die vereinbarte Gebühr i. H. v. 5.950 € bestimmt – zuzüglich des vom Käufer gezahlten Auszahlungsbetrags i. H. v. 1.410.150 €, abzüglich der darin enthaltenen Umsatzsteuer von 226.100 €. [9]Im Ergebnis ergibt sich somit eine Bemessungsgrundlage in Höhe des Bruttowerts der abgetretenen Forderung von 1.190.000 €.
[10]Bemessungsgrundlage für die Leistung des Forderungskäufers ist der Wert der übertragenen Forderung – dieser entspricht dem Bruttoverkaufspreis der Forderung von 1.416.100 €, abzüglich der selbst geleisteten Baraufgabe in Höhe des Auszahlungsbetrags von 1.410.150 €. [11]Im Ergebnis ergibt sich dabei eine Bemessungsgrundlage in Höhe der vereinbarten Gebühr, abzüglich der darin enthaltenen Umsatzsteuer, also 5.000 €.

10.6 Bemessungsgrundlage bei unentgeltlichen Wertabgaben

(1) [1]Bei den einer Lieferung gleichgestellten Wertabgaben im Sinne des § 3 Abs. 1b UStG (vgl. Abschnitt 3.3) ist bei der Ermittlung der Bemessungsgrundlage grundsätzlich vom Einkaufspreis zuzüglich der Nebenkosten für den Gegenstand oder für einen gleichartigen Gegenstand im Zeitpunkt der Entnahme oder Zuwendung auszugehen (§ 10 Abs. 4 Satz 1 Nr. 1 UStG). [2]Dieser fiktive Einkaufspreis entspricht in der Regel dem – auf der Handelsstufe des Unternehmers ermittelbaren – Wiederbeschaffungspreis im Zeitpunkt der Entnahme. [3]Bei im eigenen Unternehmen hergestellten Gegenständen ist ebenfalls grundsätzlich der fiktive Einkaufspreis maßgebend. [4]Ist der hergestellte Gegenstand eine Sonderanfertigung, für die ein Marktpreis nicht ermittelbar ist, oder lässt sich aus anderen Gründen ein Einkaufspreis am Markt für einen gleichartigen Gegenstand nicht ermitteln, sind die Selbstkosten zum Zeitpunkt des Umsatzes anzusetzen (vgl. BFH-Urteil vom 12.12.2012, XI R 3/10, BStBl. II 2014 S. 809). [5]Diese umfassen alle durch den betrieblichen Leistungsprozess bis zum Zeitpunkt der Entnahme oder Zuwendung entstandenen Ausgaben; dabei sind auch die nicht zum Vorsteuerabzug berechtigenden Kosten in die Bemessungsgrundlage einzubeziehen. [6]Bei der Ermittlung der Selbstkosten sind die Anschaffungs- oder Herstellungskosten des Unternehmensgegenstandes, soweit dieser der Fertigung des unentgeltlich zugewendeten Gegenstandes gedient hat, auf die betriebsgewöhnliche Nutzungsdauer, die nach den ertragsteuerrechtlichen Grundsätzen anzusetzen ist, zu verteilen. [7]Die auf die Wertabgabe entfallende Umsatzsteuer gehört nicht zur Bemessungsgrundlage. [8]Zu den Pauschbeträgen für unentgeltliche Wertabgaben (Sachentnahmen) 2022 vgl. BMF-Schreiben vom 20.01.2022, BStBl. I S. 137.[1)] [9]Zur Frage der Bemessungsgrundlage der unentgeltlichen Wertabgabe von Wärme, die durch eine KWK-Anlage erzeugt wird, vgl. Abschnitt 2.5 Abs. 20 bis 22.

[1)] Sachentnahmen 2023 siehe BMF v. 21.12.2022, BStBl. I 2023, 52.

(1a)[1] [1]Bei der Ermittlung der Bemessungsgrundlage nach den Grundsätzen des Absatzes 1 Sätze 1 bis 6 ist auch zu berücksichtigen, ob Gegenstände zum Zeitpunkt der unentgeltlichen Wertabgabe aufgrund ihrer Beschaffenheit nicht mehr oder nur noch stark eingeschränkt verkehrsfähig sind. [2]Hiervon ist bei Lebensmitteln auszugehen, wenn diese kurz vor Ablauf des Mindesthaltbarkeitsdatums stehen oder die Verkaufsfähigkeit als Frischware, wie Backwaren, Obst und Gemüse, wegen Mängeln nicht mehr gegeben ist. [3]Dies gilt auch für Non-Food-Artikel mit Mindesthaltbarkeitsdatum wie beispielsweise Kosmetika, Drogerieartikel, pharmazeutische Artikel, Tierfutter oder Bauchemieprodukte wie Silikon oder Beschichtungen sowie Blumen und andere verderbliche Waren. [4]Bei anderen Gegenständen ist die Verkehrsfähigkeit eingeschränkt, wenn diese aufgrund von erheblichen Material- oder Verpackungsfehlern (z.B. Befüllungsfehler, Falschetikettierung, beschädigte Retouren) oder fehlender Marktgängigkeit (z.B. Vorjahresware oder saisonale Ware wie Weihnachts- oder Osterartikel) nicht mehr oder nur noch schwer verkäuflich sind. [5]Werden solche Gegenstände im Rahmen einer unentgeltlichen Wertabgabe abgegeben (z.B. Hingabe als Spende), kann eine im Vergleich zu noch verkehrsfähiger Ware geminderte Bemessungsgrundlage angesetzt werden. [6]Die Minderung ist im Umfang der Einschränkung der Verkehrsfähigkeit vorzunehmen, so dass der Ansatz einer Bemessungsgrundlage von 0 € nur bei wertloser Ware (z.B. Lebensmittel und Non-Food-Artikel kurz vor Ablauf des Mindesthaltbarkeitsdatums oder bei Frischwaren, bei denen die Verkaufsfähigkeit nicht mehr gegeben ist) in Betracht kommt. [7]Eine eingeschränkte Verkehrsfähigkeit liegt insbesondere nicht vor, wenn Neuware ohne jegliche Beeinträchtigung aus wirtschaftlichen oder logistischen Gründen aus dem Warenverkehr ausgesondert wird. [8]Auch wenn diese Neuware ansonsten vernichtet werden würde, weil z.B. Verpackungen beschädigt sind, bei Bekleidung deutliche Spuren einer Anprobe erkennbar sind oder Ware verschmutzt ist, ohne dass sie beschädigt ist, führt dies nicht dazu, dass die Neuware ihre Verkaufsfähigkeit vollständig verliert. [9]Auch in diesen Fällen ist ein fiktiver Einkaufspreis anhand objektiver Schätzungsunterlagen zu ermitteln.

(2) [1]Im Fall einer nach § 3 Abs. 1b Satz 1 Nr. 1 i.V.m. Satz 2 UStG steuerpflichtigen Entnahme eines Gegenstands, den der Unternehmer ohne Berechtigung zum Vorsteuerabzug erworben hat und an dem Arbeiten ausgeführt worden sind, die zum Vorsteuerabzug berechtigt und zum Einbau von Bestandteilen geführt haben (vgl. Abschnitt 3.3 Abs. 2 bis 4), ist Bemessungsgrundlage nach § 10 Abs. 4 Satz 1 Nr. 1 UStG der Einkaufspreis der Bestandteile im Zeitpunkt der Entnahme (Restwert). [2]Ob ein nachträglich z.B. in einen Pkw eingebauter Bestandteil im Zeitpunkt der Entnahme des Pkw noch einen Restwert hat, lässt sich im Allgemeinen unter Heranziehung anerkannter Marktübersichten für den Wert gebrauchter Pkw (z.B. sog. „Schwacke-Liste“ oder vergleichbare Übersichten von Automobilclubs) beurteilen. [3]Wenn insoweit kein Aufschlag auf den – im Wesentlichen nach Alter und Laufleistung bestimmten – durchschnittlichen Marktwert des Pkw

---

[1] Siehe auch BMF v. 18.03.2021, BStBl. I 2021, 628, zum **Verzicht** auf die Besteuerung einer unentgeltlichen Wertabgabe bei Sachspenden von Einzelhändlern an steuerbegünstigte Organisationen **vom 01.03.2020 bis 31.12.2021.**

im Zeitpunkt der Entnahme üblich ist, scheidet der Ansatz eines Restwertes aus.

(3) [1]Bei den einer sonstigen Leistung gleichgestellten Wertabgaben im Sinne des § 3 Abs. 9a UStG (vgl. Abschnitt 3.4) bilden die bei der Ausführung der Leistung entstandenen Ausgaben die Bemessungsgrundlage (§ 10 Abs. 4 Satz 1 Nr. 2 und 3 UStG). [2]Soweit ein Gegenstand für die Erbringung der sonstigen Leistung verwendet wird, zählen hierzu auch die Anschaffungs- und Herstellungskosten für diesen Gegenstand. [3]Diese sind gleichmäßig auf einen Zeitraum zu verteilen, der dem Berichtigungszeitraum nach § 15a UStG für diesen Gegenstand entspricht (vgl. EuGH-Urteil vom 14.09.2006, C-72/05, Wollny, BStBl. II 2007 S. 32).[1)] [4]In diese Ausgaben sind – unabhängig von der Einkunftsermittlungsart – die nach § 15 UStG abziehbaren Vorsteuerbeträge nicht einzubeziehen. [5]Besteht die Wertabgabe in der Verwendung eines Gegenstands (§ 3 Abs. 9a Nr. 1 UStG), sind nach § 10 Abs. 4 Satz 1 Nr. 2 UStG aus der Bemessungsgrundlage solche Ausgaben auszuscheiden, die nicht zum vollen oder teilweisen Vorsteuerabzug berechtigt haben. [6]Dabei ist es unerheblich, ob das Fehlen des Abzugsrechts darauf zurückzuführen ist, dass

a) für die Leistung an den Unternehmer keine Umsatzsteuer geschuldet wird oder
b) die Umsatzsteuer für die empfangene Leistung beim Unternehmer nach § 15 Abs. 1a oder 2 UStG vom Vorsteuerabzug ausgeschlossen ist oder
c) die Aufwendungen in öffentlichen Abgaben (Steuern, Gebühren oder Beiträgen) bestehen.

[7]Zur Bemessungsgrundlage zählen auch Ausgaben, die aus Zuschüssen finanziert worden sind.

(4) Zur Bemessungsgrundlage
– bei unentgeltlichen Leistungen an das Personal vgl. Abschnitt 1.8;
– bei nichtunternehmerischer Verwendung eines dem Unternehmen (teilweise) zugeordneten Fahrzeugs vgl. Abschnitt 15.23.

(5)[2)] [1]Bei der privaten Nutzung von Freizeitgegenständen (z.B. Wohnmobile, Wohnwagen, Sportboote, Sportflugzeuge) ist nur der Teil der Ausgaben zu berücksichtigen, der zu den Gesamtausgaben im selben Verhältnis steht wie die Dauer der tatsächlichen Verwendung des Gegenstands für unternehmensfremde Zwecke zur Gesamtdauer seiner tatsächlichen Verwendung (vgl. BFH-Urteil vom 24.08.2000 – V R 9/00, BStBl. II 2001 S. 76). [2]Das ist der Fall, wenn der Unternehmer über den Gegenstand – wie ein Endverbraucher – nach Belieben verfügen kann und ihn nicht (zugleich) für unternehmerische Zwecke bereithält oder bereithalten muss. [3]Für die Berechnung des Verhältnisses werden Leerstandszeiten bzw. Zeiten der Nichtnutzung weder der nichtunternehmerischen noch der unternehmerischen Nutzung zugerechnet.

[1)] DStR 2006, 1746.
[2)] A 10.6 UStAE Abs. 5 Satz 1 neugef., Satz 3 angef. durch BMF v. 07.02.2023, BStBl. I 2023, 322, anzuwenden in allen offenen Fällen.

Beispiel:

[1] Ein Unternehmer vermietet eine dem Unternehmensvermögen zugeordnete Yacht im Kalenderjahr an insgesamt 49 Tagen. [2] Er nutzte seine Yacht an insgesamt 7 Tagen für eine private Segeltour. [3] Die gesamten vorsteuerbelasteten Ausgaben im Kalenderjahr betragen 28 000 €. [4] In der übrigen Zeit stand sie ihm für private Zwecke jederzeit zur Verfügung.
[5] Als Bemessungsgrundlage bei der unentgeltlichen Wertabgabe werden von den gesamten vorsteuerbelasteten Ausgaben (28.000 €) die anteiligen auf die private Verwendung entfallenden Ausgaben im Verhältnis von 56 Tagen der tatsächlichen Gesamtnutzung zur Privatnutzung von 7 Tagen angesetzt. [6] Die Umsatzsteuer beträgt demnach 665 € (7/56 von 28.000 € = 3.500 €, darauf 19 % Umsatzsteuer).

10.7 Mindestbemessungsgrundlage (§ 10 Abs. 5 UStG)

(1) [1] Die Mindestbemessungsgrundlage gilt nur für folgende Umsätze:

1. Umsätze der in § 10 Abs. 5 Nr. 1 UStG genannten Vereinigungen an ihre Anteilseigner, Gesellschafter, Mitglieder und Teilhaber oder diesen nahestehende Personen (vgl. Beispiele 2 und 3);
2. Umsätze von Einzelunternehmern an ihnen nahestehende Personen;
3. Umsätze von Unternehmern an ihr Personal oder dessen Angehörige auf Grund des Dienstverhältnisses (vgl. Abschnitt 1.8).

[2] Als „nahestehende Personen" sind Angehörige im Sinne des § 15 AO sowie andere Personen und Gesellschaften anzusehen, zu denen ein Anteilseigner, Gesellschafter usw. eine enge rechtliche, wirtschaftliche oder persönliche Beziehung hat.[1)] [3] Ist das für die genannten Umsätze entrichtete Entgelt niedriger als die nach § 10 Abs. 4 UStG in Betracht kommenden Werte oder Ausgaben für gleichartige unentgeltliche Leistungen, sind als Bemessungsgrundlage die Werte oder Ausgaben nach § 10 Abs. 4 UStG anzusetzen (vgl. Abschnitt 10.6). [4] Die Anwendung der Mindestbemessungsgrundlage setzt voraus, dass die Gefahr einer Steuerhinterziehung oder -umgehung besteht (vgl. BFH-Urteil vom 08.10.1997, XI R 8/86, BStBl. II S. 840, und EuGH-Urteil vom 29.05.1997, C-63/96, Skripalle, BStBl. II S. 841). [5] Hieran fehlt es, wenn das vereinbarte Entgelt dem marktüblichen Entgelt entspricht oder der Unternehmer seine Leistung in Höhe des marktüblichen Entgelts versteuert (vgl. BFH-Urteil vom 07.10.2010, V R 4/10, BStBl. II 2016 S. 181). [6] Insoweit ist der Umsatz höchstens nach dem marktüblichen Entgelt zu bemessen. [7] Marktübliches Entgelt ist der gesamte Betrag, den ein Leistungsempfänger an einen Unternehmer unter Berücksichtigung der Handelsstufe zahlen müsste, um die betreffende Leistung zu diesem Zeitpunkt unter den Bedingungen des freien Wettbewerbs zu erhalten. [8] Dies gilt auch bei Dienstleistungen z. B. in Form der Überlassung von Leasingfahrzeugen an Arbeitnehmer. [9] Sonderkonditionen für besondere Gruppen von Kunden oder Sonderkonditionen für Mitarbeiter und Führungskräfte anderer Arbeitgeber haben daher keine Auswirkung auf das marktübliche Entgelt. [10] Das marktübliche Entgelt wird durch im Einzelfall gewährte Zuschüsse nicht gemindert. [11] Das Vorliegen und die Höhe eines die Mindestbemessungsgrundlage mindernden marktüblichen Entgelts ist vom Unternehmer darzulegen.

---

1) Zu einer KG als nahestehende Person siehe BFH v. 09.11.2022 XI R 31/19, DStRE 2023, 433.

Beispiel 1:

Fall	Vereinbartes Entgelt	Marktübliches Entgelt	Wert nach § 10 Abs. 4 UStG	Bemessungs-grundlage
1	10	20	15	15
2	12	10	15	12
3	12	12	15	12
4	10	12	15	12

Beispiel 2:

[1] Eine KG überlässt einem ihrer Gesellschafter einen firmeneigenen Personenkraftwagen zur privaten Nutzung. [2] Sie belastet in der allgemeinen kaufmännischen Buchführung das Privatkonto des Gesellschafters im Kalenderjahr mit 2.400 €. [3] Der auf die private Nutzung des Pkw entfallende Anteil an den zum Vorsteuerabzug berechtigten Ausgaben (z.B. Anschaffungs- oder Herstellungskosten verteilt auf den maßgeblichen Berichtigungszeitraum nach § 15a UStG, Kraftstoff, Öl, Reparaturen) beträgt jedoch 3.600 €.

a) [1] Die marktübliche Miete für den Pkw beträgt 4500 € für das Kalenderjahr.
[2] Das vom Gesellschafter durch Belastung seines Privatkontos entrichtete Entgelt ist niedriger als die Bemessungsgrundlage nach § 10 Abs. 4 Satz 1 Nr. 2 UStG sowie als das marktübliche Entgelt. [3] Nach § 10 Abs. 5 Satz 1 1. Halbsatz UStG ist deshalb die Pkw-Überlassung mit 3.600 € zu versteuern.

b) [1] Die marktübliche Miete für den Pkw beträgt 1.800 € für das Kalenderjahr.
[2] Das vom Gesellschafter durch Belastung seines Privatkontos entrichtete Entgelt übersteigt zwar nicht die Bemessungsgrundlage nach § 10 Abs. 4 Satz 1 Nr. 2 UStG, jedoch das niedrigere marktübliche Entgelt. [3] Nach § 10 Abs. 5 Satz 2 UStG ist daher die Pkw-Überlassung mit dem vereinbarten Entgelt in Höhe von 2.400 € zu versteuern.

c) [1] Die marktübliche Miete für den Pkw beträgt 2.800 € für das Kalenderjahr.
[2] Das marktübliche Entgelt bildet die Höchstgrenze für die Mindestbemessungsgrundlage. [3] Da das vereinbarte Entgelt unter dem marktüblichen Entgelt liegt, kommt nach § 10 Abs. 5 Satz 1 2. Halbsatz UStG das marktübliche Entgelt in Höhe von 2800 € zum Ansatz.

Beispiel 3:

[1] Ein Verein gestattet seinen Mitgliedern und auch Dritten die Benutzung seiner Vereinseinrichtungen gegen Entgelt. [2] Das von den Mitgliedern zu entrichtende Entgelt ist niedriger als das von Dritten zu zahlende Entgelt.

a) [1] Der Verein ist nicht als gemeinnützig anerkannt.
[2] Es ist zu prüfen, ob die bei der Überlassung der Vereinseinrichtungen entstandenen Ausgaben das vom Mitglied gezahlte Entgelt übersteigen. [3] Ist dies der Fall, sind nach § 10 Abs. 5 Nr. 1 UStG grundsätzlich die Ausgaben als Bemessungsgrundlage anzusetzen. [4] Übersteigen die Ausgaben das von den Dritten zu zahlende Entgelt, ist dieses (marktübliche) Entgelt die Bemessungsgrundlage. [5] Bei einem Ansatz der Mindestbemessungsgrundlage erübrigt sich die Prüfung, ob ein Teil der Mitgliederbeiträge als Entgelt für Sonderleistungen anzusehen ist.

b) [1] Der Verein ist als gemeinnützig anerkannt.
[2] Mitglieder gemeinnütziger Vereine dürfen im Gegensatz zu Mitgliedern anderer Vereine nach § 55 Abs. 1 Nr. 1 AO keine Gewinnanteile und in ihrer Eigenschaft als Mitglieder auch keine sonstigen Zuwendungen aus Mitteln des Vereins erhalten. [3] Erbringt der Verein an seine Mitglieder Sonderleistungen gegen Entgelt, braucht aus Vereinfachungsgründen eine Ermittlung der Ausgaben und ggf. des marktüblichen Entgelts erst dann vorgenommen zu werden, wenn die Entgelte offensichtlich nicht kostendeckend sind.

(2) [1] Die Mindestbemessungsgrundlage nach § 10 Abs. 5 Nr. 2 UStG findet keine Anwendung, wenn die Leistung des Unternehmers an sein Personal nicht zur Befriedigung persönlicher Bedürfnisse des Personals erfolgt, sondern

durch betriebliche Erfordernisse bedingt ist, weil dann keine Leistung „auf Grund des Dienstverhältnisses" vorliegt (vgl. zur verbilligten Überlassung von Arbeitskleidung BFH-Urteile vom 27.02.2008, XI R 50/07, BStBl. II 2009 S. 426, und vom 29.05.2008, V R 12/07, BStBl. II 2009 S. 428). [2]Auch die entgeltliche Beförderung von Arbeitnehmern zur Arbeitsstätte ist keine Leistung „auf Grund des Dienstverhältnisses", wenn für die Arbeitnehmer keine zumutbaren Möglichkeiten bestehen, die Arbeitsstätte mit öffentlichen Verkehrsmitteln zu erreichen (vgl. BFH-Urteil vom 15.11.2007, V R 15/06, BStBl. II 2009 S. 423). [3]Vgl. im Einzelnen Abschnitt 1.8 Abs. 4 und Abs. 6 Satz 5.

(3) Wegen der Rechnungserteilung in den Fällen der Mindestbemessungsgrundlage vgl. Abschnitt 14.9.

(4) Zur Mindestbemessungsgrundlage in den Fällen des § 13b Abs. 2 UStG vgl. Abschnitt 13b.13 Abs. 1.

(5) Zur Mindestbemessungsgrundlage im Fall der Lieferung von Wärme, die durch eine KWK-Anlage erzeugt wird, vgl. Abschnitt 2.5 Abs. 23.

(6) [1]Der Anwendung der Mindestbemessungsgrundlage steht nicht entgegen, dass über eine ordnungsgemäß erbrachte Leistung an einen vorsteuerabzugsberechtigten Unternehmer abgerechnet wird (vgl. BFH-Urteil vom 24.01.2008, V R 39/06, BStBl. II 2009 S. 786). [2]Die Mindestbemessungsgrundlage ist jedoch bei Leistungen an einen zum vollen Vorsteuerabzug berechtigten Unternehmer dann nicht anwendbar, wenn der vom Leistungsempfänger in Anspruch genommene Vorsteuerabzug keiner Vorsteuerberichtigung nach § 15a UStG unterliegt (vgl. BFH-Urteil vom 05.06.2014, XI R 44/12, BStBl. II 2016 S. 187). [3]Dies ist der Fall, wenn die bezogene Leistung der Art nach keinem Berichtigungstatbestand des § 15a UStG unterfällt. [4]Bei der Lieferung von Strom und Wärme an einen zum vollen Vorsteuerabzug berechtigten Unternehmer findet die Mindestbemessungsgrundlage keine Anwendung, wenn die Leistung im Zeitpunkt der Lieferung verbraucht wird. [5]Abnehmer, die ihre Vorsteuern nach Durchschnittssätzen entsprechend den Sonderregelungen nach §§ 23, 23a und 24 UStG ermitteln, sind keine zum vollen Vorsteuerabzug berechtigte Unternehmer.

(7) Die Mindestbemessungsgrundlage nach § 10 Abs. 5 UStG findet auch bei der Bestimmung der Bemessungsgrundlage bei Einzweck- und Mehrzweck-Gutscheinen i. S. d. § 3 Abs. 13 bis 15 UStG (vgl. hierzu Abschnitt 3.17 Abs. 6 und Abs. 12) Anwendung.

10.8 Durchschnittsbeförderungsentgelt

[1]Bei der Beförderungseinzelbesteuerung wird aus Vereinfachungsgründen als Bemessungsgrundlage ein Durchschnittsbeförderungsentgelt angesetzt (§ 10 Abs. 6 UStG). [2]Das Durchschnittsbeförderungsentgelt beträgt 4,43 Cent je Personenkilometer (§ 25 UStDV). [3]Auf diese Bemessungsgrundlage ist der allgemeine Steuersatz (§ 12 Abs. 1 UStG) anzuwenden. [4]Der Unternehmer kann nach Ablauf des Besteuerungszeitraums anstelle der Beförderungseinzelbesteuerung die Berechnung der Steuer nach § 16 Abs. 1 und 2 UStG beantragen (§ 16 Abs. 5b UStG), vgl. Abschnitt 18.8 Abs. 3.

Zu § 12 UStG

12.1 Steuersätze (§ 12 Abs. 1, 2 und 3 UStG)[1)·2)·3)·4)·5)·6)]

(1)[6)] [1] Nach § 12 UStG bestehen für die Besteuerung nach den allgemeinen Vorschriften des UStG folgende Steuersätze:

	allgemeiner Steuersatz	ermäßigter Steuersatz
vom 01.01.1968 bis 30.06.1968	10%	5%
vom 01.07.1968 bis 31.12.1977	11%	5,5%
vom 01.01.1978 bis 30.06.1979	12%	6%
vom 01.07.1979 bis 30.06.1983	13%	6,5%
vom 01.07.1983 bis 31.12.1992	14%	7%
vom 01.01.1993 bis 31.03.1998	15%	7%
vom 01.04.1998 bis 31.12.2006	16%	7%
vom 01.01.2007 bis 30.06.2020	19%	7%
vom 01.07.2020 bis 31.12.2020	16%	5%
vom 01.01.2021 bis 31.12.2022	19%	7%
ab 01.01.2023	19%	7% oder 0%.

[2] Zur Anwendung des ermäßigten Steuersatzes auf die in der Anlage 2 des UStG aufgeführten Gegenstände vgl. das BMF-Schreiben vom 05.08.2004, BStBl. I S. 638.[7)] [3] Zur Frage des anzuwendenden Steuersatzes in besonderen Fällen wird auf folgende Regelungen hingewiesen:

1. Lieferung sog. Kombinationsartikel (vgl. BMF-Schreiben vom 21.03.2006, BStBl. I S. 286);
2. Umsätze mit getrockneten Schweineohren (vgl. BMF-Schreiben vom 16.10.2006, BStBl. I S. 620);

---

1) Zur befristeten Absenkung
– des allgemeinen Steuersatzes von 19% auf 16% (§ 28 Abs. 1 UStG),
– des ermäßigten Steuersatzes von 7% auf 5% (§ 28 Abs. 2 UStG) sowie
– des Steuersatzes für land- und forstwirtschaftliche Betriebe nach § 24 Abs. 1 Satz 1 Nr. 2 UStG von 19% auf 16% (§ 28 Abs. 3 UStG),
vom 01.07.2020 bis zum 31.12.2020 vgl. BMF v. 30.06.2020, BStBl. I 2020, 584, ergänzt durch BMF v. 04.11.2020, BStBl. I 2020, 1129.

2) Zur Abgrenzung von Lieferungen und sonstigen Leistungen bei der Abgabe von Speisen und Getränken siehe A 3.6 UStAE.

3) Zum Verkauf von Kontaktlisten als ermäßigt zu besteuernde Druckerzeugnisse vgl. BFH v. 13.05.2009 XI R 75/07, BStBl. II 2009, 865.

4) Zur Anwendung des ab 01.01.2010 geltenden ermäßigten Steuersatzes für Beherbergungsleistungen (§ 12 Abs. 2 Nr. 11 UStG) vgl. BMF v. 05.03.2010, BStBl. I 2010, 259.

5) Zum Steuersatz auf Umsätze aus dem Verkauf von Messekatalogen siehe BFH v. 14.06.2016 VII R 12/15, BFH/NV 2016, 1594.

6) A 12.1. UStAE Überschrift und Abs. 1 Satz 1 neugef. durch BMF v. 27.02.2023, BStBl. I 2023, 351.

7) Zu **Sammlermünzen** (Edelmetalle) siehe für **Kj. 2022** BMF v. 01.12.2021, BStBl. I 2021, 2485, für **Kj. 2023** BMF v. 01.12.2022, BStBl. I 2022, 1678; BMF v. 07.01.2005, BStBl. I 2005, 75 (unedle Metalle).

3. Lieferung von Pflanzen und damit in Zusammenhang stehende sonstige Leistungen (vgl. BMF-Schreiben vom 04.02.2010, BStBl. I S. 214);
4. Legen von Hauswasseranschlüssen (vgl. BMF-Schreiben vom 04.02.2021, BStBl. I S. 312);

(Fortsetzung S. 531)

die Ausspielungen. [8]Nicht begünstigt sind Warenlieferungen, sofern sie nicht unter § 12 Abs. 2 Nr. 1 UStG fallen, und Hilfsgeschäfte.

(3) [1]Die Steuerermäßigung kommt für die Leistungen der zoologischen Gärten in Betracht, die nicht unter § 4 Nr. 20 Buchstabe a UStG (vgl. Abschnitt 4.20.4) fallen. [2]Zoologische Gärten sind z. B. auch Aquarien und Terrarien, nicht dagegen Delphinarien (vgl. BFH-Urteil vom 20.04.1988, X R 20/82, BStBl. II S. 796). [3]Für Tierparks gilt die Steuerermäßigung nicht; ihre Umsätze können aber nach § 4 Nr. 20 Buchstabe a UStG steuerfrei sein. [4]Tierpark in diesem Sinn ist eine Anlage, in der weniger Tierarten als in zoologischen Gärten, diese aber in Herden oder Zuchtgruppen auf großen Flächen gehalten werden.

(4) [1]Zu den Umsätzen, die unmittelbar mit dem Betrieb der zoologischen Gärten verbunden sind, gehören nur Leistungen, auf die der Betrieb eines zoologischen Gartens im eigentlichen Sinn gerichtet ist, in denen sich also dieser Betrieb verwirklicht (BFH-Urteil vom 04.12.1980, V R 60/79, BStBl. II 1981 S. 231). [2]Hierunter fallen insbesondere die Umsätze, bei denen die Entgelte in Eintrittsgeldern bestehen, einschließlich etwaiger Nebenleistungen (z. B. Abgabe von Wegweisern und Lageplänen). [3]Nicht zu den begünstigten Umsätzen gehören z. B. Hilfsumsätze und die entgeltliche Überlassung von Parkplätzen an Zoobesucher.

Zu § 12 Abs. 2 Nr. 8 UStG[1)]

12.9 Gemeinnützige, mildtätige und kirchliche Einrichtungen (§ 12 Abs. 2 Nr. 8 Buchstabe a UStG)

Allgemeines

(1) [1]Begünstigt nach § 12 Abs. 2 Nr. 8 Buchstabe a UStG sind die Leistungen der Körperschaften, die gemeinnützige, mildtätige oder kirchliche Zwecke im Sinne der §§ 51 bis 68 AO verfolgen. [2]Die abgabenrechtlichen Vorschriften gelten auch für Betriebe gewerblicher Art von juristischen Personen des öffentlichen Rechts. [3]Es ist nicht erforderlich, dass der gesamte unternehmerische Bereich einer juristischen Person des öffentlichen Rechts gemeinnützigen Zwecken dient. [4]Wenn bereits für andere Steuern (vgl. z. B. § 5 Abs. 1 Nr. 9 KStG) darüber entschieden ist, ob und gegebenenfalls in welchen Bereichen das Unternehmen steuerbegünstigte Zwecke verfolgt, ist von dieser Entscheidung im Allgemeinen auch für Zwecke der Umsatzsteuer auszugehen. [5]Ist diese Frage für andere Steuern nicht entschieden worden, sind die Voraussetzungen für die Steuerermäßigung nach § 12 Abs. 2 Nr. 8 Buchstabe a UStG besonders zu prüfen. [6]Der ermäßigte Steuersatz nach § 12 Abs. 2 Nr. 8 Buchstabe a UStG kommt nicht nur für entgeltliche Leistungen der begünstigten Körperschaften in Betracht, sondern auch für unentgeltliche Wertabgaben an den eigenen nichtunternehmerischen Bereich, wenn diese aus Tätigkeitsbereichen erfolgen, die nicht nach § 12 Abs. 2 Nr. 8 Buchstabe a Sätze 2 und 3 UStG einer Besteuerung mit dem allgemeinen Steuersatz unterliegen (vgl. Abschnitt 3.2 Abs. 2 Satz 3).

---

1) Zu Anforderungen an die Vereinssatzung (Vermögensbindung) vgl. BFH v. 23.07.2009 V R 20/08, BStBl. II 2010, 719 und BMF v. 07.07.2010, BStBl. I 2010, 630.

(2)[1)] [1]Die auf Grund des Reichssiedlungsgesetzes von den zuständigen Landesbehörden begründeten oder anerkannten gemeinnützigen Siedlungsunternehmen sind nur begünstigt, wenn sie alle Voraussetzungen der Gemeinnützigkeit im Sinne der AO erfüllen. [2]Dem allgemeinen Steuersatz unterliegen die Leistungen insbesondere dann, wenn in der Satzung oder dem Gesellschaftsvertrag die Ausschüttung von Dividenden vorgesehen ist.

Wirtschaftlicher Geschäftsbetrieb, Zweckbetrieb

(3)[2)] [1]Die Steuerermäßigung gilt nicht für die Leistungen, die im Rahmen eines wirtschaftlichen Geschäftsbetriebs ausgeführt werden. [2]Der Begriff des wirtschaftlichen Geschäftsbetriebs ist in § 14 AO bestimmt. [3]Nach § 64 AO bleibt die Steuervergünstigung für einen wirtschaftlichen Geschäftsbetrieb jedoch bestehen, soweit es sich um einen Zweckbetrieb im Sinne der §§ 65 bis 68 AO handelt. [4]Für die Annahme eines Zweckbetriebs ist nach § 65 AO vor allem erforderlich, dass der wirtschaftliche Geschäftsbetrieb zu den nicht begünstigten Betrieben derselben oder ähnlichen Art nicht in größerem Umfang in Wettbewerb treten darf, als es bei der Erfüllung der steuerbegünstigten Zwecke unvermeidbar ist. [5]Liegt nach den §§ 66 bis 68 AO ein Zweckbetrieb vor, müssen die allgemeinen Voraussetzungen des § 65 AO für die Annahme eines Zweckbetriebs nicht erfüllt sein (vgl. BFH-Urteile vom 18.01.1995, V R 139–142/92, BStBl. II S. 446, und vom 25.07.1996, V R 7/95, BStBl. II 1997 S. 154). [6]Ist nach den Grundsätzen des § 14 AO lediglich Vermögensverwaltung gegeben, wird die Steuerermäßigung ebenfalls nicht ausgeschlossen.

(4)[1) · 3)] Folgende Regelungen zur Abgrenzung von wirtschaftlichen Geschäftsbetrieben und Zweckbetrieben sind zu beachten:

1. [1]Die Tätigkeit der Landessportbünde im Rahmen der Verleihung des Deutschen Sportabzeichens und des Deutschen Jugendsportabzeichens stellt einen Zweckbetrieb im Sinne des § 65 AO dar. [2]Entsprechendes kann bei gemeinnützigen Sportverbänden für die Genehmigung von Wettkampfveranstaltungen der Sportvereine sowie für die Ausstellung oder Verlängerung von Sportausweisen für Sportler gelten.
2. [1]Die Herstellung und Veräußerung von Erzeugnissen, die in der 2. Stufe der Blutfraktionierung gewonnen werden – Plasmaderivate wie Albumin, Globulin, Gerinnungsfaktoren –, durch die Blutspendedienste des Deutschen Roten Kreuzes sind ein nicht begünstigter wirtschaftlicher Geschäftsbetrieb (§§ 14 und 64 Abs. 6 Nr. 3 AO). [2]*Bei der Veräußerung von Produkten der 1. Fraktionierungsstufe handelt es sich stets um Lieferungen im Rahmen eines Zweckbetriebs.* **[Ab 01.01.2023:]** [2]Ein nicht begünstigter wirtschaftlicher Geschäftsbetrieb ist ebenfalls die Weiterveräußerung von im Apherese-

---

1) A 12.9 UStAE Abs. 2 Satz 3 geänd. mW für alle offenen Fälle, Abs. 4 Nr. 2 Satz 2 neugef. mWv 01.01.2023 durch BMF v. 22.06.2022, BStBl. I 2022, 1004.

2) Zu steuerbaren Leistungen eines Sportvereins siehe auch BFH v. 20.03.2014 V R 4/13, DStR 2014, 1539. – Zu Leistungen einer Pferdepension durch Verein siehe BFH v. 10.08. 2016 V R 14/15, DStR 2017, 152 (weder USt-befreit noch -begünstigt).

3) A 12.9 UStAE Abs. 4 Nr. 3 Satz 4 neugef., Nr. 4 Satz 2 geänd. und Nr. 6 Satz 6 neugef. durch BMF v. 14.02.2023, BStBl. I 2023, 348, grds. anzuwenden auf nach dem 31.12.2019 erbrachte Umsätze; zur weiteren Anwendungsregelung siehe Anlage 8.

verfahren gewonnenen Blutbestandteilen der 1. Stufe der Blutfraktionierung zur weiteren Fraktionierung.

3. [1] Krankenfahrten, die von gemeinnützigen und mildtätigen Organisationen ausgeführt werden, erfüllen nicht die Voraussetzungen des § 66 Abs. 2 AO und finden deshalb nicht im Rahmen einer Einrichtung der Wohlfahrtspflege statt. [2] Die Annahme eines Zweckbetriebs nach § 65 AO scheidet aus Wettbewerbsgründen aus, so dass die Krankenfahrten als wirtschaftlicher Geschäftsbetrieb im Sinne der §§ 64 und 14 AO zu behandeln sind. [3] Krankenfahrten sind Fahrten von Patienten, für die ein Arzt die Beförderung in einem Personenkraftwagen, Mietwagen oder Taxi verordnet hat. [4] Zur Steuerbefreiung vgl. Abschnitt 4.17.2. [5] Zur Steuerermäßigung nach § 12 Abs. 2 Nr. 10 UStG vgl. Abschnitt 12.13 Abs. 8.

4.[1)] [1] Bei den Werkstätten für behinderte Menschen umfasst der Zweckbetrieb (§ 68 Nr. 3 Buchstabe a AO) auch den eigentlichen Werkstattbereich. [2] Im Werkstattbereich werden in der Regel keine nach § 4 Nr. 16 Satz 1 Buchstabe f UStG steuerfreien Umsätze ausgeführt. [3] Die steuerpflichtigen Umsätze unterliegen nach Maßgabe der Absätze 8 bis 15 dem ermäßigten Steuersatz. [4] Die den Werkstätten für behinderte Menschen in Rechnung gestellten Umsatzsteuerbeträge, die auf Leistungen entfallen, die andere Unternehmer für den Werkstattbetrieb ausgeführt haben, können deshalb nach § 15 Abs. 1 UStG in vollem Umfang als Vorsteuern abgezogen werden. [5] Eine Aufteilung der Vorsteuerbeträge in einen abziehbaren und einen nicht abziehbaren Teil entfällt. [6] Das gilt insbesondere auch insoweit, als Investitionen für den Werkstattbereich – z. B. Neubau oder Umbau, Anschaffung von Einrichtungsgegenständen oder Maschinen – vorgenommen werden.

5. [1] Als Zweckbetrieb werden nach § 68 Nr. 6 AO die von den zuständigen Behörden genehmigten Lotterien und Ausspielungen steuerbegünstigter Körperschaften anerkannt, wenn der Reinertrag unmittelbar und ausschließlich zur Förderung gemeinnütziger, mildtätiger oder kirchlicher Zwecke verwendet wird. [2] Eine nachhaltige Tätigkeit im Sinne des § 14 AO und des § 2 Abs. 1 Satz 3 UStG liegt auch dann vor, wenn Lotterien oder Ausspielungen jedes Jahr nur einmal veranstaltet werden. [3] Deshalb ist auch in diesen Fällen grundsätzlich ein Zweckbetrieb gegeben, für dessen Umsätze der ermäßigte Steuersatz in Betracht kommt. [4] Soweit öffentliche Lotterien und Ausspielungen von steuerbegünstigten Körperschaften der Lotteriesteuer unterliegen (vgl. §§ 17 und 18 RennwLottG),[2)] sind die daraus erzielten Umsätze nach § 4 Nr. 9 Buchstabe b UStG steuerfrei.

6. [1] Mensa- und Cafeteria-Betriebe, die von gemeinnützigen Studentenwerken unterhalten werden, werden nach Maßgabe des § 66 AO als Zweckbetriebe angesehen. [2] Speisen- und Getränkeumsätze, die in diesen Betrieben an Nichtstudierende ausgeführt werden, unterliegen deshalb nach Abs. 9 Satz 3

[1)] Zu Umsätzen eines gemeinnützigen Vereins aus dem Betrieb eines Bistros und einer öff. Toilette siehe BFH v. 23.07.2019 XI R 2/17, DStR 2019, 2476, Vb. für erledigt erklärt, siehe BVerfG v. 10.01.2022 1 BvR 2837/19.

[2)] **Steuergesetze** Nr. **630**.

Nr. 1 dem ermäßigten Steuersatz. [3]Nichtstudierender ist, wer nach dem jeweiligen Landesstudentenwerks- bzw. Landeshochschulgesetz nicht unter den begünstigten Personenkreis des Studentenwerks fällt, insbesondere Hochschulbedienstete, z. B. Hochschullehrer, wissenschaftliche Räte, Assistenten und Schreibkräfte sowie Studentenwerksbedienstete und Gäste. [4]Dies gilt z. B. auch für die Umsätze von alkoholischen Flüssigkeiten, sofern diese das Warenangebot des Mensa- und Cafeteria-Betriebs ergänzen und lediglich einen geringen Teil des Gesamtumsatzes ausmachen. [5]Als geringer Anteil am Gesamtumsatz wird es angesehen, wenn diese Umsätze im vorangegangenen Kalenderjahr nicht mehr als 5% des Gesamtumsatzes betragen haben. [6]Verpflegungsdienstleistungen gegenüber Studierenden und Schülern sind unter den Voraussetzungen des § 4 Nr. 23 Satz 1 Buchstabe c UStG steuerfrei.

7. [1]Die kurzfristige Vermietung von Wohnräumen und Schlafräumen an Nichtstudierende durch ein Studentenwerk ist ein selbständiger wirtschaftlicher Geschäftsbetrieb, wenn sie sich aus tatsächlichen Gründen von den satzungsmäßigen Leistungen abgrenzen lässt. [2]Dieser wirtschaftliche Geschäftsbetrieb ist kein Zweckbetrieb. [3]Zur Anwendung der Steuerermäßigung nach § 12 Abs. 2 Nr. 11 UStG vgl. Abschnitt 12.16.
8. Die entgeltliche Überlassung von Kfz durch einen „Carsharing"-Verein an seine Mitglieder ist kein Zweckbetrieb (vgl. BFH-Urteil vom 12.06.2008, V R 33/05, BStBl. II 2009 S. 221).
9. Die nicht nur gelegentliche Erbringung von Geschäftsführungs- und Verwaltungsleistungen für einem Verein angeschlossene Mitgliedsvereine stellt keinen Zweckbetrieb dar (vgl. BFH-Urteil vom 29.01.2009, V R 46/06, BStBl. II S. 560).
10. Die Verwaltung von Sporthallen sowie das Einziehen der Hallenmieten einschließlich des Mahn- und Vollstreckungswesens durch einen gemeinnützigen Verein gegen Entgelt im Namen und für Rechnung einer Stadt ist kein begünstigter Zweckbetrieb (vgl. BFH-Urteil vom 05.08.2010, V R 54/09, BStBl. II 2011 S. 191).

(5) [1]Nach § 68 Nr. 7 AO sind kulturelle Einrichtungen und Veranstaltungen einer steuerbegünstigten Körperschaft unabhängig von einer Umsatz- oder Einkommensgrenze als Zweckbetrieb zu behandeln. [2]Die Umsätze von Speisen und Getränken sowie die Werbung gehören nicht zum Zweckbetrieb.

(6) [1]Nach § 67a Abs. 1 AO sind sportliche Veranstaltungen eines Sportvereins ein Zweckbetrieb, wenn die Einnahmen einschließlich Umsatzsteuer 45.000 € im Jahr nicht übersteigen. [2]Das gilt unabhängig davon, ob bezahlte Sportler im Sinne des § 67a Abs. 3 AO teilnehmen oder nicht. [3]Die Umsätze von Speisen und Getränken sowie die Werbung anlässlich einer sportlichen Veranstaltung gehören nicht zum Zweckbetrieb. [4]Ein nach § 67a Abs. 2 und 3 AO körperschaftsteuerrechtlich wirksamer Verzicht auf die Anwendung des § 67a Abs. 1 Satz 1 AO gilt auch für Zwecke der Umsatzsteuer. [5]Wegen weiterer Einzelheiten zur Behandlung sportlicher Veranstaltungen vgl. AEAO zu § 67a.[1)]

[1)] Nr. **800**.

bündel gegeben ist, dessen einzelne Leistungsbestandteile separat zu betrachten sind und ggf. unterschiedlichen Steuersätzen unterliegen. [8]Ob ausschließlich in elektronischer Form vertriebene Produkte dem ermäßigten Steuersatz unterliegen, kann nicht im Wege einer uvZTA (vgl. Abschnitt 12.1 Abs. 1 Satz 4) geklärt werden.

(2) [1]Dem ermäßigten Steuersatz unterliegt nach § 12 Abs. 2 Nr. 14 Satz 3 UStG auch die Bereitstellung eines Zugangs zu Datenbanken, die eine Vielzahl von elektronischen Büchern, Zeitungen oder Zeitschriften oder Teile von diesen enthalten. [2]Die Bereitstellung eines Zugangs zu einer Datenbank kann in rein elektronischer Form (z.B. über einen Online-Zugang u.ä.) oder mittels eines physischen Datenträgers (z.B. CD-Rom, DVD, USB-Stick u.ä.) erfolgen. [3]Die Bereitstellung eines Zugangs zu einer Datenbank stellt eine einheitliche Leistung dar. [4]Eine Datenbank im Sinne des § 12 Abs. 2 Nr. 14 Satz 3 UStG ist eine Sammlung von Werken, Daten und anderen unabhängigen Elementen, die systematisch oder methodisch angeordnet und einzeln mit elektronischen Mitteln zugänglich sind (vgl. Abschnitt 3a.12 Abs. 3 Nr. 5 Satz 2). [5]Erforderlich für die Begünstigung ist, dass die Datenbank eine Vielzahl von elektronischen Büchern, Zeitungen oder Zeitschriften oder Teile von diesen enthält und somit primär durch die Bereitstellung begünstigter Werke im Sinne des § 12 Abs. 2 Nr. 14 Satz 1 UStG geprägt wird. [6]Dabei ist auf die Sicht des Durchschnittsverbrauchers abzustellen. [7]Unschädlich ist, wenn die Datenbank auch oder nur andere der in Nummer 49 Buchstabe a bis e und Nummer 50 der Anlage 2 des UStG bezeichneten Erzeugnisse (z.B. Noten) in elektronischer Form enthält. [8]Datenbanken, die überwiegend andere Elemente als elektronische Bücher, Zeitungen oder Zeitschriften oder Teile von diesen enthalten, sind nicht begünstigt. [9]Ob andere Elemente als die nach § 12 Abs. 2 Nr. 14 Satz 1 UStG begünstigten überwiegen, beurteilt sich sowohl quantitativ als auch qualitativ anhand der in der Datenbank enthaltenen Elemente. [10]Die Durchsuchbarkeit, Filtermöglichkeit und Verlinkung innerhalb der Datenbank schließen die Anwendung des ermäßigten Steuersatzes nicht aus. [11]Nicht begünstigt sind Datenbanken, die Elemente im Sinne des § 12 Abs. 2 Nr. 14 Satz 2 UStG enthalten. [12]Unschädlich ist, wenn eine Datenbank Werbung enthält, ohne den Tatbestand des § 12 Abs. 2 Nr. 14 Satz 2 UStG zu erfüllen.

Beispiel 1:

[1]Eine Datenbank enthält Noten sowie kurze Hörbeispiele der einzelnen Lieder zur besseren Auffindbarkeit und bietet zusätzlich die Möglichkeit, die Noten in eine andere Tonart umzuwandeln. [2]In der Datenbank überwiegen die begünstigten Elemente (Noten) sowohl qualitativ als auch quantitativ.
[3]Der Zugang zur Datenbank unterliegt insgesamt dem ermäßigten Steuersatz.

Beispiel 2:

[1]Im Rahmen eines digitalen Office-Pakets bietet ein Verlag neben Kommentaren, Gerichtsurteilen, Aufsätzen, Gesetzestexten und Verordnungen auch Formulare zum Ausfüllen oder Tools wie Steuer- oder auch Mindestlohnrechner sowie e-Trainings, Generatoren und Online-Live-Seminare an. [2]Sowohl bei der Anzahl der in der Datenbank enthaltenen Dateien als auch bei den abgerufenen Inhalten überwiegen die begünstigten Elemente (Kommentare, Gerichtsurteile, Aufsätze, Gesetzestexte, Verordnungen und Formulare).
[3]Der Zugang zur Datenbank unterliegt insgesamt dem ermäßigten Steuersatz.

Beispiel 3:

[1] Eine Plattform bietet neben Texten auch kurze Videos, einen Chatroom mit anderen Teilnehmern und die Möglichkeit eines interaktiven Abschlusstests. [2] Bei qualitativer/quantitativer Betrachtungsweise überwiegen die nicht begünstigten Elemente.
[3] Der Zugang zur Datenbank unterliegt insgesamt nicht dem ermäßigten Steuersatz.

Beispiel 4:

[1] Im Rahmen einer Plattform zur Bereitstellung von Lehr- und Lernmedien bietet ein Verlag neben Schulbüchern, Wörterbüchern, Enzyklopädien, Handreichungen für den Unterricht, Test- und Prüfungsbögen in Textform auch kurze Erklärvideos und Hörbeispiele oder Tools für das kollaborative digitale Lernen, beispielsweise Zuweisfunktionen von Aufgaben sowie Lernstandsanzeigen und Planer zur Unterrichtsgestaltung an.
[2] Bei qualitativer/quantitativer Betrachtungsweise überwiegen die begünstigten Elemente (Schulbücher, Wörterbücher, Enzyklopädien, Handreichungen für den Unterricht, Test- und Prüfungsbögen in Textform). [3] Der Zugang zur Datenbank unterliegt insgesamt dem ermäßigten Steuersatz.

12.18[1)] Nullsteuersatz für bestimmte Photovoltaikanlagen

Lieferung einer Photovoltaikanlage

(1) [1] Die Verschaffung der Verfügungsmacht an einer Photovoltaikanlage begründet eine Lieferung im Sinne des § 3 Abs. 1 UStG und unterliegt dem Nullsteuersatz. [2] Zur Bestimmung des Zeitpunkts der Lieferung einer Photovoltaikanlage vgl. Abschnitt 13.1. [3] Lieferungen und sonstige Leistungen, die für den Leistungsempfänger keinen eigenen Zweck, sondern das Mittel darstellen, um die Lieferung der Photovoltaikanlage unter optimalen Bedingungen in Anspruch zu nehmen, teilen das Schicksal der Lieferung der Photovoltaikanlage und sind als Nebenleistungen zur Hauptleistung dementsprechend einheitlich mit dem Nullsteuersatz zu besteuern (vgl. Abschnitt 3.10). [4] Zu den Nebenleistungen der Lieferung der Photovoltaikanlage zählen u. a. die Übernahme der Anmeldung in das MaStR, die Bereitstellung von Software zur Steuerung und Überwachung der Anlage, die Montage der Solarmodule, die Kabelinstallationen, die Lieferung und der Anschluss des Wechselrichters oder des Zweirichtungszählers, die Lieferung von Schrauben und Stromkabeln, die Herstellung des AC-Anschlusses, die Bereitstellung von Gerüsten, die Lieferung von Befestigungsmaterial oder auch die Erneuerung des Zählerschranks, wenn diese vom Netzbetreiber verlangt wird bzw. auf Grund technischer Normen für den Betrieb der Photovoltaikanlage erforderlich ist. [5] Dem Nullsteuersatz unterliegen grundsätzlich auch die Lieferungen von sog. Aufdachphotovoltaikanlagen durch Bauträger. [6] Dies gilt auch, wenn der Bauträger neben der Aufdachphotovoltaikanlage auch das Gebäude liefert, da die Lieferung der Aufdachphotovoltaikanlage hierzu eine eigenständige Leistung und keine unselbstständige Nebenleistung darstellt. [7] Die Vermietung von Photovoltaikanlagen stellt keine Lieferung von Photovoltaikanlagen dar und unterliegt daher dem Regelsteuersatz. [8] Dagegen können Leasing- oder Mietkaufverträge je nach konkreter Ausgestaltung umsatzsteuerrechtlich als Lieferung oder als sonstige Leistung einzustufen sein. [9] Maßgeblich für die Abgren-

[1)] A 12.18 UStAE angef. durch BMF v. 27.2.2023, BStBl. I 2023, 351, anzuwenden auf nach dem 31.12.2022 bewirkte Umsätze; es wird nicht beanstandet, wenn die Regelungen in A 12.18 Abs. 1 Sätze 11 und 12 erst ab dem 01.04.2023 angewendet werden.

zung sind die vertraglichen Vereinbarungen zwischen den Vertragsparteien gemäß den Grundsätzen des Abschnittes 3.5 Abs. 5. [10]Dabei sind Laufzeit, Zahlungsbedingungen und mögliche Kombinationen mit anderen Leistungselementen u. Ä. zu berücksichtigen. [11]Der Nullsteuersatz findet keine Anwendung auf den Teil des Entgelts, der auf eigenständige Serviceleistungen entfällt wie z. B. Wartungsarbeiten, die Einholung von behördlichen Genehmigungen oder die Versicherung der Photovoltaikanlage mit einer Haftpflicht- und Vermögensschadens-Versicherung. [12]Ein einheitlicher Mietbetrag ist nach der einfachsten möglichen Methode aufzuteilen.

Beispiel:

[1]Unternehmer U vermietet an Kunden K eine Photovoltaikanlage. [2]Der Zeitraum der Vermietung beträgt 20 Jahre. [3]Die jährliche Miete beträgt 1.625 €. [4]Von dem Mietbetrag entfallen 1.300 € auf die Überlassung der Photovoltaikanlage einschließlich der damit verbundenen Finanzierungskosten, während der restliche Betrag von 325 € auf die einhergehenden Serviceleistungen (Versicherung usw.) gezahlt wird. [5]U räumt K die Option ein, zum Ende der Mietzeit die Photovoltaikanlage zum Preis von 1 € zu erwerben. [6]Sofern K von der Option Gebrauch macht, tritt U die Herstellergarantie, deren weitere Laufzeit sich zum Zeitpunkt der Optionsausübung noch auf 5 Jahre beläuft, an K ab. [7]Sollte K von der Option keinen Gebrauch machen, ist er auf Grund des Mietvertrages verpflichtet, die Photovoltaikanlage zum Ende der Mietzeit auf eigene Kosten abzubauen und dem U auszuhändigen. [8]Der Verkehrswert der Photovoltaikanlage beträgt zu Beginn der Vertragslaufzeit 22.000 € und am Ende der Vertragslaufzeit 4.400 €.

[9]Es liegt eine Lieferung der Photovoltaikanlage des U an K vor. [10]Die Summe der vertraglichen Raten beträgt 26.000 € und entspricht damit dem Verkehrswert des Gegenstands einschließlich der Finanzierungskosten. [11]K muss bei der Ausübung der Option lediglich 1 € bezahlen und muss daher zusätzlich keine erhebliche Summe entrichten. [12]Unter Einbeziehung der Abtretung der Herstellergarantie in die Gesamtbetrachtung erscheint die Optionsausübung zum Vertragsende als einzig wirtschaftlich rationale Möglichkeit für den K. [13]Bezüglich des Entgelts, das K für die Überlassung der Photovoltaikanlage an U zu entrichten hat, findet der Nullsteuersatz Anwendung. [14]Die Serviceleistungen sind mit dem Regelsteuersatz zu besteuern, so dass U für den jährlichen Betrag in Höhe von 325 € für die Serviceleistungen Umsatzsteuer in Höhe von 51,89 € abzuführen hat.

[13]Für Mietkauf und Leasingverträge, die als Lieferung einzustufen sind und die keine Aufteilung des Entgelts gemäß Satz 12 vorsehen, ist eine Aufteilung anhand der internen Kalkulation vorzunehmen, wenn die Photovoltaikanlage nach dem 31.12.2022 geliefert worden ist. [14]Es wird nicht beanstandet, wenn der Unternehmer pauschalierend ein Verhältnis von 90% für die Überlassung der Photovoltaikanlage und 10% für die eigenständigen Serviceleistungen ansetzt. [15]Im Übrigen gelten die Grundsätze des Abschnittes 3.5 Abs. 7.

Betreiber einer Photovoltaikanlage

(2) [1]Der Nullsteuersatz erfasst nur die Lieferung an den Betreiber einer Photovoltaikanlage. [2]Die in der Lieferkette vorausgehenden Lieferungen (z. B. an Zwischenhändler, Leasinggeber, Mietverkäufer) unterliegen hingegen dem Regelsteuersatz. [3]Betreiber der Photovoltaikanlage sind die natürlichen Personen, juristischen Personen oder Personenzusammenschlüsse, die dem Grunde nach zum Leistungszeitpunkt als Betreiber der jeweiligen Anlage im MaStR registrierungspflichtig sind oder voraussichtlich registrierungspflichtig werden. [4]Hierfür genügt es, wenn die Anlage unmittelbar an das Stromnetz angeschlossen werden soll; auf eine tatsächliche Einspeisung oder Förderung nach dem EEG kommt es nicht an. [5]Auch wird für die Anwendung des Nullsteuer-

satzes nicht die Unternehmereigenschaft des Betreibers vorausgesetzt. [6]Die tatsächliche Registrierung im MaStR (z. B. im Falle von Steckersolargeräten, sog. Balkonkraftwerken) ist für die Betreibereigenschaft nicht maßgeblich. [7]Nachträgliche Änderungen der Person des Betreibers sind unerheblich. [8]Besteht keine Registrierungspflicht (beispielsweise bei sog. Inselanlagen), kann gleichwohl der Nullsteuersatz zur Anwendung kommen (vgl. Absatz 7). [9]In diesem Fall ist aus Vereinfachungsgründen davon auszugehen, dass der Leistungsempfänger Betreiber der Photovoltaikanlage ist. [10]Hinsichtlich der Nachweispflichten vgl. Absatz 6.

Belegenheitsvoraussetzungen

(3) [1]Die Anwendung des Nullsteuersatzes setzt eine Installation der Solarmodule/Speicher/wesentlichen Komponenten auf oder in der Nähe von Privatwohnungen, Wohnungen oder öffentlichen und anderen Gebäuden, die für dem Gemeinwohl dienende Tätigkeiten genutzt werden, voraus. [2]Wohnung/Privatwohnung ist jeder umschlossene Raum, der zum Wohnen oder Schlafen benutzt wird. [3]Als Wohnung im Sinne dieser Vorschrift gelten daher auch Gebäude auf Freizeitgrundstücken und Gartenlauben in Kleingartensiedlungen. [4]Wohnwagen und Wohnschiffe sind nur dann als Wohnungen anzusehen, wenn sie nicht oder nur gelegentlich fortbewegt werden. [5]Öffentliche und andere Gebäude, die für dem Gemeinwohl dienende Tätigkeiten genutzt werden, liegen vor, wenn das jeweilige Gebäude für Umsätze nach § 4 Nr. 11b, 14 bis 18, 20 bis 25, 27 und 29 oder § 12 Abs. 2 Nr. 8 UStG oder für hoheitliche oder ideelle Tätigkeiten verwendet wird. [6]Container können ebenfalls den für die Anwendung des Nullsteuersatzes erforderlichen Gebäudebegriff erfüllen, soweit die übrigen Voraussetzungen vorliegen (z. B. Schulcontainer, die für hoheitliche Tätigkeiten etwa zur Auslagerung von Schulklassen wegen Sanierungsarbeiten genutzt werden). [7]In der Nähe der genannten Wohnungen/Gebäude befindet sich eine Photovoltaikanlage insbesondere, wenn sie auf dem Grundstück installiert ist, auf dem sich auch die betreffende Wohnung bzw. das betreffende begünstigte Gebäude befindet (z. B. Garage, Gartenschuppen, Zaun). [8]Von einer Nähe ist daher auch auszugehen, wenn zwischen dem Grundstück und der Photovoltaikanlage ein räumlicher oder funktionaler Nutzungszusammenhang besteht (z. B. einheitlicher Gebäudekomplex oder einheitliches Areal). [9]Die Vereinfachungsregelung des § 12 Abs. 3 Nr. 1 Satz 2 UStG bleibt davon unberührt.

(4) [1]Wird ein Gebäude sowohl für begünstigte als auch nicht begünstigte Zwecke verwendet (z. B. teilweise zu Wohnzwecken und teilweise zu gewerblichen Zwecken), ist grundsätzlich von einem begünstigten Gebäude auszugehen. [2]Dies gilt nur dann nicht, wenn die unschädliche Nutzung so sehr hinter der schädlichen Nutzung zurücktritt, dass eine Anwendung der Begünstigung nicht sachgerecht wäre. [3]Hiervon ist auszugehen, wenn die unschädliche Nutzung in so engem Zusammenhang mit der schädlichen Nutzung steht, dass ihr kein eigener Zweck zukommt (beispielsweise Hausmeisterwohnung in einem Gewerbekomplex) oder wenn die auf die unschädliche Nutzung entfallenden Nutzflächenanteile weniger als 10% der Gesamtgebäudenutzfläche ausmachen. [4]Tritt die unschädliche Nutzung hinter der schädlichen Nutzung zurück, unterliegt die Lieferung insgesamt dem Regelsteuersatz.

Vereinfachungsregelung in § 12 Abs. 3 Nr. 1 Satz 2 UStG

(5) [1]Die Voraussetzungen des § 12 Abs. 3 Nr. 1 Satz 1 UStG gelten als erfüllt, wenn die installierte Bruttoleistung der Photovoltaikanlage (Einheit) laut MaStR nicht mehr als 30 kW (peak) beträgt oder betragen wird. [2]Die Regelung stellt eine Vereinfachung für die Prüfung der Gebäudeart dar. [3]Die Vereinfachungsregelung gilt nicht für die Betreibereigenschaft. [4]Besteht keine Registrierungspflicht im MaStR, ist die Vereinfachungsregelung nicht anwendbar (vgl. aber die Vereinfachungsregelung in Absatz 6). [5]Nach § 16 Abs. 3 Nr. 7 MaStRV eröffnet die Bundesnetzagentur den Finanzbehörden des Bundes und der Länder auf Anforderung einen Zugang zu Daten, die nach § 15 Abs. 1 MaStRV nicht veröffentlicht werden, einschließlich personenbezogener Daten, soweit die Finanzbehörden diese Daten zur Erfüllung ihrer gesetzlichen Aufgaben benötigen. [6]Die 30 kW-Grenze ist einheitenbezogen zu prüfen. [7]Bei der nachträglichen Erweiterung einer Photovoltaikanlage ist die Leistung der bestehenden Einheit mit der der Erweiterung zu addieren. [8]Wird die 30 kW-Grenze durch die Erweiterung überschritten, ist die Vereinfachungsregelung auf den nachträglich ergänzten Teil nicht anwendbar. [9]Für den bereits bestehenden Teil führt dies jedoch nicht zur nachträglichen Nichtanwendbarkeit der Vereinfachungsregelung.

Nachweis über das Vorliegen der Voraussetzungen

(6) [1]Der leistende Unternehmer hat nachzuweisen, dass die Tatbestandsvoraussetzungen zur Anwendung des Nullsteuersatzes erfüllt sind. [2]Ausreichend für den Nachweis ist es, wenn der Erwerber erklärt, dass er Betreiber der Photovoltaikanlage ist und es sich entweder um ein begünstigtes Gebäude handelt oder die installierte Bruttoleistung der Photovoltaikanlage laut MaStR nicht mehr als 30 kW (peak) beträgt oder betragen wird. [3]Eine Erklärung des Erwerbers im Sinne des Satzes 2 kann auch im Rahmen der vertraglichen Vereinbarung (z. B. AGB) erfolgen. [4]Dasselbe gilt für nachträgliche Lieferungen von Speichern, wesentlichen Komponenten und Ersatzteilen.

Solarmodule und Speicher

(7) [1]Netzgebundene Anlagen und nicht-netzgebundene stationäre Anlagen (sog. Inselanlagen) unterliegen dem Nullsteuersatz. [2]Aus Vereinfachungsgründen ist davon auszugehen, dass Solarmodule mit einer Leistung von 300 Watt und mehr für netzgekoppelte Anlagen oder stationäre Inselanlagen eingesetzt werden. [3]Beträgt die Leistung der Photovoltaikanlagen nicht mehr als 600 Watt, entfällt die besondere Nachweispflicht nach Absatz 6, auch die Betreibereigenschaft des Leistungsempfängers wird unterstellt. [4]Dies gilt nicht für Lieferungen durch Hersteller von Photovoltaikanlagen und Lieferungen im Großhandel. [5]Stationäre Solarmodule, die neben der Stromerzeugung weitere unbedeutende Nebenzwecke erfüllen, sind ebenfalls begünstigt (z. B. Solartische). [6]Ebenso begünstigt sind sogenannte Hybridmodule, die sowohl Strom als auch Wärme produzieren. [7]Batterien und Speicher unterliegen dem Nullsteuersatz, wenn diese im konkreten Anwendungsfall dazu bestimmt sind, Strom aus begünstigten Solarmodulen im Sinne der Sätze 1 bis 6 zu speichern. [8]Nachträgliche Änderungen der Nutzung von Batterien und Speicher sind unerheblich.

Wesentliche Komponenten

(8) [1] Neben den Solarmodulen und dem Batteriespeicher (auch nachträglich eingebaute Speicher) unterliegen „wesentliche Komponenten" dem Nullsteuersatz. [2] Wesentliche Komponenten sind die Gegenstände, deren Verwendungszweck speziell im Betrieb oder der Installation von Photovoltaikanlagen liegt oder die zur Erfüllung technischer Normen notwendig sind. [3] Zu den wesentlichen Komponenten gehören jene, die geliefert und installiert werden, um Photovoltaikanlagen zu errichten und zu betreiben, insbesondere die photovoltaikanlagenspezifischen Komponenten wie z. B.:

– Wechselrichter,
– Dachhalterung,
– Energiemanagement-System,
– Solarkabel,
– Einspeisesteckdose (sog. Wieland-Steckdose),
– Funk-Rundsteuerungsempfänger,
– Backup Box und der Notstromversorgung dienende Einrichtungen.

[4] Auch die (nachträgliche) Lieferung einzelner wesentlicher Komponenten und deren Ersatzteile sowie deren Installation unterliegen dem Nullsteuersatz, wenn diese Teil einer Anlage sind, die die Voraussetzungen des § 12 Abs. 3 Nr. 1 UStG erfüllt.

(9) [1] Keine wesentlichen Komponenten sind Zubehör, wie z. B. Schrauben, Nägel und Kabel, auch wenn diese für die Installation der Anlage notwendig sind. [2] Ebenso wenig gehören Stromverbraucher für den neu erzeugten Strom (z. B. Ladeinfrastruktur, Wärmepumpe, Wasserstoffspeicher) zu den wesentlichen Komponenten einer Photovoltaikanlage (vgl. aber zur Einheitlichkeit der Leistung Absatz 1).

Beispiel 1:

[1] Unternehmer U erwirbt im Baumarkt u. a. Schrauben und Kabel, um eine Photovoltaikanlage in Eigenleistung auf seinem Privathaus zu errichten.
[2] Die Lieferung der Schrauben und Kabel unterliegt dem Regelsteuersatz in Höhe von 19%, da es sich nicht um wesentliche Komponenten im Sinne des § 12 Abs. 3 UStG handelt.

Beispiel 2:

[1] Unternehmer U beauftragt das Solarunternehmen S im Rahmen einer sog. „Paketlösung" eine Photovoltaikanlage auf seinem Privathaus zu installieren. [2] In den Materialkosten, die S gegenüber U in Rechnung stellt, sind auch Kabel und Schrauben enthalten.
[3] Die Lieferung der nicht wesentlichen Komponenten (Kabel und Schrauben) erfolgt im Rahmen einer einheitlichen Leistung (Lieferung einer Photovoltaikanlage) und unterliegt unter den übrigen Voraussetzungen des § 12 Abs. 3 UStG dem Nullsteuersatz.

Installation einer Photovoltaikanlage

(10) [1] Gemäß § 12 Abs. 3 Nr. 4 UStG unterliegt auch die Installation von Photovoltaikanlagen der Begünstigung, wenn die Lieferung der installierten Komponenten die Voraussetzungen der § 12 Abs. 3 Nr. 1 UStG erfüllt. [2] Zu den begünstigten Leistungen gehören die photovoltaikanlagenspezifischen Arbeiten, die ausschließlich dazu dienen, eine Photovoltaikanlage sicher für das Gebäude und für die sich darin befindlichen Menschen zu betreiben (z. B. photovoltaikanlagenspezifische Elektroinstallation). [3] Die Installationsarbeiten müssen direkt gegenüber dem Anlagenbetreiber erbracht werden, um unter

die Steuersatzermäßigung zu fallen. [4] (Vor-)Arbeiten, die auch anderen Stromverbrauchern oder Stromerzeugern oder anderen Zwecken zugutekommen, unterliegen nicht dem Nullsteuersatz (vgl. aber zur Einheitlichkeit der Leistung Absatz 1).

Beispiel 1:

[1] Unternehmer U errichtet in Eigenleistung eine Photovoltaikanlage auf seinem Privathaus. [2] Für die erforderlichen Bodenarbeiten beauftragt U eine Baufirma B und für die Erweiterung seines Zählerschranks das Elektrounternehmen E. [3] Des Weiteren ist eine Verstärkung der Dachsparren erforderlich. [4] U beauftragt hierfür das Dachdeckerunternehmen D.

[5] Die Erweiterung des Zählerschranks und die Bodenarbeiten unterliegen ebenso dem Regelsteuersatz in Höhe von 19 % wie die Dacharbeiten.

Beispiel 2:

[1] Unternehmer U errichtet in Eigenleistung eine Photovoltaikanlage auf seinem Privathaus. [2] Das Gebäude des U wird gleichzeitig und unabhängig von der Errichtung der Photovoltaikanlage grundlegend renoviert. [3] So werden umfassende Elektroarbeiten durchgeführt, bei denen auch eine Erneuerung des Zählerschranks erforderlich ist. [4] In diesem Zusammenhang wird die Photovoltaikanlage berücksichtigt und angeschlossen.

[5] Die am Privathaus des U durchgeführten Elektroarbeiten unterliegen insgesamt dem Regelsteuersatz in Höhe von 19 %.

Beispiel 3:

[1] Sachverhalt wie in Beispiel 1, jedoch beauftragt U das Solarunternehmen S im Rahmen einer sog. „Paketlösung" eine Photovoltaikanlage mit 25 kw (peak) auf seinem Gebäude zu installieren.

[2] Alle von S im Rahmen einer einheitlichen Leistung (Dacharbeiten, Lieferung einer Photovoltaikanlage, Bodenarbeiten, Erweiterung Zählerschrank) erbrachten Arbeiten unterliegen unter den übrigen Voraussetzungen des § 12 Abs. 3 UStG dem Nullsteuersatz.

Zu § 13 UStG

13.1 Entstehung der Steuer bei der Besteuerung nach vereinbarten Entgelten

(1)[1)] [1] Bei der Besteuerung nach vereinbarten Entgelten (Sollversteuerung) entsteht die Steuer grundsätzlich mit Ablauf des Voranmeldungszeitraums, in dem die Lieferung oder sonstige Leistung ausgeführt worden ist. [2] Das gilt auch für unentgeltliche Wertabgaben im Sinne des § 3 Abs. 1b und 9a UStG. [3] Die Steuerentstehung ist nicht auf bereits fällige Entgeltansprüche beschränkt (vgl. BFH-Urteil vom 01.02.2022 – V R 37/21 (V R 16/19), BStBl. II S. 860). [4] Die Steuer entsteht in der gesetzlichen Höhe unabhängig davon, ob die am Leistungsaustausch beteiligten Unternehmer von den ihnen vom Gesetz gebotenen Möglichkeiten der Rechnungserteilung mit gesondertem Steuerausweis und des Vorsteuerabzugs Gebrauch machen oder nicht. [5] Für Umsätze, die ein Unternehmer in seinen Voranmeldungen nicht angibt (auch bei Rechtsirrtum über deren Steuerbarkeit), entsteht die Umsatzsteuer ebenso wie bei ordnungsgemäß erklärten Umsätzen (vgl. BFH-Urteil vom 20.01.1997, V R 28/95, BStBl. II S. 716). [6] Der Zeitpunkt der Leistung ist entscheidend, für welchen Voranmeldungszeitraum ein Umsatz zu berücksichtigen ist (vgl. BFH-Urteil vom 13.10.1960, V 294/58 U, BStBl. III S. 478). [7] Dies gilt nicht

---

[1)] A 13.1 UStAE Abs. 1 Satz 3 eingef., bish. Sätze 3 bis 6 werden neue Sätze 4 bis 7 durch BMF v. 14.12.2022, BStBl. I 2022, 1688, anzuwenden in allen offenen Fällen.

für die Istversteuerung von Anzahlungen im Sinne des § 13 Abs. 1 Nr. 1 Buchstabe a Satz 4 UStG (vgl. Abschnitt 13.5).

(2) 1 Lieferungen – einschließlich Werklieferungen – sind grundsätzlich dann ausgeführt, wenn der Leistungsempfänger die Verfügungsmacht über den zu liefernden Gegenstand erlangt. 2 Lieferungen, bei denen der Lieferort nach § 3 Abs. 6 UStG bestimmt wird, werden im Zeitpunkt des Beginns der Beförderung oder Versendung des Gegenstands ausgeführt (vgl. BFH-Urteil vom 06.12.2007, V R 24/05, BStBl. II 2009 S. 490). 3 Bei Sukzessivlieferungsverträgen ist der Zeitpunkt jeder einzelnen Lieferung maßgebend. 4 Lieferungen von Elektrizität, Gas, Wärme, Kälte und Wasser sind jedoch erst mit Ablauf des jeweiligen Ablesezeitraums als ausgeführt zu behandeln. 5 Die während des Ablesezeitraums geleisteten Abschlagszahlungen der Tarifabnehmer sind nicht als Entgelt für Teilleistungen (vgl. Abschnitt 13.4) anzusehen; sie führen jedoch bereits mit Ablauf des Voranmeldungszeitraums ihrer Vereinnahmung nach § 13 Abs. 1 Nr. 1 Buchstabe a Satz 4 UStG zur Entstehung der Steuer (vgl. Abschnitt 13.5).

(3) 1 Sonstige Leistungen, insbesondere Werkleistungen, sind grundsätzlich im Zeitpunkt ihrer Vollendung ausgeführt. 2 Bei zeitlich begrenzten Dauerleistungen, z. B. Duldungs- oder Unterlassungsleistungen (vgl. Abschnitt 3.1 Abs. 4) ist die Leistung mit Beendigung des entsprechenden Rechtsverhältnisses ausgeführt, es sei denn, die Beteiligten hatten Teilleistungen (vgl. Abschnitt 13.4) vereinbart. 3 Anzahlungen sind stets im Zeitpunkt ihrer Vereinnahmung zu versteuern (vgl. Abschnitt 13.5).

(4) 1 Eine Leasinggesellschaft, die ihrem Kunden (Mieter) eine Sache gegen Entrichtung monatlicher Leasingraten überlässt, erbringt eine Dauerleistung, die entsprechend der Vereinbarung über die monatlich zu zahlenden Leasingraten in Form von Teilleistungen (vgl. Abschnitt 13.4) bewirkt wird. 2 Die Steuer entsteht jeweils mit Ablauf des monatlichen Voranmeldungszeitraums, für den die Leasingrate zu entrichten ist. 3 Tritt die Leasinggesellschaft ihre Forderung gegen den Mieter auf Zahlung der Leasingraten an eine Bank ab, die das Risiko des Ausfalls der erworbenen Forderung übernimmt, führt die Vereinnahmung des Abtretungsentgelts nicht zur sofortigen Entstehung der Steuer für die Vermietung nach § 13 Abs. 1 Nr. 1 Buchstabe a Satz 4 UStG, weil das Abtretungsentgelt nicht zugleich Entgelt für die der Forderung zu Grunde liegende Vermietungsleistung ist. 4 Die Bank zahlt das Abtretungsentgelt für den Erwerb der Forderung, nicht aber als Dritter für die Leistung der Leasinggesellschaft an den Mieter. 5 Die Leasinggesellschaft vereinnahmt das Entgelt für ihre Vermietungsleistung vielmehr jeweils mit der Zahlung der Leasingraten durch den Mieter an die Bank, weil sie insoweit gleichzeitig von ihrer Gewährleistungspflicht für den rechtlichen Bestand der Forderung gegenüber der Bank befreit wird. 6 Dieser Vereinnahmungszeitpunkt wird in der Regel mit dem Zeitpunkt der Ausführung der einzelnen Teilleistung übereinstimmen.

(5) Nach den Grundsätzen des Absatzes 4 ist auch in anderen Fällen zu verfahren, in denen Forderungen für noch zu erbringende Leistungen oder Teilleistungen verkauft werden.

(6) 1 Bei einem Kauf auf Probe (§ 454 BGB) im Versandhandel kommt der Kaufvertrag noch nicht mit der Zusendung der Ware, sondern erst nach Ab-

lauf der vom Verkäufer eingeräumten Billigungsfrist oder durch Überweisung des Kaufpreises zustande. [2]Erst zu diesem Zeitpunkt ist umsatzsteuerrechtlich die Lieferung ausgeführt (vgl. BFH-Urteil vom 06.12.2007, V R 24/05, BStBl. II 2009 S. 490). [3]Dagegen ist bei einem Kauf mit Rückgaberecht bereits mit der Zusendung der Ware der Kaufvertrag zustande gekommen und die Lieferung ausgeführt.

(7) [1]Eine Abmahnleistung im Sinne des Abschnitts 1.3 Abs. 16a gilt mit dem Zugang der Abmahnung beim Abgemahnten als ausgeführt. [2]Aus Vereinfachungsgründen wird es nicht beanstandet, wenn der Steuerpflichtige die Besteuerung für die Abmahnleistung in demjenigen Voranmeldungszeitraum vornimmt, in dem die Abmahnung an den Abgemahnten abgesendet wurde (vgl. BMF-Schreiben vom 01.10.2021, BStBl. I S. 1859).

13.2 Sollversteuerung in der Bauwirtschaft

(1) [1]In der Bauwirtschaft werden Werklieferungen und Werkleistungen auf dem Grund und Boden der Auftraggeber im Allgemeinen nicht in Teilleistungen (vgl. Abschnitt 13.4), sondern als einheitliche Leistungen erbracht. [2]Diese Leistungen sind ausgeführt:

1. [1]Werklieferungen, wenn dem Auftraggeber die Verfügungsmacht verschafft wird. [2]Das gilt auch dann, wenn das Eigentum an den verwendeten Baustoffen nach §§ 946, 93, 94 BGB zur Zeit der Verbindung mit dem Grundstück auf den Auftraggeber übergeht. [3]Der Werklieferungsvertrag wird mit der Übergabe und Abnahme des fertiggestellten Werks erfüllt (vgl. BFH-Urteil vom 05.09.2019 – V R 38/17, BStBl. II 2022 S. 696). [4]Der Auftraggeber erhält die Verfügungsmacht mit der Übergabe des fertiggestellten Werks (vgl. BFH-Urteil vom 26.02.1976, V R 132/73, BStBl. II S. 309). [5]Auf die Form der Abnahme kommt es dabei nicht an. [6]Insbesondere ist eine Verschaffung der Verfügungsmacht bereits dann anzunehmen, wenn der Auftraggeber das Werk durch schlüssiges Verhalten, z. B. durch Benutzung, abgenommen hat und eine förmliche Abnahme entweder gar nicht oder erst später erfolgen soll. [7]Wird das vertraglich vereinbarte Werk nicht fertiggestellt und ist eine Vollendung des Werks durch den Werkunternehmer nicht mehr vorgesehen, entsteht ein neuer Leistungsgegenstand. [8]Dieser beschränkt sich bei der Eröffnung eines Insolvenzverfahrens auf den vom Werkunternehmer bis zu diesem Zeitpunkt gelieferten Teil des Werks, wenn der Insolvenzverwalter die weitere Erfüllung des Werkvertrags nach § 103 InsO ablehnt (vgl. Abschnitt 3.9). [9]In diesen Fällen ist die Lieferung im Zeitpunkt der Insolvenzeröffnung bewirkt. [10]Wählt der Insolvenzverwalter die Erfüllung eines bei Eröffnung des Insolvenzverfahrens noch nicht oder nicht vollständig erfüllten Werkvertrags, wird die Werklieferung – wenn keine Teilleistungen im Sinne des § 13 Abs. 1 Nr. 1 Buchstabe a Sätze 2 und 3 UStG gesondert vereinbart worden sind – erst mit der Leistungserbringung nach Verfahrenseröffnung ausgeführt (BFH-Urteil vom 30.04.2009, V R 1/06, BStBl. II 2010 S. 138). [11]Im Falle der Kündigung des Werkvertrags wird die Leistung mit dem Tag des Zugangs der Kündigung ausgeführt. [12]Stellt der Werkunternehmer die Arbeiten an dem vereinbarten Werk vor-

zeitig ein, weil der Besteller – ohne eine eindeutige Erklärung abzugeben – nicht willens und in der Lage ist, seinerseits den Vertrag zu erfüllen, wird das bis dahin errichtete halbfertige Werk zum Gegenstand der Werklieferung. [13]Es wird in dem Zeitpunkt geliefert, in dem für den Werkunternehmer nach den gegebenen objektiven Umständen feststeht, dass er wegen fehlender Aussicht auf die Erlangung weiteren Werklohns nicht mehr leisten wird (vgl. BFH-Urteil vom 28.02.1980, V R 90/75, BStBl. II S. 535).

2. Sonstige Leistungen, insbesondere Werkleistungen, grundsätzlich im Zeitpunkt ihrer Vollendung, der häufig mit dem Zeitpunkt der Abnahme zusammenfallen wird.

(2)[1)] [1]Die in der Bauwirtschaft regelmäßig vor Ausführung der Leistung vereinnahmten Vorauszahlungen, Abschlagszahlungen usw. führen jedoch bereits mit Ablauf des Voranmeldungszeitraums ihrer Vereinnahmung nach § 13 Abs. 1 Nr. 1 Buchstabe a Satz 4 UStG (vgl. Abschnitt 13.5) zur Entstehung der Steuer. [2]Wird über die bereits erbrachten Bauleistungen erst einige Zeit nach Ausführung der Leistungen abgerechnet, ist das Entgelt – sofern es noch nicht feststeht – sachgerecht zu schätzen, z. B. anhand des Angebots (vgl. auch BMF-Schreiben vom 27.01.2023, BStBl. I S. 305). [3]Weitere Hinweise enthält das Merkblatt zur Umsatzbesteuerung in der Bauwirtschaft, Stand Januar 2023 (BMF-Schreiben vom 27.01.2023, a. a. O.).

13.3 Sollversteuerung bei Architekten und Ingenieuren

Leistungen nach der Verordnung über die Honorare für Architekten- und Ingenieurleistungen (HOAI)[2)] · [3)]

(1) [1]Die Leistungen der Architekten und Ingenieure, denen Leistungsbilder nach der HOAI zu Grunde liegen, werden grundsätzlich als einheitliche Leistung erbracht, auch wenn die Gesamtleistung nach der Beschreibung in der HOAI, insbesondere durch die Aufgliederung der Leistungsbilder in Leistungsphasen, teilbar ist. [2]Allein die Aufgliederung der Leistungsbilder zur Ermittlung des (Teil-)Honorars führt nicht zur Annahme von Teilleistungen im Sinne des § 13 Abs. 1 Nr. 1 Buchstabe a Satz 3 UStG (vgl. Abschnitt 13.4). [3]Nur wenn zwischen den Vertragspartnern im Rahmen des Gesamtauftrags über ein Leistungsbild zusätzliche Vereinbarungen über die gesonderte Ausführung und Honorierung einzelner Leistungsphasen getroffen werden, sind insoweit Teilleistungen anzunehmen.

(2) Absatz 1 gilt sinngemäß auch für Architekten- und Ingenieurleistungen, die nicht nach der HOAI abgerechnet werden.

[1)] A 13.2 UStAE Abs. 2 Satz 2 geänd., Satz 3 neugef. durch BMF v. 27.01.2023, BStBl. I 2023, 305.

[2)] **dtv 5596 VOB/HOAI.**

[3)] Zum Verstoß der Mindest- und Höchstsätze der HOAI gegen EU-Recht siehe EuGH v. 04.07.2019 C-377/17, EU-Kommission/Deutschland, NVwZ 2019, 1120; s. auch EuGH v. 18.01.2022 C-261/20, NJW 2022, 927. HOAI jetzt idF der VO v. 02.12.2020, BGBl. I 2020, 2636.

Leistungen nach den Richtlinien für die Durchführung von Bauaufgaben des Bundes im Zuständigkeitsbereich der Finanzbauverwaltungen (RBBau)

(3) [1] Architekten- und Ingenieurleistungen werden entsprechend des Vertragsmusters (Teil 3/VM1/1 RBBau) vergeben. [2] Nach § 1 dieses Vertragsmusters wird der Auftragnehmer zunächst nur mit der Aufstellung der Entscheidungsunterlage – Bau – beauftragt. [3] Für diese Leistung wird das Honorar auch gesondert ermittelt. [4] Im Vertrag wird die Absichtserklärung abgegeben, dem Auftragnehmer weitere Leistungen zu übertragen, wenn die Voraussetzungen dazu gegeben sind. [5] Die Übertragung dieser weiteren Leistungen erfolgt durch gesonderte Schreiben. [6] Bei dieser Abwicklung ist das Aufstellen der Entscheidungsunterlage – Bau – als eine selbständige Leistung des Architekten oder Ingenieurs anzusehen. [7] Mit der Ausführung der ihm gesondert übertragenen weiteren Leistungen erbringt er ebenfalls eine selbständige einheitliche Gesamtleistung, es sei denn, dass die unter Absatz 1 bezeichneten Voraussetzungen für die Annahme von Teilleistungen vorliegen.

13.4[1)] Teilleistungen

[1] Teilleistungen setzen voraus, dass eine nach wirtschaftlicher Betrachtungsweise teilbare Leistung nicht als Ganzes, sondern in Teilen geschuldet und bewirkt wird. [2] Eine Leistung ist in Teilen geschuldet, wenn für bestimmte Teile das Entgelt gesondert vereinbart wird (§ 13 Abs. 1 Nr. 1 Buchstabe a Satz 3 UStG). [3] Vereinbarungen dieser Art werden im Allgemeinen anzunehmen sein, wenn für einzelne Leistungsteile gesonderte Entgeltabrechnungen durchgeführt werden. [4] Eine Teilleistung im Sinne von § 13 Abs. 1 Nr. 1 Buchstabe a Satz 3 UStG erfordert eine Leistung mit kontinuierlichem oder wiederkehrendem Charakter (vgl. BFH-Urteil vom 01.02.2022 – V R 37/21 (V R 16/19), BStBl. II S. 860). [5] Keine Teilleistung liegt hingegen vor, wenn es sich um eine einmalige Leistung gegen Ratenzahlung handelt. [6] Deshalb gehören Vorauszahlungen auf spätere Teilleistungen zum Entgelt für diese Teilleistungen (vgl. BFH-Urteil vom 19.05.1988, V R 102/83, BStBl. II S. 848), die jedoch nach § 13 Abs. 1 Nr. 1 Buchstabe a Satz 4 UStG bereits mit Ablauf des Voranmeldungszeitraums ihrer Vereinnahmung zur Entstehung der Steuer führen (vgl. Abschnitt 13.5).

Beispiel 1:

In einem Mietvertrag über 2 Jahre ist eine monatliche Mietzahlung vereinbart.

Beispiel 2:

[1] Ein Bauunternehmer hat sich verpflichtet, zu Einheitspreisen (§ 4 Abs. 1 Nr. 1 VOB/A) die Maurer- und Betonarbeiten sowie den Innen- und Außenputz an einem Bauwerk auszuführen. [2] Die Maurer- und Betonarbeiten werden gesondert abgenommen und abgerechnet. [3] Der Innen- und der Außenputz werden später ausgeführt, gesondert abgenommen und abgerechnet.

[7] In den Beispielen 1 und 2 werden Leistungen in Teilen geschuldet und bewirkt.

[1)] A 13.4 UStAE Satz 4 neugef., neuer Satz 5 eingef., bish. Sätze 5 und 6 werden neue Sätze 6 und 7 durch BMF v. 14.12.2022, BStBl. I 2022, 1688, anzuwenden in allen offenen Fällen; Beispiel 5 Satz 7 neugef. durch BMF v. 27.01.2023, BStBl. I 2023, 305.

Beispiel 3:

[1] Eine Fahrschule schließt mit ihren Fahrschülern Verträge über die praktische und theoretische Ausbildung zur Erlangung des Führerscheins ab und weist darin die Grundgebühr, den Preis je Fahrstunde und die Gebühr für die Vorstellung zur Prüfung gesondert aus. [2] Entsprechend werden die Abrechnungen durchgeführt.

[3] Die einzelnen Fahrstunden und die Vorstellung zur Prüfung sind als Teilleistungen zu behandeln, weil für diese Teile das Entgelt gesondert vereinbart worden ist. [4] Die durch die Grundgebühr abgegoltenen Ausbildungsleistungen können mangels eines gesondert vereinbarten Entgelts nicht in weitere Teilleistungen zerlegt werden (vgl. BFH-Urteil vom 21.04.1994, V R 59/92).

Beispiel 4:

[1] Ein Unternehmer wird beauftragt, in einem Wohnhaus Parkettfußböden zu legen. [2] In der Auftragsbestätigung sind die Materialkosten getrennt ausgewiesen. [3] Der Unternehmer versendet die Materialien zum Bestimmungsort und führt dort die Arbeiten aus.

[4] Gegenstand der vom Auftragnehmer auszuführenden Werklieferung ist der fertige Parkettfußboden. [5] Die Werklieferung bildet eine Einheit, die nicht in eine Materiallieferung und in eine Werkleistung zerlegt werden kann (vgl. Abschnitte 3.8 und 3.10).

Beispiel 5:

[1] Eine Gebietskörperschaft überträgt einem Bauunternehmer nach Maßgabe der VOB als Gesamtleistung die Maurer- und Betonarbeiten an einem Hausbau. [2] Sie gewährt dem Bauunternehmer auf Antrag nach Maßgabe des § 16 Abs. 1 Nr. 1 VOB/B „in Höhe des Wertes der jeweils nachgewiesenen vertragsgemäßen Leistungen" Abschlagszahlungen.

[3] Die Abschlagszahlungen sind ohne Einfluss auf die Haftung und gelten nicht als Abnahme von Teilleistungen. [4] Der Bauunternehmer erteilt die Schlussrechnung erst, wenn die Gesamtleistung ausgeführt ist. [5] Die Abschlagszahlungen unterliegen der Istversteuerung (vgl. Abschnitt 13.5). [6] Soweit das Entgelt laut Schlussrechnung die geleisteten Abschlagszahlungen übersteigt, entsteht die Steuer mit Ablauf des Voranmeldungszeitraums, in dem der Bauunternehmer die gesamte, vertraglich geschuldete Werklieferung bewirkt hat. [7] Weitere Hinweise zu Teilleistungen enthält das Merkblatt zur Umsatzbesteuerung in der Bauwirtschaft, Stand Januar 2023 (BMF-Schreiben vom 27.01.2023, BStBl. I S. 305).

13.5 Istversteuerung von Anzahlungen

(1) [1] Nach § 13 Abs. 1 Nr. 1 Buchstabe a Satz 4 UStG entsteht die Steuer in den Fällen, in denen das Entgelt oder ein Teil des Entgelts (z. B. Anzahlungen, Abschlagszahlungen, Vorauszahlungen) vor Ausführung der Leistung oder Teilleistung gezahlt wird, bereits mit Ablauf des Voranmeldungszeitraums, in dem das Entgelt oder Teilentgelt vereinnahmt worden ist. [2] Zum Zeitpunkt der Vereinnahmung vgl. Abschnitt 13.6 Abs. 1.

(2) [1] Anzahlungen können außer in Barzahlungen auch in Lieferungen oder sonstigen Leistungen bestehen, die im Rahmen eines Tauschs oder tauschähnlichen Umsatzes als Entgelt oder Teilentgelt hingegeben werden. [2] Eine Vereinnahmung der Anzahlung durch den Leistungsempfänger wird in diesen Fällen nicht dadurch ausgeschlossen, dass diese Leistung selbst noch nicht als ausgeführt gilt und die Steuer hierfür nach § 13 Abs. 1 Nr. 1 Buchstabe a Satz 1 UStG noch nicht entstanden ist (vgl. EuGH-Urteil vom 19.12.2012, C-549/11, Orfey Bulgaria).[1)]

(3) [1] Anzahlungen führen zur Entstehung der Steuer, wenn sie für eine bestimmte Lieferung oder sonstige Leistung entrichtet werden. [2] Dies setzt vor-

1) MwStR 2013, 28.

aus, dass alle maßgeblichen Elemente der künftigen Lieferung oder künftigen Dienstleistung bereits bekannt sind, insbesondere die Gegenstände oder die Dienstleistungen zum Zeitpunkt der Anzahlung genau bestimmt sind (vgl. BFH-Urteile vom 15.09.2011, V R 36/09, BStBl. 2012 II S. 365, vom 14.11.2018, XI R 27/16, n.v., und vom 10.04.2019, XI R 4/17, BStBl. II S. 635). [3]Bezieht sich eine Anzahlung auf mehrere Lieferungen oder sonstige Leistungen, ist sie entsprechend aufzuteilen. [4]Was Gegenstand der Lieferung oder sonstigen Leistung ist, muss nach den Gegebenheiten des Einzelfalls beurteilt werden. [5]Wird eine Leistung in Teilen geschuldet und bewirkt (Teilleistung), sind Anzahlungen der jeweiligen Teilleistung zuzurechnen, für die sie geleistet werden (vgl. BFH-Urteil vom 19.05.1988, V R 102/83, BStBl. II S. 848). [6]Fehlt es bei der Vereinnahmung der Zahlung noch an einer konkreten Leistungsvereinbarung, ist zu prüfen, ob die Zahlung als bloße Kreditgewährung zu betrachten ist; aus den Umständen des Einzelfalles, z.B. bei dauernder Geschäftsverbindung mit regelmäßig sich wiederholenden Aufträgen, kann sich ergeben, dass es sich dennoch um eine Anzahlung für eine künftige Leistung handelt, die zur Entstehung der Steuer führt.

(4) [1]Eine Anzahlung für eine Leistung, die voraussichtlich unter eine Befreiungsvorschrift des § 4 UStG fällt oder nicht steuerbar ist, braucht nicht der Steuer unterworfen zu werden. [2]Dagegen ist die Anzahlung zu versteuern, wenn bei ihrer Vereinnahmung noch nicht abzusehen ist, ob die Voraussetzungen für die Steuerbefreiung oder Nichtsteuerbarkeit der Leistung erfüllt werden. [3]Ergibt sich im Nachhinein, dass die Leistung nicht der Umsatzsteuer unterliegt, ist die Bemessungsgrundlage in entsprechender Anwendung des § 17 Abs. 2 Nr. 2 UStG zu berichtigen (vgl. BFH-Urteil vom 08.09.2011, V R 42/10, BStBl. II 2012 S. 248).

(5) Zur Behandlung von Anzahlungen für steuerpflichtige Reiseleistungen, für die die Bemessungsgrundlage nach § 25 Abs. 3 UStG zu ermitteln ist, vgl. Abschnitt 25.3 Abs. 5.

(6) Zur Rechnungserteilung bei der Istversteuerung von Anzahlungen vgl. Abschnitt 14.8, zum Vorsteuerabzug bei Anzahlungen vgl. Abschnitt 15.3 und zur Minderung der Bemessungsgrundlage bei Rückgewährung einer Anzahlung vgl. Abschnitt 17.1 Abs. 7.

(7) Werden Anzahlungen in fremder Währung geleistet, ist die einzelne Anzahlung nach dem im Monat der Vereinnahmung geltenden Durchschnittskurs[1)] umzurechnen (§ 16 Abs. 6 UStG); bei dieser Umrechnung verbleibt es, auch wenn im Zeitpunkt der Leistungsausführung ein anderer Durchschnittskurs gilt.

(8) Zur Behandlung von Anzahlungen für Leistungen im Sinne des § 13b UStG, wenn die Voraussetzungen für die Steuerschuld des Leistungsempfängers im Zeitpunkt der Vereinnahmungen der Anzahlungen noch nicht vorlagen, vgl. Abschnitt 13b.12 Abs. 3.

[1)] Monatlich veröffentlicht im BStBl. I, siehe auch die Zusammenstellungen in **Steuererlasse** Nr. **500** § 16/6 und § 16/7.

13.6 Entstehung der Steuer bei der Besteuerung nach vereinnahmten Entgelten[1)]

(1) [1] Bei der Besteuerung nach vereinnahmten Entgelten (vgl. Abschnitt 20.1) entsteht die Steuer für Lieferungen und sonstige Leistungen mit Ablauf des Voranmeldungszeitraums, in dem die Entgelte vereinnahmt worden sind. [2] Anzahlungen (vgl. Abschnitt 13.5) sind stets im Voranmeldungszeitraum ihrer Vereinnahmung zu versteuern. [3] Als Zeitpunkt der Vereinnahmung gilt bei Überweisungen auf ein Bankkonto grundsätzlich der Zeitpunkt der Gutschrift. [4] Zur Frage der Vereinnahmung bei Einzahlung auf ein gesperrtes Konto vgl. BFH-Urteile vom 27.11.1958, V 284/57 U, BStBl. III 1959 S. 64, und vom 23.04.1980, VII R 156/75, BStBl. II S. 643. [5] Vereinnahmt sind auch Beträge, die der Schuldner dem Gläubiger am Fälligkeitstag gutschreibt, wenn die Beträge dem Berechtigten von nun an zur Verwendung zur Verfügung stehen (vgl. BFH-Urteil vom 24.03.1993, X R 55/91, BStBl. II S. 499). [6] Dies gilt jedoch nicht, wenn die Beträge im Zeitpunkt der Gutschrift nicht fällig waren und das Guthaben nicht verzinst wird (vgl. BFH-Urteil vom

(Fortsetzung S. 581)

---

1) Zur Vereinnahmung von Entgelten für vor Eröffnung des Insolvenzverfahrens erbrachte Leistungen vgl. BFH v. 29.01.2009 V R 64/07, BStBl. II 2009, 682.

vorgesehen ist, die die Echtheit der Herkunft und die Unversehrtheit der Daten gewährleisten.

Echtheit und Unversehrtheit bei besonderen Formen der Rechnungsstellung

(10)[1] [1]Die Absätze 1 bis 9 gelten entsprechend für Gutschriften (§ 14 Abs. 2 Satz 2 UStG), Rechnungen, die im Namen und für Rechnung des Unternehmers oder eines in § 14 Abs. 2 Satz 1 Nr. 2 UStG bezeichneten Leistungsempfängers von einem Dritten ausgestellt werden (§ 14 Abs. 2 Satz 4 UStG) sowie für Anzahlungsrechnungen (§ 14 Abs. 5 UStG). [2]Wird eine Gutschrift ausgestellt, ist der leistende Unternehmer als Gutschriftsempfänger zur Durchführung des innerbetrieblichen Kontrollverfahrens entsprechend den Absätzen 4 bis 6 verpflichtet. [3]Der Dritte ist nach §§ 93 ff. AO verpflichtet, dem Finanzamt die Prüfung des Verfahrens durch Erteilung von Auskünften und Vorlage von Unterlagen in seinen Räumen zu gestatten.

(11) Bei Fahrausweisen (§ 34 UStDV) ist es für Zwecke des Vorsteuerabzugs nicht zu beanstanden, wenn der Fahrausweis im Online-Verfahren abgerufen wird und durch das Verfahren sichergestellt ist, dass eine Belastung auf einem Konto erfolgt.

14.5 Pflichtangaben in der Rechnung[2]

(1) [1]§ 14 Abs. 4 und § 14a UStG gelten nur für Rechnungen an andere Unternehmer oder an juristische Personen, soweit sie nicht Unternehmer sind, sowie an andere Leistungsempfänger, die in § 14a UStG bezeichnet sind. [2]Dabei ist es unerheblich, ob es sich um steuerpflichtige oder steuerfreie Leistungen oder um Teilleistungen handelt oder ob die Sonderregelungen nach den §§ 23 bis 25c UStG angewendet werden. [3]Sofern eine Verpflichtung zur Erteilung einer Rechnung besteht, muss die Rechnung alle Pflichtangaben, die sich aus § 14 Abs. 4, § 14a UStG sowie aus den §§ 33 und 34 UStDV ergeben, enthalten und die übrigen formalen Voraussetzungen des § 14 UStG erfüllen. [4]Die Angaben, die eine Rechnung enthalten muss, sollen es der Finanzverwaltung insbesondere ermöglichen, die Entrichtung der geschuldeten Steuer und das Bestehen des Vorsteuerabzugsrechts zu kontrollieren (Kontrollfunktion der Rechnung, vgl. EuGH-Urteil vom 15.09.2016, C-516/14, Barlis 06).[3] [5]Die Gesamtheit aller Dokumente, die die nach § 14 Abs. 4 und § 14a UStG geforderten Angaben insgesamt enthalten, bildet die Rechnung. [6]In einem Dokument fehlende Angaben müssen in anderen Dokumenten enthalten sein. [7]In einem dieser Dokumente müssen mindestens das Entgelt und der Steuerbetrag angegeben werden. [8]Außerdem sind in diesem Dokument alle anderen Dokumente zu bezeichnen, aus denen sich die nach § 14 Abs. 4 und § 14a UStG erforderlichen Angaben insgesamt ergeben (§ 31 Abs. 1 UStDV). [9]Alle Dokumente müssen vom Rechnungsaussteller erstellt werden. [10]Im Fall der Gut-

---

[1] A 14.4 UStAE Abs. 10 Sätze 4 und 5 aufgeh. durch BMF v. 20.12.2022, BStBl. I 2022, 1694.

[2] Zu Anforderungen an die Rechnung und zur Feststellungslast vgl. BFH v. 06.12.2007 V R 61/05, BStBl. II 2008, 695.

[3] DStR 2016, 2216.

schrift muss deshalb der Gutschriftsaussteller alle Dokumente erstellen. [11] Ist ein Dritter mit der Rechnungserstellung beauftragt (§ 14 Abs. 2 Satz 4 UStG), ist auch derjenige, der den Dritten mit der Rechnungserstellung beauftragt hat, zur Erstellung der fehlenden Dokumente berechtigt. [12] Hinsichtlich der Leistungsbeschreibung ist es zulässig, auf den vom leistenden Unternehmer erstellten Lieferschein Bezug zu nehmen. [13] Die Erteilung einer Rechnung, die nicht alle in § 14 Abs. 4 Satz 1 UStG aufgeführten Pflichtangaben enthält, gilt nicht als Ordnungswidrigkeit im Sinne des § 26a Abs. 2 Nr. 1 UStG.

Name und Anschrift des leistenden Unternehmers und des Leistungsempfängers

(2)[1)] [1] Nach § 14 Abs. 4 Satz 1 Nr. 1 UStG sind in der Rechnung der Name und die Anschrift des leistenden Unternehmers und des Leistungsempfängers jeweils vollständig anzugeben. [2] Dabei ist es nach § 31 Abs. 2 UStDV ausreichend, wenn sich auf Grund der in die Rechnung aufgenommenen Bezeichnungen der Name und die Anschrift sowohl des leistenden Unternehmers als auch des Leistungsempfängers eindeutig feststellen lassen. [3] Unter diesen Voraussetzungen kann auch die Verwendung eines Aliasnamens nach dem ProstSchG eine ausreichende Rechnungsangabe sein (siehe BMF-Schreiben vom 07.09.2021, BStBl. I S. 1591). [4] Bei Versteigerungen im fremden Namen und für fremde Rechnung (vgl. Abschnitt 3.7 Abs. 6) kann die sog. Losnummer als Angabe des leistenden Unternehmers (Einlieferer) genügen. [5] Es reicht jede Art von Anschrift, sofern der leistende Unternehmer bzw. der Leistungsempfänger unter dieser Anschrift erreichbar ist. [6] Dabei ist es unerheblich, ob die wirtschaftlichen Tätigkeiten des leistenden Unternehmers unter der Anschrift ausgeübt werden, die in der von ihm ausgestellten Rechnung angegeben ist (vgl. BFH-Urteile vom 13.06.2018, XI R 20/14, BStBl. II S. 800, und vom 21.06.2018, V R 25/15, BStBl. II S. 809, und V R 28/16, BStBl. II S. 806). [7] Maßgeblich für eine Erreichbarkeit ist der Zeitpunkt der Rechnungsausstellung (vgl. BFH-Urteil vom 05.12.2018, XI R 22/14, BStBl. II 2020 S. 418). [8] Verfügt der leistende Unternehmer bzw. der Leistungsempfänger über ein Postfach, über eine Großkundenadresse oder über eine c/o-Adresse, genügt die jeweilige Angabe in der Rechnung den Anforderungen des § 14 Abs. 4 Satz 1 Nr. 1 UStG an eine vollständige Anschrift.

(3) *(aufgehoben)*

(4) [1] Im Fall der umsatzsteuerlichen Organschaft kann der Name und die Anschrift der Organgesellschaft angegeben werden, wenn der leistende Unternehmer oder der Leistungsempfänger unter dem Namen und der Anschrift der Organgesellschaft die Leistung erbracht bzw. bezogen hat. [2] Entsprechendes gilt für die Angabe der Anschrift einer Zweigniederlassung, einer Betriebsstätte oder eines Betriebsteils des Unternehmers.

Steuernummer oder USt-IdNr. des leistenden Unternehmers

(5) [1] Nach § 14 Abs. 4 Satz 1 Nr. 2 UStG muss der leistende Unternehmer in der Rechnung entweder die ihm vom inländischen Finanzamt erteilte Steu-

---

[1)] A 14.5 UStAE Abs. 2 neuer Satz 4 eingef., bish. Sätze 4 bis 7 werden Sätze 5 bis 8 durch BMF v. 07.02.2023, BStBl. I 2023, 322, anzuwenden in allen offenen Fällen.

ernummer oder die vom BZSt erteilte USt-IdNr. angeben (vgl. BFH-Urteil vom 02.09.2010, V R 55/09, BStBl. II 2011 S. 235). [2] Wurde dem leistenden Unternehmer keine USt-IdNr. erteilt, ist zwingend die erteilte Steuernummer anzugeben. [3] Wenn das Finanzamt eine gesonderte Steuernummer für Zwecke der Umsatzbesteuerung erteilt hat (z. B. bei von der Zuständigkeit nach dem Betriebssitz abweichender Zuständigkeit nach § 21 AO), ist diese anzugeben. [4] Erteilt das Finanzamt dem leistenden Unternehmer eine neue Steuernummer (z. B. bei Verlagerung des Unternehmenssitzes), ist nur noch diese zu verwenden. [5] Es ist nicht erforderlich, dass der Unternehmer die vom Finanzamt erteilte Steuernummer um zusätzliche Angaben (z. B. Name oder Anschrift des Finanzamts, Finanzamtsnummer oder Länderschlüssel) ergänzt. [6] Im Fall der Gutschrift ist die Steuernummer bzw. die USt-IdNr. des leistenden Unternehmers und nicht die des die Gutschrift erteilenden Leistungsempfängers anzugeben. [7] Zu diesem Zweck hat der leistende Unternehmer (Gutschriftsempfänger) dem Aussteller der Gutschrift seine Steuernummer oder USt-IdNr. mitzuteilen. [8] Dies gilt auch für einen ausländischen Unternehmer, dem von einem inländischen Finanzamt eine Steuernummer oder vom BZSt eine USt-IdNr. erteilt wurde. [9] Hinsichtlich des Anspruchs natürlicher Personen auf Erteilung einer Steuernummer für Umsatzsteuerzwecke vgl. BFH-Urteil vom 23.09.2009, II R 66/07, BStBl. II 2010 S. 712, und BMF-Schreiben vom 01.07.2010, BStBl. I S. 625.

(6)[1)] [1] Leistet ein Unternehmer im eigenen Namen (Eigengeschäft) und vermittelt er einen Umsatz in fremdem Namen und für fremde Rechnung (vermittelter Umsatz), gilt für die Angabe der Steuernummer oder der USt-IdNr. Folgendes:

- [2] Für das Eigengeschäft gibt der leistende Unternehmer seine Steuernummer oder USt-IdNr. an.
- [3] Rechnet der Unternehmer über einen vermittelten Umsatz ab (z. B. Tankstellenbetreiber, Reisebüro, Versteigerer), hat er die Steuernummer oder USt-IdNr. des leistenden Unternehmers (z. B. Mineralölgesellschaft, Reiseunternehmen, Einlieferer) anzugeben.
- [4] Werden das Eigengeschäft und der vermittelte Umsatz in einer Rechnung aufgeführt (vgl. Abschnitt 14.10 Abs. 3), kann aus Vereinfachungsgründen der jeweilige Umsatz durch Kennziffern oder durch Symbole der jeweiligen Steuernummer oder USt-IdNr. zugeordnet werden. [5] Diese sind in der Rechnung oder in anderen Dokumenten (§ 31 UStDV) zu erläutern.

(7) Im Fall der umsatzsteuerlichen Organschaft muss die Organgesellschaft die ihr oder dem Organträger erteilte USt-IdNr. oder die Steuernummer des Organträgers angeben.

(8) Die Angabe der Steuernummer oder der USt-IdNr. ist vorbehaltlich der §§ 33 und 34 UStDV auch erforderlich, wenn

- beim leistenden Unternehmer die Umsatzsteuer nach § 19 Abs. 1 UStG nicht erhoben wird,
- ausschließlich über steuerfreie Umsätze abgerechnet wird,

---

1) A 14.5 UStAE Abs. 6 Satz 3 neugef. durch BMF v. 07.02.2023, BStBl. I 2023, 322, anzuwenden in allen offenen Fällen.

– der Leistungsempfänger nach § 13b Abs. 1 Satz 1 Nr. 2 bis 4 UStG Steuerschuldner ist (vgl. auch § 14a Abs. 5 UStG).

(9) [1] Ein Vertrag erfüllt die Anforderung des § 14 Abs. 4 Satz 1 Nr. 2 UStG, wenn er die Steuernummer oder die USt-IdNr. des leistenden Unternehmers enthält. [2] Ist in dem Vertrag die Steuernummer angegeben und erteilt das Finanzamt dem leistenden Unternehmer eine neue Steuernummer (z.B. bei Verlagerung des Unternehmenssitzes), ist der Vertragspartner in geeigneter Weise darüber zu informieren. [3] Die leichte Nachprüfbarkeit dieser Angabe muss beim Leistungsempfänger gewährleistet sein. [4] Es ist nicht erforderlich, dass auf den Zahlungsbelegen die Steuernummer oder die USt-IdNr. des leistenden Unternehmers angegeben ist.

Fortlaufende Nummer (Rechnungsnummer)

(10) [1] Durch die fortlaufende Nummer (Rechnungsnummer) soll sichergestellt werden, dass die vom Unternehmer erstellte Rechnung einmalig ist. [2] Bei der Erstellung der Rechnungsnummer ist es zulässig, eine oder mehrere Zahlen- oder Buchstabenreihen zu verwenden. [3] Auch eine Kombination von Ziffern mit Buchstaben ist möglich. [4] Eine lückenlose Abfolge der ausgestellten Rechnungsnummern ist nicht zwingend. [5] Es ist auch zulässig, im Rahmen eines weltweiten Abrechnungssystems verschiedener, in unterschiedlichen Ländern angesiedelter Konzerngesellschaften nur einen fortlaufenden Nummernkreis zu verwenden.

(11) [1] Bei der Erstellung der Rechnungsnummer bleibt es dem Rechnungsaussteller überlassen, wie viele und welche separaten Nummernkreise geschaffen werden, in denen eine Rechnungsnummer jeweils einmalig vergeben wird. [2] Dabei sind Nummernkreise für zeitlich, geographisch oder organisatorisch abgegrenzte Bereiche zulässig, z.B. für Zeiträume (Monate, Wochen, Tage), verschiedene Filialen, Betriebsstätten einschließlich Organgesellschaften oder Bestandsobjekte. [3] Die einzelnen Nummernkreise müssen dabei nicht zwingend lückenlos sein. [4] Es muss jedoch gewährleistet sein (z.B. durch Vergabe einer bestimmten Klassifizierung für einen Nummernkreis), dass die jeweilige Rechnung leicht und eindeutig dem jeweiligen Nummernkreis zugeordnet werden kann und die Rechnungsnummer einmalig ist.

(12) [1] Bei Verträgen über Dauerleistungen ist es ausreichend, wenn diese Verträge eine einmalige Nummer enthalten (z.B. Wohnungs- oder Objektnummer, Mieternummer). [2] Es ist nicht erforderlich, dass Zahlungsbelege eine gesonderte fortlaufende Nummer erhalten.

(13) [1] Im Fall der Gutschrift ist die fortlaufende Nummer durch den Gutschriftsaussteller zu vergeben. [2] Wird die Rechnung nach § 14 Abs. 2 Satz 4 UStG von einem Dritten ausgestellt, kann dieser die fortlaufende Nummer vergeben.

(14) Kleinbetragsrechnungen nach § 33 UStDV und Fahrausweise nach § 34 UStDV müssen keine fortlaufende Nummer enthalten.

Menge und Art der gelieferten Gegenstände oder Umfang und Art der sonstigen Leistung

(15) [1] Die Bezeichnung der Leistung muss eine eindeutige und leicht nachprüfbare Feststellung der Leistung ermöglichen, über die abgerechnet worden

ist (vgl. BFH-Urteile vom 10.11.1994, V R 45/93, BStBl. II 1995 S. 395, vom 08.10.2008, V R 59/07, BStBl. II 2009 S. 218, vom 16.01.2014, V R 28/13, BStBl. II S. 867, und vom 12.03.2020, V R 48/17, BStBl. II S. 604). [2]Unrichtige oder ungenaue Angaben, die eventuell auch keinen Rückschluss auf den Ort der Leistungserbringung und eine mögliche Steuerpflicht ermöglichen, genügen diesen Anforderungen nicht (vgl. BFH-Urteil vom 01.03.2018, V R 18/17, BStBl. II 2021 S. 644). [3]Bei Lieferungen kann neben der Angabe der Menge die Angabe der Art der gelieferten Gegenstände in Form einer handelsüblichen Bezeichnung erfolgen (§ 14 Abs. 4 Satz 1 Nr. 5 UStG). [4]Handelsüblich ist jede im Geschäftsverkehr für die Gegenstände allgemein verwendete Bezeichnung, die den Erfordernissen von Kaufleuten im Sinne des HGB genügt und von Unternehmern in den entsprechenden Geschäftskreisen allgemein (d.h. nicht nur gelegentlich) verwendet wird, z.B. auch eine Markenartikelbezeichnung. [5]Ob eine Bezeichnung handelsüblich ist, ist unter Berücksichtigung von Handelsstufe, Art und Inhalt der Lieferungen und dem Wert der einzelnen Gegenstände im Einzelfall zu bestimmen (zu den Anforderungen bei hochpreisigen Uhren und Armbändern vgl. BFH-Beschluss vom 29.11.2002, V B 119/02, n.v.; abgrenzend dazu im Niedrigpreissegment vgl. BFH-Urteil vom 10.07.2019, XI R 28/18, BStBl. II 2021 S. 961). [6]Bezeichnungen allgemeiner Art, die Gruppen verschiedenartiger Gegenstände umfassen, z.B. Geschenkartikel, reichen grundsätzlich nicht aus. [7]In Rechnungen über die Lieferung von Präsentkörben reicht es aus, als handelsübliche Bezeichnung des Liefergegenstandes lediglich „Präsentkorb" anzugeben. [8]Die Mengen und die handelsüblichen Bezeichnungen der im Präsentkorb enthaltenen einzelnen Gegenstände brauchen in der Rechnung nicht genannt zu werden. [9]In einer Rechnung über die Übertragung bzw. Ausgabe eines Einzweck-Gutscheins nach § 3 Abs. 14 UStG ist die Bezeichnung der Gutscheinart (Einzweck-Gutschein) sowie eine kurze Beschreibung der Lieferung oder der sonstigen Leistung, zu deren Bezug der Gutschein berechtigt, ausreichend (vgl. hierzu Abschnitt 3.17 Abs. 2). [10]Bei einem Mehrzweck-Gutschein nach § 3 Abs. 15 UStG unterliegt erst bei dessen Einlösung die tatsächliche Lieferung oder die tatsächliche Erbringung der sonstigen Leistung der Umsatzsteuer (vgl. hierzu Abschnitt 3.17 Abs. 9); über diese Leistung ist dann nach den allgemeinen Regelungen abzurechnen. [11]Zur Verwendung der Geräteidentifikationsnummer als Bestandteil der handelsüblichen Bezeichnung des gelieferten Gegenstands vgl. BMF-Schreiben vom 01.04.2009, BStBl. I S. 525.

Zeitpunkt der Leistung und Vereinnahmung des Entgelts

(16)[1)] [1]Nach § 14 Abs. 4 Satz 1 Nr. 6 UStG ist in der Rechnung der Zeitpunkt der Lieferung oder sonstigen Leistung anzugeben. [2]Dies gilt auch dann, wenn das Ausstellungsdatum der Rechnung (§ 14 Abs. 4 Satz 1 Nr. 3 UStG) mit dem Zeitpunkt der Lieferung oder der sonstigen Leistung übereinstimmt; in diesen Fällen genügt eine Angabe wie z.B. „Leistungsdatum entspricht Rechnungsdatum" (vgl. BFH-Urteil vom 17.12.2008, XI R 62/07, BStBl. II

[1)] A 14.5 UStAE Abs. 16 Satz 5 Nr. 2 Satz 3 neugef. durch BMF v. 07.02.2023, BStBl. I 2023, 322, anzuwenden in allen offenen Fällen.

2009 S. 432). [3] Nach § 31 Abs. 4 UStDV kann als Zeitpunkt der Lieferung oder der sonstigen Leistung der Kalendermonat angegeben werden, in dem die Leistung ausgeführt wird. [4] Die Verpflichtung zur Angabe des Zeitpunkts der Lieferung oder der sonstigen Leistung besteht auch in den Fällen, in denen die Ausführung der Leistung gegen Barzahlung erfolgt. [5] Im Einzelnen gilt hierbei Folgendes:

1. Angabe des Zeitpunkts der Lieferung in einem Lieferschein:
   [1] Nach § 31 Abs. 1 UStDV kann eine Rechnung aus mehreren Dokumenten bestehen, aus denen sich die nach § 14 Abs. 4 Satz 1 UStG erforderlichen Angaben insgesamt ergeben. [2] Demzufolge können sich Rechnungsangaben auch aus einem in dem Dokument, in dem Entgelt und Steuerbetrag angegeben sind, zu bezeichnenden Lieferschein ergeben. [3] Sofern sich der nach § 14 Abs. 4 Satz 1 Nr. 6 UStG erforderliche Leistungszeitpunkt aus dem Lieferschein ergeben soll, ist es erforderlich, dass der Lieferschein neben dem Lieferscheindatum eine gesonderte Angabe des Leistungsdatums enthält. [4] Sofern das Leistungsdatum dem Lieferscheindatum entspricht, kann an Stelle der gesonderten Angabe des Leistungsdatums ein Hinweis in die Rechnung aufgenommen werden, dass das Lieferscheindatum dem Leistungsdatum entspricht.
2. Angabe des Zeitpunkts der Lieferung in den Fällen, in denen der Ort der Lieferung nach § 3 Abs. 6 UStG bestimmt wird:
   [1] In den Fällen, in denen der Gegenstand der Lieferung durch den Lieferer, den Abnehmer oder einen vom Lieferer oder vom Abnehmer beauftragten Dritten befördert oder versendet wird, gilt die Lieferung nach § 3 Abs. 6 Satz 1 UStG dort als ausgeführt, wo die Beförderung oder Versendung an den Abnehmer oder in dessen Auftrag an einen Dritten beginnt (vgl. Abschnitt 3.12). [2] Soweit es sich um eine Lieferung handelt, für die der Ort der Lieferung nach § 3 Abs. 6 UStG bestimmt wird, ist in der Rechnung als Tag der Lieferung der Tag des Beginns der Beförderung oder Versendung des Gegenstands der Lieferung anzugeben. [3] Dieser Tag ist zugleich auch maßgeblich für die Entstehung der Steuer, wenn es nach § 13 Abs. 1 Nr. 1 UStG auf die Ausführung der Leistung ankommt (vgl. Abschnitt 13.1 Abs. 1 und 2 Satz 2).
3. Angabe des Zeitpunkts der Lieferung in anderen Fällen:
   [1] In allen Fällen, in denen sich der Ort der Lieferung nicht nach § 3 Abs. 6 UStG bestimmt, ist als Tag der Lieferung in der Rechnung der Tag der Verschaffung der Verfügungsmacht anzugeben. [2] Zum Begriff der Verschaffung der Verfügungsmacht vgl. Abschnitt 3.1 Abs. 2.
4. Angabe des Zeitpunkts der sonstigen Leistung:
   [1] Nach § 14 Abs. 4 Satz 1 Nr. 6 UStG ist in der Rechnung der Zeitpunkt der sonstigen Leistung anzugeben. [2] Dies ist der Zeitpunkt, zu dem die sonstige Leistung ausgeführt ist. [3] Sonstige Leistungen sind grundsätzlich im Zeitpunkt ihrer Vollendung ausgeführt. [4] Bei zeitlich begrenzten Dauerleistungen ist die Leistung mit Beendigung des entsprechenden Rechtsverhältnisses ausgeführt, es sei denn, die Beteiligten hatten Teilleistungen vereinbart (vgl. Abschnitt 13.1 Abs. 3). [5] Bei sonstigen Leistungen, die sich

über mehrere Monate oder Jahre erstrecken, reicht die Angabe des gesamten Leistungszeitraums (z. B. „01.01.2001 bis 31.12.2001") aus. [6] Eine Rechnung, die nur die Angabe einer Leistung „bis zum heutigen Tag" ohne Konkretisierung des Beginns des Leistungszeitraums enthält, erfüllt diese Voraussetzungen nicht (vgl. EuGH-Urteil vom 15.09.2016, C-516/14, Barlis 06).[1)]

(Fortsetzung S. 645)

[1)] DStR 2016, 2216.

den. [3]Die Zusammenstellung muss einen entsprechenden Hinweis auf die Endrechnung enthalten.

(9) [1]Wenn der Unternehmer ordnungsgemäß erteilte Rechnungen über Voraus- oder Anzahlungen, in denen die Steuer gesondert ausgewiesen ist, nachträglich bei der Abrechnung der gesamten Leistung widerruft oder zurücknimmt, ist er gleichwohl nach § 14 Abs. 5 Satz 2 UStG verpflichtet, in der Endrechnung die vorausgezahlten Entgelte oder Teilentgelte und die darauf entfallenden Steuerbeträge abzusetzen. [2]Dementsprechend ändert sich in diesem Falle auch an der Berechtigung des Leistungsempfängers zum Vorsteuerabzug auf Grund von Voraus- oder Anzahlungsrechnungen nichts.

(10) [1]Werden – entgegen der Verpflichtung nach § 14 Abs. 5 Satz 2 UStG – in einer Endrechnung oder der zugehörigen Zusammenstellung die vor der Leistung vereinnahmten Teilentgelte und die auf sie entfallenden Steuerbeträge nicht abgesetzt oder angegeben, hat der Unternehmer den in dieser Rechnung ausgewiesenen gesamten Steuerbetrag an das Finanzamt abzuführen. [2]Entsprechendes gilt, wenn in der Endrechnung oder der zugehörigen Zusammenstellung nur ein Teil der im Voraus vereinnahmten Teilentgelte und der auf sie entfallenden Steuerbeträge abgesetzt wird. [3]Der Teil der in der Endrechnung ausgewiesenen Steuer, der auf die vor der Leistung vereinnahmten Teilentgelte entfällt, wird in diesen Fällen zusätzlich nach § 14c Abs. 1 UStG geschuldet. [4]Der Leistungsempfänger kann jedoch nur den Teil des in der Endrechnung ausgewiesenen Steuerbetrags als Vorsteuer abziehen, der auf das nach der Ausführung der Leistung zu entrichtende restliche Entgelt entfällt. [5]Erteilt der Unternehmer dem Leistungsempfänger nachträglich eine berichtigte Endrechnung, die den Anforderungen des § 14 Abs. 5 Satz 2 UStG genügt, kann er die von ihm geschuldete Steuer in entsprechender Anwendung des § 17 Abs. 1 UStG berichtigen.

(11) [1]Statt einer Endrechnung kann der Unternehmer über das restliche Entgelt oder den verbliebenen Restpreis eine Rechnung erteilen (Restrechnung). [2]In ihr sind die im Voraus vereinnahmten Teilentgelte und die darauf entfallenden Steuerbeträge nicht anzugeben. [3]Es ist jedoch nicht zu beanstanden, wenn zusätzlich das Gesamtentgelt (ohne Steuer) angegeben wird und davon die im Voraus vereinnahmten Teilentgelte (ohne Steuer) abgesetzt werden.

14.9 Rechnungserteilung bei verbilligten Leistungen (§ 10 Abs. 5 UStG)

(1) [1]Grundsätzlich können in einer Rechnung nur das Entgelt und der darauf entfallende Umsatzsteuerbetrag ausgewiesen werden. [2]Hiervon abweichend sind Unternehmer berechtigt und bei Ausführung einer Leistung an einen unternehmerischen Leistungsempfänger oder an eine juristische Person verpflichtet, in den folgenden Fällen die Mindestbemessungsgrundlage des § 10 Abs. 5 i. V. m. § 10 Abs. 4 UStG sowie den darauf entfallenden Steuerbetrag in einer Rechnung auszuweisen:

1. Körperschaften und Personenvereinigungen im Sinne des § 1 Abs. 1 Nr. 1 bis 5 KStG, nichtrechtsfähige Personenvereinigungen sowie Gemeinschaf-

ten führen im Inland verbilligte Lieferungen oder sonstige Leistungen an ihre Anteilseigner, Gesellschafter, Mitglieder, Teilhaber oder diesen nahestehende Personen aus (§ 10 Abs. 5 Nr. 1 UStG).

2. Einzelunternehmer führen verbilligte Leistungen an ihnen nahestehende Personen aus (§ 10 Abs. 5 Nr. 1 UStG).
3. Unternehmer führen verbilligte Leistungen an ihr Personal oder dessen Angehörige auf Grund des Dienstverhältnisses aus (§ 10 Abs. 5 Nr. 2 UStG).

Beispiel:

[1] Eine Gesellschaft liefert an ihren unternehmerisch tätigen Gesellschafter eine gebrauchte Maschine, deren Wiederbeschaffungskosten netto 50.000 € betragen, zu einem Kaufpreis von 30.000 €.

[2] In diesem Fall muss die Rechnung neben den übrigen erforderlichen Angaben enthalten:

Mindestbemessungsgrundlage	50.000 €
19 % Umsatzsteuer	9.500 €

[3] Der die Maschine erwerbende Gesellschafter kann unter den weiteren Voraussetzungen des § 15 UStG 9.500 € als Vorsteuer abziehen.

(2) Für Land- und Forstwirte, die nach den Durchschnittssätzen des § 24 Abs. 1 bis 3 UStG besteuert werden, gilt die Regelung nicht.

14.10 Rechnungserteilung in Einzelfällen

(1) [1] Erhält ein Unternehmer für seine Leistung von einem anderen als dem Leistungsempfänger ein zusätzliches Entgelt im Sinne des § 10 Abs. 1 Satz 2 UStG (Entgelt von dritter Seite), entspricht die Rechnung den Anforderungen des § 14 Abs. 4 Satz 1 Nr. 7 und 8 UStG, wenn in ihr das Gesamtentgelt – einschließlich der Zuzahlung – und der darauf entfallende Steuerbetrag angegeben sind. [2] Gibt der Unternehmer in der Rechnung den vollen Steuerbetrag, nicht aber das Entgelt von dritter Seite an, ist die Rechnung für Zwecke des Vorsteuerabzugs durch den Leistungsempfänger ausreichend, wenn der angegebene Steuerbetrag die für den Umsatz geschuldete Steuer nicht übersteigt.

(2)[1)] Auf folgende Regelungen wird hingewiesen:

1. Pfandgeld für Warenumschließungen,
   vgl. Abschnitt 10.1 Abs. 8;
2. Austauschverfahren in der Kraftfahrzeugwirtschaft,
   vgl. Abschnitt 10.5 Abs. 3;
3. Versteigerungsgewerbe,
   vgl. Abschnitte 3.7 Abs. 6 und 14.5 Abs. 2 und 6;
4. Kraft- und Schmierstofflieferungen für den Eigenbedarf der Tankstellenagenten,
   vgl. Abschnitt 3.7 Abs. 5;
5. Garantieleistungen in der Reifenindustrie,
   vgl. BMF-Schreiben vom 21.11.1974, BStBl. I S. 1021;
6. Garantieleistungen und Freiinspektionen in der Kraftfahrzeugwirtschaft,
   vgl. BMF-Schreiben vom 03.12.1975, BStBl. I S. 1132.

[1)] A 14.10 UStAE Abs. 2 Nr. 3 neugef. durch BMF v. 07.02.2023, BStBl. I 2023, 322, anzuwenden in allen offenen Fällen.

UStG treten nicht ein, wenn in Rechnungen für nicht steuerpflichtige Leistungen lediglich der Gesamtpreis einschließlich Umsatzsteuer in einem Be trag angegeben wird. [3]Das Gleiche gilt, wenn der für eine Leistung geschuldete Kaufpreis auf Grund einer nachträglichen Vereinbarung wirksam herabgesetzt wird. [4]Zu Anzahlungen vgl. Abschnitt 13.5 Abs. 4. [5]Sind für ein und dieselbe Leistung mehrere Rechnungen ausgestellt worden, ohne dass sie als Duplikat oder Kopie gekennzeichnet wurden, schuldet der leistende Unternehmer den hierin gesondert ausgewiesenen Steuerbetrag (vgl. BFH-Urteil vom 27.04.1994, XI R 54/93, BStBl. II S. 718). [6]Dies gilt nicht, wenn inhaltlich identische (s. § 14 Abs. 4 UStG) Mehrstücke derselben Rechnung übersandt werden. [7]Besteht eine Rechnung aus mehreren Dokumenten, sind diese Regelungen für die Dokumente in ihrer Gesamtheit anzuwenden.

(4a)[1)] [1]Soweit der Aussteller eines Dokuments mit diesem nicht über eine von ihm erbrachte Leistung, sondern über eine Entgeltminderung abrechnet und dies zusätzlich durch ein Minuszeichen bei dem offen ausgewiesenen Betrag zum Ausdruck bringt, wird dieser negative Betrag nicht nach § 14c Abs. 1 UStG geschuldet (vgl. BFH-Urteil vom 26.06.2019 – XI R 5/18, BStBl. II 2023 S. 521). [2]Zu einem Schriftstück, das keine Rechnung, sondern Grundlage für den Zahlungsverkehr ist, siehe Abschnitt 14.1 Abs. 1 Satz 4. [3]Bei der Prüfung, ob ein Dokument (nur) über Leistungen oder (auch) über Entgeltminderungen abrechnet, sind unter dem Gesichtspunkt der Gefährdung des Steueraufkommens weitere Dokumente nur dann ergänzend heranzuziehen, wenn die Abrechnung auf diese verweist.

Berichtigung eines zu hohen Steuerausweises

(5)[2)] [1]Der leistende Unternehmer oder der von ihm beauftragte Dritte kann den Steuerbetrag gegenüber dem Leistungsempfänger berichtigen (vgl. Absatz 7). [2]In diesem Fall ist § 17 Abs. 1 UStG entsprechend anzuwenden. [3]Die Berichtigung des geschuldeten Mehrbetrags ist folglich für den Besteuerungszeitraum vorzunehmen, in welchem dem Leistungsempfänger die berichtigte Rechnung erteilt wurde; die Rechnungsberichtigung wirkt nicht auf den Zeitpunkt zurück, in dem die Rechnung erstmals ausgestellt wurde (vgl. BFH-Urteil vom 12.10.2016 – XI R 43/14, BStBl. II 2022 S. 566). [4]Wurde ein zu hoch ausgewiesener Rechnungsbetrag bereits vereinnahmt und steht dem Leistungsempfänger aus der Rechnungsberichtigung ein Rückforderungsanspruch zu, ist die Berichtigung des geschuldeten Mehrbetrags erst nach einer entsprechenden Rückzahlung an den Leistungsempfänger zulässig (vgl. BFH-Urteile vom 18.09.2008 – V R 56/06, BStBl. II 2009 S. 250, vom 02.09.2010 – V R 34/09, BStBl. II 2011 S. 991 und vom 16.05.2018 – XI R 28/16, BStBl. II 2022 S. 570). [5]Die Rückzahlung an den Leistungsempfänger kann auch im Wege der Abtretung erfolgen (vgl. BFH-Urteil vom 12.10.2016 – XI R 43/14, a. a. O.).

[1)] A 14c.1 UStAE Abs. 4a eingef. durch BMF v. 18.04.2023, BStBl. I 2023, 776, anzuwenden in allen offenen Fällen.

[2)] A 14c.1 UStAE Abs. 5 Satz 3 neugef., Satz 4 geänd., Satz 5 angef. durch BMF v. 20.12.2022 (BStBl. I 2022, 1694).

Beispiel:

[1] Ein Unternehmer berechnet für eine Lieferung die Umsatzsteuer mit 19 %, obwohl hierfür nach § 12 Abs. 2 UStG nur 7 % geschuldet werden.

Entgelt	1.000,– €
+ 19 % Umsatzsteuer	190,– €
Rechnungsbetrag	1.190,– €

[2] Wird der Rechnungsbetrag um die zu hoch ausgewiesene Steuer herabgesetzt, ergibt sich folgende berichtigte Rechnung:

Entgelt	1.000,– €
+ 7 % Umsatzsteuer	70,– €
Rechnungsbetrag	1.070,– €

[3] Diese berichtigte Rechnung ist für Zwecke der Berichtigung des Steuerbetrags nur anzuerkennen, soweit der leistende Unternehmer vom bereits vereinnahmten Rechnungsbetrag den Differenzbetrag in Höhe von 120 € (= 1190 € – 1070 €) an den Leistungsempfänger zurück gewährt.

[4] Bleibt der Rechnungsbetrag in der berichtigten Rechnung unverändert, ergibt sich die richtige Steuer durch Herausrechnen aus dem bisherigen Rechnungsbetrag:

Rechnungsbetrag mit Steuer	1.190,– €
darin enthaltene Steuer auf der Grundlage des ermäßigten Steuersatzes von 7 % = $^{7}/_{107}$	77,85 €
Rechnungsbetrag ohne Steuer	1.112,15 €

Berichtigte Rechnung:

Entgelt	1.112,15 €
+ 7 % Umsatzsteuer	77,85 €
Rechnungsbetrag	1.190,– €

[5] Diese Rechnungsberichtigung ist für Zwecke der Berichtigung des Steuerbetrags auch ohne Rückgewähr des Entgelts anzuerkennen.

(6) [1] Im Rahmen eines Organschaftsverhältnisses ist eine von der Organgesellschaft mit einem zu hohen Steuerausweis ausgestellte Rechnung durch sie oder einen von ihr beauftragten Dritten gegenüber dem Leistungsempfänger zu berichtigen. [2] Die Steuerschuldnerschaft des Organträgers für den zu hohen Steuerausweis bleibt unberührt.

(7) [1] Die Berichtigung der zu hoch ausgewiesenen Umsatzsteuer im Sinne des § 14c Abs. 1 UStG erfolgt durch Berichtigungserklärung gegenüber dem Leistungsempfänger (vgl. BFH-Urteil vom 10.12.1992, V R 73/90, BStBl. II 1993 S. 383). [2] Dem Leistungsempfänger muss eine hinreichend bestimmte, schriftliche Berichtigung tatsächlich zugehen (vgl. BFH-Urteil vom 12.10.2016 – XI R 43/14, BStBl. II 2022 S. 566). [3] Es können mehrere Berichtigungen in einer einzigen Korrekturmeldung zusammengefasst werden, wenn sich daraus erkennen lässt, auf welche Umsatzsteuerbeträge im Einzelnen sich die Berichtigung beziehen soll (vgl. BFH-Urteil vom 25.02.1993, V R 112/91, BStBl. II S. 643). [4] Zur Berichtigung von Rechnungen im Übrigen vgl. Abschnitt 14.11.

(8) [1] Hat ein Unternehmer – insbesondere im Einzelhandel – über eine Lieferung an einen Abnehmer aus einem Drittland eine Rechnung mit gesondertem Steuerausweis (§ 14 Abs. 4 UStG) bzw. eine Kleinbetragsrechnung im Sinne des § 33 UStDV (z. B. einen Kassenbon mit Angabe des Steuersatzes) erteilt, schuldet er die Steuer nach § 14c Abs. 1 UStG, wenn nachträglich die

Voraussetzungen für die Steuerbefreiung als Ausfuhrlieferung im nichtkommerziellen Reiseverkehr (sog. Export über den Ladentisch) erfüllt werden (vgl. im Einzelnen Abschnitt 6.11). [2]Die Steuerschuld nach § 14c Abs. 1 UStG erlischt erst, wenn der Lieferer die Rechnung wirksam berichtigt (vgl. Absatz 7). [3]Aus Vereinfachungsgründen ist die Rechnungsberichtigung entbehrlich, wenn der ausländische Abnehmer die ursprüngliche Rechnung bzw. den ursprünglichen Kassenbon an den Unternehmer zurückgibt und dieser den zurückerhaltenen Beleg aufbewahrt.

Zu niedriger Steuerausweis

(9) [1]Bei zu niedrigem Steuerausweis schuldet der Unternehmer die gesetzlich vorgeschriebene Steuer. [2]Der Unternehmer hat in diesem Fall die Steuer unter Zugrundelegung des maßgeblichen Steuersatzes aus dem Gesamtrechnungsbetrag herauszurechnen.

Beispiel:

[1]Ein Unternehmer berechnet für eine Lieferung die Steuer mit 7 %, obwohl hierfür nach § 12 Abs. 1 UStG eine Steuer von 19 % geschuldet wird.

Berechnetes Entgelt	400,– €
+ 7 % Umsatzsteuer	28,– €
Gesamtrechnungsbetrag	428,– €
Herausrechnung der Steuer mit $^{19}/_{119}$ ./.	68,34 €
Entgelt	359,66 €
Vom Unternehmer gesetzlich geschuldete Steuer: 19 % von 359,66 € =	68,34 €

[2]Der Leistungsempfänger darf als Vorsteuer nur den in der Rechnung ausgewiesenen Steuerbetrag abziehen. [3]Es bleibt aber dem leistenden Unternehmer unbenommen, den zu niedrig ausgewiesenen Steuerbetrag zu berichtigen.

(10) [1]Hat der Leistungsempfänger entgegen § 15 Abs. 1 Satz 1 Nr. 1 UStG einen höheren Betrag als die für die Lieferung oder sonstige Leistung gesetzlich geschuldete Steuer als Vorsteuer geltend gemacht, hat er den Mehrbetrag an das Finanzamt zurückzuzahlen. [2]Die Rückzahlung ist für den Besteuerungszeitraum vorzunehmen, für den der Mehrbetrag als Vorsteuer abgezogen wurde.

(11) [1]In den Fällen eines unrichtigen Steuerausweises bei Umsätzen im Rahmen einer Geschäftsveräußerung an einen anderen Unternehmer für dessen Unternehmen (§ 1 Abs. 1a UStG) und bei Rückgängigmachung des Verzichts auf die Steuerbefreiung nach § 9 UStG ist die Berichtigung des geschuldeten Betrags nur zulässig, wenn die Rechnung berichtigt wird und soweit die Gefährdung des Steueraufkommens beseitigt ist (§ 14c Abs. 1 Satz 3 UStG). [2]Zur Beseitigung der Gefährdung des Steueraufkommens und zum besonderen Berichtigungsverfahren vgl. Abschnitt 14c.2.

14c.2 Unberechtigter Steuerausweis (§ 14c Abs. 2 UStG)

(1)[1)] [1]Wer in einer Rechnung einen Steuerbetrag ausweist, obwohl er dazu nicht berechtigt ist (unberechtigter Steuerausweis), schuldet den ausgewiese-

1) A 14c.2 UStAE Abs. 1 Satz 3 neugef., Satz 5 eingef., bish. Sätze 5 bis 10 werden Sätze 6 bis 11, Satz 12 angef. durch BMF v. 20.12.2022, BStBl. I 2022, 1694.

nen Betrag (§ 14c Abs. 2 Sätze 1 und 2 UStG). [2]Dies betrifft vor allem Kleinunternehmer, bei denen die Umsatzsteuer nach § 19 Abs. 1 UStG nicht erhoben wird, gilt aber auch, wenn jemand wie ein leistender Unternehmer abrechnet und einen Steuerbetrag ausweist, obwohl er nicht Unternehmer ist oder eine Lieferung oder sonstige Leistung nicht ausführt. [3]Die Rechtsfolgen treten unabhängig davon ein, ob die Rechnung alle in § 14 Abs. 4 und § 14a UStG aufgeführten Angaben enthält, die abstrakte Gefahr einer Vorsteuerinanspruchnahme ist ausreichend (vgl. BFH-Urteile vom 17.02.2011 – V R 39/09, BStBl. II S. 734, und vom 14.02.2019 – V R 68/17, BStBl. II 2020 S. 65). [4]Die Anforderungen an einen unberechtigten Steuerausweis erfüllt eine Rechnung vielmehr schon dann, wenn sie den Rechnungsaussteller, den (vermeintlichen) Leistungsempfänger, eine Leistungsbeschreibung sowie das Entgelt und die gesondert ausgewiesene Umsatzsteuer enthält. [5]Als Angabe zum Entgelt genügt es bereits, wenn durch die Angabe des Bruttorechnungsbetrags und des gesondert ausgewiesenen Umsatzsteuerbetrags das Entgelt ohne weiteres errechnet werden kann. [6]Die Umsatzsteuer ist bereits dann gesondert ausgewiesen, wenn die Steuer als Geldbetrag genannt und als Steuerbetrag gekennzeichnet ist. [7]Der eindeutige, klare und unbedingte Ausweis der Umsatzsteuer genügt. [8]An den Steuerausweis im Sinne von § 14c Abs. 2 UStG sind im Übrigen keine bestimmten optischen Anforderungen zu stellen. [9]Die Steuer kann auch im Rahmen eines erläuternden Hinweises gesondert ausgewiesen werden (BFH-Urteil vom 21.09.2016, XI R 4/15, BStBl. 2021 II S. 106). [10]Bei Kleinbetragsrechnungen (§ 33 UStDV) hat der angegebene Steuersatz die Wirkung des gesonderten Ausweises einer Steuer (vgl. BFH-Urteil vom 25.09.2013, XI R 41/12, BStBl. II 2014 S. 135). [11]Entsprechendes gilt für Fahrausweise (§ 34 UStDV). [12]Wegen Abrechnungen über nicht ausgeführte Leistungen mittels Gutschrift vgl. BMF-Schreiben vom 19.08.2021, BStBl. I S. 1087.

(2) Von § 14c Abs. 2 UStG werden die folgenden Fälle erfasst:

1. [1]Ein Unternehmer weist in der Rechnung einen Steuerbetrag aus, obwohl er nach § 19 Abs. 1 UStG dazu nicht berechtigt ist (§ 14c Abs. 2 Satz 1 UStG). [2]Ein gesonderter Steuerausweis liegt auch vor, wenn der Rechnungsaussteller in einer Umlagenabrechnung über eine (Neben-)Leistung, z. B. Heizkostenabrechnung, den auf den jeweiligen Leistungsempfänger entfallenden Anteil am Gesamtbetrag der Kosten nicht ausschließlich als Bruttobetrag darstellt, sondern auch die anteilige Umsatzsteuer aufführt (vgl. BFH-Urteil vom 18.05.1988, X R 43/81, BStBl. II S. 752).
2. [1]Ein Unternehmer erteilt eine Rechnung mit gesondertem Steuerausweis, obwohl er eine Leistung nicht ausführt, z. B. eine Schein- oder Gefälligkeitsrechnung oder in den Fällen des Schadensersatzes. [2]Hierunter fallen nicht Rechnungen, die vor Ausführung der Leistung erteilt werden und die ihrer Aufmachung (z. B. durch die Bezeichnung) oder ihrem Inhalt nach (z. B. durch Hinweis auf einen erst in der Zukunft liegenden Zeitpunkt der Leistung) eindeutig als Vorausrechnungen erkennbar sind (vgl. BFH-Urteile vom 20.03.1980, V R 131/74, BStBl. II S. 287, vom 07.04.2011, V R 44/09, BStBl. II S. 954, und vom 06.04.2016, V R 12/15, BStBl. II 2017 S. 188). [3]Steht der Leistungszeitpunkt noch nicht fest, muss dies aus der

Rechnung oder aus anderen Unterlagen, auf die in der Rechnung hingewiesen wird, hervorgehen. [4]Unterbleibt nach Erteilung einer Vorausrechnung mit Steuerausweis die zunächst beabsichtigte Leistung, z.B. bei Rückgängigmachung eines Kaufvertrags, ist § 14c Abs. 2 UStG nicht anzuwenden (vgl. BFH-Urteil vom 21.02.1980, V R 146/73, BStBl. II S. 283). [5]Das gilt unabhängig davon, ob die angeforderten Voraus- oder Anzahlungen geleistet werden (vgl. Abschnitt 14.8 Abs. 2). [6]Wer dagegen eine Vorausrechung mit gesondertem Steuerausweis erteilt, obwohl bereits feststeht, dass er die darin aufgeführte Leistung nicht mehr ausführen wird, schuldet diese Steuer nach § 14c Abs. 2 UStG (vgl. BFH-Urteil vom 05.02.1998, V R 65/97, BStBl. II S. 415).

3. [1]Ein Unternehmer erteilt eine Rechnung mit gesondertem Steuerausweis, in der er statt des tatsächlich gelieferten Gegenstands einen anderen, von ihm nicht gelieferten Gegenstand aufführt, oder statt der tatsächlich ausgeführten sonstigen Leistung eine andere, von ihm nicht erbrachte Leistung angibt (unrichtige Leistungsbezeichnung). [2]Der leistende Unternehmer schuldet die gesondert ausgewiesene Steuer nach § 14c Abs. 2 UStG neben der Steuer für die tatsächlich ausgeführte Leistung (vgl. BFH-Urteil vom 08.09.1994, V R 70/91, BStBl. II 1995 S. 32).

Beispiele:

a) Es wird eine Büromaschine aufgeführt, während tatsächlich ein Fernsehgerät geliefert worden ist.

b) Es werden Antriebsmotoren angegeben, während tatsächlich der Schrott solcher Motoren geliefert worden ist (vgl. BFH-Beschluss vom 21.05.1987, V R 129/78, BStBl. II S. 652).

c) Es wird hergestelltes Mauerwerk abgerechnet, während tatsächlich ein Kranführer überlassen worden ist (vgl. BFH-Beschluss vom 09.12.1987, V B 54/85, BStBl. II 1988 S. 700).

d) Es werden „Malerarbeiten in Büroräumen" in Rechnung gestellt, während die Malerarbeiten tatsächlich in der Wohnung des Leistungsempfängers ausgeführt worden sind.

[3]Die in Rechnungen mit ungenauer Angabe der Leistungsbezeichnung gesondert ausgewiesenen Steuerbeträge werden dagegen nicht nach § 14c Abs. 2 UStG geschuldet. [4]Ungenaue Angaben liegen vor, wenn die Rechnungsangaben nicht so eingehend und eindeutig sind, dass sie ohne weiteres völlige Gewissheit über Art und Umfang des Leistungsgegenstands verschaffen.

Beispiel:

Es werden ausgeführte Bauarbeiten lediglich durch Angabe einer Baustelle und „Arbeiten wie gesehen und besichtigt" beschrieben (vgl. BFH-Beschluss vom 04.12.1987, V S 9/85, BStBl. II 1988 S. 702).

4. Ein Unternehmer erteilt eine Rechnung mit gesondertem Steuerausweis für eine Leistung, die er nicht im Rahmen seines Unternehmens ausführt, z.B. Verkauf eines Gegenstands aus dem Privatbereich.

5. [1]Ein Nichtunternehmer, z.B. eine Privatperson oder ein Hoheitsbetrieb einer juristischen Person des öffentlichen Rechts, weist in einem Dokument einen Steuerbetrag gesondert aus. [2]Das gilt auch für denjenigen, der Abrechnungen dadurch in den Verkehr bringt, dass er sie einem anderen

zur beliebigen Verwendung überlässt oder ein blanko unterschriebenes Papier zum Ausfüllen als Kaufvertrag aushändigt, ohne ausdrücklich den gesonderten Steuerausweis zu untersagen (vgl. auch BFH-Urteil vom 05.08.1988, X R 66/82, BStBl. II S. 1019). [3]Der Nichtunternehmer schuldet den Steuerbetrag, gleichgültig ob er eine Leistung ausführt oder nicht.

(2a) [1]Bei Umsätzen zwischen Betriebsabteilungen desselben Unternehmens oder innerhalb eines Organkreises handelt es sich nicht um steuerbare Lieferungen oder sonstige Leistungen, sondern um innerbetriebliche Vorgänge (sog. Innenumsätze). [2]Werden für sie Belege mit gesondertem Steuerausweis erteilt, sind diese Belege nicht als Rechnungen im Sinne des § 14c UStG, sondern als unternehmensinterne Buchungsbelege zu beurteilen. [3]Die darin ausgewiesene Steuer wird nicht nach § 14c Abs. 2 UStG geschuldet (vgl. BFH-Urteil vom 28.10.2010, V R 7/10, BStBl. II 2011 S. 391, und Abschnitt 14.1 Abs. 4).

(2b)[1)] [1]Soweit der Aussteller eines Dokuments mit diesem nicht unberechtigt über eine von ihm (angeblich) erbrachte Leistung, sondern über eine Entgeltminderung abrechnet und dies zusätzlich durch ein Minuszeichen bei dem offen ausgewiesenen Betrag zum Ausdruck bringt, wird dieser negative Betrag nicht nach § 14c Abs. 2 UStG geschuldet (vgl. BFH-Urteil vom 26.06.2019 – XI R 5/18, BStBl. II 2023 S. 521). [2]Zu einem Schriftstück, das keine Rechnung, sondern Grundlage für den Zahlungsverkehr ist, siehe Abschnitt 14.1 Abs. 1 Satz 4. [3]Bei der Prüfung, ob ein Dokument (nur) über Leistungen oder (auch) über Entgeltminderungen abrechnet, sind unter dem Gesichtspunkt der Gefährdung des Steueraufkommens weitere Dokumente nur dann ergänzend heranzuziehen, wenn die Abrechnung auf diese verweist.

(3) [1]Soweit der Aussteller der Rechnung den unberechtigten Steuerausweis gegenüber dem Belegempfänger für ungültig erklärt hat und die Gefährdung des Steueraufkommens beseitigt wurde, ist dem Schuldner des Steuerbetrags die Möglichkeit zur Berichtigung einzuräumen (§ 14c Abs. 2 Satz 3 ff. UStG). [2]Im Rahmen eines Organschaftsverhältnisses ist die Organgesellschaft oder ein von ihr beauftragter Dritter berechtigt, eine von ihr ausgestellte Rechnung mit unberechtigtem Steuerausweis gegenüber dem Belegempfänger für ungültig zu erklären. [3]Bei der Berichtigung des unberechtigten Steuerausweises ist § 17 Abs. 1 UStG entsprechend anzuwenden. [4]Auf den guten Glauben des Ausstellers der betreffenden Rechnung kommt es nicht an (vgl. BFH-Urteil vom 22.02.2001, V R 5/99, BStBl. II 2004 S. 143). [5]Die Gefährdung des Steueraufkommens ist beseitigt, wenn ein Vorsteuerabzug beim Empfänger der Rechnung nicht durchgeführt oder die geltend gemachte Vorsteuer an das Finanzamt zurückgezahlt worden ist (§ 14c Abs. 2 Satz 4 UStG). [6]Dies ist in dem Sinne zu verstehen, dass endgültig feststehen muss, dass jedwede Gefährdung des Steueraufkommens ausgeschlossen ist (BFH-Urteil vom 08.11.2016, VII R 34/15, BStBl. II 2017 S. 496). [7]Die nach § 14c Abs. 2 Satz 5 UStG erforderliche Zustimmung ist nicht von einer Rückzahlung eines vereinnahmten Betrags durch den Steuerschuldner an den Belegempfänger abhängig.

---

1) A 14c.2 UStAE Abs. 2b eingef. durch BMF v. 18.04.2023, BStBl. I 2023, 776, anzuwenden in allen offenen Fällen.

(4) [1] Steuerschuldner nach § 14c Abs. 2 UStG ist der Aussteller der Rechnung (§ 13a Abs. 1 Nr. 4 UStG). [2] Im Rahmen eines Organschaftsverhältnisses schuldet hingegen der Organträger die durch eine Organgesellschaft unberechtigt ausgewiesene Steuer. [3] Eine GmbH schuldet die Steuer nach § 14c Abs. 2 UStG, wenn ein nur zur Gesamtvertretung berechtigter Geschäftsführer ohne Mitwirkung des anderen Geschäftsführers das Abrechnungspapier mit unberechtigtem Steuerausweis erstellt, ohne den allgemeinen Rahmen des ihm übertragenen Geschäftskreises zu überschreiten (vgl. BFH-Urteil vom 28.01.1993, V R 75/88, BStBl. II S. 357). [4] Wirkt dagegen der in der Rechnung als Aussteller Bezeichnete in keiner Weise bei der Erstellung des Dokuments mit, kommt eine Inanspruchnahme nach § 14c Abs. 2 UStG nicht in Betracht (vgl. BFH-Urteil vom 16.03.1993, XI R 103/90, BStBl. II S. 531). [5] Zur Frage der Mitwirkung sind die Grundsätze der Stellvertretung, zu denen auch die Grundsätze der Anscheins- und Duldungsvollmacht gehören, zu berücksichtigen (vgl. BFH-Urteil vom 07.04.2011, V R 44/09, BStBl. II S. 954). [6] Zur Frage, wem die Rechnung zuzurechnen ist, die ein Vermittler auf den Namen seines Auftraggebers ausgestellt hat, vgl. BFH-Urteil vom 04.03.1982, V R 59/81, BStBl. II S. 315.[1)]

(5) [1] Der Schuldner des unberechtigt ausgewiesenen Betrages hat die Berichtigung des geschuldeten Steuerbetrags bei dem für seine Besteuerung zu-

(Fortsetzung S. 669)

---

1) Zur Rechnungsausstellung durch Beauftragte/Vermittler/Dritte vgl. § 14 Abs. 2 Satz 4 UStG, A 3.7 Abs. 1, A 14.1 Abs. 3 Satz 9, A 14.4 Abs. 8 u. A 14.5 Abs. 6 UStAE.

(4) ¹Steuerschuldner nach § 14c Abs. 2 UStG ist der Aussteller der Rechnung (§ 13a Abs. 1 Nr. 4 UStG). ²Im Rahmen einer Organschaft schuldet hingegen der Organträger die durch eine Organgesellschaft unberechtigt ausgewiesene Steuer. ³Eine GmbH schuldet die Steuer nach § 14c Abs. 2 UStG, wenn ein nur zur Gesamtvertretung berechtigter Geschäftsführer ohne Mitwirkung des anderen Geschäftsführers ein Abrechnungspapier mit unberechtigtem Steuerausweis erstellt, ohne den allgemeinen Rahmen des ihm übertragenen Geschäftskreises zu überschreiten (vgl. BFH-Urteil vom 28.01.1993, V R 75/88, BStBl. II S. 357). ⁴Wirkt dagegen der in der Rechnung als Aussteller Bezeichnete in keiner Weise bei der Erstellung des Dokuments mit, kommt eine Inanspruchnahme nach § 14c Abs. 2 UStG nicht in Betracht (vgl. BFH-Urteil vom 16.03.1993, XI R 103/90, BStBl. II S. 531). ⁵Zur Frage der Mitwirkung sind die Grundsätze der Stellvertretung, zu denen auch die Grundsätze der Anscheins- und Duldungsvollmacht gehören, zu berücksichtigen (vgl. BFH-Urteil vom 07.04.2011, V R 44/09, BStBl. II S. 954). ⁶Zur Frage, wem die Rechnung zuzurechnen ist, die ein Vermittler[1]) auf den Namen seines Auftraggebers ausgestellt hat, vgl. BFH-Urteil vom 04.03.1982, V R 59/81, BStBl. II S. 315.

(5) ¹Der Schuldner des unberechtigt ausgewiesenen Betrages hat die Berichtigung des geschuldeten Steuerbetrags bei dem für seine Besteuerung zu-

(Fortsetzung S. 669)

---

[1]) Zur Rechnungsausstellung durch Beauftragte/Vermittler/Dritte vgl. § 14 Abs. 2 Satz 4 UStG, A 33 Abs. 1/A 14.1 Abs. 2 Satz 3, A 14.4 Abs. 3 u. A 14.5 Abs. 4 UStAE.

(4) [1]Das Recht auf Vorsteuerabzug aus den bezogenen Lieferungen und sonstigen Leistungen ist nur gegeben, wenn die hierfür getätigten Aufwendungen zu den Kostenelementen der „versteuerten", zum Vorsteuerabzug berechtigenden Ausgangsumsätze gehören (vgl. Abschnitt 15.2b Abs. 2 sowie EuGH-Urteile vom 26.05.2005, C-465/03, Kretztechnik,[1] und vom 13.03.2008, C-437/06, Securenta).[2] [2]In den Fällen der Aufnahme eines Gesellschafters gegen Bareinlage oder der Ausgabe neuer Aktien ist diese Voraussetzung ungeachtet der Nichtsteuerbarkeit dieser Vorgänge, also ungeachtet eines fehlenden direkten und unmittelbaren Zusammenhangs mit einem Ausgangsumsatz, vor dem Hintergrund des EuGH-Urteils vom 26.05.2005, C-465/03, Kretztechnik, für die mit den Vorgängen im Zusammenhang stehenden Eingangsleistungen erfüllt, wenn

1. die Aufnahme des Gesellschafters oder die Ausgabe neuer Aktien erfolgte, um das Kapital des Unternehmers zugunsten seiner wirtschaftlichen Tätigkeit im Allgemeinen zu stärken, und
2. die Kosten der Leistungen, die der Unternehmer in diesem Zusammenhang bezogen hat, Teil seiner allgemeinen Kosten sind und somit zu den Preiselementen seiner Produkte gehören.

(5) [1]Kosten für die Aufnahme eines Gesellschafters gegen Bareinlage, die Ausgabe von Aktien oder die Begebung von Inhaberschuldverschreibungen (vgl. BFH-Urteil vom 06.05.2010, V R 29/09, BStBl. II S. 885), die zu den allgemeinen Kosten des Unternehmers gehören, hängen somit grundsätzlich direkt und unmittelbar mit dessen wirtschaftlicher Tätigkeit zusammen. [2]Dies gilt auch für Aufwendungen des Unternehmers, die mit seiner rechtlichen Beratung im Zusammenhang mit der Aufnahme der unternehmerischen Tätigkeit oder mit einem Unternehmenskonzept entstehen.

(6) [1]Der Vorsteuerabzug ist nach den allgemeinen Grundsätzen des § 15 UStG zu gewähren. [2]In Bezug auf die mit der Ausgabe der Beteiligungen entstandenen Kosten ist daher hinsichtlich der Berechtigung zum Vorsteuerabzug Folgendes zu beachten:

1. [1]Dient die Ausgabe der Beteiligung der allgemeinen wirtschaftlichen Stärkung des Unternehmens und sind die dabei entstandenen Kosten zu Preisbestandteilen der Ausgangsumsätze geworden, gehören die Aufwendungen zu den allgemeinen Kosten, für die sich der Vorsteuerabzug nach den Verhältnissen des Besteuerungszeitraums des Leistungsbezugs bestimmt. [2]Führt der Unternehmer nicht ausschließlich zum Vorsteuerabzug berechtigende Umsätze aus, sind die abziehbaren Vorsteuern aus den im Zusammenhang mit der Gründung einer Gesellschaft, der Aufnahme eines Gesellschafters gegen Bareinlage oder die Ausgabe neuer Aktien im Zusammenhang stehenden Aufwendungen nach § 15 Abs. 4 UStG zu ermitteln (vgl. Abschnitt 15.17).
2. [1]Dienen die aus der Ausgabe der Beteiligungen zugeflossenen Mittel hingegen der Erweiterung oder Stärkung eines bestimmten Geschäftsbetriebs

---

[1] DStR 2005, 965.
[2] DStR 2008, 615.

und sind die dabei entstandenen Kosten zu Preisbestandteilen nur bestimmter Ausgangsumsätze geworden (z. B. konkretes, aus dem Prospekt zur Ausgabe der Anteile ersichtliches Projekt), ist auf die insoweit beabsichtigte Verwendung abzustellen. [2]Maßgeblich für den Vorsteuerabzug sind die im Zeitpunkt des Leistungsbezugs für den Besteuerungszeitraum der Verwendung beabsichtigten Ausgangsumsätze (siehe BFH-Urteil vom 08.03.2001, V R 24/98, BStBl. II 2003 S. 430).

3. [1]Soweit das durch die Ausgabe von Beteiligungen beschaffte Kapital dem nichtunternehmerischen Bereich zufließt (z. B. Kapitalerhöhung durch eine Finanzholding), ist ein Vorsteuerabzug aus den damit verbundenen Aufwendungen nicht zulässig (vgl. BFH-Urteil vom 06.05.2010, V R 29/09, BStBl. II S. 885, und Abschnitt 15.2b Abs. 2). [2]In den Fällen, in denen eine Gesellschaft neben dem unternehmerischen auch einen nichtunternehmerischen Bereich unterhält, und in denen die Mittel aus der Ausgabe der Beteiligung nicht ausschließlich dem nichtunternehmerischen Bereich zufließen, sind die aus den mit der Ausgabe der Beteiligung zusammenhängenden Aufwendungen angefallenen Vorsteuerbeträge entsprechend dem Verwendungszweck in einen abziehbaren und einen nicht abziehbaren Anteil aufzuteilen. [3]Für die Aufteilung der Vorsteuerbeträge gelten die Grundsätze des § 15 Abs. 4 UStG entsprechend (vgl. BFH-Urteil vom 03.03.2011, V R 23/10, BStBl. II 2012 S. 74).

Beispiel:

[1]Das Unternehmen U bezieht Beratungsleistungen, die im unmittelbaren Zusammenhang mit der Ausgabe neuer Anteile zur Kapitalbeschaffung stehen. [2]U ist nur unternehmerisch tätig.

[3]Der Vorsteuerabzug richtet sich in diesem Fall nach der unternehmerischen Gesamttätigkeit, weil es sich bei der Ausgabe neuer Gesellschaftsanteile nicht um Leistungen handelt (vgl. BFH-Urteil vom 06.05.2010, V R 29/09, BStBl. II S. 885, und Abschnitt 15.2b Abs. 2). [4]Insofern liegt mangels Leistungscharakter kein konkreter Ausgangsumsatz vor, mit dem ein unmittelbarer Zusammenhang dergestalt besteht, dass die Berücksichtigung der wirtschaftlichen Gesamttätigkeit ausgeschlossen wäre.

(7) [1]Die Grundsätze dieses Abschnitts sind in den Fällen der Ausgabe von Beteiligungen gegen Sacheinlage sinngemäß anzuwenden. [2]Zur umsatzsteuerrechtlichen Behandlung der Ausgabe von Beteiligungen gegen Sacheinlage beim einbringenden Gesellschafter vgl. BFH-Urteil vom 13.11.2003, V R 79/01, BStBl. II 2004 S. 375.

15.22 Vorsteuerabzug im Zusammenhang mit dem Halten und Veräußern von gesellschaftsrechtlichen Beteiligungen

(1)[1)] [1]Wird ein Anteilseigner (insbesondere auch eine Holding) beim Erwerb einer gesellschaftsrechtlichen Beteiligung als Unternehmer tätig (vgl. Abschnitt 2.3 Abs. 2 ff.), muss er die Beteiligung seinem Unternehmen zuordnen. [2]Vorsteuern, die im Zusammenhang mit den im unternehmerischen Bereich gehaltenen gesellschaftsrechtlichen Beteiligungen anfallen, sind unter

1) A 15.22 UStAE Abs. 1 Satz 3 geänd., Satz 4 eingef., bish. Satz 4 wird Satz 5 durch BMF v. 07.02.2023, BStBl. I 2023, 322, anzuwenden in allen offenen Fällen.

den allgemeinen Voraussetzungen des § 15 UStG abziehbar. [3]Hält der Unternehmer (z.B. eine gemischte Holding) daneben auch gesellschaftsrechtliche Beteiligungen im nichtunternehmerischen Bereich, sind Eingangsleistungen, die sowohl für den unternehmerischen Bereich als auch für den nichtunternehmerischen Bereich bezogen werden (z.B. allgemeine Verwaltungskosten der Holding, allgemeine Beratungskosten, Steuerberatungskosten usw.), für Zwecke des Vorsteuerabzugs aufzuteilen (BFH-Urteil vom 09.02.2012 – V R 40/10, BStBl. II S. 844). [4]Es ist dabei darauf abzustellen, in welche Ausgangsumsätze die dem Erwerben und Halten von gesellschaftsrechtlichen Beteiligungen zugrunde liegenden Aufwendungen als Kostenelemente eingehen (vgl. Abschnitte 15.2b Abs. 2 und 15.17 Abs. 1). [5]Ein Recht auf Vorsteuerabzug aus Leistungen im Zusammenhang mit dem Einwerben von Kapital zur Anschaffung einer gesellschaftsrechtlichen Beteiligung besteht für den Unternehmer (insbesondere für eine Holding) jedoch nicht, soweit das eingeworbene Kapital in keinem Verhältnis zu der im unternehmerischen Bereich gehaltenen gesellschaftsrechtlichen Beteiligung steht, oder wenn die Umsätze, die dieses Recht begründen sollen, eine missbräuchliche Praxis darstellen (vgl. BFH-Urteile vom 06.04.2016, V R 6/14, BStBl. II 2017 S. 577, und vom 01.06.2016, XI R 17/11, BStBl. II 2017 S. 581).

(2) [1]Das bloße Veräußern von gesellschaftsrechtlichen Beteiligungen ist keine unternehmerische Tätigkeit (vgl. Abschnitt 2.3 Abs. 2 Satz 1). [2]Dies gilt nicht, wenn die Beteiligung im Unternehmensvermögen gehalten wird (vgl. Abschnitt 2.3 Abs. 3 Satz 5 ff.). [3]Der Abzug der Vorsteuer aus Aufwendungen, die im direkten und unmittelbaren Zusammenhang mit der Veräußerung einer gesellschaftsrechtlichen Beteiligung stehen, ist nur insofern zulässig, als diese Veräußerung steuerbar ist und der Vorsteuerabzug nicht nach § 15 Abs. 2 UStG ausgeschlossen ist (vgl. BFH-Urteil vom 06.05.2010, V R 29/09, BStBl. II S. 885, und Abschnitt 15.2b Abs. 2). [4]Somit scheidet der Vorsteuerabzug im Fall der Veräußerung einer nicht im Unternehmensvermögen gehaltenen gesellschaftsrechtlichen Beteiligung wegen des direkten und unmittelbaren Zusammenhangs mit diesem nicht steuerbaren Umsatz aus. [5]Im Fall einer nach § 4 Nr. 8 Buchstabe e oder f UStG steuerfreien Veräußerung einer im Unternehmensvermögen gehaltenen Beteiligung scheidet der Vorsteuerabzug wegen des direkten und unmittelbaren Zusammenhangs mit dieser den Vorsteuerabzug nach § 15 Abs. 2 Satz 1 Nr. 1 UStG ausschließenden Veräußerung aus, ohne dass dafür auf die unternehmerische Gesamttätigkeit abzustellen ist (vgl. BFH-Urteil vom 27.01.2011, V R 38/09, BStBl. II 2012 S. 68).

15.23 Vorsteuerabzug und Umsatzbesteuerung bei (teil-)unternehmerisch verwendeten Fahrzeugen

Allgemeines[1)]

(1)[1)] [1]Der Begriff Fahrzeug im Sinne dieses Abschnitts ist gleichzusetzen mit dem Begriff Kraftfahrzeug und umfasst damit auch Elektrofahrräder, die einer

[1)] A 15.23 UStAE Zwischenüberschriften eingef., Abs. 1 Satz 1 eingef., bish. Sätze 1 bis 6 werden Sätze 2 bis 7 durch BMF v. 07.02.2022, BStBl. I 2022, 197, anzuwenden in allen offenen Fällen.

Kennzeichen-, Versicherungs- oder Führerscheinpflicht unterliegen. [2]Für die Frage der Zuordnung eines angeschafften, hergestellten, eingeführten oder innergemeinschaftlich erworbenen Fahrzeugs sind die Zuordnungsgrundsätze nach Abschnitt 15.2c zu beachten. [3]Auf die ertragsteuerrechtliche Behandlung als Betriebs- oder Privatvermögen kommt es grundsätzlich nicht an. [4]Maßgebend für die Zuordnung ist die im Zeitpunkt der Anschaffung des Fahrzeugs beabsichtigte Verwendung für den Besteuerungszeitraum der erstmaligen Verwendung (vgl. Abschnitt 15.2c Abs. 12). [5]Dabei ist auf das voraussichtliche Verhältnis der Jahreskilometer für die unterschiedlichen Nutzungen abzustellen. [6]Im Falle einer Ersatzbeschaffung kann das Aufteilungsverhältnis des Vorjahres herangezogen werden. [7]Seine Verwendungsabsicht muss der Unternehmer objektiv belegen und in gutem Glauben erklären.

Zuordnung zum Unternehmen und Vorsteuerabzug

(2) [1]Beträgt der Umfang der unternehmerischen Verwendung des Fahrzeugs weniger als 10 % (unternehmerische Mindestnutzung), greift das Zuordnungsverbot nach § 15 Abs. 1 Satz 2 UStG. [2]Die Fahrten des Unternehmers zwischen Wohnung und Betriebsstätte sowie Familienheimfahrten wegen einer aus betrieblichem Anlass begründeten doppelten Haushaltsführung sind dabei der unternehmerischen Nutzung des Fahrzeugs zuzurechnen und unterliegen keiner Vorsteuerkürzung nach § 15 Abs. 1a UStG. [3]Maßgebend für die 10 %-Grenze nach § 15 Abs. 1 Satz 2 UStG ist bei einem Fahrzeug das Verhältnis der Kilometer unternehmerischer Fahrten zu den Jahreskilometern des Fahrzeugs. [4]In Zweifelsfällen muss der Unternehmer dem Finanzamt die unternehmerische Mindestnutzung glaubhaft machen. [5]Bei sog. Zweit- oder Drittfahrzeugen von Einzelunternehmern oder sog. Alleinfahrzeugen bei einer nebenberuflichen Unternehmertätigkeit ist regelmäßig davon auszugehen, dass diese Fahrzeuge zu weniger als 10 % unternehmerisch genutzt werden. [6]Das Gleiche gilt bei Personengesellschaften, wenn ein Gesellschafter mehr als ein Fahrzeug privat nutzt, für die weiteren privat genutzten Fahrzeuge.

(3) [1]Bei ausschließlich unternehmerischer Verwendung des Fahrzeugs kann der Unternehmer die auf die Anschaffung des Fahrzeugs entfallenden Vorsteuerbeträge abziehen (§ 15 Abs. 1 Satz 1 UStG), sofern kein Ausschlusstatbestand nach § 15 Abs. 1a und 2 in Verbindung mit Abs. 3 UStG vorliegt. [2]Das Gleiche gilt bei teilunternehmerischer Verwendung des Fahrzeugs für unternehmensfremde (private) Tätigkeiten, wenn der Unternehmer das Fahrzeug vollständig seinem Unternehmen zuordnet. [3]In diesem Fall unterliegt die unternehmensfremde Nutzung unter den Voraussetzungen des § 3 Abs. 9a Nr. 1 UStG als unentgeltliche Wertabgabe der Besteuerung. [4]Ordnet der Unternehmer nur den unternehmerisch genutzten Fahrzeugteil seinem Unternehmen zu (unter Beachtung der unternehmerischen Mindestnutzung), darf er nur die auf diesen Teil entfallende Vorsteuer aus den Anschaffungskosten nach § 15 Abs. 1 Satz 1 UStG abziehen, wobei die erforderliche Vorsteueraufteilung nach den Grundsätzen des § 15 Abs. 4 UStG zu erfolgen hat. [5]Die auf den anderen Fahrzeugteil entfallende unternehmensfremde Nutzung unterliegt dann nicht der Wertabgabenbesteuerung nach § 3 Abs. 9a Nr. 1 UStG. [6]Bei einer teilunternehmerischen Verwendung für nichtwirtschaftliche Tätig-

keiten i. e. S. (vgl. Abschnitt 2.3 Abs. 1a) gehört das Fahrzeug nur in Höhe der beabsichtigten unternehmerischen Nutzung zum Unternehmen. [7] Dementsprechend ist ein Vorsteuerabzug nur für den dem Unternehmen zugeordneten Anteil des Fahrzeugs zulässig, sofern kein Ausschlusstatbestand nach § 15 Abs. 1a und Abs. 2 in Verbindung mit Abs. 3 UStG vorliegt (vgl. Abschnitt 15.2b Abs. 2).

(Fortsetzung S. 753)

wendung der Durchschnittssatzbesteuerung abgegolten. [3]Nach dem Zeitpunkt des Übergangs ist ein Vorsteuerabzug nicht mehr möglich.

Zu § 20 UStG

20.1 Berechnung der Steuer nach vereinnahmten Entgelten

(1)[1)] [1]Der Antrag auf Genehmigung der Versteuerung nach vereinnahmten Entgelten kann bis zum Eintritt der formellen Bestandskraft der jeweiligen Umsatzsteuer-Jahresfestsetzung gestellt werden (vgl. BFH-Urteil vom 10.12.2008, XI R 1/08, BStBl. II 2009 S. 1026). [2]Grundsätzlich kommt die Versteuerung nach vereinnahmten Entgelten für jeden Unternehmer in Betracht, soweit er die Voraussetzungen des § 20 Satz 1 Nr. 1 bis 4 UStG erfüllt. [3]Dies gilt auch für Unternehmer, die ihre Vorsteuer nach Durchschnittssätzen gemäß § 23a UStG errechnen, sowie für die Durchschnittsbesteuerung land- und forstwirtschaftlicher Betriebe nach § 24 UStG. [4]Eine Genehmigung ist unter den Vorbehalt des jederzeitigen Widerrufs zu stellen und erstreckt sich wegen des Prinzips der Abschnittsbesteuerung stets auf das volle Kalenderjahr. [5]Es handelt sich um einen begünstigenden Verwaltungsakt, der unter den Voraussetzungen der §§ 130, 131 AO zurückgenommen oder widerrufen werden kann. [6]Die Istversteuerung nach § 20 Satz 1 Nr. 2 UStG kommt nur bei besonderen Härten, wie z.B. dem Überschreiten der nach § 20 Satz 1 Nr. 1 UStG bestehenden Umsatzgrenze auf Grund außergewöhnlicher und einmaliger Geschäftsvorfälle, nicht aber allgemein auf Grund einer fehlenden Buchführungspflicht in Betracht (vgl. BFH-Urteil vom 11.2.2010, V R 38/08, BStBl. II S. 873). [7]Die Genehmigung der Istversteuerung nach § 20 Satz 1 Nr. 3 UStG ist nicht zu erteilen, wenn der Unternehmer für die in der Vorschrift genannten Umsätze Bücher führt. [8]Dabei ist es unerheblich, ob die Bücher auf Grund einer gesetzlichen Verpflichtung oder freiwillig geführt werden (vgl. BFH-Urteil vom 22.07.2010, V R 4/09, BStBl. II 2013 S. 590).

(2)[1)] Zur Entstehung der Steuer bei der Versteuerung nach vereinnahmten Entgelten vgl. Abschnitt 13.6, zur Rechnungserteilung bei der Istversteuerung von Anzahlungen im Fall der Besteuerung nach vereinnahmten Entgelten vgl. Abschnitt 14.8.

(3)[1)] [1]§ 20 Satz 3 UStG trifft keine von § 13 Abs. 1 Nr. 1 Buchstabe b UStG abweichende Regelung über die Entstehung der Steuer (vgl. BFH-Urteil vom 30.01.2003, V R 58/01, BStBl. II S. 817). [2]Zur Entstehung der Steuer beim Wechsel der Art der Steuerberechnung vgl. Abschnitt 13.6 Abs. 3. [3]Ein rückwirkender Wechsel von der Versteuerung nach vereinnahmten Entgelten zur Versteuerung nach vereinbarten Entgelten (§ 16 UStG) ist bis zur formellen Bestandskraft der jeweiligen Jahressteuerfestsetzung zulässig.

(4)[1)] [1]Dem Unternehmer kann die Versteuerung nach vereinnahmten Entgelten insbesondere dann gestattet werden, wenn der Gesamtumsatz (§ 19

[1)] A 20.1 UStAE Abs. 1 Satz 1 geänd., Satz 2 neugef., Satz 3 eingef., bish. Sätze 3 bis 7 werden Sätze 4 bis 8, Abs. 2, 3 Satz 3 und Abs. 4 Satz 1 geänd. durch BMF v. 12.04.2023, BStBl. I 2023, 734, anzuwenden in allen offenen Fällen.

Abs. 3 UStG) im vorangegangenen Kalenderjahr die Umsatzgrenze des § 20 Satz 1 Nr. 1 UStG nicht überschritten hat. [2]Im Jahr des Beginns der gewerblichen oder beruflichen Tätigkeit ist auf den voraussichtlichen Gesamtumsatz abzustellen. [3]In diesem Fall und wenn die gewerbliche oder berufliche Tätigkeit nur in einem Teil des vorangegangenen Kalenderjahres ausgeübt wurde, ist der Gesamtumsatz in einen Jahresumsatz umzurechnen (vgl. Abschnitt 19.3 Abs. 3).

Zu § 21a UStG

21a.1 Sonderregelungen bei der Einfuhr von Sendungen mit einem Sachwert von höchstens 150 €

§ 21a UStG beinhaltet eine Sonderregelung für die Einfuhr von Sendungen mit einem Sachwert von höchstens 150 € zur Entrichtung der Einfuhrumsatzsteuer.

Beispiel:

[1]Ein in Südkorea ansässiger Händler H veräußert über die eigene Internetseite oder über eine elektronische Schnittstelle Handyzubehör (Sachwert: 50 €) an eine im Inland ansässige Privatperson. [2]Die Ware wird von H aus einem Lager in Südkorea an den Wohnsitz der Privatperson versendet. [3]Die Zollanmeldung in Deutschland erfolgt durch einen Post- oder Kurierdienstleister, welcher die Sonderregelung nach § 21a UStG in Anspruch nimmt und im Namen und für Rechnung der Privatperson handelt.

[4]Da die Zollanmeldung im Namen der Privatperson erfolgt, schuldet die Privatperson die Einfuhrumsatzsteuer und entrichtet diese bei Auslieferung der Ware an den Post- oder Kurierdienstleister. [5]Bis zum 10. Tag des auf die Einfuhr folgenden Monats hat der Post- oder Kurierdienstleister die Erklärung nach § 21a Abs. 5 Satz 1 UStG abzugeben. [6]Die Erklärung hat nach § 21a Abs. 5 Satz 3 UStG die Wirkung einer Steueranmeldung nach § 168 AO. [7]Zu dem für den Zahlungsaufschub gemäß Artikel 110 Buchstabe b UZK geltenden Termin entrichtet die gestellende Person die fällige Einfuhrumsatzsteuer an die Zollverwaltung.

Zu § 22 UStG
(§§ 63 bis 68 UStDV)

22.1 Ordnungsgrundsätze

(1) [1]Die allgemeinen Vorschriften über das Führen von Büchern und Aufzeichnungen der §§ 140 bis 148 AO gelten in Übereinstimmung mit § 63 Abs. 1 UStDV auch für die Aufzeichnungen für Umsatzsteuerzwecke. [2]Die Aufzeichnungen sind grundsätzlich im Geltungsbereich des UStG zu führen (vgl. § 146 Abs. 2 Satz 1 AO, § 14b UStG und Abschnitt 14b.1 Abs. 8 ff.); abweichend können elektronische Bücher und sonstige elektronische Aufzeichnungen unter den Voraussetzungen des § 146 Abs. 2a und Abs. 2b AO im Ausland geführt und aufbewahrt werden. [3]Sie sind mit den zugehörigen Belegen für die Dauer der Aufbewahrungsfrist (§ 147 Abs. 3 AO, § 14b UStG) geordnet aufzubewahren. [4]Für auf Thermopapier erstellte Belege gilt Abschnitt 14b.1 Abs. 5 entsprechend. [5]Das Finanzamt kann jederzeit verlangen, dass der Unternehmer die Unterlagen vorlegt. [6]Zur Führung der Aufzeichnungen bei Betriebsstätten und Organgesellschaften außerhalb des Geltungsbereichs des UStG vgl. § 146 Abs. 2 Sätze 2 ff. AO.

(2) [1] Die Aufzeichnungen und die zugehörigen Belege können unter bestimmten Voraussetzungen als Wiedergaben auf einem Bildträger – z. B. Mikrofilm – oder auf anderen Datenträgern – z. B. Magnetband, Magnetplatte, CD, DVD, Blu-Ray-Disc oder Flash-Speicher – aufbewahrt werden (vgl.

(Fortsetzung S. 871)

der eines nicht landwirtschaftlichen verändert hat, vgl. BFH-Urteil vom 09.05.1996, V R 118/92, BStBl. II S. 550.

(3)[1] *(aufgehoben)*

Aktiv bewirtschafteter Betrieb

(4) [1]Die Anwendung des § 24 UStG setzt grundsätzlich voraus, dass der landwirtschaftliche Betrieb noch bewirtschaftet wird (BFH-Urteil vom 21.04.1993, XI R 50/90, BStBl. II S. 696). [2]Leistungen, die nach Einstellung der Erzeugertätigkeit erbracht werden, unterliegen daher grundsätzlich den allgemeinen Regelungen des Umsatzsteuergesetzes. [3]Dies gilt nicht für nach Aufgabe des landwirtschaftlichen Betriebs ausgeführte Umsätze aus der Lieferung selbst erzeugter Produkte (vgl. BFH-Urteil vom 19.11.2009, V R 16/08, BStBl. II 2010 S. 319). [4]Für die Umsätze aus der Veräußerung von Gegenständen des land- und forstwirtschaftlichen Unternehmensvermögens und von immateriellen Wirtschaftsgütern, die die rechtliche Grundlage der Erzeugertätigkeit des Unternehmers darstellen, sind die Vereinfachungsregelungen in Abschnitt 24.2 Abs. 6 und Abschnitt 24.3 Abs. 9 nach Betriebsaufgabe unter den weiteren Voraussetzungen anwendbar, dass die Veräußerung des einzelnen Wirtschaftsguts im engen sachlichen Zusammenhang mit der Betriebsaufgabe erfolgt und das Wirtschaftsgut nach Einstellung der Erzeugertätigkeit nicht zur Ausführung von Umsätzen verwendet wird, die der Regelbesteuerung unterliegen. [5]Wird die landwirtschaftliche Erzeugertätigkeit in mehreren Schritten aufgegeben und werden dabei nur vorübergehend die Tierbestandsgrenzen des § 24 Abs. 2 Satz 1 Nr. 2 UStG überschritten, liegt insofern kein für die Besteuerung nach Durchschnittssätzen schädlicher Strukturwandel vor.

Verhältnis zu anderen Vorschriften des UStG

(5) [1]Nach § 1 Abs. 1a UStG unterliegen die Umsätze im Rahmen einer Geschäftsveräußerung an einen anderen Unternehmer für dessen Unternehmen nicht der Umsatzsteuer. [2]Dies gilt auch bei der Veräußerung eines land- und forstwirtschaftlichen Betriebs oder Teilbetriebs sowie bei der Einbringung eines Betriebs oder Teilbetriebs in eine Gesellschaft, und zwar auch dann, wenn einzelne Wirtschaftsgüter von der Veräußerung ausgenommen werden (vgl. BFH-Urteil vom 15.10.1998, V R 69/97, BStBl. II 1999 S. 41). [3]Eine Geschäftsveräußerung kann auch vorliegen, wenn verpachtete Gegenstände nach Beendigung der Pacht veräußert werden (vgl. BFH-Urteil vom 10.05.1961, V 222/58 U, BStBl. III S. 322); vgl. auch Abschnitt 1.5.

(6) Zum innergemeinschaftlichen Erwerb nach § 1a UStG bei Land- und Forstwirten, die die Durchschnittssatzbesteuerung nach § 24 UStG anwenden, vgl. Abschnitte 1a.1 Abs. 2 und 15.10 Abs. 2.

(7) Land- und Forstwirte, die die Durchschnittssatzbesteuerung nach § 24 UStG anwenden, können auch Steuerschuldner im Sinne des § 13b UStG sein (vgl. Abschnitt 13b.1 Abs. 1).

---

[1] A 24.1 UStAE Abs. 3 aufgeh. durch BMF v. 02.06.2022, BStBl. I 2022, 926, mWv 01.01.2022.

(8) Zur Anwendung der Kleinunternehmerregelung nach § 19 UStG vgl. Abschnitt 24.7 Abs. 4.

24.1a[1)] Umsatzgrenze

(1)[2)] [1]Der Anwendungsbereich der Durchschnittssätze ist nach § 24 Abs. 1 Satz 1 UStG auf land- und forstwirtschaftliche Betriebe solcher Unternehmer begrenzt, deren Gesamtumsatz (§ 19 Abs. 3 UStG) im vorangegangenen Kalenderjahr nicht mehr als 600 000 € betragen hat. [2]Zum Gesamtumsatz gehören auch die Umsätze von Wirtschaftsgütern des Anlagevermögens. [3]Überschreitet ein Unternehmer die Umsatzgrenze des § 24 Abs. 1 Satz 1 UStG, hat er seine Umsätze nach den allgemeinen Regelungen zu versteuern. [4]Die Prüfung der Umsatzgrenze erfolgt anhand der Umsätze im Sinne des § 1 Abs. 1 Nr. 1 UStG (ohne Umsatzsteuer), die der Unternehmer mit seinem gesamten Unternehmen im vorangegangenen Kalenderjahr erzielt hat, und unter Zugrundelegung der im maßgeblichen Kalenderjahr angewandten Besteuerungsart (Sollversteuerung oder Istversteuerung). [5]Im Jahr des Beginns der gewerblichen oder beruflichen Tätigkeit ist auf den voraussichtlichen Gesamtumsatz des laufenden Kalenderjahres abzustellen. [6]Im Fall des Satzes 5 und wenn die gewerbliche oder berufliche Tätigkeit nur in einem Teil des vorangegangenen Kalenderjahres ausgeübt wurde, ist der Gesamtumsatz in einen Jahresgesamtumsatz umzurechnen (vgl. Abschnitt 19.3 Abs. 3). [7]Im Falle einer Geschäftsveräußerung im Ganzen (§ 1 Abs. 1a UStG) ist der Vorjahresumsatz des Veräußerers maßgeblich, wenn der erwerbende Unternehmer zuvor keine eigene unternehmerische Tätigkeit ausgeübt hat. [8]Erwirbt ein die Durchschnittssatzbesteuerung anwendender Unternehmer ein weiteres Unternehmen oder einen in der Gliederung eines Unternehmens gesondert geführten Betrieb im Ganzen (§ 1 Abs. 1a UStG) und unterlagen die Umsätze des hinzuerworbenen Unternehmens(-teils) auf Grund der Überschreitung der Umsatzgrenze bereits der Regelbesteuerung, hat er ab Beginn des Kalenderjahres, in dem die Geschäftsveräußerung im Ganzen erfolgt ist, sowohl die Umsätze des bisherigen als auch des hinzuerworbenen land- und forstwirtschaftlichen Unternehmens(-teils) nach den allgemeinen Regelungen zu versteuern. [9]Überschreitet der Vorjahresumsatz des neu hinzuerworbenen Unternehmens(-teils) die Umsatzgrenze nicht, unterliegen im Jahr des Hinzuerwerbs sowohl die Umsätze des bisherigen als auch des hinzuerworbenen land- und forstwirtschaftlichen Unternehmens(-teils) der Durchschnittssatzbesteuerung. [10]Dies gilt auch, wenn die Summe der Vorjahresumsätze des bisherigen und des neu hinzuerworbenen Unternehmens(-teils) die Umsatzgrenze übersteigen; zur Wirkung des Verzichts auf die Durchschnittssatzbesteuerung vgl. Abschnitt 24.8. [11]Im Falle der Gesamtrechtsnachfolge gelten die Sätze 6 bis 10 entsprechend. [12]Der gesetzliche Wechsel zur Regelbesteuerung stellt keine

---

1) A 24.1a UStAE eingef. durch BMF v. 02.06.2022, BStBl. I 2022, 926, anzuwenden auf nach dem 31.12.2021 bewirkte Umsätze.

2) A 24.1a UStAE Abs. 1 Satz 5 aufgeh., bish. Sätze 6 bis 15 werden Sätze 5 bis 14, neue Sätze 6 und 11 neugef. durch BMF v. 12.04.2023, BStBl. I 2023, 734, anzuwenden in allen offenen Fällen.

Option im Sinne des § 24 Abs. 4 UStG dar und bewirkt damit auch keine Bindungsfrist (vgl. Abschnitt 24.8). [13]Bei einem Übergang zur Regelbesteuerung richtet sich der Voranmeldungszeitraum nach § 18 Abs. 2 Sätze 1 und 2 UStG. [14]Eine Befreiung von der Verpflichtung zur Übermittlung von Voranmeldungen im ersten Jahr nach dem gesetzlichen Wechsel zur Regelbesteuerung kommt nicht in Betracht (vgl. Abschnitt 18.2 Abs. 2 Satz 3).

(2) [1]Gemäß § 22 Abs. 6 Nr. 1 UStG in Verbindung mit § 67 UStDV sind Unternehmer, die die Durchschnittssätze des § 24 UStG anwenden, für den Bereich der Land- und Forstwirtschaft im Wesentlichen von den Aufzeichnungspflichten des § 22 UStG befreit. [2]In diesen Fällen können für die Ermittlung des Gesamtumsatzes ergänzend zu den Angaben, die nach § 18 Abs. 3 UStG erforderlich sind, hilfsweise die ertragsteuerlichen Aufzeichnungen und Gewinnermittlungen herangezogen werden. [3]Im Übrigen sind die Umsätze nach den Betriebsmerkmalen und unter Berücksichtigung der besonderen Verhältnisse zu schätzen.

(3) [1]Zum Vorsteuerabzug von Unternehmern, die von der Besteuerung nach § 24 UStG zur allgemeinen Besteuerung des UStG übergegangen sind oder umgekehrt, siehe Abschnitt 15.1 Abs. 5 und 6. [2]Bei einer Änderung der Besteuerungsform kommt eine Berichtigung des Vorsteuerabzuges nach § 15a Abs. 1 bis 4 in Verbindung mit Abs. 7 UStG in Betracht (vgl. auch Abschnitte 15a.2 Abs. 2 Satz 3 Nr. 4 und 15a.9 Abs. 5 bis 7). [3]Die Bagatellgrenzen nach § 44 UStDV sind zu beachten.

24.2 Erzeugnisse im Sinne des § 24 Abs. 1 Satz 1 UStG

(1) [1]Die Durchschnittssätze sind auf die Umsätze mit landwirtschaftlichen Erzeugnissen im Rahmen land- und forstwirtschaftlicher Betriebe anzuwenden. [2]Voraussetzung ist, dass die Erzeugnisse im Rahmen dieses land- und forstwirtschaftlichen Betriebs erzeugt worden sind. [3]Die Umsätze mit zugekauften Produkten sind von der Anwendung der Durchschnittssatzbesteuerung ausgeschlossen (vgl. BFH-Urteil vom 14.06.2007, V R 56/05, BStBl. II S. 158). [4]Als zugekaufte Produkte gelten die zum Zwecke der Weiterveräußerung erworbenen Erzeugnisse. [5]Werden nicht selbst erzeugte landwirtschaftliche Erzeugnisse im eigenen Betrieb durch urproduktive Tätigkeiten zu einem Produkt anderer Marktgängigkeit weiterverarbeitet, gelten diese hingegen als eigene Erzeugnisse. [6]Solche eigenen Erzeugnisse liegen z.B. vor, wenn nicht selbst erzeugte land- und forstwirtschaftliche Erzeugnisse (z.B. zugekaufte Samen, Zwiebeln, Knollen, Stecklinge und Pflanzen) im eigenen Betrieb bis zur Verkaufsreife kultiviert werden oder spätestens nach Ablauf von drei Monaten. [7]Diese Grundsätze finden für den Bereich der Tierzucht und Tierhaltung entsprechende Anwendung. [8]Der Erzeuger muss die Erzeugnisse im Zeitpunkt des Zukaufs den potentiell selbst erzeugten oder den zum baldigen Absatz bestimmten Waren zuordnen. [9]Dem Vorsteuerabzug kommt hierbei eine indizielle Bedeutung zu. [10]Werden die Produkte beispielsweise in einer Verkaufseinrichtung (z.B. Hofladen) präsentiert, spricht dies für eine Zuordnung zu den zum baldigen Absatz bestimmten Waren. [11]Verbleiben die ursprünglich zum baldigen Absatz bestimmten Waren länger

als drei Monate im Betrieb und werden sie in dieser Zeit weiter kultiviert, handelt es sich um selbst erzeugte Produkte, deren Lieferung der Durchschnittssatzbesteuerung unterliegt. [12]Ein vorgenommener Vorsteuerabzug ist ggf. zu berichtigen.

Verarbeitungstätigkeiten

(2) [1]Den Tätigkeiten der landwirtschaftlichen Erzeugung sind die Verarbeitungstätigkeiten gleichgestellt, die der landwirtschaftliche Erzeuger mit Mitteln ausübt, die normalerweise in land-, forst- oder fischereiwirtschaftlichen Betrieben verwendet werden. [2]Dabei ist Voraussetzung, dass der landwirtschaftliche Erzeuger im Wesentlichen aus seiner land- und forstwirtschaftlichen Produktion stammende Erzeugnisse verwendet und das Enderzeugnis seinen land- und forstwirtschaftlichen Charakter nicht verliert (so genannte erste Verarbeitungsstufe). [3]Dies kann z.B. bei der händischen Beimischung von Zutaten der Fall sein (vgl. BFH-Urteil vom 27.09.2018, V R 28/17, BStBl. II 2019 S. 383). [4]Führt die Verarbeitung zu einem Produkt der zweiten oder einer höheren Verarbeitungsstufe (z.B. Spirituosen), unterliegen die Umsätze mit diesen Erzeugnissen nicht der Durchschnittssatzbesteuerung. [5]Die Ausführung von Verarbeitungstätigkeiten durch Lohnunternehmer steht in diesem Rahmen der Annahme eines selbst erzeugten landwirtschaftlichen Erzeugnisses nicht entgegen. [6]Dies gilt in den Fällen der so genannten Umtauschmüllerei (§ 3 Abs. 10 UStG) entsprechend.

Beispiel 1:

[1]Ein Landwirt betreibt Schweinezucht. [2]Er lässt die Schweine von einem gewerblichen Lohnunternehmer schlachten und in Hälften zerlegen. [3]Die Schweinehälften liefert der Landwirt an einen fleischverarbeitenden Betrieb.
[4]Die Lieferung der Schweinehälften unterliegt der Durchschnittssatzbesteuerung. [5]Die Ausführung der Schlacht- und Zerlegearbeiten durch einen Lohnunternehmer steht dem nicht entgegen.

Beispiel 2:

[1]Ein Landwirt, der Getreide anbaut, bringt sein Getreide zu einer Mühle. [2]Er erhält vom Müller Mehl, das aus fremdem Getreide gemahlen wurde, und zahlt den Mahllohn. [3]Der Landwirt veräußert das Mehl an einen Lebensmittelhersteller.
[4]Die Lieferung des Mehls an den Lebensmittelhersteller unterliegt der Durchschnittssatzbesteuerung. [5]Unschädlich ist, dass das Mehl nicht tatsächlich aus dem vom Landwirt erzeugten Getreide gemahlen wurde.

(3) [1]Werden selbst erzeugte Produkte untrennbar mit zugekauften Produkten vermischt, unterliegt die Lieferung des Endprodukts aus Vereinfachungsgründen noch der Durchschnittssatzbesteuerung, wenn die Beimischung des zugekauften Produkts nicht mehr als 25% beträgt. [2]Maßstab ist die im Handel übliche Maßeinheit (z.B. Kilogramm bei Honig, Liter bei Wein). [3]Zugekaufte Zutaten und Nebenstoffe bleiben bei der Prüfung der 25%-Grenze nach Satz 1 außer Betracht. [4]Als Zutaten und Nebenstoffe sind insbesondere Gewürze, Konservierungsmittel, Zusatzstoffe im Sinne des Weingesetzes, die Süßreserve sowie der Deckwein im Weinbau anzusehen. [5]Gleiches gilt für die Warenumschließungen.

einkaufspreis für mehrere Gegenstände vorliegt, den Gesamteinkaufspreis aufzeichnen,

1. wenn dieser den Betrag von 500 € insgesamt nicht übersteigt oder
2. soweit er nach Abzug der Einkaufspreise einzelner Gegenstände den Betrag von 500 € nicht übersteigt.

[3]Die besonderen Aufzeichnungspflichten gelten als erfüllt, wenn sich die aufzeichnungspflichtigen Angaben aus den Buchführungsunterlagen entnehmen lassen. [4]Der Wiederverkäufer hat die Aufzeichnungen für die Differenzbesteuerung getrennt von den übrigen Aufzeichnungen zu führen.

Besonderheiten im innergemeinschaftlichen Warenverkehr

(18) [1]Die Differenzbesteuerung kann vorbehaltlich des Absatzes 19 auch auf Lieferungen vom Inland in das übrige Gemeinschaftsgebiet sowie auf Fälle des innergemeinschaftlichen Verbringens (§ 1a Abs. 2 UStG) angewendet werden. [2]Sie ist in diesem Fall stets im Inland vorzunehmen; die Regelung des § 3c UStG und die Steuerbefreiung für innergemeinschaftliche Lieferungen im Sinne von § 4 Nr. 1 Buchstabe b, § 6a UStG finden keine Anwendung.

(19) [1]Die Differenzbesteuerung ist ausgeschlossen, wenn der Wiederverkäufer ein neues Fahrzeug im Sinne von § 1b Abs. 2 und 3 UStG in das übrige Gemeinschaftsgebiet liefert. [2]Die Lieferung ist im Inland unter den Voraussetzungen des § 4 Nr. 1 Buchstabe b, § 6a UStG als innergemeinschaftliche Lieferung steuerfrei. [3]Der Erwerber des neuen Fahrzeugs hat im übrigen Gemeinschaftsgebiet einen innergemeinschaftlichen Erwerb zu besteuern.

(20) Wird bei der Lieferung eines Gegenstands vom übrigen Gemeinschaftsgebiet in das Inland die Differenzbesteuerung im übrigen Gemeinschaftsgebiet angewendet, entfällt eine Erwerbsbesteuerung im Inland.

Verzicht auf die Differenzbesteuerung

(21) [1]Ein Verzicht auf die Anwendung der Differenzbesteuerung ist bei jeder einzelnen Lieferung eines Gebrauchtgegenstands möglich. [2]Abschnitt 9.1 Abs. 3 und 4 ist sinngemäß anzuwenden. [3]Im Fall der Besteuerung nach der Gesamtdifferenz ist ein Verzicht ausgeschlossen. [4]Der Verzicht ist auch für solche Gegenstände möglich, für die der Wiederverkäufer nach § 25a Abs. 2 UStG die Anwendung der Differenzbesteuerung erklärt hat. [5]In diesem Fall kann er die entstandene Einfuhrumsatzsteuer und die ihm berechnete Umsatzsteuer frühestens in der Voranmeldung als Vorsteuer geltend machen, in der er auch die Steuer für die Lieferung anmeldet. [6]Der Verzicht auf die Differenzbesteuerung nach § 25a Abs. 8 UStG hat zur Folge, dass auf die Lieferung die allgemeinen Vorschriften des UStG anzuwenden sind.

Zu § 25b UStG

25b.1 Innergemeinschaftliche Dreiecksgeschäfte

Allgemeines

(1)[1] [1] § 25b UStG enthält eine Vereinfachungsregelung für die Besteuerung von innergemeinschaftlichen Dreiecksgeschäften. [2] Die Vereinfachung besteht darin, dass eine steuerliche Registrierung des mittleren Unternehmers im Bestimmungsland vermieden wird. [3] Bei einem innergemeinschaftlichen Dreiecksgeschäft werden unter Berücksichtigung der allgemeinen Regelungen für Reihengeschäfte (vgl. Abschnitt 3.14 Abs. 1 bis 10) grundsätzlich folgende Umsätze ausgeführt:

1. eine innergemeinschaftliche Lieferung des ersten am Dreiecksgeschäft beteiligten Unternehmers (erster Lieferer) in dem Mitgliedstaat, in dem die Beförderung oder Versendung des Gegenstands beginnt (§ 3 Abs. 6 Satz 1 UStG),
2. ein innergemeinschaftlicher Erwerb des mittleren am Dreiecksgeschäft beteiligten Unternehmers (erster Abnehmer) in dem Mitgliedstaat, in dem die Beförderung oder Versendung des Gegenstands endet (§ 3d Satz 1 UStG),
3. ein innergemeinschaftlicher Erwerb des ersten Abnehmers in dem Mitgliedstaat, der dem ersten Abnehmer die von ihm verwendete USt-IdNr. erteilt hat (§ 3d Satz 2 UStG) und
4. eine (Inlands-)Lieferung des ersten Abnehmers in dem Mitgliedstaat, in dem die Beförderung oder Versendung des Gegenstands endet (§ 3 Abs. 7 Satz 2 Nr. 2 UStG).

[4] Liegt ein innergemeinschaftliches Dreiecksgeschäft vor, wird die Steuerschuld für die (Inlands-)Lieferung unter den Voraussetzungen des § 25b Abs. 2 UStG von dem ersten auf den letzten jeweils am Dreiecksgeschäft beteiligten Abnehmer übertragen. [5] Im Fall der Übertragung der Steuerschuld gilt zugleich auch der innergemeinschaftliche Erwerb dieses ersten Abnehmers als besteuert (§ 25b Abs. 3 UStG).

Begriff (§ 25b Abs. 1 UStG)

(2)[2] [1] Ein innergemeinschaftliches Dreiecksgeschäft setzt voraus, dass drei Unternehmer (erster Lieferer, erster Abnehmer und letzter Abnehmer) über denselben Gegenstand Umsatzgeschäfte abschließen, und dieser Gegenstand unmittelbar vom Ort der Lieferung des ersten Lieferers an den letzten Abnehmer gelangt (§ 25b Abs. 1 Satz 1 Nr. 1 UStG). [2] Ein innergemeinschaftliches Dreiecksgeschäft kann auch zwischen drei unmittelbar nacheinander liefernden Unternehmern bei Reihengeschäften mit mehr als drei Beteiligten vorliegen, wenn die drei unmittelbar nacheinander liefernden Unternehmer am Ende der Lieferkette stehen. [3] Der erste Abnehmer in dem Dreiecksgeschäft ist als mittlerer Unternehmer in der Reihe zugleich Abnehmer und Lieferer. [4] Letzte Abnehmer im Dreiecksgeschäft können auch Unternehmer

[1] A 25b.1 UStAE Abs. 1 Satz 3 Verweis geänd. durch BMF v. 25.04.2023, BStBl. I 2023, 778.
[2] A 25b.1 UStAE Abs. 2 Beispiel neugef. durch BMF v. 25.04.2023, BStBl. I 2023, 778, anzuwenden in allen offenen Fällen.

sein, die nur steuerfreie – nicht zum Vorsteuerabzug berechtigende – Umsätze ausführen, sowie Kleinunternehmer und pauschalierende Land- und Forstwirte. [5] Voraussetzung ist, dass sie umsatzsteuerlich in dem Mitgliedstaat erfasst sind, in dem die Beförderung oder Versendung des Gegenstands endet. [6] Letzter Abnehmer kann auch eine juristische Person des öffentlichen oder privaten Rechts sein, die nicht Unternehmer ist oder den Gegenstand nicht für ihr Unternehmen erwirbt, wenn sie in dem Mitgliedstaat, in dem die Warenbewegung endet, für Zwecke der Umsatzsteuer erfasst ist (§ 25b Abs. 1 Satz 2 UStG).

Beispiel:

[1] Der in Deutschland ansässige Unternehmer D bestellt beim in Belgien ansässigen Unternehmer B dort nicht vorrätige Werkzeugteile. [2] B gibt die Bestellung weiter an den in Luxemburg ansässigen Unternehmer L mit der Bitte, sie direkt zu D nach Deutschland auszuliefern. [3] Weil auch L die Werkzeugteile nicht am Lager hat, bestellt er sie beim in Spanien ansässigen Unternehmer SP, der sie auf Weisung von L an D versendet. [4] L erteilt den Versendungsauftrag und verwendet bis zum Beginn der Versendung die ihm von der spanischen Finanzverwaltung erteilte USt-IdNr. gegenüber dem leistenden Unternehmer SP. [5] SP, B und D verwenden jeweils die USt-IdNr. ihres Landes.

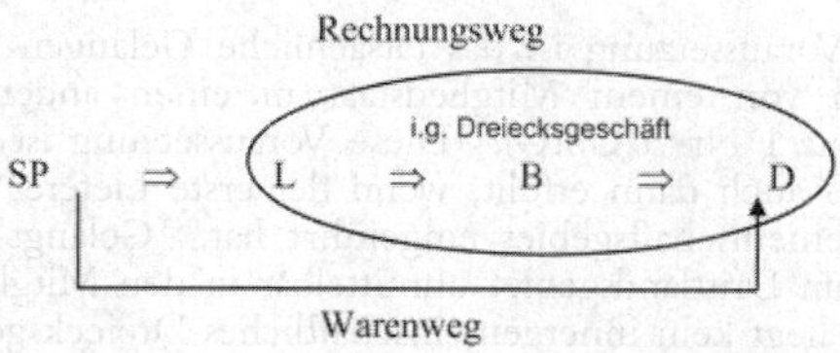

[6] Zwischen SP, L, B und D liegt ein Reihengeschäft vor. [7] Darüber hinaus ist ein innergemeinschaftliches Dreiecksgeschäft im Sinne des § 25b Abs. 1 UStG zwischen L, B und D anzunehmen, weil L als erster am Dreiecksgeschäft beteiligter Lieferer den Gegenstand der Lieferungen versendet. [8] Die Versendung ist der ersten Lieferung im Dreiecksgeschäft (L an B) zuzuordnen, da L gegenüber seinem leistenden Unternehmer SP bis zum Beginn der Versendung seine spanische USt-IdNr. verwendet hat (§ 3 Abs. 6a Satz 4 2. Halbsatz in Verbindung mit Satz 5 UStG) und dies eine vom Mitgliedstaat des Beginns der Versendung (Spanien) erteilte USt-IdNr. ist (vgl. Abschnitt 3.14 Abs. 7 ff.). [9] Ort der Lieferung ist nach § 3 Abs. 6a Satz 4 2. Halbsatz, Satz 5 in Verbindung mit § 3 Abs. 6 Sätze 1, 3 und 4 UStG in Spanien (Beginn der Versendung). [10] Die Lieferung des L an B ist als innergemeinschaftliche Lieferung in Spanien steuerfrei. [11] Der Erwerb des Gegenstands unterliegt bei B grundsätzlich der Besteuerung des innergemeinschaftlichen Erwerbs in Deutschland, da die Versendung dort endet (§ 3d Satz 1 UStG), und in Belgien, da B seine belgische USt-IdNr. verwendet (§ 3d Satz 2 UStG). [12] Die zweite Lieferung im Dreiecksgeschäft (B an D) ist eine ruhende Lieferung. [13] Lieferort ist nach § 3 Abs. 7 Satz 2 Nr. 2 UStG Deutschland, da sie der Versendungslieferung nachfolgt. [14] SP erbringt eine ruhende Lieferung in Spanien (§ 3 Abs. 7 Satz 2 Nr. 1 UStG), die nach spanischem Recht zu beurteilen ist.

(3) [1] Weitere Voraussetzung für das Vorliegen eines innergemeinschaftlichen Dreiecksgeschäfts ist, dass die hieran beteiligten Unternehmer in jeweils verschiedenen Mitgliedstaaten für Zwecke der Umsatzsteuer erfasst sind (§ 25b Abs. 1 Satz 1 Nr. 2 UStG). [2] Die Ansässigkeit in einem dieser Mitgliedstaaten ist nicht erforderlich; maßgeblich ist vielmehr, dass der Unternehmer unter der USt-IdNr. auftritt, die ihm von einem dieser Mitgliedstaaten erteilt worden ist. [3] Treten mehrere der an dem Dreiecksgeschäft beteiligten Unternehmer unter der USt-IdNr. desselben Mitgliedstaates auf, liegt kein innergemeinschaftliches Dreiecksgeschäft vor.

Beispiel:

[1]Der in Frankfurt ansässige und umsatzsteuerlich registrierte Unternehmer D bestellt eine dort nicht vorrätige Ware bei dem in Belgien ansässigen Unternehmer B 1. [2]B 1 gibt die Bestellung weiter an den ebenfalls in Belgien ansässigen Großhändler B 2, der die Ware mit eigenem Lkw unmittelbar nach Frankfurt befördert und sie dort an D übergibt. [3]D und B 2 treten jeweils unter der USt-IdNr. ihres Landes auf. [4]B 1 tritt nicht unter seiner belgischen USt-IdNr., sondern unter seiner niederländischen USt-IdNr. auf.

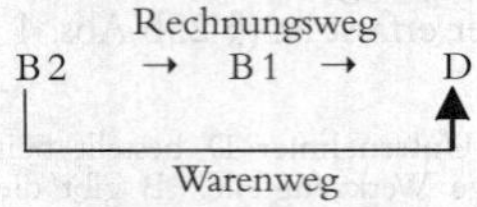

[5]Die Voraussetzung des § 25b Abs. 1 Satz 1 Nr. 2 UStG für das Vorliegen eines innergemeinschaftlichen Dreiecksgeschäfts ist erfüllt, da die drei beteiligten Unternehmer in jeweils verschiedenen Mitgliedstaaten (Deutschland, Belgien, Niederlande) für Zwecke der Umsatzsteuer erfasst sind und mit USt-IdNrn. aus verschiedenen Mitgliedstaaten auftreten. [6]Auf die Ansässigkeit von B 1 und B 2 in demselben Mitgliedstaat kommt es bei der Beurteilung nicht an.

(4) [1]Weitere Voraussetzung ist das tatsächliche Gelangen des Gegenstands der Lieferungen von einem Mitgliedstaat in einen anderen Mitgliedstaat (§ 25b Abs. 1 Satz 1 Nr. 3 UStG). [2]Diese Voraussetzung ist im Hinblick auf § 3 Abs. 8 UStG auch dann erfüllt, wenn der erste Lieferer den Gegenstand zuvor in das Gemeinschaftsgebiet eingeführt hat. [3]Gelangt der Gegenstand allerdings aus dem Drittlandsgebiet unmittelbar in den Mitgliedstaat des letzten Abnehmers, liegt kein innergemeinschaftliches Dreiecksgeschäft vor. [4]Der Gegenstand kann durch Beauftragte des ersten Lieferers vor der Beförderung oder Versendung in das übrige Gemeinschaftsgebiet bearbeitet oder verarbeitet worden sein. [5]Gegenstand der Lieferung ist in diesem Fall jeweils der bearbeitete oder verarbeitete Gegenstand. [6]Der Gegenstand der Lieferung kann auch an einen vom letzten Abnehmer beauftragten Dritten, z. B. einen Lohnveredelungsunternehmer oder einen Lagerhalter, befördert oder versendet werden.

(5) [1]Ein innergemeinschaftliches Dreiecksgeschäft setzt weiterhin voraus, dass der Gegenstand durch den ersten Lieferer oder den ersten Abnehmer (mittlerer Unternehmer) befördert oder versendet wird (§ 25b Abs. 1 Satz 1 Nr. 4 UStG). [2]Dies gilt für den mittleren Unternehmer allerdings nur dann, wenn er in seiner Eigenschaft als Abnehmer befördert oder versendet, d. h. wenn die Beförderung oder Versendung der Lieferung an ihn (erste Lieferung im Dreiecksgeschäft) zugeordnet wird. [3]Wird die Beförderung oder Versendung dagegen der zweiten Lieferung im Dreiecksgeschäft zugeordnet, weil der mittlere Unternehmer in seiner Eigenschaft als Lieferer auftritt, liegt kein innergemeinschaftliches Dreiecksgeschäft vor. [4]Wird der Gegenstand der Lieferungen durch den letzten Abnehmer befördert oder versendet (Abholfall), liegt ebenfalls kein innergemeinschaftliches Dreiecksgeschäft vor.

Beispiel:

[1]Der belgische Unternehmer B bestellt bei dem deutschen Unternehmer D eine Baumaschine. [2]D hat die Maschine nicht vorrätig und gibt die Bestellung weiter an den

spanischen Hersteller SP. [3]Alle Beteiligten treten unter der USt-IdNr. ihres Landes auf.

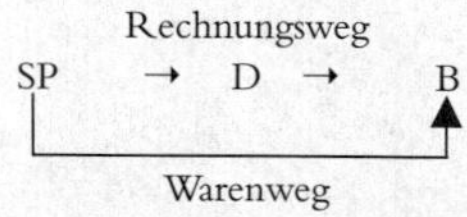

a) [1]SP befördert die Baumaschine mit eigenem Lkw nach Belgien und übergibt sie dort an B. [2]Es liegt ein innergemeinschaftliches Dreiecksgeschäft im Sinne des § 25b Abs. 1 UStG vor, weil der erste Lieferer den Gegenstand der Lieferungen befördert. [3]Die Beförderung ist der ersten Lieferung (SP an D) zuzuordnen. [4]Ort der Lieferung ist nach § 3 Abs. 6 Satz 5 in Verbindung mit Satz 1 UStG Spanien (Beginn der Beförderung). [5]Die Lieferung ist als innergemeinschaftliche Lieferung in Spanien steuerfrei. [6]Der Erwerb des Gegenstands unterliegt bei D grundsätzlich der Besteuerung des innergemeinschaftlichen Erwerbs in Belgien, da die Beförderung dort endet (§ 3d Satz 1 UStG), und in Deutschland, da D seine deutsche USt-IdNr. verwendet (§ 3d Satz 2 UStG). [7]Die zweite Lieferung (D an B) ist eine ruhende Lieferung. [8]Lieferort ist nach § 3 Abs. 7 Satz 2 Nr. 2 UStG Belgien, da sie der Beförderungslieferung nachfolgt. [9]Die Lieferung des D ist nach belgischem Recht zu beurteilen. [10]Zur weiteren Beurteilung vgl. auch das Beispiel in Absatz 7.

(Fortsetzung S. 937)

500/Anlage 8. Anwendungsregelungen

Übersicht

1. BMF-Schreiben vom 28.08.2020, BStBl. I 2020, 928

(Änderungen in A 10.5 und A 25a.1 UStAE)

III. Anwendung

Die Grundsätze dieses Schreibens sind in allen offenen Fällen anzuwenden. Es wird hinsichtlich aller bis **vor dem 1. Januar 2022** entstandener gesetzlicher Umsatzsteuer – auch für Zwecke des Vorsteuerabzugs – nicht beanstandet, wenn die Unternehmer Tauschumsätze entsprechend der bisherigen Fassung der Abschnitte 10.5 und 25a.1 Abs. 10 UStAE behandelt haben.

2. BMF-Schreiben vom 24.06.2021, BStBl. I 2021, 857

(Neufassung von A 25.1 bis A 25.5 UStAE)

Anwendung

Die Regelungen dieses Schreibens sind mit Ausnahme der Regelungen zur Einzelmargenbildung (Abschnitt 25.3 UStAE) in allen offenen Fällen anzuwenden. Die Regelungen des **Abschnitts 25.3 UStAE sind für Umsätze nach dem 31. Dezember 2021** anzuwenden. Die **Nichtbeanstandungsregelung** für Reiseleistungen von Unternehmen mit Sitz im Drittland (BMF-Schreiben vom 29. Januar 2021 – III C 2 – S 7419/19/10002 :004 (2020/0981332), BStBl. I S. 250) besteht fort.[1] Aus Gründen des Vertrauensschutzes wird es nicht beanstandet, wenn Unternehmer auf **bis zum 31. Dezember 2021** ausgeführte Umsätze Abschnitt 25 UStAE in der am 1. Juni 2021 geltenden Fassung anwenden.

A 25.3 UStAE in der bis 31.12.2021 anzuwendenden Fassung lautet:

25.3 Bemessungsgrundlage bei Reiseleistungen

(1) [1] Abweichend von § 10 UStG ist Bemessungsgrundlage lediglich die Differenz (Marge) zwischen dem Betrag, den der Leistungsempfänger entrichtet und den Aufwendungen für die Reisevorleistungen, jedoch abzüglich der Umsatzsteuer.

[1] Nichtbeanstandungsregelung für Reiseleistungen dieser Unternehmen verlängert bis **31.12.2026** (BMF v. 27.6.2023, DStR 2023, 1425).

Beispiel 1:

[1] Ein Reiseveranstalter mit Sitz oder Betriebsstätte im Inland führt eine Bahnpauschalreise im Inland aus. [2] Der Preis beträgt 440 € pro Person. [3] Es nehmen 40 Personen teil. [4] Der Reiseveranstalter hat für Reisevorleistungen aufzuwenden:

1. an die Deutsche Bahn AG für die Fahrt (einschließlich Umsatzsteuer)	*3.200,– €,*
2. an Hotel für Unterkunft (einschließlich Umsatzsteuer)	*12.000,– €.*

[5] Die Marge für die Leistung des Reiseveranstalters ermittelt sich wie folgt:

Reisepreis (Aufwendungen der Reiseteilnehmer)		*17.600,– €*
./. Reisevorleistungen		
für Fahrt	*3.200,– €*	
für Unterkunft	*12.000,– €*	*15.200,– €*
Marge		*2.400,– €*
./.darin enthaltene Umsatzsteuer ($^{19}/_{119}$ = Steuersatz 19 %)		*383,19 €*
Bemessungsgrundlage		*2.016,81 €*

[2] Zu den Aufwendungen für Reisevorleistungen gehören auch die Aufwendungen, die der Unternehmer auf Grund vertraglicher Vereinbarung für nicht ausgenutzte Kapazitäten (vgl. Abschnitt 25.1 Abs. 10) zahlen muss.

Beispiel 2:

Der Reiseunternehmer, der einem Hotel die Abnahme einer bestimmten Zahl von Zimmern oder auch aller Zimmer garantiert hat, muss das dafür vertraglich vereinbarte Entgelt auch dann in voller Höhe entrichten, wenn er die gebuchten Zimmer nicht alle oder nicht für den vereinbarten Abnahmezeitraum belegen kann.

[3] Werden im Abrechnungsverkehr zwischen Leistungsträgern und Reiseveranstaltern Reisevorleistungen ausgehend vom sog. Bruttowert (Verkaufspreis abzüglich Provisionen zuzüglich Umsatzsteuer auf den Provisionsbetrag) berechnet, handelt es sich bei den Provisionen regelmäßig um Entgelts- bzw. Reisevorleistungsminderungen und nicht um Vergütungen für besondere (Vermittlungs-)Leistungen. [4] Der Wert der Reisevorleistungen ist dann identisch mit dem Wert einer agenturmäßigen Nettoberechnung. [5] Die in den Abrechnungen des Leistungsträgers auf den Provisionsbetrag gesondert ausgewiesene Umsatzsteuer wird weder vom Leistungsträger noch vom Reiseveranstalter nach § 14c Abs. 2 UStG geschuldet. [6] Aufwendungen für Reisevorleistungen in fremder Währung sind nach § 16 Abs. 6 UStG in dem Zeitpunkt umzurechnen, in dem die Aufwendungen geleistet worden sind.

(2) [1] Treffen bei einer Reise Leistungen des Unternehmers mit eigenen Mitteln und Leistungen Dritter zusammen (vgl. Abschnitt 25.1 Abs. 11), sind für die Berechnung der Marge die eigenen Leistungen grundsätzlich im prozentualen Verhältnis zu den Fremdleistungen auszuscheiden. [2] Die eigenen Leistungen sind mit den dafür aufgewendeten Kosten (einschließlich Umsatzsteuer) anzusetzen.

Beispiel:

[1] Ein Reiseveranstalter mit Sitz oder Betriebsstätte im Inland führt eine Buspauschalreise im Inland aus. [2] Der Preis beträgt 600 € pro Person. [3] Es nehmen 50 Personen teil. [4] Dem Unternehmer entstehen folgende Aufwendungen:

	€	%
1. Eigenleistungen		
a) Beförderung mit eigenem Bus	*4.000,–*	
b) Betreuung am Zielort durch angestellte Reiseleiter	*1.000,–*	
Insgesamt	*5.000,–*	*20*

2. Reisevorleistungen Dritter		
Unterkunft und Verpflegung	*20.000,–*	*80*
	25.000,–	*100*

[5] Die Marge errechnet sich wie folgt:

Reisepreis (Aufwendungen der Reiseteilnehmer)	*30.000,– €*
./. 20 % für Eigenleistungen	*6.000,– €*
	24.000,– €
./. Reisevorleistungen	*20.000,– €*
Marge	*4.000,– €*
./. darin enthaltene Umsatzsteuer ($^{19}/_{119}$ = Steuersatz 19 %)	*638,66 €*
Marge = Bemessungsgrundlage	*3.361,34 €*

[6] Der Unternehmer hat mit 19 % zu versteuern:

a) seine Eigenleistung (6.000 € ./. darin enthaltene Umsatzsteuer in Höhe von $^{19}/_{119}$ = Steuersatz 19 %)	*5.042,02 €*
b) die Reiseleistung	*3.361,34 €*
	8.403,36 €

[3] Die Eigenleistungen können auch in anderer Weise ermittelt werden, wenn dies zu einem sachgerechten Ergebnis führt.

(3) Ist die einheitliche sonstige Leistung teils steuerfrei und teils steuerpflichtig (vgl. Abschnitt 25.2 Abs. 3), ist die Bemessungsgrundlage für die unter § 25 UStG fallenden Umsätze im Verhältnis der Reisevorleistungen im Sinne des § 25 Abs. 2 UStG zu den übrigen Reisevorleistungen aufzuteilen.

Beispiel:

[1] Ein Reiseveranstalter mit Sitz oder Betriebsstätte im Inland führt von einem inländischen Flughafen eine Flugpauschalreise nach Moskau aus. [2] Der Preis beträgt 1100 € pro Person. [3] Es nehmen 80 Personen teil. [4] Der Veranstalter hat an Reisevorleistungen aufzuwenden:

	€	%
1. Flugkosten	*20 000,–*	*25*
2. Kosten für Unterkunft und Verpflegung im Hotel (einschließlich Umsatzsteuer)	*60 000,–*	*75*
Insgesamt	*80 000,–*	*100*

[5] Sofern die Vereinfachungsregelung des Abschnitts 25.2 Abs. 4 nicht angewandt wird, errechnet sich die Marge wie folgt:

Reisepreis (Aufwendungen der Reiseteilnehmer)	*88 000,– €*	
./. Reisevorleistungen	*80 000,– €*	
Gesamtmarge	*8 000,– €*	
davon entfallen		
a) auf Unterkunft und Verpflegung im Drittlandsgebiet 75 % der Reisevorleistungen – steuerfrei nach § 25 Abs. 2 UStG –		*6 000,– €*
b) auf den Flug 25 % der Reisevorleistungen = 2 000,– €. Da nur 60 % der Flugstrecke über Gemeinschaftsgebiet führt, beträgt der nach § 25 Abs. 2 UStG steuerfreie Anteil;		*800,– €*
der steuerpflichtige Anteil	*1 200,– €*	
./. darin enthaltene Umsatzsteuer ($^{19}/_{119}$ = Steuersatz 19 %)	*191,60 €*	
steuerpflichtig	*1 008,40 €*	
steuerfrei		*6 800,– €*

[6] Die Bemessungsgrundlage für die Flugpauschalreise beträgt danach für steuerfreie Umsätze 6800,– € und für steuerpflichtige Umsätze 1008,40 €.

(4) [1] Die Errechnung der Marge für die einzelne Leistung (vgl. Beispiele in den Absätzen 1 bis 3) kann bei Pauschalreisen mit erheblichen Schwierigkeiten verbunden sein. [2] Eine Zuordnung der Reisevorleistungen wird vielfach abrechnungstechnische Probleme aufwerfen. [3] § 25 Abs. 3 Satz 3 UStG sieht deshalb Erleichterungen vor. [4] Der Unternehmer hat danach die Möglichkeit, die Marge für bestimmte Gruppen von Reiseleistungen zu ermitteln. [5] Dies kann z. B. die Marge für eine in sich abgeschlossene Reise, z. B. Kreuzfahrt, oder für sämtliche Reisen während eines bestimmten Zeitraums (Saison) in einen Zielort oder ein Zielgebiet sein. [6] Er kann aber auch die Marge für seine gesamten innerhalb eines Besteuerungszeitraums bewirkten Reiseleistungen, soweit sie unter die Sonderregelung des § 25 UStG fallen, in einer Summe ermitteln.

Beispiel:

[1] Der Unternehmer hat im Kalenderjahr Reiseleistungen i. H. v. insgesamt 2 700 000 € bewirkt. [2] An touristischen Direktaufwendungen sind ihm entstanden:

	€	%
Eigenleistungen		
Beförderungen mit eigenen Bussen (davon 40 % Strecke im Inland = steuerpflichtig)	*500 000,–*	*20*
Reisevorleistungen		
1. Beförderungen mit Luftfahrzeugen		
a) über Gemeinschaftsgebiet 200 000,– €		
b) über Drittlandsgebiet 300 000,– €	*500 000,–*	*20*
2. Unterkunft und Verpflegung in EU-Mitgliedstaaten	*1 000 000,–*	*40*
3. Unterkunft und Verpflegung in Drittländern	*500 000,–*	*20*
	2 500 000,–	*100*

[3] Die Marge errechnet sich wie folgt:

Einnahmen aus Reiseleistungen	*2 700 000,– €*
./. 20 % Eigenleistungen	*540 000,– €*
	2 160 000,– €
./. Reisevorleistungen	*2 000 000,– €*
Marge	*160 000,– €*
davon entfallen auf Reisevorleistungen im Sinne von § 25 Abs. 2 UStG (Nr. 1b und Nr. 3) = 40 % der gesamten Reisevorleistungen – steuerfrei –	*64 000,– €*
Reisevorleistungen (Nr. 1a und Nr. 2) = 60 % der gesamten Reisevorleistungen – steuerpflichtig –	*96 000,– €*
./. darin enthaltene Umsatzsteuer ($^{19}/_{119}$ = Steuersatz 19 %)	*15 327,73 €*
Bemessungsgrundlage für steuerpflichtige Reiseleistungen	*80 672,27 €*

[4] Der Unternehmer hat danach mit 19 % zu versteuern:

steuerpflichtige Reiseleistungen	*80 672,27 €*
seine Beförderungsleistung mit eigenen Bussen, soweit sie auf das Inland entfällt (40 % der Einnahmen aus den Eigenleistungen i. H. v. 540 000 € = 216 000 € ./. darin enthaltene Umsatzsteuer i. H. v. $^{19}/_{119}$ = Steuersatz 19 %)	*181 512,60 €*
	262 184,87 €

[5] Nach § 25 Abs. 2 UStG sind steuerfrei	*64 000,– €.*
[6] Nicht steuerbar sind die auf das Ausland entfallenden Beförderungsleistungen (§ 3b Abs. 1 UStG)	*324 000,– €.*

(5) Für den Unternehmer, der eine „Incentive-Reise" für sein Unternehmen erwirbt, gilt Folgendes:

1. *[1] Wird die Reise einem Betriebsangehörigen als unentgeltliche Wertabgabe im Sinne des § 3 Abs. 9a Nr. 2 UStG (vgl. Abschnitt 25.1 Abs. 2 Beispiel 3) oder gegen Entgelt überlassen, bewirkt der Unternehmer damit eine Reiseleistung, die der Besteuerung nach § 25 UStG unterliegt. [2] Im Falle einer unentgeltlichen Wertabgabe ergibt sich jedoch keine Marge, weil sich die Ausgaben nach § 10 Abs. 4 Satz 1 Nr. 3 UStG mit den Aufwendungen des Unternehmers für den Erwerb der Reise decken. [3] Das Gleiche gilt, wenn eine Barzahlung des Arbeitnehmers für die Reise die Aufwendungen des Unternehmers für den Erwerb der Reise nicht übersteigt. [4] Der Abzug der auf den Erwerb der Reise entfallenden Vorsteuer ist in diesen Fällen nach § 25 Abs. 4 UStG ausgeschlossen.*
2. *Wird die Reise nicht gegen Entgelt oder nicht als unentgeltliche Wertabgabe an Betriebsangehörige weitergegeben, sondern im Unternehmen verwendet, z. B. für Dienstreisen von Angestellten, als Kundengeschenk usw., bewirkt der Unternehmer keine Reiseleistung im Sinne des § 25 UStG.*

(6) [1] Überlässt ein Reiseveranstalter an seine Arbeitnehmer im Rahmen des Dienstverhältnisses Reisen unentgeltlich (vgl. Abschnitt 25.1 Abs. 1), ergibt sich keine Marge, weil sich die Ausgaben nach § 10 Abs. 4 Satz 1 Nr. 3 UStG mit den Aufwendungen des Reiseveranstalters für die Reise decken. [2] Das Gleiche gilt, wenn eine Zuzahlung des Arbeitnehmers für die Reise die Aufwendungen des Unternehmers nicht übersteigt. [3] Ein Vorsteuerabzug für die Reisevorleistungen entfällt nach § 25 Abs. 4 UStG.

(7) [1] Durch die Erleichterungen bei der Ermittlung der Bemessungsgrundlage nach § 25 Abs. 3 UStG wird die Verpflichtung zur Übermittlung von Voranmeldungen nicht berührt. [2] Soweit in diesen Fällen die Höhe der Marge für die im Voranmeldungszeitraum bewirkten Umsätze noch nicht feststeht, bestehen keine Bedenken, dass der Unternehmer in der Voranmeldung als Bemessungsgrundlage geschätzte Beträge zu Grunde legt, die anhand der Kalkulation oder nach Erfahrungssätzen der Vorjahre zu ermitteln sind. [3] Das Gleiche gilt in den Fällen, in denen der Unternehmer zwar die Marge für jede einzelne Leistung ermittelt, ihm aber am Ende des Voranmeldungszeitraums die Höhe der Reisevorleistung für die in diesem Zeitraum bewirkten Leistungen noch nicht bekannt ist. [4] Es muss dabei gewährleistet sein, dass sich nach endgültiger Feststellung der Bemessungsgrundlage nicht regelmäßig höhere Abschlusszahlungen ergeben.

3. BMF-Schreiben vom 17.12.2021, BStBl. I 2021, 2502

(Änderungen in A 12.17 UStAE)

Anwendung

Die Regelungen dieses Schreibens sind in allen offenen Fällen anzuwenden.

Hat der leistende Unternehmer für eine **nach dem 17. Dezember 2019 und vor dem 1. Januar 2022** ausgeführte Leistung unter Bezug auf § 12 Abs. 2 Nr. 14 UStG in einer in diesem Zeitraum ausgestellten Rechnung zu Unrecht den ermäßigten Steuersatz ausgewiesen, wird aus Vereinfachungsgründen angenommen, dass die ausgewiesene Steuer die gesetzlich geschuldete ist, wenn der Unternehmer in den Rechnungen den Umsatzsteuerausweis nicht berichtigt. Hat der leistende Unternehmer für eine **nach dem 17. Dezember 2019 und vor dem 1. Januar 2022** ausgeführte Leistung im Sinne des § 12 Abs. 2 Nr. 14 UStG in einer in diesem Zeitraum ausgestellten Rechnung einen zu hohen Steuersatz ausgewiesen und diesen Steuerbetrag abgeführt, wird es aus Vereinfachungsgründen nicht beanstandet, wenn der Unternehmer in den Rechnungen den Umsatzsteuerausweis nicht berichtigt. In diesem Fall wird es bei einem zum Vorsteuerabzug berechtigten Leistungsempfänger nicht beanstandet, wenn er aus derartigen i.S. von § 14c Abs. 1 UStG unrichtigen Rechnungen unter den übrigen Voraussetzungen des § 15 UStG einen Vorsteuerabzug auf Grundlage des ausgewiesenen Steuersatzes vornimmt. Für Umsätze, für die der Leistungsempfänger die Steuer nach § 13b UStG schuldet, gilt dies entsprechend für die vom Leistungsempfänger berechnete Steuer.

4. BMF-Schreiben vom 29.03.2022, BStBl. I 2022, 567

(Änderungen in A 2.2 UStAE)

III. Anwendung

Die Regelungen dieses Schreibens sind in allen offenen Fällen anzuwenden.

Zur Vermeidung von Übergangsschwierigkeiten wird es – auch für Zwecke des Vorsteuerabzugs – nicht beanstandet, wenn die bis zur Aufhebung durch das BMF-Schreiben vom 8. Juli 2021 (BStBl. I S. 919) geltenden Regelungen in Abschnitt 2.2. Abs. 2 Satz 7 und Abs. 3 Satz 1 UStAE auf Leistungen angewendet werden, die in einem Geschäftsjahr der Gesellschaft ausgeführt worden sind, das **vor dem 1. Januar 2022** begonnen hat.

Es wird ebenfalls nicht beanstandet, wenn ein Beamter oder ein politischer Mandatsträger, der eine Tätigkeit als Mitglied eines Aufsichts- oder Verwaltungsrats nicht lediglich aufgrund seiner gesellschaftlichen oder politischen Stellung, sondern aufgrund unmittelbarer Verknüpfung mit seinem Amt ausübt, trotz eines vorliegenden Vergütungsrisikos insoweit für Umsätze, die in einem Geschäftsjahr der Gesellschaft ausgeführt worden sind, das **vor dem 1. Januar 2022** begonnen hat, als nicht selbstständig im Sinne des § 2 Abs. 1 Satz 1 UStG tätig beurteilt wird.

Die Rechtsauffassung aus dem BMF-Schreiben vom 15. September 1980 IV A 2-S 7270- 6/80 wird nicht weiter aufrechterhalten. Für Geschäftsjahre der Gesellschaft, die **vor dem 1. Januar 2022** enden, wird es nicht beanstandet, wenn als Leistungszeitpunkt für die allgemeine Tätigkeit als Mitglied eines Aufsichtsrats die Teilnahme an der Hauptversammlung mit dem Ziel der Entlastung zu Grunde gelegt wird.

IV.

Die Anwendungsregelungen dieses BMF-Schreibens ersetzen die Anwendungsregelungen des BMF-Schreibens vom 8. Juli 2021, BStBl. I S. 919.

5. BMF-Schreiben vom 26.04.2022, BStBl. I 2022, 655

(Änderungen in A 3a.3, A 8.2 und A 26.2 UStAE)

II. Anwendungsregelung

Die Grundsätze dieses Schreibens sind in allen offenen Fällen anzuwenden.

Bei Leistungen, die **vor dem 1. Juli 2022** ausgeführt werden, wird es nicht beanstandet, wenn die Beteiligten bei der Leistungsortbestimmung übereinstimmend die Vorschrift des § 3a Abs. 3 Nummer 1 UStG zu Unrecht nicht angewendet haben.

6. BMF-Schreiben vom 20.10.2022, BStBl. I 2022, 1497

(Änderungen in A 15.2c, 15.6a, 15.16, 15.17 und A 15a.2 UStAE)

IV. Anwendungsregelungen

Die Grundsätze dieses Schreibens sind in allen offenen Fällen anzuwenden.

Es wird nicht beanstandet, wenn Unternehmer vor der Veröffentlichung dieses Schreibens zulässigerweise eine direkte Zuordnung von Vorsteuerbeträgen nach Abschnitt 15.17 Abs. 7 Sätze 6 und 7 UStAE in der bisherigen Fassung vorgenommen haben.

Es wird weiter nicht beanstandet, wenn sich ein Unternehmer vor der Veröffentlichung dieses Schreibens[1] auf die Regelungen in der bisherigen Fassung der Abschnitte 15.2c Abs. 10 und 15.6a Abs. 3 UStAE berufen hat.

Das BMF-Schreiben vom 30. September 2008, BStBl. I 2008 S. 896, wird aufgehoben.

7. BMF-Schreiben vom 13.12.2022, BStBl. I 2022, 1683

(Änderungen in A 4.14.1 und A 4.14.6 UStAE)

III. Anwendung

Die Grundsätze dieses Schreibens sind in allen offenen Fällen anzuwenden.

Für Umsätze, die **vor dem 1. Januar 2023** ausgeführt werden, wird es für das Besteuerungsverfahren nicht beanstandet, wenn der Unternehmer seine Leistungen abweichend von Abschnitt 4.14.6 Abs. 2 Nr. 3 UStAE als umsatzsteuerpflichtig behandelt. Soweit es sich hierbei um die Abgabe von Arzneimitteln innerhalb des Zweckbetriebs eines Krankenhauses nach § 67 AO handelt, ist in allen offenen Fällen auf diese Lieferung der ermäßigte Steuersatz nach § 12 Abs. 2 Nr. 8 Buchstabe a UStG anzuwenden. Aus den damit zusammenhängenden Eingangsleistungen kann unter den weiteren Voraussetzungen des § 15 UStG der Vorsteuerabzug geltend gemacht werden.

Die Ausführungen zum Vorsteuerabzug, zur Steuerentstehung nach § 14c Abs. 1 UStG und zur Rechnungsberichtigung unter Tz. III des BMF-Schreibens

---

[1] Veröffentlicht im BStBl. I 2022 Nr. 20 v. 22.11.2022.

vom 28. September 2016, BStBl. I S. 1043, gelten entsprechend. Aus Billigkeitsgründen kann für eine – zur Korrektur des Vorganges weiterhin erforderliche – Berichtigung des Steuerbetrages nach § 14c Abs. 1 Satz 2 UStG des Krankenhauses gegenüber dem Versicherten einer privaten Krankenkasse (PKV) das folgende Verfahren angewandt werden:

– Ein zivilrechtlicher Vergleich zwischen dem Krankenhaus und der PKV kann wie eine Rechnungsberichtigung im Sinne des § 14c Abs. 1 Satz 2 UStG behandelt werden, wenn im Rahmen der entsprechenden Vereinbarung die jeweiligen Rechnungen, mit denen ursprünglich über die dem Vergleich zugrundeliegenden Leistungen gegenüber den Versicherten abgerechnet worden sind, jeweils eindeutig benannt werden (z. B. als tabellarische Anlage).
– Als Berichtigungsvolumen kommt nur der Betrag in Betracht, der auf einem Anspruch der Krankenversicherung beruht. Soweit die Krankenkasse nur eine anteilige Kostenerstattung an den Patienten vorgenommen hat, kann auch nur ein entsprechend anteiliger Betrag der in der Rechnung ausgewiesenen Umsatzsteuer berichtigt werden. Dabei ist regelmäßig davon auszugehen, dass der Vergleichsbetrag den zivilrechtlichen Anspruch nicht übersteigt.
– Voraussetzung für eine umsatzsteuerliche Berücksichtigung des Vergleichs ist eine vorherige Zahlung des Vergleichsbetrages.
– Im Verhältnis zwischen dem Steuerpflichtigen und dem Finanzamt sind Umsatzsteuer und Vorsteuer gesondert nach den hierfür geltenden Grundsätzen zu berichtigen, d. h., die Korrektur der nun nicht mehr abziehbaren Vorsteuer hat in dem ursprünglichen Jahr des Vorsteuerabzugs zu erfolgen, die Umsatzsteuerberichtigung erfolgt hingegen – in Höhe des vollen Betrages – im Jahr der „Rechnungsberichtigung".

8. BMF-Schreiben vom 14.02.2023, BStBl. I 2023, 348

(Änderungen in A 1.8, 4.16.5, 4.18.1, 4.23.1, 4.24.1, 4.25.2 und 12.9 UStAE)

Anwendungsregelung

§ 4 Nr. 18 UStG in der Fassung des Gesetzes zur weiteren steuerlichen Förderung der Elektromobilität und zur Änderung weiterer steuerlicher Vorschriften vom 12. Dezember 2019 (BGBl. I S. 2451) und die Grundsätze dieses Schreibens sind auf Umsätze anzuwenden, die **nach dem 31. Dezember 2019** erbracht wurden bzw. erbracht werden.

Für Leistungen der Träger des Jugendfreiwilligendienstes gelten die Grundsätze des BFH-Urteils vom 24. Juni 2020 – V R 21/19, BStBl. II 2023 S. 276, unter Berücksichtigung der Grundsätze des BMF-Schreibens vom 18. August 2015 (BStBl. I S. 659) in allen offenen Fällen. Für Umsätze, die **vor dem 1. April 2023** erbracht werden, wird es nicht beanstandet, wenn der Unternehmer seine Leistungen abweichend von den o. g. Ausführungen als umsatzsteuerpflichtig behandelt bzw. behandelt hat.

Die Grundsätze des BFH-Urteils vom 24. März 2021 – V R 1/19, BStBl. II 2023 S. 279, zum Betrieb von Flüchtlingsunterkünften sind für Umsätze in allen offenen Fällen anzuwenden, die bis zum 31. Dezember 2019 erbracht wurden. Für Umsätze nach der Neufassung des § 4 Nr. 18 UStG zum 1. Januar 2020 sind die Urteilsgrundsätze nur noch für entsprechende Umsätze anzuwenden, die von Einrichtungen juristischer Personen des öffentlichen Rechts oder von anderen Einrichtungen, die keine systematische Gewinnerzielung anstreben, erbracht werden. Für Umsätze, die **vor dem 1. Januar 2020** erbracht wurden, wird es nicht beanstandet, wenn der Unternehmer seine Leistungen abweichend von den o. g. Ausführungen als umsatzsteuerpflichtig behandelt hat.

9. BMF-Schreiben vom 25.04.2023, BStBl. I 2023, 778

(Änderungen in A 3.14, A 6a.7 und A 25b.1 UStAE)

Anwendungsregelung

Die Grundsätze dieses Schreibens sind in allen offenen Fällen anzuwenden.

Für den Zeitraum bis zur Veröffentlichung dieses Schreibens[1] wird es nicht beanstandet, wenn die Zuweisung der Transportverantwortlichkeit von den Beteiligten einvernehmlich abweichend von Abschnitt 3.14 Absätze 7 bis 11 des Umsatzsteuer-Anwendungserlasses bestimmt worden ist.

10. BMF-Schreiben vom 28.04.2023, BStBl. I 2023, 795

(Änderungen in A 4.25.2 UStAE)

Anwendungsregelung

Die Grundsätze dieses Schreibens auf Grundlage der Änderung in § 4 Nr. 25 Satz 3 Buchstabe d UStG in der Fassung des Jahressteuergesetzes 2020 vom 21. Dezember 2020 (BGBl. I S. 3096) sind auf Umsätze anzuwenden, die **nach dem 31. Dezember 2020** erbracht wurden bzw. erbracht werden.

Die Grundsätze des BFH-Urteils vom 17. Juli 2019 – V R 27/17, BStBl. II 2023 S. 591, sind in allen offenen Fällen für Umsätze anzuwenden, die bis zum 31. Dezember 2020 erbracht wurden. Für Umsätze, die **vor dem 1. Januar 2021** erbracht wurden, wird es nicht beanstandet, wenn der Unternehmer seine Leistungen abweichend von den Grundsätzen im BFH-Urteil vom 17. Juli 2019 – V R 27/17, a. a. O., als umsatzsteuerpflichtig behandelt hat.

---

[1] Veröffentlicht im BStBl. I 2023 Nr. 10 v. 17.5.2023.

erbracht wurden. Für Umsätze nach der Neufassung des § 4 Nr. 18 UStG zum 1. Januar 2020 sind die Grundsätze nur noch für entsprechende Umsätze anzuwenden, die von Einrichtungen juristischer Personen des öffentlichen Rechts oder von anderen Einrichtungen, die keine systematische Gewinnerzielung anstreben, erbracht werden. Für Umsätze, die vor dem **1. Januar 2020** erbracht wurden, wird es nicht beanstandet, wenn der Unternehmer seine Leistungen abweichend von den o.g. Ausführungen als umsatzsteuerpflichtig behandelt hat.

9. BMF-Schreiben vom 25.04.2023, BStBl. I 2023, 778

(Änderungen in A 3.14 Abs. 7 und A 25a.1 Abs. 12)

Anwendungsregelung

Die Grundsätze dieses Schreibens sind in allen offenen Fällen anzuwenden. Für den Zeitraum bis zur Veröffentlichung dieses Schreibens wird es nicht beanstandet, wenn die Zuweisung der Transportverantwortlichkeit von den Beteiligten einvernehmlich abweichend von Abschnitt 3.14 Absätze 7 bis 11 des Umsatzsteuer-Anwendungserlasses bestimmt worden ist.

10. BMF-Schreiben vom 28.04.2023, BStBl. I 2023, 795

(Änderungen in A 4.25.2 UStAE)

Anwendungsregelung

Die Grundsätze dieses Schreibens auf Grundlage der Änderung in § 4 Nr. 25 Satz 3 Buchstabe d UStG in der Fassung des Jahressteuergesetzes 2020 vom 21. Dezember 2020 (BGBl. I S. 3096) sind auf Umsätze anzuwenden, die **nach dem 31. Dezember 2020** erbracht wurden bzw. erbracht werden.

Die Grundsätze des BFH-Urteils vom 17. Juli 2019 – V R 27/17, BStBl. II 2023 S. 59[1], sind in allen offenen Fällen für Umsätze anzuwenden, die bis zum 31. Dezember 2020 erbracht wurden. Für Umsätze, die vor dem **1. Januar 2021** erbracht wurden, wird es nicht beanstandet, wenn der Unternehmer seine Leistungen abweichend von den Grundsätzen im BFH-Urteil vom 17. Juli 2019 – V R 27/17, a. a. O., als umsatzsteuerpflichtig behandelt hat.

---

[1] Veröffentlicht im BStBl. II 2023 Nr. 4/5, 15.3.2023

800/100. Sachregister zum Anwendungserlass zur AO

Stand: Mai 2023

Die Zahlen bezeichnen die zu den jeweiligen Paragraphen der AO ergangenen Anweisungen des AEAO